中华人民共和国地方志丛书

# 岳阳市云溪区志

岳阳市云溪区地方志编纂委员会 编

方志出版社

**图书在版编目（CIP）数据**

岳阳市云溪区志 / 岳阳市云溪区地方志编纂委员会编. --北京：方志出版社，2017.11

ISBN 978-7-5144-2736-3

Ⅰ. ①岳… Ⅱ. ①岳… Ⅲ. ①区（城市）—地方志—岳阳 Ⅳ. ①K296.44

中国版本图书馆 CIP 数据核字（2017）第 296268 号

**岳阳市云溪区志**

**编　　者**：岳阳市云溪区地方志编纂委员会
**责任编辑**：刘　珊

**出 版 人**：冀祥德
**出 版 者**：方志出版社
地址　北京市朝阳区潘家园东里 9 号（国家方志馆 4 层）
邮编　100021
网址　http：//www.fzph.org
**发　　行**：方志出版社图书经销中心
电话（010）67110500
**经　　销**：各地新华书店
**印　　刷**：岳阳新涛印刷有限公司

**开　　本**：889×1194　　1/16
**印　　张**：48
**字　　数**：1304 千字
**版　　次**：2017 年 11 月第 1 版　　2017 年 11 月第 1 次印刷
**印　　数**：001~500 册

ISBN　978-7-5144-2736-3　　　　定价：398.00 元

# 《岳阳市云溪区志》

## 编纂委员会

名誉主任　张中于

主　　任　余良勇

副 主 任　潘宏军　叶小平　周拥军　桂海波

总　　纂　周拥军

委　　员　卢文波　廖新华　柴小良　张　平　张明辉

## 编辑部

主　　编　张明辉

副 主 编　彭庆海　周朝霞　刘鸿章　汪芬芳

执行主编　邓树清

编　　辑　邓树清　杨仁志　施振雄　张瑞屏

编　　务　谢月珍　刘　颖　周俊英

# 参与编写与提供资料人员名录

（以姓氏笔画为序）

| | | | | | |
|---|---|---|---|---|---|
| 丁小香 | 丁英俊 | 马文亮 | 马殊逸 | 王井岗 | 王丽莎 |
| 王腊元 | 方　志 | 方大立 | 方小毛 | 方玉容 | 叶崇明 |
| 卢　蓉 | 卢国明 | 卢海蓉 | 田　蔚 | 田正良 | 付国华 |
| 任　苑 | 刘　娟 | 刘开平 | 刘岳城 | 刘建平 | 刘孟良 |
| 刘跃勤 | 刘　鹏 | 李　军 | 杨　剑 | 杨大伟 | 杨剑波 |
| 杨觉鹏 | 杨容会 | 杨楚清 | 李　剑 | 李　健 | 李　鹏 |
| 李开军 | 李正文 | 李永红 | 李梦婷 | 李啸霆 | 李维顺 |
| 严贵临 | 肖洋溢 | 吴大燕 | 何　依 | 何　娟 | 何智力 |
| 余　佳 | 张　勇 | 张　洁 | 张正军 | 张红宇 | 张常成 |
| 张献煌 | 陈　威 | 陈育明 | 陈振龙 | 陈解云 | 邵　兵 |
| 邵　雄 | 林立雄 | 林琼芳 | 易　蓉 | 罗嗣华 | 周建杰 |
| 周家冀 | 周朝霞 | 郑智辉 | 胡立楷 | 胡良军 | 段庆一 |
| 黄　河 | 黄　洋 | 黄旭刚 | 龚运兰 | 常燕飞 | 谢　玫 |
| 谢真英 | 彭双利 | 彭庆海 | 彭建伟 | 蒋金阶 | 喻神球 |
| 熊　芳 | | | | | |

# 终审验收

## 中共岳阳市委党史地方志办公室

**主　审**　陈念军　易　林　曹春友

**验　收**　陈念军　易　林　胡萍萍　朱　平

## 湖南省地方志编纂委员会

**验　收**　易介南　邓建平　杨盛让　隆清华　杨　帆
　　　　　李章进

# 岳阳市云溪区行政区划图

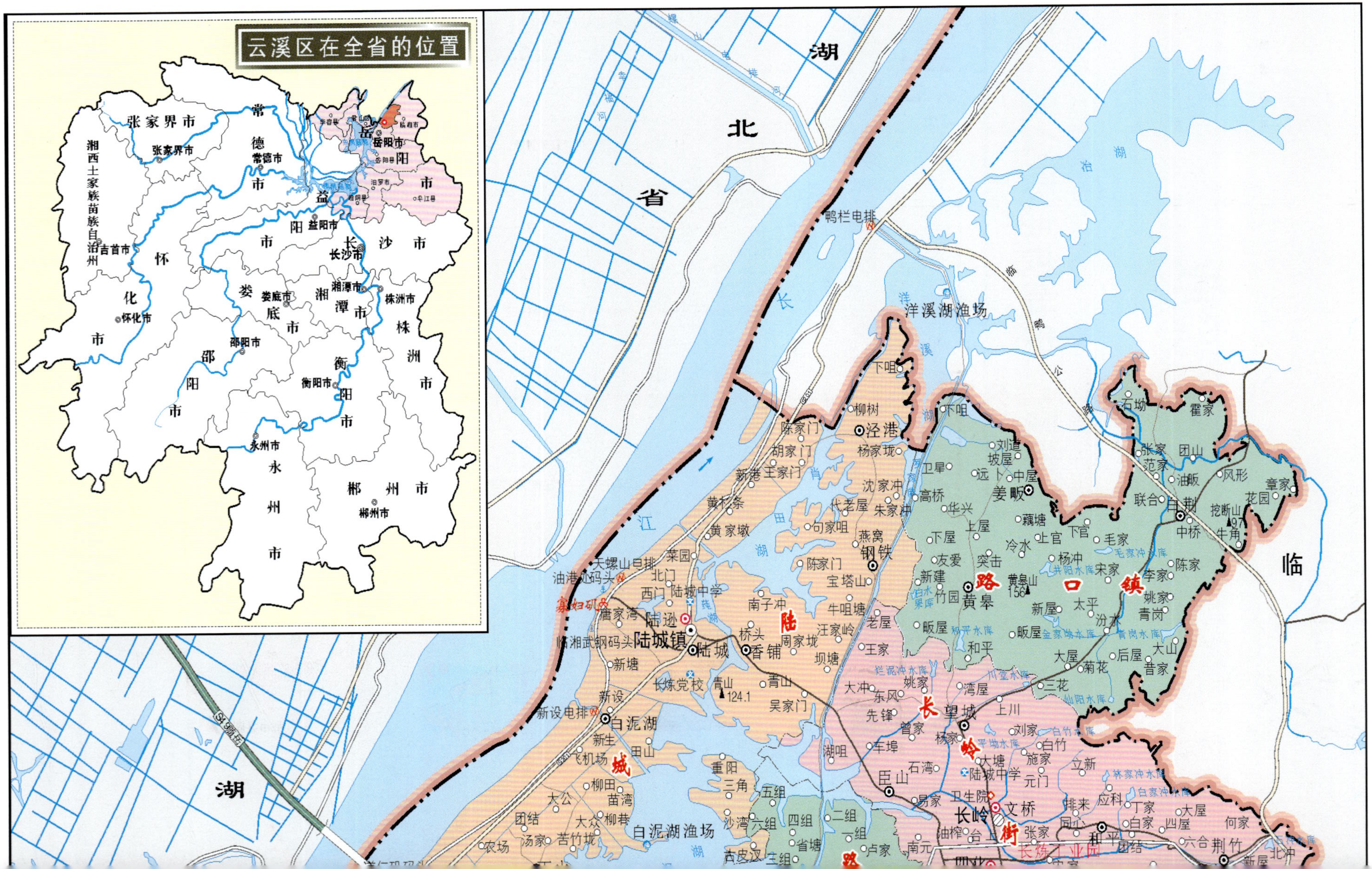

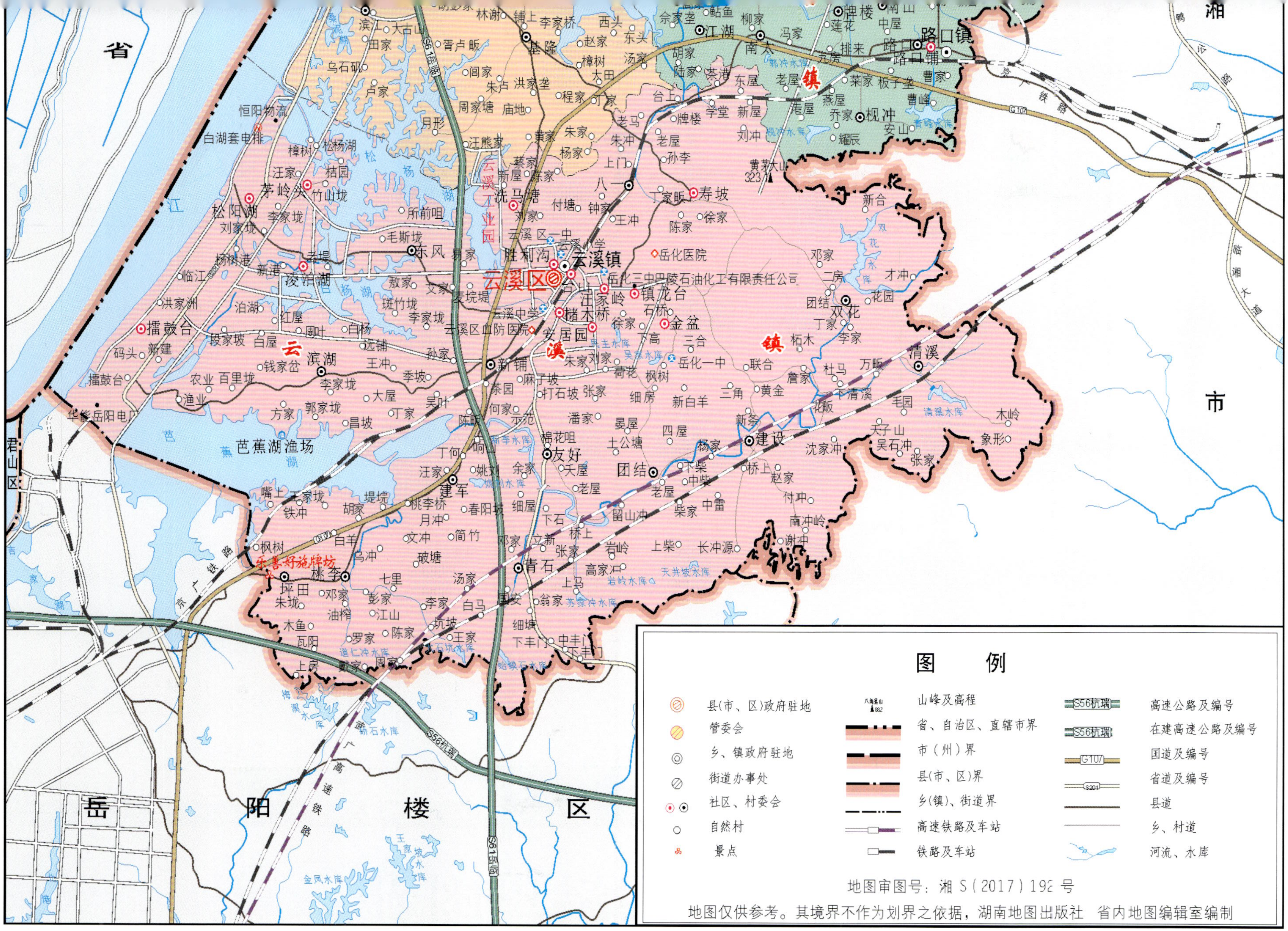
图 例
县(市、区)政府驻地
管委会
乡、镇政府驻地
街道办事处
社区、村委会
自然村
景点
山峰及高程
省、自治区、直辖市界
市(州)界
县(市、区)界
乡(镇)、街道界
高速铁路及车站
铁路及车站
高速公路及编号
在建高速公路及编号
国道及编号
省道及编号
县道
乡、村道
河流、水库
地图审图号：湘 S(2017)192 号
地图仅供参考。其境界不作为划界之依据，湖南地图出版社 省内地图编辑室编制
云溪区
云溪镇
云溪工业园
路口镇
岳阳楼区
君山区
湘
省
市
芭蕉湖渔场
滨湖
陆城
松阳湖
擂鼓台
洗马塘
胜利沟
八一
寿坡
镇龙台
金盆
双花
清溪
建设
团结
友好
建军
青石
桃李
坪田
新铺
东风
凌泊湖
江湖
南太
枧冲
基隆
岳化医院
云溪区血防医院
云溪中学
岳化三中
巴陵石油化工有限责任公司
恒阳物流
白湖套电排
华能岳阳电厂
东岳好施牌坊
黄荆大山
323
清溪水库
天井坡水库
岩岭水库
S61岳宜
S56杭瑞
G107
京广铁路
武广高速铁路
临湘大道

# 岳阳市云溪区交通图

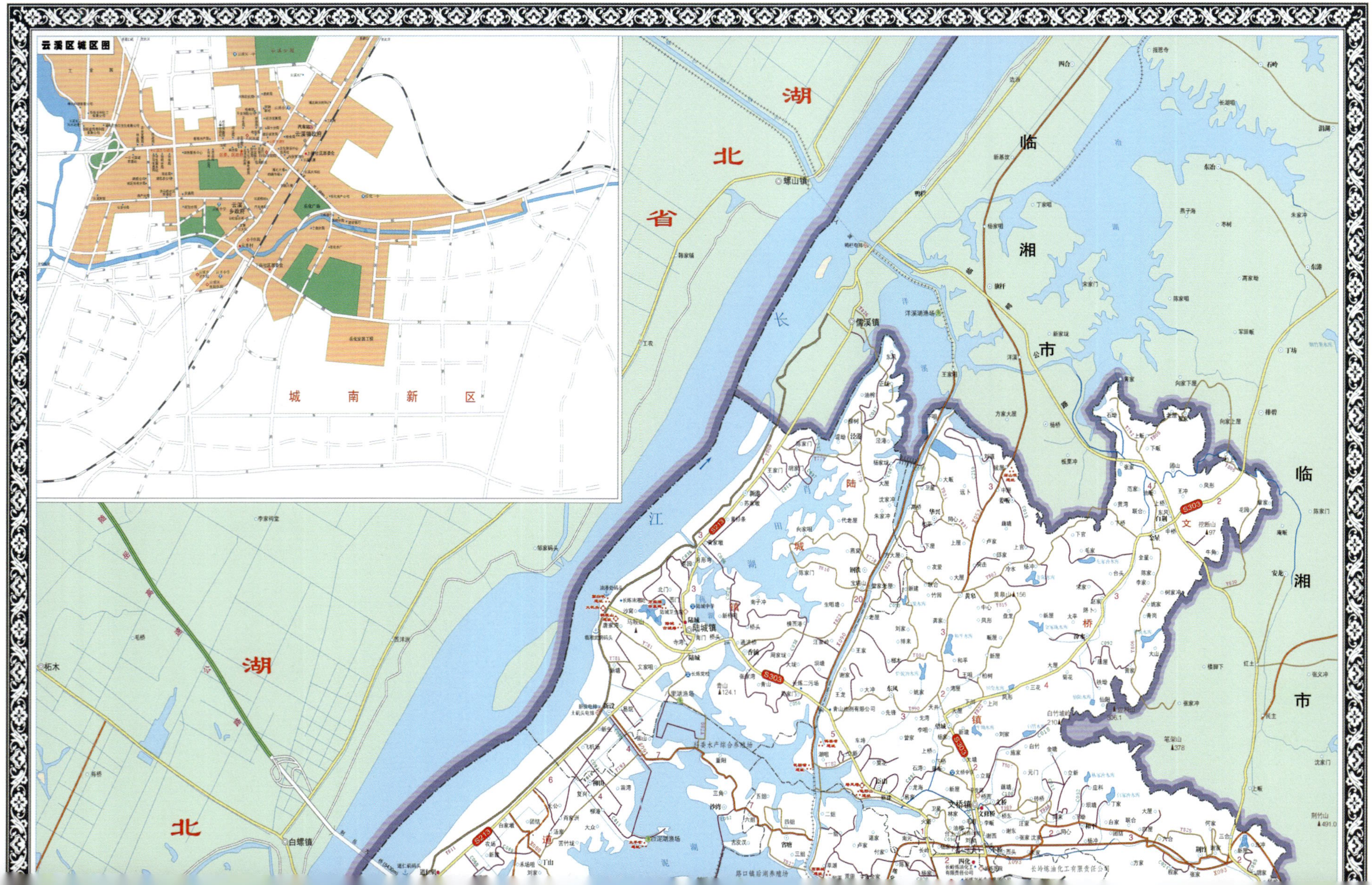

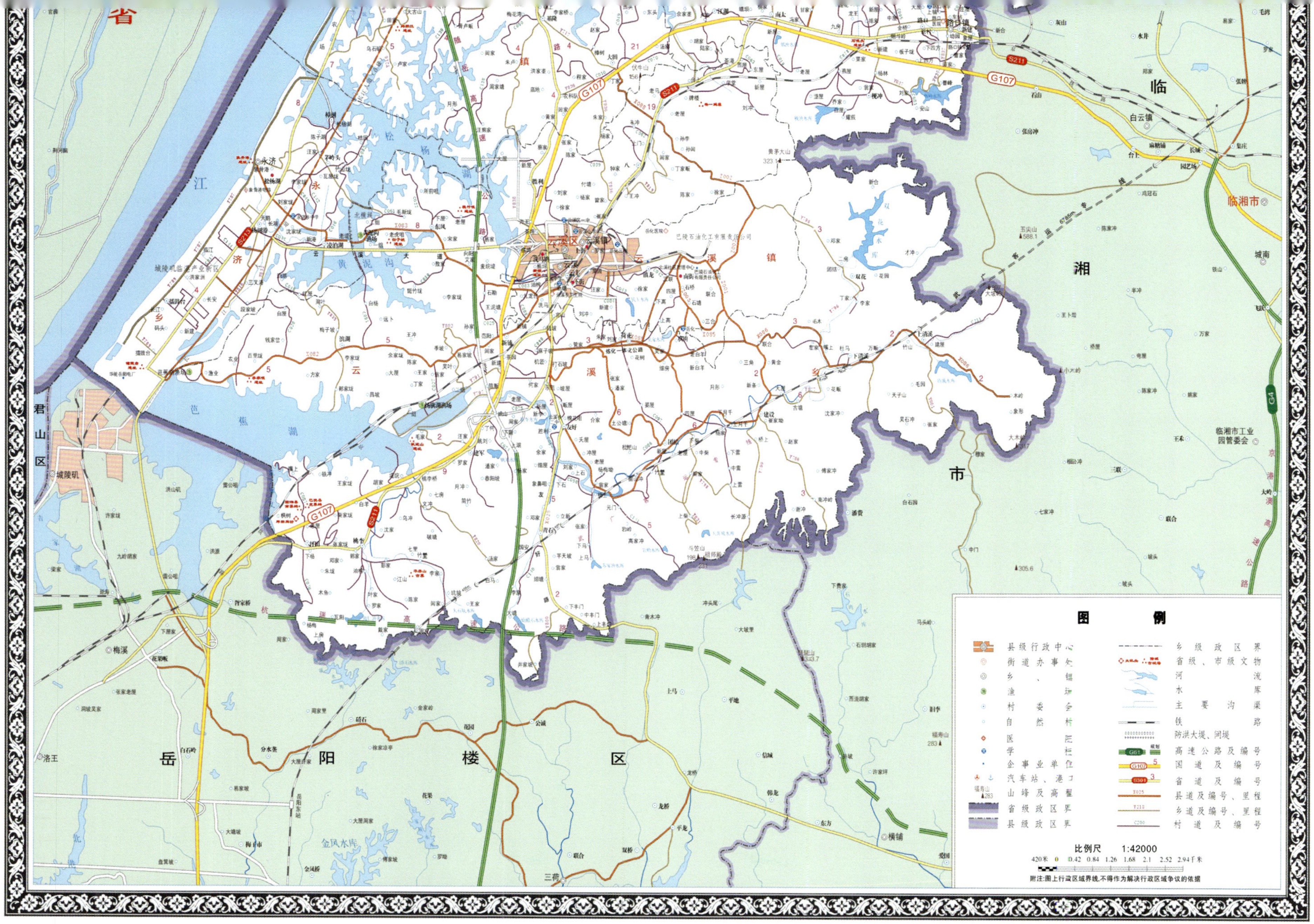


岳阳市云溪区交通运输局 湖南地图出版社 编制 湖南地图出版社出版发行 责任编辑：蒋连军 责任设计：毛琳 湖南地图出版社印刷厂印刷 2012年11月第1版第1次印刷 审图号：湘S(2012)042号 书号：1280552 · 2818

区委办公楼

区政府办公楼

# 【城市建设】

区政务服务中心

云溪云中西路

云溪城南新区

云溪城一角

# 【工业园区】

湖南岳阳绿色化工产业园管委会

中石化催化剂长岭分公司

湖南岳阳绿色化工产业园全景

湖南岳阳绿色化工园长炼分园全景

巴陵石化厂区

长岭炼化厂貌

湖南岳阳国际集装箱港码头

湖南岳阳国际集装箱港货场

荆岳长江大桥

巴陵石化码头

107国道与通港路鸟瞰图

湖南岳阳国际集装箱港

## 【交通建设】

107国道云溪段

武广高铁五尖山隧道

道仁矶镇基隆村村组公路及巴陵石化输油管线

# 【通信电力】

云溪邮政大楼

云溪广播电视发射塔

华能岳阳电厂

220KV 依江变电站

# 【农业科技】

田间灌渠

“陆逊”牌西瓜

柑橘大丰收

机械插秧

机械收割

珍珠养殖

科学养猪

曹峰水库

生态养牛

双花水库

## 【商贸服务】

巴陵石化社区购物中心

云溪城区四通市场

云溪区污水处理厂全貌

伏牛山大型无公害垃圾处理场

【素质教育】

云溪小学教学楼

云溪中学运动场

物理实验课

云溪区第一中学

计算机教学

岳阳市物流工程职业学校

## 【卫生体育】

趣味运动会

农民运动会

职工篮球赛

区中医院

区人民医院

# 【社会保障】

人力资源市场

农村养老保险

区光荣院孤儿学习手工制作

胜利小区廉租房、经济适用房

凌泊湖安置小区

# 【文化娱乐】

区文化娱乐活动中心

巴陵石化文化广场

云溪广场

文艺演出

广场舞大赛

舞蚌

玩龙舞狮

田园风光

# 【宜居生态】

湖光山色

白泥湖生态湿地

十里荷香

江岸秀色

# 【社会生活】

巴陵石化安居园

胜利小区金石花园经济适用房

道仁矶新农村建设示范小区

清溪农村别墅

大汉新城

# 【文物古迹】

国家重点文物保护单位大矶头文化遗址

云溪岩岭古驿道

铜鼓山商文化遗址出土的青铜鼎

铜鼓山商文化遗址出土的青铜觚

省级文物保护单位坪田“乐善好施”牌坊

国家重点文物保护单位铜鼓山商文化遗址

擂鼓台（唐宋时期文化遗址）

《岳阳市云溪区志》评审会议合影（2015 年 12 月 31 日）

# 序　一

十年磨一剑，《岳阳市云溪区志》终于付梓。这是云溪方志事业的丰硕成果，也是云溪经济发展、社会进步的一个具体反映，值得庆贺！

云溪是湘北门户，自古就以“鱼米之乡”著称，而今更以“中部重要的石油化工基地”和“长江中游区域性航运物流中心”闻名。保存至今的铜鼓山殷商文化遗址、长江人工石矶大矶头、历史文化名镇陆城等古迹景观，传讲数代的明户部尚书杨一鹏清廉为政、清台湾兵备道刘璈勇御外敌等先贤故事，还有兴建的京广铁路、长江撇洪渠、荆岳长江大桥、绿色化工园、国际集装箱港等系列工程，无不体现了这里的文化厚重、人杰地灵。近40年来，勤劳智慧的云溪人民更是乘着改革开放的春风，借助中石化长岭炼化、巴陵石化等央企的入驻，脱县设区，迈上了快速发展之路，城乡面貌发生了巨大变化，处处充满生机活力。现在，全区人民意气风发，奋力推动经济社会加快发展，各项事业呈现出欣欣向荣、蒸蒸日上的喜人局面。

盛世修志，志载史实，自古皆然。回望云溪修志十余载，广大史志工作者和有关方面通力协作，寒来暑往、笔耕不辍，终成正果、殊为不易。本志作为云溪的全史，全面展现了云溪有史以来特别是1984年建区以来的光辉历程，客观记录了云溪儿女励精图治、奋发图强的动人事迹，真实反映了全区人民艰苦创业、实干创新的鲜活经验，构成了一幅蔚为大观的历史长卷；所记范围广泛、门类齐全，涉及山川形胜、人文丕变、古今要事，备载政治、经济、军事、文化、社会诸多方面，犹如一部云溪的百科全书；特别是融思想性、科学性、史料性为一体，既反映云溪地方特色，又彰显鲜明时代特征，具有极高的存史、资政、育人价值，是云溪一笔鉴往知来、加快发展的宝贵财富。

历史的车轮滚滚向前。当前，云溪发展迈上了在岳阳率先实现城乡统筹、率先实现全面小康的新征程，全区上下正高举项目兴区大旗，扎实做好融合发展这篇大文章，积极融入“1+4+2”大岳阳城市圈，一个更具实力、充满活力、彰显魅力的富强美丽幸福新云溪即将成为现实，在这方403平方公里的热土上续写出新的辉煌。

一志在手，洞烛区情；一志相传，教益民众。借助这部区志，让历史告诉未来，必将激发全区人民前赴后继、薪火相传，把各项事业不断推向前进，再谱云溪历史华章。

是为序。

2017年10月

（作者系中共岳阳市云溪区委书记）

# 序 二

盛世修志，惠政利民。经过全体编纂人员的辛勤努力，历经十余载寒暑，洋洋100余万言的我区首部方志——《岳阳市云溪区志》终于付梓刊行了，实为云溪历史上的一大盛事。

云溪地处湘北，山川灵秀，物阜民丰，世世代代在这块土地上耕耘、奋进的人民群众，创造了辉煌的历史和灿烂的文化，留下了许多脍炙人口的动人故事。宋朝的经史著述家李绂、明朝的户部尚书杨一鹏、清朝的台湾兵备道刘璈、当代的无线电专家甘石泉，是历代先贤的杰出代表；长江边上的大矶头、坪田的“乐善好施”牌坊，讲述了云溪人民好德崇善的优良美德；铜鼓山殷商文化遗址，则将云溪的历史追溯到了遥远的殷商时代。这些厚重历史和美德故事，成为激励云溪人奋勇争先的不竭动力和智慧源泉。在2014年云溪建区三十周年之时，区本级财政突破了10亿元大关，经济实力显著增强，社会事业全面发展，城乡面貌日新月异，人民生活大幅改善。生生不息的云溪人，必将不断再续政通人和、百业俱兴、人民安康的时代辉煌。

以史为镜，可以知兴替。修好区志，充分发挥史志“存史、资政、育人”的作用，是一件益在当代、利在千秋的大事。2003年以来，区史志部门按照实事求是的观点和略古详今的原则，以志为主，述、记、传、图、表、录等并用，分24篇100余万字，翔实地记叙了云溪的历史与现状，自然与社会，纵贯古今，横陈百业，对政治、经济、军事、地理、文化、教育、科技、体育、卫生、社会生活等各方面的史料无不广征博采，揽云溪发展历史于一帙，集资料性、科学性、思想性于一体，为我们鉴往知来、把握现在提供了珍贵的历史资料，不仅是一部珍贵的地方文献，更是一部生动的爱国主义乡土教材。

察古自当鉴今。捧读《岳阳市云溪区志》，我们祈望，读者远能察古，彰明历史得失；近可鉴今，更好地开拓进取，振兴前行，为明天的云溪，书写更加灿烂辉煌的篇章。

是为序。

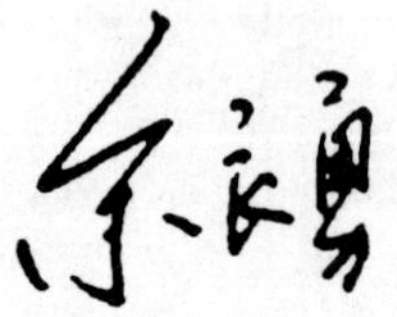

2017 年 10 月

（作者系云溪区人民政府区长）

# 凡 例

一、本志编纂坚持以马克思列宁主义、毛泽东思想、邓小平理论、“三个代表”重要思想和科学发展观为指导，贯彻落实习近平总书记系列重要讲话精神和治国理政新理念新思想新战略，运用辩证唯物主义和历史唯物主义立场、观点、方法，实事求是、秉公直书地记述自然与社会的历史和现状，力求史料性、知识性、可读性相结合，起到存史、资政、育人的作用。

二、本志为首修志书，记述事项尽量上溯源起，以1978年改革开放和云溪置区后为重点，下限2011年，少数人、事顺延至2014年。记述地域范围以各个历史时期隶属区域为限。

三、本志大事记以编年体为主，纪事本末体为辅，以志为主，同时采用述、记、传、图、表、录等形式，由序、凡例、概述、大事记、专志、人物、附录、索引、后记九部分组成。概述总揽全志，综述历史与现状；大事记略古详今，纵揽大事、要事；专志采用篇、章、节、目和目以下视情况设子目体例，横排门类，纵述历史，计24篇105章。对需要重点记述的事件，特设专记。

四、关于人物，本着生不立传、正面为主的原则，设传记、传略、表录，其中表录根据需要或置于专志或放置志后“人物”内。传录人物、表录烈士分别以卒年、牺牲时间为序。获省、部级以上单位授予荣誉称号的先进人物，以获得荣誉称号时间为序。副高级以上技术职称人员，按评定职称时间为序。单位主要负责人，以任职先后为序。在外副团级军官、副高级以上技术职称人士，以所在国家或地区和姓氏笔画为序。

五、文体，按照中国地方志指导小组颁布的《地方志书质量规定》，以记述文、语体文为主。文字，执行2001年1月1日起施行的《中华人民共和国国家通用语言文字法》，除引用使用少数繁体字外，其余均用简化字书写。数字，按2011年发布的国家标准《出版物上数字用法》的规定使用。标点符号，执行2011年发布的国家标准《标点符号用法》。

六、历史纪年，凡清代及清代以前，先书写朝代年号，再括注公元纪年，同一朝代同一年号在志中相近处连续出现，只在首次出现时括注公元纪年。中华民国纪年于节前首次出现时括注公元纪年。中国共产党的活动、中华人民共和国成立后（通称1949年后），一律用公元纪年。凡20世纪所属年代，省略“20世纪”，只直标年代。

七、地名、机构、官职及货币等，均按当时当地的通称记述。地名有演变者，注以今名。机构在首次记述时用全称并加括注，以后概用简称。湖南省、岳阳市简称省、市，中共湖南省委、中共岳阳市委简称省委、市委，省、市人民政府简称省、市政府，岳阳市北区、岳阳市云溪区简称北区、云溪区，并概称区，原隶临湘县一般俗称县。官职只在人物首次出现时记述。计量单位，封建王朝、民国时期的，按当时实际记述；1949年10月以后，按国家技术监督局1993年制定的《量和单位》之规定记述，少数单位，为尊重地方习惯仍用市制。

八、地域面积，为便于比较，除序言中采用最近遥感测量的数据外，其余均用历史沿用的数据。价值、产值以当时当地现价计算。水位采用吴淞高程。地平面采用黄海高程。

九、本志所用史料由区内各部门单位提供，或由编纂人员搜集整理。史料一般不注明出处，历史上有讹误者，予以纠正。驻区大型企业的资料，为企业自行设目收集。采用的数据，1984年以前的，主要依据1996年5月出版的《临湘市志》统计；1984年以后的，多以区统计部门数据为准，未纳入统计部门的，以单位提供的为依据。

# 目　录

## 第四篇　中共地方组织



## 第五篇　人民代表大会

## 第六篇 地方人民政府



## 第七篇 政协地方组织



## 第八篇 民主党派·社会团体

## 第九篇 军事



## 第十篇 法治

## 第十一篇 编制·人事·劳动



## 第十二篇 民政与社会保障



## 第十三篇 经济综述

## 第十四篇　经济综合管理



## 第十五篇　农业与农村经济

## 第十六篇 工业



## 第十七篇 交通·电力·邮电

## 第十八篇　商贸·旅游



## 第十九篇　城乡建设·环境保护



## 第二十篇　财税·金融

## 第二十一篇 教育·科技



## 第二十二篇 卫生·体育



## 第二十三篇 文化

## 第二十四篇 社会



## 人物



## 附录



## 索引

# 概 述

## 一

云溪区，位于湖南省东北部，东接临湘，南连岳阳，西倚长江，北濒临湘，跨北纬29°23′56" ~ 29°38′22"、东经113°08′48" ~113°23′30" 之间。东西最大横跨22.26公里，南北纵长29.4公里，总面积396.2平方公里。东有武广高铁线路相切，西有黄金水道相依，中有京广铁路、国道107线纵贯南北，西南有随岳高速、省道210线斜穿而过。区政府驻地云溪镇，北距武汉320公里，南距岳阳中心城区25公里、省会长沙270公里。

境域有6000多年历史。唐虞时期属三苗地，夏商时隶荆州之域，秦汉属长沙郡、下隽县、巴陵县地，宋、元、明、清、中华民国至1984年前先后属王朝县、临湘县，1984年从临湘县析出置北区，隶岳阳市，1996年更名为云溪区。驻有长岭炼油厂（简称长炼）、岳阳石油化工总厂（简称岳化）两大中央直属企业。2011年，辖5个镇2个乡1个街道、22个居民委员会、61个行政村、5个村级水产养殖场。有57409户、175384人，其中汉族占99.21%，其余为土家族、苗族、满族、回族、侗族、蒙古族等26个民族。

云溪区属亚热带季风性湿润气候区，四季分明，光照充足，雨量充沛，无霜期长。年均霜日近30天，日照1806.1小时，日照率41.8%，降雨量1463.5毫米，相对湿度79%。主要灾害性天气有干旱、暴雨、寒潮和冰冻。

云溪区（以下通称云溪）沿区址地名冠名。据幕阜山余脉，地势东高西低，东拥连绵丘岗，西展坦荡湖乡，山丘占57.22%，平原占24.81%，河湖水域占17.91%，大致“5分山地2分水，其余3分为平原”。土地平旷，水土肥沃，宜农宜工，宜牧宜林，素称“鱼米之乡”，今谓“化工之区”。山丘林木覆盖，有松、杉、竹、茶、果14026.66公顷，野生动物315种，野生植物904种，药材400余种，尤以茶叶和中药材吴萸籽享誉湘鄂。平原地宽水阔，既盛产粮、棉、油、猪、禽类、水产，又是全省重要化工基地。长炼、岳化和湖南绿色化工产业园（即云溪工业园）的精细化工产品，填补国内30多项空白，饮誉中外；白泥湖河蟹、松阳湖湘莲畅销长沙、广州、上海等地，多次荣获全国及国际农博会大奖。地下矿藏已发现的有褐铁矿、钨矿、磷矿、白土岩、石灰岩和建材石料，以建材石料品位最高，青石、麻石、青灰石等，都是建筑、装饰的优质原材料，且蕴藏丰富，易于开采。

# 二

云溪险控湘、鄂，历来为兵家必争之地。殷商时期商灭夏，其军事势力深入陆城，在铜鼓山设防卫据点。春秋战国，诸候逞雄，楚庄王在擂鼓台擂鼓助阵，挥师击败窃国称王的佞臣斗越椒。东汉马援统兵4万人，南征“五陵蛮”，屯兵下隽即今岳阳至陆城一带，取水道进击壶头。三国纷争，东吴陆逊扎寨下隽，在现陆城茅草岭筑城演兵，破荆州、擒关羽，火烧连营七百里。五代吴楚争雄，楚许德勋统战船千艘，令部属在道仁矶南北夹击，大败吴军。明末张献忠率20万大军，水陆并进，克陆城，取岳州。清康熙征讨吴三桂，在陆城至岳州沿江一带，征战经年。太平军西征，分兵直取区境，连营六十里。民国初年，南、北两军先后七次在境域决战，夺陆城，争云溪，反复拉锯。国民革命军北伐，兵分五路，战陆城、取云溪，乘势直下武昌。抗日战争时期，区境为“湘北会战”前沿阵地，国军屯兵数千，同日军鏖战七年，大小战役数以百计，太平桥之战以湘北会战第一个大胜仗永载史册。

云溪交通便捷，历来倍受改革建制青睐。后唐清泰年间（公元934—936），马殷、马希范父子为“便民输纳”，划巴陵县东北部，在陆城设王朝场。北宋淳化元年（990），哲宗赵煦升王朝场为王朝县，立县治陆城。至道二年（996），改王朝县为临湘县。此后历宋、元、明、清，至民国19年（1930），陆城先后为王朝县、临湘县县治942年。明天顺五年（1461）置云溪驿，北廷谍简，南疆檄文，无不经由境内。清末，国家积贫积弱、艰艰曲折之际，外国轮船纷纷侵入长江，虎视岳州。湖南、湖北两省开明士绅，为“防太阿之倒悬，挽固有之利权”，力主外人侵占长江中上游主权之前，扩大松杨湖象骨港和陆城塘湾码头，增辟陆城新港，兴办内河轮船航运。民国6年（1917），开通粤汉铁路后，在境内不足22公里的线路上，连设云溪、路口铺两个火车站，以便湘北、鄂南客货聚散。1949年后，云溪特殊的交通、地域优势，更是深受中央及省、市各级高度关注。1965年、1969年，石油工业部和解放军总后勤部，先后建长炼、岳化两厂于境内。1984年，省政府报请国务院批准，析置区境为岳阳市北区，以加快岳阳中心城区发展。2008年，市委、市政府在永济乡初步建成湖南岳阳城陵矶国际集装箱码头（通称城陵矶新港码头）后，又在永济乡、云溪乡滨江地区开发湖南岳阳城陵矶临港产业新区(简称临港新区)。2011年，城陵矶新港码头实现沿江上至重庆，下抵上海全流域通关航运，开通岳阳至日本、韩国等国家及中国香港、澳门、台湾和地区海运航线，成为全省唯一通江达海港口。临港产业新区已成为带动岳阳发展新的经济增长极和拉动整个湖南发展又一新的经济增长带。

云溪山水滋润，代出贤能名士。宋有遍览经史，著作颇丰，筑楼讲学，教化一方的著述家李绂。明有执掌国事，体恤民众，刚正不阿，为政清廉的户部尚书杨一鹏。清有精工诗文，主纂府州县志贡献突出的经史著作家和方志学家杨朝柱；有平叛新疆，整饬军务，“聚筹战事”，抗御外侮的台湾兵备道刘璈；有抚孤成立，“延师课人子弟”，“赍千金以助灾赈”被光绪皇帝册封为“二品夫人”的未夫人。中国共产党成立后，更涌现大批“甘洒热血写春秋”的仁人志士。中共地方组织创始人李中和，面对团防的屠刀视死如归，奋笔疾书“宁可站着死，不可跪着生，要我背叛党，难于上青天”；首任临湘县女界联合会主席黄淑，毅然放弃深造机会，返回家乡投身妇女解放事业；首任临湘县总工会主席李文彩，“为工农大众的翻身事业，乐意流尽最后一滴血”。还有积极创建中共地下组织，发动农民武装暴动，敢于牺牲的杨少清、曾楚恒，有一心投身革命，唯一参加过二万五千里长征的张泗海，有自发组织抗日武装，一身是胆、义勇双全的沈三权，有拒绝为日军带路，临难前高呼“打倒日本帝国主义”的丁家山儿童丁先英。1949年后，有370名优秀儿女跨过鸭绿江，抗美援朝，其中16名烈士血洒朝鲜战场。贺守云作战英勇、多次立功，接受过贺龙检阅，被志愿军总部授予“战斗英雄”称号。有主编过全国养猪学教材等10多部专著，曾担任过广州市政协常委的著名畜牧学家、猪种发育专家黄伟胜，有为创建玉门、兰州、大庆等炼油厂做出重大贡献的石油专家敖明模，有享誉欧美的气象学家李麦村，有参加过三峡工程建设和援外工程的水电专家任建业，有受到过毛泽东、朱德、刘少奇、周恩来等党和国家领导人接见的无线电专家甘石泉，有获得“文学士”学位，编写过大学本科及研究生《英语教材》，被收录《中国专家人才名典》《中国高级教育专家名典》的施正可。在社会主义革命建设和改革开放的时代大潮中，风流人物更是雨后春笋，层出不穷。至2011年年底，全区有中央和国家部委及省军级授予劳动模范、先进工作者、三八红旗手等荣誉称号52人；获副高以上技术职称的工程师、农艺师、医师、教师、会计师、审计师、设计师等各类专业科技人员120人。还有大批在境内和全国各地工作，有的是党政军高级干部，有的是造诣精深、学有专长的教授、学者，有的是德艺双馨、影响较大的文苑艺坛名流。他们在各自的岗位上，为推动社会发展奉献自己的聪明才智。

云溪历史悠久，文化积淀深厚。公元前4400—3300年，大溪文化开始渗透境内。公元前1600—1046年，商文化南渐，境域作为江南连接中原的桥头堡，殷商文化率先进入境域。公元前770—250年，诞生于中华文明摇篮，一定程度上代表中国传统文化的中原文化不断传入境内。上述文化传入，留下大量珍贵的文物和文化遗址。1985年，第一次全国文物普查，共发现古文化遗址27处，古窑址5处，古墓葬（含古墓葬群）36处，古桥梁5处，古树4棵，古城址1处，典型石碑、石刻15件，石雕35件。1997年，陆城铜鼓山商文化遗址出土的青铜器，作为商代随葬的礼器，在湖南省当时的考古发现中尚属首例。铜鼓山商文化遗址彻底推翻商文化不过长江的传统史学观念。2006年，被省政府公布为第八批省级文物保护单位的陆城大矶头，为迄今为止长江中、下游水道上唯一保存的利用自然山体和岩石修筑的人工矶头。2011年，全区已发现并确定的重点文物保护单位89处，其中国家、省级重点文物保护单位各2处。有馆藏不同时代的珍贵文物195件，其中国家一级、二级文物分别为1件、2件。大量古迹中，作为湘北地区唯一文化遗存最丰富，具有近千年县治历史的陆城古县城，素有“千年古镇、沿江重镇、文化名镇”之誉，承载着三国时期来近2000年丰厚的文化内涵，其南、北正街，已纳入岳阳市国家历史文化名城街区，进行重点修缮保护，以便更好地传承历史文化。

## 三

殷商时期后，封建剥削制度严重禁锢人们。东汉末年（190—220），社会动荡不安。宋代后，战乱连年。明代后，政治腐败、社会黑暗。清代、民国时期，帝国主义、封建主义、官僚资本主义三座“大山”沉重压迫。尤其封建地主阶级凭借占有大量土地，利用地租、高利贷、雇工、典押等各种手段，对农民进行残酷剥削，境内人民深受其害。1949年7月，中国人民解放军挺进境内。8月，中共临湘五区区委宣告成立。从此，沧海桑田，历史进入新的纪元。

1949后，为发展经济社会事业，云溪地区党组织在政治、经济领域先后进行一系列重大改革。

1950年，五区、六区区委（1950年成立）实行民主建政，区以下废保甲，设乡、村，彻底推翻地方封建地主阶级政权，建立新的人民政权。1953年，实行人民代表大会（简称人大）制度，由人民当家作主，决定经济和社会发展重大事项。1953年，设立云溪人民法庭，逐步完善司法体制。1958年，

“大办民兵师”，加强地方武装。“文化大革命”中，民主政治建设陷入停顿状态，各政权机构基本瘫痪。中共十一届三中全会后，各公社（镇、场）党委认真落实中共中央（简称中央）和省、地、县委重大决策，实现党的政治路线和思想路线拨乱反正。1980年，撤销各级革命委员会（简称革委会），建立乡级人民政府管理机构，实行党委领导下的行政负责制。1984年云溪建区后，区委进一步落实中央和省、市委改革开放的战略部署。是年，废除农村人民公社体制，实行改社建政。恢复健全人民代表大会制度，召开北区第一届第一次人大会，建立区人大常委会和区政府机构，实行党、政职能分开，授予区人大依法行使重大事项决定权和监督权，赋予区政府县级行政管理职能。1987年，成立政协北区委员会（简称区政协），赋予依章参政议政、民主监督的职能。恢复建立司法、财政体制。政法机关依法独立行使检察权和审判权。同时，相继建立和恢复工会、团委、妇联、科协、残联、工商联等群众团体，促进其依法维权、依章自律，充分发挥其在改革开放中有效融洽党群、干群关系的重要作用。1988年，实行人事制度改革，建立“定岗定编、双向选择、优化组合”的用人机制。1995年，实行机构改革，建立精简、廉洁、高效的办事机构。1999年后，按照“直接、平等、差额、无记名”的原则，至2011年，先后组织4次村民委员会（简称村委会）和4次居民委员会（简称居委会）换届选举，围绕“民主选举、民主决策、民主管理、民主监督”开展村民自治工作，使村级管理机构转变成自治组织。

民主政治建设保障经济体制改革顺利进行。1952年，完成农村土地改革（简称土改），废除封建土地制度，实行土地劳动群众集体所有。1956年，完成社会主义改造，98%以上的农户和96%以上的个体手工业者、私营工商户进入集体、国营经济组织，建立社会主义新型生产关系。1958年，实行政社合一、工农兵学商五位一体的人民公社管理体制。但由于忽视商品经济规律和社会主义初级阶段按劳分配的原则，导致出现“左”倾错误，国民经济一度陷入困境。1961年，贯彻中央“调整、巩固、充实、提高”的方针，调整社队规模，实行以生产队为基本核算单位的“三级所有，队为基础”的经济管理体制和包工、包产、包成本的按劳分配原则，促进生产恢复发展。“文化大革命”中受到极左路线干扰。但至1977年，工农业生产仍呈现继续向前发展的势头。1981年，在农村推行家庭联产承包责任制，极大激发农村生产经营活力。1985年，区委认真贯彻中央《关于经济体制改革的决定》，将土地承包期由原定3年延长至15年，承包范围由耕地扩大到山林、水面。1987年，在城镇工商企业中推行经营承包制、厂长（经理）聘任制、职工合同制和薪酬浮动制。给企业松绑放权、打破“大锅饭”后，经营效益不断提高。1995年，实行土地第二轮承包，承包期由15年延长至30年。1996年，对区、乡集体企业实行股份制改造。2003年，建立土地流转机制，允许土地转包、租赁，鼓励将土地向种植大户集中。引导养殖户建立经济联合体，实行产、供、销一条龙服务，推进农业产业化发展。并实行以“两个置换”为主线的工商企业产权制度改革。2011年，全区先后培养蔬菜、瓜果、湘莲等一批绿色产业，形成生猪、家禽生产等多种产业链。国有企业、集体工商企业亦实现向个体私营、股份制经营等多种经营形式的转变。

党组织坚持一手抓改革开放，一手抓党的建设，为改革创新提供强有力的组织保障。1950年，在党员干部中开展中华人民共和国成立后第一次整风运动，纠正官僚主义、强迫命令风。并结合土改发展党员，壮大党员队伍。1953—1956年，开展经常性小整风。1960年始，开展以反“五风”为主要内容的整风整社运动，恢复和发扬党的实事求是、群众路线的优良传统。“文化大革命”中，党的建设陷于停顿，党员思想一度出现混乱。1978年后，党的建设步入健康发展轨道。1988年，区委开展全面整党，对党员重新登记。1987年，开展“争先创优，从严治党”试点工作，处理不合格党员，其做法被中央组织部推介。90年代，先后实施“先导工程”“先锋工程”等一系列党建工程，经常性开展“创建先进党支部，争当优秀党员”和“党员亮身份、创红旗、奔小康”等竞赛活动。坚持民主评议党员、处置不合格党员，落实述职、述廉和领导干部任期经济责任审计等制度，完善惩治和预防腐败体系，保证党的肌体始终健康纯洁。进入21世纪后，围绕“提高党组织执政能力和水平，始终保持共产党先进性”这一主线，坚持开展建设学习型党组织和党员先进性教育活动。2001—2011年，全区共涌现新型先进党组织47个，党员结对帮扶困难户1750户，有1500名农村党员成为致富能手，300个党员家庭被评为“科技示范户”。2011年，全区有基层党委（党工委）10个，其中非公有制经济组织党工委1个，有党总支22个，党支部320个，党组31个，党员总数5952名。

党组织坚持一手抓党的建设，一手抓政治思想教育和精神文明建设，为改革发展提供强有力的支撑。1950年，组织干部群众学习《中华人民共和国土地改革法》《中华人民共和国婚姻法》。1953—1956年，学习党在过渡时期的总路线。1960年，学习贯彻中央“调整、巩固、充实、提高”的八字方针，掀起大办农业，大办粮食热潮。1965年始，把政治思想教育与精神文明建设结合起来，兴起学习毛泽东著作热潮，开展学雷锋、学焦裕禄活动。“文化大革命”期间，精神文明建设被“以阶级斗争为纲”的宣传所取代。1978年，全面清除“左”的影响，将“五讲”“四美”作为精神文明建设主要活动内容，坚持在干部群众中把讲文明、讲礼貌、讲公德、讲奉献作为一项长期教育活动来抓。1984年后，结合发展商品经济，全面开展评“三户”活动。进入90年代，精神文明建设形成高潮。在广泛开展“爱厂护厂”教育和创建“文明路段”的同时，坚持社会主义核心价值观，兴起“爱国家、爱集体、爱家园”竞赛热潮。2001年始，把精神文明建设作为建设小康社会的一项重要工程常抓常新。至2011年，先后开展评选“十星级农户”“文明道德之家”“文明单位”“家规家训进农家”“道德评议进农家”和“清洁家园”等系列活动。全区形成关心国家大事，全心发展生产，热心帮扶弱势群体，尽心维护市容村容，奋力迈向小康社会的文明风尚。

## 四

1949年前，除农业、商贸小进大退，时有恢复发展外，其他各业大多凋零衰败，一片萧疏。1949年后，党和政府领导人民建立新的生产关系，大力发展生产，经济得到较快恢复发展。至1983年，工农业总产值增至3242万元，比1949年增长2.13倍。1984年后，区委、区政府突出改革开放，科技兴区，工业立区，经济快速发展，城乡面貌日异月新。至2011年，工农业总产值、社会商品零售总额分别达到164.63亿元、12亿元，比1984年分别增长215.99倍、38.8倍；一、二、三产业生产净值在地区生产净值中的占比分别由1984年的52.64%、36.77%、10.59%调至7.33%、63.36%和29.31%。云溪区不仅实现由贫穷到富裕，由以农业为主导到以工业为主导的巨大变化，而且正发生着由传统农业区到农业产业化、新型工业化、农村城镇化新区的深刻转变。

农业各业全面发展。唐代，境内仅有水稻生产。宋代，小麦、粟等开始普遍种植。明洪武年间（1368—1399），实行“插标为界”，鼓励开垦。清代，扩大两熟制种植。至民国25年（1936），粮食总产由明洪武元年（1368）5856担增至41.77万担。但至民国38年，粮食总产比民国25年减少21.37万担，其他林、牧、渔业均未形成规模生产。1950年实行土地农民所有制后，生产得到较快发展。1954年，推广连作双季稻，实行水稻生产第一次革命。至1974年，粮食总产增至4万吨（合80万担）。并开始注重“农、林、牧、副、渔全面发展”。1981年全面推行联产承包责任制后，农业生产出现新的飞跃。1985年，区委提出山水田土综合开发。1987年，渔业等水产品产值比1984年增长86.06%。是年，实施“三年消灭荒山”，强力推进林业生产。至1992年，林业产值在农业总产值中的占比比1984年提升1.73%。1993年，区政府实行生猪生产奖励政策，大力发展生猪养殖。2000年，推广“公司+农户”养鸡模式，着力发展禽类生产。2001年，实行从粗放养殖到精细养殖，从大湖散养到拦网围养，提升河蟹等特种水产养殖科技含量。至2011年，农业总产值增至100715万元，比1984年增长29.4倍；且林、牧、水产等产业产值在总产值中的占比分别达到3.2%、33.68%和24.19%，比1984年分别提升0.67%、17.86%和14.33%。水利建设解决旱涝保收根本问题。唐代，始修永济堤。元泰定元年（1324），始围垸筑陆城赵公堤。至清道光八年（1828），境内已围垸21个。但由于所修堤防矮小单薄，不堪洪水一击，常是修后又倒，倒后又修。至清同治年间（1862—1874），江堤、垸堤均百孔千疮，无一完整。仅有山塘910口。民国6年（1917），临湘县与湖北省嘉鱼县合作，江堤始连为一体。民国22年后，由于县堤务部门不断鲸吞修堤赈灾款物，堤垸等水利工程失修。至民国38年，仍无一能抵御较大洪水的堤防。1950年始，每年按计划加高培厚江堤。1957年，筑永济垸堤；次年，筑黄盖湖垸堤，彻底切断长江与内湖通道，减少水患。1958年始，大修山塘。1962年始，兴起水利建设高潮；至1979年，小（Ⅱ）型水库增至27座。1980年，初步完成冶湖撇洪工程，提高内垸排渍能力。1984年后，区委、区政府进一步加强水利建设。1988年，始筑长江标准化堤段；1998年，实施长江大堤“久安”工程。并组织整修撇洪渠堤，完善配套设施。2000年后，改造永济电排站，重修新设电排，实施山塘、水库清淤整理工程。2011年，全区共有水塘2690口，水库42座，堰坝44处，机埠259个，各类电排10处，渠道323.92公里，蓄、引、提水总量1.12亿立方米，加之“久安”型长江堤防27.28公里，旱涝保收面积达到96%以上。

工业实现产业化集约化崛起。唐、宋时期，仅有少量竹、木、铁器、泥瓦加工业。清代，大米、面食、酿酒、铜器、锡器加工等行业门类增多。纺织、服装、制茶等行业兴起。民国22—25年（1933—1936），有各类手工作坊23个。日军侵境后，手工业遭到严重破坏。抗日战争胜利后逐步恢复。但至民国38年，较大的手工业作坊仍只有15个。1949年后，党和政府重视恢复发展地方工业。1956年，国营工业、社队集体工业逐步发展。次年，工业产值26.03万元，比1949年增长33.89%。1958年，实行工业大跃进。但由于盲目上马，实际效果不佳。1961年调整后，逐步走上正常发展轨道。1965—1969年，随着长炼、岳化相继落户，社办工业迅速发展壮大。至1983年，社办工业企业发展至50家，产值537.4万元，比1957年工业总产值增长19.65倍。1984年后，区委、区政府提出充分利用本地和大厂资源，实行区、乡、村、个体、联户一齐上，以乡镇企业为主体的地方工业一度快速发展。至1997年，工业企业发展至1267家，产值比1983年各类工业总产值增长93.68倍。但由于发展过快，加之设备老化，经营管理难以跟上，企业开始出现亏损。1998年实行企业所有制改革后，多种经济成分企业逐步发展，工业步入健康发展轨道。2003年，区委提出“工业兴区”，并创办云溪工业园，制定一系列优惠政策，扩大招商引资，实行集约化、产业化发展，工业进入快速发展时期。至2011年，规模企业发展至86家，涉及化工、制造、建筑、建材、采矿、轻纺、食品、电力、电子等八大门类31个行业，总产值142.57亿元，比1997年增长20.63倍。其中入园规模企业85家，产值占规模企业产值99.5%，形成以工业催化剂新材料、高分子材料加工、生物医药化工、环保溶剂、中间染色体及炼厂尾气加工等为支柱的产业化生产格局。

城乡商贸日益繁荣。清末，县治陆城有商贸行业24个，乡村有商户90余户。民国27年（1938），日军侵境，城乡商贸遭到严重破坏。民国38年，商户由抗战前138家减至127家。1950年，国家保护扶持私营商贸发展；至1953年，私营商户发展至147家。1956年，私营商贸实行国营或公私合营，商贸业有所发展。1958年，集体供销与国营商贸并于人民公社供销部门，商贸网点减少。1961年调整后，个体私营商贸、集体经营商贸、国营商贸共同发展。1965年，共有商贸网点146个，社会商品零售额358.39万元。“文化大革命”期间，私营商贸、乡村集市基本取消。中共十一届三中全会后，私营商贸重新兴起。至1990年，城乡各种经济成分的商贸网点发展至1780个，社会消费品零售总额增至6331万元，比1965年增长19.42倍。1992年后，城乡集贸市场、专业市场建设强力推进，集体商贸、国营商贸或租赁或买断产权，个体私营商贸得到迅速发展。至2002年，个体商户社会商品零售额占全区社会商品零售总额78%。2003年后，商贸经营管理体制改革进一步加快，国营商贸、集体商贸全面实行企业产权置换，城乡市场进一步放开，呈现出以个体私营为主体的商贸业快速发展格局。至2011年，全区商贸网点发展至5791个，社会消费品零售额达到119936万元，比2002年增长3.09倍。其中云溪镇城区商贸网点发展至2948个，社会消费品零售额达到69481.36万元，比2002年增长3.21倍；乡村商贸网点发展至2843个，社会消费品零售额达到50451.64万元，比2002年增长2.97倍。

财政、金融大幅增长。清代、民国时期，苛捐杂税繁多，加之生产力低下，常是收不抵支。1949年后，工农业生产恢复发展，至1969年，年均财政收入61.39万元，比民国34年（1945）增长2.37倍。1970年后，长炼、岳化建成投产，财政收入猛增。至1976年，增至1781.16万元。1978年，城乡经济体制改革，工农业生产不断发展，财政收入出现新的增长。至1982年，增至2440.34万元。1988年建立区级独立财政后，区、乡各政府积极培植财源，大力加强税收征管，财政收入进入快速增长时期。至2001年，年均增长38%，达到11399万元，首次突破亿元大关。2003年后，工业迅速崛起，财政、税收管理体制进一步深化，财政收入持续大幅增长。至2011年，区本级收入达到72766万元，比2001年又增长5.38倍。并实现税收4.97亿元，比1984年增长29.32倍。2011年，银行机构由1983年4家发展至12家，存款余额541815万元，贷款余额175436万元，比1983年分别增长884.32倍和36.92倍。保险机构由1984年1家发展至13家，保费收入达到1.43亿元，比1984年增长65.2倍。投资担保余额比2009年增长87.24倍，达到3.09亿元。

基础建设全面加强。清代，境内交通仅有人行大道和渡口码头。民国4年（1915），粤汉铁路段竣工。民国25年，武长公路段通车。50年代，将人行大道改造成沙石公路。1966年，修筑长炼至陆城沙窝沥青公路。1971年，纵贯全境的京广铁路复线竣工通车。1984年后，区委、区政府大力加强交通基础设施建设。1991年，修通贯穿全境的107国道段。并着力加强村组公路建设。2005年后，构建大交通。2011年，有通江达海港口1个，沿江码头21个。各类公路总里程1110.69公里、铁路总里程65.34公里，分别比1984年增长5.17倍、1.43倍，密度分别达到2.8公里/平方公里和0.16公里/平方公里。并有备用机场1个，运输管道7条近200公里。各类设施共同构成湘北地区水陆相连的交通枢纽和长江中下游重要物流中心。电力设施建设始于1963年。是年，建成松阳湖和陆城2个变电站。1978年，城乡架设输电线路。1989年，重建陆城变电站。1994年，投入735万元兴建路口变电站。随着工业发展和城乡建设加快，电力设施建设进入快速发展时期。1998年，始实施城乡电网改造。2008年，建成境内最大的变电站依江变电站。2011年，全区有变电站7个，总容量比1963年增长101.3倍，达到797910千伏安；输电线路总里程4632.72公里，年供电1.84亿千瓦时，是1983年的15.17倍。邮政设施，明、清时期，仅有驿站兼作邮路。民国5年（1916），水、陆邮路干线各1条。民国35年，新辟铁路火车运递邮路。1949年后，另建汽车专线邮路。60年代，建立委托交通运输部门有偿代运邮路。1978 年后，邮政设施建设加快。是年，建自办邮政专线。1984 年后，始实行专车直接送达邮件。至 2011 年，有每日班循环干线邮路 1 条，城乡每日班投递支线邮路 32 条，比 1983 年增加 30 条，邮政电信覆盖率 100%。通信设施建设始于清光绪二十二年（1896）。是年，沿马驿线路架设电话线路。民国 27 年后，遭到日军破坏。1950 年，恢复云溪、陆城电话线路。1956 年，长途电话实线线路增至 5 条。1958 年，各大队架设线路。1970 年，人工线路改为电传线路。1984—1987 年，增设长途、区间半自动电话、电报线路 19 条。1990 年，形成以区址云溪镇交换点为中心外通内畅的完整通信网。1998 年，实现电信光缆传输并开通互联网。2002 年，初步完成宽带网建设。次年，始实行移动通信。2011 年，互联网用户增至 19361 户，比 1998 年增加 3871.2 倍；移动电话用户增至 9 万余户，比 2003 年增加 25.97 倍。城乡建设，明、清时期，仅临湘县县治陆城城阔 4 里，大小公共建筑 48 座，民宅 2000 余栋。后经战乱、自然灾害，遭到严重毁坏。至民国 38 年（1949），仅剩公共建筑 2 栋，民宅 200 余栋。乡村建筑大多零乱破败，毫无规模。1949 年后，随着社会变革，战事消停，生产力发展，城乡建设逐步加快。60 年代，各公社（场）拓展驻地小城镇，加强街道和排水系统建设，平房始建成楼房。70 年代后期至 80 年代初，农村开始建楼房。1984 年，区委、区政府制订云溪镇城区建设初步规划，开始按规划加强城区建设，各乡镇（场）始有计划扩大驻地小镇。1993 年，区委、区政府实施“中心城区示范引领，卫星集镇梯次跟进”的城乡发展战略，成立以主管副区长为组长，区财政、区规划、区城建等单位负责人为副组长的城建工作领导小组，着力推进城乡建设。2006 年，开展社会主义新农村建设。2009 年，将乡镇建设、新农村村庄建设一并纳入城乡建设总体规划，实行“城乡发展一体化”。2011 年，城区建成面积扩展至 16 平方公里，比 1983 年扩大 9.67 倍；小城镇建成面积 12.7 平方公里，比 1983 年扩大 3.43 倍；农村居民住宅基本楼房化。城乡街道、村道等公共设施配套齐全，市容村容整洁卫生。环保设施建设亦全面加强，建成城区废水处理系统和生活垃圾处理体系，农村生活垃圾实行户投、组集、村运，全区集中处理。废气减排，河道清淤，噪音控制，污染企业得到整治。全年空气质量有 22 天达到国家环境空气质量一级标准，306 天达到二级标准，二氧化硫含量比 2009 年降低 13.4%，呈现出山青水秀的宜人景象。

## 五

经济发展促进社会事业日益兴旺。

教育科技事业日趋发达。明代，境内仅有私塾、官学。且启蒙学生仅占适龄儿童 30%左右，70%以上的少年儿童因家境贫寒被拒绝在外；官学也只有少数富家子弟入学深造。清光绪三十二年（1906），陆城办县速成师范班，次年办县商业学堂，始有职业技术教育。清末，废科举，兴学堂，小学教育兴起。民国 17 年（1928），首创县立公学，始有初中教育。民国 19 年，县治迁出，教育发展受到较大影响。民国 27 年后，日军犯境，教育基本停办。1949 年后，贯彻“教育向工农兵开门”的方针，教育得到较快发展。至 1957 年，小学发展至 84 所，适龄儿童入学率增至 63.8%。次年，初中教育重新兴起，农业中学等职工技术教育恢复发展，成人扫盲教育进入发展高潮。1970 年后，受文化大革命“左”的路线干扰，“公社办高中，大队办初中，生产队办小学”，教育盲目发展，教育质量明显降低。中共十一届三中全会后，实现拨乱反正，教育开始步入健康发展轨道。1984 年，区委、区政府加大财政投入，努力改善办学条件；至次年，北区在全省率先普及初等教育。1986 年始，实施九年制义务教育。通过落实“以区为主，分级负责”的农村义务教学管理体制，调整学校布局，合理配置教育资源，加大财政投入，发动社会力量办学，加强保学控流，至1996年，初中入学率、巩固率、合格率超过或达到国家标准，云溪区被评为全国九年制义务教育合格单位。1997年后，进一步完善教学设施，巩固和扩大九年制义务教育成果。同时大力加强幼儿教育、高中教育、扫盲教育、文化职业技术教育和学历教育。2008年，通过省政府组织教育督查，云溪区被评为全省县级人民政府教育优秀单位。2011年，全区有幼儿园44所、小学23所、初中6所、高中1所，3岁以上儿童入园率、适龄儿童入学率、小学生毕业升学率均达到100%，初中生毕业升学率达到98.5%。科技，民国时期，由于人才缺乏，无专门组织机构，除农业生产承习一些传统作法外，其他均无成效。1958年，各公社、厂矿企业成立科研机构，科技活动始广泛开展。大跃进和“文化大革命”期间，由于“左”的错误干扰，科技推广应用基本停止。1978年，贯彻全国科技大会精神，公社、大队、生产队建立三级农科网，企业成立科技攻关小组，科学技术重新得到重视。1984年后，区委、区政府实行大厂与地方科技资源、科技人才共享，科技事业进入繁荣发展时期。1997年，区委、区政府作出加速科技进步实施“科教兴区”战略决定，制定科技发展中、长期规划，在全区广泛开展科普教育、科技交流、科技培训和送科技下乡进厂活动，全面实施科技攻关，科技创新，把科技应用到生产、工作、生活等各个领域，促进科技队伍迅速壮大，科技成果不断涌现，科技对生产力的贡献率不断提升。次年，推广重大科技成果68项，取得各类科技成果41项，科技贡献率由1984年的16.31%升至34.69%，云溪区被评为全国科技工作先进县（区）。2011年，全区共有各类科技组织267个，科技人员1877人；有14项新技术获省以上科技进步奖，27种新产品在省级以上博览会、产品交易会上获金奖，申报获专利283个，科技应用转化为高新产品创产值171亿元，比1977年、1983年分别增长2921.34倍和1754.69倍。

卫生文化体育事业快速发展。明代，境内仅有中医。清代，始有西医。民国37年（1948），中、西药店，每万人不足两家。1949年后，普遍开展防疫接种、隔离治疗，控制流行病、传染病蔓延。1957年后，大规模查螺灭螺，消灭血吸虫。1970年，农村大办合作医疗，方便防病治病。1984年后，区委、区政府进一步健全防控体系，加强医疗机构、医疗设施建设，着力构建公共卫生体系，做到防疫、医疗、卫生保健一齐抓，促进卫生事业快速发展。1985年，北区被评为全省基本消灭血吸虫病先进单位。1987年，消灭疟疾病。2003年，云溪区达到国家文明卫生单位标准。2011年，全区有医疗机构61个，每千人有医护人员2.1人、病床2.89张。区、乡、村三级卫生防疫、妇幼保健网络健全，新法接生率、新生儿免疫接种率均达100%。天花、霍乱、鼠疫、疟疾、白喉、麻风、小儿麻痹症基本绝迹，碘缺乏病、出血热、流行性脑脊髓膜炎、脊髓灰质炎病、新生儿破伤风消灭或基本消灭，传染病发病率由1988年7‰降至2‰，疾病治愈率由1983年72.96%升至98.37%，居民寿命平均74.87岁。文化体育活动，北宋时期，有“围场踏歌”的习惯；明、清时期，习武健身开始盛行。民国初期，始有竞技体育，唱大戏、玩龙舞狮等群众文化活动较为活跃。日军侵境后，民不聊生，文化体育活动基本废止。1950年后，加强文化组织机构建设，开展经常性的群众文娱体育活动，文化体育事业渐趋发展。“大跃进”“文化大革命”期间，文艺宣传逐渐活跃，传统文化体育活动基本废除。中共十一届三中全会后，鼓励继承传统文化，群众文化体育重新兴起。1984年，区、乡各级不断加强文化体育设施建设，健全文化体育机构，促进文化体育事业得到新的发展。90年代后，区委、区政府把发展文化体育事业作为丰富群众精神生活的民生工程来抓，注重培养骨干，扶持群众团体，实行厂地联动，广泛开展文化体育活动，形成全民参与、推陈出新的空前繁荣景象。2011年，全区有各种文化机构77个，文化广场、文化活动中心等文化活动场所39个、6.3万平方米，文化活动团体57个、2800余人，文艺创作队伍490余人，多功能体育馆、环形塑胶跑道动动场、灯光球场等公共体育设施折合人民币5530万元，是1983年的85倍。至是年，全区共组织大型群众性体育赛事50余次，参加全市赛事夺冠40项，破市记录6次。文艺创作、文艺表演获省以上奖项187项，其中获全国电视剧飞天奖，“曹寓戏剧奖”小品小戏剧目奖、大众音乐奖等国家大奖7项。

社会保障大幅提升，人民生活基本达到小康。1949年前，人民衣食无着，生存毫无保障。1950年始，彻底改革以土地为主要成分的生产资料所有制，全面调整生产关系，并相继落实城镇职工医疗保险和养老保险。1958年，对农村五保老人集中供养。1970年，农村居民参与合作医疗，医疗费由大队公益金支付。1978年后，不断深化农村土地和城镇企业经营管理体制改革，调动各方面积极性，大力发展经济，并依法保障人民基本生活，扩大社会保障面。1984年后，全面推进经济社会快速发展，努力提高人民生活水平。坚持按照“劳有所得，老有所养，住有所居，困有所助”的要求，着力改善民生。对城镇待业、下岗人员采取落实失（待）业保险，开展就业培训、组织劳务输出、创办劳务市场、制定落实优惠政策和实行单位援助帮助解决生活困难及就业与再就业；对城镇低收入家庭、农村困难户实行最低生活保障；对企业职工划定最低工资标准线；对被征地农民由财政补贴解决养老保险；对残疾人实行社会救助和生活补助；对城乡居民医疗保险、养老保险实行社会化管理；对农村五保老人供养由乡统筹、村提留改为由国家财政转移支付，由分散供养逐步改为集中供养；对城镇低收入家庭住房困难给予优惠照顾。2009—2011年，城镇再就业1.26万人。2011年，城乡居民低保5.04万人。城镇职工、居民医疗保险33131人，农村居民新农合参与率100%。城镇职工养老保险5456人，被征地农民养老保险9894人，占被征地农民60%以上，农村60岁以上居民养老保险9894人。有老年福利院（养老院）7个，集中供养五保老人426人，占供养五保老人64.8%，居全省之首。安排廉租房、经济适用房300套、3.75万平方米，补助低保无房户、低收入无房户租房700户、68.98万元。全面做到应保就保。农村居民人均纯收入8231元，比1949年、1983年分别增长410.55倍和25.13倍；镇城居民人均可支配收入18320元，比1949年、1983年分别增长76倍和30.37倍。农村居民人均储蓄12311元，比1949年、1983年分别增长15197.77倍和501.49倍；城镇居民人均储蓄25856元，比1949年、1983年分别增长31919.99倍和104.53倍。城乡居民每10户有小车1.2台，电视机13.5台，移动电话34.4部，电脑1.4台，人均住房面积由1983年14.36平方米增至30.13平方米，大大超过“基本解决温饱问题”的生活水平。

随着经济发展、社会进步，工业化和城镇化建设加快，2011年，全区耕地占有量剔除区划调整因素，比1984年减少500公顷，有被征地农民16300人，成为制约农业和云溪持续发展的潜在因素。为解决民生，增强云溪发展后劲，区委、区政府先后采取保护基本农田、鼓励垦复耕地、广辟就业门路转移农村富余劳动力等一系列重大举措，全区农业总产值比1984年、2010年分别增长29.4倍和14.13%，使发展工业、加快城镇化建设与发展农业、保障云溪持续快速发展的矛盾得到初步解决。

云溪区，正在区委、区政府带领下，深化改革，协调发展，为提前实现全面建成小康社会的美好梦想加速腾飞。

# 大　事　记

## 殷商时期

**公元前 1600 年**　商灭夏，在陆城铜鼓山筑彭城作军事驻点。

## 周　朝

**周定王十六年（公元前 591 年）**　楚庄王在松阳湖擂鼓台擂鼓进军，击败窃国称王的佞臣斗越椒。

## 汉　代

**建武二十五年（49）**　新息侯马援率中郎将马武、耿舒等 4 万人南征“五陵蛮”，屯军下隽，取水道进军壶头（沅陵东北）。

**建安二十四年（219）**　东吴陆逊屯兵下隽，于现陆城江边茅草岭筑土城演兵习阵。

## 南北朝

**宋元嘉三年（426）**　荆州刺史谢晦举兵反攻巴陵，宋领军到彦之、征北将军檀道济进讨，军次忌置洲（今新设南洋洲），到彦之兵败，退守隐矶（今湖北杨林矶）。

## 五代十国

**后唐天成三年（928）**　四月，吴右雄武军使苗璘、静江统军王彦章率水军万人攻岳州，楚右丞相许德勋率战舰千余艘藏于角子湖（今岳阳南湖）迎敌，令部将王怀率舰 300 艘，乘夜在杨林浦断其退路，吴军在道仁矶遭前后夹击大败，苗、王被俘。

**后唐清泰年间（934–936）** 楚王马殷划巴陵县（今岳阳县、岳阳楼区）东北部建王朝场。

## 宋

**北宋淳化元年（公元 990）** 升王朝场为王朝县，治陆城。

**北宋淳化二年（991）** 秋，江水溢。

**北宋至道二年（996）** 改王朝县为临湘县。陆城及附近设厢，陆城以外设乡。

**北宋嘉祐五年（1060）** 宋仁宗赵祯南巡至陆城，爱鱼梁晴岚、马鞍落日、莼湖夜月，下旨建寺，御题“嘉祐寺”匾，僧人大宛奉旨主修嘉祐寺。

**南宋绍兴三年（1133）** 三月至五月，水灾。

**南宋乾道六年（1170）** 大水。

**南宋乾道九年（1173）** 五月，大旱；六月，大水。

## 元

**宪宗五年（1255）** 陆城设隅，陆城以外设都。

**至元二十九年（1292）** 大水。

**泰定元年（1324）** 临湘县县尹赵宪在陆城东五里筑堤御水，乡民取名赵公堤。

**至正十九年（1359）** 间歇性大雨 80 日。

## 明

**洪武元年（1368 年）** 置鸭栏巡检司，设巡检一员，弓兵 80 名，快船 5 艘；建城陵矶巡检司，设巡检一员，弓兵百名，快船 5 艘。

**洪武三年（1370）** 临湘县知县李汝霖于陆城重建县署。

**洪武八年（1375）** 设上松都、擢秀上都、擢秀下都、白沙都、青阳上都。

**洪武十九年（1386）** 临湘县知县马杰、主簿陈学圃、教谕何伯昂于陆城元朝学宫故址（今陆城学宫岭）复建县学宫。

**天顺五年（1461）** 置云溪驿，兼作邮递站，设驿丞一员，马夫 21 名，挑夫 63 名，马 42 匹。

**成化初年（1465）** 临湘县知县徐义重于陆城重修城隍庙，附祭山川坛、主祭邑历坛。

**成化十一年（1475）** 临湘县知县唐绢于陆城始筑土城墙。

**成化二十二年（公元 1486）** 岳州知府李镜重筑永济堤（唐代始筑）。

**是年** 岳州卫、武昌卫官兵于陆城围垸拓荒 35571 亩。

**正德初年（1506）** 临湘县知县邢思敬主持增修陆城城墙东南西北四城门。

**正德五年（1510）** 沔阳杨清、邱仁农民起义军攻占陆城。

**正德八年（1513）** 十二月，大雪。

**嘉靖十六年（1537）** 临湘县知县尹仲仪于陆城南三里捐修永兴桥，翰林大学士廖道南为之作《永兴桥记》。

**嘉靖十八年（1539）** 临湘县知县尹仲仪于陆城建大成殿。

**嘉靖二十四年（1545）** 五月，陆城城内大火。

**嘉靖四十四年（1565）** 五月，大雨12天，江水涨；此后五年连续洪灾。

**万历三年（1575）** 临湘县知县陆勋主修陆城砖石城墙。

**万历六年（1578）** 临湘县知县冉嵩于陆城南门外创建人文书院和梓潼阁。

**万历三十八年（1610）** 邑人杨一鹏中进士，初任成都司礼，后历任吏部郎中、大理寺丞、兵部侍郎署尚书事、户部尚书。

**崇祯十四年（1642）** 飞蝗蔽天。

**崇祯十五年（1643）** 八月，张献忠率农民起义军攻占陆城，杀临湘县知县林不息。

## 清

**顺治二年（1645）** 五月，李自成部王进才、马进忠大败清军，进驻陆城。

**康熙十三年（1674）** 七月十日，吴三桂部吴应麟进驻陆城至城陵矶；次年，吴三桂扎寨青山湖桥。十六年，吴部败退陆城。

**康熙十八年（1679）** 陆城设把总营。

**康熙二十七年（1688）** 八月至次年三月未下透雨，无法播种。

**乾隆四十二年（1777）** 设云溪巡检司。

**乾隆五十五年（1790）** 邑中名士广文临于文桥龟山修建“簪笔塔”。

**道光四年（1824年）** 临湘县知县徐凤喈带头捐资于陆城修莼湖书院。

**道光十年（1830）** 水、旱灾害相继，疫病流行。

**道光二十年（1840）** 设县市上里、县市下里、王禾下里、晏竹上里、杨林下里。

**道光二十三年（1843）** 临湘县知县刘德熙倡导开沟导洪，筑堤建闸，著《浚塞负郭水道说》。

**道光二十四年（1844）** 湖北崇阳钟人杰农民起义军进驻陆城。

**咸丰二年（1852）** 十一月初七，太平军抵陆城，后败退；四年五月，复占陆城，烧嘉祐寺；七月，于城陵矶反击清军失利，退出境内。

**咸丰十一年（1861）** 大雪。

**同治三年（1864）** 设象骨港、云溪、白荆桥厘金卡征收过往百货、茶叶厘金。

**同治八年（1869）** 长江水师驻城陵矶、象骨港、塘家湾（又名塘湾）。

**同治十一年（1872）** 临湘县知县恩荣、教谕朱俊彦于陆城县署东合修文昌阁。

**光绪六年（1880）** 刘璬倡建儒溪塔（又名临湘塔今临湘市境内），次年竣工。

**光绪十四年（1888）** 地震，陆城倒屋，死3人。

**光绪十九年（1893）** 六月，西班牙传教士安熙光骗取民房强行设教堂，激起民愤，酿成震惊全省的“临湘教案”。

**光绪二十三年（1893）** 境内开通长途电话及至武昌电报业务。

**光绪二十五年（1899）** 清廷曾拟建埠于陆城新港，因当地士民集会反对，遂开埠岳州设关城陵矶，境域所属城陵矶及芭蕉湖一部划属巴陵县管辖。

**光绪三十三年（1907）** 县人葛纯圃、方炼南、易鼎琦等在陆城城隍庙兴办商业学堂。

**宣统二年（1910）** 邑人黄让栴、谢帮晋、易泽惠等于莼湖书院旧址创办临湘县民办公立高等小学堂。

# 中华民国

## 民国元年（1912）

**冬** 冰冻40多天。

**是年** 废巡检司，县设8区，境域分置城区、云溪区2区。

## 民国2年（1913）

**7月16日** 夜，地震，陆城城中居民慌乱中踩死2人。

**是年** 湖南废府存道，境域属武陵道。

## 民国3年（1914）

**1月19日** 陆城设县三等甲级邮局。

**5月** 粤汉铁路境内段动工，次年年底建成，民国6年9月通车。

## 民国4年（1915）

**4月** 县商会在陆城成立，魏世端任主席。

**是年** 在陆城选举省国民会议议员，县人吴獬获选。

## 民国5年（1916）

**3月28日** 岳阳人李绍广同湖北人金华衮合编的反袁世凯义军占陆城开仓放粮。

**是年** 美国基督教会于陆城南门正街建福音堂，成立基督教会，负责人舒实斋；次年，在福音堂后创办莼湖小学（后更名为湘湄小学）。

## 民国6年（1917）

**6月** 横河堤建天保闸，为境内有史可考的最早涵闸。

**是月** 在陆城成立临湘县教育会。

## 民国7年（1918）

**3月11日** 拂晓，南（护法联军）、北（北洋军阀吴佩孚军）两军于境内决战，北军王承斌第一混成旅占陆城。

**5—7月** 大旱；8月7日始，苦雨兼旬，湖堤溃决。

## 民国8年（1919）

**5月** 临湘县首届学生综合性体育运动会在陆城东门操场举行。

**是年** 在陆城成立县议会，议长邑人田昌凤。

## 民国9年（1920）

**3月** 大风倒屋。

**4—10月** 山区大旱。

## 民国10年（1921）

**春** 长期不雨，夏秋干旱尤烈，灾民以苦菜充饥。

## 民国11年（1922）

**3月** 陆城西北另辟一港，称新港。

**是年** 城区、云溪区并为临湘县第一区。

## 民国12年（1923）

**5月21日** 同盟会会员、县高级小学校长梅子雨组成临湘学生对日经济绝交团，在新港烧毁日货，湖南《大公报》予以报道。

## 民国13年（1924）

**春** 在陆城原莼湖书院开办临湘县速成师范班。

**7月** 在陆城成立临湘县婚姻促进会。

## 民国14年（1925）

**农历四月至七月底** 不雨，庄稼颗粒无收，史称“乙丑大旱”。十一月上旬开始冰冻。是年，外出逃荒者6万多人。

**5月** 全县第二届学生运动会在陆城东门操场举行，临湘县县长高锡庚主持，参加师生300余人。

**6月** 在岳郡联立中学就读的学生方兴高回陆城成立青沪惨案湖南雪耻会临湘分会，组织师生、市民游行示威，声援“五卅”运动，声讨英、日帝国主义罪行。

**12月** 中共党员方兴高在陆城临湘县速成师范秘密建立境内首个中共基层组织近江区支部委员会（简称支部），党员有王国藩、王汉初、付连城、严楚材、敖少仁、李茂琴等。

**是年** 析临湘县第一区置临湘县城区，云溪区。

## 民国15年（1926）

**2月** 中共湖南区委派共产党员李中和、卢紫云以国民党湖南省党部农民运动特派员身份到陆城秘密发展党组织，开展农民运动；9月，建立中共城区支部，成立近江区农民协会（简称农会）；11月，建立中共云溪区支部。

**8月21日** 李中和等人为响应北伐，对县长高继霄进行策反，组织1000余人包围北洋军赵武臣营，毙敌数十人，缴枪500余支，赢得北伐战争“临湘之役”初步的胜利。

**8月22日** 北伐军第八军唐生智部于云溪、路口至羊楼司一带休整。

**9月28日** 在陆城召开中国国民党临湘县第一次代表大会，成立县党部。

**9月** 在陆城成立共产主义青年团（简称共青团）临湘县特别支部，选举戴金兰为书记，张心田、姚竹庐为委员；次年3月，成立共青团县委。

**10月26日** 在陆城刘公庙成立临湘县农会，选举李中和为县农会委员长，方家富为副委员长，陈振球为秘书。

**10月** 在陆城召开临湘县第一次工人代表大会，成立县总工会，选举李文彩为总工会主席。

**是月** 在陆城召开临湘县女界联合会，成立县女界联合会，选举黄淑为女界联合会主席。

**12月1—25日** 李中和作为临湘县工农代表，出席湖南省第一次工农代表大会，在会上作《临湘农运》典型发言。

## 民国16年（1927）

**3月** 在陆城建立中共临湘地方执行委员会（简称执委）。

**是月** 县农会、县总工会在陆城召开临湘县第一次工农代表大会，实行工农大联合。

**是月** 李中和、李正庭在陆城成立特别法庭，处决一批作恶多端的土豪劣绅。

**是月** 在陆城文昌宫开办农民运动讲习所，负责人有李中和等，学员80余人。

**4月** 云溪新铺子发生一起土匪持枪拦路抢劫行客钱财恶性案件。

**5月初** 中共临湘地方执委、县农会在陆城改编县团防武装，成立农民自卫军，有50余人枪，队长李寿荪。

**5月17日** 临湘县团防接到密令，大肆屠杀共产党人和工农运动骨干，李中和、方兴高、黄淑、李文彩等10多名共产党员相继被害，党的组织遭到严重破坏（此事变通称“5·17”事变）。

**6月** 曾楚恒等在白螺矶成立岳（阳）临（湘）两县苏维埃政府筹备处和岳临游击大队；1930年9月建立岳临苏维埃政府。

## 民国17年（1928）

**5月** 连日大雨，湖区尽淹；夏秋，又遭大旱。

**秋** 在陆城创办临湘县立公学（即初级中学）。

## 民国18年（1929）

**9月初** 陆城丁家山暴发岳临游击大队和农会武装暴动。

**12月17日** 晚，陆城谷花洲暴发代号为“谷发初”（谷花洲谐音）的游击队暴动。

**是年** 陆城设城区市内电话总机室。

## 民国19年（1930）

**6月15日** 临湘县治由陆城迁长安（今临湘市长安镇）。

**7月7日** 云溪天福桥暴发“红军暴动队”武装暴动。

**是年** 改建粤汉铁路临湘原麻塘铺附近的路口铺火车站于现路口镇路口铺。

## 民国20年（1931）

**夏** 霪雨不止，山洪江水相继而至，陆城土矶头长江大堤溃决，垸内一片汪洋，上自彭家湾下至渔矶原21个小垸仅剩6个。

## 民国21年（1932）

**冬** 滨江、沙窝等沿江垸民自发重修江堤。

## 民国22年（1933）

**是年** 陆城垸民苗心斋等指控驻塘湾县堤务局葛仑山等人鲸吞赈灾款，敷衍修堤；至次年，迫使县政府将葛等人撤职。

**是年** 临湘、岳阳、华容、平江联合创办岳郡联立师范，次年春，境内师范学生转入该校就读。

## 民国 24 年（1935）

**是年** 省公路局于境内修长（沙）武（昌）公路坪田铺至六房冲路基，次年续修竣工通车。

**是年** 城区、云溪区并为临湘县第二区。

## 民国 25 年（1936）

区以下乡合并，境内 11 个乡合并为陆城镇及善化乡、文化乡、盖湖乡（今临湘市境内）、太平乡、云溪乡。

## 民国 26 年（1937）

境内划为云溪镇及陆城、文化、桃李 3 乡。

## 民国 27 年（1938）

**11 月 8 日** 下午，日军第六师团今村支队 60 余人乘汽艇自湖北新堤溯江而上，至陆城新港码头登岸，烧毁陆城东门正街房屋 270 余间，屠杀 40 多人。

**是年** 云溪桃李人沈三权与周六生、陈彦初、孙鹤来、李建民等组建抗日小分队，至 1940 年发展至 500 余人。民国 32 年，被临湘县县长王翦波剿灭。

**是年** 陆城爱国青年王思一（又名谢国良）、刘正哲赴延安军政大学学习。

## 民国 28 年（1939）

**1 月 7 日** 国民政府军在云溪太平桥击毙、击伤日军 300 余人，缴获轻重机枪、步枪 200 余支，为抗日战事中湘北第一个大胜仗。

**2 月** 日军在象骨港活埋 120 多名棉商。

**7 月 22 日** 晚，国民政府第九战区张汉初部在云溪火车站打死打伤日军 150 余人。

## 民国 29 年（1940）

**秋** 日军将云溪曾昭南、刘竹青两家 20 多人烧死，将陈家大屋 398 人用机枪杀害。

**冬** 国民政府第九战区某团在云溪烟包山炸毁日军工具车 1 辆，击毙日军 30 余人。

## 民国 30 年（1941）

**2 月** 抗日游击队在云溪火车站附近炸翻日军满载汽油的火车 1 列。

**4 月** 王翦波以“抗战需要”为名，违反省政府停征沦陷区临湘县田赋的规定，实行“征实”

"征购""借征"，在境内向农民摊借粮食。

## 民国31年（1942）

**8月** 国民政府宣传部部长张治中为拒绝带路被日军残酷杀害的小学生丁先英撰写碑文。

## 民国32年（1943）

**5月** 国民政府军为策应鄂西会战，在陆城至荷叶洲（现临湘市境内）一段江面密布漂雷，切断日军水陆联络，并进攻云溪等地。

## 民国33年（1943）

**2月7日** 日军在陆城新设八里湖开工建飞机场，次年夏竣工。

**4月** 日军调集20万兵力准备长武会战，其主力部队在陆城江段搭浮桥过江抵境内。

## 民国34年（1945）

**5月23日** 黄昏，王震率八路军南下支队从路口曹家冲等地分三路围攻大云山，一夜激战，国民军九战区挺进第七纵队支队长王翦波率顽军残部仓皇逃脱。

**8月15日** 日本投降。日军侵占境内期间，境内人民配合国民军打击日军历大小战斗数百次，毙敌2000余人，俘敌数十人。

## 民国35年（1946）

**4月25日** 暴发陆城沙窝、新设等临江垸民反县堤务局贪污斗争，垸民纷纷向湘、鄂两省政府投诉，揭发其所属江堤修防处陆城垸职员鲸吞灾民救济物资与修堤款。

**5月** 稻谷价每石由2银圆涨至15银圆。

## 民国36年（1947）

**4月** 境内划为陆城、文化、云溪3乡。

## 民国37年（1948）

物价暴涨，民国26年可买两头牛的法币民国34年只能买两个鸡蛋，民国35年只能买六分之一块肥皂，是年仅能买五分之一两大米。

## 民国38年（1949）

**6月** 连降暴雨，陆城肖家墩缺口，淹田数万亩，灾民逾万人。

**7月16日** 中国人民解放军（简称解放军）第四野战军（简称四野）十二兵团先遣部队从湖北省监利县横渡长江，经道仁矶、松阳湖向平江进发；7月19日，四野第四十六军一五九师四七五团进入路口铺、云溪，结束境内国民党政权统治。

**7月** 境内设为临湘县五区。

**8月1日** 流通唯一合法货币人民币。

**8月8日** 中共临湘县五区委员会、五区区公所成立。

**9月** 五区区公所组织筹粮支前。

# 中华人民共和国

## 1949年

**10月1日** 境内干部群众代表参加县委、县政府在城关长安镇南操坪召开的庆祝中华人民共和国成立大会。

**10月10—12日** 境内各界人民代表出席临湘县各界人民代表一届一次会议。

## 1950年

**1月** 全面清剿土匪，至次年10月基本肃清匪患。

**3月9日** 开始减租减息、退押和反霸斗争。

**3月** 五区调整为五区、六区。

**4月始** 贯彻中华人民共和国第一部法律婚姻法；10月，全面进入宣传、执行阶段。

**6月** 贯彻《中华人民共和国土地改革法》（简称土改法），五区团结乡为全县首批土改试点乡之一；11月，分期分批开展土改；次年开展土改复查。至1952年2月，土改结束。

**8月13日** 中央政务院、中南军政委员会决定，湖北省蒲圻县赤壁乡原所属万成垸以太平口河流中线为界，西部划归临湘县（六区）管辖。

**8月** 实行民主建政，撤保建乡，改甲为村。

**11月14日** 五区上半村划属岳阳县管辖。

## 1951年

**3—8月** 旱灾，总雨量比常年少5~6成，并发生稻苞虫灾害。

**5 月** 五区延庆乡徐正元为首创办境内首个互助组；1952 年，互助组被评为临湘县模范互助组，徐被分别评为县、省农业劳动模范（简称劳模），成为境内第一个省劳模。

**是月** 省湘雅医院教授陈祐鑫到境作血吸虫病调查，认定境域为湖沼型血吸虫病重度流行区。

**6 月 9 日** 开展抗美援朝，增产节约运动。

**9 月 26—30 日** 境内各界人民代表出席临湘县各界人民代表二届一次会议。

**是月** 始实行农业社会主义改造。

## 1952 年

**3 月 11 日** 设云溪、陆城 2 区属镇。

**4 月 10 日** 组织劳力参加荆江分洪工程建设。

**6 月 18—22 日** 境内各界人民代表出席临湘县各界人民代表三届一次会议。

**7 月 20 日—8 月 10 日** 开展“三反”（即反贪污、反浪费、反官僚主义）运动，8 月中旬开展“五反”（即反行贿、反偷税漏税、反盗骗国家财产、反偷工减料、反盗窃国家经济情报）运动；至年底，“三反”“五反”结束。

**8 月** 查田定产，查实境内共有耕地 7386.63 公顷，定产 1986.25 万公斤。

**11 月 13 日** 组织劳力参与县民工总队治理南洞庭湖。

**12 月 22—27 日** 境内各界人民代表出席临湘县各界人民代表四届一次会议。

**是年** 五区滨湖乡蔡雪梅被评为省农业劳模。

## 1953 年

**4 月 19 日** 五区、六区 54 乡调整为 29 乡。

**是月** 六区所辖长江北岸新淤洲划属湖北省监利县管辖。

**6~8 月** 久晴不雨，数千公顷水稻受旱；7 月，发生稻蟒象灾害，部分稻田绝收。

**7 月 1 日** 全国第一次人口普查，境内共 8916 户、58164 人。

**9 月** 实行人民代表大会（简称人大）制度。

**11 月 15 日** 实行粮、油（包括油料）由国家统一收购统一供销（简称“统购统销”），对城镇人口实行粮食定量供应；1954 年 7 月，实行食油定量供销。

**是年** 首次推广连茬双季稻，次年推广连作双季稻。

## 1954 年

**6 月** 连降暴雨，内湖、长江水位同时上涨，山区暴发 7 次山洪；7 月 15 日凌晨，陆城乡地段长江大堤溃口，沿湖数千户被淹。

**7 月 19—24 日** 境内县人大代表出席临湘县一届人大一次会议，主要议题是积极开展农业互助合作，组织灾民生产自救和做好农村供销工作。

**9 月 15 日** 开始棉花统购。

**冬** 发展农业生产互助组。至次年春，入组农户占农户总数65%以上；年底，互助组发展为农业合作社，境内建初级农业合作社18个。

## 1955年

**4月至9月** 开展粮食“三定”（即核定常年产量，核定定购粮，核定缺粮户定销粮）工作。

**7月1日** 使用湖南省通用粮票；11月1日，全国通用粮票、地方粮票同时使用。

**7月20日** 撤销云溪镇。

**7月始** 实行义务兵役制。

**10月1日** 陆城田山小学教师傅开松到北京参加国庆观礼。

## 1956年

**1月** 五区试办境内第一个高级农业生产合作社；9月，境内共办高级社100个，入社农户占98.7%，基本完成农业社会主义改造。

**2月15—22日** 区、乡干部参加县召开的会议，开始实行对个体手工业、私营工商业社会主义改造。

**4月** 撤区并乡，原五区、六区29乡并为云溪、路口、文修、团结、陆城5乡，陆城镇改为县属镇。

**5月31日至6月3日** 境内县党代会代表出席中共临湘县第一次代表大会。

**12月3—5日** 境内县人大代表出席临湘县二届人大一次会议。

## 1957年

**8月** 恢复云溪镇并改为县属。

**是月** 农村开展以反对退社单干为主要内容的反对资本主义的社会主义教育（简称社教）运动；年底结束。

**9月12日** 乡（社）干部开展整风学习；10月，在教育战线、企事业单位开展“反对资产阶级右派分子”的斗争（简称反右斗争），至1958年8月结束。

**10月中旬** 云溪乡组织劳力参加全县围垦永济垸。

## 1958年

**5月18—21日** 境内县人大代表出席临湘县三届人大一次会议。

**6月** 开展“大跃进”运动。

**10月13日** 境内出动上万名劳力参加县组织的围垦黄盖湖会战，实行“高速度灭螺”；至年底结束。

**10月** 实现人民公社化，境内原5乡与万普乡（现临湘市境内）合并，建立云溪、路口、江南3

个人民公社，陆城、云溪2县属镇改为社属镇，增设路口社属镇。

**是月** 境内各公社调集劳力参与全县在陆城白马矶、青山咀筑土高炉大炼钢铁；次年4月因未成功停办。

**是月** 省政府投资在陆城田公山、鲇鱼咀之间建国营八里湖渔场。

**11月** 境内组织劳力修建京广复线；至1971年工程竣工通车。

**是月** 江南公社副社长彭清秀出席全国建设社会主义积极分子大会；次年，彭被评为省农业劳模；1960年3月8日，被评为全国“三八红旗手”。

**是年** 路口公社被评为全国扫盲工作先进单位，公社党委书记李晓凡出席全国群英会。

## 1959年

**5月16日** 云溪、陆城、路口3镇收归县管。

**8月21日** 荆竹山林场垦荒失火，烧毁山林533.33公顷，毁竹木15.5万多株。

**9月** 开展“反右倾”运动。

## 1960年

**2月8—11日** 境内县党代会代表出席中共临湘第二次代表大会。

**2月** 棉布制品、棉纱针织品实行凭证供应。

**5月** 开展“三反（即反贪污浪费、反官僚主义、反强迫命令）运动。

**4月25日** 大风倒屋，人畜伤亡；**7—8月** 总雨量比常年少5~6成，农作物严重减产。

**9月** 境内多处设临时医院，集中治疗由于经济困难、营养不良造成的水肿病、妇科病、小儿疳积病等病人。

**10月** 增设松阳湖农场，云溪、路口、陆城3县属镇改为社属镇。

**11月** 开展反“五风”（即反浮夸风、共产风、瞎指挥风、强迫命令风、干部特殊化）运动，整风整社，纠正“左“倾错误。大办粮食，实行生产自救，节约度荒。

**12月8—10日** 境内县人大代表出席临湘县四届人大一次会议。

**是年** 由于“五风”影响，加上连年大旱灾，社员月人均口粮仅有稻谷15公斤（1961年降至12公斤），城镇居民人均月定量口粮10.5公斤大米。

## 1961年

**6月** 实行以生产队为基本核算单位，解散农村公共食堂。

**8月20日** 撤销云溪、陆城、路口3社属镇，原云溪、路口、江南3公社调整为云溪、路口、文桥、陆城、江南5个公社。

**8月** 贯彻中央“调整、巩固、充实、提高”的八字方针，对农业、工业和教育、卫生等经济社会事业进行调整。

**秋** 省委副书记华国锋到境视察长江大堤。

## 1962年

**5月26日** 暴雨；6月23日特大暴雨，倒屋百余间，滨湖地区渍涝成灾。

**是年** 实行国家计划物价。

**是年** 稻田虫灾。

## 1963年

**4月16—23日** 低温阴雨，秧苗严重受损。

**6月** 开始以“四清”（即清工分、清账目、清财物、清仓库）为主要内容的社教运动；至1966年8月基本结束。

**6月** 修建松阳湖、陆城2变电站，境内始有电力。

**6—8月** 夏秋连旱。

**9月** 开展向雷锋同志学习活动。

## 1964年

**2月** 发生冰冻灾害。

**6月30日** 全国第二次人口普查，境内共11931户，79832人。

**8月28—30日** 境内县人大代表出席临湘县五届人大一次会议。

**是月** 境内随临湘县由湘潭专员公署划属岳阳专员公署管辖。

**是年** 境内开展“工业学大庆”“农业学大寨”运动。

## 1965年

**1月** 长岭炼油厂在境内破土动工兴建，计划建设面积51万平方米，投资4亿元；1971年5月建成投产。

**3月20至4月11日** 低温阴雨，严重烂秧；5—7月，高田遭旱灾。

**是年** 首次推广水稻农垦58矮秆品种。

## 1966年

**3月** 境内内垸血防效果显著，所隶临湘县被评为全国血防工作先进县。

**6月** 贯彻中共中央“五·一六”通知，各公社（场）派工作组进驻学校批“三家村”（即北京市的邓拓、吴晗、廖沫沙），上挂下联抓“小邓拓”。

**8月** 贯彻中共中央《关于无产阶级文化大革命的决定》（即十六条），开展“文化大革命”运动。

**10—11月** 学校“停课闹革命”，师生佩戴“红卫兵”袖章，上京进城、入厂下乡，开展“革命大串联”。

## 1967 年

**5 月 28—30 日** 境内多处暴发特大山洪。

**7 月上旬** 云溪镇、松阳湖农场“造反派”组织冲进县看守所，抢走枪支弹药，为争权夺利打派性仗。

**11 月** 解放军到松阳湖农场执行“三支两军”（即支左、支工、支农，军管、军训）任务，发动群众收缴枪支弹药，动员“造反派”组织实行革命大联合。

**是月** 云溪镇联合组发现老虎出没。

**是年** 境内暴发流行性脑膜炎，死 16 人。

## 1968 年

**3 月 17 日** 社队、机关企事业单位建立革命委员会（简称革委会）或革命领导小组，行使一度瘫痪的党政职权。并派代表出席县革委会（扩大）会议，选举产生县革委会。

**9 月上旬** 开展以“三查一清”（即查叛徒、特务、走资派，清理阶级队伍）为中心的“斗批改”（即斗争走资派、批判资产阶级反动路线、改革“不合理的规章制度”）运动。

**11 月** 县革委会在松阳湖建“五·七干校”，集中全县“走资本主义道路的当权派”（简称走资派）、“保皇派”及地主、富农家庭出身的干部进行劳动改造。

**是月** 省、地、县干部，城镇知识青年共 600 余人下放到境内“接受贫下中农再教育”。

## 1969 年

**5 月 24 日** 全国化学灭螺机械定型现场会在松阳湖农场召开。

**9 月 7 日** 国务院批准成立解放军 2348 工程（1973 年更名为岳阳化工总厂）建设指挥部；年底，工程在境内动工，计划建设面积 77 万平方米，投资 5 亿元，1972 年部分建成投产。

**10 月 1 日** 陆城油脂厂工人代表杨汉珊赴北京参加国庆观礼。

**是年** 各公社先后 4 次组织干部到大寨参观学习，推行政治评工记分，“割资本主义尾巴”，收回社员自留地、饲料地。

## 1970 年

**2 月 1 日** 开展“一打三反”（即打击现行反革命破坏活动、反贪污盗窃、反投机倒把、反铺张浪费）运动。

**5 月** 农村实行合作医疗，各大队配赤脚医生。

**7 月 11 日** 复设路口镇，属县管辖。

## 1971年

**1月18—23日** 境内县党代会代表出席中共临湘县第三次代表大会。

**6月27日** 12时，陆城公社黄金大队发生雷击灾害，死1人。

**10月14日** 传达中央披露林彪叛党叛国罪行文件，揭发批判林彪反党集团篡党夺权的反革命罪行。

## 1972年

**5—8月** 大旱，解放军岳阳军分区出动1个连解放军到境内支持抗旱。

**11月16日** 长江航行局（简称长航）“3033”号油驳拖船在陆城沙窝码头焊补引起爆炸，死18人，伤3人。

## 1974年

**2月18日** 公社党的核心领导小组成员、革委会负责人出席县委召开的会议，开始“批林批孔”。

## 1975年

**4月16日** 增设云溪镇，属县管辖。

**10月** 境内出动劳力万余人参与县组织的冶湖撇洪工程建设；1980年5月基本竣工。

**是年** 云溪、陆城等公社首次派人到广西黎塘制作杂交稻种，开始推广杂交稻。

## 1976年

**1月8日** 周恩来总理病逝，7月6日朱德委员长逝世，9月9日毛泽东主席逝世，城乡多处设灵堂举行悼念活动。

**10月6日** 境内城乡开始连日集会，拥护党中央粉碎江青反革命集团，声讨王洪文、张春桥、江青、姚文元“四人帮”反革命罪行，结束“文化大革命”。

## 1977年

**3月22—23日** 大风倒屋。

**9月** 云溪公社组织劳力修建境内最大的水库双花水库，1979年完工。

**11月** 全面恢复1967年来废除的高等院校招生考试制度。

**12月13—19日** 境内县党代会代表出席中共临湘县第四次代表大会。

**12月** 全县组织万余人围垦白泥湖。

## 1978年

**2月1—3日** 境内县人大代表出席临湘县七届人大一次会议。

**3月29日** 雷雨大风，7月25日又雷雨大风，庄稼受损。

**5月始** 干部、教师开展检验真理标准的大讨论，肃清“文化大革命”中“左”的影响。

**12月** 各公社（镇、场）开始组织学习中共十一届三中全会公报。组成专门班子处理“整风反右”“反右倾”“四清”“文化大革命”时期的冤假错案。

## 1979年

**2月2—15日** 公社、大队干部出席县委召开的三级干部会，贯彻中央文件，实行拨乱反正，把工作重点转移到社会主义现代化建设上来，讨论在农村实行按劳分配、扩大生产队自主权、允许社员从事正当的家庭副业等问题。

**2月** 农村开始建立多种形式的生产责任制；至1981年，全面实行家庭联产承包责任制，完成农村第一步经济体制改革。

**是月** 为地主分子、富农分子摘掉“帽子”，为其子女重新定成分。

**11月** 省农业区划试点工作队到境进行农业区划调查；次年5月结束。

## 1980年

**8月** 首次实行县、社（镇）人大代表直接选举。

**12月18—24日** 境内县人大代表出席临湘县八届人大一次会议。

## 1981年

**6月1日** 全国第三次人口普查，境内共23461户，121998人。

**8月13日** 公社（镇、场）党员负责干部出席县委召开的会议，贯彻中共十一届六中全会精神，学习《中国共产党中央委员会关于建国以来党的若干历史问题的决议》，彻底否定“文化大革命”。

**9月** 松阳湖平瓦厂生产的黏土平瓦在全国质量评比中获第一名；次年获国家建材局优质产品奖。

## 1982年

**4月20日** 陆城公社新设大队铜鼓山设县劳改农场。

## 1983年

**春** 旱灾，春耕缺水；5—7月，连降暴雨，塘毁垸溃，稻田严重被淹。

**4月** 增设陆城镇，属陆城公社管辖。

**是年** 取消棉布、棉纱、针织品定量凭证供应。

## 1984年

**4月1—5日** 境内县人大代表出席临湘县九届人大一次会议。

**4月19日** 经国务院批准，省政府决定将长炼、岳化两厂厂区，云溪、路口2个镇，云溪、陆城、文桥3个公社，路口公社的路口、南岳、牌楼、江湖、枧冲、南太、南山、新华、省塘9个大队，新合大队的李家、沈家、马形、驼鹤4个生产队，松阳湖农场、白泥湖、芭蕉湖划归岳阳市管辖，设立岳阳市北区。

**4月下旬** 开始废除人民公社“政社合一”管理体制，社、大队、生产队分别更名为乡、村、村民小组；至5月完成。

**5月2日** 中共北区区委建立，高东升任区委书记。

**5月3—6日** 北区一届人大一次会议召开，选举产生北区一届人大常务委员会（简称常委会）、北区一届政府，龙文杰当选为区长。

**5月** 开始以调整农业产业结构、发展商品经济为重点的农村第二步经济体制改革。

**6月4日** 根据省军区文件，建立解放军北区人民武装部（简称人武部）。

**6月** 建立北区广播电视站，10月1日开播自办联播节目；1989年12月，区广播电视站更名为区广播电视台，开播自办电视节目。

**12月23—31日** 省、市普及初等教育检查验收组到北区检查验收初等教育，全区初等教育达到或超过省颁布标准。次年3月，省政府公布北区普及初等教育（共公布51个单位），向北区颁发普及初等教育合格证。

**是年** 在企业推行利改税，实行资金分配、利润分成与经济效益挂钩。

## 1985年

**1月** 农村土地承包期由原定3年延长至15年。

**是月** 废除粮、棉、油、生猪统派购制度。

**4月19日** 经省政府批准，设立乡级白泥湖渔场。

**4月23—24日** 中共北区第一次代表大会召开。

**4月25日** 偏北大风，倒屋，伤3人。

**4月30日** 区委转发区人大《关于用五年时间在全区公民中普及法律常识的决定》；次年1月，全区开始“一五”普法教育。

**9月10日** 各地庆祝国家法定的第一个教师节。区委、区人大常委会、区政府负责人分别到乡（镇、场）参加庆祝活动。

**9月** 开展二类森林资源调查。

**是月** 开展文物全面普查。

**是年** 实行国家定价和市场调节价并存的“双轨”制物价。

**是年** 改粮食、棉花按计划统购为按合同定购；2009年改为实行最低收购价（一般高于国家公布的最低收购价）收购。

**是年** 北区被评为全省基本消灭血吸虫病先进单位。

## 1986年

**1月** 共青团北区第一次代表大会召开，成立团区委。

**5月6日** 陆城乡更名为陆城镇。

**6月1日** 道仁矶至湖北白螺长江汽车轮渡码头（简称汽渡码头）建成通航。

**6月28日** 区机关从临时驻地路口铺搬新驻地云溪镇马鞍山。

**7月9日** 程胜恩任区委书记。

**9月17日** 区委提出“发展经济，振兴北区，服务大厂，富裕人民”的工作方针和大力发展地方工业。

**8月30日** 区委组织云溪乡八一村村组干部到湖北省洪湖县参观村办企业，全区开始大办村级企业。

**9月12日** 朱佳舜任代区长。

**10月2日** 区委制定《关于发展农村商品经济的规划（1986~1990）》。

**10月** 北区被列为国家“七五”计划期间农业商品粮基地建设县（区）。

**11月5日** 修建云溪镇云中路。

**12月** 长炼、岳化、松阳湖农场被评为全国节育工作先进集体。

**是年** 北区血吸虫防治站（简称血防站）站长李映芝被评为全国血防工作先进个人。

## 1987年

**1月15日** 路口乡并入路口镇。

**1月** 实行居民身份证制度。

**2月7日** 白泥湖、芭蕉湖水面开发利用项目被列入国家“星火计划”项目。

**2月26日—3月3日** 政协北区一届一次会议召开，选举产生北区政协一届常委会。

**2月27日—3月3日** 北区二届人大一次会议召开，选举产生北区二届人大常委会、北区二届政府，朱佳舜当选为区长。

**3月8日** 北区第一届妇女代表大会召开，选举产生区妇女联合会（简称妇联）执委。

**4月** 对陆城铜鼓山商代遗址和春秋战国古墓葬群进行考古发掘，出土一批商代青铜器和陶器；12月，该遗址被确定为商代早期遗址，总面积5.8万多平方米。

**5月23日** 北区第一届工会代表大会召开，成立区总工会。

**6月** 开展专业技术职务评聘工作。

**9月10日** 国务院副总理李鹏到境视察松阳湖农场擂鼓台分场养猪专业户闫四喜的养猪场。

**11月** 区江堤管理委员会郑松柏被国家防汛抗旱总指挥部评为抗洪模范；1991年郑松柏被评为省劳模。

**是年** 区属工商企业实行政企分开、经营权与所有权分离、利税分流、财政包干。

## 1988年

**1月** 在区物质系统开展固定工用工制度改革试点工作，实行承包经营责任制和目标管理，实行工资、奖金全额浮动制。

**3月** 新107国道北区段动工修建，1991年10月竣工。

**是月** 出现严重春旱，至5月6日立夏日山塘干涸，无水插秧。

**4月20日** 区委作出《关于深化企业管理体制改革的决定》。

**6月2日** 邓协清任区委书记。

**6月8—10日** 中共北区第二次代表大会召开。

**8月14日** 区委、区政府作出《关于实行“两年消灭荒山，五年绿化北区”的决定》；至1990年11月，经省林业部门检查验收，北区达到省颁消灭宜林荒山标准，被省政府授予“绿化三湘贡献奖”奖杯。

**11月20日** 为解决秋汛造成灾造成的种子短缺问题，区政府组织各乡（镇、场）到海南省陵水县繁育杂交水稻种子；至1989年4月29日，完成制种居全省第二名。

**是年** 建立区级独立财政管理体制。

**是年** 路口水泥厂生产的“洞庭”牌水泥被评为全国农牧渔业优秀产品。

## 1989年

**2月16日** 开展治理经济环境，整顿经济秩序，清理整顿挂靠行政事业单位公司工作。

**2月10日** 台胞何元友、张红绸夫妇与区商业局签订合同，在路口金家桥成立谷基实业股份有限公司路口竹筷厂，此为境内首次与台湾地区企业合资。

**4月11日** 清理干部营建私房。

**4月** 区医药公司经理彭晓阳被评为省劳模。

**5月21日** 针对生猪生产滑坡严重，区政协组织开展生猪生产调查，形成的调查报告先后被《农民日报》《经济日报》刊登。

**6月** 松阳湖农场团委书记刘伟平出席团中央在北戴河召开的改革与农村基层团工作研讨会。

**8月9日** 北区组团参加岳阳市首届运动会，获金牌18枚、银牌50枚，破4项市纪录，团体总分463分，居全市第五名。

**9月10日** 区一中校长袁皇初被评为全国优秀教师。

**11月17日** 北区被评定为全省基础教育合格单位。

**12月11日** 文建国任代区长。

**12月24日** 日本沼津市访华团到北区参观访问。

## 1990年

**1月10日** 由张敦云、段华创作的花鼓戏《镇长吃的农村粮》进京演出，获第五届全国优秀剧本奖。

**1月** 首次实行村民委员会民主换届选举。

**2月20—25日** 政协北区二届一次会议召开，选举产生北区政协二届常委会。

**2月22—27日** 北区三届人大一次会议召开，选举产生北区三届人大常委会、北区三届政府。文建国当选为区长。

**6月25日** 北区被省民政厅认定为革命老根据地。

**6月** 中国人民武装警察部队（简称武警）岳阳市支队组建北区中队。

**7月1日** 全国第四次人口普查，全区共40989户、144981人。

**7月17日** 兴建云溪汽车站；次年1月建成投入营运。

**9月** 松阳湖农场电影队受到广播电影电视部（简称广电部）、文化部等单位联合表彰。

**10月20日** 云溪镇育红中学学生危燕子获全国学赖宁先进个人奖章。

**12月15日** 成立区残疾人联合会。

**是年** 北区被评定为全省基本消灭血吸虫病单位。北区被评为全省“一五”普法先进单位。

**是年** 区招生办公室主任叶世维被评为全国高等教育自学考试先进工作者。区公安分局副局长刘汉初被评为全国第四次人口普查先进个人。

## 1991年

**3月2日** 区委、区政府在云溪镇城区举行全区首届元宵节灯会，观众8万余人。

**3月14日** 中共中央总书记江泽民到长炼视察，为长炼题写“长岭炼油化工厂”厂名。

**5月4日** 曾在侵华战争中到过路口的日本人士佐藤初雄一行6人到路口镇中心小学、新建小学和北区一中参观。

**5月9日** 区政府发布《岳阳市北区实施九年义务教育的规划》，规划至1995年全区普及九年义务教育（简称“普九”）。

**6月24日** 陆城镇洋溪村叶立平在冶湖（今属临湘市）巡湖中与临湘巡湖人员发生纠纷落水身亡，引发重大边界纠纷。后经市政府组织协商，平息事态。

**7月2日** 撇洪渠白荆支渠油铺畈、鸡笼山两处渠道崩垮，死2人，冲垮房屋16栋67间；老107国道茶港地段被淹，中断交通两天。

**8月26日** 省蔬菜生产办公室在北区召开蔬菜遮阳网推广现场会。

**8月** 首次实行居民委员会（简称居委会）民主换届选举。

**11月16日** 省辖七市十城区第四次人大工作联席会议在北区召开。

**12月7日** 陆城镇儒溪、泾港、棋杆、杨桥、新港、洋溪、钢铁等村部分群众就儒溪、棋杆、杨桥、洋溪4村将划归临湘市管辖组织到市政府上访，经市、区多方疏导，通过做工作，停止上访。

**是年** 全区实行宅基地有偿使用。

## 1992年

**4月3日** 市委、市政府决定将陆城镇杨桥、洋溪、棋杆、儒溪4个村及镇办金鸡山林场划归临湘县管辖，将地处松杨湖地区的原桃矿农场土地和临湘平瓦厂划归北区。

**6月12日** 区委决定建立道仁矶市场开发区。

**6月23日至9月底** 百日大旱，11月底才下透雨。

**6月29日** 晚，云溪乡桃李村治安联防队员彭泽林在盘查追赶形迹可疑人员中被罪犯杀成重伤，后被省、市社会治安综合治理委员会（简称综治委）分别评为综治先进个人、见义勇为先进个人。

**6月** 香港爱国人士邓纪蓁一行5人到路口访问。

**11月9日** 晚，云溪乡青石村芋田坡组杨益民家不慎失火，夫妻2人及两个儿子不幸被烧死。

**11月12—15日** 中共北区第三次代表大会召开。

**12月15—23日** 政协北区三届一次会议召开，选举产生北区政协三届常委会。

**12月16—19日** 北区四届人大一次会议召开，选举产生北区四届人大常委会，北区四届政府。

**12月21日** 成立区科学技术协会（简称科协）。

## 1993年

**1月1日** 取消城镇居民粮食定量供应和流通粮票。粮油购销市场和购销价格全部放开。

**1月** 区委作出《关于加强全区社会治安综合治理的决定》。

**2月23日** 程谦逊任区委书记。

**3月1日** 境内始有长途自动直拨电话，可与全国乃至世界各地联网用户直接拨号通话。

**3月18日** 云溪乡新型耐火材料厂王志平组织开发的铝镁铬钢包砖获省科技进步一等奖；1994年3月，获国家科技进步一等奖。

**8月12日** 合并白泥湖渔场建立道仁矶镇。

**8月14日** 文桥乡暴发钩端螺旋体病，被传染48人，死3人。

**9月** 北区工商业者联合会（简称工商联）成立大会暨第一届会员代表大会召开，成立区工商联。

**10月12日** 22时40分，在107国道云溪乡新铺村地段发生湖北省鄂州市华联客运公司开往广州的双层卧铺车与陕西省白水县苹果服务中心东风牌货车相撞重大交通事故，车上45名乘客当场死3人，伤22人，其中重伤4人。

**10月28日** 区文化馆王密根创作的小品《钓鱼》获文化部“群星杯”大赛优秀作品奖；次年7月，参加第二届中国民族歌舞会演，获全国最佳作品奖。

**12月** 区血防办易春秋被卫生部、水电部、农业部授予血防工作先进个人称号。

**是年** 江泽民就区委办政策研究室（简称政研室）撰写的《关于现役军人停军保役现象的思考》作出批示。

**是年** 区委原副书记、区政府原区长文建国因受贿罪受党纪政纪处分和法律惩处。

## 1994年

**3月21日** 中央综治办副主任徐伟华、省委政法委副书记苏健民、市委副书记罗传根等到北区视察。

**3月31日** 区政府部署全区扫盲工作。次年，经国家评估检查组验收，省政府认定北区为无文盲区。

**3月12日** 司马德坤任代区长；3月23—26日北区四届人大三次会议上补选为区长。

**4月22日** 区委、区政府决定搬迁北区一中；至1996年8月，搬迁至云溪镇城区胜利西路。

**5月10日** 区委书记程谦逊、区长司马德坤，区人大常委会主任陈铁山、区政协副主席郭石麟、区委统战部部长杨斌容等会见回乡探亲的北区籍台胞龚延松。

**6月27—29日** 全省乡镇检察室工作现场会在路口镇召开。

**7月1日** 区纪委印发《关于坚决制止乱收费、乱罚款、乱集资摊派的通告》，对10家区办企业、乡镇企业实行挂牌保护。

**8月12日** 北区国土分局首次召开公开强制执法会，对11宗典型违法用地案件进行曝光，对8户违法建筑予以强制拆除。

**8月20日** 从区直单位抽派干部组成工作组进驻后进村，开始第一批农村党支部建设整顿。

**8月** 陆城油脂加工厂研发的“中冠”牌二级烹饪油获第五届亚太国际贸易博览会金奖，是湖南省第一家获此荣誉的食品产品。

**是年** 北区被省委评为党建“双学”先进单位，代表全市接受中央组织部（简称中组部）检查。

**是年** 北区被评为全省铁路护路联防先进单位。

**是年** 云溪镇、路口镇跨入全省经济百强镇行列。

## 1995年

**1月6日** 《人民日报》以《岳阳市北区人民法院改革见成效》为题，报道北区法院改革审判方式，为经济建设保驾护航。

**1月** 区畜牧局局长李检宝被评为全国农业科技推广先进工作者。

**2月18日** 司马德坤任区委书记。

**3月4日** 刘衍华任代区长；是月13—16日，北区四届人大四次会议上补选为区长。

**3月** 实行农村土地第二轮承包，承包期延长至2005年。

**4月21日** 区委作出《关于在全区开展向孔繁森同志学习活动的决定》。

**6月** 区文化广播电视局熊生华、谢江南撰写的新闻作品《向内地法官鞠一躬》获中国广播奖一等奖。

**8月1日** 松阳湖农场畜牧分场民兵汪卫民在防汛处险中牺牲，《湖南日报》发表文章《洪水滔滔哭英雄——记抗洪抢险中牺牲的汪卫民》。

**8月2日** 北区公安分局根据群众举报在路口镇路口居委会旅社当场抓获正在交货的2名毒贩，缴获大烟60克。

**9月10日** 云溪镇教育组专干陈汉湘被国家教委评为优秀教师。

**9月** 由市、区水利局和松阳湖农场共同投资1359万元修建的象骨港电排工程开工；1996年5月竣工。

**10月23—25日** 省教育“两基”（基础教育、基础设施）验收评估团到北区验收。北区被评定为全省“两基”合格单位。次年5月，国家教委组织“两基”复查，云溪区验收合格。

**10月24日—27日** 湘鄂赣边境毗邻县市（区）政协联谊会第15次会议在北区召开。

**是年** 实行区直机关机构改革。

**是年** 推行公务员制度，至2005年，全区完成过渡录用国家公务员工作。

**是年** 北区被评为全省“二五”普法先进单位。

## 1996年

**1月** 全区采取农户林地入股，林业部门组织开发，收入按比例分成，在文桥东风村开发丘岗地1000亩，为全省丘岗山地开发典型、岳阳市市长样板工程。

**2月5日** 区委作出《关于改善投资环境推进厂区协作的决定》，制定和落实服务大厂“护树借荫”的发展战略。

**3月5日** 云溪镇下街居民刘志强家后院突然起火，云松派出所干警刘学坤冲进火海救出刘家婆媳，并爬上房顶开辟隔离带，指挥众人迅速将火扑灭；2006年，刘学坤获中央电视台、公安部组织的“十佳民警”评选活动提名奖，被省公安厅记一等功。

**3月30日** 《人民日报》头版头条发表长篇通讯《哥俩好》，并配发评论员文章推介北区加强与驻区大厂协作协调经验。

**3月** 区委决定实施区、乡企业所有制改革。

**4月30日** 根据国务院、省政府文件精神，北区更名为云溪区。

**5月29日** 区计划统计物价局局长王永保被评为全国1%人口抽样调查先进个人。

**5月** 云溪区被国家教委审定为“普九”合格单位。

**6月2日至7月** 严重洪涝灾害，全区直接经济损失3.2亿元；9月，又遭受严重洪涝。

**9月29日** 区委决定通过招商引资发展鳗鱼养殖业，因多方原因，至1998年所办4家鳗鱼养殖场全部关闭。

**10月18日** 全国政协副主席钱正英一行在副省长庞道沐、省政协主席刘正等陪同下，乘快艇自洞庭湖至陆城新港考察洞庭湖治理方案和寡妇矶拓卡工程。

**10月22日** 云溪镇城区自来水万吨加压调蓄池工程动工，1997年9月建成投入使用。

**12月** 云溪区“五好家庭”评比竞赛活动被中央精神文明建设委员会（简称文明委）办公室（简称文明办）向全国推介。云溪区被省委、省政府评为双文明建设先进县（市）区。

**是月** 区血防办公室（简称血防办）陈光波被评为全国血防工作先进个人。

**是年** 成立武警云溪区消防大队。

## 1997年

**3月** 云溪乡东风村首创“公司+农户”产、供、销一条龙养鸡模式。

**4月7日** 《人民日报》（海外版）以《古稀老人，情系青少年》为题报道陆城镇退休教师艾美舟向青少年宣讲《庆七一，迎回归》。

**4月25日** 中央电视台焦点访谈栏目以《路未完工先收费》为题披露云溪区在长江路尚未竣工即设站收费问题。区委、区政府责成相关单位立即停止收费，及时整改。

**7月20日** 区文物管理部门与岳化公安部门在打击文物走私行动中，查获国家二级文物1件、三级文物10件。

**7 月 30 日** 区人大常委会组织召开近 700 人参加的执法评议会，披露少数单位重收费轻服务，乱收费、乱罚款、乱摊派问题。

**8 月** 全区清理公费购置通信工具。

**9 月** 民办教师全部转为公办教师，结束“民办教师”历史。

**10 月 26—28 日** 中共云溪区第一次代表大会召开。

**10 月** 陆城农技站站长方胜华从事农业科技推广的先进事迹先后被中央电视台一台、二台、七台报道，方胜华获农业部颁发的“中华农业科教奖”；次年 7 月，《中国农业日报》载文推介其先进事迹。

**12 月 11—14 日** 政协云溪区一届一次会议召开，选举产生云溪区政协一届常委会。

**12 月 12—16 日** 云溪区一届人大一次会议召开，选举产生云溪区一届人大常委会，云溪区一届政府。

**12 月 26 日** 区委、区政府作出加速科技进步，实施“科教兴区”战略的决定。

**12 月** 区检察院党组副书记、政治协理员乔新林被最高检察院评为模范检察官，授予特级劳模勋章；次年 1 月 11—16 日，乔赴京参加全国检察系统第四次“双先”表彰会。

**是年冬** 陆城铜鼓山商文化遗址出土国家一级文物商代中期青铜鼎。

**是年** 实施洞庭湖蓄滞洪区陆城垸安全楼工程；次年完工。在陆城镇和道仁矶镇共建安全楼 200 栋 2.5 万平方米。

**是年** 云溪区被评为全省节育工作先进单位；2002—2003 年又连续两年被评为全省节育工作模范单位。

## 1998 年

**1 月** 境内开通互联网。

**3 月 27 日** 区政府建立区本级帮困制度，至年底，发放困难企业、职工帮困资金 20 余万元。

**4 月 10 日** 启动第一批农村电网改造工程；2005 年 12 月完工。

**4 月 11 日** 晚 7 时左右，区公安分局看守所 2 号监房发生一起犯人殴打犯罪嫌疑人致死事件。

**4 月 23 日** 区委转发区人大常委会《关于开展依法治区的决议》，全区开始实施依法治区。

**5 月 18 日** 区委、区政府制定《岳阳市云溪区招商引资优惠政策》。

**6 月 16 日** 康代四任代区长；1999 年 1 月 19—22 日，云溪区一届人大三次会议上补选为区长。

**6 月至 9 月** 累计降雨 948 毫升，长江流域遭遇特大洪水，汛期长达 48 天，出现 8 次洪峰，是历史上降雨最多、汛期最长、水位最高、洪峰次数最多的一年。

**7 月 26 日** 晚 12 点，省委副书记、省长储波到松阳湖农场检查防汛工作。

**7 月 29 日** 长炼供排水厂工人、基干民兵罗巍在抗洪抢险中为保护队友英勇献身。

**8 月 3—10 日** 著名作家张贤亮、艾青在陆城垸体验抗洪生活。

**8 月 5 日** 省武警总队直属二支队株洲支队武警官兵奉命驰援云溪区抗洪抢险。

**8 月 18 日** 广州军区四十一集团军一二三师炮团（即塔山英雄团）四营解放军战士增援永济垸抗洪抢险。

**9 月 22 日** 市、区抽派干部下到重灾村安排群众生活，组织恢复水毁工程，开展生产自救。

**9月25日** 区法院院长郭吉祥被最高人民法院记一等功、省高院记二等功。

**9月** 省小康建设办公室认定云溪镇、路口镇、文桥镇、陆城镇、道仁矶镇、松阳湖农场6个乡镇场和57个村达到小康乡、村建设标准，比国家提出的要求提前2.6年。

**是月** 区科委主任唐露尧被评为全国科技界抗洪先进个人。

**是月** 区委统战部副部长、区工商联会长瞿和清被中央统战部、全国工商联评为抗洪抢险先进个人。

**10月26日** 北京市丰台区环卫管理处一行6人专程到云溪区，商定每年捐款1万元，帮助灾区小学生解决就读问题。

**10月** 文桥乡党委书记张常炎分别被中央综治委、司法部评为1997年度、本年度刑释解教人员安置帮教工作先进个人。

**11月10日** 市委书记张昌平到松阳湖农场参加劳动，市长周昌贡率市直部门300多名干部到永济垸参加江堤冬修。

**11月23日** 四川师范学院派专人送来师生个人捐款10万元给道仁矶中学修建水毁校舍。

**是年** 云溪区被评为全省抗洪救灾先进集体。

## 1999年

**1月7日** 全国著名考古学家、高级研究员何介钧到道仁矶考察大溪文化遗址；3月3日，省文物考古研究所、市文物管理处、区文物管理所3家联合对道仁矶大溪文化遗址进行考古发掘。

**1月21日** 区政府常务副区长孙山青会见回乡探亲的台湾同胞李阔海。

**2月11日** 陆城镇被定为湖南省无公害蔬菜基地。

**3月19日** 区一中学生于力、肖扬分别获全国中学生英语口语竞赛二、三等奖。

**4月8日** 团区委、长炼团委联合举办厂区青年携手跨世纪，同心庆“五四”区厂青年自行车友谊赛，300多名男女选手参赛。

**是日** 开始清理整顿农村合作基金会。

**4月26日** 中央电视台《焦点访谈》节目报道云溪区加强长江沿线文物保护。

**5月27日** 路口镇新合村调解主任沈爱良被司法部评为模范人民调解员。

**6月** 区电视台摄制反映云溪乡桃李村杨友元倾心抚育5个孩子的电视专题片《爱心永恒》被省创建“五好”文明家庭领导小组选中，杨友元一家被评为全省“十佳文明家庭”。

**7月15日** 刘衍华任区委书记。

**7月16日** 云溪区私营企业联合会第一次代表大会召开，出席代表33人，选举黄桂生为联合会主席，陈玉平为经审主任。

**7月20日** 文桥乡更名为文桥镇。

**7月21日** 云溪区实行与岳阳楼区、君山区同一电话费标准，改变电话收费一直实行农村话网标准而存在的城乡差别。

**7月25日** 国务院总理朱镕基一行到永济垸长江大堤检查防汛工作，在象骨港电排大堤上发表重要讲话。2002年6月8日，朱镕基再次到境内长江大堤万粟堤段检查防汛和标准化大堤建设。

**7月31日** 云溪乡发生因节育造成死人事件；次年3月15日，相关责任人分别受到法律惩处。

**8月** 开始在党员干部中开展增强“四个观念”（即政治组织观念、群众观念、政策法规观念、勤政廉政观念）教育。

**11月20日** 云溪区小康酱菜厂生产的“金利达”系列酱菜获湖南省首届名优特农副产品博览会优质产品奖；2004年4月，业主丁维青被评为省劳模，出席全省劳模表彰大会。

**12月** 云溪区被评为全国科技工作先进县（区）。

**是年** 落实城镇居民最低生活保障制度。

**是年** 中国国民党革命委员会（简称民革）云溪支部被民革中央评为先进基层支部。

## 2000年

**1—3月** 区委统战部开展“给台湾小朋友一封信”征文活动，有34所学校近万名学生参加。

**2月24日** 区委决定大种中药材；至2001年，因市场变化等原因，全区2066.67公顷中药材大多废除。

**2月** 在党员干部中开展“三讲”（即讲学习、讲政治、讲正气）教育。

**3月20日** 区委印发《关于加强干部管理和监督工作有关制度的通知》。

**4月** 陆城镇南门口发掘一座宋代砖窑木棺墓，清理出完整的南宋木棺1具、南宋湖州八卦青铜镜1面等有价值的文物10多件。

**5月26日** 文桥镇华兴村开展“三爱日”示范教育活动，形成爱国家、爱集体、爱家园的新风尚，受到省委书记杨正午赞扬，被《湖南日报》、湖南卫视报道。

**6月13日** 上午11时许，歹徒文岳明持枪窜进区中医院，向医院索要现金1万元，该院院长范桂芳、副院长游亚虎勇斗案犯，及时报警，在民警配合下将歹徒制服。

**7月30日** 云溪镇和福建客商共同投资兴建岳化安居综合大市场。

**9月11日** 海外中国教育基金会始对云溪乡中学（含小学部）特困生按初中每期每人200元、小学每期每人155元的金额给予资助。至2003年年底，共资助4.92万元。

**10月5日** 区文化馆郑玲创作的小品《倒房》获2000年“中国曹禺戏剧奖”小戏小品奖三等奖。

**10月9日** 区办最大企业路口纺织厂实行产权置换，将部分资产折价720万元转让给泰国华龙股份有限公司。

**10月20日** 区民政局组织第一批白内障患者去市康复医院治疗，发给每位患者生活补助费60元；至次年12月，共使210名白内障患者重见光明。

**11月** 全国第五次人口普查，全区共51127户，163220人。

**12月20日** 云溪籍台胞陈松英捐资10万元改善家乡村级医疗设施。

## 2001年

**1月4日** 全区安排60多个机关单位、500多名副科以上负责干部结对帮助困难企业改革改制、开展生产自救，支助困难职工解决生产生活和再就业困难。

**1月8日** 区委、区政府决定整治无序使用长炼、岳化转供水电问题，支持驻区大厂发展。

**1月14日** 凌晨3时40分，湖北省监利县尺八镇一个体面包车因严重超载在道仁矶汽渡码头停车待渡时滑入水中，19名乘客全部落水，13人获救，6人丧生。

**1月25日** 区法院被分别评为全国、全省人民满意的好法院，并记集体二等功。

**2月8日** 开展“三个代表”重要思想学教活动。

**2月28日** 段方金任代区长。

**3月25日** 5时30分，道仁矶镇柳田村遭雷击，受灾110户398人，伤2人。

**4月18日** 区委、区政府确立“工业立区”发展战略，制定《关于进一步加强厂地经济技术协作的若干规定》《关于厂地经济技术协作的奖励办法》和《关于全区重点企业实行挂牌保护的决定》等一系列支持鼓励发展工业的文件。

**4月20日** 全区开通民情热线电话。

**4月26日** 路口镇新华村农民养殖协会成立。为全区第一个农民养殖业社团组织。

**4月** 完成辖区27.28公里长江大堤标准化建设。该工程1998年8月开工，历时3年，总投资1.4亿元。

**5月15日** 云溪区被评为全省婚育新风进万家先进单位；10月，被评为全国婚育新风进万家先进县（市）区。

**是日** 区计生委副主任李莲英、陆城镇陆城村计生专干李细茶被中央宣传部（简称中宣部）评为婚育新风进万家活动先进个人。

**6月8日** 省政府副省长唐之享到云溪区视察。

**6月11日** 区委、区政府决定创办云溪工业园；2003年2月17日，正式由区政府组织实施；7月8日，省政府批准云溪区成立省级云溪精细化工产业园（即云溪区工业园）。

**8月15日** 凌晨4时许，岳化厂厂长刘路安夫妇遭歹徒入室抢劫打伤，后案件侦破，罪犯被绳之以法。

**9月15—16日** 瑞典“希望之星”考察团到云溪乡清石村、道仁矶镇泗泷村实地察看，将血吸虫疫区饮水设施改造、帮助失学儿童解决就学难和贫困山区学校危房改造等3个项目报中华慈善总会。

**10月1日** 云溪铁路跨线桥竣工通车，结束云溪镇东、西两片城区被京广线隔断的历史。

**10月** 区疾病预防控制中心被卫生部评为消灭脊髓灰质炎先进集体。

**12月6日** 松阳湖农场改制为永济乡。

**12月23日** 11时45分，云溪粮贸中心发生重大火灾，直接经济损失91万余元。

**是年** 区财政收入首次突破1亿元，达到11399万元。

**是年** 经省卫生厅验收，云溪区基本消灭疟疾病。

## 2002年

**4月5日** 首次吸纳农民工加入工会组织；年底，共有3800名农民工加入工会。

**5月8日** 全区取消乡统筹、面向农民征收的行政事业性收费和政府性基金集资；取消屠宰税，取消集体劳动积累工和义务工制度。

**5月** 团区委被共青团中央授予中学生英语口语大赛最佳组织奖，育红中学吴小溪获全国中学生英语口语大赛二等奖。

**6月8日** 国务院总理朱镕基在省委书记杨正午、省长张云川、省委秘书长谢康生陪同下，到境内检查防汛和长江大堤标准化建设。

**7月22—27日** 区境降雨704.8毫米，其中22日1时至6时降雨量达306.7毫米，是有水文记载以来降雨最多的一次。全区受灾8.3万人，直接经济损失1.6亿元，造成茶港段京广铁路内侧山体滑坡，过往列车停开3个多小时，经组织抢修，上午十点二十分恢复运行。

**7月28日** 中央电视台《新闻联播》节目报道云溪区抗洪抢险。

**7月** 区一中高考取得历史最好成绩，本科上线160人，重点本科86人，排名全省第11位，有丁雀英，刘超、朱亚玲分别考取清华大学、北京大学。

**8月12日** 全国人大常委会原委员长乔石、原副委员长彭珮云到永济垸视察长江标准化大堤。

**8月29日** 全国政协原副主席毛致用视察松阳湖长江大堤。

**11月6—8日** 中共云溪区第二次代表大会召开。

**11月8日** 白泥湖河蟹养殖基地养殖的中华绒毛蟹以单体公蟹重495克和单体母蟹重355克在上海河蟹协会主办的蟹文化节上分别获得“蟹王”“蟹后”称号。

**12月6日** 由长炼、云溪区共同修建的长炼进出主要通道107国道长炼连接线工程竣工。长4.7公里，总投资2435万元。

**12月8—11日** 政协云溪区二届一次会议召开，选举产生云溪区政协二届常委会。

**12月9—13日** 云溪区二届人大一次会议召开，选举产生云溪区二届人大常委会，云溪区二届政府，段方金当选为区长。

**12月10日** 完成云溪镇城区和路口、文桥、陆城、道仁矶、永济乡集镇电网改造，总投资1180万元。

**12月** 云溪区被省委、省政府评为节育工作模范单位。2011年，再次获此荣誉。

**是年** 实行区、乡第二次机构改革。

**是年** 区政协委员徐筱杉撰写的《废止投机倒把处罚条例》被省政协全文转报全国政协。

## 2003年

**1月18日** 设立长岭街道。

**1月** 全力防控传染性非典型肺炎（简称非典）；至4月，区内未出现病例。

**3月26—28日** 岳阳市家规家训教育现场经验交流会在云溪区召开。云溪区家规家训活动被评为2003年度全省十佳道德实践活动之一，被中央文明办向全国推介。

**3月** 实施退耕还林一期工程。

**4月初** 云溪乡东风村陈冬初发起成立境内第一个农村专业合作组织云溪乡东风村养鸡联合体。

**4月** 开展打击地下“六合彩”专项行动。

**5月1日** 开通移动电话。

**5月18日** 区一中157班学生甘维被评为“湖南省十佳少年”。

**5月** 云溪区被列为国家级农业综合开发县（区）。

**8月4日** 永济乡5名小学生游泳感染急性血吸虫病；后经抢救，得到痊愈。

**8月** 区委、区政府作出《关于进一步推进基础教育改革与发展的决定》。

**9月25日** 陆城科技示范场被农业部确定为全国科技示范场，陆城镇新港村蔬菜基地被认定为全省“放心菜”基地。

**10月18日** 区委、区政府作出《关于治理云溪河的决定》，次年工程开工。

**10月22日** 《新华每日电讯》以《云溪借中央企业，兴办地方经济》为题推介云溪区在与大厂协作发展区域经济，取得厂地双赢的经验。

**是日** 云溪区计生协会被评为全国计生协会工作先进单位，进入全国计生协会工作“百强单位”行列。区计生局副局长、计生协会常务副会长李莲英被评为全国计生协会工作先进个人。

**是日** 区一中岳汉奇、徐燕参加第四届全国中小学学生素质教育英语知识能力竞赛获一等奖。

**是日** 区安全生产监督管理局（简称安监局）潘斌被评为全国安全生产先进个人。

**是年** 云溪区同岳阳中心城区一并被评为全国文明卫生城市。

**是年** 区商业系统率先实行“两个置换”（即企业资产变卖产权、职工买断工龄）。

## 2004年

**3月12日** 区政府召开全区首修《云溪区志》动员会。

**3月** 市政府决定将市畜牧水产局代管的洋溪湖及洋溪湖渔场划归云溪区管辖。

**是月** 长岭工商所被评为全国工商系统先进单位。

**4月** 开展全国第一次经济普查。

**5月15日** 台湾民主自由党主席何伟康回永济乡祭祖。

**8月** 中稻发生稻曲病，受灾面积2533.33公顷，减产4370吨。为历史上较大的一次稻病灾害。

**12月13日** 宋爱华任区委书记。

**12月26日** 肖自力任代区长；2005年1月12—16日云溪区二届人大三次会议上被选为区长。

**12月31日** 云溪区国家税收首次突破亿元大关（不含长炼、岳化），达到10030万元。

**是年** 对农民实行粮食直接补贴、水稻良种补贴、农机具购置补贴和一次性降低农业税率3%、取消农业税附加（简称三补一降一取）。

## 2005年

**2月13日** 对义务教育阶段贫困家庭学生实行“两免一补”（即免收课本费、学杂费、补助寄宿生生活费）；2006年全面实行义务教育阶段“两免一补”（即课本费、学杂费全免，继续对困难家庭寄宿生实行生活费补助）。

**2月28日** 区委作出《关于进一步加强干部作风建设的若干规定》。

**3月21日** 16时许，路口镇南太村发现一具无名女尸；后该案侦破，故意杀人抛尸罪犯赵光青被判处死刑。

**3月** 实施长江防护林造林工程。

**4月21日** 区委、区政府制定《云溪区招商引资奖励办法》；至12月，共引进招商项目162个，项目总投资22.8亿元。

**5月** 在全省率先实行教师工资由县区级财政统一发放。

**7月** 武广高速铁路云溪段动工；2009年12月竣工通车。

**是月** 云溪国税分局被评为全国税务系统先进集体。次年12月，被中央文明办评为全国精神文明建设先进单位。

**8月14日** 岳化环氧树脂事业部发生氯气泄漏事件，区政府组织封锁现场，疏散群众，配合厂方处险，未造成大的污染和伤亡事故。

**8月22日** 区林业局资源林政股股长吴建平被国家林业局评为森林资源管理先进工作者。

**8月24日** 全国人大常委会委员长吴邦国到岳化视察。

**8月30日** 区民政局原副局长、区政协委员、岳阳市云溪晶鑫蜂产品蜂疗研究所沈道金参加在北京人民大会堂举行的第四届中国科学家论坛开幕式；次年12月，沈撰写的《蜂蜜、花粉、五仁饼的经济、社会效益分析》一文入选《发现·中国发明家2006》专刊。

**9月1日—10月31日** 区委宣传部开展纪念抗日战争暨世界反法西斯战争胜利60周年纪念活动，展映影片《太行山上》，举办“勿忘国耻”图片展。

**9月10日** 开工兴建云溪区老年人活动中心大楼，建筑面积1300平方米。

**9月** 云溪区被商务部纳入“万村千乡市场工程”试点范畴。

**11月28日** 凌晨，区法院储藏室保险柜被撬，6支64式手枪被盗；后经公安部门侦查破案全部找回。

**11月** 岳化社区被中宣部、中央文明办、国家人口计生委等10部门评为婚育新风进万家活动先进单位。

**12月** 路口镇新合村被评为全国依法治理先进单位。

**是月** 区安全生产监督管理局（简称安监局）局长潘斌被评为全国安全生产先进个人。

**是月** 路口镇新合村党支部书记李美政被评为省农业劳模，出席全省劳模表彰大会。

**是年** 在党员干部中开展保持共产党员先进性教育活动，次年5月结束。

**是年** 改革行政审批制度，区属行政执法单位共精减行政审批项目26%。

**是年** 实行以市场调节价为主，国家指导价为辅的物价体制。

**是年** 云溪区被省政府评为森林防火先进单位。

## 2006年

**1月1日** 全区取消农业税。

**5月** 培风塔、大矶头、铜鼓山文化遗址被省政府公布为第八批省级文物保护单位。

**6月4日** 陆城镇陆城村现役军人吴忠良在空军运输机空难中不幸遇难，被中央军委追认为革命烈士。

**6月18—20日** 中共云溪区第三次代表大会召开。

**9月13日** 区畜牧水产局在云溪乡新民村查获1公斤“瘦肉精”原粉。为全省首次查获“瘦肉精”原粉，全国一次性查获最多“瘦肉精”原粉案例之一。

**11月20日** 肖自力任区委书记。

**12月26日** 横跨道仁矶至湖北省监利县白螺镇的荆岳长江大桥开工建设；2010年12月竣工通车。

**是年** 整合城乡教育资源，并基本完成首期工程，撤并云溪镇城区4所中小学，初步建成1所市级示范初中、1所市级示范小学和1个区中心幼儿园。

**是年** 全区各级各单位实行政务公开。

## 2007年

**1月11日** 陈志莲任代区长；2月5—11日，云溪区二届人大五次会议上补选为区长。

**2月22日** 区委召开专题会议部署开展矛盾纠纷排查调处年活动。

**4月10日** 区政府计划投资1160万元修建云溪广场，完善配套工程；2009年5月完成广场主体工程；2011年6月完成配套工程，结束云溪镇西城区无大型休闲娱乐场所历史。

**4月13日** 凌晨，个体槽车业主匡某在岳化厂区违规排放残留工业废液，造成岳化厂区、云溪镇城区空气严重污染，引起群众恐慌。

**5月12日** 区农业局高级农艺师、主任科员刘国平受农业部派遣到加蓬共和国参与联合国粮食特别行动计划，2008年12月获中加南南合作粮食项目个人贡献奖，2011年5月30日，又到利比里亚共和国参与实施特别行动计划。

**5月30日—6月3日** 区妇联发起关爱留守儿童，促其健康成长活动。

**7月29日** 区政协主席刘祖赐参加中纪委、中组部联合召开的换届选举工作调研座谈会。

**8月14日** 云溪区困难职工帮扶中心成立。

**8月** 云溪镇城区建立空气自动化检测站。

**10月** 云溪乡八一村、路口镇枧冲村发生松材线虫害，涉病面积8.67公顷，国家林业局造林司副司长马爱国，省林业厅副厅长唐苗生、森林总站站长刘跃进等到区指导开展防治工作。

**11月** 农业污染源普查；次年12月结束。

**12月4—8日** 政协云溪区三届一次会议召开，选举产生云溪区政协三届常委会。

**12月5—9日** 云溪区三届人大一次会议召开，选举产生云溪区三届人大常委会，云溪区三届政府。

**12月8日** 投资2.2亿元区内最大的220千伏依江变电站在道仁矶镇大田村建成。

**12月** 白泥湖渔场获“全国水产健康养殖示范场”称号。BNH（白泥湖）牌大闸蟹商标被评为湖南省著名商标。次年12月，白泥湖河蟹被农业部评为“绿色产品”。

**是年** 云溪工业园精细化工技术开发与检测公共服务平台被国家发改委定为湖南省高新技术公共服务平台（全省仅2个），进入国家重点扶持范围。

**是年** 始有工业产品外贸进出口业务。

## 2008年

**1月11日至2月6日** 积雪冰冻，最低温度零下5℃，多处公路交通中断，竹木压断，林业损失3805万元。

**1月18日** 区委、区政府决定创办云溪工业园长炼分园。

**1月26日** 中国石油化工集团巴陵石油化工有限责任公司经理张德明当选为第十一届全国人大代表。

**3月** 省巩固退耕还林成果项目在云溪实施，实施期至2015年。

**4月27日** 中日交流促进会组织的日本企业家中国中部考察团到云溪工业园考察。

**4月** 全区实行新型农村合作医疗（简称新农合）制度。

**5月8日** 成立云溪区慈善总会；8月18日成立云溪区慈善基金会，为省内首家县级公募慈善基金会。

**5月19日** 14时28分，全区人民向“5·12”汶川地震遇难同胞默哀三分钟。

**5月** 实行城镇居民医疗保险

**7月14日** 区委、区政府决定兴建云溪污水处理厂，实行工业污水与城市生活污水合并处理。次年3月1日动工；2010年7月建成投入营运，总投资17849万元。

**7月** 云溪工业园湖南中创化工有限公司生产的乙酸仲丁脂在马来西亚国际涂料博览会上获最佳环保奖。

**8月** 位于永济乡、云溪乡境内的临港新区动工兴建；至2011年，已完成建设投资9.4亿元。

**是月至10月** 开展中德合作造林项目终期评估。自1998年开始实施该项目，11年中全区共造林3322.7公顷，投入资金18万元，有3600户农户受益。

**9月1日** 取消个体工商户和集贸市场管理费。

**9月25—26日** 2008湖南（岳阳）精细化工科技论坛暨投资推介会在云溪区召开，市长黄兰香、省科技厅副厅长梁秋松等出席。

**9月** 实行山林定权发证，山林所有权、经营权分属集体和农户。

**是月** 区一中张磊、卢隶参加全国中学生生物联赛获三等奖。

**10月** 实行家电下乡补贴；至12月，农民购买家用电器6867件，财政补贴181.21万元；次年3月24日，区商务局牵头组织家电下乡活动。

**11月23日** 云溪工商分局被评为全国工商系统先进单位。

**12月19日** 世界500强企业中石化总公司投资6.5亿元在云溪工业园开工建设中石化催化剂长岭分公司新基地。

**12月** 城陵矶新港码头一期工程在永济乡境内建成，2011年12月，实现江海联运，成为全省唯一的海港码头。

**是年** 云溪区被分别评为全省综治先进县（市、区）、县级人民政府教育优秀单位。

**是年** 永济乡被中央文明办授予“全国创建文明村镇工作先进村镇”称号。

**是年** 区卫生局血防办刘桂林被评为全国血防先进工作者。

**是年** 陆城镇敬老院院长曹洪泉被评为全国孝亲敬老之星。

## 2009年

**1月6日** 13时许，受雨雪天气影响，道仁矶汽渡码头滞留旅客2000人，经区政府组织应急处理，至24时，滞留旅客全部安全过江。

**1月9日** 总投资7.8亿元的岳阳东方雨虹防水技术有限责任公司入驻云溪工业园。

**1月15日** 长炼至岳化输苯管线发生泄漏起火燃烧，造成经济损失300多万元。

**2月12日** 10时30分许，文桥镇分水村李大红烧荒勘引发森林大火，过火面积128.67公顷，直接经济损失161万元。

**2月** 实行农村购买摩托车、汽车补贴政策。

**3月5日** 省农业厅确定云溪区为2009年测土配方施肥补贴项目区。

**3月6日** 5时许，路口镇路口村发现一具高度炭化的尸体；后案件被侦破，故意杀人焚尸罪犯邹启国被判处死刑。

**3月** 在机关单位开展学习实践科学发展观活动。

**4月14日** 岳阳市惠鑫米业公司生产的"惠鑫"牌香米被中国绿色发展中心认定为绿色A级产品，许可使用绿色标志；11月24日，被2009中国中部（湖南）国际农博会组委会评为金奖产品。

**4月** 云溪工业园建成天然气转供站，开始向工业区、云溪镇城区供应天然气。

**5月6日** 区政府同意在岳化社区改设社区居民委员会。

**5月** 云溪工业园被列入全省十个重点培育的"千亿园区"之一。

**9月10日** 区一中教师曾祯被评为全国优秀教师。

**9月** 区人武部被国防部评为全国征兵工作先进单位。

**10月28日** 区委书记肖自力在常德召开的全省农村精神文明建设经验交流会上作题为《紧扣区情，创新载体，突出主题，推进率先腾飞》典型发言。云溪区被评为全省农家书屋建设先进单位。

**11月4日** 启动林地承包定权发证工作。2011年12月结束。

**11月10日** 省民政厅到云溪区调研"五保户"供养工作。

**11月12日** 中华联合财险公司首次对投保受损的农作物进行现场理赔。

**11月20日** 岳化安居园社区被评为全国和谐社区建设示范社区。

**是年** 《云溪年鉴（2009）》出版发行。

**是年** 区司法局被司法部评为人民调解宣传工作先进单位。

**是年** 区农业发展局被评为全国农业综合执法先进单位。

**是年** 区长陈志莲被全国妇联授予"三八红旗手"称号。

## 2010年

**2月1日** 实行所有国家规定的基本药物（307种）一律零差率销售和网上集中采购。

**3月1日** 双花水库生态移民工程启动；至9月30日，共投资600万元，拆除库区房屋42栋，外迁安置59户256人。

**3月** 区长岭炼化协作协调局牵头开展长岭大型设备进厂运输通道建设协调工作；至2011年6月，途经道仁矶镇、云溪乡、云溪镇、路口镇全长35公里的运输通道建成。

**5月14—22日** 区人武部部长苏正明、政治委员陈卫成带领一个连民兵支援临湘市黄盖湖抗洪抢险。

**6月30日** 云溪区被征地农民基本养老保险制度首先在永济乡实行。

**7月8—21日** 连降暴雨，全区农作物绝收1080公顷。

**8月20日** 云溪区建立区矛盾调处中心，开展区级干部大接访活动。

**8月31日** 云溪工业园被评为湖南十大最具投资价值产业园区；12月3日，被工信部定为国家推进新型工业化示范基地。

**9 月 1 日** 实行普通高中国家助学金制度。

**9 月 16—17 日** 路口镇、陆城镇千吨万人以上集中供水工程开工建设；分别于次年 12 月 27 日、28 日竣工投入运行。

**10 月 20 日** 区委、区政府决定开发云溪镇城南新区，拓展云溪工业园，建设云港路与 107 国道互通工程。

**10 月 28 日** 炼化一体化公路建设动工。该工程是国家"十二五"计划期间石化行业重点工程项目之一，经区内 4 个乡镇 14 个村 59 个组，应征土地 59.2 公顷，拆迁房屋 135 户，路长 31.93 公里，预算投资 1.9 亿元；至 2011 年年底，已开通路基 80%。

**10 月 29 日** 中央纪律检查委员会书记贺国强到长炼视察。

**11 月 9 日** 陈志莲任区委书记。

**11 月 13 日** 区委提出全面实施"工业立区，物流兴区，城乡统筹，和谐发展"战略，加快建设"四区一极"，实现富民强区的奋斗目标。

**11 月** 国务院残疾人工作委员会、中国残联负责人孙先德、肖志先后到云溪检查指导残疾人工作。

**12 月 11 日** 田文静任代区长；2011 年 1 月 7—12 日，云溪区三届人大四次会议上补选为区长。

**12 月** 云溪区开展的道德评议进万家活动被中央文明办编入《农村精神文明创建工作典型经验》一书。区委宣传部被评为全国 13 个道德评议进农家创建典型之一。

**是年** 云溪区被省委、省政府评为综治工作先进县区；被省委、省政府评为节育工作优质服务单位；被省农业厅评为养殖业工作先进县区。

**是年** 区委办政研室综合的《岳阳市云溪区做好部分军队退役人员信访工作的"三字诀"》被中央军委、国家信访局、民政部推介；次年 11 月 28 日又在中央《情况交流》上刊登。

**是年** 云溪镇获"全国妇联基层组织建设示范镇"称号。

**是年** 区民政局局长田新云被民政部评为五保工作先进个人。

**是年** 区直属光荣院院长徐素娥被评为全国拥军优属先进个人。

## 2011 年

**1 月** 区财政投入 200 万元实施生猪养殖小区粪污处理工程。

**2 月** 云溪区被评为 2006–2010 年全国法制宣传教育先进县（市、区）。

**3 月 2 日** 中央军委原副主席张震到长炼、岳化视察。

**3 月 4 日** 云溪工商分局受理一起因春节期间燃放烟花爆竹引起的伤人投诉案件。通过法律程序，使消费者获得 20 余万元的经济赔偿。

**3 月 15 日** 区畜牧水产局在路口三角坪查获全国首例苯乙醇胺 A"瘦肉精"新品种，在公安部门配合下抓获犯罪嫌疑人 7 人，涉案价值 3000 多万元。被新华社等全国近百家新闻媒体报道。

**3 月 29 日** 合并云溪公安分局、长岭公安分局、金盆公安分局，成立岳阳市公安局云溪分局，结束云溪建区来 3 个公安机关并存历史。

**4 月 1 日** 中央电视台《生活 567》栏目播放专题片《云溪区里找新鲜》，推介云溪区加强精神文明建设成果。

**5月21日** 国务院副总理张德江到岳化视察。

**6月7日** 《光明日报》第四版《新视线》专版刊发《道德力量正民风——湖南省岳阳市云溪区》，图文并茂地介绍云溪区“道德评议进农家”“家规家训进农家”等精神文明创建经验。次年，云溪区“道德评议进农家”“家规家训”活动被中央文明委收入《中国精神文明建设年鉴》。

**6月16—18日** 中共云溪区第四次代表大会召开。

**6月** 实行新型农村养老保险制度。

**7月10日** 21时，云溪工业园聚成化工有限公司发生原料罐爆炸引起火灾，被及时处理。

**7月18日** 市公交公司开通岳阳火车站至岳化金盆社区52路公交车，结束境内无城市公交车历史。

**7月** 全区完成的铁路沿线、林业血防、面上造林抚林工程被省林业厅作为样板工程向全省推介。

**9月24—25日** 岳阳市中小学田径运动会在云溪区第一中学举行。

**10月8日** 实施农村环境集中连片整治；首批投入2100多万元对农村饮用水水源保护、农村生活污水处理、农村生活垃圾处理、畜禽养殖污染治理等方面进行综合整治。

**10月14日** 全国14个省、市35名退伍老兵到云溪区考察优抚工作。

**10月** 实行森林保险。全区4252.2公顷公益林全部纳入保险范围，并启动森林资源抵押贷款工作。

**11月7日** 云溪区开始申请认定为革命苏区县（区）；2012年7月30日，省苏区县认定工作小组、省委党史研究室认定云溪区为湘鄂赣苏区县（区）、湘鄂西苏区县（区）。并上报中共中央党史研究室。

**12月28日** 投资1.27亿元，位于道仁矶镇大田村的无公害垃圾处理场一期工程竣工。

**12月29日** 区政府举行道仁矶港口码头、物流园招商项目签约仪式，签约项目4个，总投资37亿元。

**是年** 云溪区被省政府确定为洞庭湖区沟渠疏浚试点县（区）。

**是年** 陆城南、北正街纳入岳阳市国家历史文化名城区，进行修缮保护。

**是年** 区电视台被评为全国文化惠民工程宣传工作先进单位。

**是年** 区福利中心（光荣院）获全国福利院管理服务先进单位称号。

**是年** 云溪区被省委、省人民政府评为全省政协工作先进单位。

# 第一篇 政 区

云溪区境，自北宋淳化元年（990）至1983年，先后为王朝县、临湘县辖区①。1984年4月，从临湘县析出置县级行政区岳阳市北区。1996年4月，更名为云溪区。

云溪区，因地名冠名。云溪地名由来，史料中有两种不同记载。一说因盛产茶叶而得名。1983年版《临湘地名志》载：“相传昔日方圆数十里，盛产茶叶，每逢春夏，茶商云集于此，故称云溪。”二说缘溪而名。1988年版《岳阳纪略》载：“有溪水自东向西流经，设有船埠，每逢春夏，茶商云集，故名云溪。”前面二说，以后说较确切，有“溪水”，又“茶商云集”，虽然同样没有典传始末，却多依山川形势，地理风物。总之，有山“有船埠”，盛产茶叶，溪水流经，是无疑问的。且明天顺五年（1461）设驿名“云溪”，清乾隆四十二年（1777）设云溪巡检司，现“云溪”之名由来已久。

## 第一章 建 置

### 第一节 境 域

#### 一、位置

云溪区位于湖南省东北部，岳阳市北部，洞庭湖注长江交汇处。地理坐标北纬29°23′56" ~29°38′22"，东经113°08′48" ~113°23′30"。东起文桥镇伏岭，西至永济乡洪家洲长江江心，南抵云溪乡井家坡，北迄陆城镇泾港洋溪湖。东有武广高铁线路相切；西有黄金水道长江相依；内有京广复线、国道107，省道211、213纵贯南北；随岳高速、省道210斜穿西南。

#### 二、变迁

清光绪二十五年（1899），岳州开埠设关，海关设城陵矶，境域所属城陵矶及芭蕉湖一部划属巴陵县管辖（今属岳阳市岳阳楼区管辖）。

1950年8月，湖南省为了统一防洪大堤修防领导，经与湖北省会商，将湖北省蒲圻县赤壁乡原所

①引自1998年版《宋史卷》。

属万成垸以太平口河流中线为界，西部划属临湘县六区管辖。

1950年11月，长沙专署批准将五区所辖上半村划属岳阳县管辖（今岳阳楼区三荷乡管辖）。

1953年4月，六区新设乡所辖长江北岸新淤洲划属湖北省监利县白螺矶镇管辖。

1961年8月，调整人民公社规模，县政府将原江南公社所属江南、盛塘、灯塔、四合、黄盖、光明6个大队划属新设立的江南公社管辖。

1984年4月，设置北区时将路口公社所属台上、石山、灰山、路峰4个大队和新合大队一部划属临湘县管辖。

1992年4月，市政府决定，将陆城镇所辖儒溪、杨桥、棋杆、洋溪4村和金鸡山林场划属临湘县儒溪镇管辖，将位于松阳湖地区的原临湘桃林铅锌矿农场土地和县平瓦厂划属北区管辖。

2004年3月，市政府决定，将市畜牧水产局代管的洋溪湖及洋溪湖渔场划属云溪区管辖。

## 三、境界

明弘治《湖广岳州府志》载，境域位于临湘县西部，“西通监利，至荆州府监利县界二十里；南扼巴陵，至本府巴陵县界六十里，北控沔阳，至直隶沔阳州界一百五里”。

清康熙《临湘县志》载，以县治陆城为起点，“西六里至大江，抵荆州府之监利县界”“南一百一十五里至戚家湾，抵本府之巴陵县界”“北七十里至高家墩，抵武昌府之嘉鱼县界”“南偏西五十里至城陵矶观音寺，抵巴陵县界”“西偏南十五里至白螺山，抵监利县界”。

光绪二十五年（1899）城陵矶设海关后，西偏南“原设在城陵矶镇中心董家巷的境界移至镇北，修建分界围墙，立有出入城门”。

1950年将万成垸以太平口河流中心为界划属临湘县管辖后，境北界址由高家墩北移至太平口河中心。

1950年划出上半村后，南偏西界址北移至五区昆山乡周家。

1953年划出新淤洲后，西偏南境界由长江西岸白螺山东移至长江江心。

1984年置区后，境东界址由至文桥公社荆竹大队荆竹山抵县荆竹山林场西移至荆竹大队伏岭抵荆竹山林场；东偏南界址由至路口公社原台上大队抵临湘县长安公社长城大队西移至路口公社新建大队抵长安公社台上大队界。境北界址由太平口河流中心南移至陆城公社棋杆大队抵江南公社鸭栏大队界。

1992年划出儒溪、杨桥、棋杆、洋溪4村和金鸡山林场后，境北界址由至陆城镇原棋杆村抵临湘县江南镇鸭栏村南移至陆城镇泾港村抵洋溪湖。

2004年洋溪湖及洋溪湖渔场划属云溪区后，界址由至泾港村抵洋溪湖，北移至洋溪湖抵临湘市儒溪镇境内鸭栏电排站。

2011年，区境东至文桥镇荆竹村伏岭，抵临湘市荆竹山林场界；西至永济乡擂鼓台村洪家洲长江江心，抵湖北省监利县白螺镇界；南至云溪乡青石村井家坡，抵岳阳楼区三荷乡公城、向阳2村界；北至陆城镇洋溪湖渔场，抵临湘市儒溪镇境内鸭栏电排；东偏南至路口镇新建村象屋，抵临湘市白云镇路峰村桐庄屋场；南偏西至云溪乡桃李村周家，抵岳阳楼区三荷乡境内昆山；西偏南至云溪乡坪田村上房，抵岳阳楼区梅溪乡胥家桥村界。东西最大横跨22.26公里，南北最大纵距29.4公里。

## 四、面积

民国6年（1917）4月8日《湖南大公报》载，临湘县境面积8977方里，即2244平方公里，境域约480平方公里。

1984年置区时，总面积406.82平方公里。1992年后，随着区划不断调整，境域面积不断变化。

2011年，云溪区境面积396.2平方公里。

## 第二节　沿　革

区境，唐虞时期属三苗之地，夏、商时隶荆州之域。周属楚麇子国地。秦属长沙郡地。西汉属长沙国下隽县地。东汉，复属长沙郡。三国初期属蜀，后属吴长沙郡巴丘地。

西晋太康元年（280），析原长沙国下隽县地置巴陵县。自西晋、东晋、南北朝、隋至唐末，一直属巴陵县地。

五代，后唐清泰年间（934—936）（具体时间有“清泰元年”之说，“清泰三年”之说，“清泰间”之说，因确切史料不足，尚难定论），楚王马殷为便输纳，划巴陵县东北部，在陆城设王朝场。北宋淳化元年（990），升王朝场为王朝县；至道二年（996），改王朝县为临湘县。历宋、元、明、清及中华民国，境域均属之。

1949年7月，解放军进抵境内，当地解放。至1984年初隶临湘县。1984年4月，为拓展岳阳城区，经国务院批准，省政府决定，将境域从临湘县境内析出，设置岳阳市北区，隶属于岳阳市。1996年3月，国务院根据有关区划命名规定，批准在行政区划不变的前提下，北区更名为云溪区。

## 第三节　治　所

**县治**　从北宋淳化元年置王朝县，治陆城，至民国19年（1930）6月临湘县县治迁出，陆城先后为王朝县、临湘县县治942年。陆城位于区境西北部陆城镇境内，因三国东吴陆逊曾在此筑城演兵，后人念其功，以其名冠之。

**区址**　1984年5月，区政府临时驻地路口镇。1986年6月，设区址云溪镇，以马鞍山为驻地。南距岳阳中心城区25公里，省会长沙270公里；北距临湘市20.6公里。

# 第二章　区　划

## 第一节　厢（乡）·隅·都·区

宋至道二年（996）后，县治陆城及其附近设厢，辖坊；陆城及其附近以外设乡，辖里。

元朝，陆城设隅，改隅外乡、里为都。

明朝，以乡统都，都统图。洪武八年（1375），改都统区，区统里。境域分别划为上松都王禾区（一部）、擢秀上都南村区（大部），擢秀下都（大部），白沙都楚冲区，青阳上都（一部）。成化十八年（1482），复改都统图，由图统里分别划为擢秀下都县市图（大部），擢秀上都晏竹图（一部），上松都王禾图（大部），白沙都楚冲图（一部），青阳上都杨林图（一部）。

清初，废都编区，区下设里，每里分上、下里，里下各设5甲。道光二十年（1840），改甲为团，共分5里27团。县市上里辖塘湾、省塘、新生、郑岭、李桥、三圣、樟坪、象骨、渣埠9团，县市下里辖五门、外堡、通济、望城、南村、路口6团，王禾下里辖桃李、岩岭、木岭、松山、鲁源、雅团6团，晏竹上里（一部）辖臣山、西坪、马头3团，杨林下里（一部）辖泾港、白荆、荆竹3团。光绪元年（1875），废里设区，区下辖团。设城区、云溪区2区，仍辖27团。

## 第二节　区·乡镇

民国元年（1912），设城区、云溪区2区。

民国11年，城区、云溪区合并为（临湘县）第一区。

民国14年，恢复城区、云溪区2区。

民国24年，并区废团，区以下设乡、镇。城区、云溪区并为（临湘县）第二区，辖11个乡（镇），区公所设路口铺。

民国25年，区以下乡合并。并为陆城镇、善化乡、文化乡、盖湖乡、太平乡、云溪乡（其中盖湖乡范围今属临湘市）。

民国26年，撤区，并乡镇，下设保。设云溪镇，辖9保；陆城乡，辖13保；文化乡，辖12保；桃李乡，辖9保。

民国36年，再并乡镇，保以下设甲。划为陆城乡，乡政府驻地陆城，辖8保；文化乡，乡政府驻地路口铺，辖10保；云溪乡，乡政府驻地云溪老街，辖11保。

## 第三节　区·社（镇、场）

1949年7月，经长沙专署批准，县政府将境域划为临湘县五区，区公所设云溪，辖陆城、文化、云溪3乡。陆城乡设8保、70甲，文化乡设10保、88甲，云溪乡设11保、86甲。

1950年3月，县政府决定，五区及部分相邻区域调整为五区、六区，六区区公所设陆城。8月，实行民主建政，区以下废保甲，设乡，乡以下设村。五区辖八一、南太、路口、路灰、望城、黄白、马头、和平、桃李、云溪、团结、建设12乡（其中路灰乡范围今属临湘市），六区辖新设、羊山、陆城、万普、四合、长义、盛湖、三合8乡（其中万普、四合、长义、盛湖、三合及羊山乡范围今属临湘市）。

1952年3月，省政府决定划小区乡，五区、六区原20乡调整为54乡，另设云溪、陆城2区属镇。五区辖白荆、荆凤、黄皋、望城、分水、九龙、臣山、文修、马头、荆竹、南岳、南山、南亭、路口、麻塘、石山、西平、八一、镇龙、延庆、基隆、大禾、郑岭、滨湖、太平、昆山、桃李、郭家、坪田、团结、建设、长岭、青平、万家、省塘35乡和云溪镇（其中麻塘、石山2乡范围今属临湘市，昆山乡部分今属岳阳楼区）。六区辖儒溪、羊山、四合、晓洲、鸭栏、三合、棋杆、万普、洋溪、万新、盛塘、盛岭、盛湖、塘松、省田、新设、双湖、义和、三洲19乡和陆城镇（其中除塘松乡、省田乡、新设乡、陆城镇、羊山乡部分范围，其余今属临湘市）。

1953年4月，经湘潭专署批准，县政府适当调整区划，五区、六区原54乡调整为29乡。五区辖白荆、黄皋、望城、文修、荆竹、南岳、南太、路口、石山、八一、延庆、基隆、郑岭、滨湖、桃李、团结、岩岭、建设18乡和云溪镇（其中石山乡范围今属临湘市）。六区辖新设、儒溪、羊山、四合、万普、盛塘、盛湖、三合、双湖、长义、洋溪11乡和陆城镇（其中除新设乡、洋溪乡部分范围，其余今属临湘市）。

1955年，省政府文件规定，不满1500人口的集镇不设镇，撤销云溪镇，划归滨湖乡管辖。1956年，撤区并乡，并为云溪、路口、文修、团结、陆城5乡，陆城镇改为县属镇。1957年8月，恢复云溪镇并改为县属镇。

1958年10月，实现人民公社化，云溪、路口、文修、团结、陆城5乡并为云溪、路口、江南3个公社，下设29个大队、210个生产队，陆城、云溪2县属镇改为社属镇，增设社属路口镇。云溪公社驻地云溪老街，辖滨湖、延庆、建设、临江、团结、岩岭、桃李、八一8个大队和云溪镇；路口公社驻地路口铺，辖文桥、路口、白荆、石山、南太、南岳、望城、荆竹、黄皋9个大队和路口镇（其中石山大队范围今属临湘市）；江南公社驻地陆城，辖江南、盛塘、灯塔、洋溪、四合、滨江、新设、陆城、黄金、钢铁、光明、黄盖12个大队（除滨江、新设、陆城、黄金、钢铁大队和洋溪大队一部分范围外，其余今属临湘市）。

1959年8月，云溪、陆城、路口3镇收归县管。

1960年10月，增设松阳湖农场，场部设象骨港。云溪、路口、陆城3镇复属所在公社管辖。

1961年8月，调整人民公社规模，撤销社属镇，划为云溪、路口、文桥、陆城、江南5个公社和松阳湖农场（其中江南公社、陆城公社一部分范围全属临湘市）、87个大队（分场）、706个生产队。云溪公社辖24个大队、165个生产队；路口公社辖15个大队、115个生产队；文桥公社驻地文修桥，辖14个大队、108个生产队；陆城公社驻地陆城，辖15个大队、138个生产队；江南公社驻地谷花洲，辖11个大队、154个生产队；松阳湖农场辖8个分场、26个生产队。

1970年7月，增设县属路口镇。1975年4月，增设县属云溪镇。至1979年，设5个公社2个县属镇1个农场、92个大队（居委会）、712个生产队。

1983年，增设社属陆城镇。大队（居委会）、生产队作小范围调整，原92个大队（居委会）、712个生产队调整为116个大队（站、场）、5个居委会、909个生产队。

## 第四节　乡镇·街道

1984年4月，区划调整，将云溪、路口2镇，云溪、陆城、文桥3个公社，路口公社的路口、南山、牌楼、江湖、枧冲、南太、南岳、新华、省塘9个大队，新合大队的李家、沈家、马形、驼鹤4个生产队，松阳湖农场，白泥湖、芭蕉湖和长炼、岳化两厂厂区从临湘县行政辖区内划出，隶属北区管辖。

是年5月，废除人民公社体制，改社为乡，改大队、生产队为村、村民小组。共4个乡2个镇1

个农场，73个村（居委会、分场）、676个村（居）民小组。

1984年北区乡（镇、场）行政区划情况表

表1-2-1　　单位：个

| 公社（镇、场）名称 | 驻地 | 所辖村（居委会、农场） | 所辖村（居委会、分场、场站） | 村（居）民小组 |
|---|---|---|---|---|
| 云溪乡 | 云溪 | 18 | 坪田、桃李、建军、青石、友好、荷花、团结、建设、清溪、双花、八一、胜利、东风、新铺、滨湖、云溪农科站、黄泥沟渔场、扬旗湖渔场 | 242 |
| 路口乡 | 路口 | 10 | 路口、南山、牌楼、江湖、枧冲、南太、南岳、新华、省塘、新合 | 88 |
| 文桥乡 | 文修桥 | 14 | 文桥、小桥、荆竹、和平、望城、臣山、九龙、仙花、姜畈、白荆、黄皋、金星、华兴、文桥农科站 | 160 |
| 陆城乡 | 陆城 | 16 | 大田、基隆、滨江、泗垅、丁山、新设、陆城、新港、儒溪、香铺、钢铁、泾港、杨桥、洋溪、棋杆、陆城农科站（其中儒溪、杨桥、洋溪、棋杆今属临湘市） | 148 |
| 云溪镇 | 云溪 | 3 | 镇龙、云峰，云溪居委会 | 20 |
| 路口镇 | 路口铺 | 4 | 长岭、新建、小贝，路口居委会 | 18 |
| 松阳湖农场 | 象骨港 | 8 | 洪家洲、杨树港、七行洲、播鼓台、凌泊湖、茅岭头、畜牧水产分场、综合分场 | |

1985年4月，区政府决定，从路口乡省塘村划出一部，从陆城乡大田村、新设村划出部分组，建立白泥湖渔场。次年5月，经省政府批准，陆城乡更名为陆城镇。

1987年1月，撤销路口乡，并入路口镇。

1992年4月，将陆城镇所辖儒溪、杨桥、棋杆、洋溪4个村和金鸡山林场划属临湘县管辖。

1993年8月，省民政厅决定，从陆城镇划出大田、基隆、泗垅、滨江、丁山5个村与白泥湖渔场合并，建立道仁矶镇。

1999年7月，经市民政局同意，文桥乡更名为文桥镇。

2001年12月，省政府批准，改革松阳湖农场企业管理体制，撤销松阳湖农场，设立永济乡，辖区不变，原分场改制为村，辖播鼓台、杨树港、茅岭头、凌泊湖、樟树港5个村和松阳湖居委会。

2003年1月，市政府同意在长炼厂区设立长岭街道，辖四化、向阳、洞庭、南山4个社区。

2004年3月，市政府将市牲畜水产局代管的洋溪湖渔场划归云溪区管辖。

2009年5月，区政府同意岳化社区（岳化厂区内）将所辖社区改设为社区居委会。

2011年，全区划为2个乡、5个镇、1个街道，66个村（含5个渔场）、22个居委会，686个村民小组（含1个林场）、28个居民小组。

## 2011年云溪区乡镇（街道、社区）区划情况表

表1-2-2　　单位：个

| 乡镇、街道（社区）名称 | 村级 | | | | 组级 | |
|---|---|---|---|---|---|---|
| | 居委会（社区） | | 村 | | 居民小组数 | 村民小组数 |
| | 个数 | 名称 | 个数 | 名称 | | |
| 云溪镇 | 4 | 上街、下街、南街、洗马 | 2 | 云峰、镇龙 | 10 | 15 |
| 云溪乡 | 3 | | 19（含3个渔场） | 坪田、桃李、建军、友好、青石、团结、荷花、建设、上清溪、下清溪、双花、八一、胜利、东风、新铺、滨湖、芭蕉湖渔场、黄泥沟渔场、扬旗湖渔场 | | 248 |
| 路口镇 | 2 | 路口、长炼街 | 12 | 路口、新建、长岭、南太、江湖、牌楼、新华、枧冲、南岳、省塘、新合、南山 | 9 | 110 |
| 文桥镇 | 1 | 文修桥 | 13 | 金星、白荆、分水、望城、黄皋、姜畈、华兴、东风、臣山、文桥、小桥、和平、荆竹 | 1 | 164 |
| 陆城镇 | 1 | 陆城 | 8（含2个渔场） | 香铺、陆城、泾港、钢铁、新设、新港、洋溪湖渔场、八里湖渔场 | 4 | 53 |
| 道仁矶镇 | 1 | 道仁矶 | 7 | 大田、基隆、泗垅、滨江、丁山、柳田、沙湾 | 3 | 70（含黄沙嘴林场） |
| 永济乡 | 1 | 松阳湖 | 5 | 擂鼓台、杨树港、茅岭头、凌泊湖、樟树 | 1 | 26 |
| 长岭街道 | 4 | 南山、四化、向阳、洞庭 | | | | |
| （岳化社区） | 5 | 安居园、汪家岭、胜利沟、金盆、青坡 | | | | |

# 第三章　乡镇街道概况

## 云溪镇

以地名冠名。位于区境中部，东与岳化厂区交错，西南邻云溪乡，北接路口镇。境内有京广铁路、107国道纵贯南北。总面积15.1平方公里（含岳化社区管理中心部分区域面积）。镇政府驻地云溪镇。境域为全区政治、经济、文化中心。1994年，跨入湖南省经济百强镇行列。2010年，先后获全国妇联基层组织建设示范镇，年度湖南省‘六好’乡镇（街道）工会、湖南省2010届文明乡镇称号。2011年，辖2个村、4个居委会，7056户、22070人，其中城镇人口17000人，城镇化率79%。全镇总产值24.77亿元，实现财政收入764.6万元，比上年增长15%。

境域地势东南高西北低，海拔差15米。四季气候特征明显，春夏多雨，易成洪涝；秋冬少雨，多见干旱。境内有黄茅大山、云峰等山峰，有云溪河。有耕地81.2公顷，林地623.6公顷。

**区划**　明代，境域划属上松都王禾图区域。清代，划属渣埠团区域。民国24年（1935），废团设乡，为云溪乡一部。1952年3月，划为镇龙、延庆2乡和云溪镇。1953年，镇龙、延庆2乡合并为延庆乡。1958年10月，属云溪公社一部，划为延庆大队、云溪镇。1961年，调整为延庆、镇龙、云峰3个大队和云溪镇。至1983年再调整后，属云溪镇区域，划为云溪居委会和镇龙、云峰2个大队。1984年4月，成建制划归北区管辖；5月，改大队为村，辖云峰、镇龙2村和云溪居委会。1986年，析云溪居委会置上街、下街2居委会。1990年，析镇龙村置南街居委会和镇龙村。1998年5月，增设洗马路居委会。至2011年，区划未变。

**工业**　1956年，始创缝纫、铁业、木业等社（镇）属手工业合作社（组）。1978—1989年，先后创办加捻厂、金属压块厂、工业用呢厂、农副产品加工厂、建筑总公司等镇办企业。1990年后，湖南省钮莱佛化工有限公司、恩创塑业、金球扁丝厂、镇龙纸管厂、林丰化工厂、西式彩瓦厂、长城塑料厂、泉井有机化工厂、小康酱菜厂、岳阳造纸厂、毛毯厂等一批外资、厂地协作和个体私营企业相继兴起。2011年，共有集体企业、股份制企业、个体私营企业305家，主要以石油化工、塑料制品、建筑材料为主。工业产值16.1亿元，占全镇总产值65%。

**商贸服务业**　五代后梁开平二年（908）后，茶叶贸易兴起。明、清时期，个体旅栈业、饭店、南货北货店逐渐增多。民国时期，商贸、服务业初具规模。1956年后，国营、集体商店、供销社、餐馆、旅社、修理店逐步兴起，至1980年，共发展至27家。1986年，新建下街市场（又名云峰市场）；1989年，建郭坳市场；1992年，开发岳化新市场；1998年，建四通市场；2000年，建洗马路市场；2004年，建成云溪大厦。至2011年，有哨所路车辆维修美容及配件行业市场，洗马路建材、小商品市场，安居大道餐饮、娱乐业市场，岳化二工区小百货市场及四通市场、安居市场、汪家岭市场等多个工农业产品销售市场，商业网点357个。社会商品零售总额3.78亿元，比2010年增长12.7%，年成交额2亿元。完成营业税141.16万元、增值税26.2万元、企业所得税6.5万元。

云溪镇属无粮镇，农业以蔬菜花卉种植为主。建有九龙台、洗马、石桥3处大棚精细蔬菜基地，刘冲、橘园2个苗木基地。花卉苗木300多个品种，畅销临湘、岳阳、长沙等地。

2011年，有小学3所，幼儿园12所，在校小学生1900人，小学适龄儿童入学率100%，九年义务教育覆盖率100%。有文化活动中心1个，村级文化活动中心6个，图书室9个，藏书10万册。有医疗卫生机构7个，村、居民新农合参保率100%。

## 云溪乡

以地名命名。位于区境南部，东与临湘市白石园林场、横铺乡毗邻，南接岳阳楼区三荷乡，西邻永济乡、岳阳楼区梅溪乡，北连道仁矶镇、路口镇。乡政府驻地云溪镇。境域东北环绕岳化。有107国道、京广铁路、武广高速铁路线纵贯南北，随岳高速公路、省道210、213、云港路、道云路横穿东西。2011年，辖16个村3个渔场，7764户、31174人，其中农业人口27516人。总面积135.6平方公里（含岳化社区管理中心部分区域面积）。总产值5.4亿元，实现财政收入475.1万元，人均纯收入4788元。

境域属丘陵区向湖区过渡地区。东南为山地，西南部为湖区，地势东高西低，海拔差20米。境内有区内最高山岭小木岭，有东茅岭、十尖牌、磨尖山、斗笠山、伏牛山等山岭。有清溪河、桃李河、茶港河、扬旗湖、芭蕉湖、黄泥沟湖。具有气温适宜，雨量充足，四季分明的气候特征。

**区划**　明朝，为临湘县上松都王禾区、白沙都楚冲区部分区域。清朝，划为三圣、樟坪、渣埠、桃李、岩岭、木岭、松山7团。民国26年，团改保。1951年，主要划为八一、云溪、桃李、团结、建设5乡。1952年3月，划为八一、滨湖（一部）、太平、昆山、桃李、郭家、坪田、团结、建设9乡。1953年，划为八一、滨湖（一部）、桃李、团结、岩岭、建设6乡。1958年10月，设置云溪人民公社，划为滨湖、建设、团结、岩岭、桃李、八一6个大队。1961年，划为坪田、桃李、建军、太平、友好、集体、民主、福桥、团结、荷花、清溪、建设、双花、茶港、八一、胜利、新民、东风、滨湖、南合、新合21个大队。至1983年，逐步调整为坪田、桃李、建军、青石、友好、团结、建设、清溪、双花、八一、胜利、东风、新铺、滨湖、云溪农科站、黄泥沟农场、扬旗湖渔场17个大队（站、场）。1984年4月，成建制划归北区管辖。5月，改社建乡，云溪公社更名为云溪乡。是年底，清溪村析为上清溪、下清溪2个村，1987年，撤销农科站，芭蕉湖渔场（1961年建）与村级组织并列。至2011年，区划未变。

**农业**　有山林6666.67公顷，耕地3000公顷，水面1333.33公顷。2011年，产稻谷1.1万吨，菜籽1066吨，芝麻73吨，西瓜5242吨。有东风村养鸡联合体、八一弘农生猪养殖合作社等专业养殖合作组织。出笼家禽300万羽，出栏生猪4860头。湘莲、肉鸡、牛蛙、河蟹等系列产品名传湘北。有十尖牌、斗笠山、鹰坡咀等5个大小林场，林业收入1500万元。

**工业、商贸**　1970年，办有机砖厂等社办企业。1985—1989年创办绸厂、编织袋厂、耐火材料厂等乡镇企业。1989年，有私营化纤编织小厂11家。2011年，形成茶港、三搭桥工业小区，有私营企业102家，工业总产值3.8亿元。有郭家咀、友好2个乡村集贸市场，年成交额300万元。

2011年，有初级中学1所，学生1338人；小学5所，学生1348人。适龄儿童入学率、九年义务教育普及率均达100%。有乡级卫生院1所，村级卫生室19个，农民新农合参保率100%。有乡文化站1处，村级文化活动中心19个，农家书屋19个，藏书40余万册。有电信企业1家，服务网点18个，电话交换机总容量1.5万户，电话普及率86%；移动电话用户1.6万户；互联网用户5000户；有线电视用户800户。城镇居民低保21户、49人，农村居民低保410户、1351人。有“五保之家”2处，入住五保老人73户、79人。有社区劳动保障服务中心1个，被征地农民养老保险、新型农村养老保险参保11231人，占总人口36.02%。

# 路口镇

位于区境东北部，东接临湘市白云镇，西伴道仁矶镇白泥湖渔场，南邻云溪乡，北连文桥镇、长炼。总面积41.57平方公里（含长炼街道部分区域面积），耕地面积651.5公顷。1994年，跨入全省百强镇行列。2009—2011年，连续3年被评为全省社会治安综合治理（简称综治）先进单位。2011年，辖12个村、2个居委会，6912户、20193人，其中农业人口14702人。全镇总产值4.96亿元，实现财政收入674.9万元，农民人均纯收入7330元。

路口镇因镇政府驻地在路口铺而得名。据《临湘县志》载，唐天宝年间（742—755）至民国3年（1914），原路口铺位于现临湘市白云镇石山村。当时有长安至陆城、云溪两驿道在此交叉，形成“丁”字路口，道旁有店铺，故称路口铺。又据《甘氏族谱》载，现在的路口铺，700年前称石家畈，后更名为田荞水畈。清朝末年，因附近南山村有铺名西平铺，又改田荞水畈为西平团，统称西平铺。民国19年（1930），粤汉铁路路口铺火车站因地点不适合，改建于西平铺，仍称路口铺火车站，后来西平铺的名称便被路口铺所取代。路口镇地处丘陵区向湖区过渡地带，地势由东南向西北倾斜，海拔差10米。境内有路口港、驼鹤山。有石灰石、白云矿、磷矿等矿藏。具有气候温和，四季分明，热量充足，雨水集中于春夏季的气候特征。

**区划** 明朝，境域属临湘县擢秀上都晏竹图和擢秀下都县市图部分区域。清朝，主要划为省塘、南村、路口、西坪4团。民国24年（1935），废团设乡，境域为文化乡部分区域。1950年8月，废保甲后，主要划为南太、路口2乡。1952年，调整为南岳、南太、南亭、路口、西坪5乡。1958年10月，建立路口人民公社后，主要划为路口、南太、南岳3个大队和路口镇。1961年8月调整人民公社体制后，至1979年，划为新合、路口、新屋、枧冲、牌楼、南太、江湖、新华、长岭、南岳、省塘11个大队和路口镇。次年，新屋大队更名为南山大队，路口镇区域析置新建大队和路口居委会。1984年4月，境域划归北区管辖；5月，

路口镇葡萄种植园 (2010年摄)

改社建镇，增设小贝村。至2011年，撤销小贝村，设长炼街居委会。

**农业**　南宋末年（1276—1278）后，以水稻种植为主。1954年，推广双季稻；至1975年，双季稻种植面积占水稻总面积90%。1984年，改造中低产田，推广杂交水稻。1991年，推广软盘抛秧，亩产达到375公斤，比1975年亩均增70公斤。1993年，调整产业结构。江湖村种西瓜33公顷，亩产西瓜1960公斤。是年后，普遍种植西瓜，品牌西瓜"曹峰牌"西瓜远销长沙、武汉等地。但由于西瓜轮作周期长，2002年改种草莓；至2005年，全镇种草莓500亩，年创收200万元。2010年，发展葡萄种植；至次年，建成葡萄种植园2个，面积120亩。

生猪规模养殖始于20世纪80年代，镇办城路养殖场；1978年，出栏生猪1278头。90年代初，城路养殖场体制改革，部分技术人员回家发展个体养殖业。至2011年，有新华、南岳、江湖、南太、省塘5个村成为生猪养殖村，年出栏生猪12万头。

**工业**　20世纪60年代始，创办社属集体企业。70年代，集体企业发展至20家。80年代，办有纺织厂、水泥厂、皮革厂、金钢石厂、五金厂、预制场、加捻厂、化工厂、塑料厂、白云矿、后湖渔场等区办、镇办企业，年产值3000万元。90年代后，路口搬运队、联丰造纸厂、兴达氧化钙厂、省塘中义塑料厂、路口彩印厂、五金钢管厂等一批私营企业兴起。2000年后，私营企业进一步发展。2011年，镇属企业有化工厂、白云矿、搬运队、市场公司、建筑公司等5家，私营企业有泰亨源实业有限公司、洞庭水泥有限公司、振发化工厂、欧依尔化工厂、宏光乙炔厂、双兴防腐公司、四方公司、五峰公司、康富炭素厂、中和机电公司、春江食品厂、一哥食品厂、渔米之乡食品厂等30家，形成以化工为龙头，五金、食品等加工业为辅的工业发展格局。工业总产值2.1亿元，实现工业增加值2700万元，比2010年增长7%。

**商贸服务业**　20世纪60年代即有发展。70年代，主要以长炼职工和职工食堂为交易对象的农副产品小集市兴起。80年代，路口铺一度为北区政府临时驻地，商贸进一步繁荣，共有大型综合商场4家，农贸市场3个，旅社5家，餐馆7家，小卖部及各类经销门店33家，年交易额120万元。90年代，形成路口、长岭八字门2个商贸集中区，有服装、百货、五金、建材、饮食、住宿、物流等各类门店351家。2000年始，家电、通信等行业兴起，其他行业陆续扩展。市场、门店主要有幸福村家电超市、天一家电城、诚信家电城、志立楼服装城、长路大酒店、路口大酒店、大润发超市、新一步超市、喜又多超市、小神龙宾馆等。2011年，有餐饮住宿门店84家，服装门店230家，综合超市和批发部66家，五金综合批发部32家，家电超市7家，手机商店7家，电脑产品商店4家，其他商店110家，社会消费品零售总额1.16亿元。

**交通**　20世纪初，粤汉铁路穿境而过。70年代后，陆城至长安、云溪至长安公路贯穿全境。90年代后，国道107、省道211线、金橘路、路陆路交汇形成公路网。2003年，建成107国道长炼连接线；2010年，建设炼化路，开始107国道新一轮拓宽工程。2011年，有长炼至岳阳、长炼至临湘、冶湖至临湘、长炼至云溪、长炼至长沙、长炼至湘潭、临湘至洪湖7条客运线穿境而过，年客流量130万人次。

2009年，投资400万元新建自来水厂，更新城镇自来水管网3万米，饮用自来水人口占总人口75%。2011年，投入2600万元，兴建路口中学、路口中心小学、新建小学三校合一工程。有初级中学1所、小学3所，在校中、小学生2400人，九年义务教育普及率100%。有卫生院1所，村级卫生室12个。

# 文桥镇

位于区境东北部，东接临湘市聂市镇，南邻路口镇、长炼，西连陆城镇，北抵临湘市儒溪镇。总面积 62.67 平方公里（含长炼街道办事处部分区域面积）。东切省道临鸭公路，东西横贯省道炼化路、县道文排路，南北纵贯县道陆路、路江路、文修桥。2006—2007 年，连续两年获民本岳阳先进乡镇称号。2011 年，有耕地 1339 公顷，山林 3493.33 公顷，杉木、楠竹用材林 893.33 公顷，经济林 86.67 公顷。辖 13 个村、1 个居委会，4436 户、19637 人，其中农业人口 17896 人。全镇总产值1.48 亿元，实现财政收入 854.2 万元，农民人均纯收入 8314 元。

文桥镇地处山区向丘陵区过渡地带，地势东高西低，海拔差 25 米。境内有南亭山、荆竹山、应科山、丫髻山、笔架山、驼鹤山、挖断山、黄皋山，有文桥河、分水港、青龙港、天井港、撇洪渠西干渠。气候湿润，热量充足，春夏多雨，易发山洪。

**区划** 境域明朝为临湘县擢秀上都、青阳上都部分区域。清朝，为县市下里望城团、晏竹上里臣山、马头团和杨林下里白荆、荆竹团区域。民国 25 年（1936），为善化乡区域。民国 26 年，为文化乡部分区域。1951 年，属临湘县五区，划为望城、黄白、马头 3 乡；次年，调整为白荆、荆凤、黄皋、望城、分水、九龙、臣山、文修、马头、荆竹 10 乡；1956 年，合并为文修乡、辖 50 个初级社。1957 年初，辖荆竹、文桥、望城、臣山、九龙、黄皋、白荆、分水 8 个高级社。1958 年，并入路口公社，划为文桥、白荆、荆竹、望城、黄皋 5 个大队。1961 年，从路口公社析出，成立文桥公社，以社址驻地文修桥简称冠名，下设荆竹、和平、文桥、小桥、臣山、东风、望城、黄皋、姜畈、白果、华兴、分水、白荆、金星 14 个大队。1973 年，小桥大队划出李畈、下湾、毛咀 3 个生产队，组建文桥农科站，与大队机构并列，白果大队更名为仙花大队。1984 年 4 月，成建制划归北区管辖。5 月，改社建乡，更名为文桥乡，大队改为行政村，撤销文桥农科站，所辖李畈、下湾、毛咀 3 组重归小桥村，九龙、仙花 2 村合并设立分水村。1999 年 7 月，文桥乡更名为文桥镇。至 2011 年，区划未变。

**农业** 文桥镇以农业为主。稻谷、竹木、油料、中药吴萸子、生猪、鸡鸭、鲜鱼、水果等为大宗农副产品。1957 年，改单季稻为双季稻，亩产从 200 公斤增至 350 公斤以上。1980 年，推广杂交稻，亩产从400 公斤提升至早、晚稻两季 800 公斤以上。1992 年，推广种植“洞庭一号”良种西瓜；1993 年，西瓜种植面积 760 公顷，亩产 2500—3500 公斤。由于瓜大汁甜，形成“文桥”品牌，其产品远销中南五省。1997—2011 年，因西瓜不能原地连年种植，部分农民到临湘、赤壁、岳阳、汨罗等地租田种植或当技术员。2011 年年底，有小型养猪场 61 个，鸡场 11 个。

因境域紧靠长炼，70 年代始，农民多就近进厂务工。除专业户、个体户外，户均至少有 1 人常年在厂里打工，年收入 2 万元~3 万元以上。至 2011 年，进厂和外出务工人员中，有 173 户迁居到厂边，其中承包工程的 11 户，经商者 31 户，经营维修的 7 户，开餐饮店、理发店和经营短途运输的 29 户，务工和从事第三产业的收入占农民纯收入 70%以上。

**工业** 工业起步于 80 年代。2011 年，有骨干企业 7 家，以化工、机械配件、建材加工为主，工业产值329.16 万元，创利税 287 万元，比 2006 年增长 6.82%。

居住环境不断改善。2010—2011 年，推广沼气池 227 个。家庭装“太阳能”热水器 461 户，降低二氧化碳排放量 18.7%。建分类垃圾池 241 个，每个村民小组有 1~2 个，街道每 400 米 1 个。

2011年，有初中1所，小学6所，幼儿园3所，卫生院1所，村级卫生室13个。在校中、小学生1310人，适龄儿童入学率、在校学生巩固率、九年义务教育覆盖率均达100%。农民新农合参保率100%，城乡居民低保492户924人。有敬老院1所，收养农村“五保”老人59人。农村新型养老保险6864人，参保率95%。

## 陆城镇

以地名冠名。位于区境西北部，东邻文桥镇、路口镇。西濒长江，南接道仁矶镇，北连临湘市儒溪镇，镇址陆城。明、清至民国时期，即逐渐形成塘湾、杨陵渡、新港、儒矶、鸭栏、便河湾等众多码头、渡口（儒矶、鸭栏码头今在临湘市儒溪镇境内），旱路有9条官道四通八达。1949年后，修筑长江大堤，内湖与长江航道隔断，内河码头、渡口废弃。70年代始，临江码头进入新的发展时期；至2011年，有新设武钢矿石码头、陆城沙窝码头，长炼1号、2号、3号、4号、5号码头，陆城新港码头等8个货运码头。公路有省道213纵贯南北，省道303线斜切东北。2011年，镇域总面积53.62平方公里，有耕地691.6公顷。辖6个村、2个渔场、1个居委会，57个村（居）民小组，2212户、9950人，其中农业人口6896人。全镇总产值5.03亿元，实现财政收入456万元，人均纯收入6596元。

陆城镇属丘陵半湖区，地势由东南向西北倾斜，海拔差7米。境内主要山岭有青山、鱼梁山、马鞍山，主要湖泊有八里湖、拖枪湖、肖田湖、洋溪湖，有撇洪渠西干渠。气候湿润，春夏多雨，多汛期、洪灾，光照充足，无霜期长。

**区划**　宋至道二年至元朝末年（1368），为临湘县城区厢、隅主要区域。明朝，为擢秀下都县市图、青阳上都杨林图部分区域。清道光二十年（1840），划为塘湾、新生、五门、外堡、通济、泾港6团。民国24年（1935），废团设乡（镇），为临湘县第二区陆城镇主要区域。民国26年，撤镇建乡，为陆城乡主要区域。1950年3月，为临湘县六区部分区域，主要划为新设、陆城2乡。1952年3月，主要划为塘松、新设、省田3乡和陆城镇。1958年10月，为江南公社部分区域，主要划为陆城、新设、钢铁3个大队和陆城镇。1961年，为陆城公社大部分区域，划为新设、陆城、新港、三联、钢铁、泾港6个大队。1983年，三联大队更名为香铺大队，增设陆城居委会、陆城农科站。1984年4月，成建制划归北区管辖。5月，改社建乡，为陆城乡大部分区域，并撤销陆城农科站。1986年5月，陆城乡更名为陆城镇。2004年12月，增设洋溪湖渔场；2006年12月8日，增设八里湖渔场，与村级组织并列。

**农业**　大宗产品有水稻、棉花、黄豆、芝麻、油菜、西瓜、鱼、虾、莲、菱等。1998年，试养螃蟹成功。2001年，在肖田湖发展螃蟹、鱼类综合养殖66.67公顷，大蟹每只重240克以上，远销长沙、武汉等地。2002年始，发展蔬菜、西瓜种植业。是年，新港蔬菜基地被省政府授予“绿色无公害放心菜基地”称号。2004年，成立陆城瓜果蔬菜流通协会，注册“陆逊”牌西瓜商标，其产品远销长沙、武汉、广东等地。2011年，种西瓜57.33公顷、蔬菜19.33公顷，产量分别达7000吨、2300吨。

**工业**　起步于20世纪60年代。70年代末，有社队企业8家。1985年，有油脂厂、白云矿、白云石灰矿、红砖厂、砖瓦厂、农机厂、纸箱厂、化工厂、包装队、采石场等乡办企业18家，固定资产17.31万元。1990年，先后创建儒溪汽渡（1992年划归临湘市儒溪镇管辖）、第四建筑公司、陆城沙石场等3家企业。1995年，有陆城采石场、陆城化工厂、陆城石墨厂、陆城仿瓷餐具厂、港陆饲料公司、福陆特种养殖公司、陆城红砖厂等28家镇属企业。1996年，民营企业快速发展，至2011年，先后创办、引进九源玻璃钢厂、浩润公司、宏发纸业、利群塑料厂、岳北化工厂、尼纶造涤厂、天顺化工厂、云天化工厂、桥头加油站、沙石公司、冷藏储运公司、武汉钢铁厂综合码头等14家国有、民营企业，工业总产值4.04亿元，比1983年净增4亿元。

**商贸** 五代后唐清泰年间（934—936）设王朝场后，陆城成为湘北、鄂南茶叶、竹木集散地之一。宋淳化五年（994）设为王朝县治后，商贸业、服务业逐步发展。至清末同治年间（1862—1875），已形成15个行业，有大小商户150余家。民国时期，商贸、服务业发展小进大退。至民国38年（1949），商户由民国18年的300余家减至14家。1950年，县商贸部门在陆城设贸易小组；1955年7月，设商贸批发供应点。1956年后，国营、集体、私营商贸服务业相继发展。至1965年，行业发展至23个，门店、网点扩大至100多个。“文化大革命”期间，私营商贸受到限制。中共十一届三中全会后，商贸服务业呈现蓬勃发展之势。至1990年，镇址陆城已有集贸市场2个，乡村有小集市4个，商贸网点共增至170个。1991年后，私营商贸快速发展。2011年，共有个体、股份制超市13家，市场、集市8个，商贸网点207个，服务门店304个，行业扩展至35个，商品零售额873万元。

2011年，有文化站、广播电视站各1个，村级农家书屋8个，藏书4万余册。中心幼儿园、小学、初中各1所，小学升学率、九年义务教育覆盖率均达100%。有乡镇卫生院1所，村卫生诊所6个，农民新农合参保率100%。

## 道仁矶镇

位于区境西部，东接云溪乡，南以北尾堤为界邻永济乡，西濒长江，北界陆城镇。以镇政府驻地道仁矶地名命名。此地原名道人矶，相传古时一吴姓道人在此施法，将长江中一富豪家过往木排滞留江心，以赈乡邻。后来为纪念这位道人，便将临江一巨型石矶起名道人矶，后改称道仁矶。2011年，辖7个村、1个居委会，2643户、9754人，其中农业人口9255人。总面积56.62平方公里，耕地面积1104.47公顷，其中水田744.47公顷，旱地360公顷，有山林286.67公顷，水面1866.67公顷。全镇总产值3.9亿元，实现财政收入546.1万元，人均纯收入5650元。

道仁矶镇属丘陵区向湖区过渡地带，地势东高西低，海拔差8米。具有四季分明，光照充足，无霜期长，雨水充沛的气候特征。境内主要山岭有伏牛山、王子山、鸡笼山、基隆山、仁家山，主要湖泊有枫桥湖、鲁家湖、白泥湖。1949年前，除江边设有道仁矶渡口外，内湖港汊多有临时船埠，水路交通便利。1949年后，修复加高长江大堤，内湖与长江通道隔断，港汊船埠废弃，临江码头建设逐步发展。至2011年，有岳阳招商石化专用码头、岳化码头、道仁矶老码头、彭家湾简易码头、岳化烧碱卤水码头、道仁矶镇码头、道仁矶汽渡码头等7个码头，靠泊总吨位1.29万吨。公路有随岳高速线斜切西南，省道213纵贯南北，省道210线、道仁路横穿东西。

**区划** 明朝，境域属临湘县擢秀下都部分区域。清道光二十年（1840），为县市上里部分区域，主要划为郑岭、李桥2团。民国24年（1935），属陆城镇部分区域。民国26年，为陆城乡部分区域。1949年7月，属临湘县五区管辖。1950年3月，划为和平乡。1952年，划为基隆、大禾、郑岭3乡。1953年4月，调整区划，划为基隆、郑岭2乡。1956年，郑岭乡、基隆乡并入陆城乡。1958年10月，属江南公社管辖，划为滨江、黄金2个大队。1961年8月，属陆城公社管辖，划为黄金、基隆、泗垅、滨江、长岭5个大队。1980年，黄金大队更名为大田大队，长岭大队更名为丁山大队。1984年4月，随陆城公社成建制划归北区管辖。5月，大队改行政村，生产队改组。次年4月，建立白泥湖渔场，与乡镇机构并列，辖柳田、夏河、沙湾、良江4个分场。由陆城乡新设村划出田山、苗湾、复兴、柳港4个组组建柳田分场，丁山村划出大公、前进、胜利、五爱4个组组建夏河分场，大田村划出东头、西头、赵家3个组，基隆村划出曾家、沈家、栗埜3个组组建良江分场，路口乡新华村划出前湾、后湾、潘家3个组，省塘村划出三角、古皮、重阳3个组组建沙湾分场。1993年8月，从陆城镇划出大田、基隆、泗垅、滨江、丁山5个村与白泥湖渔场合并，建立道仁矶镇。原白泥湖渔场所辖柳田分场更名为柳田村，沙湾分场更名为沙湾村。撤销夏河分场、良江分场，所辖组回归原隶属村。增设道仁矶居委会。至2011年，区划未变。

**农业**　水稻、棉花、油菜、黄豆、蔬菜等为大宗农副产品。1984—1999年，年均产粮食6960吨，皮棉1000担，油料7500吨，黄豆600吨，蔬菜产值1000万元。畜牧业以生猪、家禽为主。2000年，出栏生猪1.8万头，存栏1.2万头，出售肉鸡30万羽。水面主要养殖河蟹，白泥湖可供养水面666.67公顷。2000年，试养河蟹成功，创利税100万元。2001年，与上海宝岛蟹业公司合作，创建白泥湖河蟹养殖公司，创产值800万元。2005年9月，“BNH”商标被评为岳阳市名牌产品。2007年，“BNH”河蟹注册商标被评为省著名商标；至2009年，此品牌大闸蟹连续三年获省农博会金奖。2008年12月，被农业部认定为绿色食品A级产品。河蟹养殖带动邻近村组兴起集河蟹养殖、钓鱼、休闲、餐饮为一体的新型产业。2011年，仅此一项，周边5个村6500人人均增收1000元。全镇实现农业总产值1.6亿元。

**工业**　1993年，兴办镇属企业建筑公司、红砖厂。1995年，有小化工厂2家，2003年，发展至8家。主要产品有1，3-二氯丙烯，1，2，3-三氯丙烷，3-氯丙烯，1，2-二氯丙烷。2011年，驻有长炼、岳化2个生活基地，岳化取水车间、油灌码头、液化气站，湘佳农牧科技有限公司，岳阳新华联富润石化有限公司、兴达公司等多家国营、民营企业，工业产值2.1亿元。

2011年，有小学2所，初中1所，幼儿园2所，中、小学学生510人。适龄儿童入学率、九年义务教育覆盖率均达100%。有镇卫生院1所，村级卫生室8个。村（居）民新农合参保率100%。

## 永济乡

因境内有长江防洪堤永济堤，又地处永济垸而得名，乡址象骨港。位于区境西南部，东与云溪乡接壤，南邻华能岳阳电厂、岳阳泰格林纸业集团，西濒长江，与湖北省监利县隔江相望，北接道仁矶镇。境内水路通江达海。清末，始设象骨港码头。1949年后，码头逐步增多，至2011年，先后修建永济乡码头（原名松阳湖码头）、华能电厂码头、城陵矶新港码头，公路有省道213线斜穿东北，进港路、云港路贯穿东南。距云溪镇城区7公里，岳阳市中心城区5公里。全乡辖5个村、1个居委会，27个村（居）民小组，2543户、8165人。总面积31平方公里，耕地242.67公顷。总产值9.6亿元，实现财政收入214.80万元，农民人均纯收入9863元。

永济乡地域属平原地区，为江流与千旗咀、保驾山、黑尸湾山脉形成回流湾，由泥沙杂物沉积孕育而成，故又属冲积湖垸。海拔约40米。具有雨量充沛，光照充足，春暖夏热、秋凉冬寒四季分明的气候特征。境内有松阳湖、凌湖泊湖（合称凌泊湖）、陈子湖、土地湖、中停港、双汊港，水域面积

420.67公顷。

**区划** 明朝，境域为临湘县擢秀下都部分区域。清道光二十年（1840），划为县市上里象骨团。民国25年（1936），划为云溪乡第五保，下设5个甲。1950年8月，划为云溪乡象骨港村。1955年，建立象骨港农业合作社，下辖5个联组。1958年10月，为云溪公社临江大队区域，下设6个生产队。1960年10月，建立松阳湖农场后，设一分场、二分场、三分场、四分场、五分场、六分场、畜牧水产分场、综合分场8个分场，26个生产队。1982年，一至六分场分别更名为擂鼓台、洪家洲、杨树港、七行洲、凌泊湖、茅岭头分场。1984年，境域划属北区管辖。1985年，综合分场更名为综合工厂。次年，擂鼓台分场、洪家洲分场合并为擂鼓台分场，杨树港分场、七行洲分场合并为杨树港分场，凌泊湖分场更名为渔场，畜牧水产分场更名为畜牧分场。1996年，设立象骨港街道管理委员会。2001年撤场建乡后，分场改为行政村，畜牧分场更名为樟树村，渔场更名为凌泊湖村，象骨港街道管理委员会更名为松阳湖社区居委会。至2011年，区划未变。

**农业** 以水稻、湘莲、蔬菜、水果为主。2001年，成立湖南省岳阳市雨荷莲子开发有限公司，有湘莲种植基地400公顷，联营基地1333.33公顷，为岳阳市农业产业化龙头企业，生产的“荷之恋”品牌湘莲系列产品，2008年获第十届中国国际农业博览会金奖。2011年，产湘莲117.98吨，稻谷530吨，水果1850吨，蔬菜150吨。畜牧业主要产品有生猪、家禽。是年，养猪1.2万头，家禽2.3万羽。农业总产值4960万元，占全乡总产值5.17%。

**工业、商贸** 2011年，有工业企业4家，主要经营化工、物流、机械加工和建材，工业产值8.53亿元，占总产值88.85%，实现工业增加值3.46亿元，比2010年增长12.8%。有商业网点43个，集贸市场1个，社会商品零售总额1.01亿元，贸易成交额4620万元。

2011年，有初中、小学各1所，学生分别为150人、403人。有幼儿园3所，在园幼儿280人，适龄儿童入学率、初中适龄人口入学率、小学升初中升学率、九年义务教育覆盖率均达100%。有卫生院1所，农民新农合参保率100%。

## 附记　松阳湖农场撤场建乡

松阳湖地区原是临江一片荒滩，杂草丛生，钉螺密布。民国14年（1925），该地刘姓屋场100多人。由于战乱和血吸虫病肆虐，至民国37年，仅存2户11人。1949年7月后，人户逐渐增多。1957年，省公安厅在此建临江劳改农场（与象骨港农业合作社并存）。1960年10月，经湘潭专署批准，建立国营松阳湖农场，来自全国14省9市、72县（市、区）、408乡（镇）的2000多名常住职工和下放知识青年，开始艰苦的建场历程。1986年3月，农场被国家计生委评为计生先进集体。1990年9月，场部电影队在全国放映《人口与健康》科技电影汇映活动中受到广电部等多个部门联合表彰。2000年，有松阳湖农场砖瓦厂、松阳湖第二砖瓦厂、水运公司、印刷厂、粮油加工厂、农机站、建筑公司、电业公司、液化气站等9个场属企业。全场总产值2.48亿元，人均纯收入2300元，分别是1960年的9倍和8.8倍。

2001年10月，为贯彻省委、省政府《关于国有大中型农场体制改革的意见》，场管委会请示区政府并逐级上报市、省政府，将松阳湖农场改制为行政乡。2001年12月，省民政厅批复，同意撤销松阳湖农场，设立永济乡，松阳湖农场管辖区域为永济乡行政区域。

## 长岭街道

由长炼离退休干部职工管理处、人武部及长隆实业总公司部分下属单位合并组成。位于区境北部，东南接路口镇，东北连文桥镇，西北邻陆城镇，面积8.2平方公里。2011年，有四化、南山、洞庭、向阳、岳阳花园小区（驻岳阳楼区）等5个居委会，9551户、25786人。

下设管理机构有离退休干部职工管理处、计生办公室（简称计生办）、劳动保障站、卫生防疫站、民政办公室、人武部、司法办公室、城市管理办公室（简称城管办）、运输管理办公室、经济管理办公室。有云溪区政府6个所属部门驻厂机构，4家商业银行分支机构，3个通讯营运网点，3家保险公司。有小学1所、幼儿园1所（下设3个分园）、医院1所（下设4个社区医疗服务点）。有2个集贸市场，353家小商场、小餐饮店、小型美容美发店。有公园2个，大型娱乐休闲广场3个，老年人活动中心2个，体育馆、影剧院、文化宫、图书馆、游泳池各1个，室外健身休闲场地16处。共有住宅建筑面积65.18万平方米，人均25.3平方米。绿化总面积33.74万平方米，分长岭社区和岳阳花园小区两大片。设洞庭村、幸福村、桥西村、向阳村、四化村、朝阳村、南山村等7个封闭式生活小区、1个单身员工公寓，有临湖苑、观山苑、眺雨苑、对月苑、望月苑5个生活片区。

## 附记　岳化社区管理中心

位于区境东部，西接云溪镇城区，东及东南、东北与云溪乡交错。2002年6月，合并岳化原生活服务公司、房产工程公司和离退休工作处而成立，系岳化后勤服务与社区管理机构，隶属岳化，政区分属云溪乡、云溪镇。面积5.8平方公里（含岳化生产区4.5平方公里）。2004年，安居园社区被省政府评为省级园林式社区。2007年12月，安居园社区、金盆社区，被省精神文明建设指导委员会评为省级文明社区。2009年年底，安居园社区居委会被民政部评为全国和谐社区建设示范社区。2011年年底，有5个社区居委会，14292户、28655人。

2002—2009年，按照企业管理模式，逐步加强对离退休人员（含协议解除劳动关系即协解人员）、房产物业、市容、生活用能、交通通勤、幼儿教育、文化体育、职工食堂、单身公寓等方面的管理。2009年5月，云溪区政府批复，同意将所辖汪家岭、安居园、胜利沟、金盆、青坡5个社区改成社区居委会，承接政府社会管理与公共服务职能：加强辖区人口和市政管理；组织开展国防教育，配合做好征兵工作；开展普法教育，调解民事纠纷；组织爱国卫生运动，创建文明卫生社区；推荐劳动就业；落实全民医疗保险、城镇居民低保和养老保险。至2011年，城市绿化总面积197万平方米，绿化率34%。落实城镇居民低保262户、365人，居民医疗保险5325人，60周岁以上居民领取养老保险金465人，参加劳动保险1600人，发放孤儿生活补助金12人、33400元，慰问离退休及协解职工4242人、发放慰问金659.66万元，职工扶贫帮困889人、发放救助金204.1万元。

2002年，有自备电厂、供排水厂各1个。有客车队、社区循环公交线路，公路主干道直通云溪镇城区。2005年，有幼儿园4所，小学4所，初中1所，适龄少儿入园率、入学率、小学升初中率、九年义务教育覆盖率均达100%。2011年，有文化体育活动中心、影剧院各1个，居民娱乐活动室12个，图书室5个，老年学校1所，足球场5个，羽毛球馆6个，篮球场13个，各类文体协会12个。有邮政处、电信企业、有线电视台各1家，固定电信用户1.1万户，入户率76.97%。有银行、储蓄所各3家，有二级甲等医院1所，职工全部享受免费体验。新建便民中心1个，面积1650平方米，为居民提供就业、人口控制、房产交易、户籍变动、社会保障、政策法律咨询等多项服务。

# 第二篇 自 然

## 第一章 自然环境

### 第一节 地质地貌

**一、地质**

**地层** 境内地层由不同时代的沉积岩和沉积变质岩组成，其中沉积变质岩占总面积65%。它们构成大小山脉、江河湖泽。从老到新，依地层顺序，主要有五种：

元古代地层（距今约6亿~20亿年）。是最古老的地层，主要由千板岩、板岩、石英岩组成。分布在云溪乡、文桥镇东部。

古生代地层（距今约2.25亿~6亿年）。主要由震旦纪、寒武纪、奥陶纪和志留纪时代的沙页岩、泥质灰岩、黑色页岩、黑色灰质板岩、黑色石灰岩、沙质页岩、页岩、粉沙岩及细沙岩组成。分布在陆城镇、道仁矶镇、永济乡及云溪乡、路口镇、文桥镇部分地区。

中生代地层（距今约0.7亿~2.25亿年）。主要是陆相沙页岩。仅分布于陆城镇北部。

新生代地层（距今约0.02亿~0.7亿年）。多为红色沙砾岩系，如紫红色砾岩、含砾粉沙岩、粉沙岩、钙质沙岩。主要分布于云溪乡、文桥镇中部。

第四纪地层（距今约200万年）。因未受成岩作用，普遍是松散碎屑沉积物，或覆盖于老岩层之上，呈坡积物，或呈河流冲击层、淤积层，都以沙砾为主，没有或只有很薄的粘土覆盖，形成冲击平原和红土丘陵地。主要分布在路口镇、文桥镇、陆城镇、道仁矶镇、永济乡部分或大部分地区。

**构造** 大地构造位置，适于新华厦构造体系第二沉积带的边缘地带，位于江南地轴的北侧。在漫长的地质变化过程中，形成较复杂的地质构造。对区域地貌影响大的有三种：

北西向构造。形成于前震旦纪，发育于冷家溪群的变质岩中，呈北西—南东向，包括褶皱和断裂。在现代地貌形态上，向斜形成山地。如荆竹山倒转向斜，构成荆竹山、挖断山、青山、马鞍山等。背斜形成谷地、低丘及高岗地。与褶皱同时形成的有北西向断层，如小木岭断层、黄茅岭断层、丫髻山断层等。断层通过之处，形成冲、沟、溪、谷。

东西向构造。发轫于震旦纪、志留纪地层中，为燕山运动的产物，是一系列倾东西向的褶皱及伴生的低岗断层。对地形影响较大的有云溪—路口向斜构造。西起长江边，向东延伸至岳阳楼区、临湘市。南段呈北、南、南向，北段呈北、东、东向，作弧形展开。向斜核部，由志留纪页岩、粉沙岩组成，两翼由震旦纪、奥陶纪地层组成。因核部岩性软，经过长期风化，形成现代云溪—路口向近似于狭长的谷地。谷地两侧多处坚硬岩石，形成低山、丘陵，与向斜同时形成纵、横断层，为冲、沟或溪谷。地形高低起伏、支离破碎。

北东向构造。主要为断裂构造。走向多北东—西南向，部分为北东向，仅在白垩第三系红色岩层中，有北东向舒缓褶皱发育。北东向地层主要分布于陆城镇东南部、道仁矶镇东部，在地形上表现为冲、沟、溪、谷，局部呈三角面陡岩，如马鞍山—青山断层，伏牛山—龙王山断层。

## 二、地貌

境域属幕阜山脉向江汉平原过渡地带，为半丘岗、半湖区。整体地势由东南向西北倾斜。东部最高点小木岭海拔497.6米，西部最低点陈子湖海拔21.4米，一般海拔为40~60米。地貌多样，主要有山地、丘陵、岗地、平原四大类型，计325平方公里，占总面积的82%。

**山地** 34平方公里，占全区幅员8.58%。分布于云溪镇、云溪乡、路口镇、文桥镇以及道仁矶镇、陆城镇东部。主要以荆竹山和临湘市境内的五尖山为山结，向西北成扇形纵列延伸。海拔300~500米，相对高度200~300米，地面坡度25~40度，属浅切割岭谷交错地。山顶山脊多呈圆滑状，山坡两侧多呈对称状，为猪背山形，少数呈堆状形。

**2011年云溪区主要山岭一览表**

表2-1-1　　单位：米、度

| 山岭名称 | 位　置 | 名称由来 | 主峰海拔高　度 | 大致坡度 | 山体走向 |
|---|---|---|---|---|---|
| 东茅岭 | 云溪乡桃李村 | | 184 | 25~30 | 东西向 |
| 十尖牌 | 云溪乡桃李村 | 方圆十里此山最高，尖而多石，像座牌坊，故名 | 230 | 25~35 | 东西向 |
| 磨尖山 | 云溪乡友好村 | | 201 | 30~35 | 东西向 |
| 小木岭 | 云溪乡上清溪村 | 曾树木峻茂，又西邻岳阳楼区大木岭，故名 | 497.6 | 30~40 | 南北向 |
| 斗笠山 | 云溪乡团结村 | 因形似旧时遮雨的斗笠而得名 | 226.2 | 25~35 | 东西向 |
| 黄茅大山 | 云溪镇境内 | 因曾丛生芭茅，秋冬满山褐黄，故名 | 323.2 | 35~40 | 南北向 |
| 牯牛山 | 云溪镇东部 | 因状如力耕的水牯而得名 | 252.6 | 30~35 | 南北向 |
| 龙王山 | 云溪乡胜利村与八一村交界处 | 古时山顶有一龙王庙，故名 | 101 | 30~35 | 南北向 |
| 黄嘴山 | 路口镇枧冲村 | | 128 | 25~30 | 东西向 |
| 太和山 | 路口镇南太村 | 因山顶有一太和庙而得名 | 149 | 30~35 | 东西向 |
| 南亭山 | 路口镇南山村 | | 118.3 | 25~30 | 东西向 |

续表 2-1-1

| 山岭名称 | 位　置 | 名称由来 | 主峰海拔高　　度 | 大致坡度 | 山体走向 |
|---|---|---|---|---|---|
| 驼鹤山 | 路口镇新合村 | 传说曾有驼鹤成群出没山中而得名 | 332 | 35~40 | 东西向 |
| 荆竹山 | 文桥镇东部 | 因曾盛产一种名贵且干黄若金的竹子和柔韧细长的荆条而得名 | 490.9 | 30~35 | 南北向 |
| 应科山 | 文桥镇和平村 | 原名白云山，明顺治年间书生杨朝柱在山中普济寺苦读，后应科及第，遂更现名 | 306 | 25~30 | 南北向 |
| 丫髻山 | 文桥镇和平村 | 因主峰两峰对峙，状如古代丫环发髻，故名 | 210 | 25~30 | 南北向 |
| 笔架山 | 文桥镇和平村 | 主峰三峰并立，中峰略高，形如笔架，故名 | 376 | 30~35 | 南北向 |
| 挖断山 | 文桥镇白荆村 | 传说明初此山地脉主出天子，朝廷即派兵将山挖断，以绝龙脉，故而得名 | 204 | 20~25 | 南北向 |
| 黄皋山 | 文桥镇黄皋村 | 濒临白泥湖，为湖岸隆起之地（即皋），又因曾属黄姓所有，故名 | 156 | 25~30 | 南北向 |
| 马鞍山 | 陆城镇陆城村 | 相传三国蜀之名将关羽失荆州而亡后，其坐骑赤兔马狂奔寻主，落一马鞍于此而得名 | 102 | 30~35 | 东西向 |
| 青　山 | 陆城镇香铺村与路口镇省塘村交界处 | 因山石多为青黛色而得名 | 124 | 30~35 | 东西向 |
| 伏牛山 | 道仁矶镇大田村与云溪乡八一村交界处 | 因状似牛伏地而得名 | 155 | 25~30 | 东西向 |

**丘陵**　87 平方公里，占全区幅员 21.96%。大多分布于云溪镇、云溪乡、路口镇、文桥镇、道仁矶镇的中西部或东部。海拔 80~200 米，相对高度 40~100 米，坡度 15~35 度，河网冲沟密度 5~7 公里/平方公里。属低丘陵类型，丘体零乱，无一定走向，丘顶浑圆，丘谷交错。

**岗地**　105.7 平方公里，占全区幅员 26.68%。分布于中西部的云溪镇、路口镇及云溪乡、文桥镇西部和陆城镇、道仁矶镇东部。海拔 60~100 米，相对高度 30~60 米，坡度 5~25 度，河网冲沟密度 4~6 公里/平方公里。岗地切割偏浅，岗顶基本在一个平面上，属低岗类。

**平原**　98.3 平方公里，占全区幅员 24.81%。分布在区境西北部的陆城镇、道仁矶镇的中西部和永济乡。海拔 40 米左右，相对高度 10 米，坡度 5 度，微向江湖倾斜，河网冲沟密度 1~2 公里/平方公里。多系江湖冲击平原和湖积人工平原，地表平坦，地势较低，湖港湿地较多。

# 第二节　土壤植被

## 一、土壤

**成土母质**　1984年土壤普查测定，境内有5种独具形态的成土母质。

板页岩母质。主要分布在云溪乡、云溪镇、路口镇、文桥镇等地，面积221.08平方公里，占全区总面积55.8%。为境内最古老的地层千板岩、板岩、石英岩等经长期风化而成。一般形成的土壤深厚，质地较粘，矿质养分多，呈酸性。

第四纪红色黏土。主要分布在云溪镇、路口镇、文桥镇西北部的一些岗地，面积58.64平方公里，占全区总面积14.8%。系冰河溶化后的沉积物覆盖在第三纪红色岩层上，经湿热气候条件下的长期淋溶风化而成。形成的土层较厚，土质粘重，养分较少，呈强酸性。

河湖沉积物。主要分布在中西部靠近河、湖、沟、港地区，面积85.58平方公里，占全区总面积21.6%。为内河内湖的泥沙、杂质长期沉积腐败而成。形成的土层深厚，养分丰富，呈酸性。

江河冲击物。主要分布在陆城镇、道仁矶镇、永济乡等地沿长江一带，面积29.32平方公里，占全区总面积7.4%。系长江水流挟带的泥沙覆盖层。土层深厚，土质松疏，土壤肥沃，一般呈碱性。

灰岩母质。仅分布于路口镇少数村，面积1.58平方公里，占全区总面积0.4%。为古生代地层中的泥质灰岩、黑色灰质板岩、黑色石灰岩等岩层长期风化而成。形成的土层厚薄不一，质地黏重，呈中性偏碱。

**土壤类型**　境内土壤分为5个土类、11个亚类、34个土属、114个土种和变种。其中5个土类是：

**水稻土**。为水田主要耕作土壤，其剖面层次为：耕作层、犁底层、青泥层、斑纹层、母质层。面积9112.6公顷，占全区土地面积23%。分布在中东部的岗地、丘陵、低山地区。由各种自然土经长期耕作灌溉熟化发育而成。

**潮土**。为旱田主要耕作土壤，剖面层次有耕作层、心土层、母质层，系河床沉积物形成。面积约3248.8公顷，占全区土地面积8.2%。分布于西北部长江及临江湖泊沿岸。土质松疏，土层深厚肥沃。

**红壤土**。面积13589.7公顷，占全区土地面积34.3%。分布于中西部的岗地、丘陵地区。发育于各种母岩母质上，土层一般较厚，肥力中等。

**黄壤土**。面积7646.7公顷，占全区土地面积的19.3%。分布于中东部的大部岗地和丘陵、低山地区。发育于板页岩上，一般呈酸性或强酸性。

**黄棕壤土**。面积6022.2公顷，占全区土地面积15.2%。主要分布在东部的山地。土层较薄，酸性较重。

## 二、植被

境内植被，具有由亚热带常绿阔叶林向暖温带落叶林过渡的特征。东部山岗丘陵区属湘赣丘陵森林植被区，植被主要科类有：樟科、壳斗科、冬青科、杜鹃花科、胡桃科、蔷薇科、榆科、山茶科等。西部滨湖地区系洞庭湖平原植被区。植被主要科类有：水生、湿地生和陆地生的禾本科、水鳖科、眼子菜科、睡莲科、菱科、浮萍科、香蒲科、蓼科、莎草科、茜草科、菊科等。

**东部山地植被区**　包括云溪乡、文桥镇中东部及云溪镇、路口镇东部地区。主要是山区森林植被，其中以马尾松、毛竹林、楠竹林、杉木林及部分其他阔叶林为主。面积50平方公里，占林地、草地植被面积的55%。

**中部丘陵植被区**　包括云溪镇、路口镇、陆城镇、道仁矶镇部分地区。主要是丘岗灌木、草地植被及部分森林植被，其中以白栎、黄檀、杂竹、枫木、苦槠、樟木为主，间以巴茅、白茅、果木及90年代后退耕还林和实施“德援工程”新植的树木。面积44平方公里，占林地、草地植被面积的45%。

**西部湖沼洲滩植被区**　包括陆城镇、道仁矶镇、永济乡大部分地区。主要是湖沼洲滩中的水生和湿地生草本植物，沿江伴湖的堤岸杂以草甸和河滩草甸，以及人工营造的果林、防风林、防浪林。面积56.7平方公里，占平原植被面积的80%以上。其中有经济价值较高自然生长和部分人工种植的芦苇、莲藕、芡实、菱、茭白等；有优质的牧草和饲料草，如野藜蒿、苜蓿、野燕麦、苦草、狗牙草、铁蚂筋、水浮莲、水芹等。

## 第三节　气　候

### 一、气候特征

区境地处北亚热带气候带，南近洞庭湖，西带长江，整体地势相对平坦开阔，丘陵区和湖区的气候特征明显。冬夏期较长，春秋期较短；无霜期长，严寒期短；春夏多雨，秋冬干燥；冬春气候多变，寒流频繁；夏秋炎热，常出现高温天气。

**春季**　天气逐渐趋暖。但由于受北方南下冷空气和南方暖湿气团交替控制，气候变化剧烈，多有寒潮大风，气温“乍暖还寒”。4月，受太平洋夏季风影响，阴雨天气多，是全年日照时数最少的月份。

**夏季**　天气炎热，降雨量大。5—6月，由于受江南上空形成的持久性冷暖气流交汇产生的锋面（极锋）影响，进入梅雨季节，出现一次持续的降雨过程。雨量一般占全年雨量的48%以上，易出现洪涝灾害。7月始，降雨结束，热南风骤起，日照时间延长，太阳辐射强烈，日均气温29.1℃，有时会出现极端高温天气，易造成干旱。

**秋季**　8月始，夏季风向冬季风过渡，南北冷暖气流交替影响，降雨减少，气候相对干燥。10月后，北方冷空气南下，形成静止的冷湿气团，出现持续秋雨，气温明显降低。

**冬季**　昼短夜长，日照减少，天气寒冷，降雨较少。12月后，偏北风盛行，气温骤降，常有严霜雨雪，易出现冰冻。

### 二、气候要素

**日照**　1957—2011年，年均日照时数1806.1小时，最多为1963年，2081.5小时；最少为1998年，1473.8小时。7月最多，为253.2小时；2月最少，为91.1小时。日照百分率为41.8%，最大为1963年，47.8%；最小为1998年，37.2%。7月最大，为65%，4月最小，为25%。

**温度**　1957—1988年，年均气温16.7摄氏度，极端最高气温出现在1966年8月11日，为40.7摄氏度；极端最低气温出现在1969年1月31日，为零下18.4摄氏度。1989—2011年，年均气温17.3摄氏度，芭蕉湖以西在17.3摄氏度以上，云溪乡、文桥镇东部山区在17.3摄氏度以下，长炼、岳化形成两个厂矿热岛，年均气温18.2摄氏度。7月气温最高，日均29.1摄氏度；1月气温最低，日均3.8摄氏度。

**雨量** 1949—1988年，年均降雨量1469毫米，一般在1310~1670毫米之间，最多是1954年，为2800毫米，最少是1968年，为906.6毫米。1989—2011年，年均降雨量1458毫米。5月降雨量最多，为245.3毫米；1月降雨量最少，为45.1毫米。日降水量最大出现在1998年7月14日，云溪镇城关地区降水量260毫米，导致山洪暴发。每小时降水量最多出现在2002年7月22日1时至6时，共降雨306.7毫米，每小时平均76.68毫米。

**风** 1949—1988年，年均风速2.7米/秒，月均风速以4月、7月最大，为3.0米/秒；最小为10月，2.3米/秒。10分钟内最大风速为22米/秒，出现在1976年4月22日。瞬时最大风速为25.9米/秒，东北风，出现在1978年7月25日。1989—2011年，年均风速2.59米/秒。月均风速最大2.8米/秒，最小2.1米/秒。从9月到次年5月，多为东北风；6—8月，多为西南风。

**霜** 一般起霜始日11月22日，终日3月8日。1949—1988年，年均霜日30.2天，最多45天，出现在1955年、1983年；最少16天，出现在1974年。1989—2011年，年均霜日28.9天，最多为2008年，48天，最少为2011年，13天。

**雪** 初雪日常在12月12日左右。最早初雪日出现在1974年11月13日，最晚初雪日出现在1973年1月11日。终雪日一般在3月8日。最早终雪日出现在1975年2月7日；最晚终雪日出现在1969年4月4日。

年均降雪日，1949—1988年，为9.6天，最多为1987年，有24天；最少为1970年，仅1天。1989—2011年，年均降雪日9.8天，最多为2008年，有27天。

最大积雪深度，1949—1988年，出现在1972年2月8日，为27厘米；1989—2011年，出现在2008年1月11日至2月6日，平均29厘米。

## 第四节 水 文

境域属滨江水系。西濒长江，河港众多，塘坝密布，沟渠交织，形成纵横交错的水系网。水域面积共71.2平方公里，占全区总面积17.97%。

### 一、河港

干流长3公里以上、流域面积大于2平方公里的河港有12条，分别是：清溪河、云溪河、桃李河、茶港河、路口河、文桥河、分水港、青龙港、黄皋港、天井港、泾港、石港。分属芭蕉湖、松阳湖、白泥湖、肖田湖水系。其中主要的有：

**清溪河** 位于区境东南部，因发源于云溪双花柴冲和清溪小木岭而得名。流经云溪乡双花、上清溪、下清溪、建设、团结、友好、青石、建军、扬旗湖渔场等9个村场，汇入芭蕉湖，全长20公里，流域面积38平方公里。沿河两岸山岭起伏，河岸、河床多为青板页岩，常年水流清澈。上游有双花水库、清溪水库，控制流域面积10平方公里，拦蓄水量1318万立方米。

**云溪河** 位于区境中东部，因流经云溪而得名。发源于黄茅大山，自东向西，至云溪渣埠、茶铺市，与团湖汇合，注松阳湖。全长8公里，流域面积6.6平方公里。原水流清澈，水味甘淳。20世纪70

年代始，沿河工业、城镇逐步兴起，水质被污染。2004年，始进行治理，至2011年，水质初步改善。

**路口河**　位于区境中部，因主要流经路口而得名。发源于临湘市白云山，自临湘市白云镇新合村进入路口镇，经新合村、路口村、南山村、南岳村，入撇洪渠西干渠（原入白泥湖）。全长10公里，原流域面积36平方公里，后因农田改造，部分河段人工砌岸，今流域面积15平方公里。

**文桥河**　又名樟树港。位于区境东北部，发源于荆竹山，因流域在文桥境域而得名。由东向西北，经文桥镇荆竹、和平、小桥、臣山等村，入冶湖撇洪渠西干渠（原入白泥湖）。全长10公里，流域面积36平方公里。上游有石冲水库、梓木冲水库、白家冲水库，控制流域面积16平方公里，拦蓄水量75万立方米。

**分水港**　位于区境东北部，因发源于文桥分水而得名。流经分水、白荆、金星等村，至鸡笼山汇入撇洪渠南干渠。全长10公里，流域面积10平方公里。沿港有仙阳水库、毛家冲水库、金家垅水库、青岗水库，控制流域面积8平方公里，拦蓄水量46万立方米。该港在分水村境内先分后合，形成“排形台”。相传三国时吴国乔国老在此建有宅第，港边至今留下一对石狮，为乔国老所筑堰坝遗物。

**青龙港**　位于区境东北部，发源于文桥林家冲、白竹冲。自东北向西南，经和平村、小桥村，于林家畈与文桥河汇合，入撇洪渠文桥支渠（原黄花港）。长4公里，流域面积8平方公里。

**天井港**　位于区境北部，因流经文桥望城天井坪而得名。发源于应科山脉，经望城村、臣山村入撇洪渠西干渠（原入宝塔湖又名青山湖汇白泥湖），全长5公里，流域面积5.75平方公里。沿港有穿堂水库、和平水库、白果水库，拦蓄水量30万立方米。

## 二、湖泊

水面1平方公里以上的湖泊有16个，集中分布在区境西北部。其中扬旗湖、芭蕉湖原注松阳湖入长江，现经华能岳阳电厂排入长江；黄泥沟湖、陈子湖、菱泊湖、松阳湖，经松阳湖排入长江；后湖、宝塔湖、枫桥湖、鲁家湖、白泥湖、八里湖、拖枪湖、肖田湖、洋溪湖，原由洋溪湖入冶湖注长江，现主要由新设、鸭栏等电排排入长江；冶湖直注长江。湖泊总面积39.5平方公里，正常情况下，蓄水总量9200万立方米。其中最主要的湖泊有：

**扬旗湖**　位于云溪乡建军村、新铺村之间，东抵建军村太平桥，西连新铺村三搭桥，因京广铁路三搭桥段曾设有火车减速信号旗扬旗而得名。集水面积10平方公里，汛期水深3米，水面2.13平方公里，一般情况下水深2米，水面1.3平方公里。现云溪乡在此建有扬旗湖渔场。

**芭蕉湖**　位于云溪乡滨湖村西部，东至三搭桥，西接华能岳阳电厂。清代《临湘县志》称为石潭湖，后因湖面形似芭蕉叶，故又名芭蕉湖。集水面积15平方公里，平时水深3米。四面青山环抱，水质清淳。1980年前，水面13.3平方公里，最低高程24.5米，最高控制高程27米。后因泥沙淤积，人工改造，至2011年，云溪乡芭蕉湖渔场（1961年建），养殖水面减至12平方公里。

**黄泥沟湖**　1957年未加高长江防洪大堤前，曾为洞庭湖区商贸航道，水质混黄，故而得名。位于云溪乡东风村西部，南连该乡滨湖村，北与松阳湖相连，面积1平方公里，最深3.5米，最低高程24.07米，最高控制高程27.5米。现云溪乡在此建有黄泥沟渔场。

**松阳湖**　位于永济乡东北部，分别与云溪乡、云溪镇、道仁矶镇交错相连。原为扬旗湖、芭蕉湖、黄泥沟湖与洞庭湖、长江的通道。因湖畔曾松树、杨树茂盛，名松阳湖，但由于“杨”“阳”长期混用，清代《岳州府志》《临湘县志》均载称为“松阳湖”。湖岸山水环绕，素有“松阳湖四十八汊”之称。1949年前，洪水泛滥，湖畔钉螺密布。1957年始，湖区人民在党和政府的领导下，实行围垦灭螺。集水面积15平方公里，水深3.5米，最低高程24米，最高控制高程26米。湖内水草丛生，盛产鱼虾，为境域南部最大的天然鱼池。1970年前，水面近20平方公里，今人工改造，面积不足10平方公里，水质被污染。

**白泥湖**　位于道仁矶镇东北部，东连道仁矶镇沙湾村、路口镇后湖渔场，南伴道仁矶镇大田村、基隆村，西接丁山村、柳田村，北与陆城镇八里湖渔场交界。因湖底多白泥，故名。原为区境中西部进入长江主要航道，面积约14.5平方公里，常年水深3.5米。1943年，日军在湖畔修建飞机场，1945年，抗日战争胜利，机场废置。1949年后，在党和政府领导下，湖区人民加固长江防洪大堤，垦复荒土，兴修防洪渍堤，开挖河港，修建电排站。2011年，面积6平方公里，道仁矶镇在此建有白泥湖渔场。

**洋溪湖**　位于陆城镇东北部，处泾港村与临湘市儒溪镇鸭栏村交界处。因原有拖枪湖、莼湖、肖田湖3湖湖水汇入，一片汪洋，故名洋溪湖。集水面积12.5平方公里，1976年修建冶湖撇洪渠后为9.7平方公里，水位在24.5米高程时，水面3.3平方公里，最低高程22米。汛期，湖水原经现临湘市境内冶湖入长江，现由鸭栏电排排注长江。陆城镇在此建有洋溪湖渔场。

### 三、长江云溪段

长江自城陵矶莲花塘入境，经象骨港、道仁矶、大矶头至儒溪新堤拐出境，全长27.28公里。1976年前，为境内河港湖泊出口地段，1976年修建冶湖撇洪渠后，为部分河港湖泊出口地段。

# 第二章　自然资源

## 第一节　湿　地

境内河港交汇，湖泊众多，湿地总面积4009.3公顷，各乡镇场均有分布。

湿地区间多属洞庭湖湿地区。有河流湿地、湖泊湿地、沼泽湿地三大类，分属永久性河流、永久性淡水湖、草木沼泽3个湿地型。其中白泥湖湿地区最大，面积1203.75公顷，占湿地总面积30.02%。兼湖泊类、沼泽类2种湿地于一体，属湘北滨湖平原栲栎林、旱柳林、桑树林、湖漫滩堤草甸、沼泽、水生植被及农田植被区，有湖沼、洲滩湖堤、山地丘陵三种生态类型。2011年，区政府将其作为国家湿地公园项目予以申报。

## 第二节　淡　水

境内河道纵横，湖洼众多，水库塘坝星罗棋布，在产水率P=20%、P=50%、P=75%和P=95%的年份中，总水量分别为1.04亿立方米、2.60亿立方米、3.91亿立方米和4.90亿立方米。其中地下水为0.85亿立方米，地表水分别为0.19亿立方米、1.75亿立方米、3.06亿立方米和4.05亿立方米。

云溪区淡水资源丰富，但由于工业发展较快，水质受到不同程度污染，仍属水质性缺水区域。

**2011年云溪区水量现状表**

表 2-2-1　　　　单位：万立方米

| 产水率 | | P%=20 | P%=50 | P%=75 | P%=95 |
|---|---|---|---|---|---|
| 水资源总量 | 地表水 | 1936 | 17519 | 30613 | 40518 |
| | 地下水 | 8500 | 8500 | 8500 | 8500 |
| | 总　计 | 10436 | 26019 | 39113 | 49018 |
| 需水量 | 农业用水 | 1872 | 4682 | 7023 | 8895.80 |
| | 工业用水 | 5525 | 13063 | 19595 | 24820.33 |
| | 城镇公共用水 | 89.77 | 224.44 | 336.67 | 426.45 |
| | 生活用水 | 416 | 1040 | 1560 | 1976 |
| | 生态环境用水 | 38.67 | 96.67 | 145 | 183.67 |
| | 总　计 | 7941.44 | 19106.11 | 28659.67 | 36302.25 |

# 第三节　野生动植物

云溪区地处亚热带季风性湿润气候区，雨量充沛，日照充足，温度适宜，利于野生动植物繁衍。其主要资源有：野生动物315种，现最常见的有210种，其中属国家一级保护的有白鹤、白鹳等2种，属二级保护的有虎纹蛙、鸳鸯、普通鵟、雀鹰、日本松雀鹰、白尾鹞、秃鹫、红隼、领鸺鹠、鹗、斑头鸺鹠、白鹇、褐翅鸦鹃、东方草鸮、领角鸮、短耳鸮16种。被列入《中国濒危动物红皮书》的有16种，被列入《国家濒危动植物贸易公约》的有19种。野生植物904种，最常见的有724种，其中属国家重点保护的有莲、樟树、金荞麦、野大豆、中华结缕草等5种。

**一、动物**

20世纪60年代，有野生动物315种。但由于人类长期活动影响，生存环境不断变化，一些野生动物如虎，1967年11月在云溪镇联合组发现后，再未看到；穿山甲、豪猪等，也已少见。现常见的野生脊椎动物有35目，87科，210种。

**鱼纲**　(7目)，14科，32种。分别是：鲱科1种、银鱼科1种、鲤科16种、鳅科1种、鲶科2种、鲿科1种、鳢科1种、合鳃科1种、鮨科2种、斗鱼科2种、刺鳅科1种、鰕虎鱼科1种、塘鳢科1种、颌针鱼科1种。

**两栖纲**　(2目)，5科，13种。分别是：蝾螈科1种、蟾蜍科1种、蛙科7种、树蛙科2种、姬蛙科2种。

**爬行纲**　(3目)，8科，25种。分别是：龟科1种、鳖科1种、壁虎科1种、石龙子科3种、蜥蜴科1种、游蛇科14种、眼镜蛇科2种、蝰蛇科2种。

**鸟纲** （17 目），46 科、120 种。分别是：鸊鷉科 2 种、鸬鹚科 1 种、鹭科 9 种、鸭科 5 种、隼科 1 种、鹰科 5 种、鹗科 1 种、鸫科 3 种、秧鸡科 6 种、鸻科 5 种、鹬科 6 种、反嘴鹬科 2 种、燕鸻科 1 种、鸫鸻科 1 种、鸥科 1 种、燕鸥科 2 种、鸠鸽科 2 种、杜鹃科 4 种、草鸮科 1 种、鸱鸮科 4 种、翠鸟科 3 种、蜂虎科 1 种、戴胜科 1 种、啄目鸟科 2 种、雨燕科 1 种、百灵科 1 种、燕科 2 种、鹡鸰科 4 种、鹎科 3 种、伯劳科 2 种、卷尾科 1 种、椋鸟科 2 种、鸦科 4 种、河乌科 1 种、鸫科 8 种、画眉科 4 种、鸦雀科 1 种、莺科 4 种、扇尾莺科 1 种、鹟科 1 种、山雀科 1 种、绣眼鸟科 1 种、雀科 1 种、梅花雀科 2 种、燕雀科 3 种、鹀科 3 种。

**哺乳纲** （6 目），14 科，20 种。分别是：猬科 1 种、鼩鼱科 1 种、鼹鼠科 1 种、蝙蝠科 1 种、菊头蝠科 1 种、兔科 1 种、松鼠科 1 种、鼠科 4 种、仓鼠科 2 种、鼬科 3 种、灵猫科 1 种、猫科 1 种、猪科 1 种、鹿科 1 种。

## 二、植物

已知有野生植物 154 科，514 属，904 种（其中引进树种 120 种）。最常见的有 144 科，418 属，724 种。

**蕨类植物** （12 科、15 属）35 种。分别是：卷柏科 8 种、木贼科 2 种、海金莎科 1 种、蕨科 1 种、凤尾蕨科 5 种、中国蕨科 1 种、金星蕨科 2 种、乌毛蕨科 1 种、鳞毛蕨科 11 种、蘋科 1 种、槐叶蘋科 1 种、满江红科 1 种。

**种子植物** （132 科、403 属）689 种。其中：

裸子植物。（6 科、11 属）19 种。分别是：苏铁科 1 种、银杏科 1 种、松科 7 种、杉科 4 种、柏科 5 种、罗汉松科 1 种。

被子植物。（126 科、392 属）670 种。分别是：木兰科 7 种、五味子科 3 种、樟科 7 种、毛茛科 9 种、金鱼藻科 1 种、睡莲科 4 种、小檗科 2 种、木通科 2 种、防已科 5 种、三白草科 2 种、罂粟科 1 种、紫堇科 3 种、十字花科 14 种、堇菜科 7 种、远志科 2 种、景天科 5 种、虎耳草科 2 种、石竹科 10 种、粟米草科 1 种、马齿苋科 2 种、蓼科 23 种、商陆科 1 种、藜科 6 种、苋科 8 种、牻牛儿苗科 3 种、酢浆草科 2 种、千屈菜科 4 种、石榴科 1 种、柳叶菜科 4 种、菱科 3 种、小二仙草科 2 种、水马齿科 1 种、瑞香科 3 种、紫茉莉科 1 种、马桑科 1 种、海桐花科 3 种、大风子科 1 种、葫芦科 7 种、山茶科 11 种、猕猴桃科 1 种、桃金娘科 1 种、野牡丹科 2 种、金丝桃科 3 种、椴树科 1 种、杜英科 2 种、梧桐科 1 种、锦葵科 6 种、大戟科 13 种、蔷薇科 29 种、含羞草科 2 种、苏木草科 3 种、蝶形花科 28 种、金缕梅科 3 种、杜仲科 1 种、黄杨科 1 种、杨柳科 5 种、桦木科 1 种、壳斗科 9 种、榆科 5 种、桑科 7 种、荨麻科 5 种、大麻科 1 种、冬青科 4 种、卫矛科 7 种、鼠李科 8 种、胡颓子科3 种、葡萄科 9 种、芸香科 8 种、苦木科 2 种、楝科 2 种、无患子科 2 种、槭树科 2 种、漆树科 4 种、胡桃科 2 种、八角枫科 2 种、五加科 7 种、伞形科 9 种、杜鹃花科 3 种、越桔科 1 种、柿树科 3 种、紫金牛科 3 种、安息香科 3 种、山矾科 5 种、马钱科 1 种、木犀科 8 种、夹竹桃科 2 种、萝摩科 3 种、茜草科 14 种、忍冬科 5 种、败酱科 3 种、菊科 29 种、睡菜科 2 种、报春花科 3 种、车前草科 2 种、半边莲科 1 种、紫草科 2 种、茄科 13 种、旋花科 6 种、菟丝子科 1 种、玄参科 8 种、狸藻科 2 种、爵床科 2 种、马鞭草科 8 种、唇形科 12 种、水鳖科 5 种、泽泻科 3 种、眼子菜科 6 种、角果藻科 1 种、茨藻科 3 种、鸭跖草科 3 种、谷精草科 1 种、姜科 1 种、美人蕉科 1 种、百合科 17 种、雨久花科 2 种、菝葜科 3 种、天南星科 6 种、浮萍科 3 种、黑三棱科 1 种、香蒲科 2 种、石蒜科 2 种、鸢尾科 2 种、棕榈科 1 种、灯心草科 3 种、莎草科 34 种、禾木科 50 种（其中竹亚科 7 种、禾亚科 43 种）。

## 第四节　矿产资源

境内地层厚度 14229~14338.7 米，属贫矿区，无燃料矿藏，仅有少量有色金属矿藏、辅助原料矿藏和非金属矿藏。

**金属矿**

***褐铁矿***　分布于陆城马鞍山、青山一带，属风化淋滤型，网络构造，平均品位 18%，二氧化硅、硫、磷等杂质含量 40%~70%。1958 年 10 月，临湘县组织在此大炼钢铁，仅炼出废铁 102 吨。

***钨矿***　分布在云溪乡崔家坳一带，出露地质为冷家溪群板岩、变质沙岩。有 10 个矿化带，面积约 250 公顷，品位较低，二氧化钨为 0.3%~0.2%，其中第 4、6、9 三个矿化带储藏总量 15741 吨，伴生氧化铍。

**冶金辅助原料矿**

***白土岩***　分布于路口灌山和旗帜山一带，储藏量分别为 4040 万吨、2570 万吨，其品位二氧化镁为 20%，氧化钙 30.8%，二氧化硅 1.8%。1970—1989 年，附近公社、乡镇曾组织开采。

**非金属矿**

***磷矿***　分布于路口火车站西南面，品位五氧化二磷为 1.4%~4.4%，储量约 37.7 万吨。

***石灰岩***　分布于路口铺周围。储量较大，可用作水泥、石灰原料。20 世纪 70 年代后，路口公社部分大队曾兴办水泥厂、石灰厂，对其进行开采。

***建材石料矿***　分布在陆城镇陆城村、香铺村，路口镇牌楼村、新合村、南岳村，云溪镇镇龙村等地。品种主要有青石、麻石、青灰石，属较好的建筑原材料。

# 第三章　自然灾害

境内自然灾害主要有水灾、旱灾，其次是风灾、虫灾和冰冻灾害。据记载，北宋淳化二年（991）至公元 2011 年，有 78 年大水灾，73 年重大旱灾。

## 第一节　水　灾

境内地貌复杂，有山区、丘陵区，还有湖区。春、夏之际，多有霪雨、暴雨，山区、丘陵区易暴发山洪，湖区易受渍涝。遇上长江汛期，水势内顶外托，还会因漫堤、溃堤造成重大水灾。

北宋淳化二年（991），秋，江水溢，浸没田亩甚众。

南宋绍兴三年（1133），三月至五月，霪雨，水灾。

南宋乾道六年（1170），大水。

南宋乾道九年（1173），六月，大水。

南宋淳熙十五年（1188），五月，大水。

南宋淳熙十六年（1189），五月，霪雨，大水。

元至元二十九年（1292），大水。

元至正十九年（1359），间歇性大雨80日，大水。

明洪武十一年（1378），大水。

明嘉靖十一年（1532），六月，大水。

明嘉靖二十四年（1545），五月，霪雨12日，江水大发。

明嘉靖四十三年（1564），五月，霪雨12日，大水。

明嘉靖四十四年至四十八年（1565—1569），连续五年，大水。

明万历三十年（1602），大水。

明万历三十六年（1608），大水。

清康熙二年（1663），大水。

清康熙十五年（1676），大水。

清康熙三十五年（1696），大水，六月，霪雨连旬，七月，阴雨兼旬，江堤溃决。

清康熙四十四年（1705），夏，大水。

清康熙五十五年（1716），夏，大水。

清雍正四年（1726），四月至六月，霪雨，江堤溃。

清雍正五年（1727），夏，霪雨害稼，大水。

清雍正七年（1729），三月至六月，霪雨不止，大水，麦禾两伤。

清乾隆三十三年（1768），大水。

清乾隆三十四年（1769），大水。

清嘉庆二十一年（1816），夏，霪雨害稼，江堤、围堤均溃。

清道光十年（1830），夏，大水，疫病流行。

清道光十三年（1833），大水。

清道光二十一年（1841），夏，大水，谷价昂贵。

清道光二十二年（1842），大水成灾。

清道光二十四年（1844），夏，大水。

清道光二十五年（1845），大水。

清道光二十八年（1848），霪雨，大水。

清道光二十九年（1849），大水，滨湖人民流离失所，辗转沟壑。

清咸丰十年（1860），六月，大水。

清咸丰十一年（1861），大水。

清同治三年（1864），夏，大水。

清同治八年（1869），大水。

清同治九年（1870），六月，大水。

清同治十一年（1872），霪雨，大水。

清光绪二年（1876），夏，大水。

清光绪二十二年（1896），春雨成灾。

清宣统元年（1909），六月，霪雨兼旬，山洪暴发，洞庭湖水位剧升，滨湖巨灾，水势八月下旬仍未消退，堤垸崩溃，饥民食树皮草根。

清宣统三年（1911），五月中旬，狂风暴雨，山洪猝发，倒屋溃堤，禾苗、杂粮、棉花悉付泽国。

民国元年（1912），4月间，山洪暴发。

民国7年，8月7日起，苦雨连旬，湖堤溃决。

民国11年，7月，滨湖连日大雨，湖区堤垸溃决成灾。

民国17年，5月，连日大雨，山洪暴发，沿江湖区被水淹没。民国18年，夏，大水，平原水深数尺，沿湖一片汪洋。

民国20年，夏，霪雨不息，山洪江水相继而至，江堤湖垸溃决。

民国24年，6月下旬起，霪雨两月，滨湖堤垸皆溃，江水倒灌。大水过后，灾区疫病流行，人多染疟疾、痢疾和流行性感冒。

民国26年，8月中旬，大雨倾盆，兼旬不息，山洪暴发，江湖洪水陡涨。

民国36年，7月，山洪暴发，山丘大部分田禾洗荡殆尽。

民国37年，5—7月，霪雨相继，收成十不得一。

1949年，6月上旬，滨湖地区连降暴雨，长江洪水水位32.024米，横河堤、百里拐、肖家墩缺口，淹田6600公顷，灾民7万人。

1954年，特大洪涝，1—6月，降雨2050.9毫米，超过常年500多毫米，其中6月份降雨910.6毫米，内湖、长江水位同时上涨，山区山洪7次，湖区6000公顷稻田被渍。7月15日凌晨，陆城乡地段长江大堤溃口，沿湖重灾数千户。

1958年，6月21—22日，暴雨205.1毫米，低田受渍。

1962年，5月26日，暴雨117.2毫米；6月23日，特大暴雨168.3毫米，倒屋百余间，滨湖地区稻田涝渍成灾2500多公顷。

1964年，6月24—25日，连降暴雨294.4毫米，湖区水稻被渍3100多公顷，棉花、芝麻水渍数千公顷。

1966年，6月27—29日，连续暴雨252.2毫米，山洪冲压稻田860公顷，湖田受渍400公顷。

1967年，特大洪涝，5—6月，总雨量1069.8毫米，比常年多1.2倍，其中5月29日12小时内降雨289.3毫米，山洪暴发，水冲沙压，稻田受损3300公顷。

1969年，6—8月洪涝，总雨量915.3毫米，比常年多7~8成。

1970年，5—7月，总雨量758.7毫米，比常年多2~3成，其中7月12日，特大暴雨151.8毫米，受灾930公顷。

1973年，4—6月，雨量1003毫米，比常年多5成，其中6月23日，特大暴雨。

1975年，4月25日，暴雨114.5毫米，受渍面积800公顷。

1977年，6—8月，总雨量1024.7毫米，比常年多1倍，其中6月13—15日，连续暴雨。

1980年，8月，雨量454.9毫米，其中8月12日，大暴雨，90%的大队受灾，4000公顷稻田被淹，失收1260公顷，棉花失收460公顷。

1983年，5—7月，降雨甚多，漫溃内垸3个，多处塘坝被毁，数千公顷稻田被淹，其中失收1330公顷。

1987年，6月13日、10月13日，特大暴雨，受灾农田4600公顷。

1988年，8月21日、9月9日，骤降暴雨340毫米，山洪暴发，撇洪渠路口梦粮坡渠堤决口，沿途15个村遭内涝，稻谷失收430公顷，棉花失收110公顷，直接经济损失1247万元。

1989年，7月26日，特大暴雨，雨量181.7毫米，内湖渍水。

1991年，6月4—5日，暴雨167.9毫米，撇洪渠多处漫堤，文桥乡白荆村中桥组渠段溃口，倒房217间；7月4—13日，又降雨402毫米，撇洪渠白荆支渠油铺畈、鸡笼山2处决堤，死2人，倒屋67间，云溪乡八一茶港桥被淹，107国道交通中断两天，因雨受灾7.8万人，耕地成灾5500公顷。

1996年，1—7月，降雨1507.4毫米，比常年多一倍，农作物成灾4730公顷，绝收2400公顷，因灾死3人。

1998年，夏秋特大洪水，境域长江段超警戒水位（32米）78天，34米以上洪峰8次，连降暴雨948毫米，农作物受灾5000公顷，稻谷绝收510公顷，鱼池受淹710公顷，家禽家畜淹死1.4万多羽（头），倒房896间，受灾7.3万人，直接经济损失4.3亿元。

1999年，7月大水，新港长江水位34.55米20天，超危险水位（33米）1.55米。

2002年，1—8月，累计降雨1916.8毫米，比常年多600毫米；秋，大汛，7月22日凌晨，降雨306.7毫米，山洪猝发，双花泵站被淹，停止对云溪镇城区供水13个小时，云溪河岳化至云溪镇城区段沿岸1000多家店铺、厂房被淹，京广铁路路口南太村邓家段2处塌方，铁路运输中断3个多小时。

2004年，4月29日晚，降雨200毫米，多处房屋受损，农作物遭灾，直接经济损失9500万元。

2010年7月8—21日，累计降雨1309毫米，全区7个乡镇3000公顷农作物受灾，其中，绝收1080公顷。

## 第二节　旱　灾

境内旱灾，有春旱、夏旱、秋旱、夏秋连旱。其中秋旱最多，夏旱次之，春旱较少，夏秋连旱最少。形成这一特点，与春温多雨，夏季易出现极端高温天气，秋季少雨的气候特征有关。

南宋乾道七年（1171），春，大旱。

南宋乾道九年（1173），五月大旱，无青苗。

南宋淳熙七年（1180），四月至九月不雨，大旱。

南宋绍熙三年（1192），大旱。

南宋嘉定二年（1209），大旱。

明正统四年（1439），大旱。

明正统十一年（1446），夏秋连旱。

明天顺三年（1459），大旱，五月至九月不雨。

明弘治元年（1488），自正月不雨至九月，大旱。

明嘉靖二年（1523），四月至七月不雨，大旱。

明嘉靖十三年（1534），旱。

明嘉靖十七年（1538），正月不雨至五月，禾苗尽槁。

明嘉靖二十三年（1544），大旱。

明万历十七年（1589），大旱。

明万历十八年（1590），大旱。

清顺治三年（1646），大旱，五月至九月不雨，岁人歉。

清顺治四年（1647），春旱，夏大旱，斗米价银一两，民食树皮草根。

清康熙十年（1671），夏，大旱。

清康熙十二年（1673），大旱。

清康熙十八年（1679），夏秋俱旱，致次年大饥。

清康熙二十七年（1688），八月至次年三月，未透雨，春旱。

清康熙四十四年（1705），秋旱。

清康熙四十五年（1706），春夏连旱，三月至七月不雨，岁大饥，大疫。

清康熙五十三年（1714），旱。

清雍正七年（1729），秋旱。

清嘉庆十二年（1807），夏大旱，禾尽枯，八月雨，禾复生，至十一月始收。

清嘉庆二十四年（1819），大旱。

清嘉庆二十五年（1820），大旱。

清道光十年（1830），秋旱。

清道光十五年（1835），大旱。

清咸丰六年（1856），旱。

清同治三年（1864），秋，大旱。

清同治十二年（1873），大旱。

清光绪元年（1875），大旱，缺水插秧。

清光绪二年（1876），秋旱。

清光绪二十二年（1896），夏旱。

清光绪二十四年（1898），大旱。

清光绪二十六年（1900），大旱，升米价银16文。

民国7年（1918），5—7月，少雨，大旱。

民国9年，4—10月，少雨，山区大旱。

民国10年，入春后长期不雨；夏秋以后旱尤烈，禾苗枯死，灾民苦菜充饥。

民国13年，8—12月，少雨，5个月雨量152.8毫米。

民国14年，“乙丑大旱”，农历4—7月底，久旱不雨，井泉枯竭，河道干裂，稻田失收；蕨根、野菜、树皮悉数掘尽剥光，邑民外出逃荒达6万之众，哭声震天，饿殍满途。

民国17年，夏秋大旱，收成仅十分之四。

民国18年，春旱，豆麦欠收。

民国23年，夏秋大旱。

民国24年，5月，旱。

1950年，5—7月，总雨量373.4毫米，比常年少3~4成，3300多公顷稻田减产。

1951年，3—8月连旱，总雨量503.8毫米，比常年少5~6成，稻田减产。

1953年，6—8月，久晴不雨，数千公顷水稻受旱。

1956年，6月中旬至8月上旬，连旱46天，数千公顷水稻遭旱灾；9—12月，连续干旱。

1959年，夏秋连旱，3—9月，总雨量828.6毫米，比常年少3成。

1960年，7—8月，总雨量118.1毫米，比常年少5~6成。

1961年，旱，4—8月，总雨量758毫米，比常年少2成，数千公顷稻田因旱成灾。

1963年，夏秋连旱115天，总雨量220毫米，比常年少5~6成，数千公顷稻田遭不同程度旱灾。

1964年，7—9月，干旱，总雨量212.2毫米，比常年少4成，稻田因旱减产。

1965年，5—7月，总雨量426.1毫米，比常年少2~3成，高田有旱。

1966年，7月13日至10月4日，连旱84天，仅降雨52.3毫米。

1968年，特大干旱，全年雨量906.6毫米，比常年少3~4成。

1971年，大旱，有10个月少雨，年雨量1088.5毫米，受旱稻田3300多公顷。

1972年，4—8月，总雨量459.1毫米，早、晚稻受旱面积3634.67公顷。

1974年，秋旱，8—10月，雨量167.6毫米，受旱面积3330公顷。

1978年，6—7月，干旱33天；9—10月，干旱41天，2000公顷稻田因旱减产。

1979年，干旱85天，660公顷稻田遭灾。

1981年，夏秋连旱。

1983年，春旱，缺水整秧田。

1985年，4—6月，雨量393.7毫米，比常年少5成。

1986年，5—7月，总雨量410.2毫米，比常年少4~5成，其中5月尤少，仅49毫米，1000公顷稻田受旱，减产8成以上。

1988年，严重春旱，多处山塘干涸，至5月6日立夏，仅完成早稻栽插40%。

1990年，7—9月，久旱不雨，农作物受旱严重。

1992年，6月下旬至年底，连旱，总雨量227.1毫米，比常年少5~6成，农作物重灾5300公顷，绝收800公顷。

2001年，夏秋连旱，6月2日至11月5日连旱136天，山塘水库干涸，受灾稻田2200公顷，失收540公顷。

2011年，6—8月，少雨，大旱，稻田受灾，居民饮水困难。

## 第三节　其他灾害

**虫灾**　多以蝗虫、稻苞虫、稻蟒象、三化螟虫等危害水稻，造成虫灾。

明崇祯十四年（1641），飞蝗蔽天，害稼。

清道光十五年（1835），飞蝗蔽天。

清咸丰八年（1858），飞蝗害稼。

民国 18 年（1929），虫害严重，豆麦欠收。

1950 年，5—7 月，1000 公顷稻田受稻苞虫危害。

1951 年，3—8 月，遭稻苞虫危害，稻田减产。

1953 年，7 月间，稻蟒象危害，666 公顷稻田失收。

1957 年，稻田发生虫害。

1959 年，农田发生病虫害，受害稻田 400 公顷。

1962 年，530 公顷稻田遭虫灾。

1965 年，6 月中旬至 8 月中旬，数千公顷水稻遭虫害。

1966 年，1800 公顷稻田发生病虫害。

1970 年，数千公顷农田遭受虫害。

1971 年，数千公顷农田遭受病虫危害。

1972 年，2600 公顷稻田遭虫害。

1974 年，稻田遭稻飞虱危害。

1977 年，晚稻遭虫害。

1978 年，1100 公顷稻田遭虫害。

1979 年，660 公顷稻田遭虫害，森林遭松毛虫危害。

1980 年，森林遭松毛虫危害。

1981 年，森林遭松毛虫危害。

1983 年，松毛虫危害森林。

1986 年，农作物遭虫害。

**风灾**　春季多西北风，常伴有雷雨大风，盛夏雷雨大风多，秋冬季有时刮大北风。

清同治元年（1862），三月二十六日夜，大风雨雹相伴，拔木倒屋。

清同治三年（1864），三月，大风雨雹，拔木。

民国 9 年，3 月，大风雨，吹倒房屋。

民国 11 年，3 月，大风，人畜伤亡不少。

民国 15 年，4 月，自云溪至岳阳一带，风雨大作，普降冰雹，农作物受损。

民国 19 年，3 月，大风，大树连根拔起。

民国 23 年，3—4 月，路口铺大风雹，两抱围大树连根拔起。

民国 37 年，5 月 7 日晨，大北风甚烈，连刮 2 小时，倒屋倒树不少。

1960 年，4 月 25 日，大风，倒屋数十间，人畜均有伤亡。

1966 年，2 月 21—22 日，寒潮大风，春收作物减产。

1975 年，11 月 22 日，10 级偏北大风，陆城新港 3 艘运棉帆船被风吹翻。

1976 年，4 月 22 日，偏北大风，最大风速 22 米 / 秒，有轻灾。

1977 年，3 月 22—23 日大风，倒屋 33 间。

1978 年，3 月 29 日、7 月 25 日，雷雨大风，瞬间最大风速 25.9 米 / 秒，庄稼受损。

1985 年，4 月 25 日，偏北大风，风速 21 米 / 秒，伤 3 人，倒屋 11 间。

1987 年，3 月 24 日、5 月 1 日，大风成灾。

1990 年，4 月 3 日，6 级偏北大风，阵风 7~8 级，持续 6 个小时。

2004年，4月29日晚，大风、冰雹5个小时，多处房屋受损，农作物遭灾。

**冰冻灾害** 主要是低温冰冻和冻雪灾，一般出现在春季，冬季偏少。

明正德八年（1513），十二月，大雪，湖水冻合可行。

明天启元年（1621），正月至二月，雨雪不止，平地积雪四五尺，河水冻合。

清康熙二十九年（1690），十二月，大雪十余日，湖水冻合，人可步行。

清乾隆十年（1745），十一月，大雪，深数尺，湖水尽冻。

清咸丰十一年（1861），十二月，大雪，河水冰坚可行人，树多冻死。

清同治元年（1862），一月，大雪4至5尺，河水坚冰可行，树木冻死，人畜亦有冻死。

民国元年（1912），冬，大冰冻40多天，树木冻死。

民国14年，11月上旬，冰冻，延续40多天，竹林成片摧倒。

民国17年，冬月至次年正月，冰冻两个月，水上冰厚尺余，猪牛多冻死。

民国18年，自农历十二月初二至次年二月二十四日，普降大雪，冰冻70多天，塘水结冰1尺多。

民国19年，冬，大雪冰冻，冰厚1.7尺，牲畜冻死。

民国20年，冬，大雪，奇冷异常。

民国32年，3月3日晚，大雪，平地深2尺，山沟深丈余。

民国33年，冬，大雪10多天，平地雪深2~3尺。

1956年，1月，冰冻5天，低温零下16.3摄氏度。

1957年，1—2月，两次冰冻6天，电线积冰最大直径31毫米，铁路沿线有线电话中断2天半。

1963年，4月16—23日，冷空气侵入，连续7天低温阴雨，烂秧严重。

1964年，2月，冰冻，积雪14天。

1965年，3月20日至4月11日，连续23天低温阴雨，早稻烂秧。

1969年，1—2月冰冻16天，最低气温零下18.4摄氏度，电线积冰直径56毫米，电杆压断，楠竹、松树压死；4月4日降雪，早稻冻坏。

1972年，2月8日，大雪，4月1—2日，普降大雪，接着低温阴雨，损失早稻种数万斤。

1976年，3月下旬至4月上旬，17天低温阴雨，系春播最差年。

1980年，倒春寒。

1985年，12月8—12日，冰冻，最低气温零下10.5摄氏度，冬季作物损失严重。

1987年，11月28、29日，气温陡降20.4摄氏度，冬季作物严重冻坏。

1989年，1月17日20时至18日8时，普降暴雪，雪深22厘米。

1990年，3—4月，低温阴雨，早稻烂秧。

2008年，1月11日至2月6日，积雪冰冻27天，最低气温零下7.5摄氏度，多处公路交通中断，竹木压断，林业损失3805万元。

**地震、雷击灾害** 发生少，但危害大。雷击灾害发生在春夏季。

清咸丰元年（1851），三月，陆城一带地震，碗响瓦动。

清光绪十四年（1888），地震，砖墙摆动，陆城胡姓一家三口，屋倒人亡。

民国2年，7月16日深夜，陆城地震，瓦响窗颤，犬吠鸡叫，城中居民慌乱中踩死2人。

1971年，6月27日12时，陆城公社黄金大队赵家湖队遭雷击，死1人。

2001年，3月25日5时30分，道仁矶镇柳田村遭雷击，受灾110户，伤2人。

# 第三篇　人　口

早在新石器时期，境内就有人口繁衍生息。后来在历代封建社会，由于战乱、灾害和封建落后思想影响，人口时增时减，发展曲折缓慢。从明洪武元年（1368）至民国37年（1948），仅增5万余人。

1949年后，社会安定，经济发展，人口生育水平、健康水平提高，人口始有计划增长。至1964年7月第二次全国人口普查，总人口比1948年增加23879人，且男女性别比例较为均衡。1965年后，长炼、岳化人口大量迁入，促进人口文化、职业等结构趋向合理。1984年后，区委、区政府进一步加强人口控制，大力发展经济和教育、卫生事业，人口发展逐步步入健康合理的发展轨道。至2011年，总人口发展至175384人，比1984年增加47117人，年均增加1682.75人，男女性别比、人口自然增长率分别比1984年下降0.55%和6.3%，人口结构更趋合理，人口质量得到大幅度提升。

明、清时期，人丁由县典史掌管。民国元年（1912），由县署户房管理。民国4年，由县署第二科管理。民国11年，由县署内务局管理。民国18年，由县政府第二科管理。民国31年，由县民政科管理。民国37年，由县政府第一科管理。

1949年7月，由县民政科兼管。1963年6月，由县节制生育委员会管理。1965年4月，由县计生委管理。1980年5月，由县计生办管理。1984年6月，由区计生委管理。2002年3月，区计生委更名为区计生局，内设机构有办公室、计划统计股、科学技术股、宣传法规股、计生协会秘书室，核定机关行政编制8名、机关离退休人员服务事业编制1名、全额拨款事业编制2名、机关后勤服务事业编制1名；归口管理区计生服务站、区计生药具站、区流动人口计生管理办公室，归口管理单位共核定财政定额拨款事业编制18名、全额拨款事业编制2名。2011年8月，区计生局更名为区人口和计生局（简称人口计生局），内设机构调整为办公室（宣传股）、信访法规股、综合发展股、统计信息股、科学技术股；机关行政编制调整为9名，另核定后勤服务事业编制1名。代管区计生协会，其下设机构秘书室核定全额拨款事业编制2名。

# 第一章　人口状况

## 第一节　总量与分布

### 一、人口总量

明洪武元年，总户数819户，总人口5369人，其中男2791人，女2578人。清康熙十八年(1679)，总户数减至527户，总人口减至3609人，其中男1832人，女1777人。民国37年，总户数增至7879户，总人口增至55953人，其中男27936人，女28017人。

1949年，总户数8032户，总人口57893人。其中男29876人，女28017人；农业人口51613人，非农业人口6280人。1961年，总户数增至9375户，总人口增至68902人，其中男36012人，女32890人；农业人口58997人，非农业人口9905人。1975年，总户数增至20367户，总人口增至119813人。其中男63382人，女56431人；农业人口69103人，非农业人口50710人。

1984年，总户数28597户，总人口128267人。其中男67246人，女61021人；农业人口78570人，非农业人口49697人。2011年，总户数增至57409户，总人口增至175384人。其中男91729人，女83655人；农业人口91093人，非农业人口84291人。

**1984—2011年云溪（北）区人口基本情况表**

表3-1-1　　　　单位：户、人、‰

| 年度 | 总户数 | 总人口 | 其中 | | 性别比 | 出生人口 | 人口出生率 | 死亡人口 | 死亡人口率 | 自然增长数 | 人口自然增长率 |
|---|---|---|---|---|---|---|---|---|---|---|---|
| | | | 男 | 女 | | | | | | | |
| 1984 | 28597 | 128267 | 67246 | 61021 | 110.2 | 2396 | 18.68 | 487 | 3.8 | 1909 | 14.11 |
| 1985 | 29646 | 130439 | 68177 | 62262 | 109.5 | 2762 | 21.17 | 590 | 4.5 | 2172 | 14.21 |
| 1986 | 31276 | 132236 | 69356 | 62880 | 110.3 | 2289 | 17.31 | 492 | 3.72 | 1797 | 14.13 |
| 1987 | 33919 | 134335 | 70518 | 63817 | 110.5 | 2577 | 19.18 | 478 | 3.56 | 2099 | 14.17 |
| 1988 | 36151 | 138399 | 72463 | 65936 | 109.9 | 4645 | 33.56 | 581 | 4.2 | 4064 | 14.23 |
| 1989 | 38488 | 142408 | 74530 | 67878 | 109.8 | 4620 | 32.44 | 611 | 4.29 | 4009 | 14.01 |
| 1990 | 42935 | 146775 | 76615 | 70160 | 109.2 | 4875 | 33.2 | 508 | 3.46 | 4367 | 14.23 |
| 1991 | 47146 | 151279 | 78916 | 72364 | 109 | 5043 | 33.34 | 539 | 3.56 | 4504 | 14.06 |
| 1992 | 45974 | 148637 | 77805 | 70832 | 109.8 | 4116 | 27.69 | 573 | 3.85 | 3543 | 13.95 |

续表 3-1-1

| 年度 | 总户数 | 总人口 | 其中 | | 性别比 | 出生人口 | 人口出生率 | 死亡人口 | 死亡人口率 | 自然增长数 | 人口自然增长率 |
|---|---|---|---|---|---|---|---|---|---|---|---|
| | | | 男 | 女 | | | | | | | |
| 1993 | 46827 | 150701 | 79414 | 71287 | 111.4 | 2659 | 17.64 | 595 | 3.95 | 2064 | 13.7 |
| 1994 | 47961 | 152752 | 80733 | 72019 | 112.1 | 2663 | 17.43 | 612 | 4.01 | 2051 | 13.43 |
| 1995 | 48323 | 154765 | 81451 | 73314 | 111.1 | 2607 | 16.84 | 594 | 3.84 | 2013 | 13.01 |
| 1996 | 49011 | 156505 | 83097 | 73408 | 113.2 | 2246 | 14.35 | 506 | 3.23 | 1740 | 11.12 |
| 1997 | 49876 | 158315 | 83177 | 75238 | 110.7 | 2381 | 15.04 | 571 | 3.61 | 1810 | 11.43 |
| 1998 | 50213 | 159945 | 84712 | 75233 | 112.6 | 2222 | 13.89 | 592 | 3.7 | 1630 | 10.19 |
| 1999 | 50917 | 161574 | 85107 | 76467 | 111.3 | 2256 | 13.96 | 627 | 3.88 | 1629 | 10.08 |
| 2000 | 51189 | 163497 | 84563 | 78934 | 107.13 | 2629 | 16.08 | 706 | 4.32 | 1923 | 11.76 |
| 2001 | 52086 | 161999 | 85040 | 76959 | 110.5 | 1910 | 11.32 | 637 | 3.93 | 1273 | 7.86 |
| 2002 | 53213 | 163281 | 85491 | 77790 | 109.9 | 1822 | 11.16 | 540 | 3.31 | 1282 | 7.85 |
| 2003 | 53261 | 164566 | 86720 | 77846 | 111.4 | 1841 | 11.19 | 556 | 3.38 | 1285 | 7.81 |
| 2004 | 55493 | 165881 | 87152 | 78729 | 110.7 | 2029 | 12.23 | 714 | 4.3 | 1315 | 7.93 |
| 2005 | 55997 | 167202 | 87544 | 79658 | 109.9 | 2052 | 12.27 | 731 | 4.37 | 1321 | 7.9 |
| 2006 | 56978 | 168525 | 88504 | 80021 | 110.6 | 2066 | 12.26 | 743 | 4.41 | 1323 | 7.85 |
| 2007 | 57208 | 169853 | 89086 | 80767 | 110.3 | 2079 | 12.24 | 751 | 4.42 | 1328 | 7.82 |
| 2008 | 57311 | 171188 | 89612 | 81576 | 109.85 | 2097 | 12.25 | 762 | 4.45 | 1335 | 7.8 |
| 2009 | 57401 | 172639 | 90469 | 82170 | 110.1 | 2113 | 12.24 | 762 | 4.41 | 1351 | 7.83 |
| 2010 | 57399 | 174015 | 91072 | 82943 | 109.8 | 2130 | 12.24 | 754 | 4.33 | 1376 | 7.91 |
| 2011 | 57409 | 175384 | 91729 | 83655 | 109.65 | 2148 | 12.25 | 779 | 4.44 | 1369 | 7.81 |

说明：表中性别比以女性为 100

## 二、人口密度

民国 6 年，境域总面积约 480 平方公里，总人口 58917 人，每平方公里 122.74 人。

1953 年，境域总面积 457 平方公里，总人口 59723 人，每平方公里 130.68 人。

1961 年，境域总面积 421 平方公里，总人口 68902 人，每平方公里 163.66 人。

1975 年，境域总面积不变，总人口 119813 人，每平方公里 284.59 人。

1984 年，区境总面积 406.82 平方公里，总人口 128267 人，每平方公里 315.29 人。

2011 年，区境总面积 396.2 平方公里，总人口 175384 人，每平方公里 442.67 人。

### 三、人口分布

境内人口分布大致可分为两个阶段：民国19年前，湖区人口居多，丘陵区次之，山区较少；1930年后，随着县治迁出，陆城等湖区人口相对减少；1965年后，长炼、岳化先后落户境内山区、丘陵区，至1984年云溪建区时，则丘陵区人口居多，山区次之，湖区较少。

**丘陵区** 1984年后，人口大多聚居在云溪河、路口河、京广铁路、老107国道沿线的云溪镇、路口镇、长炼、岳化等丘陵地区。是年，丘陵区人口63889人，占总人口49.81%，丘陵区面积67.4平方公里，占全区总面积16.57%，人口占比大于面积占比，人口密度每平方公里947.9人。是年后，由于丘陵地区经济和城镇化建设有较快发展，人口增加较快。至2000年，人口增至96872人，占总人口59.25%，比1984年增加9.44%。2000年后，丘陵地区工业化、城镇化建设进一步加快，人口增加速度明显快于其他地区。至2011年，丘陵区人口96847人，占总人口55.22%，面积占全区总面积17.01%，人口占比明显大于面积占比，人口密度达到每平方公里1436人。

**山区** 1984年，云溪乡、文桥乡等山区人口37082人，占全区总人口28.91%；面积199.4平方公里，占全区总面积49.01%，面积占比大于人口占比；人口密度每平方公里185.97人，比丘陵区每平方公里少761.93人。2000年，山区人口43572人，占总人口26.65%，面积占总面积50.32%，面积占比大大超过人口占比；人口密度每平方公里217.97人，比1984年每平方公里增加32人，但比丘陵区每平方公里少1219.3人。2000年后，山区交通发展，集镇增多，人口增加较快。至2011年，人口增至50616人，占总人口28.86%；人口密度每平方公里增至253.84人，但比丘陵区每平方公里少1182.16人。

**湖区** 1984年，陆城乡、松阳湖农场等湖区人口27296人，占全区总人口21.28%；面积140.02公里，占全区总面积34.42%，面积占比大于人口占比；人口密度每平方公里194.94人，比丘陵区每平方公里少752.96人。2000年，由于陆城镇已划出部分地域、人口归临湘市管辖，湖区面积减至129.4平方公里，占总面积32.66%；人口23053人，占总人口14.09%，面积占比仍大于人口占比。2000年后，随着经济发展，临港新区建设加快，湖区人口有较快增加。至2011年，湖区人口27921人，占总人口15.91%，人口密度每平方公里215.77人，比2000年每平方公里增加38人，但分别比丘陵区、山区少1220.23人和38.07人。

## 第二节 人口变动

### 一、自然变动

明、清时期，盲目生育，人口自然增长较快。清康熙五十一年（1712），实行“滋生人丁，永不加赋”，生育人口大大超过死亡人口，人口急增。至嘉庆二十一年（1816），达到92449人，成为历史上人口自然变动最多的时期。清末，灾害频仍，瘟疫流行，战乱不断，死亡人口增多。至民国15年（1926），总人口减至83750人。民国16年后，地方团防屠杀人民，加上自然灾害频发，死亡人口超过生育人口，人口更趋下降。民国27年，日军侵境，大肆屠杀民众。至民国34年，总人口减至42391人。

1949年后，人民生活水平逐步提高，生育人口逐年增多。至1959年年初，总人口增至72263人，自然增长率达到25.91‰，出现中华人民共和国成立后第一个人口自然增长高峰期。是年始，由于连续

3年严重自然灾害等原因，人民生活困难，健康水平下降，出生人口锐减，死亡人口增多。至1961年，人口减少3361人。1962年，国民经济恢复发展，人民生活水平逐步提高，出现补偿性生育高峰。是年，出生人口3476人，死亡人口814人，人口增加2662人。“文化大革命”期间，人口出生初步得到控制，人口自然增长率一般为24%，年均增加3200人左右。

1984年后，生育控制一度有所松懈，人口出生率有所增长。至1991年，出生率由1984年18.68‰升至33.34‰，共出生29207人，剔除死亡人口，自然增长24921人，年均增加3115.13人。1992年始，大力加强节制生育，进一步控制人口出生。至2011年，人口自然增长率由1991年14.06‰降至7.81‰，共出生46066人，人口死亡13105人，自然增加32961人，年均增加1648.05人，比1984—1991年年均减少1467.1人。

### 二、人口迁移

明洪武年间（1368—1399），针对经过长期战争破坏后，湖南“土旷人稀，耕种者少，荒芜者多”，明廷大量迁移江西人口填湖南，境内迁进江西人口近2万人。

清道光至宣统年间（1821—1911），为躲避战乱、避免水灾，境内陆续外迁至岳阳渭洞、毛田，临湘文白、詹桥等地近万人。

民国时期，因为水灾，湖北省监利县、洪湖县等地有5000余人迁入境内。民国19年，县治迁出，陆城有2000余人随县治迁长安镇。

1950—1953年，随着区划调整，五区上半村有近千人的户籍迁至岳阳县；长江北岸新淤洲有近4000人的户籍迁至湖北省监利县。

1965—1970年，随着长炼、岳化落户建厂，先后有上述2厂4.5万余人迁入境内。

1984年，随着区划变动，原路口公社台上、石山、灰山、路峰等大队及新合大队一部共5000余人的户籍划属临湘县白云镇。

1992年，陆城镇儒溪、杨桥、棋杆、洋溪4村和金鸡山林场7146人的户籍因区划调整，划属临湘县儒溪镇。

2000年后，长炼岳阳小区兴建，长炼有近千人的户籍迁至岳阳楼区。

## 第三节 人口结构

### 一、性别

明、清时期，受自然灾害、饥饿及重男轻女封建思想影响，男女性别比例严重失调。明成化年间（1465—1487），性别比高达159.53。民国18年（1929），性别比仍在122以上。抗日战争时期，男性死亡、远走他乡居多，女性人口明显多于男性人口。1949年《湘政五年统计》记载：1940年，境内人口性别女性86，男性64，性别比为74.42，为人口性别最低水平。

1949年后，社会安定，经济发展，妇女地位提高，重男轻女的封建思想逐步消除，男女性别比渐趋平衡。1957—1959年，基本控制在110~115之间。1960年，国民经济处于困难时期，男性因饥饿和“黄肿病”死亡较多，性别比一度失衡，降至89，是中华人民共和国成立后的较低水平。1961年后，恢复生产，发展经济，至1970年，性别比又保持在110左右。至1980年，已初步达到相对平衡，男女性别比一般在112左右。

1984年后，经济持续发展，女婴受到法律保护，性别比进入相对平衡稳定时期。1990年全国第四次人口普查，全区144981人，其中男性75712人，女性69269人，性别比为109.3。1992年后，打击拐卖妇女和遗弃女婴犯罪，女性所占比例有所上升。2000年第五次全国人口普查，男、女性别比为107.13，是建区后较好的水平。但由于重男轻女、传宗接代的封建落后思想根深蒂固，非法检测胎儿性别、根据性别非法终止妊娠现象时有发生，一定程度上影响男女性别比例均衡。2010年，全区出生2130人，其中男性1115人，女性1015人，出生男女性别比仍有109.85。

## 二、年龄

1949年前，由于人民生活水平和医疗技术水平低，人口年龄总体偏低，其结构一般为：14周岁以下少年儿童较少，15~64岁的人口偏多，65岁以上的老年人口少。民国34年（1945），境内42300人，14岁以下少年儿童11091人，占总人口26.22%；15~64岁的30286人，占71.6%；65岁以上的923人，仅占2.18%。

1949年后，人民生活水平和医疗技术水平逐步提高，人口年龄结构发生新的变化。1964年全国第二次人口普查，14岁以下人口占总人口42.8%，15~49岁青壮年占45.18%，50~64岁人口占8.61%，65岁以上老年人占3.41%，其中90岁以上老人有4人：云溪2人，文桥、陆城各1人。1982年，14岁以下人口比例降至37.8%，15~49岁青壮年比例升至50.3%，54~64岁人口所占比例为7.3%，65岁以上人口比例升至4.6%，按照国际划分人口年龄结构类型标准，已由1964年的年轻型人口类型转变为成人型人口类型。

1984年后，加强人口控制，人民生活水平和医疗技术水平进一步提高，少年儿童人口逐步减少，老年人口不断增多。1991年第四次全国人口普查，14岁以下少年儿童43103人，占总人口29.73%，比1982年下降8.07%；15~64岁人口95035人，占总人口65.55%，65岁以上人口6843人，占总人口4.72%，分别比1982年上升7.95%、0.12%。2000年，14岁以下少年儿童人口占总人口的21.2%；15~64岁及65岁以上人口所占比例分别为73.8%和5%。65岁以上老年人较多的乡镇地区是：云溪乡1884人，长炼、岳化各1228人，路口镇1062人。2011年，全区175384人，14岁以下人口30447人，占总人口的17.36%，比2000年下降3.84%；15~64岁人口133046人，占总人口75.86%，65岁以上人口11891人，占6.78%，比2000年分别上升2.06%、1.78%，已进入老年型人口类型。

## 三、文化

民国35年（1946），境内学龄儿童中，就学人数仅占5.62%。12岁以上人口中，文盲占74.71%，小学文化占19.72%，中学文化占5.44%，大学文化仅占0.13%。

1949年后，教育事业逐步发展，人口文化结构发生新的变化。至1959年，在校中小学生1.19万人，占总人口16.46%。1964年全国第二次人口普查，6岁以上人口中，具有大专文化程度108人，占总人口0.14%。具有高中文化程度776人，初中文化程度3130人，高小文化程度7806人，初小文化程度18254人，分别占总人口的0.97%、3.92%、9.78%和22.87%；文盲和半文盲25478人，占总人口的31.91%。1964年后，进一步发展初、高中教育，初、高中文化程度的人口不断增加。至1982年第三次全国人口普查，加上长炼、岳化，具有大专文化程度976人，占总人口0.8%，具有高中文化程度

12322 人，占总人口 10.1%，具有初中文化程度 24766 人，占总人口 20.3%，分别比 1964 年增长 0.66%、9.13%和 16.38%。具有小学文化程度 55631 人，占 45.6%；文盲半文盲 15616 人，占 12.8%，主要集中在 50 岁以上的人口中。

1984 年后，人口文化结构水平有较大变化。1991 年，6 岁以上人口中，具有小学文化程度的占总人口 27.52%，比 1981 年下降 18.08%。具有初中文化程度的占 28.6%，具有中专和高中文化程度的占 13.23%，具有大专文化程度的占 1.84%，分别比 1981 年增长 8.3%、3.13%和 1.04%；文盲半文盲占总人口 6.37%，比 1982 年下降近 6.43%。2000 年，据第五次全国人口普查统计，全区 163220 人，接受大专教育 13200 人，占总人口 8.09%，接受高中教育的 31800 万人，占总人口 19.48%，接受初中教育的 52800 人，占总人口 32.35%，接受小学教育的 47800 人，占 29.29%。与 1991 年比，每一万人中，大专文化程度的由 384 人增至 870 人，中专高中文化程度的由 1523 人增至 2090 人，初中文化程度的由 2697 人增至 3460 人，小学文化程度的由 3252 人降至 3140 人。在总人口中，文盲半文盲由 9636 人降至 5400 人。2011 年，在总人口中，大专文化程度的占 14.9%，高中文化程度的占 25.6%，分别比 2000 年增长 6.81%和 6.12%；初中文化的占 30.98%，小学文化的占 24.63%，分别比 2000 年下降 1.37%和 4.66%；文盲半文盲占总人口的比例比 2000 年下降 2.38%，共 3012 人，主要集中在农村 70 岁以上的人口中，文化结构达到较高水平。

### 四、民族

境内人口历来以汉族为主。清代、民国时期，因灾荒、战乱等原因，有极少数满族、回族、瑶族人口迁入。

1949 年后，因工作调动、婚姻等原因，少数民族人口逐渐增多。1964 年，有 5 个少数民族，共 8 人，其中回族 2 人，满族 2 人，土家族 2 人，瑶族 1 人，苗族 1 人，分布在云溪（6 人）、路口（2 人）两镇。70 年代，随着松阳湖开发，长炼、岳化落户境内，迁入的少数民族人口进一步增多。1982 年，有少数民族 11 个、324 人。

1984 年后，人口流动增大，加之长炼、岳化不断扩展，外地迁入的少数民族人口迅速增加。至 1991 年，共有少数民族 17 个、661 人，占全区总人口 0.44%。2000 年第五次人口普查，已有少数民族 23 个、968 人。其中蒙古族 54 人、苗族 204 人、满族 118 人、土家族 276 人，回族 94 人、白族 30 人、壮族 23 人、侗族 57 人、瑶族 42 人、藏族 11 人、黎族 16 人、布衣族 7 人、朝鲜族 9 人、土族 9 人、仫佬族 3 人、高山族 2 人、水族 4 人、维吾尔族 4 人、羌族 1 人、傣族 1 人、黎族 1 人、鄂温克族 1 人，其他族 1 人。2000 年后，工业化、城镇化建设加快，少数民族人口更加增多。2011 年，共有少数民族 26 个、1384 人，占总人口 0.79%，比 1991 年增长 0.35%。少数民族人口主要分布在云溪镇、路口镇、道仁矶镇、永济乡、长炼、岳化等地。

### 五、职业

1949 年前，从业人口主要集中在农业，其次是渔业、小手工业、商业、公共事业等行业。据民国 18 年（1929）湖南省户口统计资料记载，境内就业人数 33438 人，占总人口 62.3%，其中务农 32330 人，占从业人口的 91.22%。

1949 年后，各项事业发展，人口行业结构不断发生新的变化。至 1964 年第二次全国人口普查，农业从业人口占从业总人口 86.32%，工业、交通等行业从业人口占从业总人口 3.73%，文化教育、卫生体育事业从业人口占从业总人口2.39%。

1982年第三次全国人口普查，农、林、牧、渔业从业人口占从业总人口68.79%；工业、交通运输、邮电通信等行业由于长炼、岳化入驻，其从业人口大增，占从业总人口的21.43%；电力、建筑行业从业人口占从业总人口0.93%；商业、饮食、物资供销从业人口占从业总人口2.11%；公共事业管理和居民服务从业人口占从业总人口0.16%；卫生、体育和社会福利事业从业人口占从业总人口1.12%；教育、文化事业从业人口占从业总人口2.62%；综合技术服务行业从业人口占从业总人口0.26%；金融业在从人口占从业总人口0.09%；国家机关、政党和群众团体工作人员占从业总人口1.38%；企事业单位从业人口占从业总人口1.11%。

1990年第四次全国人口普查资料表明，农、林、牧、渔业从业人口占从业总人口64.46%，比1982年下降4.33%；工业、运输及相关行业从业人口占从业总人口23.19%，比1982年增长1.76%；商贸、物资供销和餐饮服务业从业人口占从业总人口5.18%，比1982年增长3.07%；教育、卫生、文化、体育等行业从业人口占从业总人口4.49%，比1982年增长0.75%；国家机关、党群团体及企事业单位从业人口占从业总人口3.36%，比1982年增长1.14%。

1991年后，随着市场经济发展，人口职业结构又有新的变化。至2000年，在下表八大类主要职业中，各类专业技术人员从业人口占从业总人口的6.01%，国家机关、党群组织、企事业单位负责人占从业总人口0.49%，办事人员、有关人员占从业总人口3.06%，商业、贸易和餐饮服务业从业人口占从业总人口5.28%，服务性工作人员占从业总人口4.08%，农、林、牧、渔劳动者占从业总人口54.48%，生产、运输工人和相关人员从业人口占从业总人口26.49%，不便分类的其他劳动者占从业总人口0.06%。2011年，农、林、牧、渔从业人口占从业总人口41.05%，比2000年下降13.43%；生产、运输工人及相关人员从业人口占从业总人口29.39%，比2000年增长2.9%；商业、贸易和餐饮服务业从业人口占从业总人口17.63%，比2000年增长12.35%；各类专业技术人员从业人口占从业总人口7.05%，比2000年增长1.04%；国家机关、党群团体及企事业单位从业人口占从业总人口4.82%，比2000年增长1.27%。

### 1984—2011年云溪（北）区部分年度各大职业类人口情况统计表

表3-1-2　　　　单位：人

| 年　度 | 1984年 | 1990年 | 1995年 | 2000年 | 2005年 | 2011年 |
|---|---|---|---|---|---|---|
| 各类专业技术人员 | 3855 | 4216 | 4831 | 6087 | 7094 | 8349 |
| 国家机关党群组织企事业单位负责人 | 271 | 358 | 423 | 503 | 611 | 702 |
| 办事人员和有关人员 | 1471 | 2076 | 2731 | 3104 | 3981 | 5013 |
| 商业贸易工作人员 | 1642 | 2761 | 4093 | 5349 | 7208 | 11037 |
| 服务性工作人员 | 1441 | 2098 | 3214 | 4138 | 6495 | 9836 |
| 农林牧渔劳动者 | 56048 | 60473 | 57116 | 55129 | 53042 | 48621 |
| 生产工人、运输工人和相关人员 | 19023 | 21762 | 24027 | 26813 | 31293 | 34815 |
| 不便分类的其他劳动者 | 54 | 62 | 60 | 65 | 78 | 47 |
| 合　计 | 83805 | 93806 | 96495 | 101188 | 109802 | 118420 |

## 第四节 人口普查

第一次全国人口普查，从1953年7月1日始，至1953年年底结束，以1953年7月1日零时为登记标准时间。此次普查，境内总户数8916户，总人口58164人，其中男30638人，女27526人，性别比为111.3；户均6.52人，人口密度每平方公里127.27人。

第二次全国人口普查，从1964年6月30日始，至1964年年底结束，以1964年7月1日零时为登记标准时间。此次普查，总户数11931户，总人口79832人，比第一次普查增加3015户、21668人；其中男41835人，女37997人，性别比为110.1，比第一次人口普查下降1.2%；户均6.69人，比第一次人口普查户均增加0.17人；人口密度每平方公里189.62人，比第一次人口普查每平方公里增加62.35人。

第三次全国人口普查，从1981年6月1日始，至1982年8月1日结束，以1982年7月1日零时为登记标准时间。此次普查，总户数23461户，总人口121998人，比第二次普查增加11530户、42166人；其中男65015人，女56983人，性别比为114.1，比第二次普查增加4%；户均5.2人，比第二次普查户均减少1.49人；人口密度每平方公里289.78人，比第二次普查每平方公里增加100.16人。

第四次全国人口普查，从1990年7月1日始，至1992年9月结束，以1990年7月1日零时为登记标准时间。此次普查，总户数40989户，总人口144981人，比第三次普查增加17528户、22983人；其中男75712人，女69269人，性别比为109.3，比第三次普查下降4.8%；户均3.54人，比第三次普查户均减少1.66人；人口密度每平方公里356.38人，比第三次普查每平方公里增加66.6人。此次普查中，区公安局刘汉初被评为全国第四次人口普查先进个人。

第五次全国人口普查，从2000年11月1日始，至2002年10月结束，以2000年11月1日零时为登记标准时间。此次普查，总户数51127户，总人口163220人，比第四次普查增加10138户、18239人；其中男84421人，女78799人，性别比为107.13，比第四次普查下降2.17%；户均3.19人，比第四次普查户均减少0.35人；人口密度每平方公里411.96人，比第四次普查每平方公里增加55.58人。

第六次全国人口普查，从2010年11月1日始，至2011年9月30日结束，以2010年11月1日零时为登记标准时间。此次普查，总户数57302户，总人口174799人，比第五次普查增加6175户、11579人；其中男91482人，女83317人，性别比为109.79，比第五次普查增加2.66%；户均3.05人，比第五次普查户均减少0.14人；人口密度每平方公里441.19人，比第五次普查每平方公里增加29.23人。

# 第二章 人口控制

## 第一节 政策宣传

1956年10月，宣传周恩来在中共八大会议上提出的“我们赞成在生育问题方面加以适当节制”

的指示。1957年后，批判马寅初的《新人口论》，节制生育宣传一度停滞。1963年6月，宣传晚婚晚育的政策和县委提出的“每对夫妇最好只生两个孩子，最多不超过三个”的要求。“文化大革命”初期，节制生育宣传基本停止。1971年后，利用政治夜校、宣传栏、黑板报等形式，宣传中央提出的大力推行节制生育和人口控制规划及县革委会关于“生好第一个，控制第二个，不生第三个”的规定。1973年，宣传中央提出的“晚、稀、少”的指示，组织小分队深入基层，发放宣传资料，使节制生育政策家喻户晓。1978年，贯彻中共中央致全体党员、团员、各级干部的公开信，宣传中央“最好只生一个”“晚婚、晚育、少生、优生”及“把人口增长降到10‰以下”的指示，各地召开干部会、群众会，印发文件、各类资料，形成宣传高潮。

1984年，宣传区委、区政府把节制生育工作作为执行基本国策的大事来抓的要求。1988年7月，区成立计划生育协会（简称计生协会），壮大宣传队伍，拓宽宣传渠道。1990年9月，组织乡镇电影队，放映《人口与健康》等科教片，观众3.4万人。松阳湖农场电影队深入基层，放映相关宣传教育片23场，使全场7000多人受到节制生育教育，受到广电部、卫生部、文化部、民政部、国家计划生育委员会（简称计生委）、全国爱国卫生运动委员会（简称爱卫委）、中国科学技术协会（简称科协）、全国妇女联合会（简称妇联）、共青团中央委员会（简称团中央）、全国儿童少年工作协调委员会、中国残联联合表彰。1991年，宣传贯彻《湖南省计划生育条例》及区委、区政府制定的节制生育若干问题的决定。召开干部会、群众会，出宣传栏，张贴标语，把节制生育宣传推向新的高潮。

1996年3月始，开展“婚育新风进万家”活动。是年，成立宣传小分队，出动宣传车，深入村组屋场发放宣传资料2.6万份。2000年5月29日，区委宣传部、区计生委、区文化体育广播电视局（简称文体广电局）在区文化娱乐中心联合举办首届节制生育专场文艺会演，参演单位28个，演出节目34个，观众760人。2001年5月，开展节制生育送戏下乡活动，演出91场，受教育群众3.96万人次。云溪区被评为全国婚育新风进万家活动先进县（市、区）。区计生委副主任李莲英、陆城镇陆城村计生专干李细茶被中宣部、国家计生委评为全国婚育新风进万家活动先进个人。

2004年，云溪区被定为全省“关爱女孩行动”试点单位。5月，在云溪镇举行全社会都来关心女孩健康成长活动启动仪式，组织1100人签名、游行，观看文艺演出，发放宣传资料、画册。在乡镇、单位兴起“关爱女孩行动”“六个一”（即上一堂专题课，办一次演讲比赛，出一期宣传栏，发一份倡议书，写一条固定标语，写一封公开信）的宣传高潮，在交通要道、人口聚居地设巨幅广告画块21块，书写固定标语300条。

2006年，区委、区政府主管节育工作负责人发表电视讲话。全区召开整治“两非”（即非法鉴定胎儿性别、选择胎儿性别非法终止妊娠）动员会。2009年，区电视台开播“节制生育天天在线”专题节目。区计生局利用“5·29”计生协会活动日、“7·11”世界人口日，加强依法征收社会抚养费和查处“两公”人员（即公职人员、社会公众人物）违法生育宣传。2011年，区财政投入26万元，在云溪镇城区设宣传墙100米，建宣传街1条，乡、村设固定宣传牌85块，挂宣传条幅320条，刷写固定标语420余条。

## 第二节 节制生育

### 一、生育控制

1956年10月始，有干部群众实行避孕节育。1963年，县、社组织医疗小分队下基层售避孕工具，实行节育6人。“文化大革命”初期，节育工作一度停滞。1970年，长炼、岳化等地有1308人实行节制生育。1972年，推广云溪公社荷花大队采用药物节育的经验，境内有2459人采用药物节育。1978年，公社（场）培训技术人员，实施就地节育，节育对象不再到县城长安做节育手术。是年，松阳湖农场职工医院成功施行首例男性节育手术，全年该场共实行男性节育23人。次年，工厂、单位育龄夫妇节育率70%；农村育龄夫妇节育5000对，其中有27名两个女孩的夫妇实行节育，基本打破“有女无男”不节育的惯例。

1984—1985年，松阳湖农场实行节育472人，一胎率达到100%，被评为全国节育工作先进集体。1988年10月，区计划生育指导站始实施节育手术，至年底，共实施节育手术16例。是年，全区实施节育手术仅366人，在全省排类中属三类单位。

1992年，区委、区政府大力加强节制生育工作，全区共有6917人实行节育，北区节育工作进入全省一类单位。次年，试行皮下埋植药具节育，降低节育后仍有可能怀孕的风险，成功实施23例。1997年，完成皮下埋植药具等节育手术2616例，云溪区被省委、省政府评为节育工作先进单位。

2000年，实行节育措施知情选择，由育龄夫妇根据自身实际选取适当的节育措施。2002—2003年，云溪区连续2年被省委、省政府评为全省节育工作模范单位。至2004年，共实施节育手术2257例。

2005年，云溪镇下街居委会、陆城镇新设村在全省定量检查中出现人口出生错报漏报现象，云溪区降为全省节育工作一类单位。是年，区委、区政府加大节育服务管理工作力度，至2008年年底，共有20727人落实节育措施。2010年，区委分管节育工作负责人肖云生被省计生委评为全省节制生育工作先进个人。2011年，实行节育23712人，育龄妇女节育率98%，比2000年、2008年分别增长10%和4%。

### 二、节育服务

1956年，各区组织医务人员下乡，发放《避孕指导》手册700册，指导节制生育。1963年，各公社设点销售避孕工具，方便育龄夫妇节育。1970年，推介中草药避孕法，上门发放避孕药丸391人。1972年，举办培训班，培训大队妇女干部164人次，推介口服避孕药等节育措施；至1975年，服药避孕523人。1978年，组织医疗小分队深入基层，送药上门。由公社负担节育手术费用，节育对象实行免费节育。

1984年后，乡镇医院配专业技术人员，村负责组织交通工具接送，方便节育对象入院实施节育手术。1988年10月，区设计划生育技术指导站（1989年3月更名为区计划生育服务站），加强节育服务指导。1991年，乡镇设计生服务所，办计生学校，讲授节育知识。1997年，实施预防生殖感染工程，指导和帮助节育对象加强生殖保健。次年1月，云溪区被省计生委定为全省节育优质服务试点单位；10月，云溪镇、云溪乡、路口镇、文桥乡、陆城镇、道仁矶镇计生服务所被评为省级甲等服务所。2001年，区计生服务站被评为省级甲等服务站。2003年，路口镇计生服务所被省计生委评为省级示范所。2004年，区、乡办培训班，有400多名节育服务工作人员掌握服务技能，5000名节育对象增进生育知识和节育知识。区投入99.86万元，乡镇按人均10元以上投入，全区共投入节育服务经费234.26万元，加强节制生育服务设施建设。

2006年，乡、村、组计生服务人员分工负责，开展为节育对象送政策、送农资、送岗位、送计划、送科技、送温暖活动。文桥镇捐资5500元，捐送化肥3000公斤、衣物220件，帮助销售西瓜2.2万公斤，重点援助11户节育对象。区民政局解决4户特困节育家庭大病救助费8000元，区农业发展局为120户节育家庭免费建沼气池，区畜牧水产局扶持33户节育家庭发展养殖业，户均增收5000元。

2008年，实行节育服务质量考核评估，至2009年，先后有永济乡、道仁矶镇、陆城镇、长岭街道办事处、岳化社区、陆城镇钢铁村等15个单位受到区政府奖励，有6个单位被“一票否决”。对实施节育手术后遗留的48名并发症对象，建立扶助和治疗档案，扶助资金定期到人到卡。其做法在全省节育手术后并发症扶助试点现场会推介。次年，云溪区被评为全省节育优质服务先进单位。

2011年，开展创建“四优一满意”（即环境优美、设施优良、服务优质、管理优秀，群众满意）服务站所活动。区计生服务站争取资金136万元，新建1幢600多平方米的节育技术服务楼，配置时间荧光免疫分析仪、阴道镜、乳透仪等设备，被评为省级“四优一满意”服务站。永济乡、文桥镇各投入80万元，兴建节育服务楼。

### 三、节育管理

1956年始，开展节育管理工作。1957年后，节育管理一度放松。1963年，机关、厂矿把节育管理纳入常规工作管理范畴，配专职人员加强管理。“文化大革命”期间，节育管理一度停止。1978年，公社（场）始配计生专干。

1984年，由于区划调整，节育管理一度出现空档。1988—1990年，北区节育工作连续3年排在全省第三类。

1991年，区委、区政府制定关于节育生育若干问题的决定，大力加强节育管理队伍建设，高配乡镇专管节育工作的副职，使之享受正科级待遇，规定乡镇党政一把手、主管副职为节育工作第一责任人，并将6名乡镇计生办主任录用为国家干部，将26名计生临时工作人员招为全民工。

2000年，增配村（居）委会计生专干85人、村（居）民小组计生员736人，实现村村有计生专干，组组有计生专人。区计生稽查队更名为流动人口计生办，把节育管理落实到流动人口中。实行流动人口节育管理部门联动，区公安部门办理人口迁入手续，区工商部门办理营业执照，区卫生部门接产、孕检，区劳动人事部门办理劳务输出手续，区建设局在招投标中涉及流动人口，区民政局办理婚姻登记等，均严格把关，详细登记节育情况，及时向区计生部门通报。2002年，全区按“属地管理”原则，移交区属改制企业节育对象，接收长炼、岳化改制企业节育对象，加强特殊群体节育管理。

2004年，实行节育村民自治。各村（居）委会把节育工作纳入《村民自治章程》，让村（居）民自己约束自己。2005—2007年，建立健全节育利益导向机制，对节育家庭特别是独女户、两女结扎户家庭，实行一系列优惠政策。奖励签约终身不再生育2人、6000元，发放独生子女保健费212人、1270元，加分招录属于独生子女教师、高中生257人，补助节育家庭子女在校寄宿费647人、1.5万元，优先纳入城乡低保独生子女户、两女结扎户217户，对25户节育并发症家庭实行最低生活保障发放低保金1.08万元，对节育对象实行大病救助33户、发放救助资金1.87万元。

2008年10月，成立区社会抚养费征收管理局，由区计生局、区法院等部门联合执法，统一依法向违反节育法规的对象征收社会抚养费。至2010年，共征收社会抚养费691.03万元。

2011年，实行“阳光节育”工程，开通政府门户网站、热线电话，在村设节育公示栏，及时公示生育指标审批发放情况，收集违法生育信息，让全民参与节育管理。

## 第三节 优生优育

### 一、禁止早婚

清代、民国时期，普遍存在“早子早得福”的旧观念，有人十二三岁结婚。民国10年（1921），国民政府提倡“制止早婚、凌磨幼媳”，但收效甚微。民国20年，《民法》规定结婚年龄男18岁、女16岁，未真正实施。至1950年前，早婚现象依旧严重。

1950年秋，贯彻婚姻法，实行男满20岁、女满18岁结婚，并严格婚姻登记，杜绝早婚。1956年，教育、推迟不到结婚年龄登记结婚179人。1981年春，贯彻新婚姻法，将结婚年龄推迟至男不得早于22周岁、女不得早于20周岁，进一步遏制早婚现象。

1984年始，区政府把法律有关婚龄规定纳入普法教育重要内容，加强全民婚龄法规教育。1994年，查处未经登记未到婚龄的计划外生育5例，控制出现不经登记的早婚现象。2001年，处理流动人口中未经登记的早婚计划外怀孕3例，基本杜绝暂住人口不经登记的早婚现象。至2011年，自觉实行晚婚成为新的风尚。

### 二、禁止近亲结婚

1949年前，为了“亲上加亲”，姑、舅、姨老表间近亲结婚者不少。因此白化病、全色盲、痴呆、畸形儿较多，严重影响生育质量。

1950年秋，禁止近亲结婚，近亲结婚者日渐减少。1978年，教育存在近亲关系未予登记结婚8人。

1984年始，加强近亲结婚危害性宣传教育。至1995年，仅发现6人隐瞒近亲关系登记结婚。2001年，严格婚姻登记管理，加强近亲婚育危害性教育。至2011年，没有出现近亲结婚现象。

### 三、优生检测与出生缺陷干预

**优生检测** 1997年，区投入8万元，购置1套遗传与优生检测设备，选送技术人员到省计生委科研所培训，开展优生遗传检测工作。至2003年，共进行染色体检测5736人，病原体检测19071人。2010年，实行优生遗传检测费用减半的优惠政策，鼓励婚育对象自觉接受检测，检测新婚夫妇813对。2011年，落实国家免费孕前检查政策，对符合政策怀孕的对象进行16项指标的免费检测，以降低出生缺陷儿发生率，有684对夫妇每对享受240元免费检查。

**缺陷干预** 1997年始，推广利用福施福、叶酸等预防胎儿神经管畸形药物，对婴儿出生缺陷进行干预。至2004年，共干预可能出生缺陷儿37例。2009年，对24户病残儿再育二胎家庭进行跟踪监测，对3例无脑儿、脊柱裂等畸形胎采取补救措施。2011年，婴儿出生身体缺陷率控制在6‰以下，比1996年下降3‰。

# 第四篇　中共地方组织

1925年，在中共湘区委的领导和号召下，中共党员方兴高在陆城建立中共近江区地下党支部；1926年7月，中共湖南区委指派共产党员、广州农民运动讲习所第五期学员李中和、共产党员卢紫云，以国民党湖南省党支部农民运动特派员身份，到临湘发展党组织。9月，先后建立中共陆城区、云溪区党支部；次年3月，在陆城建立中共临湘地方执委，领导和掀起工农运动，开展反帝反封建斗争。1927年，临湘发生“5·17”事变。境内中共地方组织遭到严重破坏。1927—1928年，在中共湖北省监利县委、蒲圻中心县委、沔阳县委领导下，重建中共陆城丁家山、云溪天福桥党支部，领导和发动农民武装暴动，开展土地革命，后因国民党地方团防队镇压而解体。

1949年8月至1950年3月，先后建立中共五区区委和中共六区区委，领导开展土改、社会主义三大改造、兴修水利发展生产等一系列社会改革和经济建设。1956年，撤区并乡，建立乡（镇）党委（总支）；1959年，建立公社党委，领导开展“大跃进”、人民公社化运动。“文化大革命”期间，党组织处于瘫痪状态，党员发展、党组织整顿、党员教育基本停顿。

中共十一届三中全会后，中共地方基层组织得到恢复发展。1984年，建立中共北区区委。区委建立后，根据党在各个历史阶段的思想理论路线和组织路线，不断加强党员发展和党员教育，大力加强基层组织建设整顿，实行干部制度和机构改革，实行党政职能分开，努力加强民主政治建设和廉政建设，强力推进法制建设和社会主义精神文明建设，带领全区人民不断深化农村经济体制改革和城市经济体制改革，使党组织不断发展壮大。境域迅速出现政通人和，经济和社会事业快速发展的空前文明昌盛景象。

2011年，全区共有党员5952人，基层党组织393个。云溪区被评为全国2006—2010年法制宣传教育先进县（市区），中央电视台制作专题片《云溪区里找新鲜》推介云溪区加强精神文明建设的成果，云溪区“道德评议进农家”“家规家训”教育活动被中央文明办收入《中国精神文明建设年鉴》。

## 第一章　组织机构

### 第一节　地方执委

1927年3月，在陆城建立中共临湘地方执委。书记钟堃，委员李中和、刘昆林、卢紫云、方星高、方永忠、戴金兰（女）、黄淑（女）。上海“4·12”反革命政变后，5月17日，临湘县发生“5·17”事变，执委遭到严重破坏，被迫解散。

1984年5月2日，市委决定，建立中共北区区委，书记高东升，副书记黎洪涛、龙文杰，委员何济民、杨汉希、胡成元、周忽报。至1985年3月，未设区委常委，先后增补李平澜、张宝堂为区委委员。

1996年4月，中共北区区委更名为中共云溪区区委。

## 第二节　区　委

### 1984—2011年中共云溪（北）区区委正、副书记、常委任职情况表

表4-1-1

| 届　次 | 区委书记 | 区委副书记 | 常　委 |
|---|---|---|---|
| 北区区委会（1984.5—1985.4） | 高东升 | 黎洪涛（至1985.3）<br>龙文杰 | （未设常委） |
| 北区第一届委员会（1985.4—1988.6） | 高东升（至1986.7）<br>程胜恩（1986.7—1988.6）<br>邓协清（1988.6任） | 龙文杰（至1986.9）<br>朱佳舜<br>杨汉希（1986.7任）<br>易癸巳（1988.6任） | 高东升、程胜恩、邓协清、龙文杰、朱佳舜、杨汉希、易癸巳、胡成元、陈铁山、张宝堂、刘孝纯（女）、邓建勋（至1985.12）、聂庆保（1986.1任）、佘梅初（1986.7任） |
| 北区第二届委员会（1988.6—1992.11） | 邓协清 | 朱佳舜（至1990.3）<br>易癸巳（1992.9）<br>易丽珍<br>（女，1989.1—1990.2）<br>文建国（1989.12任）<br>陈奇达（1990.12—1993.7）<br>刘衍华（1992.9任） | 邓协清、朱佳舜、易癸巳、易丽珍（女）、文建国、陈奇达、刘衍华、佘梅初（至1988.9）、陈铁山、湛建军、段华、聂庆保、孙山青（1988.9任）、刘传汉 |
| 北区第三届委员会（1992.11—1997.10） | 邓协清（至1993.2）<br>程谦逊（1993.2—1995.2）<br>司马德坤（1995.2任） | 文建国（至1994.3）<br>陈奇达（至1993.7）<br>刘衍华、司马德坤<br>（至1995.2）<br>聂庆保（1994.3—1996.4）<br>王石生（1995.3任）<br>蔡绍忠（1995.11任） | 邓协清、程谦逊、司马德坤、文建国、陈奇达、刘衍华、聂庆保、王石生、蔡绍忠、刘孝纯（女）、孙山青、沈六生、刘祖赐、刘传汉、胡金炎（1996.6任）、袁关保（至1994.8）、米允礼（1994.6—1996.4） |
| 云溪区第一届委员会（1997.10—2002.11） | 司马德坤（至1999.7）<br>刘衍华（1999.7任） | 刘衍华（至1999.7）<br>王石生（至1998.12）<br>蔡绍忠（至1999.6）<br>康代四<br>（女，1999.7—2001.2）<br>肖自力（1999.7任）<br>段方金（2001.2任）<br>秧　励（2001.2任）<br>沈六生（2001.2任）<br>刘传汉（2001.2任）<br>骆岳梨（2001.2任） | 司马德坤、刘衍华、王石生、蔡绍忠、康代四（女）、肖自力、段方金、秧励、沈六生、刘传汉、骆岳梨、方归农、孙山青（至1995.5）、刘祖赐（至2001.2）、胡金炎（至1999.4）、文春芳（1999.6—2001.3）、李从明（2000.2任）、宋杰林（1999.6—2001.3）、佘和平（2001.2任）、肖云生（女，2001.2任）、聂金华（2001.2任）、涂亚明（2001.6任） |

续表 4-1-1

| 届 次 | 区委书记 | 区委副书记 | 常 委 |
|---|---|---|---|
| 云溪区第二届委员会（2002.11—2006.6） | 刘衍华（至 2004.12）宋爱华（女，2004.12 任） | 段方金（至 2005.1）、肖自力、秧 励、沈六生、骆岳梨 | 刘衍华、宋爱华（女）、段方金、肖自力、秧 励、沈六生、骆岳梨、方归农、文春芳、余和平、肖云生（女）、聂金华、陈 辉、涂亚明（至 2003.4）、邓春初（2002.11—2006.6）、李军辉（2003.6—2004.5）、曾建国（2005.3 任）、黄建文（2002.11 任） |
| 云溪区第三届委员会（2006.6—2011.6） | 宋爱华（女，至 2006.11）肖自力（2006.11—2010.8）陈志莲（女，2010.11 任） | 肖自力（至 2006.11）骆岳梨（至 2007.10）陈志莲（女，2007.1—2010.11）文春芳（2007.10—2008.5）杨 昆（2008.2—2010.12）田文静（2010.12 任） | 宋爱华（女）、肖自力、陈志莲（女）、骆岳梨、文春芳、杨 昆、田文静、方归农（至 2007.10）、肖云生（女）、聂金华、李运帷（至 2010.7）、陈 辉（至 2011.5）、曾建国（至 2008.2）、苏正明（2008.4—2011.3）、黄建文、许雄、陶伟军、张善保（2007.12 任）、蒋雄波（2007.12 任）、余 炯（2010.7 任）、朱爱军（2010.10 挂职） |
| 云溪区第四届委员会（2011.6— ） | 陈志莲（女） | 田文静、陶伟军 | 陈志莲（女）、田文静、李运惟（挂职）、陶伟军、黄建文、张善保、蒋雄波、余 炯、杜 宇、陈卫成、朱爱军（挂职） |

说明：表内所列为历次党代会选举和党代会后增补情况

## 第三节 区委工作机构

1984 年 6 月，成立北区区委办公室。1996 年 4 月，更名为云溪区委办公室。

1984 年 6 月，成立北区区委组织部。1996 年 4 月，更名为云溪区委组织部。

1984 年 6 月，成立北区区委宣传部。1996 年 4 月，更名为云溪区委宣传部

1984 年 9 月，成立北区区委编制委员会（简称区委编委）；1994 年 12 月，成立北区区委编委办公室（简称编办）。1996 年 4 月，更名为云溪区委编办。

1985 年 4 月，成立北区区委政法委员会（简称区委政法委）。1996 年 4 月，更名为云溪区委政法委。

1987 年 4 月，成立北区区委统一战线工作部（简称区委统战部）；1995 年 6 月，并入区委宣传部。1996 年 4 月，更名为云溪区委统战部；9 月，从区委宣传部析出单设。

2011 年，区委工作机构有办公室、组织部、宣传部、政法委、统战部、编办。

# 第二章　会　议

## 第一节　代表大会

1956年5月31日至6月3日，境内党组织选派代表出席中共临湘县第一次代表大会，选举产生中共临湘县第一届委员会。1960年2月8—11日，选派代表出席中共临湘县第二次代表大会，参与审议通过县委工作报告、农业生产报告，选举产生中共临湘县第二届委员会。1971年1月18—23日，推选代表出席中共临湘县第三次代表大会，选举产生中共临湘县第三届委员会。1977年12月17—19日，选派代表出席中共临湘县第四次代表大会，审议通过县委、县纪律检查委员会（简称纪委）工作报告，选举产生中共临湘县第四届委员会。

1984年，中共北区地方党组织建立后，依照党章规定，按期召开党的代表大会。

**中共北区第一次代表大会**　1985年4月23—24日在路口镇召开。是境内中共地方党组织建立后召开的首次代表大会。参加会议的正式代表130人，实到125人。高东升作区委工作报告，杨汉希作纪检工作报告。大会号召各级党组织和广大党员大力推进社会主义物质文明和精神文明建设（简称双文明建设），大力发展社会主义商品经济，搞好以城市为重点的经济体制改革，把各项工作推向全面发展的新历程。会议选举产生北区第一届委员会，委员17人，候补委员3人。选举产生北区第一届纪委，委员5人。选举出席中共岳阳市第一次代表大会代表14人。24日，在北区一届一次全会上，选举产生区委常委9人，设书记1名，副书记2名。届内工作异动，书记、副书记、常委由市委直接增补。至1988年6月，先后异动增补常委至14人，书记3人，副书记4人。

**中共北区第二次代表大会**　1988年6月8—10日在云溪镇召开。应到代表199人，实到191人。会议听取和审议通过邓协清作《用十三大精神做北区文章，把改革建设推向前进》报告，佘梅初作的纪检工作报告。大会要求加强各级党组织建设和班子建设，充分发挥党组织战斗堡垒作用和党员先锋模范作用。大会选举产生北区第二届委员会，委员21人，候补委员2人。选举产生北区第二届纪委，委员8人。10日，在北区二届一次全会上，选举产生区委常委8人，设书记1名，副书记2名。至1992年11月，先后异动增补常委至14人，其中书记1人，副书记6人。

是年始，党的代表大会由每3年召开一次改为每5年召开一次。

**中共北区第三次代表大会**　1992年11月12—15日在云溪镇召开。应到代表205人，实到203人。会议提出建立社会主义市场经济体制，加快云溪经济发展。邓协清代表区委作《认真落实党的十四大精神，夺取我区改革开放和经济建设的更大胜利》报告，孙山青作纪委工作报告。选举产生北区第三届委员会，委员24人，候补委员2人。选举纪委委员13人，组成北区第三届纪委。15日，在北区三届一次全会上，选举产生区委常委10人，设书记1名，副书记3名。至1997年10月，先后异动增补常委至17人，其中书记3人，副书记7人。

**中共云溪区第一次代表大会**　1997年10月26—28日在云溪镇召开。应到代表218人，实到216

人。大会听取和审议通过司马德坤作的《乘风鼓劲，继往开来，把富强民主文明的云溪推向新世纪》报告，骆岳梨作的纪检工作报告。要求各级党组织和党员带头大力发展云溪区域经济，把富强民主文明的云溪区推向21世纪。选举产生云溪区第一届委员会，委员25人，候补委员3人。选举产生云溪区第一届纪委，委员13人。28日，在云溪区一届一次全会上，选举产生区委常委11人，设书记1名，副书记3名。至2002年11月，先后异动增补常委至22人，其中书记2人，副书记10人。

**中共云溪区第二次代表大会** 2002年11月6—8日在云溪镇召开。应到代表228人，实到226人。刘衍华作《坚持与时俱进、加快发展步伐，为建设富强、文明、秀美的工业城区而奋斗》报告，骆岳梨作纪委工作报告。会议确立“工业立区”的工作方针。号召各级党组织和广大党员始终坚持以经济建设为中心，继续强化工业主导地位，实施用工业化整合农业产业化和城镇化的“三化”战略，努力开创全区社会主义现代化建设新局面。大会选举产生云溪区第二届委员会，委员29人，候补委员4人。选举纪委委员14人，组成云溪区第二届纪委。8日，在云溪区二届一次全会上，选举产生区委常委13人，设书记1名，副书记5名。至2006年6月，先后异动增补常委至18人，其中书记2人，副书记5人。

**中共云溪区第三次代表大会** 2006年6月18—20日在云溪镇召开。正式代表235人。列席的党外人士7人，各方面负责干部72人，长炼、岳化及华能岳阳电厂党委主要负责人作为特邀嘉宾出席大会开幕式。宋爱华作《同心谋崛起、协力促和谐，为建设富强文明秀美的新云溪而努力奋斗》报告，骆岳梨作纪委工作报告。会议确定全面建设小康云溪的指导思想和总体部署，号召各级党组织和广大党员牢固树立科学发展观，更加注重以人为本，统筹兼顾，改革创新，协调发展，努力实现云溪新跨越。选举产生云溪区第三届委员会，委员35人，候补委员6人。选举产生云溪区第三届纪委，委员15人。20日，在云溪区三届一次全会上，选举产生区委常委13人，设书记1人，副书记2人。至2011年6月，先后异动增补常委至21人，其中书记3人，副书记6人。

**中共云溪区第四次代表大会** 2011年6月16—18日在云溪镇召开。应到代表245人，实到243人，列席代表97人（其中非中共人士12人）。大会听取和审议通过陈志莲作的《建设四区一极 推进科学发展 为实现富民强区而努力奋斗》报告，余炯作的纪委工作报告。会议认为云溪区第三次党代会以来，是云溪发展史上最好的时期之一。号召各级党组织和广大党员增强使命感和紧迫感，全面实施“工业立区，物流兴区、城乡统筹、和谐发展”战略，加快建设“四区一极”（即新型工业示范区、现代物流先行区、城乡统筹试验区、环境保护模范区、岳阳经济新增长极），团结和带领全区人民为实现“十二五”计划，提前进入小康社会而努力奋斗。选举产生云溪区第四届委员会，委员35人，候补委员2人。选举纪委委员15人，组成云溪区第四届纪委。选出参加中共岳阳市第六次代表大会代表10人。18日，在云溪区四届一次全会上，选举产生区委常委9人，设书记1名，副书记2名。至12月，异动增补挂职常委2人。

## 第二节 区委重要会议

区委重要会议有区委全体（扩大）会议，常委（扩大）会议，书记会议，联席会议。区委全体会议全体区委委员出席，全体（扩大）会议各单位主要负责人参加。常委会议区委常委出席，常委扩大会议区人大常委会、区政府、区政协、区人武部负责人及相关单位主要负责人出席。书记会议，区委正、副书记参加。联席会议，区委常委及区人大、区政府、区政协、区人武部和相关单位负责人出席。

1984年6月8日，区委全体扩大会议决定，由区科学技术委员会（简称科委）、区农林局、区蔬菜公司等部门牵头，在云溪、路口两镇开辟蔬菜生产基地，在文桥乡等地进行水果、玉米栽种试点，引导各地因地制宜，发展农村商品经济。

1986年9月17日，区委常委扩大会议决定，利用长炼、岳化等大厂技术和原料，发展化工企业；利用大厂发展需求，发展建筑建材和交通运输业。提出区、乡、村、组、个体、联户"六个轮子"一齐转，大力发展地方工业。

1988年8月14日，区委联席会议作出两年消灭荒山的决定。制定山主投山入股，义务调工造林，集体办场管理，收益比例分成的政策，确定8月20日至9月20日为全区造林突击月。

1990年6月4日，区委常委会议决定，将区血吸虫病防治办公室（简称血防办）从区卫生局析出，升格为正科级单位，加强对血防工作的组织协调，在全区广泛开展查螺灭螺运动。

1992年6月12日，区委联席会议决定，由区人大副主任李志书负责组织，建立道仁矶市场开发区，加速与长江对岸白螺矶、监利等地的边境农产品贸易，发展市场农业。

1994年4月22日，针对北区第一中学紧邻路口水泥厂、路口镇、长炼厂区，粉尘和噪音影响教学环境及师生健康，区委联席会议决定，将校舍整体搬迁至云溪镇城郊云溪乡胜利村陈家组，成立由常务副区长袁关保任组长的搬迁指挥组，具体组织实施。

1996年9月29日，区委全体扩大会议决定，通过招商引资发展鳗鱼养殖业，优化农业产业结构。

2000年2月24日，区委全体扩大会议决定大种中药材，提出"107国道两侧，要500米以内不见稻禾"。

2001年1月8日，为支持长炼、岳化解决周边部分居民私拉乱接、无序用水用电问题（境内有6个乡镇25个村9772户约4.3万余人，根据当时征地补偿约定，自长炼、岳化建厂后一直使用大厂的转供电和自来水。转供电后来未纳入国家农网改造，电费高、质量差，少数村民不注意节约用电用水，影响厂地正常生产生活，多次引发厂地矛盾），区委常委扩大会议决定，由区政府组织，对大厂周边水电进行整改。

2001年6月11日，针对全区尚无可供企业集约发展的园区，区委联席会议决定创办云溪工业园。年底，服从全市农业产业结构调整，暂被搁置。2003年2月17日，区委再次召开联席会议，再次决定创办云溪工业园，由区政府组成专门班子负责实施。

2003年10月18日，针对云溪河自70年代后，岳化在上游建厂，云溪城区不断发展，河道於塞，污染日盛，区委常委扩大会议作出《关于治理云溪河的决定》。

2005年4月21日，区委常委扩大会议研究制定《岳阳市云溪区招商引资奖励办法》，扩大招商引资。

2008年1月18日，为接纳长炼改制分流企业，拓展云溪工业园，区委联席会议决定，与长炼合作，创办云溪工业园长炼分园。

2010年10月22日，区委常委扩大会议就城镇化建设作出决定，开发云溪镇城南新区，拓展云溪工业园，建设云港路与107国道互通工程，推进云溪城区与岳阳中心城区和临港产业新区对接，建好道仁矶边贸镇、永济新镇，加快路口镇、文桥镇与长炼融合，开发陆城古镇、发展旅游业，形成中心城镇引领示范，卫星集镇梯次跟进的城镇化发展模式。

至2011年，区委共召开全体（扩大）会议67次，常委（扩大）会议302次，书记会议35次，联席会议219次。

# 第三章　决策与活动

## 一、建立人民政权

1949年7月，解放军进入境内，结束国民党地方政权统治后，8月8日，成立临湘县五区区公所。五区区委即组织和领导区公所对国民党地方政权进行全面接管，宣告云溪区域新生人民政权建立。1950年3月，析五区置临湘县六区，成立六区区公所。9月，撤保建乡，改甲为村，完成乡村人民政权建设。

## 二、清剿土匪与镇压反革命

1950年1月，五区区委成立清匪委员会，贯彻“军事清剿，政治瓦解与发动群众相结合”的方针，组织群众配合县公安机关、驻县解放军部队，开展剿匪工作。至次年10月，基本肃清匪患。

1950年10月始，五区、六区区委坚持“首恶者必办，协从者不问，立功者受奖”的原则，分三个阶段开展镇压反革命运动。至1953年8月，共打击处理反动党团骨干、恶霸、汉奸、惯匪、反动会道门头目等反革命分子210余人，取缔一贯道、同善会、金丹门、红帮、青帮等长期危害社会安定的反动组织。

## 三、土地改革

1950年3月，在各地建立以贫雇农为核心的农民协会，开展减租减息、退押反霸斗争。6月，贯彻中央“依靠贫农、雇农，团结中农，中立富农，有步骤、有分别地消灭封建剥削制度，发展生产”的总政策，组建工作队，深入农村准备开展土改。11月，按组织发动、扎根串连，清算剥削、划分阶级成分和没收征收、搞好分配等步骤，先在五区试点，再在全境铺开，正式进行土改。至1952年2月，土改全面结束。农民土地占有量由土改前不足53%增至90%。

## 四、抗美援朝

1950年6月，美国发动侵朝战争。次年6月9日，为响应中央“抗美援朝，保家卫国”的号召，在各地召开群众大会，声讨以美国为首的多国部队的侵略罪行。发动干部群众在全国抗美援朝委员会发表的《保卫世界和平宣言》书上签名。开展增产节约、参军参战、拥军优属、捐钱捐物等活动。至年底，境内共捐稻谷87.1万公斤，参与捐献“临湘号”飞机1架，报名参军1400余人，入伍援朝370人。

## 五、社会主义改造

1951年9月，总结推介五区徐正元互助组，实行农户互助合作发展生产的经验，引导农民组织起来，走互助合作道路。至1953年，互助组发展至1400多个，入组农户占农户总数76%以上。1953年12月，组织干部深入农村，引导农民实行土地入股，统一经营，按劳分配为主、按股分红为辅的分配方案，走上合作化道路，先后建立18个初级农业社。1956年1月，贯彻中央“全面规划，加强领导”的方针，通过试点建社、并社、扩社，至1956年秋，共办高级农业合作社100个，参社农户占农户总数98%以上。次年，高级农业社调整至112个。

1956年2月始，通过全面发动，分批实施，至12月，基本完成对手工业、私营工商业社会主义改造。手工业、私营工商业户80%以上纳入各种形式的集体、国营合作经济组织。

### 六、整风反右

1957年9月6日，各区、乡党组织贯彻落实中央《关于整风运动的指示》，开展以反对主观主义、官僚主义、宗派主义为主要内容的整风运动。12日，乡（社）干部参加县委召开的三级干部会议，积极帮党整风。10月，在教育战线、企事业单位分大鸣大放、反击“右派”、整改和思想建设四个阶段，开展反右派斗争。至1958年8月，通过批判斗争，在教师中划“右派分子”49人，内定“中右分子”“反社会主义分子”9人。所划“右派分子”，被开除公职，接受监督改造。

### 七、“大跃进”与人民公社化

1958年6月，组织开展生产大跃进，制订和实施每亩土地施肥1000担、深耕1尺以上等“增产措施”，虚报亩产粮食过500公斤超1000公斤，大放“高产卫星”，纷纷报喜报捷。

10月，将境内112个高级农业合作社合并建立3个人民公社，实行政社合一、工农商学兵五位一体的人民公社管理体制。各公社党委组织在农村大办公共食堂，搞“大兵团作战”，大炼钢铁，大兴水利，拆除私人房屋，取消私人菜园、自留地，实行“一大二公”，搞“一平二调”，过统一居住、统一开餐的集体化、“军事化”生活，使以高指标、瞎指挥、浮夸风和“共产风”为主要标志的“左”倾错误逐步升级。次年春，改善经营管理，变公社核算为大队核算，改分配中的供给制为按劳分配。9月，开展“反右倾”斗争，一批对“大跃进”、人民公社运动提出意见的干部群众遭到批斗，使“左倾”错误愈演愈烈。1960年5月，执行中央指示，开展“三反”运动。11月，整风整社，纠正“左倾”错误。采取借田到户、组织围湖垦荒等措施，大办粮食，进行生产自救，度过由于“左倾”错误所造成的经济困难时期。1961年6月，调整人民公社经营管理体系，实行以生产队为基本核算单位的“三级所有，队为基础”的体制，将劳力、土地、耕牛、农具“四固定”到生产队，实行包工、包产、包成本的按劳分配原则，取消公共食堂，恢复群众自留地，允许自养家禽，对人民公社成立后平调的集体、个人资产进行清理、退赔。贯彻“调整、巩固、充实、提高”的方针，取消计划中的高指标，压缩非必要的生产项目，清退和下放城镇人口，发展农业。1964年，响应毛泽东“农业学大寨”的号召，开展“农业学大寨”运动，治山治水治穷。1984年4月下旬，废除人民公社体制，恢复乡镇建制。

### 八、社会主义教育运动

1962年11月，贯彻落实省委扩大会议精神，在农村开展以维护集体经济为重点的反“五股黑风”（即分田单干、投机倒把、滥伐森林、封建迷信、打牌赌博）运动。

1963年6—9月，遵照中央文件精神，在农村分片分社训练大队、生产队干部，组织群众开展以“四清”为主要内容的社教运动，帮助干部提高思想，改善经营管理，对有贪污、挪用、多吃多占的“四不清”干部作经济退赔处理。在机关、企事业单位反贪污盗窃、反投机倒把、反铺张浪费。1964年5月，文桥公社组织工作队配合县委抽调的干部，实行“以阶级斗争为纲”，进行高标准“四清”试点。通过扎根串联，重新组织阶级队伍，采取公开清算、退赔财物、对敌斗争、组织处理四个步骤，共清出贪污和多占多记的粮食3000公斤、人民币3.1万元、布票1300余尺、工分6700分，全部作退赔、消除处理。1964年8月，学习“桃园经验”，组织贫下中农阶级队伍，撇开基层干部，全面开展高标准“四清”。9月，组织干部70人，分两批赴湘阴县采取同样方式开展社教运动。1966年2月，将“四清”转为清政治、清思想、清组织、清经济，重点是整“党内走资本主义道路的当权派”。8月，湘阴社教工作队撤销，干部回原单位。境内以高标准“四清”为主要内容的社教未全面展开。

### 九、“文化大革命”

1966年6月，各公社（场）党委集中学习中央“五一六通知”，成立“文化大革命”领导小组，派工作组在文教界批“三家村”，抓“小邓拓”。

是年8月，全面开展“文化大革命”运动。机关、学校、企业、农村建立“红卫兵”组织，破“四旧”（即旧文化、旧思想、旧风俗、旧习惯），横扫“牛鬼蛇神”“炮轰资产阶级司令部”。公社、大队、学校、单位多数负责人被当作“走资本主义道路的当权派”揪出游行示众。10—11月，学校红卫兵去长沙、韶山、北京等地进行大串联，批判“资产阶级反动路线”。1967年1月，在上海“一月风暴”的影响下，各地各单位纷纷成立“造反”组织，工厂停产，学校停课，农民进城，贴大字报，批“走资派”，单位负责人被勒令靠边站。7月上旬，云溪镇、松阳湖农场的“造反”组织冲击政法机关，抢夺枪支，为争权夺利打派性仗。11月，省军区6538部队一个班解放军奉命到松阳湖农场执行“三支两军”，介入“文化大革命”，收缴群众组织中的枪支，动员造反派“大联合”。

1968年3月17日，公社、大队、机关单位分别建立革委会、革命领导小组，代行行政职权，恢复被扰乱的生产、工作秩序。9月上旬，执行毛泽东“要斗私批修”的指示，开展“斗、批、改”。遵照中央“7·3”“7·24”布告精神，组织贫下中农宣传队，在学校、机关单位开展“三查一清”。1970年2月，贯彻中央《关于打击反革命破坏活动的通知》《关于反对贪污盗窃、投机倒把的通知》《反对铺张浪费的通知》（简称“一打三反”），组织突击抄家，收缴“赃物”。1973年9月，结合“一打三反”，在农村社队按每批三分之一，分批继续开展“斗、批、改”。至1974年，在“三查一清”“一打三反”和“斗、批、改”运动中，共揪斗、抄家630人，其中错批错斗560人，造成非正常死亡13人。

### 十、揭批江青反革命集团（“四人帮”）

1976年10月6日，中央粉碎江青反革命集团，结束“文化大革命”。12月始，境内层层宣讲中央印发的《王洪文、张春桥、江青、姚文元反革命集团罪证》材料，开展对“四人帮”的揭发批判。至1978年3月，先后分3个战役，共7.53万人参加。重点揭批江青反革命集团宣扬“文攻武卫”，煽动群众冲击党政机关，迫害干部群众，扰乱本地区、本单位生产、工作的罪行。“清查同江青一伙有牵连的人和事”，进行“一批、两打、三整顿”（即批判江青反革命集团，打击阶级敌人的破坏活动、打击城乡资本主义自发势力的进攻，整顿党的组织、整顿领导班子、整顿各行各业），清查“三种人”（即搞打砸抢抄的人，造反起家的人，帮派思想严重的人），澄清江青反革命集团在政治理论上造成的混乱，揭露贪污盗窃和投机倒把分子，清算资金3.4万元。

### 十一、工作重点转移

1978年5月，干部、教师中陆续开展真理标准的大讨论，肃清“文化大革命”“左”的影响。12

月，各公社层层组织学习中共十一届三中全会公报。1979年2月2—15日，公社、大队干部参加县委三级干部会议，贯彻中共十一届三中全会精神，对真理标准问题的讨论进行“补课”，停止使用“以阶级斗争为纲”的口号，把工作重点转移到社会主义现代化建设上来。1981年8月13日，各公社（镇、场）召开三级干部会议，进一步贯彻落实中共十一届六中全会精神，学习《关于建国以来党的若干历史问题的决议》，充分肯定毛泽东思想的历史地位，实事求是地评价中华人民共和国成立32年的功过是非，进一步摆脱“左”的思想束缚，着手经济体制改革，促进经济建设和社会事业步入新的历史发展阶段。

## 十二、纠正冤假错案

1978年12月始，各公社（镇、场）党委组成专门班子，处理“整风反右”“反右倾”“四清”“文化大革命”时期的冤假错案。

1985年3月，北区区委成立落实政策办公室，抽调专人，对所处理的各类冤假错案，进行全面清查核实。至1988年年底，复查各类案件共涉及697人，平反纠正502人。其中，对“整风反右”“反右倾”中被错划为“右派分子”“中右分子”“反社会主义分子”58人，全部予以纠正，宣布摘除帽子；对“文化大革命”中被错划为“反党反社会主义分子”“现行反革命分子”“打、砸、抢分子”98人，召开群众大会，当众平反；对四次运动中被错误清理出队的108人，收回重新安置工作，补发工资；对因历史问题受到错误处理的238人，全部予以纠正。

## 十三、农村经济体制改革

1979年2月，各乡镇（场）党委在农村率先建立专业承包、联产计酬等生产责任制。1980年，建立“双包”责任制。1981年，在80%以上的生产队建立各种形式的家庭联产承包责任制。

1984年5月，区委着手进行以调整农业产业结构、发展商品经济为重点的第二步改革。综合开发山水田土，扶持种植业、养殖业重点户、专业户。次年1月，将农村土地承包期由原定3年延长至15年，范围扩大到山林、水面。废除粮、棉、油、生猪统派购制度，实行合同定购和市场收购。发展乡村集市，活跃农产品市场。改革物资、商业、供销、信用社等农村经济部门体制，搞活市场流通。1986年10月，区委制定发展农村商品经济的规划（1986—1990）及奖励措施。至1988年，家庭工商户发展至3500家，开放型农业户发展至300家，庭院经济户发展至2400家。

1992年，提出建立社会主义市场经济体制，进行以发展市场农业为重点的第三步改革。是年，开发农副产品专业市场9个。1995年3月，实施土地第二轮承包，承包期延长至2005年。至1998年，续签各项土地承包合同19.4万份。2003年，建立健全土地流转机制，实施土地整理和农业综合开发，推进农业产业化。发展粮食、蔬菜、瓜果、湘莲等绿色产业及花卉、苗圃、林场等生态产业。改革经营机制，制定优惠政策，引导发展经济联合体，建养殖协会、养殖经济联合体。2006年1月，取消农业税，废除延续了2000多年的“皇粮国税”制度。落实国家惠农政策，发放粮食直接补贴，良种、农机具购置补贴。至2011年，农业总产值10.07亿元，是1978年的65.15倍。

## 十四、城市经济体制改革

1984年，在企业推行利改税，实行奖金分配、利润留成与经济效益挂钩的管理体制。1987年，在区属工商企业实行政、企职责分开，经营权与所有权分离，利税分流，财政包干，扩大企业自主权。

对物价、财政、税务、教育、科技、卫生等体制，进行相应的改革。

1988年4月，区委作出深化企业管理体制改革的决定，制订放宽、搞活、引进的优惠政策，发展外向型经济。在区、乡企业层层建立经济承包责任制。1992年，将区商业局、区物资局、区二轻局、区粮食局转变为经济实体，成立总公司，使其从单纯的行政管理型向经营管理型转变。至1996年，在全民所有制占主导地位的前提下，发展私营、联营企业500多个，促进多种经济成分企业发展。

1996年3月，区委决定改革区、乡企业产权制度。通过在云溪镇试点，将集体企业改造成为股份制或个体私营企业。次年4月，召开区委常委扩大会议，形成企业产权改革工作会议纪要，成立由区长任组长的产权交易工作领导小组，全面推进企业所有制改革。至12月，共有286家区、乡企业实行拍卖、租赁或私营。并加快计划、统计、财税、金融等方面的改革，健全适应市场经济的宏观管理体制。1998年9月，区委作出加强发展个体私营经济的决定。区级干部带头扶持私营企业。区拨300万元建立个体经济发展基金。至2000年，个体私营企业发展至1620家。

2003年，率先在商业系统实行“两个置换”。2005年，通过重点加强市场建设，落实减免税费等优惠政策，进一步发展多种经济成分企业，至2011年，商贸业中多种经济成分企业、网点扩展至5783家，是2000年的5.24倍。至2011年，物资、粮食、供销等系统均实行“两个置换”，国营企业、集体企业基本完成产权制度改革。

### 十五、民主政治建设

1984年5月，实行区、乡人民代表直接选举，组织召开北区人大一届一次会议，选举产生区人大常委会。1987年1月，设立乡镇人大主席团，完善人民代表大会制度，依照法律规定，发挥人大法律监督作用。2月，建立区政协，组织召开政协北区第一届委员会全体委员会议，实行中国共产党领导下的多党合作、政治协商制度。2001年，设乡镇政协工委和长炼、岳化政协委员联络小组，依照政协章程，发挥政协民主监督作用。2003年，建立议党议政制度和区委、区人大、区政府、区政协联席会议制度，不定期召开包括长炼、岳化在内的各界人士和知识分子参加的重大决策考证会、求贤问计会、意见听取会，促进决策民主化、科学化。2005年，进一步健全民主党派组织和社会群团组织。2008—2011年，加强村（居）委会群众自治组织建设。健全企事业单位职工代表大会制度。发挥人民群众在民主政治建设中的作用。

### 十六、干部制度和机构改革

**干部制度改革** 1984年，实行干部队伍革命化、年轻化、知识化、专业化，将党内外优秀青年知识分子选拔到区人大常委会、区政府、区政协、乡镇科局担任或兼任职务。至1986年，区级班子成员中大专以上文化程度的比例比1984年提高12%，平均年龄由45.8岁降至43.2岁；科局、乡镇班子中大专以上文化程度的比1984年提升20%，平均年龄由44.7岁降至42.1岁。1986年，实行干部招聘制。至1989年，共招聘干部130人。其中通过选聘、招考录用、组织推荐、资格审查等程序，招录副科级以上或相当于副科级的干部40人。1992年，推行公务员制度；至2005年，逐步过渡（录用）国家公务员836人。2006—2011年，实行公开招考录用公务员。推行公示制，广泛听取群众意见，公开选拔、任用科级负责干部。

**机构改革** 1995年，区委制定区直机关机构改革方案，实行机构改革。区直行政机构由38个精简到27个，人员编制从378名精简到229名。1998年，加强机构编制管理，实行机关事业单位人员编制与综合财政预算挂钩，控制随意增设机构、增编进人。2002 年，进一步改革区、乡机构。区委设工作部门、部门管理机构 9 个；区政府设工作部门、部门管理机构 18 个。乡镇除云溪乡设 2 个内设机构外，其余均设 1 个内设机构，干部职数由 93 名减至 73 名，人员由 172 人减至 129 人；所设站所由一般 9 个统一减至 6 个，工作人员由 293 人减至 156 人。

2005 年，实行政企、政事、政社分开，对各级机构作适度调整。至 2011 年，区直行政机构 30 个；各乡镇内设机构 2 个，下属事业站所 6 个。

### 十七、党政职能分开

1987 年 10 月，划清党委与人大、政府、政协以及司法机关、群众团体、企事业单位和其他社会组织的职责关系。11 月，区委不再设立不在政府任职但又分管政府工作的专职副书记、区委常委。将由区委宣传部协管的区文化教育局（简称文教局）、区卫生局、区计生委和区委办兼管的区档案科，划归政府管理。撤销 6 个临时性政务机构，交政府部门重新组建，区委负责人在这些机构中担任的职务，调整由政府有关负责人担任。违反政纪、法纪的案件，移交区纪委、区政府有关部门和司法部门查处。区委主要管党的路线、方针、政策贯彻执行、思想政治工作、党的建设，改善党对政府和其他部门的宏观领导，加强各级党的纪检机关建设，加强对党员干部的教育与检查监督。

### 十八、廉政建设

1985 年 5 月，查处党员干部利用职权为亲属子女招工、招干和利用“农转非”（即农业户口转为非农业户口）谋取便利；清退违规安置人员。1986—1989 年，开展“清房”专项行动，清查干部利用职务之便营建私房 149 人。1989 年 10 月，纠正党政干部参与经商办公司、公有住房廉价私购、利用公费购置私人使用的通讯工具等不正之风。查处党员干部打牌赌博、道德败坏和受贿贪污、挪用公款等扰乱经济秩序违纪案件，处理涉案党员 69 人。1992—1998 年，清除班子中的蜕化变质分子，查处有经济问题的副处级以上干部 4 人，正科级以上干部 11 人。1998 年，实行党风廉政建设单位“一把手”负总责和“一票否决制”。2000—2002 年，对新任党员干部实行任前谈话，对勤政、廉政工作欠佳的党员干部诫勉谈话。2002 年，区委书记共进行任前谈话 18 人次，诫勉谈话 3 人次。实行党风廉政建设“一岗双责”制。2005 年 2 月，区委作出进一步加强干部作风建设的若干规定。2007 年 1 月，组织 67 名正科级以上党政负责干部到建新劳改农场现场听取党风廉政教育课。2008—2011 年，实行“三个不直接分管”“三重一大集体决策”“两述三谈话”（即党组织主要负责人不直接分管单位人事、财政、基建；重大决策、重要干部任免、重大项目投资，大额资金来源和使用由集体决定；党政干部每年分别向上级和本单位干部职工报告一次履职情况和党风廉政建设情况；纪委书记同下级党政干部谈话、找违纪违规干部谈话、对新任党员干部进行任前谈话）制度，教育干部自警自律，严格要求自己。实行科局纪检组长由区纪委派驻制度。在乡镇党委班子中设专管纪检的党委副书记，完善预防与惩治相结合的反腐体系。

# 第四章 纪检监察

1951年，五区、六区成立区纪委，设纪检委员。1957年，纪委更名为监察委员会，纪检委员更名为监察委员。“文化大革命”中，纪检监察工作瘫痪。1978年恢复。

1984年6月，按照党章规定，设立北区纪委。1985年4月后，区纪委与区委同步换届。1988年4月，区政府设立监察局，定编7人，与北区纪委合署办公。1988年11月，北区纪委内设办公室、案件检查室、案件审理室。1996年4月，北区纪委更名为云溪区纪委。2002年，云溪区纪委内设机构有办公室、廉政纠风室、执法监察室、纪检监察室、案件审理室、信访室（加挂举报中心牌子）。核定机关行政编制10名，事业编制2名。2004年5月，增设经济环境室。2005年始，云溪区在全省首先实行向下属单位派驻纪检组长制。2009年，设乡镇专管纪检工作的党委副书记。增机关行政编制1名。2011年，区纪委委员由1985年9人增至15人。纪委机关（含区监察局）核定行政编制14名，机关后勤服务事业编制1名；内设机构有办公室（干部管理室、案件管理室）、党风廉政建设室。另有基层纪检组织43个、监察组织12个，派驻区直单位纪检组长18人，有专、兼职纪检监察干部61人。

区各级纪检监察组织依据党章和行政监察法规，检查、处理党员干部违反党章及行政法规案件。至2011年，共查处政府各部门及其公务人员违法违纪案件315件、374人。

## 第一节 党风廉政教育

### 一、党纪法规教育

1952—1955年，组织党员学习县纪委通报处理违纪违法案件材料。1956—1966年，组织党员学习县纪委在全县干部扩大会议上处理46起案件的通报。1978年，组织党员参加县纪委公开处理违纪违法案件大会，党员从中接受教育，从严要求自己。1984年，区委以党章为教材，办党员干部学习班，开展党风廉政教育。参加学习183人。

1986—1992年，在副科级以上党员干部中开展“正党风、作表率”活动。要求党员干部在执行党的路线、方针、政策上作表率，在保持党的优良传统上作表率，在杜绝党内腐败上作表率，在遵纪守法上作表率。每年“七一”前进行检查评比。共评出先进党支部25个，副科级以上优秀干部25人。被《湖南党纪党风》予以推介。

1995年7月，区纪委印发《党纪党风条规手册》4000册，教育党员干部自觉端正党风。

2000年，实行纪委书记对违纪违规党员干部诫勉谈话制度。至2002年，区纪委书记共对8名违纪违规党员干部进行诫勉谈话。区纪委、区监察局带头开展以“讲学习，讲政治，讲正气”为主要内容的党风廉政教育，制定加强纪检监察干部队伍建设的规定，要求纪检监察干部带头端正党风，带头廉洁奉公。

2005年，学习贯彻《中国共产党党内监督条例（试行）》《中国共产党纪律处分条例》。区委制定领导干部作风建设八项纪律，重点严禁利用公款请客送礼，严格控制外出考察学习，严禁公车私用，严禁打牌赌博。区纪委印发《云溪区领导干部廉洁从政读本》1000册，副科级以上干部人手1册，作为加强党政领导干部党风廉政教育的重点教材。

2007年，实行乡镇、区直单位党政负责干部向区纪委述廉制度，有224名副科级以上干部分别向区纪委和本单位干部职工报告履行党风廉政建设情况。

2008年，将18个具有行政执法职能的站所负责人纳入全区党风廉政建设年度考核范围，实行备案管理。在区电视台开办《阳光与清风》专题节目，请党政负责干部谈端正党风政风的体会，对党风廉政建设做得较差的单位及时予以曝光。

2009年，贯彻落实中央《建立健全惩治和预防腐败体系2008—2012年工作规划》。重点加强76个单位惩治和预防腐败的制度建设。

2011年，取消4批党员干部外出学习考察安排，通报处理15起违纪违规案件，警示党员干部自觉加强党风廉政建设。推行节假日公务用车备案制度。

## 二、廉洁自律民主生活会

1984年始，区委把廉洁自律民主生活会作为各级党组织党风党纪教育的重要课堂，规定“区级单位党组织每季度、科级单位每半年开好一次廉洁自律民主生活会”。是年，区委委员召开3次民主生活会，乡镇场党委委员、科局级单位党组成员共召开72次民主生活会。1990—1995年，在区委领导班子廉洁自律民主生活会上，先后有4名处级干部带头上交在公务活动中接受的礼金、礼品、有价证券价值2.1万元。2000年，区委规定，各级党组织廉洁自律民主生活会要组织廉政建设监督员参加。至2011年，共有21名廉政建设监督员分别参加区级、科局级单位领导班子民主生活会。有5名科级干部上交在公务活动中收受的礼金1.5万元。

## 三、党风廉政建设责任制

1998年，区委、区政府制定由各级党政“一把手”负总责的党风廉政建设责任制，全区党风廉政建设形成党委统一领导，党政齐抓共管，纪委组织协调，部门各负其责，依靠群众支持参与的领导体制和工作格局。是年始，每年年初三级干部会上，各单位党政主要负责人向区委、区政府签订廉政建设责任状。年终，由区纪委牵头，组织对责任落实情况进行考核，对问题较多的单位，取消单位评先、主要负责人评优资格，并追究主要负责人的责任。

2002年，区委、区政府制定党风廉政建设“一岗双责”制。规定党员负责干部既对自己的党风廉政建设负责，又对分管单位和联系点上的党风廉政建设负责。至2011年，对出现党员干部违规请客送礼、超标准开支接待费、私设“小金库”、贪污挪用公款和行贿受贿等现象的17个单位，分别取消单位年度评先、主要负责人评优资格，并追究单位主要负责人责任，给予党内严重警告处分3人，调离工作2人。

## 第二节 案件查处

### 一、查处

1951—1956 年，结合土改、查田定产、粮食统购统销、互助合作运动，查处在阶级立场、执行政策、工作作风等方面违纪党员 21 人。

1957—1961 年，查处党员在人民公社化、大跃进中瞎指挥、特殊化、强迫命令等案件，开除党籍 37 人。

1962—1965 年，查处贪污浪费、多吃多占问题，处分党员 59 人。

1977—1983 年，查处“文化大革命”中“造反起家”“突击入党”而又错误严重的党员 25 人。

1984—1990 年，查处以权谋私、打牌赌博、扰乱经济秩序等违纪案件，处分党员 83 人，其中开除党籍 10 人，开除公职 3 人，撤销党内或行政职务 6 人。

1993 年，配合市纪委查办文建国受贿案。文建国在 1992 年 8 月至 1993 年 6 月担任北区区委副书记、区长期间，利用职权和职务便利，先后收受下属部门、企业及有关人员行贿人民币 1.94 万元、美元 200 元、12 克金戒子 1 枚，折合人民币计 21956.59 元。被开除党籍和行政公职，移送司法部门判处有期徒刑 6 年。

1995—2000 年，查处行贿受贿、渎职侵权、玩忽职守、违反人口控制案件，处分党员 50 人，开除党籍 19 人。

2002—2005 年，查办经济、赌博、嫖娼、侵权、失职等违纪案件，处分党员 130 人、非党干部 4 人。

2006—2011 年，查处建筑工程招投标等工作中违纪案件，处分党员 147 人，其中开除党籍 31 人，开除公职 7 人，行政撤职 9 人，行政降级 15 人，留党察看、党内严重警告、行政记大过等 85 人。重点查处云溪乡原党委书记雷×等人经济窝案，区交通局原局长谢××等人在炼化路工程招标中围标串标窝案。

### 二、审查

1986 年 6—12 月，组织专门班子，对 1949—1978 年 188 个党纪个案进行复审，对 14 个确需复查的对象，作出复查结论。其中原处分不变只修改原结案中不实之词 3 人，原被开除党籍改为恢复党籍并给予适当处分 4 人，原属错误处分彻底纠正 3 人，维持原处分 4 人。

## 第三节 执法监察

### 一、执法检查

1989 年 10 月，联合区委办、区政府办开展专项检查，清理挂靠党政机关的公司情况。逐个清查核实 55 家公司，对 17 个存在有挂靠公司的机关单位，限期撤销所挂靠的公司。

1995 年，组织区财政局、区物价局全面检查学校收费情况，通报 3 所学校违规收费，收缴违规金额 2.45 万元。

1999 年 12 月，执行党风廉政建设“一票否决制”。对 58 个单位党风廉政建设情况进行考察评比，对 6 个做得差的单位，取消单位及其主要负责人的评先、晋级资格。

2002 年 4 月，通过专项检查，通报处分区粮油贸易中心“12·23”火灾事故相关责任人，分别给予区粮食局、云溪收储有限责任公司 2 名相关责任人党纪政纪处分。

是年 7 月，专项检查区教育局。通报批评该局主要负责人作风不实，执纪不严，致使全系统 2000 年 9 月至 2002 年 4 月共发生 9 起严重刑事犯罪案件和 3 起非正常死亡事故。区纪委、区监察局责成该局党组向区委、区政府作书面检查，主要负责人作深刻检讨，并报请区委将其调离教育战线。

2005 年 5 月，区纪委组织区监察局、区财政局、区经济发展局等单位就优化经济发展环境情况进行专项检查。通报 6 件严重影响经济发展的典型案例，列举 64 件有关投诉案件，形成调查报告。区委、区政府作出进一步优化经济发展环境的决定，成立以纪委书记为组长的区优化经济发展环境领导小组，加强优化经济发展环境的监督检查。

2008—2011 年，对 17 个重点工程建设指挥部派驻纪检监察联络员，对沼气池建设等 9 个新增投资项目进行经常性检查，严把资金拨付使用关。

**二、效能监督**

2007 年，开展“效能建设制度落实年”活动，查处 2 起违规涉企检查、阻工闹事、强揽工程、强买强卖案件。加强落实强农惠农政策的监督，查处 2 起截留挤占惠农资金案件。

2009—2011 年，落实干部问责制。3 名科局级负责干部未履行好职责，被追究责任。

## 第四节　纠正不正之风

1985 年，纠正少数单位滥发奖金，少数党员干部违规安置亲属、挪用拖欠公款问题。收回滥发的奖金 2.8 万元，清退违规安置的亲属 12 人，收回挪用、拖欠的公款 46 万元。

1986—1989 年，抽调 30 人，重点清理党员干部违规营建私房。责成建房干部补缴税费及建材差价款 20 万元，罚款 6 万元，其中重点处理超面积建房副科以上干部 35 人。

1990—1995 年，撤销党政机关经商所办公司 17 家。折价处理公费购置私用移动电话、住宅电话 347 台，BP 机 306 台，收缴移动电话 23 部、BP 机 6 台，折合总金额 44 万元。清理党政干部住房超面积，补交差价款 6.12 万元。

1998—2002 年，纠正部门、行业不正之风。在卫生、交通、工商、税务、公安、电力、教育等系统，制订实施公开办事、文明执法、文明行政的目标和细则。

2005 年，限定公务消费补贴标准、范围、对象，取消货币补贴制度，实行“三联单”报账制，遏制大吃大喝。对党政干部请客送礼作出规定，除儿女初婚外，以其他名目操办酒席的，必须严加控制，非办不可的，一律报区纪委备案。共查处私人违规大办筵席 4 人。

2009—2011 年，专项治理“小金库”。清查 124 个单位（含二级机构），共查出“小金库”10 个，收缴违纪金额 33.2 万元。对未纳入预算的政府性基金及专项资金的管理使用情况，实行抄报监察、审计机关备案制度，从源头上纠正私设“小金库”的不正之风。

# 第五章　组织工作

1950年3月，五区、六区区委设组织干事。1957年，乡（社）党总支（党委）设组织委员。“文化大革命”期间，组织机构瘫痪。1978年后逐步恢复。

1984年6月，区委组织部内设办公室、干部室、党建室。2002年3月至2011年，区委组织部干部室加挂干部信息室牌子，党建室加挂党员电教中心牌子；共核定行政编制11名，机关后勤服务事业编制1名。

## 第一节　党员队伍建设

### 一、党员发展

20世纪20年代，党员发展曲折艰难，主要靠秘密吸收、单线联系发展党员。1926—1927年，发展党员21人。1930年，有党员29人。1931—1948年，党员发展基本停止。

1949年后，党员发展逐步由机关转向各行各业。1952年，有党员47人，其中工农出身的党员占95%。1953年后，按年度计划发展党员。在互助合作和人民公社化运动中，党员发展出现两次高峰。1957年，党员发展至486人。1960年，发展至983人，行业涉及13个。1963年后，在“四清”运动中查处一批党员。至1964年，党员总数降至784人。1966年，发展党员强调阶级成分，重点培养工农分子入党，党员文化素质偏低，结构分布不合理。是年，有1012名党员，文盲占10.4%，小学文化程度占76.5%；文化、教育、卫生、商贸等系统党员仅占8.3%。1969年，主要是“吐故纳新”，突击发展“造反派”入党。1977年后，坚持党的组织路线，逐步发展，巩固提高。1983年年底，有党员2311人，其中农村党员占59.8%；文盲、小学文化程度的占56.4%。

1984年后，坚持“积极慎重”的党员发展方针，注重吸收优秀知识分子入党。至1999年年底，共发展党员2319人，其中知识分子党员占11.6%。2001年始，坚持吸收年龄35岁以下、文化程度高中毕业以上、在一线工作及女性中的优秀分子入党。至2011年，党员总数增至5952人，比1983年增长157.55%，其中女性党员占19.6%；35岁以下的党员占16.7%；高中以上文化程度的占85.4%。

### 二、党员教育

1949年前，多以分散隐蔽的方式向党员介绍马列主义，传达党的指示，讲解党的政策策略。

1952年始，每月上一次党课，党员每周过一次组织生活。每年举办1~2期建党对象培训班，向党员和建党对象进行党的基本知识教育。1960年，对党员轮训，主要学习《中国共产党章程》《论共产党员修养》。“文化大革命”初期，党员教育受到干扰。

1972年，党员组织生活实行“三会一课”（即定期召开党员大会、支部委员会、党小组会，按时上好党课）制度。公社办党校，至1979年，共培训党员2100人。1980—1982年，学习《关于党内政治生活的若干准则》，开展创先进党支部，争当优秀党员活动，学习中共十二大通过的新党章。1985年，结合整党，开展党员评议。表彰158名优秀党员。

1988年，建立党员春训冬训制度。

1990年7月，区委创办党校，利用上党课、录像、广播、电视对党员进行马列主义毛泽东思想基本理论、党的基本路线、党的基本知识教育。1994年，学习《邓小平文选》第三卷和中共十四届三中全会决定，教育党员带头勇闯市场，带头出色工作，带头发扬新风尚。1995—1998年，重点学习建设有中国特色社会主义理论。办培训班培训党员骨干480人。

1999年8—10月，在乡镇（场）、区直、市直驻区单位干部和农村党支部书记中，开展增强“四个观念”教育。区级干部到挂点乡镇任教育指导组组长，抽派区直部门干部组成指导小组驻乡镇指导。乡镇（场）干部实施“民心温暖”工程，区直及驻区单位干部党员开展进村入户活动。

2000年2月—5月，区委组织区委、区人大、区政府、区政协四家班子成员，区直单位负责干部，分思想发动、学习提高，自我剖析、听取意见，交流思想、开展批评，认真整改、巩固提高四个阶段，集中开展“三讲”教育。请离退休老干部作革命传统教育报告，请市委党校讲师团老师讲课，组织观看影视《先进人物事迹介绍》《反腐倡廉警示录》，用典型案例教育党员干部自觉加强党性修养，带头树立立党为公、勤政为民的良好风气。共收集意见200多条，在学习教育阶段改进150多条，纠正党员干部中党性党风方面存在的不良倾向。

2001年5月，在全区党员干部中开展“三个代表”重要思想学教活动。活动分为安排部署、思想发动，学习培训、武装思想，对照检查、自我剖析，建章建制、整改提高，巩固成果、开展“回头看”五个阶段。5月17日，召开区直及驻区单位党员干部学教活动动员大会。次年2月8日，召开乡镇党员干部学教活动动员会，听取办点的市委、市人大领导阐述“三个代表”重要思想的深刻内涵。8月7日，全区举行学教活动学习讨论交流会。区委、区人大、区政府、区政协主要负责人，乡镇党委书记，全体办点干部参加。会上评出有关立党为公、执政为民的优秀理论文章35篇。

2003年，区投资18万元，建7个乡级、7个村级远程教育终端接收站点，用现代化手段加强农村党员思想教育。至2011年，共建远程教育终端接收站77个，通过组织集中学习和个人自学，党员思想觉悟有新的提高。

2005年，开展“保持共产党员先进性”教育，有5274名党员参加为期一年的学习整顿。

2009年3月，开展“学习实践科学发展观”活动。5499名党员分两批，围绕区委“党员干部受教育，科学发展上水平，人民群众得实惠，富民强区新跨越”的总体要求，分学习调研、分析检查、整改落实三个阶段进行。活动中，党政部门联“软村”、政法部门联“乱村”、经济部门联“贫村”，改变11个村的落后面貌。

2010年4月，重点围绕推进科学发展、促进社会和谐、服务人民群众、加强基层组织四个方面，开展“五好”“五带头”（即基层党组织领导班子好、党员队伍好、工作机制好、工作业绩好、群众反映好，党员带头学习提高、带头争创佳绩、带头服务群众、带头遵纪守法、带头弘扬正气）“创先争优”活动。至2011年，创建先进党支部30个，涌现优秀共产党员50人，先进群众工作者20人。

### 三、党风整顿

1950年5—7月，党员干部分批在长沙地委建设学院学习，开展中华人民共和国建立后第一次整风，纠正官僚主义、强迫命令风。1952年7—8月，集中40人分批参加县委举办的整训班，开展“三反”运动，加强党员干部作风整顿。1953—1956年，结合互助合作运动、粮食统购统销、生产建设等中心工作，进行经常性的小整风，帮助农村党员增强党性观念和群众观念，克服包办代替、强迫命令等错误作法，发扬民主作风。1958年，纠正党员干部中出现的以瞎指挥、浮夸风、共产风、强迫命令、特殊化为主要标志的“五风”“左”倾错误。次年，根据中央指示，开展“反右倾”斗争，助长了“左”倾错误的发展，一些敢于实事求是的党员被错误批斗。1960—1961年，开展以反“五风”为主要内容的整风整社运动，对农村党员干部进行重点帮助，其中被送县集训74人，有7人受到党纪政纪处分。1962年2月，贯彻落实中共八届九中全会和中央扩大会议（又称七千人大会）精神，开展整风学习，恢复党的实事求是、群众路线的优良作风，纠正工作中的“左”倾错误。

1963—1966年，开展“四清”整风运动。处理党员干部12人。“文化大革命”中，大批党员干部遭到批斗，党员思想一度出现混乱。1978年后，党风整顿步入经常化。

1985—1987年，区委开展以统一思想、整顿作风、加强纪律、纯洁组织为主要内容的全面整党。组织乡镇、科局级以上党员从五个方面自查自纠：查是否同党中央保持高度一致，对改革有无怀疑观望态度；查共产主义信念是否动摇，有无信仰危机；查为人民服务的思想牢不牢，有无个人利益至上、搞以权谋私等不正之风；查革命事业和政治责任感强不强，有无不负责任的官僚主义；查是否发挥先锋模范作用，有无对自己要求不严、只求过得去不求过得硬的思想和表现。在云溪乡试点后，对党员重新登记，共处理不合格党员103人。

1993年，结合城乡社会主义教育，整顿部分党员干部中的“拜金主义”思想和脱离实际、脱离群众的不良风气，追回“三乱”（即乱集资、乱收费、乱摊派）违纪金额2.13万元。

1995—2000年，开展惩治贪污腐败、行贿受贿、严肃党纪、端正党风等系列整风学习活动，查处违法违纪党员，开除党籍30人。

2003—2006年，开展“亮身分、创红旗、奔小康”活动，民主评议党员，处理不合格党员119人，占党员总数5.7%。2010年，制定党风民主评议细则，进一步规范党风评议工作。至2011年，全区共召开党风评议会810次，党员评议率100%，参与评议的群众1.3万人次。处理党员29人，其中开除党籍17人，留党察看1人，严重警告10人，警告1人。

## 第二节　基层组织建设

### 一、机构建设

**区、乡镇（公社）党委**　1949年8月，建立中共五区委员会。次年，增设中共六区委员会。1956年6月撤区并乡，乡设总支。1957年8月，乡总支改党委建制，设7个乡（镇）党委。1959年，设3个公社党委。1961年8月，调整为6个公社（农场）党委。1966年“文化大革命”后，公社（农场）党委瘫痪。1971年陆续恢复。1984年4月，建立云溪镇、云溪乡、路口乡、路口镇、文桥乡、陆城乡、松阳湖农场7个乡镇（农场）党委。1985年4月，增设白泥湖渔场总支委员会，1992年改为党委。1986年5月，陆城乡党委更名为陆城镇党委。1987年1月，路口乡并入路口镇，撤销路口乡党委。1993年8月，白泥湖渔场划入道仁矶镇，成立道仁矶镇党委，撤销白泥湖渔场党委。1999年7

月，文桥乡党委更名为文桥镇党委。2001 年 12 月，松阳湖农场改制为永济乡，松阳湖农场党委更名为永济乡党委。2011 年，共有云溪镇、云溪乡、路口镇、文桥镇、陆城镇、道仁矶镇、永济乡 7 个乡镇党委。

**部门党委、党工委** 1984 年 9 月，建立中共北区直属机关工作委员会（简称党工委）；1996 年9 月，更名为中共云溪区直属机关工委。是年，增设岳阳市公安局云溪分局（简称云溪公安分局）党委。2011 年年初，成立云溪区非公有制经济组织党工委。2011 年年底，有部门 (系统) 党委 1 个、党工委 2 个。

**总支、支部** 1925 年，建立中共陆城近江区地下党支部 1 个；次年，增加陆城区、云溪区 2 个党支部。1927~1928 年，建立陆城丁家山、云溪天福桥 2 个党支部。1951~1952 年，建立五区、六区 2 个党支部。1956 年，有党总支 6 个、党支部 61 个。1959 年，建大队党总支 21 个，生产队党支部 138 个，机关、学校、企事业单位党支部 13 个。1961 年，撤销生产队党支部、大队党总支，建生产大队党支部 68 个。“文化大革命”后，基层组织一度瘫痪。1971 年后恢复。至 1983 年，有党总支 3 个，党支部 174 个。1984 年后，积极发展基层党组织。2000 年始，加强非公有制经济组织党建工作。是年建立云溪区工商联党总支，下设乡镇场工商联分会党支部 7 个。2003 年始，区直部门逐步建立党支部，离退休干部中党员较多的单位建老干党支部。2011 年，全区共有党总支 22 个，党支部 383 个。

**党组** 1984 年，在行政机关、人民团体和经济、文化等单位建立党组 6 个，成员由区委任命，党组设书记等。2011 年，共有单位党组 31 个。

**2011 年云溪区基层组织设置图**

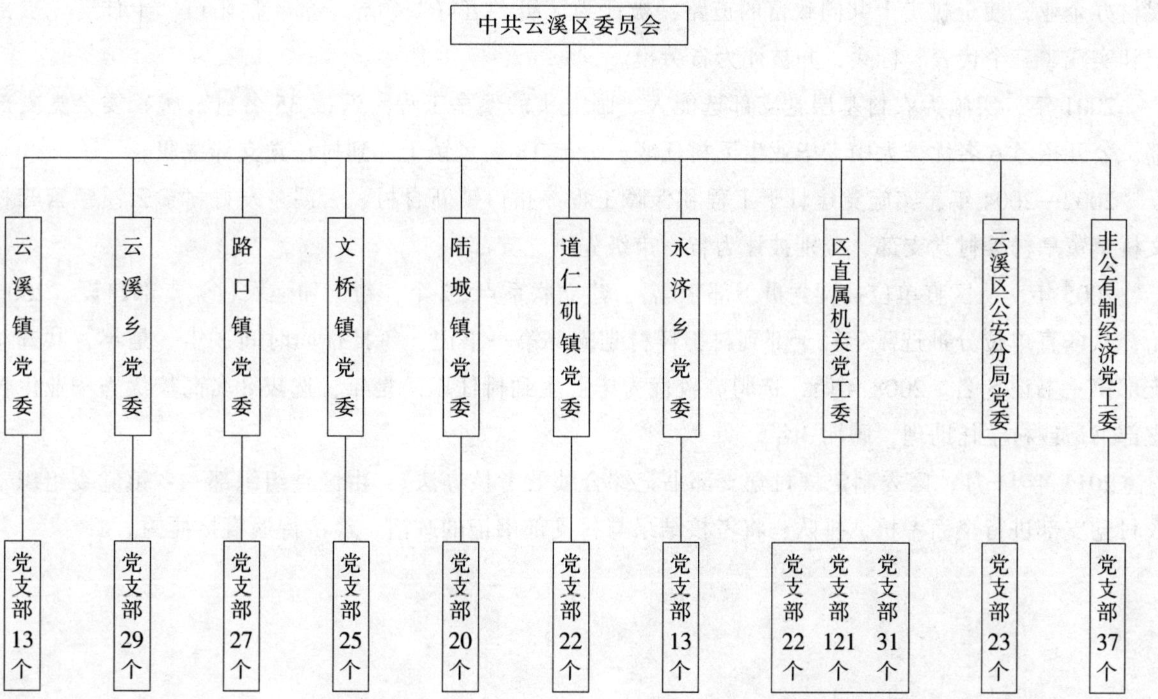

## 二、组织整顿

1949 年后，结合筹粮支前、清匪反霸、抗美援朝，整顿基层党组织。1953 年，把选拔党支部书记作为整顿基层党组织一项重要工作。

1957—1959 年，反右、“反右倾”中，一些基层党组织负责人被错误批斗。“文化大革命”初期，基层党组织整顿停止。1971 年相继恢复，但负责人中有些是“造反起家”的人，基层党组织不能很好地发挥战斗堡垒作用。

1977 年始，按照《党章》要求，召开党员代表大会和党员大会，选举产生新一届党组织负责人。1980 年，贯彻落实中央《关于党内政治生活的若干准则》，党组织整顿逐渐形成制度。

1985—1987 年，结合全面整党，调整不称职党支部负责人 17 人。

1990—1991 年，分两批抽调 40 名干部进村蹲点，整顿农村党支部 24 个，解决基层党组织中存在的软弱涣散问题。

1994 年 4 月，在农村党支部中实施以“三学三带”（即学习《邓小平文选》第三卷、学习党的十四届三中全会《决定》、学习科技文化业务知识，带头勇闯市场、带头出色工作、带头发扬新风尚）为基本内容的党建先导工程。收集勇于改革、带领农民勤劳致富的优秀党员的先进事迹，印发《三学三带风范录》2000 册，组织农村党组织学先进赶先进。次年，开展学习建设有中国特色社会主义理论和学习《党章》“双学”活动，加强基层党组织的思想理论建设。

1996—1997 年，实施以“领导班子创先进，领导干部作表率，共产党员当模范”为主题的农村党建先锋工程。印发市委制定的《“三强班子”“五好干部”考评标准》，组织农村基层党组织开展争先创优活动。有陆城镇党委、文桥乡党委、云溪乡党委等 12 个党组织被评为区级“三强班子”，53 名党员干部分别被评为“五好”领导干部、模范共产党员。路口镇新合村党支部书记李美政，带领群众发展村办企业，使全村走上共同致富的道路，被评为区级“五好”领导干部、岳阳市“十佳”党支部书记和实践“三个代表”标兵，并被评为省劳模。

2001 年，实施为农村基层党支部选能人、强龙头的堡垒工程。选拔 35 名村（居）委会党支部干部。公开招考 6 名优秀大中专毕业生下村任职，分流 18 名乡镇干部到村任党支部主职。

2002—2004 年，实施党建骨干工程和保障工程。路口镇新合村、云溪乡友好村、云溪镇云峰村和文桥镇黄皋村等村党支部，分别被评为省、市级先进党支部。

2005 年，从区直单位抽调党员干部 36 名，建立联系点 22 个，帮助加强农村党支部建设。2006 年始，从区直单位分批选派年轻干部到村担任村党支部第一书记，每批任职时间 3 年。是年，共选派村支部第一书记 5 名。2008 年始，选聘高校优秀毕业生到村任职。是年，选拔 8 名高校优秀毕业生任党支部书记或村主任助理，聘期 3 年。

2011 年 11 月，区委制定《村党支部书记综合绩效考核办法》，由区委组织部、乡镇党委组织，对农村党支部进行全面考核、排队，将考核结果与村支部书记的政治、经济待遇直接挂钩。

## 第三节　干部管理

### 一、管理权限

20世纪50年代初，境内科级干部由临湘县委任免，一般干部由县委组织部管理。1956年，党政群团部门的干部由组织部门管理，其他战线干部分别由各部门管理。1973年6月，调整干部管理权限，公社正职由地委任命，副职由县委决定，股、所干部，属于党政群团的由县委组织部管理，属于企事业单位的由县主管局党组管理。

1984年6月始，处级干部由市委组织部管理，科级干部由区委管理，一般干部由区委组织部管理。至2011年，此管理权限未变。

### 二、日常管理

1952年，有干部50名。8月，“肃反”审查干部，查出有政治历史问题1人，一般问题6人。1956年，在评选“红旗”干部、“五好”党员、先进工作者活动中考核干部，或通过下放基层，在实践中锻炼考察干部。1958年，有干部194名。至1960年，下放劳动锻炼65人。1961年始，结合整风整社、社教，分批审查干部。至1966年，共审查137人。1969年，在“文化大革命”“怀疑一切”的影响下，对干部全面审查。共审查288人，占69.9%。1983年，在各级领导干部中核查“文化大革命”中“三种人”，处理认定“三种人”3人。

1984年，全区有干部591名，其中处级干部9名，科级干部122名，一般干部460名。是年，按照实事求是的原则和惩前毖后、治病救人的方针，处理历史遗留问题，对原处理错误的纠正平反，处理恰当的维持原处理。

1984—1986年，按照“四化”要求，从党内外年轻知识分子中选拔24人充实到区、乡领导班子中；将132名符合条件的乡（镇）广播员、农技员、水利员、畜牧兽医、卫生院医生转录为正式干部，录用23名企业人员、社会赋闲科技人员、“五大”（即电大、函大、职大、业大、夜大）毕业生到企业单位任职。

1988—1992年，公开招聘相当副科级以上干部40名，一般干部27名。

1992年始，实行领导干部离任经济责任审计制度。对审计出有经济责任问题的干部不予提拔任命，问题严重的作降职或免职处理。

1997年5月，首次公开选拔区直单位副科级干部5名。

1998年，采取自我评估、民主测评、个别座谈的方法，分优秀、称职、不称职三个等级，对领导干部进行年度考核。对6名考核评定为不称职的干部作降职、免职处理，对4名群众反映较差的干部进行诫免谈话。

2002年7月，建立党政领导干部任前公示制、推荐干部连带责任制、干部考察责任制、干部不良行为举报制等制度，加强干部选拔、履职工作的监督管理。

2004年7月，建立干部监督工作联席会议制度。每年召开一次区纪委、区委组织部、区监察局、区法院、区人民检察院（简称检察院）、云溪公安分局、区人事劳动和社会保障局（简称人社局）、区审计局、区信访局等单位参加的联席会，把党内监督、司法监督、行政监督结合起来，形成干部监督合力。从干部编制、领导职数、选任程序、选任对象和监督人员等五个方面，加强对干部选拔任用的全程监督，防止和纠正选人用人上的不正之风，遏制“跑官要官”、“买官卖官”、“带病提拔”、拉票贿选、超编制选任干部。

2005年8月，对不作为或作为不力的领导干部，实行“不换状态就换人”。至2007年，共问责处理不作为、乱作为、缓作为干部13人。

2010年，执行领导干部有关事项报告制度。有329名副科以上干部填表报告上年度本人婚姻变化，配偶、子女移居国（境）外和从业、收入、房产、投资等情况。

2011年，全区有干部1380名，其中处级干部42名，科级干部617名，一般干部721名。

# 第六章　思想宣传

1950年，五区、六区区委配宣传干事、教育员。1957年，乡（社）党总支（党委）配理论辅导员。

1984年6月，区委宣传部内设办公室，乡镇党委配宣传委员。1987年，区委宣传部增设理论教育室、新闻宣传室。1988年9月，区成立文明委，下设办公室，归口区委宣传部管理。1991年年初，区委宣传部内设机构增设企业政工职评办。2002年3月，理论教育室加挂党员教育室牌子，撤销企业政工职评办。2011年，区委宣传部内设机构有办公室、理论教育室（党员教育室）、新闻宣传室；核定机关行政编制5名，机关后勤服务事业编制1名。归口管理区文明办、区文学艺术界联合会、区委新闻中心、区网络文化建设管理办，归口管理单位共核定全额拨款事业编制7名。

## 第一节　理论教育

1926年9月，李中和联络黄淑等人，在陆城秘密宣讲共产党关于工农兵联合起来，打倒列强和军阀的主张。1927年3月，中共临湘地方执委在陆城举办农民运动讲习所，组织工农运动积极分子学习马列主义理论。在临湘县第一次工农代表大会上宣讲孙中山制定的“联俄、联共、扶助农工”三大政策，学习《建国大纲》等理论文献。1928—1930年，宣讲“湘北总暴动时机已经成熟”，号召“武汉会师，饮马长江”，导致2次农民暴动失败。1938年，陆城爱国青年王思一、刘正哲赴延安军政大学学习。1939年，向教师、青年学生、部分乡保长和国民党军政人员宣讲《论持久战》《抗日战争的战略战术问题》等。1940年年初，组织群众学习湘鄂边区战区教育工作队主编的《湘北风云》《湘北边警》，明确抗日战争形势和任务。1947年9月，洪湖天育武工队在云溪友好成立宏兴学术研究社，组织20余名青年学习郭沫若、邹韬奋等人的著作，接受推翻国民党封建统治的思想熏陶。

1949年8月，境内干部参加县委干部培训班，学习《新民主主义论》《论联合政府》《论人民民主专政》和《社会发展史》，学习党在新区的各项政策。1950 年，组织区、乡干部学习土改法、婚姻法，开展土改和社会主义改革。1953—1956 年，组织村以上干部到区轮训，学习《经济建设常识读本》《苏联社会主义经济问题》，宣讲党在过渡时期的总路线。1958 年 6 月，乡（社）办政治夜校，围绕农村各个时期的中心工作，宣讲党的总路线，提出“跑步进入共产主义”等口号。1960 年，宣讲中央“整顿、巩固、充实、提高”的方针，克服“大跃进”、人民公社化出现的“平调风”“共产风”。1964 年，宣传“学大寨、学毛田”。组织学习《评苏共中央公开信》等文章，进行“反修防修”、防止“资本主义复辟”的宣传教育。1965 年，学习《为人民服务》《纪念白求恩》《愚公移山》，兴起学习毛泽东著作高潮。“文化大革命”期间，生产队办政治夜校，公社办红专学校，宣讲“以阶级斗争为纲”。

1978 年，学习《实践是检验真理的标准》等文章，全面清除“左”的影响，实现思想理论上的拨乱反正。1979—1980 年，开展真理标准的大讨论补课学习。学习《关于建国以来党的若干历史问题的决议》，宣讲坚持社会主义道路，坚持无产阶级专政，坚持共产党的领导，坚持马列主义毛泽东思想“四项基本原则”。

1984 年 6 月，区、乡利用各种会议，组织党员干部学习《邓小平文选》《陈云文选》，学习马克思主义政治经济学、哲学、科学社会主义。

1990—1993 年，举办读书班学习《建设有中国特色的社会主义》《坚持四项基本原则，反对资产阶级自由化》，开展坚持一个中心、两个基本点，坚持四项基本原则、反对资产阶级自由化的思想理论教育，参学 560 人。并结合学习邓小平“南方谈话”、中共十四大文件和社会主义市场经济理论。

1996 年，学习毛泽东的《改进我们的工作》和中央关于改进干部作风的文件。

1999—2002 年，在区级干部中开展“个十百千”（即每人写 1 篇有理论深度的调查报告，解决 10 个社会热点难点问题，步行 100 里路，探访 1000 名群众）活动。共写调查报告 27 篇，理论指导实践解决热点难点问题 126 个。区委书记司马德坤撰写的调查报告《护大树借绿荫》、刘衍华撰写的理论文章《市场经济与干部工作作风》，分别在《人民日报》《光明日报》发表。

2004 年—2005 年，举办党员干部学习班，宣讲保持共产党员先进性。共在市以上报纸杂志上发表调研论文 260 篇，其中区委副书记沈六生撰写的《推进县城工业化应以发展中小企业为主动力》，获全省理论研究优秀成果奖。

2007—2009 年，学习《科学发展观重要论述摘编》《科学发展观在湖南的认识与实践》《六个为什么》及中共十七届三中、四中全会精神，围绕区委、区政府“优势优先、又好又快”的发展目标，以推动新型工业化、新农村建设、港口物流、社会管理和公共服务为重点，开展送理论下乡和理论调研活动。为基层讲理论课 158 堂，形成调查报告 86 篇，其中有《道德评议进农家，推进农村精神文明建设》等调研文章在中央党校《理论前沿》发表。

2010—2011 年，学习中共十七届五中、六中全会精神，围绕区委提出的把云溪区建设成为“四区一极”“工业重镇、民生乐园、生态新城、清新政地”的目标，开展创建学习型党组织、“百名书记上党课”和理论调研解难题、理论宣讲促发展活动。创全市学习型党组织示范点 2 个，区级示范点 10 个。开展乡镇党委书记讲党课活动，有 2 人参加全市决赛并获奖。实行区级干部专题调研解决民生问题。区委书记陈志莲，长炼、岳化党委书记分别进厂到区宣讲理论，促进区域经济发展。区委宣传部部长肖云生撰写的《以中心组学习为龙头提升干部学习力》，被中央党校《科学发展观与新形势下党的建设》刊发，《以“大宣讲”推进理论“大众化”》经验论文被中央宣传部推介。

## 第二节　新闻宣传

### 一、新闻队伍

1950年，五区、六区各配宣传干事1人。1953年，云溪、陆城广播收音站各有业余通讯员1人。1958年，业余通讯员增至6人。1965年，各公社（场）组织业余通讯员队伍到县广播局培训，参加培育21人。“文化大革命”期间，业余通讯员队伍发展停顿。1978年后逐步恢复。

1984年6月，北区广播电台配人员编制4名。1987年，岳阳人民广播电台在境内设记者站，配记者1人。1989年，《岳阳晚报》社设北区记者站，下派驻站记者1人（1993年后不再下派驻站记者，由区委宣传部宣传干事任特约记者）。区委宣传部举办培训班，培训业余通讯员32人。1991年，区广播电视台人员编制增至6名。1997年，区委宣传部聘请迎接香港回归义务宣传员5人。2002年，区委宣传部聘请15名优秀业余通讯员为特约通讯员。2011年，全区新闻队伍共有30余人。

### 二、时政宣传

1926年9月，中共陆城区支部开展推翻封建地主阶级统治的宣传，掀起工农运动高潮。1929—1930年，陆城丁家山、云溪天福桥党支部宣传武装起义，发动农民暴动。1938年上半年，中共岳阳地下党组织向境内销售《解放》杂志、《新华日报》《群众周刊》，宣传抗日战争。1939—1944年，各学校把抗日歌曲作为音乐课教材，组织师生编写抗日救亡歌。1947年秋至1949年春，中共基层外围组织宏兴学术研究社、临湘人民自卫总队翻印张贴布告、标语，宣传抗丁抗粮，发动群众反对国民党反动派黑暗统治，迎接解放。

1951—1954年，五区、六区开展走互助合作化道路的宣传，推介五区共产党员徐正元创办全县第一个互助组的经验，发动群众创办互助组、农业合作社。60年代，宣传省委大办农业、大办粮食的政策和人民公社贯彻执行按劳分配原则的具体方针。1964年，宣传介绍山西省昔阳县大寨大队和本省岳阳县毛田区治山治水治穷的经验。“文化大革命”期间，突出“政治挂帅”，“最高指示”（即毛泽东指示）传达不过夜。1976年10—11月，各公社（场）、长炼、岳化层层召开大会，宣传粉碎江青反革命集团，结束“文化大革命”。

至1979年3月，宣传中共十一届三中全会精神、中共中央《关于进一步加强和完善农业生产责任制的几个问题的通知》，推动农村经济体制改革。

1984年10月始，区广播电台转播中央及省、市广播电台节目，开播《北区新闻》，围绕农村经济体制改革，自力更生、艰苦建区加强对内宣传。区委宣传部发行《人民日报》《求是》《湖南日报》《学习导报》《岳阳晚报》等中央及省、市党报党刊。

1987年，区委宣传部、区广播电台制作《今日北区》录像片，创办简报《今日北区》，就发展商品经济开展对外宣传。全年在市以上新闻媒体发稿81篇。

1993—1994年，重点宣传发展市场经济和“双文明”（即物质文明和精神文明）建设，在市以上新闻媒体发稿247篇。

1996年3月30日，《人民日报》头版头条刊载反映北区厂地共建“双文明”通讯《哥俩好》，并配发评论员文章《“护大树”与“借绿荫”》。

1997年4月，中央电视台《焦点访谈》节目以《路未完工先收费》为题，披露云溪区在长江路段违规收费。区委、区政府责令相关部门迅速撤销收费站，停止乱收费。区委宣传部聘请义务宣传员，开展迎接香港回归宣传活动，在学校上宣讲课54堂。

1999年1—4月，中央电视台《焦点访谈》节目组和湖南卫视、经视台，相继报道云溪区做好长江路段文物保护工作。

2001年8月8日，中央电视台、新华社、《湖南日报》、湖南卫视等10多家媒体组成采访团，采访报道文桥镇华兴村开展“三爱日”（爱国家、爱集体、爱家园）活动。

2002年7月，中央电视台《新闻联播》节目报道云溪区奋力抗洪抢险的事迹。《瞭望》杂志报道云溪区干部转变作风。是年始，区委组织部每年从党费中拨出1万元，帮助贫困地区订阅党报党刊。是年，全年征订党报党刊超额完成任务10%。

2004年7月，民警刘学坤勤廉为民的事迹相继被中央电视台1、2、4台播出。

2005年8月，区委宣传部特约通讯员采写的《云溪，崛起的精细化工产业群》在《湖南日报》刊发后，云溪区引进1个投资4500万元的中外合资项目。

2007—2009年，突出宣传工业化新城区建设。建立新闻发言人制度，制定新闻报道管理规定、突发事件新闻工作预案，加强新闻宣传管理。接待省委宣传部组织的“坚定信心保增长”等各路记者210人次。云溪镇苗圃业主陈永平被中央宣传部、中央文明办授予“绿色小康户”称号。

2011年，区委宣传部创办《云溪手机报》，通过手机短信宣传中央及省、市、区重大新闻。与长炼、岳化、临港新区制订联合方案，实行厂、港、地新闻宣传一体化。全年在市以上媒体发稿290条，其中上国家级媒体6条，上省级23条（其中专版1个、头版头条2条），上市级头版头条13条。

**1989—2011年云溪（北）区重要新闻稿件上市以上新闻媒体情况表**

表4-6-1

| 年度 | 稿件标题 | 市级媒体 | 省级媒体 | 国家级媒体 |
|---|---|---|---|---|
| 1989 | 《世界需要热心肠》《白荆新愚公》 | 广播优稿 | 广播优稿 | |
| 1990 | 《厂地共谱同心曲》 | | 广播优稿二等奖 | |
| 1992 | 《同是清溪人　同饮清溪水》 | | 广播优稿一等奖 | 广播优稿三等奖 |
| 1994 | 《不端“铁饭碗”　争相办“铁案”——岳阳市北区法院引进竞争机制》<br>《吃“皇粮”不吃“大锅饭”》<br>《楚天黄金地》（专题片） | 《岳阳晚报》头版头条<br>岳阳电视台 | 《湖南日报》 | |
| 1995 | 《八项主张深入民心　内地法官维护台胞权益》 | | | “中国广播奖”现场短新闻一等奖 |
| 1996 | 《哥俩好》<br>《众志成城锁大江》<br>《千年古镇话陆城》<br>《充分发挥审判职能作用　为大企业提供法律服务》 | | 广播短新闻一等奖<br>广播“小城春秋”征文一等奖 | 《人民日报》头版头条<br>《人民日报海外版》 |

续表 4-6-1

| 年度 | 稿件标题 | 市级媒体 | 省级媒体 | 国家级媒体 |
|---|---|---|---|---|
| 1997 | 《香港回归义务宣传员——退休教师艾美舟的事迹》<br>《路未完工先收费》 | | | 《人民日报》海外版<br>中央电视台《焦点访谈》 |
| 2001 | 《岳阳干部转作风　农民主动交粮》 | | 《湖南日报》 | 《新华每日电讯》 |

## 第三节　精神文明创建

1964年，开展学雷锋、学焦裕禄活动，宣扬“毫不利己、专门利人”的风尚。70年代，在学校举行报告会、演讲会，一度掀起学欧阳海、学王杰热潮，教育青少年树立为国家、为集体奋不顾身、勇于牺牲的共产主义思想。1983年，倡导“五讲四美”（即讲文明、讲礼貌、讲卫生、讲秩序、讲道德，心灵美、语言美、行为美、环境美）。在学校开展争做“五讲四美”新人竞赛，在城乡发动干部群众制订《文明公约》，开展“五讲四美”评比活动。涌现先进典型11人。

1986年始，开展创“三户”（即遵纪守法户、勤劳致富户、科技示范户）活动。至1988年，全区评出遵纪守法户7620户，勤劳致富户4081户，科技示范户2167户，均由乡给评上“三户”的在门前挂牌表彰。是年9月，区委作出加强社会主义精神文明建设的决定。

1990年4月，开展“春风杯”爱车护路活动。组织护路队巡道护路，印发宣传资料，张贴标语，开展“文明铁路”“文明公路”路段创建活动，保护各类车辆“一路春风”过北区。被省文明委、《人民铁路报》、湖南广播电视台宣传推介。

1993年，区委政法委、区社会治安综合治理办公室（简称综治办）组织开展“四个共建”（即厂地共建、路地共建、邻里共建、警民共建）双文明竞赛活动。评出先进单位14个，先进个人35人。被湖南《法制报》刊文推介。1995年，召开区、乡两级干部群众大会，通过有关算大账、看前景、变思路、谋发展的宣传教育，掀起“爱厂护厂”、促进全区“两个文明”建设的热潮。至次年，全区兴办厂地合作企业183家，实现产值1.83亿元，借助大厂优势，创办区、乡、村、个体私营企业360家，产值占企业总产值64%。被《人民日报》在3月30日以长篇通讯《哥俩好》为题，并发表评论员文章在头版头条宣传推介。是年，结合“三热爱”（即热爱祖国、热爱社会主义、热爱中国共产党）教育，发动全区各地各单位制订《法规民约》《街道公约》《厂规厂约》《文明守则》，倡导尊孝爱幼、邻里和睦、团结互助、卫生整洁、遵纪守规的新风尚。组织“双文明户”、“五好家庭”评比竞赛，评出“双文明户”、“五好家庭”8417户。其中五好家庭评比竞赛，被评为全省十佳道德教育实践活动，被中央文明办推介。是年，云溪区被省委、省政府评为双文明建设先进县（市）区，列入全省首批10个双文明建设先进县（市）区。

1999—2001年，开展“情系百姓，法进万家”宣传教育活动。组织法制宣传队进村入户宣传，组建文艺轻骑队巡回演出，制作版报巡回展出，在区广播电视台开辟《情理法》专栏以案释法，受教育2.48万人次。兴起爱国家、爱集体、爱家园（简称“三爱”）竞赛热潮。文桥镇华兴村在“三爱”竞赛中，全村11万多元上交款一天之内交清，被《湖南日报》专题报道，省委书记杨正午在全省地（州、市）委书记会上加以推介。

2003年，全面开展“家规家训进农家”“诚信进农家”“道德评议进农家”和争创“十星级农户”“文明道德之家”系列活动。印发《云溪市民读本》《家规家训》共1.1万册，评出“十星级农户”320户。其中“文明道德之家”创建活动被评为全省年度“十佳道德实践活动”和“十佳”公民道德建设实践课题。

2008年，学习胡锦涛提出的“八荣八耻”，开展“文明单位”“文明社区”“文明窗口”创建工作。涌现市以上文明创建先进单位11个。其中永济乡、云溪国税分局分别被评为全国先进文明村镇、全国精神文明建设先进单位。

2010—2011年，开展“清洁家园”“文明农家”创建工作。印发《文明礼仪》4万册，区委书记陈志莲、区长田文静署名发表致市民公开信1万份，号召争做文明市民，争当“文明农家”，争创“清洁家园”。举办“告别陋习，争做文明市民”签名仪式，有1.1万余人签名。开展“道德评议进农家”活动，组织宣讲团下基层讲道德文化课，在学校讲孝德文化课。向社会招募文明志愿者1.2万人，组建服务队88支，结对志愿服务1274对。是年，云溪区组织的“道德评议进农家”“家规家训活动”被中央文明委推介并收录《中国精神文明建设年鉴》，《光明日报》以《道德评议正民风》为题，作专版刊发推介。其中“家规家训”活动获中央政治局常委李长春、中央关心下一代工作委员会（简称关工委）主任顾秀莲批示，被省、市关工委推介。创建“清洁家园”行动，全区开展清洁饮用水工程、花坛、绿化带、垃圾池、沼气池建设和整理街道村道、清扫乡村卫生死角等多项行动，被中央电视台录制专题片《云溪区里找新鲜》在其《生活567》栏目播放21分钟。

# 第七章　统一战线

1957年5月，境内统战工作由县委统战部管理。1958年10月，县委统战部并入县委宣传部，境内统战工作改由县委宣传部统管。1980年7月，恢复县委统战部，统战工作复由县委统战部管理。

1984年6月，统战工作由区委宣传部兼管。1985年3月，区委成立落实统战政策办公室。1987年4月，区委统战部核定行政编制3名。1991年12月，区委统战部设台湾工作办公室，对外加挂区政府台湾事务办公室牌子。1993年9月，成立区工商联，其理事机构设区委统战部。1995年6月，区委统战部并入区委宣传部。1996年9月，区委统战部从区委宣传部析出单设。2011年5月，区工商联理事机构析出单列。是年，区委统战部内设机构有综合办公室、台湾工作办公室（对外称云溪区委台湾工作办公室、云溪区政府台湾事务办公室），核定行政编制3名，机关后勤服务事业编制1名。

## 第一节　处理历史遗留问题

1985年3月，处理历史遗留问题，至1986年，共查证、落实知识分子申诉案件28件。查证、落实“中原突围”人员和其他统战对象“四个时期”的冤假错案，按政策补发工资65人、4.78万元，撤判50案、50人，纠正“摘帽”41人，政治结论“割尾巴”34人。为原国民党投诚起义人员认定起义、投诚身分82人，颁发起义证书75人。清退“文化大革命”中被查抄财物5人，退物折款1414元。对原工商联11人、“三胞”（即港澳同胞、台湾同胞、海外侨胞）对象113户、非党知识分子258人、宗教人士1人、原国民党军政人员房产16处，均按政策纠正处理。

1987年8月，清查和归还、补偿被挤占、拆毁的宗教房产。对云溪乡、陆城镇等4处被拆毁的天主堂、福音堂共1746.4平方米教堂，按每平方米20元补偿34928元；对被挤占的，责成有关单位定期归还。

## 第二节　党外人士工作

1925年冬至1926年春，共产党员李中和、方星高等人，按照党的关于建立国民联合阵线精神，在陆城团结争取20多名知识分子参加革命队伍。8月，通过县团防局长詹先甲（后加入中国共产党，不久叛变革命）的人事关系，动员县钱粮保管处长沈凤翔策反县长高继霄反戈倒吴（佩孚），迎接北伐。

1939年，在国共合作的形势下，受上级和周边地区党组织的影响，境内国民党军政人员和工农商学各届人士结成广泛的抗日统一战线，组成“抗日后援会”，宣传党的抗日主张，开展“太平桥之战”等抗日战争。

1948年4月，洪湖天育武工队党组织在云溪团结一批知识分子、工农群众，建立临湘人民自卫总队，提出拥护共产党，打倒国民党反动派的主张，宣传毛泽东《关于目前形势和我们的任务》和《中洲日报》《江汉日报》等革命读物，收集情报，筹集物资，发动群众开展护路和迎接解放的活动。

1949—1950年，妥善安排旧职人员的同时，吸纳30多名知识分子充实到区公所及文化、教育等部门。1953年，选拔一批较有声望的党外人士在区公所机关及工商、教育、医卫部门任职。1956年，县、乡人民代表中，党外人士占64.6%。

1957年，反右斗争扩大化，一度挫伤党外干部和民主人士的积极性。1962年调整政治关系后，党外人士工作逐步发展。但由于坚持以“阶级斗争为纲”，宗教、起义投诚人员工作陷入停顿。1966—1976年，“文化大革命”极“左”思潮泛滥，部分党外人士被打成“牛鬼蛇神”、“敌对分子”。

1978年中共十一届三中全会后，党外人士工作得到健康发展。1984年始，重新推荐、选拔、培训、使用党外干部，至1991年，共安排7名党外人士进入区人大、区政府、区政协领导班子。

1996年10月，贯彻落实中央组织部、中央统战部《关于进一步做好培养选拔党外干部担任政府和司法机关领导职务工作的意见》，区委制定跨世纪党外领导干部培养选拔规划，由区委统战部提名，区委组织部、区委统战部联合考察，安排处级以上党外干部5名，科级以上党外干部6名，培养选拔党外后备干部52名。2000年5月，在全区选拔中青年党外干部，共推荐党外中青年干部63名，经过筛选，确定结对培养50名后备党外干部人选。2001年，区委、区人大、区政府、区政协领导与民主党派、无党派人士结对交友17对，培养、选拔优秀分子充实到各级领导班子。

2005年10月，组织“多党合作知识竞赛”，区级干部、党外人士共134人参加。是年，区委先后作出进一步加强统战工作的决定、提出加强统战工作的意见，进一步完善中国共产党领导的多党合作与政治协商制度，加强同党外人士合作共事。至2011年，共选拔、培养37名副科以上党外干部，区人大、区政府、区政协及区法院、区检察院领导班子均配齐党外副职，乡镇领导班子中党外副职配备率100%。

**云溪（北）区历届人大代表非中共人士安排情况表**

表 4-7-1　　　　单位：人、%

| 届　次 | 代表人数 | 非中共代表 | | 常委会组成人员 | | | 常委会正、副主任 | |
|---|---|---|---|---|---|---|---|---|
| | | 人数 | 占比 | 人数 | 非中共人士 | 占比 | 人数 | 非中共人士 |
| 北区一届人大（1984.5—1987.2） | 109 | 38 | 35 | 13 | 1 | 7.7 | 4 | 1 |
| 北区二届人大（1987.2—1990.2） | 158 | 41 | 26 | 13 | 1 | 7.7 | 4 | 1 |
| 北区三届人大（1900.2—1992.12） | 156 | 34 | 21.8 | 15 | 1 | 6.7 | 5 | 1 |
| 北区四届人大（1992.12—1997.12） | 157 | 35 | 22.3 | 15 | 1 | 6.7 | 6 | 1 |
| 云溪区一届人大（1997.12—2002.12） | 153 | 30 | 19.6 | 15 | 1 | 6.7 | 6 | 1 |
| 云溪区二届人大（2002.12—2007.12） | 154 | 32 | 20.8 | 15 | 1 | 6.7 | 7 | 1 |
| 云溪区三届人大（2007.12—　） | 157 | 36 | 23 | 19 | 1 | 5.3 | 6 | 1 |

说明：表列字据为各届起始时数据

**云溪（北）区政协历届委员非中共人士安排情况表**

表 4-7-2　　　　单位：人、%

| 届　次 | 代表人数 | 非中共代表 | | 常委会组成人员 | | | 常委会正、副主任 | |
|---|---|---|---|---|---|---|---|---|
| | | 人数 | 占比 | 人数 | 非中共人士 | 占比 | 人数 | 非中共人士 |
| 北区政协一届委员会（1987.2—1990.2） | 42 | 33 | 79 | 10 | 5 | 50 | 7 | 2 |
| 北区政协二届委员会（1990.2—1992.12） | 78 | 49 | 63 | 12 | 6 | 50 | 5 | 2 |
| 北区政协三届委员会（1992.12—1997.12） | 90 | 54 | 60 | 15 | 7 | 46.7 | 5 | 2 |
| 云溪区政协一届委员会（1997.12—2002.12） | 108 | 66 | 61 | 20 | 12 | 60 | 7 | 4 |
| 云溪区政协二届委员会（2002.12—2007.12） | 103 | 59 | 57 | 18 | 8 | 44 | 7 | 4 |
| 云溪区三届政协委员会（2007.12—　） | 140 | 80 | 57 | 23 | 12 | 52.2 | 6 | 3 |

说明：表列数据为各届起始时数据

## 第三节　港澳台工作

1988 年 4 月，区委统战部召开“三胞”亲属代表会，为所谓“海外关系”历史问题正名。组建北区“三胞”亲属服务公司。次年 2 月，争取台胞何友元、张红绸夫妇与区商业局签订合同，投资价值

52万美元的机械设备和流动资金人民币72万元，在路口金家桥创办独资企业北区谷基实业股份有限公司路口竹筷厂。1992年1月9日，区委统战部召开“三胞”亲属和回乡定居台胞座谈会，36名“三胞”亲属、1名回乡定居台胞参加。表彰开展海外联谊工作的“三胞”亲属典型，分片成立5个“三胞”亲属联络小组。通过“三胞”亲属联络会《章程》。1994年8月，区政协、区委统战部向北区籍“三胞”发信函136件，邮寄区委、区政府制定的有关鼓励外商到区投资兴业优惠政策的资料，促进招商引资。1995年6月19日，成立“三胞”亲友联谊会并召开第一次会员代表大会，出席代表20人。通过联谊会《章程》，聘请区委副书记王石生、区政府副区长秦吉兵为顾问，区政协主席黎洪涛为名誉会长，选举区政协副主席郭石磷为会长，区委统战部部长杨斌容为副会长，理事9人。1998年6月26日，召开云溪区“三胞”亲友联谊会第一次会员代表大会，选举产生联谊会新一届理事、会长。2000年，开展“给台湾小朋友一封信”征文活动，有34所学校近万名学生参加，表彰37名获奖选手。是年，台胞陈松英出资10万元，资助家乡改善医疗设施。2004年5月15日，接待台湾民主自由党主席何伟康回永济乡祭祖。2006年，争取台湾明德援建项目资金40万元，建云溪小学明德楼。是年6月，实行“同等优先，适当放宽”政策，改善台资企业发展环境，其作法被《湖南对台工作》推介。次年5月，岳阳市永茂渔牧有限公司（简称永茂公司）法人代表、台商蔡仲顺，向区委、区政府提交《关于大力扶持生猪发展和加快生猪产业化的几条意见》。区委书记肖自力批示：“要把几条意见落到实处，全力扶持生猪产业发展。”并责成永济乡政府帮助该公司解决用水、用电和劳务用工问题。是年，该公司实现产值140万美元，比2005年增长27%。2008年，推荐驻区外资企业岳阳市尤特尔生化公司董事长李新良、台资企业永茂公司执行经理杨俊杰为市海外联谊会会员。始建海外联络工作人物库，至2011年，共收录“三胞”人员信息21条。

## 第四节　民主党派工作

1988年，协助建立中国农工党（简称农工党）岳阳市委北区直属小组。1994年8月，协助建立民革云溪支部。1995年7月，接待省人大常委会副主任、省民革主委潘基质到区视察基层民革组织建设。1998年，协助建立九三学社云溪支社。是年11月，接待省政协副主席、省民革主委蔡自兴到区调研基层民革工作。1999—2007年，先后11次组织民主党派开展科技惠民、救灾济困、扶贫助学、敬老爱老等活动，各民主党派捐款捐物计11万元。2001年3月16日，接待民革中央宣传部宣教处处长张兆均，助理巡视员、《团结报》主编卜林龙到区检查指导基层民革思想教育及组织建设。2004年4月，协助建立中国致公党（简称致公党）岳阳市委云溪小组。8月，召开民主党派、工商联负责人会，就巩固和加强民主党派组织建设进行协商。2007年8月，协助建立中国民主同盟（简称民盟）云溪支部。2008年11月，协助建立中国民主建国会（简称民建）云溪支部。2009—2011年，引导民主党派开展调查研究、建言献策，共提合理化建议87条，提交参政议政材料11篇。2011年，共协助建立6个民主党派基层组织，支持发展成员共89人。

# 第八章　综合党务

## 第一节　综合调研与督促检查

### 一、机构

1949年7月后，信息综合由五区、五区党组织秘书负责。1958年10月后，由各公社党委秘书负责。1984年，信息综合、政策调研、督促检查由区委办负责。1988年，区委办内设文秘室、政研室。1992年12月，增设督查室。2002年4月，区委办内设机构有秘书室、政研室、督查室；核定机关行政编制12名（含归口管理的区委机要保密局4名），机关后勤服务事业编制5名。2007年，内设机构增设党政综合绩效考核办公室（简称绩效考核办），与督查室合署办公。2011年，区委办内设机构有文秘室、督查室（绩效考核办）、综合研究室，核定机关行政编制13名，机关后勤服务事业编制5名。归口管理区委机要局。政研中心（正科级事业单位）、区委总值班室（加挂区应急管理办公室牌子），归口管理单位共核定机关行政编制4名，全额拨款事业编制8名。

### 二、综合调研

**信息综合**　1984—1986年，撰写综合信息6篇，专题综合材料23篇，信息312条。被市委办公室采用173条，省委办公厅采用19条。1986年撰写的《六个轮子一齐转，促进商品经济新发展》，被省委办公厅采用，《湖南日报》发表专访文章予以摘录。1988年，综合城市经济体制改革信息31篇，占信息总量41.9%。1991—1995年，就建立市场农业、扶持村级集体经济发展、招商引资、优化农业产业结构等综合专题信息139篇，省、市采用38篇。编印内部刊物《北区情况》21期。1996年始，重点综合厂地协作、发展区域经济信息。是年1月，综合材料《护树借荫、互惠互利，进一步巩固和发展厂地关系》，在全市厂地协作会上推介；3月，被《人民日报》通讯《哥俩好》引用。2003年，上报综合材料8篇、信息193条，省、市委办采用83条，高层信息材料占41.3%。2005年始，实行信息综合材料内网直报和归口管理。至2008年，上报创新经营机制、激励全民自主创业等专项信息319条，综合材料27篇，省委办公厅采用7篇。2010年，综合材料《岳阳市云溪区做好部分军队退役人员信访工作的“三字诀”》，被中央军委退役人员联席会议办公室主办的《工作简报》刊发，被国家信访局、民政部推介。2011年，《挥创千亿旗猎猎》《服务重点工程，借势促进发展》《做好新形势下的群众工作》《创新社会管理、建设幸福云溪》等典型材料和区委负责人署名文章，分别被《湖南日报》《湖南工作》《湖南信访》等报刊采用。

**政策调研**　1984—1986年，重点调研发展商品经济、实施城市经济体制改革情况。1986年9月，通过调研，区委形成“稳定粮、棉、油，主攻种、养、加，发展瓜、果、菜，开发丘岗地”的农业综合开发思路，制定发展农村商品经济的规划及相关奖励措施。1988年2月，就进一步扩大企业自主权开展调研，形成调研报告。区委召开常委扩大会议，作出深化企业管理体制改革的决定。1991年、1992年，围绕“八五”计划制定、社会主义市场经济体制建立开展专题调研，形成调研报告11篇。1992年11月，在对区情深入调查了解的基础上，区委对“八五”计划作重大调整，提出充分发挥区位优势，构建“厂地一体化”体系，大力发展工业企业和区域经济。1993年，撰写的《关于现役军人停军保役现象的思考》，得到江泽民批示。1994—1996年，就巩固农村联产承包责任制、扶持集体经济发展形成调查报告13篇，省、市委政研室采用2篇。1998年3—6月，撰写发展个体私营企业专题调研报告3篇。9月，区委作出进一步加快个体私营经济发展的决定。2001年始，针对鳗鱼养殖、中药材种植相继失利，组织优化农业产业结构专项调研，推广云溪乡结合实际，因地制宜，调整农业经济结构的经验。区委调整思路，提出“更新传统农业观，赋予农民自主权，突出特色上精品”的农业产业结构调整思路。2005年，就吸纳长炼、岳化改制企业发展区域经济组织专项调研，形成调查报告。4月，区委、区政府作出对驻区大厂新上项目及改制企业入区实行优惠政策的决定。2011年，形成调研报告12个，其中《践行民本理念，建设幸福家园》《以特殊对象管好特殊群体》被市委内参刊发。

### 三、督促检查

1993年，区委督查室与区纪检监察部门组成联合督查组，明察暗访，跟踪督查5个单位少数干部吃喝玩乐、搞不正之风的情况，印发督查通报。

1994年，就落实区委部署的党建“先导工程”“先锋工程”，会同区纪检监察部门、区委组织部开展专项督查。调查、走访31个单位，总结推介陆城镇、文桥乡党委组织党员学习建设有中国特色社会主义理论和党章党规的经验。是年，北区被省委评为全省党建“双学”先进单位，代表岳阳市接受中组部检查。

1999—2002年，联合区政府办、区农业局、区金融系统、区工业发展局等部门单位，就落实清理整顿农村合作基金、调整农业产业结构、加快工业企业体制改革、发展民营经济等决策进行督查，印发《督查通报》28期，召开科局级以上干部参加的督查会19场。

2004—2006年，就落实区委关于加强党员干部作风建设的规定，联合区纪检监察部门、区委组织部，通过听汇报、查纪录、调查走访、民意测验，对87个单位进行集中督促检查，印发督查通报。

2007—2009年，先后会同区纪委监察部门、区委组织部、区政府办、区教育局、区信访局，重点对优化经济发展环境、生育控制、依法治村、推进临港新区建设、改造学校危房、排查化解社会矛盾、长炼工业园建设、控建拆违等工作进行督查。印发督查通报32期。

2008年3—4月，同区纪委、区政府办组成联合督查组，对部门下村入户，做好拆迁工作，保证临港新区建设顺利实施进行督查，印发督查通报5期。

2009年7月，督查优化大厂发展环境，促进相关乡镇和职能部门进一步做好服务大厂工作。

2010年5—6月，区委督查室联合云溪公安分局、岳阳市工商局云溪分局（简称云溪工商分局）、区文化、教育部门采取现场察看、随机抽查、查阅台账、走访座谈等方式，督查29所中小学、8所幼儿园校园安全及周边环境整治情况。年底，区委督查室被评为全省党委系统督查工作先进单位。

2011年，重点督查、考核区委关于农村“清洁家园”建设、城市建设“五创”（创全国文明城市、国家交通管理模范城市、国家社会治安模范城市、全国绿化模范城市、全国环保模范城市）提质、防汛抗旱等重大决策落实情况，印发督查通报5期。

## 第二节　机关党务

**机构**　1984年9月，成立区直属机关党工委。1997年，区直属机关党工委并入区委组织部。2011年，管理区直及市直驻区单位19个党总支、155个党支部、2423名党员。

**党务工作**　1984年，举办区直机关单位建党对象培训班，培训36人，发展党员34名。1987年12月14—15日，召开区直属机关党工委第一次代表会议，出席会议的代表104人。1989年，开展“做人民公仆、办改革实事、创廉洁机关”活动。1990年8月，组织学习报告文学《魂系青山——喻杰同志先进事迹》，帮助区政府机关党员坚定共产主义信念和全心全意为人民服务的宗旨。1991年10月7日，召开区直属机关党工委第二次代表会议，出席会议代表72人，选举产生新一届区直属机关党工委。1992年6月26日，举办区直机关党员、建党积极分子党建知识抢答赛，参赛340人。1996年年初，在区直及驻区单位开展“争创三强班子、争做五好干部”活动。6月，评出、表彰10个“三强”班子、先进党支部，40名优秀党务工作者、“五好”干部、优秀党员。2002年，开展转变机关干部作风年、优质服务年活动。组织区直机关党员学习“三个代表”重要思想，开展“双联”“送温暖”等活动。次年，组织民主评议区直机关党员，评议32人，评出不合格党员4人。2007年，开展创建区直机关基层党建示范单位活动。培育5个基层党组织建设样板。2010—2011年，举办非公有制企业建党对象培训班3期，培训57人，发展党员53人。

## 第三节　机关事务管理

**机构**　1984年6月，区政府办内设区机关行政科。1995年4月，更名为区机关行政事务管理中心；1999年5月，升格为区机关行政事务管理局；2002年10月，更名为区机关事务管理局。2008年，区机关事务管理局归口区委办管理；2011年，定为区政府直属机构。内设机构有办公室、区政机关财务室、物业管理股、归口管理机关后勤服务中心；共核定全额拨款事业编制7名，定额拨款事业编制9名。

**事务管理**　1984年6月至1986年5月，建区政府办公楼、住宿楼。1986年6月28日，区政府机关食堂与区政府招待所合并。区政府机关从临时驻地路口铺搬至驻地云溪镇。

1991年8月，架电视网络专线，解决区政府机关院内住户广播电视无线调频传送问题。1993年5月，开通机关、住户程控电话。

1994年，改革机关住房制度，将130套住房折价出售给住户。

1996年，筹建云溪宾馆，招待所整体出售给云溪信用联社。

2001年3—9月，区投资120万元，维修改造区政府办公大楼。

2003年，通过招商引资，将在建云溪宾馆整体出售给合资经济体中朝宾馆。

2005年4月，完成招待所体制改革，49名职工有46人解除劳动关系或按规定办理退休手续。是年，走访慰问本单位困难职工24户，发放补助金1.26万元。筹资为招待所买断工龄职工办理城镇居民医保，为区政府机关在职女干部职工办理“二癌”（即乳腺癌、子宫癌）保险。10月，兴建区政府机关第二办公楼（又称区委办公楼），主楼九层，建筑面积8000平方米，造价1200万元。

2007年4月，区财政先后投入930万元，修建云溪广场，2009年7月竣工，中心区面积2.1万平方米。2011年6月，完成其停车场、活动区、绿化区、交通区、苗圃园、游览区配套设施区建设，总面积10万平方米。

2008—2009年，相继创办汽车修理厂、建筑公司、科委渔场等企业，分流机关人员，年均为区政府机关创收20万元。

2010年10月，投入25万元新建机关食堂。投入30万元，改造机关院内荷花池（始建于1985年），使之成为区政府机关院内一处景观。

2011年，投资170万元，新建牛型山景观公园，面积4万平方米。通过公开招标，区政府机关事务改由湖南星辉物业管理有限公司实行物业化管理。

## 第四节　党校工作

**机构**　1950年，境内党员干部送长沙地委建设学院培训。1955年，党员培训由县委党训班负责。1960年2月，党员培训由县委党校负责。“文化大革命”中，党校停办。1978年3月恢复。1984年始，党员到市委党校培训。1990年7月，成立北区区委党校。归口区委宣传部管理。1995年3月，归口区委组织部管理。1996年6月，北区区委党校更名为云溪区委党校。2002年4月，列为区委直属事业单位。

**党校工作**　1950—1955年，分批培训党员干部，重点学习党的基本知识。1956—1965年，境内党员先后参加7次培训。1978—1983年，加强公社（镇、场）党员干部对一个中心、两个基本点和四项基本原则的培训学习。1984年—1989年，有183人次参加市委党校培训，主要学习商品经济规律、行政管理常识。

1990年始，区委党校独立举办培（轮）训班；至2011年，先后举办青年干部培训班、新任领导干部培训班、参照公务员管理人员培训班、妇女干部培训班、党外干部培训班、股级干部轮训班、村干部轮训班、村级财务人员培训班、组织人事干部培训班、远程教育专干培训班、《中华人民共和国公务员法》《中华人民共和国行政许可法》知识培训等，共培（轮）训党员干部、相关专业技术人才2100人次。

1999—2011年，选调干部325人次，分别参加市委党校举办的县处级干部培训班、科（局）长培训班、乡镇党委书记培训班、乡镇长培训班、女干部培训班、中青年干部培训班、党外干部培训班、政法干部培训班、企业干部培训班、公务员培训班、人大干部培训班、工会主席培训班学习训练，完成中央党校、省委党校规定的干部调训任务。

2011年，升格为正科级事业单位。内设机构有综合办公室；核定全额拨款事业编制3名。

## 第五节　老干部工作

1984—1987年，老干工作由区委组织部统管。1988年4月，设区离退休干部工作办公室。是年，将关心下一代工作纳入老干工作，成立区关心下一代协会（1992年更名为关工委）。1990年6月，区离退休干部工作办公室更名为区委老干部工作办公室（简称老干办）。1995年，升格为区委老干部工作局（简称老干局），1996年4月，北区区委老干局更名为云溪区委老干局。2011年，属区委行政管理机构，归口区委组织部管理。内设机构有综合办公室；核定机关行政编制2名，机关后勤服务事业编制1名。

## 一、落实老干部待遇

1988年，管理老干部17人，均为南下和1949年10月1日前参加工作的离休干部。1991年，直管对象扩大到担任过实职的副处级以上退休干部。

1996年，维修改造区老干活动中心。在路口新建第二老干活动中心。

1999年12月，组织老干部赴香港、澳门考察；次年4月，组织50名老干部到武汉观光学习。8月，创办区老年大学。10月，区财政追加22万元，承办全市县（市、区）党委、政府、人大、政协机关第七届老干门球赛。

2000年，先后4次召开老干部座谈会，通报全区经济社会发展情况，组织阅读上级重要文件。解决12人住院医疗费、丧葬费，共计13.6万元，落实75岁以上老干部护理费、困难家属补助费、无固定收入离休干部配偶生活费12人、共计27720元。在医院设老干门诊室、病房。老干部定点治病免交医疗费65%，35%由所在单位报销。

2001年3月，推介云溪乡老红军张镜池40多年扎根农村、默默奉献的事迹，激励老干部奉献余热。

2002年，承办第六届全市县（市、区）政协机关中老年人门球赛。

2004年，督查老干部生活待遇落实情况，所查26个单位，老干部政策性待遇全部落实。2006年9月，区财政投资155万元新建老干活动中心。主体大楼建筑面积1300平方米，内设健身房、舞厅、棋牌室、阅览室、书画室、乒乓球室、老年大学电教室。10月30日，召开全区老干部会，宣讲党的老干部政策，组织老干部欢度老人节，参会700余人。

是年，组织争当“五好老干部”竞赛，涌现乐于奉献余热的先进典型17人。

2009年，中秋节组织43名老干部参观区内重点建设工程。请市委党校、讲师团教授给老干部上理论课，听课280人次。慰问行走不便、子女不在身边的老干部43人，送慰问金3.5万元。筹资45万元兴建老年人风雨门球场。

2009—2010年，接待老干部来信来访81人次（件），解决问题53个。

2011年，管理服务的老干部有离休干部13人，副处级以上退休干部38人。

## 二、关心下一代教育

1990年，加强与公安机关、村（居）委会联系，通过定期走访、谈心交心办学习班，结对帮教失足青年。其中，牵线搭桥，帮助建立小家庭2人，筹措资金、帮助创办经济实体3人，帮助自谋职业18人。

1995年，筹集资金1.5万元，支助家庭困难学生继续就读。

1998年，以乡镇为单位，分片举办残疾青少年读书班，教育残疾青少年自强自立。参加学习73人。

2002年，建立乡镇、单位、村（居）委会关工委。各级关工委通过聘请校外辅导员上辅导课，收集整理英雄人物故事进行宣讲，加强青少年思想教育。

是年，开展巩固基层共青团基地，组织青年创“青年文明之家”“小康之家”，热爱农村、热爱农业、热爱科技活动。帮助建团支部活动阵地72个，共评选“青年文明之家”、小康示范户、科技示范户3188户。联合区工、青、妇组织、区社会治安综合治理办公室，印发爱厂护厂倡议书，组织年轻刑释解教人员到大厂参观，加强“爱厂护厂”教育。组织学生参与“崇尚科学，反对邪教”万人签名和科普展览活动。成立家长学校49所，健全青少年教育网络。

2004年，在青少年中开展评选“五好小公民”活动，帮助云溪区第一中学建立学生心理咨询室，矫正心理偏差学生154人。

2006年，开展“金秋助学”活动。筹集资金18.5万元，资助家庭困难学生680名。

2007年，区财政预算1.5万元，单位支持3000元，建立区关心下一代基金。

2011年4—6月，开展“关爱明天，普法先行”活动，组织普法宣讲团给学生上法制课，受教育1.19万人。

2011年12月14—15日，全市关工委基础工作现场交流会在云溪区召开。永济乡、区政府机关关工委在会上作典型发言。是年，永济乡关工委、云溪乡胜利村关工委被评为全省“五好”关工委。

# 第五篇　人民代表大会

## 第一章　代表大会

1949年秋至1953年春，因普选条件尚未成熟，仅通过各界人民代表会议管理境内重大事务。1953年9月始，实行人民代表大会制度，至1983年年底，区、乡先后9次选举代表出席和召开县、区、乡人民代表大会。

1984年5月，召开北区一届人大一次会议，1997年12月，召开云溪区一届人大一次会议，至2011年12月，云溪（北）区共召开7届33次人民代表大会。

### 第一节　代表产生

1949年10月至1953年3月，各区、乡经机关、团体、社会人士民主推荐、协商，产生县、区、乡人民代表会议代表。

1953年始，实行普选。每届选举，区、乡镇（公社）成立选举领导小组，分选区登记选民，由选民选举乡镇（公社）代表，乡镇（公社）人大选举区、县人大代表。第一届普选于1953年9月至1954年7月举行，选民38731人，参选37213人，占选民总数96.08%，分别选出乡（公社）、区、县人大代表413人、158人、49人。至1964年8月，区、乡镇（公社）人大第一至第五届普选均如期举行。1966年“文化大革命”开始，中断第六届选举。1977年第七届恢复选举。从1980年第八届起，实行新的选举制度，改等额选举为差额选举，县、公社人大代表分别划大、小选区，由选民直接选举产生。1983年年底，着手废除人民公社体制，选举新一届乡（镇）、县人大代表。

1984年4月，北区选举第一届区人大代表。按法定应选代表109人，除1983年12月至1984年2月选举的临湘县第九届人大代表84人随区划变动，转为北区第一届人大代表外，其余25名代表分选区进行补选。4月20日开始选举，25日结束。至2011年，共进行8届乡镇人大代表、7届区人大代表选举。经成立选举机构，制定选举规划，划分选区，分配代表名额，培训选举骨干，广泛宣传发动，搞好选民登记，推荐、酝酿、确定正式代表候选人，召开选举大会投票选举等阶段，共选出区人大代表1044人，乡镇人大代表1755人。

## 第二节　代表构成

1949 年 10 月至 1953 年 3 月，当选的县、区、乡第一届至第四届各界人民代表中，工人、农民占 50%；党政干部、军人代表占 15%；工商业者、教师、卫生人员占 16%；民主人士、开明士绅占 3%；军烈属占 2%；妇女、青年占 14%。

1953—1983 年，当选县、乡（社）第一届至第九届人大代表中，妇女代表占 23%；中共党员占 52.5%；工人占 4%，农民占 52.5%，干部占 27.5%，知识分子占 11%，其他占 5%，少数民族和民主党派中没有当选代表，革命军人中有 1 人当选临湘县第七届人大代表。

1984—1997 年，当选北区第一届至第四届人大代表中，妇女代表占 19.4%；非中共人士代表占 26%；少数民族代表占 3%；工人、农民、知识分子代表占 61.3%，干部代表占 36%，军人代表占 0.3%，民主党派代表占 1.6%，其他占 0.8%。1997—2011 年，当选云溪区第一届至第三届人大代表中，妇女代表占 18.5%；非中共人士代表占 21.1%；工人、农民、知识分子代表占 55%，干部代表占 40.5%，军人代表占 1%，民主党派代表占 1%，其他占 2.5%。

**云溪（北）区人大历届代表情况表**

表 5-1-1　　单位：人

| 届别 | 时间 | 代表人数 | 其中 | | | | 代表性质 | | | | | | |
|---|---|---|---|---|---|---|---|---|---|---|---|---|---|
| | | | 男 | 女 | 中共党员 | 少数民族 | 工人 | 农民 | 干部 | 知识分子 | 军人 | 民主党派 | 其他 |
| 北区一届 | 1984.5—1987.2 | 109 | 83 | 26 | 71 | 7 | 22 | 29 | 30 | 20 | | 4 | 4 |
| 北区二届 | 1987.2—1990.2 | 158 | 130 | 28 | 117 | 5 | 12 | 65 | 54 | 24 | 1 | 1 | 1 |
| 北区三届 | 1990.2—1992.12 | 156 | 129 | 27 | 122 | 4 | 11 | 75 | 56 | 12 | | 2 | |
| 北区四届 | 1992.12—1997.12 | 157 | 125 | 32 | 122 | 2 | 6 | 68 | 68 | 12 | 1 | 2 | |
| 云溪区一届 | 1997.12—2002.12 | 153 | 126 | 27 | 123 | 1 | 8 | 59 | 68 | 11 | | 1 | 6 |
| 云溪区二届 | 2002.12—2007.12 | 154 | 125 | 29 | 122 | 1 | 10 | 62 | 61 | 14 | 1 | 2 | 4 |
| 云溪区三届 | 2007.12— | 157 | 128 | 29 | 121 | 1 | 11 | 63 | 61 | 15 | | 3 | 4 |

## 第三节　区人民代表大会

根据《中华人民共和国全国人民代表大会和地方各级人民代表大会选举法》，1984—1991 年，区人民代表大会每隔 3 年换届一次，此后 5 年换届一次。

1984—1997 年，召开北区第一届至第四届人民代表大会 16 次。1997—2011 年，召开云溪区第一届至第三届人民代表大会 17 次。

在区人民代表大会上，代表们听取和审议区人大常委会、区政府、区法院、区检察院以及全区的计划、财政年度工作报告，均作出相应的决议，选举岳阳市第一届至第六届人大代表，选举区人大常委会组成人员，正、副区长，区法院院长，区检察院检察长。先后就加强法制教育、减轻农民负担、维护社会稳定、治理农村“三乱”、加强建设及建房用地管理、加强环境保护、加强农村水利基础设施建设、大办交通、加强村级医疗卫生工作、合理配置教育资源、加强电力设施建设、制订国民经济和社会发展规划、在国家机关实行执法责任制、加强血吸虫病防治工作等，作出27个决议、决定。

## 1984—2011年云溪（北）区历届人民代表大会情况表

表5-1-2　　单位：件

| 届次 | 出席代表(人) | | 主要内容 | 选举结果 | 审理建议 |
|---|---|---|---|---|---|
| | 正式 | 列席 | | | |
| 北区一届人大一次会议（1984年5月3—6日） | 109 | 46 | 1.听取和审议区政府工作报告，《1984年国民经济和社会发展计划（草案）的报告》《1984年财政预算报告》，区人大常委会、区法院、区检察院工作报告，均通过对报告相应的决议；<br>2.审议代表议案；<br>3.选举区人大常委会组成人员，正、副区长，区法院院长，区检察院检察长；<br>4.选举岳阳市第一届人大代表。 | 选出区人大常委会主任1人、副主任3人、委员13人，区长1人、副区长3人，区法院院长1人，区检察院检察长1人，市第一届人大代表21人。 | 83 |
| 北区一届人大二次会议（1985年4月26—30日） | 98 | 53 | 1.听取和审议区政府工作报告，《1984年国民经济和社会发展计划执行情况和1985年国民经济和社会发展计划（草案）报告》《1985年财政预算报告》，区人大常委会、区法院、区检察院工作报告。均通过相应的决议；<br>2.审议代表议案；<br>3.补选区一届人大常委会组成人员、副区长；<br>4.作出《关于用五年时间在全区公民中普及法律常识的决定》。 | 补选区人大常委会副主任1人、委员2人，副区长2人。 | 87 |
| 北区一届人大三次会议（1986年8月15—18日） | 108 | 92 | 1.听取和审议区政府工作报告，《1985年国民经济和社会发展计划执行情况和1986年国民经济和社会发展计划（草案）报告》《1985年财政决算及1986年财政预算（草案）报告》，区人大常委会、区法院、区检察院工作报告。对以上报告，均通过相应的决议；<br>2.审议代表议案；<br>3.作出《关于制止向农民乱摊派，切实减轻农民负担的议案》的决定，《关于加强乡（镇）村建设用地和村民建房管理议案》的决定，《关于进一步完善乡镇人民代表大会制度议案》的决定；<br>4.传达全国人大六届四次会议精神。 | | 82 |

续表 5-1-2（1）

| 届次 | 出席代表（人） | | 主要内容 | 选举结果 | 审理建议 |
|---|---|---|---|---|---|
| | 正式 | 列席 | | | |
| 北区二届人大一次会议<br>(1987年2月27日—3月3日) | 152 | 51 | 1.听取和审议上届区政府工作报告，《1986年国民经济和社会发展计划执行情况和1987年国民经济及社会发展计划（草案）报告》《1986年财政预算执行情况和1987年财政预算（草案）的报告》，区人大常委会、区法院、区检察院工作报告。通过相应的决议；<br>2.通过《国民经济和社会发展第七个五年计划的报告》；<br>3.审查代表议案；<br>4.选举区人大常委会组成人员，正、副区长，区法院院长，区检察院检察长；<br>5.作出《关于加强法制教育维护安定团结的决定》。 | 选出区人大常委会主任1人、副主任3人、委员13人，区长1人、副区长4人，区法院院长1人，区检察院检察长1人。 | 76 |
| 北区二届人大二次会议<br>(1987年12月23—24日) | 141 | 57 | 1.听取和审议区政府工作报告，《1987年国民经济和社会发展计划执行情况和1988年国民经济及社会发展计划（草案）的报告》《1987年财政预算执行情况和1988年财政预算（草案）的报告》。对以上报告，通过相应的决议；<br>2.听取和审议区人大常委会、区法院、区检察院工作报告。均通过相应的决议；<br>3.审议代表议案；<br>4.选举出席岳阳市二届人大代表。 | 选出市二届人大代表27人。 | 151 |
| 北区二届人大三次会议<br>(1988年3月22—26日) | 157 | 96 | 1.听取区政府工作报告；<br>2.听取区人大常委会及区法院、区检察院工作报告；<br>3.审议代表议案；<br>4.作出《关于1988年高中招生设班问题议案》的决定。 | | 121 |
| 北区二届人大四次会议<br>(1989年3月27日—4月1日) | 158 | 66 | 1.听取和审议区政府工作报告，《1988年国民经济和社会发展计划执行情况及1989年国民经济和社会发展（草案）的报告》《1988年财政预算执行情况和1989年财政预算（草案）的报告》，并通过对以上报告相应的决议；<br>2.听取和审议人大常委会工作报告，区法院、区检察院工作报告，并通过对以上报告的相应决议；<br>3.审议代表议案；<br>4.作出《关于加强法制建设实施依法治区议案》、《关于兴建110千伏送变电工程议案》的决定、《关于要求解决云溪乡新铺村和胜利村水源污染问题议案》的决定。 | | 67 |

续表 5-1-2（2）

| 届　次 | 出席代表(人) | | 主　要　内　容 | 选举结果 | 审理建议 |
|---|---|---|---|---|---|
| | 正式 | 列席 | | | |
| 北区三届人大一次会议<br>(1990 年 2 月 22—27 日) | 156 | 48 | 1.听取和审议上届区政府工作报告，《1989 年国民经济和社会发展计划执行情况和 1990 年国民经济及社会发展计划（草案）报告》《1989 年财政预算执行情况和 1990 年财政预算（草案）报告》。通过对以上报告相应的决议。<br>2.听取和审议区人大常委会工作报告，区法院及区检察院工作报告。均通过对以上报告相应的决议。<br>3.审议代表议案。<br>4.学习宪法、地方组织法。<br>5.选举区人大常委会组成人员，正、副区长，区法院院长，区检察院检察长。 | 选出区人大常委会主任 1 人、副主任 4 人、委员 15 人，区长 1 人、副区长 4 人，区法院院长 1 人，区检察院检察长 1 人。 | 134 |
| 北区三届人大二次会议<br>(1991 年 3 月 21—25 日) | 156 | 49 | 1.听取和审议区政府工作报告，《1990 年国民经济和社会发展计划执行情况和 1991 年国民经济和社会发展计划（草案）的报告》《1990 年财政执行情况和 1991 年财政预算（草案）报告》，区人大常委会及区法院、区检察院工作报告。作出通过以上报告的决议；<br>2.审议代表议案；<br>3.作出关于《区人民政府关于治理农村“三乱”切实减轻农民负担的决定的议案》的决议。 | | 132 |
| 北区三届人大三次会议<br>(1992 年 3 月 17—21 日) | 145 | 73 | 1.听取和审议区政府工作报告，《1991 年国民经济和社会发展计划执行情况和 1992 年国民经济和社会发展计划（草案）报告》《1991 年财政预算执行情况和 1992 年财政预算（草案）报告》，区人大常委会工作报告，区法院、区检察院工作报告。对以上报告，通过相应的决议；<br>2.审议代表议案；<br>3.作出《关于进一步加强社会治安综合治理议案》的决定；<br>4.补选区检察院检察长。 | 补选区检察院检察长 1 人。 | 136 |
| 北区四届人大一次会议<br>(1992 年 12 月 16—19 日) | 157 | 80 | 1.听取上届区政府工作报告；<br>2.选举第四届人大常委会组成人员；<br>3.选举第四届区政府正、副区长，区法院院长、区检察院检察长；<br>4.选举出席岳阳市三届人大代表。 | 选出区人大常委会主任 1 人、副主任 5 人、委员 15 人，区长 1 人、副区长 5 人，区法院院长 1 人，区检察院检察长 1 人。 | |

续表 5-1-2（3）

| 届次 | 出席代表(人) | | 主要内容 | 选举结果 | 审理建议 |
|---|---|---|---|---|---|
| | 正式 | 列席 | | | |
| 北区四届人大二次会议(1993年3月16—19日) | 156 | 87 | 1.听取和审议区政府工作报告，《1992年国民经济和社会发展计划执行情况和1993年国民经济和社会发展计划（草案）的报告》《1992年财政执行情况和1993年财政预算（草案）报告》，区人大常委会工作报告，区法院、区检察院工作报告。并作出通过以上报告的决议；<br>2.审议代表议案；<br>3.作出关于《修改岳阳市北区国民经济和社会发展十年规划和“八五”计划》的决议。 | | 90 |
| 北区四届人大三次会议(1994年3月23—26日) | 157 | 89 | 1.听取和审议区政府工作报告，《1993年国民经济和社会发展计划执行情况和1994年国民经济和社会发展计划（草案）的报告》《1993年财政执行情况和1994年财政预算（草案）报告》，区人大常委会工作报告，区法院、区检察院工作报告。均通过对报告相应的决议；<br>2.审议代表议案；<br>3.补选区长。 | 补选区长1人 | 93 |
| 北区四届人大四次会议(1995年3月13—16日) | 157 | 79 | 1.听取和审议区政府工作报告，《1994年国民经济和社会发展计划执行情况和1995年国民经济和社会发展计划（草案）的报告》《1994年财政执行情况和1995年财政预算（草案）报告》，区人大常委会工作报告，区法院、区检察院工作报告。均通过相应决议；<br>2.审议代表议案；<br>3.作出《关于在国家机关实行执法责任制和组织代表评议“一府两院”工作的决议》；<br>4.补选人大常委会组成人员、区长。 | 补选区人大常委会委员1人，区长1人。 | 84 |
| 北区四届人大五次会议(1996年3月7—10日) | 156 | 74 | 1.听取和审议区政府工作报告，《1995年国民经济和社会发展计划执行情况和1996年国民经济和社会发展计划（草案）的报告》《1995年财政执行情况和1996年财政预算（草案）报告》。对以上报告均通过相应决议；<br>2.听取和审议区人大常委会工作报告，区法院、区检察院工作报告。对以上报告通过相应决议；<br>3.听取和审议区政府关于国民经济和社会发展“九五”（1996—2010）计划和2010年规划纲要（草案）的报告。对报告通过相应的决议；<br>4.审议代表议案；<br>5.补选区人大常委会、区检察院检察长。 | 补选区人大常委会委员1人，区检察院检察长1人。 | 47 |

续表 5-1-2（4）

| 届　次 | 出席代表(人) | | 主 要 内 容 | 选举结果 | 审理建议 |
|---|---|---|---|---|---|
| | 正式 | 列席 | | | |
| 北区四届人大六次会议(1997年1月22—25日) | 153 | 99 | 1.听取和审议区政府工作报告，《1996年国民经济和社会发展计划执行情况和1997年国民经济和社会发展计划（草案）的报告》《1996年财政执行情况和1997年财政预算（草案）报告》，区人大常委会工作报告，区法院、区检察院工作报告。对以上报告，均通过相应决议；<br>2.审议代表议案；<br>3.增选副区长，补选区法院院长、区检察院检察长。 | 增选科技副区长1人，补选区法院院长1人，区检察院检察长1人。 | 139 |
| 云溪区一届人大一次会议(1997年12月12—16日) | 149 | 107 | 1.听取和审议上届区政府工作报告，《1997年国民经济和社会发展计划执行情况和1998年国民经济和社会发展计划（草案）的报告》《1997年财政执行情况和1998年财政预算（草案）报告》，区人大常委会工作报告，区法院、区检察院工作报告。均通过相应决议；<br>2.审查代表议案；<br>3.选举区人大常委会组成人员，正、副区长，区法院院长，区检察院检察长；<br>4.作出《关于进一步加强血吸虫病防治工作的议案》的决定；<br>5.选举出席岳阳市第四届人大代表。 | 选出区人大常委会主任1人、副主任5人、委员15人，区长1人、副区长6人，区法院院长1人，区检察院检察长1人，市四届人大代表25人。 | 116 |
| 云溪区一届人大二次会议(1998年4月21—22日) | 149 | 93 | 1.听取区政府工作报告；<br>2.作出《关于开展依法治区的决议》；<br>3.作出《关于税收征管工作的审议意见》的决议。 | | |
| 云溪区一届人大三次会议(1999年1月19—22日) | 153 | 89 | 1.听取和审议区政府报告，《1998年国民经济和社会发展计划执行情况和1999年国民经济和社会发展计划（草案）的报告》《1998年财政执行情况和1999年财政预算（草案）报告》，区人大常委会工作报告，区法院、区检察院工作报告。均通过相应决议；<br>2.审议代表议案；<br>3.补选区人大常委会组成人员，区长；<br>4.作出《关于表彰优秀人大代表、人大工作先进乡镇的决定》。 | 补选人大常委会委员3人，区长1人。 | 86 |
| 云溪区一届人大四次会议(2000年1月18—22日) | 152 | 117 | 1.听取和审议区政府工作报告，《1999年国民经济和社会发展计划执行情况和2000年国民经济和社会发展计划（草案）的报告》《1999年财政执行情况和2000年财政预算（草案）报告》，区人大常委会工作报告，区法院、区检察院工作报告。作出通过以上报告的决议；<br>2.审议代表议案。 | | 92 |

续表 5-1-2（5）

| 届次 | 出席代表(人) | | 主要内容 | 选举结果 | 审理建议 |
|---|---|---|---|---|---|
| | 正式 | 列席 | | | |
| 云溪区一届人大五次会议(2001年2月23—27日) | 152 | 119 | 1.听取和审议区政府工作报告，《2000年国民经济和社会发展计划执行情况和2001年国民经济和社会发展计划（草案）的报告》《2000年财政执行情况和2001年财政预算（草案）报告》，区人大常委会工作报告，区法院、区检察院工作报告。作出通过以上报告的决议；<br>2.审查《岳阳市云溪区2001—2005年国民经济和社会发展“十五”计划》，并作出相应的决定；<br>3.审议代表议案；<br>4.补选区检察院检察长。 | 补选区检察院检察长1人 | 87 |
| 云溪区一届人大六次会议(2002年1月16—18日) | 153 | 120 | 1.听取和审议区政府工作报告，《2001年国民经济和社会发展计划执行情况和2002年国民经济和社会发展计划（草案）的报告》《2001年财政执行情况和2002年财政预算（草案）报告》，区人大常委会工作报告，区法院、区检察院工作报告。作出通过以上报告的决议；<br>2.审议代表议案；<br>3.作出《关于表彰人大工作先进乡镇、先进代表联络组、议案办理工作先进单位、人大代表活动积极分子和先进人大工作者的决定》。 | | 67 |
| 云溪区二届人大一次会议(2002年12月9—13日) | 154 | 147 | 1.听取和审议上届区政府工作报告，《2002年国民经济和社会发展计划执行情况和2003年国民经济和社会发展计划（草案）的报告》《2002年财政执行情况和2003年财政预算（草案）报告》，区人大常委会工作报告，区法院、区检察院工作报告。作出通过以上报告的决议；<br>2.审查代表议案；<br>3.选举区人大常委会组成人员；<br>4.选举正、副区长，区法院院长、区检察院检察长；<br>5.选举岳阳市第五届人大代表。 | 选出区人大常委会主任1人、副主任5人、委员15人，区长1人、副区长5人，区法院院长1人，区检察院检察长1人，市五届人大代表24人。 | 109 |
| 云溪区二届人大二次会议(2004年2月25—29日) | 152 | 147 | 1.听取和审议区政府工作报告，《2003年国民经济和社会发展计划执行情况和2004年国民经济和社会发展计划（草案）的报告》《2003年财政执行情况和2004年财政预算（草案）报告》，区人大常委会工作报告，区法院、区检察院工作报告。作出通过以上报告的决议；<br>2.审查代表议案；<br>3.补选区人大常委会组成人员。 | 补选区人大常委会委员3人 | 77 |

续表 5-1-2（6）

| 届　次 | 出席代表(人) | | 主　要　内　容 | 选举结果 | 审理建议 |
|---|---|---|---|---|---|
| | 正式 | 列席 | | | |
| 云溪区二届人大三次会议(2005年1月12—16日) | 152 | 147 | 1.听取和审议区政府工作报告，《2004年国民经济和社会发展计划执行情况和2005年国民经济和社会发展计划（草案）的报告》《2004年财政执行情况和2005年财政预算（草案）报告》，区人大常委会工作报告，区法院、区检察院工作报告，作出通过以上报告的决议；<br>2.审查代表议案；<br>3.补选区长。 | 补选区长1人 | 114 |
| 云溪区二届人大四次会议(2006年1月6—11日) | 152 | 147 | 1.听取和审议区政府工作报告，《2005年国民经济和社会发展计划执行情况和2006年国民经济和社会发展计划（草案）的报告》《2005年财政执行情况和2006年财政预算（草案）报告》，区人大常委会工作报告，区法院、区检察院工作报告。作出通过以上报告的决议；<br>2.审查代表议案；<br>3.作出《关于村级完成四大手术附属费用列入财政预算议案》的决议；<br>4.作出《云溪区国民经济和社会发展“十一五”规划纲要的决定》。 | | 94 |
| 云溪区二届人大五次会议(2007年2月5—11日) | 153 | 147 | 1.听取和审议区政府工作报告，《2006年国民经济和社会发展计划执行情况和2007年国民经济和社会发展计划（草案）的报告》《2006年财政执行情况和2007年财政预算（草案）报告》，区人大常委会工作报告，区法院、区检察院工作报告。作出通过以上报告的决议；<br>2.审议代表议案；<br>3.补选区长，区法院院长、区检察院检察长。 | 补选区长1人，区法院院长1人，区检察院检察长1人。 | 78 |
| 云溪区三届人大一次会议(2007年12月5—9日) | 157 | 156 | 1.听取和审议上届区政府工作报告。对报告通过相应的决议；<br>2.听取和审议《2007年国民经济和社会发展计划执行情况及2008年国民经济和社会发展计划（草案）的报告》《2007年财政预算执行情况及2008年财政预算（草案）的报告》。通过对报告的相应决议；<br>3.听取和审议区人大常委会工作报告，区法院、区检察院工作报告。通过对报告的相应决议；<br>4.审议代表议案；<br>5.讨论云溪区2008—2012年经济和社会发展等重大问题；<br>6.选举区人大常委会组成人员，正、副区长，区法院院长、区检察院检察长；<br>7.选举岳阳市第六届人大代表。 | 选出区人大常委会主任1人、副主任5人、委员19人，区长1人、副区长6人，区法院院长1人，区检察院检察长1人，市六届人大代表26人。 | 120 |

续表 5-1-2（7）

| 届次 | 出席代表(人) | | 主要内容 | 选举结果 | 审理建议 |
|---|---|---|---|---|---|
| | 正式 | 列席 | | | |
| 云溪区三届人大二次会议（2008 年 12 月 29 日—2009 年 1 月 3 日） | 157 | 164 | 1.听取和审议区政府工作报告，《2008 年国民经济和社会发展计划执行情况和 2009 年国民经济和社会发展计划（草案）的报告》《2008 年财政执行情况和 2009 年财政预算（草案）报告》，区人大常委会工作报告，区法院、区检察院工作报告。作出通过以上报告的决议；<br>2.审议代表议案；<br>3.作出《关于加强城乡规划统筹管理的议案》的决定；<br>4.补选区人大常委会会员，岳阳市第六届人大代表。 | 补选区人大常委会委员 3 人，市六届人大代表 1 人。 | 87 |
| 云溪区三届人大三次会议（2010 年 1 月 13—17 日） | 156 | 164 | 1.听取和审议区政府工作报告，《2009 年国民经济和社会发展计划执行情况和 2010 年国民经济和社会发展计划（草案）的报告》《2009 年财政执行情况和 2010 年财政预算（草案）报告》。通过对以上报告相应的决议；<br>2.听取和审议区人大常委会工作报告，区法院及区检察院工作报告。对以上报告，通过相应决议；<br>3.审议代表议案；<br>4.作出《关于加强环境保护建设生态新区议案》的决定；<br>5.补选区人大常委会委员。 | 补选区人大常委会委员 1 人 | 82 |
| 云溪区三届人大四次会议（2011 年 1 月 7—12 日） | 156 | 164 | 1.听取和审议区政府工作报告，《2010 年国民经济和社会发展计划执行情况和 2011 年国民经济和社会发展计划（草案）的报告》，区人大常委会工作报告，区法院及区检察院工作报告。以上报告，通过相应决议；<br>2.审议代表议案；<br>3.作出《关于云溪区国民经济和社会发展“十二五”规划纲要》的决定；<br>4.补选区长。 | 补选区长 1 人 | 107 |
| 云溪区三届人大五次会议（2011 年 12 月 28 日—2012 年 1 月 3 日） | 156 | 164 | 1.听取和审议区政府工作报告，《2011 年国民经济和社会发展计划执行情况和 2012 年国民经济和社会发展计划（草案）的报告》《2011 年财政执行情况和 2012 年财政预算（草案）报告》。通过对以上报告相应的决议；<br>2.听取和审议区人大常委会工作报告，区法院及区检察院工作报告。对以上报告，通过相应决议；<br>3.审议代表议案；<br>4.作出《关于加强农村水利基础设施建设，建立持续稳定投入机制议案》的决定；<br>5.增选区人大常委会组成成员。 | 增选区人大常委会副主任 1 人 | 82 |

## 第四节　乡镇人民代表大会

1949年10月至1953年3月，五区共召开4届12次人民代表会议，六区召开4届11次人民代表会议，均就征粮支前，清匪反霸，减租减息，修堤防汛，完成秋征，处理婚姻案件，土改，查田定产，抗美援朝和发展生产、开展增产节约运动等重大问题作出决议。

1954年7月至1955年12月，五、六区均召开1届3次人民代表大会，决议有关贯彻学习宪法草案和发展互助合作、加强经济工作等事项。

1956年11月至1958年5月，云溪、路口、文修、团结、陆城等乡均召开3届3次人民代表大会，决议巩固农业生产合作社、实现大跃进等工作。1960年12月，云溪、路口、江南等公社均召开1届1次人民代表大会。

1964年8月至1983年1月，云溪、路口、陆城、文桥等公社和云溪镇、路口镇召开3~4届人民代表大会。

1983年年底，各公社（镇）召开新一届人民代表大会，重点决议恢复乡镇政府。1984年4月云溪建区后，将此届人民代表大会定为乡镇首届人民代表大会。

1984年始，由于行政区划调整和设置变更，乡镇人民代表大会，至2011年，除路口乡、陆城乡召开2届4次，陆城镇召开7届25次，文桥乡召开5届15次，文桥镇召开4届14次，道仁矶镇召开6届19次，永济乡召开3届10次，其余云溪镇、云溪乡、路口镇均召开9届29次。

1987年始，乡镇人民代表大会由本级人民政府召集，改为由本级人民代表大会主席团主持。

2007年始，由基本3年一换届，改为每隔5年换届一次。换届时，选举产生新一届乡镇人大主席团和乡镇政府组成人员。届内基本每年召开1次代表大会，审议通过政府、人大工作报告和财政年度报告，议审代表议案，讨论和决定本行政区经济和社会发展重大事项。

# 第二章　组织机构

1984年5月3日—6日，北区人大一届一次会议选举产生北区一届人大常委会。6月1日，按照《中华人民共和国宪法》有关规定，市委、市政府批复，设区人大常委会。在区人民代表大会闭会期间，区人大常委会行使代表大会职权。至2011年，共选举产生7届区人大常委会。并设有办公室和6个工作委员会，指导选举产生7个乡镇人大主席团。

## 第一节　人大常委会

区人大常委会由1名主任、3~5名副主任及若干委员组成，同区人民代表大会同期换届。至2011年，共选举产生北区一至四届、云溪区一至三届人大常委会。

云溪（北）区历届人大常委会主任、副主任一览表

表 5-2-1

| 届 次 | 主 任 | 副 主 任 |
|---|---|---|
| 北区一届人大常委会（1984.5—1987.3） | 何济民 | 施振雄、彭汉涛、易明（女、兼）、李棠九（1985.4 增补） |
| 北区二届人大常委会（1987.3—1990.2） | 何济民 | 施振雄、向振华、曹振祥（兼） |
| 北区三届人大常委会（1990.2—1992.12） | 陈铁山 | 施振雄、彭振华、刘孝纯（女）、翁焕华（女、兼） |
| 北区四届人大常委会（1992.12—1997.12） | 陈铁山 | 周忽报、李志书、方神赐、刘祥芝、赵颐龄（女、兼） |
| 云溪区一届人大常委会（1997.12—2002.12） | 陈铁山 | 李志书、方神赐、余和平、欧继锋（女）、何云保（兼）、陈良忠（2001.2 增补） |
| 云溪区二届人大常委会（2002.12—2007.12） | 李从明 | 陈良忠、杨友球、李岳霞、张云飞、龚金香（女）、陈辉华（兼） |
| 云溪区三届人大常委会（2007.12— ） | 李从明 | 聂金华（2011.6 增补）、李岳霞、张云飞、龚金香（女）、陈辉华（兼） |

说明：表内所列为历届代表大会选举和代表大会休会期间增补情况

## 第二节 工作机构

1984 年 5 月，区人大常委会设办公室。1985 年 3 月，北区一届人大二次会议后，设立联络科、法制科。1987 年北区二届人大一次会议后，增设教科文卫科。1990 年 3 月，北区三届人大一次会议后，增设财经科。1998 年 1 月，联络科、法制科、教科文卫科、财经科，分别更名为选举任免联络工作委员会、内务司法工作委员会、科教文卫工作委员会、财经工作委员会；增设农村经济工作委员会。2007 年，增设城市建设与环境保护工作委员会。2011 年，区人大常委会工作机构有办公室、选举任免联络工作委员会、财经工作委员会、内务司法工作委员会、科教文卫工作委员会、农村经济工作委员会、城市建设与环境保护工作委员会；共核定机关行政编制 12 名，机关后勤服务编制 5 名。

## 第三节 乡镇人大主席团

1949 年 10 月至 1953 年 3 月，区、乡第一届至第四届各界人民代表会议闭会，没有设区、乡各界人民代表会议常设机构。

1954—1964 年，乡（社）第一届至第五届人民代表大会只在召开期间成立临时主席团，负责会议组织和代表联络工作，履行宪法赋予的权利。代表大会闭会，主席团完成使命不复存在。

1966 年“文化大革命”开始，公社未召开人民代表大会，没有成立临时主席团。1983 年年底，召开社（镇）新一届人民代表大会，临时设立云溪镇、云溪公社、路口镇、路口公社、文桥公社、陆城

公社人大主席团。

1986 年 12 月，执行六届全国人大常委会修改的《中华人民共和国全国人民代表大会和地方各级人民代表大会组织法》，将由乡镇政府召集本级人民代表大会改为由本级人民代表大会主席团主持，并负责召集下一次本级人民代表大会。至 1987 年 1 月，乡镇相继设立人大主席团。乡镇人大主席团组成人员由乡镇人民代表大会选举产生。

1995 年 4 月，落实省八届人大常委会规定，确立乡镇人大主席团及主席团正、副主席的法定地位。2007 年前，乡镇人大主席基本每 3 年换届一次，2007 年始，每 5 年换届一次。

2011 年，共有云溪镇、云溪乡、路口镇、文桥镇、陆城镇、道仁矶镇、永济乡 7 个乡镇人大主席团，各主席团设常务主席、副主席各 1 人。

# 第三章　职权行使

## 第一节　法律法规监督和工作监督

1984—2011 年，区人大常委会就 281 部法律法规执法情况组织执法检查 207 次，听取和审议"一府两院"（即区政府及其工作部门、区法院、区检察院）工作汇报 352 次，审查区政府各类布告、决议、决定 280 多件，组织代表专题视察调查 319 次，提出建议、批评、意见 4390 条（件），督办代表议案等 2920 件。

### 一、法律法规监督

1984 年 11 月至 1986 年 1 月，区人大常委会成立联合督查组，就全区干部中普及《中华人民共和国宪法》《中华人民共和国刑事诉讼法》《中华人民共和国婚姻法》《中华人民共和国继承法》《中华人民共和国森林法》《中华人民共和国兵役法》《中华人民共和国水法》《中华人民共和国经济合同法》和《中华人民共和国治安管理处罚条例》等十法一条例，进行分片巡回督查，集体听取督查汇报 3 次。

1987 年—1989 年，区人大常委会先后 3 次听取区政府、区法院、区检察院执法情况汇报，作出加强执法工作的决定、决议 2 项，督促办理有关议案、建议、批评、意见 73 件。

1994 年 10 月下旬，组织区人大常委会任命的区法、检两院 50 岁以下的副院长、副检察长、审判员、检察员进行一次全面的法律专业知识和执法常识考试，参考率 99%。

1996 年，云溪乡桃李村擅自砍伐村林场林木 231 立方米，属滥伐林木犯罪。但是由于种种原因，政法机关对涉案主要责任人作不诉处理。区人大常委会通过认真调查，向有关政法单位发出个案督办通知书，依法撤销原处理决定，改判犯罪嫌疑人该村党支部原书记彭××有期徒刑 1 年，缓刑 1 年，并处罚金 1000 元。

1997 年 6—7 月，组织 65 名人大代表对全区治理"三乱"（乱收费、乱罚款、乱摊派）进行调查。7月30日，召开700人参加的评议大会。对少数单位重收费轻服务、乱收费、乱罚款、乱摊派等问题，少数执法人员要特权、索拿卡要、侵占公款等行为进行披露，依法开除2名执法人员公职。会后，监督有关单位针对执法中存在的问题进行整改，遏制“三乱”现象蔓延。

1999年，云溪乡建军村李××多次奸淫不满14周岁的侄女，有关部门对其只作劳教处理。区人大常委会根据群众反映，调查后召开有关负责人会议，当场交办。政法机关通过重新审查，撤销原处理，依法逮捕已投入劳教所的李某，判处其有期徒刑5年。

2003年，开展《中华人民共和国义务教育法》《中华人民共和国农业法》《中华人民共和国劳动法》《中华人民共和国环境保护法》执法检查2次，提出整改意见21条。

2005—2011年，先后组织省、市、区三级人大代表45人，成立执法检查组、办公室，采取听汇报，开座谈会，实地察看，明查暗访，对全区贯彻执行《环境保护法》和区人大常委会加强环境保护工作的决议情况，进行调查了解，分析存在的问题，提出整改要求。督促区政府限期整改62家存在严重污染的小化工企业，强制拆除1家小型土法炼钒企业，加强重点单位污染整治和环境监控，改善城乡环境质量。

## 二、工作监督

1987年，听取和审议区政府关于国民经济计划执行情况、财政预算执行情况、物价工作、农业生产、企业发展等情况汇报，提出整改意见17条。

1988年，审议区政府开展税收、财务、物价大检查，清理整顿公司的情况汇报。就少数单位偷税漏税，个别单位财务制度不健全、管理混乱提出批评意见，作出《关于继续深入开展“三查两清”工作的决议》，督促区政府严肃查处不经批准购置专控商品问题，处理违反控购规定购买的小汽车7辆，罚款6.7万元。

1990—1992年，听取区政府、区法院、区检察院工作汇报46项，作出专题审议意见18项。

1995年3月13—16日，北区四届人大四次会议作出《关于组织人大代表评议“一府两院”工作的决议》。至1997年，区人大常委会共组织代表调查、视察区政府工作部门10次，提出批评、意见81项。

2000年1月，岳化人大代表团在云溪区一届人大三次会议上提出拆除危害岳化原料头安全建筑物的意见。因工作难度大，至8月仍未落实。区人大常委会向区政府办发出督办通知书，会同区厂地协调协作办公室，利用双休日进行调查了解，做好拆迁户工作。区政府牵头，组织云溪镇、岳阳市国土局云溪分局（简称云溪国土分局）、云溪公安分局、岳阳市规划局云溪分局（简称云溪规划分局）、云溪镇南街居委会，不到一个星期将7栋1380平方米有严重危害性的建筑物全部拆除。

2007—2008年，先后评议区教育局、区人社局、区建设局等单位的工作。共调查走访950人次，发放问卷调查3.6万份，听取工作汇报15次，内容涉及105项，提出整改意见36条。

2009年，评议区文化广播电视局、区经发局、区农业发展局、区司法局、区商务局5个单位的工作。制订评议方案，开展深入调查，区人大常委会召开评议会，共提出整改建议18条，要求被评议单位6个月内报告整改结果。至2011年，通过跟踪督促，听取和审议上述单位整改情况汇报，使整改意见全部得到落实。

## 三、规范性文件备案审查

2007年4月10日，云溪区二届人大常委会二十七次会议通过《岳阳市云溪区人民代表大会常务委员会规范性文件备案审查办法》，明确规范性文件备案审查的范围、内容、机构、程序、处理方法，完善规范性文件的接收、登记、分送、存档和审查的工作流程。至2011年，区人大常委会共收到区政府规范性文件备案20件，经过审查，没有发现有同法律法规相抵触和超越权限的情况。

## 第二节　人事任免

### 一、国家机关工作人员任免

1984—1986年，走访全国及省、市、区人大代表358人次，接待来访97人次，处理来信85件次，依法任免国家机关工作人员74人。

1987年始，在任免前，区人大常委会对区委建议任免人选先研究，主任会议讨论，再通报有关部门作好任免准备。遇有与区委不同意见，同组织部门重点考察，决定是否任免。任免时，听取“一府两院”主要负责人介绍拟任免人员情况、提请任免理由，被任命对象的从政报告，再进行无记名投票表决。任免后，召开被任命人员座谈会，组织学习有关法律法规，帮助提高执政水平。至1989年，按以上程序共任免80人，其中任命62人，免职14人，撤销职务2人，未予通过任命2人。

1991年12月，组织20名区人大常委会成员、人大代表，对1990—1991年任命的51名国家机关工作人员的执法情况，接受人大代表监督、办理人大代表议案情况，执行人大常委会决定、决议情况，廉政勤政建设及完成年度工作计划情况，进行全面考核。并召开讲评会，授予其中14名公仆意识强、政绩突出人员“人民好公仆”称号。

1992年，任免国家机关工作人员10人。

1994—1997年，按照德才兼备的原则，任免189人，依法撤销职务4人，其中2人有较严重经济问题，被撤销副区长职务。对任命人员，召开任命书颁发会。

1998—2002年，任免146人，撤职1人。任命后，到被任命人员单位召开干部职工会，勉励新任职人员廉洁奉公，依法行政。

2003年始，实行任命干部法律资格考试制度。组织拟新任人员进行法律考试，对符合条件者，再进行任命。至2007年，通过法律考试，共任命79人。

2008—2011年，坚持注重实绩、群众公认的人事任免原则，共任免129人次，接受辞职47人。

### 二、人民陪审员任免

2003年，云溪区二届人大常委会第五次会议遵循公平、公正、公开的原则，在全区通过自荐与组织推荐相结合，按照法官二分之一的比例严格遴选出25名待任人民陪审员，首次任命其中5人为人民陪审员。

2009—2011年，区人大常委会在通过走访调查、单位推荐的基础上，任命人民陪审员25人。其中男性20人、女性5人，区人大代表8人、区政协委员4人、法律顾问1人、民主党派3人、农村4人、乡镇2人、企业人员3人，80%的具有大专以上学历，平均年龄46岁，并针对近年来医患纠纷、土地纠纷、城管纠纷等案件呈增加趋势，吸收相关专业人士4人。

## 第三节 决定重大事项

1985年4月，北区一届人大二次会议作出《关于用五年时间在全区公民中普及法律常识的决定》。次年1月，全区始实施“一五”普法。

1987—1989年，作出决议、决定27项。1989年7月，北区二届人大常委会第16次会议作出《关于认真贯彻实施〈湖南省血吸虫病防治管理条例〉保护疫区人民身体健康的决议》。至1996年，全区血防专业人员由1984年11人增至28人，新建医疗楼1100平方米，新增床位34个。血防部门药物喷杀、填埋灭螺125公顷，治疗血吸虫病人531人。

1991年3月，北区三届人大二次会议作出《关于深入贯彻执行〈义务教育法〉议案的决议》。随后，区、乡人民代表大会3次听取和审议区、乡政府有关情况汇报，组织人大代表专题视察。至2003年年底，全区新建、改建、扩建校舍38965平方米，中小学实现“一无两有四室六配套”（即校校无危房，班班有教室、学生有标准课桌椅，校校有图书室、风雨活动室、实验室、电化教学室，图书资料、仪电设备、体育卫生设施、劳动技术教育基地、师生食宿条件、校园绿化美化配套）。小学入学率100%，中、小学巩固率分别达100%、98.5%，初中升高中比例达到50%，比1990年增长16%。

1992—1997年，作出决议、决定31项。1997年3月，北区四届人大常委会第30次会议作出《关于加强城建工作的决议》。区、乡政府多方筹措资金，加强城市基础设施建设和小城镇建设。至2001年，区址云溪镇城区面积扩展至6平方公里，建大小街道13条，总长9公里。7个乡镇（场）驻地小城镇共扩大面积9.5平方公里。新建街道9条，学校、商店、医院、通信、交通、水电等设施基本配套。

1999年6月，云溪区一届人大常委会作出《关于治理云溪河的决定》。区政府争取国家发展与改革委员会（简称发改委）批准立项，将云溪河治理纳入洞庭湖生态环境治理范畴，总投资1.48亿元，作为湖南省重点工程实施。至2007年，共疏浚河道1200米，砌石护岸1000米，建桥2座，两岸垃圾基本清除。

2000—2002年，区人民代表大会、区人大常委会共作出决议、决定15项。

2005年，云溪区二届人大常委会作出《关于加强农田水利基本建设的决议》。至2007年，区政府和水利部门每年筹措资金400万元，新建和整修山塘、水库25口（座）。

2010年，云溪区三届人大常委会作出《切实加强环境保护工作的决定》，督促区政府制定环境整治三年行动计划，切实加强环境治理。是年，区财政每年预算700万元~1000万元环境综合整治费用，先后自筹和引进资金3.12亿元，兴建污水处理厂、无公害垃圾处理场。环保部门严格执行建设项目准入审查手续，否决43个有环境污染隐患的项目入驻境内。加大对重点区域、重点企业污染治理，至2011年，共关停、搬迁城区小化工厂35家。

## 第四节 代表工作

1986年，建立人大常委会主任定期接待人大代表来信来访制度。区人大常委会正、副主任共接访代表替人民群众申诉、控告46人件次。其中揭发国家机关工作人员以权谋私、违纪违法15人件次，涉及干部6人，控告农村基层干部损公肥私、侵犯公民权利11人件次，控告基层负责人5人。向国家机关申诉20人件次，起诉4人。

1990—1991年，先后接待江西省萍乡市，湖北省洪湖市，山西省晋城郊区，本省平江县、常德市武陵区等外地县（市、区）人大代表123人，加强横向联系，交流人大工作经验。1991年，组织29名驻区市人大代表及区、乡人大代表到山东省济南市槐阴区、曲阜市、兖州县学习考察人大工作经验。

1993年，在云溪召开省辖7市10城区人大工作第四次联席会议。1996年5月27—29日，省人大选举任免联络工作委员会、市人大常委会，组织云溪区、岳阳楼区，衡阳市江东区，张家界市永定区、武陵源区，常德市武陵区，湘潭市岳塘区，邵阳市东区、西区，株洲市东区，长沙市西区等地人大常委会正、副主任，办公室、工作委员会负责人65人，在云溪召开省辖8市11城区人大工作第十三次联席会议，就人大常委会如何充分发挥人大代表当家作主的作用，把代表联络工作提高到一个新水平进行交流。

2000年始，开展人大工作争先创优活动；至2003年，共表彰人大工作先进乡镇4个，先进代表联络组6个，先进代表活动小组9个，优秀人大代表24人。

2005年始，实行驻区市人大代表向区人大常委会述职，区人大代表向选民述职。至2011年，共有314名市、区人大代表分别向区人大常委会和选民报告履职情况。

2008年，办人大代表培训班2期，组织423名新当选的区、乡人大代表学习宪法、地方组织法、选举法有关人大代表权力和义务的规定，请老代表谈体会，帮助树立“人民选我当代表，我当代表为人民”的责任意识，增强履职自觉性。

2011年，将区、乡两级人大代表由32个联组改成47个小组，人大常委会组成人员分工负责，下组与代表开展专题视察、调查等活动12次。组织代表旁听法院庭审2次60人，走访区、乡人大代表90人，推荐6名区人大代表列席市人大常委会会议2次，邀请28名区人大代表列席区人大常委会会议4次。

## 第五节　乡镇人大工作指导

1986年10月，相继组织云溪乡、云溪镇、路口乡、路口镇、文桥乡、陆城镇召开乡镇一届三次人民代表大会。审议乡镇政府工作报告，依法选举乡镇人大主席团和常务主席，选举正、副乡长和人民陪审员。次年11月、12月，抽调84人分赴全区114个选区，历时47天，指导乡镇人大主席团依法选举乡镇人大代表340人，做好乡镇人大换届工作。

1990—1992年，邀请乡镇人大主席列席人大常委会会议5次、30人，帮助熟悉人大工作程序、规则，了解工作动态。召开乡镇人大主席碰头会3次，交流情况，探讨人大工作方法。派员36人次，指导加强民主政治建设，活跃乡镇人大主席团工作。

1993年5月，推介陆城镇人大主席团工作经验，帮助乡镇建立落实人大工作规程和制度。至1995年，全区6个乡镇均健全人大工作规程、制度。

1998年，制定考核细则，对乡镇人大工作实行目标管理。每年年中、年底进行检查考核，按优秀、合格、不合格3个档次进行评定。是年考核6个乡镇，全部合格。其中优秀4个，占66.7%。2000年始，将目标管理与争先创优活动结合起来，达到优秀标准的，评为年度人大工作先进单位。

2001年，争取区委同意乡镇人大主席进同级党委班子，兼任党委副书记，配齐乡镇人大副主席、专职秘书。轮流选送乡镇人大主席到市委党校进修。至2003年，除6名乡镇人大主席全部进修，还选送3名副主席参加进修。

2005—2006年，分别在云溪镇、云溪乡召开乡镇人大工作经验交流会，就加强代表工作，发挥代表作用交流经验。2010—2011年，先后在路口镇、道仁矶镇召开经验交流会，组织乡镇人大主席交流做好市场经济条件下人大信访工作的经验。

# 第六篇　地方人民政府

1949年8月、1950年3月，境内分别设县政府派出机构。五区、六区区公所，开展筹粮支前、查田定产、统购统销等有关发展和五区因新生人民政权及国计民生等重大工作。1956年，撤区并乡，建立6个乡镇政府，重点加强农业基础设施建设，发展工农业生产和扫盲教育、中小学教育、医疗卫生等社会事业。1958年，设3个公社管委会，代行政府职能；1960—1961年，调整为6个公社（农场）管委会，继续大力发展工农业生产，加强交通、水利基础建设，开展抗灾救灾。1984年，建立北区政府。废除人民公社体制，重建镇政府。在上级党委、政府和区委领导、区人大监督下，区政府认真贯彻执行党的方针政策和国家法律法规，落实各项政府会议制度，坚持依法行政，实行政务公开，加强调查研究和督促调查，广泛听取区人大代表、区政协委员和人民群众意见，充分发挥区位优势，密切厂地协作协调，着力加强工业化、农业产业化、城镇化建设，全力推进商贸旅游、交通电力、邮电通信、环己等基础设施建设，努力发展教育、科技、卫生、文化、体育事业，不断健全社会保障体系，加速全区经济和社会发展，使云溪区迅速由一个相对贫困的城郊型农业区发展成为富强、民主、文明、秀美的新型工业区。2011年，全区实现地区生产净值84.45亿元，完成区级财政收入7.28亿元，分别是1984年的404.86倍、127.66倍。2011年，云溪区政府辖7个乡镇政府。

## 第一章　机构设置

### 第一节　区人民政府

1984年5月3—6日，北区一届人大选举产生北区首届政府。北区政府经历4届。1997年12月12—16日，云溪区一届人大选举产生云溪区第一届政府。此后改一届三年为五年。至2011年，云溪区政府经历三次换届。

区政府由1名区长、若干名副区长，办公室主任及区政府组成部门行政主要负责人组成。其职责是执行国务院、省、市政府的决定和命令，贯彻执行区委的决定、决议，执行区人大及其常委会的决议，对其定期报告工作，根据国家法规和上级政府的规章行使行政权力，管理和组织发展全区经济和社会事业。

**1984—2011年云溪（北）区历届政府正、副区长情况表**

表6-1-1

| 届　次 | 区　长 | 副　区　长 |
|---|---|---|
| 北区第一届人民政府（1984.5—1987.3） | 龙文杰（至1986.9）<br>朱佳舜（1986.9代） | 李棠九、郑　刚、隋湘岳、周忽报、黄昊明 |
| 北区第二届人民政府（1987.3—1990.2） | 朱佳舜（至1989.12）<br>文建国（1989.12代） | 隋湘岳、郑　刚、周忽报、黄昊明、湛建军 |
| 北区第三届人民政府（1990.2—1992.12） | 文建国 | 湛建军、周忽报、袁关保、黄昊明、吴振源 |
| 北区第四届人民政府（1992.12—1997.12） | 文建国（1994.3撤）<br>司马德坤（1994.3—1995.3）<br>刘衍华（1995.3任） | 袁关保、蔡绍忠、秦吉兵、王辉华、吴振源 |
| 云溪区第一届人民政府（1997.12—2002.12） | 刘衍华（至1998.6）<br>康代四（1998.6—2001.2）<br>段方金（2001.2任） | 孙山青（至1999.5）、秦吉兵（至2001.4）、颜宝泉、李从明、殷清华、巢　祺（至1999.6）、肖云生（至2001.2）、文春方（1999.6任）、邓春初（1999.6任）、王际华（2001.2任）、万五龙（2001.4任） |
| 云溪区第二届人民政府（2002.12—2007.12） | 段方金（至2004.12）<br>肖自力（2004.12—2006.11） | 邓春初（至2006.6）、李运帷（2006.4任）、许　雄、李中汉、葛曙光、万五龙、陈　辉、黄建文 |
| 云溪区第三届人民政府（2007.12—　） | 陈志莲（2007.1—2010.11）<br>田文静（2010.12任） | 李运帷（至2010.1）、聂金华（2010.1—2011.11）、黄建文、李中汉、葛曙光、袁正宏 |

说明：表内所列含区人大会选举和人大会休会期间区人大常委会增补情况

## 专记　岳临苏维埃政府

1927年6月，中共陆城基层组织成员曾楚恒等人，与湘鄂西中共组织联系配合，在区境与湖北省监利县交界处白螺矶成立岳临两县苏维埃政府筹备处。1930年9月，建立岳临苏维埃政府，主席张永松，副主席恭慕堂。10月，遭团防破坏，停止活动。

## 第二节　区政府机构设置

1984年6月，北区政府设工作机构17个：办公室、计划委员会（简称计委）、经济委员会（简称经委）、科委、劳动人事科、民政科、岳阳市公安局北区分局（简称北区公安分局）、司法科、财政科、岳阳市税务局北区分局（简称北区税务分局）、北区工商分局、城乡建设环境保护科（简称城建环保科）、农林局、水电农机局、文教科、卫生科、区计生委。不列入政府工作部门的企事业管理机构7个：工矿贸易公司、物资供应公司（简称物资公司）、供销合作联社（简称供销联社）、肉食中心站、粮油公司、蔬菜公司（对外加挂蔬菜局牌子）、广播电视站。

1995年1月，区政府工作部门调整为15个，与区委共管的部门管理机构调整为4个，直属事业单位调整为11个。

2000 年 12 月 15 日，区政府下设机构统一调整为 28 个，归口区政府办管理的机构调整为 11 个。

2001 年 12 月 19 日，再作调整。区政府工作部门 16 个，归口区政府办管理的机构 3 个，与区委共管的部门管理机构 4 个，直属事业机构 16 个，属部门管理的副科级事业单位 7 个。

2011 年，区政府机构设置为：

工作机构：有办公室、发展和改革局（简称发改局）、工业和科技信息化局（简称工信局）、教育局、监察局、民政局、司法局、财政局、人力资源和社会保障局（简称人社局）、住房和城乡建设管理局（简称住建局）、交通运输局（简称交通局）、水利农机局（简称水利局）、农业发展局（简称农业局）、审计局、卫生局、人口计生局、林业局、文化广播电视新闻出版局（简称文广新局）等 18 个（其中监察局、文广新局不占机构名额）。

部门管理机构：有经济研究中心（简称经研中心）、移民开发局（简称移民局）、禁违拆违治违督查办公室、爱卫委办公室（简称爱卫办）。

直属事业单位：有云溪工业园管理委员会（简称云溪工业园管委会，副处级机构）、临港新区云溪工作部、商务局、粮食局、畜牧水产局（简称畜牧局）、史志档案局、巴陵石化协作协调局（简称岳化协作局）、长岭炼化协作协调局（简称长炼协作局）、供销联社、政务服务中心（简称政务中心）、食品药品监督管理局（简称食药局）、城市建设投资管理中心（简称城建投）等 12 个。

## 附　已撤机构

**区物资局**　1984 年 6 月称区物资公司。1986 年 2 月，更名为区物资局。1992 年，更名为区物资总公司。1996 年 12 月，更名为区物资行业管理办公室。2005 年 5 月撤销。

**区蔬菜局**　1984 年 6 月称区蔬菜公司，1986 年 2 月，更名为区蔬菜局。2002 年撤销，并入区农业局。

**区二轻工业局**　1990 年设，1996 年撤销并入区经委。

**区烟草委批、专卖管理站**　1989 年 12 月称区烟草公司。1990 年 2 月，更名为区烟草委批专卖管理站，1998 年撤销。

**区外贸局**　1991 年 2 月设，1992 年 7 月撤销。

**区科学技术局**　1984 年 6 月称区科委。1997 年 3 月，更名为区科学技术局。2011 年 8 月撤销，并入区工信局。

**区农村经营管理科（简称农经科）**　1984 年 8 月设，2001 年 12 月撤销。

**区农村工作办公室**　1988 年 8 月称区农村经济委员会。1997 年 3 月，更名为区农村工作办公室，2001 年 12 月撤销。

**区财贸工作办公室**　1993 年设，2001 年撤销。

**区商业局**　1988 年 11 月合并区工矿贸易公司、区肉食中心站所设。1996 年，改设商业行业管理办公室（简称区商业办）。2002 年，区商业办合并区内贸办。2005 年撤销。

# 附　临湘县署职官·县政府机构

## 一、县署职官（宋至清代）

宋朝，临湘县定为中县。县署设县令一员，为县内最高行政长官，总揽全县政务；县丞一员，掌管农业、商贸；主簿一员，掌理县署文书及财政收支；县尉一员，职掌治安；主学一员，掌管县学。

元朝，临湘县署设达鲁花赤一员，由蒙古族人任职，掌理一县要政；县尹一员，由汉族人任职，协助达鲁花赤处理政务；主簿、县尉各一员，共同签署县事；典史一员，负责县内治安；教谕一员，掌文庙祭祀和县学。

明朝，临湘县署设知县、县丞、主簿、典史、教谕、训导等职官。另设云溪驿、长安驿、城陵矶水驿、鸭栏水驿，各置驿丞一员。连家湖河泊所、松阳湖河泊所，各置所官一员。

清代，临湘县署设知县总揽赋役、讼狱、文教等政事。下设典史署、教谕署、训导署。典史掌钱粮、户籍、囚狱；教谕管县学和文庙祭祀；训导协助教谕教育所属生员。另设长安、桃林巡检署，置巡检，为县令属官，协助知县治理地方事务。分别设有专管河防、驿站的把总、驿丞。光绪三十二年(1906)颁定官制，县署裁典史、教谕、训导、驿丞等职，改设警佐、典狱官，劝学所长、承审员等职。

**清道光二十年至宣统三年（1840—1911）临湘县知县情况表**

表 6-1-2

| 姓　名 | 任　职　时　间 | 籍贯、出身 |
|---|---|---|
| 王大伦 | 道光二十年（1840） | 山东、举人 |
| 李金枝 | 道光二十一年 | 直隶清宛、举人 |
| 沈履正 | 道光二十二年 | |
| 刘德熙 | 道光二十三年 | 江西长宁、进士 |
| 鄢照兰 | 道光二十五年 | 四川仁寿、举人 |
| 李步义 | 道光二十七年 | 广东信宜、恩贡 |
| 联　凯 | 道光二十七年 | 内府汉军镶黄旗、进士 |
| 冯汝棻 | 道光二十九年 | 广东南海、举人 |
| 鲁公树 | 咸丰元年（1851） | 山东益都、举人 |
| 周继芬 | 咸丰三年 | 江苏吴县 |
| 姚湘芝 | 咸丰三年 | 安徽桐域 |
| 姚荣卿 | 咸丰四年 | 贵州、附生 |
| 周廷鉴 | 咸丰五年 | 广东番禺 |
| 黄维瓒 | 咸丰七年任<br>咸丰十一年复任 | 广西桂林、举人 |

续表 6-1-2

| 姓　名 | 任　职　时　间 | 籍贯、出身 |
|---|---|---|
| 荣怀珍 | 咸丰八年 | 江西义宁 |
| 高汝霖 | 咸丰十年 | 汉军镶黄旗 |
| 刘桂馨 | 同治元年（1862） | 安徽庐江 |
| 劳铭勋 | 同治元年 | 广东鹤山 |
| 盛庆绂 | 同治三年 | 江西永兴、进士 |
| 吕锡桢 | 同治三年 | 顺天宛平 |
| 玉　山 | 同治四年 | 荆州驻防正白旗、举人 |
| 恩　荣 | 同治五年任、九年复任 | 满州正黄旗、举人 |
| 高捷达 | 同治五年 | 顺天宛平 |
| 杜　夔 | 同治六年 | 贵州清镇、拔贡 |
| 胡文炳 | 同治八年 | 甘肃肃州、举人 |
| 沈　翼 | 同治十二年 | 安徽石康 |
| 汤　恺 | 同治十三年 | |
| 李子仁 | 光绪二年（1876） | 山东 |
| 辜　滢 | 光绪三年 | |
| 黄庆莱 | 光绪七年 | |
| 徐帮光 | 光绪八年 | |
| 章连士 | 光绪年间 | |
| 上官廉 | 光绪年间 | |
| 王少煌 | 光绪年间 | |
| 王声搏 | 光绪年间 | |
| 刘凤伦 | 光绪十九年 | |
| 巫国玉 | 光绪二十一年 | |
| 赵从嘉 | 光绪二十六年 | |
| 姚良凯 | 光绪年间 | |
| 刘裕生 | 光绪三十二年 | |
| 吴孝恪 | 光绪三十三年 | |
| 孙念祖 | 光绪三十四年 | |
| 郑　炳 | 宣统元年（1909） | |
| 苏景山 | 宣统二年 | |

### 二、县政府机构设置（民国元年至民国 19 年）

民国元年（1912），知县署改称知事公署，下设吏、户、礼、兵、刑、工六房。民国 4 年废房，设第一、第二、第三、第四科。民国 11 年，废科，改设内务、财政、教育、实业四局。民国 14 年 6 月，县知事公署改称县长公署，县知事改称县长。民国 18—19 年，县长公署改称县政府，下设第一科、第二科和财政、教育、公安三局。

**民国元年至民国 19 年（1912—1930）临湘县知事（县长）更迭情况表**

表 6-1-3

| 姓名 | 官职 | 任职时间 | 姓名 | 官职 | 任职时间 |
|---|---|---|---|---|---|
| 刘煌然 | 知事 | 民国元年（1912） | 张启堂 | 知事 | 民国 11 年 |
| 周振成 | 知事 | 民国 3 年 | 张兴干 | 知事 | 民国 12 年 |
| 钱　青 | 知事 | 民国 4 年 | 李汝贤 | 知事 | 民国 13 年 1 月 |
| 高孝炜 | 知事 | 民国 4 年 12 月 | 陈　琪 | 知事 | 民国 13 年 8 月 |
| 赵铭鼎 | 知事 | 民国 5 年 | 高锡庚 | 县长 | 民国 14 年 |
| 朱德龙 | 知事 | 民国 5 年 8 月 | 何烛林 | 县长 | 民国 14 年 |
| 叶汉章 | 知事 | 民国 6 年 5 月 | 吴昭治 | 县长 | 民国 15 年 9 月 |
| 吴屡观 | 知事 | 民国 7 年 | 高继霄 | 县长 | 民国 15 年 |
| 华焕章 | 知事 | 民国 8 年 | 蒋甲荣 | 县长 | 民国 16 年 |
| 杨文炜 | 知事 | 民国 9 年 7 月 | 方　兴 | 县长 | 民国 16 年 |
| 雷世魁 | 知事 | 民国 9 年 9 月 | 孙业震 | 县长 | 民国 17 年 |
| 唐仁杰 | 知事 | 民国 10 年 2 月 | 李元箸 | 县长 | 民国 19 年 |

## 第三节　乡镇人民政府

1949 年 8 月 8 日，境内设县政府派出机构五区区公所。1950 年 3 月，设派出机构六区区公所。

1956 年 6 月，撤区并乡，设云溪、团结、路口、文修、陆城 5 个乡政府。

1958 年 10 月，设云溪公社、路口公社、江南公社 3 个公社管理委员会（简称管委会）。

1960 年 10 月，增设松阳湖农场管委会。1961 年 8 月，增设文桥公社管委会，析江南公社增设陆城公社管委会。

1967 年 11 月，取消公社（场）管委会，建立革委会，代行行政职能。设云溪公社、路口公社、文桥公社、陆城公社、江南公社及松阳湖农场 6 个乡（场）革委会。1970 年 7 月，增设路口镇革委会。1975 年 4 月，增设云溪镇革委会。

1984 年 5 月，改设云溪乡、路口乡、文桥乡、陆城乡、路口镇、云溪镇 6 个乡镇政府，恢复松阳湖农场管委会。

1985年4月，北区政府决定，增设白泥湖渔场管委会。1986年5月，陆城乡政府更名为陆城镇政府。1987年1月，撤销路口乡并入路口镇。

1993年8月，增设道仁矶镇政府，白泥湖渔场划入道仁矶镇。1999年7月，文桥乡政府更名为文桥镇政府。

2001年12月，松阳湖农场撤场建乡，设立永济乡政府。

2011年，有云溪镇、云溪乡、路口镇、文桥镇、陆城镇、道仁矶镇、永济乡7个乡镇政府。

乡镇政府设乡镇长1名，副乡镇长若干名。1983—2006年，每三年换届一次，2007年始，每五年进行一次换届；至2011年，通过直选，乡镇政府已历九届。

# 第二章　施政方式

## 第一节　会议制度

区政府重要会议有：政府全体会议、常务会议、区长办公会议、专题会议。

### 一、政府全体会议

由区长主持。出席人员为区长、副区长，区政府调研员、副调研员，区长助理，区政府办主任、副主任，区政府办所属科室负责人，区政府组成单位负责人等。主要研究全区经济社会发展的决策和实施方案，总结部署全局性工作，一般每半年召开1次。1984—2011年，共召开政府全体会议57次。

### 二、常务会议

由区长或区长委托副区长召集、主持。出席人员为区长、副区长，区政府调研员、副调研员，区长助理，区政府办主任、副主任，区政府办所属科室负责人，区监察局局长等。邀请区人武部负责人出席。列席人员为有关单位负责人。主要讨论决定政府工作的重大事项，通过提请区人大及其常委会审议的工作报告和议案，讨论通过由政府制定和发布的规范性文件，制定区级财政预、决算方案等。

**北区第一届政府常务会议（1984年5月至1987年2月）**　共召开33次。主要议题有调整农业种植结构、发展水面养殖、农业综合开发、区址云溪镇市政建设、发展乡镇企业等。

**北区第二届政府常务会议（1987年2月至1990年2月）**　共召开34次。主要议题有完善农村联产承包责任制，发展特种水产养殖业，防汛，植树造林，清理整顿挂靠行政单位的公司，农村集镇和集市建设，发展区、乡工业等。讨论制定《关于开展植树造林封山育林活动实施“三年消灭荒山”的决定》等。

**北区第三届政府常务会议（1990年2月至1992年12月）**　共召开30次。主要议题有改革企业管理、推广农业技术、治理农村“三乱”、加强农村财务管理、招商引资、加强血防工作等。讨论下发

《关于治理农村“三乱”切实减轻农民负担的通知》等。

**北区第四届政府常务会议（1992年12月至1997年12月）** 共召开65次。主要议题有放开粮油价格、农业产业结构调整、实施九年义务教育、建设用地管理、人口生育控制、云溪城区供水工程建设、基本农田保护、开发专业市场、农田水利建设等。讨论制定《关于加快普及九年制义务教育的决定》《关于农村教育附加费征收管理办法》《岳阳市云溪区土地开发奖励基金管理办法》等。

**云溪区第一届政府常务会议（1997年12月至2002年12月）** 共召开64次。主要议题有统一企业职工基本养老保险、发展生猪养殖业、实施“德援造林”工程、长江堤段标准化大堤建设、清理整顿农村合作基金会、推进厂区协作协调、发展民营企业、修建云溪大桥、整治大厂周边水电、云溪河治理、落实城镇贫困居民低保等。讨论制定《清理整顿农村合作基金会工作的实施方案》《关于整治大厂周边水电的通告》《关于加强城镇管理若干问题规定的通知》等。

**云溪区第二届政府常务会议（2002年12月至2007年12月）** 共召开65次。主要议题有创办云溪工业园、防治“非典”、建设11万伏变电站、实施土地整理工程、加强文物保护工作、优化经济发展环境、交通建设、依法行政、政务公开、落实农村居民低保等。讨论制定《关于进一步优化投资环境的若干规定》《关于加快工业园建设和发展的规定》《关于保护陆城古城历史文化遗产的通告》《关于对驻区大厂新上及改制入区项目实行优惠政策的决定》《云溪区农村居民最低生活保障制度实施（暂行）办法》等。

**云溪区第三届政府常务会议（2007年12月—　　）** 至2011年12月已召开51次。主要议题有新农村建设、实施农业产业化、城镇化建设、创办云溪工业园长炼分园、临港新区建设、云港路与107国道互通工程建设、创建文明卫生城市、兴建污水处理厂、开发城南新区、落实新农合和农村养老保险制度、水利建设等。研究制定《关于创办云溪工业园长炼分园的决定》《关于建设云港路与107国道互通工程的决定》《云溪区农村合作医疗制度实施（暂行）办法》《云溪区农村养老保险制度实施（暂行）办法》等。

### 三、区长办公会议

由区长或分管副区长主持。出席人员为区长、副区长，区政府调研员、副调研员，区长助理，区政府办主任、副主任，区政府办所属科室负责人，相关单位负责人。有现场办公会、流动办公会和联席办公会等形式。主要研究、协调由区政府出面解决的重大急难问题。会议决定的事项，一般形成纪要或记录。根据工作需要和所属所管部门请示，不定期召开。

**北区第一届政府区长办公会议（1984年5月至1987年2月）** 共召开35次。主要内容有疏通农业生产资料供应渠道，解决长炼、岳化职工生活用煤问题，取消生猪派购任务，道仁矶汽渡码头建设，长炼第二期扩建工程征地拆迁，文物普查，兴建路口纺织厂，区机关搬迁等。

**北区第二届政府区长办公会议（1987年2月至1990年2月）** 共召开30次。主要内容有青山湖精养鱼池建设、白泥湖芭蕉湖水面开发管理、云溪镇城区云中西路建设、打击毁林犯罪、清理行政事业单位计划外用工、教育工作五项督导检查、兴建区人民医院等。

**北区第三届政府区长办公会议（1990年2月至1992年12月）** 共召开33次。主要内容有实行广播电视无线调频传送、第四次全国人口普查、全区果树资源普查、兴建云溪汽车站、兴建区文化娱乐中心等。

**北区第四届政府区长办公会议（1992年2月至1997年12月）** 共召开44次。主要内容有商品粮基地建设、制定教育经费预算方案、实行生猪定点屠宰、新建象骨港电排站、北区一中新校区建设、筹建云溪公园、加强信访工作、建立公路收费站、创建现场管理样板企业、修筑长江路及文排公路的征地拆迁等。

**云溪区第一届政府区长办公会议（1997年12月至2002年12月）**　共召开46次。主要内容有云溪铁路桥公路拓宽、小康乡村建设、四通市场建设、刑释解教人员安置帮教、培植长江防浪林、云溪大米厂改造升级、新埠西路安居小区开发、信息技术教育实验区建设、第五次全国人口普查、血吸虫疫区饮水设施改造等。

**云溪区第二届政府区长办公会议（2002年12月至2007年12月）**　共召开48次。主要内容有云溪镇城区电网改造、区疾病预防控制中心（简称疾控中心）搬迁、云溪公安分局搬迁、云溪宾馆整体转让、区消防站筹建、民营企业调查摸底、路陆公路升级改造、长炼建安搬迁工程遗留问题处理、政府招待所体制改革、云溪镇城区云中大道升级改造、云溪广场建设等。

**云溪区第三届政府区长办公会议（2007年12月—　　）**　至2011年12月已召开33次。主要内容有支援临港新区建设、武广高铁工程征地拆迁、支援随岳高速公路建设、云溪镇城南新区建设征地拆迁、农村清洁家园建设、云溪工业园长炼分园征地拆迁、炼化路征地拆迁、城市建设“五创提质”、落实被征地农民养老保险、廉租房和经济适用房建设等。

**四、专题会议**

由区长或副区长主持。出席人员有区长、主管副区长或相关副区长、政府办负责人、相关单位负责人等。主要内容是研究、协调和处理政府工作中的专门问题。形成会议纪要，由区长或召集会议的副区长签发后交相关单位执行。1984—1987年，北区第一届政府召开专题会议18次。1987—1990年，北区第二届政府召开21次。1990—1992年，北区第三届政府召开19次。1992—1997年，北区第四届政府召开25次。1997—2002年，云溪区第一届政府召开28次。2002—2007年，云溪区第二届政府召开31次。2007—2011年，云溪区第三届政府已召开27次。

## 第二节　依法行政

**机构**　1991年7月，区政府设法制办公室（简称法制办），核定行政编制1名，归口区政府办管理。2011年8月，区法制办升格为正科级机构，由区政府办加挂法制办牌子，编制增至2名。有12个单位设基层依法行政工作机构：区发改局设综合执法股，区教育局设政策法规股，区民政局设法制办公室，区司法局设法制宣传股，区财政局设税收法规股，区人社局设政策法规股，区住建局设政策法规股，区交通局设政策法规股，区林业局设林政资源法规股，区卫生局设法控股，区人口计生局设信访法规股，区文广新局设文化新闻出版管理股。

**依法理政**　1993年，区法制办代理区政府进行民事诉讼1件。

1998年4月，区政府作出依法治区决定，规定行政执法单位要严格依法行政。2001年始，实行行政执法首问责任制，规定行政执法单位、乡镇行政主要负责人为单位依法行政第一责任人，并配套实行问责制、错案追究制和行政赔偿制度。至2003年，共追究4名执法责任人的责任。

2002年9月，组织机关事业单位工作人员培训，培训后举行行政执法和有关世贸组织的常识考试。

2005年6月，区政府成立依法行政、科学民主决策专家咨询小组，由13名法律、经济界人士组成。作出推进科学民主决策和依法行政决定。是年，改革行政审批制度，行政审批项目由217项精简至161项（不含市直驻区行政执法单位的行政执法项目），精简26%。

2007年4月至2008年，区法制办编印《行政许可项目实施程序》《行政执法依据汇编》200本，下发行政执法单位。查处违法违规审批、乱收费等违法违规案件151起，纠正违规金额1374.1万元。

2008年10月，为纪念国务院《全面推行依法行政纲要》颁布五周年和贯彻实施《湖南省行政程序规定》，举办全区法制辅导报告会，参加学习320人。是年，云溪区被市政府评为依法行政创建服务型机关先进单位。

2009年5月，举办行政执法人员培训班，参训300人，完成年度行政执法证换发工作。

2010年，执行《湖南省规范行政执法裁量权办法》，制定部门行政审批、行政检查、行政处罚等行政行为的行政裁量权基准。组织相关执法人员集中培训，参训70人。做好规范性文件清理工作，确认继续有效的规范性文件44件，修改后重新制定的规范性文件4件，重新公布的规范性文件17件，失效的规范性文件23件，废止的规范性文件13件。

2011年，推行依法行政综合绩效考核制度，分季度先后4次对43个有行政职能的单位进行考核。落实行政执法案例指导制度，印发《行政执法指导案例汇编》500本。10月，组织全区2009年3月后新提拔的科级以上干部，学习省政府颁布的政府服务规定。始建立企业规范权力运行制度。全年登记区政府规范性文件7件，部门规范性文件1件，审查其他各类非规范性文件80件。

## 第三节　政务公开

2005年9月，区政府成立政务公开工作领导小组，下设政务中心，核定全额拨款事业编制5名。投入680万元，兴建政务中心办公楼。在区本级、区直及市直驻区单位、乡镇、公共事业单位实行政务公开。

是年，区水利局、区民政局、区交通局、云溪工商分局、区建设城市管理局（简称建设局）、岳阳市国土局云溪分局（简称云溪国土分局）、区发改局、云溪规划分局、云溪公安分局、区经发局等12个单位入驻政务中心公开政务。另设2个受理代办窗口，对行政审批办证量较少的区财政局、区农业局、区林业局、区畜牧局、区供销联社、区卫生局、区计生局、岳阳市环境保护局云溪分局（简称云溪环保分局）、区安监局、区文化体育广播电视局（简称文体广电局）、区人社局、区科技局、区质量技术监督所、区商务局等14个单位，实行窗口受理代办。

2006年，乡镇、厂矿、村（居）委会、学校，均实行政务公开。

2008年始，利用区政府门户网、政务公开栏、电视、手机报、《云溪政报》等，进行政务公开。至2011年，利用上述形式公开的政务有120项群众关心的热点问题。主要有：行政法规、规章和规范性文件，行政事业性收费项目、依据、标准，政府集中采购项目、标准及实施情况，重大建设项目批准和实施情况，扶贫、教育、医疗、社保、就业等方面政策、措施及实施情况，环保、食品药品、产品质量的监督检查情况，征地、拆迁及其补偿补助费用发放、使用情况，抢险救灾、优抚、救济、社会捐助等款物的管理、使用和分配情况等。

2009年，区纪委牵头，在路口、文桥、陆城3个乡镇进行试点，建立乡镇政务中心。2010年，部分重点村（居）委会建立便民服务代办点。至2011年，各乡镇和岳化社区均建立便民服务中心，重点村（居）委会建立便民服务代办点31个。

至2011年，入驻区政务中心的单位增至37个，政务公开项目由2005年109个扩大至289个。

## 第四节　经济调查研究

**机构**　1984年，经济调查研究由区政府办统管。1987年，区政府设经济调查研究室，归口区政府办管理。2000年12月，更名为经济研究室（简称经研室）。2011年更名为经研中心，属副科级单位，核定机关行政编制2名。

**经济调研**　1987年始，负责起草政府工作报告，汇总重要汇报、综合材料，收集、整理、传递政务信息，参与起草政府规范性文件，就经济工作组织调查研究，负责全区政府系统综合调研业务指导等。

1988—1995年，起草政府年度工作报告8个，综合上报市政府办信息1440条。

1997年1月，开展厂地协调协作专项调研。撰写的刘衍华署名文章《运用辩证唯物主义原理，妥善处理厂地协作关系，促进区域经济快速健康发展》，在当年10月《人民日报》国内政治部和《时代潮》杂志编辑部共同举办的全国新闻研讨会上获二等奖（未评出一等奖）。

2004年4月，组织区财政局、区民政局、区乡镇企业局等，对乡镇和村组负债情况进行调查。调查显示：1984—2003年，全区乡镇、村共负债1.92亿元。其中仅乡镇企业负债1.02亿元，乡镇财政、乡镇"七站八所"负债6000万元。7—8月，组织调研民营企业生产经营情况。至2003年年底，全区有民营企业1376家，完成总产值20.85亿元，实现利润6377万元，上缴税收2620万元，分别占全区企业总产值46.4%，总利润46.9%，总税收44.3%。发展中存在的困难主要是融资难，少数部门检查多、严格依法行政不够、干扰企业正常生产，企业管理体制不顺、行业无序竞争、缺乏现代企业管理意识，企业发展的社会环境欠佳，企业污染较严重等方面的问题。

2007年，开展驻区大厂改制企业发展情况调查，起草政府加强服务大厂企业改制和发展决定的意见稿。对区直部门企业改制进行调研，形成专题调查报告，以《领导参阅》件呈送相关领导。创办《政府通报》《政务信息》内刊，分别刊印5期、6期。

2008年，组织调研云溪工业园长炼分园建设、松阳湖临港新区征地拆迁、城陵矶区划调整、芭蕉湖保护与开发、承接沿海加工贸易产业转移、粉煤灰综合利用等工程项目，均形成调查报告。其中《关于加强芭蕉湖保护和开发工作的调研报告》《关于我区城乡居民安全饮用水建设的调查报告》《云溪区综合利用粉煤灰调研报告》等，形成区委、区政府文件或被写进有关工作报告。撰写的《深入解放思想，推进科学发展》《云溪区要走在全市推进新型城市化的前列》等署名文章，在《岳阳晚报》、红网上发表。

2009年，拟定的区政府投融资管理办法发布后，在170万相关网页排名第一。就物流行业发展情况、被征地拆迁农民的就业与生活情况组织调研，均形成调研报告。撰写的《转变发展方式推进科学跨越》理论文章在《岳阳晚报》发表。

2010年，编写《岳阳市云溪区国民经济和社会发展第十二个五年规划纲要》。

2011 年，经过调查研究，形成《道仁矶镇城乡统筹发展工作方案》《当前信访形势分析与研究》《云溪区战略性新兴产业调研报告》等文件和报告。撰写的田文静署名文章《打造幸福云溪的实践与思考》在省委《内参》发表，撰写的《发挥产业优势助推“四区一极”》在《岳阳晚报》发表，《加强环境保护建设生态新城》在湖南新闻网、《决策参政》发表。

## 第五节　办理议案提案

1984—1988 年，督促办理区人大代表建议、批评、意见和区政协委员提案 425 件。1988 年 3 月，区政协刘正湘委员提出加快植树造林，发展林业经济的提案。区政府督促林业部门办理、答复，并作出实行两年消灭荒山，五年达到绿化的决定。至 1989 年，共造林 2002.7 公顷，封山育林 4308 公顷，山地林木覆盖率由 1987 年 2.3%提升至 4.8%。文桥乡制订《封山育林公约》，至 1993 年，全乡蓄林面积 980 公顷，造林 86.7 公顷，分别被省、市政府评为植树造林先进单位。

1989 年，区政协王璟瑜委员提出血防工作亟待解决的几个问题的提案。区政府就开展血吸虫病疫情普查和查病治病工作下发 3 个文件，组织卫生血防系统开展查螺灭螺、查病治病。1990 年，北区被省政府增补为全省基本消灭血吸虫病单位。

1993—1996 年，办理区人大代表、政协委员建议、批评、意见、提案共 451 件。内容涉及法制建设、依法治区、加强社会治安综合治理、推进农村初级卫生保健工作、加强土地征收补偿费和安置补助费管理、城区环境卫生治理、规范教育收费管理、加强村级财务整顿等。

1999 年 1 月，区政协郑玲、姜小平、李应平等委员提出关于加强文物保护，开发陆城古镇旅游资源的提案。区政府主管副区长秦吉兵带领区文物部门深入实地调研，召开座谈会，听取各方面意见、建议。区政府将陆城镇申报历史文化古镇作为民办实事重点工作，成立领导小组，筹备申报工作。云溪区加强文物保护，受到省政府、省文物局通报表彰，4 月 26 日，被中央电视台《焦点访谈》节目予以报道。办理区人大代表关于发展科技事业的建议，区科技部门进一步健全科技网络，加快实施星火计划。是年，云溪区被国家科技委评为全国科技工作先进县（区）。2003 年，共办理人大代表建议、政协委员提案 249 件。重点解决无公害蔬菜基地建设、建设陆城土咀头电排站、开发云溪城区新埠西路安居小区等诸多问题。

2001 年，区政协罗石平委员提出加强长炼、岳化周边环境整治的建议。区政府主管副区长文春芳组织大厂周边乡镇、区公安、区工商、区交警、区电力、区水利、区城建等部门负责人研究，就整治大厂周边部分村民无序使用大厂转供水电及加强社会治安综合治理作出规划，责成相关单位限期落实。至 2004 年 5 月，云溪镇、云溪乡、路口镇、文桥镇等长炼、岳化周边农户用电，全部与大厂脱钩，用水实行装表计费。

2006 年，办理人大代表议案 1 件，建议、批评、意见 93 件，涉及 94 个问题。全部解决 48 个，部分解决 40 个，因受条件限制暂未解决 6 个。已办理的 88 件，人大代表表示满意的 83 件. 占办理议案、建议、批评、意见总数的 94.3%。

2008—2011 年，办理区人大代表议案、建议 339 件，政协委员提案 201 件。其中办理人大代表刘和平、王怀静、陈行君、彭国荣等提出的加强环境保护，建设生态新区等议案，区长陈志莲到云溪环保分局调查研究，区政府常务会议研究制定云溪区建设环境保护模范区实施方案，作出大力整治小化工企业的决定、全面开展城乡环境卫生整治行动的决定；否决引进环境保护评估不过关项目16个，关停有污染的企业20家；在企业实行节能减排，整治重点污染源企业，在农村推广“雨污分离、固液分离”生态治污技术养猪场，解决农村饮用安全水问题；开展城乡环境卫生整治行动，动工兴建污水处理厂、生活垃圾无害化处理场，使全区环境质量进一步好转。

## 第六节　督办考评

1984年，政务督办由区政府常务会议或区长办公会议安排，政府办组织实施。是年，就发展水产养殖、生猪养殖，农田基本建设，发展区、乡企业，防汛抗旱，开荒造林等工作进行督办。

1989年9月，区政府办牵头，组织区教育、区财政、区城建等单位20余人，分3个组按省定标准对全区91所学校逐项检查，督促整改。11月，经省、市检查验收，北区被省政府评定为全省基础教育合格单位。

1992年12月，区政府办内设督办室。是年年底，按区委、区政府制定的双文明建设目标管理考评细则，对全区7个乡镇（场）、43个行政事业单位按百分制实行计分考评。评定90分以上优良绩效的乡镇（场）7个、单位38个，80~89分绩效较好的单位4个，80分以下绩效一般的单位1个。

1994—1996年，督办区人大代表建议、批评、意见286件，督办区政协委员提案107件。

1999年4—8月，为落实区政府清理整顿农村合作基金会的实施方案，先后2次对23个单位进行督办，对15名未按期还清欠贷的干部职工，区政府作出暂停上班、限期还贷决定，并在全区予以通报。

2001—2002年，就农业产业结构调整、专业市场建设、长炼岳化周边水电整治、招商引资、落实城镇贫困居民低保、防治“非典”、优化投资环境、人口生育控制等，督办单位132个次。

2004年8月11—13日，通过听汇报、查资料、访对象，对部门单位援助“4050”（即女性40岁、男性50岁）下岗失业人员再就业进行专项督办。42个援助单位，有28个完成或部分完成区政府指令性腾岗安置任务，对14个没有落实腾岗任务的单位，限令年底落实。

2005年，先后就永济乡境内华能岳阳电厂煤灰贮存工程修建、云中路改造升级、重新开展长炼征用文桥黑屋土地拆迁工作、实施农村居民低保、政务公开等关系群众切身利益的重大事项，进行督查督办。

2006年，督办省政府批件1件、市政府交办事项3件，均及时反馈。

2008年9月27—29日，会同区委督查室、区安监局，对危险化学品专项整治进行督查。被督查的单位有乡镇、云溪工业园、云溪公安分局、区交通局、交警三大队、云溪质监所、云溪环保分局、云溪工商分局、区经发局。对其中3个单位提出限期整改意见，并印发《督查通报》。

2009年2月14—15日，区政府办、区督办室、区监察局、区林业局、区森林防火办公室组成联合督查组，对乡镇森林防火工作进行专项督查，印发《督查通报》。6月4—9日，组织区农业局、区林业局，对农村土地承包经营权证换发工作、集体林权改革进行专项督查。

2010—2011年，与区农村清洁家园建设办公室、区财政局、区住建局、区人大联络工委、区政协法制群团委组成联合督查组，分别就“清洁家园行动”和人大代表建议、政协委员提案办理情况进行督查。均印发《督查通报》。

# 第三章 施政纪要

## 一、筹粮支前

1949年9月，为迎接全国解放，五区区公所组织开展筹粮支前运动。区干部及县派人员共百余人分成3个工作组，包乡负责。按田土好坏分甲乙丙三等，分别以亩产300公斤、225公斤、150公斤计算，依据每户每人粮食占有量计征。规定不准强派，不准借完成征粮索要以往债务，保证群众基本生活。至次年1月，共筹集稻谷320万公斤、木柴7000公斤、马草58万公斤，提前完成筹集任务。

## 二、查田定产

1952年8月，五区、六区区公所组织开展查田定产。送县培训骨干，区乡培训技术人员，共组成15个工作组、195个清丈小组。经过试丈普丈、划类分等，至10月，查实境内有可耕地7386.67公顷(其中水田5713.3公顷，旱地1673.37公顷)，比土改复查时的统计数增加2429.33公顷。水田分为13个等级，最高每亩定产283.5公斤，最低108.5公斤。旱地最高每亩定产120公斤，最低40公斤，共定产1986.25万公斤，比土改复查核定产量增加25.5%。

## 三、统购统销

1953年11月15日始，在境内实行粮食统购统销、油料统一收购。1954年7月，实行食油统销。是年9月，对棉花实行统购统销。至1984年，共为国家统购粮食12.7万吨，年均4096.8吨；统购油料1821.87吨，年均58.8吨，棉花6555.96吨，年均211.48吨。

## 四、农业基础设施建设

1952年4—11月，五区、六区先后组织1400多人参与荆江分洪工程建设和治理南洞庭湖。

1957年10月中旬，云溪乡组织4000劳力参与围垦永济垸，修筑擂鼓台至象骨港长江防洪堤3400米，围垦荒滩3313.3公顷，扩耕面积552.07公顷。路口乡组织修建曹冲水库，库容200万立方米，灌溉面积333.33公顷。至1962年，各乡（社）共建库容10万立方米以上的水库18个。

1958年10月，云溪公社修筑黄泥沟及芭蕉湖渍堤共4000余米。各公社共组成3个兵团，参与全县围垦黄盖湖，修建铁山咀排水闸，筑防洪堤6000米，搬运土石方77万立方米。

1965—1975年，共修库容10万立方米的水库11座，新修、整修排灌主渠1.35万米，建桥涵隧洞23处，总长1.11万米，架机埠电排14个，装机总量647千瓦，兴修、加固江堤、渍堤22万米。

1975年10月，各公社（场）共组织2万余人参与全县修建冶湖撇洪渠。至次年春，开挖渠道23条，总长110.2公里。

1977年冬，境内1万余人参与全县围垦白泥湖，造田666.67公顷（后被淹300多公顷）。

1979年，云溪公社建成双花水库，水库坝长187米，高40米，干渠长17.5公里，容量776万立方米，为境内最大水库。

1988 年始，组织实施境内长江大堤标准化建设，规划堤面宽 12 米，高 37.5 米，堤面混凝土路宽 5 米，内坡设 6 米宽平台，外坡混凝土块护坡，建穿堤涵闸 18 处，2000 年全部完工。

1994 年，改造双花水库，将其建成中型水库，库容增至 1068 万立方米。

1995—1996 年修建枧口水库，库容 30 万立方米。建成象骨港电排站，装机容量 1120 千瓦。除险加固水库 12 座，占中小型水库总数的 33.3%。

2000 年，改造永济电排；2003 年，重建新设电排（1978 年首建）。是年始，实施土地整理项目，至 2011 年，共整理土地 1619.3 公顷，新增耕地 102.27 公顷，改造低产田 233.33 公顷。

2010—2011 年，改造冶湖撇洪渠云溪段，加固堤身，实行混凝土块和植被护坡，清淤疏浚干渠 11.6 公里，投资 180 万元改建华兴桥。另清淤疏浚排灌支渠 92.18 公里，护砌加固 5 公里，动用土石方 38 万立方米。2011 年，云溪区被省政府确定为洞庭湖区沟渠疏浚试点县（区）。

## 五、农业经济结构调整

20 世纪 50 年代初至 70 年代末，农村长期从事“以粮为纲”的单一经营，多种生产发展缓慢。

1978 年后，实行土地联产承包责任制的同时，加快农业经济结构调整。至 1983 年，境内农、林、牧、副、渔五业均有新的发展。

1985 年后，区政府提出“稳定粮棉油，主攻种、养、加，发展瓜、果、菜，开发丘岗地”，引导农民由传统农业向现代商品农业转化。在适当调减粮食种植面积，主攻单产确保总产的同时，发展蔬菜、西瓜、湘莲等多种生产。组织各地“消灭荒山、荒湖”，利用丘岗、湖汊，植树造林，栽培果木，发展渔业和河蟹等特种水产养殖。至 1995 年，粮、棉、油等主要种植业产值在农业总产值中所占比例，由 1983 年的 73.75%降至 47.11%，林业产值由 2.3%上升至 3.4%，畜牧业产值由 15%升至 22.2%，水产养殖由 8.95%升至 27.29%，蔬菜、瓜果在种植业产值中所占比例比 1983 年增长 4.34%。

1996 年 9 月，通过招商引资，创办陆城镇、路口镇、云溪乡、区交通局鳗鱼养殖场，总投资 7800 万元，预计年产商品鳗 1200 吨。但由于条件限制，加上管理不善，至 1999 年，鳗鱼场全部关闭。

1999 年，推广云溪乡东风村“公司+农户”产、供、销一条龙养鸡模式，由室内养鸡发展到山地养鸡。有条件的地方组织养黑山羊、肉牛。是年，畜牧业产值比 1995 年增长 4.1 倍，占农业总产值43.71%。

2000 年，贯彻市委、市政府农业产业结构调整会议精神，发动群众大种中药材。在道仁矶镇丁山村、泗垅村连片建基地 66.67 公顷，在各地指令性扩大面积 2000 公顷。至 2002 年，因技术、市场和土壤气候影响，绝大部分中药材难以卖出，造成严重亏损。

2002 年，按照区委更新传统农业观，赋予农民自主权，突出特色上精品的思路，通过合理调整产业结构，农民人均增收 216 元。省、市农业产业结构调整现场会先后在云溪区召开。8 月，全国人大常委会原委员长乔石、副委员长彭珮云，全国政协原副主席毛致用，杨正午，省长张云川等，相继到云溪区考察。

2003 年，区政府不再下达指令性生产计划，出台一系列优惠政策，引导农民以市场为导向，因地制宜调整农业经济结构。各地建立各种形式的养殖协会，发展肉鸡、外贸猪、特种水产养殖；实施“德援”工程，实行退耕还林，大力发展林业。至 2011 年，林业产值占农业总产值 3.2%，畜牧业产值占 33.68%，水产产值占 24.19%，与 1999 年比，除畜牧业所占比重略有下降，林业、水产业所占比例均提升 2~3 个百分点。

### 六、抗灾救灾

1949—1954年，五区、六区区公所组织抗御重大旱涝灾害5次、虫灾3次。1954年长江大水，新设堤垸洪涝成灾。六区区公所发动50多名干部、3600多名抢险队员紧急抢险。转移安置灾民1.84万人，抢救生产、生活物资计币89万元。

1959—1961年，连续3年大旱。各公社共出动9.8万人次抗旱保苗。发动群众生产自救，战胜特大旱灾。

1967年5—6月，各公社（场）共动员干部120人、劳力1.2万人抗击特大洪涝。

1970—1979年，实行药物喷洒和点灯灭蛾，抗击重大病虫灾害8次。

1984年6月，北区政府成立抗旱防汛指挥部，办公室设区水电农机局。

1988年5月初，组织2.5万名劳力，动用2300台（部）机具，全力抗旱保栽插。至中旬，完成早稻栽插面积2733.3公顷，占计划面积的91.7%。

1991年7月，垸内暴雨成灾。为挽回灾害损失，全区推广优质晚稻3549.33公顷，粮食比上年增产600万公斤。

1996年6—7月，长江大堤超警戒水位，内垸多处山洪暴发。全区出动干部1700人次、劳力2.6万人次，紧急抗洪。区财政部门拨款20万元，帮农民购买“倒种春”和玉米种籽，恢复生产。

1998年7—9月，政府正、副区长和其他区级领导带队，分工负责，分垸内垸外两个战场，组织抗击特大洪灾。

2001年，道仁矶镇柳田村遭受雷击受灾110户。区政府组织道仁矶镇、区卫生局、区民政局等单位迅速抢救伤员，筹集款物折币1.5万元，帮助灾民恢复生产生活。

2002年7月22日凌晨，境内突降暴雨，山洪猝发。区政府正、副区长，其他区级领导包段负责，乡镇干部包段防守，组织干部群众加固堤防，值班守护水库塘坝，检查核实重灾户、倒房户、绝收户，组织开展生产自救。至9月上旬，恢复灾区正常生产生活秩序。

2008年1—2月，积雪冰冻27天，多处公路交通中断。区政府组织干部职工除冰铲雪7天，保证公路车辆安全过境，旅客顺利通过。

2011年7—8月，境内旱情加剧。区政府会同区人武部，组织实施人工降雨，缓解旱情。

### 七、农民减负

1991年6月，区政府决定治理农村“三乱”，查处不合理的乱收费、乱集资、乱摊派。是年，乡、村统筹提留款占人均年收入的比例降至2.8%，比1981年、1985年分别降低3%、2%。

1995年，实行农民负担监督卡制度，先后4次召开全区减轻农民负担讲评会，促进减负工作。至2000年，农民负担人均87.5元，比全市平均水平低8%，人均负担义务工、劳动积累工20个，比1996年、1999年分别减少9%、4%。

2002年，取消乡统筹、农村教育集资，取消屠宰税、劳动积累工及义务工制度，降低农业税、农业特产税，改革村提留征收办法。农民人均负担降至55.3元，比全市平均数低14%。

2004年，落实国家“三补一降一取消”政策，农民人均负担减至24.3元，比2002年减少31元。

2006年1月1日，全区取消农业税。并发放良种补贴、粮食直补、农机具购置补贴共218.9万元，农民人均净增240元。实施农村义务教育阶段贫困家庭学生“两免一补”制度。免去中小学贫困家庭学生课本费7376人次、33.23万元，学杂费235人次、2.31万元，补助家庭困难的寄宿生生活费120人次、6000元。

2007年始，实行义务教育阶段课本费、学杂费全免。继续对困难家庭寄宿生实行生活补助，至2011年，共补助693人、5.8万元。

**八、工业化建设**

1949年后，政府重视发展工业，但一度进展缓慢。至1957年，国营工厂，手工业合作社、组只有15个，工业产值26.03万元。

1958年9月，实行工业“大跃进”。境内按照县钢铁生产指挥部统一安排，与全县共调集2500多人在陆城白马矶、青山咀等地筑土高炉24座，苦战半年，炼出废铁102吨。次年4月停办。调集劳力，兴办农具厂、机械厂、油脂厂、机砖厂等大小工厂87家。1961年，执行“调整、巩固、充实、提高”方针，调减至33家，一定程度上促进社队工业兴起和发展。

1964年，响应毛泽东“工业学大庆”的号召，加快发展工业。但由于“文化大革命”影响，至1976年，仅有工业企业47家，产值490万元。

1978年，贯彻中共十一届三中全会精神，把工作重心转移到社会主义现代化建设上来，各公社(场)利用本地资源，发展社办企业。至1983年，共有小型建材、化工、化纤企业342家（含个体企业)，工业总产值696万元，比1957年增长25.74倍。

1984年，区政府把发展乡镇企业纳入国民经济发展第七个五年计划，提出“依托大厂，放开手脚，大办区、乡、村、组、个体、联户企业，做到六个轮子一齐转，上下联动办工业。”至1988年，工业企业发展至587家，工业总产值6389万元，比1983年增长8.18倍。初步形成建材、轻纺、化工、食品等四大产业结构。

1992年，建立各种形式的经济承包责任制，全面转换企业经营机制，增强工业企业发展活力。1996年始，实行企业股份制改造，广泛吸纳社会资源，掀起新一番工业化建设高潮。至1998年，工业总产值增至12.34亿元，比1988年增长18.31倍。

2003年，贯彻区委“工业立区”方针，建立私营经济发展基金，掀起全民自主创业热潮，民营企业发展至1376家，完成产值20.85亿元，占企业总产值46.4%。创办云溪工业园，广泛吸纳长炼、岳化改制企业和外地企业落户境内。至2006年，入驻工业园项目58个，创产值10亿元，实现税收2700万元。

2008年，创办工业园长炼石化分园。至2011年，工业园共引进企业123家，其中规模企业55家，形成催化剂新材料、高分子聚合物、生态医学化工、环保溶剂、颜料染料中间体、炼油气体加工六大支柱产业。规模工业创产值142.57亿元，比2002年全区工业总产值增长5.98倍，工业净产值在全区生产净值中的比重由45.52%增至63.36%，云溪区由城郊型农业区发展成为岳阳市新型工业区。

**九、城镇建设**

1984年年初，除长炼、岳化厂区外，境内城镇人口不足1万人，城镇建筑总面积仅7.5平方公里。

1985年5月，区政府组织区民政、区建设、区规划、区商业、区供销等部门，进行全面规划，分步实施，加强农村集镇建设。

1986年5月，区机关入驻云溪镇。拓宽过街老107国道，新建云中路主街。改陆城乡为陆城镇，扩大陆城城区面积1平方公里。

1987年，兴建路口八字门街道；1989年，始建金桥路。至1994年，使路口镇成为以路口铺“三角坪”为中心，拥有东西南北四至4条主街的小型卫星城镇。

1993年始，加强道仁矶镇城镇建设。至1996年，建成沿江南、北和道云路3条主街，新增城区面积1.2平方公里。

1995年，支持文桥乡加大投资，加快乡政府驻地建设。至2011年，先后投资4000万元，拓宽乡政府驻地文修桥老街，开辟文排路、望江路、蓝田路3条主干道，新建下湾农民街、长炼北干道街。

1996年，加快发展松阳湖农场场部驻地象骨港城镇建设，至2001年，建成以三角坪为中心的东、西、南、北四至4条主街，面积1.3平方公里。2002年，拓宽三角坪十字街，配合临港新区新建凌泊湖居民小区。

2010年，实施省委“四化两型”（即推进新型工业化、农业现代化，新型城镇化、信息化，建设资源节约型、环境友好型社会）和区委“中心城区云溪示范，卫星集镇梯次跟进”发展战略，把加快城镇建设摆在施政谋发展的重要位置，加快开发云溪镇城南新区，拓展工业园，推进云溪镇城区与岳阳中心城区和临港新区对接，继续加强道仁矶镇、永济新镇、文桥镇、路口镇、陆城镇城镇化建设。至2011年，全区城镇建筑面积28.7平方公里，城镇居民3.26万人，分别是1984年的3.83倍、3.33倍。

### 十、交通网络建设

1949年前，境内没有通车公路，仅有1条过境铁路。

1949年后，政府采取国家投资、地方筹款、民工建勤等办法，加强交通建设。至1969年，先后兴建陆城、文桥、路口、云溪、松阳湖至岳阳、临湘长安等地公路，做到公社（镇、场）社社通公路。并支援国家修建京广（铁路）复线云溪段。

1970—1983年，各地分别以乡镇（社、场）驻地为中心，将公路向村（分场）组延伸。

1987年，区政府根据1984年5月制定的北区城区建设初步规划，着手加强云溪镇城区交通建设，拓宽云溪镇过街老107国道云溪城区段。

1988年始，借助国家、省、市在境内实施重点工程的契机，大力发展区域交通事业。是年，积极配合做好征地拆迁工作，支援国家修筑新107国道云溪段。至1991年，使纵贯区境南北公路主干道由1条增至2条。

1997年，为打通区域东北部与临湘市通道，组织专门班子专业队伍，拓宽、改造文桥至临湘排贝桥文排路。

2001年，为便利长炼通勤车和文桥等地中巴车畅通云溪、岳阳，兴修长炼至107国道连接线。

2005年始，抢抓国家重点项目增多，云溪区域经济发展加快的有利条件，推进交通网络建设进入快速发展时期。至2011年，共修筑铁桃路、云港路、临江路、随岳高速公路云溪段等公路主干道18条，加上乡村公路，公路总里程达到1110.69公里（含村组屋场及长炼、岳化厂际公路），比1983年新增843公里；支援国家修建武广高速铁路云溪段，使过境铁路增至2条，铁路总长增至65.34公里，比1983年新增19.8公里；在沿江修建客、货码头9个，汽车轮渡横江直抵湖北白螺、杨林山，货轮可通江达海，形成线路密布、水陆相连的交通图。

### 十一、扫除文盲与发展中小学教育

**扫除文盲** 民国35年（1946），境内12岁以上人口中，文盲占74.71%。

1950年，各区、乡响应县政府号召，为扫除文盲而奋斗。至次年冬，相继兴办冬学、速成识字班、农民夜校等形式的扫盲学校（班）180所（个），组织90%以上的青壮年文盲参加扫盲教育。1958年，路口公社青壮年脱盲570人，被评为全国扫盲先进单位。公社党委书记李小凡出席全国群英大会，为境内党组织主要负责人首次出席全国英模会。

1964年，文盲和半文盲占12岁以上人口的32.8%，比1946年下降31.91%。“文化大革命”期间，扫盲工作中断，1978年恢复。

1984年后，区政府结合基础教育和职业技术教育大力推进扫盲工作。举办培训班，开办扫盲学校，开展多种文化学习活动。至1995年，15周岁以上青壮年人口中文盲率为零，全区70岁以下人口非文盲率99.5%。是年10月，经省政府组织评估验收，认定北区为无文盲区。

**发展中小学教育**　1950年，境内没有中学，仅82所小学，适龄儿童入学率31.42%。1958年，提出“三普及”（普通小学、初中、高中）、“一营一学校”（人民公社实行军事化建制，营相当于现在的村，每一营建一所学校）。至1960年，小学发展至121所，并办有3个附设初中班、2所农业中学。1962年，小学调减至109所，中学调至2所、农业中学减至1所。1968年，公社、大队办中学，至1970年，中学增至8所，每所中学开设高中班。1975年，小学由1970年172所增至177所，农业中学增至2所。

1978年，重新调整教育发展规划。至1983年，小学调至99所，学生15246人，适龄儿童入学率93.7%；中学由1976年48所（班）减至7所，学生3201人，小学升初中率89.3%；高中由1976年8所（班）减至2所，学生356人，初中升学率29.3%；农业中学停办。

1984年始，区政府多次制订并修改教育事业发展规划，根据生源不断调整学校布局，实施普及九年制义务教育和“科教兴区”；至1993年，经省政府验收，北区成为全省首批实现普及九年制义务教育的县（市、区）。

1995年始，区政府进一步加强教育投入，努力改善办学条件。是年，全区74所中、小学基本消灭危房，经省、市普及九年制义务教育复查，中、小学教学设施全部达到教育部颁布的一类标准。至2000年，先后投资9400万元，完成区一中搬迁工作。2006—2011年，共投资1.5亿元，合并部分学校，整合教育资源，新建改造学校25所，完成建筑面积5万平方米，使60%的中、小学成为国家规定的标准化合格学校。

2011年，全区适龄儿童入学率100%，比1949年、1983年分别提高68.58%、6.3%，小学升学率、九年制义务教育普及率均达100%，初中毕业生升入高中阶段的比率比1983年提高65.7%，达到98.5%。

### 十二、创建文明卫生城市

1987年始，开展创建文明卫生城市活动。至2001年，区政府驻地云溪镇东、西两片城区连成一体，形成整体城区。乡镇驻地水、电、路、通讯等基础设施配套，基本完善城市功能，树立城市形象。2001年，削平、拉直、拓宽云溪镇云中路，铺砌人行道，装修门店，种植花卉，更新、延伸街道路灯，美化亮化云溪镇城区。

2002年，区政府作出加强城市市容市貌管理的规定。2003年，区环卫部门建立、落实环境卫生责任制，治理脏、乱、差。全区开展评选文明道德市民活动，加强市民文明教育。开始治理云溪河，创造宜居城市环境。是年，经全国爱卫委检查验收，云溪作为岳阳市城区，同岳阳一并被评为全国文明卫生城市。

2005 年，修建云溪大桥南、北两侧步行街，整修云溪镇城区主、次街道，绿化城区面积 67 万平方米。2007 年，云溪创建文明卫生城市通过国家爱卫委复查。

2010 年，区政府制定城镇面貌“三年大变样”目标，实行城乡统筹，开展城市建设“五创”提质活动。并加强责任，突出重点，结合“五创”提质，在乡村广泛开展“清洁家园”行动。

2011 年，完成云溪广场、污水处理厂等城市重点配套设施建设。装修改造云中路沿街门面，整治乡村集镇卫生死角。云溪区创建文明卫生城市再次通过全国爱卫委复查。

## 十三、健全社会保障体系

**落实社会保险制度** 1951 年，五区、六区区公所组织落实境内商贸、供销等部门全民所有制企业职工和机关单位工作人员退休养老保险。1958 年，放宽享受退休养老保险待遇条件身体丧失劳动能力提前退休的相关职工、工作人员享受养老保险。1978 年，将退休养老保险金由 1958 年本人标准工资的 50%~70%提高至 60%~90%。1983 年，试行用工单位按职工工资总额 18%、职工按本人标准工资 2%逐月缴纳养老保险金。

1986 年，落实企业职工、城镇青年待业失业保险。

1989 年，实行全民企业合同制工人养老保险社会统筹。是年，参保 30 个单位、750 人。1997 年，将参加社会统筹养老保险的范围扩大至所有用工单位的工作人员。参保单位增至 186 个，参保人数增至 4430 人。

1999 年 6 月，区政府制定城镇职工基本医疗保险实施办法，12 月，实行城镇职工基本医疗保险制度。全区参保单位 117 个、3563 人。2002 年，降低入院起付费（又叫门槛费，即住院医疗费中由个人支付的费用），提高基本医疗保险基金支付个人的最高限额。次年 4 月，在实施基本医疗保险的基础上增加大病互助医疗保险，从根本上解决城镇职工就医难问题。至 2004 年，参保单位增至 143 个，参保人数增至 4127 人。

2004 年 7 月，区政府制定被征地农民养老保险试行办法，率先在全市实行被征地农民养老保险。当年在永济乡试点，此后逐步推广。至 2011 年，全区被征地农民参保 1800 人，占被征地农民的 40%。

2005 年，全面实行城镇职工生育保险、工伤保险。生育保险参保单位 168 个、3219 人，工伤保险参保单位 37 个、988 人。

2007 年 8 月，区政府制定城镇居民基本医疗保险实施方案，召开有关动员会。次年 1 月始，在全区实行城镇居民基本医疗保险。是年，参保 21235 人。

2011 年，实行农村居民养老保险制度。有 9894 名年满 60 岁以上的农村居民首次领取每人每月 50 元的养老保险金。

**实施再就业工程** 1998—2000 年，组织开展再就业培训，帮助下岗失业人员作好再就业准备。2003 年，落实国家优惠政策，发放“再就业优惠证”，鼓励下岗失业人员自主创业。是年，通过自主创业实行再就业 485 人。2004 年，实施以安置“4050”人员为重点的再就业工程，由机关单位腾岗安置“4050”人员 321 人，完成市下达任务的 104%。2005 年 9 月，开展援助“零就业”家庭（即无一人就业的家庭）专项行动，援助 90 名“零就业”家庭失业人员重新上岗。2009 年始，建立区、乡人力资源市场和就业服务平台，加强信息交流，扩大再就业。至 2011 年，城镇再就业 1.26 万人，比 2003 年净增 6000 人。

区老年人福利服务中心

**落实城乡居民最低生活保障制度** 1999年，区政府制定城镇居民低保实施方案，召开区、乡、村三级动员会，举办培训班培训乡、村专职人员，对城镇低收入困难家庭实行低保制度。是年，提供保障1382人，发放保障金100.04万元。2004年始，逐年扩大保障面，增加保障金额。2011年，保障对象扩大至2060人，保障金由2003年月人均113元增至180元。

2005年12月，区政府制定农村居民低保实施办法，落实农村居民低保制度。低保9850人，发放保障金20万元。2007年始，逐年增加保障对象，提高补助标准。至2011年，保障对象增至2.98万人，发放保障金116.4万元。

**农村福利院建设** 1958年，农村以片为单位办养老院。1962年，养老院解散。

1985年，陆城乡政府创办全区首个福利院（又称敬老院）。1995年4月，区财政投入85万元，兴建道仁矶福利院。

2004—2005年，先后维修改造陆城、道仁矶福利院。

2006—2009年，投入1393万元，先后兴建云溪乡东风福利院、新铺福利院、文桥福利院、路口福利院、区直属光荣院（后更名为区直老年人福利服务中心）。其中2009年投资760万元兴建区直属光荣院，占地5797.1平方米，建筑面积5350平方米，住房117套。每个房间卫生间、盥洗室、宽带网、电视、电话、电扇、壁炉、床、柜、桌、椅等生活娱乐设施配套齐全，院内配有学习室、阅览室、娱乐室、门球场、健身设施。2011年，全区福利院入住五保老人426人，占供养五保老人的64.8%，位居全省第一。

**推行新型农村合作医疗** 2007年2月，区政府制定新农合实施方案，成立区新农合管委会、区新农合监委会，下设办公室，在各乡镇建立相应机构。4月，在全区实行新农合制度。参与新农合7.58万人，参与率94.72%，居全市第一。2008年，降低住院门槛费，提高报销比例和单病种报销范围。2009—2011年，农业人口参加新农合8.41万人，参合率100%。

**廉租房和经济适用房建设** 2008年，为解决城镇低收入家庭住房困难，区政府通过招商引资，加强城市建设投融资，着手廉租房、经济适用房建设。至2011年，共建廉租房、经济适用房300套，面积3.75万平方米。发放低保无房户、低收入无房户租房补贴700户、68.98万元。

# 附　临湘县署、县政府主要政事

## 一、临湘县县署主要政事（明至清代）

**办学宫** 明洪武十九年（1386），知县马杰在县治陆城创建学宫。此后，有知县邓荣、李般、张璠、尹仲仪、张明儒及乡绅沈植等主持改建、扩建。明末战乱，学宫部分被毁。清康熙四年（1665）始，先后经知县潘友范、张釬、陈澄度、杨敬儒、罗仁、孙湶、刘德熙、胡文炳、恩荣等修复、扩建。抗日战争时期，学宫被日军毁坏。

**建书院** 明万历年间(1573—1620)，知县冉嵩创建人文书院。后圮毁。清初，创办湘湄书院。至嘉庆十四年（1809）停办。道光四年（1824），知县徐凤喈创建莼湖书院。书院有房46间，占地3500平方米，是县内盛极一时的最高学府，至光绪二十八年（1902）改名为临湘县办实业小学堂止，先后延续80年。

**辟考棚** 清嘉庆十五年（1810），知县张富业倡修考棚。考棚有照墙、头门、龙门及文场40间，至公堂、衡文所各1间。同治元年（1862）三月，考棚为风倾覆，后重修。同治十年，浙江台州府知府、邑人刘璈捐资新建官厅1间，堂号1间，夹号20间。

**筑城墙** 明成化十一年（1475），知县唐绢，始在县治陆城筑土城，城墙盖瓦。后任知县罗俊、黄嵩，相继修培。正德初（1506），知县邢思敬，增修“引圻”“望荆”“瞻岳”“会江”等东西南北四门。明万历三年（1575），巡抚都御史赵宪，檄同知韩锲龙、知县陆勋建砖城，改东、西、北门名称，分别称“平湖”“盘山”“望江”，南门仍称“瞻岳”，门各有楼，明末被毁。清康熙二十四年（1685），知县杨敬儒修复，分别改称东、西、南、北门为“延泽”“倚屏”“迎薰”“却波”。雍正二年（1724），知县朱元裕重修。同治年间已圮。

**修县署** 知县署始建于宋淳化五年（994），明洪武三年（1370），知县李汝霖重建。嘉靖十年（1531），知县尹仲仪垒石为址，中辟正门。正门外，左建申明亭，右建旌善亭。治左建幕厅，右建库房，后建川堂。隆庆六年（1572），知县署被毁。万历初，知县刘汉东修复，立戒石亭，夹以两廊。东为吏、户、礼科房，西为兵、刑、工科房；前为仪门，门东为土地祠，西为监狱，外为谯楼。后知县张明儒通加修缮，使县署规制大备。明末战乱中，县署被毁。清顺治七年（1650），知县朱挟鏃，建穿堂、便堂各3间。康熙七年（1668），知县潘大台，修大堂3间，两廊吏舍12间。康熙二十四年，知县杨敬儒重修，后有知县陈廷弼、刘章澄、傅霦、薛澍，先后增修县署。咸丰四年（1854），县署在战火中被毁。

**编县志** 明成化九年（1473），知县李彰，主持编纂临湘县第一部县志。明万历十七年至十九年（1589—1591），江阴举人、知县张明儒会集乡贤，视察山川、疆域，走访乡曲里巷，询老访贤，查阅典籍文卷，集录新闻轶事，集3年之功，编纂刊刻《临湘县志》。清康熙二十四年（1685），知县杨敬儒遵朝廷限期修志令，开设编志馆，集一县儒师、缙绅、生员若干人，分工编纂，由参与纂修《湖广通志》《岳州府志》的杨柱朝总纂成《临湘县志》。清同治五年（1866）始，盛庆绂、白恩荣、杜燮、胡文炳四任知县先后主修县志，设修志局。以教谕熊兴杰、朱俊彦、欧阳恩霖为总纂，湖北监利进士王柏心为订正，至同治十一年秋编印成书。

**办团练** 为镇压太平天国起义军，咸丰二年（1852），县增生程起义，首倡办团练，联络八团，设局基隆山。同年八月，吴宇均被推举为基隆山团防总局局长。至年底，全县有团练101局。咸丰六年（1856），知县周廷鉴设十三总局统之。团局火药器械，全由官给，经费则随田派取。后因多次被太平天国起义军所挫而衰败。

**编查户口核定田亩** 清康熙二十四年，核定临湘田亩为39.24万亩。清嘉庆二十一年（1816）。核定临湘有43824户，人口36.9797万人。清同治十一年（1872），查核有49939户，33.5341万人。成熟田地塘40.6512万亩。清光绪三十二年（1906），户口编查，有56425户，32.2340万人。

**镇压农民起义**　清咸丰二年（1852），太平天国农民起义军进入临湘。桃林大条李家村民李战、李道岸、李寅等人，率村民500余人起义。县署引清军围攻，纵火焚烧村庄，致使起义失败。清光绪十七年（1891），临湘会党首领汪殿臣率贫苦农民起义。县署组织团练，协同清军反复围剿，起义于次年失败。清光绪二十六年（1900），被清军围剿的自立军一部，从湖北新堤进入临湘县境。知县赵从嘉在县内组织逐保逐甲逐户大搜查，配合清军镇压，自立军成员多数被害。

**处理临湘教案**　清光绪十九年（1893）六月，西班牙传教士安熙光从湖北来临湘滩头关石团，骗购房屋一栋，改设教堂，遭到当地民众强烈反抗，聚众拆毁教堂。安赴县城交涉，知县刘凤伦亲赴关石团，强迫当地民众火速赔偿。后安熙光从汉口请来各国领事，乘法国炮舰直抵陆城，向县署提出赔款、割地、允许自由传教、惩办抵制传教的民众。在外国侵略者的武力恫吓下，县署官员与之订约5条，其主要内容是：赔偿白银400两，惩办与此案相关的民众，保证传教士自由传教、保护教堂等。后来，安熙光又在鸭栏矶附近霸占数十户居民房屋田地，新建教堂。县署官员又一次屈从洋人意志，勒令居民搬迁。直至光绪二十一年十二月，这一教案才办理完结。

### 二、临湘县县政府主要政事（民国6—34年）

**歼灭团匪整训团防**　民国6年（1917），有些劣绅借口保境安民，组织团防。民国17年编为3个常务队、5个独立排。其成员多系土匪恶霸，流氓地痞，凭借武力称霸一方，名曰团防，实为团匪。其中势力最大的有杜华秋、喻大道、廖鹏三股。民国19年农历九月十五日，县长李元箸计杀团匪头子杜华秋于县政府警卫室。民国20年6月，新任临湘县长魏云，在国民党军19旅旅长兼岳阳保安司令段珩的协助下，以检阅为名，将全县各团防队集中到县，包围缴械，团匪首领廖鹏被解省正法。撤销团防，查办清洗不良分子，另组县保安大队，下辖5个分队。

**迁县治**　临湘县原县治在陆城，地处县境边缘。民国12年，县府有迁县治动议，陆城附近豪绅反对。民国16—17年间，主张迁治者成立临湘新治筹建委员会，以方经国主其事；反对迁治者成立以敖伯川为主任委员的临湘旧治维持委员会。两会分庭抗礼，各陈已见，各找靠山，持续近2年。后，方经国集中众议，权衡利弊：陆城偏于一隅，远离粤汉铁路，江湖环绕，水患频仍，长安地位适中，有近铁路之便，无水患之忧。两下对比，利弊彰然，迁治意见终告统一。具文报省后，县人王炎生多方周旋。民国18年年底，经省政府批准，民国19年6月15日（农历五月十九日），县治由陆城迁长安。

**"围剿"工农红军、八路军，杀害共产党人**　民国16年"4·12"反革命政变后，军阀夏斗寅在宜昌叛变。5月17日，临湘县长公署密令县团防武装，大肆逮捕屠杀共产党人和工农运动骨干，境内中共组织及工会、农会遭到破坏。民国18—19年，调集县团防、县保安团第一分队和云溪、陆城两区"铲共义勇队"，围剿湖北洪湖、沔阳、监利的红军在云溪、陆城、谷花洲等地组织的农民武装暴动。民国34年3月，王翦波拒绝王震率领的八路军南下支队提出的团结抗日主张，扬言"翦，抗日不足，剿匪有余"，并派重兵妄图阻击八路军南下支队南下开展抗日斗争，后，被八路军南下支队击溃。

# 第四章　综合政务

1949年8月后，综合政务由境内各区区公所秘书负责。1958年10月后，由各公社行政办公室负责。1984年6月，主要由区政府办统管。2002年4月，区政府办内设秘书室、经研室、督办室、法制室、民族宗教侨务室（简称民宗侨务室），归口管理区政府机关财务室；除区政府正、副区长和助理调研员行政编制按实际情况另行单列外，其余共核定机关行政编制11名、全额拨款编制2名、离退休人员管理和机关后勤服务人员事业编制9名。2011年8月，内设机构增设金融证券室、人防工程建设管理室；督办室更名为督查室，归口管理区安监局；机关行政编制增至23名，机关后勤服务事业编制增至10名。

# 第一节　安全生产监督

## 一、机构队伍

清末、民国时期，境内无安全生产监督机构。

1955年始，工厂配安全技术员。1960年，安全生产监督由县安全生产委员会及其办公室负责。“文化大革命”初期，安全生产组织瘫痪。1972年后逐步恢复。1978年3月始，安全生产由县革委会安全生产领导小组管理。1983年12月至1984年3月，改由县劳动人事局安全监察股负责。

1985年7月，区劳动人事局设安全生产监察股。8月，成立区安全生产委员会。1987年，全区配专职安全员108人，兼职安全员15人。1991年，区、乡企业均成立安全生产领导小组，共有成员472人，安全专干109人。2003年12月，成立区安监局，安全生产监督管理职能由区人社局移交区安监局，归口区政府办管理。2011年，区政府办加挂安监局牌子。

## 二、宣传与培训

1985年9月至1986年11月，受市劳动局委托，分别在临湘县政府招待所、区供销联社举办岳阳市第二期、第三期司炉工培训班，境内参培司炉工73人次。

1987年7月，开展特殊工种培训考核发证工作，参加培训考核发证的司炉工、爆破工、焊工共381人。在路口镇塑料厂、水泥厂开展企业安全生产、防尘防毒等试点工作。

1988年始，独立举办企事业单位特殊工种培训班。至2003年12月，先后办电工培训班5期，有372人通过培训取得专业操作证；办焊工培训班4期，有296人获得焊工操作证；办建筑架子工等专业培训班3期，有187人获得专业操作证；办爆破员培训班1期，有23人获得爆破证。少数报名人数不足以独立办班的专业工种，委托市局并入其它县区培训班进行培训，使从事特殊工种人员掌握相应的安全生产常识，做到持证上岗，按章操作。

1991年，组织66名厂长、经理进行技术培训，有64人取得任职资格证。

1994年，举办司炉工、电工安全生产知识培训班3期，参加培训150人。

2000年6月，开展“安全生产月”宣传活动。通过出动宣传车辆，发放宣传资料，悬挂、张贴安全生产宣传图片，下发宣传标语，接受群众咨询，接待处理群众来信来访，使直接受教育者达2.18万人。

2006年7月，办安全生产培训班4期，培训乡镇安监人员、企业厂长经理846人。

2007年11月，举办烟花爆竹零售户安全资格培训班，培训103人，考试合格98人。12月，举办危险化学品从业人员安全教育培训班，参训178人。

2011 年，开展免费劳动保护培训，办班 10 期，培训 3914 人。

### 三、安全生产执法

1987 年，实行企业安全生产经营许可证、特种作业人员营业证、产品质量合格证“三证”同时审查。至次年，企业、特种作业人员持证率 80%以上，企业事故死亡率、重伤率分别控制在 0.08‰、0.3‰以下。

1991 年，开展安全生产目标管理竞赛。年终目标管理检查，评出优胜单位 6 个，现场查出不安全隐患 225 处，整改 164 处，停产整顿 7 家，限期整改 32 处。全年没有出现生产死亡事故。

1994 年，加强特种设备现场监察。先后跟踪监察锅炉 30 台、压力容器 35 台，没有发现重大安全隐患。

1996—1999 年，先后 4 次专项检查车站码头、易燃易爆场所、采矿场地、建筑施工土地，下达整改指定书 314 份，一般性安全整改书 90 份，重大隐患整改率 100%。上述场所安全生产事故年均发生数比 1995 年下降 43.2%。

2001 年 12 月 23 日，云溪粮贸中心维修，因电焊工操作不当，引起仓库起火，为建区后因特殊工种人员违章作业造成的第一起重大安全生产事故。事后，云溪粮贸中心负责人被拘留 37 天，2 名违章作业电焊工被逮捕，受到法律惩处。

2005 年 8 月，处罚建筑安全事故责任人 4 人，通报 2 个单位。12 月，组织专家对全区 82 家危险化学品生产经营单位和非煤矿山企业进行安全评估。是年，区安监局局长潘斌被国家安监总局评为全国安全生产先进个人。

2006 年 6 月，联合区教育局封闭重点安全隐患单位道仁矶镇丁山学校，将学生转移到附近民房上课，并筹资 22 万元，帮助新建校舍。

2007 年，会同区消防、区工商等部门，排查 31 家危险化学品生产企业，发现隐患 18 处，下达整改通知书 12 份，责令停产停业整顿 1 家，罚款 1.8 万元。

2008 年 3 月，区政府办牵头，组织开展安全生产隐患排查、治理行动。排查区、乡重点企业 80 家，发现隐患 37 处，下达整改通知书 16 份，当场整改隐患 10 处。道仁矶镇被评为省级安全生产示范乡镇，孟致红被省政府评为安全生产先进个人。

2009 年，组织相关单位 90 余人，对长炼北干道输油管线沿线重大安全隐患进行集中整治，撤除违章建筑 3 处 210 平方米。联合区交通、区交警、区质监、区公安、区环保等部门，对危险化学品道路运输、维修企业、停车场所进行专项检查，设点查车 11 台。

2010 年 3 月，召开全区安全生产工作会，118 个单位向区政府递交安全生产责任状。9 月，组织区环保、区工商、区交通等部门，督查 61 家危险化学品从业单位，发现隐患 65 处，下达整改通知书 15 份、采取强制措施决定书 1 份，当场整改隐患 12 处。

2011 年 4 月，配合省、市安监局，分别对岳阳瑞源石化公司生产许可证发放，云溪工业园山鹰化学公司试生产进行验收。是年，云溪镇被评为省级安全生产示范乡镇。

## 第二节　信访接待

### 一、机构

1950年，信访工作由县委秘书科兼管。1954年，由县政府设立的人民检举站和人民问事处管理。1957年4月始，由县人民委员会秘书室兼管。“文化大革命”期间，由县革委会群工组管理。1978年12月至1982年4月，由临湘县信访科负责。1982年5月至1984年3月，由临湘县委、县政府信访办负责。

1984年6月，北区政府设信访科，归口区政府办管理。1997年5月，区信访科更名为区信访办。2002年升格为信访局，仍属政府办主管。2011年，列入区委机构系列，核定机关行政编制5名，由区委办、区政府办共同管理，以政府办管理为主。

### 二、信访接待办理

1985年2月3日，华容县石油提炼厂将143.5吨高浓度有毒有害碱废渣倾倒路口南山村，造成严重污染。南山村一批6人到区上访。3月29日，《中国环境报》记者、岳阳市和岳阳地区环保部门及华容县政府负责人迅速到区了解情况，协商处理，责成华容县石油提炼厂补偿全部损失。

1986—1990年，接待处理来信来访174件人次，处理168件人次。

1991年，接待处理来访15批、56人，其中接待处理土地权属纠纷上访9批、41人。1994年，接待处理此类上访28批、139人。

1996年，实行党政负责人信访接待日制度。区委、区政府主要负责人每月安排1天，主管负责人每月安排2天，接待处理群众来信来访。全年区党政负责人共接待处理来信来访51件、156人。

1998年3月，建立信访工作联席会议制度。召开跨地区、跨行业联席会议，处理群众反映强烈的重大疑难信访件8件。云溪镇退休兽医张叙恩养老保险未落实，多次到镇政府、区畜牧局、区信访办上访。区信访办与区财政局、区劳动人事局、区畜牧局召开联席会，进行专题研究，并与区民政局、云溪镇协商，给他办理临时救济，解决其病残儿子低保。

1999年，建乡镇（场）信访接待室7个。乡镇（场）信访接待室共接待处理来访83批、397人。

2002—2004年，处理省、市交办重大越级上访13批、231人次。2004年，处理省信访局交办云溪镇南街居委会邓世民反映镇、村非法占用村民和集体土地征收补偿款的越级上访件。区信访局与云溪镇组成案件包办组，清理土地征收帐目，依法依规补偿所占用的土地征收费2.2万元。是年6月，四川省自贡市民工蔡义友等10余人，因云溪乡坪田砖厂拖欠工资，先后到市、省上访。区委、区政府主管负责人带领区信访局、云溪乡政府负责人赶到砖厂，限令承包商迅速兑付工资。安排云溪乡送去大米550公斤、钱450元，安排好民工生活。建议政法机关依法惩处肖××、罗××等承包商恶意拖欠民工工资。后肖、罗2人均被拘留15天，判处以房产作抵押，全部兑现拖欠工资。

2005年，接待处理反映强力推进农业产业结构调整上访15批、83人。其中23户养鹿户，因岳阳市金鹿公司诈骗蒙受巨大损失，多次到市、省进京上访。区委、区政府成立协调小组，落实分级负责制，做好维护养鹿户权益工作。至年底，共筹措补偿款147.6万元，基本处理好养鹿户上访问题。

2008 年，开展党政负责干部大接访、机关干部集中下访活动。组织 350 名干部下到 68 个村（居）委会，进组入户，接待上诉上访事项 321 件，当场处理 238 件。

2009 年，落实区直单位信访工作目标管理考核制度。至次年，54 个区直单位共接待上访 538 件，处理 527 件，处理率 98%。

2010—2011 年，区成立群众利益诉求问题协调处理领导小组，处理群众重大诉求信访件 47 件，占处理信访件总数的 41.1%。2011 年 3—4 月，道仁矶镇大田村樟树、东头、西头、赵家、汤家、朱家、杨家等组群众，因云溪城区生活垃圾无害化处理场选址可能造成当地空气污染上访。陈志莲、田文静组织相关单位与上访群众代表协调，听取群众诉求，宣传垃圾场建设的重要性，选址的科学性，建设的标准化、规范化，消除群众疑虑。督促相关责任单位和职能部门，将有关资料刻成光盘，请专家到村组利用放映影像进行宣传，解决群众最关心的问题。3—7 月，岳化至岳阳、云溪至松阳湖、云溪至城陵矶、云溪至团结等客运线路中巴车业主，担心市公交总公司在境内开通 52 路公交线路影响其客源和收益，到区上访。区委、区政府、区交通局主要负责人与上访人员座谈对话，解释政策，并向市政府汇报，与市交通局、市公交总公司协商，对有重大亏损的线路由中介机构评估，实行一次性收购，对有部分影响的中巴车业主给予合理补偿。7 月 18 日，市 52 路公交线路在境内顺利开通。

**1984—2011 年云溪（北）区受理、办理来信来访情况表**

表 6-4-1

| 年度 | 来信 | 来访 | | 办案数（件人次） | 结案率（%） |
|---|---|---|---|---|---|
| | 件次 | 批次 | 人次 | | |
| 1984 | 5 | 3 | 11 | 15 | 93.75 |
| 1985 | 8 | 5 | 15 | 21 | 91.3 |
| 1986 | 11 | 6 | 28 | 37 | 94.87 |
| 1987 | 7 | 6 | 13 | 19 | 95 |
| 1988 | 9 | 5 | 17 | 24 | 92.3 |
| 1989 | 17 | 9 | 38 | 54 | 98.18 |
| 1990 | 11 | 8 | 23 | 32 | 96.97 |
| 1991 | 26 | 15 | 56 | 80 | 97.56 |
| 1992 | 39 | 16 | 147 | 182 | 97.85 |
| 1993 | 58 | 27 | 183 | 228 | 94.61 |
| 1994 | 64 | 41 | 197 | 251 | 96.17 |
| 1995 | 81 | 60 | 253 | 327 | 97.9 |
| 1996 | 57 | 85 | 294 | 340 | 96.87 |
| 1997 | 78 | 94 | 307 | 366 | 95.06 |
| 1998 | 25 | 154 | 501 | 495 | 94.12 |

续表 6-4-1

| 年度 | 来信 | 来访 | | 办案数（件人次） | 结案率（%） |
|---|---|---|---|---|---|
| | 件次 | 批次 | 人次 | | |
| 1999 | 42 | 276 | 743 | 769 | 97.96 |
| 2000 | 17 | 241 | 635 | 639 | 98 |
| 2001 | 24 | 312 | 812 | 794 | 94.78 |
| 2002 | 34 | 109 | 836 | 848 | 97.47 |
| 2003 | 15 | 251 | 611 | 613 | 97.92 |
| 2004 | 24 | 193 | 568 | 580 | 97.97 |
| 2005 | 14 | 340 | 1067 | 1047 | 96.85 |
| 2006 | 28 | 296 | 1061 | 1056 | 96.97 |
| 2007 | 37 | 542 | 1643 | 1646 | 97.92 |
| 2008 | 34 | 509 | 1438 | 1437 | 97.62 |
| 2009 | 79 | 552 | 2323 | 2369 | 98.67 |
| 2010 | 59 | 611 | 2654 | 2678 | 98.71 |
| 2011 | 63 | 744 | 3113 | 3140 | 98.87 |

## 第三节　移民开发

**机构**　2003 年，区财政局设移民股。2007 年 6 月，区政府成立移民开发局。2011 年，核定机关编制 4 名。

**移民开发工作**　2004 年，区政府专题会议决定，由区水利局拨款 5000 元，云溪乡政府负责按国家补偿标准，做好双花水库扩容工程 8 户拆迁户的移民安置工作。

2005—2006 年，云溪区对口支援国家和省重点工程石门县、桑植县江垭水库、竹矿坪乡水库库区的移民安置工作。共援助资金 75 万元，移民 1505 人，捐资助学移民儿童 20 人，援建街道 2 条 1420 米，整修防洪河堤 2700 米、灌渠 2100 米。

2007—2009 年，实施道路建设、学校改造、机埠渠道修复、饮水工程等生态移民后扶工程。共投入资金 1400 万元，其中发放补助金 480 万元，补助 1248 人；项目扶持 7 个乡镇、44 个村、232 个组、3637 人。

2010—2011 年，区投资 653 万元，对双花水库水源保护区云溪乡新合、柴冲两组 59 户、270 人实行避险搬迁生态移民。

至 2011 年，区移民局共申报移民 5155 人。

## 第四节　民宗侨务

1984—1991 年，民族宗教、侨务工作由区政府办统管。1992 年 5 月，成立区民宗侨务室；2002 年4 月，改为区政府办内设科室。

**宗教事务**　1984—1998 年，没有登记民族宗教组织，仅有少数教徒零散举行宗教活动。1999 年，登记云溪镇下街楮木桥基督教组织，信教群众约 400 人。2000 年，登记路口镇崔家坳（长炼技校旁）基督教组织，信教群众 600 人。2001 年 3 月，经市政府民族宗教办批准，云溪乡滨湖村百垅组建弥陀寺，占地面积 2000 平方米，为云溪区最大的宗教堂点。是年，登记该寺佛教组织、永济乡茅岭头村基督教组织，信教群众分别为 1200 人、200 人。2003 年，登记云溪镇步行街凤台寺佛教组织、文桥镇东风村圣帝庙佛教组织，信教群众分别为 415 人、400 人；登记路口镇牌楼村太和庙道教组织，信教群众 400 人。2004 年，登记文桥镇黄皋村紫云寺佛教组织，信教群众 406 人。是年，将民族宗教工作纳入全区双文明建设目标管理，依照属地管理原则，每年年底对相关乡镇进行考评。年内，对云溪镇、云溪乡、路口镇、文桥镇、永济乡民族宗教工作检查考评 1 次。2006 年，登记陆城镇陆城老街天主教组织，信教群众 200 人。2007 年，区政协换届，推荐一名宗教界人士当选云溪区政协第三届委员。至 2011 年，已批准登记宗教场所 9 处，其中佛教场所 4 处，基督教场所 3 处，道教场所、天主教场所各 1 处，活动场地共 6050 平方米；已登记场所共有信教群众 4221 人。尚未办理登记手续的 9 处、信教群众 4000 余人。

**侨务工作**　1984—1993 年，接待安排侨胞回云溪观光、探亲访友 23 人次，安排回乡定居 2 人。1994 年 5 月，云溪建区十周年大庆，邀请 2 名侨胞代表参加区政府主持召开的庆祝大会。1999 年 1 月，区政府常务副区长孙山青等接待回乡探亲台胞李阔海。2003—2004 年，采取减免税费、“一站式服务”等优惠政策，支持 4 家侨资企业落户云溪工业园。2006 年始，每年春节前夕，区政府举行新春茶话会，邀请侨资企业法人代表参加座谈，听取改进服务、发展企业的意见。2010—2011 年春节前，共慰问困难侨胞家属 6 户，送慰问金 4000 元。2011 年，全区有侨胞 156 户，主要分布在美国、法国、新加坡、瑞典等国家和中国香港、澳门、台湾地区。

## 第五节　应急处理

1984—2004 年，突发公共事件协调处置由区政府办负责。2005 年，区成立突发公共事件应急委员会，由区政府办负责日常工作。2007 年 5 月，设区应急管理办公室，与区委总值班室合署办公。

### 一、应急预案与宣传培训

2005 年，区政府制定突发公共事件总体应急预案；至 2011 年，共编制、修订总体应急预案 1 个，专项应急预案 23 个，部门应急预案 46 个，基层应急预案 124 个。内容涉及安全生产、气象灾害、地质灾害、火灾、交通事故、食品风险、群体事件、动植物疫情、恐怖袭击等多个方面，并形成自上而下的应急管理体系和自下而上的信息反馈体系。

2008年始，每年利用“5·12”应急宣传日、宣传周集中进行宣传。是年，开展“5·12”应急宣传日、宣传周活动，制作宣传展板80块，印发《避灾自救知识手册》《食物中毒的预防》等宣传资料16种、2.68万份（册），提供咨询服务12740人次。办应急知识培训班1期，参加培训的危险化学品生产从业人员124人，培训内容有安全生产应急知识，安全生产规章制度、操作规程等。

2009—2011年，组织中、小学师生应急疏散演练2次，参加演练2300人。组织处置危险化学品生产事故演练1次，参加演练企业16家、1800人。

## 二、应急处置突发事件

1984—1993年，处置重大突发公共事件19起。1993年10月12日，107国道云溪乡新铺村地段发生一起货、客车相撞恶性交通事故。事故车辆分属湖北省鄂州市华联客运公司和陕西省白水县苹果服务中心。华联客运公司一客车上45名乘客，当场死3人，伤22人，其中重伤4人。区政府迅速组织区交警、区公安、区医疗卫生等部门，紧急处理事故，将伤员送医院抢救治疗，将其余旅客送回鄂州。

1995—2001年，处置重大突发公共事件11起。2001年1月14日3时40分，湖北省监利县尺八镇一中巴车在道仁矶停车过渡，司机张××违规操作，致车滑入江中，车上19名乘客全部落水。区政府组织道仁矶镇、区交通局紧急施救。获救13人，6人丧生。12月23日11时45分，云溪粮贸中心维修水管。由于电焊工操作不当，引起重大火灾。区政府组织区消防、区公安、区粮食等部门及云溪镇紧急抢救，4个小时扑灭大火。

2007年4月13日凌晨，区内个体槽车业主匡××在岳化下水道违规排放工业废液，云溪镇城区陡然空气刺鼻难闻。相关部门未及时启动应急预案，澄清事件真相，组织应急处置，居民误以为岳化工业原料氯气泄漏，一片惊慌，近万人仓皇出走。直至9时左右，70%左右的居民才陆续回城。

2009年1月6日13时，受雨雪天气影响，道仁矶汽渡停运，滞留旅客2000人。区政府组织区交通部门维持现场秩序，联系海事部门导航，增加渡船，紧急疏通航道。至24时，滞留旅客全部安全过江。

2010—2011年，处置重大公共突发事件7起。其中包括抗御2010年7月特大暴雨灾害，扑救文桥镇荆竹林场火灾、防控甲型禽流感（H1N1）流行病等。

2011年，修订日常值班制度、特护期值班制度、领导带班制度、信息接报制度等多个工作制度。完成广州亚运会及国家、省、市、区人大、政协“两会”特护期值班11次。

# 第七篇　政协地方组织

## 第一章　组织机构

1986年，成立政协北区筹备领导小组。次年2月，成立北区政协。内设办公室、学习委员会、文史资料组、对台侨务组、文卫科技组、经济工商组。1990年2月，成立云溪镇、云溪乡、路口镇、文桥乡、陆城镇、白泥湖渔场、松阳湖农场、长炼、岳化政协委员联络组。1996年4月，北区政协更名为云溪区政协。2001年12月，撤销乡镇政协委员联络组，成立乡镇政协工委。至2011年，办事机构有办公室和4个专门委员会，有7个乡镇政协工委、2个厂矿政协委员联络组。

### 第一节　委员会

云溪（北）区政协，1987年至1992年，大致每3年换届一次。1992年始，每5年进行一次换届，至2011年，共经历6届。

**政协北区第一届委员会（1987年2月至1990年2月）**　由15个界别组成，委员42人。其中中共党员9人，占21.43%；非中共人士33人，占78.57%；女委员9人，占21.43%；具有大、中专以上学历的29人，占69.05%。

**政协北区第二届委员会（1990年2月至1992年12月）**　由17个界别组成，委员78人。其中中共党员29人，占37.18%，非中共人士49人，占62.82%；女委员11人，占14.1%；具有大、中专以上学历的53人，占67.95%。

**政协北区第三届委员会（1992年12月至1997年12月）**　由16个界别组成（三届二次会议增加工商联、经济、宗教3个界别，共19个界别），委员90人。其中中共党员36人，占40%，非中共人士54人，占60%；女委员14人，占15.56%；具有大、中专以上学历的70人，占77.78%。

**政协云溪区第一届委员会（1997年12月至2002年12月）**　由18个界别组成，委员108人。其中中共党员42人，占38.89%；非中共人士66人，占61.11%；女委员25人，占23.15%；具有大、中专以上学历的64人，占59.26%。

**政协云溪区第二届委员会（2002年12月至2007年12月）**　由17个界别组成，委员103人。其中中共党员44人，占42.72%，非中共人士59人，占57.28%；女委员25人，占24.27%；具有大、中专以上学历的 76 人，占 73.79%。

**政协云溪区第三届委员会（2007 年 12 月—）** 由 19 个界别组成，委员 140 人。其中中共党员 60 人，占 42.86%；非中共人士 80 人，占 57.14%；女委员 38 人，占 27.14%，具有大、中专以上学历的 128 人，占 91.43%。

**云溪（北）区政协历届各界别政协委员人数一览表**

表 7-1-1 单位：人

| 界 别 | 北区第一届 | 北区第二届 | 北区第三届 | 云溪区第一届 | 云溪区第二届 | 云溪区第三届 |
|---|---|---|---|---|---|---|
| 中共党员 | 4 | 7 | 10 | 10 | 14 | 18 |
| 民主人士 | | 9 | 2 | 1 | 1 | 3 |
| 共青团员 | 1 | 1 | 2 | 2 | 3 | 4 |
| 总工会系统 | 2 | 1 | 2 | 1 | 6 | 5 |
| 妇联系统 | 2 | 3 | 3 | 1 | 3 | 4 |
| 工商联系统 | 2 | 4 | | 11 | 8 | 10 |
| 文化艺术节 | 1 | 1 | 1 | 1 | 1 | 1 |
| 科学技术界 | 9 | 6 | 16 | 13 | 6 | 8 |
| 经济界 | — | — | — | 20 | 24 | 26 |
| 社会科学界 | 2 | 3 | 19 | 12 | 13 | 19 |
| 农业（林）系统 | 4 | 16 | 12 | 18 | 7 | 9 |
| 教育界 | 3 | 6 | 6 | 5 | 4 | 5 |
| 新闻界 | | 3 | 2 | 2 | 1 | 2 |
| 医药卫生系统 | 2 | 3 | 2 | 4 | 5 | 6 |
| 社会福利方面 | — | — | — | — | 1 | 2 |
| 少数民族 | 1 | 1 | 1 | 1 | 1 | 3 |
| 特邀人士 | 4 | 6 | 10 | 4 | 5 | 8 |
| 体育界 | 1 | 1 | 1 | 1 | — | — |
| 民主党派 | 4 | 7 | — | — | — | 6 |
| 科 协 | — | — | 1 | 1 | — | — |
| 宗教界 | — | — | — | — | — | 1 |
| 合 计 | 42 | 78 | 90 | 108 | 103 | 140 |

## 第二节 常委会

1987 年 2 月 26 日至 3 月 3 日，政协北区一届一次会议选举产生北区政协一届常委会。区政协常委会是区政协的常设机构，在政协委员会议闭会期间，代表其行使职能。常委会由主席、副主席、秘书长及常委组成。在政协委员会换届时，由全体委员会议选举产生，或在届内由全体委员会议补选。

至2011年，区政协常委会经历6次换届。

**云溪（北）区政协历届正、副主席一览表**

表 7-1-2

| 届　别 | 主　席 | 副　主　席 |
|---|---|---|
| 北区第一届委员会（1987.2—1990.2） | （缺） | 彭汉涛（主持工作）、彭振华、傅海宴（增补）、张炎元、尹乐生、黄石权、汪瑞瑾（女）、黎洪涛（1989.3增补）、孙炎林（1989.3增补） |
| 北区第二届委员会（1990.2—1992.12 | 黎洪涛 | 孙炎林、黄石权（兼）、汪瑞瑾（女兼）、李之义（兼）、李志书（1992.3增补） |
| 北区第三届委员会（1992.12—1997.12 | 黎洪涛 | 郭石麟、黄昊明、葛庆龙（兼）、李之义（兼） |
| 云溪区第一届委员会（1997.12—2002.12） | 王石生（1999.2辞）<br>刘祖赐（2000.1任） | 郭石麟、黄昊明、杨斌容（女）、胡放军（兼）、杨俊杰（兼2001.1撤）、蔡汇源（兼）、李伟聪（2001.1增补）、李检保（女，2001.2增补） |
| 云溪区第二届委员会（2002.12—2007.12） | 刘祖赐 | 蔡汇源（兼）、廖小谷（女）、王树槐、周家冀（兼）、唐梓阳（兼） |
| 云溪区第三届委员会（2007.12—　　） | 余和平 | 肖云生（女、2011.8增补）、廖小谷（女）、王树槐、蔡汇源（兼）、周家冀（兼）、唐梓阳（兼） |

说明：表内所列为历届政协委员会选举和委员会议后增补情况

## 第三节　办事机构

1987年2月27日，北区政协一届一次常委会议决定：区政协内设办事机构办公室、学习委员会、文史资料组、对台侨务组、文卫科技组、经济工商组。1988年3月21日，北区政协一届五次常委会议决定，增设提案工作委员会。1990年2月22日，北区政协二届常委会决定，调整政协办事机构，设学习委员会、提案工作委员会、联络委员会3个专门委员会，文史资料、科教文卫、经济工作、农业工作、对台侨务5个工作组。1992年12月18日，北区政协三届常委会再次调整办事机构，下设办公室、学习委员会、提案委员会、文史委员会、经济委员会、科学技术委员会、文教卫生体育委员会、祖国统一联谊委员会。1997年3月24日，区政协设学习文史提案委员会、经济科技委员会、台港澳侨联络委员会3个专门委员会及办公室（简称教科文卫委员会）。2001年12月28日，云溪区政协一届十五次常委会议协商决定，台港澳侨联络委员会、经济科技委员会、学习文史提案委员会，分别更名为提案法制群团委员会、财政经济委员会、教育科技文化卫生委员会。2010年5月27日，增设人口资源环境委员会。2011年，区政协办事机构有办公室、提案法制群团委员会、财政经济委员会、教科文卫委员会、人口资源环境委员会；共核定机关行政编制8名，机关后勤服务事业编制4名。

### 附　临湘县议会

民国8年（1919），临湘县议会在陆城成立，议长田凤昌，副议长喻镇昆，议员24人。议会设法制、内务、财政、教育、实业、请愿6股，每股4~5人，由议员分任各股股长或股员，配有文牍、庶务各1人。

民国15年8月，县议会自行解散。

## 第四节　基层组织

1990年2月22日，政协北区二届一次常委会议决定：成立云溪镇、云溪乡、路口镇、文桥乡、陆城镇、白泥湖渔场、松阳湖农场、长炼、岳化政协委员联络组。是年4月，建立3个区直机关政协委员学习活动小组，后更名为机关一组、二组、三组。1995年11月，撤销政协白泥湖渔场联络组，成立政协道仁矶镇联络组。1998年12月，政协云溪乡、云溪镇联络组合并为政协云溪联络组，政协道仁矶镇、松阳湖农场联络组合并为政协道松联络组。2000年4月，恢复政协云溪镇、云溪乡、道仁矶镇、松阳湖农场联络组。2001年12月，成立乡镇政协工委，工委主任由乡镇党委一名副书记兼任。2002年7月8日，区委下文任命乡镇政协工委专职主任、副主任。2011年年底，政协基层组织有云溪镇、云溪乡、路口镇、文桥镇、陆城镇、道仁矶镇、永济乡7个乡镇政协工委，长炼、岳化2个政协委员联络组。

# 第二章　政协会议

1987年2月始，区政协依据政协章程，一年举行一次全体委员会议，一月或一季召开一次常委会议，一月召开一次主席会议。至2011年，除按年度召开一次全体委员会议，共召开常委会议113次、主席会议293次。

## 第一节　全体委员会议

1987年2月26日北区政协一届一次会议至2011年12月25日云溪区政协三届五次会议，共举行26次全体委员会议。

## 1987—2011年云溪（北）区政协历次全体委员会议情况表

表7-2-1　　单位：人

| 届　次 | 出席委员人数 | 主要内容 | 选举结果 |
|---|---|---|---|
| 政协北区一届一次会议（1987.2.26—3.3） | 42 | 1.协商主席团成员和副秘书长名单；<br>2.协商副主席和常委候选人名单；<br>3.列席区二届人大一次会议；<br>4.通过各项决议；<br>5.选举。 | 选举副主席7人、常委3人 |
| 政协北区一届二次会议（1988.3.21—24） | 42 | 1.听取和审议常委会工作报告；<br>2.列席区二届人大一次会议；<br>3.听取和审议提案工作报告。 | |
| 政协北区一届三次会议（1989.3.26—30） | 41 | 1.听取和审议常委会工作报告；<br>2.听取和审议提案工作报告；<br>3.列席区二届人大三次会议；<br>4.委员参政议政发言；<br>5.选举。 | 增选副主席2人、常务委员2人 |
| 政协北区二届一次会议（1990.2.20—25） | 78 | 1.听取和审议常委会工作报告；<br>2.听取和审议提案工作报告；<br>3.列席区三届人大一次会议；<br>4.委员参政议政发言；<br>5.选举。 | 选举主席1人、副主席4人、常委6人 |
| 政协北区二届二次会议（1991.3.14—17） | 85 | 1.听取和审议常委会工作报告；<br>2.听取和审议提案工作报告；<br>3.列席北区三届人大二次会议；<br>4.委员参政议政发言；<br>5.选举。 | 增选秘书长1人、常务委员2人 |
| 政协北区二届三次会议（1992.3.16—19） | 87 | 1.听取和审议常委会工作报告；<br>2.听取和审议提案工作报告；<br>3.列席北区三届人大三次会议；<br>4.委员参政议政发言；<br>5.选举。 | 增选副主席1人、常委1人 |
| 政协北区三届一次会议（1992.12.15—17） | 90 | 1.听取和审议常委会工作报告；<br>2.听取和审议提案工作报告；<br>3.列席北区四届人大一次会议；<br>4.委员参政议政发言；<br>5.选举。 | 选举主席1人、副主席5人、秘书长1人、常委9人 |
| 政协北区三届二次会议（1994.3.22—25） | 92 | 1.听取和审议常委会工作报告；<br>2.听取和审议提案工作报告；<br>3.委员参政议政发言；<br>4.列席区四届人大三次会议。 | |
| 政协北区三届三次会议（1995.3.6—8） | 92 | 1.听取和审议常委会工作报告；<br>2.听取和审议提案工作报告；<br>3.列席北区四届人大四次会议；<br>4.委员参政议政发言；<br>5.表彰先进。 | |

续表 7-2-1（1）

| 届　次 | 出席委员人数 | 主要内容 | 选举结果 |
|---|---|---|---|
| 政协北区三届四次会议<br>（1996.2.28—3.2） | 110 | 1.听取和审议常委会工作报告；<br>2.听取和审议提案工作报告；<br>3.视察重点工程和个体私营企业；<br>4.有关单位通报工作情况；<br>5.选举。 | 增选常委 6 人 |
| 政协北区三届五次会议<br>（1997.1.13—15） | 110 | 1.听取和审议常委会工作报告；<br>2.听取和审议提案工作报告；<br>3.视察乡镇企业；<br>4.委员参政议政发言；<br>5.通过各项决议。 | |
| 政协云溪区一届一次会议<br>（1997.12.11—14） | 108 | 1.听取和审议常委会工作报告；<br>2.听取和审议提案工作报告；<br>3.列席云溪区一届人大一次会议；<br>4.通过各项决议；<br>5.选举。 | 选举主席 1 人、副主席 6 人、秘书长 1 人、常委 12 人 |
| 政协云溪区一届二次会议<br>（1999.1.18—20） | 109 | 1.听取和审议常委会工作报告；<br>2.听取和审议提案工作报告；<br>3.列席云溪区一届人大三次会议；<br>4.有关单位通报工作情况；<br>5.委员参政议政发言。 | |
| 政协云溪区一届三次会议<br>（2000.1.9—11） | 108 | 1.听取和审议常委会工作报告；<br>2.听取和审议提案工作报告；<br>3.委员参政议政发言；<br>4.有关单位通报工作情况；<br>5.选举。 | 补选主席 1 人、增选副主席 1 人 |
| 政协云溪区一届四次会议<br>（2001.2.23—25） | 111 | 1.听取和审议常委会工作报告；<br>2.听取和审议提案工作报告；<br>3.列席云溪区一届人大五次会议；<br>4.委员参政议政发言；<br>5.选举。 | 增选副主席 1 人、常委 3 人 |
| 政协云溪区一届五次会议<br>（2002.2.15—17） | 112 | 1.听取和审议常委会工作报告；<br>2.听取和审议提案工作报告；<br>3.委员参政议政发言；<br>4.有关单位通报工作情况；<br>5.选举。 | 选举常委 1 人 |
| 政协云溪区二届一次会议<br>（2002.12.8—11） | 103 | 1.听取和审议常委会工作报告；<br>2.听取和审议提案工作报告；<br>3.列席云溪区二届人大一次会议；<br>4.委员参政议政发言；<br>5.有关单位通报工作情况；<br>6.选举。 | 选举主席 1 人、副主席 6 人、常委 10 人 |

续表 7-2-1（2）

| 届　次 | 出席委员人数 | 主要内容 | 选举结果 |
|---|---|---|---|
| 政协云溪区二届二次会议（2004.2.23—25） | 114 | 1.听取和审议常委会工作报告；<br>2.听取和审议提案工作报告；<br>3.列席云溪区二届人大二次会议；<br>4.委员参政议政发言；<br>5.选举。 | 补选秘书长 1 人、增选常委 6 人 |
| 政协云溪区二届三次会议（2005.1.10—13） | 126 | 1.听取和审议常委会工作报告；<br>2.听取和审议提案工作报告；<br>3.列席云溪区二届人大三次会议；<br>4.委员参政议政发言。 | |
| 政协云溪区二届四次会议（2006.1.4—6） | 130 | 1.听取和审议常委会工作报告；<br>2.听取和审议提案工作报告；<br>3.列席云溪区二届人大四次会议；<br>4.委员参政议政发言；<br>5.通过各项决议。<br>6.选举。 | 补选秘书长 1 人 |
| 政协云溪区二届五次会议（2007.2.3—5） | 140 | 1.听取和审议常委会工作报告；<br>2.听取和审议提案工作报告；<br>3.列席云溪区二届人大五次会议；<br>4.先进典型发言；<br>5.选举。 | 增选副主席 1 人 |
| 政协云溪区三届一次会议（2007.12.4—8） | 140 | 1.听取和审议常委会工作报告；<br>2.听取和审议提案工作报告；<br>3.列席云溪区三届人大一次会议；<br>4.委员参政议政发言；<br>5.有关单位通报工作情况；<br>6.选举。 | 选举主席 1 人、副主席 5 人、秘书长 1 人、常委 16 人 |
| 政协云溪区三届二次会议（2008.12.27—29） | 145 | 1.听取和审议常委会工作报告；<br>2.听取和审议提案工作报告；<br>3.列席云溪区三届人大二次会议；<br>4.委员参政议政发言；<br>5.通过各项决议；<br>6.选举。 | 补选秘书长 1 人、增选常委 3 人 |
| 政协云溪区三届三次会议（2010.1.11—13） | 143 | 1.听取和审议常委会工作报告；<br>2.听取和审议提案工作报告；<br>3.列席云溪区三届人大三次会议；<br>4.听取区政府建议案办理情况通报；<br>5.通过各项决议。 | |

续表 7-2-1（3）

| 届　次 | 出席委员人数 | 主要内容 | 选举结果 |
|---|---|---|---|
| 政协云溪区三届四次会议（2011.1.5—7） | 145 | 1.听取和审议常委会工作报告；<br>2.听取和审议提案工作报告；<br>3.列席云溪区三届人大四次会议；<br>4.委员参政议政发言；<br>5.听取区政府建议案办理情况通报；<br>6.选举。 | 选举常委 1 人 |
| 政协云溪区三届五次会议（2011.12.25—27） | 146 | 1.听取和审议常委会工作报告；<br>2.听取和审议提案工作报告；<br>3.听取区政府建议案办理情况通报；<br>4.委员参政议政发言；<br>5.列席云溪区三届人大五次会议；<br>6.选举。 | 选举副主席 1 人、常委 1 人 |

## 第二节　常委会议

**北区政协一届常委会议**　1987 年 2 月 27 日至 1990 年 1 月 12 日，共召开 13 次。任免政协工作机构负责人 7 人次，接受辞职 1 人，决定增补政协委员 1 人。

**北区政协二届常委会议**　1990 年 2 月 22 日至 1992 年 11 月 16 日，共召开 15 次。听取区委、区政府重要情况通报 2 次，协商重大问题 2 项。任免政协工作机构负责人 17 人次，接受辞职 8 人，决定增补政协委员 10 人。通过重要决议、调查报告有《关于在区政协委员中开展“六个一”竞赛活动的决议》《关于文桥镇计划生育的调查报告》《关于在全区政协委员中继续开展为两个文明建设争贡献活动的决议》等。

**北区政协三届常委会议**　1992 年 12 月 18 日至 1997 年 11 月 18 日，共召开 21 次。听取区委、区政府重要情况通报 10 次，协商重大问题 8 项。任免政协工作机构负责人 24 人次，接受辞职 6 人，决定增补政协委员 23 人。通过重要决议、文件、调查报告有《政协岳阳市北区委员会常务委员会工作规则》《全区生猪生产调查报告》《政协岳阳市北区委员会关于政治协商、民主监督、参政议政的规定》《推广新技术新品种突破早稻生产徘徊》《要想长治久安必须增加投入》《关于发展养殖业的几点建议》等。

**云溪区政协一届常委会议**　1998 年 3 月 6 日至 2002 年 11 月 19 日，共召开 19 次。听取区委、区政府重要情况通报 10 次，协商重大问题 9 项。任免政协工作机构负责人 19 人次，接受辞职 3 人，决定增补政协委员 20 人。通过重要决议、文件、调查报告有《政协岳阳市云溪区第一届常务委员会工作条例》《关于加强政协信息工作的意见》《关于村级经济情况的调查报告》《关于我区民营科技企业发展情况的调查报告》《关于进一步加强政协委员自身建设的决议》《关于进一步加强厂地协作的建议案》《全区经济发展环境情况的调查报告》《农村稳定工作情况的调查报告》《关于我区招商引资工作的调查报告》等。

**云溪区政协二届常委会议**　2003 年 3 月 18 日至 2007 年 11 月 22 日，共召开 23 次。听取区委、区政府重要情况通报 7 次，协商重大问题 11 项。任免政协工作机构负责人 11 人次，接受辞职 3 人，决定增补政协委员32人。通过重要决议、文件、调查报告有《政协岳阳市云溪区委员会关于加强反映社情民意工作的若干规定》《关于我区农村卫生工作情况的调查报告》《关于全区金融系统服务地方发展情况的调查报告》《关于全区农民增收情况的调查报告》《关于进一步加快我区农村公路建设的建议案》《关于抢抓云溪河治理契机修建岳化第二通道的建议》《加强厂地协作发展云溪经济的调查报告》《关于我区农业产业化发展情况的调查报告》《关心农村弱势群体促进农村全面小康的调查报告》《关于推进我区社会主义新农村建设的建议案》《关于我区农村基层组织建设的调查报告》《关于我区新型农村合作医疗设施情况的调查报告》等。

**云溪区政协三届常委会议**　2008年3月18日至2011年12月27日，共召开22次。听取区委、区政府重要情况通报9次，协商重大问题12项。任免政协工作机构负责人4人次，接受辞职5人，决定增补政协委员29人。通过重要决议、文件、调查报告有《关于进一步加强我区城乡居民安全饮用水建设的建议案》《关于我区社会治安综合治理工作的调查报告》《关于我区粉煤灰综合利用情况的调查报告》《关于进一步加强我区中小学生德育工作的建议案》《关于进一步加强我区农村养殖污染防治工作的建议案》《关于进一步加强我区农村低保实施工作的建议案》《关于我区校安工程建设情况的调查报告》《关于我区民营经济发展情况的调查报告》《关于进一步加强我区文物保护工作的建议案》《关于我区血吸虫病防治工作的调查报告》《关于我区基本药物制度实施情况的调查报告》《关于云溪工业园发展情况的调查报告》等。

# 第三章　职能行使

## 第一节　政治协商

1987年2月至1989年3月，先后就发展乡镇企业，加强与驻区大厂联系，松阳湖污染治理、稳定物价、控制蔬菜乱涨价，发展教育、林业等，分别向区委、区政府提出协商意见。

1990年3月，组织区政协委员和长炼、岳化有关专家座谈，提出依托大厂优势、加强对发展地方工业要素的全面认识，对区“八五”计划和规划作适当调整等10条协商意见，均被区委、区政府采纳。就加强党对政协工作的领导、加强城镇建设和规划管理、减轻农民负担、抓好早稻、蔬菜生产等进行协商。

1993年1月，在北区政协三届一次全会上，就区政府区长、副区长，区法院院长、区检察院检察长人选进行协商。就如何妥善解决个体私营经济发展中存在的问题进行专题协商。根据农村“三乱”现象较突出，就如何加强反腐倡廉、纠正不正之风，坚决制止“三乱”提出6条协商意见。

1996年2月，就制定“九五”规划（草案）进行协商讨论，提出7个方面的修改意见和建议，均被区委、区政府采纳。根据全区非公有制经济迅速兴起，就如何促进非公有制经济健康发展，同区政府进行协商。

1997年12月，在云溪区政协一届一次全会上，就区、乡财政体制建设、干部分流、依法行政等进行协商。

2000年1月，就区直单位领导班子和干部队伍建设、干部作风转变、小城镇建设、“十五”规划(草案）制订等重大决策进行协商。3月，云溪区政协一届九次常委会议就充分利用驻区大厂优势，迅速发展区域经济，专门召开推进厂地一体化与经济技术协作协商会。区委、区人大、区政府及乡镇(场)、区直有关部门、长炼、岳化负责人80人参加，提出18项协商意见，被区委、区政府采纳并付诸实施。

2002年，就建设石化产业链、加快工业发展、搞好城市经营、加强党风廉政建设等进行协商。同年12月，在云溪区政协二届一次全会上，就新一届区政府班子成员、区法院院长、区检察院检察长人选进行协商。

2004年，就云溪工业园建设、文明城市建设、招商引资、人口生育控制、教育工作、人民法院执行工作等，进行协商。

2005年，就农民增收、农业产业发展、关注农村弱势群体、新农村建设、农村基层组织建设、实施新农合等，进行专题协商。区政协二届三次常委会议提出《关于进一步加强我区农村卫生工作的建议案》等30多条协商意见，区委、区政府作出相关决定，进一步发展农村卫生事业。

2007年12月，云溪区政协三届一次全会就加强应急管理、进一步提高政府诚信度、关心社会弱势群体等，提出协商意见。

2008年12月，区政协全体会议就环境保护、加强城市建设规划等进行协商。政协常委会议就加快城乡居民安全饮用水工程建设、加强社会治安综合治理等，进行专题协商，并向区委、区政府递交《关于加强城乡安全用水工程建设的建议案》。

2009年，组织政协委员就农村能源建设、安全生产监督管理、村级卫生室建设、重点工程建设管理、加强文化广播电视和电力建设等进行协商。

2010年，云溪区政协三届常委会议分别就治理农村养殖污染、实施农村低保和国家基本药物制度等进行专题协商。其中就如何治理农村养殖污染提交协商建议。区委、区政府将其纳入环境保护工作重要内容，作出切实加强环境保护，建设生态新区的决定。是年10月，组织政协委员分别就校安工程建设、重点企业发展、集体林权制度改革、乡镇城镇建设、水利基础设施建设、粮食生产、公安“三局合一”、发展物流产业、加强社区管理和垃圾处理、做好征地拆迁等工作开展协商，提出协商意见153条。

2011年1月，政协云溪区三届四次全会就完善全区“十二五”规划纲要（草案）的指导思想和发展定位上，从贯彻落实科学发展观、转变经济增长方式、推进农业产业化、健全社会保障体系、发展社会公益事业等方面，提出协商建议14条。

## 第二节　民主监督

### 一、委员视察

1989年，组织区政协委员对路口镇水泥厂新上联合生产线项目进行视察，提出视察意见。视察全区生猪生产，形成调查报告。区委、区政府制定发展以生猪养殖为主的养殖业17条举措。全区养殖业发展先后被《中国农民报》《湖南日报》《岳阳晚报》《湖南政协报》报道。

1993年9月，区委批转区政协党组关于组织政协委员开展视察活动的报告。是年10月，区政协正、副主席带队，组织47名区政协委员分6个组，分别对农业、乡镇企业、财贸、文教卫生、政法、工交系统的42个单位进行为期6天的视察，形成7个视察意见。

1996—2000年，共组织政协委员272人次，先后对云溪乡、文桥镇、交通系统、城建部门等单位视察13次。

2003年，区委办、区政府办转发区政协开展委员视察活动的有关规定。

2004年5—7月，组织区政协委员视察全区金融系统，就金融系统服务地方经济发展、小额信贷办理难、加强到期贷款回收、金融企业为融资创造条件、区政府为金融企业与地方企业共赢创造条件提出11个方面建议。

2008—2011年，共组织政协委员开展专项视察20次。

### 二、民主评议

2001年8月，区政协下发关于民主评议治理经济发展环境的公告，开通民主评议热线电话，设立民主评议意见箱，始开展民主评议工作。10月，召开区司法、区行政执法单位和执法人员民主评议会。有乡镇负责人、区直和驻区单位股级以上干部340人参加，为区政协成立后召开的首次评议会。会议对全区经济发展环境给予充分肯定，对少数单位“三乱”屡禁不止、执法不公、方法简单、部门协调存在差距等问题，提出批评意见。

2006年，与区人大、区优化经济发展环境办公室联合，再次对行政执法及司法单位开展民主评议。区政协组织3个调查组，对云溪工商分局进行深入调查，形成调查报告，上门到该局开民主评议会，提出整改意见11条。云溪工商分局进行认真整改。

2008年，区政协委员中的人民陪审员参与民事案件审判，配合主审法官对双方当事人晓之以法、动之以情，认真开展庭前调解，成功调处案例30起。

2010年，政协陆城镇工委主动介入村级财务清理、中小学收费等工作。与镇人大主席团联合，对镇属站所工作开展民主评议。

2011年，政协文桥镇工委组织该镇政协委员、联络员，围绕群众关注的清洁家园、道路交通建设、城市管理工作进行评议，提出整改意见15条，促进该镇改善城乡居住环境。

## 第三节　参政议政

### 一、专题调研

1987年4月，邀请长炼、岳化政协委员中的高级工程师、科技人员20余人，对区办二氧化硫厂进行调查论证。因其风险性、危险性较大，污染严重，建议区政府放弃筹办，被区委、区政府采纳。

1991—1992年，就调整农业产业结构、加快畜牧业发展开展专题调查，提交调查报告。区委、区政府成立养殖业领导小组，由区政协一名副主席任副组长，组织发展养殖业。

1994—1995年，先后就区、乡企业人才引进，发展区域经济，加强厂地联系与协作，抓好青少年教育等10多个方面的工作开展调研。其中与长炼、岳化两厂实施“金桥工程”、抓好居民菜篮子、建立农产品商品生产基地等专题调查报告，被区委、区政府采纳付诸实施。

1996年，先后就“三农”（即农村、农业、农民）问题、水利建设、企业管理、市场建设、科技工作、干部离任审计工作等开展调研。

1997年，就学校素质教育、电视网络教育、教师队伍建设、招商引资、民政工作、维护社会稳定等组织调研，形成调查报告。

1999—2000年，就发展特色农业、发展个体私营经济、加强农村党支部建设等，分组进行深入调研。

2002年，根据鳗鱼养殖、中药材种植等产业结构调整失误，就调整农业产业结构促进农民增收开展广泛调研，提出“赋予农民自主权，因地制宜抓特色”的建议，被区委、区政府采纳。

2004年，就进一步加强厂地协作、发展区域经济、发展农村卫生事业进行调研，为区委、区政府决策提供依据。

2005年，就发展工业组织调研。提出要依托大厂发展精细化工业，工业园要分区规划、搞好基础设施建设、加强石化产业链建设，招商引资应注重环境保护，开发港口资源，建设物流强区等建议110条。区委、区政府召开全区厂地协作会，印发责任分解表，要求各相关单位认真落实。

2007—2008年，就开发利用湖南岳阳发电有限责任公司（简称华能岳阳电厂）等地粉煤灰、洋溪湖管理和保护开展调研、组织赴外地考察。形成关于粉煤灰综合利用情况的调查报告、关于粉煤灰综合利用产业项目考察报告。区委安排由区政协牵头，负责粉煤灰综合开发利用工作。2009年，从深圳引进投资5000万元的高掺量粉煤灰页岩烧结砖项目。

2010年，就金融系统服务区域经济发展，中、小学生德育工作组织专题调研，提交建议案。区政府制定金融单位考核奖励办法，建立金融单位联席会议制度，促进金融系统进一步增强服务经济建设职能。

2011年，开展文物保护与开发、血吸虫病防治工作专题调研，形成调查报告。区政府制定“十二五”期间的文物保护规划、旅游业发展规划。

### 二、提案征集

1989年3月，征集区政协委员刘正湘提出关于进一步加强全区绿化工作的提案，指出存在的问题，提出6条建议。区政府对全区近60公顷管理责任不明确的荒山进行责任分解，督查落实。是年，全区基本消灭荒山。

1992—1995年，共征集议案、政协委员提案214件，通过整理、分类、转送、交办、催办等程序，均得到答复和落实。1995年，征集区政协委员曾靖关于实施象骨港电排增容的建议。区委、区政府将该电排增容改造列入是年区办重点工程，争取省水利厅立项，动工兴建。

1998年，征集区政协委员瞿和清关于优化经济环境，加强服务，促进民营经济发展的建议。区委、区政府将发展民营经济列入是年全区发展的九件大事之一，召开优化经济发展环境民主评议会，制定促进民营经济发展的政策措施，为民营经济发展创造宽松环境。

2001—2006年，共征集政协委员议案324件，其中立案309件。内容涉及发展农村养殖业、加强城市环境卫生工作、整顿学校收费秩序、加强城乡结合部治安管理等多个方面。通过转送、交办、催办，均得到落实。

2010年，征集区政协委员方纯民提出加快小城镇建设，促进城乡统筹发展的提案。区政府采取财政投入与BT模式并举的方式，筹集城镇建设资金，加快城镇建设。至2011年，完成107国道云溪城区段与云港路互通工程，开始云溪镇城南新区、八一路建设。把临港新区、云溪工业园区、大厂周边村组纳入城镇建设管理范畴，将移民安置点作为城镇扩张区域规划。抓好道仁矶中心镇、永济乡凌泊湖移民安置小区建设。并以点带面，推动乡镇集镇改造和建设。

2011年，征集区政协委员丁月明等提出关于加强产业带开发，兴建湘北边贸物流重镇的建议。区委、区政府将沿江产业带开发纳入全区物流发展总体规划，列入区委、区政府重点建设工程。区交通局向上级主管部门汇报，争取批准立项和资金支持。至年底，道仁矶散货码头项目建设完成前期准备。征集区政协委员雷艳玲等关于新建陆城镇中心幼儿园的建议。区教育局筹资200万元，以原“五七”小学为基础，在陆城镇新建1所符合国家标准的中心幼儿园。

**三、民意反映**

2000年始，区政协将收集和反映社情民意列入区政协委员履行职责的基本内容，要求每位委员每年至少反映1条社情民意信息。

2002年，区政协委员徐筱杉了解到国家原颁布的《投机倒把处罚条例》与国家现行政策法规及市场经济发展存在矛盾，但仍被相关职能部门作为行使职权的依据，群众意见大，遂撰写《关于废止〈投机倒把处罚条例〉的建议》。上报省政协信息中心后，被全文转报全国政协办公厅。

2003年3月，区政协作出加强反映社情民意工作的若干规定，将反映社情民意纳入政协工作制度化、规范化、程序化管理。区政协办公室对收集的社情民意信息，通过归纳整理后，采用《信息与建议》专刊形式，分类报送全国及省、市政协和区委、区政府及有关部门，或采用《民主监督建议书》形式，直接送达有关部门。是年，永济乡区政协委员反映该乡群众收看电视节目难。信息反馈后，区广播电视局争取资金，改造有线电视网络，铺设新线路，使问题得到解决。

2011年，区政协办公室编印《信息与建议》第五期，刊载撇洪渠青山湖桥至洋溪湖段公路急需维修、加强农村食品安全卫生管理等5条群众意见。区委书记陈志莲批示区交通局、区建设局、区食品监督局等单位认真办理，并及时给予回复。

至2011年12月，共收集各类社情民意信息1100余条。通过整理，报送省、市政协368条，送区有关负责人或工作部门700条。

## 第四节　文史征编

1990年9月至1991年12月，征集出版《北区文史资料》第一辑，14.5万字。内容主要有域区名胜古迹、人物、民俗、抗日纪事、黄埔校友及迎接解放的史料和简介等。

1992年4月，编辑《北区文史资料》第二辑；1995年2月出版。共征集文稿113篇、图片40多幅，审定出版文稿49篇、图片21幅，共19.3万字。涵盖1949年中华人民共和国成立前后境内政治、军事及当时的工商、经济、科教、文卫等内容。

1996年12月，为纪念区政协成立10周年，征集出版《云溪文史》第三辑。内容主要是各级党委关于政协工作的指导性文件及区政协10年来履行职能，开展重要活动的原始资料。

1998年，分部门编写文史资料。至2002年12月，同时出版《云溪文史》第四辑《云溪水利农机》、第五辑《云溪交通》。

2003年至2004年5月，出版《云溪文史》第六辑《云溪检察》。

2008年，编纂《云溪区政协志》，36.8万字。

2009—2010年，编辑出版《云溪区地名志》，41万字。该志除志以“地名”外，还设有“古迹名胜”“地名掌故”“地名拾遗”“地域人物”“地名艺文”等篇目，被评为全省政协系统优秀图书。

## 第五节　海内外联络联谊

**湘鄂赣边境毗邻县（市、区）政协联谊会**　1988年，区政协加入湖南、湖北、江西三省湘鄂赣边境毗邻县（市、区）政协联谊会。1994年6月，第12次联谊会上北区政协被接纳为正式会员。1995年、2009年，作为东道主，区政协先后举办第15次、第37次联谊会。

**“三胞”亲友联谊会**　1995年，召开“三胞”亲友联谊会第一届代表大会。通过联谊会章程，选举会长、副会长、秘书长和理事，鼓励“三胞”人士关心支持家乡建设。台胞张叙泉等为家乡公益事业捐款80万元，叶荫球投资240万元，支持家乡亲人创办个体私营企业5家。1996年，“三胞”亲友联谊会协助安排台胞龚延松从台湾回乡定居。1998—2011年，先后接待“三胞”人士回乡观光、探亲访友43人次，向“三胞”人士赠送贺年卡860张。

# 第八篇　民主党派·社团组织

## 第一章　民主党派

### 第一节　民革云溪支部

1994年8月，成立民革云溪支部，支部主委葛临湘。1997年，民革云溪支部换届，选举葛临湘为支部主委。1999年，民革云溪支部被民革中央评为先进基层支部。支部第三次换届，李杰锋任主委。2002年、2007年，民革云溪支部分别进行第四次、第五次换届，选举主委徐筱杉。2008年3月，中国台湾地区选举新任领导人马英九后，协助民革市委、《长江信息报》，分别对支部成员、马英九的堂姨秦照熙（湖南宁乡人，1930年3月生，1987年参加民革组织，现居长炼）进行专访。3月24日，《长江信息报》对此作特别报道，“岳阳新闻网”、“红网”、《湖南民革》报发布信息。2010年、2011年，先后两次组织部分党员赴台湾考察。至2011年，民革云溪支部已历六届。第六届主委黄旭刚，有党员29人。先后7次开展法律援助、下乡义诊、帮困助学活动，14次被民革省委、民革市委评为先进支部。

### 第二节　民盟云溪支部

2007年8月，成立民盟云溪支部，支部主委郑景。12月，组织盟员到岳化社区慰问生活困难职工，捐慰问金3000元。次年11月，周莉接任主委。2009年6月，主委郑智辉。2010年，针对云溪工业园离云溪镇城区较近，污染较严重，开展专题调研，形成翔实的调研报告，建议区政府实施“环境保护三年计划”，促进云溪城区空气质量好转。至次年，还通过区人大、区政协两会，先后提出《关于大力发展民办养老服务机构的建议》《关于加强家电下乡补助的监控和回访的建议》《关于在云溪区规划建设市民休闲公园的建议》等。均被区委、区政府采纳。2011年5月17日，在道仁矶镇丁山村、丁山小学开展扶贫帮困活动，捐赠清洁家园建设经费及贫困学生学习用品、助学金等，共计价值3万余元。是年，有盟员14人。

## 第三节　民建云溪支部

2008年11月，成立民建云溪支部，周家冀任支部主委。2009年11月，支部换届，选举雷英为支部主委。有会员7人。至2011年，连续3年被民建市委评为先进支部。2010年7月，在区直老年人福利服务中心、道仁矶镇丁山村开展扶贫帮困活动，捐款物计1.5万元。被民建省委评为先进支部。2011年9月，赴君山区、岳阳楼区开展“敬老、爱老、扶老”活动，捐物资及慰问金共计价值3000余元。至2011年，组织会员围绕云溪区域经济发展开展调查研究，先后撰写《做强精细化工打造国家级产业基地》《加强公益性社会组织建设推进社会管理创新》《加强人才队伍建设》等参政议政材料10余篇。

## 第四节　农工党云溪支委

1988年，农工党岳阳市委组建北区直属小组，有党员3人。1989年3月，直属小组更名为岳化小组。2005年7月，更名为云溪小组。2007年5月，成立农工党云溪支委，刘跃勤任支委主委。2011年11月，选举主委刘跃勤，有党员12人。是月，到区直老年人福利服务中心开展“送健康、送温暖”活动，为入院老人进行免费体检，捐赠药品及生活物资价值1.5万元。

## 第五节　致公党云溪区支部

2004年4月，致公党岳阳市委在云溪成立小组。有党员3人。2007年4月，成立致公党云溪区支部，谌七云任支部主委，有党员5人。至2011年，先后3次组织扶贫帮困，共捐款物价值1.8万元。先后向区政协、区委统战部、致公党市委报送提案、信息、调研报告等参政议政材料73件。2011年，有党员11人。

## 第六节　九三学社云溪支社

成立于1998年，杨俊杰任支社主委。2003年，换届选举主委甘细久。2004年6月，联合九三学社市委在路口镇牌楼村开展送医药下乡活动，义诊百人以上，捐赠药品价值2万余元。2005年9月，联合九三学社岳阳市农科所支社送科技下乡，在路口镇举办西瓜栽培技术讲座，解答咨询300人次。至2011年，已历四届，有社员16人。2011年，在路口镇省塘村扶贫帮困，捐赠水泥20吨。

## 附 中国国民党云溪地区组织

1923年6月，中共第三次代表大会决定，与国民党合作，建立革命统一战线。1926年，李中和、卢紫云以国民党湖南省党部农民运动特派员身份到陆城，帮助发展国民党基层组织。9月28日，在陆城召开中国国民党临湘县第一次代表大会，成立国民党临湘县党部，书记长李正庭，主要执委委员和监察委员有：李中和、詹先甲、李正锋、方永忠（又名方凯）、李崇德等（一说推举詹先甲为常务委员，方星高为组织部部长，方凯为宣传部部长，李正庭为青年部部长，李中和为商民部部长）。党部设宣传、组训、财务、秘书等干事。划陆城、云溪为二区，设区党部，区党部下设区分部，在境内实现第一次国共合作。民国16年（1927）2月，由于詹先甲参与隐藏在国民党湖南省党部内以刘岳峙为首的秘密组织“左社”活动，破坏工农运动和革命统一战线，国民党省党部派刘昆林到陆城改组国民党临湘县党部。5月12日，召开国民党临湘县第二次代表大会，选举李正锋、梅继尧等9人为执行委员，方凯、敖伯川等为监察委员。县党部组成人员。民国19年，县党部随县治迁长安。民国20年12月，整理党务，重新登记党员。改设云溪、陆城2个区党部和陆城区分部。民国28年，在“集中力量抗日，不做亡国奴”的名义下，党部用集训和封官许愿方式，引诱胁迫机关团体职员、保长、教员、学生参加国民党。至民国34年抗日战争胜利时，境内有国民党党员137人。由于发展党员是拉夫凑数，至民国36年年底再重新登记时，只有73人。此现状一直维持到民国38年6月。

# 第二章 社团组织

## 第一节 工 会

### 一、组织沿革

民国初期，陆城有手工业工人自发组织的“老君会”（铁业）、“鲁班会”（木业）、“轩辕会”（缝纫业）等行会帮会。1926年，李中和、卢紫云在陆城等地发展共产党组织的同时，培养一批工人骨干。10月，在陆城成立临湘县总工会。总工会主席李文彩在陆城、云溪建立店员、木业、瓦业、篾业、缝纫业等5个行业工会，会员300多人。陆城、云溪店员工会主席分别为谢兰林、丁春林。1927年临湘“5·17”事变后，李文彩和一批工会骨干被害，工会组织遭到破坏。民国35年（1946）4月，临湘县筹备成立县总工会，境内没有工会组织，只在陆城、云溪各设1名工会组织指导员，另有40多名木作、铁作、泥水、缝纫等行业会员加入县职工工会。因国民党临湘县政府包揽，职工工会会员多是造册登记，并无实际活动，工会组织不代表工人利益。

1950年年底，境内建基层工会2个，会员214人。1953年4月，基层工会参加临湘县工会联合会。1958年10月，贯彻全国总工会党组“为工会消亡而斗争”的意见，工会一度停止活动。1961年，批判“工会消亡论”，基层工会发展至14个。“文化大革命”初期，工会组织瘫痪，部分会员参加“造反派”组织。1973年6月，恢复工会组织。

1984年4月，北区区委筹备成立区总工会。6月1日，市委、市政府批复，设区工会。7月，召开第一次工会工作会议，动员各单位和国有企业建立工会组织。至年底，发展基层工会21个，会员1183人。1986年，区教育局率先在教育部门建行业工会。1987年5月，成立北区总工会。辖基层工会33个，会员1788人。1989年7月，成立区总工会女职工委员会。1991年7月，成立区总工会经费审查委员会。1996年，乡镇一级建立工会联合会。是年4月，北区总工会更名为云溪区总工会。1999年7月，成立非公有制企业工会联合委员会，辖非公有制企业工会10个，吸收会员700人。2000年4月，区委成立新建企业工会工作领导小组，加强非公有制企业工会组建工作。至2003年年底，非公有制企业工会发展至141个，会员7000人。2011年，区总工会机关内设机构有综合办公室、女工部，核定全额拨款事业编制5名，人员参照公务员管理；隶属机构有区困难职工帮扶中心，核定全额拨款事业编制1名。有基层工会556个，会员43876人，其中农民工会员14173人，工会组织比1983年增加498个，会员增加38646人。

**二、代表大会**

1926年10月，临湘县第一次工人代表大会在陆城文昌宫召开。动员工人组织起来，反对工头剥削，开展反帝反封建斗争。选举县总工会主席李文彩、副主席卢紫云。1927年3月，县总工会、农民协会在陆城武庙召开临湘县第一次工农代表大会，贯彻湖南省第一次工农代表大会精神，学习孙中山“联俄、联共、扶助农工”的政策，审查工农代表提出的提案，发布《告全县工人农民书》，实行工农大联合。

1950年10月、1953年4月、1955年6月、1957年9月，境内工会代表先后出席临湘县第一届、第二届、第三届、第四届工会代表大会，选举产生县工会联合会、县总工会，听取和审议工会工作报告。1962年4月、1964年7月，推选代表出席临湘县第五届、第六届工会代表大会。1973年6月、1978年11月、1982年4月，推举代表出席临湘县第七届、第八届、第九届工会代表大会，选举县总工会主席、副主席、委员，大会动员工人投身社会主义现代化建设。

1987年5月23日，召开北区第一届工会代表大会，出席代表59人。会议中心议题是：总结工会工作，成立区总工会。要求各工会健全职工代表会议（简称职代会）制度，组织职工开展劳动竞赛，造就“四有”（即有理想、有道德、有文化、有纪律）职工队伍。会议选举区总工会副主席（未设主席）、委员。

1991年8月16日，召开北区第二届工会代表大会，出席代表76人。会议总结北区一届工会工作，动员职工建功立业，推荐出席市总工会第二届工会代表大会代表。补选区总工会主席、委员。

1998年4月27—28日，召开云溪区第一届工会代表大会，出席代表131人。会议总结北区二届工会工作，审查经费情况，动员职工积极投身建设有中国特色的社会主义事业。选举云溪区一届总工会主席、副主席、委员。

2003年12月3日，召开云溪区第二届工会代表大会，出席代表113人。会议总结云溪区一届工会工作，审查经费报告，动员工会创新维护职工权益工作。选举云溪区二届总工会主席、副主席、委员。

## 三、主要活动

**劳动竞赛**　1953年，县属陆城油脂厂工会组织职工积极参加工会组织的为社会主义积累资金的劳动竞赛，使每50公斤芝麻压籽、出油率分别比上年提高11.4%、13%。

1957年，境内工会发动职工参加以技术革新为中心的先进生产者运动。90%的职工参与技术革新。涌现革新标兵53人，革新、推广先进技术48项。云溪木业社革新犁、耙、风车、水车等8种农具，陆城农具社改进的双轮双铧犁，耕田功效提高1倍多。

1961年，组织职工生产自救。开荒种地10.67公顷，收粮食1063公斤、油料1100公斤、蔬菜4850公斤，养猪72头。

1963—1964年，开展“学雷锋、学大庆”社会主义劳动竞赛。城镇职工为农村修理农机具，新制农机配件、农机水管，使81台排灌机械恢复运转。1969年，陆城油脂厂厂长、工人代表杨汉珊，带领职工在学大庆劳动竞赛中取得显著成绩，被评为全国工业学大庆先进个人，10月1日，推荐到京参加国庆观礼。

1977—1983年，开展“学铁人、学长炼”和为“四化”（即工业现代化、农业现代化、国防现代化、科学技术现代化）作贡献立功竞赛。先后有160人立功。1983年，松阳湖平瓦厂工会小组被评为湖南省优秀工会小组。

1985年，区总工会组织职工开展体力与脑力相结合、高产与优质相结合、安全与文明相结合的生产劳动竞赛。增创经济效益180万元。

1988—1992年，区总工会组织开展以增产节约、增收节支为主要内容的“双增双节”竞赛活动。广大职工大力扩展生产经营项目，努力提高企业经营效益，有效利用每一分钱、每一滴水、每一度电、每一张纸、每一寸布、每一滴油、每一两煤、每一寸料，4年共增收节支700余万元。

1991年始，在女职工中开展“芙蓉杯”竞赛活动，每5年围绕一个主题作为一轮。至2011年，已进入第五轮。有30个工会、1720名女职工参加竞赛。涌现5个省、市级“芙蓉标兵岗”单位、25名省、市级“芙蓉百岗明星”。

1993—1999年，在职工中掀起以“扭亏增盈”为主要内容的劳动竞赛热潮。通过管理挖潜、技术革新、优质生产、市场促销，使6家区、乡企业扭亏为盈，4家企业亏损逐年减少。1996年，松阳湖新型墙体材料厂（即松阳湖平瓦厂）因特大洪灾厂房被淹3个多月，全厂116名职工开展“扭亏增盈百日大会战”，生产红砖380万块、平瓦150万片，促销红砖400万块、瓦180万片，一举挽回损失。

2000—2005年，开展“我为工业兴区作贡献”“我为争创民本岳阳先进区建功立业”的经济技术创新活动，涌现爱岗敬业、创业立功、技术革新等标兵3000人次，增创经济效益1.2亿元。

2006—2011年，组织“工人先锋号”劳动竞赛，开展技术比武，革新技术，创新先进操作法30套。

**民主管理**　1951年6月，陆城等地工会组织职工与资方签订“劳资协议”。

1958年3月，陆城、云溪邮电支局召开职工代表大会，对工作提出整改意见。

1965年，境内教育、工交部门有7个单位、企业建立职代会制度。“文化大革命”中，职代会失去职能作用。1979年逐步恢复。

1983年，陆城油脂厂、松阳湖平瓦厂建立民主管理领导小组，发动职工参与企业管理。

1986年9月，区总工会建立职工暨会员大会、职工暨会员代表大会制度。有19个单位实现“两会”结合，占基层工会57.78%。

1991年，推行职代会民主评议干部制度。至1994年，共评议干部560人次。通过评议，推荐和直选单位负责人38人，有80多名干部受到表彰和提拔，20人受到批评或降职使用。

1993年，建立工会与同级行政机构联席会议制度；至2011年，区直单位工会均与本单位行政机构召开4~5次联席会议，参与管理本单位行政事务。

1996年，建立集体合同制度。有42家区、乡企业1600人与单位签订集体合同。

1999年，有196家企业实行厂务公开。

2001年始，逐步在公有制、股份合作制企业实行职工董事会、监事会制度。至2006年，有21家公有制、股份合作制企业分别建立职工董事会、监事会。进入董事会的工会主席、职工代表28人，成为监事会成员的工会副主席、职工代表22人。

2006—2011年，工会、职代会、监事会参与听取和审议单位行政报告、工作规划、技术改革方案、经营方案、企业改制方案共1480个，收集和督促办理职工代表提案1300个。

**维护权益** 1951—1954年，境内工会与工商联等方面协商，安置39名无业工人就业。

1955—1956年，帮助贫困职工偿还债款6100元。

“文化大革命”中，职工权益无法保障。1982年，企业恢复劳动保护委员会，职工权益得到重视。

1985年，区总工会争取资金2000元帮助困难职工。协助改革国家、集体企事业单位职工工资制度，至2008年，经过4次改革调整，职工人均增资2.5倍以上，调整私营企业职工工资标准，至2010年，有106家私营企业职工人均增资7.79倍。

1989年始，实行职工社会养老保险等社会保险制度。至2010年，有116家企事业单位2365名职工参加社会养老保险、医疗保险、生育保险、工伤保险、失业保险等社会保险。

1991年，帮助安排480名困难职工家属子女就业。

1992年始，工会与企业共同建立劳动法律监督组织、劳动争议调解组织。至2010年，共参与处理侵害职工利益案件320件，调解劳动争议纠纷390起，办理职工信访案件58件。工会实施“送温暖工程”，至1998年，共资助困难职工1780人、15万元，腾岗安排再就业105人。

2001年，组织参加党政机关联系困难企业，机关干部联系困难职工的“双联”活动。至2004年，各级工会通过“双联”共为困难企业、困难职工帮扶资金180万元，办实事360件，帮助困难职工解决生产生活及子女入学困难1100人，解决低保、养老等保险900人，资助500名下岗职工再就业、200名特困职工家庭脱贫，扶助19个濒临倒闭企业发展生产。

2007年，区总工会成立困难职工帮扶中心。至2011年，共筹集资金200万元，救助困难职工6800人次。

2009年，区供销联社解除劳动关系的留用人员，要求单位上缴养老保险金标准与在职职工一致。该单位工会争取联社党组、行政同意，将其养老保险金按全省年人均1780元缴纳，满足留用人员合法要求。

2011年，有285家企业实行职工工资集体协商订约制度，让职工有拟定自己工资标准的主动权。

**职工教育** 1950年，进行反封建的民主改革教育和“抗美援朝、保家卫国”的爱国主义教育。职工加班加点，增产支前，参与捐款捐物活动，女职工赶做军鞋120双，15名职工参军支援朝鲜作战。

1952年，进行党在过渡时期的总路线教育，动员行业工人走合作化道路。至1956年，有500余名行业工人实现合作化。

1961—1964年，开展学毛泽东著作和“学雷锋、学大庆”活动，出现争先进、做好事热潮。“文化大革命”中，职工教育陷于停顿。

1978年后，组织职工系统学政治、学文化、学技术、学业务。

1984年，落实全国《国营工业企业职工思想政治工作纲要》，组织职工学《中国工人阶级》等历史、理论著作。

1986年，结合学习中国共产党的基本知识、法律知识，组织职工学时事、学政治。26个基层工会1580名职工参加学习、会考，评选优胜单位15个，先进个人45人。

1990年始，开展“学习模范人物，弘扬职业道德风范”活动，鼓励职工争做“四职”（即职业责任、职业道德、职业纪律、职业技能）、“四有”新人。至2001年，涌现职业道德标兵集体10个，标兵个人280人。各级工会购买《社会主义职业道德讲话》，组织职工通过学习，制定规范职业道德的公约、准则、制度。

1991年，进行“双基”（即党的基本路线、基本国情）、“三热爱”教育，主办演讲比赛40余场。

1993—1999年，贯彻中央和省总工会文件精神，开展学习邓小平理论活动。有1.5万名职工参加集中学习。

2001—2003年，组织职工学习“三个代表”重要思想。

2007—2011年，学习实践科学发展观。有2.8万名职工参加学习讨论，就“依法科学维权”“促进企业科学发展”发表意见。

## 第二节　共青团

### 一、组织沿革

1926年9月，中共陆城区支部在青年中发展共青团员，在陆城建立共青团临湘县特别支委，选举戴金兰为书记，张心田、姚竹庐为委员。次年3月，成立共青团临湘县委员会，陆城、云溪2个区支部。陆城、云溪区团支部共有团员18人。同年“5·17”事变后，团组织停止活动。

1949年7月、1950年3月，中国新民主主义青年团（简称青年团）临湘县五区、六区工委相继成立。1954年5月，五区、六区青年团工委共有31个基层支部，团员508人。1955年3月，团支部增至41个，团员发展至665人。1957年7月，青年团更名为共青团。1960年2月，有团委3个，团支部187个，团员872名。“文化大革命”中，团组织停止活动。1972年，境内恢复4个团总支、52个团支部，有团员1236人。

1984年6月，设团区委，辖9个基层团委，4个团总支，140个团支部，有团员3047人。1996年4月，共青团北区委员会更名为共青团云溪区委员会。有基层团委7个，团支部（总支）198个，团员5618人。2011年，团区委机关内设机构有综合办公室，核定全额拨款事业编制3名，人员参照公务员管理。有基层团委8个，团支部（总支）220个，团员8035人。

### 二、代表大会

1953年3月，境内青年团区工委选派代表出席青年团临湘县第一次代表大会，选举产生青年团临湘县委员会。1972年6月，推选代表出席共青团临湘县第九次代表大会。

1986年1月，召开共青团北区第一次代表大会，成立团区委，选举团区委书记。1988年、1991年，相继召开共青团北区第二次、第三次代表大会。1998年4月，召开共青团云溪区第一次代表大会。2003年12月，选举代表90人，召开共青团云溪区第二次代表大会，报告上届团区委工作，选举团区委书记。

### 三、主要活动

1927年，组织青年成立“拒毒会”、“雪耻会”、纠察队，查烟禁赌，抵制洋货，维护社会治安。

1950—1952年，发动团员青年参加民兵，防匪自卫，监视地主。

1958年3月后，开办团校，培养青年积极分子。60年代，组织开展学习毛主席著作和学雷锋、种“三田”（即样板田、种子田、试验田）活动。建立团员科学试验小组81个，广大青年团员在各项生产建设中发挥突击队和先进模范作用。

1973年，组织青年开展“要树立什么样的理想、前途”“我为祖国做些什么”大讨论，因受“左”的思潮干扰而夭折。

80年代初，相继开展共产主义道德教育、移风易俗教育、普法教育、争当新长征突击手教育及农村青年实用技术培训活动。

1984年，开展理想纪律教育和植树造林活动。至1985年，青年团员共造林53.3公顷。路口乡南岳村黄小华植树1.3公顷，被评为全省青少年植树造林先进个人。次年，云溪镇镇龙村团支部在全省“五有”团支部竞赛活动中，被团省委评为先进团支部。

1990年8月，开办青年农村实用技术培训学校，参加面授学习100人。1993年，又培训400人。

1997—1998年，实施跨世纪人才工程。举办科技知识讲座，评出市级科技星火带头人35人、区级科技致富标兵50人。开展云溪区第一届“十佳青年”评选活动，评出“十佳青年”10人。2001年8月，团区委联合区教育局、区关工委，组织“崇尚科学、反对邪教”签名仪式，有1.2万名中小学生签名抵制“法轮功”邪教组织毒害。

2002年6月，举办全国中学生英语口语大赛云溪区赛事，108名中学生参赛，团区委被共青团中央授予最佳组织奖，育红中学吴小溪获全国中学生英语口语大赛二等奖。9月，举办云溪区首届青年农民科技培训班，培训53人。道仁矶镇青年李大安通过培训成为养殖“牛蛙大王”，获全省“十杰百优科技星火带头人”称号。

2003年，组织扶贫助学、评选“‘双力杯’文明少年”活动。捐资筹款5000元，帮助道仁矶镇丁山小学配套体育设施，资助该校20名贫困学生重返校园。区一中学生甘维被团省委授予“全省‘双力杯’文明少年”称号。

2005年，开展“远离网吧、远离毒品、远离犯罪”“平安回家”主题教育活动。举办反邪教、拒毒品宣传讲座，举行“远离毒品、珍爱生命”万人签名活动，办交通事故图片展、交通安全知识讲座。

2007—2009年，浙江省海盐市青年企业家协会连续3年资助云溪区100名家庭贫困学生，共支助15万元。团区委筹款9万元，帮助18名家庭贫困的应届高中毕业考生圆了大学梦。

2010年，团区委成立青年就业创业服务中心，实施青年就业创业工程。办培训班20期，培训青年1000人，建青年就业创业见习基地2个，到岗见习100人，协助创业青年办理小额贷款55万元。开展“创业之星”评比竞赛，评出“创业之星”10人。

2011年，成立青年志愿者组织，开展献爱心活动。登记青年志愿者1万人，日常管理180人。开展关爱留守儿童活动，结对亲情慰问350人。向留守儿童捐赠慰问品、现金价值共30万元，服务、慰问孤寡老人150人次。

## 第三节　妇女联合会

### 一、组织沿革

1924年7月，陆城成立临湘县婚姻促进会。1926年10月，在陆城武庙成立临湘县女界联合会，主席黄淑。建立云溪区、陆城区女界联合会。次年“5·17”事变后，均遭到破坏而解体。

1951年1月，成立五区、六区民主妇女联合会。1960年12月，民主妇女联合会更名为妇联。境内3个公社、29个大队全部建立妇联，210个生产队均成立妇女组织。1966—1972年，妇联组织瘫痪。1973年恢复。

1984年6月，设区妇联，辖7个乡镇（场）妇联、73个村（居）委会、（分场）妇联。1995年始，妇联主任改称主席。1996年4月，北区妇联更名为云溪区妇联。2011年，区妇联机关内设机构有综合办公室，核定全额拨款事业编制3名，人员参照公务员管理。基层妇联组织有9个乡镇（办事处、社区）妇联，88个村（居委会）妇联。

### 二、代表大会

1960年12月至1962年2月，境内先后推选代表出席临湘县第三至四届妇女代表大会，选举产生临湘县三至四届妇联执委。

1973年6月至1983年，先后推选代表出席临湘县第五至七届妇女代表大会，选举产生临湘县五至七届妇联执委。

1987年3月8日，召开北区第一届妇女代表大会，出席代表120人。选举产生北区一届妇联执委。

1992年3月5—7日，召开北区第二届妇女代表大会，出席代表125人。会议动员妇女为实现“八五”计划，奔向小康社会目标而努力奋斗。选举产生北区二届妇联执委。

1998年3月26—27日，召开云溪区第一届妇女代表大会，出席代表134人。会议选举产生云溪区一届妇联执委。号召妇女抓住机遇，团结拼搏，在跨世纪的征途上再立新功。

2008年10月22日，召开云溪区第二届妇女代表大会，出席代表133人。会议号召全区妇女团结起来，为加快富民强区、建设和谐云溪而奋斗。选举产生云溪区二届妇联执委。

### 三、主要活动

1924年7月，动员妇女反抗封建包办婚姻。1926年10月，组织妇女剪发放足，争取男女平等。

1951年，加强妇女“抗美援朝，保家卫国”的爱国主义教育和积极投身土改的反封建教育。广大妇女积极送夫送子参军赴朝，参加农民协会，投身土改运动。

1951年6月，宣传贯彻婚姻法，发动妇女争取婚姻自主，参加社会主义建设。至1953年，先后有废除包办婚姻，重婚76对，解除童养媳关系53人，有1.05万名妇女投入生产建设和互助合作运动。

1958年11月，江南公社副社长彭清秀出席全国建设社会主义积极分子代表大会。次年，出席省农业社会主义建设先进工作者会，评为省农业劳模。1960年3月8日，被全国妇联命名为“三八红旗手”，为境内首次获此荣誉的妇女干部。

1962—1964年，组织妇女开展“五好”（即学习劳动好、勤俭持家好、团结睦邻好、尊老爱幼好、支持亲人工作好）竞赛和扫除文盲活动。通过办扫盲班，有8000多名妇女脱盲。

1964年，陆城公社严玉兰出席湖南省建设社会主义积极分子大会。1965—1976年，妇女工作基本停顿。

1980年1月，组织妇女学习中共十一届三中全会精神，发动妇女积极投身改革和社会主义现代化建设，维护自身合法权益。是年，文桥公社臣山村吴桃英被评为全省先进生产者。至1983年，共调处婚姻家庭矛盾187起，为妇女儿童提供法律帮助。

1984年，发动妇女积极投身农村经济体制改革，发展社会主义商品经济。涌现以妇女为主体的专业户225户、经济联合体35个。李层喜、闾四喜先后分别被评为市、区种棉模范、养猪专业户。至1985年，闾四喜共销售外贸猪173头，创外汇1380美元。1987年9月10日，国务院副总理李鹏在视察华能岳阳电厂扩建工程后又视察其养猪场。

1991年，开展为实现“八五”计划建功立业的“巾帼建功”竞赛活动。有1.8万名妇女参加竞赛，涌现“巾帼建功”标兵10人，先进典型134人。

1993—1995年，区妇联联合北区公安分局、区民政局、区计生局等单位，开展打击弃婴、拐卖妇女犯罪等专项活动，查处弃婴案20件，摧毁拐卖妇女犯罪团伙1个，解救被拐卖妇女5人。

1996年，开展“文明屋场”“五好文明家庭”“遵纪守法户”“年轻妈妈读书”系列竞赛。至1999年，共有8400个家庭分别被市、区、乡评为“文明户”“遵纪守法户”。云溪乡杨友元用爱心支起破碎的家庭，被评为全省“家庭文明建设”十大标兵，其事迹被省妇联制成专题片推介。2002年，区妇联被省政府评为全省“五好文明家庭”创建活动先进单位，被省妇联评为全省先进妇女组织。

2004年3月，开展“双学双比”竞赛活动，培养女种养能手。举办“双学双比”巡回报告会，组织妇女听取先进典型发言。召开“女性与事业”座谈会，组织妇女畅谈发展现代农业的体会，激发广大妇女为发展现代农业建功立业的高昂斗志。4月，云溪镇丁维青进一步扩大原自办的小康酱菜厂规模，形成畅销省内外的“金利达”商标系列酱菜产品，被评为省劳模。至年底，共表彰种养女能手、女能人12人。

2007—2008年，发动妇女开展为留守儿童、贫困儿童服务活动。区妇联与区教育局联合发出关于进一步加强留守儿童工作的建议文、倡议书。组织学生与留守儿童举行“手牵手、庆‘六一’”文艺联欢。摸底调查留守儿童生活学习情况，对137名留守儿童的假期生活进行指导。各级妇联走访慰问贫困儿童103人，送慰问金5150元。永济乡凌泊湖村党支部书记姜金桂被评为全省优秀女村官，道仁矶镇妇联主席沈小玉获全省维护妇女儿童权益贡献奖。

2010年，区妇联联合区劳动、区农业、区科技等部门，举办妇女实用技术培训班，开展“春风送岗位”活动。至2011年，举办就业援助专场招聘会2次，解决230名下岗女职工、被征地妇女再就业问题。

# 第四节　科学技术协会

## 一、组织沿革

民国31年（1942），文桥臣山成立兽医协会，会长李谷成，为境内最早的群众科技团体。1954年，路口、文修、陆城等乡镇成立兽医总协会。1960年，境内群众科技团体基本停止活动，科技人员大多加入县科协。“文化大革命”期间，科协团体瘫痪。中共十一届三中全会后逐步恢复。

1992年，成立区科协。1996年，北区科协更名为云溪区科协，至2011年，区科协先后挂靠区科委、区科技局、区工信局。

2011年，全区有乡镇科协、产业协会13个，专业技术研究会7个，会员共450人。

## 二、代表大会

1979年5月，境内选派科技人员代表参加临湘县科技人员代表大会，选举产生县科协新的委员会。

1992年10月，召开北区科协第一次代表大会，选举产生北区科协第一届委员会，李神保任主席。1997年后，先后由唐露尧、官联伟、李大元兼任区科协主席。

## 三、主要活动

**科普宣传**　1993年10月，区科协联合团区委组织青年科技致富能手巡回报告团到乡镇举行报告会，受教育300余人。

2001年3月，联合区总工会举办大型科普图片展、科教电影展映，参观和观看的干部职工、中小学生共2万余人。

2005年始，利用全国“科普活动周”“科普日”，开展科学思想传播、科学方法传授、科学知识宣传活动，提高公众科学技术素养。开展科普知识进社区、进街道、进乡村活动。组织农业系统专家到路口镇沙湾村、文桥镇黄皋村、陆城镇陆城村等地上门赠送名优果苗，传授农业科技知识，帮助农民致富。

2009—2011年，开展科普大篷车、科普知识进校园活动，协同区教育部门组织青少年参加全国、省、市科技创新大赛，选派学生参加市举办的周末课堂，实施全市组织的“千名小院士”孵化工程，选评“岳阳市巴陵英才计划”云溪区青年科技人才。在《云溪手机报》中开辟《科普知识》专栏，制作科普知识板报，在全区巡回展出50多场，扩大科普宣传范围。

**培养科技示范户**　1992年始，区科协通过技术培训、政策扶持、资金支助、政治鼓励，培植各类科技示范户。1994年3月，云溪乡东风村刘群英被省科协评为科技示范户。1995年3月，云溪乡新民村陈伯鹏、吴维军，东风村刘群英，建军村丁观华，路口镇省塘村孙纲要，道仁矶丁山村苗金秀、罗权雄，文桥乡陈胜前，被市科协评为科技示范户。至2011年，全区共培养省级科技示范户18户，市级科技示范户34户，区级科技示范户123户。

**维护科技人员合法权益**　1990年5月，区科委、区司法局、区劳动人事局联合举行《中华人民共和国专利法》《中华人民共和国技术合同法》知识考试，参加考试的有具有（或相当于）中专以上学历或技术员以上职称的科技人员 188 人。

1993 年 9 月，区科协参与区普法领导小组举行的全区科技法律知识竞赛活动，将《中华人民共和国科学技术进步法》《中华人民共和国专利法》《中华人民共和国著作权法》《中华人民共和国技术合同法》《中华人民共和国计算机保护条例》《中华人民共和国商标法》等有关科技法律知识作为竞赛内容。参加竞赛的有科技人员、机关干部、企业职工等共 832 人。

1997 年 11 月 5 日，区委印发区委常委会议《纪要》，明确规定各级各单位要大力支持科协工作，保障各类科协团体专项经费投入，将科技团体办公场地、活动阵地建设列入全区科技发展总体规划，重视科技人才培养，落实《湖南省科学技术与协会条例》，支持科协工作，帮助解决科技工作者实际困难。至 2011 年，全区共选拔 37 名科技工作者安排到各级领导岗位，解决科技人员实际问题；区科协走访、慰问科技人员 80 余人次。

## 第五节　工商业联合会

### 一、组织沿革

民国 4 年（1915），陆城成立临湘县商会。民国 20 年，陆城、云溪 2 镇相继成立镇商会，纺织、服装、百货、首饰、瓷器、烟酒、粮食、饮食、屠宰、竹木、印刷、文具、医药、旅店、茶庄、榨油、运输、建筑等行业商会分会。商会根据自身利益，商定商品价格、行业工价，交流商业信息，调处内部纠纷，筹集政府各种摊派。抗日战争时期，商会停止活动。民国 35 年后，国民党政府发动内战，商店纷纷破产停业，商会名存实亡。

1950 年，云溪、路口、陆城 3 个集镇建立工商联基层组织。1968 年，工商业者大都下放农村，工商联组织自行解散。

1984 年，随着非公有制经济发展，工商联组织逐步恢复。1993 年，成立北区工商联，1996 年，更名为云溪区工商联。7 个乡镇（场）均成立工商联分会，共有会员 304 人。

2011 年，区工商联为正科级群团机构，加挂岳阳市云溪区总商会牌子，归口区委统战部管理。其内设机构有综合办公室，核定机关全额拨款事业编制 2 名，参照公务员管理。

**代表大会**　1955 年 1 月，推选代表出席临湘县工商联第一届会员代表大会，选举产生临湘县工商联第一届执委。

1993 年 9 月，召开北区工商联成立大会暨第一届会员代表大会，选举产生北区工商联第一届执委，执委主任委员周秋生。

1994 年 5 月，召开北区工商联第二届会员代表大会，出席代表 96 人，选举产生北区工商联第二届执委，选举会长瞿和清。

2002 年 9 月，召开云溪区工商联第一届会员代表大会，选举产生云溪区工商联第一届执委，选举会长方奂奂。2005 年 9 月，云溪区工商联第一届执委二次会议选举袁正宏为会长。

2007 年 9 月，召开云溪区工商联第二届会员代表大会，选举产生云溪区工商联第二届执委，选举肖洋溢为会长。

2011 年 11 月，召开云溪区工商联第三届会员代表大会，发出为加快富民强区而努力奋斗的倡议，出席代表 120 人，选举产生云溪区工商联第三届执委，选举会长戴群。

**主要活动**　1955 年，贯彻中央团结、教育、改造的方针，动员组织私营工商业者走公私合营道路。至次年，80%的工商业者纳入国营、合作经济轨道。1957—1965 年，先后组织工商界开展“自我改造、跃进竞赛”“双献”（即献智慧、献力量）竞赛和爱国主义、社会主义、集体主义思想教育活动。

1984 年，发动工商界积极参与经济体制改革，实行责任承包制，搞活商贸经营。

1992 年，组织发展多种经济成分的商贸经济。鼓励自主创业，发展个体商贸业。至 1997 年，个体商贸零售额占全区零售总额 63%。

1998 年，发动工商界非公有制经济人士筹款筹物，支援抗击长江流域特大洪灾。9 月，瞿和清被中央统战部、全国工商联评为抗洪抢险先进个人，并参加全市抗洪抢险英模事迹报告团，在全市及天津、广州等地汇报演讲 21 场。

是年，接待江西省修水县工商联考察组，双方签订商品销售、产品信息交流等协议，缔结友好商会。次年，组织 4 名企业家赴新加坡、马来西亚、泰国进行商务学习考察。2000 年，组织会员 40 人赴本省邵东县考察招商，与该县工商联缔结友好商会。

2002 年，组织会员企业、会员开展“光彩事业”活动；募集资金开展修路、助学等公益活动。2004 年，组织部分会员企业送农资下乡，捐赠化肥 21 吨。9 月，在全省工商联组织工作和宣传教育调研工作会上，云溪区工商联作“开创非公有制经济党建工作新局面，落实‘三结合’引导‘光彩人’”典型发言。

2006 年，在区电视台开播《民营经纬》专题节目，介绍民营经济发展情况，推介典型，促进民营经济发展。

2008—2011 年，先后开展云溪区第一届、第二届“优秀中国特色社会主义建设者”评选活动，有 15 名非公有制企业界人士受到表彰。

## 第六节　残疾人联合会

### 一、组织机构

1990 年 12 月，成立区残联。有各类残疾人 6116 人，占总人口 4.17%。

2011 年，区残联理事会与民政局合署办公。内设办公室、康复股、宣传教育扶贫股、维权股、就业服务中心等工作机构。有残疾人 1.13 万人，占总人口 6.44%。

### 二、代表大会

1990 年 12 月，召开全区残疾人代表大会，选举产生区残联主席团、执行理事会，主席团主席周忽报，执行理事会理事长沈道金。1993 年，理事长吴建华。2005 年 9 月，理事长卢光明。

2007 年 12 月，召开云溪区残联第一届代表大会，总结成绩，部署工作，选举产生云溪区残联第一届主席团、执行理事会，主席团主席陈辉，执行理事会理事长卢光明。

### 三、主要活动

**残疾人就业** 20世纪60年代，公社办福利企业，组织残疾人参加力所能及的劳动，后因条件所限停办。

80年代初，政府出台优惠政策，部分公社、大队先后创办毛刷厂、编织厂、盲人按摩院等小型企业，安置残疾人就业。

1996年，全区有400多名残疾人通过培训就业，并成长为科技人才或单位中坚力量。

2005年，安排716名残疾人进福利企业、医疗卫生单位和其他福利组织工作。区民政局、区残联筹资40多万元，减免残疾人自主创业应交税费，使1100名残疾人实行自主创业。残疾人李开华、王景林、易庆鲜、李仕华，通过自主创业或安置就业，获岳阳市残疾人自强标兵。路口镇残疾人彭跃文开办医疗诊所，年创收5万元。

2006年始，通过征收残疾人就业保障金，发放自主创业补助金，实行按比例安排残疾人就业。至2011年，共征收残疾人就业保障金329万元，发放自主创业补助资金17.3万元，扶持132名残疾人发展种养业。

2011年，在云溪城区成立残疾人手工艺品制作部，培养20名残疾人开展手工艺品制作，作品由区残联负责销售。其中路口镇南太村残疾人方移飞，参加全市残疾人文化活动周手工制作比赛，获得优秀奖，部分作品在互联网上拍卖。区政府为在全省残运会上获得2枚金牌的岳化社区残疾人卢宏伟举行庆功会，奖励其5000元，鼓励残疾人自强自立。

**残疾人社会保障** 清代、民国时期，丧失劳动能力的残疾人，能勉强行动、亲属又无力抚养的，靠沿门乞讨为生，不能行动的，靠邻居施舍度日。

20世纪50年代，无劳动能力、无生活来源、无固定扶养人的残疾人，同“五保”老人一同安置。60年代，生产队给残疾人安排力所能及的轻活，照顾残疾人工分、粮食。

1978年始，城镇居委会每年年底慰问重度残疾人，人均发给200~400元慰问金。

1992年6月，贯彻《中华人民共和国残疾人保障法》，为残疾人办理“残疾人证”590份，保证残疾人享受国家相关政策优惠。1994年5月，区政府转发市政府残疾人管理暂行规定，要求各乡镇、农场、区直属机关及驻区各单位切实保障残疾人权益。

1996年，实施国家残疾人事业“九五”计划纲要，将残疾青少年儿童的教育纳入普及义务教育范畴，在中小学阶段，残疾青少年儿童免交学费、书籍费，由区民政局、区残联资助贫困家庭残疾学生完成学业。

1997年6月，将城镇生活贫困的残疾人纳入低保范畴，实行最低生活保障。2001年，农村免征残疾人农业税、取消残疾人义务工、积累工，共减免残疾人各种税费10万元。区财政投入83万元，扶持400多户残疾人脱贫，对家庭确有困难的残疾人实行临时救济。

2003年5月，残疾人李石龙、李从清等7人，因与市经济开发区社会福利企业河南正龙白象方便面厂发生劳资争议，其中3人被厂方保安人员造成轻微伤。区残联、区民政局派员与厂方协调，促成厂方赔偿受伤残疾人营养费、医疗费、误工费计3800元。

2005年，对农村贫困残疾人实行低保。纳入农村低保的残疾人468人。文桥镇望城村残疾学生李某、云溪乡上清溪村残疾学生张某，分别被湖南中医院、兰州大学录取，区民政局各资助学费3600元。2008年，组织农村残疾人参与新农合，城镇残疾人参加城镇居民医疗保险。是年冰灾后，帮助30

户农村残疾人改造危房。

2009年，云溪中心城区主要街道改造扩建，铺设盲道2887米，建坡道口77个，方便残疾人行走。是年10月，区民政局、区残联联合区人社局、云溪地税分局，对企事业单位残疾人员劳动合同、工作环境、工资待遇、各项福利落实情况进行检查，敦促2家企业与残疾职工依法签订劳动协议，按规定给残疾职工缴纳“三金”（即养老保险金、医疗保险金、工伤保险金）。

2011年，实施“阳光家园计划”“残疾人托养项目”，有110户残疾人实现居有所安。通过托养，有125名残疾人受益。

至2011年，农村贫困残疾人纳入农村低保1528人，月均补贴110元，城镇残疾人纳入城镇低保1153人，月均补贴265元。农村残疾人参加新农合6975人，占农村残疾人97.2%，城镇残疾人参加医疗保险2966人，占城镇残疾人99%。免去1460名16岁以上城乡一、二级重度残疾人参加新农合、医疗保险参保费。共为6名被大专院校录取的残疾学生资助学费3.2万元。区教育局通过组织聋哑残疾少儿到市及汨罗市特殊教育学校培训，使80%以上的聋哑残疾少儿学懂汉语、双拼音文、基本手语。共发放残疾学生助学金8.6万元，为残疾学生减免学费1万元。

**残疾人康复**　1995年10月，区财政投入5000元，为残疾人购买相关用品、用具。12月，护送26名小儿麻痹后遗症患者去华容县中医院矫治。

1996年，区人民医院设立白内障复明、小儿麻痹后遗症矫治、聋哑听力语言训练等康复医疗室，对相关残疾人员实行义诊。至2002年，有203名白内障患者通过义诊重见光明，有501名小儿麻痹后遗症患者通过免费治疗，有不同程度康复。是年，配轮椅50辆，帮助下肢残疾人解决行动不便困难。2005年，免费为7名下肢残疾人员装假肢。

2006—2010年，组织实施0~6岁残疾儿童抢救性康复16例、白内障复明手术445例。给残疾人发放代步摩托车8台、轮椅256辆、助听器45台，装配假肢37例，提供助行器、拐杖等辅助用具1000余件。对60名肢体残疾人、23名盲人、30名智残儿童、32名聋儿及18名聋儿家长，进行残疾康复训练；对20名重症精神病患者进行综合防治。发放残疾康复、预防知识宣传单，接受残疾人康复服务、咨询5000人次。其中接受康复服务的道仁矶镇丁山村聋儿曾欣荣、长炼南山社区聋儿郑婧文，分别被推荐纳入国家和省级人工耳蜗装配救助项目，共减免康复费20余万元。

2010年11月，国务院残疾人工作委员会、中国残联负责人孙先德、肖志红，先后到境检查指导残疾人工作，对云溪区整合民政资源、合力举办残疾人托养项目给予充分肯定。

2011年，区财政投资600万元，建残疾人康复托养中心，建筑面积2000平米，其中设有残疾人庇护工场、康复理疗室、娱乐活动室、托养寄宿室、日间照料室等，可同时解决50~80名残疾人康复托养需求。

## 第七节　儿童团·少先队

### 一、儿童团

1926年10月，共青团陆城支部在陆城成立儿童团，有成员30余人。儿童团在共青团、农会领导下，查烟禁赌，维持会场秩序，监督土豪劣绅。1927年临湘“5·17”事变后，停止活动。

## 二、少先队

1953年，云溪、路口、陆城3所完全小学建立首批少年先锋队（简称少先队）。1965年年初，境内有少先队员4590余人。少先队开展学先进模范，做好人好事活动。“文化大革命”期间，“红小兵”取代少先队。1978年12月，少先队组织恢复。开展学雷锋、学何运刚活动。1982年年初，少先队辅导员在临湘长安城关一完小参加首次升国旗典礼。后，在境内组织少先队员开展“我们爱国旗”“我们为红领巾增光彩”“我长大了做什么”的教育和讨论。

1984年，全区有少先队员6729人。

1987年，加强少先队常规教育。教育队员遵守少先队队章队规，做到会唱队歌，会呼号，做合格少年先锋队员。是年，北区被评为全市少先队工作先进单位。

1989年，庆祝少先队建队40周年，学习邓小平给少先队的题词“培养有理想、有道德、有文化、有纪律的无产阶级革命事业接班人”，开展“学雷锋、学赖宁、学十佳，创‘五好’、争做‘四有’新人”活动。是年5月，区教育局召开争创活动启动动员大会，表彰100名优秀少先队员。

1993年始，突出“五爱”（即爱祖国、爱人民、爱劳动、爱科学、爱社会主义）教育和“五自”教育（即自知、自理、自尊、自强、自信）。至1995年，共办少先队广播室、宣传窗、活动室263个，加强少先队员积极向上、独立自主的养成教育。

1997—1999年，庆祝香港、澳门回归，每年10月开展“爱我中华”主题教育月活动。组织报告会、演讲会、知识抢答赛，教育少年儿童不忘国耻，爱我中华。

2000年，通过“雏鹰争章”主题活动，把获取雏鹰奖章作为衡量、评价少年儿童在体验活动中获得成绩的标准，激发少先队员参与体验校园和社会活动的积极性、创造性。至2004年，少先队员共获得各类奖章、证书1248件。

2006年，开展“手拉手”系列活动。组织少先队员开展每人交一个“手拉手”好朋友，写一封“手拉手”交友信，帮“手拉手”伙伴做一件好事，看望一次“手拉手”伙伴。至2009年，仅云溪小学少先队员，共与贫苦地区儿童、留守儿童结“手拉手”对子3200个次，写交友信2.48万封，赠送图书7万册，捐赠助学金、慰问金及各类学习、生活用品价值6万元。该校被评为全省四星级优秀少先队集体。林应雄被评为全省“十佳自强少年”，龚杏娥、乔琼泊被评为湖南省优秀少先队辅导员。

2010年，区教育局在云溪小学召开少先队工作现场会，号召学习该校不断加强少先队组织建设，创新少先队活动内容。

2011年，全区有少先队员4944人。

# 第八节　农民协会、农民代表会

## 一、农民协会

1926年6月，李中和在陆城建立境内第一个农民组织近江区农民协会，会长刘谟伯。组织农民开展反对封建军阀政府和地主阶级的斗争。至7月底，境内2个区、27个团均建立农协组织。8月，陆城、云溪等地4000多名农协会员联合县团防队，全歼吴佩孚部赵武臣营，缴枪500余支，阻击吴军兵车3列，配合北伐军将吴军驱出湘境。9月下旬，陆城农民协会组织5000余人在县衙前东门操坪集合，在南门游行，公开喊出“打倒土豪劣绅”的口号。10月26日，在陆城刘公庙成立临湘县农民协会，选举李中和为协会委员长。1927年3月，李中和、李正庭等在陆城建立公法团体联席会议，实行“一切权力归农会”。建立特别法庭，审判和处决一批罪大恶极的土豪劣绅。组织妇女会、儿童团，剪发放足，查烟禁赌。创办农民运动讲习所，培训农运骨干80余人。改编县团防武装，成立农民自卫军，有50余人枪。“5·17”事变后，各级农协组织停止活动，部分农协骨干转入隐蔽斗争。

1927年9月，中共监利县党组织派曾楚恒等人，在陆城丁家山成立丁家山农民协会，会员300余人。组织农民协会会员发动丁家山农民武装暴动。1930年7月，杨少清受湘鄂西根据地党组织派遣，在云溪天福桥一带秘密成立农民协会。组织以农民协会成员为骨干的“红军暴动队”，发动云溪天福桥农民武装暴动。但均遭团防镇压而失散。

1950年4月，为实行土改，境内29个保均建立农民协会。是年冬，农民协会发动农民斗地主，分田地。至1952年2月，20个乡均建立农民协会，有会员2.57万人。

### 二、贫雇农代表会

1950年8月后，为搞好土改，境内建立20个乡贫雇农代表会（又称贫雇农主席团）、378个贫雇农小组。1952年春，贫雇农小组增至432个，成员由9100余人增至1.1万人。1956年农业合作化开始后，与农民协会一道自行消失。

### 三、贫农下中农协会

1963年，成立大队贫下中农协会8个、生产队贫下中农小组706个。参加人数6.45万人，占成年人总数89%以上。次年10月，推选代表参加临湘县首届贫下中农代表大会，成立县贫下中农协会委员会，选举产生委员会组成人员。1968年9月，抽调贫下中农组成毛泽东思想宣传队，进驻境内17个机关、学校、企事业单位搞“斗、批、改”。1973年11月、1978年11月，先后推荐代表出席临湘县第二届、第三届贫下中农代表大会，选举产生县贫下中农协会委员会新的组成人员。1980年，贫下中农协会自行消失。

# 第九篇 军 事

## 第一章 机构·武装·驻军

### 第一节 武装机构

**一、沿革**

清康熙十八年（1679），陆城设把总营，有把总一员，驻陆城后山。雍正七年（1729），增设外委一员，驻路口铺。同治八年（1869），象骨港设千总。同治十二年，象骨港增设外委。清末废。

乾隆四十二年（1777），设云溪巡检司。清末废。

咸丰二年（1852），为镇压太平天国起义，各地遵令办团练。至咸丰六年（1856），建有5个团练总局，即王门（今陆城镇境内）、基隆（今道仁矶镇基隆村境内）、松山（今云溪乡双花、建设村境内）、白荆（今文桥镇白荆村境内）、马头（今文桥镇和平村境内）。清末，团练总局不复存在。

民国6年（1917），临湘县府令各地收集散枪，招募游勇，成立团防局。境内有城区、云溪区2个团防局。民国17年，改团防局为“挨户团”（局）。

民国29年至民国38年6月，境内登记壮丁，征集兵员，组训地方武装，由县所设军事科管辖。

1949年8月，五区设人民武装助理员1人。

1950年3月，六区设人民武装助理员1人。

1958年，公社设人武部，1984年5月，更名为乡镇人武部。

**二、区人民武装部**

1984年6月，成立解放军北区人武部，属市人武部管辖。1986年3月，北区人武部改为地方建制。1996年，北区人武部收归军队建制，更名为云溪区人武部。2011年，区人武部内设军事科、政工科、后勤科，辖11个乡镇（厂矿、学院）基层武装部。

1984—2011年云溪（北）区人民武装部主要负责人

表 8-1-1

| 部　长 | 政　委 | 副　部　长 |
|---|---|---|
| 瞿林文（1984.8—1986.3） | 邓建勋（1984.8—1985.12） | 曾天来（1984.7—1986.2） |
| 米允礼（1986.1—1996.4） | 聂庆保（1986.1—1994.3） | 谢忠诚（1986.2—1986.3） |
| 宋杰林（1996.4—2001.3） | 胡金炎（1994.3—1999.4） | 刘辉洪（1992.2—1998.4） |
| 徐光华（2001.3—2005.4） | 徐亚明（1999.4—2003.4） | 李茂义（1998.4—2001.4） |
| 曾建国（2005.4—2008.2） | 李军辉（2003.4—2004.5） | 葛汉湘（2001.4—2004.4） |
| 苏正明（2008.2—2011.3） | 李　强（2004.5—2007.2） | 杨　烈（2005.4—2008.2） |
| 孙建秋（2011.3—　　） | 苏正明（2007.3—2008.2） | 成亦志（2008.3—2010.3） |
| | 邱爱国（2008.2—2009.3） | 杨　斌（2010.3—　　） |
| | 陈卫国（2009.3—　　） | |

### 三、乡镇（厂矿、学院）人民武装部

1958年，设云溪、路口、江南3个公社人武部，各配武装部长1人、武装干事1人，隶属临湘县人武部和公社双重领导。1976年，设云溪公社、路口公社、文桥公社、陆城公社、江南公社、云溪镇、路口镇、松阳湖农场7个社级人武部，各配部长1人，干事若干人。

1984年5月，设云溪乡、路口乡、文桥乡、陆城乡、云溪镇、路口镇、松阳湖农场7个乡镇级人武部，隶属区人武部和乡镇党委、政府领导。2011年，有云溪镇、云溪乡、路口镇、文桥镇、陆城镇、道仁矶镇、永济乡7个乡镇人武部和长炼、岳化、临港新区、长炼石油职工技术学院4个厂矿学院人武部，共配专职人武部部长11人，武装干事若干人，属区人武部和乡镇（厂矿、学院）双重领导。

## 第二节　地方武装

**防汛兵**　康熙十八年（1679），陆城把总营有防汛兵丁50名，白天稽查关市，夜间护城，维护治安。雍正七年，路口铺增设外委一员。同时设桃李桥、云溪驿、南村铺（今路口镇南太村）、路口铺等“陆塘”4处，设道仁矶、沙窝等“水塘”2处。每塘配防汛兵5名，陆城和各塘兵丁共55名。同治四年（1865），裁减至33名。

**团练、团防**　咸丰二年（1852），团练总局共有团勇50名，清查户口，催收军粮，防盗防匪，镇压太平军。清末不复存在。

民国6年（1917），有团防人员80人，均由土豪劣绅操纵，多次镇压工农运动和农民暴动，残杀人民群众。民国20年覆灭。

**武装义勇先锋队**　民国20年6月，各乡镇成立武装义勇先锋队，共有兵员60名，协助县保安大队“清剿”共产党及工农红军，镇压革命群众。民国37年裁废。

**国民兵团联乡总队**　民国27年，境域被日军侵占，设国民兵团联乡总队1个，隶属县国民兵团，总队长艾荣。次年，县国民兵团改为九战区挺进第七纵队，国民兵团联乡总队改为所属第五大队，下设3个中队。

**抗日小分队** 民国27年，云溪桃李人沈三权与周六生、陈彦初、孙鹤来、李建民等组建抗日小分队，编属临湘县国民兵团。至民国29年，小分队发展至500余人，成为境内一支重要的抗日武装，民国32年被临湘县县长王翦波消灭。

**区民兵中队** 1949年8月，为肃清匪特，巩固新生人民政权，五区建立区民兵中队，有若干班，战士若干人，枪支若干，属临湘县五区区委管辖。1952年1月撤销。

**区武警中队** 1990年6月，中国人民武装警察（简称武警）部队岳阳市支队组建北区中队，首任队长秦本华，政治教导员李军威。属武警部队派驻北区的地方内卫武装，由岳阳市武警支队、北区政府双重管辖。担负区公安局分局看守所武装看守，负责处置区境重大突发事件，办理各类临时勤务。1996年6月，更名为武警岳阳市云溪区中队。2002—2006年，两次增编。2011年，有编制若干班、若干人。

区武警中队入驻地方后，认真完成军事训练、看守执勤、后勤建设等工作。1993年、被武警湖南总队评为落实《军队基层建设纲要》先进中队。1996年，参加抗洪抢险，被总队记集体三等功。2005年、2006年、2009年，先后3次被武警湖南总队评为落实《军队基层建设纲要》先进中队。

**区公安消防大队** 1996年，成立武警岳阳市云溪区消防大队。2011年，升格为副团级编制，有现役官兵、合同制消防员、消防文职人员若干。政治教导员蒋廓，大队长秦绍兴。

## 第三节 驻 军

**左良玉部** 明崇祯十六年（1643）十月，武昌都督左良玉部马士秀率兵镇压张献忠农民起义军，经多次交锋，于十一月攻占陆城。清顺治二年（1645）五月，马士秀兵败，撤离陆城。

**吴三桂部** 清康熙十三年（1674）七月，吴三桂部吴应麒率主力军驻城陵矶，与清军对峙，余部驻陆城近郊一带。康熙十七年（1678）十二月，吴部被清大将军贝勒察尼打败，撤出境域。

**曾国藩部** 清咸丰四年（1854）四月，兵部侍郎曾国藩率部驻城陵矶，镇压太平军，设防城陵矶至陆城江段，历时4个月。

**长江水师** 清同治八年（1869），长江水师驻城陵矶、象骨港、塘湾，设千总2员、把总1员、外委1员，兵士59名。1911年随清廷覆灭而消失。

**段祺瑞部** 民国5年（1916）7月，段祺瑞部吴光新率第二十师3个混成旅、2个团进驻岳阳、湘阴及临湘县治陆城。民国7年年初，被湘军程潜部击败撤去。

**王承斌部** 民国7年3月，护法联军与北洋军吴佩孚部于临湘境内决战，北军王承斌第一混成旅击败南军，攻占陆城。民国9年5月，因北军内部矛盾激化而撤出。

**唐生智部** 民国15年8月，北伐军前敌总指挥唐生智率第八军部众抵区境，在云溪、路口至羊楼司一带休整，历时1个月。

**古鼎新部** 民国34年2月，国民党伪军新五师古鼎新部驻陆城，师部设陆城福音堂，负责日军新设飞机场修建扫尾工程。同年8月抗日战争胜利后逃遁。

**第四野战军四七五团** 1949年7月19日，解放军第四野战军第四十六军一五九师四七五团挺进路口、云溪，支援大军南下，团长孟灼华，政委夏世昌。是年8月离境。

**预备役三团炮兵营** 1999年9月，境内预备役组建湖南省陆军预备役步兵师步兵第三团炮兵营，至今驻云溪。

## 第四节　驻防设施

**擂鼓台**　位于永济乡长江段东南岸，高 35.2 米，南北长 95 米，东西宽 90 米，险扼洞庭湖注长江三江口。原是一个简单的土台。周定王 16 年（前 591 年），楚国叛臣斗越椒举兵造反，企图在现永济乡境内袭击并灭杀楚庄王。形势紧急，楚庄王抢占土台击擂鼓，击鼓助威，指挥将士一鼓作气将叛臣斩杀，平定叛乱。此台后被称为擂鼓台，现保存完好。

**陆城古城墙**　明成化十一年（1475），临湘知县唐绢在陆城筑土为墙，覆以陶盆，分东南西北四门各创以守。万历三年（1575），知县陆勋主修砖石城墙，周长 2500 米，高、厚均为 5.5 米，立东西南北四门，各门建烟楼以作守备。现城墙主体毁损，仅存少数遗址。

**基隆山战壕**　位于道仁矶镇基隆村基隆山南岭，深 1~2 米、宽 1 米、长约 500 米。据壕可控制云溪至道仁矶、陆城一带地域。民国 28 年（1939）春，日军为防止抗日军民袭击所挖。现大部分保存。

**马鞍山战壕**　位于云溪镇城区马鞍山东南麓。深 1.2 米、宽 1 米、长约 500 米。并有 1 个碉堡，高 2 米、占地 8.5 平方米，有瞭望口、机枪射击口。民国 28 年夏，日军为防止岳阳、临湘方向抗日军队、游击队奔袭所修。现碉堡已毁，部分战壕保存。

**新设飞机场**　位于陆城镇新设村，场址原名八里湖。系日军为了缩短空中航线，破坏抗日后方而修建的军用机场。民国 32 年 10 月开始测量，次年 2 月 7 日开工。日军工程指挥部设田公山，附近驻有重兵。伪临湘县政府县长沈峨僧委派陆城办事处主任姚亚平、伪陆城镇政府镇长吴康民负责督修。民国 34 年夏，机场竣工。占地 49.2 公顷，东南西北跑道长 1640 米，宽 50 米，供飞机起降，有与跑道同向的推机道 1150 米，宽 12 米，另有 8 个机窝，贮停飞机之用。

1949 年后，解放军广州空军 3632 部队派员多次现场察看，将其定为备用机场，1964 年 11 月 10 日与县人武部签订保护机场协议。1979 年 2 月 8 日，解放军广州军区空军 86344 部队将机场委托给陆城公社代为看管，签订新的保护协议书。至今，保存较好。

**鱼梁山战壕**　位于陆城南门外鱼梁山西峰，深 1 米、宽 0.9 米，长近百米。据壕可控制陆城至道仁矶一带的湖洲及长江水域。民国 32 年，日军为防护新设飞机场所挖。现部分保存。

**哨棚岭哨棚**　位于文桥镇荆竹村吴家嘴。抗日战争时期地方抗日游击队为防止日军突然入侵所建。占地约 6 平方米，高 4.5 米，站在哨棚顶能看到荆竹山与和平村方圆 2500~3000 米的范围，由游击队员轮流守望，发现日军侵入，即通知老百姓转移。“文化大革命”中，哨棚被拆毁。现有遗址和以哨棚命名的哨棚岭地名留存。

# 第二章　重大战事

云溪地处洞庭湖入长江口岸，历来为兵家必争之地。据史料记载，明崇祯十六年（1643）至民国 15 年，历战事 19 次，其中重大战事有李自成、张献忠农民起义战争，护法战争，北伐战争。1926 年

8月，李中和等聚民众数千人，在陆城一带歼灭吴佩孚部一个营，史称北伐战争中的“临湘之役”。1927—1935年，经历红军、八路军游击战争，抗日战争。1938—1945年，日军的暴行激起军民愤怒反抗。国民党守军和境内民众在太平桥、云溪火车站、烟台山、茶港等地，同日军多次鏖战，毙敌近千人，缴获大量武器装备，显示了中华儿女不畏强暴、勇御外侮的英雄气概。

1951年，结束剿匪战争。

## 第一节　农民起义

**张献忠、李自成攻打陆城**　明崇祯十六年八月，张献忠率20万农民起义军由蒲圻水陆并进，攻临湘，占县治陆城。继而在城陵矶首败沅抚李德乾、总兵孔希贵2万人，占领岳州。是月，明武昌都督左良玉部攻占临湘。张献忠遣部将马赐再次占领陆城，杀知县林不息。十一月，张派兵攻下岳州，并于境内江段以轻舟伏于岸边港汊，诱歼明副将王世泰、杨文富部二千余人。不久，左良玉部马士秀复陷陆城、岳州。是年，李自成农民起义军再经陆城向城陵矶、岳州进发。明廷派巡按刘熙祚、沅抚李乾德、江防道许璟领兵迎战，用大炮击沉起义军兵船16只。后，李自成部暗渡城陵矶，遭伏击，损失过半。

清顺治二年（1645）五月，李自成部众30万人，进军岳州，同湖广总督何腾蛟等联合抗清，占陆城，据岳州，克华容。冬，清顺成郡王勒克德浑派博尔辉又占陆城，取岳州。李自成余部王进才、马进忠奔长沙。其在陆城期间到过云溪许多地方，动员农民杀官绅，不纳粮，声势较大。

**太平军转战云溪**　清咸丰二年（1852）十一月初七，太平军自岳州进入陆城。广西提督向荣率部追，太平军受挫，退出云溪境内。

咸丰四年（1854）五月，太平军复克岳州，分兵进发陆城，连营60里。清兵部侍郎曾国藩水陆两路进击岳州，太平军受挫奔陆城。是年闰七月初二，清军提督塔齐布、前直隶知州罗泽南，合兵攻太平军。太平军被迫退至擂鼓台，损兵800余人，战船被烧400余只，殿左十三检点黎振辉阵亡。七月十五日，曾国藩与总兵陈辉龙、知府李孟群率水师3000余人，赶到岳州，扼控城陵矶及以下水域。次日，太平军反攻受挫，退至象骨港。时南风大作，水流迅急，清军顺流而下，难以自控。太平军部将曾天养速令战船伏于围湖港汊，另出舢板诱战。清军猛追，陷入重围。部将陈辉龙、沙镇帮、水师总领褚汝航、同知夏銮、广东千总何若等，均被击毙。曾国藩经营多年的船械，一天之内损失将半。七月十八日，曾天养率兵至擂鼓台向城陵矶，准备据险扎营。清军塔齐布三路突然攻来。曾天养单骑突进被刺，落马而亡。二十一日，伏于沿江的太平军突袭塔齐布一路，击毙清军都司褚殿元、千总刘士宜。后，曾国藩乘太平军水师疏于防备，令杨载福、李孟群率水师突然攻击，太平军伤亡1000多人，退至道仁矶江段。不久，因远离武昌后方，又粮尽力衰，退出云溪江段。

咸丰五年（1855）四月，太平军陆路由通城进入临湘。六月初八在临（湘）通（城）边界击败团勇2000余人，斩临湘知县姚荣卿。十月，进入云溪。次年，先后歼灭基隆总局及渣埠诸团勇。咸丰六年（1856），清军王鑫部从岳州奔云溪等地“围剿”太平军，太平军陆路相继撤离境内。

## 第二节　护法战争及北伐战争

**湖南护法军攻占陆城**　民国5年（1916）1月，岳阳人李绍广组织成立湖南护国军，同金华衮在临湘组织的反袁世凯义军会合，攻占临湘。3月28日，李率部分义军攻下长安驿、羊楼司，最后攻占县治陆城，开仓放粮。不久，义军改编成护国军，发展到4个团、4000余人、1000余枪。后来，金华衮所属护法军改成靖国联军第一支队，驻陆城保境安民。6月8日，湘军赵恒惕部李佑文率众进驻岳阳、临湘。7月，以联合组织为名，将李绍广诱杀。随后，金华衮等亦遭赵恒惕部杀害。

**护法联军与北洋军云溪拉锯战**　民国7年（1918）3月初，北军吴佩孚部分兵两路经长安驿、路口铺向云溪推进，窥取驻扎在岳阳的南军。11日拂晓，南、北两军于陆城一带决战。北军王承斌第一混成旅攻占陆城，南军因兵少势弱而溃败。民国9年5月，北军直、皖两系冲突加剧，吴佩孚不得不撤军北上。南军一部在谭延闿、赵恒惕率领下，乘机直驱吴部张敬尧。6月13日，包围张部第三补充旅，逼降旅长刘振玉、团长王纪三等人。随后，南军又以第一师师长赵恒惕为总指挥，分三路追歼北军。第一师为主攻部队，直插临湘，断敌退路。6月24日，南军廖家栋部到达西塘一线，由叶开鑫第二团主攻云溪。25日，叶团占云溪，切断铁路交通。26日，南军占领城陵矶，宋鹤庚旅进抵陆城。北军溃逃过江，败往湖北省监利县。

**北伐中的“临湘之役”**　民国15年（1926）7月中旬，北伐军攻占长沙后直抵岳阳，盘踞陆城的吴佩孚部董国政师所属赵武臣营，军心动摇。中共党员、省农运特派员李中和等对县长高继霄进行策反，促其弃暗投明，响应北伐。8月21日，李中和等发动城区和源区（现临湘市源潭一带）农民联合团防队共千余人包围赵武臣营。同时领导铁路沿线农民，联合云溪、聂市、桃林、忠防、滩头区民众共3000人策应，在忠防、桃林、聂市、白荆桥等地和陆城沿江一带设伏，当晚突袭赵武臣部，毙数十人，缴枪500余支。并组织农民拆毁路口铺至五里牌铁道多处，阻截吴佩孚军车3列，缴车上全部军械和军用品。此役北伐时称之为“临湘之役”。22日，北伐军一举攻克岳阳，直入云溪，追吴佩孚部至羊楼司，乘胜入鄂。

## 第三节　红军、八路军游击战争

**丁家山农民协会暴动**　1929年7月，曾楚恒、罗松柏等人根据中共湘北特委指示，将岳临苏维埃筹备处更名为岳临联乡农民协会，在陆城丁家山发展农协会员，建立农协组织，准备武装暴动。9月初，监利县党组织派张永松、黎子明、刘崇龙等与曾、罗联系，在丁家山举行暴动。集中岳临游击大队和农协会员300余众，兵分两路，一路围剿地主、团防座探李桂元（又名李柱文），一路攻打恶霸地主地痞曾三元。附近农民扛起锄头、钉耙加入战斗，很快捉拿并处决李、曾2人。此次暴动被当地农民称之为“第二次革命”。9月17日，暴动队被陆城团防武装镇压。

**“古发初”游击队暴动**　1929年秋，湖北省蒲圻中心县委李平阶、沔阳县委书记杨光华，到陆城江南谷花洲建立一支由中共鄂南特委领导的代号为“古发初”游击队。10月20日，在谷花洲召开游击队成立大会，李子才被任命为游击队队长。经过2个多月的秘密串连，游击队扩大至100多人，有手枪1支，步枪数支，梭镖大刀百余把，下设4个分队。12月17日晚暴动，捉拿当地恶霸李太华、萧世梅，稽查长陈伟昌，及外逃到谷花洲的沔阳土豪劣绅王龙兵、李公柱，汉口警察局巡官李茂勤，并召开千人大会，宣布他们的罪状，全部就地处决。12月24日。劣绅陈先凯向陆城团防局长艾荣告密，艾派武装镇压，游击队阵亡和被害的有李华林、宋念中、张传德、傅洪岱等40余人。李子才率部分游击队员突围过江，参加贺龙领导的游击队。

**天福桥红军暴动队暴动** 1930年2月，受湘鄂西根据地党组织派遣，杨少清等人潜回老家云溪乡，建立中共天福桥支部，组织农会，建立代号“九龙十八彪”（即9个人的名字中均有一个“龙”字，另18个人的名字中均有一个“彪”字）的农会骨干队伍，准备武装暴动。至5月，组织起1000多名农民参加的暴动队伍“红军暴动队”，杨任暴动队长，有枪13支。7月7日下午，暴动队分四路向团防驻地云溪老街熊坪（现云溪镇云丰村熊坪组）进发。暴动队员臂戴写有“红军暴动队”的红袖章，手持梭镖、锄头，先头部队手提洋铁桶，将鞭炮丢进铁桶里面炸，以壮声威。团防队一片惊恐。暴动队迅速消灭2名哨兵，攻占其驻地，其余团防武装纷纷溃逃，暴动取得初步胜利。当晚遭临湘团防武装镇压而失利。

**八路军南下支队严惩顽军王翦波部** 1945年3月，王震、王首道领导的八路军南下支队，由湖北通城挺进临湘、云溪，遭到王翦波县保安大队十一支队沈万选部的追击。南下支队击溃顽军，教育所俘人员，将人枪放还。王震致函王翦波，希望以国家民族利益为重，联合一致抗日，在南下支队经过途中不要制造摩擦。王复信道：“翦，抗日不足，剿匪有余。”为了打击王翦波消极抗日、积极反共的嚣张气焰，5月20日，王震率领南下支队主力，向王翦波驻地大云山发起进击。23日黄昏，兵分三路向顽军各个据点发起总攻，一路从西北面路口铺曹家冲直逼老君庙，经一夜激战，顽军残部被歼灭殆尽。王乘夜逃遁，侥幸活命。

## 第四节　抗日战争

**太平桥之战** 太平桥，位于云溪乡境内，处岳阳、云溪交界处，扼武（汉）长（沙）公路咽喉。民国28年（1939），国民政府第二十七集团军第二十军一三三师某团一营营长任怡，奉命率部镇守，与之配合的有游击队艾荣部。在当地群众支援下，守军于桥西抢修8个工事、1座碉堡，配有10挺重机枪和多挺轻机枪，在桥南杨梅坳设有一个炮兵阵地。往来于此的日军用汽车，常被截击。1月7日凌晨，日军500多人进犯太平桥。国民军待日军进入射程，轻重机枪一齐发射。设伏在杨梅坳的炮兵乘机开炮。日军指挥官岩崎民男指挥日军迫近守军阵地。守军跳出工事，端起机枪猛烈扫射。战斗仅用1个半小时，毙伤日军近300余人，缴获轻重机枪多挺，步枪200余支，还有马匹及其他辎重。此役是湘北抗日战事中第一个胜仗。

**云溪火车站之战** 民国28年7月，国民政府第九战区张汉初师在岳阳至云溪一带铁道线附近巡游，伺机歼击日军。22日晚，张出兵袭击云溪火车站，驻守日军十三联队仓皇应战，当场被打死打伤150余人。

**烟包山歼灭战** 民国29年冬，第九战区副长官杨森部第二十军部属杨汉域，令某团毛团长率军前往云溪伺机歼灭日军。毛带兵伏于离日军据点不远的云溪桃李桥、谭家岭一带，在地形有利的潭家岭附近烟包山埋伏一个连。埋伏两昼夜未发现敌军，至第3日，一辆工具车满载日军在铁道上由南向北驶来。毛令埋伏在烟包山的全连士兵出击，当场将日军工具车炸毁，击毙日军30多人，缴枪50多支，还缴获多件军用品。

**茶港伏击战**　民国31年9月，临湘县路北游击队中队长邱玉成率一个分队埋伏在粤汉铁路云溪茶港段，伏击日军。日军铁路巡逻队15人，沿铁路自路口铺往云溪巡逻，至茶港进入游击队伏击圈。游击队员一齐出击，当场击毙日军13人，仅两人仓皇逃脱。

## 附　日军罪行

民国27年（1938）11月，境域被日军侵占，至民国34年8月日军投降，沦陷近7年，为全省沦陷最早、受日军蹂躏时间最长的地区之一。日军在陆城、云溪、路口各有一个中队，加上伪保安及警察近千人。在路口火车站、陆城桥头、云溪马鞍山等多处设有据点或哨所。日军盘踞境内，杀人放火，奸淫掳掠，罪行累累。

日军为防止游击队袭击，到处修工事建设施，将交通沿线的房屋悉数拆毁、焚烧，盘踞境内7年，共烧毁房屋3200余栋。民国27年11月8日下午，日军窜入陆城，将旧县衙署、考棚、盐仓、莼湖书院（一部）、民乐园、文庙、乾元宫、刘太尉祠、张范支祠、显公祠、吴家祠等30多座古建筑全部拆毁、烧掉，还烧毁店铺民房270余间。民国29年秋，日军将云溪火车站一带铁路线两侧及其驻点周围的房屋全部焚烧、拆毁，仅云溪老街及周边，就有530余栋房屋被烧毁。民国33年2月7日，日军为建新设飞机场，先后强占良田100公顷，拆房屋近千栋。其中机场附近的白家墩、大矾头、刘乾坝、舒家墩、肖家墩、彭家墩、塘湾等处325栋民房拆毁得片瓦无存。还掳去民夫2000多人，用刺刀押解，强迫日夜做苦力。有的民夫累倒在工地，日军就用鞭子毒打甚至随意枪杀。民国33年3月18日，为报复游击队，日军出动30多人，带上狼犬，将文桥东街、西街、李畈等地190多间民房烧毁，还杀害7名无辜群众。民国34年春，为剿灭游击队，日军出动两架飞机，炸毁白荆桥10多栋房屋，炸死8人，炸伤20余人。

日军采取残酷手段，疯狂屠杀人民。民国27年11月8日下午，日军先遣部队侵入陆城，在北门、南门、桥头、汪家岭、塘湾、丁家山等地屠杀无辜民众49人。民国28年2月，日军以“游击队”的罪名，将120多名途经象骨港的棉商全部活埋。是年7月，在象骨港围住23人，用绳索捆绑押到城陵矶码头，抛入长江。9月，在陆城楠梓冲活埋崔声依父子2人。民国29年秋，日军为报复游击队，在云溪陈家大屋先将曾昭南、刘竹清两家20多人捆住用火活活烧死，再将上屋场内398人押到一处，除2人侥幸逃脱，其余均被用机枪射杀。民国31年8月，在丁家山，不满10岁的小学生丁先英拒绝为日军带路，高呼“打倒日本鬼子”，被日军砍成数块。9月24日，日军怀疑路过路口铺的6名盐客为游击队侦察员，将他们抓住，用灌开水、烧烙铁、压地杠等酷刑，再将他们活埋，用刺刀捅死。盘踞路口铺一带的日军铁路巡逻队，发现铁路上或铁路两旁有老百姓，就当作靶子比枪法，无论谁击中都群起拍掌狰笑。从路口金桥、中屋至莲花塘一带，一天残杀31人。除此之外，还将抓住的老百姓抬起来，扔石头一样扔到坡下，将他们活活摔死，或是纵军犬撕咬、裸体冰冻折磨至死。路口鹊子树李定生，被日军绑在树上纵犬咬死。南山岳川坳陈长生，被日军脱光衣服，扔在冰天雪地里被冻死。民国32年9月，为报复石山路段铁路桥被炸毁，日军在路口方家畈、牌楼等地，残杀无辜群众8人，放火烧毁民宅一栋。日军如同禽兽，蹂躏妇女不分老幼，七八岁的幼女，六七十岁的老妇都不放过。有的妇女被轮奸致死，有的受辱后被割去乳房和阴部，有的被剖腹挖肝、破肚杀婴，剁成肉酱。

民国28年9月，民国30年9月、12月，民国33年4月，日军4次进犯长沙，每次约掳去民夫2000多人，被累死、饿死、打死者，不计其数。

日军侵占云溪期间，在境内共杀害无辜群众6700余人，掳掠财物价值银圆1.2亿余元。

## 第五节　剿匪战争

1949年8月，五区区公所成立之初，境内外匪特伺机向新生人民政权反扑。1950年春，被称为“千家怨”的桃李乡外逃土匪马昌雷、刘海涛、陈金波等10余人，窜回云溪乡陈家冲进行破坏。五区政委（区委书记）纪文志、副政委（副书记）陈春树带领区中队20余人，兵分多路进行围剿。马等逃到陈家冲山上躲藏。区中队发动当地及周边农民协会会员、中青年群众3000余人，手持鸟枪、梭镖、锄头，将山围住，迫使土匪缴械，3天后即予投降。

1950年5月初，临湘羊楼司、忠防等地100多名土匪，在五里乡孔家三渡港秘密纠集，打出“湘鄂赣反共救国军”旗号，由沈万选任总司令，卢福林任司令，袁国平、李垂象任副司令，到处设置联络点、情报站，在通城、蒲圻、临湘、云溪边界进行破坏活动。先后杀害三区龙源村通讯员、四区西山村农协组长，血洗中拓村农协会。6月5日，由卢福林带领一股土匪窜到路口乡丁家冲，五区区委组织民兵配合县大队和公安人员进行追捕，活捉卢福林，迫使其余8名匪徒缴械投降。此后，又多次组织清剿，1951年2月，“湘鄂赣反共救国军”被全部肃清。

至1951年，境内共抓获土匪240余人，缴获枪支、手雷400余件，基本肃清匪患。

# 第三章　兵　役

## 第一节　登　记

1949年8月，境内实行志愿兵役制，在自愿报名的基础上，18~22周岁的适龄青年，通过政审、体检合格后，由区武装助理员进行兵役登记。1951—1953年，为了抗美援朝，保卫新生人民政权，城乡人民踊跃报名参军，出现登记服兵役热潮。

1955年7月，国家颁布兵役法，实行义务兵役制，规定18~35岁的公民均有服兵役的义务。义务兵分现役、预备役两种。由各乡按宣传发动、报到登记、审查评议、颁发证件四个步骤进行兵役登记。至1957年，对符合条件的男性公民、具有专业技术的女性公民兵役登记2次。除当年被征集服现役及正在学校就读者外，其余全部登记预备役，发给兵役证。1958年，对已退现役的军官进行预备役登记，年龄不受限制。是年年底，“大办民兵师”，民兵与预备役合二为一，代替预备役登记。1966—1976年，“文化大革命”期间，兵役登记受到影响。1980年，公社人武部共登记预备役若干人，其中有部分复员退伍军人。

1984年后，根据新兵役法规定，对年满18周岁的男性公民采取按单位系统组织的方法进行兵役登记。设有人武部的乡镇，由乡镇人武部登记；没有设人武部有民兵组织的单位，由民兵组织登记；没有武装部和民兵组织的，由单位保卫、政工部门或街道居委会登记。并按适龄公民的年龄段和政治、身体等条件，分为应服兵役、缓服兵役、免服兵役和不得服兵役四种类型。

1985年，兵役登记若干人，确定应服兵役一部分；1989年，兵役登记若干人，确定应服兵役一部分。1995年始，因为人口生育控制，适龄公民兵役登记人数相对减少，至2011年，年均比1989年减少40%。2011年，兵役登记若干人，确定应服兵役若干人。

## 第二节 征 兵

1949年后，征集志愿兵。适龄青年在自愿报名的基础上，经区、乡政审、体检合格，征得家属同意，县征兵办公室批准，即可参军。服役期限，根据部队需要而定。征集数量由上级有关部门向区、乡下达。1951年后，境内征集志愿兵形成高潮。是年，经批准入伍若干人，比1950年多征2.4倍。1952—1953年，实际批准入伍人数均超过应征人数20%。

1955年始，征集现役义务兵。办法是：由乡、村逐级动员，适龄（18~22岁）青年自愿报名，在目测、体检合格后，由各乡送县征兵办，与接兵部队共同确定入伍对象，再由县征兵办下达入伍通知书。实行义务兵役制后，广大青年踊跃报名，积极参军。至1965年，境内共征集现役义务兵若干名。1966—1979年，征集现役义务兵由村、公社革委会推荐，体检合格后再由相关部门确定入伍。“地、富、反、坏、右”子弟及社会关系不清的适龄青年不得自愿报名应征。1980年，恢复自愿报名，广大适龄青年均有履行服兵役的义务。1980—1983年，境内共征集义务兵若干名。

1984年8月，北区成立征兵领导小组。依据新的《中华人民共和国兵役法》和国家征兵命令，对征集现役义务兵的年龄、政治、身体、文化等条件，要求更严格，征集程序更加严密规范。要求男性公民必须年满18周岁，不超过22岁，女性公民年满17周岁，不超过19岁。均要政治历史清白，拥护中国共产党，热爱社会主义祖国，热爱劳动，遵纪守法，道德品质好，决心为保卫祖国英勇奋斗。且男性公民须身高1.58米以上，女性公民身高1.55米以上。城镇征集的义务兵，必须具备高中毕业以上文化程度，农村征集的义务兵必须具备初中毕业以上文化程度。1990年，年龄均调整为满18周岁，不超过22岁。政治条件改为拥护党的路线、方针、政策，坚持四项基本原则，热爱中国共产党，热爱社会主义祖国，热爱人民军队，政治历史清楚，遵纪守法，品德优良，乐于奉献，全心全意为人民服务，决心为保卫祖国、保卫人民和平劳动而英勇奋斗。男、女性公民身高分别提高至1.62米和1.58米以上。2000年始，文化程度均要求高中毕业以上。征集程序按宣传发动、体格检查、政治审查、定兵交兵四个环节进行。

至2005年，全区先后征集义务兵若干名。

2006—2010年，征集若干名。2011年，向部队输送合格兵员若干名。

## 第三节 预备役

1955年，实行预备役制度。将年龄在18~35岁的优秀民兵、转业复员退伍军人编入预备役。预备役分一类预备役、二类预备役两种。凡编组的预备役人员，根据国家需要，随时准备入伍。是年，有预备役若干人，其中一类预备役若干人，二类预备役若干人。

1958年，将已退现役的军官编入预备役。1959年后，预备役被“大办民兵师”所代替。

1966—1979年，预备役停办，1980年，恢复预备役制度。至1983年，服一类预备役的基干民兵(18~28岁)若干人，服二类预备役的普通民兵(29~35岁)若干人。预备役中，有复员退伍军人若干人。

1984年，按照国家新颁布的兵役法，通过广泛宣传、全面摸底调查，编组预备役若干人，其中一类预备役若干人，二类预备役若干人。

1990年始，对预备役进行整组，以一类预备役中的优秀人员为骨干，组织新的预备役。

2005年，全区有预备役官兵若干名。2006年始，加强预备役装备和专业化军事训练，保证战时能够随时入伍。

2011年，预备役编有1个炮兵营、1个防化连，官兵若干名。

# 第四章 民 兵

## 第一节 组织建设

1950年8月，境内五、六区均建立民兵大队，20个乡均建立民兵中队，村建立民兵分队，共有民兵若干人，其中乡中队以上干部若干人。

1953年，将民兵分为基干队员和民兵队员两种：年龄在18~25岁之间的男性青年编为基干队员，有基干队员若干名，民兵队员若干人，中队以上干部若干人。

1958年11月，响应毛泽东“全民皆兵”“大办民兵师”的号召，公社编团，大队编营，生产队编排，除“地、富、反、坏、右”子弟外，凡年龄在15~50岁、身体正常的男女公民，均编入民兵组织。其中，复员退伍军人和年龄在16~30岁的贫下中农男性青年编为基干队员。

1962年始，每年冬季进行一次民兵组织整顿。

1965年，有民兵团若干个、民兵营若干个、民兵排若干个，其中基干队员连队若干个、基干民兵排若干个。

1966年“文化大革命”后，民兵工作受到影响。1970年后，得到重视。

1975年，包括长炼、岳化建民兵团若干个、营若干个、排若干个。其中独立营若干个、独立连若干个。1980 年，民兵团增至若干个，民兵营增至若干个，民兵排增至若干个。其中独立营若干个、独立连若干个。

1981 年，进行民兵整组，将原来的民兵、基干民兵和武装民兵（即独立营、独立连）统一改编为普通民兵和基干民兵两种，并与预备役相结合，基干民兵为第一类预备役，普通民兵为第二类预备役。民兵年龄改为 18~35 岁，其中基干民兵 18~28 岁，女性公民不再参加普通民兵组织。撤销民兵师建制，改为乡镇和一般工厂建民兵连、排或班，大型工厂建基干民兵营或连。

1983 年，有民兵营若干个、连若干个、排若干个，其中基干民兵连（高射机枪连）若干个，共有民兵若干人。

1984 年始，贯彻中央“减少数量，提高质量，抓好重点，打好基础”的方针，加强民兵整组。至 1990 年，民兵组织进行 3 次调整。

1992 年，全区有民兵若干人，其中基干民兵若干人，内有复员退伍军人若干人。

1997 年，为应对突发事件，开始组建各类民兵专业小分队。至 2000 年，共有民兵专业小分队若干个，其中抢险小分队若干个，突击小分队若干个，护厂护街小分队若干个，护路小分队若干个。

2000 年，民兵编组开始向人员相对集中的私营企业、合资企业发展。至 2004 年，民兵发展到若干人，其中基干民兵若干人，分别比 1999 年增长 18.3%、7.2%。

2005—2011 年，民兵进行一次全面整组。

2011 年，有乡镇普通民兵连若干个，厂矿机关基干民兵营若干个，共有普通民兵若干人，基干民兵若干人，其中作战队伍若干人，勤务保障队伍若干人，应急队伍若干人，步兵分队若干人。

## 第二节　军事训练

1955 年始，加强民兵基本训练。每年分时段训练 5~7 天，有时基干民兵集中训练一星期。训练内容以射击、抓匪特、站岗放哨等基本军事知识为主，由地方基层单位组织实施。至 1955 年，共训练民兵 2.5 万人次。

1956 年，组织第一类预备役人员训练，以基本军事知识技能为主，时间一星期。

1958 年，提出“人人会放枪，个个会打仗”，盲目追求参训人数，除基干民兵外，普通民兵也利用工前工后进行队列、刺杀等科目训练。

1964 年，先后组织 2 次民兵比武，进行步枪、冲锋枪、机枪实弹射击、投弹、刺杀、战术等项目比赛，出现随意增加训练时间，耽误生产，影响民兵正常训练现象。年底，对军训进行调整。

1966—1972 年，民兵训练处于停滞状态。

1973 年始，对专职武装干部、民兵干部、武装基干民兵、各种专业技术民兵，进行系统训练。内容以射击、投弹、爆破、班以下战术、“三打三防”（打飞机、打空降、打坦克，防原子辐射、防化学、防细菌武器）等基础科目为主。是年，1400 人集中训练 15 天后，80%的基本达到会讲、会做、会教，能组织训练，能指挥打仗。

1977 年开始，重点抓民兵干部、武装基干民兵的战术技术，城市民兵的巷战、街垒战、地道战训练。

1980 年年底，民兵训练进入制度化规范化阶段。训练周期由 4 年改为 2 年（1985 年始，改为年度训练)，每年训练15天。训练对象为年龄20岁以下、政治表现好、身体健康、文化程度较高、接受能力较强的民兵。改步兵训练为专业技术训练，改分散、小集中训练为以片联训，改年终统一组织实施为人武部派干部到训练点上边训、边考、边补。并推行“三包一”责任制，做到训练1个，合格1个，储备1个。

1989年，建立长炼、岳化民兵军事训练基地。岳化人武部争取厂部先后投资100万元，建成高标准靶场、训练场，被解放军总政治部、总参谋部评为全国民兵预备役基层建设先进单位。1992年，开展争当“优秀‘四会’”教练员活动，涌现907名会讲、会做、会示范、会组织训练的“四会”专职武装干部、民兵干部。区人武部军事科参谋罗中华，被省军区评为民兵训练优秀“四会”教练员。

1996年，按照《民兵军事训练大纲》规定，统一教材，统一教案，统一教法，统一考核标准。实行电子化教学与直接面授相结合，理论讲解与实际操作相结合，集体上课与分散练习相结合，专业训练与成建制训练相结合，统一授课与个别辅导相结合。参训450人，及格率100%，良好率90%，优秀率23.8%。

1999年，突出民兵应急分队、民兵干部的训练。由基础训练为主改为以应用训练为主，以新入队人员为主改为按建制训练为主。是年，民兵应急分队、民兵舟桥分队、民兵专业分队、民兵干部训练，时间分别占年度训练时间的45%、5%、30%、20%。

2000年始，训练重点放在提高武装机关和骨干民兵的战斗力上。武装机关每年军训不少于250个小时，应急分队、骨干民兵不少于200个小时。训练内容以军事高科技知识和反空袭战为主。

2005—2011年，加强民兵防化（即化学武器）分队、应急分队、武装干部训练，坚持实战演练，达到练为用、练为战的要求。

## 第三节　参建参治

**参与重大工程建设**　1952年4月至1953年3月，民兵2次共出动1200余人，先后参与荆江分洪和南洞庭湖治理工程建设。

1957—1958年，先后出动民兵3个兵团4000人，参与围垦永济垸、黄盖湖，共筑长江防洪堤7400多米，围垦湖滩3113.3公顷，扩大耕地面积552.07公顷。

1957年始，民兵每年至少出动3000人冬修长江防洪大堤、山塘水库。

1958年10月，成建制组织4300名民兵参加兴修京广铁路复线，至年底，铺设路基21.04公里。

1965—1971年，出动民兵2.86万人次支援长炼、岳化建厂，共修公路34公里，铺设水管30公里，架电话线30公里、高压线路18.8公里，平整土地260公顷，完成土石方110万立方米。

1975年10月，组织民兵参与兴修茶港至冶湖撇洪渠。至次年春，同全县其他地区参与兴修的民兵、劳力共完成土石方1706.9万立方米，开凿撇洪主、干渠，支渠共110.2公里。1984年后，又组织民兵整修和兴修撇洪渠水利配套工程。

1990—2011年，先后组织民兵8.3万人次，完成境内27.28公里标准化长江防洪大堤和514.12公里县际以下公路修筑任务。

**抗灾救灾**　1954年6~7月，长江发生全流域性洪灾。境内3700名民兵紧急投入抢险救灾，转移受灾群众，帮灾民抢救稻谷、衣被等物资。

1959年3—9月，为全力抗御持续干旱，2.3万名民兵参与拦河筑坝，开渠引水，车水担水灌田，使耕地受旱面积由1.12万公顷减至4500公顷。

1972年4—8月，持续干旱5个月，3000名民兵紧急抗旱，开引水渠2.5公里，修电排闸2座，建机埠103处，减少耕地受旱面积140公顷。

1988年8月21—24日，全区各民兵突击队5630人迅速投入抗洪抢险，4天搬运土石方9200立方米，开导渗沟950条，打石撑105条，加固大堤2100米，处理险情465处。

1998年夏秋之际，民兵成建制出动68次、31888人次，抗御长江流域特大洪水。装填沙土4万袋，筑子堤21.1公里，运沙石137船，抢运抢卸防汛物质250吨，协同区公安、区民政部门转移灾民20439人。长炼民兵抢险应急小分队队员罗巍，在赶去搬运抢险器材时，为保护战友献出年仅24岁的宝贵生命，被团省委、省青年联合会追授为“青年抗洪英雄”。

2004年6月，云溪乡、文桥镇接连发生3起山林火灾，区人武部先后组织民兵应急突击队员530多人，与消防官兵和群众联合作战，很快将山火扑灭。

2008年1—2月，民兵每天出动80~120人，协同干部群众抗击冰冻灾害，在107国道、云溪镇城区等重要路（地）段铲冰除雪，疏通道路37公里，铺垫麻袋1000条，转移受灾群众和滞留旅客500人。

2011年7月8日、8月16日，民兵高炮分队先后两次打冷弹110发，实施人工降雨45毫米，使持续数月的旱情得到缓解。

**维护社会治安**　1950—1953年，民兵积极配合驻军、县大队、县公安队开展剿匪和镇压反革命的斗争。清剿土匪，缴获枪支、手雷，严惩反动党团骨干、恶霸、汉奸等反革命分子200余人。

1962—1963年，农村各生产队均安排民兵守夜值班，制止偷盗集体粮食行为。

1978—1983年，配合公安部门打击刑事犯罪，抓获犯罪分子47人。

1988年，民兵配合公安部门开展严打斗争。至1990年，共协助破案320件，捕获人犯400余人，抓回逃犯23人。

1992年，民兵组成小分队，护村、护路、护桥、护厂，改善重要地段治安混乱状况。6月29日晚，云溪乡桃李村民兵彭泽林，在本村路段巡逻护路，发现盗窃嫌疑犯，追赶中被案犯连刺5刀仍爬行100多米，最终制服罪犯，被省、市综治委分别授予社会治安综合治理先进个人、见义勇为先进分子称号。

1995—1998年，民兵摩托化应急分队、民兵联防巡逻队，协助公安部门在107国道巡逻执勤，4年中参与执勤1310人次，配合开展专项打击行动5次，出动车辆120台次，追捕、抓获各类不法人员120余人，缴获款物折合人民币55641元。

2003年，民兵成立禁赌队、帮教小组，配合打黄扫非，教育转化刑释解教人员。

2005—2011年，民兵参与反恐维稳工作，建立兵民共防、共抗、共保、共消小分队21个。在铁路、公路沿线进行安全排查，执行重大节假日治安值勤，严防恐怖分子破坏捣乱，全区没有发生一起类似恐怖袭击的重特大案件。

# 第五章 拥政爱民

1949—1986年，境内拥政爱民工作由乡镇（社）人武部组织。1987年，成立北区拥政爱民工作领导小组，1996年，更名为云溪区拥政爱民工作领导小组。

## 第一节 拥政工作

1951年4月，响应中央“抗美援朝，保家卫国”的号召，五区、六区共组织民兵1430人报名参加中国人民志愿军，后经审查批准入伍370人。这些民兵入伍后作战勇敢，有19人立功。云溪乡民兵贺守云入朝后英勇作战，被志愿军总部授予战斗英雄称号。

1951年，五区民兵徐正元带头响应中央和政务院关于走农业互助合作道路的号召，组织8户农民办起全县第一个互助组，次年，他被评为县、省农业劳模，出席全省农业劳模表彰大会，成为中华人民共和国成立后境内第一个省级劳模。至1956年，民兵先后带头创办互助组1400个，初级农业合作社205个，高级农业合作社112个。

1959—1961年，国民经济严重困难，民兵带头实行生产自救，节约度荒。1961年，江南公社民兵扩大水旱耕种面积，粮食总产达到520万公斤，比年成最好的1957年增长18%，收获棉花数万担，生猪年末存栏3200头，农副业总收入13.7万元，完成粮食征购后，向国家贡献余粮20万公斤。

“文化大革命”中，拥政工作基本停止。1978年，松阳湖农场基干民兵唐树明，在境内第一个带头实行男性节育手续。是年，该场民兵实行节育手术23人。

1980年后，民兵带头实行联产承包责任制，勇当个体户，发展商品经济。至1990年，全区有民兵养殖个体户170户，种植个体户156户，加工个体户124户，个体商业和运输户189户。

1989年，区政府提出“三年消灭荒山”。民兵积极开展封山育林和开荒造林活动，至1991年，全区民兵共造林育林333.3公顷。

1991年，民兵带头发展市场经济，至1996年，民兵中有各类专业户625户，其中有215户年产值5万元以上。

2001年，民兵实施“四个一百”（即开发100亩湘莲种植示范园、开发100亩水面养殖示范湖、开辟100亩经济林示范带、100亩中草药材种植基地）样板工程，在实现农业产业化中发挥主导作用。

2004年，民兵积极创办企业，加速推进工业化。至2011年，共创办股份制企业37家，其中资产在100万元以上的15家，并领办、协办乡镇企业26家。

## 第二节 爱民活动

20世纪60年代，民兵开展学雷锋活动，带头为群众做好事。

1978年后，学雷锋活动有新发展。1986年，全区民兵成立学雷锋小组50个，为军烈属做好事1500件（次），给前线现役战士写慰问信3100封，寄送鞋垫、手套等慰问品300件。

1990年，长炼民兵开展“五学五做”竞赛活动，帮助职工、企业修旧利废，节约资金70万元。

1993年，岳化民兵为本厂困难户捐款2850元。该厂排水厂民兵开展每月一次便民服务活动，全年为民办好事1760件次，为本厂清理垃圾90吨，拾金不昧1318元，义务上岗530人次，为厂节约资金10万元。

1996年，开展扶贫帮困活动。民兵成立扶贫小组68个、送温暖小组102个，建立助耕组、互助组45个；至2001年，共为困难户助耕田地33.3公顷，助劳7860个劳动日，筹集资金54500元，技术指导900人次，推广科技项目6个，帮扶困难户1311户，其中帮助脱贫800户，脱贫率76.1%。

2005年，民兵一营带一村，一连带一组，一兵带一户，开展带头奔小康活动。文桥镇和平村民兵营长瞿松柏，帮助因病致贫的村民制订脱贫计划，自费为他们买西瓜种籽，组织民兵帮助贫困户种植。该镇荆竹村民兵罗贤桂，带头捐款，帮助修筑村组公路，至2011年，共捐资15万元，资助修路4条、6公里。

# 第六章　国防教育·人民防空

## 第一节　国防教育

### 一、教育基地

**御外名臣刘璈出生地遗址**　位于云溪乡建军村文家冲。清道光九年（1829），刘璈出生于该冲自家一栋清代式样的老屋中。是时，老屋有上下两室。现下室和天井、墙脚依稀可见，上室堂屋亦毁，仅剩东西两边的房子。西边的房子是刘璈出生的地方。房屋前后深8.5米，宽4.1米，全用土火砖砌成。上面檩子、瓦片已换。房主为刘璈第四代侄孙，其家神龛中放一块“刘璈牌位立起”的牌位。

**鹰鹏嘴人民抗日战场遗址**　位于云溪乡坪田村境内，处粤汉铁路（现京广复线）东侧。民国27年（1938）11月日军侵占境内后，国民党第九战区司令长官薛岳秘密组织的“粤汉铁路破坏队”牛强、马志红、丁先吾等人在此设伏，伺机破坏日军交通运输线。至1940年年底，共炸毁日军车头2辆，油车1列，炸坏桥梁1座，致敌铁路运输多次瘫痪。现山嘴林木覆盖，绿荫如染。

**太平桥抗日战场遗址**　为湘北抗日战事第一个胜仗战场遗址。位于云溪乡建军村。主体部分包括太平桥、太平桥东侧山头作战工事，杨梅坳炮兵阵地。太平桥，横跨清溪河，始建于北宋嘉佑年间（1056—1064），为三墩四塔石桥，宽2米，长5米。桥东山头作战工事、杨梅坳炮兵阵地，为抗日军民于民国27年12月至民国28年1月7日前为择机打击日军构筑。1969年，山头作战工事、梅坳炮兵阵地荒废。太平桥因岳化建厂运输需要，改建成三拱石桥，宽6.5米，长50米，桥面两边装0.8米高水泥栅栏。1992年，107国道改造，于太平桥桥下游20米处另修一座水泥三拱桥，宽9米，高5

米，长60米。2008年，修建随岳高速公路，于太平桥上建1座宽6车道、长1500米的高架桥。2010年，于太平桥上游80米处建1座水泥桥，连接炼化公路和随岳高速公路。现太平桥上下游100米内有4座桥，形成上游有桥、下游有桥、桥下有桥，桥与桥相互并列立交的壮观景象。

**白荆桥日军军机轰炸遗址** 位于文桥镇白荆村境内。民国34年，白荆桥已形成乡村集市规模，临白荆桥石拱桥1条十字街道，有商户20余户。是年春，日军为报复游击队，出动2架飞机对白荆桥进行狂轰烂炸，炸毁街道及商店、茶坊、民房等房屋10多栋，炸死、炸伤近30人，一时浓烟滚滚，血肉横飞，惨不忍睹。现该处为白荆村村委会驻地。

2011年，境内国防教育基地还有新设飞机场、陆城老街、云溪火车站、茶港、道仁矶、文桥哨棚岭、鱼梁山战壕、马鞍山碉堡战、基隆山战壕等9处日军驻防设施和抗日战场遗址。

**二、全民国防教育**

1951年4月，宣传“抗美援朝，保家卫国”，发动群众支援抗美援朝，保卫祖国。

1962年，开展反击印度侵犯中国边界保卫战重要意义的宣传。

1967年，开展防止苏联入侵的教育活动。

1978年，组织开展对越南进行自卫反击战的宣传。

1988年，区委、区政府成立区国防教育委员会，将每年的8月定为国防教育月，加强经常性的国防教育。

1990年，组织4000名民兵参加市国防教育委员会、岳阳军分区政治部联合举办的“壮我国防，卫我中华”演讲比赛。

1992年，全区举行国防教育13次。乡镇、厂矿召开国防教育专题会议8次。区、乡广播电视台（站）开播国防教育专题节目，播放有关稿件230多篇。区文化部门调集《上甘岭》《开国大典》《英雄儿女》等军事题材影片，在农村、工厂巡回放映，发放国防教育资料6400份。

1994年6月，组织1.36万名中、小学生观看百部爱国主义题材影视片，阅读百部优秀军事题材图书，学唱百首革命歌曲。是月下旬，在云溪镇、长炼、岳化兴办“爱我国防，为党增辉”图板巡回展览，展出图板52板、12场次，受教育1.56万人。《湖南日报》《岳阳晚报》予以报道。

1997年，组织民兵预备役人员参加全国国防知识竞赛，参赛5000人，成绩均在85分以上，其中满分率35%。聘请退休教师艾美洲到中小学上国防教育课，受教育学生3580人。《湖南日报》《岳阳晚报》及“海峡之声”广播电台予以报道。

1999年，办民兵骨干国防教育培训班12期，参训1700人，举办国防教育报告会150场、讲演会11场。是年，岳化国防教育活动室受到广州军区通报表彰。区委书记司马德坤被省、市国防教育委员会评为关心支持国防建设十佳新闻人物。

2002年1月27日，15名民兵代表参加市国防教育办公室、岳阳电视台联合举办的首届“湘天杯”国防知识竞赛，获团体第二名。

2004年，开展国防教育“四个进入”（即进入地方党委中心组，进入学生课堂，进入各种传播媒体，进入各个社区）活动，区委中心学习组集体学习国防知识2次，各中学按每学期3~5课时，将国防教育列入课程表，按课程安排加强国防知识教学。

2005年9—10月，针对少数适龄青年不愿当兵，在云溪、岳化、路口、长炼、陆城等地组织优秀军人图片展览15场次，激发适龄青年参军报国热情。

2007 年 7 月 25 日，为庆祝解放军建军 80 周年，组织区、乡负责人近百人参加“军事日”活动，开展实弹射击，组织现场观摩、座谈交流，听国防教育课。

2009 年，结合军训，每年下学期开学时，由区人武部派人到中学作国防形势教育报告。至 2011 年，作报告 26 场，受教育学生 1.38 万人次。

### 三、学生军训

1988 年始，对在校学生进行军事训练和政治教育。至 2011 年，共训练 2.02 万人。训练内容按陆军士兵要求，分三大条令、“三防”知识、单兵战术动作、步兵第一练习实弹射击等科目。政治教育，主要是人伍须知和解放军优良传统等。每年下学期开学或国庆节前集中训练 7~10 天。

## 第二节　人民防空

### 一、机构队伍建设

1986 年，成立抢修抢险、通信、医疗、防化、运输等防空专业队伍，有专、兼职人员 120 人。1999 年，组建预备役步兵炮兵营。2005 年 10 月，区政府办加挂区人民防空办公室（简称人防办）牌子。长炼、岳化组建 1 个高炮营，云溪区各建 1 个民兵应急连、伪装防护连、通信连、防化连、油料保障分队、装备维修分队、医疗救护分队。

### 二、设施建设

1950—1955 年，五区、六区均设有防空哨。1965 年 5 月始，贯彻省委、省政府、省军区《加强人民防空工作的指示》，公社机关院内建地下室备防空之用。

1969 年，贯彻毛泽东“深挖洞”“要准备打仗”的指示，长炼、岳化发动民兵挖防空洞，至 1980 年，共挖防空洞若干米。2005 年始，结合城市建设，云溪镇及长炼、岳化构筑一批地下室，供贮物、停车、防空之用。至 2011 年，地下室总面积 33.619 万平方米。

2006—2011 年，完成人防组织指挥、通信警报三级网络建设，开通人防系统电视、电话、资料数据库、警报传输。

### 三、宣传教育

1969 年 10 月，云溪、陆城分两片召开万人大会，宣传毛泽东“要准备打仗”的思想，部署人防工作。1973 年，宣传毛泽东“深挖洞，广积粮，不称霸”的指示，境内工厂、农村、街道掀起人防宣传热潮。1980 年，全国第三次人防工作会议后，重点宣传“全面规划，突出重点，平战结合，质量第一”的人防工作十六字方针，宣传对象主要是各有关负责人和人防专业人员。1985 年始，对中小学生进行“三防”（即防原子、防化学、防生物武器）的知识教育，至 1988 年，受教育学生 1.01 万人，均达到一懂三会（即懂“三防”基本知识，会防护动作，会自己救护，会制作简易的防护器材）的要求。1990 年，为纪念抗日战争胜利 45 周年，组织长炼、岳化等 7 个单位 50 人，参加全省人防主题演讲比赛。1995 年—2011 年，每年试鸣防空警报日（11 月 1 日）组织宣传车，张贴标语，悬挂横幅，在城乡进行广泛宣传。

## 四、防空演练

1993 年、1998 年、2002 年，3 次共集中 2000 人次参加全市人防办组织的防空演练。2005—2011 年，每年 11 月 1 日，在云溪镇城区、长炼、岳化厂区试鸣防空警报。2009 年，区人防办编制《云溪区防空袭预案》，根据战时特殊情况，对人防工作进行详细部署。2010—2011 年，贯彻中央《关于加强人民防空工作的决定》和第五次全国人防工作会议精神，两次召开全区防空工作会议，到会共 650 人次，发放宣传资料 3800 份。

# 第十篇 法 治

1949年前，境内兵患匪祸，治安混乱。1949年7月，解放军进入境内，消除战乱。

1950—1951年，清剿土匪，建立基层治安保卫组织，开展法制宣传教育，社会趋于稳定，治安逐渐好转。1955年、1958年，分别设云溪法庭，配公社公安特派员。“文化大革命”期间，“造反派”争权夺利，打派性仗，治安一度混乱。

中共十一届三中全会后，坚持学法用法，依法办事，治安趋向平稳。1984年后，区委、区政府大力加强政法机构队伍建设，为维护社会稳定、治安好转提供有力保障。

1985年后，由区委政法委、1名区委副书记或区委常委专管政法工作。1990年，区委、区政府把维护社会治安稳定作为压倒一切的大事来抓。次年，依靠人民群众，坚持打防结合，标本兼治，采取多种手段对社会治安实行综合治理。实施“二五”普法规划，全面持续加强法制宣传教育，开展治安专项整治，重点整治。1998年，全面实施依法治区，继续加强审判、检察、案件侦查、治安管理、重大矛盾纠纷化解等各项政法、综治工作。2008年、2010年，云溪区先后被评为全省治安综合治理先进县（市、区）。2011年，全区未发生严重影响社会稳定事件，学校、文化娱乐场所、铁路沿线等人口密集的公共场所和重点交通线段，刑事案件比上年下降14.30%。治安案件发案率比1983年下降90.24%。云溪区被评为“五五”普法全国法制宣传教育先进县（市、区）。

## 第一章 政法综治

### 第一节 机 构

**政法机构** 1985年4月，区委政法委内设办公室。1992年，乡镇（场）配专管政法的党委副书记(2005年取消)。次年，区成立铁路护路办公室。区委政法委增设维护稳定办公室（简称维稳办）、执法执纪督查室。2011年，区委政法委内设机构有办公室、执纪执法督查室、铁路护路办，代管机构有区综治办等，机关后勤服务事业编制1名。

**综治机构** 1991年2月，成立区综治领导小组，8月，更名为区综治委，办公室设在区委政法委。1993年，成立乡镇（场）厂矿综治领导小组、村（居委会、分场）综治办。2011年，全区有乡镇厂矿综治领导小组9个，村、居委会综治办84个。

## 第二节 队伍建设

1984年始，充实政法队伍，建立基层工作机构。至1988年，区法院、区检察、区公安局、区司法局共有干警186人，基层股（科）、所、庭、室、队28个。

1991年10月12日至11月20日，针对少数干警执法不严、执法不公，甚至执法犯法，组织以解决公正执法为重点，以人民满意为标准的思想、作风和纪律整顿。清查违纪违法问题，帮助违纪人员，并纪律处分3人，清理出队3人，制定执法责任、错案追究等执法条规。

1993年，采取异地交流、重点岗位轮换、跨单位调动，实行内部岗位调整10人。

1995—1996年，组织学习《中华人民共和国法官法》《中华人民共和国检察官法》《中华人民共和国人民警察法》《中华人民共和国律师法》《中华人民共和国公证条例》，对照中央、省委政法委“三条禁令”“八个不准”，围绕“我为谁执法”“执法合不合格”“群众满意不满意”开展批评和自我批评，引导干警克服特权思想，转变工作作风。开展岗位练兵、案卷评优、射击比赛，激励干警自学成才。1996年，区检察院政治协理员乔新林身患癌症仍坚持工作，次年12月，被最高人民检察院评为模范检察官并授予特级劳模勋章。1997年，区委政法委组织“我为人民执好法”演讲比赛，开展“两系三创”“十佳干警”“模范干警”评选活动，评出“十佳干警”“模范干警”各10人。

1999年，聘请20名区人大代表、区政协委员为执法监督员，督促干警公正执法、文明执法。政法各部门采取“请进来”“走出去”的方式，广泛征求群众意见，督促干警认真改进工作作风。5月27日，区法院设点发放执法意见征求函，开展群众性执法评议活动。2001年，区法院被最高人民法院评为人民满意法院。

2005—2006年，集中学习《中华人民共和国行政诉讼法》，开展社会主义法治理念教育、“规范执法行为，促进执法公正”主题教育活动。办股（科）所长以上干部学习班2期，组织辅导讲座6场，有304名45岁以下干警上台谈学习体会。2006年，云溪公安分局刘学坤获中央电视台、公安部组织的“十佳民警”评选活动提名奖（入围30人），被省公安厅记一等功，李大湘被省公安厅授予优秀民警称号。

2008年，开展政法队伍思想作风建设年活动。组织干警下基层调查走访，征集作风建设方面的意见，认真进行整改。

2011年春，举行“发扬传统，坚定信念，执法为民”和学习实践“两个维护”（即维护社会公平正义，维护社会公共秩序）主题教育活动，围绕严格执法、信访接待、八小时工作之外的表现，组织干警自觉查找、认真纠正执法执纪中的问题。全年，政法队伍中没有一人因违法违纪受到处分。

是年，全区政法部门共有股（科、局）、所、庭、室、队61个，在编干警365人。

## 第三节 维护稳定

**重大矛盾化解** 1984—1991年，处理因区划引发的边界重大纠纷9起。1991年6月24日，陆城镇洋溪村冶湖巡湖人员叶立平，与临湘巡湖人员因水面权属发生纠纷，落水身亡，棋杆、洋溪等村少数村民扣留临湘3名巡湖人员。随后，临湘反扣洋溪3人。区委、区政府配合市政府与临湘县有关方面反复协商，双方送还扣留人员，平息事态。并支持将由北区和临湘县共管的冶湖交市畜牧水产局代管，解决冶湖权属纠纷。

2001年，针对改革改制不断深入，各类影响稳定的矛盾突显，区委提出“大排查、大调解，抓稳定、促发展”，实行联席会议制度，定期排查矛盾纠纷。对重大矛盾，采取一个问题、一名领导、一套班子、一套方案、一抓到底“五个一”方式，定期加以解决。至2003年，共化解重大矛盾纠纷126起。是年8月，永济乡擂鼓台村106户200余人，因华能岳阳电厂部分征地补偿款没有及时到位，上公路拦截过往车辆，阻断交通。区委、区政府组织干部包组包户包人做工作，筹集资金400万元兑现补偿款，终于化解矛盾。

2005年，聘用维护稳定信息员，收集有关信息、线索，及时预防化解重大矛盾纠纷21起。

2007年，开展“零信访村”创建活动，抽调干部下到重点村，做好“零上访”管理工作。全年实现“零上访”51个村（居委会），占村（居委会）总数77.39%。

2010年，区建立矛盾调处中心，实行区级干部大接访、大调处，努力化解重大矛盾纠纷。至2011年，区级干部共接访493批1845人次，调处矛盾纠纷419起，调处率85.7%。其中区委书记接访62批233人次，区长接访57批196人次，共解决群众关心的热点难点问题175个。并依法处理借机煽动群众越级上访违法人员7人。

**群体事件处置**　1999年7月31日，云溪乡、交通局发生计划生育体罚死人事件，死者亲属群体上访，影响社会安定。事件主要责任人云溪乡党委原书记、交通局原局长被免除职务，受到党纪处分，4名直接责任人被判处有期徒刑3~4年。8月25日，云溪乡八一村丁某因拖欠上交款与催征人员发生纠纷，服药自杀。部分不明真相的亲友上街非法游行，封堵区政府大门、107国道。区委、区政府责成乡、村两级认真调查调处，区政法部门依法对该村非法组织游行的丁安兰判处其有期徒刑一年。

## 第四节　社会治安综合治理

### 一、制度建设

1985年6月，区委政法委制定关于加强社会治安工作的规定：坚持贯彻依靠群众、预防为主、打防结合的方针，实行社会治安各级各单位行政一把手负责制，纳入经济社会目标管理，与经济工作、社会事业同规划、同布置、同检查，把社会治安管理落到实处。

1991年3月，区委作出加强综治工作的决定，明确组织和依靠社会各方面力量，贯彻打防并举、标本兼治的方针，运用政治的、经济的、行政的、法律的、文化的、教育的等多种手段，通过打击、预防、教育、管理、建设、改造，对社会治安实行综合治理。

1992年3月，区综治委制定实行综治工作目标管理“一票否决制”的规定，明确综治工作坚持“谁主管谁负责”“属地管理”的原则，各单位党政“一把手”为综治工作第一责任人，分管负责人为直接责任人。

1994年4月，区综治委制定乡镇（场）、驻区企事业单位综治工作目标管理考核细则，将综治工作纳入全区双文明建设目标管理千分制范畴，以占总分 1 / 10 的比例与物质文明、精神文明建设年头同布置，年底同考评。考评不合格，取消单位年终评先和责任人评先、晋级资格。区委、区政府召开全区综治工作大会，各乡镇（场）党政“一把手”及长炼、岳化综治领导小组负责人向区委、区政府签订综治工作责任状。会后，各单位层层召开会议，层层签订责任状。自此，综治工作步入制度化、规范化轨道。

2000 年，全面实行综治工作联席会议制度。召开综治委成员单位联席会议 1 次，相关单位联席会议 3 次，研究部署和解决综治工作中带全局性的重大问题。

2005—2011 年，实行综治维稳一月一调度，一月一讲评。

## 二、群防群治

1986 年，云溪、路口、长炼、陆城建立治安巡逻队，有队员共 30 人，坚持昼夜值班巡逻，加强社会控制管理。

1992 年，在云溪镇城区、路口三角坪各建 1 个治安岗亭，每个岗亭安排 1 名民警、3 名治安保卫人员值班，调处治安纠纷，打击现行犯罪，加强交通要道、公共场所治安管理。是年，各治安岗亭共调处治安纠纷 13 起，抓获现行犯罪 7 人。

1994 年，全区乡镇、厂矿、企事业单位建立护厂队、护校队、护院队，共有成员 164 人。加强企业、机关、学校等人口集中地点的治安防范。是年 6 月，开展铁路治安联防。在云溪乡坪田村设铁路治安岗亭 1 个，沿线乡镇重点路段建护路联防队 5 支，非重点路段通过低偿承包，聘请护路联防队员 14 人，坚持昼夜巡逻、不定期巡查。至 12 月，抓获偷盗铁路运输物资犯罪嫌疑人 3 人，防止安全事故 2 起。是年，北区被评为全省铁路护路联防先进单位。

1996 年，加强城乡、厂地、路地结合部及主要交通要道、重点单位的治安联防，建治安联防队 12 支。现场调处治安纠纷 57 起，抓获违法犯罪人员 21 人。

2001 年始，加强内保单位、化工企业、娱乐场所门卫建设，做到“看好自己的门，管好自己的人”。并完善门卫制度，新增消防通道、消防设施，加强电路整改，消除治安隐患。至 2006 年，共建门卫 29 个，全区 378 家重点单位、化工企业、娱乐场所没有发生治安、刑事案件，仅发生 1 起火灾事故。

2008 年，加强重点地区、重点单位的人防物防技防。区投入 400 万元，从复员转业军人中择优 20 人，组建云溪城区长年治安巡逻队，配套覆盖云溪镇城区的电子监控系统。在中小学安排专职保安 24 人，安装电子摄像头 79 个。同年及 2010 年，云溪区先后 2 次被评为全省社会治安综合治理先进县(市、区)。

2011 年，云溪镇城区治安巡逻队由 20 人增至 30 人。云溪公安分局加强报警点设置、巡逻车装配、社会民警安排，做到公共场所有报警点，主要路段有巡逻车，居民社区有民警。实行警力、警车 24 小时巡逻。全年预防犯罪 139 起，抓获犯罪嫌疑人 43 人，破案 51 起。

## 三、治安整治

**专项整治** 1984—1992 年，结合“严打”，先后开展“铁路行动”“水网行动”“边界行动”，共抓获现行犯罪 31 人，打掉犯罪团伙 7 个，端掉犯罪窝点 5 个，逮捕通缉在逃犯 4 名，收审可疑对象 19 人，破获流窜作案 23 起。

1997—2001 年，先后 4 次开展整治文化娱乐场所治安秩序专项活动；查封违法经营网吧 11 个，录像点13个，摧毁犯罪团伙7个。拆毁占道棚屋4处205平方米，抓获敲诈勒索、打架斗殴等危害校园治安秩序违法犯罪人员169人。

**重点整治**　1984年，因松阳湖农场治安环境复杂，靠近岳阳、岳阳电厂（后更名为华能岳阳电厂），与长江水道相依，发生刑事案件14起，治安案件19起，分别占乡镇（场）刑事案件、治安案件总数的24%、25.4%。是年10月6日晚，以该场李伦群为首的犯罪团伙，用弯刀将一渔民砍成重伤，抢走财物折合人民币318元。针对此一现状，是年始，区公安局集中人力、物力，重点加强厂地、路地、城乡结合部治安整治。至1986年，共侦破各类案件116起，抓获流窜犯罪人员36人。

1987年，盗窃大厂职工自行车犯罪活动一度猖獗。区公安部门先后出动警力110人次，4次在长炼、岳化周边开展“反窃车”专项斗争。侦破刑事案件31起，查处治安案件34起，抓获罪犯69名，使盗窃职工自行车犯罪活动得到收敛。

1993年3—5月，针对路口火车站及长炼周边一度违法犯罪活动频繁，区综治委、区委政法委组织区公安、区交警、区交通、区工商、区文化等部门，对这些地区进行重点治理。侦破和查处各类案件74起，摧毁犯罪团伙3个，抓获犯罪嫌疑人84人，为国家和集体挽回损失12万元。

1995—1998年，组织民警不定期巡逻，沿线设报警牌、报警电话，侦破发生在107国道沿线盗窃、抢劫、杀人案件19起。

2000—2004年，采取设收购禁区、民警上路巡查与集中力量突击行动相结合，重点整治长炼、岳化周边和京广铁路线段治安秩序、交通秩序。查封、取缔违法经营的废旧金属收购站点43家，查扣违章车辆163台，取缔“地下六合彩”买码、写码场所11处，查处违法犯罪人员53人。

2009年，集中打击岳化厂区及周边黑社会势力、地方恶势力犯罪。通过深挖细审、顺藤摸瓜，摧毁2个多次危害云溪镇城区、岳化厂区社会治安的涉恶犯罪团伙，逮捕28人。以丁细久为首的恶势力团伙，2007年始采取“带老弟”等方式，网罗近20人，利用“收取保护费”等违法手段，多次寻衅滋事，故意伤害他人，被摧毁后，13名团伙成员全部抓获。

2011年，针对临港新区紧邻长江水道，企业规模大，人员、车辆多，治安复杂，抽调民警5人，组建流动派出所，加强对治安动态化治理，该地区发案数比上年下降62.3%。

## 第五节　平安创建

1984年，开展创无侵害大厂犯罪行为、无刑事案件乡村活动。至1989年，与长炼、岳化相邻的云溪镇、云溪乡、路口镇、文桥乡刑事案件比1984年平均下降34.09%，其中涉厂案件平均下降63.92%。文桥乡未发生一起刑事案件。该乡和平村村民主动交出偷盗的长炼工业物资，折合人民币3.7万元。

1990年4月，全区开展“春风杯”爱车护路活动。组织乡、村干部巡道，组织护路队护路，印发宣传资料，张贴标语，广泛开展宣传教育活动，保证客货列车“一路春风”过云溪，被《人民铁路报》、湖南广播电台推介。

1992年，开展“平安路段”创建活动。区综治办组织交通沿线村组建立护路队，维护交通运输安全，区政法部门抽调干部，到伴路重要乡镇云溪镇、云溪乡、路口镇任专管政法的党委副书记，下派干警到临路重点村挂点。6月29日晚，云溪乡桃李村护路队员彭泽林在巡逻护路中，发现5名盗窃嫌疑人即迅速追赶，被歹徒连砍5刀仍紧追不舍，最终在队友的帮助下将罪犯制服。被省综治委授予社会治安综合治理先进个人称号。

1993年始，区委政法委、区综治办牵头，在全区开展警民、厂地、路地、友邻平安共建活动。通过共建护路联防队、护厂队，印制《护路公约》《爱厂护厂公约》，落实与大厂、铁路部门、邻近乡村创建工作联席会议制度，至1995年，形成平安创建高潮。是年4月，路口镇新合村不慎发生山火，危及长炼油罐区，该村年近六旬的共产党员陈久林及护厂人员及时报告长炼，带领村民奋勇灭火，次年3月30日被《人民日报》报道。

1998年始，开展"平安单位""平安乡镇""平安村组""平安校园""平安社区"创建评比活动，至2000年，评出创建先进单位21个，先进个人38人。是年6月13日11时，一名非法持抢人员闯进区中医院，逼迫院长范桂芳等索要现金1万元，索要未果欲开枪杀人。为维护医院平安，范奋力夺取罪犯枪械，最终在闻讯赶来的民警配合下，将罪犯制服，范被市政府记二等功。2002年，云溪镇、云溪乡、区一中、金盆小区分别评为全省治安模范乡镇、安全文明校园、安全文明小区。

2005年，实行平安创建工作一月一调度，一月一讲评。由区综治办、区委督查室组织督查，召开讲评会、调度会。全年开讲评会、调度会11次，表彰21个单位，责令7个单位限期整改。并抽调专人，重点解决岳化厂区、长炼北干道违章建筑等治安突出问题4个。

2008年，重点加强学校、铁路沿线平安创建工作。先后3次组织学校安全大检查，2次全程排查京广铁路线段。共下发整改通知书14份，督促学校及时整改安全隐患。有关乡镇定期做好"五残"人员监护工作。2011年，学校、铁路沿线治安案件、刑事案件分别比上年下降19.21%、14.30%。

# 第二章 法 院

## 第一节 机 构

1927年3月，李中和、李正庭等在陆城成立临湘县特别法庭，主要成员有临湘县县长蒋甲荣及各公法团体负责人。同年"5·17"事变后，随工农组织解体而自行解散。

1950年12月，临湘县法院设五区、六区法庭分庭，由各区区委书记任分庭审判长，代表国家和人民行使审判权。1952年2月土改结束后，分庭撤销。1955年2月，设云溪法庭。1966年"文化大革命"开始后，审判机构处于瘫痪状态。1973年7月，恢复审判工作，设路口法庭。

1984年6月，成立北区法院，内设办公室。10月，区法院设民事审判庭、刑事审判庭。1986年4月，设陆城法庭，增设经济审判庭、刑事审判二庭，与刑事审判庭合署办公。1987年3月，设路口法庭（后更名为南山法庭）、云溪法庭。1988年，设行政审判庭、执行庭。1989年，撤销刑事审判二庭。1989年，设告诉申诉庭。1993年4月，增设少年犯罪审判庭，与刑事审判庭合署办公。成立司法警察大队，与执行庭合署办公。1996年，北区法院更名为云溪区法院。1998年，民事审判与经济审判业务合并，民事审判庭、经济审判庭分别更名为民事审判一庭、民事审判二庭，撤销告诉申诉庭，设审判监督庭，告诉申诉庭业务由立案庭、审判监督庭负责。1999 年，执行庭升格为执行工作局。2002 年 3 月，撤销陆城法庭、云溪法庭。

2011 年，云溪区法院设办公室、政治部、纪检（监察）室、立案庭、刑事审判庭、民事审判一庭、民事审判二庭、行政审判庭、审判监督庭、执行工作局、司法警察大队、司法技术室、审判管理办公室、南山人民法庭；有干警职工 54 人。

## 第二节　刑事审判

1927 年 3 月，县特别法庭在陆城召开万人大会，公开审判处决王远甫、陈竹青、朱宝清、王菊谱、胡兴虎、詹先甲等土豪劣绅和破坏农民运动的“左社”成员。

1950 年，为保卫新生人民政权，重点打击残余土匪及地方恶霸势力。至次年 10 月，共判处死刑 17 人，其中土匪、恶霸 7 人，占 41.18%。1951 年，重点打击处理反革命分子。至 1958 年，共判处各类刑事犯罪案犯 212 人，其中定为反革命案犯 50 人，占 23.58%。1959—1965 年，贯彻中央“少杀、少捕、多管、大改造”政策，严格区分敌我矛盾和人民内部矛盾，刑事审判案件下降。“文化大革命”期间，审判机构实行军管。由于受极“左”路线影响，将所谓“政治性”案件作为刑事案件判决，造成冤假错案。1982 年 3 月始，严惩贪污、受贿、盗窃公共财物的重大经济犯罪分子。

1984 年，执行全国人大常委会《关于严惩严重危害社会治安的犯罪分子的决定》，至 1986 年，审理各类严重危害社会治安的刑事犯罪案件 201 件，判处 279 人。

1992 年，贯彻中共中央、全国人大常委会关于从重从快严惩刑事犯罪的“严打”方针，形成“严打”高压态势。是年 5 月 14 日，在云溪镇育红中学召开万人宣判大会，对绑架、软禁、强奸妇女的严重刑事犯罪分子谭湘赣及其他 4 名严重刑事罪犯宣判死刑。至 1994 年，共审结案件 296 件，判处罪犯 379 人，其中处 5~10 年有期徒刑 62 人，处 10 年以上有期徒刑 22 人。

1995 年，针对盗窃长炼、岳化两厂国有财物团伙作案猖獗，突出审判盗窃团伙犯罪，并严厉打击危害人民群众生命财产安全、涉黑、商业贿赂犯罪。共审结案件 104 件，其中，盗窃团伙案件 36 件，占 34.61%；贪污贿赂案 6 件，故意伤害案件 12 件，抢劫案件 4 件，敲诈勒索案件 4 件，流氓案件 8 件，共占 32.69%。

1996 年，改革刑事审判制度，依法维护被告人的辩护权。加强举证工作，落实合议庭职责，注意发挥庭长、院长对裁判的审核把关作用，提高审判效率和办案质量。

2003—2008 年，重点打击抢劫、入室盗窃等严重暴力侵犯他人财物犯罪。共审结 655 案，判处 1095 人，其中“两抢一盗”等侵财案 214 件、317 人，分别占 32.67%、28.98%。被告人丁某、姚某、田某、杨某，以非法占有为目的，多次入室盗窃他人财物，分别被判处有期徒刑 2~12 年。

2010—2011 年，在审判中注重刑事和解，实现司法和谐，在打击犯罪的同时，尽力为被害人挽回经济损失。2011 年，受理 21 件刑事附带民事自诉案件，通过调解撤回民事起诉 9 件，有 12 名应受刑事处罚的被告人受到从轻处罚，和解率达 100%，为被害人共挽回经济损失 110 万元。

## 1984—2011 年云溪（北）区刑事审判统计表

表 10-2-1

| 年度 | 受理案件 | | 审结案件 | | | | | |
|---|---|---|---|---|---|---|---|---|
| | 件数 | 涉案人数 | 件数 | 人数 | 其中判处五年以上 | | 其中判处十年以上 | |
| | | | | | 件 | 人 | 件 | 人 |
| 1984 | 38 | 52 | 38 | 52 | 7 | 9 | 1 | 1 |
| 1985 | 72 | 92 | 72 | 92 | 9 | 11 | 2 | 2 |
| 1986 | 91 | 135 | 91 | 135 | 7 | 14 | 2 | 3 |
| 1987 | 58 | 78 | 58 | 78 | 12 | 13 | 1 | 1 |
| 1988 | 81 | 95 | 81 | 95 | 9 | 11 | 2 | 2 |
| 1989 | 102 | 131 | 102 | 131 | 7 | 9 | 2 | 2 |
| 1990 | 121 | 199 | 121 | 199 | 11 | 15 | 5 | 5 |
| 1991 | 92 | 113 | 92 | 113 | 9 | 13 | 3 | 4 |
| 1992 | 72 | 90 | 72 | 90 | 15 | 17 | 4 | 5 |
| 1993 | 135 | 162 | 135 | 162 | 16 | 19 | 7 | 7 |
| 1994 | 89 | 112 | 89 | 112 | 21 | 26 | 9 | 10 |
| 1995 | 104 | 135 | 104 | 135 | 18 | 23 | 7 | 7 |
| 1996 | 128 | 167 | 128 | 167 | 16 | 17 | 6 | 7 |
| 1997 | 97 | 166 | 97 | 166 | 11 | 16 | 4 | 6 |
| 1998 | 90 | 160 | 90 | 160 | 14 | 19 | 2 | 3 |
| 1999 | 89 | 151 | 89 | 151 | 17 | 18 | 3 | 3 |
| 2000 | 85 | 147 | 85 | 147 | 21 | 23 | 2 | 2 |
| 2001 | 115 | 201 | 115 | 201 | 19 | 31 | 3 | 4 |
| 2002 | 87 | 141 | 87 | 141 | 17 | 29 | 2 | 2 |
| 2003 | 84 | 121 | 84 | 121 | 8 | 21 | 3 | 3 |
| 2004 | 91 | 72 | 91 | 172 | 11 | 16 | 4 | 4 |
| 2005 | 119 | 192 | 119 | 192 | 12 | 12 | 3 | 4 |
| 2006 | 113 | 198 | 113 | 198 | 10 | 16 | 4 | 6 |

续表 10-2-1

| 年度 | 受理案件 | | 审结案件 | | | | | |
|---|---|---|---|---|---|---|---|---|
| | 件数 | 涉案人数 | 件数 | 人数 | 其中判处五年以上 | | 其中判处十年以上 | |
| | | | | | 件 | 人 | 件 | 人 |
| 2007 | 121 | 251 | 121 | 251 | 10 | 14 | 8 | 12 |
| 2008 | 127 | 216 | 127 | 216 | 9 | 14 | 8 | 10 |
| 2009 | 99 | 162 | 99 | 162 | 17 | 20 | 16 | 21 |
| 2010 | 141 | 223 | 141 | 223 | 15 | 24 | 8 | 8 |
| 2011 | 139 | 220 | 139 | 220 | 19 | 26 | 11 | 11 |
| 合　计 | 2780 | 4182 | 2780 | 4182 | 367 | 496 | 132 | 155 |

## 第三节　民事审判

1950 年，法庭对民事案件当事人进行耐心细致调解，调解结案占审结的民事案件 95%以上。是年，贯彻落实婚姻法，妇女纷纷要求改变不合理的婚姻状况，至 1953 年，受理婚姻纠纷案 287 件，调解结案 174 件。1954 年，财产利益案件增多。至 1965 年，受理的 184 件民事案件中，财产权益纠纷案占 16.8%。1966 年后，民事审判一度停止。1973 年恢复。1974 年，相继贯彻执行修改的婚姻法，国家颁布的民事诉讼法，人民群众法制观念增强，民事案件增多。至 1983 年，共受理民事案件 187 起，结案 169 起。

1984 年 10 月，北区法院坚持依靠群众，加强调查研究，注重就地调解的方针，加强民事案件审判。至 1987 年，共审结各类民事案件 231 件，其中调解结案占 56%以上。

1988—1990 年，农村经济体制改革深入，经济纠纷案件相应增多。民事审判改“坐庭办案”为“巡回办案”，进村入户，让纠纷原告就地起诉，被告当场应诉，审判人员及时做好法制教育、案件调解工作，化解矛盾，依法维护公民合法权益。审结的 355 件经济纠纷案件中，就地调解结案 282 件，占 79.4%。

1991 年 4 月，执行新的民事诉讼法，更加尊重受害人的起诉权，更加注重事实依据，审判机关根据案情组成合议庭或独任审判，用普通程序、简易程序审理一审民事案件，提高办案质量、办案效率。至 1996 年，共结案 1932 件，另办结旧案陈案 112 件，且无一件发回重审。

1997—1999 年，重点开展清偿农村债务专项审判活动。以乡村单位为原告，清收农户历年拖欠的上交款。审判人员下到云溪、路口、文桥、陆城、松阳湖等地，审案清欠，为集体挽回大量经济损失。1999 年 4 月，协助农村合作基金会、“三胞”亲友联谊会、供销合作社社员股金办追讨贷款。组织 5 个专项合议庭，突击审判 2 个星期，审结案件 216 件，收回陈旧欠贷 650 万元。

2003—2007 年，坚持以人为本，构建和谐社会的的总体要求，加强民商事项审判，调节民商法律关系。共受理民商事务案件 2038 件，审结 1975 件，标的额达 4.85 亿元。2007 年，岳化因青岛某公司长期拖欠货款200万元诉诸法庭。办案法官赴青岛将被告32个银行账户全部予以冻结，促使其主动与原告达成调解协议，支付全部货款。

2008年始，按照积极、慎重、稳妥、依法的原则，重点审理区物资、区商贸、区粮食、区交通、区城建等部门和区乡企业、长炼、岳化两厂附属企业的破产案件。至2011年，共审结破产案件151件，占审结民事案件的28.06%。

至2011年，审结的民事案件占全院审结案件的60%以上。

1984—2011年云溪（北）区民事审判统计表

表10-2-2　　单位：件

| 年　度 | 收案数 | 结案数 | 年　度 | 收案数 | 结案数 |
|---|---|---|---|---|---|
| 1984—1987 | 237 | 231 | 2004—2005 | 597 | 588 |
| 1988—1990 | 361 | 355 | 2006—2007 | 1119 | 1101 |
| 1991—1992 | 824 | 811 | 2008—2009 | 1067 | 995 |
| 1993—1996 | 1191 | 1121 | 2010—2011 | 1132 | 1125 |
| 1997—1999 | 1210 | 1190 | 2000—2003 | 1130 | 1122 |
| | | | 合　计 | 8868 | 8639 |

## 第四节　经济审判

1950—1987年，经济纠纷案件通过民事审判处理。

1988年，区法院开始单独经济审判，至次年，受理经济案件204件，审结204件。

1990—1994年，受理449件，审结率100%。

1995年始，注重积极、稳妥审理企业改制中的案件，维护公民和法人合法权益，至2002年，审结的721件案件中，涉及长炼、岳化两厂案件占10.7%，为两厂盘活资金2000万元。

## 第五节　行政审判

1989年，执行《中华人民共和国行政诉讼法》，区法院始开展行政审判。是年，受理行政诉讼案1起，审结1起。

1993年，随着法制教育深入，公民法律意识增强，民告官现象增多。全年受理行政案件28件，结案28件，为开展行政审判后结案最多的一年。

1996年始，全区推进依法治理，行政诉讼明显减少。至2000年，仅受理22案，审结22案，年均收、结案比1993年下降21.43%。

2001年，全区实行行政执法首问责任制，行政违法犯罪进一步减少。至2006年，仅受理、审结行政案件16件。

2007—2011年，收、结案10件，年均2件，比2001—2006年年均减少25%。

至2011年，区法院共受理、审结行政案件104件，非诉讼行政执行案件2161件。

## 第六节　案件执行

1988年，区法院实行谁判案谁执行，审判与执行相结合，要求执行率至少达到95%。部分需采取强制措施执行的案件，由审判人员与法警共同执行。至1994年，执行案件1381件，占执行案件总数的95.13%。

1995年后，经济纠纷案件增多，案件执行出现积压。区法院选调干警、充实力量，加强执行工作。至1997年，共执行结案102件，执行率89.13%，比1995年增长21.04%。1997年年底，申请执行人长炼与被执行人广东省广陵石油联营公司借款合同纠纷一案，标的1000万元。年初执行立案后，发现被执行人由于经营管理不善，债务、担保纠纷多，一直无法执行。区法院抽调力量，加强调查。查明被执行人房产广陵大厦产权登记不在其名下，但实质是该单位财产，遂果断查封，将案件执行。

1998年，实行审、执分离，由执行庭对已经发生法律效力、具有执行内容而未履行的案件，实行强制执行。全年执行审结案件17件。

2001—2005年，执行结案193件，为国家、集体、个体工商户挽回经济损失7630万元。另清理、执行旧存案120件。2005年，被执行人岳阳宏达房地产开发公司、巴陵房地产开发公司共拖欠申请执行人工程款200万元。被执行人无财产可供执行，执行难到位，致使申请执行人长期拖欠民工工资，工人多次闹事。区法院执行机关对案件材料认真分析研究，通过工商登记，了解到被执行人巴陵房地产公司的开办单位之一原中国建设银行（简称建行）岳阳市分行注册资金260万元未实际投入。遂及时作出裁定，将该银行追加为本案被执行人。执行时，发现该银行已改制，其债务由建行投资有限公司（简称投资公司）承担。便将建行投资公司追加为被执行人，依法冻结、扣划其资金200万元，缓解申请执行人燃眉之急。

2008年，执行结案31件。被执行人秦××承办陆城联发纸箱厂借得私人资金2000万元，并拖欠民工工资，因无力还债，一走了之，且无帐目、财产可供执行。经多方调查，终于找到被执行人。经过反复协商，促使其将纸箱厂租赁给他人经营，执行机关控制租金，将所欠借贷、民工工资逐步偿还兑现。

2009—2011年，执行结案114件，占执行案件96.34%。

## 第七节　控告申诉与审判监督

**告诉申诉审判**　1989年始，坚持“有错必纠，错多少改多少”的原则，开展告诉申诉审判。至2011年，共审结刑事再审案件156件141人。其中部分改判128件，和解13件，维持原判15件。

**审判监督** 1950—1952年，重点纠正土改、镇压反革命运动中错捕、错押、错判案件。1962年，完成对1958—1961年的案件清理复查。中共十一届三中全会后，重点纠正“整风反右”“反右倾”“四清”“文化大革命”四个时期中的冤假错案。1986年8月，复查教师中“肃反”案件、“大跃进、反右倾”时期的政治案件、1960年年初少数群众偷盗集体财物等老案。复查156卷1008案，改判82案、88人，其中宣告无罪74人，免予刑事处分9人，不应追究刑事责任5人。

# 第三章 检 察

## 第一节 机 构

1955年3月始，由县检察院行使检察、监督职能。

1984年6月，成立北区检察院。8月下旬，区检察院内设办公室、刑事检察一股、二股，经济检察股，法纪检察股。1987年9月，成立税务检察室（属区检察院派出机构）。1988年8月，设控告申诉检察股，经济、法纪罪案举报站。1989年5月，增设政工股。1990年8月，增设监所检察股，并设驻区公安局看守所检察室。1992年7月，经济检察股更名为反贪污贿赂工作局，增设民事行政检察股，与控告申诉股合署办公。8月，内设股改称科。1993年12月，先后增设少年犯罪检察科、技术装备科，云溪乡、云溪镇、路口镇、陆城镇、文桥乡、道仁矶镇及农业银行、财政局、供销联社派驻检察室，经济法纪罪案举报站更名为举报中心，与控告申诉、民行检察科合署办公，少年犯罪检察科与刑事检察二科合署办公。1995年4月，撤销驻乡镇、区直部门检察室。1996年，北区检察院更名为云溪区检察院。1997年4月，撤销法纪科，设渎职犯罪侦查局。2002年，设职务犯罪预防科。2006年，渎职犯罪侦查局、政工科分别更名为反渎职侵权局、政治部。

2011年，区检察院内设机构有办公室、政治部、反贪污贿赂局、反渎职侵权局、侦查监督科、公诉科、监所检察科、民事行政检察科、控告申诉检察科、检察技术科、职务犯罪预防科、司法警察大队、监察室；干警职工共61人。

## 第二节 刑事检察

1949—1955年，刑事案件审查批捕、审查起诉由县公安机关办理。1955年10月至1965年，由县检察院办理。1966—1977年，检察机关实行军管，由军管小组所设审批组负责办理。1978年，重新由县检察院办理。

1984年6月始，北区检察院刑检部门担负全区刑事检察工作。至12月，共批准逮捕刑事犯罪分子33人，起诉34人，出庭支持公诉18案，依法严惩严重危害社会治安的犯罪分子。

1987—1992年，通过提前介入侦查、引导侦查、审查阅卷和讯问犯罪嫌疑人，深挖犯罪，追捕漏犯11人，追诉3人。

1992 年始，明确刑事检察分工，加强刑事检察监督，实行打击与保护并重。刑事检察一科负责刑事犯罪案件的审查逮捕工作，包括检察院直接受理侦查的贪污贿赂、国家工作人员渎职等犯罪案件中犯罪嫌疑人的审查批捕、决定逮捕和对公安机关立案、侦查活动的监督。刑事检察二科负责由检察院办理刑事犯罪案件的审查起诉工作，包括检察院直接立案受理的贪污贿赂、国家工作人员渎职等犯罪案件的审查起诉，对法院开庭审理的刑事犯罪案件依法出庭履行职责，并承担审查起诉环节的侦查监督。至 1995 年，决定不捕 7 案、10 人，退补侦查 1 案、1 人，不诉 5 案、5 人，撤案 13 案、16 人。

1997 年始，把打击的重点主要集中在对杀人、抢劫、强奸、盗窃等严重危害人身、财产安全和严重危害社会治安等严重刑事犯罪活动的惩处上。至 2000 年，批捕、起诉杀人、抢劫、强奸等严重暴力犯罪案件 3 案、4 人，并批捕、起诉盗窃耕牛、破坏水利设施等团伙案件 11 起、17 人。

2001 年始，先后开展“办案质量年”“三优二好”等业务竞赛活动，提高案件审查、出庭公诉质量。对性质恶劣、影响严重的犯罪嫌疑人决不姑息养奸。是年 7 月，强奸幼女犯颜×一次有罪供述后翻供，刑检采取特殊侦查手段，获取定罪关键证据，最后颜被判处有期徒刑 9 年。

2005 年始，开展“打黑除恶”斗争。至次年，办理上级挂牌督办的宋×、杨××等 2 起流氓恶势力团伙案，逮捕 13 人，起诉 13 人。

2011 年，重点打击严重暴力犯罪、“两抢一盗”等多发性侵财犯罪，加大对食品安全领域犯罪打击力度。批（追）捕起诉暴力犯罪案件 23 件、33 人，“两抢一盗”犯罪案件 45 件、83 人，共分别占批（追）捕、起（追）诉案件的 100%、53.13%。重点办理全国首例生产、销售新型“瘦肉精”饲料案，依法批准逮捕 7 人。是年，该案入选全省优秀办理案件，最高人民检察院检察长曹建明作出批示，予以充分肯定。

## 1984—2011 年云溪（北）区刑事检察情况统计表

表 10-3-1

| 年度 | 批捕 | | | | | | | | | | 起诉 | | | | | | | | | |
|---|---|---|---|---|---|---|---|---|---|---|---|---|---|---|---|---|---|---|---|---|
| | 受理 | | 审查批捕 | | | | | | | | 受理 | | 审查起诉 | | | | | | | |
| | | | 捕 | | 不捕 | | 退侦 | | 追捕 | | | | 诉 | | 不诉 | | 追诉 | | 撤案 | |
| | 件 | 人 | 件 | 人 | 件 | 人 | 件 | 人 | 件 | 人 | 件 | 人 | 件 | 人 | 件 | 人 | 件 | 人 | 件 | 人 |
| 1984 | 20 | 34 | 19 | 33 | 1 | 1 | 0 | 0 | 1 | 1 | 22 | 36 | 20 | 34 | 0 | 0 | 0 | 0 | 2 | 2 |
| 1985 | 56 | 88 | 54 | 86 | 2 | 2 | 0 | 0 | 1 | 1 | 62 | 94 | 58 | 88 | 0 | 0 | 0 | 0 | 4 | 6 |
| 1986 | 66 | 90 | 63 | 87 | 3 | 3 | 1 | 1 | 2 | 2 | 72 | 97 | 67 | 92 | 0 | 0 | 0 | 0 | 5 | 5 |
| 1987 | 45 | 50 | 43 | 47 | 2 | 3 | 0 | 0 | 2 | 2 | 50 | 54 | 47 | 51 | 2 | 2 | 0 | 0 | 1 | 1 |
| 1988 | 60 | 87 | 58 | 84 | 2 | 3 | 1 | 1 | 2 | 2 | 65 | 96 | 62 | 93 | 2 | 2 | 0 | 0 | 1 | 1 |
| 1989 | 90 | 172 | 88 | 169 | 2 | 3 | 0 | 0 | 3 | 3 | 96 | 184 | 93 | 181 | 2 | 2 | 0 | 1 | 1 | 1 |
| 1990 | 108 | 191 | 105 | 187 | 3 | 4 | 0 | 0 | 2 | 2 | 118 | 201 | 112 | 196 | 0 | 0 | 0 | 2 | 2 | 2 |
| 1991 | 67 | 112 | 65 | 110 | 2 | 2 | 0 | 0 | 1 | 1 | 75 | 122 | 71 | 118 | 3 | 3 | 0 | 0 | 1 | 1 |

续表 10-3-1

| 年度 | 批捕 | | | | | | | | | | 起诉 | | | | | | | | | |
|---|---|---|---|---|---|---|---|---|---|---|---|---|---|---|---|---|---|---|---|---|
| | 受理 | | 审查批捕 | | | | | | | | 受理 | | 审查起诉 | | | | | | | |
| | | | 捕 | | 不捕 | | 退侦 | | 追捕 | | | | 诉 | | 不诉 | | 追诉 | | 撤案 | |
| | 件 | 人 | 件 | 人 | 件 | 人 | 件 | 人 | 件 | 人 | 件 | 人 | 件 | 人 | 件 | 人 | 件 | 人 | 件 | 人 |
| 1992 | 46 | 74 | 45 | 72 | 1 | 2 | 1 | 1 | 1 | 1 | 51 | 85 | 48 | 81 | 0 | 0 | 0 | 0 | 3 | 4 |
| 1993 | 81 | 121 | 79 | 118 | 2 | 3 | 0 | 0 | 2 | 2 | 91 | 138 | 84 | 131 | 2 | 2 | 0 | 1 | 0 | 0 |
| 1994 | 76 | 117 | 75 | 115 | 1 | 2 | 0 | 0 | 3 | 3 | 89 | 127 | 74 | 109 | 0 | 0 | 0 | 1 | 8 | 10 |
| 1995 | 83 | 133 | 80 | 130 | 3 | 3 | 0 | 0 | 2 | 2 | 92 | 142 | 87 | 137 | 3 | 3 | 0 | 0 | 2 | 2 |
| 1996 | 105 | 126 | 101 | 121 | 4 | 5 | 1 | 1 | 2 | 2 | 120 | 141 | 115 | 136 | 2 | 2 | 0 | 1 | 0 | 0 |
| 1997 | 113 | 156 | 111 | 153 | 2 | 3 | 1 | 1 | 2 | 3 | 125 | 166 | 120 | 161 | 3 | 3 | 0 | 1 | 0 | 0 |
| 1998 | 82 | 150 | 80 | 148 | 2 | 2 | 0 | 0 | 2 | 2 | 90 | 160 | 90 | 160 | 0 | 0 | 0 | 0 | 0 | 0 |

## 第三节 经济与反贪污贿赂检察

### 一、经济检察与反贪污贿赂检察

1959年9月，开展反贪污盗窃运动，查处经济犯罪分子5人。

“文化大革命”后，经济检察中断，1979年恢复。1982年，贯彻全国人大常委会及中共中央、国务院《关于严惩严重破坏经济的犯罪的决定》《关于打击经济领域中严重犯罪活动的决定》，受理一批贪污、受贿、盗伐滥伐林木等经济案件，逮捕人犯7人，挽回经济损失2.17万元。

1984年，办结经济案件2件，其中周××贪污案被列入岳阳市1984年十大经济案件。

1987年，采取“四定四包”（即定任务、定人员、定时间、定质量，包查线索、包立案、包侦查预审、包落实处理）的办法，深入打击经济犯罪。共立案经济案件12件、13人，占受理案件的70.59%，区检察院在全市开展的“一案带多案、深挖经济犯罪”评比竞赛中获优胜奖。

1991年，贯彻最高人民检察院关于“一要坚决，二要慎重，务必搞准”的原则，将打击贪污受贿、偷税漏税犯罪作为经济检察重点。立案贪污受贿案件12起、12人，其中贪污案9起、9人，受贿案件3起、3人，万元以上大案3起、特大案件1起，涉案科级干部5人，为国家挽回损失10.58万元。开展打击偷税、漏税专项斗争，立偷税案件12件、12人，协助税务机关，为国家挽回损失28万元。

1992年7月始，加强对国家工作人员贪污、贿赂、挪用公款等职务犯罪的立案侦查。至次年，共立案查处贪污贿赂犯罪案件23件、25人，其中大案13件，占立案数56.52%，挽回损失170万元。协助市检察院查处文建国重大受贿案。区反贪污贿赂工作局被评为全市检察机关反贪污贿赂侦破战役先进单位。派驻乡镇检察室初查案件线索43件，立案9件，挽回经济损失26万元。省检察院推介北区检察院派驻乡镇检察室经验。市检察院在路口镇检察室召开派驻乡镇检察室工作现场经验交流会。

1994 年始，为保障计划经济向市场经济过渡，进一步加强反贪污贿赂检察工作。至 2003 年，共立案查处 134 案、149 人，挽回损失 494.49 万元，年均立案查处约 13 案、15 人。

2004 年，把查办职务犯罪案件摆在突出位置。共查办职务犯罪案件 16 件、17 人，比上年增长 1 倍，其中特大案件 5 件、5 人，增长 67%。犯罪金额 50 万元以上的有 5 起、5 人，占查办案件的 31.25%，其中犯罪金额百万元以上的 3 起、3 人，占 60%。科级以上干部 12 人，占 70.59%，其中处级干部 2 人，副厅级干部 1 人。长炼原副厂长鲍××，涉嫌销毁会计凭证，贪污、受贿累计犯罪金额 461 万元。

2011 年，注重深挖窝案串案。查办的泰格林纸集团骏泰公司工作人员受贿窝案，涉案 19 人，涉案金额 70 余万元。

### 1984—2011 年云溪（北）区经济与反贪污贿赂检察情况表

表 10-3-2

| 年度 | 受理 | | | 立案 | | | | 起诉 | | | | 判决 | |
|---|---|---|---|---|---|---|---|---|---|---|---|---|---|
| | 件 | 人 | 其中科级以上(人) | 件 | 人 | 其中科级以上(人) | 金额(万元) | 件 | 人 | 其中科级以上(人) | 金额(万元) | 人 | 其中科级以上(人) |
| 1984 | 6 | 6 | — | 3 | 3 | — | — | 2 | 2 | — | — | 2 | — |
| 1985 | 12 | 12 | — | 11 | 11 | — | — | 1 | 3 | — | — | 3 | — |
| 1986 | 14 | 14 | — | 9 | 9 | — | — | 4 | 5 | — | — | 5 | — |
| 1987 | 17 | 20 | — | 12 | 13 | — | — | 8 | 9 | — | — | 7 | — |
| 1988 | 3 | 3 | — | 3 | 3 | — | — | 3 | 3 | — | — | 3 | — |
| 1989 | 10 | 10 | — | 10 | 10 | — | — | 3 | 3 | — | — | 3 | — |
| 1990 | 13 | 15 | — | 13 | 15 | — | — | 5 | 6 | — | — | 6 | — |
| 1991 | 37 | 31 | — | 24 | 24 | — | — | 20 | 20 | — | — | 16 | 5 |
| 1992 | 11 | 11 | — | 11 | 11 | — | — | 2 | 2 | — | — | 2 | — |
| 1993 | 84 | 81 | — | 23 | 25 | — | — | 15 | 15 | — | — | 5 | — |
| 1994 | 13 | 13 | — | 13 | 13 | 1 | — | 6 | 6 | 1 | — | 6 | 1 |
| 1995 | 13 | 14 | — | 13 | 14 | — | — | 12 | 13 | — | — | 13 | — |
| 1996 | 34 | 36 | — | 34 | 36 | — | — | 13 | 13 | — | — | 13 | — |
| 1997 | 18 | 18 | — | 18 | 18 | — | — | 10 | 10 | — | — | 10 | — |
| 1998 | 2 | 2 | — | 2 | 2 | — | — | 2 | 2 | — | — | 2 | — |
| 1999 | 9 | 13 | — | 9 | 13 | — | — | 7 | 10 | — | — | 10 | — |
| 2000 | 5 | 6 | — | 5 | 6 | — | — | 4 | 5 | — | — | 5 | — |

续表 10-3-2

| 年度 | 受理 | | | 立案 | | | | 起诉 | | | | 判决 | |
|---|---|---|---|---|---|---|---|---|---|---|---|---|---|
| | 件 | 人 | 其中科级以上(人) | 件 | 人 | 其中科级以上(人) | 金额(万元) | 件 | 人 | 其中科级以上(人) | 金额(万元) | 人 | 其中科级以上(人) |
| 2001 | 18 | 21 | — | 18 | 21 | — | — | 6 | 7 | — | — | 7 | — |
| 2002 | 17 | 21 | — | 12 | 16 | — | — | 8 | 12 | — | — | 12 | — |
| 2003 | 10 | 10 | 7 | 10 | 10 | 7 | 494.49 | 4 | 4 | 4 | 39.47 | 3 | 3 |
| 2004 | 19 | 23 | 1 | 18 | 22 | 1 | 248.16 | 14 | 15 | — | — | 14 | 12 |
| 2005 | 7 | 8 | 2 | 7 | 8 | 2 | 152.67 | 3 | 3 | — | 146.93 | 3 | — |
| 2006 | 7 | 8 | 2 | 6 | 7 | 2 | 153.08 | 6 | 7 | 2 | 153.08 | 7 | 2 |
| 2007 | 5 | 5 | 2 | 5 | 5 | 2 | 41.94 | 1 | 1 | 1 | 4 | 1 | 1 |
| 2008 | 3 | 3 | — | 3 | 3 | — | 23.3 | 2 | 2 | — | 8 | 2 | — |
| 2009 | 8 | 9 | 1 | 5 | 6 | 1 | 209.78 | 3 | 3 | 1 | 107.66 | 3 | 1 |
| 2010 | 6 | 6 | 3 | 6 | 6 | 3 | 114.39 | 4 | 4 | 3 | 112.39 | 4 | 3 |
| 2011 | 5 | 7 | 1 | 5 | 7 | 1 | 81.18 | 5 | 7 | 1 | 81.18 | 7 | 1 |
| 合计 | 406 | 426 | 20 | 308 | 337 | 20 | 1518.99 | 173 | 192 | 13 | 652.71 | 174 | 29 |

## 二、职务犯罪预防

2002 年始，开展职务犯罪预防工作。向区纪委提出贪污贿赂、渎职犯罪预防对策 11 项，结合查办职务犯罪案件，开展犯罪分析，提出检察建议 17 条。

2004 年，总结推行“四个预防”（即重点领域系统预防、重大项目专项预防、发案单位个案预防、以案释法警示预防）的作法，编印《职务犯罪预防手册》500 份，分发 43 个重点单位和重大项目部门。针对 5 个发案单位存在的问题，提出检察建议 19 条，帮助 4 家企业整章建制，预防职务犯罪。《法制日报》《检察日报》均予以报道。对岳化物资装卸公司的检察建议，被最高人民检察院评为全国优秀检察建议。

2008 年，与区委办、区政府办联合下发进一步加强预防职务犯罪工作的通知，明确区委、区政府、区纪委、区检察、区信访局为预防职务犯罪的主要工作部门，各司其职，分工协作，形成党委统一领导，各职能部门、企业共同参与的大预防体系。在长炼、岳化党校挂牌建立职务犯罪预防教育基地，将预防职务犯罪教育作为企业党员干部培训的必修课，由区检察院和其职务犯罪预防科负责人轮流主讲 6 场次，听课 380 人次。对企业重点岗位的重点人员，采取组织集中学习，剖析典型案例，组织到监狱开展警示教育等形式，进行预防职务犯罪教育。

2009 年，开展预防村级财务管理中违法犯罪调查。调查 11 个重点村，发现违规违纪问题 17 个，向区委、区政府提出关于加强村级财务管理的检察建议 15 条。被省检察院评为优秀预防调查项目。

2010—2011 年，对中石化催化剂云溪基地、长炼千万吨炼油项目工程等国家重大投资项目开展检企同步预防，帮助健全管理制度 54 条，使企业实现项目建设无违法违纪问题，被省检察院在全省推介。

## 第四节　反渎职侵权检察

1956年始，由县检察机关受理违法乱纪案件的侦查起诉工作，查处4起侵犯人身权利、妨害经济秩序案件和渎职案件。1966年“文化大革命”开始后，法纪检察工作中断。1980年恢复。1983年，受理岳化供销公司李×违纪案，通过立案深挖犯罪，确认李违纪金额64万多元。依法提起公诉，李被法院判处有期徒刑4年。

1985年，受理长炼工矿贸易公司负责人玩忽职守，致使国家遭受100多万元巨大损失案，通过立案侦查，深挖犯罪，依法提起公诉，使3名犯罪分子受到严肃惩处。至1986年，共受理玩忽职守、诬告陷害、刑讯逼供、非法拘禁等案件14件、16人，其中大要案2件。

1987年，受理侵犯公民民主权利案件10件、10人，立案6件、6人，比1986年增加2倍。1988年受理18件，比上年增长80%，为建院以来受理同类案件最多的一年。法纪检察部门连续2年被评为全市法纪检察工作先进单位。

1992年，针对农村非法侵入住宅问题严重，开展以教育多数、打击少数的专项行动。立侵宅案件4起，查处4起。对带有群体性的侵宅案件，坚持群众路线和专门工作相结合，尽力做好调解规劝工作，避免矛盾激化。调处不立案群体性侵宅案件6起。

1997年，在全市检察系统率先成立渎职犯罪侦查局，将法纪检察纳入反腐败反渎职检察，加强对国家工作人员利用职权实施非法搜查、暴力取证、破坏选举、渎职失职犯罪行为的立案侦查及预审处理。共立案查处职务犯罪案件8起，其中大案3起。

2005—2008年，立渎职侵权案12案、15人，起诉9案、12人，其中查处科级以上干部3人。

2009—2010年，参与查办岳阳县交警大队原大队长胡××为黑社会组织提供保护，收受贿赂，帮助犯罪分子逃避处罚案，喻湘受贿、故意泄露国家秘密案等大案要案，受到市纪委、市检察院表彰。

2011年，开展打击危害民生民利渎职侵权犯罪专项行动，重点查处区林业局原副局长徐××玩忽职守，导致集体林木被滥砍滥伐案。区农机部门原负责人胡××在落实农机购置补贴中收受贿赂，造成惠农资金流失案。

**1984—2011年云溪（北）区法纪与反渎职侵权检察）情况统计表**

表10-3-3

| 年度 | 受理 | | | 立案 | | | | 起诉 | | | | 判决 | |
|---|---|---|---|---|---|---|---|---|---|---|---|---|---|
| | 件 | 人 | 其中科级以上(人) | 件 | 人 | 其中科级以上(人) | 金额(万元) | 件 | 人 | 其中科级以上(人) | 金额(万元) | 人 | 其中科级以上(人) |
| 1984 | 1 | 1 | — | 1 | 1 | — | — | — | — | — | — | — | — |
| 1985 | 1 | 1 | — | 1 | 1 | — | — | — | — | — | — | — | — |
| 1986 | 2 | 2 | — | 2 | 2 | — | — | — | — | — | — | — | — |
| 1987 | 6 | 6 | — | 6 | 6 | — | — | — | — | — | — | — | — |
| 1988 | 10 | 10 | — | 10 | 10 | — | — | — | — | — | — | — | — |
| 1989 | 7 | 7 | — | 7 | 7 | — | — | 1 | 1 | — | — | 1 | — |

续表 10-3-3

| 年度 | 受理 | | | 立案 | | | | 起诉 | | | | 判决 | |
|---|---|---|---|---|---|---|---|---|---|---|---|---|---|
| | 件 | 人 | 其中科级以上(人) | 件 | 人 | 其中科级以上(人) | 金额(万元) | 件 | 人 | 其中科级以上(人) | 金额(万元) | 人 | 其中科级以上(人) |
| 1990 | 11 | 12 | — | 11 | 12 | — | — | 5 | 6 | — | — | 6 | — |
| 1991 | 14 | 14 | — | 14 | 14 | — | — | 3 | 3 | — | — | 3 | — |
| 1992 | 15 | 16 | — | 15 | 16 | — | — | 3 | 3 | — | — | 3 | — |
| 1993 | 2 | 2 | — | 1 | 1 | — | — | — | — | — | — | — | — |
| 1994 | 2 | 2 | — | 2 | 2 | — | — | — | — | — | — | — | — |
| 1995 | 6 | 6 | — | 6 | 6 | — | — | 4 | 4 | — | — | 4 | — |
| 1996 | 7 | 8 | — | 7 | 8 | — | — | 5 | 6 | — | — | 6 | — |
| 1997 | 9 | 10 | — | 9 | 10 | — | — | 4 | 4 | — | — | 4 | — |
| 1998 | 3 | 3 | — | 3 | 3 | — | — | 3 | 3 | — | — | 3 | — |
| 1999 | 3 | 9 | — | 3 | 9 | — | — | 2 | 8 | — | — | 8 | — |
| 2000 | 1 | 1 | — | 1 | 1 | — | — | 1 | 1 | — | — | 1 | — |
| 2001 | 1 | 1 | — | 1 | 1 | — | — | — | — | — | — | — | — |
| 2002 | 3 | 3 | — | 2 | 2 | — | — | — | — | — | — | — | — |
| 2003 | 3 | 3 | 3 | 2 | 2 | 2 | — | 1 | 1 | 1 | — | 1 | 1 |
| 2004 | 5 | 5 | 1 | 5 | 5 | 1 | — | 4 | 4 | 1 | — | 4 | 1 |
| 2005 | 7 | 10 | 2 | 4 | 7 | 1 | — | 3 | 6 | — | — | 6 | — |
| 2006 | 4 | 4 | 1 | 3 | 3 | — | — | 2 | 2 | — | — | 2 | — |
| 2007 | 3 | 3 | 2 | 2 | 2 | 1 | — | 1 | 1 | 1 | — | 1 | 1 |
| 2008 | 3 | 3 | 2 | 3 | 3 | 2 | — | 3 | 3 | 2 | — | 3 | 2 |
| 2009 | 4 | 4 | 1 | 4 | 4 | 1 | — | 3 | 3 | 1 | — | 3 | 1 |
| 2010 | 4 | 4 | 2 | 3 | 3 | 2 | — | 2 | 2 | 2 | — | 2 | 2 |
| 2011 | 2 | 2 | 1 | 2 | 2 | 1 | — | 2 | 2 | 1 | — | 2 | 1 |
| 合计 | 139 | 152 | 15 | 130 | 143 | 11 | — | 52 | 63 | 9 | — | 63 | 10 |

## 第五节　民事行政检察

1992 年 7 月始，探索、总结依法对法院的民事经济审判活动、行政诉讼活动实行法律监督，依法抗诉 2 件裁判确有错误的民事、行政案件，对判决正确的民事、行政申诉案件，做息诉服判工作。

2003 年始，采取对内加强人员配备、经费保障，对外争取区委重视、区人大监督、区法院协调配合等措施，改变民事行政检察工作“不为人知、不被理解、不被重视”的状况。至2011年，共受理各类民事行政申诉案件28件，立案审查20件，决定不予立案3件，和解息诉5件，其中依法提请上级法院抗诉10件，终止审查1件，提出再审检察建议2件，监督法院改判6件，办理公益诉讼案件1件。

## 第六节　监所检察

1949年至1990年7月，境内无监所。

1990年8月始，区检察院按照“经常化、制度化、规范化”要求，开展监所检察工作。至次年，对在押362名罪犯进行4次检察，发现4名罪犯在监所打人行凶，通过向公安部门反映，加强了管理。始定期或不定期开展减刑、假释、保外就医等专项检查。

1995年，对看守所检查3次，发现久押未判3人，提交法院及时作出判决。

1998年，对127名重大刑事罪犯重点检察4次，揭发不同程度违犯监规30人，其中盗窃财物7人，打架斗殴9人，煽动翻供、传播作案伎俩8人，扰乱作息秩序6人，均及时进行处理。

2001年，对在押人犯进行2次法制教育。设置驻所接待室，完善接待制度，建立在押人员家属联系制度。检查国家机关工作人员利用职权侵犯人权行为，对3起违规问题提出纠正意见，加强对在押人员的人性化管理。

2004年，开展依法治所活动。建立健全对在押人员的改造、日常生活、管理考核等规范性管理制度，向在押犯罪嫌疑人、被告人宣传告知权利等事项，让其了解自己享有的权利和应该遵守的监所纪律规章。

2005年，建立在押人员约见检察官制度，找在押人员谈话。采取预先告知、到期报告、设立预期催办牌等措施，及时清理、预防超期羁押6人。

2007年、2011年，监所检察室被省检察院评为二级规范化建设检察室。

## 第七节　控告申诉检察

1955—1983年，公民的控告、申诉及冤假错案，由县检察院受理、纠正。

1988年8月始，区检察院加强控告申诉检察工作，至1992年，共受理举报线索83件，自行初查47件，督促检查报查结果36件。

1995年，执行《中华人民共和国国家赔偿法》，坚持实事求是、有错必纠的办案原则，开展刑事赔偿工作。

1997年始，重点做好群众来访接待、来信受理工作，从中发现有价值的案件线索，推动控告、申诉检察。是年，举报中心被省检察院评为省级文明接待室，加强信访工作的做法被省政法委内刊《政法动态》刊载。至2011年，共受理举报线索285件，自行初查137件，受理刑事申诉案件23件，办理刑事赔偿案件2件。

# 第四章　公　安

## 第一节　机　构

清代，陆城县衙内设捕快并驻绿营兵，由典史、巡检辅佐县令掌管，负责地方缉捕、刑狱等治安事务。光绪三十二年（1906），绿营兵改为巡警，次年，设巡警局。宣统二年（1910），在陆城划警区1个，有警长1人，区官1人，巡官1人，巡长2人，巡警32人，拘留所看守巡警2人，在巡警训练所受训警生30人。

民国元年（1912），陆城成立县警察所，设所长1人，巡警24人。民国2年，更名为警察事务所。次年恢复警察所。民国7年，成立警察队，警察200人，驻防城东。民国18年9月，警察所更名为公安局，设局长、探长、探员、警察、事务员、巡官、密查、特务员各1人，书记、警长、传达、看守若干人。11月，配警员18人。民国27年12月，路口临湘路北办事处成立警察分队，配警士40余人。民国34年9月，陆城设警察所，云溪、路口设县警察局派出所。

1949年10月，五区配公安助理员。1950年3月，路口、陆城分别设县公安局路口派出所、陆城水陆派出所，1953年，上述两所撤销。1958年，各公社设1名公安特派员。1961年，设陆城派出所。1969年，设长岭、云溪派出所。各公社人民保卫员（即公安特派员）编制收归县公安局。

1984年6月，成立北区公安局，内设政工股、办公室、刑侦队、预审股、政保股，下辖云溪、云松（云溪乡、松阳湖）、路口、陆城、长岭5个派出所，干警38人，受北区政府、市公安局双重领导，业务以市公安局领导为主。

1985年9月，岳化总厂成立公安处，内设政工科、秘书科、侦察科、治安科、预审科、生产保卫科、交警队，辖10个分厂公安科及汪家岭、青坡、金盆3个派出所。

1986年5月，北区公安局增设金桥（路口乡）派出所、松阳湖派出所、文桥派出所，并设局治安拘留所。9月，增设看守所。12月，成立长岭炼油厂公安处（简称长岭公安处），内设秘书科、政工科、侦察科、治安科、预审科、生产保卫科；长岭派出所划归长岭炼油厂公安处管辖。至此，境内有北区公安局1个地方公安局，长炼、岳化2个企业公安处。

1987年1月，随着路口镇、路口乡合并，撤销金桥派出所。1988年5月，区公安局增设道仁矶水上派出所。1990年，增设户政股、行政股。1993年11月，道仁矶水上派出所更名为道仁矶水陆派出所。1996年3月，区公安局由地方管理划归市公安局直接管理，更名为北区分局。5月，更名为云溪公安分局，定编115名。

1999年9月，长岭公安处收归市公安局直管，更名为岳阳市公安局长岭分局（简称长岭公安分局）；定编55名。11月，岳化总厂公安处收归市公安局管理，更名为岳阳市公安局金盆分局（简称金盆公安分局），定编76名。2004年9月，长岭公安分局、金盆公安分局由企业管理移交地方政府管理，行政经费实行中央财政转移支付，由岳阳市财政供给。

2011年3月，云溪公安分局、长岭公安分局、金盆公安分局实行“三局合一”，成立云溪公安分局。内设指挥中心（办公室）、政工室、纪委（监察室）、警备保障室、法制大队、国内安全保卫大队、刑事警察大队、治安管理大队、经济犯罪侦察大队、禁毒大队、网络安全保卫大队、人口与出入境管理大队、看守所、拘留所。下设云溪派出所、云松派出所、路口派出所、文桥派出所、陆城派出所、道仁矶派出所、松阳湖派出所、汪家岭派出所、长岭派出所9个派出所，核定定编201名。

## 第二节 案件侦查

### 一、案件侦破

清代，陆城临湘县署设典史侦查案件，缉捕人犯。民国初期，刑事案件多由县知事审理，县警察所奉知事之命，派警察协助办理。均以争夺土地、水利、虐待妇女引起的斗殴凶杀案件居多，间以抢劫、盗窃等案件。民国16年（1927）4月，云溪新铺子（现云溪乡新铺村境内）发生一起持枪拦路抢劫行客夏海标钱财案。警察所派员赶赴现场，将匪首闵月川抓获，就地正法。

1949—1958年，发生刑事案件110起，年均发案率为1958年人口总数的0.16‰，破获96起，破案率87.2%。1958—1961年，盗窃案件增多。1961年发生的盗窃粮、种、猪、牛等案件，占全年发案数的89.6%。1962—1965年，发案78起，年均比1961年减少6起，下降24%，侦破61起。1966—1976年，公安机关受到“造反派”冲击，案件侦查受到干扰和破坏。1977—1979年，发案264起，破案199起。1980—1983年发案598起，破案485起，年均发案率为1983年人口总数的1.12‰。

1984年始，开展反盗窃斗争，清查打击流窜犯罪，处置严重暴力犯罪，打击车匪路霸等多次“严打”专项行动。至1993年，侦破各类案件4827起，摧毁犯罪团伙103个，缴获脏款脏物计27.1万元，收捕罪犯2017人，从重从快处决17名罪行极为严重的首恶分子。

1994—2000年，年均发案512起，比1984—1993年年均减少29起，下降6%，侦破446起，破案率87.11%。2001—2007年，随着改革不断深入，利益矛盾突显，刑事犯罪出现上升趋势。2007年立案1083起，比2001年上升60.21%，比1994—2000年年均立案增加571起，是云溪建区以来发案最多的一年。侦破的880起案件中，流窜作案占61.37%，入室盗窃、盗窃工业器材案件占57.38%。

2008—2011年，加强人防、物防、技防，刑事案件明显下降，年均发案数比2001—2007年年均减少79起，下降8.56%。破案2404起，其中破大案76起，大案破案率90.5%，摧毁暴力抢劫团伙7个，捕获成员21人。2011年，侦办的“4·28”新型瘦肉精案，受到公安部表彰，侦办的炼化路串投标案，成为湖南办案最成功的精品案例。

**1984—2011年云溪（北）区刑事案件侦破情况表**

表10-4-1

单位：起、%

| 年份 | 立案 | 破案 | 破案率（%） | 其中重大案件 | | |
|---|---|---|---|---|---|---|
| | | | | 立案 | 破案 | 破案率（%） |
| 1984 | 291 | 233 | 80.07 | 7 | 6 | 85.71 |
| 1985 | 320 | 253 | 79.06 | 24 | 22 | 91.67 |

续表 10-4-1

| 年份 | 立案 | 破案 | 破案率（%） | 其中重大案件 | | |
|---|---|---|---|---|---|---|
| | | | | 立案 | 破案 | 破案率（%） |
| 1986 | 283 | 230 | 81.27 | 17 | 15 | 88.23 |
| 1987 | 258 | 212 | 82.17 | 13 | 10 | 76.92 |
| 1988 | 485 | 414 | 85.36 | 42 | 37 | 8.09 |
| 1989 | 1077 | 939 | 87.19 | 124 | 109 | 87.90 |
| 1990 | 942 | 840 | 89.17 | 26 | 23 | 88.46 |
| 1991 | 873 | 796 | 91.18 | 16 | 12 | 75 |
| 1992 | 356 | 317 | 89.14 | 23 | 19 | 82.60 |
| 1993 | 695 | 593 | 85.32 | 42 | 35 | 83.33 |
| 1994 | 544 | 487 | 89.52 | 89 | 82 | 92.13 |
| 1995 | 567 | 477 | 84.13 | 127 | 109 | 85.83 |
| 1996 | 599 | 493 | 82.30 | 167 | 141 | 75 |
| 1997 | 407 | 355 | 87.22 | 134 | 107 | 79.85 |
| 1998 | 405 | 361 | 89.14 | 153 | 123 | 80.39 |
| 1999 | 496 | 446 | 88.92 | 132 | 115 | 87.12 |
| 2000 | 569 | 506 | 88.93 | 39 | 39 | 100 |
| 2001 | 676 | 591 | 87.43 | 50 | 41 | 82 |
| 2002 | 814 | 677 | 83.17 | 42 | 29 | 69.04 |
| 2003 | 1010 | 792 | 78.42 | 36 | 18 | 50 |
| 2004 | 848 | 646 | 76.18 | 34 | 17 | 50 |
| 2005 | 1008 | 738 | 73.21 | 36 | 23 | 63.88 |
| 2006 | 1017 | 798 | 78.47 | 34 | 27 | 79.41 |
| 2007 | 1083 | 880 | 81.26 | 31 | 28 | 90.32 |
| 2008 | 778 | 494 | 63.50 | 28 | 26 | 92.85 |
| 2009 | 810 | 619 | 76.42 | 15 | 14 | 93.33 |
| 2010 | 891 | 539 | 60.49 | 18 | 16 | 88.89 |
| 2011 | 894 | 752 | 84.12 | 23 | 20 | 86.96 |
| 合计 | 18996 | 15478 | 81.48 | 1522 | 1263 | 82.98 |

## 二、大案选介

**侦破盗窃摩托车团伙案** 1996年3月至4月27日，岳化公安处经过调查走访、蹲点守候，破获1个特大盗窃摩托车团伙案，破案108起，追缴被盗摩托车65台。5名主犯被判处死刑。该案专案组被省公安厅记集体二等功一次，3名民警被省公安厅记个人二等功一次。

**侦破持械入室抢劫案** 2001年8月15日凌晨4时许，岳化厂长刘路安（省人大代表）夫妇遭两名蒙面歹徒入室抢劫，被歹徒用木棒击伤头部，用麻绳捆绑，胶带封嘴，抢走现金1400多元、手机1部。金盆公安分局在市公安局刑侦支队、国内安全保卫支队、行动技术侦察支队及云溪公安分局协助下，于19日将案件侦破，抓获犯罪嫌疑人叶立雄、李世昌。

**侦破“南太”无名女尸案** 2005年3月21日16时许，在路口镇南太村冯家组一干枯鱼塘发现一具女尸。云溪公安分局迅速组织专案组进行勘查，开展调查走访，收集相关证据，认定该案为一起故意杀人案。死者马凤（又名马晓惠，女，37岁，河南省项城市范集乡范集村人）。随后专案组成员赶赴河南项城，围绕死者社会关系进行调查，形成证据链条，初步确定赵光青（男，46岁，河南省项城市范集乡范集村人。曾当过侦察兵，退伍后先后在派出所联防队、乡政府工作，担任过村支书，后在内蒙、海南、广东、江苏、浙江等地经商打工，具有较强的反侦查能力。）为犯罪嫌疑人。此时赵已外逃，并频频变换落脚地点，给抓捕工作造成极大困难。专案组根据赵的活动特点，先后追踪到河南、内蒙、海南、广东、江苏、浙江、江西、福建等省，行程数万公里，终于6月18日下午将赵一举抓获。经审查，赵与马凤同村，有多年奸情。案发当天与马一同从河南到广东打工，因讨厌其纠缠，乘汽车途经云溪区路口收费站，将马骗下车，带至案发现场，用携带的面棍将其打死，抛尸走人。故意杀人罪犯赵光青被判处死刑。

**侦破抢劫杀人焚尸案** 2009年3月6日5时许，被害人喻斌华（化名刘萍萍，女，42岁，平江县嘉义镇人，2007年暂住路口镇后，与多名男子有不正当交往），于路口镇路口村中铺组被犯罪分子放火烧死，现场留下一具残缺、高度炭化的尸体。云溪公安分局经过检验、调查分析，认定为杀人焚尸案。经过重点排查，确定邹启国（男，1963年6月26日出生，汉族，小学文化，湖北省南漳县九集镇易家湾村六组人）有重大作案嫌疑。12日凌晨3时许，公安人员蹲点守候一天一夜，将逃回老家的邹抓获。经审讯，邹对杀人焚尸犯罪供认不讳，并交待劫走死者金耳环一对、现金2100元。故意杀人罪犯邹启国被判处死刑。

# 第三节 治安管理

清代、民国时期，境内兵祸匪患迭起，社会治安混乱。

1949—1950年，城乡残留散匪活动猖獗。1950年12月28日晚，桃李乡匪首匡乃成纠集数十名土匪，密谋袭击团结乡政府，杀害驻点和值班的区、乡干部，后经群众报信才未得逞。

1951年，公安机关依靠群众，加强治安管理。在乡村、街道、机关单位分别建立基层治安小组、内部保卫小组，开展以防特（务）、防盗、防火、防治安灾害事故为中心的治安保卫工作。1952年，五区、六区建立治安保卫委员会（简称治保会）。1958年，治保组织被民兵组织取代。“文化大革命”中，治保组织瘫痪。1978年后陆续恢复。至1983年，共有治保会298个。1991年，加强治保组织规范化建设。全区治保会、内部保卫机构均做到有牌子、有章子、有房子，巡逻值勤登记簿、刑事案件治安案件登记簿、纠纷调处登记簿、治安整改登记簿“四簿”齐全。1997年，建立科局级以上单位保卫科（股），至2011年，城乡有治保会、治保小组、单位内部保卫组织864个，专兼职治保员、保卫人员2317人。各级治安保卫组织配合公安政法部门加强对违法犯罪人员监控，特种行业和危险物品管理，查禁“黄、赌、毒”，全年没有发生杀人、抢劫等重大刑事案件，治安案件比1990年下降24.32%。社会治安出现前所未有的平稳局面。

### 一、清剿土匪

1949年年底，有土匪20多股。1950年1月，县公安机关、五区公安助理员在区民兵中队、各地农民协会配合下，多次发起清剿土匪行动。至1951年，先后剿灭马昌雷、“湘鄂赣反共救国军”残部等股匪，捕获匪徒240余人，缴获枪支、手雷400余件。

### 二、镇压反革命

1950年10月始，境内分三个时期开展镇压反革命运动。1950年10月至1951年4月为第一个时期，集中打击恶霸、特务、反动党团骨干，逮捕138名反革命分子，处决17名首恶分子。1951年11月至1952年6月4日为第二个时期，重点深挖隐藏的反革命分子，处理特务、反动党团骨干47人。1952年12月至1953年8月为第三个时期，结合取缔反动会道门，清理农村边远地区、江湖水域残存的反革命，打击处理反动会道门首要分子4人、其他反革命分子27人。

### 三、管制改造地富反坏分子

1950—1953年，依法对地主分子、富农分子、反革命分子、坏分子（统称“四类分子”）进行管制，在群众监督下劳动改造。1959年，集训“四类分子”，通过群众评议，对其评审定类，区别对待。是年后，每年集训一次。1963年，建立监督改造小组，对“四类分子”实行包管制、包教育、包改造。“文化大革命”期间，“四类分子”作为专政对象挨批斗、遭刑罚。1979年2月，通过认真调查考察，发动群众评审，由公安部门宣布为540名地主、富农分子（其中地主分子411名）摘掉帽子，恢复其公民身份。

### 四、特种行业管理

1984年，已登记的刻字店2家、从业2人，印刷业5家、从业77人，旅栈业11家、床位171个，从业57人，废旧金属物品收购点32家。

1986年，举办废旧品收购业、旅栈业从业人员培训班，组织学习法律法规，教育守法经营。整顿32家收购点、旅店，取缔有违法经营行为收购点、旅店各1家。次年，整章建制，规范经营。并查封旅店4家、收购站点2家。

1990年3月、5月、8月，联合区工商、区税务、区供销、区物资、区商业等部门，抽调专人，先后对收购站点、旅店、印刷、寄卖、刻字店进行3次集中清理，查破刑事案件18起，查获违法犯罪人员116人，停业整顿8家。

1994年，组织收购业站点从业人员集训。查处有违法经营行为的站点、从业人员，取缔无证经营点11个，吊销特种行业营业许可证2家，责令停业整顿3家，处理29人，其中劳教2人，治安拘留4人。

1997 年，取缔 28 家不具备开业条件的旅店，与保留的 40 家旅店签订治安责任状。

2001 年，特种行政管理体制改革，取消公安部门对部分特种行业的行政审批职权。是年有旅栈业 42 家，废旧物品收购站 105 家，印刷、复印店 20 家，刻章业 2 家，机动车辆修理业 118 家，典当寄卖行业 7 家。通过摸排、清查，当场整改治安隐患 19 处，下达限期整改通知书 135 份。实行管理制度、人员、责任“三落实”。至 2011 年，特种行业违法经营、无证经营、超范围经营等违法犯罪现象比 2000 年减少 54.13%。

## 五、危险物品管理

1949 年 7 月至 1953 年 8 月，收缴散落在土匪、反革命分子手中的枪支、手雷。1967 年 9 月，收缴“造反派”夺走政法部门的枪械 70 余件。

1984 年，境内使用炸药等爆炸物品的站场 15 个，从业 1057 人。1990 年，举办有证爆破员培训班 2 期、30 人，教育妥善保管、按规定使用爆破器材。收缴散失在社会上的炸药 26 公斤，雷管 104 发，炸弹 5 枚，管制刀具 26 把。破获陆城镇大田村赵××私造枪支案，缴获长枪 1 支，仿“五四”“六四”手枪各 1 支，子弹 15 发。1994 年，开展清理违章销售警械警具专项行动。突击清查相关销售点，查封手铐、电警棍、催泪枪、警灯、警服 3048 件套。1999 年，建立枪支档案，重新发放使用证。审查爆炸品存放场所，重新登记，实行统一管理。治安拘留违规管理人员 10 人。2001 年，开展“治爆治枪”统一行动。收缴炸药 340 公斤，雷管 3908 枚，导火线 547 米，子弹 23 发，非法持有的枪支、管制刀具 200 余件。对鞭炮店、加油站进行集中清理，查封违章经营加油站 6 家。2006—2009 年，清缴鸟铳、汽枪、自制霰弹枪各 1 支，步枪、手枪、汽枪子弹 2058 发，手榴弹 3 枚，炸药 43 公斤，雷管 148 枚，导火索 176 米，导爆管 16 米，管制刀具 43 把，氯乙酸、碘化汞等剧毒化学品 35742.75 公斤。2011 年，先后 3 次清查民营爆炸品企业、易制毒化工企业，没有发现违法违规现象。

## 六、查禁“黄、赌、毒”

**禁赌** 民国时期，几次下令禁赌，实际禁民不禁官，赌博之风依然盛行。1951 年，公安机关发动和依靠群众，严厉查禁赌博。至 1965 年，赌博行为基本绝迹。“文化大革命”后，赌博恶习死灰复燃。1984 年后，针对玩纸牌、字牌、骨牌、麻将等变相赌博之风在城乡蔓延，坚持开展禁赌专项行动。至 1986 年，共抓获参赌人员 227 人，收缴赌资 12769 元。1987—1996 年，发动群众举报，查禁赌场，没收赌具，治安处罚参赌人员 97 人。2001 年，查处吴××利用“皇冠列车”（一种有奖电子游戏机）赌博案，查封违法游戏店 1 家。4 月，在云溪乡捣毁 1 个利用“转毫子”（银币）进行赌博的团伙，抓获参赌人员 23 人。2006 年，开展打击地下六合彩“禁赌风暴”行动。发布《禁赌通令》，设举报电话，查破地下“六合彩”、扳“砣子”、利用麻将机等赌博案 16 起，抓获违法赌博人员 55 人，收缴赌具 103 件。2007—2010 年，清查宾馆、茶楼、棋牌室处理涉赌人员 397 人。2011 年 5—7 月，开展为期三个月的禁赌专项行动，查破聚众赌博案 36 起，刑事拘留 4 人，取保候审 2 人，治安拘留 68 人，罚款 41 人。

**禁烟毒** 自清道光年间（1821—1850），鸦片烟毒传入境内，吸者渐多。民国 15 年（1926），农民协会组织拒毒会，没收烟具、膏土，在陆城召开大会，当众焚毁。民国 16 年后，国民政府多次禁烟，但屡禁不止。1951 年，贯彻政务院发布的《严禁鸦片烟毒的通令》，取缔 4 家烟馆、3 家存有吗啡、粟壳的药房，教育处理 30 余名吸毒者。至 1990 年，烟毒绝迹。1991 年 12 月 21 日，道仁矶水上派出所查获蔺小伟、唐明洪（均系湖北洪湖市人）2名吸毒人员，处以治安拘留，为1951年毒品绝迹后，境内出现的第一起毒品案件。1997年，查破吸、贩毒团伙3个，抓获涉毒人员56人，送劳动教养11人，治安拘留25人，强制戒毒16人。至2006年，涉毒犯罪有所收敛，仅强制戒毒6人。2007—2010年，涉毒犯罪呈蔓延之势，出现摇头丸、麻古、冰毒、K粉等新型毒品犯罪。仅2010年，抓获吸毒人员73人。2011年，贯彻“打小、打早”的方针，广泛发动群众，严惩吸毒贩毒，侦破涉毒案件62起，抓获违法犯罪人员69人，强制戒毒21人，常年流浪社会、街头，以吸毒为由敲诈他人钱财人员，得以收治、管控。

**禁娼妓** 清代至民国时期，境内没有妓院，没有经警政部门批准卖淫的公娼。但在集镇常有暗娼活动，多数寄居在旅店、客栈中。地处边远的湖洲，有收养妓女在棚户内暗地卖淫的窝主。娼妓有旅店店主为招徕旅客从农村引诱来的贫苦女子，好逸恶劳、生活无着的荡妇，不堪公婆、丈夫虐待，离家出走而坠入苦海的妇女。1951年1月，开展查禁娼妓活动。云溪、路口查封5家兼营卖淫的旅店，教育13名暗娼改过自新，就业从良，解救5名被迫坠入深渊、受尽凌辱的少女，使之获得新生，依法惩处鸨婆3人。此后近40年娼妓绝迹。1990年，抓获娼妇15人，嫖客32人，鸨儿7人。次年7月，开展查禁打击卖淫嫖娼专项斗争。摧毁卖淫窝点8个，挖出卖淫嫖娼团伙4个，抓获淫妇37人，嫖客123人，依法收容教育24人，劳动教养7人，治安处罚59人，罚款16.6万元。1994年，查破卖淫嫖娼案7起，查处32人。至2004年，卖淫嫖娼活动收敛。2008年，在岳化地区查处卖淫嫖娼案7起，涉案32人。2010年，卖淫嫖娼呈蔓延之势，共查破31案。2011年6—8月，在为期三个月的打击卖淫嫖娼专项斗争中，查破涉淫案件14起，取保候审1人，治安拘留12人，劳动教养1人。

**“打黄扫非”** 民国时期，印刷、销售淫秽书刊始有发生。1949年，政府加强印刷出版、图书行业管理，至1984年，制售淫秽黄色书刊现象少见。封建迷信思想根深蒂固，屡禁不止。80年代后期，制黄贩黄、销售非法出版物违法犯罪死灰复燃，封建迷信活动一度蔓延。1990年，区公安、区文化市场管理部门开展“打黄扫非”行动。清查书摊24个，查获黄色淫秽书刊图片1400册（张）。1992年，打击封建迷信活动，收缴迷信器具650件，销毁菩萨27尊，拆毁封建庙宇72座，教育职业迷信人员58人，刑事拘留1人。1994年，开展“打黄扫非”突击行动，查获传播淫秽录像案6起、21人，治安拘留9人，逮捕1人。1999年，组织公共文化娱乐场所业主学习《公共娱乐场所管理条例》，教育依法经营。次年，整顿文化娱乐场所，从业户由129家压缩至79家。2001年，加强文化娱乐场所治安整改，下达限期整改通知书45份。至2011年，制黄贩黄、违法销售非法出版物等违法犯罪基本控制。封建迷信活动，随社会进步，精神文明建设加强，人民科学文化水平提高，日渐少见。

### 七、执行《治安管理处罚条例》

1957年10月始，执行全国人大常委会颁布的《中华人民共和国治安管理处罚条例》（简称《条例》），对扰乱社会秩序，妨碍公共安全，侵犯公民人身权利，侵犯公私财物，情节轻微、尚不够刑事处分的行为，实行警告、罚款、治安拘留。“文化大革命”中，《条例》未能执行；1979年，恢复执行。1984年，治安拘留109人，警告31人。1990年，发生治安案件347起，查处299起，查处率86.2%。1994年，查处1起107国道段哄抢事故车辆案，处理45人，其中治安拘留7人。1998—2003年，查处轻微违法犯罪人员2129人次。2006年，发生治安案件249起，查处222起，治安拘留172人。2011年，查处侵财类治安案件133起，占查处治安案件的23.14%，抓获违法犯罪人员148人，警告39人，罚款47人，治安拘留29人，处罚率77.7%。

# 第四节　户政管理

## 一、体制

明代，境内奉行里甲制。以100~110户为1里，其中10户户主轮流任里长，1里分10甲，分设甲长，里长、甲长以管理户口为主要职责。陆城县署，由县长或主簿总管户政。

清代施行保甲法。城乡每10户设1牌头，10牌立1甲头，10甲立1保长。

民国时期，户口先由县民政科管理，后由县警察机关管理。民国24年（1935），境内11个乡（镇）均设户籍员警。民国30年，裁撤乡（镇）公所户籍警，改设户口干事、户籍员各1人。保办公处设户籍干事1人，负责人口登记、户籍行政迁移、身份登记等。民国36年1月，实行户籍登记督导制，3个乡作为1个户籍管理区，设督导员1人，负责督导乡户政工作。

1949年7月始，户政隶属临湘县政府公安局管辖，由乡（社）公安人员、公安派出所管理。至1957年，城镇户口由派出所、街道居委会两级管理。1958年后，城乡户口实行公社（镇）、大队（居委会）两级管理。1964年，对农村户口转为城镇户口（简称农转非）进行控制。除凭劳动人事部门录用，大中专院校录取和有关证件可办理农转非手续外，其他须经计划部门依据每年控制在1.5‰以下的总体要求，下达指标，由公安部门落实到人，办理农转非手续。

1984年6月始，户政由区公安部门管辖。乡镇以派出所管辖区为户口管辖区，各辖区内的人口出生、死亡、迁出、迁入等，均由各派出所具体掌握登记。

1987年，实行居民身份证制度。1994年，将人口资料输入微机，实行人口微机化管理。

1997年，农村人口户口登记，由乡镇移交派出所。计划部门始终止下达农转非指标，农村人口进城落户，不再先由农村户口转为城镇户口，只需到公安部门直接办理户口迁移手续。1999年，招工、招干不再受城镇户口限制。

2005年，换发第二代居民身份证。2006年始，承办大陆边境出境手续（此前由市公安局统一办理）。

## 二、管理

民国35年5月，有4个乡（镇）5457户配发门牌3722块、户牌4262块。

1962—1976年，下放城镇居民453户、1593人到农村落户。1979年，有427户、1398人收回城镇恢复城镇户口。

1984年12月，登记总户数28597户、128267人。其中城镇户口13481户、53921人（含长炼、岳化），农村户口15460户、74292人。办理农转非（农业户口转为非农业户口）手续251人。随着农民开始大量进城务工经商，人口流动量增大，建立临时户口登记制度。1986年，登记暂住人口6067人，并签发暂住证。

1987年1月，实行居民身份证制度，年满16周岁以上的常居公民统一签发由公安部门印制的居民身份证。至1988年，签发身份证98492人，占应发居民身份证人口的79.86%。

1992年，迁出陆城镇儒溪、杨桥、棋杆、洋溪4个村和金鸡山林场共7146人，户口改由临湘市公安局管辖。

1993—1994年，为照顾“半边户”（家属子女为农村户口的城镇户），实行对农村户口有偿转为城镇户口，每缴3000~6000元，安排1个农村户口转为城镇户口，共有偿安排1400人由农村户口转为城镇户口。

2001年，长炼“岳阳小区”在岳阳中心城区建成，迁出长炼4500人，户口改由岳阳市岳阳楼区公安分局管辖。

2005年始，换发第二代居民身份证，至2008年，共换发第二代居民身份证109514人，占应换发新证人数94.8%。

2006年，承办出境手续1835人。

2008年，开展“人口信息质量年”活动。至次年，通过详细查证，办理出生上户、迁入迁出、补录和变更信息等2366人次。

2010—2011年，由包干社区民警带队，社区（村组）干部配合，分片区逐户核查出租户590户，登记流动人口4640人，并将相关资料录入微机。

## 第五节　交通管理

### 一、管理机构

1949—1969年，乡村道路交通管理由乡、社农机部门负责，公安机关配合。1970年，长炼、岳化分别成立交警队，负责厂区道路交通管理。1987年5月，组建市公安局交通警察支队北区队（简称北区交警队），负责境内地方交通管理。1997年，北区交警队更名为市公安局交通警察支队直属三大队（简称交警三大队）。2005年10月，交警三大队更名为市公安局交通警察支队云溪大队（简称区交警大队），设办公室、秩序维护股、事故调处股、车辆管理股、法制宣传股，有交通民警20人。2011年，岳化交警队、长炼交警队并入区交警大队。

### 二、车辆安全管理

1984年，有拖拉机、汽车驾驶人员910人，其中无证驾驶40人，占4.4%。投入营运的大小拖拉机、汽车共902台，审验合格830台，合格率92.02%。对无证照作业、违规作业的驾驶人员、不合格车辆，及时处理。90年代，凡车辆上牌、入户，做到见车、见驾驶员、见发票、见合格证，并建立档案。2002年，举办驾驶员学习班3期。年审机动车辆驾驶员，其中优审379人，评选优秀驾驶员208人。2003—2006年，协助岳阳市公安局车辆管理所年检客车4307辆次，检查率99%，合格率89.3%。2006年7月1日始，实施机动车交通事故责任强制保险（简称“交强险”），车辆上户、上牌须先交交强险。至年底，参加交强险车辆230台。2009年始，对农用车非法载人、机动车超限超载、酒后驾驶等违法违章行为进行专项治理。2011年，有在册大小拖拉机211台，农用、客货营运汽车2312台，驾驶人员共2500余人，没有发生一起伤亡事故。

**道路交通秩序维护**　1987年，组织3次清除路障、打击车匪路霸行动。

1988年，厂、地交警部门先后4次出动警力、铲车、装卸车，拆除云溪镇、长炼、岳化厂区妨碍道路交通的个体摊点59个、违章搭建的棚户114间，铲除挤占道路的沙石、砖瓦等堆积物273立方米，取掉影响机动车辆行驶视线的广告牌107块，疏通公路路面。

1993年10月12日，新107国道新铺村地段发生一起重大交通事故。南下广州的湖北省鄂州市华联客运公司一客车与陕西省白水县一货车相撞，当场死3人，伤22人，其中重伤4人。区交警部门迅速组织车辆，将伤员送医院抢救，处理撞坏车辆，疏通道路。

2003—2006年，通过上路查车，加强驾驶车辆管理；共检查驾驶机动车辆3982台，清理超期服役的破旧车辆、强制报废74台，查扣无证无牌农用车315台、摩托车497辆。

2008年1—2月，先后出动1230人次、车辆250台次，抗击冰雪灾害。清除道路积雪，疏通车辆，解救、疏散旅客2530余人。

2009—2010年，在云溪镇城区，长炼、岳化厂区等地主要交通路口，新设交通标志牌178块，划定交通标线13100米。

2011年，开始整治酒后驾车。查扣车辆147台，查处酒后驾车271人，其中罚款149人，抄牌扣分42人，教育80人。2次出动车辆上路开展交通法规巡回宣传，印发宣传资料，张挂横幅，在公路上新增固定宣传牌57块。

## 第六节　消防管理

**机构队伍**　清乾隆十二年（1747），陆城成立县水龙会，颁行救火条规。宣统元年（1909），成立消防队。民国初期，设消防警察1员。民国18年（1929），将原消防警察改为消防组。民国35年，境内举办义务消防。

1949年后，消防监督由公安机关负责。1969年年初，长炼成立消防队，配消防警察25人，消防车2台。是年冬，岳化建消防队。

1978年5月，各公社成立防火安全委员会，组建义务消防队，由县政府任命消防负责人1人，派出所设防火员1人。

1984年6月，北区政府成立消防安全委员会（简称区消防委）。1986年8月，区公安局设消防股。1990年，任命区直及驻区金融、物资、供销等单位防火负责人25人。

1996年，成立武警岳阳市云溪区消防大队（简称云溪消防大队）。以现役消防警察为主，聘请部分合同制消防员，实行地方和部队双重管理，以部队管理为主。

2009年，区投资155万元，在云溪工业园建消防站，云溪消防大队从区公安分局原址长炼八字门迁消防站办公。2011年6月，云溪消防大队实行驻兵执勤，辖武警消防中队1个。

**防火灭火**　清代，由铺户捐购水桶，蓄水备用。一遇火险，鸣锣为号，知县、县丞督率救火夫役、兵丁，即往扑救。民国时期，义务消防人员轮流值班打更，宣传防火。遇有火警，消防警察立即组织扑救。

1953年11月，执行全国人大常委会颁布的《消防监督条例》，消防监督工作得到加强，火灾事故逐年减少。

1969年后，长炼、岳化消防队每年组织2~4次消防大检查，及时消除隐患，加强厂区消防工作。

1978年，各公社利用黑板报、标语、宣传单宣传防火知识。

1987年1月15日，区消防委组织北区、长炼2300多人，扑灭文桥乡荆竹山森林大火，避免1起重大火险灾害。10月，区消防委主任及区农林局、云溪乡、路口乡、文桥乡主管负责人，参加在湖北省通山县召开的湘鄂赣三省森林防火联防会，加强森林防火火灾联防工作。

1990年，全区确定特级防火单位2家（长炼、岳化），重点防火单位20家，次年，增至25家。

1991年10月，举办建区后首次消防知识培训班，参加培训64人。

1994年5—8月，开展消防安全专项治理，治理的重点是化学危险品经营、储存场所。整改火险隐患，停业整顿5家。

2001年12月23日11时45分，云溪粮贸中心仓库起火。区消防大队、岳化消防队联手扑救。至13时将大火扑灭。

2004—2005年，在中、小学巡回上消防安全课，举行消防演练，参加学习、演练的师生共5900余人。

2007年，严格报建项目消防行政审批程序，批准建设项目17个，不予批准项目2个。

2011年7月10日21时，云溪工业园区岳阳聚成化工有限公司发生原料罐爆炸起火，区消防大队紧急出动3台车辆、20名官兵扑火救援，3个小时后大火扑灭，防止原料罐第二次爆炸，保护财产价值近百万元。至年底，共出警31次，其中灭火作战22次，抢险救援9次，出动车辆123台次、警力387人次，抢救17人，疏散204人，挽救财产共830.1万元。

## 第七节　监所管理

清康熙二十二年（1683），陆城临湘县监狱建监舍4间。民国元年（1912），监狱改称典狱署。民国5年，旧监年久失修，监舍倾废，以所代监。民国10年，典狱署在关于筹款修监的呈文中写道：“如不设法救济，一入伏暑，病患堪虞。否则在监之囚，不死于罪，而死于病。”民国19年，监狱迁新县治长安镇。

1982年，陆城公社新设大队铜鼓山设县劳改农场，面积15公顷，劳教人员1个队、40人。1985年撤销。

1988年，区公安局征地1.9公顷，区投入286万元，建区公安局看守所，建筑面积3108平方米，共8室，分男监女监，年关押量300人左右。结束自民国19年来境内没有监所的历史。

1990年5月27日，看守所第一次收押人犯。次年，健全收审、接见、提审、探视、值班等制度，严把登记检查、提讯、巡查、放风、治病、清监、节日守护关，及时掌握监所动态。并针对部分在押人犯不畏罪、不服罪、破罐子破甩等悲观心理，耐心进行政策教育，做到对人犯不虐待、不克扣，尊重人格，感化教育。人犯主动提供犯罪线索19起，协助破案2起。是年，关押人犯362人，其中收审271人。至1993年年底，关押已判处死刑罪犯11人。

1997年，及时制止一起在押人犯集体爬窗企图越狱事件。

1998年4月11日晚，2号监舍在押犯罪嫌疑人甘××、冯×、郭×、丁××、邵××等，故意殴打致死同监人犯刘东湘。看守所被区公安分局通报批评，给予黄牌警告。当班人员杨××被司法机关以玩忽职守罪判处有期徒刑6年。罪犯甘长清等5人受到法律严惩。次年，看守所通过认真整改，至11月，摘去警告黄牌，是年，在押人犯390人。

2003—2008 年，给人犯上法制教育课，组织学习时事政治，在犯人中开展评比活动，表彰奖励 51 名遵守监规、认罪态度较好的人犯。

2010—2011 年，监内医疗室诊治人犯一般性疾病 59 人次，在监所喷药杀菌消毒，保证人犯身体健康、监所清洁卫生。看守所增加软硬件建设和科技投入，安全防范措施得到加强。

## 第八节　安全保卫

**案件侦破**　1949 年 10 月至 1952 年 6 月，抓获国民党残留和潜伏的特务分子 37 人，依法逮捕25 人。1952 年年底，六区揭露 1 名隐藏在党内的反革命分子。1953 年 3 月，取缔会道门组织，抓获头目 1 人。1955—1958 年，侦破现行反革命案件 5 起，逮捕 7 名反革命分子。1959—1965 年，发生政治案件 14 起，侦破 11 起。“文化大革命”中，发生政治案件 37 起，破案 33 起。由于受极“左”路线干扰，侦破中造成冤假错案。1977—1983 年，侦破政治案件 4 起，依法逮捕 6 人。1989 年 5 月 23 日晚，文桥中学发生 1 起政治标语案件，次日破案，教育 8 名涉案人员。1991 年 3—6 月，开展反对资产阶级自由化“9·1”调查，完成 7 名“9·1”对象的档案材料、侦察控制工作。1992—1994 年，发生和侦破政治案件 1 件。1995 年 7 月，侦破取缔活动于云溪乡建军村、坪田村的非法组织门徒会，抓获骨干成员 5 人，其中劳动教养 2 人，治安拘留 3 人。1995—1998 年，发生政治案件 1 起，侦破 1 起。2006—2011 年，发生政治案件 11 件，侦破 11 件，均为邪教组织门徒会等案件，抓获教育顽固分子 15 人，缴获制作的非法宣传品若干。

**安全保卫**　1984 年 10 月 9 日，组织干警 40 人，加强美国、加拿大、中国香港客商到长炼洽谈业务的保卫工作。1988—1989 年，先后抽调干警 80 人次，加强湖南岳阳第一届、第二届国际龙舟节安全保卫工作。1991 年 3 月 14 日，公安干警全力以赴，完成江泽民到长炼视察的警卫任务。1992 年 1 月 16—18 日，完成邓小平南方视察专列途经区境的警卫工作。10 月 18—25 日，加强中共十四大期间政治保卫工作。1993—1997 年，先后 6 次完成全国、省、市人大会议期间的安全保卫工作。完成李鹏到岳化视察的警卫工作。1999 年 7 月 25 日、2002 年 6 月 8 日，先后 2 次加强朱镕基视察永济堤的警卫工作。2004 年 8 月 31 日至 9 月 3 日，完成中国石油化工集团第一届职工文艺会演中南片在岳化演出的安全保卫工作。2005—2011 年，先后完成上级重要会议、重大活动等保（警）卫工作 8 次。其中有全国人大常委会委员长吴邦国到岳化视察的警卫工作，中纪委书记贺国强到长炼视察的警卫工作，中央军委原副主席张震到长炼、岳化视察的警卫工作。2011 年 5 月，完成国务院副总理张德江到岳化视察的警卫工作。

# 第五章　司法行政

## 第一节　机　构

民国37年（1948），境内司法行政工作由县政府司法处管理。

1949年11月至1980年12月，境内有关民事调解等司法行政工作由县法院、境内法庭负责。1981年1月，由县司法局管理。

1984年6月，区司法科内设办公室、基层工作股。9月，区司法科更名为区司法局。11月，区司法局内设法制宣传股。1989年3月，区依法治区领导小组办公室（简称法治办），与法制宣传股合署办公。2011年，区司法局内设机构有办公室、政工室、法制宣传股、基层工作股、法管股、纪检监察室，代管机构有法治办，归口管理的机构有云溪公证处、云溪区法律援助中心、湖南红黄蓝律师事务所；共有司法行政编制13名，后勤服务事业编制1名。

## 第二节　法制宣传与依法治理

### 一、普法宣传

1950—1955年，宣传《中华人民共和国土地改革法》《中华人民共和国惩治反革命条例》《中华人民共和国婚姻法》《中华人民共和国宪法》等法律法规。1958—1965年，通过办黑板报、广播站，宣传加强农村人民公社工作的政策法规。“文化大革命”期间，法制宣传停止。

中共十一届三中全会后，法制宣传重新得到重视。1982年，重点宣传全国五届人大常委会《关于严惩严重破坏经济的犯罪的决定》，中共中央、国务院《关于打击经济领域中严重犯罪活动的决定》《中华人民共和国宪法修改草案》。结合整顿社会治安，开展《中华人民共和国刑法》《中华人民共和国刑事诉讼法》《中华人民共和国治安管理处罚条例》等法律法规宣传。1983年，开展法制宣传周活动，集中宣传中共中央《关于严厉打击刑事犯罪的决定》，第六届全国人大常委会《关于严惩严重危害社会治安的犯罪分子的决定》。

1984年11月，区委决定在全区开展普及法律常识教育。成立由区委副书记任组长，区人大常委会副主任、区政府副区长任副组长的领导小组，由区人大牵头组织举办科级以上干部法律常识培训班，取得经验后在全区推开，以学习现行《中华人民共和国宪法》为主，增强干部群众的法律常识。

1985年4月，区委转发北区人大一届二次会议通过的用5年时间在全区公民中普及法律常识的决定；6月，转发区司法局用5年时间在全区普及法律常识的报告。次年1月始，全区实施“一五”普法。除重点普及《中华人民共和国宪法》《中华人民共和国刑法》《中华人民共和国刑事诉讼法》《中华人民共和国民事诉讼法》（试行）《中华人民共和国森林法》《中华人民共和国婚姻法》《中华人民共和国治安管理处罚法条例》《中华人民共和国继承法》《中华人民共和国经济合同法》《中华人民共和国兵役法》等九法一条例外，还宣传普及《中华人民共和国城市村民委员会组织法》《中华人民共和国居民委员会组织法》《中华人民共和国环境保护法》等新颁布的法律法规。至1990年6月，全区6.1万人参加全省“一五”普法统考验收，合格率95.96%。是年，北区被评为全省“一五”普法先进单位。

1991年，实施“二五”普法。普及的重点法律是：《中华人民共和国宪法》《中华人民共和国民法》《中华人民共和国行政诉讼法》《中华人民共和国行政复议法》《中华人民共和国治安管理处罚条例》《中华人民共和国企业法》《中华人民共和国行政处罚法》《中华人民共和国国家赔偿法》《中华人民共和国保守国家秘密法》《中华人民共和国统计法》《中华人民共和国妇女权益保护法》《中华人民共和国教育法》《中华人民共和国企业破产法》《中华人民共和国矿产资源法》《中华人民共和国水法》等。普及的重点对象是青少年、行政执法人员、个体工商户。1994年4月，区成立法制教育学校，区广播电台开辟普法知识讲座节目。至次年，全区结束“二五”普法。共举办各类普法骨干培训班578次，发放法律书籍6万册，印发普法资料9万份。98%的青少年、100%的执法人员、90%以上的个体工商户重点学习了《中华人民共和国宪法》《中华人民共和国各级人民代表大会和地方各级人民政府组织法》《中华人民共和国村民委员会组织法》等9部法律法规。北区被评为全省“二五普法”先进单位。

1996年1月，开展“三五”普法。普及的重点法律是：《中华人民共和国合同法》《中华人民共和国担保法》《中华人民共和国收养法》《中华人民共和国行政处罚法》《中华人民共和国律师法》《中华人民共和国公司法》《中华人民共和国防洪法》《中华人民共和国公路法》《中华人民共和国土地管理法》《中华人民共和国森林法》《中华人民共和国农业法》《中华人民共和国宪法修正案》《中华人民共和国村民委员会组织法》《中华人民共和国失业保险法》等。区财政实行普法年度专项经费预算。是年，预算经费2万元。1999年，由区直部门捐款，将3.2万册《农民普法简明读本》免费赠送农户。2000年4月，开展“情系百姓，法进万家”系列法制宣传活动。普法宣传员深入村组讲课301堂次，文艺演出107场，制作宣传板报巡回展出32场，区广播电视台开辟“情理法”专栏剖析典型案例100个，法律工作者、执法人员以案析法413次。《湖南日报》《岳阳晚报》均予以专题报道。8月，在云溪镇、路口镇举办法制宣传一条街活动。区直及驻区单位800人参加，出板报78块，设法律咨询点74个，张挂横幅、张贴大小标语1500条，出动宣传车180台次，发放法律书籍3000册，印发资料8700份，解答法律咨询720人，直接受教育3万人。至2000年，完成“三五”普法。

2001—2005年，实施“四五”普法。副科级以上干部、司法人员、行政执法人员和在校青少年等重点普法对象学法普及率均达100%，企业经营管理人员作为重点普法对象学法普及率98%。

2006年，开展“五五普法”。实现区级干部带头学法，副科级以上干部学法考前培训制度。至2010年，区委中心学习组带头学法12次，全区举办副科级以上干部普法验收考前培班5期，组织普法督查13次，宣讲团下基层宣讲法律知识21场，全面完成“五五”普法任务。

2011年2月，云溪区被中宣部、司法部授予2006—2010年全国法制宣传教育先进县（市、区）称号。

### 二、依法治理

1989 年 3 月，区成立普法依法治区领导小组，下设办公室，负责依法治区工作。

1998 年 4 月，区委转发区人大常委会实施依法治区的决议，开展依法治乡镇、依法治行业、依法治单位活动。

2001 年，将依法治理纳入全区双文明建设千分制目标管理范畴，以占 40‰的比例，年底与物质文明、精神文明建设一并检查考评，落实依法治理“一票否决”权制。2002 年，文桥镇和平村、路口镇新合村被评为全省民主法治示范村。2005 年，有云溪镇、文桥镇、陆城镇等 11 个单位被评为全省依法治理先进单位。年底，路口镇新合村被评为全国普法依法治理先进单位。

2007 年，区委、区政府下发《进一步加强领导干部学法用法的实施意见》，将普法依法治理纳入党政综合绩效考核范畴，确定各单位党政主要负责人为普法依法治理第一责任人。2008 年 8 月，发现长炼北干道有 5 户违章建房。属地管理单位责任人路口镇原分管副镇长受到党内警告处分，两城建管理站站长被通报批评，由区纪委进行诫勉谈话，2 名镇党政主要负责人被责成写出书面检查。

2010 年，选派依法治村指导员到大厂周边重点村（居）委会，督促依法加强村民自治，支援国家重点建设。至 2011 年，25 个临近大厂的重点村未发生村民偷盗大厂建设物资、阻工妨碍大厂重点工程建设现象。

## 第三节　民事调解

**调解组织**　1954 年 3 月，贯彻政务院颁布的《人民调解委员会暂行组织通则》，加强乡村人民调解委员会（简称调委会）建设，至 1958 年年初，建村级调委会 29 个，配备调解员 37 人。“文化大革命”时期，调委会瘫痪，1979 年，恢复建立村（大队）一级调委会 75 个。

1984 年，区司法局基层工作股具体负责指导民事调解工作。1996 年，乡镇设司法所，加强乡镇民事调解等工作。2000 年，企业厂矿社区始设民事调解组织。

2011 年，全区有乡镇（街道）司法所 8 个，村（居委会、社区）级调解组织 101 个，调解人员共 142 人。

**纠纷调解**　1949 年 11 月，五区始开展民事调解工作，至 1953 年年底，调解纠纷 19 件。

1954 年，民事调解工作得到加强，至 1958 年年初，共调解纠纷 39 起。

1958 年 10 月至 1965 年，调处“大跃进”时期“一平二调”引起的民间纠纷 17 起，自留土地纠纷 21 起。

“文化大革命”中，民事调解工作基本停止；1979 年恢复，至 1983 年始，共调解纠纷 156 起，其中自留土地纠纷 47 起。

1984—1994 年，共调处农村土地承包纠纷 1200 起、邻里纠纷 950 起，调处成功率 95%。1994 年 5 月，云溪乡滨湖村李某因承包土地使用权属与同村王某发生矛盾，造成王轻伤。王邀集亲友 20 余人要讨说法。乡司法所、村调解人员上门宣讲政策法律，根据承包合同，划清山林使用权属界限，解决矛盾。

1996—2005 年，共调处涉厂纠纷 600 起，劳务用工矛盾 400 起，调处成功率 96%。2005 年 3 月，路口镇新建村徐水平在长炼某建筑公司务工，不慎从三楼摔下，导致5根肋骨断裂，徐多次据理力争，该公司拒不赔偿。镇司法所先后3次找公司负责人，反复宣讲《劳动法》《合同法》，指出应承担的责任，促使该公司赔付1.6万元。4月10日，该镇长岭村部分村民因拆迁补偿问题，聚集100多人到长炼办公楼上访，堵塞厂大门，影响工厂正常生产。镇、村司法调解人员赶到现场，召开大小会议11次，找当事人协商18人次，矛盾得到缓解。

2007年11月9日，云溪乡友好村因国家重点工程武广高速铁路客运专线建设土地征收补偿，发生群体性纠纷，造成2人重伤，5人轻伤，影响工程进展。区、乡、村出动调解人员30余人，分成若干组，深入村组、工程建设方调查了解，依据法律政策和实际情况，反复做通双方工作，纠纷得到妥善处理。

2008年10月，市重点工程铁桃公路在区内建设，少数村民因拆迁补偿阻碍工程进展，沿途5个乡镇司法调解人员，邀请区公证处人员，对83处财物进行证据保全公证，使房屋得以顺利拆迁。

2009—2011年，调处控建拆违纠纷138起，避免直接经济损失214.7万元。

**1984—2011年云溪（北）区民事调解情况表**

表10-5-1　　　　单位：个、人、件、%

| 年度 | 乡、镇 | | 村级 | | 调处纠纷 | 调处成功率 |
|---|---|---|---|---|---|---|
| | 调解组织 | 调解成员 | 调解组织 | 调解成员 | | |
| 1984 | 7 | 13 | 56 | 56 | 180 | 95 |
| 1985 | 7 | 13 | 56 | 56 | 210 | 95 |
| 1986 | 7 | 15 | 58 | 58 | 280 | 96 |
| 1987 | 7 | 16 | 60 | 60 | 290 | 96 |
| 1988 | 7 | 16 | 76 | 76 | 340 | 96 |
| 1989 | 7 | 19 | 76 | 76 | 360 | 97 |
| 1990 | 7 | 20 | 76 | 76 | 365 | 97 |
| 1991 | 7 | 20 | 76 | 76 | 381 | 97 |
| 1992 | 7 | 21 | 76 | 76 | 415 | 97 |
| 1993 | 7 | 21 | 76 | 76 | 433 | 97 |
| 1994 | 7 | 21 | 76 | 76 | 453 | 97 |
| 1995 | 7 | 21 | 76 | 76 | 476 | 97 |
| 1996 | 8 | 24 | 80 | 80 | 488 | 97 |
| 1997 | 8 | 25 | 82 | 82 | 496 | 97 |
| 1998 | 8 | 26 | 84 | 84 | 519 | 97 |
| 1999 | 8 | 26 | 84 | 84 | 525 | 97 |
| 2000 | 8 | 26 | 87 | 87 | 544 | 97 |
| 2001 | 8 | 27 | 88 | 88 | 564 | 97 |
| 2002 | 8 | 27 | 90 | 90 | 568 | 97 |
| 2003 | 8 | 27 | 90 | 90 | 587 | 97 |

续表 10-5-1

| 年度 | 乡、镇 | | 村级 | | 调处纠纷 | 调处成功率 |
|---|---|---|---|---|---|---|
| | 调解组织 | 调解成员 | 调解组织 | 调解成员 | | |
| 2004 | 8 | 28 | 93 | 95 | 602 | 98 |
| 2005 | 8 | 28 | 95 | 97 | 625 | 98 |
| 2006 | 8 | 28 | 98 | 100 | 635 | 98 |
| 2007 | 8 | 29 | 98 | 104 | 652 | 98 |
| 2008 | 8 | 29 | 101 | 110 | 657 | 98 |
| 2009 | 8 | 29 | 101 | 110 | 665 | 98 |
| 2010 | 8 | 30 | 101 | 110 | 675 | 98 |
| 2011 | 8 | 32 | 101 | 110 | 689 | 98 |

## 第四节　安置帮教

**教育挽救失足青少年**　1984年，政法部门组织派出所、村（居）委会，成立帮教小组，对辖区内280名违法青少年实行“三包”（包教、包管、包转变）帮教。至1987年，有74人走上遵纪守法、自食其力的道路。文桥乡政府支持失足青少年创办小企业，使2名失足青少年改邪归正。长炼党委书记李兴带头做失足青少年的良师益友，使1名曾有犯罪行为的青年成为生产骨干。1991年帮教220人，有173人停止违法犯罪。1994年，由派出所组织季度跟踪考察，发现问题及时帮助纠正。帮教的248人中，基本改好的占85%。1997年，建立“三包”对象管理档案。帮教487人，重新违法犯罪率1.6%。2002年，支助107名帮教对象解决就业问题，牵线搭桥，帮助15名帮教对象建立小家庭。2006年，举办帮教对象法制学习班，参加学习697人次。2009年，评选5名“回头浪子”典型，让其在帮教对象法制学习班上介绍走上新生之路的体会，教育帮教对象改过自新。2011年，对56名重点对象实行派出所、村（居）委会、家庭“三帮一”帮助教育。全年重点帮教对象改好率60%，停止违法犯罪的占98.5%。

**刑释解教人员安置帮教**　1949—1997年，主要由家庭、邻里、村（居）委会（大队）承担对刑满释放、解除劳动教养人员的引导扶助工作。1998年4月，成立云溪区刑释解教人员安置帮教工作领导小组，办公室设区司法局，负责组织、协调有关部门、社会力量对刑释、解教人员非强制性的引导、扶助、教育和管理工作。2006年，采取“三帮一”“一帮一”“走出去、请进来”“财政拨一点、社会资助一点”的方式，共安置帮教1318名帮教对象，其中帮助转化680人，刑释解教人员重新犯罪率由1997年3%降至2.7%。2007年8月，将岳阳市九原复合材料有限公司定为全区刑释解教人员安置帮教基地。至2011年，乡镇、街道办事处8个安置帮教机构。加上区安置帮教基地，共帮教1202人，转化690人，刑释解教人员重新犯罪率降至1.5%。

**社区矫正**　2010年，云溪区开始社区矫正试点。11月19日，区委办、区政府办印发社区矫正试点工作实施方案，成立区社区矫正试点工作领导小组，办公室与司法局所设社区矫正股合署办公，指导社区做好被判处管制，宣告缓刑、暂予监外执行、裁定假释、剥夺政治权利并在当地服刑犯罪人员的思想行为矫正工作。2011 年 5 月，乡镇、街道办事处、岳化社区均成立社区矫正工作站，由各司法所（社区）加挂其牌子。5 月，首先在文桥镇开展试点，7 月，在全区铺开。至年底，共举办培训班5期，培训 300 人次。召开社区矫正工作领导小组及成员单位联席会，研究解决工作中存在的问题，建立完善各项制度，加强对社区矫正人员的日常监管教育。接管的 101 名矫正人员没有重新犯罪现象。

## 第五节　律师事务

**律师机构**　1949—1983 年，境内无律师机构，民间诉讼，要到外地请律师或听由法庭裁决。1984 年 11 月，成立北区法律顾问处，隶区司法局。1989 年 7 月，更名为北区律师事务所。1992 年，成立北区第二律师事务所。1994 年，两所合并，更名为湖南红黄蓝律师事务所，为全区唯一一所国资律师事务所，有办公场地 300 平方米，注册律师 6 人。2004 年 4 月，析置合作制律师事务所湖南弘宪律师事务所。

**律师事务**　1984—1991 年，主要解答法律咨询，代写法律文书，担任企事业单位法律顾问，接受当事人委托、担任民事案件诉讼代理人、刑事案件被告的辩护人。办理律师事务 3097 起。1991 年 5 月，岳化职工严某诉黄某离婚案，男方严某不能生育，双方决定做试管婴儿，但对试管婴儿的抚养权归属问题争执不下。律师从婚姻法、血缘关系和传统道德伦理出发，主张由有血缘关系的女方抚养。该案报请最高人民法院批复，抚养权由有血缘关系的男女一方抚养，确定了试管婴儿抚养权的法律依据。1992 年，执业范围拓展到房产、金融证券、企业改制、破产清算、劳动仲裁等领域，至 2003 年，共办理各类律师事务 1460 件，代写法律文书 104 份，担任政府、企事业单位、私人业主法律顾问 39 家次。1993 年 5 月，路口籍台湾退伍老兵周剑锋找到远房表孙乔某，出资在路口镇长炼路建 2 栋房屋，一栋赠与乔，一栋自己回乡安度晚年，附带乔照顾自己晚年生活。1994 年房屋落成，乔不将房屋给周反卖给他人。1995 年 9 月，律师经过调查取证，举出充分证据，法庭判决房屋归周剑锋所有，依法维护台胞权益，受到台胞称赞。区电视台写成的报道获中宣部、国家广播电视总局颁发的“飞天杯”新闻奖。2002 年，代理湖北省荆门市金吉化工有限公司金老板，诉桂林市周某返还轿车、洽付液化气款纠纷案，律师反复调查取证，依据事实和法律，为委托人挽回直接经济损失 75 万元，并将枉法裁判该案的初审主审法官告上法庭。2003—2011 年，共办理经济类民事纠纷案件 6010 件，为当事人挽回直接经济损失 5000 万元。

## 第六节　公证事务

**机构**　1950—1980 年，由临湘县法院负责公证工作。1981 年始，由临湘县公证处负责办理公证。1984 年 11 月，成立北区公证处，机构设区司法局内。1996 年，更名为云溪区公证处，2008 年，更名为云溪公证处。

**公证**　1983 年，在陆城办理 8 起企业承包合同公证。1984 年，办理公证 5 件，其中借款合同公证 2 件，劳动合同公证 2 件，收养公证 1 件。1985 年，办理公证 68 件，主要以合同公证为主。1987 年，公证业务范围逐步扩大，办理公证402件，其中文桥乡荆竹村宅基地公证287件。1988年，由公证处公证并负责发放工商法人证467件。1989—1990年，办自留山公证766件。1991年始，公证业务范围进一步扩大。至次年，共办理国土发证、保学证明、宅基地等公证5327件。1994年，与长炼签订长年法律顾问合同。1997年，业务扩大到重要工程建设领域。办理云溪区一中搬迁等重大工程建筑招投标、工程承包合同、土地出让拍卖合同、建筑承包合同抵押贷款等公证117件，办理岳化至长江管线铺设等施工承包合同公证39件。1998年，始办理长炼、岳化保密协议、竞业避止协议等公证。2001年，业务拓展到房产、金融等领域，始办理住房公积金贷款、房地产继承等公证。2003年，首次办理长炼改制企业长炼工程有限公司改制选举股东代表公证，至2011年，先后11次现场办理长炼、岳化企业改制公证。

## 第七节　法律服务与法律援助

### 一、法律服务

**服务机构**　1990年以前，无专门基层法律服务机构，无证律师、法律服务人员乘虚而入，扰乱法律服务市场。1990年5月，路口镇、文桥乡、陆城镇、云溪乡、云溪镇相继成立法律服务所，与司法所合署办公。1993年8月，道仁矶镇设法律服务所。1994年5月，松阳湖农场设法律服务所，2000年，更名为永济乡法律服务所。2011年，全区共有法律服务所8个。

**法律服务**　1990年5月至1996年年初，基层法律服务机构为政府、企业担任法律顾问15家，参与代理诉讼活动59次，代理非诉讼法律事务113次，主持调解婚姻、经济纠纷393起，解答法律询问5100人次，代写法律文书130份，协办公证41件，为当事人挽回经济损失57万元，帮助避免损失106万元。2002年5月，陆城镇鳗鱼养殖场经营6年后倒闭，亏损399万元，负债546万元，其中私人欠款132万元，涉及200余人，到镇政府机关讨债的络绎不绝。为缓解矛盾，陆城镇法律服务所先后10次上门调查，帮助理清债权债务，使债权人减至117家。建议镇政府先垫付30万元，解决急付债务。此后，未出现一起因债务越级上访事件。2002年8月，区公安分局、区检察院、区法院、区司法局联合下发清理整顿法律服务市场实施方案，集中教育整顿法律服务队伍，规范基层法律服务。至2011年，乡镇法律服务机构共担任法律顾问208家，代理诉讼活动345次，代理非诉讼法律事务781起，主持调解纠纷2389起，解答法律询问42700人次，代写法律文书910件，协办公证429件，为当事人挽回直接损失1050万元。

### 二、法律援助

**机构**　2002年3月，成立云溪区法律援助（简称法援）中心，归口司法局管理。2006年4月，建立基层法援站。2011年，全区有法援中心1个，基层法援站12个。

**法律援助**　2005年，共办理援助案件460件，接待群众法律咨询600人次，代写法律文书150件，为受援群众避免和挽回损失500万元。次年始，法律援助重点是保护拆迁户、农民工合法权益。区法援中心被省司法厅评为法援先进集体。2007年年初，文桥镇黎良生在长炼做工，由于施工方起重机未按规程操作，黎右脚滑入起重机支架，造成九级伤残。黎找施工方多次，未得到解决。区法援中心先后 3 次与施工方协商，仍未达成协议，遂提起诉讼。但诉讼法律关系较复杂，法院一时难以裁判。区法援中心多次找对方当事人及有关部门，最终得到调解处理。2007—2009 年，办理的 380 件案件中，环境污染纠纷案占 20%。2010 年，区委、区政府把加强法律援助作为为民办实事的重要工作。7 月，永济乡擂鼓台村 5 个村民小组 700 多户 2170 人，遭受岳阳纸业股份有限公司芦苇虱侵扰，正常生产生活受到严重影响。区法援中心走访群众，察看现场，请示区政府调集区卫生、区防疫、区环保、区农业、区公证等部门做好调查和证据保全，促使被告岳阳纸业股份有限公司签订协议，此后每年支付原告 15 万元补偿款。是年，区法律援助中心被省司法厅评为法援先进集体。至 2011 年，办理的 320 件案件中，20%以上是反映民生需求的大案要案。

# 第十一篇 编制·人事·劳动

明、清时期，境内县、乡机构设置和人员配备按州、府规定执行。民国时期，县级按国民政府规定的县属类型办事，区、乡镇按省政府规定执行；抗日战争胜利后，由于政治愈加腐败，机构雍肿，人员配备混乱。1949年后，各区、乡由省、地区、县根据实际，机构人员因事设置配备。1958年后，根据政策调整，机构设置、人员配备不断变化。“文化大革命”期间，各级党政机构瘫痪。中共十一届三中全会后，机构恢复，编制管理步入健康发展轨道。1984年6月，编制管理由市委、市政府统一安排。是年，北区共设区直党政群团、乡镇（场）机构43个，加上事业单位，共核定人员编制223名。9月，成立区委编委，主管机构设置、人员编制调整。1995年，编制管理从服务型转变为管理型，不断严格规范。1998年，云溪区在全市率先实行人员编制与综合财政预算挂钩，严格控制超编、超职数配备干部。2001年，加强事业单位登记管理。2007年，实行机构编制责任审设制，严把机构设置关。2011年，实行大编制体制，凡机构改革、职能调整、机构增减，一律按程序内区委编委统一管理，严格审批。2011年，全区区直属机构47个，下设乡镇、街道办事处8个；加上事业单位，共核定人员编制3184名。

民国时期，公职人员、公务人员分别实行委任制和聘任制。1949年后，公职人员、公务人员由上级调派、地方选拔录用。对军转干部实行安置，对高等院校毕业生定向安排。工矿企业用工实行有计划招工。通过培训，提高公职人员思想业务素质和职工生产技能，不断提高其工资福利待遇，落实养老保险、工伤保险等社会保险制度，实行考核奖惩，激发其工作、劳动热情。大跃进和“文化大革命”期间，人事劳动管理被打乱；1978年后逐步恢复。1984年后，区委、区政府把加强人事劳动管理作为依法治区、发展区域经济的大事来抓，不断改革人事制度和劳动管理。1986年，实行干部招聘制，在专业技术人员中实行技术职称评定。1995年，推行公务员制度。1998年，实施再就业工程。并不断加强退休干部的服务管理，实行工资制度改革，健全劳动仲裁、劳动监察等劳动保障机制，使人事劳动管理更加规范合理，干部职工工作劳动主动性不断提高，敬业精神树立更牢固，劳动就业更加广泛。至2011年，行政事业单位公务员和其他公职人员共有1589人次获区一级表彰奖励，1153人晋升副高级以上技术职称，全区411名“4050”人员、“零就业”家庭成员均得到就业安排。

## 第一章 编 制

1984年9月，编制工作由区委编委统管。1994年12月，区委编办归口区委组织部管理，具体管理编制工作。2002 年 3 月，区委编办加挂区政府直属事业单位登记管理局牌子。2011 年 3 月，区委编办从区委组织部剥离，为区委编委常设办事机构，既是区委工作部门，又是区政府工作机构，列入区委机构系列。其内设机构有综合室（机构编制监督检查室）、机构编制室实名制管理和信息室；核定机关行政编制 4 名。区事业单位登记管理局与之合署办公，一个机构，两块牌子。

## 第一节　机构设置

1984 年北区建立后，6 月，设区直党政群团机构 36 个，其中依法依章设立的机构 7 个，下设 7 个乡镇（场）。

1985 年 2 月，设区乡镇企业局。4 月，设区委政法委。7 月，设区二轻工业局。区工商分局收归市工商局直管。

1986 年 7 月，设区委机要科，归口区委办管理。

1987 年 4 月，依章设立区政协办公室。设立区委统战部。

1988 年 4 月，设立区监察局，为区政府工作部门；设区退休干部办公室，归口区委组织部管理。12 月，设立区物价局。

1989 年 5 月，撤销区农林局，分设区农业局、区林业局。

1990 年 4 月，设立区审计局，为区政府工作部门。区血防办从区卫生局分离，升格为正科级机构。区环境保护办公室（简称环保办）从区城建局分离，升格为区环境保护局，由区政府直管。7 月，设立区委党校。

1991 年，设立区委对台办公室，对外加挂区政府台湾事务办公室牌子，与区委统战部合署办公。

1992 年 5 月，设立区侨务办公室，归口区政府办管理。设立厂区关系协调办公室、经济技术协作委员会，为区直属事业单位。

1993 年 4 月，撤销区文化教育局、广播电视站，设立区教育局、区文化体育广播电视局。

1995 年 4 月，区直党政机构由 38 个减至 27 个，精减 28.95%。

1997 年 3 月，设立区招商合作局，为正科级事业单位。7 月，设区法制办公室，归口区政府办管理。

1998 年 6 月，云溪区粮食分局更名为云溪区粮食局，由区政府管理。

2000 年 2 月，设立区厂地协作协调长炼局、区厂地协作协调岳化局，均为正科级区直属单位。

2001 年 12 月，下设永济乡，撤销松阳湖农场。并区招商局、区经贸委、区乡镇企业局，设经济发展局。

2002 年 3 月，区直党政机构改革。区委设 7 个工作部门，2 个部门管理机构；区政府设 16 个工作部门，2 个部门管理机构。区委、政府部门机构分别比改革前精减 36%、24%。

2003 年，设立云溪工业园管理委员会。12 月，设立区安监局。

2004 年 3 月，撤销区物资行业管理办公室。

2005 年 8 月，设立区政府政务中心。10 月，设立区城市建设投资管理中心、区接待办公室。

2010 年 4 月，设立临港新区云溪工作部，为副处级事业单位。

2011 年，共设置区直属机构 47 个，其中属依法依章设置的机构 5 个，属区直属事业单位 2 个，属部门管理机构4个，属群团组织机构3个。下设8个乡镇、街道办事处。

## 第二节　编制调整

1984年始，行政事业单位人员编制设定由区编委根据全区发展实际拟定报市编办审定下达。是年，市编办审定区直党政群机关、乡镇机关、事业单位人员编制223名。

1985年，北区步入全面发展轨道，市编办逐年调整北区人员编制。至1996年，全区区直党政群机关、乡镇机关、事业单位人员编制调至2003名。

1997年，政府职能加强，部门分工更加细化，人员编制需求有所增加；至2006年，区直党政群团、乡镇机关、事业单位人员编制增至3025名，比1996年增加1022名。

2006年后，经过机构改革，机构设置基本规范合理，人员编制稳定。至2010年，全区区直党政群、乡镇机关、事业单位有人员编制3146名，比2006年仅增加121名。

2011年，全区区直党政群、乡镇机关、事业单位共有人员编制3184名。

## 第三节　编制管理

1984年9月至1994年，编制管理主要是负责机构设置、更名、编制调整、机构编制统计分析等工作。

1995年，区委发文明确机构编制管理权限职责，规定机构编制管理由区委统一领导，归口区委编办管理。编制管理始从服务型转变为管理型。

1996年，区委印发加强机构编制管理的意见，规定乡镇、单位不得突破批准的机构、人员编制、领导职数限额，对擅自增设的机构，财政不予核拨经费，银行不予开设账户。1997年，印发关于干部调动有关事项规定，规定未经区编委批准擅自调动的人员，不予办理调配、社保、户口迁移等手续。

1998年2月，实行人员编制与综合财政预算挂钩。对超编人员，一律不纳入统发工资范围；对未经批准超职数配备的负责干部，不核发职务工资。

1999年9月，区编委发文完善进人列编制度，规定凡招收、调入人员，先由单位向区编委写出申请列编报告，填写进人列编审批表，经审批同意后，再由区委编办开出列编通知单，接收单位凭列编通知单按有关规定办理招收、调入手续。

2006年5月，实行机构编制实名制管理。由区委编办牵头，摸底核实行政事业单位人员编制信息。次年8月，将核实的信息录入电脑，做到实名制信息系统数据与“机构编制管理证”台账数据相一致。

2007年11月，推行机构编制责任审计制。将对区经发局、区审计局、区林业局等单位主要负责人执行机构编制情况的审计结果通报全区。次年12月，将机构编制责任审计纳入干部监督“两审一评”（即用人行为及机构编制审计、经济责任审计，用人行为、执行机构编制纪律及履行经济责任满意度测评）范畴。

2008年10月，区编委发文规范机构编制审批程序，规定凡涉及机构改革、职能调整、机构编制增减等，统一由区委编办审核，按程序报区编委或区委、区政府审批，副科级以上机构设立报市委编办审批。

2011 年 12 月，区编委制定编委会议议事规则，规定凡涉及单位职能调整和机构、编制、领导职数增减的，统一由区委编办受理审核，按程序报批，其他任何部门和单位无权决定。区编委实行“一支笔”审批，凡区编委会议集体研究决定的事项，由区编委主任签字后方可生效。未经区编委、区委编办研究的重大机构编制调整，不列入区委常委会、区政府常务会议议题。

## 第四节　事业单位登记管理

**登记**　2001 年 4 月，启动事业单位登记工作。至 12 月，年检事业单位法人代表证书 105 个，变更事业单位法人代表 4 个。2002—2010 年，设立登记新设事业单位 53 个，注销登记事业单位 7 个，变更登记事业单位法人代表 108 个，年检事业单位法人代表证书 712 个。2011 年，设立登记新设事业单位 16 个，注销登记事业单位 1 个，变更登记事业单位法人代表 30 个，年检事业单位法人代表证书 174 个。

**管理**　2001—2006 年，通过电脑单机系统录入加强事业单位登记管理。

2006 年 10 月，对已登记设置的 133 个事业单位实行“十定”（即定机构名称、定隶属关系、定机构规格、定职责任务、定单位类别、定内设机构、定人员编制、定人员结构、定领导职数、定经费形式），印发“十定”规定，规范事业单位管理。

2007 年 8 月，启动事业单位登记管理网上办公，实行全国联网。在网上打印 139 个事业单位法人证书。至 2011 年，已登记设置的 173 个事业单位，其单位名称、职能配置、人员编制、法人代表证书情况等主要信息，均录存互联网。

# 第二章　人　事

清代、民国时期，境内无人事管理机构。

1951 年 3 月，由县人事科管理。1955 年 6 月，由县人委人事科管理。“文化大革命”期间，人事管理机构瘫痪。1980 年 2 月，由县革委会人事科管理。1981 年 2 月，由县人事局管理。1983 年 12 月，由县劳动人事局管理。

1984 年 6 月，由区劳动人事科管理；9 月，区劳动人事科更名为区劳动人事局，内设办公室。1987 年，区劳动人事局增设干部管理股、工资福利股；1989 年，成立社会保险事业管理站（简称社保站）。2002 年，区劳动人事局更名为区人事劳动和社会保障局（简称劳动人事社保局）；4 月，干部管理股更名为公务员管理股。2011 年 8 月，区人事劳动社保局更名为区人社局，内设机构有办公室、政策法规股（信访维稳办公室）、公务员管理股、事业单位人事管理股、工资福利股、社会保险股、社会保险基金监督股、就业促进和失业保险股；核定机关行政编制 12 名，机关后勤服务事业编制 1 名。

## 第一节 人事制度改革

**行政委（聘）任** 民国初期，乡镇公职人员由县长决定其升、降、去留。民国36年（1947），乡镇长由乡民代表会选举，县参议会审议通过，报县政府委任；乡镇一般公务人员由乡镇长聘用。

**选拔录用** 1949年8月，上级调派到境内工作南下干部11人，留用国民党地方政府公职人员5人，通过送县干部短训班训练，从工人、农民、贫苦知识分子中吸收18人充实干部队伍，留用小学教师78人。1950年，由各乡农民协会保送，报县委审查，吸收农民积极分子19人、贫苦知识分子28人参加工作。1951年，从土改工作队员、知识分子中选拔吸收15名干部。1952年，从土改贫苦工作队员中吸收31人，分配到行政、经济部门工作。1954年9月，从乡镇临时人员、贫苦知识分子和初中毕业生中选拔干部，至1960年，共吸收干部113人。1964—1965年，录用干部21人。1966年—1970年，受“文化大革命”影响，录用干部停止。1971年，实行群众推荐，组织考察、审查、批准，从农村基层骨干、回乡知识青年中录用13名干部。1971年后，有些国家机关、企事业单位从工人、农民、知识青年中陆续选拔人员到干部岗位工作，“以工代干”“以工代教”。1976年10月，恢复录干工作，至1983年，共录用干部73人。1985年11月，将176名乡镇广播员、农技员、水利员、畜牧兽医、卫生院医生转为全民工，“以工代干”或录用到本单位技术部门工作。1986年，从优秀集体职工中录用5名技术人员，从外地引进16名工程技术人员。

**军转干部安置** 1949—1959年，安置军转干部7人。1964—1968年，安置14人。1969—1975年，安置9人。1976—1983年，接收军转干部21人，绝大部分安排在公社（镇、场）行政事业单位、教育、工商等部门。1984—1988年，共接收军队转业干部20人，安置到区公安局、区检察院、区法院及区银行、区工商等部门。接收安置军转干部随带家属4人。1989—2005年，安置11名军转干部在区法、检两院和行政机关。2006年，建立企业退休军转干部台账，有7名企业退休军转干部纳入市级管理范围，由市财政实行转移支付，落实相关解困和生活补贴待遇。2011年，安置2名随调家属到事业单位。

**高等院校毕业生分配** 1950—1965年，接受分配高等院校毕业生19人，中等专业学校毕业生137人。“文化大革命”期间，高校停止招生，1970—1976年，仅接受分配工农兵大、中专毕业生23人。1977年恢复高考制度，至1983年，接受分配大、中专毕业生117人（其中大、中专学校“社来社去”毕业生17人）。1984年7月，区成立大中专毕业生分配领导小组，由市计委下达计划，区劳动人事部门负责分配。至1986年年底，先后接收大中专毕业生81人，大部分分配到区直机关、教育系统。1987年，大中专毕业生分配工作移交区教育局；至1998年，共分配大、中专毕业576人，大部分分配在教育、卫生系统。1999年，市计委不再下达分配指标，大部分大、中专毕业生进入人才市场，由市场调节配置，仅师范类毕业生由区教育局分配。至2001年，共分配师范类大、中专毕业生78人到教学一线。次年始，师范类大、中专毕业生就业实行招聘制，不再统一分配。

**公开招聘** 1986年，推行招聘制。新招干部家属到事业单位工作46人。在境内全民工、集体工、高中毕业生和乡镇聘用干部中招收乡镇干部12人，招聘15名符合条件的乡财政干部。1987年，通过考试，在区城建、区水利、区交通、区广播文化、区畜牧水产、区劳动服务公司等单位工人中聘用干部10人。1988年，从外地招聘高级工程师1人、技术人员6人。2006年始，全面实行公开招考录用公务员。

**推行公务员制度**　1995年，推行公务员制度（简称推公过渡）。由于市下达的行政编制只有238名，实际在职在岗568人，行政编制缺少330名，推公过渡暂缓。

2002年，鉴于云溪区行政编制少，市政府同意将部分行政支持类事业单位工作人员相应纳入公务员管理范围。2005年3月，重新启动推公过渡。10月，全区确定95个单位（其中实行公务员管理单位82个，参照公务员管理单位13个）实行（参照）公务员单位管理。2005年9月，完成推公过渡人员资格审查、录用工作，过渡（录用）为国家公务员836人。其中属于正常过渡597人，1998年4月15日后参加工作并参与录用考试成绩合格的50人，1995年后“以工代干”考试成绩合格符合录用条件的43人，1998年4月15日前参加工作一直在行政机关上班且参加录用考试合格的职工38人，2005年4月12日前实行内部退职退岗的108名科局级实职干部。

2006年7月，对38个行政单位493名在编在岗人员，109名单独统计人员实行公务员登记；对24个行政机关使用老干、服务编的85人，6个群团组织11人实行参照公务员管理予以登记。2008—2011年，对38家事业单位209人实行参照公务员管理进行登记。通过公开招考，录用公务员42人。

2011年，共登记在编在岗公务员949名，比2005年增加113人。

## 第二节　干部（公务员）管理

### 一、调配任免

1984年5月，区直机构陆续成立，区委决定从临湘调配一部分、外地引进一部分，从优秀工人、农民中吸收、聘用一部分解决干部需求量急增问题，至1990年，共调配任用干部职工727人（含专业技术人员160人），教师968人。1991—1995年，新增调配任用干部职工303人（含专业技术人员296人），教师181人。2000年，有干部职工1379人（含专业技术人员334人），教师1390人；至2005年，共新增调配任用干部职工71人（含专业技术人员27人），教师55人；2011年，通过配备、任免，行政事业单位共有干部职工1967人（含专业技术人员430人），教师1404人。

2011年年底，全区105家区直及所属事业单位，实有干部2161人。

### 二、培训

民国29年（1940），境内乡镇公职人员赴省地方行政干部训练团训练。民国35年，乡镇长、保长到县行政干部训练班进行6个月的政治训练。

1949年8月，五区选派进步知识青年到县干部学校培训。至9月，分3批送培23人，培训内容主要有《论人民民主专政》《党的新区政策》等。是月，招收15名进步知识分子送省湘北建设学院干部训练班学习。

1953年，区、乡组织176名干部，按文化程度高低编组，学习《经济建设常识读本》和党在过渡时期的总路线。安排41名区、乡干部到县干部文化速成学校学习。

1955年，区、乡办干部业余文化学校7所，开设语文、算术课，通过培训提高干部文化水平，至1957年，通过培训，有214名干部在区乡业余文化学校结业。并先后有82名干部在县业余文化学校结业，有13名干部分别到省、地行政干部学校、党校接受培训。

1958年，各公社创办“红专”学校，培训干部。“文化大革命”期间，干部培训被扰乱。1968年，县委党校撤销，在松阳湖农场办“五·七”干校，境内机关干部被送“五·七”干校边学习，边改造，边批斗。是年始，各公社纷纷办毛泽东思想学习班、政治夜校，组织干部学习毛泽东著作，开展“斗、批、改”。

1982年，组织干部到县委党校接受短期培训，学习《关于党内政治生活的若干准则》《邓小平文选》和有关改革开放的方针政策。

1984年5月，干部培训由区委组织、宣传部门组织，区人事、区教育部门配合。至1986年1月，办科级干部法律常识培训班3期，培训科级干部219人次。

1986年，选送29名干部到上海农业大学等地接受专业技术培训，送省、市短期培训班培训198人。通过办农业广播学校，加强干部专业培训，至1988年，先后有250名干部经培训后毕业。

1988年，通过组织成人自学考试。脱产学习，培训年龄40岁以下，文化程度初中以下的“两下”干部，至1990年，共培训 “两下”干部200人。

1995年，组织568名机关事业单位干部参加《公务员行为规范》学习。1998年，进行国家公务员行政管理学培训。次年，组织行政机关正科级以下职务的公务员进行任职培训，培训合格者发给“公务员任职培训合格证”。在人事干部中实施人事业务培训。

2006年，对公务员进行在职培训，组织学习《中华人民共和国公务员法》和相关配套法规、行为规范等，办培训班9期，轮训公务员698名。

2007年，先后组织42名新录公务员参与全市公务员初任培训。次年，对38家参照公务员管理单位已登记的209人进行转岗培训，学习《中华人民共和国公务员法》《中华人民共和国突发事件应对法》等。

2011年，组织746名机关单位公务员和参照公务员管理的事业单位工作人员，进行职业道德培训。

### 三、考核奖惩

**考核** 民国25年（1936）始，县政府主管人员负责对境内公务员每年考核一次，考核内容分工作、操行、学识三个方面，按考核情况评定等级。工作、操行、学识最高分分别为50分、25分、15分。年终考核分在80分以上者为一等，70分以上者为二等，60分以上者为三等，不满60分者为四等，不满50分者为五等，不满40分者为六等。民国28年，考核内容改为工作以勤惰、优劣为标准，操行以是否公正、谨严、廉洁为标准，学识以是否胜任现职、有无增进为标准。

1949年后，考核工作按干部管理权限由县委、县政府主管部门掌握。至1964年，干部除每年进行一次年度总结鉴定外，基本上每两年接受一次全面考核，考核内容偏重于干部的出身、立场、观点、工作作风、遵纪守法、联系群众、学习态度、生活方式等，考核分自我鉴定、群众评议、领导审查三个步骤。“文化大革命”中，干部考核遭到破坏。1979年后，逐步恢复。

1984年始，区委组织部门和区政府人事部门按照岗位责任制，将机关干部所担负的任务作定性定量分解，进行一年一度定期考核。1993年，按《国家公务员暂行条例》进行考核。考核内容包括德、能、勤、绩四个方面，重点是履职情况、工作实绩。副科以上领导干部由区委组织考核，一般干部由单位考核。考核分平时考核、年度考核。年度考核分优秀、称职、不称职3个等次。1998年后，分为优秀、称职、基本称职、不称职4个等次。2006年，行政机关干部按照《中华人民共和国公务员法》考核，分为优秀、称职、基本称职、不称职4个等次，事业单位按照《事业单位工作人员考核暂行规定》执行，分为优秀、合格、不合格3个等次。至2011年年底，共考核公务员2350人次，机关事业编制工作人员3966人次，事业单位工作人员16894人次。其中公务员评定为优秀等次1024人次，称职等次1203人次，基本称职12人次，不称职等次44人次，不确定等次67人次。

**奖励** 1950年始，每年年底县委、县政府或主管部门对忠实履行职责，积极工作，为国家和人民事业做出显著成绩的工作人员给予政治荣誉和物资奖励。至1956年，先后评出先进工作者38人，省、地区、县级劳模9人。1957年10月，奖励分为记功、记大功、授予奖品或奖金、升级、升职、通令嘉奖6种。至1964年，共有140人获得县委、县政府授予的奖品。“文化大革命”期间，干部奖励制度遭到破坏。中共十一届三中全会后得到恢复。1982年，逐步建立与机关干部岗位责任制相配套的奖励制度。年初拟定岗位责任制，明确单位和个人的工作目标，半年小结，年终总结，在此基础上评出先进工作者、记功、记大功、浮动升级人员。

1984年始，干部由区委组织部、区劳动人事局负责。奖励分为记二等功、记三等功、嘉奖3个等次。受奖人员均填写《国家行政机关工作人员奖励审批表》，存入本人档案。1990年，对领导干部逐步要求公开述职、民主评议、考核政绩，把考核结果作为奖励、使用干部的重要依据。1996年，干部奖励按《国家公务员暂行条例》执行，种类分为嘉奖、三等功、二等功、一等功和授予荣誉称号5种。区政府负责三等功、嘉奖人员的审批，并分别发给奖金200元、100元。至2008年，共奖励5214人次，其中记二等功13人，记三等功387人次，嘉奖4814人次；有25人次被省委、省政府或国务院工作部门记一等功、评为先进或授予荣誉称号。2008年，调整奖励标准，记三等功、嘉奖人员每人分别发给奖金300元、200元，其中嘉奖人数控制在参评人数15%以内，记三等功人数控制在嘉奖人数10%以内。2009年始，连续三年评为优秀等次的人员记三等功。对事业单位工作人员奖励，由人事部门控制评优比例进行备案管理，单位自行奖励，奖励标准调至记三等功、嘉奖人员分别发给奖金600元、400元。至2011年，全区区一级共奖励1589人次，其中记三等功103人次，嘉奖1106人次，单位自行奖励380人次。

**惩戒** 民国30年8月，惩戒教学不负责任的教员6人，停聘教学无能教员3人。

1949年8月始，对工作失职、违法乱纪，使国家和人民事业遭受损失的干部，给予严肃处理。至1956年，有19名干部受到行政处分，其中记过7人，记大过4人，降职5人，撤职3人。1957年10月，惩戒干部分为警告、记过、记大过、降级、降职、撤职、开除留用察看、开除等8种。是年，由于受反“右派”斗争影响，受行政纪律处分47人。1958—1965年，受到行政纪律处分的干部55人，其中记过1人，记大过5人，撤职3人，开除留用察看6人，开除40人。“文化大革命”期间，一批干部受到不应有的处分。仅1972—1976年，有59名干部受到处分。1982—1983年，处分干部12人，其中警告2人，记过1人，降职1人，开除留用察看3人，其他处分5人。

1984—1989年，惩戒63人，其中警告19人，记过26人，记大过6人，撤职9人，开除公职3人。1996年，干部惩戒按《国家公务员暂行条例》执行，行政处分分为警告、记过、记大过、降级、撤职、开除6种。至2005年，惩戒273人，其中警告81人，记过32人，记大过66人，降级53人，撤职27人，开除14人。2006年，按《行政机关公务员处分条例》执行，处分权限按公务员管理权限实行。至2008年，有惩戒公务员17人，其中警告6人，记大过5人，撤职5人，开除1人。2009—2011年，惩戒公务员4人，其中开除3人，记大过1人。另有27名事业单位工作人员受惩戒，其中2

人除名，5 人记大过，1 人记过，19 人降级。

### 四、退职退休

**退职** 1952 年 10 月至 1955 年 11 月，依照人事部《各级人民政府工作人员退职暂行办法》，对 2 名工作年限满 2 年、年龄 55 岁以上，体弱残废不能继续工作自愿申请退职的，经医生证明报请县人事部门批准，准许退职。退职时，按本人工作年限和在职时职务发给一次性生产补助粮。1955 年 12 月至 1958 年 2 月，执行《国家机关工作人员退职处理暂行办法》，对 3 名年老病弱不能继续工作又不符合退休条件却自愿退职的，准予退职。退职时发给本人当月工资和退职费。1958 年 3 月至 1965 年，执行国务院《关于工人职员退职处理的暂行规定》，对 6 名年老体弱或因病因工负伤而停止工作，时间满 1 年的国家机关工作人员，经县劳动鉴定委员会或医师证明不能从事原工作，本人不符合退休条件但自愿退职的，准许退职。退职时，依工龄长短发给退职费，但最高不超过 30 个月的本人标准工资。1966—1972 年，退职工作停办，1973 年恢复。1978 年，执行国务院《关于安置老弱病残干部的暂行办法》，对不具备退休条件，由医院证明，并经劳动鉴定委员会确认，完全丧失劳动能力的 2 名干部，予以办理退职。退职后，按月发给本人标准工资 40%的退职生活费。退职生活费每月低于 20 元的，按 20 元发给。1983 年，退职费最低保证数提高到每月 25 元。

1984 年 6 月，由区人事部门批准办理退职手续。1989 年，退职费最低保证数提至每月 40 元，退职人员享受公费医疗。1992 年 1 月，全面建立社会养老保险制度后，对 3 名因病残完全丧失劳动能力，年龄、工龄、个人缴纳养老保险费年限又不具备退休条件的，经医院证明、区劳动鉴定委员会确认、人事部门批准后予以办理退职。退职生活费由区社保部门按本人原工资 50%支付。2003 年始，先后 3 次为退职人员增加退职生活费。至 2011 年，予以办理退职 2 人，人均月退职生活费增至 850 元。

**退离休** 清代，官吏退休称致仕。致仕年龄一般为 55~65 岁，患有疾病，可提前致仕。致仕俸禄由居境公仓（国库）按月或年支付。民国时期，国民政府颁布《公务员退休法》《公务员退休细则》，规定任职 5 年以上 15 年以下、年满 60 岁任职 30 年以上的，均可申请退休；年满 65 岁或身体残废不能胜任职务的，则命令退休。退休时，依据任职年限和月薪，按 45%~60%发给年退休金或一次性退休金。

1951—1957 年，境内干部退休由县民政部门与工会组织共同审批（1978 年始，改由县委组织部审批），退休待遇按照 1950 年国家财政经济委员会颁布的《关于退休人员处理办法的通知》和 1955 年国务院颁布的《国家机关工作人员退休处理暂行办法》执行。1958—1966 年，退休费、福利待遇由县财政部门统筹改为由原工作单位按国务院有关文件规定发给。1966—1972 年，干部退、离休工作被迫中断。1978 年 6 月，执行国务院《关于安置老弱病残干部的暂行办法》《关于工人退休退职的暂行规定》，对男年满 60 周岁、女年满 55 周岁、工作年限满 10 年或男年满 55 周岁、女年满 45 周岁、工作年限满 10 年，并经医院证明完全丧失工作能力的，予以办理退休手续，按月发给退休生活费。退休生活费标准依其参加工作年限及退休前月标准工资 60%~90%计发，即工龄满 10~15 年的，按 60%计发；满 15~20 年的，按 70%计发；满 20~25 年的，按 75%计发；1949 年 9 月 30 日前参加工作且享受薪金制离休人员，按 80%计发；因工致残人员按原工资 90%计发，对生活不能自理的加发护理费；凡退、离休费每月低于 35 元的，按 35 元发给。1982 年，根据国务院文件精神，1949 年 9 月 30 日前参加工作的老干部，离休待遇改为按原标准工资照发。1983 年，因物价上涨，将干部退休费最低保证数在原标准基础上，每月提高 5 元，允许干部退休后可顶替 1 名子女就业（此规定执行到 1983 年 9 月 9 日）。

1984 年，干部退休按干部管理权限，处级干部由市委组织部审批，科级干部由区委组织部批准，一般干部由区劳动人事局审批。1985年6月，区成立退休干部管理领导小组。1988年，成立退离休干部工作办公室，负责离退休干部管理工作。1996年，岳阳市制订《岳阳市机关事业单位养老保险制度改革实施办法》，行政事业单位人员退休由人事、劳动和社保部门共同管理。

至2011年，全区共离休13人、退休984人。

## 第三节 专业技术人员管理

### 一、专业技术职称评定

1978年始，对专业技术人员进行职称评聘和套改工作。至1981年12月，先后在工程、农业等系列晋升专业技术职称27人，套改技术职称13人。1983年9月，职称评定工作暂停。

1984年5月，全区通过晋升和套改具备中级或初级职称81人。

1986年，在专业技术人员中开展职称评定。区成立农业、卫生、会计、经济、中小学教师5个专业技术初级职称评定委员会，分别在21个系统45个单位开展专业技术职称评定工作。786人参加评定，通过考核、评审、报批。至1992年，评定高级职称17人，中级职称139人，助理级职称189人，技术员级职称270人。

1993年始，职称评定每年进行一次，不断扩大评定范围和对象，对已经评定职称的，进行正常升迁评审。至2005年，共有高级职称48人，中级职称387人，初级职称及中、高级技工2045人。

2011年，事业单位专业技术人员1626人，评定高级职称119人，中级职称1033人，初级职称473人，职称评定100%。高级职称专业技术人员，教育系统85人，卫生系统13人，其他系统21人。

**1987—2011年云溪（北）区副高级以上职称人员名表**

表11-2-1

| 姓　名 | 工作单位 | 职　称 | 评定时间 | 姓　名 | 工作单位 | 职　称 | 评定时间 |
|---|---|---|---|---|---|---|---|
| 葛庆龙 | 农业局 | 高级农艺师 | 1987.1 | 袁皇初 | 区一中 | 高级教师 | 1987.1 |
| 任建溪 | 云溪中学 | 高级教师 | 1987.1 | 陈齐辉 | 血防医院 | 副主任医师 | 1992.2 |
| 瞿金生 | 教育局 | 副高级教师 | 1992.8 | 李润林（女） | 财政局 | 高级会计师 | 1992.10 |
| 戴华南 | 审计局 | 注册会计师 | 1995.9 | 蔡汇源 | 人民医院 | 副主任医师 | 1996.12 |
| 谢水生 | 文桥中学 | 副高级教师 | 1997.8 | 吴建林（女） | 财政局 | 注册会计师 | 1997.10 |
| 梁孟常 | 区一中 | 副高级教师 | 1998.8 | 何四康 | 区一中 | 副高级教师 | 1998.8 |
| 邓立新 | 区一中 | 副高级教师 | 1999.8 | 贺养山 | 教育局 | 副高级教师 | 2000.8 |
| 刘　实（女） | 区一中 | 副高级教师 | 2000.8 | 罗　理 | 区一中 | 副高级教师 | 2000.8 |
| 欧阳和平 | 区一中 | 副高级教师 | 2000.8 | 易贤柏 | 云溪中学 | 副高级教师 | 2000.8 |
| 李神保 | 区科协 | 高级兽医师 | 2001.8 | 毛新华 | 云溪小学 | 副高级教师 | 2001.8 |
| 吴良松 | 区一中 | 副高级教师 | 2001.9 | 何应军 | 区一中 | 副高级教师 | 2001.9 |

续表 11-2-1（1）

| 姓　名 | 工作单位 | 职　称 | 评定时间 | 姓　名 | 工作单位 | 职　称 | 评定时间 |
|---|---|---|---|---|---|---|---|
| 王　骥 | 区一中 | 副高级教师 | 2001.9 | 李红霞（女） | 区一中 | 副高级教师 | 2001.9 |
| 杨俊杰 | 畜牧水产局 | 高级兽医师 | 2002.5 | 汪大明 | 教育局 | 副高级教师 | 2002.8 |
| 甘水生 | 区一中 | 副高级教师 | 2002.8 | 黄　菲 | 区一中 | 副高级教师 | 2002.9 |
| 张传智 | 区一中 | 副高级教师 | 2002.9 | 曾　祯 | 区一中 | 副高级教师 | 2002.9 |
| 刘应湘 | 区一中 | 副高级教师 | 2002.9 | 刘金湘（女） | 区一中 | 副高级教师 | 2002.9 |
| 卢银波 | 区一中 | 副高级教师 | 2002.9 | 郑志辉（女） | 云溪客运站 | 注册会计师 | 2002.12 |
| 李　敏 | 区一中 | 副高级教师 | 2003.1 | 卢盛罗 | 永济中学 | 副高级教师 | 2003.8 |
| 秦政军 | 建筑公司 | 高级工程师 | 2003.8 | 曾　靖 | 水利农机局 | 高级工程师 | 2003.9 |
| 谌素娥（女） | 区一中 | 副高级教师 | 2004.8 | 叶正德 | 区一中 | 副高级教师 | 2004.8 |
| 张永雄 | 区一中 | 副高级教师 | 2004.8 | 曹建辉 | 云溪小学 | 副高级教师 | 2004.8 |
| 徐金明 | 区一中 | 副高级教师 | 2005.8 | 丁琼英（女） | 区一中 | 副高级教师 | 2005.8 |
| 杨小林 | 区一中 | 副高级教师 | 2005.8 | 詹新华 | 道仁矶中学 | 副高级教师 | 2005.8 |
| 周景明 | 林业局 | 高级工程师 | 2005.10 | 王晓辉 | 疾控中心 | 副主任医师 | 2005.11 |
| 戴忠良 | 人民医院 | 副主任医师 | 2005.12 | 杨孝兰 | 人民医院 | 副主任医师 | 2006.11 |
| 皮剑光 | 水利农机局 | 高级工程师 | 2006.12 | 杜呈祥 | 教育局 | 副高级教师 | 2006.12 |
| 方立贤 | 教育局 | 副高级教师 | 2006.12 | 沈维军 | 区一中 | 副高级教师 | 2006.12 |
| 尹　熙 | 区一中 | 副高级教师 | 2006.12 | 李叶青（女） | 区一中 | 副高级教师 | 2006.12 |
| 袁飞娥（女） | 区一中 | 副高级教师 | 2006.12 | 周汗明 | 区一中 | 副高级教师 | 2006.12 |
| 乔晓星 | 区一中 | 副高级教师 | 2006.12 | 田新友 | 路口中学 | 副高级教师 | 2006.12 |
| 刘佳瑜 | 云溪中学 | 副高级教师 | 2006.12 | 柳旭辉 | 教育局 | 副高级教师 | 2007.9 |
| 刘玉壶 | 教育局 | 副高级教师 | 2007.9 | 叶玲玲（女） | 区一中 | 副高级教师 | 2007.9 |
| 王怀学 | 区一中 | 副高级教师 | 2007.9 | 杨建华 | 区一中 | 副高级教师 | 2007.9 |
| 许云章 | 区一中 | 副高级教师 | 2007.9 | 周正洪 | 区一中 | 副高级教师 | 2007.9 |
| 孙少文 | 区一中 | 副高级教师 | 2007.9 | 田新肖 | 区一中 | 副高级教师 | 2007.9 |
| 李大卫 | 陆城中学 | 副高级教师 | 2007.9 | 李升文 | 路口中学 | 副高级教师 | 2007.9 |
| 丁俊和 | 路口中学 | 副高级教师 | 2007.9 | 李素惠（女） | 云溪中学 | 副高级教师 | 2007.9 |
| 陈继铭 | 云溪中学 | 副高级教师 | 2007.9 | 何沙苇 | 云溪中学 | 副高级教师 | 2007.9 |
| 杨会兰（女） | 人民医院 | 副主任医师 | 2007.11 | 胡玉霞（女） | 区一中 | 副高级教师 | 2008.8 |
| 周灿辉（女） | 区一中 | 副高级教师 | 2008.8 | 李　勇 | 区一中 | 副高级教师 | 2008.8 |

续表 11-2-1（2）

| 姓　名 | 工作单位 | 职　称 | 评定时间 | 姓　名 | 工作单位 | 职　称 | 评定时间 |
|---|---|---|---|---|---|---|---|
| 谢勇光 | 区一中 | 副高级教师 | 2008.8 | 李卫平 | 区一中 | 副高级教师 | 2008.8 |
| 梅双红（女） | 区一中 | 副高级教师 | 2008.8 | 朱亚梅（女） | 区一中 | 副高级教师 | 2008.8 |
| 间松茂 | 区一中 | 副高级教师 | 2008.8 | 徐三明 | 区一中 | 副高级教师 | 2008.8 |
| 周利兵 | 区一中 | 副高级教师 | 2008.8 | 王安祥 | 区一中 | 副高级教师 | 2008.8 |
| 丁春初 | 陆城中学 | 副高级教师 | 2008.8 | 罗岳云（女） | 云溪中学 | 副高级教师 | 2008.8 |
| 李革联 | 云溪中学 | 副高级教师 | 2008.8 | 李怀珠 | 云溪中学 | 副高级教师 | 2008.8 |
| 张和平 | 云溪中学 | 副高级教师 | 2008.8 | 曾庆良 | 道仁矶中学 | 副高级教师 | 2008.8 |
| 余祥兴 | 区一中 | 副高级教师 | 2008.9 | 廖卫洪 | 水利农机局 | 高级工程师 | 2008.11 |
| 王良斌 | 教育局 | 副高级教师 | 2009.9 | 刘鸿志 | 文桥中学 | 副高级教师 | 2009.9 |
| 王清华（女） | 农业局 | 副高级农艺师 | 2009.10 | 杨国蓉（女） | 水利农机局 | 高级工程师 | 2009.12 |
| 谢家力 | 云溪中学 | 副高级教师 | 2010.1 | 丁清涛 | 教育局 | 副高级教师 | 2010.4 |
| 姚慧员（女） | 区一中 | 副高级教师 | 2010.4 | 贺美乐（女） | 区一中 | 副高级教师 | 2010.4 |
| 张　晴 | 区一中 | 副高级教师 | 2010.4 | 刘启明 | 区一中 | 副高级教师 | 2010.4 |
| 许赛艳（女） | 区一中 | 副高级教师 | 2010.4 | 方旺兴 | 区一中 | 副高级教师 | 2010.4 |
| 苏松柏 | 文桥中学 | 副高级教师 | 2010.4 | 谌国良 | 云溪小学 | 副高级教师 | 2010.4 |
| 叶　英（女） | 云溪中学 | 副高级教师 | 2010.4 | 杨晓辉 | 云溪中学 | 副高级教师 | 2010.4 |
| 陈红明 | 中医院 | 主任医师 | 2010.10 | 李陆军 | 人民医院 | 副主任医师 | 2010.12 |
| 陈美荣（女） | 人民医院 | 副主任医师 | 2011.3 | 文碧华（女） | 人民医院 | 副主任医师 | 2011.3 |
| 游亚虎 | 人民医院 | 副主任医师 | 2011.3 | 吴明华 | 中医院 | 副主任医师 | 2011.3 |
| 邓银芳（女） | 疾控中心 | 副主任医师 | 2011.3 | 吴玉君 | 疾控中心 | 副主任医师 | 2011.3 |

## 二、激励表彰

民国36年（1947）1月，境内有25名教员受到县政府嘉奖。

1950年后，对专业技术人员的奖励表彰，一般与国家干部的奖励同步进行。形式主要有评比先进工作者、优秀工作者、劳动模范，给予嘉奖、记功、颁发奖品、奖金等。

1978年后，逐步实行专业技术人员年度百分制考评。考评的重点是任职资历条件、专业学识水平、业务能力和工作业绩。至1991年，形成较为完整的定量考核模式。

1992—2011年，把年度考核与专业技术职称评定结合起来，即由区职称改革办公室（简称职改办）统一发放“专业技术人员年度考核表”，由本单位政工人事部门组成考评小组进行考核评价。考核等次分为称职（合格）、基本称职（基本合格）、不称职（不合格）3个档次（2002年改为优秀、合格、不合格，其中优秀名额按单位专业技术人员总数15%确定）。考核后报区职改办审定，将考核结果存入个人专业技术档案，作为以后评定或晋升高一级职称的依据。

## 第四节 工资·福利

### 一、工资

清代，区、乡供职人员实行薪俸制，薪俸以银两计算，按照官品定级。民国时期，薪俸按等划级。民国31年（1942），乡镇长分甲、乙、丙三类，薪俸分3级，级差10元，最高额80元；其余公职人员分6级，级差为2元，最高月薪32元；乡丁统一为15元。教职员薪俸有拿货币的，有拿实物的，也有两者兼拿的。民国37年，中心国民学校校长每期薪俸稻谷18石，教务主任17石，教员16石，校工7石，另有津贴。

1949年后，机关、企事业单位工作人员工资分别实行供给制、薪金制。实行供给制人员的服装、伙食及其家属生活费全部由国家供给。实行薪金制工作人员的工资，分等级以大米市斤为计算单位，折款或折合实物发给。1956年，实行货币工资制。1959年10月，工资调整，人均月增工资2.99元，机关企事业单位工作人员人均月工资31.65元，企事业职工人均月工资28.13元。1961—1983年，先后8次调整工资。

1985年6月，建立以职务工资为主，以级别工资、基础工资、工龄工资为辅的结构工资制度，类别由四类升为五类工资区。教师、护士增加教龄、护龄津贴，离、退休人员增加生活补贴。全区872人参加工资改革，人均月增工资21.92元。

1993年7月，行政机关实行职级工资制，职级工资由职务工资、级别工资、基础工资、工龄工资组成。事业单位按行业工作性质和特点，实行不同类型的工资制度，分固定部分和活动部分，按不同的比例构成，其中全额拨款单位为7／3，差额拨款单位为6／4，自收自支单位为5／5。全区2156人参加工资改革，行政机关人均月增工资75.4元，区直事业单位人均月增工资8.3元。此次工资制度改革，建立正常增资机制，规定年度考核为称职以上的工作人员，每两年晋升一个工资档次。

2006年5月至2011年，公务员实行职级工资制，由职务工资、级别工资构成；行政机关工勤人员实行岗位技术等级工资制，由技术等级工资、岗位工资构成；事业单位实行岗位绩效工资制，由岗位工资、薪级工资、绩效工资构成。共有3489人参加工资改革，人均月增工资290元，月均工资增至1043元，增长38.5%，其中，公务员人均月工资增至1069.7元，事业单位工作人员人均月工资增至1055.7元，专业技术人员人均月工资增至1142.9元。

### 二、福利

**福利费** 1949年，行政单位工作人员子女多收入低、不足维持平均生活水平的，实行定期困难补助；遭受天灾人祸的，实行临时补助；患慢性病的，发营养补助。1953年，按照福利补助按工资总额2.5%提取的规定，建立干部生活困难补助制度。1956年，福利提取标准为机关、事业单位干部工资总额的3%，1957年为3.5%。1958年“大跃进”运动中，福利费的掌管权由县下放到公社，提取比例降至1.5%，停止定期困难补助改为临时或年终评定。1964年，福利费提取标准调至2.5%。“文化大革命”中，干部福利受到影响。中共十一届三中全会后，各地各部门建立干部交通费补贴、生活困难补助等制度，扩建公共福利设施。1981 年，福利费按每人每月 1.5 元提取。

1985 年，实行工龄津补贴和书报费、洗涤费、卫生费补贴。工龄津贴人均年工龄 0.5 元，洗涤费人月均 2 元，书报费人月均 3 元，女职工卫生费人月均 0.5 元。1986 年，按工资总额 2.5%提取福利费。1993 年，工龄津贴增至人均年工龄 4 元；2006 年增至 15 元。此后随着干部工资水平提高，养老保险、医疗保险、最低生活保障等社会保障制度建立，福利费用于个人生活困难补助的比例逐年缩小，用于公共福利的比例逐年增加，并增加计生费、独生子女补贴、防暑防寒补助和其他劳保等。2008 年，实行工资（包括基本工资、职务工资）和津贴制度。2011 年，干部福利费全部计入津贴部分，与工资同时发放，不再另行发给。

**休假**　国家工作人员除元旦、春节、清明、劳动、中秋、国庆、妇女等国家法定节假休假日休假 1~7 天外，还享有年休假、探亲假、事假、病假、婚丧假，妇女还享有产假、计划生育手术假。其中年休假，1986—1987 年，工龄不满 10 年的，年休假 10 天；10 年以上不满 20 年的，15 天；20 年以上不满 30 年的，20 天；30 年以上的，25 天。1991 年，调整为满 5 年不满 10 年的，年休假 7 天；满 10 年不满 20 年的，10 天；满 20 年以上的，14 天。探亲假，1981 年，未婚者探望父亲的，每年给假 20 天，已婚者探望配偶的，每年给假 30 天，工资照发，路费报销。婚假，1982 年，由原来 3 天增至 12 天。丧假，父母公婆亡故，1982 年，由原来 3 天增至 7 天。产假，1984 年，由原来 30 天增至 90 大(含产前产后假)。1989 年后，对领取独生子女证的女性工作人员，增加产假 1 个月。

**工伤**　1950 年 12 月，对因公负伤人员送公立医院治疗，医疗期间照发生活费。1977 年，对在血吸虫病流行地区工作而接触血吸虫患病的，比照因公处理，享受公费治疗和生活费补助，在办理退休时增发 5%的退休生活费。1978 年，国家机关工作人员、企事业单位干部因工负伤，治疗期间工资照发，医疗费、住院费、去外地就医路费、生活费均由单位负担。1996 年，将机关事业单位工作人员工伤、职业病、血吸虫病致伤程度规定为特等、一等、二等甲级、三等甲级、三等乙级、四等六级，分别按等级每人每年发给 160~600 元的保健金。其中，特等者每人每月另发护理费 110 元，退休费比例提高 15%，一等工伤人员每月发护理费 88 元，退休费比例提高 5%。1999 年 1 月始，特等、一等工伤人员每年保健金提高至 750~1000 元。2005 年始，工伤补助按伤情等级由工伤保险保费支付，经费多少根据单位缴纳保费及参保险种情况而定，一般较 2005 年前增加 10~20%左右。

**死亡丧葬**　1949—1953 年，行政机关事业单位工作人员死亡丧葬费不论因公或非因公死亡，均在 300 公斤食粮内实报实销，一次性发给家属的抚恤金，视职级和死亡原因而定。1955 年，丧葬费为 100~150 元，家属一次性抚恤金按干部职务高低，享受 120~520 元。因公死亡的，按其职务高低享受 150~650 元。1957 年，实行生活困难补助后，经过几次调整逐步提高。1971 年，一次性抚恤金调整为一般死亡的为 370~600 元，因公死亡的 470~700 元。1981 年，一般死亡丧葬费提高到 300 元，因公死亡提高到 400 元。1990 年，丧葬费标准为病故或非因公死亡发给 600 元，因公死亡最高不超过 700 元。1994 年，一次性抚恤金，因公死亡逝者本人按 20 个月工资发给，正常死亡按 10 个月工资发给。1997 年后，丧葬费标准提高，因公死亡的每人 1300 元，病故及非正常死亡的每人 900 元。一次性抚恤金标准，根据不同情况提高到每人每月 50~130 元不等。2005—2011 年，非因公死亡丧葬费 4000 元，因公死亡 5000 元，一次性抚恤金调至每人每月 150~275 元。

# 第三章 劳 动

清代、民国时期，境内无劳动管理机构。

1959年，劳动由县劳动科管理。“文化大革命”期间，劳动管理机构瘫痪。1981年1月，由县劳动科管理。6月，由县劳动局管理。1983年12月，由县劳动人事局统管。

1984年6月，由区劳动人事科统管。7月，区劳动人事科成立劳动服务公司。9月，劳动由区劳动人事局统管。1987年，区劳动人事局内设工人管理股。1993年，区成立劳动争议仲裁委员会，区劳动人事局增设劳动争议仲裁股。1997年，成立劳动保障监察中队。2000年6月，区成立人才交流中心，设区劳动人事局内。2002年，劳动由区人事劳动社保局统管。2011年8月，由区人社局统管。

## 第一节 劳动就业

### 一、就业安置

晚清、民国时期，境内通过自谋职业安置1100余人。

1949年后，实行有计划招工就业。1952年，在省、专署批准的计划指标内，招收失业工人、失学青年，补充到职工队伍。1953—1957年，招工安排410人。1958年，劳动力计划审批权下放到公社。至1960年，共安置就业2294人。1961—1965年，精减1957年1月后从农村招收的职工。劳动力计划审批权收回县劳动部门，严格控制从社会上招收新职工。1970年，长炼、岳化等企业在省、地区革委会下达的劳动计划指标内招收职工，至1978年，共招收职工468人。1979年至1983年年初，上山下乡知识青年回城安置，新招职工增多。

1984年6月，在省、市下达的计划指导下，区劳动人事科行使劳动计划审批权。至1992年，共安置到全民企业（含长炼、岳化）650人，集体企业1200人，机关事业单位250人。

1993年始，企业用工实行自主招聘，区劳动部门不再下达计划指标。事业单位用工，由区编办实行编制管理。至2005年，共安置就业3700人。

### 二、培训与考核

**培训** 1987年11月，岳化创办技工学校，办学规模为300人。1979年9月，长炼技工学校创办，办学规模600人。1989年，区建职业培训楼，对城镇待业青年、机关事业单位招用人员进行上岗前职业培训。与市劳动局联合办班或聘请专业人士授课开展就业培训；至2000年，先后开办电工、焊工、钳工、电脑打字员等专业班，培训班共培训1890人次。1992年，在区供销联社创办营业员培训基地，开展营业员业务培训。1993年，在区汽车修配厂设培训基地，开展汽车修理专业培训。2000年，成立区电脑培训学校，培训城镇失业人员213人。2002年，开始再就业培训，培训下岗再就业人员132人。2004年，成立区大众职业培训学校，开办电脑、模具、机械制造、企业管理等4个专业，每年帮助用人单位培训新招聘人员300人左右。2008年，开展援助农村贫困家庭成员转移就业培训，办班12期，设电工、焊工、架子工3个专业，培训510人。2009—2011年，进行农村劳动力转移技能培训，培训2456人。

**考核** 1984年7月始，开展职业技能鉴定工作，但进展缓慢。2006年，职业技能鉴定工作得到发展。次年，职业技能鉴定320人。2009年鉴定660人。2010年鉴定1060人，发证1060人。2011年，职业技能鉴定1230人，发证1156人。

### 三、再就业工程

1998年3月，区成立再就业领导小组、再就业服务中心，加强下岗失业人员再就业工作的组织、指导与协调工作。将1681名下岗职工纳入再就业服务中心进行托管，实行基本生活救济。

2003年，实行“再就业优惠证”制度，给下岗失业人员发放“下岗失业证”“再就业优惠证”，凭此两证下岗失业人员从事个体经营或创业，可享受税费减免等优惠政策。是年，发放上述两证1217人，支持下岗失业人员从事个体经营、创业489人。

2004—2005年，实行单位、企业援助，安置“4050”人员、“零就业”家庭成员411人。发动乡镇街道、社区指导、服务再就业。是年，洗马路社区、长岭社区被评为省级优秀再就业社区。

2008年，对困难就业人员实行援助，援助300人，共发放岗位补贴98.17万元。解决782名灵活就业人员享受社会保险补贴，发放补助金163.92万元。是年，下岗失业人员通过从事个体经营或创业就业，享受税收减免共44万元。

2011年8月，区成立小额担保贷款中心，帮助困难就业人员筹集资金通过自主创业就业，共实行自主创业就业425人。

## 第二节 劳动工资

### 一、工资

**工资改革** 晚清、民国时期，工商企业和手工业实行雇佣工资制。一般高级职员收入较高，普通工人收入微薄。据清光绪二十五年（1899）《东业商报》记载，境内木工、瓦工、石工每天的工钱自己办食的160文，雇户供食的100文。当时每升白米（每升约0.75公斤）价格为30文，一名雇佣工每日所得2.25~3.75公斤白米。

1949年8月至1951年，实行以实物为计算基础的货币工资制。

1952年始，不断实行工资改革。是年，根据按劳分配原则，工人实行八级工资制，职员实行职务等级工资制。废除不同工资计算单位，执行省统一规定的以“工资分”为计算单位。每一工资分折米1市斤，细布1.2尺，植物油2两，盐2两，人均月增工资5.5元。

1956年，取消“工资分”和物价补贴制，直接以货币规定工资标准，并划定工资区类别，根据工人的生产特点执行不同的工资等级制度。工资由1952年年人均302元增至439元，增长45.36%。

1985年，按照新拟企业工人工资标准，实行套改升级。列入改革1821人，升级的1600人，人均月增工资5元。改革后，企业多种工资标准统一简化为新拟企业工资标准。

1988 年，实行工资总额同经济效益挂钩的工资制度。至 1996 年，17 个挂钩企业共追加工资 98 万元，新增效益工资 98 万元，人年均工资 4630 元。

1995 年，实行最低工资标准，核定最低工资标准为每月 145 元。以后根据物价水平，每年核实一次。1996 年最低工资标准为 190 元，1997 年为 200 元，1998 年为 215 元，1999 年为 220 元，2002 年为 340 元，2003 年为 360 元，2004 年为 380 元，2005 年为 420 元，2006 年为 450 元，2007 年为 480 元，2008 年为 580 元，2009 年为 580 元，2010 年为 725 元，2011 年提高到 930 元。

**工资调整** 1959 年，工业、基建、其他企业职工进行工资调整。调整对象为 1957 年年底以前参加工作的职工，调整后人均月增工资 6.9 元。

1963 年，调整全民所有制单位职工工资，调整后人均月增工资 6.55 元。

1971 年，调整参加工作 5~14 年，工资偏低职工的工资，调整后人均月增工资 6.76 元。1973 年，松阳湖农场职工比照国营企业、事业单位职工调整工资，调整后人均月增工资 4.4 元。

1981 年，调整教育、卫生系统职工工资，调整后人均月增工资 7.16 元。

1985 年，调整企业部分职工工资，调整后有 2788 人人均月增工资 7.5 元。

1989 年，普遍调整企业职工工资，调整后全民企业有 1250 名职工人均月增工资 13.3 元，集体企业有 1331 名职工人均月增工资 11.2 元。

1994 年，调整职工工资标准和工资级别，调整后有 1286 人人均月增资 16.7 元，集体企业有 1503 人人均月增工资 14.5 元。

1997 年，停止实行工效挂钩的工资制，实行工资总额同经济效益挂钩的工资指导线制度，不再统一调整工资，仅对企业正常性增加职工工资给予宏观指导。是年，执行市政府《工资增长实施意见》，对实现税利较上年有增长或有扭亏成效的企业，可按不低于基准线下线即 8%的幅度确定工资增长量；对实现税利较上年有一定增长幅度的国有企业，可按不低于基准线即 12.5%的幅度确定工资增长量；对实现税利较上年有较大幅度增长的国有企业，原则上按不超过基准线上线即 18%的幅度确定工资增长量。1998 年，工资增长基准线 8%，上线为 15%，下线为零。1999—2002 年，工资增长基准线为 6%，增长上线为 15%，增长下线为零。2002 年，实施工资指导线的企业 15 家，人均月工资 875 元。2003 年，基准线为 10%，上线为 15%，下线为零，实施指导线的企业 17 家，人均月工资 956 元。2004 年，基准线为 10%，上线为 15%，下线为 2%，人均月工资 1062 元。2011 年，基准线为 10%，上线为 15%，下线为 2%，人均月工资调整为 2150 元。

## 二、奖金与津贴

**奖金** 1952 年年底，结合工资改革，初步建立奖励工资制度。1956 年，企业设节约奖、质量奖、安全奖。1966 年，“文化大革命”开始，奖金制度受到抵制。1978 年年底，奖金制度逐步恢复。1982 年，采取年初核定指标、年中检查、年终结算的办法健全奖金制度。1984 年，扩大企业自主权，从税后盈利中提取奖励基金，取消奖金封顶限制，实行奖金征税办法，使奖金与经济效益挂钩。1991 年后，行政不再干预企业奖金发放。至 2011 年，奖金概由企业在工效挂钩的工资总额内自主安排。

**津贴**

**施工津贴**。1957 年，建筑等行业实行施工津贴制度。1963 年，实行临时性施工津贴，每人每天约 0.2 元。1984 年，公路、建筑行业实行施工津贴制度，按作业人员工资的 10%发给。电业、水电、邮电等行业的施工津贴比照执行，每人每天补助 0.5~0.6 元。1990 年后，由企业自行确定。

**夜班津贴**。20 世纪 60 年代，企业建立夜班津贴制度，每人每班发夜班津贴 0.2~0.3 元。1978 年 12 月，夜班津贴标准统一增至每人每班 0.3 元。1984 年，每人每班 0.6 元。1988 年，提高到 0.8 元。1989 年，夜班津贴调整为 1 元。1990 年至今，由企业自主安排。

**粮食补贴**。1978 年，执行粮价补贴，每人每月 2.3 元。1994 年，实行工资套改后，粮食补贴等各种由财政支付的补贴，并入工资，不再另行发放。

**副食补贴**。1979 年，实行副食补贴，每人每月 5 元。1994 年后不再发放。

**其他津贴**。1979 年，实行卫生防疫津贴，卫生防疫人员每人每月补助 6 元。供销社直接从事废旧物资回收、加工利用人员，实行岗位津贴，每人每天补助 0.3 元，按实际出勤天数发给。1980 年，中、小学校班主任实行津贴制度，标准为每人每月 5~7 元。1985 年，中、小学教师、医院护士分别实行教龄、护龄津贴，满 5 年不满 10 年的，每人每月 3 元；满 10 年不满 15 年的，每人每月 5 元；满 15 年不满 20 年的，每人每月 7 元；满 20 年的，每人每月 10 元。1994 年至今，并入工资，不再另行发放。

## 第三节　人才市场

**劳务输出**　1993 年始，劳动力自发向沿海经济发达地区流动。区劳动服务公司始对流动就业人员实行“就业登记证”“流动就业登记卡”两证合一管理。加强农村劳动力跨省流动的协调指导及服务工作，至 1999 年，通过中介组织安排，输出到外地务工 5900 余人。2000 年，劳务输出统一由区人才交流中心管理。至 2011 年，通过与境外企业联系等方式，年均约输出务工人员 1.5 万人。

**人才交流**　2000 年 6 月，区人才交流中心始开展人力资源开发利用工作。2002 年 10 月 28 日，举办全区首次人才交流会。市、区 23 家用人单位 518 个职位待聘，有近 2000 人参加应聘，186 人与用人单位达成聘用协议。2011 年 2 月 14 日，在云溪广场举行“春风送岗位”专场招聘会。有湖南海特农大、中国联通等区内外 160 余家企业前来招聘，提供 5000 余个工作岗位，有 4600 余人参加应聘，2300 人达成就业意向。

## 第四节　劳动保障

**劳动仲裁**　民国期间，国民政府颁布劳动争议、劳资争议处理的法令法规，但未见落实记载。

1956—1983 年，曾发生少量劳动争议案件，均由临湘县劳动、信访部门处理。

1984—1992 年，劳动争议案件由区劳动、信访部门和法院调解处理。

1993 年，区劳动争议仲裁部门，对劳动争议实行有偿仲裁。至 2002 年，共受理劳动争议仲裁案件 9 起，裁决 9 起。

2003—2007 年，受理劳动争议仲裁案件 46 起，仲裁 46 起。

2008 年 5 月 1 日，执行《中华人民共和国劳动争议调解仲裁法》，劳动争议仲裁不再收费。至 2011 年，共受理劳动争议仲裁案件 91 起，均得到仲裁。

**劳动监察**　1997 年，区劳动保障监察中队对 5 家企业进行执法检查，查出侵害职工权益案件 2

起，均整改处理。

2004年10月始，执行国务院颁布的《劳动保障监察条例》。是年，检查60家民营企业、30家个体工商户落实劳动保障情况，责令其中70家限期发放被拖欠的职工工资50.06万元。查处14起故意拖欠克扣工资案件，为40名劳动者追回被克扣、拖欠的工资10.6万元。

2005年，开展“劳动保障监察执法年”活动。检查108家用工单位执行劳动法情况，纠正违规劳动合同850份，督促46家用人单位依法与劳动者签订劳动合同，监督补发拖欠工资42万元。

2008年，专项检查规模工业企业、服务行业企业、事业单位落实劳动合同法情况，所查单位劳动合同签订率95%，督促尚未签订劳动合同的依法签订合同。

2009年，开展小砖窑、小矿山、小作坊等“三小”企业用工专项执法检查，促进27家“三小”企业规范用工行为。

2010年，进行劳动关系管理“两网化”（即网络化、网格化）建设试点。在规模企业建立信息档案，内容包括签订劳动合同、落实社会保险、发放劳动工资、特殊行业持证上岗、劳动保护等。开展清理、追讨拖欠农民工工资专项行动，受理拖欠农民工工资案件18起，为农民工追讨工资220万元。

2011年，落实工资集体协商制度，改职工工资由投资方单方面决定为由劳、资双方协商约定。有285家企业实行工资集体协商订约，占应集体协商订约企业86.3%。

# 第十二篇　民政与社会保障

清代，临湘县署未设民政专管机构。民国31年（1942），境内民政事务由县民政科管理；民国37年，改由县政府第一科管理。

1949年7月，由县政府民政科管理。1967年12月，由县革委会办事组所设民政组管理。1973年6月，由县革委会民政局管理，1980年12月，改由县民政局管理。1984年6月，由区民政科管理。9月，区民政科更名为区民政局。

1984年始，区民政部门坚持依法维护和保障人民群众基本生活权益，依法管理民政事务，把加强基层民主政治建设、拥军优属、社会救助、婚姻登记、社团和地名管理，落实社会保障制度作为全区民政工作的重点。1990—1991年，贯彻《中华人民共和国村民委员会组织法》《中华人民共和国居民委员会组织法》，首次实行村（居）委会民主换届选举，加强村（居）委会民主管理。1992年，落实区政府军人抚恤条例实施细则，进一步加强优抚工作，1997年，实行义务兵优待金社会统筹。1998年，落实城镇居民低保；2005年，实行农村居民低保。至2011年，全区初步形成由政府主导、民政牵头、社会参与的大民政格局。

2011年8月，区民政局内设机构有办公室（计划财务股）、民间组织管理股、优抚股（复员退伍军人安置股）、救灾救济股、基层政权股（区老龄工作委员会办公室、区老区工作委员会办公室）、社会事务和区划地名股；核定机关行政编制10名，机关后勤服务编制1名。与之合署办公的区残联内设康复股、文教就业股、维权股，核定全额事业编制3名。另有8个乡镇、街道民政办。

## 第一章　基层自治组织建设

### 第一节　村民委员会

#### 一、选举

1990年前，村委会成员由乡镇任命。1990年，实行村委会民主换届选举，一届3年。通过组建机构、宣传发动、登记选民、提名推荐候选人、确定正式候选人、投票选举、整章建制，选举产生新一届村委会。1999年1月，执行新的《中华人民共和国村民委员会组织法》，按照“直接、平等、差额、无记名”的原则，选出村主任56人，委员270人。2002年3—5月，进行第五次村委会换届选举。永济乡由原松杨湖农场改为乡镇建制，所辖5个村首次民主选举村委会。全区其余61个村，通过海选，选出村主任61人，村委会委员182人。2005年1—3月，第六次村委会换届选举。有32个村实行村党支部书记、村主任“一肩挑”，各村均实行村党支部、村委会交叉任职。2011年，第八次换届选举，经过预选、竞选、秘密划票、公开唱票、计票、当场公布选举结果，选出村委会委员152人，村主任66人，其中中共党员163人，妇女干部68人，高中以上文化程度130人，分别占当选人数的74.77%、31.19%、59.63%。

### 二、村民自治

**民主管理** 1990年，全区56个村均建立村民大会、村民代表会议制度。村民大会或村民代表会议讨论决定村级社会和经济发展重大事项，特别是村民出资出劳事项。村民代表会议一般由5~7人组成，在村委会换届时，由村民直接换届选举。1993年、1994年，区司法局、区民政局先后在云溪镇镇龙村、云溪乡胜利村办依法治村、民主管理试点。至1998年，56个村有51个村制订包括《村规民约》、财务管理、人口生育控制管理、森林管理、水库管理、社会治安管理等在内的近30项民主管理制度，有60%的村制订实施《村民自治章程》，让村民自己管理自己，自己教育自己。2008年、2010年，云溪镇镇龙村、云溪乡胜利村分别被省司法厅、省民政厅评为民主法治示范村。

**民主监督** 1990年，各村均设立财务监督委员会（简称监委会）。监委会由3~5人组成，通过村民大会选举产生。监委会定期审查村级财务，发现有违纪违规问题，及时提出处理意见。2005年，31%的村实行村务公开，将村财务收支情况、计划生育指标分配情况、最低生活保障情况等群众关注的热点问题，定期张榜公布，接受村民监督。2011年，100%的村实行村务公开。

## 第二节 居民委员会

### 一、选举

1991年前，居委会成员由乡镇任命。1991年8月，首次实行居委会民主换届选举，选出居委会9个。居委会每3年换届一次，均由居民大会选举产生。2002年3月，成立长岭街道办事处四化、向阳、洞庭、南山4个社区居委会。永济乡松阳湖社区居委会与村委会一并选举。境内共选出居委会14个。2006年10—12月，进行第六次居委会换届选举。除长岭街道所辖4个社区居委会由街道办事处自主安排外，其余10个居委会共选出居委会委员38人，并实行书记、主任“一肩挑”。凡当选的居委会成员，由乡镇政府颁发省民政厅统一印制的当选证书。2011年，第八次居委会换届选举，新增长岭街道所辖岳阳居委会，岳化社区管理中心所辖安居园居委会、汪家岭居委会、金盆居委会、胜利沟居委会、青坡居委会，20个居委会共选出居委会主任20人、委员122人，平均年龄40岁，其中女性78人，占54.93%。

### 二、民主管理

1991年年底，居委会始建立居民代表会议制度。居民代表会议由3~5人组成，在居委会换届时，由居民大会选举产生。居民代表会议代表参与居委会事务管理，反映居民意愿和诉求。1998 年，全区各居委会制定《居民自治章程》，落实社会治安、计划生育、流动人口、户籍、卫生管理等 10 多项管理制度。2008 年，岳化安居园居委会被评为全国示范和谐社区。2010 年，云溪镇上街居委会被评为全省民主法治社区先进单位。

# 第二章　优抚安置

## 第一节　优　待

民国时期，政府虽有优待军人及家属的《条例》，但无执行记载。

1950 年，农村对无劳力或少劳力的革命烈士家属、革命军人家属、革命残疾军人等，分别采取“大包耕”“小包耕”“工票制”、临时帮工等形式，由群众帮助代耕全部或部分田土。1953 年年底至 1954 年，对进入互助组的军烈属、革命残疾军人困难户，除组内互帮互助外，还采取代耕和帮工形式，帮助解决生产中的困难。1956 年，对军属、烈属、二等以上在乡残废军人优待工分，使其参与农村劳动分配。1982 年，对军烈属、革命残废军人优待现金，由大队负担改为由公社统一筹划，由年终一次兑现改为分期付款，由按期全部发放优待金改为按比例留存，以济急时之用。是年，优待 7 户，发优待金 12348 元。

1984 年 7 月，区成立拥军优属领导小组。区委、区政府、区人武部主要负责人始每年“八一”建军节、春节前上门看望、慰问军烈属、二等以上革命残废军人。是年，农村义务兵优待标准为每人每年 1000 元，到西藏、新疆等边远艰苦地区服役的义务兵，一次性给予每人 1 万元奖励。立功或评为优秀士兵的，另按立功等级，授予荣誉单位级别，分别给予奖励。1991 年 11 月 13 日，区政府召开拥军优属会，包括长岭、岳化有 118 人参加，表彰拥军优属先进单位 8 个，先进个人 60 人。1997 年，对义务兵优待金实行社会统筹。是年，收取统筹金 72.23 万元，优待义务兵 72 人、72.16 万元。1998 年 8 月，先后 5 次组织慰问赴境抗洪抢险的省武警总队直属二支队官兵、广州军区第四十一集团军某师炮兵团四营解放军战士。2006 年，开展优属“结对”活动。2010 年，有区人武部、区光荣院联手创拥军优属军民共建示范单位。区光荣院院长徐素娥被评为全省拥军优属先进个人。2011 年清明节，组织拥军优属代表走访慰问 12 户烈士家属，发放大米 12 袋、食用油 12 壶、慰问金 6000 元。

## 第二节　抚　恤

**“三属”人员抚恤补助**　民国 34—35 年（1945—1946），国民政府有关于抗日阵亡将士抚恤规定，境内有 64 名阵亡兵员受到县政府抚恤。1949 年后，国家对为革命献身的烈士遗属、因公牺牲军人家属、病故军人家属（简称“三属”）给予政治荣誉，分别按情况给予抚恤和供养。1952 年，对烈属发粮发抚恤金，补助其子女入学费；对因公牺牲军人家属、病故军人家属发抚恤粮食。1956年，对“三属”人员发抚恤金。1964年，发放烈属抚恤金67户、7339.49元。1979年，抚恤烈属59户，发抚恤金6463.13元。1982年，发抚恤金8524元，抚恤烈属64人。1992年，区政府制定抚恤实施细则，加强“三属”、伤残军人抚恤工作。2002年始，革命烈士和因公牺牲、病故军人的一次性抚恤金，由区民政局统一发放。是年，发放一次性抚恤金1人、21.3万元。2007年，重点解决“三属”住房难、就医难、生活难“三难”问题；解决住房6户，解决生活困难45人次。建立抚恤对象临时救助制度，发放临时生活救助费56人、1.68万元。2009年，实行抚恤对象代表例会制度，民主推荐抚恤对象代表28名，每月定期召开会议，听取意见，改进抚恤工作。2011年，烈士家属抚恤费，在农村的每人每月510元，城镇的每人每月880元；因公牺牲军人家属抚恤费，在农村的每人每月480元，城镇的每人每月750元；病故军人家属抚恤费，在农村的每人每月460元，城镇的每人每月705元。共抚恤6人，发放抚恤金40268元。

**伤残抚恤**　1950年，对因公致残的革命工作人员，按伤残等级发给一定数额的抚养金；对经过县鉴定委员会鉴定，完全丧失劳动能力的革命工作人员，可不受工龄或年龄限制，给予办理退休手续，享受退休待遇；对复员回家或安家的三等甲、乙残废军人抚恤金，由一次性发放改为长期发给；对三等甲级残废人员（不分因战因公）每人每年发给30元，三等乙级残废人员每人每年发给24元。1961年始，对伤残带病回乡的复员退伍军人，实行双定（即定期、定量）补助，月人均发抚恤金6~9元。后逐步扩大补助面、补助标准。1981年，抚恤残疾军人35人，发抚恤金4566.46元。1990年前，对国家行政机关、事业单位工作人员因病或非因公致残期间的治疗费，按公费医疗的办法处理，符合退休条件的办理退休，不符合退休条件的办理退职，并分别享受退休、退职待遇。1994年，提高伤残优抚对象抚恤补助标准，特等、一等、二等、三等，每人每年分别按2240~442元发给。1996年始，除发给伤残抚恤补助外，机关事业单位工作人员工（公）伤和职业病、血吸虫病致残程度，分为特等、一等、二等甲级、二等乙级、三等甲级、三等乙级四等六级，按伤残等级或伤残性质，每人每年另分别发给600~160元伤残保健金。其中特等伤残人员，每人每月另发护理费110元，一等伤残人员，每人每月发护理费88元，但退休费最高不超过本人原工资额。1999年1月，在职特等、一等伤残人员保健金额标准，按伤残性质提高为每年1000~750元。2005年9月，实行工伤保险制度后，至2011年，伤残治疗费由社保部门全额支付。全区有残疾军人、参战带病人员、带病回乡人员等伤残人员221人，年发放伤残抚恤补助101.3万元。

**参战涉核人员补助**　2007年，区民政局为72名参战退伍人员申报补助；次年，为193名参战人员、21名涉核退役人员申报补助。2009—2011年，共补助参战、涉核退伍退役人员639人次，发放补助金1481260元。

**2007—2011年云溪区优抚金发放情况表**

表12-2-1　　单位：人、元

| 类别 | 2007 | | 2008 | | 2009 | | 2010 | | 2011 | |
|---|---|---|---|---|---|---|---|---|---|---|
| | 人数 | 金额 | 人数 | 金额 | 人数 | 金额 | 人数 | 金额 | 人数 | 金额 |
| 残疾军人 | 78 | 310396 | 73 | 433411 | 75 | 469651 | 77 | 605318 | 80 | 628988 |
| 带病回乡人员 | 131 | 55020 | 92 | 128300 | 86 | 156600 | 94 | 234240 | 99 | 260540 |
| 参战带病人员 | | | 40 | 83150 | 41 | 98400 | 42 | 107100 | 42 | 123480 |

续表 12-2-1

| 类　别 | 2007 | | 2008 | | 2009 | | 2010 | | 2011 | |
|---|---|---|---|---|---|---|---|---|---|---|
| | 人数 | 金额 | 人数 | 金额 | 人数 | 金额 | 人数 | 金额 | 人数 | 金额 |
| 在乡老复员军人 | 177 | 337920 | 163 | 411560 | 122 | 385878 | 117 | 539100 | 112 | 615680 |
| 三属人员 | 11 | 41664 | 11 | 42978 | 6 | 31512 | 6 | 36882 | 6 | 40268 |
| 困难退伍军人 | 82 | 9744 | 63 | 7746 | 57 | 7296 | 57 | 7236 | 56 | 7116 |
| 退伍军人双定救济 | 281 | 41850 | 230 | 34980 | 220 | 34202 | 215 | 33384 | 213 | 32580 |
| 精双定救济人员 | 84 | 74259 | 85 | 96412 | 57 | 104376 | 67 | 73950 | 65 | 61644 |
| 合　计 | 844 | 870853 | 757 | 1238537 | 664 | 1287915 | 675 | 1637210 | 673 | 1770296 |

**烈士褒扬**　1950年，境内由上级追认土地革命时期烈士66人。1953年，追认解放战争时期烈士3人。1955年，追认抗美援朝战争时期烈士16人。1958—1986年，追认烈士4人。1991年，区政府拨专款修缮在土地革命战争时期牺牲的黄淑烈士墓。1998年、2006年，各追认烈士1人。其中2006年6月3日，陆城籍军官吴忠良因军机失事遇难，被中央军委追认为革命烈士。区政府派员到无锡某部协助做好遗属的安抚和善后工作。2007年，派人赴广西壮族自治区龙洲县为在对越自卫反击战中牺牲的唐树强烈士扫墓。2008年，出资1.4万元，返乡安葬在中越边境自卫反击战中牺牲的柴先富烈士。2011年清明节期间，组织优抚代表祭扫烈士墓。

## 1928—2011年革命烈士名表

表 12-2-2

| 姓　名 | 出生年月 | 籍　贯 | 牺牲年月 | 牺牲地点及原因 | 牺牲时所在单位 | 牺牲职务 |
|---|---|---|---|---|---|---|
| 黄淑（女） | 1903 | 陆城镇北门 | 1927.5 | 临湘聂市 | 临湘县女界联合会 | 会　长 |
| 吴维地 | 1908 | 文桥镇荆竹村 | 1927.8 | 陆城基隆山 | 临湘近江区农民协会 | 会　员 |
| 李绪芹 | 1903 | 陆城镇新港村 | 1927.8 | 陆城东门 | 临湘近江区农民协会 | 秘　书 |
| 李文彩 | | 陆城镇北门 | 1928 | 陆城南门外 | 临湘县总工会 | 主　席 |
| 方祖应 | 1895 | 文桥镇东风村 | 1929.1 | 文桥镇榔木岭 | 临湘近江区农民协会 | 副会长 |
| 丁能召 | 1916 | 云溪乡双花村 | 1930.5 | 路口铺甘家 | 临湘县云山区赤卫队 | 队　员 |
| 曾楚恒 | 1905 | 道仁矶丁山村 | 1930.5 | 陆城长岭 | 岳临苏维埃政府 | 政　委 |
| 胡治贵 | 1907 | 云溪乡建军村 | 1930.5 | 云溪窍湾 | 云山区苏维埃政府筹备小组 | 组　员 |
| 卢先礼 | 1907 | 云溪乡镇龙村 | 1930.6 | 云溪丁家冲 | 云山区赤卫队 | 战　士 |
| 胡祖元 | 1900 | 路口镇江湖村 | 1930.6 | 路口铺火车站 | 云南村乡农民协会 | 队　员 |
| 刘树生 | 1903 | 云溪乡坪田村 | 1930.7 | 云溪郭家咀 | 云山区坪田乡农民协会自卫队 | 队　员 |
| 田金生 | 1909 | 云溪乡荷花村 | 1930.7 | 云溪洗马塘 | 云山区赤卫队 | 队　员 |

续表 12-2-2（1）

| 姓　名 | 出生年月 | 籍　贯 | 牺牲年月 | 牺牲地点及原因 | 牺牲时所在单位 | 牺牲职务 |
|---|---|---|---|---|---|---|
| 杨少清 | 1903 | 云溪乡清溪村 | 1930.7 | 松阳湖 | 云山区苏维埃政府筹备小组 | 组　员 |
| 李清云 | 1893 | 云溪乡清溪村 | 1930.7 | 云溪竹山阴步港 | 云山区苏维埃政府筹备小组 | 组　员 |
| 李绪富 | 1906 | 云溪乡清溪村 | 1930.7 | 临湘桃林 | 云山区苏维埃政府筹备小组 | 组　员 |
| 邱计先 | 1908 | 云溪乡八一村 | 1930.7 | 云溪火车站 | 云山区苏维埃政府筹备小组 | 组　长 |
| 陈道生 | 1908 | 云溪乡镇龙村 | 1930.7 | 云溪街 | 红五军 | 文　书 |
| 李善章 | 1910 | 云溪新铺 | 1930.7 | 云溪火车站 | 云山区赤卫队 | 队　员 |
| 任应用 | 1908 | 云溪乡友好村 | 1930.8 | 云溪下街口 | 岳临赤色游击队 | 班　长 |
| 李秀松 | 1909 | 云溪乡建设村 | 1930.8 | 云溪火车站 | 洪湖县赤卫队 | 战　士 |
| 余以章 | 1909 | 云溪乡桃李村 | 1930.8 | 云溪桃李桥 | 云山区赤卫队 | 队　员 |
| 余以木 | 1894 | 云溪乡桃李村 | 1930.8 | 云溪桃李桥 | 云山区赤卫队 | 队　员 |
| 陈西清 | 1809 | 云溪乡桃李村 | 1930.8 | 云溪郭家咀 | 云山区赤卫队 | 队　员 |
| 刘昆元 | 1809 | 云溪乡桃李村 | 1930.8 | 云溪郭家咀 | 云山区赤卫队 | 队　员 |
| 刘天喜 | 1910 | 云溪乡桃李村 | 1930.8 | 云溪郭家咀 | 云山区赤卫队 | 队　员 |
| 胡四叶 | 1910 | 云溪乡建军村 | 1930.8 | 云溪郭家咀 | 云山区赤卫队 | 队　员 |
| 陈步庆 | 1907 | 云溪乡桃李村 | 1930.8 | 岳阳冷水铺 |  | 队　员 |
| 杨其瑞 | 1911 | 云溪乡八一村 | 1930.8 | 云溪洗马塘 | 云山区苏维埃政府筹备小组 | 组　员 |
| 李伦会 | 1906 | 云溪乡胜利村 | 1930.8 | 陆城 | 洪湖县白螺苏维埃政府筹备小组 | 组　长 |
| 黄又元 | 1894 | 云溪乡坪田村 | 1930.8 | 岳阳冷水铺 | 云山区坪田乡农民协会自卫队 | 队　员 |
| 李达文 | 1901 | 云溪乡建设村 | 1930.8 | 临湘桃林 | 云山区赤卫队 | 队　员 |
| 徐桂生 | 1897 | 云溪乡东风村 | 1930.8 | 云溪下街 | 云山区赤卫队 | 队　员 |
| 刘新唐 | 1908 | 云溪乡坪田村 | 1930.8 | 云溪界板桥 | 云山区坪田乡农民协会自卫队 | 队　员 |
| 徐召全 | 1900 | 云溪新铺 | 1930.8 | 云溪洗马路 | 云山区赤卫队 | 队　员 |
| 余松秀 | 1894 | 云溪乡桃李村 | 1930.9 | 云溪桃李桥 | 云山区赤卫队 | 队　员 |
| 段桃元 | 1919 | 陆城镇长岭 | 1930.9 | 云溪孙李冲 | 云山区赤卫队 | 队　员 |
| 詹金城 | 1910 | 云溪乡清溪村 | 1930.9 | 道仁矶白泥湖 | 云山区赤卫队 | 班　长 |
| 李子云 | 1891 | 云溪乡清溪村 | 1930.9 | 云溪清溪花畈港 | 云山区赤卫队 | 队　员 |
| 李祖次 | 1905 | 云溪乡新民村 | 1930.9 | 云溪下街 | 云山区赤卫队 | 班　长 |
| 胡治炳 | 1907 | 云溪岩岭 | 1930.9 | 云溪邱家坡 | 云山区苏维埃政府筹备小组 | 组　员 |

续表 12-2-2（2）

| 姓　名 | 出生年月 | 籍　贯 | 牺牲年月 | 牺牲地点及原因 | 牺牲时所在单位 | 牺牲职务 |
|---|---|---|---|---|---|---|
| 间　雄 | 1903 | 云溪茶港 | 1930.9 | 云溪曾家坡口 | | 战　士 |
| 李　斐 | 1901 | 云溪清溪 | 1930.9 | 路口铺枫坳岭 | | 队　员 |
| 胡华山 | 1901 | 云溪岩岭 | 1930.9 | 云溪火车站 | 云山区苏维埃政府筹备小组 | 组　员 |
| 詹友谟 | 1913 | 云溪清溪 | 1930.9 | 云溪茶园坳 | | 班　长 |
| 孙新元 | 1911 | 云溪乡茶港 | 1930.9 | 云溪火车站 | 云山区赤卫队 | 队　员 |
| 陈召全 | 1908 | 云溪乡茶港 | 1930.9 | 云溪火车站 | 云山区赤卫队 | 队　员 |
| 李计会 | 1908 | 云溪乡茶港 | 1930.9 | 云溪孙李冲 | 云山区苏维埃政府筹备小组 | 联络员 |
| 李定章 | 1912 | 云溪乡茶港 | 1930.9 | 云溪火车站 | 云山区苏维埃政府筹备小组 | 组　员 |
| 李绪南 | 1899 | 云溪乡茶港 | 1930.9 | 云溪街 | 云山区苏维埃政府筹备小组 | 组　员 |
| 李会章 | 1911 | 云溪乡茶港 | 1930.9 | 云溪孙李冲 | 云山区赤卫队 | 队　员 |
| 李达补 | 1897 | 云溪岩岭 | 1930.9 | 云溪新桥 | 云山区赤卫队 | 队　员 |
| 胡从山 | 1910 | 云溪岩岭 | 1930.9 | 云溪火车站 | 云山区赤卫队 | 队　员 |
| 胡顺清 | 1908 | 云溪岩岭 | 1930.9 | 云溪火车站 | 云山区赤卫队 | 队　员 |
| 马炳耀 | 1909 | 云溪月形嘴 | 1930.9 | 云溪花树坡作战 | 云山区苏维埃政府筹备小组 | 组　长 |
| 丁能美 | 1895 | 路口枧冲 | 1930.9 | 云溪茶港 | 洪湖县赤卫队 | 队　员 |
| 丁先振 | 1900 | 云溪双花 | 1930.10 | 岳阳县 | 云山区赤卫队 | 队　长 |
| 邓舟清 | 1900 | 云溪双花 | 1930.10 | 云溪木岭樟 | 云山区赤卫队 | 队　员 |
| 丁先南 | 1913 | 云溪双花 | 1930.10 | 云溪柘木岭 | 云山区赤卫队 | 队　员 |
| 间庆万 | 1906 | 云溪茶港 | 1930.10 | 云溪坪铺 | 云山区赤卫队 | 队　员 |
| 李达生 | 1913 | 云溪清溪 | 1930.10 | 云溪古龙畈 | 云山区赤卫队 | 队　员 |
| 丁海兵 | 1904 | 云溪双花 | 1930.10 | 临湘白羊田 | 云山区赤卫队 | 队　员 |
| 汪月清 | 1906 | 云溪坪田 | 1930.10 | 云溪桃李 | 云山区坪田乡农民协会 | 队　员 |
| 田复新 | 1901 | 路口铺 | 1931 | 路口铺田家冲 | 洪湖县赤卫队 | 委　员 |
| 李喜姑 | 1902 | 路口铺 | 1931.4 | 路口铺火车站 | 云山区苏维埃政府 | 侦察员 |
| 丁继美 | 1923 | 路口枧冲 | 1931.6 | 路口铺火车站 | 洪湖县赤卫队 | 队　员 |
| 乔新富 | 1905 | 路口枧冲 | 1931.6 | 路口铺火车站 | 洪湖县赤卫队 | 队　员 |
| 杨长荣 | 1932 | 云溪岩岭 | 1948.12 | 淮河战役中 | 中原野战军六纵队十八旅 | 战　士 |
| 王汉久 | 1926 | 路口铺 | 1950.8 | 福建莆田县龙桥 | 福建人民盐警十大队二十七中队 | 战　士 |

续表 12-2-2（3）

| 姓　名 | 出生年月 | 籍　贯 | 牺牲年月 | 牺牲地点及原因 | 牺牲时所在单位 | 牺牲职务 |
|---|---|---|---|---|---|---|
| 陈和清 | 1927 | 文桥望城 | | | | 战　士 |
| 丁日新 | 1928 | 云溪双花 | 1950.12 | 朝鲜下碣隅里 | 第二十六军七十六师二二八团三营八连 | 战　士 |
| 潘为善 | 1927 | 云溪清溪 | 1951.5 | 朝鲜照阳江战役 | 第二十军六十师一七八团 | 副指导员 |
| 谢作新 | 1930 | 文桥金星 | 1951.5 | 朝鲜高旺里以北 | 第四十七军一四一师四二0团二连 | 战　士 |
| 傅用训 | 1933 | 陆城 | 1951.9 | 朝鲜伊岭回山里 | 第四十二军一五二师三七五团后勤处 | 战　士 |
| 曾道元 | 1926 | 松阳湖茅岭头 | 1951.9 | 朝鲜平金淮战役 | 第二十六军特务团三连 | |
| 沈冬生 | 1920 | 云溪桃李 | 1951.10 | 朝鲜天德山作战 | 第四十七军一四一师四二二团三营七连 | 战　士 |
| 张敦秋 | 1922 | 云溪中街 | 1951.11 | 朝鲜作战 | 第十二军三十五师一0四团反埋克连 | 副排长 |
| 徐明梁 | 1924 | 陆城新港 | 1951.12 | 朝鲜作战 | 第十二军三十五师一0五团一营机枪连 | 战　士 |
| 李季秋 | 1926 | 云溪乡建军村 | 1952.9 | 朝鲜金化郡赤木里 | 炮兵第四十团三营七连 | 战　士 |
| 龚年生 | 1925 | 文桥姜畈 | 1952.11 | 朝鲜上甘岭 | 第十一军三十一师九十一三营七连 | 副排长 |
| 周生汉 | 1931 | 文桥望城 | 1952.12 | 朝鲜高旺里以北 | 第四十七军一四一师四二0团九连 | 战　士 |
| 姚传圣 | 1927 | 文桥金星 | 1952.12 | 朝鲜涟川郡 | 第四十七军一四一师四0二团二连 | 战　士 |
| 甘继海 | 1935 | 路口镇新屋 | 1952.12 | 朝鲜高旺里以北 | 第四十七军一四一师四0二团三营部 | 战　士 |
| 甘方城 | 1934 | 路口铺 | 1952.12 | 朝鲜高旺里以北 | 第四十七军一四一师四0二团三营部 | 通信员 |
| 丁伯生 | 1932 | 云溪乡新民村 | 1952.12 | 朝鲜马驿谷川 | 第四十七军一四一师四二一团一连 | 战　士 |
| 沈维华 | 1929 | 文桥臣山 | 1953.4 | 朝鲜烽火陷 | 第四十七军一四一师四二二团九连 | 战　士 |
| 李光华 | 1921 | 文桥 | 1958.5 | 地主子弟报复 | 文桥高级农业社 | 治保主任 |
| 瞿金阶 | 1942 | 文桥公社和平大队 | 1963.6 | 新疆米泉县因公 | 新疆军区建设兵团农六师水管处 | 牧　工 |
| 唐树强 | 1958 | 松阳湖农场 | 1979.2 | 中越边境自卫反击战 | 五四二五二部队八一分队 | 战　士 |
| 柴先富 | 1963 | 云溪乡团结村 | 1986.1 | 越边境自卫反击战 | 第四十一军一二三师炮团指挥连 | 班　长 |
| 罗　巍 | 1974 | 湖南省株洲县 | 1998.7 | 防汛抢险 | 长炼供排水厂 | 民　兵 |
| 吴忠良 | 1971 | 陆城镇陆城村 | 2006.6 | 无锡空军运输机失事 | 南京军区战勤大队飞行中队 | 少　校 |

说明：表内所列籍贯、烈士牺牲地点均为当时名称

## 第三节　安　置

1950—1968 年，采取行业归口的办法，由县复员退伍军人接待安置办公室安置城镇退伍军人 36 人。1969—1980 年，岳阳地区专门划出退伍军人招工指标，用于安排退伍军人。43 名城镇退伍军人被招工安置在城镇就业。

1984 年，区成立退伍军人安置小组，实行按系统、分任务包干安置。至 1996 年，共安置退伍军人 103 人，其中 23 名具有专业技术特长的退伍军人得到对口安置。

1997 年 7 月，实行一次性抛档、一次性就业、一次性到位的指令性安置。至次年，共安置退伍军人 32 人。1999 年，坚持区别对待，优先安置退伍立功军人、志愿兵、抗洪抢险军人、服役时间长的军人 17 人。

2001 年，区设立退役士兵安置保障金，对符合安置条件申请自谋职业的退役士兵，一次性发给自谋职业补助金，不再安排工作，实行政府指令性安置与鼓励自主创业安置相结合。至 2006 年，共安置 192 人，其中有 8 人各享受一次性自谋职业补助金 14.6 万元，实行自主创业安置。

2011 年，安置城镇退伍军人 88 人，其中长炼、岳化、市直有关单位安置 44 人。

至是年，置区后全区共安置城镇退伍军人 1104 人。

# 第三章　社会救助

## 第一节　赈灾救济

清代，境内发生灾害，州、县多以备寝（发放衣被）、除孽（防疫治病）、救灾（现场救护）、发赈（救济钱物）、减粜（社仓平粜）、蠲赋（免农业税）、缓征（延期交税）、通商（外购粮油）、劝输（动员捐献钱物）、兴工筑（以工代赈）、集流亡（收容遣送）等形式救济。嘉庆十二年（1807）大旱，岳州府减免田租丁钱，并蠲免缓征。

民国时期，由官办和民办两种救灾机构救济。民国 18 年（1929），由县赈务分会救济。日军入侵时，由县难民救济分处急赈转移灾区难民，民间救济团体华洋义赈会、红十字会、救济义赈会、灾荒救济会、救灾筹赈会救济。主要有赈济、减免田赋、积谷备荒、转移安置难民、兴修水利等。国民 20 年（1931）大水灾，倒垸 3 个，淹田 4210 公顷，受灾 5400 人。县赈务分会拨发美国麦粉 43 万公斤，下拨银洋（旧币）3150 元。但因区、乡层层侵吞，实际用于赈灾的款物不到下拨的半数。

民国 38 年 6 月上旬，长江大水，横河堤、百里拐、肖家墩缺口，淹田 6600 公顷，灾民 7 万人。县政府先后 5 次发放急赈大米 33370 公斤；对贫苦烈军属、孤老幼残增发救济粮 3.34 万公斤，以工代赈，配粮 14 万公斤，支持修复垸堤 30 余公里，发放农赈米 9000 公斤，种子谷 5.21 万公斤，支持恢复生产。清理、追回侵吞、挪用的积谷4.3万公斤，贷放给灾民度荒。招回、遣返外流灾民。

1954年，长江大水漫堤，淹田4000公顷，湘潭专署负责人到境指导救灾。拨发急赈粮41840公斤，给特殊困难户拨特救款1.32万元，帮助灾民修整房屋243间，组织医务人员为灾民治病1.17万多人次，投放各种生产物资折款3万余元，供应修复江堤大米3.4万公斤，发放秋冬作物种子8万公斤，使灾区迅速恢复生产。

1959—1961年，连续3年特大旱灾，国家拨发救济款4.08万元。对991户特困户拨粮21.38万公斤、拨款1.8万元，发放布证、棉花。省、地、县派出医务人员，治疗中毒、水肿及其他传染病人5510人。“文化大革命”期间，灾害救济机构瘫痪，灾害救济工作被削弱。

1984年，北区成立灾害救济领导小组，除按灾害程度拨发救灾专款、发放救灾物资，还采取扶贫、灾害保险、成立互助储金会、发动社会捐赠等多种措施，加强灾救工作。

1996年7月，洋溪湖周家嘴横堤溃口，肖田湖洪水猛涨，全区紧急转移安置灾民1584人，发放救灾粮2.35万公斤，下拨救济款158万元，帮助灾区恢复生产生活。

1998年9月，长江流域遭遇特大洪水，境内发生历史罕见洪涝灾害后，区委、区政府抽调干部300人，下到22个重灾村苦战100天，由区民政局发放救灾款268万元，安排群众生活，组织恢复水毁工程，开辟生产自救门路，帮助灾民抗灾救灾。

2008年2月，特大冰冻灾害，倒房412间，损坏房屋7296间。区投入65万元，帮助133户倒房户、重点危房户援建住房。至2011年，连续4年遭受不同程度水旱灾害，均由区民政局组织发放救灾款，由区纪检、监察部门全程监督，确保救灾款物全部、公开、有序发放。

**1984—2011年云溪（北）区赈灾救济发放款物情况表**

表12-3-1　　单位：万元

| 年　度 | 发放资金 | 发放物资折款 | 小　计 | 年　度 | 发放资金 | 发放物资折款 | 小　计 |
|---|---|---|---|---|---|---|---|
| 1988年 | 17 | 3.8 | 20.8 | 2008年 | 197 | — | 197 |
| 1996年 | 158 | 8 | 166 | 2009年 | 147 | — | 143 |
| 1998年 | 268 | 12 | 280 | 2010年 | 184 | — | 184 |
| 2005年 | 52 | — | 52 | 2011年 | 114 | — | 114 |
| 2006年 | 49 | — | 49 | — | — | — | — |
| 2007年 | 89 | — | 89 | 合　计 | 1275 | 23.8 | 1298.8 |

## 第二节　五保老人供养

**分散供养**　清代、民国时期，对丧失劳动能力、无生活来源的鳏、寡、孤、残老人，提倡“族养”、亲邻帮助，但数量有限，多数靠乞讨为生。

1950—1952年，在土改中优先给五保老人分配土地房屋，照顾衣食。农村互助合作化时期，对五保老人，农村，为其代耕代种代收；城镇，集资给予救助。1956年，实行五保对象214人。农村，每人每年供稻谷250公斤、食油3公斤、柴火300~400公斤、零用钱3~8元；城镇，由县民政部门每人每月供给零用钱 8~15 元。1962 年，生产队供养 169 人，供养标准不低于当地群众一般生活标准。1983 年，五保户供养改为社队统筹。供养五保老人 234 人，每人统筹粮食 317 公斤，发给衣服、蚊帐 2~3 件（床），共帮助建房 338 间。

1988 年，区政府制定五保老人供养实施细则，规定对分散供养户，粮食和主要物资不得低于集中供养标准，由村供给。村共供养 56 人。1992 年，分散供养 66 人。1996 年，村供养 74 人，其中男 40 人，女 34 人。1999 年，五保老人供养全部实行区、乡统筹。2003 年始，改物资供养为货币供养，标准为每人每年 400 元。对发证分散供养的五保老人，由民政部门造册，区、乡财政部门拨款，实行专户管理，确保五保老人衣、食、住、医落到实处。2005 年，分散供养 171 人，标准增至每人每年 2000 元。2011 年，分散供养 231 人，年人均供养标准增至 3600 元。全部改为由区财政供给。

**集中供养** 清康熙年间（1662—1723），省设普济堂，收养境内孤贫老人 2 人，每人每年可领口粮银二两一钱六分，闰年加支一钱八分，乾隆六年（1741），改为每人每日支米一升。

民国 28 年（1939），成立临湘县救济院。因日军犯境，鳏寡孤独贫病老人未得到供养。

1958 年，以片（2~4 个大队为一片）为单位，借用民房办敬老院，五保老人集中住宿，集体开餐。1959 年，敬老院改为大队办，共供养五保老人 227 人。1962 年，敬老院解散。至 1984 年，五保老人基本生活由生产队负担。

1985 年 7 月，陆城乡创办全区第一所福利院，当年集中供养五保老人 40 人。1988 年，集中供养的，每人每年供应口粮 250 公斤、生活费 48 元、食油 6 公斤、棉衣两年一套，由乡镇统筹供给。1995 年，区兴建道仁矶镇福利院，建筑面积 400 平方米，当年入住五保老人 40 人。次年，道仁矶福利院被评为全省示范福利院，获奖金 2 万元。2004 年，全区集中供养 63 人，供养标准为人年均 1600 元。2009 年，全区 7 个福利（光荣）院共集中供养五保老人 374 人。供养标准增至人年均 3200 元。2011 年，供养标准增至人年均 3600 元，共集中供养五保老人 426 人。

## 第三节 弃婴收养与流浪儿救助

**流浪儿收养** 清道光三年至同治十一年（1823—1872），陆城曾设同善堂，一度收容安置流落街头的难童、孤儿。

民国 14 年（1925）大旱，境内难童流落长沙甚多，省府电令临湘县政府劝阻逃荒，遣送难童回到原籍。民国 27 年，县政府设难童收养所，境域有近百名难童被收养。次年，县设救济院，有 30 名难童被收养。不久日军陷境，收养活动中止，已收养的难童分别转送茶陵湖南省第二保育院、攸县湖南省第四保育院。

1949 年 8 月至 1950 年 7 月，县政府设收容所（后更名为收容遣送站），境内有 14 名流浪儿被收容。境内各区贯彻“资遣收容、资遣回籍、恢复生产”的方针，发动社会力量，突击收容，捐资遣送，把收容、教育、遣送、安置归为一体，解决孤儿、难童和其他流浪儿生活无依无靠问题。1954 年特大水灾，政府多方救济，收养流浪儿童 5 人。1966—1976 年，流浪儿童基本绝迹。

1984—2008 年，先后出现 20 名暂时流浪儿童。对其中 5 名顽劣、逃学流浪儿童，区民政部门收留教育后，交学校和家长管理；对 4 名弱智和患有精神病流浪儿童收留后，资助家长给予治疗；对先后流入区境的 11 名弱智、患有精神病患儿童，移送市收容站。2009—2011 年，先后收留 7 名弱智流浪儿。区直属光荣院请专人带领开展文化娱乐活动，并帮助找到亲人或移交市收容站妥善安置。

**弃婴收养** 1984—2003年，发现5名被遗弃女婴。均由区民政局收留后，依法交有条件有能力的城乡居民收养。2004年，开展关爱女孩、打击弃婴行动；至2011年，遗弃女婴、病婴现象基本绝迹。

## 第四节 福利企业

1993年6月，区劳动人事局创办全区首家福利企业北区编织袋厂，安置残疾人就业15人。至2005年，全区福利企业发展至5家，累计安置残疾人就业1170人次，产业涉及化工产品制造、塑料材料加工等。2011年，受国际金融和市场销售影响，福利企业减至4家，安置残疾人60余人。

## 第五节 社会募捐与福利彩票

### 一、社会募捐

**机构** 2008年11月，经省民政厅批准，区成立慈善总会。是月13日，召开区慈善总会成立大会，选举总会会长刘祖赐。区慈善总会挂靠区民政局，接受区民政局业务指导的监督管理。

**募捐** 1959—1961年，连续3年大旱后，各公社组织辖区商业、供销等部门清理库存衣、被、布料，发给灾区。

1996年7月，洋溪湖周家嘴横堤因大水溃口成灾，区民政局牵头，组织全区干部职工捐款133万元，救助灾民1584人。

1998年7—9月，境内遭遇特大洪涝灾害。区委统战部、区工商联发动党外人士、非公有制经济人士、“三胞”及其亲属、宗教界人士，募集现金48万元，衣、被等物资300余件床。本市平江县政府捐助矿泉水200箱。驻区深圳招商石化捐款10万元。浙江温州伊丽康生物技术有限公司王协理，捐资5000元给柳田小学，资助受灾学生。至2001年，北京市丰台区环境卫生管理处6名职工，捐款5.5万元，帮助灾区50名小学生解决就读困难，向道仁矶镇柳田小学捐课桌椅100套、办公桌10套。

2002年，区工商联组织会员、会员企业募集50万元，资助发展社会公益福利事业。

2004年，全区开展捐资助学，扶贫助学活动；至2011年，区民政局、学校共收到单位、团体、个人捐款852.1万元。

2008年5月12日，四川省汶川地区发生重大地震灾害。区委、区政府动员，由区民政局牵头，全区募集90.18万元支援灾区重建。

2008年11月至2011年，区慈善总会先后开展“慈善天天一元捐”“精准扶贫、记者邀你同行”“庆祝陆城镇慈善分会成立”等系列活动，共募集善款735.11万元，先后救助特困对象2062人次、636.91万元。争取市特困家庭大病医疗慈善救助基金救助190人、147.02万元。

### 二、福利彩票

1990年始，境内销售福利彩票（券），实行有奖募捐。对社会公众送券上门，定期结账，小额销售，对乡镇、区直单位下达计划指标。1991年后，利用国庆、元旦、春节等节假日，在云溪镇城区、长炼、岳化等人口集中地段搭台集中销售福利彩票（券）。

1994年，学习长沙、常德等地经验，推出大奖组，以面值200万元为一组，捆绑销售，设飞虎微型汽车、南方摩托车等奖品。是年，销售彩票额120万元。1995年，销售356万元。

2001年，省、市福利彩票有奖募捐办公室在云溪区试行电脑销售彩票，至2006年，利用电脑销售福利彩票799.7万元。

2007年，销售以“扶老、助残、救孤、济困”为发行目的的刮刮乐彩票，销售额36万元。

2009年1月，中国福利彩票开乐彩在境内上市发行，至6月底，共销售开乐彩61.8万元。8月，实施“爱心改变命运”福利彩票助学项目，有3名家庭贫困学生每人获得福利彩公益金资助款4000元。是年，福利彩票发行额715万元。

2010年7月，区民政局设福利彩票市场管理站，进一步规范福利彩票发行工作。

2011年8月，省福利彩票管理中心组织“清凉一夏”夏季福利彩票营销活动，全区有7名业主各获得1部“美的”空调奖品。

至2011年，云溪（北）区共销售福利彩票（券）额4103.3万元，福利基金留存565.1万元。

# 第四章　其他事务管理

## 第一节　婚姻登记

1950年4月前，男女婚嫁以男女双方合拜天地、祖宗神位及男女双方或一方父母即为合法夫妻，结婚离婚复婚无须登记。

1950年4月始，贯彻中央人民政府颁布的婚姻法，境内开始婚姻登记，由结婚或离婚复婚的男女双方到当地政府申请登记，依法领证为据。至1955年，区、乡受临湘县民政部门委托，办理结婚登记3428对，离婚登记397对，复婚登记54对。

1955年，执行内务部公布的《婚姻登记办法》，婚姻登记由乡镇政府负责。1962年6月，根据省人民委员会《关于进一步加强婚姻登记工作的通知》精神，结婚当事人须持双方户口簿和结婚介绍信，亲自到一方户口所在地公社（镇）婚姻登记机关填写结婚登记申请书，经登记审查后，准予登记，发给“结婚证”。是年办理结婚登记4213对。

1966年始，受“文化大革命”无政府主义思潮影响，农村部分群众结婚只举行仪式，不办理婚姻登记手续。未婚同居、早婚、早育现象较严重。1978年后，婚姻登记步入正轨。

1981年，实施新婚姻法，婚姻登记须先由所在单位、大队、居委会出具婚姻状况证明，防止近亲结婚、早婚、重婚等违法行为发生。

1984年后，婚姻登记按属地管理原则，由乡镇（场）婚姻登记机关负责，长炼、岳化两厂婚姻登记由就近乡镇代办。至2002年，乡镇（场）共办理结婚登记23749对、离婚登记7758对、复婚登记

3135对。

2003年9月，区民政局成立婚姻登记中心，婚姻登记改由区民政局集中办理。凡登记结婚，还须经户口所在地计生办审查认可后，方能办理登记手续。离婚登记，一般须经户口所在地司法所出具离婚调解协议书。至年底，区婚姻登记中心办理结婚登记473对、离婚登记78对、复婚登记21对。

2004—2011年，共办理结婚登记12205对、离婚登记3926对、复婚登记1197对。

## 第二节 社团管理

民国时期，境内社会团体（简称社团），由县政府民政机构调查登记。

1950年10月，执行政务院颁布的《社会团体登记暂行办法》，由县政府民政科负责社团登记。1953年后，社团登记工作停止。

1993年，执行国务院发布的《社会团体登记管理条例》，区民政局设社团登记管理股，加强社团登记管理。

2002年3月，区人大在执法检查中发现区检察学会、区个体劳动者私营企业协会超标准收取会员会费、团体会费2000元，责成退还多收的费用。

2003年4月，取消未能通过年检手续的茵茵幼儿园、新苗幼儿园等民办非企业单位的登记。2008年12月，撤销违规收费的区酒类行业协会的登记。

2009年4月，组织区直20家社团、4家民办非企业单位负责人业务培训，规范社团登记管理。

2010年3—8月，对全区23家社团进行联合调查。注销登记区汽车维修行业协会、区废旧行业协会、区文化艺术界联合会等3个社团，对11家社团实行财务、职能、场所、领导、人员“五脱钩”，对区老年体育协会、陆城镇蔬菜瓜果协会等9家社团依法办理登记。

2011年5月，开展社团年检工作，年检率100%。10月，清理社团“小金库”，未发现社团中有私设“小金库”现象。是年，已登记的各类社团19家，其中学术性协（学）会5家，行业性团体9家，民非5家。

## 第三节 殡葬管理

清代、民国时期，境内流传土葬，殡葬大都无人管理。富人讲究“风水”，争选吉地，高棺隆冢，巨资厚葬。贫者一抔黄土，入土为安。

1949年后，沿袭土葬旧俗，但贫富差别缩小，奢葬之风有所收敛。

1970年后，岳化、长炼职工医院有太平间、悼念厅，少数人火葬送市火葬场火化；绝大多数人死后仍采用土葬。乱埋乱葬，滥占土地，死人与活人争地现象较严重。

2003年7月，区政府通过实行殡葬改革，招商引资500万元，在云溪乡胜利村、八一村交界处的龙王山征地10公顷，兴建集殡仪馆、火化馆、公墓山为一体的弘善福园（又称龙王山公墓）。10月，区民政局设殡葬管理所，始加强殡葬管理。

2009年1月至2011年，弘善福园共火化尸体1100具，建公葬坟墓930座。

## 第四节　勘界与地名管理

**地名管理**　1981—1982年，各公社协助县地名普查工作队首次开展地名普查。对境内行政区划名称（城镇至居委会、农村至生产大队）、重要自然村名称，城镇街、路、巷名称，主要山、河、湖等自然地理实体名称，当地名胜古迹、古遗址、游览胜地名称，车站、码头、桥梁、隧道、水库等人工建筑和各专业部门使用的台、站、港、场名称，独立存在的有地名意义的企事业单位名称，进行全面摸底、查证，共清查登记地名7283条。经过标准化处理，基本消除重名、一地多名、一名多写、有地无名、“文化大革命”中随意以政治术语给地名命名等混乱现象。在城镇以1:5000、农村以1:50000的地形比例图上标注地名，进行勘误、补充。帮助县史志部门利用地名普查成果编纂《地名录》。

1989年，区民政局设区划地名股。2002年5月，将松阳湖农场擂鼓台分场更名为永济乡擂鼓台村，将下辖一队更名为新建组，二队更名为擂鼓台组，三队更名为长湖组，四队更名为长江组，五队更名为长安组，六队更名为洪家洲组，七队更名为临江组；将杨树港分场更名为杨树港村，将下辖一队更名为段家坡组，二队更名为三叉港组，三队更名为长湖组，四队更名为天鹅组，五队更名为刘家垅组，六队更名为象骨港组；将茅岭头分场更名为茅岭头村，将下辖一队更名为竹山组，二队更名为汪家组，三队更名为瓦屋垅组，四队更名为李家垅组，五队更名为沈家垅组；将渔业分场更名为凌泊湖村，渔业队更名为白湖组；将畜牧分场更名为樟树村，将下辖养殖队更名为松阳湖组，农业队更名为陈子湖组，白湖套队更名为白湖套组；将松阳湖农场街道委员会更名为永济乡松阳湖居委会，下辖东街、南街、西街、北街四个居民小组。

2011年11月，对云溪镇中心城区的76条道、路、街、巷进行统一命名。

**2011年云溪镇中心城区统一命名的道路街巷**

表12-4-1

| 道路街巷名 | 起止地点 | 道路街巷名 | 起止地点 |
|---|---|---|---|
| 云溪镇城区区域 | | | |
| 云溪大道 | 云溪大桥—长江大道 | 苏家坡巷 | 文苑北路—原胜利东路 |
| 云中北路 | 云溪大道—胜利路 | 楠竹巷 | 原云中西路—原新埠西路 |
| 胜利路 | 原老107国道—新107国道 | 东坡巷 | 新埠路—区人口计生局后院 |
| 洗马路 | 原胜利西路—城南新区 | 官山路 | 云溪三角坪—原区茶厂 |
| 老街 | 新塘路—原云松路 | 熊坪巷 | 原新埠路—楮木桥 |
| 云溪街 | 原八一路—原云松路 | 新铺路 | 原云松路—新铺子 |
| 步行街 | 原云溪路—原云中路 | 九龙台路 | 原云松路—九龙台 |
| 文苑路 | 云溪宾馆—原八一路 | 杨树港巷 | 云溪三角坪—杨树坡 |
| 新塘路 | 朱家坡—原云溪南路 | 云龙路 | 岳化安居大街—铁路桥三角坪 |
| 书香巷 | 原胜利东路—经济适用房小区 | 大汉路 | 云龙路—炼化路 |
| 白虎塘路 | 文苑路北段—云溪街 | 开泰路 | 洗马南路—岳化安居园 |
| 石相巷 | 胜利路—云中北路 | | |

续表 12-4-1

| 道路街巷名 | 起止地点 | 道路街巷名 | 起止地点 |
|---|---|---|---|
| 云溪工业园区域 | | | |
| 凤翔路 | 107 国道—松阳湖湖汊 | 文源路 | 道云路—松阳湖湖汊 |
| 扬帆大道 | 原方王路—规划中的园北路 | 明源路 | 原瓦窑路—松阳湖湖汊 |
| 开源路 | 道云路—乙庚化工厂 | 美源路 | 原江家坡路—松阳湖湖汊 |
| 创源路 | 原瓦窑路—松阳湖湖汊 | 丽源路 | 原江家坡路—随岳高速 |
| 富源路 | 107 国道—金翰科技 | 新源路 | 原工业大道—随岳高速 |
| 强源路 | 原瓦窑路—德智隆化工 | 天源路 | 规划中的园北路—原工业大道 |
| 岳化片区区域 | | | |
| 岳化大道 | 云溪大桥—青坡循环车站 | 高粱坡巷 | 岳化大道—上高粱坡 |
| 青坡路 | 青坡循环车站—岳化罐区 | 大坡巷 | 岳化大道—大坡地 |
| 荣锦路 | 青坡循环车站—八一桥 | 石桥巷 | 镇龙路—石桥 |
| 环山路 | 青坡循环车站—岳化大道 | 安居大街 | 岳化大道—安居园大门 |
| 希望路 | 岳化大道—打靶场 | 三联巷 | 岳化影剧院—南街社区三联组 |
| 金盆路 | 五七桥—金盆社区 | 四屋巷 | 金盆路—南街社区王家垅 |
| 新村路 | 金盆路—锦纶新村 | 哨所路 | 岳化厂大门—铁路桥三角坪 |
| 民主路 | 环已酮事业部大门—民主水库 | 罗家坡巷 | 岳化厂大门—云溪粮库 |
| 供销路 | 岳化社区管理中心—天乐公寓 | 李家坡巷 | 罗家坡巷—陈家坡岳化铁路 |
| 汪家岭巷 | 原汪家路—陈家坡巷 | 陈家坡巷 | 陈家坡岳化铁路—陈家坡组 |
| 石芦桥路 | 岳化大道—岳化水厂 | 石峰山巷 | 岳化水厂大门—石峰山组 |
| 镇龙巷 | 金盆路—下高粱组 | 廖家畈巷 | 岳化水厂大门—菜园路 |
| 徐家巷 | 岳化大道—桔园钓鱼中心 | | |
| 临港产业新区区域 | | | |
| 永济大道 | 松阳湖路—原兴港中路 | 云港大道 | 长江大道—107 国道 |
| 保税路 | 松阳湖路—原云港路 | 华兴路 | 华港路—原兴港路 |
| 云欣大道 | 松阳湖路—原兴港东路 | 象骨港路 | 永济乡政府—长江大道 |
| 华港路 | 松阳湖路—随岳高速 | 松阳湖路 | 长江大道——随岳高速 |
| 长江大道 | 随岳连接线—海关路 | 东风大道 | 松阳湖路—107 国道 |
| 长湖路 | 长江大道—白杨湖路 | 环湖路 | 长江干堤—松阳湖路 |
| 沿江路 | 擂鼓台路—北尾堤 | 白杨湖路 | 原云港路—原云港路 |
| 擂鼓台路 | 长江大堤—长江大道 | 凌泊湖路 | 永济大疲乏—华港路 |

**边界勘定** 1998 年 3 月，开始勘界工作。至 2000 年 5 月，共勘定省、县（市、区）界线 4 条：云溪区与岳阳县界线全长 14.65 公里，云溪区与岳阳楼区界线全长 15.9 公里，云溪区与临湘市界线全

长 101.2 公里，云溪区与湖北省监利县长江界，全长约 24.5 公里。

2007 年，勘定最新一版云溪区行政区划图省、县（市、区）界线 3 条：云溪区与湖北省监利县长江界，北起云溪区陆城镇新港村、南至云溪区永济乡播鼓台村；云溪区与岳阳楼区界线，东起云溪区云溪乡建设村，西至云溪区永济乡播鼓台村；云溪区与临湘市界线，北起云溪区陆城镇新港村，南至云溪区云溪乡建设村。

## 第五节　老区建设

1953 年，省委、省政府确定所隶临湘县为一类革命老区。1984 年境域从临湘县辖区内划出建立北区后，至 1990 年 6 月 25 日，省民政厅下文，认定北区为革命老根据地。区政府即认定所辖乡镇为老区乡镇。1992 年，区政府制定老区经济开发资金管理细则；2003 年 12 月，区设革命老根据地经济开发促进办公室。至 2011 年，共开发老区经济开发建设项目 21 个，投入资金 741.5 万元（其中向上级争取 30.5 万元）。

**1992—2011 年云溪（北）区老区经济开发建设项目**

表 12-4-2　　　　单位：万元

| 年　度 | 扶持单位 | 项目名称 | 投入资金 | 争取资金 |
|---|---|---|---|---|
| 1992 | 青山湖油剂厂 | 生产磺化钛菁钴 | 50 | 1 |
| 1993 | 路口镇路口村 | 生产石英沙 | 5 | 1 |
| 1995 | 岳云联营化工厂 | 小型炼油加工厂 | 44 | 5 |
| 1996 | 岳云联营化工厂 | 防腐保温工程 | 43 | 1 |
| 1997 | 陆城镇新设村<br>陆城镇新设村 | 养猪场<br>养鸡场 | 9<br>9 | <br>0.5 |
| 1998 | 岳阳市青山油剂厂 | 精制环烷酸 | 42 | 1 |
| 1999 | 岳阳市青山油剂厂 | 制油毡布 | 10 | 1 |
| 2000 | 云溪乡上清溪村 | 养鱼 | 20 | 1 |
| 2001 | 云溪乡上清溪村 | 立体养殖开发 | 30 | 1 |
| 2002 | 云溪乡黄泥沟养殖场 | 养鱼 | 30 | 2 |
| 2004 | 云溪乡上清溪村 | 黑山羊养殖 | 50 | 2 |
| 2005 | 路口镇枧冲村 | 饮水设施改造 | 50 | 3 |
| 2006 | 云溪乡上清溪村 | 水库除险加固 | 20 | 2 |
| 2007 | 路口镇南太、新华村<br>道仁矶镇柳田村 | 道路建设工程<br>道路建设工程 | 15<br>60 | 1<br>1 |
| 2008 | 路口镇长岭村 | 道路建设工程 | 58 | 1 |

# 第五章　社会保障

## 第一节　养老保险

**城镇职工、机关事业单位工作人员养老保险**　1951年，五区、六区在境内商贸、供销等部门实行全民所有制企业职工、机关单位工作人员养老保险。条件标准为：凡年满60岁、一般工龄满25年、在本企业工龄满10年的男职工，年满50岁、一般工龄满20年、在本企业工龄满10年的女职工可以退休享受养老保险，养老保险金按本人标准工资60%发给，发至死亡时止。1953—1958年，企业职工工龄均由10年改为5年，养老保险金标准调整为本人标准工资的50%~70%。

1958年2月，一般男职工工龄20年，女职工15年。男满50岁，女满45岁，连续工龄满5年，一般工龄满15年，或虽未达到此年龄，但连续工龄满5年，一般工龄满25年，身体衰弱丧失劳动能力的，可以退休享受退休养老保险金，标准为本人标准工资的40%~60%。1978年，职工退休连续工龄由5年改为10年，取消一般工龄，退休养老保险金提至本人标准工资的60%~90%。1983年，试行劳动合同制后，用工单位按职工工资总额的18%，职工个人按本人标准工资的2%逐月缴纳养老保险金。

1984年5月前，全民企事业单位、大集体合同制工人的养老保险，由县有关部门主管。1984年5月后，由市劳动部门社会保险事业管理（简称社保）所管理。1986年，将固定职工的退休养老保险金由企业按工资总额3%缴纳的劳动保险金项下开支，改为在企业营业外项下开支。

1988年始，全区退休养老金实行社会统筹。统筹中增加物价补贴、异地居住安家费、统筹储备金等。统筹基金征缴标准，改为按在职职工工资总额和退休职工退休养老保险金总额之和的11%逐月征集。1997年始，参加社会养老保险统筹对象，扩大到所有用人单位的工作人员，包括个体工商户、城镇私营企业业主、帮工、灵活就业人员等。1998年，云溪区在全省率先将企业单位退休人员的退休费纳入社保站管理，实行由银行进行社会化代发。2003年，将全区农牧工纳入城镇职工养老保险范畴。2006年，为解决知识青年下放遗留问题，将727名知识青年纳入城镇职工养老保险范畴。

2011年年底，全区养老保险参保企业73个，参保5456人，其中离退休2819人，累计基金结余8108万元；参保机关事业单位117个，参保3335人，其中离退休996人，累计基金结余2870万元。

## 1990—2011年云溪（北）区城镇职工、机关事业单位工作人员基本养老保险情况表

表 12-5-1　　　　单位：个、人、万元

| 年度 | 企业 | | | | | 机关单位 | | | | |
|---|---|---|---|---|---|---|---|---|---|---|
| | 参保单位 | 参保人数 | 征缴金额 | 发放养老金人数 | 发放养老金人数 | 参保单位 | 参保人数 | 征缴金额 | 发放养老金人数 | 发放养老金人数 |
| 1990 | 33 | 943 | 40 | 136 | 9 | | | | | |
| 1991 | 33 | 967 | 32 | 143 | 18 | | | | | |
| 1992 | 33 | 1019 | 74 | 151 | 27 | | | | | |
| 1993 | 88 | 1787 | 101 | 157 | 32 | | | | | |
| 1994 | 109 | 1840 | 87 | 141 | 28 | | | | | |
| 1995 | 109 | 1909 | 112 | 160 | 38 | | | | | |
| 1996 | 109 | 2107 | 91.57 | 287 | 52.46 | | | | | |
| 1997 | 53 | 1697 | 195.5 | 275 | 148.3 | 133 | 2733 | 274 | 324 | 187 |
| 1998 | 59 | 2057 | 152.2 | 304 | 119.16 | 134 | 2988 | 303 | 369 | 223 |
| 1999 | 57 | 1483 | 178.16 | 317 | 146.28 | 134 | 2966 | 306 | 407 | 225 |
| 2000 | 87 | 1654 | 346.61 | 350 | 157 | 133 | 3154 | 352 | 465 | 287 |
| 2001 | 80 | 1528 | 204 | 370 | 179 | 117 | 3173 | 467 | 514 | 380 |
| 2002 | 74 | 1368 | 222 | 393 | 208 | 117 | 3154 | 529 | 558 | 535 |
| 2003 | 68 | 1304 | 222 | 413 | 233 | 117 | 3292 | 726 | 571 | 556 |
| 2004 | 73 | 2334 | 553 | 1009 | 408.8 | 117 | 3309 | 622 | 585 | 658 |
| 2005 | 73 | 2800 | 520 | 1085 | 445 | 117 | 3288 | 538 | 679 | 711 |
| 2006 | 73 | 2780 | 609 | 1178 | 595 | 117 | 3288 | 596 | 717 | 772 |
| 2007 | 73 | 2880 | 996 | 1414 | 803 | 117 | 3274 | 677 | 720 | 1034 |
| 2008 | 73 | 3726 | 1547 | 1636 | 1204 | 117 | 3335 | 997 | 802 | 1131 |
| 2009 | 73 | 3726 | 1990 | 1914 | 1582 | 117 | 3335 | 818 | 869 | 1214 |
| 2010 | 73 | 3726 | 2806 | 2358 | 2260 | 117 | 3335 | 1361 | 916 | 1341 |
| 2011 | 73 | 5456 | 4393 | 2819 | 3145 | 117 | 3335 | 1237 | 996 | 1483 |

说明：1996年后，为了方便基金管理，合并部分单位

**被征地农民养老保险**　2004年7月，云溪区率先在全市启动被征地农民养老保险。永济乡等地被征地农民从参加被征地农民养老保险之年起，逐年按全省职工工资平均数依次交纳15年的养老保险金后，可获得相应的养老保险待遇。养老保险金头6年由区财政补贴60%，个人负担40%，后9年全部由个人负担。至2011年年底，参保6376人，占被征地农民总数60%以上。

**农村居民养老保险**　2011年始，实行农村居民养老保险制度。凡年满60岁的农村居民，每月可领取至少不低于50元的基础养老金。是年，首次领取基础养老金9894人，计544170元。

## 第二节　工伤、失（待）业保险

**失（待）业保险**　1986年始，实行失（待）业保险。1993年，失（待）业保险范围扩大，缴费基数调整。1999年，失（待）业保险覆盖范围扩大到企事业单位，费率由工资总额的1%调至3%。将私营企业、外商投资企业、个体工商户、社会团体及其职工纳入失业保险范畴。全年参保2128人。2002年，自谋职业人员被用人单位录用，并继续按规定参加失业保险且缴费满1年以上的，失业时可以按规定享受失业保险待遇。全年自谋职业被用人单位录用后继续参加失业保险1793人。2005年，事业单位职工全都纳入失业保险，参保单位65个、1796人。2007年，参加失业保险增至2570人，征缴保险基金56.66万元。2011年，征缴失业保险基金89.2万元。按时足额为88名失业人员发放失业保险金48.92万元。

**工伤保险**　2005年9月始，开展工伤保险。由财政、用人单位和职工按一定比例逐年向社保部门交纳保险费，职工因公伤残不再享受财政和用人单位的伤残待遇，直接从工伤保险费中支取。是年，参保单位37个，参保988人，基金征缴9万元。2009年，工伤保险范围扩大到事业单位、民间组织工作人员，参保单位增至107个，参保人数增至2200人，征缴基金60万元。2011年，参保单位282个，参保人数8298人，基金征缴146万元。

## 第三节　医疗、生育保险

### 一、医疗保险

**城镇职工医疗保险**　1950年，境内土改干部、编制外职工的医疗费为月人均4公斤大米，病号补助、家属陪护为月人均0.5公斤大米。1951年，职工患病治疗费、住院费、手术费、普通医药费，均由单位或资方负担。1952年7月，国家工作人员、革命残废军人均享受公费医疗待遇。经费由国家按人数定额拨发，超过部分申请财政补拨。1966年，职工患病、非因工负伤其住院膳食费由本人负担三分之一，企业负担三分之二。是年1月始，国家工作人员、革命残废军人门诊和住院疗养费个人负担10%，一般住院，个人负担5%，1967年7月停止执行。1975年，改由县统一管理为由县统一预算、单位管理、分系统包干。公费医疗人员凭县统一颁发的“公费医疗证”，在县内各医疗单位就诊，费用由单位结算，县外就医的，在本单位凭发票按比例报销。1980年后，县（区）住院费由财政负担，单位、个人只分担少部分经费。

1987年5月，医疗费包干到单位，定额到人，超过部分由单位、个人分担。1994年，将医疗费由个人、单位开支改为医疗基金实行社会统筹，并试行大病医疗费统筹。1998年，退休人员住院医疗费全年2000元内（含2000元）自负5%，2000~3000元自负10%，3000元以上自负15%，住院条件超标、陪护人、煎药、取暖、空调费用自负。

1999年12月1日始，实施城镇职工基本医疗保险制度。参保对象为城镇所有用人单位、团体的职工、退休人员。保险基金由单位缴费、个人缴费形成。单位缴费率为上年度本单位干部、职工工资总额6%，个人缴费为上年度本人工资总额2%。医疗保险起付标准（又称门槛费）为上年度职工平均工资的10%（一般为450~650元），最高支付限额为上年度人均工资的4倍（一般为2.6万元）。起付标准以下的费用由个人支付，起付标准以上、最高支付限额以下的由基本医疗保险基金、职工个人分段负担：3000元以下个人负担20%；3000~1万元个人负担15%；1万元以上至最高支付限额部分，个人负担6%。退休人员按上述自付比例的65%负担。最高支付限额以上的医疗费用，通过大病医疗费统筹另行解决。

2001年7月，成立区医疗保险基金管理服务中心，基本医疗保险、大病医疗费统筹管理职能，由市劳动人事局有关部门移交区医疗保险基金管理服务中心。次年，首次将门槛费由二级医院650元、一级医院450元分别调整为600元、400元，最高支付限额由2.6万元调至2.9万元。

2003年4月，实行基本医疗保险辅助制度大病互助医疗保险。参保职工向人寿保险公司进行以团体为单位的补充医疗再保险，即年人均一次性向该公司缴纳60元保险金，参保人患病，其医疗费符合基本医疗保险支付，在2.9万元以上12万元以下的，保险公司按90%予以补充支付。2009年4月，大病互助保险基金个人缴费由60元提至90元，大病互助医疗支付标准提高至15万元。

2010年5月，实行公务员医疗补助制度，全年征缴公务员医疗保险补助金59万元。

2011年，城镇职工医疗保险参保单位238个、6995人，基金规模995万元。大病互助医疗保险费个人征缴由90元提高至120元。基本医疗保险最高可报销5.5万元。大病互助保险最高支付限额由15万元调至20.5万元。

**2001—2011年云溪区干部职工基本医疗保险情况表**

表12-5-2　　单位：个、人、万元

| 年　度 | 参保单位 | 参保人数 | 基金规模 | 其中上级补助 | 报销金额 | 累计结余 |
|---|---|---|---|---|---|---|
| 2001 | 117 | 3563 | 124 | — | 38 | 86 |
| 2002 | 137 | 3892 | 263 | — | 186 | 163 |
| 2003 | 139 | 3925 | 237 | — | 263 | 137 |
| 2004 | 143 | 4127 | 316 | — | 406 | 47 |
| 2005 | 148 | 4337 | 376 | — | 370 | 53 |
| 2006 | 166 | 5694 | 448 | — | 438 | 63 |
| 2007 | 185 | 5706 | 555 | — | 448 | 170 |
| 2008 | 200 | 5972 | 859 | 151 | 483 | 5460 |
| 2009 | 212 | 6379 | 948 | 261 | 818 | 676 |
| 2010 | 229 | 6856 | 804 | — | 726 | 754 |
| 2011 | 238 | 6995 | 995 | — | 956 | 793 |

**城镇居民医疗保险** 2008年1月1日，全区实行城镇居民基本医疗保险。参保对象为未参加城镇职工基本医疗保险的城镇未成年人、无工作单位的居民。基金统筹标准：18岁以下未成年人及中、小学生年人均缴纳80元，其他人员200元；财政补助40元（其中中央财政20元，其余部分省、市、区财政分担），最低生活保障对象、重度残疾人员、“三无”人员（即无劳动能力、无生活来源、无法定抚养人）另有补助。住院、大病门诊保障待遇按是年市政府文件执行，按就医医院档次分别划定不同标准的起付费和社保支付限额。起付费由个人负担，起付费标准以上的部门由社保部门在限额范围内支付。部分特殊病种，另有特殊补助。是年，参保21235人，征缴基金130万元，基金规模405万元(其中上级补助275万元)。

2009年，参保21486人，基金规模457万元。至次年，先后2次调整个人征缴标准，保险基金最高支付限额。将成年人医疗费最高支付限额由4万元调至6万元，未成年人由6万元调至8万元。统筹基金支付比例按医院等级分别提高5%~10%。居民缴费，成年人由160元降至100元，未成年人由40元降至20元。大病补助缴费标准，由每人每年90元调至120元。是年，参保26136人，基金规模925万元（其中上级补助828万元），累计结余资金1236万元。

**农村合作医疗** 1970年，农村办合作医疗，经费列入大队公益金预算。1980年后，合作医疗停办。2007年，省政府批准云溪区列入第五批新农合医疗试点县（区)。4月1日，全区启动新农合。年底，新农合参合率94.72%。2009—2011年，参合率均达100%。新农合基金由农民自筹，中央、省、市、区财政配套补贴。实行“专款专用、专户储存、收支分离、管用分开、封闭运行”。根据上年余额加本年筹集额，确定当年病人住院起付线与报销比例，起付线（含）以下的医药费由个人负担，超过部分按比例报销。至2011年，新农合自实行来共补助住院病人39963人、3807.5万元，补助单病种、特殊病种、大病救助、门诊统筹患者37295人、456.15万元，补助家庭门诊账户病人56985户、290.48万元。

### 二、生育保险

1994年，部分企事业单位试行女职工生育保险。1995年，生育保险范围逐步扩大，至2003年年底，参保单位160个，参保女职工3000余人。2005年1月始，全面实行城镇职工生育保险，对参保人生育或节育医药费实行包干支付。年底，参保3219人，基金征缴15万元，支付7万元。2009年，取消生育费包干支付，全部由社保部门从生育保险基金中支付。是年，支付生育保险金7万元。2011年3月，调整生育保险金缴费基率，参保单位缴费率由0.5%调至0.7%，生育妇女在产假期间享受生育津补贴。全年生育保险参保5331人，征缴基金33万元，支付13万元，结余20万元。

## 第四节 最低生活保障

**城镇居民低保** 1999年，对城镇年人均可支配收入低于2000元的困难居民家庭，视情况每户(人）每月提供最低不少于20元、最高120元的最低生活保障费。是年，提供保障对象8382人，发放保障金100.04万元。2004年始，逐年扩大保障面，增加保障金额。2005年，将提供给每户每月的保障费提高到最低不少于30元，最高可达150元，提供保障对象18700人，发放保障金269万元。实行“三审三榜”的审批原则，即需要提供最低生活保障的居民户先写出申请，由所在居委会初审、出榜公布，然后报所在乡镇民政办审查，再出榜公布，最后上报区民政局审批，乡镇民政办将审批结果出榜公示，保证照顾确实需要救助的家庭。至 2011 年，保障对象人均月保障金达到 180 元，保障对象增至 2.06 万人。

**农村居民低保**　2005 年 12 月，云溪区作为全市推行农村居民最低生活保障制度试点单位，始实行农村居民最低生活保障。给予年人均纯收入低于 650 元的农村困难户，每户（人）每月提供至少不低于 10 元的生活保障费，具体标准分 10 元、15 元、20 元、25 元 4 个标段，审批程序参照城镇居民最低生活保障审批办法，实行“三审三榜”定案。是年，保障对象 9850 人，发放保障金 20 万元。2007 年始，设 3 个标段，标准分别为 20 元、30 元、40 元。此后逐年扩大保障对象，增加保障金额。至 2011 年，保障对象增至 2.98 万人，发放保障金 116.4 万元。

# 第十三篇　经济综述

## 第一章　经济发展

### 第一节　第一产业

《史记·货殖列传》载："楚越之地，地广人稀，饭稻羹鱼。"东汉末年，境内形成以水稻为主的种植业。宋代，农业初具规模。明洪武年间（1368—1398），有耕地4.53万亩。清初，进一步发展，同治十一年（1872），有耕地10.16万亩。鸦片战争后，帝国主义侵略，战祸频仍，水旱为患，农业生产长期衰退不前。民国时期，前段有所发展，后遭日军严重破坏。至1949年，粮食总产10198吨、棉花15吨、油料168吨、茶叶134吨，比战前最高水平1936年分别下降39%、69.6%、35.8%和80%。

1949年后，通过土改、农业合作化运动，农民生产积极性大为提高。1957年，耕地面积扩大至8440公顷（12.66万亩）。60年代，全面推广双季稻，大力加强水利设施建设，农业生产有较快恢复发展。至1979年，粮食总产量46640吨，棉花330吨，油料718吨，茶叶432吨，分别比1949年增长3.57倍、21倍、3.27倍、2.22倍。

1980年，农村实行联产承包责任制，农业进入快速发展时期。1983年，粮食总产量比1979年增长5.34%，达到49130吨，棉花总产357吨，油料894吨，茶叶453吨，分别比1979年增长8.18%、24.51%、4.86%。农业总产值2546万元，比1979年1726.6万元增长47.46%。

1984年，全区农业总产值中种植业产值占71.79%，传统农业模式并未根本改变。1985年，实行山水田土综合开发，至1987年，水产品产值比1984年增长86.06%，在农业总产值中的比重由9.86%提高至17.07%。1987年，实施"三年消灭荒山"计划。1989年后，加强封山育林。至1992年，林业产值比1984年增长3.65倍，在农业总产值中的比重由2.53%提升至4.26%。1993年，区政府实行生猪养殖奖励政策，扶植养猪大户。2000年，推广"公司+农户"产、供、销一条龙养鸡模式，发展禽类生产；2004年，畜牧业产值比1984年增长38.22倍，占农业总产值41.71%，比1984年提高25.89%。并不断加强水利设施建设，提高蓄、引、提水能力。2005年，旱涝保收面积比1984年扩大8.32%。2006年始，落实国家财政补贴政策，提高农业机械化程度，培植农业大户，加快农业产业化建设。至2011年，农业总产值增至100715万元，比1984年增长30倍。其中林业产业3232万元，畜牧业产值33918万元，水产产值24367万元，分别占总产值的3.2%、33.68%、24.19%。种植业产值

39198 万元，在农业总产值中所占比重降至 38.92%，初步实现由传统农业向现代农业转变。

## 1984—2011 年云溪（北）区农业产值构成表

表 13-1-1　　单位：万元、%

| 年度 | 总产值 | 其中 | | | | | | | |
|---|---|---|---|---|---|---|---|---|---|
| | | 种植业 | | 林业 | | 牧业 | | 水产 | |
| | | 产值 | 所占比例 | 产值 | 所占比例 | 产值 | 所占比例 | 产值 | 所占比例 |
| 1984 | 3313 | 2377 | 71.79 | 83 | 2.53 | 523 | 15.82 | 330 | 9.86 |
| 1985 | 3797 | 2477 | 65.24 | 211 | 5.3 | 572 | 15.06 | 537 | 14.4 |
| 1986 | 4044 | 2438 | 60.29 | 294 | 7.27 | 725 | 17.93 | 587 | 14.51 |
| 1987 | 4565 | 2764 | 56.94 | 301 | 6.59 | 886 | 19.4 | 614 | 17.07 |
| 1988 | 5692 | 3241 | 56.94 | 305 | 5.36 | 1234 | 21.68 | 912 | 16.02 |
| 1989 | 6254 | 3365 | 53.81 | 295 | 4.72 | 1642 | 26.26 | 952 | 15.21 |
| 1990 | 8472 | 4190 | 49.46 | 300 | 3.54 | 2020 | 23.84 | 1962 | 23.16 |
| 1991 | 8065 | 3859 | 47.85 | 284 | 3.52 | 2299 | 28.51 | 1623 | 20.12 |
| 1992 | 9069 | 4929 | 54.35 | 386 | 4.26 | 2259 | 24.91 | 1495 | 16.48 |
| 1993 | 10157 | 5224 | 51.43 | 362 | 3.56 | 2485 | 24.47 | 2086 | 20.54 |
| 1994 | 10700 | 5421 | 50.66 | 396 | 3.7 | 2586 | 24.17 | 2297 | 21.47 |
| 1995 | 12400 | 5842 | 47.11 | 421 | 3.4 | 2753 | 22.2 | 3384 | 27.29 |
| 1996 | 27594 | 10614 | 38.46 | 449 | 1.63 | 11606 | 42.06 | 4925 | 17.85 |
| 1997 | 31247 | 12421 | 39.75 | 496 | 1.59 | 12509 | 40.03 | 5821 | 18.63 |
| 1998 | 31736 | 10696 | 33.7 | 481 | 1.52 | 13952 | 43.96 | 6607 | 20.82 |
| 1999 | 32021 | 10692 | 33.39 | 457 | 1.43 | 13997 | 43.71 | 6875 | 21.47 |
| 2000 | 33986 | 11432 | 33.64 | 651 | 1.92 | 13792 | 40.58 | 8111 | 23.86 |
| 2001 | 41062 | 18015 | 43.86 | 712 | 1.76 | 14139 | 34.43 | 8196 | 19.85 |
| 2002 | 42538 | 16649 | 39.14 | 912 | 2014 | 15521 | 36.49 | 9456 | 22.23 |
| 2003 | 34766 | 11713 | 33.69 | 1143 | 3.29 | 11324 | 32.58 | 10586 | 30.46 |
| 2004 | 49183 | 16231 | 33 | 1926 | 3.29 | 20512 | 41.71 | 10514 | 21.38 |
| 2005 | 55015 | 19293 | 35.07 | 1503 | 2.73 | 21774 | 39.58 | 12445 | 22.62 |
| 2006 | 59831 | 19754 | 33.02 | 1605 | 2.68 | 22761 | 38.04 | 15711 | 26.26 |
| 2007 | 75084 | 22848 | 30.43 | 2215 | 2.96 | 32729 | 43.69 | 16578 | 22.68 |
| 2008 | 79199 | 27060 | 34.17 | 2607 | 3.19 | 31202 | 39.3 | 18952 | 23.83 |
| 2009 | 79723 | 28617 | 35.9 | 2830 | 3.55 | 28218 | 35.4 | 20058 | 25.12 |
| 2010 | 88249 | 34572 | 39.18 | 2992 | 3.39 | 29342 | 33.25 | 21343 | 24.18 |
| 2011 | 100715 | 39198 | 38.92 | 3232 | 3.2 | 33918 | 33.68 | 24367 | 24.19 |

## 第二节 第二产业

唐、宋时期，砖瓦业开始萌芽。清代，纺织、服装、酿酒、制茶、面食加工、铁木竹石等手工业相继兴起。民国22—25年（1933—1936），有手工业作坊23个，从业90余人。民国27—34年，日军侵占境内，手工业遭到严重破坏。

1949年后，政府着手恢复发展工业。1952年，工业总产值15万元。1953年，执行国民经济发展第一个五年计划，始通过社会主义改造，提高生产力，工业有较快发展。至1957年，工业总产值增至25.44万元。

1958年，实行工业"大跃进"，大办"小钢铁""小机械""小化肥"等社办工业。由于上马过快，管理和技术难以跟上，产品质量低，效益差，企业比1957年增长4.13倍，产值仅增长88%。1961年，调整工业布局，压减社办企业，产值、利润逐年上升。至1965年，工业总产值上升至42.56万元。

"文化大革命"期间，工业生产一度受到影响。1970年后，随着长炼、岳化落户境内，建材需求量大增，社办工业重新崛起。至1977年，工业总产值增至341.53万元。

中共十一届三中全会后，实行改革开放，临近长炼、岳化的社队及居民，利用大厂下脚料大办集体企业、家庭作坊式企业，1983年年底，有社队、个体企业50家，工业产值696万元。

1984年后，区委、区政府把发展乡镇企业列入国民经济发展第七个五年计划，坚持区（部门）、乡、镇、村、组、个体、联户一齐上，大办工业企业。至1991年，全区工业企业由1984年97家发展至738家，总产值由1261万元增至9999万元，分别增长6.61倍、6.93倍。

1992年，为适应市场经济发展，实行经营方式、生产安排、产品经销、产品价格"放开搞活"，积极扶持个体企业发展，为企业发展注入新的活力。至1997年，有工业企业1267家，其中个体企业1074家，占84.77%，创产值23376万元，全区工业总产值65900万元，比1991年增长5.59倍。

1998年3月，面对激烈的市场竞争，区、乡企业光靠集体经营的单一模式已不能适应发展需要，区委、区政府决定对区、乡企业实行所有制改造，或合并或拍卖，或实行租赁或实行个体私营，至2002年，全区工业企业比1997年减少282家，总产值却增长2.1倍，达到204330万元。

2003年始，创办云溪工业园，扩大招商引资，掀起全民自主创业热潮，工业快速发展。至2011年，全区规模以上工业企业有86家，总产值142.57亿元，比2002年全区工业总产值增长5.98倍；工业行业扩展到35个，形成以石油提炼、化工产品加工为主导产业的现代工业。

## 第三节 第三产业

清末，境内商贸行业有粮油、杂货、丝烟、茶叶、屠宰、布匹、百货、副食等20余个。服务行业主要有理发、旅栈、修理、缝制等。民国18年（1929），服务业增加茶饮、染布、镶牙、说书等行业。对外贸易，除出口茶叶外，新增豆类、苎麻等产品出口。交通运输，客运，有粤汉铁路云溪、路口铺两火车站方便旅客出行；货运，水路有少量2~7吨木帆船往返内河与长江之间，铁路有货车往返停靠云溪、路口铺火车站。民国27年，日军占据境内，商贸、饮食、服务、交通运输等产业遭受严重破坏。抗日战争胜利后，缓慢恢复。至民国38年，商户比民国24年减少57.67%，固定摊点服务业大都闭门歇业，客、货运输基本中断。

1949年后，商贸、饮食、服务业一度发展曲折。1952年，在中央有关政策保护扶持下，商业门店恢复至155家，比1949年增长22.05%。服务业除理发、修理、照相、缝制等传统项目外，新增豆制品、农具修理等新项目。1953年始，对私营工商业进行社会主义改造，促进第三产业发展。1957年，国营、集体、私营等多种经济成分商贸业共同发展，门店比1955年增加63个。外贸增加猪杂、皮革出口。交通运输，新增长江航运管理局在陆城新港停靠的轮船客运和新港临湘县帆船运输合作社的木船货运，有长（沙）武（汉）公路纵贯境域，往返的货运汽车可停靠云溪、路口铺等地。

1958年，实行高度统一的计划经济管理体制，商贸、饮食、服务业由国营一家统管，网点减少，效益下降。1960年，商品零售额比1957年减少31万元，资金利用率下降2.13%；饮食业利润由1957年3.84万元减至1.7万元；服务业出现有的集镇理发难修理难的现象；交通运输因为过“军事化”生活，搞大兵团作战，人员、物资流动少，基本没有业务，第三产业处于衰退之中。1961年调整后，逐渐恢复。至1965年，农副产品收购额比1957年增长177%，商品零售总额是1957年的2.11倍。集镇饮食、服务门店大部分退出供销社，乡村个体饮食服务业兴起。

“文化大革命”期间，私营商贸再度受到限制。集镇饮食店由供销社接管，乡村个体店被当作“资本主义自发势力”取缔。交通运输业则因为长炼、岳化落户境内，铁路客、货运输量大幅增加，1967年，路口铺火车站发送旅客4.7万人次，1971年增至13.5万人次，1968年，云溪车站发送量5.43万人次，1977年增至15.32万人次；各公社配置轮胎式拖拉机、小型汽车，开始组织货运。

中共十一届三中全会后，个体商贸得到恢复发展。至1984年，全区商品零售额3013万元，比1976年增长2.06倍。餐饮、服务业网点分别比1976年增长113.41%、141.27%。交通运输新辟云溪、路口2个汽车客运站点，日增客运量1100人次。个体货运汽车发展至70台，拖拉机增至47台。

1985年，多种经济成分的商贸网点不断增加，餐饮、服务业全面放开，医药、交通运输业加快发展。至1991年，商贸网点比1984年增加425个，商品零售额增长1.53倍。餐饮、服务业经营户、经营机构发展至246家个。公路客、货运输国营、个体经营同步发展，有跨市、县、乡客运线路11条，货运汽车335台。铁路客运年发送旅客38.07万人次，货运量527.9万吨。第三产业生产净值2343万元，比1984年增长9.6倍。

1992年，市场经济体制建立后，全面开放搞活，第三产业迅速发展。至2004年，商贸网点发展到3411个，商品零售额33951万元，比1991年增长3.46倍。

2005年，通达境内外公路客运线路增至37条，有客车267台，年客运量730万人次。2011年，铁路、公路、码头、管道等水陆货运总量达到6150万吨左右。已登记的餐饮业有183家，是1984年的4.46倍，比1991年增长1.5倍。有进出口贸易企业11家，5年来进出口总额累计4117万美元。社会商品零售总额11.99亿元，比2004年增长2.53倍。全区第三产业生产净值是1984年的1120.05倍，比2004年增长4.92倍。

# 第二章　经济结构

## 第一节　产业结构

清代，境内农业、手工业、商贸服务业等第一、二、三产业，以农业为主。清同治年间（1861—1874），年均粮食产量5130吨，棉花11吨，油料27吨，苎麻905吨，茶叶282吨。手工业如纺织、酿酒、制茶等，虽然城镇形成工场作坊，但规模小，效益低。理发、缝纫、修理等服务业，经营分散，未形成产业。民国时期，各业一度有所发展。其中农业由于规模较大，发展较快。民国25年（1936），粮食总产2.09万吨，比清同治年间年均增长307.41%。商贸业，由于县治外迁，商户减少。饮食、旅店、理发、修理等服务业仅增加77家。交通运输业，由于人口流动量少，进出货物不多，业务有限。民国27年后，日军侵占境内，各产业遭受严重破坏，尤以手工业、商贸服务业损失惨重。民国38年，手工业作坊仍处于半歇业状态，饮食业仅恢复8家，理发、修理行业仅有少数肩担手提的艺人流动经营。交通运输业由于铁路被炸毁，船只被日军抢掠毁坏，基本中断。农业生产中，粮食、棉花、油料、苎麻、茶叶等，比战前最高水平减产36~80%，但仍占地域经济的主要部分。

中华人民共和国成立后，通过土改和农业、手工业、工商业三大社会主义改造，人民群众生产积极性提高，农业、手工业、商贸服务业均得到发展。其中以农业发展最快。1957年，农业总产值1167万元，比1949年增长76.74%，在工农业总产值中占97.82%。

1958年，工业有一定发展。但由于受以高指标、瞎指挥、浮夸风、“共产风”为主要标志的“左”倾错误影响，仅实现产值47.77万元，在工农业总产值中，仅占3.76%。

1961年，压缩工业，大办农业，大办粮食。至1965年，粮食总产增至25307吨，农业总产值增至1222.4万元，在工农业总产值中所占比重，由1958年96.24%升至97.21%。

1966—1969年，由于江青反革命集团破坏，生产秩序被打乱。1970年始，恢复各级党组织，纠正部分“左”的错误，一定程度上促进生产发展。尤其工业，由于长炼、岳化建厂，促进社队企业发展。至1976年，工农业总产值2250.66万元，其中农业产值1919.4万元，占85.28%；工业产值331.26万元，占14.72%，比1965年将近提升12%。商贸服务等第三产业，除交通运输业呈快速发展之势外，其余行业，由于取缔私人经营，取消农村集市贸易，仍然停滞不前。

中共十一届三中全会后，农村实行联产承包责任制，市场逐步开放。农业、工业、商贸服务等第一、二、三产业加快发展，产业结构始发生新的变化。1983年，工农业总产值3242万元，其中农业产值2546万元，工业产值696万元，第一、二产业在总产值中所占比重，分别为78.53%、21.47%。商贸服务等第三产业中，商品零售总额增至2764万元，比1976年984万元增长180.89%。

1984年，农业生产净值占全区第一、二、三产业生产总净值52.64%，北区仍属城郊型农业区。是年始，乡镇企业兴起；改革物资、金融等流通领域管理体制，实行商业柜组租赁承包和浮动工资制，调动各方面积极性，提高劳动生产率。至1991年，工业生产净值首次超过农业生产净值，达到5447

万元。商贸、服务、交通运输等第三产业生产净值，也由 1984 年 221 万元增至 2343 万元，二、三产业生产净值在全区生产总净值中的比重，分别由 36.26%、10.59%升至 44.71%和 19.23%。农业生产净值占比则降至 36.06%。

1992 年后，全面放开商品流通市场，实行国营、集体、个体商贸共同发展；至 1997 年，第三产业生产净值增至 24450 万元，在全区生产总净值中的占比迅速升至 32.19%。

1998 年后，调整农业内部经济结构，继续发展第一产业的同时，加快区、乡企业产权置换，鼓励私营工业发展。至 2002 年，工业总产值达到 204330 万元，实现净产值 52511 万元，在全区生产总净值中的占比，由 1991 年 44.71%升至 45.52%。

2003 年始，实行工业集约化发展，发展禽畜、特种水产养殖，扩大商贸网点，促进第一、二、三产业协调发展。至 2011 年，农业生产净值增至 61889 万元，工业生产净值增至 535118 万元，商贸服务业生产净值增至 247531 万元，在全区生产总净值中的占比分别由 2002 年的 22.01%、45.52%、32.47%，调整为 7.33%、63.36%、29.31%，云溪区步入以工业为主导第一、二、三产业协调发展的新时期。

### 1984—2011 年云溪（北）区地区生产净值及其构成表

表 13-2-1　　单位：万元

| 年度 | 地区生产总值 | 其中 | | | | | |
|---|---|---|---|---|---|---|---|
| | | 第一产业 | | 第二产业 | | 第三产业 | |
| | | 生产总值 | 所占比例（%） | 生产总值 | 所占比例（%） | 生产总值 | 所占比例（%） |
| 1984 | 2086 | 1098 | 52.64 | 767 | 36.26 | 221 | 10.59 |
| 1985 | 2614 | 1273 | 48.7 | 1043 | 39.9 | 298 | 11.41 |
| 1986 | 3026 | 1293 | 42.73 | 1409 | 46.56 | 324 | 10.71 |
| 1987 | 4434 | 1610 | 36.31 | 2398 | 54.08 | 426 | 9.61 |
| 1988 | 4897 | 1596 | 32.6 | 2847 | 58.13 | 454 | 9.27 |
| 1989 | 11020 | 4684 | 42.51 | 4816 | 43.7 | 1520 | 13.79 |
| 1990 | 11138 | 5198 | 46.67 | 4123 | 37.02 | 1817 | 16.31 |
| 1991 | 12183 | 4393 | 36.06 | 5447 | 44.71 | 2343 | 19.23 |
| 1992 | 14515 | 5099 | 35.13 | 6943 | 47.83 | 2473 | 17.04 |
| 1993 | 20104 | 6837 | 34.01 | 9287 | 46.19 | 3980 | 19.8 |
| 1994 | 27445 | 8802 | 32.07 | 13124 | 47.82 | 5519 | 20.11 |
| 1995 | 38682 | 10765 | 27.83 | 19670 | 50.85 | 8247 | 21.32 |
| 1996 | 63504 | 16428 | 25.87 | 29918 | 47.11 | 17158 | 27.02 |
| 1997 | 75958 | 16034 | 21.11 | 35474 | 46.7 | 24450 | 32.19 |
| 1998 | 84915 | 19358 | 22.8 | 34322 | 40.42 | 31232 | 36.78 |
| 1999 | 95600 | 22079 | 23.1 | 39802 | 41.63 | 33718 | 35.27 |
| 2000 | 107600 | 22644 | 21.04 | 46966 | 43.65 | 37981 | 35.31 |
| 2001 | 108126 | 25856 | 23.91 | 48180 | 44.56 | 34090 | 31.53 |

续表 13-2-1

| 年度 | 地区生产总值 | 其中 | | | | | |
|---|---|---|---|---|---|---|---|
| | | 第一产业 | | 第二产业 | | 第三产业 | |
| | | 生产总值 | 所占比例（%） | 生产总值 | 所占比例（%） | 生产总值 | 所占比例（%） |
| 2002 | 115352 | 25389 | 22.01 | 52511 | 45.52 | 37452 | 32.47 |
| 2003 | 122200 | 26040 | 21.31 | 58900 | 48.2 | 37258 | 30.49 |
| 2004 | 146999 | 32957 | 22.42 | 72220 | 49.13 | 41821 | 28.45 |
| 2005 | 198400 | 38231 | 19.27 | 95847 | 48.31 | 64321 | 32.42 |
| 2006 | 239900 | 42510 | 17.72 | 118342 | 49.33 | 79047 | 32.95 |
| 2007 | 308113 | 47488 | 15.41 | 147519 | 47.88 | 113106 | 36.72 |
| 2008 | 381803 | 50042 | 13.10 | 202772 | 53.11 | 128989 | 33.47 |
| 2009 | 552672 | 50450 | 9.13 | 318712 | 57.67 | 183510 | 33.2 |
| 2010 | 674237 | 57916 | 8.59 | 408339 | 60.62 | 207582 | 30.79 |
| 2011 | 844538 | 61889 | 7.33 | 535118 | 63.36 | 247531 | 29.31 |

## 第二节　所有制结构

1949 年前，农村土地为封建地主阶级所有，经济所有制结构为私有经济。

1950 年，实行土改，变土地封建地主所有制为农民所有制。1952—1957 年，农村普遍建立农业合作社，手工业大多建立手工业合作社（组），或加入农业合作社，工商业绝大部分走上公私合营和合作经济轨道，农、工、商所有制结构由私营经济转变为国有或集体所有制经济。

1958 年，实行人民公社化，一切生产资料归公社所有，将人民公社集体所有制和社员部分私人所有制混淆为全民所有制。1961 年，调整所有制结构，农村实行以生产队为基本核算单位，划拨给社员少量自留地，允许手工业者空余时间生产的产品进入市场，乡村商贸集市逐步恢复。

1966 年，“文化大革命”开始后，农村私有经济受到限制或被取消，农业经济所有制结构属单一的集体所有制经济。工业，全民所有制经济占 24.5%，集体经济占 63.2%，个体经济占 12.3%。商业，全民所有制经济占 68.3%，集体经济占 21.8%，个体经济占 9.9%。

中共十一届三中全会后，实行改革开放，农村落实土地联产承包责任制，城乡居民从事个体运输、建筑、加工和商贸服务业。至 1980 年，农村私营经济占整个农业经济总值的 56.2%。工、商业由以国营为主体的公有制经济转变为多种经济成分并存的经济。

1984 年后，经济所有制结构出现多元化趋势。工业中乡镇集体企业、个体私营经济、股份制合作制经济快速发展，商贸、服务业出现国有经济、集体经济比重逐渐下降，非公有制经济比重逐步上升的态势。是年，非公有制经济占全区社会总产值 27%，比 1976 年提升 15 个百分点，集体经济占 26%，比 1976 年下降 18 个百分点，国有经济下降 9.7 个百分点。

1992 年后，有计划有步骤进行相适应的体制改革和政策调整。农村延长土地承包期，农民土地使用权可以转让、转包、入股、出租；区、乡企业实行产权置换，发展股份制企业、合作制企业、个体私营企业和“三资”企业；商业、供销系统通过资产重组，资产转让，实行“两个置换”等重大变革，国有制商业（含饮食业）在市场竞争领域中逐渐缩减，个体私营等非公有制商贸业，在竞争中不断发展壮大。

2002年后，实行全民自主创业，民营经济迅速崛起，非公有制经济在经济结构中的比重不断上升。至2011年，在整个经济成分结构中，非公有制经济比重占43%，国有经济占39%，集体经济仅占18%。

**云溪（北）区部分年份各类经济成分在地区生产总值中所占比例**

表13-2-2　　　　单位：万元、%

| 年度 | 国有经济（万元） | 占% | 集体经济（万元） | 占% | 非公有制经济（万元） | 占% | 社会总产值（万元） |
|---|---|---|---|---|---|---|---|
| 1984 | 2475 | 47 | 1369 | 26 | 1423 | 27 | 5267 |
| 1989 | 5619 | 46 | 2809 | 23 | 3788 | 31 | 12216 |
| 2000 | 109979 | 42 | 54989 | 21 | 96887 | 37 | 261855 |
| 2011 | 747038 | 39 | 344786 | 18 | 823658 | 43 | 1915482 |

## 第三节　劳动力结构

清代、民国时期，劳动力主要从事农业，只有少量分布在家庭手工业和商贸服务业中。

1949年后，各行各业得到恢复发展。1957年，从事工业的劳动力占劳动力总数22.6%，从事商贸服务业的占13.2%，从事农业的由1949年93.45%减至64.2%。

1958年，大批农村劳动力外调烧木炭，炼钢铁。1960年，对工业实行关停并转，部分劳动力重新回到农村从事农业生产，农业劳动力不断增加。至1965年，农业劳动力占61.5%，工业劳动力占25.2%，从事商贸服务业的劳动力占13.3%。

1966—1969年，农、工、商等各业劳动力变化不大。1970年，开展“工业学大庆”，从事社队企业的劳动力逐步增加。至1977年，从事工业的劳动力占29.5%。从事商贸的劳动力占16%，从事农业的劳动力降至54.5%。

1978年始，工业、工商贸易、服务业、运输业得到发展。至1983年，从事工业的劳动力占32.3%，从事商贸服务等第三产业的劳动力占19%，从事农业的劳动力降至48.7%。

1984年后，区直企业、乡镇企业、私营企业加快发展，农村剩余劳动力外出务工增多。至1989年，从事工业的劳动力达37800人，占56.1%。从事商贸服务业的劳动力20500人，占30.4%，从事农业的劳动力仅9100人，占13.5%。

1990年后，全民自主创业，从事工业、建筑、运输、商业、饮食服务业等非农业生产的劳动力不断增加，劳动力结构发生重大变化。至2000年，分布在第二、三产业中的劳动力分别占总劳动力的43.4%、35.4%。

2001年后，工业化快速发展，城镇化、交通建设加快，大量劳动力转移到工业、服务业领域。至2011年，分布在第二产业的劳动力占64.1%，分布在第三产业的占28.3%，分布在第一产业的劳动力仅占7.6%。

## 第四节　固定资产投资结构

清末、民国时期，境内经济衰弱，固定资产投资少。日军侵占时期，固定资产投资几乎处于停滞状态。

1950年6月，政府号召发展生产，兴修水利，繁荣经济，固定资产投资主要用于恢复和发展工农业生产。1953—1957年，实施“一五”计划，以发展农业为重点，逐步发展文教、卫生事业。5年中，固定资产投资累计315万元，其中工业占32%，农业占26%，用于文教卫生等其他方面的投资占42%。在整个固定资产投资中，按所有制分，国家、集体投资占48%，私营经济投资占52%。

1958—1960年，各行各业“大跃进”，固定资产投资超过实际经济承受能力，出现高指标、空亏损局面，国民经济处于严重困难时期。1962年，调减教育、卫生事业投资，把投资的重点转向恢复和发展农业生产。

1966—1968年，由于受江青反革命集团极“左”路线干扰，各行各业“停产闹革命”，固定资产投资减少。

1969年后，持续开展“工业学大庆”“农业学大寨”运动，用于工农业的投资增加。至1975年，固定资产投资累计812万元，其中工业占34%、农业占21%；国家和集体投资占总投资的67%，个体投资占33%。

1978年，工作重点转移到经济建设上来。至1983年，固定资产投资累计1654万元，其中工业投资占41%，农业投资占16%；集体投资占76%，个体投资占24%。

1984—1989年，固定资产总投资3842万元，是前5年的2.32倍。其中工业投资占52%，农业投资占14%；国家集体投资占82%，个体投资占18%。

1990年，逐步改善投资环境，使项目投资走向市场化。国家增加水利、工业技改投入。至1999年，共完成固定资产投资9433万元。

2000年始，固定资产投资进入建区以来第一个高峰期，先后完成双花水库扩容升级、区一中搬迁、云中路升级改造、云溪铁路跨线桥等重大项目建设。至2004年，共完成投资3.26亿元。

2005年，通过扩大招商，区工业园吸纳民间固定资产投资6.5亿元。

2011年，工业园批准投资项目16个，完成固定资产投资55.8亿元。

# 第三章　经济效益

## 第一节　社会生产效益

1949年，境内农、工、商等各业净产值占社会总产值52%。1957年，水利条件改善，耕作制度改进，粮食单产提高，各业净产值占社会总产值56%。1978年始，乡镇企业加快发展，生产成本逐步扩大。是年，净产值占社会总产值50.5%。1984年占46.3%，1989年降至39.3%。2000年后，经营体制改革，科技得到普遍推广，工业转型升级、集约发展，社会生产效益不断提高；至2011年，升至44.1%。

**农业**　1949—1953年，农业净产值率稳定在52%左右。1954年，因特大洪水灾害，净产值率降至43%。1957年，净产值占农业总收入64%。1978年，占65%。1984年，农业经济结构进入调整探索期，经济效益有所回落。是年，农业净产值占总产值58%。1989年，净产值率升至65%。2000年、2011年，净产值率分别为67%、61%。

**工业**　1949年，净产值率为23%，1957年为23%，1978年略有上升，为24%。1984年后，生产效益稳步提高。是年，净产值率26%；2011年，升至38%。

**建筑业**　1949年，净产值率30%。1981年后，建筑材料涨价，效益下降。1984年，净产值率31%。此后，建材价格有起有落，生产效益随之波动。1989年、2000年、2011年，净产值率在30%~32%左右。

**商贸业**　1949年净产值率57%，1957年62%，1978年为63%，1984年升至67%。此后逐年增加。2000年为70%，2011年达74%。

**运输业、餐饮业**　1949年，净产值分别为41%、36%。1957年分别为42%、38%，1978年后，加强成本核算，注重服务质量，效益不断提高。1984年，运输业、餐饮业净产值率分别为42%、38%。1989年均比1984年增长2个百分点。2000年后，运输业、餐饮业生产规模扩大，效益稳步提高；至2011年，运输业、餐饮业分别比2000年上升2个百分点、1个百分点，净产值率为47%、42%。

## 第二节　劳动生产率

1949年，人均劳动生产率202元，1957年996元，1978年1052元，1984年1518元，1989年比1984年提高43%，为2172元。此后，各领域深入体制改革，机械化水平、科技水平提高，产业规模扩大，人均劳动生产率大幅提高；2000年升至46440元，比1989年提高20.38倍。2000年后，年均递增18.3%；至2011年，达到253093元。

**农业**　1949年前，因受生产技术、自然气候等多方面影响，人均劳动生产率低下。1949年后，生产条件不断改善，抗御自然灾害能力、生产技能逐步提高。1957年，人均劳动生产率255元，1958年为271元。1978年后，农村实行联产承包责任制，农民生产积极性高涨；至1984年，人均劳动生产率升至673元，比1949年人均167元增长3.03倍。1989年增至853元，比1984年增长26.75%。2000年，人均劳动生产率比1989年增长7.8倍。2011年达到23280元，比2000年人均8361元增长178.44%。

**工业**　20世纪50年代初，个体手工劳动生产率低下。1957年，手工业者大都走上合作化道路，人均劳动生产率提高到1585元。1978年，为6998元，比1957年增长3.42倍。后因安排城镇待业人员就业，从业人员增长速度快于劳动生产率增长速度。1984年，职工比1978年增长63%，人均劳动生产率16162元；1989年为22793元，比1984年增长41%。2000年后，生产规模扩大，效率提高。是年，仅为劳动生产率176637元，比1989年增长6.75倍，2011年，比2000年增长8.09倍，达到1606423元。

**商贸** 1949年后，政府积极发展商贸业，商贸行业劳动生产率逐步提高。1957年，人均劳动生产率536元，1978年812元。后因就业人员增加，至1984年建区时，从事商贸的劳动力比1978年增长2.5倍，人均劳动生产率1036元，仅比1978年增长27.59%。2000年，随着物资不断丰富，消费扩大，商贸业劳动生产率进入大幅度提升时期。人均劳动生产率达到34045元。2011年，从事商贸业的劳动力比2000年增长46%，人均劳动生产率100834元，增长1.96倍。

**饮食服务业** 1949年，人均劳动生产率839元。1953年后，个体餐饮业进入互助合作组织，劳动生产率得到提高。1957年，人均劳动生产率1078元。1958—1976年，餐饮业由供销社统管，加上物资匮乏，市场萎缩，至1978年，人均生产率仅比1957年提高695元，为1773元。1984年1892元，1989年升至1985元。90年代后，饮食品种更新，档次提高，消费扩大，劳动生产率快速攀升。2000年，人均劳动生产率16410元。2011年，达到49230元，比2000年增长2倍。

# 第四章 居民生活

## 第一节 居民收入

### 一、农村居民

清末、民国时期，大地主年收租谷数百石至上千石，生活花天酒地。中小地主为几十石至百多石，均有余钱剩米。富农其劳动所得加上部分地租和雇工剥削收入，生活相当中小地主生活水平。中农自食其力，勉强维持生活。占农村人口50%的贫雇农，终年流血流汗，大部分劳动果实被地主掠夺，遇上天灾人祸，只能以草根树皮充饥，或逃荒讨米度日。民国14年（1925）大旱，数万灾民逃往长沙等地。据《湖南省生计志》载：4月11日至15年1月11日，省会长沙遣散岳阳、临湘、湘阴3县灾民21.43万人。1月12日，遣散临湘灾民1245人，其中大部分为境内粤汉铁路沿线贫苦农民。

中华人民共和国成立后，农村居民生活逐步改善。1949—1950年，人年均纯收入20元左右，1952年增至38元。1956年，农村社员人平纯收入41元多，每个劳动日值0.89元，为全省较高水平。1957年，因经济作物减产，人均纯收入、劳动日值分别降至41元、0.78元，仍属较高水平。1958年后，由于以高指标、瞎指挥、浮夸风和“共产风”为主要标志的“左”倾错误影响，加上连续3年严重干旱灾害，农业生产和社员收入大幅下降。1961年，劳动日值仅0.25元。1961年后，调整社队规模和经营体制，生产逐步恢复，农村集体分配人均纯收入46元，劳动日值0.5元。但因稻谷每百公斤调至16.8元，实际收入仍低于1957年。1962年，人均纯收入53元，1965年增至66元。

“文化大革命”期间，社员从集体分得的纯收入有所增长。1970年比1962年增长43.4%，人均纯收入76元。1975年，农业总产值比1970增长14.1%，但由于人口增长过快，人均纯收入仍为76元。加之稻谷每百公斤调至19元，社员家庭副业因“割资本主义尾巴”而减少，实际收入仅略高于1965年。1976年后，大兴水利，扩大耕地面积，收入稳步增加。1978年，人均纯收入91元；1979年增至

111元。1980年，因水灾减产，降至97元，但由于家庭副业放开，实际收入仍有增加。1980年后，生产迅速发展，农民收入大幅增加。至1983年，人均纯收入增至315元。

1984年，大力发展农村商品经济，农民收入快速增加。人均纯收入347元。1990年649元，比1984年增长87.03%，扣除物价上涨因素，仍提高302元。按劳动力计算，人均提高453元，已接近城镇职工人均工资收入水平。

1992年，随着市场经济体制建立，农村村组、农户之间收入差距拉开。2000年，云溪镇镇龙村人均纯收入15612元，云溪乡下清溪村人均仅4325元。

2011年，全区农村居民人均纯收入8231元，为1990年的12.68倍，在全市11个县（市、区）中排第3位。

## 二、城镇居民

**行政及全民制单位职员** 清末、民国时期，城镇各阶层生活水平差别大，官僚、富商收入高于一般职员10多倍。清宣统年间（1909—1911），县知事年俸银369.1两，高于巡丁百余倍。民国元年（1912），知事月俸190银元，最少的丁役仅有几元。

1949年，旧政权留用人员、教员实行薪金制，国家行政企事业单位实行供给制，只在伙食方面有中灶、大灶之分，其余无差别。1950年，改为包干制，凡职工每月大米115市斤（后改为140市斤）；1952年，改为薪金制。全民职工从县处级到勤杂人员，分15个级差（15~29级），月薪金24~30多元，年人均302元。1956年，调整工资。1957年，人均工资433元，1978年增至501元。

中共十一届三中全会后，多次调整工资，发放奖金，增加补贴，工资总额大幅上升。至1980年，全民单位职工年人均工资657元，中央、省、地属企业单位人均929元。

1984年，区属单位全民职工人均工资641元。1990年，人均1466元，比1984年增长1.29倍。

1990年后，行业之间工资水平差别增大。2000年，行政事业单位年人均工资5432元，工业企业人均5172元，金融、电力等系统人均工资8042元，其中电力行业比商业、供销系统人均高2312元。

2006年后，行政事业单位工资没有大的变动。2008年始，取消奖金，实行津补贴，正处级年补贴22620元，副处级20160元，正科级1.83万元，副科级17160元，科员16260元。2008年后，企业单位分年度增加工资。至2011年，全区财政全额拨款单位年人均工资29088元，差额拨款单位人均27876元，企业人均2.58万元。

**集体企事业单位职工** 1978年，集体企业职工、二轻工业职工、城镇、街道办企事业单位职工工资逐步增加。1980年，人均工资572元，1984年增至641元。1990年后，企业体制改制，集体职工队伍逐步缩小，有的买断工龄，有的归于合同制职工队伍，工资随企业效益增减。至2011年，较高的人年均工资超过2.5万元。

**个体工商业者** 民国元年，小商贩年收入比县政府一般丁役更少。1949年后，收入随经营发展逐步增加。1953—1956年，个体工商业者大多进入国营商贸或合作商贸组织，评定级别发给工资，原有私人资本转为定息，每年归还5%（1959年后停发，80年代初落实政策，全部兑现）。中共十一届三中全会后，城镇个体工商业从业人员收入不断提高。80年代，个体工商户年人均纯收入一般3万元~5万元；90年代，增至5万元~10万元。2011年，建筑、运输、商业、饮食、服务、修理等行业人年均收入一般高于行政企事业单位职工工资2~3倍，部分个体户、私营业主，年收入十几万元、几十万元，甚至上百万元。

## 第二节 居民消费

**农村居民** 1948年，农村人均留粮（指稻谷、下同）不足200公斤。

1949年后，农民消费水平逐步提高。1952年，人平留粮增至300公斤，有30%的农户屠宰年猪。1954年，遭遇特大洪灾，口粮标准有所降低，但整个“一五”计划期间，人年均留粮仍有254公斤。1957年，农村人均消费品支出由1952年27.1元增至41.9元，府绸、卡叽、纺织品、牙膏、肥皂、搪瓷、铝制品等，始进入农民家庭。

1958年，因收入减少消费水平降低。1962年，调整国民经济，农村人均消费品支出增至54.7元，人均口粮稳定在250公斤左右。虽然物价指数为1952年的162.4%，但实际消费水平仍仅为1957年的90%。1965年，60%的农户屠宰年猪。人均消费品支出58.7元，加上物价下降（指数134.3），人均实际消费比1957年提高15.9%。毛线、灯芯绒、的确良等，成为男女青年追求的时髦品。

“文化大革命”初期，农村人均口粮264公斤。但由于农民的自留地和工余自由贸易受到限制，实际生活水平并不高。1970年始有改善，至1975年，人平消费品支出升至116.3元，比1965年增长98.13%。青年结婚追求“三转一响”（单车、手表、缝纫机，收音机），有较多农户用红砖平瓦新建或改建住房，湖区逐步实现砖瓦房取代茅棚。

中共十一届三中全会后，农村居民消费水平不断提高。1981年，人均口粮344公斤。1984年，增至370公斤，有90%的农户屠宰年猪，红薯和其他杂粮不再当作口粮，大都用于饲养牲畜或作酿酒原料，肉食禽蛋、土特产品、干鲜果品、糖果糕点成为大众化食品；逐步兴起“建房热”。高档烟酒、啤酒、电视机、收录机、洗衣机、电风扇、电冰箱、电饭煲等家电商品，陆续进入农户家庭。人平消费品支出增至151元，比1984年增长10.22%。

1990年后，消费水平迅速提高。主要消费品转向摩托车、金银首饰、新式组合家具等。至1999年，人均消费品支出比1984年增长193.4%，为443.063元。其中食品消费增长33.6%，衣着消费增长45.7%，用具及建房消费增长53.2%，文化、医疗、邮电、交通、水电、房租等非商品消费增长60.9%。

2000—2011年，农村居民消费与城镇居民消费差别缩小。最大的消费为建房或购置商品房，30%的农户小轿车取代摩托车，15%的农户增加旅游消费。

**云溪（北）区部分年份农村居民消费比重变化情况表**

表13-4-1　　单位：%

| 项　目 | 1984年 | 1991年 | 2001年 | 2011年 |
|---|---|---|---|---|
| 食品类 | 52.1 | 41.6 | 36.1 | 34.2 |
| 衣着类 | 19.4 | 21.3 | 22.8 | 23.4 |
| 用品类 | 16.9 | 16.6 | 16.9 | 16.1 |
| 建房类 | 11.6 | 20.5 | 24.2 | 26.3 |

**城镇居民** 1949年前，城镇居民衣食住行消费水平低。

1949年后，随着经济恢复发展，消费水平逐步提高。1957年，人均消费品支出由1952年27.1元增至 41.9 元。1965 年，比 1957 年增长 15%。“文化大革命”期间，商品品种单调，消费有限，但消费水平仍有增长。

改革开放后，城镇居民对饮食、穿着有所讲究，电视机、收音机、洗衣机、照像机、电冰箱等，成为多数家庭追求的日用品。公家建宿舍楼，私人掀起“建房热”，居住条件迅速改善。

1984 年，城镇居民人均消费品支出 536 元。1990 年，增至 1254 元，比 1984 年增长 133.96%。其中食品消费增长 126%，衣着消费增长 138%，用具及其他增长 141%，文化、医卫、邮电、交通、水电、房租等非商品消费增加 180%。商品消费中，购房支出增幅最大，为 2.1 倍以上；食品消费中，主食减少，副食品增多。

2000—2011 年，城镇居民消费基本与农村居民消费相当，仅购置小轿车消费、旅游消费比农村居民分别高 15%、20%左右。

## 第三节　居民储蓄

**农村居民**　民国时期，农村只有地主、富农才有积蓄，多数农民“寅吃卯粮”。

1949 年后，随着生产恢复发展，农村储蓄逐步增加。1957 年，10%的农户始有储蓄。农村居民人均储蓄 0.81 元。1962 年，人均储蓄 0.98 元，1965 年 1.6 元。1970 年，人均储蓄 3.5 元，1975 年增至 6.8 元。

1978 年后，农村储蓄户迅速增多。1980 年，人均储蓄 17.7 元，1984 年增至 25.9 元。1990 年，全区农村储蓄总额 4576 万元，人均 592 元。

2000 年，农村储蓄总额 21833 万元，人均积蓄 2792 元，比 1990 年增长 4.72 倍。

2011 年，农村储蓄总额 101935 万元，人均达 12311 元，比 2000 年增长 3.41 倍。

**城镇居民**　民国时期，城镇只有资本家、工商业主有积蓄，居民难以维持日常生活开支。

1949 年后，生活逐渐好转。1957 年，城镇居民人均积蓄 0.81 元，与农村持平。1975 年，人均积蓄增至 6.8 元。

1978 年后，城镇居民存款增多。至 1984 年，人均积蓄增至 309 元。

1990 年，全区城镇储蓄总额 2359 万元，人均 1289 元，比 1984 年增长 3.17 倍。

2001 年，全区城镇储蓄总额 13724 万元，人均 5361 元，比 1990 年增长 4.16 倍。

2011 年，城镇储蓄总额 66191 万元，人均储蓄达到 25856 元，比 2001 年增长 3.82 倍。

# 第十四篇　经济综合管理

## 第一章　计划管理

1949年前，境内生产、供需等，均为自由经营，无专门机构调控。1953年始，实行国民经济年度计划、五年计划。1956年，实行指令性计划和指导性计划相结合的管理体制。1960年，实行在产品基础上集权型的高度集中统一的计划管理体制。中共十一届三中全会后，开放搞活，实行多种经济成分并存的计划管理体制。1984年，实行计划管理由高度集中逐步转向以计划经济为主，市场调节为辅。1990年，缩小指令性计划，扩大指导性计划的市场调节作用，下达的计划内容和指标减少。固定资产投资管理，实行由年度规模控制指标、逐个审批制。1992年后，生产供需等基本不再下达指令性计划和指标，全部由市场调控，计划部门仅提出指导性计划。固定资产投资、社会事业发展等，均解除规模控制，实行审核制、核准制、备案制，加强计划宏观调控。2011年，计划管理的重点是围绕全区经济和社会发展战略，编制中长期规划、年度计划，研究提出总量平衡、发展进度、结构调整的调控目标、调控政策，衔接各主要行业的发展计划平衡。

1949年前，无专门计划管理机构。1956年11月，计划管理由县计委负责。1984年6月，计划管理由区计委负责。1988年11月，撤销区计委，与区经委合并组建区计划经济委员会（简称计经委），内设计划股。1995年5月，区计经委与区物价局合并组建区计划统计物价局，内设计划股。2002年，区计划统计物价局计划股更名为发展计划股。2005年5月，区计划统计物价局更名为区发改局。2011年，区发改局内设办公室、投资股、规划股、审批股、统计股、物价管理股、综合执法股；核定机关行政编制11名，后勤服务事业编制1名。

### 第一节　计划编制

#### 一、年度计划

1953年11月至1958年，各区、乡参与编制临湘县1954—1959年年国民经济年度计划。对农作物种植面积下达计划指标；对粮食、油料、棉花下达统购指标；对麻类、茶叶、木材、生猪下达派购指标；将粮、棉、油、肉食、食糖、棉布、肥皂、火柴、煤油、生活用煤等陆续纳入计划管理，实行定量供应，将固定资产投资纳入计划编制内容。

1959 年始，各公社独立编制国民经济发展年度计划。内容主要有农作物播种面积、产量，社队企业发展规模，总收入、公共积累等。

1961 年，调整计划编制内容，重点发展农业生产，对扩大粮食作物播种面积下达指令性计划，对压缩社队企业、固定资产投资规模作相应计划，增加调整教育、卫生等社会事业计划。

1965 年，计划编制注重农、林、牧、副、渔全面发展，重点是加强农田水利建设，扩大双季稻种植面积，比例为水稻种植面积的 80%以上。

1978 年后，编制计划坚持民主集中、上下结合，在发展经济和社会事业中，注意兼顾国家、集体、个人三者关系，利益分配上缩小公共积累比例，增加个人收入比例。1983 年后，逐步取消主要农副产品收购，生活必需品供应计划。

1984 年始，由区计划部门统一编制全区国民经济和社会发展年度计划。强调科学性，严肃性，注重产业结构调整，兼顾经济、社会全面协调发展。正确处理人、财、物、产、供、销、责、权、利相互关系。1988—1989 年，压缩固定资产投资计划；1990 年固定资产投资由计划编制转向可行性研究、立项等服务性工作。1992 年，人口控制、卫生事业发展逐步取消指令性计划，仅编制指导性计划。次年，教育事业发展根据普及九年义务教育需要，调整学校布局，取消指令性计划。

1997 年，计划主要内容有发展农村经济、提高工业增长质量、发展第三产业、加强重点工程建设、扩大招商引资、做好财税工作、发展各项社会事业、提高人民生活水平等 8 大项 56 小项。1999 年始，大中专毕业生分配不再纳入计划编制内容，实行市场配置。

2000 年后，计划编制注重分析经济社会发展环境，加强宏观调控的指导性；突出重点，简明扼要。2011 年，计划仅包括预期目标、主要措施两部分。主要预期目标：地区生产净值比上年增长 14%，其中一、二、三产业分别增长 5.2%、27%、9.7%；规模工业增加值增长 25%；固定资产投资增长 25%；社会消费品零售额增长 18%；财政收入增长 13%；城镇居民人均可支配收入增长 11%，农民人均纯收入增长 11%；人口自然增长率控制在 6.5‰以内；万元生产净值能耗下降 3%。

**二、五年计划**

1955 年，参与编制《临湘县 1953—1957 年国民经济计划（草案)》。基本任务是以发展农业为重点，积极稳步开展三大社会主义改造，以适应国家工业化要求。

1963—1965 年，为经济调整时期，在国家安排的“二五”计划期间，未编制五年计划。

1966—1980 年，参与编制“三五”计划至“六五”计划。

1986 年 1 月，区计划部门编制全区经济社会发展第七个五年计划。到 1990 年末，全区社会总产值 1.98 亿元，地区生产净值 9600 万元，工农业总产值 1.49 亿元，社会消费品零售总额 6000 万元，财政收入 1120 万元，总人口（除长炼、岳化。下同）97190 人。

1991 年 8 月，编制“八五”计划草案。次年 11 月，区委对计划的指导思想、目标、任务进行调整。提出以建设有中国特色的社会主义理论为指导，以建立社会主义市场经济体制为目标，加快改革步伐，促进区域经济和各项社会事业发展。对目标任务从主要经济指标、经济结构、发展思路、实施步骤四个方面做出调整。到 1995 年，社会总产值达到 2.62 亿元，地区生产净值 1.26 亿元，工农业总产值 2.26 亿元，社会商品零售总额 1.26 亿元，财政收入 1500 万元，城镇居民人均可支配收入 1788 元，农民人均纯收入 830 元，总人口控制在 10.7 万人。

1996年4月，制定《岳阳市云溪区国民经济和社会发展第九个五年计划纲要》。坚持“开放兴区，科技兴区，抓住机遇，发挥优势，突出固本强农，壮大异军，护树借荫，连城攀亲”的发展思路，计划到2000年，全区实现社会总产值15.27亿元，工农业总产值9.23亿元，地区生产净值6.14亿元，社会消费品零售总额1.8亿元，财政收入6500万元，完成固定资产投资310万元，人口自然增长率控制在6.1‰，城镇居民可支配收入、农民人均纯收入分别达到4500元、2000元。

2001年4月，区政府按照“坚持与时俱进，加快发展，建设富强、文明、秀美的工业城区”的总体要求，编制“十五”计划。到2005年，全区完成地区生产净值20亿元，财政收入1.4亿元，一、二、三产业结构调整至10:48:42，城镇化率达到70%，社会消费品零售总额达4亿元，社会固定资产投资逐年增长，人口自然增长率控制在6‰，科技、教育、文化、体育、医疗设施进一步改善，城镇居民人均可支配收入、农村居民人均收入分别达到6800元、4100元，农村电话普及率增至80%，城区绿化率达45%，城市垃圾无公害化处理率、污水集中处理率分别提高至70%、80%。

2006年4月，编制《岳阳市云溪区国民经济和社会发展第十一个五年计划》。主要任务是：以工业为主导，大力发展特色农业，全面加快城镇建设，把云溪区建设成为经济富裕、社会文明、环境秀美的新型工业城区，提前实现小康社会目标。到2010年，完成地区生产净值67.42亿元，实现规模工业增加值31.1亿元，全社会固定资产投资完成58.27亿元，社会消费品零售总额达到8.3亿元，实现财政收入4.51亿元，城镇居民人均可支配收入16692元，农民人均纯收入达到6956元。

2011年6月，按照“工业重镇、生态新城、民生乐园、清新政地”的定位，加快推进新型工业化、新型城镇化和新农村建设的总体要求，制定全区国民经济社会发展第十二个五年计划。到2015年，社会生产净值达到150亿元，年均增长18%左右，其中一产业7.5亿元，二产业97.5亿元，三产业45亿元；财政收入年均增长20%，突破15亿元；5年完成固定资产投资500亿元；社会消费品零售总额70亿元；城镇建成区面积40平方公里；万元净产值耗能下降15%左右；主要污染物排放总量累计减少10%以上，森林覆盖率稳定在38%以上，环境质量综合指数稳定在90以上；城镇居民人均可支配收入、农民人均纯收入年均增长10%以上，分别达到2.5万元、9000元，力争突破3万元、1万元；年均人口自然增长率控制在6.5‰以内；新增城镇就业2万人、失业人员再就业5000人，农村劳动力转移就业1.5万人，城镇失业率控制在6%以内。

### 三、长期计划

1956年，参与编制《1956—1972年临湘县农业发展纲要》，计划粮食亩产超《纲要》（即400公斤）。

1960年，参与编制《1960—1972年临湘县建设湖区商品粮基地规划》。重点是发展粮食生产，建设商品粮基地。

1964年，参与编制《1963—1972年临湘县农业规划》。主要内容是建设旱涝保收、稳定高产农田，推广良种良法，实行科学种田。

1990年，编制《1991—2000年岳阳市北区国民经济和社会发展规划》。总体设想是：凭借本地资源，兴工拓农，综合开发，实现社会总产值、工农业总产值在1990年基础上翻两番，人民生活达到小康水平。规划到2000年，社会总产值达到3.62亿元，其中工农业产值3.36亿元，实现地区生产净值1.75亿元，农民人均纯收入1300元，科技、文教、卫生等社会事业有突破性发展，生态环境得到有效治理。

# 第二节　计划执行

## 一、年度计划

1953年，由区、乡将县计划部门编制的国民经济年度计划指标分解到基层，督促执行。

1957—1958年，固定资产投资逐年增加，先后修筑永济垸堤，建成八里湖渔场。

1958—1960年，计划指标过高，严重脱离实际，助长浮夸风，造成国民经济严重滑坡。

1962—1965年，计划指标留有余地，群众生产积极性提高。1962年，粮食总产量21261吨；1965年增至25307吨，增长19.03%。固定资产投资按计划增加；建成陆城变电站、35千伏松阳湖变电站。

"文化大革命"期间，固定资产投资规模扩大。1969—1971年，年均投资在2亿元以上，除完成长炼、岳化等国家重点工程建设，另兴修水利设施、桥涵道路，创办社队企业。但公共积累偏多，人民生活水平提高不快。1975年，农业总产值比1965年增长55.4%，农村人均纯收入仅增长15.1%。

中共十一届三中全会后，大中专毕业生每年仍按计划分配，文化、广播、科技、休育、卫生、血防、人口控制等社会事业发展均完成或超额完成计划指标。

1985年，完成工业产值1904万元，占计划的106%，比上年增长50.99%，超过"六五"计划期间年均递增13.6%的计划增长幅度。固定资产投资按计划迅速增长。至1987年，先后完成区机关办公楼、家属楼，云中路、云溪镇老街等基础设施和路口水泥厂，道仁矶汽渡码头等重点工程建设。1987年，完成工农业总产值9177万元，首次实现工业产值超农业产值；农民人均纯收入508元；城乡居民人均存款增至398元。均完成和超额完成计划指标。

1990年，随着区自有财力增加，国家、省、市在区内重点项目建设增多，区计划部门向上级争取以工代赈项目资金，固定资产投资不断增加。至2000年，共完成固定资产投资95462万元（含以工代赈项目资金930万元），先后完成云溪镇城区6条主干道兴修，区一中搬迁，长江防洪大堤加固，重要水库整险等重点工程建设。是年，完成地区生产净值10.76亿元，一、二、三产业结构比例调整为21.04:43.65:35.31，超过计划预定目标。

2002年，实现地区生产净产值11.54亿元，财政收入9017万元，文教、卫生事业投资2124万元，分别占计划的123.41%、132.82%和117.76%。

2003年后，工业集约化发展，农业产业结构更加优化，商贸服务业实行全民自主创业，国民经济和社会事业进入快速发展时期，各项计划指标连年超额完成。至2011年，全区实现地区生产净值84.45亿元，比上年增长25.26%，超计划指标11.26%；其中一、二、三产业生产净值分别增长6.85%、31.06%、19.22%，分别超过计划指标1.65%、4.06%和9.52%。社会消费品零售总额增长44.28%，超过计划指标26.28%。财政总收入增长24.16%，超计划指标11.16%。城镇居民人均可支配收入、农民人均纯收入增长幅度分别超过计划13.24%、15.73%，人口自然增长率7.81‰，比计划指标相差2.31‰。

## 二、五年计划

**"一五"计划**　"一五"期间，1955年秋，掀起农业合作化高潮；至次年年底，高级农业合作社入社农民98.7%；个体手工业95%以上实行集体经营；私营工商业92.5%实行公私合营、合作经营，分别超过计划的18.7%、15%和20%，提前一年完成“一五”年计划。其他43项指标，至1957年年底，完成和超额完成41项。

**“三五”计划、“四五”计划** “三五”“四五”期间，虽然受到“文化大革命”“左”的思想干扰，但随着“农业学大寨”“工业学大庆”运动开展，长炼、岳化落户境内，工农业总产值、固定资产投资均完成和超额完成计划预期指标。

**“五五”计划** “五五”后期，农村先后建立专业承包、联产计酬、包产到户、包工到户的生产责任制，群众积极性提高，国民经济得到新的发展。至1980年，粮食总产量增至47810吨，超过计划年均递增指标1.51%；完成工业总产值493万元，超计划7.35%；城镇职工人均工资收入657元，农民人均纯收入97元，分别超过计划指标23.17%、12.63%。

**“六五”计划** “六五”期间，1981年，农村实行联产承包责任制，工业、工商企业实行经营体制改革，个体商贸兴起。至1985年，全区完成工农业总产值5701万元，占计划108.32%；社会消费品零售总额3376万元，超计划13%；财政收入590万元，占计划的109.2%；固定资产投资总额900万元（含上级资助），超过1980—1984年的总和；城镇职工人均工资收入674.3元，农民人均纯收入480元，分别占计划的111.4%、132.91%；科技、教育、文化、体育、广播电视、医疗卫生等事业均按计划发展；人口自然增长率比1980年下降4.3‰，达到预期目标。

**“七五”计划** “七五”期间，区委、区政府按照“发展经济，振兴北区，服务两厂，富裕人民”的工作方针，大办乡镇企业，发展商品经济。1990年，全区实现社会总产值1.82亿元、地区生产净值1.11亿元、工农业总产值1.52亿元，分别完成计划的91.92%、115.63%和101.97%；社会消费品零售总额6331万元，占计划的105.52%；财政收入1276.7万元，超计划13.99%；总人口97158人，实现计划的100.03%。

**“八五”计划** “八五”期间，广大干部群众进一步解放思想，继续深化改革，扩大开放，加快社会主义市场经济建设，实现经济社会快速发展。1995年，全区完成社会总产值5.86亿元，工农业总产值4.61亿元，分别完成计划的223.66%、203.98%；地区生产净值3.87亿元，超计划指标207.14%；社会消费品零售总额1.47亿元，完成计划的116.67%；财政收入超过计划的232.13%，共完成4982万元；城镇居民人均可支配收入2050元，农民人均纯收入1500元，分别实现计划的114.65%、180.72%；总人口控制在10.68万人，实现计划的100.19%。

**“九五”计划** “九五”期间，全区发扬“团结拼搏，负重开招，埋头实干，争创一流”的云溪精神，加强同驻区大厂协调协作，确保国民经济持续快速健康发展和社会全面进步。2000年，全区完成社会总产值28.69亿元，工农业总产值17.96亿元，分别完成计划的187.88%、194.58%，地区生产净值超计划指标75.24%；社会消费品零售总额2.64亿元，完成计划的146.67%；财政收入9705万元，完成计划的149.31%；固定资产投资450万元，完成计划的145.16%；人口自然增长率11.76‰，比计划指标相差5.76‰；城镇居民人均可支配收入6680元，农民人均纯收入3316元，分别实现计划的148.44%、165.8%。

**“十五”计划** “十五”期间，区委、区政府坚持“兴工强区、厂地一体、拓路扩城、富民添美”的工作思路，实施用工业化整合农业产业化、城镇化战略，实现经济社会跨越式发展。2005年，全区实现地区生产净值19.84亿元，财政收入1.59亿元，分别完成计划的99.2%、113.57%；一、二、三产业结构由2000年21.04:43.65:35.31优化为19.27:48.31:32.42，其中工业生产净值在地区生产净值中所占比例超过计划的0.31%；城镇化率达到70.8%，实现计划的101.14%；社会消费品零售总额3.8亿元，完成计划的 95%；城镇居民人均可支配收入 8925 元，农民人均纯收入 4800 元，分别完成计划的 131.25%、117.07%；农村电话普及率 100%，超过计划指标 20%；城区绿化率 48%，实现计划的 106.67%；城市垃圾无公化处理率，污水集中处理率分别按计划提高至 70%，80%。

**“十一五”计划**　“十一五”期间，区委、区政府坚持工业强区，重点抓住循环经济、临港经济、农村经济，突出提高经济效益、社会效益、生态效益，是云溪区域历史上发展最快的时期。2010 年，全区实现地区生产净值 67.42 亿元，完成计划的 100%；实现规模工业增加值 38.93 亿元，完成计划的 125.18%；全社会固定资产投资 146 亿元，超过计划的 150.56%，在 2005 年的基础上翻了 4 番；财政总收入 9.19 亿元，完成计划的 203.77%，是 2005 年的 5.78 倍，年均递增 20.75%；社会消费品零售总额 8.31 亿元，完成计划的 100.12%；城镇居民人均可支配收入达到 17301 元，农民人均纯收入 6963 元，分别完成计划的 103.65%、100.1%。

### 三、长期计划

1972 年，粮食亩产仅 385 公斤，因计划指标过高，未能实现《1956—1972 年临湘县农业发展纲要》粮食超“纲要”预期目标。粮食总产量由 1961 年 14780 吨增至 34400 吨，商品粮由 5290 吨增至 174504 吨，初步完成《1960—1972 年临湘县建设湖区商品粮基地规划》指标。是年，建成旱涝保收、稳产高产农田 8617.76 公顷，占水稻总面积 75%，完成《1963—1972 年临湘县农业规划》指标的 93.75%；推广湘矮早 7 号、2961、二九青、二九南、红 410、湘矮早九号、二九矮、珍珠矮、岳农 2 号、农虎 6 号等优良品种，双季粮种植面积完成计划的 100.67%。

2000 年，全区社会总产值、工农业总产值、地区生产净值分别超额完成《1991—2000 年岳阳市北区国民经济社会发展规划》指标的 6.93 倍、4.52 倍和 5.15 倍；城镇居民人均可支配收入、农民人均纯收入分别超额完成计划的 183.91%、155.08%。

## 第二章　物价管理

民国中后期，战乱频仍，物价飞涨。民国 34 年（1945），零售物价是民国 26 年的 1886 倍。1949 年 8 月，实行人民币为唯一合法货币，禁示使用银元等旧币，减少市场货币流通，抑制通货膨胀，加强大米、棉花等必须生活物资统一调度，物价日渐平稳。1962 年始，执行国家计划价格；至 1978 年，物价相对稳定。1985 年始，实行国家定价和市场调节价并存的“双轨”制物价。1999 年，改单一计划价格为国家定价、国家指导价、市场调节价并存的价格管理体制。对关系国计民生的重要商品，实行购销倒挂、价外补贴。市场物价指数以 1950 年为基数，至 1999 年，农副产品收购价年均递增 5.8%，社会商品零售物价年均递增 4.7%。2005 年，形成以市场调节价为主，国家指导价为辅的物价管理体制。至 2011 年，物价总水平基本稳定。

民国时期，境内无物价管理机构。1962 年 8 月，物价管理由县物价委员会负责。1978 年，由县计委物价科管理；1983 年，改为由县物价局管理。1984 年 6 月始，由区计委统筹物价监督管理。1988 年 12 月，区成立物价局，加挂市物价检查所牌子。1995 年 5 月，区物价局与区计经委合并组建区计划统计物价局，内设物价股、物价检查所。2005 年 5 月，经发局保留区物价局章子，内设价格监督所，负责物价管理和监督。2009 年 9 月，区价格监督所更名为区价格监督检查局，为副科级行政机构。2011 年，区发改局内设价格管理股、综合执法股，归口管理区价格监督检查局，核定行政编制 3 名，负责全区价格专项检查，对违价举报进行适时调处，打击违价行为。新增加强对行政机关、法律法规授权组织依法强制使用或指定配套商品和服务价格的监督职能。

## 第一节　物价演变

### 一、总体物价

清末，物价相对稳定。咸丰八年（1858），按银圆折价每担（合 50 公斤，下同）上等白米折银 2.26 两，中等米 2.2 两；光绪二十四年（1898），每担上等白米折银圆 2.14 两，中等米 2.10 两。民国前期，物价波动不大。民国 21 年（1932），每担黏米折银元 3.8 元，黄豆 4.66 元，棉花 34 元，菜油 29.5 元，猪肉 25.95 元，食盐 17.12 元，白糖 24.6 元，红糖 19.49 元，谷酒 11.18 元，洗衣皂每块 0.12 元，青棉布每米 0.378 元，白棉布每米 0.18 元。民国 33 年，以法币取代银元，物价开始猛涨；据《湖南省抗战损失统计》载，零售物价指数以 1937 年 8 月为 100，1945 年达到 188605。抗战胜利后，法币贬值，物价飞涨。100 元法币，1937 年能买 2 头牛，1945 年仅可买 1 个鸡蛋，1948 年，只能买 0.2 两大米。

1949 年后，政府坚持物价总水平基本稳定方针，不断调整工农业产品价格，改革物价管理体制，物价虽然有所上升，但基本平稳。市场物价总指数以 1950 年为 100，1957 年，农副产品收购价格位为 173.4；1970 年为 314.63；1983 年，调至 497.93；1999 年，为 674.1；是年，吃、穿、用三大类商品指数分别为 611、262、312，年均分别递增 5.3%、2.1%、2.9%。2011 年，市场物价总指数以 1999 年为 100，农副产品收购价格为 713.2，年均递增 6.1%；社会商品零售物价总指数为 523.4，年均递增 5.15%。

### 二、主要物价

**粮食**　1950—1953 年，购销价格上涨 20.69%。1953 年 11 月，实行粮食统购统销后，按每 100 公斤计算，1954 年，中等稻谷购销价与上年持平，为 11.7 元；小麦购价 16.50 元，销价 18.00 元；黄豆购价 19.00 元，销价 22.00 元。1955 年年底，根据“基本不动，个别调整”的方针，小麦购价调至 16 元。1962 年，稻谷购价调为 16.8 元，销价为 12.7 元；小麦购价调至 22.4 元，销价 17.4 元。1963 年 8 月，农村粮食销价、行业用粮销价均提高到与购价持平（国家按人定量的粮食未提价）。其购销价格，稻谷 16.8 元，小麦 22.4 元，黄豆 27 元，薯干 21.6 元。1966—1978 年，稻谷购销价为 19 元。1985 年，取消粮食统购，实行合同定购，按“倒三七”比例计价为 31.18 元（即每 100 公斤稻谷 30%按统购价 23 元计价，70%按超购议价 34.63 元计价）。1989 年，稻谷平、议均价为 53.2 元，比 1950 年提高 524%，比 1966 年提高 196%。小麦购价 49 元，大豆 68 元，分别比 1954 年提高 288.2%、359.3%。1990 年，稻谷收购议价由上年 72.4 元降至 64 元，大豆由 170 元降至 160 元。城镇居民定量口粮销价仍保持 1966 年水平。1998 年始，粮食实行顺价销售，下浮通过补贴保底，上浮不限。次年，早籼稻市场价 139 元，晚籼稻 143 元。2011 年，中等稻谷 210 元，比 1999 年均价提高 48.94%。

**油料**　1949—1952 年，菜油每 100 公斤购价 60~77 元，销价 96~102 元。1953 年实行统购统销后，国家对油料生产采取“逐步提高收购价格，稳定销价和超购加价奖励”政策，至1955年，茶油购价102元，销价120元；菜油购价86.9元，销价100元；棉油购价67元，销价94元；麻油购价78.4元，销价109元。1956年，实行地区差价和质量差价；至1965年，菜油购价提高97.4%，销价提高66.7%。1971年，取消地区差价，实行统一价格，加价幅度提高30%。1979年，油料统购价调高13.37%，国家任务外部分再加价50%收购。1985年，食油统购改为合同定购，凡菜油、茶油、棉油的购价不分计划内计划外，一律实行“倒四六”比例计价，即40%按平价，60%按议价。至1989年，收购100公斤菜油540元；1990年，降至460元。是年，销售议价为500元，城镇居民定量食油仍维持1965年162元的水平。1993年，取消食油定购计划和定量供应，菜油销价680~700元；1994年，涨至530~1200元；1995年，降至840~900元；1997—2005年，稳定在820~900元；2008—2011年，涨至1300~1500元。

**肉食蔬菜**　1950年，每公斤毛猪购价0.64元，市场鲜肉销价0.96元。1970年后，长炼、岳化落户，肉食蔬菜销量增大，购销价相应提高；至1973年，毛猪购价提高65.3%，销价提高83.6%。1979年3月，9种肉食、水产品的购价提高45%；11月，提高184种肉食及相关饮食、副食的销价，平均提高37.4%。1985年，肉食价格放开，市场猪肉（剔骨，下同）每公斤由2.4元增至3.2元，鱼由2.2元涨至3.6元；1988年，分别增至6.4元、6元。禽蛋蔬菜价均大幅度提高。1989年，肉、蛋、禽比1979年涨价2倍多，鱼上涨3倍左右，蔬菜价上涨6~10倍，新上市的白菜每公斤2元左右，青椒每公斤3.6元。1990年，农业结构调整，肉食蔬菜发展，市场价格趋向平稳，基本维持在1989年水平。1994年，肉食最高限价每公斤11元；2005年，每公斤14元。2006年后，城镇建设加快，城镇居民增加，肉食蔬菜销量进一步增大，价格上升较快。至2011年，猪肉每公斤销价22元，较2005年上涨57.14%；蛋、禽上涨2倍多；鱼上涨3倍左右；蔬菜涨3~4倍。

**棉、麻、茶**　棉花：1990年，购价比1950年调高360%，每公斤6元；2000年，调至11.5元；2005年，市场价14.8元，2011年，20元。苎麻：1983年比1950年调高133%，每公斤2.15元；1986年，每公斤最高价16元；1990年，由于滞销降至1.6元。茶叶：1990年与1950年比，绿茶购价调高500%，老茶调高257%，每公斤分别为4.2元、1.5元；1995年，市场价绿茶6.5元，老茶2.3元；1997年，茶园面积减少，茶叶价格上扬幅度较大；至2011年，每公斤绿茶18元，老茶6.8元。

**林产品**　20世纪50—70年代，杉条价格上调1倍左右。1985年价格放开后，林产品价格迅速上涨；1990年，每立方米杉条购价560元，为1953年的28.4倍；楠竹、木炭上涨10倍左右。1990年后，林业逐步发展，价格涨幅放缓；至2005年，杉条每立方米购价850元，年均涨幅3.45%，楠竹价上涨1.37%。2006年后，竹木销量急增，价格大幅上扬。至2011年，杉条每立方米销价1400元，上涨64.71%；楠竹上涨30%~45%。

**消费工业品**　1950年后，日常生活用品价格基本稳定。至1982年，盐、糖、布、针棉织品、鞋、肥皂、牙膏、搪瓷等价格一般上调一倍左右，煤油、手表等下降30%~50%。1983年，调高棉布价格30%，降低化纤布价30%，降低手表等7种日用品价格。1985年始，因“消费热”刺激，彩电、冰箱、毛纺衣料、时装、名烟、名酒竞相涨价，同一般产品的差价拉开几倍到几十倍。2008—2011年，市场基本饱和，涨幅放缓，彩电、冰箱等，较2005年下降5%~16%。

**生产资料**　20世纪60—70年代，分批调低钢材、水泥、石油、农药价格，幅度为10%~30%。80年代始，逐步回升。1990年，钢材、水泥计内平价比1960年提高50%左右，计外议价提高1.5~2倍。尿素有4种价格：与定购粮、油挂钩价每吨550元，专项奖售价700元，计内高价800元，议价1200

元。柴油吨价：平价 570 元，计内高价 1250 元，计外价 1560 元，议价 1800 元。1999 年，生产资料价格全部放开，由市场调节；价格有起有落，在波动中上扬。

## 1951—2011 年境内部分年份零售物价指数表

表 14—2—1

| 年　度 | 总指数 | 其中 | | | 年　度 | 总指数 | 其中 | | |
|---|---|---|---|---|---|---|---|---|---|
| | | 食品类 | 衣着类 | 日用品类 | | | 食品类 | 衣着类 | 日用品类 |
| 1951 | 108.48 | 98.49 | 108.68 | 103.17 | 1989 | 346.02 | 510.50 | 161.77 | 212.20 |
| 1953 | 111.86 | 104.07 | 107.27 | 104.72 | 1990 | 96.7 | 95.3 | 96.5 | 92.3 |
| 1955 | 117.51 | 116.32 | 104.71 | 104.72 | 1991 | 95.3 | 94.2 | 93.7 | 90.0 |
| 1957 | 122.81 | 122.56 | 106.39 | 104.19 | 1992 | 96.5 | 95.7 | 94.8 | 92.4 |
| 1958 | 127.83 | 127.34 | 106.37 | 112.72 | 1993 | 97.3 | 96.4 | 95.7 | 93.6 |
| 1960 | 137.70 | 137.67 | 106.79 | 125.58 | 1994 | 98.8 | 98.3 | 96.7 | 95.1 |
| 1961 | 177.4 | 156.63 | 106.78 | 153.15 | 1995 | 99.2 | 98.7 | 97.5 | 96.7 |
| 1962 | 184.74 | 160.98 | 106.86 | 160.86 | 1996 | 101.3 | 101.8 | 101.7 | 101.4 |
| 1963 | 156.75 | 156.48 | 107.72 | 143.27 | 1997 | 102.5 | 102 | 102.1 | 102 |
| 1965 | 151.95 | 156.55 | 107.80 | 121.87 | 1998 | 102.7 | 103.1 | 103.3 | 102.7 |
| 1967 | 153.06 | 199.75 | 105.34 | 117.25 | 1999 | 103 | 103.3 | 103.4 | 103 |
| 1976 | 151.42 | 200.75 | 105.09 | 117.21 | 2000 | 102 | 102.5 | 102.1 | 102.3 |
| 1978 | 151.57 | 200.16 | 105.09 | 117.61 | 2001 | 102.1 | 102.7 | 102.3 | 102.6 |
| 1979 | 152.96 | 204.68 | 105.09 | 117.65 | 2002 | 102.3 | 102.9 | 102.4 | 102.6 |
| 1980 | 164.74 | 228.59 | 104.49 | 119.39 | 2003 | 102.5 | 103.1 | 102 | 102.9 |
| 1981 | 165.33 | 230.09 | 103.56 | 124.15 | 2004 | 102.7 | 103.3 | 102.1 | 103.1 |
| 1982 | 166.12 | 230.19 | 101.86 | 125.26 | 2005 | 103 | 103.5 | 102.4 | 103.3 |
| 1983 | 168.61 | 236.08 | 101.86 | 125.26 | 2006 | 103.1 | 103.9 | 102.4 | 103.3 |
| 1984 | 171.94 | 242.05 | 102.30 | 126.78 | 2007 | 104.4 | 104.9 | 103.7 | 103.6 |
| 1985 | 195.01 | 286.11 | 105.27 | 129.45 | 2008 | 104.6 | 104.9 | 103.6 | 103.1 |
| 1986 | 205.15 | 299.84 | 108.64 | 141.62 | 2009 | 102.9 | 103.3 | 101.2 | 103.1 |
| 1987 | 228.54 | 333.72 | 116.68 | 153.51 | 2010 | 101.5 | 103.4 | 100.5 | 102.7 |
| 1988 | 292.99 | 444.69 | 133.25 | 184.52 | 2011 | 101.7 | 103.6 | 100.4 | 102.5 |

说明：表内物价指数为以上年度为 100 测算下年度

# 第二节　物价补贴与监督

## 一、物价补贴

1965—1979 年，对国营企业职工进行粮食、主要副食品价格补贴，对城镇居民必须生活资料实行价格补助。1985 年，放开猪肉销售价，城镇居民每人每年补差价 14 元。1988 年 4 月始，肉食蔬菜由暗补改明补，职工每月补 8 元。1992 年 4 月，提高粮食统销价格，对职工进行粮差补贴，每人每月补 5 元。11 月，粮油市场销售价格放开，计划内的粮票粮证停止使用。1994 年，煤炭销售价格放开，各项补贴取消。

## 二、物价监督

**价格认证**　1989 年，区计划物价局设价格认证中心。至 1994 年，共为区公安局、区检察院、区法院、区司法局、区国土分局、区税务分局、区城建局等 20 多个单位、个人评估 26 次，评估标的 170 万元，收缴罚没款收入、管理费、评估费 5.5 万元。2009 年，完成价格认证 487 件，涉及金额 500 多万元；2010—2011 年，共办理价格认证 1002 件，涉案金额 896.29 万元。

**行政事业和服务性收费**　1989 年始，开展工农业产品成本审查、审核，非商品性收费管理，行政、企事业单位定价资格发证工作。1995 年，检查收费许可证单位，清理收费项目 360 项，取消 11 项，降低收费标准 22 项。1998 年，结合农村电网整改，实行农电限价；至 2002 年，所有农网台区实行同网同价，电费由 0.8 元/千瓦时调至 0.548 元/千瓦时。1999 年，实现与岳阳中心城区固定电话通信费一体化，全区共节约通信费 876 万元。2003 年，清理整顿涉农收费。在交通要道，区、乡政府所在地和各村村部办公示栏，公示上级明文规定的收费项目、标准。2004 年后，全面调整客运价格，核定客运中巴票价；共调整境内 36 条省、市、区客运线路段客运价格。2008 年 10 月，区直收费单位实行收费公示制。取消行政事业性、服务性收费项目 101 项，降低收费标准 11 项。2010 年 2 月，在基层医疗机构实施基本药物制度，乡镇卫生院、长炼社区卫生服务中心基本药物实行零差率销售；2011 年，对 90 种增补基本药品最高零售价格实行限价。

价格矛盾处理与明码标价　1988 年始，办理价格矛盾案件。1994 年，执行国务院关于商品和服务收费实行明码标价的规定，坚持送价格标签上门，临店指导，98%的商品、服务业实行明码标价。2002 年，对超市、大型商场、药店进行明码标价。在流通领域开展“双信”活动，鼓励工商企业认真执行物价和计量法规，进一步规范市场价格秩序。

至 2011 年，共受理价格矛盾案件 1020 起，回复 1020 起，其中立案 302 起，查处 302 起，共清退不合理收费 236.4 万元。是年，结合“价格诚信年建设”活动，加大诚信建设力度，营造诚信、公平的市场价格秩序。云溪区华夏商贸（城）被评为全市价格诚信示范单位。

## 1989—2011 年云溪（北）区物价违规违法监督处理情况表

表 14—2—2　　　　单位：件、万元

| 年度 | 监督检查 | | | |
| --- | --- | --- | --- | --- |
| | 违规违法 | | 监督处理 | |
| | 违规违法案件 | 违价总金额 | 没收上缴财政金额 | 清退金额 |
| 1989 | 4 | 12.3 | 3.6 | 1.3 |
| 1990 | 5 | 15.4 | 3 | 1.8 |
| 1991 | 9 | 16.5 | 2 | 2.3 |
| 1992 | 12 | 23.5 | 2.5 | 2.4 |
| 1993 | 6 | 20.5 | 1.7 | 1.8 |
| 1994 | 9 | 23.6 | 2.5 | 1.7 |
| 1995 | 12 | 38.5 | 6.5 | 1.4 |
| 1996 | 15 | 56.8 | 6.8 | 2.5 |
| 1997 | 18 | 105 | 7.4 | 2.9 |
| 1998 | 15 | 86 | 4.5 | 2.2 |
| 1999 | 8 | 63 | 3 | 2.7 |
| 2000 | 9 | 78 | 5.5 | 1.7 |
| 2001 | 12 | 103 | 7.3 | 6.8 |
| 2002 | 17 | 123 | 5.8 | 6.5 |
| 2003 | 15 | 145 | 11.2 | 5.9 |
| 2004 | 10 | 109 | 8.6 | 4.8 |
| 2005 | 8 | 85 | 7.5 | 5.5 |
| 2006 | 11 | 79.5 | 18.5 | 6.5 |
| 2007 | 13 | 125 | 8.5 | 8.3 |
| 2005 | 9 | 113 | 7.3 | 15 |
| 2006 | 13 | 175 | 25.3 | 10.5 |
| 2007 | 15 | 365 | 42.5 | 16.7 |
| 2008 | 17 | 355 | 31.5 | 15.4 |
| 2009 | 14 | 484.4 | 26.7 | 47.6 |
| 2010 | 10 | 254 | 36.4 | 29.7 |
| 2011 | 16 | 263 | 36.7 | 32.5 |
| 合　计 | 302 | 3318.4 | 322.8 | 236.4 |

**价格听证**　2003 年 6 月，召开云溪镇城区自来水调价听证会。机关企事业单位、工商界、居民等方面 7 名消费者代表参加，同意适当提高自来水供应价格：居民生活用水、机关企事业单位用水调至 1.3 元/立方米，工业生产用水调至 1.45 元/立方米，经营服务业用水调至 2 元/立方米，特种行业用水调

至3.6元/立方米，分别提高0.3元、0.2元、0.4元、1.8元；对城镇享受最低生活保障的困难居民户，每户每月免收4立方米水费。

# 第三章　统计管理

清代、民国时期，境内无专门统计管理机构，统计管理不健全。1953年始，对经济、社会事业发展进行全面统计，以便制定调整国民经济和社会发展计划。1958年，统计报表多而不实，客观上助长了浮夸风。“文化大革命”中，统计管理基本瘫痪。1984年始，区政府加强统计执法，严肃查处虚报、瞒报、漏报统计数据案件。1990年，将统计管理单纯为计划管理服务转变主要为宏观上把握社会经济发展总体趋势，精简月报、季报，加强统计调查、统计分析。1999年，全区实行新的国民经济核算体系，经济评价考核指标以便全面、准确掌握国民经济和社会发展趋向。2011年，进一步改革企业统计模式和方法，实行“一套表”联网直报。

清代，由县衙主簿收集整理户籍、人丁、田亩、税费等数据。民国11年（1922），乡、镇、保由户籍干事或户籍员兼任户籍、田赋统计。1954年后，区、乡分设专、兼职统计员。1954年5月，境内统计工作由县计划统计科管理。1958年2月，由县计委统管。1963年3月，由县统计科管理。1964年4月，由县统计局负责。公社设统计站。“文化大革命”中，统计机构撤销。1979年，由县计委统计科管理。1981年，由县统计科管理。8月，复由县统计局负责。1984年6月，统计归口区计委管理。1988年11月，区计经委内设统计股。1995年5月，区计划统计物价局内设统计股。2002年，区成立农调队，乡镇设统计站，事业单位设统计股（室），配专、兼职统计员；2005年，区经发局加挂区统计局牌子。2011年，由区发改局统计股负责统计工作，新增民情民意调查，新型工业化考核，节能减排考核等重大考核数据的评估认定和提供等职能。

## 第一节　统计报表

民国时期，仅有户籍、人丁、赋税报表，定期报表，年报，综合报表4类。

1953年始，逐步建立农业生产、商业、文教卫生、劳动工资、基本建设5种定期报表。1958年，仅农业报表有28种，另有生产进度日报、三日报、周报、月报4种定期报表。1962年，恢复原定期报表。“文化大革命”初期，定期报表、综合报表基本废止。1970年后，逐步恢复。1979年，增加建筑、交通、商业饮食服务业、文教卫生、财政金融等统计报表。

1984年，逐步建立工业、农业、商业、基本建设、劳动工资、国民经济核算、企业调查、农业调查8种定期报表。

1985年，统计年报增加国民收入、国民生产总值、国民财产、城镇、劳动工资、工业、交通、固定资产投资、物资、农业、商业等11种，后7种有定期报表。

1990年，统计年报有人口、国民收入、国民生产总值、国民财产、城市、城镇、劳动工资、技术开发、工业、交通运输、固定资产投资、建筑、物资、农业、商业等15种，并有定期报表。至1999

年，统计报表有国内生产总值年报，基本单位调查年报，经济指标季度考评，资金流量测算，工业定期报表和年报，交通季、年报，农林渔业月、季、年报，农村社会经济年报，农业基本单位调查年报，农村固定资产投资年报，农业主要经济月报，商业月、季、年报，劳动工资季、年报，社会季、年报，建筑业季、年报等15种。停止国民财产5年报、国民收入、国民生产总值年报，改为国内生产总值月、季、年报。

2000年，增加规模企业产值、财务统计、小型工业企业产值、财务指标统计定期报表。

2006年，增加农业电气化、农业科学化、农村社会总产值、农业净产值、农业商品产值、农业增加值、乡镇企业发展、农村社会科学事业发展、农村专业户、农村新经济联合体等10种年报。

2011年，物资年报改为能源年报。9月，改革企业统计模式和方法，实行“一套表”联网直报。

## 第二节　统计调查

**国情国力普查**　民国35年（1946），对日军侵占时期所造成的破坏进行普查。民国38年，就自然灾害对农业的影响进行普查。1950—1953年，先后普查工农业总产值、田亩产量、私营工商业等。1953年、1964年、1982年，先后进行3次人口普查和第一次工业普查。1985年，对全区所属工业企业进行全面普查。1990年，进行第四次人口普查。1993年，开展第三次产业普查。1995年，进行基本单位普查。1997年，组织第一次农业普查。2000年，开展第五次人口普查。2004年，进行第一次经济普查。2006年、2008年，分别组织第二次农业普查、第二次经济普查、第一次科技普查。2010年，进行第六次人口普查；利用微机对人口数据进行整理分析，编成普查资料。组织第二次科技普查（即R&D普查）；重点普查科技活动规模、科技投入水平、自主创新能力、创新型建设进程。

**全面调查与抽样调查**　1999年，对全区人口变动情况进行抽样调查。2000年，组织规模企业产值、财物全面调查。对小型工业企业产值、财务指标进行抽样调查。2002年，在云溪乡、文桥镇、道仁矶镇、永济乡建立6个抽样调查点，选定30个调查户，对其人口、劳动力、文化构成、田土山水面积等生产性固定资产原值、房屋使用面积、全年各类产品产量、总收入、总支出、现金收支、实物等420个项目进行逐项调查，逐户逐日记载现金收支、实物进出，分月整理，季、年度综合成汇总报表。2005年，在云溪镇、文桥镇进行1%人口抽样调查；调查指标主要有住户基本情况：包括个人、年龄、性别、受教育程度、职业、迁移流动、生育、社会保障、住房间数、建筑面积、建筑结构、住房来源、住房用途等指标，共调查1600人。

## 第三节　统计服务与监督

### 一、统计服务

**资料整理**　1955年始，每年协助临湘县统计部门编印《国民经济统计资料》。“文化大革命”时期，资料编印中断；1979年恢复。1988年，编印《1984—1988年岳阳市北区国民经济统计资料》。2003年，编印《1999—2002年岳阳市云溪区统计年览》，分工业、农业、商业、基本建设、劳动工资、教育、卫生、交通、邮政、环保等10个专业项目。2011年，编印《2007—2011年岳阳市云溪区统计年览》。

**统计分析**　1958年，由于出现浮夸风，粮食统计数字不实。1958年后，加强统计数据分析，再作上报。1984年始，汇总各单位月报、季报，加强调查分析。1990—2011年，每年撰写编印有关社会、人口、经济、科技等方面发展变化的专题分析文章，每半年进行一次经济运行形势分析。

**咨询服务**　1985年后，统计工作由单纯为上级和计划服务转向为全社会服务。1988年，统计服务领域进一步拓宽。至2011年，共为各级、各部门提供咨询6870次，其中属经济方面的占51%，文化、教育、科技、卫生方面的占36%，人口与人口控制方面的占6%，其他方面的占7%。

### 二、统计监督

**执法与检查**　1984年1月《中华人民共和国统计法》颁布实施后，每年组织3~5次统计执法抽查，年末进行1次检查。2002年、2006年，分别会同区人大法制科、区政府法制办联合开展统计执法大检查。查处虚报、瞒报、漏报统计数据的违法案件11起。2007—2011年，联合市统计局检查规模企业统计执法情况，纠正6起瞒报、漏报现象。

**统计评估**　2005年始，通过一季一调度、年度评估总结，对有责任办理省市实事的单位，进行实事办理情况的监督与评估。2011年，监督评估省、市下达云溪区办理实事指标24项，涉及15个单位和部门。

# 第四章　审　计

清代，民国时期，仅限于事后财务审计。1952年始，政府严肃财政纪律，加强事前监督管理。20世纪60年代，增加工商审计，清理“小钱柜”。“文化大革命”中，审计工作中断；中共十一届三中全会后，得到恢复加强。1988年11月始，执行《审计条例》，审计监督由事后审计向事中、事前审计转变，由微观审计向宏观审计转变。1990年6月，开展单位内部审计，对金融单位、乡镇财政进行审计；8月始，对行政事业单位财务、基建投资等，开展审计监督和专项审计。1992年始，开展领导干部离任前的经济责任审计。1994年，对重大项目的资金配套、使用情况开展审计调查。1995年，加强对区本级财政预算执行情况、其他财政收支审计。至2011年，配合上级审计机关或独立开展审计、审计调查项目549个，查处违纪违规金额24328万元，管理不规范金额62344万元，为国家挽回经济损失13627万元。

清代，由县知事、县丞、主簿稽核田赋、财务收支。民国初年，由县议会财政监察股审查。民国5年（1916），由县财政委员会核查。民国26年，由县会计室审计。民国34年，改由县参议会审核，会计室核查。1952年，审计工作由县政府财政局监察组负责；1958年，监察组撤销；1962年恢复。1983年10月，审计监督由县审计局负责。1988年11月，由区计经委内设审计股负责。1990年4月，成立区审计局。2011年8月，区委、区政府印发区审计局主要职责、内设机构和人员编制规定，新增对审计项目的综合计划管理，强化计算辅助审计，加强对财政资金及其他资金运用的绩效审计。区审计局内设办公室（审理复核室）、财政金融审计股、行政事业与社会保障审计股、农业与资源环保经贸审计股、固定资产投资审计股，归属管理区领导干部经济责任审计室；核定行政编制9名，全额拨款事业单位编制4名，后勤服务事业编制1名。

## 第一节 国家审计

### 一、项目审计

**财政审计** 清代，主要稽核财务收支情况。民国26年（1937），开展财政事前监督，事后审计。1952年始，加强财、政监察，维护财经纪律。1958年，财务监督审计中断。1962年后，加强财务税收检查监督。至1964年，共清理21个单位，清出“小钱柜”5.6万元。“文化大革命”期间，财务审计中断。1978年，加强年度财政收支监督检查，贯彻执行财政政策、法规。1983年，加强各单位财务收支、经济效益审计，查处违纪案件。1985年，加强“两年审一次，一次审两年”的财政决算审计。区财政科设监察股，开展对乡镇财政稽核。1990—1995年，对乡镇财政决算进行审计；查出违纪违规问题16个，涉及金额1680元。1995年始，每年组织对上年度区本级财政预算执行情况、其他财政收支进行审计。对预算管理单位截留、坐支和违规列支预算收入、挪用专项资金、改变税种问题，税收征收单位违规支付代征代扣手续费、延压税款、挪用预算收入问题，预算执行单位挪用专项资金问题、财政债务风险问题等，进行监督处罚，提出合理化建议。至2011年年底，共审计138个单位预算执行情况，查出违纪违规金额20233万元。

**工商审计** 1962年，开展“清仓核资”检查监督；至1964年，共清出积压物资价值81.6万元。“文化大革命”期间，工商企业审计停止；中共十一届三中全会后逐步恢复。1990年8月，区审计局设工商企业审计股。至2003年，完成审计项目61个，审计企业61家，查处挤占成本、少计成本、损失浪费、非正式发票入账、偷税等违纪金额1442万元。

**基建投资审计** 1983年始，加强基本建设投资审计。1990—2008年，开展专项审计项目36个，涉及金额4亿元，在财政评审的基础上，审计核减资金1860万元。2009年，对双花水库除险加固工程项目进行审计，通过财政评审核减资金370余万元。2011年，对区人民医院门诊楼改造工程项目进行审计，核减工程造价24.83万元，核减率26%。

**行政事业审计** 1990年8月，区审计局设行政事业审计股。1998年10月，对某执法单位进行审计，发现存在乱收费、私设“小金库”问题，责成该单位追究有关人员的责任。2009年，对区法院、区检察院、区一中、道仁矶中学进行审计，查出违规、管理不规范金额312万元。至2011年，审计行政事业单位，查出违纪违规金额4608万元，制止虚列支出、滥发钱物、私设“小金库”等违纪违法现象。针对存在的“三乱”行为，提出治理对策；针对专项资金使用中存在的被截留、挤占及挪用等问题，提出加强拨、管、用等各个环节的检查监督建议。

**金融审计** 1990—2005年，审计银行保险机构19个，查出违纪金额808.88万元。针对设置账外账、违规列支手续费、挤占营业费等问题，提出审计意见。2006年，开展对信用社系统审计；发现存在内部管理不规范、越权放贷、违规放贷、骗贷、高息揽存等问题，查出违规金额1亿元。岳阳某公司和王某、刘某等人，严重骗贷，区审计局将违纪违规线索移交区公安分局。

**经济责任审计** 1992—1997年，对15名离任领导干部进行经济责任审计，并将审计结果报送区委组织部。1998 年 2 月，区人大常委会实行提请人大常委会任免的国家机关工作人员提请机关要提交拟任人选的有关经济责任审计报告；经济责任审计范围进一步扩大。2002 年 1 月，区成立领导干部经济责任审计室（副科级行政支持类事业单位），对离任干部任期所在单位的财务收支、经济活动等进行全面审计。至 2007 年，共对 33 名科局级单位主要领导干部进行经济责任审计。2008 年 10 月，区委制定党政负责干部“两审一评”实施细则，将领导干部经济责任审计、所在单位人员编制审计、用人情况的评议三项工作结合一起，促进经济责任审计深入发展。至 2011 年，通过组织、纪检、审计“三位一体”的监督，审计 56 名领导干部经济责任履行情况。

1992—2011 年，对离任领导干部进行经济责任审计，共查处各类违纪违规金额 14848 万元；向区纪检监察、区司法机关移送案件线索 8 个。参照审计结果报告，区提拔重用 56 人，降职或撤职处理 8 人。

**上级交办审计** 1995—2008 年，先后完成上级审级部门交办的湖南理工大学、岳阳林纸集团、岳化、京珠高速公路、岳阳中学、岳阳市十一中学、湖南民族学院、市卫生监督中心、岳化一中、长炼石油化工职业技术学院（简称长炼技校）等项目审计，共收缴罚没收入 130 多万元。2008 年，授权审计长炼技校。发现重大违纪违规线索并移交长炼纪委。查出该院院长有严重违纪行为，被给予留党察看 2 年并撤销行政职务处分。2009 年 9 月、2011 年 5 月，先后受区政府指派，完成松阳湖港区、荆岳长江大桥、随岳高速公路、长炼工业园等重点工程临时组织协调机构的财务审计。提交审计报告后，区政府专门召开常务会议，制定临时机构财务管理办法，将临时机构财务纳入国库集中支付，修订、完善财政投资评审管理暂行规定等规范性文件。2011 年 9 月，受区政府、区纪委委托，对长炼工业园的财务收支情况进行审计，摸清该园总体财务状况，出具的审计报告为云溪“两园合一”提供重要参考依据。

至 2011 年年底，共完成区委、区政府、区纪检组织部门交办的 26 个项目审计，提出的审计建议，均被交办方采纳。是年，完成区委、区政府交办的对长炼建安公司拆迁（又称黑屋拆迁）项目专项资金、陆城天螺山机埠维修资金、区云河公司、区创业平台财政财务等 4 个项目的审计和审计调查。发现 2 起重大违纪案件线索。移交区纪委后，其中 1 人受到党内严重警告处分，1 人被诫免谈话。

**参与行业审计** 1995 年始，参与上级审计部门组织的公安、法院、检察院、教育、地方政府债务、社保、核工业等行业审计。2010 年 4—5 月，区审计部门派出 1 名高级审计师参与审计署组织的对核工业部的审计。2011 年 3 月，在全市组织的地方政府债务审计中，派出 6 名审计人员，对君山区政府债务进行审计；圆满完成行业审计任务，得到市委、市政府领导肯定，云溪区审计部门被评为全市地方政府债务审计工作先进集体。至 2011 年，共参与各种审计 15 次，查出违纪违规金额 4600 万元，为国家挽回损失 580 万元。

## 二、审计调查

1994 年始，每年安排审计人员对世界银行贷款控制结核病、防控血吸虫病、加固长江干堤、德援造林、平垸行洪、长江洪灾紧急恢复等利用国外贷款项目的资金配套情况，进行全程跟踪调查，确保贷款资金使用安全，协定条款合理。1998 年，对全区乡镇（场）财务收支、债权债务、国有资产保值增值情况进行调查；摸清各乡镇（场）财务整体状况、债权债务、国有资产情况，为区政府宏观经济决策提供参考资料。2004 年，对区医疗保险单位 2002—2003 年医疗保险基金收付情况进行调查，发现违规支付医疗保险基金 31 万元，主要表现在混淆报销标准、住院费用全额报销、门诊费用从住院费用中报销、支付不合规定家庭病床药费等方面。区委、区人大、区政府责成区医疗保险单位加强内部管理，追缴违规报销费用，杜绝再次发生违规行为。2010年，在普及九年义务教育债务锁定专项审计调查中，为云溪区争取化债资金425万元；2011年，在农村义务教育其他债务认定调查中，争取化债资金160万元。

## 第二节 内部审计

1990年，区粮食局、区教育局、区水利农机局、区供销联社、区交通局、区建设局组建内部审计机构。至2011年年底，全区有专（兼）职内审机构17个，专职审计人员2人、兼职审计人员16人。

2000年，区卫生局对全系统14家二级机构进行内部财务审计。查出违纪违规问题29个，涉及金额13.3万元。勒令有关下属机构认真整改，责成区血防预防站、区卫生监督所财务凭证重做。全系统按照新的会计制度，进一步完善内部审计。

至2011年，全区内审机构共审计下属单位283个，查出损失浪费金额1020万元，纠正违纪违规金额2125万元，促进增收节支380多万元。有区教育局、区水利农机局、区卫生局、区供销联社、区交通局相继被评为全市内审工作先进单位。

## 第三节 社会审计

1992年7月，成立北区审计事务所，为自收自支事业单位，隶属区审计局管理；1999年12月撤销。2000年7月，改设云溪区审计服务中心，但由于社会审计职能基本消失，实际名存实亡，人员自谋职业。

1993年始，先后对区第二建筑工程公司、路口镇建筑工程公司、第一建筑工程公司、文长建筑工程有限公司等4家建筑企业的资产、负债、损益情况进行审计，查处各类违规问题9个、违规金额69.63万元。1996年，对区燃料公司、区粮油公司劳动服务部2家集体企业进行破产清算审计。1998年，对陆城镇卫生院、云溪区中医院、文桥乡卫生院、道仁矶镇卫生院、路口镇卫生院、云溪区黎明化工厂、区计划生育稽查队、区种子公司、区燃气管理站、区交通运输管理所、路口水管站、区堤委会12家单位报表进行资产验资和年审。至1999年，共完成各类委托审计项目63个，查处违纪违规金额4600万元，查处管理不规范金额6500万元。

# 第五章 工商行政管理

民国时期，工商管理仅限于协调行业中的物价。1949年后，增加工商登记，工商界纠纷处理。50年代，注重市场建设，加强市场秩序维护。60年代至70年代中期，工商业发展曲折缓慢，工商登记被中断；1979年恢复。至1984年，登记工商企业96家，个体工商户184户。1992年，政府通过减免营业税、工商管理费，加强市场建设。1995年，实行政府牵头，多家兴建市场。至2000年，全区有大小集贸市场，专业市场29个。2000年后，全面加强商标广告执法，突出经济活动监督管理，重点整治制假、售假，损害消费利益行为，打击坑农害农、损害“三农”利益行为，开展流通领域食品安全整治行动。至2011年，查处各类违法案件310起，为消费者挽回经济损失1651万元。

民国4年（1915），陆城设临湘县商会，民国20年，云溪、陆城相继成立镇商会。1949年7月，工商行政管理由县政府建设科负责。次年，云溪、路口、陆城配工商委员；1952年，更名为工商助理员。1955年，分别由县工业科、商业科、供销合作总社实施工商行政管理。1971年，由县市场管理委员会负责。1979年6月，陆城、路口、云溪设工商行政管理所（简称工商所）。1984年6月，成立区工商分局；次年7月，收归市工商局直管，更名为岳阳市工商局北区分局（简称北区工商分局）。1987年5月，增设长炼、岳化工商所。1988年7月，北区工商分局改由区政府管理，更名为北区工商局。1990年7月，复归市管，更名为北区工商分局。1996年，北区工商分局更名为云溪工商分局。2011年，云溪工商分局下辖云溪、路口、长岭、道仁矶4个工商所，干部职工共68人。

## 第一节　市场建设管理

### 一、市场建设

清代、民国时期，不重视集贸市场建设。1950年，县政府组织经济工作队，在陆城推销工业品，收购农副产品，市场出现生机。1953年始，先后实现粮、棉、油、猪统购统派，集贸市场相应减少。1957年，放宽农村市场管理，陆城、路口、云溪相继建立集市贸易交易所。1958年后，取消社员自留地和家庭副业，城镇个体商户、合作商店合营并店，集市贸易基本停顿。1960年11月逐步恢复。“文化大革命”时期，集贸市场被当作“走资本主义道路”受到限制；1978年后，重新恢复。1979年，工商部门在公社（场）驻地、长炼、岳化建立固定集市。1980年，农村实行联产承包责任制，较多的农副产品进入市场，乡村集市得到发展；至1983年，有公社（场）厂矿集市11个、乡村集市15个。

1985年，取消农产品派购，农副产品大量涌入市场，乡镇集市迅速增多。1986年12月，投资30万元，兴建云溪镇云峰市场。建棚区1200平方米，门面25个，固定摊位30个。次年4月，支持云溪镇上街居委会兴建郭岣市场。9月，支持陆城镇兴建镇政府驻地陆城农副产品市场。至1991年，先后建城镇集市3个、乡村小集市14个。1992年，区工商分局报请省工商局，扩大培植税源网点，减免经商户3年营业税、工商管理费，支持云溪镇新建岳化新市场，引进商户78家，增加摊位350个、门店50余间。1995年，实行市场建设与管理脱钩，由“政府牵头，统一规划，多家兴建，工商管理”，大力加强市场建设。1998年3月，区商业局投资200万元，区云溪镇云中路与过街老107国道交汇处（现云溪大桥南侧步行街）兴建“四通”市场。占地面积5000平方米，有棚区3500平方米，露天市场1500平方米，摊位60个，铺面150个，入住商户50余家。是年，云溪镇镇龙村汪家组以区域内马路市场为基础，投入220万元，建成汪家岭市场。后逐步扩大至有棚区6000多平方米，门面76个，固定摊位256个，另有露天市场5000多平方米。1999年8月，文桥镇招商引资1300万元，于长炼北干道北侧征地16.8亩，兴建和平大市场。有门面265个，成为长炼、文桥地区以经营农产品为主的最大市场。2000年年初，云溪镇洗马路居委会投入64万元，在属地建成洗马路市场。占地面积5000平方米，棚区面积1300平方米，铺面21个，摊位80个。至2011年，全区共建各类超市、城乡固定市场近1100个，日成交额千万元以上。

### 二、市场管理

清代，民国时期，市场秩序混乱。1950年，政府为安定人民生活，组织大批粮食供应市场，抑制私商囤粮抬价，扰乱市场。1953年，陆城、云溪成立集镇市场管理委员会，加强粮食、棉纱、竹木等有关国计民生重要物资的交易管理。1964年，贯彻中央《检查和处理投机倒把活动若干具体问题的规定》，查处违反市场管理的案件。“文化大革命”期间，农民自由销售被禁止，仅有国营、集体贸易。1978年后，市场逐步放开，管理逐渐灵活。

1984年9月，区工商分局设市场股，加强个体工商户的思想、政策、法规、文明经商教育，开展“五好集市”（即组织管理好、宣传政策好、服务质量好、市场秩序好、清洁卫生好）、“文明经营户”评比竞赛活动，查处各种违法违规行为。

1988年3月，区政府发出通知，整顿市场秩序。区工商、区税务、区城管、区公安等部门联合行动，查处哄抬物价、欺行霸市违法团伙3个。区工商分局、区公安分局抽调专人，组成生猪屠宰市场监督组，维护肉食品市场秩序。

1989—1993年，突击查处假冒伪劣商品，货值150万元。

1994年，建立市场巡查制度，定期或不定期深入市场巡查。至1999年，通过巡查共查处14批贩卖假农药、假种子、陈化粮案件，货值118万元。

2000—2005年，加强消费品市场、农副产品市场、食品饮料市场管理。先后查处“毒鼠强”23公斤，病猪、死猪肉238公斤，查处其他假冒伪劣商品，货值250万元。

2006年，区工商分局联合区公安、区质监、区卫生等部门，开展打假专项行动。捣毁制假窝点5处，查缴不合格食品、过期饮料240公斤，“三无”（即无商标，无生产经营许可证，无生产日期）产品260多袋，查处注水牛肉131公斤、硫磺熏制白木耳10公斤，取缔利用松香拔鸭毛经营点4处。

2007年，开展节日市场整治行动；共查缴价值8万余元的假冒伪劣食品，查获不合格化肥3.6吨，没收违禁农药1100余瓶。重点查处5起坑农案件。

2008年，着重对“米袋子”“菜篮子”工程进行跟踪巡查；查扣注水牛肉350公斤，查缴伪劣霉变食品1580公斤。查获假冒“俄罗斯”“芬兰”复合肥80余吨，查扣假酒130件、假烟11箱。出动执法人员、车辆，集中查处三鹿问题奶粉，对有关经营户、奶品经营店进行全面清查，收缴问题奶粉，下架未经检测的奶粉、液态奶。

2009—2011年，以抽样检测为手段，全面监测市场秩序。对食品、农资、成品油等重点经营行业，开展专项治理行动，查封不合格奶粉、注水肉制品，查处假烟假酒货值16万元，其他不合格食品3600公斤。对各类超市、食堂的饮料、熟食、调料等食品进行抽检，公布抽检结果。联合区质检、区卫生、区公安、区消防等部门，取缔黑当铺、黑网吧和学校周边各类无照经营户23户，补办营业执照510多户，立案查处26起。

## 第二节　企业注册登记管理

民国20年（1931），凡厂店牙行，须向同业工会申请，呈县建设科报省建设厅登记发证后，才能开业。民国 24 年，境内登记发证工商企业 27 家；民国 35 年，增至 39 家。

1950 年，进行中华人民共和国成立后首次工商企业登记，共登记 55 家，其中商业 47 家，工业 8 家。1954 年，登记换证商业企业 64 家，饮食服务企业 31 家。1956 年实行公私合营后，登记发证一度停止；1963 年恢复。至次年，共登记工商企业 78 家，其中国营、公私合营 9 家，个体工商业 66 家，公社集镇企业 3 家。“文化大革命”中，登记发证再次中断。1978 年后逐步恢复。次年 9 月，对 37 家社队工商企业进行集中登记换证。

1984 年 8—10 月，恢复工商企业全国统一“营业执照”，登记换照工商企业 96 家。1985—1988 年，整顿经营秩序，撤销 3 个党政机关、党政干部经办的公司，立案查处 12 家有违法违规行为的工商企业，吊销 4 家不符合登记条件企业的“营业执照”。1989 年，换发全国统一的新版“营业执照”。审核后换照 75 家。

1990 年，联合区公安、区财税、区商业、区供销、区物价、区卫生等部门，整顿市场秩序，清理公司 39 家，吊销营业执照 4 家，取缔非法公司 1 家。

1991 年，企业登记放宽经营范围、注册资金限额和行业界限，至 1992 年，登记工商企业 147 家，比 1990 年新增 62 家，注册资金增加 526 万元。

1995—1999 年，为创造公平的市场竞争环境，取缔“三无企业”（即无资金、无场所、无经营）11 家，限令 26 家企业与挂靠单位脱钩。

2001 年，建立企业经济户口、企业档案；至 2005 年，共录入 390 家企业原始档案数据，实行工商业务电子软件互联网办理“营业执照”。对企业进行分层分类监督管理。

2009 年，将企业执照年检、登记注册纳入区政府政务中心统一管理，实行一次性办注册登记、年检手续；新登记企业 75 家，比上年增长 34%。

2010—2011 年，实行网上年检；指导企业在互联网办理年检手续。配合市工商局到企业现场办结在市工商局注册登记企业的年检手续。

## 第三节　个体私营经济管理

1984 年，登记发证个体工商户 184 户。1985 始，每年对个体工商户进行营业执照年度检验。

1993 年，为培育多元化市场主体，在农村实行先发展后规范，先备案再登记发证；在城镇则放宽经营范围，帮助经营者扩大经营规模。至 1996 年，个体工商户登记发证 920 户，比 1984 年新增 736 户，注册资金增至 925 万元，增加 378.78%。

1998 年，为构建以非公有制经济为主体的市场新框架，对个体私营经济体（个体工商户）注册登记实行“三放开、六不限”（即放开经营主体、放开经营范围、放开经营方式，不限经营方式、不限经营规模、不限组织形式、不限从业人员和雇用人数、不限籍贯地域、不限收入分配）；是年，新登记个体私营经济体 10 户，登记发证个体私营经济体发展至 1020 户。

2000 年，换发全省统一的个体私营经济体“营业执照”；换照 1090 户，注册资金 1083 万元，比 1996 年分别增长 18.48%、17.08%。按政策规定，减免下岗失业人员申办个体私营经济体营业执照的规费、管理费 10 万元。

2002 年，提请区委、区政府表彰奖励 128 户守法经营、公平竞争的个体私营业主。

2003年，查处取缔无照经营；共查处无照经营行为265起。次年，按信用状况将个体私营经济体分为A、B、C、D四个类别，实行分层次管理。收录个体私营经济体档案数据，实现网上年检验照。

2005年，新增个体私营经济体登记发证480户，个体私营经济体登记发证换证达2411户。

2006—2007年，取缔地下麻将馆、地下食品加工点、黑网吧、黑当铺等无照经营户98户，责令整改45户。为373名通过自主创业实行就业和再就业的大学生、退伍军人等免费办理证照，减免规费21.6万元。

2011年，将个体私营经济体工商注册登记权限下放到工商所，并推行“三清楚一办结”式服务(即咨询服务一次性解答清楚，发放资料一次性宣传清楚，经手材料一次性清点清楚；资料齐全的，注册登记一次性办结)。年底，登记发证个体私营经济体共3012户，比2005年增加601户。

## 第四节　商标广告管理

### 一、商标管理

清光绪至宣统年间（1875—1911)，出现以厂、店命名的产品商标，陆城有“恒升益”烟丝、“沈同兴”茶叶等商标；民国时期，以厂、店命名的商标尤为普遍，仅茶叶有18个商标。

1950年，执行《商标注册暂行条例》，开展商标注册核转工作；“文化大革命”期间中断。1980年，恢复商标注册；补办商标申请注册手续。但由于生产企业较少，除长炼、岳化外，仅有松阳湖平瓦厂、陆城油脂厂等少数企业有产品注册商标，补办商标申请注册较少。

1984年，有注册商标6个；l988年，发展到l2个；1989年后，注册商标不断增加。

l997年始，加强商标执法管理。查处1起加工席梦思床垫盗用他人厂名、认证标志案；2000年，没收违法商标1200个。2004年11月，根据群众举报，查处1起假冒纳爱斯集团“雕”牌透明肥皂侵权案，没收假“雕”牌肥皂237条，对违规经营者除停业整顿外，罚款3000元。

2005年，注册商标增至56个，其中88.5%的是工业产品商标，农副产品及其他产品注册商标仅有云溪镇小康酱菜厂的“金利达”牌商标，陆城油脂化工厂的“中冠”牌商标，长岭劳保用品厂的“翠途”牌商标，雨荷莲子有限公司的“荷之恋”牌商标，北区香油厂的“巴陵桥”牌商标。

2007年，帮助岳化、白泥湖河蟹养殖基地分别拥有的“巴陵”“白泥湖”牌商标提高品牌。岳化“巴陵”牌商标、白泥湖河蟹养殖基地“白泥湖”牌商标均被评为省著名商标。2008年，岳化“巴陵”牌商标被列入国家“驰名商标”，成为境内第一个驰名商标。是年，销毁侵权商标标识846件。2009年，帮助尤特尔公司提升“尤特尔”牌商标品牌。尤特尔公司的“尤特尔”牌商标被评为省著名商标。

2010年，新增注册商标15个。帮助惠鑫大米加工厂提升商标品牌效应；该厂“惠鑫”牌商标被评为省著名商标。

2011年，组织商标知识电视滚动宣传，开展为期1月的商标宣传活动。举办商标知识培训班，参训37人。

### 二、广告管理

清康熙年间（1662—1723)，境内“沈康寿”南杂店、“恒升益”烟丝店、“沈同兴”茶叶店、

“郭宝元”熟食店等商店，在包装纸上印有商店名牌、经营品牌及“货真价实”“老少无欺”等字样，以作商业广告。有的还在门前张贴“八折优惠，欢迎选购”等字样，以招揽顾客。民国时期，广告有所发展，但形式内容变化不大。

20世纪50—70年代，商品包购包销，很少使用广告。1980年后，市场逐步放开，竞争加强，广告使用日趋广泛，且形式多样。有门店广告、橱窗广告、路牌广告、灯箱广告、有线广播广告、霓虹灯广告、电视广告、书刊广告、车船广告、包装广告等。

1984年，区工商分局在云溪镇城区交通要道设6个广告张贴专栏，凡向社会公开传播的纸质商业广告，一律张贴广告栏内。

1985年始，加强广告执法管理。是年，查处利用广告推销假商品、误导消费者的违法违章案件26起，批评教育限期改正38起。1986—2000年，组织专门队伍，重点整治虚假游医药贩广告；清除乱张乱贴广告，收缴有关虚假广告，查处广告案86起，罚款32100元。

2001—2002年，宣传贯彻《中华人民共和国广告法》，全面加强广告制作、宣传、发布（特别是户外发布）等方面的管理。共登记发放广告登记证215个，广告额850余万元。对违法医疗、药品、保健食品广告进行集中整治，查处违法案件38起，罚款5.3万元。

2003年，重点治理城区乱张乱贴的“牛皮癣”广告、虚假广告，组织清除云溪镇城区所有乱张乱贴广告。批准登记区广播电视局有线电视台为从事广告经营合法单位，核发广告经营许可证，准予从事广播、电视广告经营业务。

2004—2005年，进一步健全广告审查登记制度。审查登记各类广告473条。与区卫生局联合召开医院、药店负责人会，杜绝医疗、医药广告过多过滥。

2006年，组织开展“反误导、打虚假”广告专项整治行动。没收、清除非法散发、张贴的印刷品广告，立案查处广告违法案件3起。

2007年，治理农资、食品、药品、化妆品等直接关系民生的商品广告。查处广州芭斯化妆品有限公司利用广告对其产品进行虚假宣传等有影响的案件。

2008—2011年，办理户外广告登记证107个，立案查处广告违法案件18起，责令改正违法违规广告67条。

## 第五节 经济监督管理

### 一、经济合同管理

清代、民国时期，经济契约纠纷由签约双方当事人所请中人（第三者）协调，或会同地方人士、商会、行业工会调解。

1953年，商业、粮食、供销部门同农民签订粮、油、棉、猪、禽、蛋定购合同，工、商之间签订产销合同。合同的鉴证、纠纷调解，分别由乡主管部门用行政手段处理，处理不好的，由上级主管部门裁决。1958年，合同制度一度被否定；1960年恢复。但由于经济法制不健全，合同不受法律约束，或限于单方面行政指令而流于形式。“文化大革命”期间，除农产品定购合同外，其他经济合同被废止。1982年7月始，执行《中华人民共和国经济合同法》，加强经济合同管理。

1987年，区工商分局设经济合同股，成立经济合同仲裁委员会；至1989年，鉴证各类经济合同，调处合同纠纷，仲裁纠纷案件，确定无效合同，共为单位、个人挽回经济损失2142万元。

1990年，实行合同“三证”（即签订合同凭法人代表证明书、代表人授权委托书、委托他人签证凭委托签约证明书）制度；共与有关主管部门制定各类合同示范文本7大类46种。

1991年始，开展“重合同、守信用”评选活动。至2005年，有12家企业获省级“重合同、守信用企业”称号，156家企业获市级“重合同、守信用企业”称号。检查经济合同，办理经济合同鉴证，调解合同纠纷，共挽回经济损失160多万元。帮助企业完善合同条款，避免经济损失560万元。派人到6省23县（市）为12家企业追回违约拖欠或拒付的货款180余万元。

1996年始，为企业、个体工商户办理贷款抵押物登记。至2005年，共办理登记116起，贷款抵押物价值3.5亿元，被担保债权金额2.2亿元。

2003年，将“重合同、守信用”评选活动改为“守合同、重信用”评选活动，把合同管理重点放在重信用上。至次年，有2家企业获国家级“守合同、重信用企业”称号。

2009年始，办理动产抵押登记。至2011年，共办理动产抵押登记28起，被担保债权金额5497万元。

## 二、公平交易管理

1949年8月，政府及时统一货币，禁止银元、铜元等旧币流通，发行人民币，保证交易公平。1950年年初，五区区公所协同临湘县工商、公安、法院等打击私商、奸商投机倒把活动，查处投机商贩。1956年，除实行粮、油、棉等主要农产品国家统购外，另对生猪等58种农副产品、29种主要中药材实行统一收购。1957年，针对倒卖商品票证等违反公平交易案件不断增多，各乡（社）组织开展打击票贩子行动。1959—1961年，市场物资紧张，国营商店对大部分食品实行凭证、奖售、分配等办法供应，保证公平供应。1963—1969年，开展群众性打击投机倒把运动，取缔私商、长途贩运、转手批发。仅1969年5月，查处投机倒把案件87起，处理72人，罚没金额6934.4元。1979年始，重点查处倒卖生产资料及假冒伪劣商品等违法活动；至1983年，共查处投机倒卖案件127起，其中倒卖钢材、水泥、木材、煤炭、化肥案件占69.3%。

1984年，区工商部门加大打击投机倒把力度。查处15人，处罚金额11万元，组织违法人员集训，学习有关政策、法律法规等。1987—1993年，整顿市场秩序，打击投机违法经营活动。共查处投机倒把案件73起，其中大要案件64起，处罚金额68万元；查处物资有进口走私汽车15辆，照相机82部，手表115块，另有煤炭、化肥、种子、农药、涤纶被等生产生活资料。

1994—1997年，重点加强粮食、食品、烟、酒、农资、机动车等商品交易的监督管理。开展专项整治行动，立案24起，罚款23万元。

1998年，查处扰乱经济秩序的违法违章案件53起，立案46起，其中贩卖假冒伪劣产品案件31起，总货值60多万元。

2002—2005年，整治不正当竞争行为。查处拼装汽车窝点3个，查获拼装汽车30台。查处邮政、供电、电信、保险、移动互联网公司等具有垄断性质企业的某些强制性交易等不正当行为，立案9起，处罚金12万元。查处虚假出资行为23起。

2006—2007年，加强区工商部门内部法制、监察等办案机构间的沟通，提高查处不公平交易行为的办案质量、效率。共查处各类违法案件101起，处罚金额126.48万元，年均立案数、处罚金额分别比 2005 年提高 50%、62.3%。

2008—2011 年，重点查处制售不合格产品等不正当竞争行为。组织开展集中整治行动，查处案件 200 起，涉案金额 330 万元，捣毁制贩假冒商品窝点 7 个，网络传销窝点 1 个，查处涉案人员 29 人。对市场销售的海南豇豆抽取样品进行检测，防止不合格产品进入市场交易。

### 三、消费者权益保护

1993 年 6 月，区工商部门聘请市场监督员 23 人，设投诉站 6 个、监督站 3 个、工作指导站和联络站 11 个，开展消费者权益保护工作。

1999 年 3 月，成立区消费者委员会，始接受消费投诉；至年底，共受理投诉 93 起，调处 87 起，为消费者挽回经济损失 74 万元。

2001—2008 年，先后出动车辆、印发资料，联合区宣传、区文化、区司法等部门开展巡回演出，办展报巡回展出，广泛宣传《中华人民共和国消费者权益保护法》《湖南省消费者保护条例》。受理消费者投诉，共立案处理 78 起，移送司法机关查处 63 起，为消费者挽回经济损失 940 万元。

2009—2010 年，利用“3·15”热线电话、电视专题节目、专项检查，重点开展维护农村消费者权益活动。受理各类投诉 510 起，处理 502 起，其中立案查处 31 起，移送司法部门处理 23 起，帮助消费者挽回经济损失 428 万元。处理的案件中，涉及到农资、家电、机电、日用品、药品的案件占 73%；挽回的经济损失中，上述消费占 81%。

2011 年，开展“安全健康消费年”活动。开展消费知识宣传，提供咨询服务，举办消费者权益保护知识竞赛，参赛 3400 余人。受理投诉 346 起，处理率 99%，为消费者挽回经济损失 283 万元。

# 第六章　国土资源管理

清代及民国时期，实行的是封建土地所有制，47%以上的土地资源被地主、官僚占有，占人口 90%以上的农民，所有土地不过 53%。1952 年，实行土地农民所有制；1954 年始，实行土地全民所有制和劳动群众集体所有制。1956 年，实行土地规划利用。1957 年始，大面积开发整理土地；至 1980 年，共开发整理土地 2100 多公顷。1984 年，全区国土面积 40682 公顷，其中耕地面积 9313.6 公顷。1987 年，加强建设用地管理。1991 年始，实行宅基地有偿使用，控制占用耕地建房；至次年，共收取宅基地有偿使用费 24.34 万元，腾退宅基地 1600 多平方米，退还耕地 0.02 公顷。1993 年，划区定界，83%的基本农田得到保护。1996 年，加强土地执法，进一步保护国土资源。至 2011 年，由于区划调整，全区国土面积减至 39620 公顷，耕地实际保有量 8478 公顷，其中重点保护基本农田 6557.5 公顷。

清代、明国时期，境内无国土资源管理机构。1954 年，国土资源由县政府建设科管理。1984 年 6 月，由区城乡建设环境保护科统管；9 月，由区城乡建设环境保护局（简称城建局）统管。1987 年 5 月，析区城建局置北区国土局。各乡镇（场）成立国土管理所。1988 年 2 月，区国土局收归市国土局直管，更名为北区国土分局。1996 年 6 月，北区国土分局更名为云溪国土分局。

# 第一节 土地资源与规划

## 一、土地资源

**土地资源** 民国6年（1917），境域土地总面积约1920.21方里，即480平方公里。

1950年、1953年，先后划出上半村、新淤洲后，土地总面积减至46107公顷，其中耕地面积7598.34公顷。

1984年，土地总面积40682公顷，其中耕地面积9313.6公顷。

1991年，划出儒溪、杨桥、棋杆、洋溪村和金鸡山林场；2004年，划入洋溪渔场；至2011年，全区土地总面积39620公顷，其中耕地面积8478公顷，林地面积14657.7公顷（含果园），河流、湖泊、水库、塘坝、滩涂、沟渠、水利建筑物面积7120公顷，城镇、村庄、工矿、交通用地面积9261.78公顷（含储备土地），荒草地等未用地102.52公顷。

**土地调查** 1992年5月始，开展土地详查，至年底结束。通过鉴定验收，调查综合评分92.6分，区国土分局撰写的调查报告被省国土局评为科技成果三等奖。是年，应用详查成果，调处边界权属纠纷，开展湿地资源调查，掌握全区9133.3公顷湿地资源分类、利用现状、开发障碍因素和利用途径等。2002年，完成23.91公顷坡耕地调查、土地变更调查，发放坡耕地权属证、使用证。2003年5月，建设土地资源数据库。至2011年，实现土地资源微机化管理。

## 二、土地规划利用

1949年前，土地利用无统一规划。1949年后，境内兴办地方国营农、林、渔场，均在勘测的基础上进行合理规划；农村则在整理洪道、修复溃垸、加固堤防、兴修整修水库塘堰中进行土地规划。1956年，实行以发展农业生产为主的土地利用规划。1958年后，各地利用综合性的人民公社土地利用规划这一特殊功能，掀起“平原田园化，坡地梯田化”规划建设高潮。1964—1977年，在“农业学大寨”运动中，实行山、水、田、林、路综合治理的农田水利基本建设规划。1979年5月，执行《岳阳地区1979—1985年农田基本建设规划》，境内作为临湘县一部分，为岳阳地区试点区域，开展农业区划工作。

1986年，执行市委、市政府编制的《岳阳市1986—2000年经济科学社会发展规划》所定土地利用规划。北区被省计委、国家土地管理局批准列入1989年全省国土规划重点地区；1999年年初，执行市编制的市、县（区）、乡（镇）三级土地利用规划。

1998年，编制《云溪区土地利用总体规划（1997—2010）》；1999年12月，经省政府批准实施。新增建设用地控制指标、耕地保有量达到指标、建设占用耕地控制指标等规划项目。

2006年，根据《岳阳市土地利用总体规划纲要》《云溪区国民经济和社会发展第十一个五年规划纲要》，重新修订《岳阳市云溪区土地利用总体规划（2006—2020）》（以下简称《规划》）。

《规划》确定近期目标为2006—2010年。全区耕地保有量不低于8471.21公顷，土地开发整治复垦补充耕地不少于250.89公顷。建设用地控制在5281.15公顷以内。其中城乡建设用地控制在3919.93公顷以内，城镇工矿建设用地控制在2995.01公顷以内，新增建设用地控制在1310.93公顷以内，农用地转用控制在 916.71 公顷以内，建设占用耕地控制在 496.43 公顷以内；中心城区规模控制在 1044.70 公顷以内。

《规划》确定长远目标为 2006—2020 年。全区耕地保有量不低于 8203.91 公顷，土地开发整理复垦补充耕地不少于 773.41 公顷；基本农田保护面积 6557.53 公顷，建设用地控制在 6879.52 公顷以内。其中城乡建设用地控制在 4964.29 公顷以内，城镇工矿建设用地控制在 4640.79 公顷以内，新增建设用地控制在 3236.56 公顷以内，农用地转用控制在 2363.90 公顷以内，建设占用耕地控制在 1286.25 公顷以内，中心城市规模控制在 1500 公顷以内。

2008 年 7 月，规划经省政府批准实行。至 2011 年，均严格按此规划利用土地。

## 第二节　耕地保护

### 一、基本农田保护

民国 20 年（1931），省政府颁发严禁盗修淤洲堤垸命令；民国 24 年，再次颁令禁止围垦新垸，但境内未能实施。1949 年后，“大跃进”“文化大革命”时期，乱采矿石，大规模围湖造田，造成水土流失加剧，耕地生态环境遭到破坏。1980 年后，建设用地扩大，耕地挤占较多。1987 年，禁止乱占土地、滥用耕地。1993 年 6 月后，划定基本农田保护区，83%的基本农田得到保护。1999 年 5 月，重新划定基本农田保护区 62 个，保护面积 7600 公顷，其中水田 4922.74 公顷，旱地 2585.32 公顷，菜地 91.64 公顷，保护率升至 85.37%。并设保护标牌，绘制区、乡保护图件，制作数据统计汇总表、到户登记表；将耕地保有量、耕地保护责任分解到乡到村到组到户。2004 年，重新设置乡镇、村基本农田固定保护牌 68 块，确定区、乡、村、组保护责任人 814 人。2008 年，从土地利用规划调控、利用结构调整、利用布局、利用分区等方面，突出和加强基本农田保护。2006 年，实行行政首长负责制和耕地保护报告制度，层层签订责任状或责任卡，加强耕地保护。共退回用地报告 12 宗，节约用地 0.48 公顷；批准村民建房 120 宗、1.57 公顷，其中仅占耕地 0.12 公顷，比上年度下降 11.3%。2011 年，将耕地保有量、基本农田保护年度执行情况作为乡镇主要负责人业绩考核的重点，年终定期进行考核；将木制固定保护牌改成标志性石牌，共改设基本农田保护标志性石牌 70 个。并实行耕地占补平衡，补充耕地。是年，重点保护的基本农田 6557.5 公顷。

### 二、土地开发整理

1957 年 10 月，筑长江防洪堤，围垦永济垸，开发整理土地 3113.3 公顷。60—70 年代，陆城公社钢铁大队围湖筑堤，开发烂泥汉，整理土地 20 余公顷。1973 年，陆城公社开发南洋洲，平整土地 666.67 公顷。1975 年，各公社划段分片，在白泥湖沿岸开发整理土地 660 余公顷。至 1980 年，通过围湖造田，劈山造地，共开发整理土地 2130 公顷。

1984 年，为发展农村商品经济，各地开荒，新辟果园；至 1988 年，共开发整理荒山 2480 公顷。1990 年，复垦废弃耕地 10 公顷。陆城镇以复垦 1 公顷奖励 750 元，鼓励集体、个人复垦废弃地，垦复耕地 2.84 公顷。1995 年，区政府拨款 10 万元设立土地开发基金，奖励开发水田 0.3 公顷、旱地 3 公顷、丘岗地 30 公顷以上单位、个人；全区复垦耕地 14.67 公顷，荒地开发成园地 166.67 公顷，旱地改造成菜地40公顷。文桥乡各村均开发丘岗地，共开发93.3公顷。1996年5月，区政府制定土地开发复垦奖励基金管理办法，用征收占用耕地补偿的开垦费作为奖励基金，对连片开发水田0.3公顷以上、旱地0.6公顷以上、园地6公顷以上、复垦耕地0.3公顷以上的实行奖励，鼓励单位、个人开发土地；至1999年，共开发复垦耕地66.1公顷。

2000年，区国土分局内设土地开发整理中心。实施土地开发整理项目，开发耕地8.302公顷。2004—2006年，完成道仁矶镇柳田村、云溪乡清溪港两侧土地整理项目。其中柳田村省级项目整理土地140公顷，新垦耕地8.67公顷；清溪港国家级项目整理土地533.3公顷，新增耕地52公顷。2008年，完成陆城镇新港村省级土地开发项目，整理土地15公顷，被列为全省土地整理样板工程。2010年，在文桥镇实施投资700万元的省级土地综合整治项目，整理土地281公顷；实施区级项目7个，开发土地60公顷，新增耕地13.3公顷。2011年，实施陆城新港村、文桥姜畈村、路口南岳村、道仁矶丁山村、云溪乡友好村土地综合整治项目，整理土地650公顷，新增耕地20公顷。

## 第三节　建设用地管理

**重点工程建设用地**　民国17年（1928），国民政府颁布实施《土地征收法》。是年，修筑过境粤汉铁路，但无征地记载。

1954年12月，按照《湖南省国家建设征用土地实施办法》征用国家建设用地；1965年、1969年，先后征用长炼、岳化建厂用地347.6公顷（其中长炼用地161.3公顷，岳化用地186.3公顷）；区、乡建设用地，随意性较大，无论占用耕地或荒山，均无规划和用地手续，全凭区、乡（社）负责人一句话。

80年代初，国家建设用地按《湖南省国家建设征地办法》征用。

1988年始，实行建设用地审批制度。由省国土管理部门根据当年用地计划审批，不得超计划审批；市、区国土管理部门根据批准用地文件，划拨建设用地并核发用地许可证，通知建设用地单位按征地协议缴纳各项税费，落实补偿、安置措施后方可建设施工。工程竣工验收后，由用地单位向国土部门申请土地登记、审核，颁发土地使用权证等法律凭证。至1995年，按规定共为长炼、岳化、岳阳华能电厂、省建三公司、新建107国道及其他扩建、改建工程征地18宗、93.73公顷。

1997年，清查非农建设用地，冻结办理非农建设用地占用耕地审批手续。

1998年，落实平垸行洪、移民建镇等拉动经济发展政策，境内重点工程增多。至2011年，按规定共办理国家及省、市、区建设用地征地347宗、3013公顷，保证平垸行洪、移民建镇、沿江公路、云溪工业园、长炼连接线、“西气东输”线路、铁桃公路、湖南城陵矶临港新区、进港路、云港路、武广高速铁路、随岳高速公路、临长路等重点工程建设用地。

**土地储备**　2001年，区政府制定土地收购储备办法，对主要道路沿线、大厂周边10平方公里以内的土地和临街土地进行实物控制储备，以保证重点工程建设用地，形成土地收购—储备—开发—(熟地）出让的运营模式。次年7月，区国土分局归口管理市土地储备中心云溪事务所。至2005年11月，出让储备土地0.08公顷，成交金额30.5万元。2008年12月，完成湖南城陵矶临港新区2009年133.3公顷储备土地报批资料准备、手续办理。2011年，完成5个储备土地向市报批材料。

2009年，加强土地集约利用，落实重点工程项目用地预审制度和用地后的监督管理，挖掘土地潜力，盘活闲置土地。至2011年，严格建设用地预审制度，落实用地后的监督管理，未出现闲置土地现象。

**居民建房用地** 1987年，区委、区政府制定村、居民建房用地管理规定和处理违法占地中补办用地手续的规定。全区实行农村宅基地使用审批制度。农村居民建房用地，须写出用地报告，村、组签字同意，报区、乡国土部门批准后方可使用。

1991年，参照山东德州、青岛等地经验，在文桥乡小桥村试点农村居民宅基地有偿使用。审批277户、311幢房屋使用宅基地，收取有偿使用费1.24万元，腾退宅基地4处，退还耕地0.02公顷。次年，实行有偿使用宅基地扩展到80%的村，收取有偿使用费21万元，腾退宅基地40处。

1992年8月，在云溪镇开展城镇居民宅基地有偿使用试点。按照低费起步原则，标准内收费：居住性质的0.2元/平方米，经营性质的1元/平方米，不同地段增加系数，超面积加倍收费，共收取有偿使用费2.1万元。加强居民建房用地计划管理，严格控制占用耕地建房，如确需占用耕地，由所在村、组、户主代表签字同意。是年，居民建房用地仅占用耕地0.46公顷，为用地总量的7.67%。

2000年始，严格执行土地利用规划，村镇建设规划，划定居民建房用地、控制建房用地区域红线图，不得在控制建房用地区域建房。

2007年9月，区成立控建拆违办公室（副科级机构，隶区政府，归口区政府办公室管理），严格控制在控制建房区域建房、违章建房。至2011年，控制各类违章建房896处、11.45万平方米，拆除乱搭乱建等违章建筑319处、3.44万平方米。

## 第四节 地产地籍与测绘管理

### 一、土地使用制度改革

1949年前，土地归私人所有，由私人自由支配。

1954年，土地实行公有（其中包括全民土地所有制和劳动群众集体所有制），并实行土地所有权和使用权分离的原则。

1958年至1980年，农村集体土地除分配给农户的自留地、自留山外，使用权属本公社（大队）所有；1981年实行联产承包责任制后，使用权归属承包户支配。

1993年，借鉴广东、福建等沿海地区经验，北区率先在全市推行土地使用“五统一”（即统一规划，统一征用，统一出让，统一开发，统一管理）。国家建设用地除公益事业用地外，全部实行土地使用协议、土地使用权招标出让。

1994年，推广浏阳市大瑶镇小城镇建设经验，以地兴镇、以地招商；通过国有土地使用权出让，先后兴建岳化路、洗马中路、金桔路、道仁矶集贸市场和开发区等。

1995年，率先在全市实行土地供应“单轨制”，即除新征经营性用地出让外，城镇居民宅基地及法律上未明文规定要划拨的用地，全部采取出让拍卖的方式供地。5月8日，首次举办土地使用权拍卖会，拍卖云溪镇胜利西路临街面国有土地10宗、0.13公顷，收取金额39万元。是年，审批国家建设用地除公益事业、行政机关，岳化原料头工程划拨供地外，其余工业、商业、住宅及其他用地，全部实行拍卖，拍卖总金额1376万元。

2002年，严格控制土地一级市场（即由政府出让土地的市场），加强土地流转二级市场（即非政府出让土地的市场）管理。出让控制管理的范围包括土地使用权拍卖、划拨、出让土地转让、划拨土地抵押等以保证土地使用权有序流转。并对原行政划拨的经营性用地征收收益金。

2005年，实行经营性项目用地使用权招拍挂出让制度；通过招标、拍卖，出让土地使用权。推行土地征用“四个必须”（即必须严格执行土地利用总体规划；必须充分和被征地农民协商，达成补偿协议；必须在征地安置费用足额到位后才能动工用地；必须公开征地程序、补偿安置费用标准及使用管理情况）。是年，报批的3个批次9个项目征地，均按以上规定办理征用地手续。次年6月，区政府发布关于加强国有土地有偿使用收入征收管理通知，加大土地交易有形市场建设，经营性用地其土地使用权全部实行招拍挂出让制度。

2010年，区政府制定土地出让管理规定，在招标、挂牌拍卖出让土地使用权中，坚持“公开操作，公平竞争”的原则，防止发生徇私舞弊，致使国有资产流失现象。至2011年，以挂牌方式公开出让的土地面积占出让土地面积的99.7%；其余未公开挂牌出让的，均接受纪检监察部门监督指导。

## 二、地籍管理

1988年始，建立地籍档案。从乡镇抽调专人配合国土部门，通过调处土地权属纠纷，处理土地历史遗留问题，建立地籍案卷940册。

1991年，开展土地登记发证工作。通过丈量核实，权属纠纷调处，补办用地手续，完成国有土地、村民宅基地土地登记发证10743宗，学校校园、学农基地土地定权发证137宗。

1992年5月，抽调专人组成权属调查组，分街坊对云溪镇地籍展开调查；至1993年年底，完成居民、国家机关企事业单位土地权属定界调查，埋设界桩，确定界址点，装绘地籍勘丈铅笔原图。

1993年，完成土地变更登记。通过外业调查，内业数据整理，完成地类变更图班，变更地类等工作。建立村级土地统计台账，制出区、乡级土地汇总表、平衡表。

1995年，开展岳化厂区地籍调查；完成清产核资单位土地清查估价，显核土地资产4.8亿元。

1997年，完成路口镇地籍调查。设置界址点、导线，装绘地籍图，清绘地图，调处界址纠纷，调查地籍面积210公顷。

2002年，完成国家、集体单位、居民宅基地土地登记发证4399宗。办理房改房土地登记3930宗。为改制企业区粮食收储公司、区棉花公司界定土地权属12宗。

2003年7月至2004年12月，完成全区农村集体土地所有权登记发证。

2005年，评估路口镇（含长炼厂区）基准地地价，调查各类样点，估价面积600公顷。完成全区土地变更调查，填写外业调查表，制作变更图班，编制变更调查平衡表，变更地类面积42.75公顷。

2008年，开展第二次地籍调查。至2011年，完成农村、城镇地籍外业调查工作。建立省、市、区、乡四级联网、上下互通的地籍数据库，实现地籍管理信息化、网络化。区国土分局获得全省农村地籍调查、城镇地籍调查成果奖。完成国有土地使用、集体土地使用、他项土地使用登记发证529宗。

## 三、测绘管理

1996年7月，区国土分局设土地测绘管理办公室。2002年，办理测绘登记。2005年，以乡镇为单位进行普查，加强境内三角点、国家二等水准点、GPS点的维护。2007年，对区内有测绘资质的单位重新认证。加强测绘标志的保护。制止1起非法测绘、非法买卖地图行为。完成云溪工业园土地四至范围的测量定界。2010年，招聘专业技术人员，重新组建测绘队。投资20万元添置器材，加强测绘管理基础建设。2011年，整修、加固测绘标志18处。

## 第五节　矿产资源管理

1986 年，协助市矿产资源管理办公室搜集、整理境内矿产资料，对矿产资源进行调查。

1989 年，区成立矿产资源管理办公室，负责矿产资源保护、矿产开发报批。1997 年，对全区乡镇集体采石场、个体采矿户开采资格进行年审年检。1999 年，换发乡镇采矿企业、个体采矿户采矿许可证，换证率 100%。

2002 年 6 月，矿产资源管理职能纳入云溪国土分局。2004 年，划定涉矿企业取土区域，严格控制开采范围，敦促砖厂退占还地、退路还地。

2005 年，以挂牌的方式出让黄茅山采石场开采权、黄金坳多种金属采矿权。建立矿产资源区域地质灾害监测网站，编制地质灾害防灾预案。

2006 年，全面清理涉矿企业，停业整顿无证开采、证照不全企业 19 家。

2007—2011 年，调查划定 36 处涉矿地质灾害隐患点，预防地质灾害对矿产资源的破坏。

## 第六节　土地执法监察

### 一、机构

1992 年 8 月，区法院设土地案件审理执行室。1998 年 3 月，云溪国土分局成立土地监察中队。2002 年 7 月，云溪公安分局设国土资源公安执勤室。

### 二、法规宣传与执法监察

**法规宣传**　1987 年始，加强国土法规宣传。次年，组织乡镇干部进行国土管理法律法规知识培训，参训 3450 余人。

1991 年 1 月，在中、小学每期开设 3~5 节全民国土观念教育课。6 月 25 日第一个全国“土地日”，区政府主管副区长周忽报主持召开乡镇、单位有关负责人参加的专题会，发表电视讲话，进行国土法规宣传教育。乡镇办宣传栏、黑板报，在交通路口挂横幅、刷固定标语。区国土部门设立土地管理法律法规咨询服务点，发送宣传资料，为群众解疑排难。

2009 年，开展“4·22 世界地球日”国土法宣传活动，编发《国土资源知识手册》，散发宣传资料，直接受教育 1.58 万人。

2010—2011 年，联合区文化、区司法等部门，在乡镇开展巡回文艺演出，举办法律知识讲座，制作宣传窗，广泛开展国土法规宣传。

**土地清查**　1987 年 6 月，首次开展违法用地清查；成立清查小组，组织专人，重点清查出 1982 年 5 月 31 日之后的非农用地 1679.1 公顷。

1990 年，重点清查 1987 年以来国家建设用地中的越权批地、违法用地，分别视情节补办手续 47 宗、罚款 1.22 万元；查出违法用地处理退地还耕 4.37 公顷。

1992年，清理整顿土地隐形市场；清理单位、个人违法出让土地，补交土地出让金35.7万元，并对重点地段的临时用地、街道临时摊棚占地进行清理，收取临时用地费；对未办理合法手续使用的宅基地实行有偿使用，收取土地有偿使用费3.27万元。

1997年6月，区成立非农建设用地清查领导小组，重点清查1991年1月1日至1997年4月15日各类建设用地、乱占滥用耕地、法人违法用地、土地非法交易等问题；共查出违法使用土地30.7公顷，其中乱占滥用耕地14.4公顷。

2000年7月，清查1997年4月15日以来各类用地；查出乱占滥用耕地等土地违法行为，收缴非法交易金额39.98万元。

2001年9月，开展土地市场清查；重点清查非法占用土地、非法转让土地、闲置土地、土地出租等违法行为，查处土地违法1549宗、15.87公顷。

2003年，清查1999年以来村、居民违法占地，单位集体违法占地，村、居民非法买卖土地，单位集体非法转让、买卖土地，查处土地违法92宗。

2005年5月，清理1999年1月以来征用农村集体土地的补偿安置费到位情况；查出用地单位欠付征地补偿费466.28万元，全部责令限期支付到位。

2008年—2011年，先后完成湖南城陵矶临港新区、炼化道路、107国道拓宽工程、107国道与云港路互通工程、垃圾处理场、八一路、胜利市场、城南新区、工业园、武广高速铁路警务设施建设、杭瑞高速公路地段已建在建和将建工程用地范围内的清查工作，保证未出现土地违法行为，新开工建设项目房屋拆迁款到户率达到100%，征地补偿资金到村到组率达到100%。

**国土执法**　1988年10月，开展首轮土地管理法执法检查，涉及4个乡镇57个村518个组，查出村组办企业违法用地41处，村（居）民建房违法用地341户，均视情节作出处理。

1992年8月，区法院审理违规用地96家，执行补收土地出让金73.2万元。

1993年8月10日，区政府召开全区违法用地公开处理大会，处罚土地违法典型大案12起。是年，处罚违法用地，收回土地0.05公顷，拆除房屋10栋，没收房屋7栋，收取罚没款36.1万元，处理到位率100%。

1995年，开展土地执法集中行动。查处公路沿线违法用地2.2公顷，退还耕地0.42公顷。清理整顿土地隐形交易补收出让金26万元，查处违法用地责任人4人。开展基本农田保护区土地执法检查，查处违法38宗、17.47公顷。开展107国道文明路段土地执法大检查，处理违法用地30宗、3.12公顷，拆除违法建筑6栋。

1997年6月，按照“三轻三重一严厉”（即占用耕地的从重，占用非耕地的从轻；城镇规划区内用地的从重，非城镇规划区用地的从轻，经营性用地从重，公益事业型用地从轻；对中央关于严格控制非农建设用地的文件下达后顶风作案的进行严厉打击）原则，重点查处非农建设用地中违法用地105宗，并限期结案土地违法案件685起。次年，制止违法用地案件7起，立案查处土地违法案件19起。

2005年，立案查处文桥镇镇政府非法占用土地，分别给予该镇党委书记、镇长党内警告、行政警告处分。

2008年，先后4次开展定期巡查和重点督查，坚持对违法用地早发现，早制止。共制止发生违法用地案件11起，拆除违法建筑16栋。

2011年，聘请30名土地监察信息员，建立乡、村、组三级执法巡查和信息网络，进行常年巡查，发现土地违法行为，现场制止80起，立案查处5起。

# 第七章　质量技术·食品药品管理

清末，民国时期，云溪、陆城等杆秤作坊制作尺、斗、秤受行业帮会约束；民国31年（1942年），接受县量度衡检定所检验。1950年，计量标准管理由县政府建设科负责。1953年，计量管理改由县供销社负责；农产品收购标准，由县粮食部门实行分等定级；手工业产品标准由县供销社、商业专管部门制定产品质量技术标准，组织生产验收。1973年，计量标准管理由县计量标准管理所负责。1984年6月，计量管理由区工商分局负责。工业产品标准、质量由区经委负责；次年，由区乡镇企业局负责。1988年，二轻工业产品标准、质量管理由区二轻工业局负责；1995年4月，由区经贸委二轻工业办公室负责。2000年，工业产品质量技术标准由市质量技术监督局（简称质监局）云溪稽查队负责；2005年，由市质监局云溪所负责。

民国35年，城镇有关药械事项由县药械监察委员会管理。1951年10月，药品药械监督管理由县药材公司负责。1952年12月，食品安全管理由县卫生局负责；1968年4月，由县革委会教卫组负责；1970年10月，复由县卫生局负责。1984年6月，药品药械监督、食品安全管理由区卫生科负责；9月，分别由区卫生局医政药政、卫生监督所负责。2002年，药品监督管理权收归市食品药品监督管理局。2011年3月，区成立食品药品监督管理局（简称食药监局），食品药品安全监督管理职能移交区食药监局。2011年年底，区食药监局另划入区卫生局食品卫生许可、餐饮业、食品等消费环节食品安全和保健品，化妆品卫生监督管理职责。内设机构有办公室（政策法规股）、安全监管股、食品许可股(行政审批办公室)，核定机关事业编制7名。归口管理区食品药品监督稽查大队（加挂区食品药品检验检测室牌子。为行政支持类事业单位，核定全额拨款事业编制5名。）

1959年，特种设备质量安全监察由县政府劳动科经管；“文化大革命”时期，劳动科撤销；1981年1月恢复。6月，由县劳动局负责。1984年6月，由区劳动人事科负责；9月，由区劳动人事局负责；次年，由区劳动人事局安全监察股负责。2000年，由市质监局云溪稽查队负责；2005年，由市质监局云溪所负责。

## 第一节　计量管理

清末、民国时期，境内度器有鲁班尺、木工曲尺、商用尺、裁缝尺、学生尺等；量器有升、斗、斛等；衡器有钩秤、基秤、戥子、天平。但由于未得到严格管理，其长度、容量、重量大小，相差悬殊。

1949年后，政府废除老秤、老斗、老尺，统一用市秤、市斗、市尺。1959—1960年，统一计量制度，确定公制为基本计量制度，市制可以保留；商业用秤将16两1市斤改为10两1市斤；升、斗、斛在交易中废止。1978年，中医旧制戥子全部废除，换用新制戥子；采用千克、克、毫克作为计量单位。1980年，对国营企业、乡镇企业的计量器具，开展定期检测。

1984年始，对企业进行计量定级、升级验收。对衡器中的压力表、商用尺、材料试验机、拉折机、抗压机、血压表（计）进行改制。至1989年，完成向法定计量单位过渡。

1989年6月，对少数屠商扰乱杆秤计量标准等违法行为进行专项整治，收缴秤砣灌铅的假秤劣秤。

2000—2011年，将商业贸易、医疗卫生、环境监测、安全防护等计量器具，列入强制检定管理范围，不断加强检定，及时惩处违规现象。

## 第二节　标准化管理

清末、民国时期，地方小作坊生产的产品没有法定标准。

1953年，粮食收购部门对粮、棉、油、茶等主要农产品收购，实行定等分级。供销部门制定手工业产品基础标准，按标准订货收购。1973年，推行机械、化肥、轻纺、食品等产品标准，对企业进行产品标准监督检查。开展优良标准产品的推荐、评选、复查和标准化技术咨询活动；至1983年，推行工业产品标准78个。

1984年，区科委、区农林局实施《优质稻生产系列标准》《优质稻生产技术规范》，推广获农业部优质奖的晚粳岳农2号、分获省优质米一、二等奖的湘早籼5号、湘优101。

1986年10月，贯彻市政府标准、质量、技术上等级会议精神，把标准化工作贯穿企业生产、技术、经营管理活动全过程。至1990年，区、乡企业产品标准占有率由1986年的6%提升至到11%。

1991年，加强民营企业产品标准监督检查；至2004年，检查32家中小化工企业120余种产品，其中外销产品占80%，创外汇产品占20%，产品标准占有率仅为20%。

2005年后，市、区质监部门联合长炼、岳化研究院、湘鄂两省质检院、湖南理工学院，利用标准化专家信息库，帮助企业完成企业标准文本，支持企业修订产品标准。全区工业产品标准覆盖率占在册企业的80%，比2004年提升60%。帮助岳阳磊鑫化工企业、鑫达化工厂、东方雨虹防雨材料有限公司等规模型民营企业提升工艺流程、产品标准化水平，促进生产发展。2010年，东方雨虹防雨材料有限公司产值负增长；次年，提升产品标准化水平后，仅第四季度产值净增95万元。

## 第三节　质量管理

20世纪50年代初期，对作坊式的手工业，按甲、乙、丙诸等级制订产品质量技术指标，组织生产验收。“大跃进”时期，土法生产，产品质量检测仅靠老工人凭经验控制。

1962年，恢复产品质量检验制度；“文化大革命”时期，质量管理被打乱。

1978年9月，开展第一个质量月活动；境内县、社企业健全自检互检与专职检验相结合的质量检验制度、产品出厂合格证制度。

1981年，工业企业相继建立以企业领导成员为主的质量管理小组，加强质量管理。松阳湖平瓦厂通过推行质量管理，生产的砖瓦在全国砖瓦行业产品质量检测评比中，平瓦以国检100分位居全国第一，红砖以99.65分名列第六。

1984年，在企业开展质量管理与QC小组活动，组织围绕产品质量、消耗、效益三大指标，健全从产品研究设计、生产制造到销售服务全过程的质量保证体系，向质量管理要效益。至1990年，自松阳湖砖瓦厂QC小组获建材部优秀质量管理小组称号后，又有陆城油脂厂、陆城宏发石墨厂质量管理小组、区粮油公司工艺质量管理小组等 7 个企业（小组），分获省、市质量管理先进企业，省、市优秀质量管理小组称号。117 项地方工业产品，有 17 项获市级以上优质产品奖（其中获省、部级奖 11 项）。区粮油公司工艺质量管理小组李昆明研发香菇菌丝体营养添加剂系列食品，质量达到国内同类先进水平，在全国食品博览会上获奖。陆城宏发石墨厂生产的耐火材料，质量属全国领先水平，在全省产品交易会上获金奖。

1994 年，开展创省名牌产品活动。至 1999 年，有 4 家企业创省名牌产品 5 种。

2000 年，开展重点工业产品生产企业普查、建档工作，对其中的获证（生产许可证）产品实施重点监控。至 2005 年，共对 12 类重点工业产品、32 家生产企业实施普查建档，建档率 100%；对 83 家中小企业全面建立纸质文档、电子文档。对 46 家企业、62 种获证产品实施重点监控；并将建档企业的 282 批次产品纳入省政府批准的定期质量监检计划，进行定期监督检查。

2006 年，加强产品质量抽查，监督做好工业产品获证工作。推行国际质量管理标准，实施名牌产品效应。至 2011 年年底，获证工业产品生产企业占全市 11 个县（市、区）获证企业的 46%，位居全市第一，比 2005 年增长 60%；产品抽查监督覆盖率由 23%升至 89%，产品合格率由 67%升至 93%。在东方雨虹、尤特尔、中创化工等 20 家企业实行国际标准化组织质量管理和质量保证技术委员会制定的国际质量管理标准。2011 年，尤特尔生物公司生产的产品获省名牌产品称号后，产值突破亿元大关，达到 11560 万元，比上年增长 34.42%。

## 第四节　特种设备安全监察

1984 年，仅长炼、岳化、县乡企业、学校有锅炉等特种设备。

1985 年始，每年对特种设备检测 2 次。

1988 年，对新增特种设备实行“三检验”（即检验是否是正规厂家生产的产品，检验安装队伍是否具备安装特种设备的资质，检验安装是否符合标准。）

1994 年，加强特种设备跟踪监察。先后跟踪监察 30 台锅炉，35 台压力容器，没有发现重大质量安全问题。2003 年，对全区液化气站、锅炉实行跟踪监察。

2005 年，加强特种设备监察执法。至 2011 年，排查、检验压力容器、压力管道、锅炉、吊车、叉车、员车、电梯、游乐设施等特种设备，消除重大安全隐患 31 处。特种设备注册使用登记率 90%，比 2004 年上升 60%。现场检查使用特种设备企业，占在册企业 92%。开展专项整治，下达整改意见书整改特种设备，查办特种设备质量安全重大案件 2 起，取缔土设备 6 台。

## 第五节　食品安全管理

清末、民国时期，小作坊加工的面条、丝粉、糕点等食品，因无专门机构监督管理，大都产品粗糙，质量低劣。

20 世纪 50 年代，每年夏、秋两季组织对食品卫生进行监督检查。发现霉变食品，当即予以查封。60 年代，对从业人员进行健康检查，加强食品质量管理，防止食物中毒和肠道病流行。1973 年，重点加强食品产品质量的监督。

1986年，执行国家食品标签通用标准，签定新产品，对不合格新产品企业限令整改。

1990年，区政府组织区卫生、区工商等部门对食品进行抽样检查；检查结果为：肉类及其制品合格率78.3%，蛋类及其制品合格率78.6%，豆制品合格率74.1%，糕点合格率84.2%，酒类合格率93%，冷饮合格率77.2%，乳制品合格率81.4%。对加工、经营不合格食品的企业、个体摊点，除罚款外，还没收、销毁不合格食品。是年始，每年春节、端午、中秋、国庆等重大节日前后，组织突击检查。建立食品卫生举报箱，开通举报电话，实行执业资格审查制度，重点加强酒类、副食品产品卫生监督。至1994年，突击检查，受理举报后，查实办理违规案件9件，审批发放卫生许可证139户。

1995年始，坚持开展食品卫生专项治理。至2001年，组织专项整治取缔无证经营单位20家，查处无证经营单位2家，罚款1.2万元，对1家违法情节严重的单位在媒体上予以曝光。

2002—2005年，对获得卫生许可证单位、个体户食品卫生实行跟踪管理。加强卫生许可证年检，停业整改11户，吊销证照7户。

2007年，严格食品添加剂的使用管理；办培训班培训食品添加剂使用人员。严格禁止食品加工中违法使用硼酸硼砂、罂粟壳、废弃食用油脂、工业用料等有害人身健康的非食用物资。

2009年，执行《中华人民共和国食品安全法》，坚持治理与引导相结合，进一步加强食品安全管理。至2011年，共清缴不合格食品387件、1.16吨，帮助2家食品加工企业获得食品生产许可证。

## 第六节　药品质量监督

1952年，药品由临湘县卫生部门配给。

1963年9月，麻醉药品使用单位建立专人、专账、专柜、专用处方制度，保证麻醉药品安全使用。

1965年，开展取缔非法药贩，查缴伪劣、变质药品工作。1979年，实行药品检验、凭证售药制度。1982年，对各卫生院自制药品进行检查，销毁不合格中草药。

1984年，对乡村卫生院、医务室药品经营者重新登记。1986年，严格药品经营资质管理；对药品经营单位、村级卫生室、个体药店颁发药品经营许可证，严禁无证经营。

1990年始，对药品流通实行"四查"（即查购销票据与实物是否相符，查供药方资质档案是否齐全，查进药单位、个人质量检验负责人是否空挂，查是否凭处方销售处方药）。至2000年，共查处违法违规案件72起，其中立案处理12起，没收假冒药品货值8000元。

2002年，贯彻《中华人民共和国药品管理法》，对药品药械经营户实行建档建卡制度，共建档管理250家。

2003年始，每年春节期间开展药品、药械安全专项检查。以云溪城区、岳化社区为重点，通过看进货单、检查商标和生产厂家，进一步规范进药渠道。至2010年，专项检查发现并销毁假药货值3.83万元，责令整改11家。是年，重点清查明胶、药用空心胶囊等问题药品；清查单位、个体诊所，未发现媒体报道的13种铬超标药品。

2011年，执行国家基本药物目录，逐一排查区级医疗机构、乡镇卫生院、村卫生室和个体诊所，严格药品种类监督管理；未发现违规经营和使用药品现象。执行国家基本药物制度；区、乡、村医疗卫生单位全部实行药物由省集中采购，统一配送。

# 第十五篇　农业与农村经济

## 第一章　农村经济管理

清代、民国时期，农民个体经营，农村经济无专门管理机构。1951 年，境内始有农村合作经济组织。1956 年，初步形成农村集体经济分级管理、分级核算的管理制度和办法。1961 年始，逐步严格农村集体财务监督管理。1981 年成立专门机构，对农村经济实行专项管理。1985 年始，加强农民负担监督管理，切实减轻农民负担。1995 年，通过试点，进一步落实农村集体土地承包合同。2003 年，区委、区政府完善承包土地流转机制。2006 年始，取消农民所有负担，最大限度调动农民生产积极性，保证农村经济健康快速发展。

1949 年 10 月，境内农村经济管理由县政府财粮科负责。次年 1 月，由县政府财政科负责。1956 年 1 月，由县政府农村财务管理科负责；五区、六区设财会辅导员。1981 年 9 月，由县政府农经科负责。1984 年 8 月，区成立农经科，为区政府管理农村经济的直属事业管理机构，归口区政府办管理。1987 年 4 月，乡镇设农经站。2001 年 12 月区农经科撤销后，至 2011 年，农村财务管理、农民负担监督管理、农村收益分配统计分别由区财政局、区农业局、区发改局负责。

### 第一节　农村合作经济组织

**农业合作组织**　1951 年始，传统农业个体经营形式向互助合作形式转变。是年 5 月，五区延庆乡共产党员、贫雇农徐正元和 8 户农民实行劳力、耕牛、农具合作，开展生产互助，创办境内第一个农村合作组织农业互助组。至 1954 年冬，互助组发展至 1400 余个，入组农户 9200 余户。12 月，互助组联合为 18 个初级农业社。1957 年 9 月，有 112 个高级农业合作社，入社农户 1.7 万余户。1958 年 10 月，合并高级农业社，成立人民公社，至 1961 年 7 月，农业合作经济组织共有 37 个生产大队（分场）、210 个生产队；8 月，调整为 87 个生产大队（分场）、706 个生产队。1979 年，有 92 个大队（分场）、712 个生产队；1983 年，增至 116 个大队（站、场）、909 个生产队。1984 年 5 月废除人民公社体制后，改为 73 个村（分场）、676 个村民小组；1992 年 8 月，调整为 68 个村（场）、608 个村民小组。2011 年，有 66 个村（场）、686 个村民小组。

**专业合作组织**　1954 年年初，云溪乡建立红星铁业、集雄木业、云溪缝纫 3 个专业合作社。至

1957年9月，各类专业合作社（组）发展至14个。10月，专业合作社收归公社所有，成为社队集体企业。1981年后，出现个体户、专业户家庭“小农场”间的临时合作经营组织。2003年，家庭“小农场”间的临时合作经营组织向专业合作组织转变。是年4月，云溪乡东风村养殖专业户陈冬初发起，在本村成立境内第一个农村专业合作组织云溪乡东风村养鸡联合体，实行联户养殖、捆绑发展；加入农户16户。2011年，全区注册登记农村专业合作组织6个，参与农户180户。其中种植业合作社4个，养殖业合作社2个。

## 第二节　农村财务管理

**管理体制改革**　1956年始，农业社配会计，初步形成财务制度、管理办法，实行区、乡、社三级管理，三级核算，即区汇总核算，乡综合核算，社独立核算。1958年，受“共产风”影响，一切财物归人民公社所有，取消独立核算，仅实行公社、大队两级管理，两级核算，即公社汇总核算，大队综合核算。1961年，调整为三级管理，三级核算，即公社汇总核算，大队综合核算，生产队独立核算。建立较完善的财务制度、管理办法。大队配主办会计，生产队配会计。1981年后，取消生产队一级核算，将其所承担的“三提五统”〔即农业税、农业特产税、耕地占用税、契税和乡（社）统筹、村（大队）提留、承担集体义务工〕，按承包田土分解到农户，由农户大包干；实行三级管理，两级核算。1985—2001年，随着经济体制改革深入，以大包干为主体的新核算体制不断改进和完善；2007年5月，至2011年，全区实行“村账乡代管区监督”的管理模式。并就账户、收入、支出、报账、资金拨付等制定详细的管理细则。

**村级财务监督**　20世纪50年代始，实行大队（社）财务“晒账”制度。由公社（区）财会辅导员组织大队（社）主办会计对财务账目进行清理；重点清查的内容是财务立项、入账、收支平衡等情况。1961年后，实行年度财务检查制度。1963—1966年，结合“社教”运动，开展清财务、清工分，反对贪污、挪用等违纪违规行为。1985年始，区农经科、乡农经站加强对村级财务不定期检查，发现问题及时纠正；问题严重的，移送司法机关处理。是年，云溪乡双花村主办会计丁××做假账被判刑5年。1987年5月，区政府批转区农经科加强农村财务管理工作的报告，要求进一步加强农村财务监督管理。次年6月，区成立农村审计事务所，聘请乡镇企业、乡镇财政所和村主办会计为兼职审计员，不定期对乡、村两级财务进行审计，重点是审计村级财务。至1990年，审计乡、村财务2次。1992年5月，区政府制定加强农村财务管理的规定，明确对村级财务实行一年一审计。审计监督的内容包括财务执行情况，财务报表、凭证、账簿的完整性和合法性，资产负债、损益、分配情况，建设项目预算、决算情况，土地征用补偿和政府有关部门所拨资金、物资管理、上级转移支付资金使用情况等。1999年始，加强对乡、村尤其是村级主要负责人任期内的经济责任审计。同时，区农经科、乡农经站对村级财务加强跟踪调查。2004年调查显示，1984—2003年，全区村级共有债务3020万元。2005年，建立纪检、审计、财政三位一体的农村财务监督管理体制；至2011年，查处违纪金额215.4万元，移送司法机关刑事拘留村级主要负责人1人。通过化解，村级债务总额减至2100万元。

**会计培训考核**　1956年，区财会辅导员每年组织农业合作社会计上辅导课1堂。1961年，实行大队、生产队会计年度培训制度；“文化大革命”中，会计培训中断；1979年恢复。1985年，为适应农村经济体制改革不断深入的新形势，区农经科联合区财政局组织农村村以上财会人员集中培训，为期

3 天，培训 110 人。1990 年 11 月 23 日至 12 月 3 日，全区农村会计参加全市第十一期会计轮训班轮训，考试优秀率 98%。2000 年，组织乡、村会计学习新《中华人民共和国会计法》，办培训班 1 天。2006 年，实行农村会计从业资格证制度；通过考试考核，颁发会计证 75 人。2010—2011 年，将农村从业会计、乡镇经管站代理会计纳入全区会计培训考核范围；培训农村会计 158 人次。

## 第三节　土地承包管理

1981 年 7 月，各公社抽调干部配合县委调查组，解剖 108 个队，对各类责任制的利弊得失反复权衡比较，证明“双包”到户是克服集体经营弊端，治穷致富的有效方法。是年冬，实行干部联点包队，全面推行联产承包责任制。

1985 年，土地承包期延长、范围扩大后，区委就落实承包合同，加强山林、水面管理利用，搞好农田基本建设，巩固集体经济，统一管水抗灾等 13 个问题作出具体规定。并实行区级干部包片、区镇干部联点、村干部包组到户，狠抓落实。

1990 年 1 月 10 日，区政府举办土地承包合同管理培训班，参加培训的有各乡镇主管农业的副乡镇长、区经管科人员、各村会计。培训内容包括稳定土地权属、稳定土地承包关系、稳定承包期，在相对稳定的基础上调整土地承包的办法。调整的办法主要分动钱动粮不动地，收回异动人口土地补给合法应进土地农户，分口粮田、责任田实行“两田”互补，开荒造地弥补承包土地不足，发展非耕种经营等，以有效解决实行土地承包责任制后人口异动与土地相对稳定的矛盾。

1995 年 3 月，为落实第二轮土地承包，由区经管科、区财政局牵头，在文桥乡进行试点，组织农户续签承包合同，取得经验后向全区推广。至 1998 年，全区新一轮土地承包合同签订率 99.5%。

2003 年，区委、区政府下发完善土地承包管理的文件，明确农户承包的土地遵循“依法、自愿、有偿”的原则，可以通过转包、转让、租赁、入股等形式进行土地经营权流转。至 2011 年，通过签订书面合同、登记备案等合法手续，全区流转承包土地 817.41 公顷。其中转包 331.4 公顷，转让 192.37 公顷，租赁 193.62 公顷，入股 100.02 公顷，保证承包土地得到合理、有效经营。

## 第四节　农民负担监督管理

1981 年，农民“三提五统”人均约负担 200 元。

1985 年始，对各乡、村安排的“三提五统”实行年初审核、年终监督执行，严禁超比例安排，超计划执行。实行公益事业性收费“一事一议”审批制度；凡村集体兴办公益事业收费，均由村民大会或村民代表会议议定收取标准，报乡镇政府批准后执行，严禁乱收费。

1989 年，区成立减轻农民负担领导小组，下设减轻农民负担办公室（简称减负办）。组织调查农民负担情况。次年 4 月，召开全区加强农民负担监督管理大会，明确各乡镇建立专门领导机构、办事机构，各部门单位向农民摊派款项，必须经过区减负办审查同意报区政府批准后才能执行。农民只按承包合同文书约定兑现国家税收、乡镇统筹、村组提留和国家定购任务。

1991 年，对农民负担实行规范化、制度化管理。规定乡、村统筹、上交提留一律不得超过上年度农民人均纯收入的5%；各地具体比例由乡政府讨论，报区政府审查批准执行。

1995年，区统一印制“农民负担监督卡”发到各乡镇，各乡镇将区审批的农民负担费用、劳务安排任务分解后填入负担卡，及时发放到户，农民凭卡承担费用和劳务。统一印制统筹、提留款收费收据，凡向农民收费，一律使用此往来收据，未使用而收费的，视为不合理负担，乡、村有权抵制，农民有权拒交。2002年，取消乡统筹、村提留。农民负担卡入户率95%；农民负担比1981年降低72.35%。

2006—2011年，全面取消农民负担，乡、村公益事业性费用由地方财政负担。

# 第二章　种植业

境内农业历来以种植业为主。宋代，耕作农具改进，耕地面积扩大，稻、粱、菽、麦、黍、稷、棉、麻、茶、油等普遍种植。明洪武初年（1368—1369），战事初平，土地荒废。清初，种植业得到恢复。清康熙二十四年（1685），农作物种植面积7.73万亩，比明洪武初年增加70.64%，清末，战祸频仍，水患连年，种植业衰退。民国时期，曾一度发展；后日军犯境，遭到严重破坏。至1949年，农业总产值675万元，其中种植业产值432.81万元，占64.12%。50年代始，随着土地制度改革、种植技术提高、生产工具改进，种植业得到发展；至70年代末，耕地面积由6524公顷扩大至7820公顷，种植业产值在农业总产值中所占比例由65%升至70%。80年代后，实行联产承包责任制，调整种植业内部结构，种植业快速发展。1984年，全区农业总产值3313万元，种植业产值占71.75%，为2377万元。2000年后，大面积推广良种，普遍提高种植技术，种植业产值不断提高。2005年，种植业总产值比1984年增长7.12倍；2011年，比2005年增长1.03倍，达到3.92亿元。

宋代至清代，种植业分别由县署县丞、主簿掌管。民国元年（1912），由县政府户房、工房管理；民国11年，由县实业局管理。民国37年，由县政府农业推广所管理。1954年5月，由县政府农村水利局统管；1965年7月，由县政府农业局负责。1961年12月，由县农村水利局管理；1962年6月，复由县农业局负责；1968年11月，由县政府农林水管理站管理；1970年8月，由县农林畜牧局管理；1973年，由县农业畜牧局管理；1980年3月，复由县农业局负责。1984年6月，由区农林科管理；9月，区农林科更名为区农林局。1989年5月，析区农林局置区农业局；2002年3月，区农业局更名为区农业发展局。2011年，其内设机构有办公室（政工人事股、计划财务股）、粮油经作股（蔬菜办公室）、科教推广股、乡镇企业股（农业产业化办公室）、农民负担监督管理办公室（区扶贫开发办公室）、农产品质量安全监管和市场信息股（政策法规股）、新农村建设办公室（县域经济股），核定机关行政编制11名，后勤服务事业编制1名。

## 第一节　耕地·耕作制度

### 一、耕地

**面积**　明洪武年间（1368—1398），有耕地4.53万亩；成化初年（1465），减至3.23万亩。成化二十三年（1487），岳州卫、武昌卫官兵在境内拓垦耕地；次年，耕地总面积增至9.81万亩，人均24.3亩。清同治十一年（1872），有耕地10.16万亩。民国初期，人口、耕地锐减，至民国18年（1929），耕地面积减至6.72万亩，人均仅1.09亩。民国26年，增至12.31万亩，人均1.91亩。民国27年始，日军践境，田地荒芜；至1949年，恢复至9.48万亩，人均2.11亩。

1952年，查田定产，实有耕地7386.67公顷，其中水田5713.3公顷，旱地1673.3公顷，农业人均2.31亩。1955—1957年，互助组、合作社组织垦荒，耕地面积扩大。1957年，开发永济垸，扩大耕地面积552.07公顷。1962—1963年，开展"生产自救"，改造湖滩荒洲，扩大耕地242.67公顷。1964年后，相继围垦白泥湖、芭蕉湖，治理黄泥沟、臣山湖，实现"梯田化""向荒山湖滩要粮"，耕地面积不断扩大；至1979年，新增耕地552.07公顷。

1984年4月，全区有耕地7526.67公顷，其中水田5160公顷，旱地2366.67公顷；农业人均1.41亩。次年，交通、城镇建设加快，厂矿企业发展，重点建设用地增加；1992年，陆城镇儒溪、洋溪、杨桥、旗杆4村和金鸡山林场划属临湘市管辖，耕地面积逐步减少。1998年，实行基本农田保护，加快耕地垦复，实行耕地占补平衡。2004年，加强湖区排灌设施建设，实施土地整理，扩大耕地面积。2008年，有耕地6993.33公顷。是年后，工业化、城镇化建设进一步加快，重点建设用地不断增加，至2011年，实有耕地6907.67公顷，农业人均1.26亩，比2008年减少0.03亩。

**1984—2011年云溪（北）区部分年份耕地面积情况表**

表15-2-1

| 年度 | 耕地（公顷） | | | 人口（万人） | | 全区人均（亩） | 农业人均（亩） | 农业人均水田（亩） |
|---|---|---|---|---|---|---|---|---|
| | 合计 | 水田 | 旱地 | 总人口 | 农业人口 | | | |
| 1984 | 7526.67 | 5160 | 2366.67 | 12.54 | 7.98 | 0.9 | 1.41 | 0.97 |
| 1989 | 7473.33 | 5126.66 | 2346.67 | 14.72 | 7.68 | 0.7 | 1.46 | 1.00 |
| 1995 | 7246.67 | 5086.67 | 2160 | 15.22 | 7.76 | 0.7 | 1.40 | 0.98 |
| 2000 | 6906.67 | 5053.34 | 1853.33 | 15.31 | 7.67 | 0.65 | 1.35 | 0.98 |
| 2003 | 6686.67 | 5013.33 | 1573.34 | 15.16 | 7.92 | 0.62 | 1.27 | 0.90 |
| 2008 | 6993.33 | 5500 | 1493.33 | 16.71 | 8.12 | 0.64 | 1.29 | 1.02 |
| 2011 | 6907.67 | 5453.33 | 1446.67 | 17.53 | 8.28 | 0.62 | 1.26 | 0.98 |

**土壤改良**　清代、民国时期，农民多以沙压沙土田、用黏性重的客土掺和、在重黏性田土中掺沙、施土杂肥、家畜粪，以改善土壤颗粒结构。

1949年后，继续用客土改土，增施土杂肥改良土壤，并种豆科、苜蓿、油菜等养地作物。1955年始，种植绿肥紫云英。1958年，增施"千脚泥"（即农户泥土地板上铲下的泥土）、硝墙土、塘泥。次年，紫云英面积超过3460公顷；1972年，增至4660公顷，占水田总面积的88.3%。但由于长期种绿肥，稻田板结，土壤理化性状变坏，次生潜育化逐年加剧。1978—1979年土壤普查，5466公顷水稻土中，潜育化、次生潜育化田占44.5%，严重缺磷的占55.8%，严重缺钾的占32.9%；黏重土质占全部耕地的27.3%，过沙土质占1.1%，过酸土壤占15.1%，偏碱土占5.1%。松阳湖等湖区土壤受多种有毒物质污染，土壤微量元素硼普遍偏低。1979年，普遍改用稻草还田，解决土壤板结问题。同时开"三沟"（即环山沟、排水沟、灌溉沟），治"四水"（即洪水、毒水、锈水、冷浸水），治理冷浸田、水毁田。1980—1984年，治理稻田3240公顷，占应治理面积的86.3%。1985年，推广稻—稻—油、菜—稻—稻、豆—稻、麦—稻，实行水旱轮作，疏松土壤，改善土质；1990年，稻—稻—油面积3450公顷。1995年始，扩大测土配方施肥，保护和改良土壤。至2011年，共实行测土配方施肥11.73万公顷，占应测土配方施肥面积的89.4%。

### 二、耕作制度

北宋前，农民种一季荒几年，轮番耕作，休闲养地。南宋后，铁制农具得到推广，始出现稻、麦一年二熟制。元、明、清时期，二熟制略有推广。民国时期，以种一季为主。

1949年，农作物播种面积6320公顷，其中水稻5028.8公顷，二熟制占20%。1953年始，推广以双季稻为主的两熟制；将二茬秧苗间插于抽穗早稻间，叫套种，又称"间作"。1954年，醴陵、宁乡农业技术员到境内指导双季稻种植，引进部分生长期较短的早、晚稻品种，收完早稻后再插晚稻，称"连作"。并开始逐步推广。1956年，种双季稻333.1公顷。始推广早稻—晚稻—绿肥一年三熟制。1960年，三熟制稻—稻—肥种植3790.47公顷；1965年，种植4761.87公顷；1972年，种植5337.13公顷，占水田面积86.52%。70年代，普及稻—稻—麦、稻—稻—油三熟制。但由于小麦瘦田，连年种植后赤霉病严重，至80年代后，稻—稻—麦面积减少，主要种植稻—稻—肥。2000—2010年，路口镇江湖村农民探索西瓜—晚稻—油菜—早稻—晚稻—油菜（或绿肥）两年六熟种植模式，尽量挖掘耕地潜力。全区种双季稻2333.33公顷，实行西瓜—晚稻—油菜三熟制1066.67公顷，种一季中稻1733.33公顷。2011年，陆城镇陆城村付国良承包耕地46.6公顷，实行机械化作业、温室大棚育苗，进行西瓜与棉花、高粱套种，复种指数300%以上。但大部分农户由于从事第二、三产业，整体上三熟制、两熟制逐年减少，大多种一季中稻，少数搭配油菜。

## 第二节 粮食作物

明代，种植业即以粮食作物种植为主。明隆庆《岳州府志》载，洪武元年（1368），境内粮食产量5856担。民国25年（1936），种粮食作物11.9万亩，产粮41.77万担，亩产175.5公斤。是年，由于战乱，产量逐渐下降。1949年，种植粮食作物6086.67公顷，总产10198吨，亩产111.7公斤。1952年，粮食作物面积7716公顷，总产18514.6吨，亩产159.97公斤，比1949年增长43.21%。1974年，种植13926.7公顷，总产4万吨。1984年后，实行农业综合开发，粮食作物面积调至12149.67公顷；1990年，减至10966.93公顷，总产7862吨，亩产290.95公斤，比1974年增长51.95%。2000年，种植7941.6公顷；2011年，调至7100公顷；总产40492吨，比1949年增长13.9%。

**水稻** 南宋末年，稻谷即为主要农产品。清代、民国时期，境内属中稻产区。民国25年，产稻谷35.75万担，亩产185公斤。1949年，总产9190.8吨，亩均120公斤。1954年，推广连作双季稻；至1975年，双季稻面积占水稻总面积93.8%。1983年，种双季晚稻4731公顷，亩产407公斤，比单季稻多产200公斤，首次实现晚稻单产、总产超早稻。1984年，改造中低产田，扩大杂交稻种植面积；1990年，推广软盘抛秧，单产进一步提高。1996年、1998年，遭受特大洪涝灾害，部分水稻失收。1999年，种早稻2593公顷，总产9966吨，比上年减产2922吨；种晚稻3346.7公顷，总产18277吨，比上年增产443吨；种中稻674.77公顷，总产5167吨，比上年增产211吨。2000年后，双季稻种植面积减少。2005年，种早稻2120公顷，比上年减少8.3%；种中稻、一季晚稻各2560公顷，均比上年增长27.4%。2006年，一季稻种植面积首次超过双季稻。2011年，种植水稻5450公顷，总产37241吨，其中一季稻3830公顷，总产28438吨，每亩单产比早、晚稻分别高97公斤、77公斤。

**红薯**　明万历年间（1573—1620），始栽插红薯，并逐渐成为主要杂粮。民国25年（1936），栽插11740亩，总产折合稻谷（历来以5:1计算）3.58万担，亩产304.94斤。1955年，栽插1734.2公顷，总产1960.9吨。60—70年代，红薯仍占农民口粮的15%~20%。80年代，随着水稻生产发展，红薯主要用作饲料和酿酒原料，栽插面积逐年减少，年栽插面积一般在400~500公顷左右。1990年，栽插567.53公顷，总产折粮1205吨。2000年，引进良种，栽插548.2公顷，折粮2055吨，单产比上年增长13.55%。2003年，栽培570.67公顷，高垅栽培，不翻薯藤，产量进一步提高，总产折粮2400吨。2011年，栽插530公顷，总产折粮2255吨，亩产折粮是1990年的2倍。

**小麦**　明洪武年间，年均产小麦2300石（合135吨）。民国25年（1936），种小麦3800亩，总产171吨。1949年，总产80吨。50年代后，小麦生产有所发展。1960年，推广稻—稻—麦三熟制，种小麦1586.67公顷，总产512吨，为历史最高峰。1966年后，因小麦生长期长，与连茬作物争肥、争季节，面积、产量逐年减少。60年代末，总产减至200吨左右。70年代，引进抗病品种，单产提高。1978年，种植小麦798.2公顷，总产866.2吨，亩产72.35公斤。1982年，种644.12公顷，总产802.3吨。1984年，种591.87公顷，因病虫危害，总产减至752吨。1985~1990年，年均种植423.63公顷，总产458吨。2000年，种植35公顷，总产89吨。2003—2010年，基本没有种植。2011年，调整种植模式，种植179.83公顷，总产413吨，亩产153.11公斤，比1978年增产111.62%。

**大豆**　俗称黄豆。清代，临湘县志中境内有种植记载。民国25年，种大豆8500亩，亩产70斤，总产5950担（合297.5吨）。1949年，种126.67公顷，总产261.2吨。50年代，种植面积扩大，年均种植800公顷左右。60年代至70年代，大豆营养价值受到重视，种植面积进一步扩展。80年代，推广矮脚早品种，产量提高。1983年，种植4959公顷，总产6443.9吨，亩产86.63公斤。1984年后，基本稳定在1000公顷左右。1990年，种植1182.8公顷，总产量1783吨。2003年，种718.27公顷，总产1008吨。2004年后，年种植面积基本在700~1100公顷左右。2011年，种植733.46公顷，总产305吨。

**豌豆、蚕豆**　1949年，种133.33公顷，总产65.4吨。1964年，种1186.67公顷，总产409.6吨。1979年，总产618.34吨。1984—1989年，年均种469.5公顷。90年代，调整种植业结构，种植面积、产量比80年代均有减少；其中1990年，水雨调停，亩产87.54公斤。1998年，种272.13公顷，总产393吨。2000年后，种植面积继续减少。2003年，花期久雨，减产严重，种植189.53公顷，亩产仅79.49公斤。2011年，种206.67公顷，总产278吨，亩产89.68公斤，比1990年增产2.44%。

**其他杂粮**　清代、民国时期，荞、玉米、高粱、粟、黍等，湖区、山丘均有种植，但产量不高。50年代后，多种荞、玉米。但荞产量与可食率低，且瘦地，至70年代后，少有种植。玉米，80年代前种植不多，主要利用边角隙地种植，以补主粮不足。80年代后，食品多样化，种植面积扩大。90年代，玉米—油菜一年两熟，水旱轮作养地，种植面积扩大。1997年，种422公顷。2000年后，养猪户增加，饲料需求量增大，玉米成为养殖户、种植大户杂粮种植的主要品种之一。2005年，种210公顷，总产788吨；2009年，扩大至450公顷；2011年；达到580公顷，总产3915吨，亩产450公斤。

## 1984—2011年岳阳市云溪（北）区粮食生产情况表

表 15-2-2　　　　单位：公项、吨

| 年度 | 播　种<br>总面积 | 总产量 | 其　中 | | | | | | | | | |
|---|---|---|---|---|---|---|---|---|---|---|---|---|
| | | | 稻　谷 | | 薯　类 | | 小　麦 | | 大　豆 | | 蚕豌豆 | |
| | | | 面积 | 产量 | 面积 | 产量 | 面积 | 产量 | 面积 | 产量 | 面积 | 产量 |
| 1984 | 12149.67 | 45662 | 9163.07 | 42428 | 409.4 | 676 | 591.87 | 752 | 1446.86 | 1230 | 538.47 | 576 |
| 1985 | 11568.13 | 44855 | 8888.8 | 41777 | 411.8 | 677 | 540.2 | 627 | 1221.26 | 1243 | 506.07 | 531 |
| 1986 | 11254.67 | 46684 | 8809.27 | 43400 | 451.47 | 775 | 569.53 | 561 | 967.67 | 1358 | 456.73 | 590 |
| 1987 | 11248.27 | 46850 | 8770.67 | 43577 | 454.27 | 786 | 477.4 | 453 | 1096.46 | 1467 | 449.47 | 567 |
| 1988 | 11149.07 | 45083 | 8698.07 | 41812 | 465.8 | 809 | 337.8 | 406 | 1211.53 | 1513 | 435.87 | 543 |
| 1989 | 11032.8 | 45351 | 8629 | 41763 | 487.67 | 1016 | 326.33 | 383 | 1164.4 | 1648 | 425.4 | 541 |
| 1990 | 10966.93 | 47862 | 8515.6 | 44017 | 567.53 | 1205 | 290.53 | 318 | 1182.8 | 1783 | 410.47 | 539 |
| 1991 | 10816.33 | 41394 | 8385.8 | 38022 | 575.87 | 1199 | 204.87 | 236 | 1172.46 | 1383 | 477.33 | 554 |
| 1992 | 9343.79 | 38672 | 7264.93 | 35706 | 506.73 | 994 | 143.2 | 169 | 1053.2 | 1343 | 375.73 | 460 |
| 1993 | 9209.99 | 37759 | 7005.53 | 34508 | 516.87 | 1244 | 294 | 148 | 1108.32 | 1533 | 285.27 | 326 |
| 1994 | 8989.57 | 37385 | 6995.73 | 34176 | 522.13 | 1256 | 209.67 | 127 | 983.91 | 1512 | 278.13 | 314 |
| 1995 | 8879.39 | 36028 | 6855.6 | 32796 | 542.87 | 1273 | 201.13 | 108 | 1011.32 | 1543 | 268.47 | 308 |
| 1996 | 8481.31 | 32838 | 6290.33 | 29506 | 596.93 | 1308 | 144.73 | 103 | 1194.12 | 1599 | 255.2 | 322 |
| 1997 | 8837.77 | 41327 | 6990.07 | 38397 | 483.8 | 1201 | 123.93 | 102 | 975.97 | 1323 | 264 | 304 |
| 1998 | 8690 | 36079 | 6755.47 | 32711 | 506.67 | 1766 | 71.53 | 85 | 1084.2 | 1124 | 272.13 | 393 |
| 1999 | 8588.6 | 36657 | 6614.47 | 33410 | 517.8 | 1714 | 29.33 | 62 | 1163.53 | 1085 | 263.47 | 386 |
| 2000 | 7941.6 | 35551 | 6188.47 | 32075 | 548.4 | 2055 | 35 | 89 | 981.8 | 1018 | 187.93 | 314 |
| 2001 | 7222.33 | 31256 | 5477.13 | 27571 | 570.13 | 2471 | 34.33 | 72 | 1000.07 | 933 | 140.67 | 209 |
| 2002 | 7247.27 | 31696 | 5357.8 | 27579 | 598.4 | 2498 | 20 | 40 | 1133.6 | 1353 | 137.47 | 226 |
| 2003 | 7790.67 | 36350 | 6312.2 | 32716 | 570.67 | 2400 | — | — | 718.27 | 1008 | 189.53 | 226 |
| 2004 | 9075.67 | 41647 | 7170 | 38018 | 581.67 | 2435 | — | — | 1132.93 | 953 | 191.07 | 241 |
| 2005 | 8450 | 42178 | 7240 | 38481 | 580 | 2408 | — | — | 430 | 1036 | 200 | 253 |
| 2006 | 8878.4 | 41282 | 7156.13 | 37546 | 584.2 | 2421 | — | — | 937.4 | 1047 | 200.67 | 268 |
| 2007 | 8710 | 39268 | 6770 | 35398 | 590 | 2410 | — | — | 1150 | 1081 | 200 | 379 |
| 2008 | 8230 | 46502 | 6930 | 44079 | 300 | 1120 | — | — | 700 | 933 | 300 | 370 |
| 2009 | 8060 | 45897 | 6300 | 42733 | 600 | 2239 | — | — | 850 | 547 | 310 | 378 |
| 2010 | 7390 | 43471 | 5620 | 40288 | 540 | 2276 | — | — | 940 | 504 | 290 | 403 |
| 2011 | 7100 | 40492 | 5450 | 37241 | 530 | 2255 | 179.83 | 413 | 733.46 | 305 | 206.67 | 278 |

## 第三节 经济作物

**棉花** 明隆庆《岳州府志》有境内棉花种植记载。民国25年（1936），种棉3300亩，总产990担，亩产30斤（皮棉，下同）。民国27年，日军犯境，棉田荒芜。民国37年，恢复到5770亩。由于品种退化、病虫危害，亩产仅8公斤。1949年，减至100公顷，总产15吨，亩产20斤。1953年，发展至459.47公顷，总产79.2吨。1954年大水，湖洲棉田失收。1958年，种植面积扩大至589.8公顷。是年后，“以粮为纲”，面积、产量减少。1962年，种植161.48公顷，产棉24.74吨。1965年后，种植面积扩大。1966年，种植573.64公顷，产棉223.38吨。1974年完成指令性任务，种665.7公顷，总产346.52吨，亩产34.67公斤。至1983年，种植面积和产量基本与1974年持平。1984年，调整经济作物，棉花种植面积略有减少。1985年，推广棉花—油菜种植模式，陆城、道仁矶等地棉花种植面积扩大。1992年，全区种植425.33公顷，总产320吨。1993—1996年，西瓜种植面积扩大，棉花种植面积减少，年种植300公顷左右。1997年，增至373.67公顷。2000年始，再次减少；2004年，仅种67.33公顷。2006年，西瓜栽种面积减少，棉花种植面积相应扩大，种植78.2公顷，产棉106吨。2007年后，国内棉花紧俏，价格上扬。是年，种植面积比上年扩大1.56倍，共种植200公顷。2011年，种植面积增至350公顷，产棉536吨，是2004年的5.41倍。

**油菜** 民国25年，种油菜6800亩，总产2720担，亩产油菜籽20公斤。1949年，种520公顷，总产140吨。1955—1959年，年种植500公顷左右，年均总产130吨。1972年，种540.4公顷，总产245.8吨，亩产30.5公斤，比1949年增产69.92%。70年代末，改白菜型品种为甘蓝型品种，改直播为育苗移栽，水田实行稻—稻—油三熟制，油菜产量大幅提高。1982年种715.2公顷，总产597吨，亩产55.6公斤，比1972年增产82.3%。1984年，提高复种指数，种植面积扩大至823.93公顷，总产689吨。1986年始，油菜播种列入冬季农业生产主要项目，有花生—油菜、玉米—油菜、大豆—油菜、水稻—油菜等多种种植模式。1990年，种植1588.4公顷，总产1633吨。1997—2007年，年均种植1700公顷以上。2008年，国家对油菜种植实行补贴，并推广优良品种；至2011年，种植面积扩大至2080公顷，总产3214吨，亩产103公斤，是1982年的1.85倍。

**芝麻** 民国25年，种芝麻2400亩，总产1440担，亩产30公斤。民国27年，日军侵境后，种植面积减少。1949年，恢复至53.33公顷，总产16吨。1950年后，常年种植260公顷左右，产量不稳定。1956年，总产200吨；1959年，132.2吨；1979年，增至261吨。1980年，减至111.2吨。1985年后，引进良种，扩大种植面积；是年，种植559公顷，总产385吨，亩产45.92公斤，比1980年增产31.47%。1985年后，进一步加强良种推广、病虫防治，增产效果更加明显。1999年，种植205.73公顷，亩产达到75.18公斤，比1985年增产63.72%。2002年，种植291.73公顷，总产363吨，分别比1999年增加41.8%、56.47%。2011年，种植202.87公顷，总产226吨。

**西瓜** 20世纪50年代开始种植，60—70年代，引进河南枕头瓜。1979年后，陆城镇（公社、乡）种植“蜜宝”“蜜桂”“新城早1号”等有籽西瓜。1992年，区政府聘请市农科所技术人员来境传授栽培技术，在路口镇江湖村示范办点，种植无籽西瓜获得成功。是年，全区产无籽瓜2800万吨，品种以洞庭系列、雪峰系列为主。是年后，西瓜种植逐步普及，并成为龙头产业。次年，江湖村种西瓜33公顷，总产970吨，亩产1960公斤，最高达2500公斤。1996年，全区种植570公顷，总产3.5

万吨。1999 年，种植 1376.67 公顷，授粉期久雨不晴，472 公顷失收，其余全部减产。2000 年后，逐步形成文桥镇“文桥牌”、陆城镇“陆逊牌”、路口镇“曹峰牌”三大品牌西瓜，商标经核准注册。品牌瓜均无籽、香甜、皮厚，好储运，远销长沙、武汉等地。2003 年，种植 1533.3 公顷，每公顷产瓜 37.5 吨，总产 57500 吨。由于西瓜连作易得枯萎病，轮作需间隔 3~6 年，2004 年始，瓜农到湘阴、汨罗、浏阳等地租地种瓜或指导种瓜。2011 年，种植 1400 公顷，总产 41600 吨，亩产 1980 公斤。

**蔬菜** 常见的蔬菜有：辣椒、豆角、茄子、扁豆、花菜、苦瓜、南瓜、冬瓜、丝瓜、黄瓜、菜瓜、葫芦瓜、西红柿、小白菜、黄牙白、齐心包、雪里蕻、油麦菜、生菜、苔菜、蕹菜、菠菜、苋菜、冬苋菜、莴笋、凉薯、萝卜、胡萝卜、马铃薯、芋头、榨菜、洋葱、葱、蒜、韭菜、芹菜、芫荽菜、紫苏，等等；共 68 类、130 个品种。

1949 年前，有“瓜菜半年粮”的俗语。南瓜、冬瓜产量高，鲜储可达半年之久，农民多在房前屋后、空坪隙地栽种，以补粮食不足。60 年代前，农户种植蔬菜以供自给。60 年代后，长炼、岳化先后入驻境内，始有蔬菜专业队种菜出售，蔬菜成为经济作物。70 年代末，云溪、路口近厂居民定为“菜民”户口，配“统销粮”。1984 年云溪建区时，有菜农 451 户、1363 人，蔬菜基地 81.6 公顷。是年，路口菜农种植大白菜 7.3 公顷，投入市场 480 多吨。1985 年，随着城镇建设加快，蔬菜需求量增加。1987 年，经省、市政府批准，新建小桥、八一、新港、泗垅蔬菜基地。加上云溪镇、路口镇区划基地，全区有蔬菜基地 240 余公顷。1992 年，全省蔬菜遮阳网现场会在北区召开。1993 年，市政府为缓解市区蔬菜供应趋紧，在松阳湖农场新建蔬菜基地 200 公顷。1995 年，为解决早春、冬季蔬菜供不应求，全区新建水泥大棚 118 个，实行大棚种菜 73.3 公顷。2003 年，蔬菜种植面积扩大到 2945.07 公顷，年产蔬菜 2.6 万吨。至 2011 年，种植面积扩大至 3200 公顷，总产增至 8 万吨。

**其他经济作物** 主要有湘莲、药材、花生、甜瓜。

1998 年，云溪乡将黄泥沟、扬旗湖共 140 公顷湖汊发包给个体户种植湘莲，产生较好效益。2001 年，全区湘莲面积发展到 500 公顷，以松阳湖农场种植最多。2003 年，种植 333.3 公顷，以莲蓬、藕尖鲜销为主。2011 年，种植 516.67 公顷。

2000 年，农业产业结构调整形成风潮。全区在道仁矶镇建立药材基地，引进板兰根、丹参、毛知母、土贝母、玄参、瓜蒌、芍药、白术、吴茱萸、玉竹、半枝莲、百合、旱半夏、水半夏、天麻、天南星等 16 个品种，种植面积 266.67 公顷；次年，扩大至 2666.67 公顷。后因滞销，至 2003 年年底，减至 200 公顷，品种仅限于吴茱萸、玉竹等。2011 年，上海老板承包白泥湖汊，种药用芡实 533.3 公顷。

2000 年始，花生种植得到重视；至 2011 年，种植面积常年稳定在 200 公顷以上，每公顷单产约 1275 公斤。

2003 年后，甜瓜种植面积基本稳定在 270 公顷左右；2011 年，减至 150 公顷，总产 4160 吨。

## 1984—2011 年云溪（北）区经济作物种植情况表

表 15-2-3　　单位：公顷、吨

| 年度 | 播种总面积 | 其中 | | | | | | | | | |
|---|---|---|---|---|---|---|---|---|---|---|---|
| | | 棉花 | | 油菜籽 | | 芝麻 | | 花生 | | 蔬菜 | 果用瓜 |
| | | 面积 | 产量 | 面积 | 产量 | 面积 | 产量 | 面积 | 产量 | 面积 | 面积 |
| 1984 | 2690.67 | 854.27 | 477 | 823.93 | 689 | 451.87 | 351 | — | — | 453 | 107.6 |
| 1985 | 2544.8 | 498.43 | 226 | 899.13 | 738 | 559 | 385 | — | — | 390.07 | 198.17 |
| 1986 | 2544.2 | 211.6 | 108 | 969.6 | 855 | 636 | 393 | — | — | 521.93 | 205.07 |
| 1987 | 2508.74 | 207.47 | 107 | 1077.87 | 913 | 491.4 | 316 | — | — | 542.13 | 189.87 |
| 1988 | 2628.46 | 178.53 | 63 | 1248.73 | 1042 | 456.2 | 286 | — | — | 570.87 | 174.13 |
| 1989 | 2686.73 | 178.93 | 68 | 1342.13 | 1216 | 408.47 | 245 | — | — | 595.4 | 161.8 |
| 1990 | 2908.87 | 178.33 | 93 | 1588.4 | 1633 | 365.67 | 239 | — | — | 627.6 | 148.87 |
| 1991 | 3106.06 | 269.33 | 146 | 1655.07 | 1625 | 376.6 | 257 | — | — | 629.53 | 175.53 |
| 1992 | 3202.2 | 425.33 | 320 | 1486.67 | 1470 | 311.33 | 217 | — | — | 599.07 | 379.8 |
| 1993 | 3090.61 | 290.13 | 238 | 1434.67 | 1484 | 320.67 | 290 | — | — | 678.87 | 366.27 |
| 1994 | 3271.33 | 295.53 | 241 | 1475.67 | 1513 | 308.2 | 273 | — | — | 768.8 | 423.13 |
| 1995 | 3897.34 | 301.8 | 232 | 1563.8 | 1615 | 297.07 | 265 | — | — | 831.87 | 902.8 |
| 1996 | 4288.47 | 307.73 | 213 | 1648.87 | 1879 | 286.2 | 252 | 81.13 | 142 | 992.67 | 971.87 |
| 1997 | 4403.94 | 373.67 | 382 | 1789 | 2309 | 242.53 | 239 | 89.2 | 151 | 633.27 | 1278.27 |
| 1998 | 4306.4 | 328.4 | 252 | 1651.8 | 2103 | 237.33 | 236 | 134.07 | 203 | 1260 | 694.8 |
| 1999 | 4845.53 | 217.07 | 167 | 1596.13 | 1936 | 205.73 | 232 | 145.8 | 238 | 1197.6 | 1483.2 |
| 2000 | 4917.14 | 77.47 | 62 | 1672.87 | 2411 | 174.67 | 148 | 177.8 | 336 | 1537.93 | 1276.4 |
| 2001 | 5333.93 | 93.13 | 106 | 1725 | 2420 | 213.53 | 214 | 260.93 | 429 | 1621.47 | 1419.87 |
| 2002 | 5320.93 | 80 | 100 | 1733.93 | 2538 | 291.73 | 363 | 210.8 | 432 | 1654.8 | 1349.67 |
| 2003 | 7870.27 | 72 | 103 | 1661.67 | 2313 | 198.73 | 216 | 231.13 | 336 | 2945.07 | 2761.67 |
| 2004 | 7199.06 | 67.33 | 99 | 1680 | 2339 | 199.67 | 212 | 249 | 429 | 3016.53 | 1986.53 |
| 2005 | 7064.2 | 70 | 100 | 1700 | 2366 | 200 | 218 | 270 | 491 | 3009.87 | 1814.33 |
| 2006 | 6800.81 | 78.2 | 106 | 1711.87 | 2387 | 201.07 | 221 | 267.47 | 456 | 2735.13 | 1807.07 |
| 2007 | 6469.07 | 200 | 100 | 1750 | 2430 | 198.87 | 218 | 280.2 | 504 | 2510 | 1530 |
| 2008 | 6163.6 | 192.67 | 240 | 1700 | 1912 | 200.93 | 225 | 290 | 561 | 2240 | 1540 |
| 2009 | 6282.19 | 233.33 | 240 | 1741.33 | 2573 | 205.67 | 227 | 288.53 | 558 | 2260 | 1553.33 |
| 2010 | 7140.33 | 300 | 396 | 1660 | 2438 | 202.33 | 224 | 288 | 553 | 3120 | 1570 |
| 2011 | 7712.34 | 350 | 536 | 2080 | 3214 | 202.87 | 226 | 289.47 | 556 | 3200 | 1590 |

## 第四节　肥　料

**家肥**　主要有人粪尿、禽畜粪、猪牛栏草，杂草树叶和作物秸秆烧制的火土灰，田头打凼沤制的凼肥，湖草、塘泥、草皮，菜籽、棉籽、芝蔴榨油后剩渣压制的饼肥。1954年，家肥施用量一般每公顷800担左右。1957年，推广“七勤八有”积肥经验，做到勤扫除、勤烧、勤积、勤沤制、勤挖、勤出、勤垫，人有厕所、牛有栏、猪有圈、鸡鸭有笼、灰有棚、粪有池、四季有粪凼、处处有灰堆，家肥占肥料总量73.9%。1958年，刨农户家“千脚泥”作肥料。60—70年代，近厂农民到长炼、岳化公共厕所掏取人粪尿。发展养猪事业，积制家肥形成高潮。80年代后，农民外出打工增多，家肥积制逐渐减少，用量减至10%左右。90年代后，随着养殖业发展，禽畜肥积聚量增加、用量增至20%以上。

**绿肥**　清代、民国时期，一季稻收获后种绿肥，品种以苜蓿（俗称蓝花草子）、大麦、油菜、萝卜为主，少数种蚕豆。1949年后，推广绿肥种植。1951年，种2066.67公顷，比1949年年初增长1.58倍。1954年，种3000公顷。1956年，引进紫云英（俗称红花草子），与晚稻套种，不误次年早稻栽插。1958年，种紫云英3666.67公顷；次年，种4800公顷；1961年，减至3386.67公顷。1964—1967年，年均种植5200公顷。1972年，种6546.67公顷，占水田面积的87%。80年代初，稳定在5000公顷以上，占水田面积96.9%。1984年后，稻—稻—油增多，稻—稻—肥减少。1990年，绿肥面积减至1902.27公顷。2000年后，大多使用化肥。至2011年，全区绿肥面积减至570公顷，仅占水田面积的10.44%。

**化肥**　民国35年（1946）12月，临湘县分配联合国善后救济总署少量化肥，免费发给农户，境内始用化肥。1952年，施用硫酸铵4.6吨。1955年，施用过磷酸钙，每公顷20.52公斤。1960年，施用钾肥。1967年始，首次施用碳酸氢铵；1971年始，用复混肥料（即氮、磷、钾等混合肥料）。1973年5月，临湘氮肥厂建成投产，境内氮肥施用量大增。1979年，化肥施用量每公顷1371公斤，其中氮肥占60.7%，磷肥占37.9%，钾肥占1.4%。由于氮肥多磷肥少，出现禾好谷差现象。1984年，全区施用化肥10450吨，每公顷1425公斤，氮、磷、钾之比改为1:0.5:0.2。90年代，推广磷酸二氢钾叶面喷施。试用微量元素硼、钼、锌、稀土等微肥。至2011年，微肥施用面积占耕地总面积22%。

## 第五节　植物保护

民国28年（1939），植物保护由县治虫指导处负责，以县长为指导处主任，农林技术委员会合作指导员为治虫指导员，加强虫害防治。1950—1956年，由县政府组织开展捕虫歼灭战。1973年，公社成立病虫测报站，大队、生产队配植保员。2001年，全区建立植保监测体系，配备2名专职病虫观察技术员，乡镇配兼职病虫测报员，实行疫情、病虫、农产品污染三者监测相结合。

### 一、病虫害防治

**病虫害种类**

水稻病虫。清同治《临湘县志》有境内蝗虫危害记载。民国25年，湖南第一农事试验场报告，虫害种类主要有蝗虫、稻螟铃、稻苞虫、稻椿象。

1953年后，随着双季稻三熟制推广，水稻病虫害相对增多；至今主要病害有稻瘟病（又名稻热病，俗称火烧瘟、掐颈瘟，与纹枯病、白叶枯病同为水稻三大病害）、纹枯病（俗称软脚瘟）、白叶枯病、稻曲病、矮缩病（全称水稻黑条矮缩病，俗称矮稻）。主要虫害有稻飞虱、稻纵卷叶螟（有一代、二代、三代、四代，境内以二、三、四代危害最重）、螟虫（俗名钻心虫）、蝗虫（俗称蚱蜢）、稻象甲（又名象鼻虫、稻象虫）、稻蓟马。

**棉花病虫害**。病害主要有立枯病、枯萎病、黑腐病、茎枯病、炭疽病等。20世纪90年代，立枯病发生较严重。2000年后，危害减轻。2006年，发病66.67公顷。其中以道仁矶镇丁山村、陆城镇新设村发病面积尤大，为近10年来为害最重年份。

虫害主要有蚜虫、蓟马、红蜘蛛（棉叶螨）、地老虎、盲蝽象、金刚钻、棉铃虫、棉刺蛾、斜纹夜蛾、红铃虫等。其中棉铃虫是棉花蕾铃期重要钻蛀性害虫。90年代，引进推广抗虫品种，棉铃虫、金刚钻、斜纹夜蛾危害程度减轻。2010年、2011年，主要是盲蝽象危害。

**其他作物病虫害**。红薯病害有软腐病、根腐病、黑斑病、枯萎病等。其中黑斑病发生较普遍，常年发生面积1.3公顷左右。虫害有旋花天蛾、龟甲、白蚁、卷叶虫等。

小麦病害有赤霉病、锈病、黑穗病、炭疽病、条斑病、黄矮病、枯萎病等。其中赤霉病危害最大；2011年发病133公顷。虫害有蛴螬、蝼蛄、金针虫、地甲、麦蚜、黏虫、麦叶蜂等。

大豆病害有斑枯病、灰斑病、霜霉病、锈病、疫腐病、菌核病、炭疽病、紫斑病、黑点病、根结线虫病等。虫害有食心虫、草地螟、豆荚螟、豆秆蝇、红蜘蛛和蚜虫等。其中豆荚螟和食心虫对大豆危害最大，1984—2011年，常年发生面积200公顷左右。

油菜、蔬菜病害有病毒病、菌核病、霜霉病、根腐病、白粉病等。油菜以菌核病为主，1984—2011年，年均发生面积1733公顷左右。虫害有蚜虫、菜青虫、瓢虫、跳甲虫、潜叶蝇、夜蛾等，以蚜虫为主，1984—2011年，年均发生2000公顷。

**病虫防治**　清代，用开沟陷杀、篝火诱杀捕杀蝗虫。民国时期，始对稻螟、稻苞虫、棉铃虫进行防治。民国28年（1939），推行秧田采毁螟卵法、稻田插烟茎防螟法等防治虫害。

1949年后，主要采用冬耕泡田灭虫、生石灰撒田防虫、水旱轮作防虫防病。1955—1957年，农业社组织社员驱赶并烧埋蝗虫，采摘、销毁卷有稻苞虫的茎叶。1958年，各公社办土农药厂，采集草药自制粉剂、乳剂土农药600吨，防治水稻螟虫、棉田地老虎、红蜘蛛、枯萎病。1960年，始用药械防治；主要喷洒“六六六”粉剂、滴滴涕、鱼藤精、硫酸铜、赛力散、福尔马林、“1605”“1059”等。1965—1969年，先后用煤油灯、黑光灯诱杀虫蛾；发动群众自制黑光灯置于稻田诱杀害虫。70年代，用三氯杀螨醇、对硫磷、治螟磷、氧化乐果、稻瘟净、甲胺磷、克百威、稻脚青等农药杀虫治病。引进杀螟杆菌，进行土法繁殖，用以防治稻纵卷叶虫、粘虫、菜青虫、茶毛虫、棉田害虫。1973年，自制石硫合剂，防治棉花、茶叶等白粉病、锈病、褐斑病、黑星病及红蜘蛛、蚧壳虫等病虫害。1976年，陆城公社投放金小蜂，防治棉田红铃虫266.67公顷。

1984年后，推广综合防治。至90年代，先后采取稻、麦、油菜、玉米、绿肥相间轮作，增施有机肥，合理密植，改善土壤、保护天敌，淘汰部分高毒性、高残留农药等综合手段，加强对病虫害防治。2000年，区政府加强病虫害综合防治宣传，区农业部门加强技术指导，进一步普及综合防治。在云溪、路口、陆城等乡镇蔬菜基地施用应用性诱剂防治小菜蛾。次年，分别在陆城蔬菜基地、道仁矶棉田、永济乡稻田采用频振式杀虫灯诱杀蛾虫。2002—2006年，推广打捞浪渣防治纹枯病，推行早期拔除并烧除枯白穗防治水稻螟虫，推广抗病虫品种防止稻瘟病、稻曲病、稻飞虱、棉铃虫等。2007年，云溪区安装首台虫情测报器。始禁止使用甲胺磷等5种高毒有机磷农药，推广高效低毒农药；至2010年，先后推广高效、低毒、低残留农药氟虫腈、噻虫嗪、甲维盐、氯虫苯甲酰胺、茚虫威、吡蚜酮，和阿维、氟酰胺等。区及时发布病虫情报，提供综合治理方案，病虫防治信息入户率95%。2011年，提倡降低农药使用量，每公顷用药由2000年60公斤降至12公斤，降低80%。

### 二、除草

**杂草种类** 危害作物杂草有150多种。水田主要有稗草、牛毛毡、莎草、四叶萍、蓼草、鸭舌草、青藤等。旱土主要有旱稗、狗牙根、碎米草、牛筋莎草、红绊根、铁马筋、蓼子草、狗尾草等。

**除草** 稻田除草传统方法为穿脚绳耥泥除草。20世纪50年代，用中耕器除草，但除草不尽，遂改用传统方法。1966年，学习浙江经验，跪地用手刨泥除草，效果好但劳动强度大；至70年代初，复用传统方法除草。1979年，推广化学除草剂。秧田主要使用敌稗，稻田使用五氯酚钠、除草醐、扑草净或混合剂；旱地使用西马津、阿特拉津、敌草隆等。1990年，化学除草占农作物播种面积90%以上。水田除草剂增加杀草丹、草枯醐、丁草胺等。2011年，全区早稻773公顷，中稻3830公顷，晚稻847公顷，全部用吡嘧磺隆（又名草克星）、恶草酮（又名恶草灵）、苯噻酰草胺（又名环草胺）等化学除草剂除草。

### 三、植物检疫

2000年，参与全省首次农作物检疫普查。2005年，对农作物疫情分布进行调查；至2008年，通过2次调查，境内农作物检疫对象主要是水稻稻瘟病、稻曲病、矮缩病等。多分布在文桥、路口等乡镇。2009年，文桥镇所种香稻检疫发现感染稻瘟病。2011年，文桥镇臣山村莱花组种植中浙优634中稻检疫发现感染稻曲病。路口镇南岳村检疫发现有6.67公顷稻田感染矮缩病。

## 专记　茶　叶

**产品产量** 西汉初期，境内即有栽培茶叶习惯。唐代，将新鲜茶叶蒸煮、捣碎，制成“团饼茶”。茶叶始成为对外销售的大宗传统商品。明初，改团饼茶为芽茶（即“毛尖茶”）。清代，制青砖茶（又名“篓茶”）。清咸丰年间（1851—1861），年均产青砖茶211.5吨；同治年间（1861—1874），年均产282吨。光绪年间（1875—1908），以制作绿茶（又名“炒青茶”）为主。宣统二年（1910），产绿茶597吨，达到历史高峰。民国时期，始制茶砖（又称青砖）。民国23年（1934），产茶砖524吨；26年，产583吨；民国27年，日军践境，茶园荒芜。抗日战争胜利后，逐渐垦复，但至民国37年，产量仍不足120吨，仅为抗战前的五分之一。1949年后，通过土改、农业合作化，调动茶农积极性。茶叶成品增加毛尖茶、青茶等。1957年，产毛尖茶、青茶145.8吨；1963年，增至163.8吨。1965年后，逐年扩大茶园；至1976年，产量达到304吨；1981年，增至429吨。1984年，全区有茶园386.7公顷，产茶464吨。90年代，茶叶收购价不敌工价，茶园面积减少，年均产绿茶20吨，产毛尖茶5吨，产老青茶1000吨；1997年，茶价上涨，产绿茶70吨，比上年增加54.2吨。2000—2003年，产量与90年代基本持平。2003年后，随着重点建设用地增多，茶园面积逐年减少；2011

年，仅产茶10吨。

**栽培管理**　传统播种方法用种子繁殖，掘穴点播，每穴5~7粒种子，一般4年受益。1949年后，推广条播，增加播种量，可提前1~2年采摘。1955年，推行扦插法，成活率不高。1981年，推广短穗带稍扦插法，插后管理要求较高，但省种，2年后即可小采。茶园培育传统方法是“倒挖横耘，掏腮塞颈”，即坡地要从高处向低处挖，往上翻土，使上部流失土壤复原；中耕除草要横向进行，减少土块下滑；要掏去茶蔸上侧的土，使之通气，下侧的土易流失，要塞满。并间种豆科作物。农谚说“种豆得茶”，豆科植物可肥茶。另有“三种两收，两倍茶蔸”的说法。茶园内作物（主要是蚕豆），三年中将其中一年的不收，翻于地下作肥，茶蔸可成倍长大。50年代始，以农作物秸秆为肥。60年代后，以硫酸铵、碳酸氢铵和尿素作基肥或追肥；80年代后，普遍施用复合肥料或鸡粪、猪粪。

**营销**

收购。清代、民国时期，茶叶皆由私商收购。清光绪三十四年（1908），境内有茶行8家。后因战事，茶行减少；至民国22年（1933），减至5家。民国27年，日军侵占境内，茶叶收购停止。抗日战争胜利后恢复；至民国37年，茶行增至11家，分别在云溪、路口铺、白荆桥、陆城4处设点收购。收购价格一般为每斤绿茶（干品、下同）可换购大米15市斤左右。收购品种主要为绿茶、老茶。1952年，供销合作社在云溪、路口铺、白荆桥、陆城等处设点收购。收购分绿茶、老茶2大类，绿茶又分6级12等，老茶分3级9等，按质论价。80年代后，有供销合作社、茶厂、个体户多方收购。一般绿茶最高价每公斤7元，老茶最高价每公斤1.7元。1991年后，国营、集体收购网点逐步撤销，多由个体经营户收购。2011年，绿茶最高价每公斤12元，老茶采摘少，不再收购。

销售。外销：清康熙二十八年（1689），始有晋商在境内收购茶叶，分东、西两路外销。东路从洋溪湖入长江，经汉水，从樊城或老河口上岸，再经张家口，越戈壁滩，至外蒙古库仑（今蒙古人民共和国乌兰巴托）；西路由长江、汉水至樊城，经内蒙古归化（今呼和浩特市）至外蒙古乌里雅苏台、科布多等地。道光二十二年（1842），广东人将红茶制作技术传入境内，始有红茶经广州销往英、美等国。咸丰八年（1858），俄商在汉口设置洋行，于陆城、白荆桥等地开设茶庄，直接收购茶叶，压制茶砖，运回本国销售。宣统二年（1910），青砖茶、功夫红茶销售总量213.43吨。民国6年（1917），苏联十月革命后，汉口俄商洋行及驻陆城、白荆桥等地茶庄关闭，茶叶外销量锐减。民国11年（1922），苏联在汉口成立协助会，外销恢复。民国16年，国民党政府与苏联绝交，茶叶销售受到严重影响。民国18年，发生中东铁路事件，苏联协助会停止交易，茶叶出口大减；至民国26年，销苏砖茶仅82.3吨。次年，日军践境，外销停止。抗日战争胜利后，无直接外销。1949年后，茶叶先后交长沙、益阳、湖北赵李桥、临湘县茶厂加工，统一出口。1987年，北区建立茶厂，生产的茶砖全部转入内销。

内销：唐天祐四年（907），马殷夺取岳州建立楚国后，即从境内收购茶叶往黄河南北销售。此后，随着茶叶销售量增加，马殷之子马希范于后唐清泰年间（934—936）在陆城置王朝场收购茶叶，远销西北。对茶叶实行专卖。茶叶统一交由岳州买茶场，集中运往江陵、汉阳、蕲州、无为等地榷货务（官营专卖机构），再运销北方、西北等地。南宋偏安江南后，茶叶不能畅销北方。清康熙二十九年至乾隆二十二年（1690—1757），平定准噶尔叛乱，消除北方民族与内地阻隔，茶叶内销逐渐增多。咸丰年间(1851—1861)，年均销售量163吨；同治年间（1861—1874），增至218吨。清末、民国初年，战乱不断，茶叶内销不畅，茶农转产细青茶，近销省内及汉口、上海等地。民国27年，内销停止。民国34年后，逐渐恢复；至民国37年，销往长沙、汉口、上海等地茶叶计300吨。1951年，绿茶始销汉口、蚌埠、天津、济南等地。1954年，销广州、汉口、南京、郑州等地。1954年后，绿茶交长沙茶厂拼制后内销，年约100吨；老茶交益阳茶厂、湖北赵李桥茶厂加工成青砖茶或茯砖茶后，销往东北、西北和内蒙古。1969年，老茶交临湘茶厂加工成茯砖茶后，销往青海、新疆、甘肃等地。1987年，大部分老茶由区厂茶收购，加工成茶砖后销往内蒙古、新疆等地。1991—2011年，茶叶由个体户销省内外。

**茶文化** 在长期的茶事活动中，境内群众创造多彩多姿的茶文化。他们在生产劳动之余或“时令八节”、婚嫁喜庆之际，饮茶、品茶、编排茶故事，在交通要道或小集镇建茶亭、办茶馆，解旅途之乏，笑迎八方来客。

茶饮种类。日常待客茶：每有来客，人们必以茶相待。清代、民国时期，云溪、路口、文桥、陆城等地，在客来后，以陶罐盛水，烧开加茶叶、川芎、少量食盐，冲泡后，双手举杯，敬客饮茶，饮完一杯复斟一杯，直到客人饮够为止。1949年后，仍相沿成习。60年代，多用暖水瓶盛开水，来客后将茶叶放入杯中，以开水冲泡待客。90年代后，用电壶或开水器烧矿泉水冲泡绿茶，迎接客人。

时令节日茶：1949年前，逢年过节，饮茶之风更盛。来客必先敬茶，晚辈敬长者，平辈之间相互敬。此一习俗，相传至今。特别是农历大年三十、正月初一至十五，乃至整个正月，敬茶尤甚。节日茶种类多，有椒粒茶、川芎茶、整叶冲泡的绿茶。90年代后，增加姜盐茶、芝麻豆子茶等。

婚嫁喜庆茶：清代、民国时期，女方陪嫁时必备炊壶、茶杯、茶盘，并带烧茶娘子去男方家烧茶待客。新婚典礼或婚宴之后，新郎新娘双双用茶盘“抬茶”送至长辈、来宾面前“敬茶”。长者、亲戚要“丢茶钱”，少则几元、几十元，多则几百元。“抬茶”时，吹鼓手吹唢呐助兴。洞房花烛夜，新郎新娘要喝“好顺茶”“交杯茶”，男女青年要进“洞房”“闹茶”，直到深更半夜才欢笑告辞。1949年后，相沿成习，保留至今。

茶馆、茶亭。茶馆：清代、民国时期，集镇均有茶馆，内设八仙桌、条凳、靠椅、炉灶。来客后，茶馆老板或“小伙计”笑脸相迎，让座纳客，然后用茶盅或盖碗，放置茶叶，以滚水冲泡，送至顾客面前，饮完再添。来客中有集镇居民、乡村农民，有经商之人、过往行客。他们或饮茶解渴，借此小憩；或饮茶吃“点”，茶“点”代餐；或边饮边聊，议谈家事国事。1956年，云溪、路口、文桥、陆城、道仁矶等集镇，仍有10多家私商开设茶馆。1957年后，私营茶馆停办，国营、集体商业部门未开设茶馆，但在车站、码头摆摊设点，卖杯茶者仍有其人。改革开放后，乡镇驻地和长炼、岳化厂区，有个体工商户开设茶馆，以便“东道主”邀朋聚友，畅舒胸怀，或利经纪人品茗相聚，洽谈生意。2011年，全区有茶馆、茶楼18家。

茶亭：清代、民国时期，云溪小木岭、新铺子，路口南岳山，文桥荆竹山，陆城汪家岭、基隆山等地一些山岭、大畈、山坳、交通要道处设有茶亭，砖柱瓦顶或木柱瓦顶，立于大道正中，由乡绅、乐于施善者或一方百姓捐资修建。分专人守候、无人守候2种。专人守候者，兼施茶、卖茶，有的兼做供应草鞋、烟、酒之类的小生意，以应行人之急，解旅途跋涉劳顿之苦。有的凉亭刻有楹联，以便休憩、饮茶者把玩，品读一方山水人情。1949年后，公路日益畅通，旅行一般乘汽车，至今茶亭不复存在。

茶具。煮茶器具：清代、民国时期，使用铜壶或瓦罐。1949—1958年，基本保持原习。1958年后，大办公共食堂，民间铜质“汽壶”被收购炼铜，支援工业建设。1962年，公共食堂解散，民间多用铝质汽壶或陶罐煮茶。80年代后期，始用电壶烧水。90年代后期，始用饮水机烧水泡茶。

盛茶器具：清末、民国时期，盛茶器具有陶质包壶、茶缸、瓷质茶壶。20世纪50年代后期，大多改用暖水瓶。陶质包壶、茶缸、茶壶所盛之茶，茶味不变，清凉可口，民间在盛夏时仍多用以盛茶。

90年代后期，城镇居民大多饮用矿泉水。2000年后，城乡居民用矿泉水桶盛茶者居多。

饮茶器具：清末、民国之初，民间多用瓷质盖碗、茶杯饮茶。民国后期，盖碗逐渐淘汰。50—80年代，居民多用搪瓷杯、细瓷杯饮茶。90年代后期，多用一次性塑料杯饮茶，部分城镇居民用紫砂壶或紫砂杯盏、金属保温杯饮茶。

**茶故事（“茶港”的由来）**。相传茶港之地原来不叫茶港。也无青山绿水，更无茶园，只有连绵荒山，稀疏草房，人们靠种山地为生。在山脚下，住着一对中年夫妻，他们乐善好施，不论是过往行人还是附近村民，谁有难处，总会尽力帮助。有一年，久旱不雨，村民吃水非常困难。一天，观音老母经过此地，想试试这对夫妻的心肠，变成一个蓬头垢面的“讨饭”婆子，上门讨茶喝。是时，他们茶壶里只剩下最后一杯茶，但见这个老婆婆气喘吁吁，便不顾自己还有没有茶，忙将这最后一杯茶倒给她喝。观音老母喝了一点，叫夫妇二人将剩下的部分倒在后山……说完消失得不见踪影。这对夫妻方知是神仙点化，忙将半杯茶倒入后山。不一会，干渴的荒山中忽然涌出一股清泉，并且日夜流淌，滋润着附近的山林田土。半杯茶使荒山披上绿装，粮丰茶茂。为了纪念这对乐善好施的中年夫妇，后来人们将施茶的地方取名为“茶港”。

# 第三章　养殖业

清代、民国时期，境内养殖业为传统个体经营。项目仅有役牛、生猪、鸡等家畜家禽和鱼类。家畜家禽多为散养，鱼类为天然捕捞。1949年后，政府鼓励、支助发展养殖业。1951—1956年，加强生猪、耕牛等家畜免役接种注射，防止流行性病疫危害。1958年，实行鱼类人工养殖，发展渔业生产。60年代至70年代初，实行公养与私养相结合，大力发展养猪事业。中共十一届三中全会后，改革养殖业经营管理体制和模式，扶持发展养殖大户，形成多种经济成分并存，共同发展的养殖业新局面。80年代后，区委、区政府实施奖励等优惠政策，全面加强养殖业经营管理和行政执法，更加注重家畜家禽疫病防治和检查，保证养殖业健康快速发展。1991年，提供资金、品种、技术支持，扩大山羊养殖规模。1995年，通过规模养殖带动，发展甲鱼、河蟹等特种养殖，提高养殖业科技含量和市场竞争力。2000年后，通过公司+农户、建立专业合作组织，实行家畜家禽产业化生产。2011年，全区牧业、水产等养殖业实现总产值5.83亿元，比1984年增长67.33倍。

清代、民国时期，境内养殖业无统一管理机构。1951年8月，由县政府建设科家畜保育站管理。1954年6月，县家畜保育站更名为家畜保育组。1955年，水产养殖由县水产局管理。1958年10月，家畜家禽、水产养殖由县畜牧水产局管理；1960年8月，分别由县畜牧局、县水产局管理。1961年，复由县畜牧水产局管理。1970年8月，由县农村畜牧局管理。1973年11月，由县农业畜牧局管理。1980年3月，复由县畜牧水产局管理。1984年6月，由区政府事业管理机构区畜牧水产工作站管理。1988年11月，区畜牧水产工作站更名为区畜牧局。2011年，区畜牧局内设办公室、技术推广股、防疫股，归口管理区畜禽检疫站、区渔政管理站、区兽药监督站，共有全额拨款事业编制9名，全额拨款编制6名，财政综合预算编制12名，机关后勤服务事业编制1名。

## 第一节　渔业生产

### 一、天然捕捞

捕鱼捞虾，历史悠久。清末、民国时期，天然捕捞进入旺盛时期。民国23年（1934），中国实业部国际贸易局调查，境内渔民集居陆城、道仁矶、象骨港、云溪等地，捕捞场所主要是松阳湖、芭蕉湖、白泥湖、肖田湖、洋溪湖等内垸湖泊。渔民（实际大多数为湖区农民）半耕半渔，农忙时耕田种地，农闲时捕鱼捞虾，以作菜食，少数拿到集市交易。其时长江与内垸相通，各种鱼类源源不断进入内垸。尤其汛期溃垸，湖港河汊到处都有鱼虾。民国25年（1936），天然捕捞量11250担（合562.5吨）。1949年，肖家墩等地长江大堤决口，湖区捞鱼达到1.7万担（合850吨）。

1949—1956年，芭蕉湖、松阳湖、白泥湖等少数滨湖地区农业合作社建立渔业生产队，长年捕捞。加上各地农闲捕捞，共捕捞4483吨，年均捕捞560.38吨。

1957年，围垦永济垸，天然捕捞面积减少。1958年，修建冶湖铁山嘴闸，长江与内垸鱼类通道截断，天然捕捞量由1957年362.5吨减至300吨；“文化大革命”中，农民业余捕捞受到限制；至1974年，共捕捞3023吨，年均减至167.94吨，在渔业总产量中的比重由1956年的99.8%降至68.7%。

1975—1983年，天然捕捞逐步退居次要地位。共捕捞1038.3吨，年均115.37吨，占渔业总产量38.1%。

1984年后，发展农村商品经济，农民业余捕捞积极性提高，天然捕捞量有所增加。1988年，天然鱼捕捞量增至450吨。

1993年，养鱼专业户迅速发展，渔业生产转向以人工养殖为主。至2000年，全区渔业生产总产量1.3万吨，天然捕捞量250吨，仅占1.92%。

2001—2011年，特种水产养殖快速发展，人工养鱼水面减少，渔业生产中，天然捕捞量相对增加。2011年，天然捕捞量2105吨，占渔业总产量14.44%，比2000年提高12.52%。

### 二、人工养殖

1949年前，少数农户利用山塘投放捕捞的野生混杂鱼进行喂养。

50年代始，利用湖泊人工养鱼。1958年9月，境内建起第一个渔场八里湖国营渔场。60年代，先后在松阳湖、云溪、文桥、陆城等地围堵荒废湖泊，兴建县属、社属渔场，养殖水面共480公顷。境内小（2）型水库均利用养鱼。湖泊、水库养殖水面共4946公顷，年均人工养殖鲜鱼出水量约180吨。70年代初，大规模围湖造田、开荒造田、水库湖泊养殖面积减至4473公顷。年均鱼类养殖出水量减至100吨左右，占渔业生产总量的40%左右。1979年，在八里湖建商品鱼基地100公顷，投产后，每公顷完成调京商品鱼4500公斤。1980年，部分农户承包湖汊、水库养鱼，人工养鱼得到恢复发展。

1984年，区政府鼓励农民养鱼，全区新建精养、半精养鱼池2073.32公顷。1985年，争取世界银行贷款、国家渔业专项资金，建设精养渔池，开发大、中湖泊水面。争取省级专项资金，乡、镇筹集资金，利用湖汊、低洼田建标准渔池，改造升级旧渔池，全区精养面积有467公顷。1987年，养殖水面 2762 公顷，其中精养水面 476 公顷，共投放鱼苗 562 万尾，出水鲜鱼 1050 吨。1988 年，家庭养鱼户 3153 户。其中专业户、重点户 825 户，共经营养殖水面 890 公顷；规模渔场由上年的 8 个发展到 15 个，鱼池面积共 200 公顷。是年，推广池塘科学养鱼，合理组织不同鱼种混合饲养，合理搭配饲料分期饲养，加强鱼病防治，引进荷元鲤、尼罗罗非鱼、杂交鲫鱼、鳜鱼、团头鲂等优特品种，池塘养鱼每公顷产鱼增至 2250 公斤（亩平 150 公斤）。1989 年，区政府实行“以奖代投”激励措施，凡建鱼池在 3.3 公顷以上，基础设施达到省级规定标准的，每公顷奖励 3000 元。是年，达标鱼池 752 公顷，精养水面增至 588.5 公顷，形成青、草、鲢、鳙四大家鱼苗种自繁、自育、自养一条龙生产。

1991—1999 年，每年结合秋、冬水利建设，增建标准渔池 13~20 公顷，改造升级旧渔池 130~200 公顷。2003 年，文桥镇望城农业综合开发基地实施生态立体养殖项目，建猪舍 5 栋，开辟精养鱼池 5 个、6.67 公顷，建鸡舍 1 栋，用山地种饲料养鸡，用鸡粪喂猪，用猪粪养渔，增产增收。2008 年，境内养殖面积稳定在 3066.7 公顷，鱼类养殖出水量 1.2 万吨，占渔业生产总量 89%。2010 年，全区放养水面 3100 公顷，出水鲜鱼 1.5 万吨，分别比上年增长 1.2%、2.6%。2011 年，全区产鱼 14575 吨，其中人工养殖出水量 12470 吨。

### 三、渔场选介

**八里湖渔场**　1958 年 9 月，由省政府投资，湘潭专区组织兴建，临湘县管理。场部设江南公社所属（现属陆城镇、道仁矶镇）白泥湖北岸田公山、鲇鱼山之间，范围包括白泥湖、洋溪湖、黄盖湖（现临湘市黄盖湖镇境内）、陈家湖（现临湘市乘风乡境内），养殖水面 1333.33 公顷。有职工（包括临时工）158 人、木船 134 只。1960 年 5 月，更名为白泥湖渔场。1961 年 6 月，压缩非农业人口，职工裁至 43 人，木船减至 38 只。至 1970 年，年均出水鲜鱼 120 吨。1971 年，各湖区围湖造田。1977 年，析洋溪湖另建国营洋溪湖渔场。1979 年，开发商品鱼调京项目。后经多次调整，至 1984 年，渔场仅有水面 133.33 公顷，其中精养水面 53.33 公顷。1986 年，区政府将青山湖 81.3 公顷水面先后划归区科委、区政府行政科管理，其余精养水面隶区畜牧水产局。1992 年，国家取消商品鱼收购，渔场实行分户承包、自主经营、独立核算。2011 年，有渔民 40 户、152 人，其中退休职工 20 人，在职渔牧工 82 人。养成鱼、鱼苗 4 公顷，其余水面养龙虾、珍珠，种植湘莲。

**洋溪湖渔场**　1958 年，为八里湖渔场分场。1977 年 10 月析出，建为临湘县办国营洋溪湖渔场，养殖水面 240 公顷，其中精养水面 10.5 公顷，固定资产 50 万元，有木船 21 只，机动船 1 艘，房屋 2875 平方米。1989 年，产鲜鱼 180 吨，创收 54 万元。1990 年，养殖水面 219 公顷，产鲜鱼 200 吨。1992 年，周边洋溪、杨桥、旗杆、儒溪及金鸡林场划属临湘市管辖，渔场改由市水产局托管。2000 年始，承包给个体户养殖。2004 年，为便于水系管理，市政府将其成建制归还云溪区管辖，为陆城镇村级集体渔场。2011 年，有 78 户、248 人，其中在职职工 120 人，退休职工 27 人。有养殖水面 233.3 公顷。

**松阳湖渔场**　1978 年，临湘县在松阳湖农场五分场投资，建成 21.3 公顷精养鱼池，并将五分场更名为松阳湖农场渔场。包括松阳湖大湖共有养殖水面 575 公顷。1984 年，随松阳湖农场划归北区管辖。1997 年，渔场形成自繁、自育、自养体系，有 2 个人工孵化环道池、29.3 公顷精养池、34.3 公顷粗养水面。至 1999 年，年均产鲜鱼 200 吨。2000 年后，鱼池逐渐淤积，群众自主改成湘莲、成鱼混合种养。2002 年，渔场更名为永济乡凌泊湖村。2008 年始，建设湖南岳阳临港产业新区，凌泊湖村土地被逐年征收。2011 年，仅有鱼池 4 公顷。

**白泥湖渔场** 1985年4月，为发展农村商品经济，区政府报请上级批准，将白泥湖周边的路口乡省塘村、陆城乡大田村、新设村部分生产队划出，组建区属白泥湖渔场（不含原八里湖渔场水面），探索大湖养鱼新途径。有养殖水面333.33公顷。至1991年，年均出水鲜鱼110吨。1992年8月，并入道仁矶镇，改为道仁矶镇镇属渔场。1995年始，放养河蟹。2001年，组建云溪区白泥湖特种水产养殖公司；至2011年，以养河蟹为主。

**1984—2011年云溪（北）区部分年份渔业生产情况表**

表15-3-1　　单位：吨、公顷

| 年度 | 产鱼总量 | 其中 | | | 年度 | 产鱼总量 | 其中 | | |
|---|---|---|---|---|---|---|---|---|---|
| | | 天然鱼捕捞量 | 人工养殖 | | | | 天然鱼捕捞量 | 人工养殖 | |
| | | | 面积 | 出水量 | | | | 面积 | 出水量 |
| 1984 | 811 | 500 | 2073.32 | 311 | 2000 | 13000 | 250 | 3082 | 12750 |
| 1988 | 2750 | 450 | 2793.9 | 2300 | 2005 | 14750 | 1000 | 3082 | 13750 |
| 1992 | 5400 | 450 | 2881 | 4950 | 2008 | 13850 | 1500 | 3082 | 12350 |
| 1996 | 9120 | 460 | 3082 | 8660 | 2011 | 14575 | 2105 | 4680 | 12470 |

## 第二节　家畜养殖

### 一、牛

**饲养量** 清代、民国时期，牛是境内农民耕作的唯一役畜，但因生产关系、科技水平制约，饲养不多。民国37年（1948），农户四五户甚至六七户才有1头牛。

1951年，临湘县政府发放贷款，扶持农民买牛；耕牛发展到3250头。1954年，大水患后继大冰灾；次年，存栏耕年减至2610头。1958年，有耕牛3180头。但由于各作业组安排老弱人员轮流牧放，责任不明，饲料不足，役使过度，至1961年，减至2530头。1962年，各生产队落实养殖措施，责任、奖罚到人，耕牛数量逐年增长；至1979年，发展到4010头。1980年后，实行联产承包责任制，耕牛按田土分给农户，一般2~3户1头。

1984年，全区存栏耕牛3200头，其中役牛2900头。是年始，加大打击盗窃耕牛犯罪力度，严禁宰杀役牛，加强耕牛防疫免疫，耕牛数量不断增加，1986年，存栏耕牛4215头，农村户均0.5头，陆城、道仁矶等地多有闲余牛力，每年均有仔牛或役牛出售。2001年，随着水田耕整机械发展，农民对耕牛的依赖性减弱，路口、文桥等山区饲养量减少，陆城、道仁矶、松阳湖等湖区牧草资源丰富，饲养总量仍呈增加趋势。是年始，区政府鼓励发展肉牛养殖，每年由区财政拨款，奖励每个养牛大户3000~5000元；至2005年，肉牛养殖量达到6100头。2011年，全区养牛8900头，其中出栏2400头，存栏6500头。

**疫病防治** 清代、民国时期，境内为牛瘟、牛炭疽病、出血性败血症、牛五号病、牛血吸虫病重疫区。民国37年（1948），陆城、道仁矶、象骨港等地常有牛瘟流行，部分村庄出现栏舍一空现象。

1949年后，政府加强耕牛疫病防治。1952—1956年，连续5年注射炭疽病、出血性败血症病疫苗，基本控制感染源。1961年，各公社成立畜牧兽医站。1980年后，个体兽医兽药店增多，至1990年，发展到23家，耕牛疫病得到及时防治。1992年，治疗牛血吸虫病172头。1995年洪灾后，为预防牛出血性败血症，注射“牛出败”3000头剂。1998年，暴发耕牛五号病，宰杀耕牛168头。1998年后，增加牛五号病免疫注射。2003年，检查牛血吸虫病1100头，阳性率降至4.5%，比1956年始实施牛血吸虫普查时下降95.5%。2011年，检查20个血吸虫病重点疫区村敞放耕牛100头，阳性率降至2.94%，并对患牛进行及时治疗和处置。

## 二、生猪

**饲养量** 清末、民国时期，社会动荡，瘟疫流行，养猪不多。民国37年，养猪9300头，年末存栏4800头。

1949年后，政府鼓励养猪。1957年，农业合作社提倡“猪多肥多粮多”，政府提供贷款，扶持种猪繁殖，农户私人养猪29740头。1958年，农村办公共食堂，生猪集中饲养，开展“十、百、千、万”运动，公共食堂办饲养十头以上猪场，生产队办饲养百头以上猪场，大队办饲养千头以上猪场，公社办饲养万头以上猪场；江南公社建起万头猪场。由于饲养不善，饲料严重匮缺，生猪饲养量急剧下降，是年年底，降至2.54万头，1961年，仅养1.22万头。是年，公共食堂解散，实行“公私并举，私养为主”，划给农户饲料地，国家收购生猪奖售饲料粮，鼓励私人养猪。至1965年，饲养量增至3.1万头，其中年末存栏16260头。“文化大革命”初期，家庭养猪被当作“资本主义尾巴”加以限制，养猪量再度回落。1970年后，贯彻毛泽东《关于发展养猪业的一封信》；1975年，落实《中共中央关于大力发展养猪业的通知》，积极发展集体养猪，鼓励社员养猪。至1978年，生猪饲养量增至85880头。

中共十一届三中全会后，解散集体猪场，取消生猪派购任务，扶持养猪专业户、重点户。至1984年，全区出栏生猪64370头；1986年，增至75430头。1987年，区财政下拨30万元鼓励发展良种母猪；1988年，发展预备母猪5130头，母猪存栏总量6330头，比1986年增长6.45倍。联营及个体中、小型养猪场开始发展。路口城路养殖场引进资金130万元，建猪舍2340平方米，年末出栏生猪1278头；松阳湖擂鼓台阊四喜1987—1991年出栏生猪428头。1991年后，推广猪—鱼、猪—鸡—鱼综合型养猪模式。至1995年，有综合型饲养农户600家，家庭散养生猪20头以上农户277家。1—3月，全区出栏生猪3.07万头，存栏3.43万头。1997年1—6月，出栏生猪6.8万头、存栏6.2万头，分别比上年增长15%、17.6%。1998年，台胞蔡仲顺等12人投资1500多万元在松阳湖建立永茂渔牧有限公司，第一期工程建10栋、7200平方米现代化万头养猪场。次年，出栏猪1200多头，收入77.6万元，存栏1800多头。2000年，路口镇新华村90%的农户始建中、小型养猪场。随后，中、小型养猪场迅速发展。至2009年，养猪专业户发展到475户；全区出栏生猪20.9万头。2011年，生猪饲养量达到36.87万头，其中出栏22.79万头。

**1985—2011年岳阳市云溪（北）区部分年份生猪发展情况表**

表15-3-2　　单位：户、头

| 年度 | 养猪专业户 | 养殖数 | | | 其中 | | | |
|---|---|---|---|---|---|---|---|---|
| | | 合计 | 其中 | | 存栏数 | | 出栏数 | |
| | | | 散养 | 专养 | 散养 | 专养 | 散养 | 专养 |
| 1985 | 12 | 118000 | 112000 | 6000 | 47500 | 2000 | 64500 | 4000 |
| 1990 | 28 | 191700 | 165000 | 26700 | 74000 | 9500 | 91000 | 17200 |
| 1995 | 40 | 192500 | 157000 | 35500 | 71000 | 12000 | 86000 | 23500 |
| 2000 | 58 | 239400 | 159000 | 80400 | 74000 | 28000 | 85000 | 52400 |
| 2005 | 325 | 300900 | 63600 | 237300 | 25600 | 76000 | 38000 | 161300 |
| 2008 | 380 | 266200 | 60200 | 206000 | 26200 | 81000 | 34000 | 125000 |
| 2009 | 475 | 339000 | 62000 | 277000 | 25000 | 105000 | 37000 | 172000 |
| 2010 | 570 | 366000 | 63000 | 303000 | 24500 | 112000 | 38500 | 191000 |
| 2011 | 582 | 368700 | 62200 | 306500 | 24800 | 116000 | 37400 | 190500 |

**疫病防治**　1949年前，靠土方土法防治生猪病疫，控制不了猪瘟等疑难重症蔓延。

1951年11月，各区相继建立兽医联合诊所，对猪瘟、猪肺疫、猪丹毒进行免疫接种。1957年，分春、秋两季注射猪瘟免化弱毒淋脾苗，控制猪瘟流行。60—70年代，各大队配赤脚兽医，集体猪场配防疫员，防治生猪疫病。所用疫苗先后有猪疫免化弱毒冻干苗猪瘟、猪肺疫，猪丹毒“三联苗”。并利用中草药为生猪防病治病。80年代后，广泛使用猪疫冻干苗、猪肺疫、仔猪副霍乱冻干苗。

1988年，在春、秋两季组织乡镇兽医开展计划免疫注射。1995年，注射猪肺疫疫苗1000头剂，控制水灾过后猪肺疫流行。1998年后，增加猪五号病、高致病性猪蓝耳病免疫注射。2002年，推行免疫标识制度，对免疫家畜佩带耳标。2005年，全区五号病免疫注射21万头剂，免疫标识率75%。2011年，五号病免疫注射18.5万头剂，猪瘟免疫注射27.6万头剂，高致病性猪蓝耳病免疫注射27.6万头剂，免疫率100%，免疫标识率100%。

## 三、羊、鹿、野猪

**羊**　清代、民国时期，养有少量羊。

1949年，全境有羊62只，多为白山羊。1955年后，先后引进成都麻羊、新疆毛羊、萨能奶山羊。后由于管理不善，引进的外地羊种自行消失。1957年，养白山羊约100只。1958—1978年，私人养羊受到限制，集体未养羊。中共十一届三中全会后，逐步恢复私人养殖。

1984年，区政府从平江县引进山区黑山羊品种，动员农户个体散养；次年，发展到130只。1988年年底，全区有羊250只；1990年，有271只，次年，增至735只。1991年，区政府解决小额贷款，提供繁育和疾病防治技术，开拓长炼、岳化销售市场，养羊业有较快发展。至1995年，一季度出栏5565只，存栏3640只。1997年1—6月，出栏4500只，比上年同期增长7.1%，存栏8500只。2003

年，文桥镇白荆村投资60万元，建立黑山羊繁育基地，有山地草场66.67公顷，羊舍4栋、1000平方米，产棚150平方米，规划每年养2批，每批养1000只；至2005年，存栏羊2000只。后因技术、草场等问题，2010年，基地改作他用。2011年，全区有黑山羊养殖户131户，存栏羊2850只。

**鹿**　2001年前，境内未养鹿。2002年6月，有养殖户与岳阳市金鹿养殖技术服务有限公司（简称金鹿公司）签订养鹿协议，金鹿公司承诺，回收鹿茸、仔鹿，负责销售；养鹿378头，其中公鹿116头，母鹿262头。是时，至2004年10月，养鹿户发展到55家。次年1月，有存栏鹿504头。但此时，金鹿公司法人代表不知去向。此后，再未养鹿。

**野猪**　2006年，云溪乡投资100万元，建立友好野生动物养殖中心，有繁殖基地0.8公顷，专业技术管理人员、兽医师、饲养员共8人。主要为养殖户提供特种野猪。品种有南方纯种野猪和北方优质特种野猪近三系杂交驯化的野猪，瘦肉率可达87%。2007年，文桥镇华平养殖场购进种猪10头，以备发展。次年，由于野猪野性不改，全部越圈逃跑，遂未再养。

# 第三节　禽类养殖

## 一、鸡

**饲养量**　农户历来有养鸡传统，少则三四羽，多则一大群。民国37年（1948），养鸡5.6万羽。

1950—1957年，随着农业生产发展，养鸡量逐年增加。1958—1960年，私人养鸡被取消。1961年后，饲养量逐步回升。至1966年年初，养鸡1.72万羽。“文化大革命”前期，家庭养鸡受到限制，集体陆续建立养鸡场。至1972年，先后建集体养鸡场5个。1976年后，允许家庭养鸡；至1979年，集体、家庭共养鸡12.5万羽。

80年代后，集体养鸡场转让承包给农户，家庭养鸡快速发展。1996年，区政府鼓励农民发展养鸡业，组织鸡苗、商品鸡饲料，请专业技术人员传授养鸡技术。是年，养鸡247万羽，其中出笼130万羽，存笼117万羽。1997年，销售市场延伸，肉用成鸡需求量增大，养鸡户与岳阳正大公司签订饲养肉鸡合同，以“公司+农户”模式进行运作，实行统一鸡舍标准，统一供应鸡苗，统一配制饲料，统一培训技术，统一防治疫病，统一销售结账。是年，肉鸡养殖户发展到147家，1—6月，出笼肉鸡41万羽，存笼60万羽。2000年，云溪乡东风村养鸡大户成立养鸡联合体，通过“联合体+农户”模式，降低养殖风险，促进肉鸡养殖发展。2001年，全区肉鸡养殖户增至215家，出笼肉鸡450万羽，存笼70万羽。2002年，湖南湘佳牧业有限公司在境内设立子公司，促进肉鸡养殖向专业化方向发展。2011年，成批出笼2000羽以上的专业养鸡户有427家，出笼肉鸡511.36万羽，存笼128.5万羽，加上农户散养，全区共出笼肉鸡587.92万羽，存笼149.3万羽。

**疫病防治**

鸡新城疫防治。鸡新城疫俗称鸡瘟，传播迅速，发病率、死亡率均在90%以上。传统预防采用隔离法或用菜籽油拌谷粒喂食。1979年后，先推介药物，后采用接种疫苗防治。1995年，全区接种鸡新城Ⅱ系疫苗3万羽剂，避免洪灾后发生鸡瘟。2005年，接种316万羽剂。2006—2011年，规模养鸡场实行自行定期防疫。

高致病性禽流感防治。高致病性禽流感又称真性鸡瘟或欧洲鸡瘟，被国际兽疫局定为甲类传染病，是近年来流行的一种重大鸡疫。2003—2006年，云溪乡青石、团结、胜利、东风、八一5个村先后发生。为防止蔓延，区政府将疫点3公里范围以内定为疫区，组织对其中家禽进行全面扑杀、深埋；对疫区外3~5公里范围内所有禽类实行强制免疫；对疫区、免疫区的村庄、道路进行封锁管理，对场舍喷洒醛类、氯类、酚类、碱类、氧化剂等消毒剂，很快控制疫情。2011年，全区禽流感免疫602万羽剂，免疫率100%。

### 二、鸭、鹅

**鸭** 1949年年初，陆城、道仁矶、象骨港、芭蕉湖、宝塔湖等湖区共有鸭棚5家，连同农户散养，有成鸭4000羽。品种为洞庭麻鸭。1956年，有鸭棚11家，家庭散养有所发展，共养鸭近万羽。1958—1960年，禁止私人养鸭，公社集体养鸭4500羽。1961—1979年，部分集体鸭棚承包给私人经营。80年代后，集体鸭棚解散，家庭养鸭得到发展。1984年，全区有鸭7棚，加上农户散养，共养鸭1.53万羽。是年始，引进北京鸭、绍兴鸭、康贝鸭、淮鸭、樱桃谷鸭、法国番鸭等优良品种。1996年，养鸭2万羽。1997年，区畜牧部门提供技术、饲料、鸭苗、疫苗，养鸭业进一步发展。1998年，松阳湖畜牧分场采用“肉鸭+鱼”立体养殖模式，利用3.33公顷水面，养肉鸭20万羽，出笼10万羽。2005年，全区棚鸭发展到153棚，加上农户散养，共养鸭13万羽，产鸭蛋20余吨。2011年，出栏鸭32.32万羽，产蛋915吨。

**鹅** 20世纪80年代前养鹅较少，仅陆城、道仁矶、松阳湖等少数地方农户散养，一般为本地鹅种。80年代后，随着生活水平提高，饲养量逐步增加，并引进狮头鹅等优良品种。2005年，全区养鹅2000羽，2011年，发展到7500羽。

### 三、家禽养殖企业选介

岳阳湘佳农牧科技有限公司，为湖南湘佳牧业有限公司设在境内的子公司，为全市最大的家禽养殖企业，省饲料工业协会常务理事会单位，位于道仁矶。2002年设立，占地面积1万平方米，注册资金500万元，有养殖专业户500户，标准化养鸡基地4个。年生产优质畜禽饲料5万吨，出笼商品家禽100万羽左右。公司下设综合部、财务部、技术服务部、生产部、品管部、供应部、销售部。有员工98人，其中管理人员10人，科技人员12人。2006年，被评为区消费者信得过单位；2007—2008年，先后2次被评为全区保护消费者权益先进单位；2008年，被市政府授予农业产业化市级龙头企业称号。2011年，饲养禽类420万羽。形成集饲料加工、商品鸡饲养、产品销售、养殖技术服务于一体的产业链。产品销往湖南、湖北、江西、河南、广东、广西等省。

## 第四节　特种养殖

1984年始，道仁矶镇、云溪乡养殖牛蛙。1987年，白泥湖引进河蟹试养。1987年后，乌龟、鳜鱼、才鱼、黄鳝、珠蚌、鳗鲡、甲鱼、牛蛙、龙虾、大口鲶等，相继成为特色水产养殖主要项目。1998年，松阳湖农场擂鼓台分场有20户养殖墨鱼、桂花鱼，道仁矶镇枫桥湖渔场精养池租赁给专业户养殖黄鳝。2003年，全区出水特种水产品5200吨，占水产品总量38.5%。2005年，白泥湖养殖场所养河蟹被评为市级名牌产品，2008年10月24日，《湖南日报》以《蟹肥道仁矶》专版介绍其养蟹情况。2011 年，全区出水特种水产品 4200 吨，分别占水产品总量、总产值的 28.6%、47.5%。

**蜜蜂**　清代、民国初期，山区有少数农户利用老式木桶饲养中华蜂（即中蜂）生产蜂蜜。民国 21 年（1932），引进意大利蜂（即意蜂），开始使用活框箱养蜂。

1949 年，境内有中、意蜂 30 余箱。1958 年，临湘县畜牧部门建种蜂场后，意蜂发展到 600 群，产蜜 3.94 吨。1961 年，因临湘县商业局所办养蜂场遭受小蜂螨危害，导致境内意蜂损失 70%。1973 年，发生中蜂囊状幼虫病；至 1977 年，大部分中蜂受感染，整体损失 70%。1978—1980 年，年均蜂群 100~240 箱左右。

1984 年，油菜、荷莲种植面积扩大，果园扩展，蜜源、粉源增多，促进养蜂业发展。至 80 年代末，全区养蜂场发展至 20 个，蜂群扩大至 2500 箱。2000 年，区政协委员沈道金发起组建养蜂协会，成立云溪晶鑫蜂产品蜂疗研究所，推广蜜蜂饲养、病虫防治技术，研究开发蜂产品。至 2011 年，养蜂协会建蜂业生产基地 6 个，开辟养蜂场 108 个，新上蜂产品加工线 2 条，主要生产活性鲜王浆、原生态成熟蜜、蜂蜜醋、蜂蜜蒜、盒装巢蜜、蜂酿荷花粉等，有国家注册商标 2 个，取得科技成果 28 项，获发明专利 6 项，年均创产值 1000 万元。

**牛蛙**　1980 年始，陆城公社丁山大队、云溪公社坪田大队有农户养殖牛蛙。至 1996 年，全区有牛蛙养殖专业户 300 家，养殖水面 66.7 公顷。1998 年，云溪乡坪田村李大安成立特种水产研究所，在道仁矶租水面2 公顷，实现牛蛙基地化养殖。2001 年，全区牛蛙场所建设、饲料配制、种苗繁殖、气候管理、疾病防治、高密度精养等技术方面均有新的突破。有牛蛙养殖户 500 户，养殖水面 100 公顷，产商品蛙 4000 吨。2011 年，养殖户增至 700 户，养殖水面扩大到 120 公顷，商品蛙产量增至 6000 吨。

**甲鱼**　1988 年始，实行人工养殖甲鱼。1994 年，养殖水面 20.7 公顷，或养殖亲体出售种鱼，或繁殖幼体出售种苗，多数为自繁自育自养。1996 年，长炼农场瞿永安、路口枧冲唐胜光等养殖大户，有养殖面积 11 公顷，温室 6600 平方米，年产商品甲鱼 350 吨，产值 270 万元。次年，全区投入资金 1700 万元，兴建 3 个温室甲鱼场，投苗 23 万只，产商品甲鱼 120 吨。1998 年，云溪乡引进资金 1000 万元，兴建太平桥甲鱼养殖场。松阳湖农场引进合资项目，投资 400 万元建成松福甲鱼养殖场，有甲鱼精养池 20 个。至 2011 年，年均饲养幼苗 100 万吨，产商品甲鱼近 40 吨，创利润 150 万元。

**河蟹**　20 世纪 90 年代始，实行规模养殖。1995 年一季度，全区放养河蟹 620 公斤。1997 年，云溪乡引进资金 300 万元，建成建军养蟹场。1998 年，松阳湖农场改造 66.7 公顷水面和低洼田，发展以河蟹为主的特种养殖。与市水产科研所合作，建河蟹种苗中心，除繁育种苗外，可年产成蟹 200 万只；建成蟹养殖示范基地、蟹—莲套养基地。投放幼蟹 480 万只、扣蟹（每只 2 克以上的小蟹）4.7 万只。2001 年，道仁矶镇白泥湖河蟹养殖公司转变经营方式，实现从粗放养殖到精细养殖、从大湖散养到拦网围养。投放蟹苗 300 万只，产商品蟹 40 吨，实现产值 486 万元。是年，全区湖泊养蟹面积 1200 公顷，池塘养蟹 333.3 公顷，共产蟹 100 吨，创产值 800 万元。2002 年 11 月，在上海首届河蟹节上，白泥湖河蟹养殖公司选送 5 公 5 母河蟹参评，以总重 3710 克获第一名，以公蟹单重 495 克、母蟹单重 355 克分别获“蟹王”“蟹后”称号。2003 年，参加北京全国农产品博览会，3 天签订河蟹销售合同 20 吨。2004 年，白泥湖河蟹注册为“BNH”商标，成为境内第一个拥有商标的特种养殖产品。2006 年 9 月，白泥湖特种水产养殖公司被评为全市农业产业化市级龙头企业。2009 年，全区河蟹产值 696 万元。2010 年，河蟹养殖面积 1733.3 公顷，产蟹 380 吨。2011 年，养蟹水面 2666.7 公顷，创产值 896 万元。

**鳗鱼**　1996 年 9 月，区委、区政府实行优惠政策，吸引福建业主到境内合作养鳗。至次年，共引进资金 4750 万元，先后办起云溪乡、路口镇、陆城镇、区交通局 4 家养鳗场，养殖面积 9.8 公顷。由福建业主提供技术、种苗，以每尾鳗苗11.2元左右折价入股，养成商品鳗后，以每吨价4万元~12万元回收到福建深加工。至1998年6月，共投入资金7800万元，放鳗苗490万尾。次年，因气侯、水质、市场滞销等因素，累计亏损1600万元。

## 第五节　养殖业管理

### 一、机构

清代、民国时期，境内渔政先后由县衙、省湖田局管理，但湖泊实际由湖主霸占。1951年，由县政府水产管理委员会管理站分管各湖域渔业生产。1955年，由县内湖泊管理委员会管理。“文化大革命”中，渔政管理机构瘫痪。1980年，渔政管理机构逐步恢复。

1984年12月，区成立渔政管理站、家畜疫病防检站。1988年3月，区畜牧水产工作站增设畜牧兽医技术服务中心。11月，区计经委内设饲料办公室。1990年9月，区畜牧局增设动物检疫站，对外加挂区家畜疫病防检站牌子；1999年10月，增设道仁矶省际边境动物防疫检查站（2004年，省政府下文给予人员编制、经费支持）。2002年，区畜牧局增设养殖技术推广股。区饲料办与区家畜疫病防检站合署办公。2005年1月，区饲料办单设，加挂区兽药监督管理站牌子。2011年，养殖业管理机构有区渔政管理站、区畜禽检疫站、道仁矶省际边境动物防疫检查站、区兽药监督管理站，区畜牧局技术推广股、防疫股。

### 二、管理

**渔政管理**　清代、民国时期，渔民下湖捕鱼，均须向湖主缴纳“湖课”（水课），或缴纳渔获物的20%~50%。1951年，征收国家统一规定的渔税，执行临湘县政府关于严禁捕捞撒籽鱼（产卵鲤鱼）的通知，加强鱼类资源保护。1955年，规定禁湖、开湖具体时间、管理办法。60年代初，执行临湘县政府发布的严禁在长江、内湖炸鱼、药鱼的布告。“文化大革命”中，渔政管理废弛，外地渔民纷纷流入内湖盗鱼、毒鱼、炸鱼、电鱼，鱼类资源遭到破坏。

1984年，落实春、冬禁渔措施，加强对电鱼、炸鱼等非法作业的查处。区政府不定期组织区公安、区环保、区渔政、区工商等部门联合执法，严厉打击违禁捕鱼，收缴违禁渔具。至2002年，共查处涉渔案件24起。2003年始，执行国家长江禁渔期制度，对境内长江流域、内湖天然水域，在主要经济鱼类繁殖期、幼鱼生长期，4月1日至6月30日全面禁止捕捞作业。为加强渔政管理，由农业部拨发渔政快艇一艘，结束云溪渔政执法没有快艇的历史。是年始，区政府加快实施鱼类人工增殖放流工程，每年定期向长江投放人工繁育鱼苗。至2011年，共投入100万元，投放青、草、鲢、鳙四大家鱼150万尾，规格均在25厘米以上。共查获非法捕捞行为35起，取缔“迷魂阵”等灭绝性渔具80件、2300米，收缴虾笼、电容器、电机、电缆、拖网、胶网阵等毁灭性工具4837件米，销毁禁用性网片460米，罚款7000元。

**动物检疫**　1988年始，全面开展生猪、出口外贸猪检疫。1990年，开展鱼病检测。1995年始，实行生猪屠宰检疫；严格宰前生猪，宰后肉食病疫和药物残留检查，检查合格后开出合格证或在产品上加盖检疫合格印章，允许上市销售。2000—2011年，年均检疫出栏笼耕牛2000头，生猪22万头，肉狗 1100~2300 只，家禽 40 万~60 万羽。并严格动物运输检疫、仔猪交易市场检疫，有效控制疫情传播和扩散，降低畜禽发病率、死亡率，保证无大的疫情发生。

**产业服务**

**资金、技术服务。**1985 年，争取世界银行贷款，国家、省级渔业专项扶持资金 200 多万元发展渔业生产。1988 年，推广池塘混养技术，推介杂交鲫、尼罗罗非鱼等 8 个优特品种。90 年代，引进福建特种养殖业主，发展鳗鱼养殖。2004 年，帮助白泥湖特种水产养殖公司申请注册河蟹“BNH”商标。2010 年，配合省水产技术推广总站完成农业部“大规格蟹种繁育与示范推广”项目，提高河蟹养殖水平。实施“一村一品”工程，扩展牛蛙、甲鱼、黄鳝、珍珠、大口鲶等高效渔业精养基地，扩大名特优新水产养殖户，促进增产增效。

**为渔民排忧解难。**1984—2007 年，先后帮助路口镇后湖渔场、白泥湖水产养殖基地建立大规格蟹种培育场。通过推广优良品种，使水产养殖专业户年均增加产值 700 万元。开展水域环境检测、水产品质量安全检测。2008 年，参与处理岳化、长炼苯泄漏、海特农业科技化工厂污染事件，使渔民的损失得到应有赔偿。2009 年，完成 14 户渔民上岸定居、18 户渔民危房改造工作。是年，在全省渔民解困总结表彰会上，区畜牧水产局局长方奂奂被省政府记二等功。

**倡导休闲渔业。**2002 年始，积极引导鼓励有条件的养鱼专业户投资休闲渔业项目，发展垂钓、观光、品鲜、娱乐、学习、欣赏渔业文化等多位一体的休闲渔业。至 2011 年，白泥湖、洋溪湖等渔场初具休闲渔业规模。

# 第四章　林　业

清代、民国时期，林地多被地主、富农占有，农民仅能在房前屋后等空坪隙地植树，林业生产发展缓慢。20 世纪 50 年代，实行林地农民集体所有，群众造林积极性提高，由个体造林发展到集体造林。60 年代至 70 年代，各公社和有条件的大队创办林场，引进优良种苗，林业生产得到较快发展。1984 年，区政府加强封山育林、森林防火、病虫害防治，发展林业生产。1987 年，有计划鼓励各乡、村造林，扶持个体大户造林，林业生产进入快速发展时期。90 年代后，实施项目造林。2008 年，实行林权制度改革，进一步激发农民垦荒造林积极性。至 2011 年，全区森林覆盖率扩大至 45.51%，比 1984 年扩大14.31%；活立木积蓄量增至 64.71 万立方米，增长 107.4%；林业产值 3232 万元，增长 37.94 倍，在农业总产值中所占比例比 1984 年上升 0.67%。

清代、民国时期，境内林业无专门管理机构。1949 年 10 月，由县政府建设科林业组管理。1954 年 5 月，由县农林水利局林业科管理。1956 年 7 月，由县林业局管理。1961 年 12 月，复由县农林水利局管理。次年 6 月，复由县林业局管理。1968 年 11 月，由县农林水管理站管理。1970 年 8 月，由县农林畜牧局管理。1973 年 12 月，复由县林业局管理。1984 年 6 月，由区农林科管理；9 月，由区农林局管理。1989 年 5 月，析区农林局置区林业局。2011 年，区林业局主要职责调整为指导林业改革，农村林业发展，依法维护农民经营林业合法权益；加强保护、合理开发森林、湿地、荒漠、陆生野生动植物资源；加强制订全区林业产业发展政策，合理调整林业产业发展布局；加强组织指导生态公益林保护管理。内设机构有办公室、计划财务室股、林政资源法规股、营林生产股（退耕还林办公室)、森保股（林业改革发展股）；核定机关行政编制9名，后勤服务事业编制1名。归口管理区政府常设机构区森林防火指挥部办公室（加挂区绿化委员会办公室牌子），核定增加全额拨款事业编制1名。

## 第一节　林业资源

**林地**　1984年，全区共有林地面积14669.33公顷（其中有林地13282.1公顷），占土地面积36%。至1995年，开发丘岗地533.33公顷，林地面积增至15202.66公顷。2000年后，城镇、工矿、交通建设占用林地增多；至2011年，林地面积减至14657.7公顷。

按一级地类分：林地中，有林地面积14026.66公顷，占林地面积95.69%；灌木林地620.9公顷，占4.14%；未成林林地201.3公顷，占1.37%；苗圃地15公顷，占0.1%；无立木林地132.3公顷，占0.9%。

按二级地类分：林地中，有乔木林地12126.67公顷，占有林地面积89.45%；竹林地1438公顷，占10.25%。乔木林地中，纯林地3232.8公顷，占乔木林地面积26.66%；混交林地8893.33公顷，占73.34%。

**蓄积量**　1984年，全区活立木蓄积量31.2万立方米。1984年后，加强植树造林、封山育林，活力木蓄积量不断增加。据"十一五"期间森林资源调查，2010年，活立木蓄积量增至61.98万立方米。

按地域分：其中成片乔木林蓄积量57.08万立方米，占92.09%，散生林蓄积1439立方米，占0.24%，四旁林木蓄积量47494立方米，占7.67%。

按用途分：用材林蓄积量23.53万立方米，占37.96%；防护林蓄积量16.2万立方米，占26.14%；特种用林蓄积量17.46万立方米，占28.17%；其他作用林积蓄量4.79万立方米，占7.73%。

按树种分：杉木蓄积量10.05万立方米，占16.21%；马尾松蓄积量62843立方米，占10.14%；湿地松蓄积量9390立方米，占1.52%；阔叶林蓄积量39.57万立方米，占63.84%；其他树种积蓄量5.14万立方米，占8.29%。

按林龄分：幼龄林蓄积量5208立方米，占0.84%；中龄林蓄积量33.12万立方米，占53.44%；近熟林蓄积量18.63万立方米，占30.04%；成熟林蓄积量9.35万立方米，占15.09%；过熟林蓄积量3546立方米，占0.57%。

2011年，活立木积蓄量增至64.71万立方米，比上年增长4.4%。

**珍稀树种**　主要有银杏、紫薇（俗称"谷花"）、红椿、香樟、丹桂。

**古木名树**

清同治《临湘县志》载："五爪松在云溪驿路，一干五枝，相传为岳飞行军所植，毛伯温、何景明俱有诗。"1969年，修公路损毁树根，后遇山洪，与山勘同塌。

该志又载："尖峰岭距县八里，一名九龙山，相近有松三株连理，围约三、四尺许，土人因呼其地为三根香"，意为该树形似三根香。又因尖峰岭（现文桥镇东风村境内）有圣帝庙，故称"三根香"为"三香朝帝"。"文化大革命"时，庙与树俱毁。今原地复生一松，干围五尺，人称"一炷香"。

路口镇新华村后湖组长海岔公路边有棵古银杏树，高18米、树围5.8米，冠盖覆盖400平方米。据临湘万库里《陈氏族谱》载，此树为明永乐初（1403）明开国功臣陈国宝第三子陈仲文从江西迁临湘时用一大瓦罐装带苗木而栽。日军侵境时，企图砍取修工事，被当地老百姓赶走。1958年，生产队锯下3根枝桠做仓板，后所锯之处长出新枝桠。此树龄已有600余年，根系最长达500多米。

文桥镇和平村境内应科山下有株黄腊树，高 15 米许，干围 4.5 米，树龄 300 余年，长势犹劲。

2011 年，区林业局普查，全区百年以上的古树有 150 株，均逐一登记，挂牌保护。

**1984—2011 年云溪（北）区部分年份主要森林资源情况表**

表 15-4-1

| 年　度 | 有林地面积（公顷） | 全区覆盖率（%） | 活立木蓄积量（万立方米） | 楠竹立竹量（万株） |
|---|---|---|---|---|
| 1984 | 13282.1 | 31.2 | 31.2 | 210.65 |
| 1988 | 13116.2 | 30.5 | 32.22 | 240.18 |
| 1993 | 13223.5 | 32.1 | 34.16 | 310.22 |
| 1998 | 13414.6 | 34.6 | 36.25 | 320.15 |
| 2003 | 13562.9 | 36.44 | 49.06 | 340.74 |
| 2008 | 13391.0 | 35.94 | 56.47 | 417.8 |
| 2011 | 14026.66 | 45.51 | 64.71 | 430.21 |

## 第二节　资源保护

### 一、封山育林

清代、民国时期，境内传统规约屋场风障树木属屋场公有，禁止砍伐；祖祠周围及坟山树木属同宗公有，私人不得占用；大路林荫树、河港防护树，须共同保护。

1949 年始，对山区、半山区实行封禁；对丘陵地区实行春、夏、秋三季封山，冬季解禁砍柴。至 1957 年，共封山育林 5330 公顷。1958 年，砍树烧炭炼钢铁，封山育林受到影响，1963 年逐步恢复。“文化大革命”期间，封山育林中断；至 1978 年，封山育林面积降至 2230 公顷。

1984 年，区政府制订《护林公约》，各乡镇建立林业生产责任制，订立《护林乡规民约》。1985 年，执行《中华人民共和国森林法》。1986 年，落实林业部制定的《森林法实施细则》。2000 年，贯彻《中华人民共和国森林法实施条例》。至 2003 年，共完成封山育林 3300 公顷。2004—2008 年，封山育林 2000 公顷。2008 年后，实行森林分类经营区划界定，对生态公益林全部实施封山育林；至 2011 年，封山育林面积共 5333.33 公顷。

### 二、森林防火

清代、民国时期，对森林火灾采取让其自生自灭态度。山区居民为驱赶猛兽或生产积肥，放火烧山，山火频发。

20 世纪 50 年代，森林防火措施不到位，加上群众沿袭烧荒、烧田塍等旧习惯，山火仍然不断。1959 年 8 月，荆竹山因整地烧荒起火，南北蔓延 5000 米，烧毁山林 533.33 公顷、茶园 0.8 公顷，损失楠竹 3.5 万根，损坏松、杉等林木 12 万多株，损毁庄稼 1.5 公顷。1960 年，公社、大队建立护林组织。荆竹山国营林场开辟防火线、修了望台，建长久性禁牌，配专职护林员，加强森林防火。1963

年，公社、大队配专职看山员。1975年，荆竹山林场增加防火线，在山区社队、林场架设护林防火电话线，山火发生率逐年下降。

1984年后，区政府把森林防火作为林业工作重点；至1998年，先后制订处置重大森林火灾应急预案，发布森林防火戒严令，实行野外用火许可证制度，组建以250名民兵预备役人员为主体的半专业扑火队。2000年后，针对农村清明节挂山祭祖燃放鞭炮容易发生火灾，开展防清明火灾，让祖宗安心大型宣传活动。2004年，在林区修建防火道路，开辟防火隔离带，营造生物防火林带。2005年，云溪区被评为全省森林防火先进单位。2006年始，区政府、区林业局连续6年被评为市森林防火目标管理先进单位。2009年2月，文桥镇分水村李大红烧地边茅草，引发火灾，过火面积128.67公顷，直接经济损失161万元，为建区以来最大的一次森林火灾。至2011年，全区发生森林火警66起，其中成灾5起。

### 三、病虫防治

森林害虫有松毛虫、蝗虫，白蚁、松褐、天牛、尺蠖、金龟、象甲等；病害有松线虫病、松稍赤枯病、杉木黄化病、油茶柑橘炭疽病、苗木立枯病等。虫害中，以蝗虫、松毛虫、松线虫病危害最大。清同治《临湘县志》载：明崇祯十四年（1641）、清道光十五年（1835）、咸丰八年（1858），境内“飞蝗蔽天”“野老垂血”。民国22年（1933），蝗虫危害森林及至禾麦，政府束手无策，群众在田野山坡焚香求佛，祷神消灾。

1954年，松毛虫发生面积2600公顷，路口、文桥等地马尾松尽枯。1955年，毁于松毛虫的松材3万立方米。是年，各区、乡组织干部、群众、学生用喷雾器喷施农药可湿性“六六六”粉、滴滴涕；用抓耙、扫帚、撮箕收集、捕杀松毛虫、飞蛾，摘除虫卵块。1965年，松毛虫发生面积3718.67公顷，防治面积1022.67公顷，占27.89%。“文化大革命”期间，森林病虫防治工作被打乱；病虫害面积共有15437.33公顷，防治824公顷，仅占5.3%。1979年，荆竹山林场技术干部周国建发明察迹循踪追挖蚁巢办法，3年挖蚁巢175穴，基本消除林场白蚁危害。

1985年，区政府组织区林业部门在云溪、陆城、文桥、路口等林区建立森林病虫测报站，及时发布病虫情报，做到早知、早防、早治。1986年，喷洒白僵菌、溴氰菊脂，防治森林松毛虫面积4333.33公顷，杀虫效果93%。1996年、1998年，施用烟雾剂，消除长炼公园、荆竹山林场等地林区松毛虫危害。2000年，实施针叶林与阔叶林混合营造，预防松毛虫危害。2007年，区成立松线虫病防治指挥部，启动应急预案，消除松线虫病面积8.67公顷。组织专业人员，用甲胺磷喷洒竹叶、灌木、草丛，防治云溪乡双花、八一、东风等村，文桥镇分水、荆竹等村蝗虫危害。是年10月，云溪乡八一村、路口镇枧冲村发生松线虫病，涉病面积8.67公顷。与临湘市实行联合行动，启用直升机喷洒噻虫啉农药，防治松褐天牛。2010年，全区投资449万元，在松线虫病疫区连片砍伐松林1.87公顷，择伐松木、清理疫木177.09吨。2011年，松线虫病发生面积降至1.07公顷，枯死松树比2007年减少65.2%。

### 四、野生动物保护

1989年，区林业局设森林资源保护股。次年，在候鸟栖息地、集群活动区建立监测站，严厉打击非法猎捕、运输、销售、采买候鸟等违法犯罪行为。2005年，通过广播、电视、流动宣传车等，宣传保护越冬候鸟的重要性。设立举报电话，加强监督，让全社会关心野生动物保护。至2011年，与区工商部门联合行动，坚持常年检查野生动物经营户、各类餐馆、酒店、集贸市场，查获捕贩野生青蛙

1010公斤、蛇类910公斤，全部放生。

## 第三节 植树造林

### 一、采种育苗

**采种** 1953—1954年，采集松、杉等乡土树种。1956—1957年，各农业生产合作社、学校组织采种活动，除采集松杉树种外，还采集石栎、女贞等树种。60—70年代，农村供销社收购门市部设树种收购专柜，收集群众采集的松、杉、女贞等树种，少量枳、槭、桃、棕、槠、栀子、山茶、油茶、油桐、乌桕等种子。引进檫、水杉、湿地松、火炬松、意大利杨、法国梧桐、攸县油茶等树种。公社、大队林场建立种子繁育基地，采取同种选优、良种嫁接、传粉杂交等方法培育良种。1984—1992年，区林业部门先后引进橘、柑、橙、柚等品种；2000年后，引进桤木、喜树、樱花、丹桂、桢楠、红豆杉、石榴、杨梅、银杏、池杉、木荷、布郎李、巴陵油茶等树种；至2011年，共引进25个品种、12万株苗木。

**育苗** 民国23年（1934），邱玉成在云溪创办漆家庄园艺场，培育苗木。日军侵境后，苗圃被毁。1956年，临湘县苗圃园由丁字山（现临湘市长安镇境内）迁路口乡路口铺火车站附近，配职工17人，征地5.4公顷，其中苗圃用地5公顷。至60年代末，除经营用材苗木外，还培育绿化树苗、珍稀花果苗木，供应全县栽种。70年代，公社、大队林场开辟苗木培育基地，培育马尾松、山杉、枫树、油茶等幼苗，供境内自用。80年代至90年代，临湘县路口苗圃园苗圃基地扩大至6.67公顷，内有1~30年生绿化树种10科、30种、10万株，价值360万元，其中珍稀树种有香樟、桂花、红枫等。始有苗木经营专业户开辟育苗基地。路口镇牌楼个体葡萄园，有基地3.33公顷，繁育葡萄良种和其他果苗；云溪科隆百果园（道仁矶镇泗垅村境内）有苗木基地2公顷，培育的果苗有李、桃、梨、柑桔、杨梅等10多种，2002年始，年均向区内外提供15万株优质果苗。2011年，陈永平在云溪乡八一村创办绿普园林艺术有限公司，有苗木基地53公顷，存园苗木100多万株，可供苗木多种；云溪镇李正华建苗圃园33.33公顷，常年可提供苗木100万株以上。

### 二、造林

清代、民国时期，居民有在房前屋后、祖祠坟山、池塘周边植树的传统。民国35年（1946）12月，临湘县政府颁发《造林办法要点》，境内未实行。1950—1953年，造林133.33公顷，多为个体零星营造。1956年，农村合作社组织集体造林；营造杉树林250公顷。1958—1959年，造林666.67公顷，以山杉为主，有小面积果木林。1960—1962年，国民经济困难，仅造林260公顷。1964年，造林408公顷；1972年，造林620公顷。1981年，山林经营权属未定，农民造林积极性受到影响，仅造林186.67公顷。1984年后，区政府落实奖励措施，调动群众造林积极性。1988—1989年，实现“两年消灭荒山”，造林2002.7公顷。1990—2011年，造林6219.99公顷，是1950—1983年的2.1倍。

**专营造林**

村、组造林。1958—1979年，由群众投劳，村（大队）、组（生产队）共建集体林场112个，经营面积1733.33公顷，林种以杉林为主，辅以少量楠竹、油茶、果木。1980年后，大部分林场承包给农户经营。至2009年，集体保留林权的仅有13个，经营面积666.67公顷。

区、乡造林。人民公社时期，公社组织劳力，共建林场13个，安排专业队伍经营管理，权属为公社所有。1984年后，林场权属多为乡（镇）所有，仅云溪乡八一村宜时冲林场（简称宜时林场）划为区办林场。区、乡（镇）林场面积共624公顷，全为杉林；至90年代初，基本成为残林；2008年，区、乡（镇）政府组织人力物力，部分更新或垦复重造。2009年后，除道仁矶镇有一个面积800公顷的林场由镇政府统一管理外，其余均下放到村组，定权到农户，部分转让给湖南泰格林纸集团岳阳纸业股份有限公司。

造林大户造林。2009年，出现个体大户造林；至2011年，有个体造林大户14户，其中投资100万元以上的9户。云溪乡胜利村陈永平投资300万元，承包宜时林场，建立桂花、红枫、杜英、红叶石楠、红豆杉等珍贵树种基地26.67公顷。云溪乡建设村李从新承包云溪乡斗笠山等林场共10公顷，投资300多万元，分别营造杉林、松林，并在林间修建休闲农庄。云溪乡坪田村李大早承包鹰步咀林场，投入150万元，开发游乐、垂钓、棋牌等休闲“农家乐”林场，营造速生林33.33公顷。文桥镇卢朝轶分别投资120万元，造油茶林20公顷、杉林13.33公顷。陆城镇新设村黄世良，云溪乡梁福波、李重建、张正、杨诗旷等，均投资100万元以上，经营珍贵树种苗木、速生工业原料林。

**项目造林**

中德合作造林。1998—2008年，由中、德两国政府财政部门合作，德国无偿援助，地方政府配套资金组织造林。区政府投资1860万元，组织造林2977.8公顷，其中防浪林341.7公顷，防护林625.6公顷，补植育林92.5公顷，封山育林1918公顷。为境内第一个林业外资项目，全省林业工程样板项目。

退耕还林。2003—2005年，执行国家退耕还林政策，实施坡耕地造林466.67公顷，荒山造林1000公顷，封山育林400公顷，总投资2580万元，惠及农户2360余户。

长江防护林。为防治洪涝、土壤沙化，“十一五”期间，区政府规划在境内长江沿线及双花、清溪水库周边营造防护林933.33公顷。至2010年，由中央财政投入500万元，完成一、二期工程，共营造防护林233.33公顷，改造低产林180公顷，封山育林366.67公顷。

林业血防造林。2007—2011年，由国家财政投入490万元，完成血防造林733.33公顷。

森林抚育工程。2010年始，国家在湖南等省开展森林抚育试点工作。至2011年年底，境内由国家投资110万元，完成抚育中幼龄林木933.33公顷，受益林农300多户。

### 1990—2011年云溪（北）区植树造林情况表

表15-4-2

| 年度 | 造林面积（公顷） | 其中 | | | 楠竹（万株） |
|---|---|---|---|---|---|
| | | 用材林（公顷） | 经济林（公顷） | 义务绿化（万株） | |
| 1990 | 400 | 400 | | 5 | 1 |
| 1991 | 333.33 | 300 | 33.33 | 5 | 2 |
| 1992 | 146.67 | 133.33 | 13.34 | 5 | 2 |
| 1993 | 133.33 | 133.33 | | 5 | 1 |
| 1994 | 166.67 | 133.33 | 33.34 | 5 | 0.5 |
| 1995 | 153.33 | 133.33 | 20 | 5 | 0.5 |

续表 15-4-2

| 年　度 | 造林面积（公顷） | 其　　中 | | | 楠竹（万株） |
| --- | --- | --- | --- | --- | --- |
| | | 用材林（公顷） | 经济林（公顷） | 义务绿化（万株） | |
| 1996 | 133.33 | 133.33 | | 5 | 0.3 |
| 1997 | 213.33 | 200 | 13.33 | 5 | 0.6 |
| 1998 | 133.33 | 66.67 | 66.66 | 5 | 0.4 |
| 1999 | 633.33 | 600 | 33.33 | 5 | 0.3 |
| 2000 | 233.33 | 200 | 33.33 | 5 | 0.6 |
| 2001 | 266.67 | 200 | 66.67 | 5 | 0.1 |
| 2002 | 280 | 266.67 | 13.33 | 8 | 0.5 |
| 2003 | 800 | 733.33 | 66.67 | 8 | 0.3 |
| 2004 | 240 | 200 | 40 | 8 | 0.3 |
| 2005 | 506.67 | 466.67 | 40 | 8 | 0.4 |
| 2006 | 160 | 133.33 | 26.67 | 8 | 0.2 |
| 2007 | 226.67 | 200 | 26.67 | 8 | 0.1 |
| 2008 | 240 | 213.33 | 26.67 | 10 | 0.6 |
| 2009 | 200 | 193.33 | 6.67 | 10 | 0.3 |
| 2010 | 266.67 | 253.33 | 13.34 | 10 | 0.5 |
| 2011 | 353.33 | 333.33 | 20 | 18 | 0.5 |

## 第四节　林产品

**木材**　清代、民国初期，木材自给自余，云溪、路口、文桥等地有部分外销。抗日战争时期，森林被日军烧毁，木材量减少。1949 年，有木材 33 万立方米。1955 年，松毛虫危害，伐枯松 1 万立方米。1958—1961 年，烧炭炼钢，木材多被砍光。1962—1965 年，木材量逐年回升。“文化大革命”初期，毁林开荒，烧火土灰，打青积肥，过度砍伐，木材积蓄年均减少 1500 立方米左右。80 年代后，木材积蓄不断增加。2000 年后，有计划进行采伐。2011 年，全区木材量 62 万立方米，比 1975 年增加近 1 倍。

**竹材**　清代、民国时期，云溪、路口、文桥等山区有大量楠竹，竹篾艺人伐取做成晒簟、挡箦、箩筐、簸箕、篮篓、花篮等农具、家具或工艺品，入集市近销售或供商贩远销汉口。其他地区，楠竹基本自给。1949 年，有楠竹面积 333.33 公顷，蓄竹 75 万根。50 年代，伐楠竹 34 万根。60—70 年代，年均伐楠竹 70 万根，伐白竹等其他散生竹 150 万根，做矿赉外销。过度砍伐超过再生能力，竹材积蓄减少。1978 年后，新辟竹园，抑制砍伐。至 1984 年，楠竹面积扩大到 613.33 公顷，蓄竹 184 万根。1999 年，蓄楠竹 280 万根。2000—2011 年，年均采伐 10 万根，蓄积量保持 430.21 万根，2011 年，有楠竹面积1413公顷。

**油茶** 20世纪50—60年代，仅有少量油茶。70年代，公社林场、大队先后引进良种，成片栽种。1980年，林权末定，油茶林大多荒芜。90年代，林权落实到户，油茶荒林得到垦复。2009年，有新油茶林46.67公顷；2011年开始挂果。

**果木** 清代、民国时期，山区、丘陵区农户在房前屋后栽种桃、李、梨等果木，结果自食。50年代至70年代，仍相沿成习。改革开放后，水果市场日趋活跃，邻城伴厂乡、村开辟果园，果木栽种量增加。1984—1990年，全区年均生产水果80吨。1991年，集体果园承包给个体户经营，始有水果生产基地。1993年，松阳湖农场建水果基地66.67公顷。1998年，文桥镇东风果场建黄花梨基地53.33公顷；云溪乡东风村建柑橘基地20公顷；云溪镇云丰村建柑橘基地33.33公顷；陆城镇香铺村建柑橘基地13.33公顷。有50%的农户建家庭果园。2005年，全区产柑橘、板栗等水果102吨；2011年，产121.8吨。

## 第五节 林政管理

### 一、机构

民国7年（1918），临湘县政府实业专员兼管林政。民国17年，县建设科兼理林政。民国27年（1938），由县林务专员专管林政。抗日战争时期，林政管理机构瘫痪。民国37年，县建设科兼管林政。1950年，由县政府建设科林务专干专管林政。1956年年初，由县林业工作站管理林政，7月，由县农业局兼管林政。1959年，由县竹木检查站负责林政。1982年，由县绿化委员会统管林政。

1984年6月，由区农林科统管林政；8月，区农林科设林业工作站。1989年5月，区林业局下设林政站、森保站、竹木检查站。1991年，设云溪、路口、文桥、陆城4个林业工作站。成立区林业派出所，归口区林业局管理，接受区公安分局业务指导；1996年6月，区林业派出所更名为云溪公安分局林业派出所，定编8名；2008年更名为市森林公安局云溪大队；2010年，收归市林业局管理，接受市公安局业务指导，负责涉林刑事案件侦查。2002—2011年，林政管理由区林业局林政资源法规股、森保股统筹，市森林公安局云溪大队、道仁矶木材检查站、巡查大队具体负责有关事项。

### 二、管理

**定权发证** 1949年前，70%的山林为地主、富农占有，部分由祠堂、庙宇掌管，农民所有极为有限。

1952年后，山林权属为农民个体所有。1956年，实行农业集体化后，大部分山林为集体所有，农户有少量自留山。1958年人民公社化以后，林地属公社所有。1961年6月，划定公社、大队、生产队集体林权，恢复农民少量宅旁风障、柴山。“文化大革命”时期，风障、柴山当作“资本主义尾巴”加以限制或收归集体所有。中共十一届三中全会后，允许农民保留自留山。

1984年后，划分自留山、责任山，建立林业生产责任制，落实林业管理。2008年9月，全面推行林权制度改革，林地所有权、经营权分别属集体、农户个体所有。至2011年，确权28414宗、确权面积11980公顷，发放林权证11391件，涉及农户9980户，林权发证率97.1%。

**采伐监管** 1989年，区政府将林木采伐计划按年度分解到乡镇，不准超计划采伐、跨年度执行采伐计划，由林政管理部门负责采伐监督管理。2004年，推行采伐阳光行动：实行网上办证，实行采伐申请公示、批准公示制度，接受群众监督，杜绝乱砍滥伐。实行木材运输许可证制度，凡木材出境，须持木材运输证，由相关木材检查站依法检查。2011年，改由木材巡查大队以固定检查为主，流动检查为辅执行检查。

**案件查办**　1984—1991年，协助临湘市（县）、岳阳县查处盗伐白石园、五家洞林场林木案件3起，判刑5人。1992—2008年，查处林业违法案件483起，其中刑事案件20起，处理违法人员520人次，挽回直接经济损失650万元。2008年，全面清理林地占用情况；清出违法征用31起，非法占用(包括临时占用）125起，依法分别给予退还、罚款处理。是年，为做好临港新区、城南新区、无公害化垃圾场等重点工程征用林地工作，林政部门提前介入，主动上门，跟踪报批，对违法使用林地工程下达停工通知书，对经审核同意征用的，依法收取植被恢复费。2009年，临湘市五里乡王某承包采伐路口镇枧冲村象形山自然林，许可证批准择伐强度40％，林木蓄积268立方米，王实际采伐537立方米；次年8月，市森林公安局云溪大队以滥伐林木嫌疑将王羁押归案。至2011年，受理林业案件568起，查处540起（其中刑事案件51起），没收木材3680立方米。

# 第五章　水　利

清代，境内水利工程少。清同治年间（1862—1884），蓄水500立方米以上的山塘仅6口。光绪二十二年（1896），筑杨柳腰堤建成长江段堤防。民国时期，水利失修，堤垸溃决。1953—1957年，政府组织湖区加高培厚长江大堤，山区整修兴建山塘堰坝。1958年，水利建设进入快速发展时期。湖区不断加高培厚长江堤防，并实行专业灭蚁保堤，围垦滩涂，大修垸堤，完成撇洪工程；山区大修水库、山塘堰坝。至1978年，蓄、引、提水量扩大至8450万立方米，为1949年的9.15倍。1984年后，区下令坚持以提高工程质量、完善配套设施、消灭水利死角为主。1998年后，实施长江标准化防洪大堤建设，加强垸区堤防、山区撇洪工程整修，兴修改造水库、山塘堰坝。至2011年，全区有水库42座，山塘、堰坝2734处，渠道323.92公里，机埠、电排269个，蓄、引、提水量增至1.12亿立方米，比1978年增长33%，旱涝保收面积达到96%以上。

民国18年前，境内农田水利无专门管理机构。民国18年，由县建设局分管。1949年，由县政府建设科管理。1954年，由县政府农林水利局统管。1956年，由县政府水利局管理。1958年，由县政府农业局统管。1968年，由县农林水管站管理。1970年，由县水利机械局管理。1972年，由县水利水电局管理。1984年6月，成立区水电农机局管理；2002年3月，析区水电农机局置区水利局。2011年，区水利局职责调整为将农田运输车辆管理职能划入区交警部门，增加气象管理职责，加强水资源节约、保护、合理配置，加强防汛抗旱工作，加强水资源开发利用、水利安全生产监督管理，加强河道管理（包括河道采砂的监督管理），扶持农民、农业生产经营组织使用先进适用的农业机械等职责。内设机构有办公室、水利工程规划建设管理股、水政水资源股、农机管理股、政工人事股、财务股，归口管理区政府常设机构区防汛抗旱指挥部办公室；核定机关行政编制10名，后勤服务事业编制1名，全额拨款事业编制1名。

## 第一节　堤防·堤垸

### 一、长江堤防

**修筑**　唐代，始筑永济堤。明朝大学士李东阳《新筑永济堤记》载：“堤名‘永济’，唐已有之”。是为境内有文字记载修建最早的江堤。明初，在永济堤北端至彭家湾筑孟家堤、九龙堤、枫桥湖堤。明代中期，永济堤大多倒塌。明成化二十二年（1486），岳州知府李镜（字文明）在白石湖、翟家湖之间（即今城陵矶至象骨港之间）新修永济堤（又名“李公堤”），“堤长四千丈，广二丈，旁夹柳树二万，以固积壤。为桥二，甃石为闸于桥之北，高丈二尺，广五尺，架木梁通车马”，将孟家堤、九龙堤、枫桥湖堤连为一体，成为境内规模最大的江堤。清顺治、康熙年间（1644—1722），相继修补。清嘉庆十二年(1807)，筑马鞍山堤。清同治《临湘县志》载：“马鞍山堤在县西南二里，自马鞍山至罗家口，长十余里……”。咸丰八年（1858），筑柘园（今新港）堤。光绪二十二年（1896），筑杨柳腰堤(今云溪区陆城镇新港村与临湘市儒溪镇儒溪村交界处)。但是所筑江堤矮小单薄；至民国初年，已是百孔千疮。民国6年（1917），临湘与湖北省嘉鱼2县合作开发垸区，将上起道仁矶，下至北堤拐（今临湘市江南镇境内）江堤连为一体。次年，湖南省省长张敬尧发出布告：沿江未开垦的新淤，允准“缴纳领照，筑堤围垸”；湖区农民争相围垸垦荒，各筑田垱，串连为堤。民国21年，特大洪水泛滥，江堤尽溃。灾后，滨江、沙窝等地民众重建江堤。堤高一般仅3~4米，面宽2.5~3米，且多有白蚁为患。日军入侵后，江堤失修，屡屡溃决。

1949年7月，萧家墩等几处溃决，县政府以工代赈，用于恢复倒口，加固堤塍。1950年始，按规划、分年度加高培固江堤，建设标准为：堤顶高程32.5米，内坡斜度1:2.5，外坡斜度1:3。1954年7月，陆城新港出现历史最高水位33.33米后，大堤增高至33.83米。1968—1975年，每年调集劳力，完成土方40万~50万立方米，将堤面增宽至6~8米。

1984年后，境内长江大堤上起城陵矶莲花塘，下抵儒溪新堤拐，全长27.28公里。1988年，长江出现罕见秋汛，洪水超历史最高水位。区政府按省定标准加高培厚大堤，历时3年，大堤高度基本超历史最高水位1米，堤面宽达8米。1998年11月始，将长江大堤建成“久安工程”。按同年实际发生的洪峰水位（34.95米）设计，堤顶加高2米，宽12米，堤顶以下3.5~4米处设内平台，宽6~10米，内脚设高于地平面1~1.5米、宽30~50米的压脚平台，内、外坡坡度分别为1:3.5、1:3.0；至2000年6月，全面竣工。加固加高后，永济堤段高37.8米，陆城段高37.3米。2002年6月8日，朱镕基在杨正午、张云川、省委秘书长谢康生陪同下，到境内检查防汛和长江大堤标准化建设，称赞大堤修得好。

**维护**

治理崩岸。清光绪年间，长江陆城塘湾段已出现江心洲（今南洋洲），面积4000多亩。20世纪50年代中叶，长江主泓逐渐南移，导致南岸江岸崩溃。至80年代，崩岸加剧，涉及堤段23.9公里，其中北尾、新设、塘湾7600米堤段最为严重，平均每年崩退10~25米，已逼近堤脚。1984—1993年，在陆城江段陆续抛石固脚，共抛石2932立方米。1996年重大洪灾后，区政府成立治理崩岸指挥部，进一步加强崩岸治理。1998—1999年，共投入资金2746万元，完成水下抛石16.40万立方米，干砌石12682立方米，浆砌石6976立方米，抛钢筋水泥混凝土坝10285个、4268立方米，钢筋笼13200个、

11827立方米，完成崩岸治理2900米。至2011年，再未出现崩岸现象。

**护坡防浪**。护坡：境内遭受风摧浪蚀最严重堤段有8800多米，其中永济堤段2466米，陆城堤段6336米。为防止大堤浪蚀，1984年始，实行护坡工程。是年，在陆城沙窝段用水泥沙浆砌石，护坡400米。1985—1994年，分别在新港月堤拐、三角湖、万家湖堤段砌石护坡120米、1189米、800米。1996年，用大块石、鹅卵石、水泥沙浆1605立方米，在坡脚垒砌平台。1998年，用钢筋混凝土2140立方米，安置透水体40912个、2454立方米，共护坡1820米，加固堤坡2780米。1999—2002年，投入1618.31万元，用混凝土块护坡14260米。2011年，修复损坏护坡设施。

防浪：清有定例，在堤脚近处栽种芦苇、杨柳，藉以防浪护堤。但至清末寸木不存。民国时期，植少量防浪林。日军入境后，防浪林遭到破坏。1949年后，政府重视防林浪营造。并在汛期组织群众用柴草或芦苇扎"浪把"固定于堤岸防浪。1968年，防浪林木增至19.5万株。次年始，实行冬、春两季营造，专人管理，适时更新；至1983年，已有防浪林63.8公顷、31.7万株。1984—1999年，新植防浪杨柳40.44万株，防浪林面积增至217.4公顷。并改浪把防浪为用化学纤维编织的彩条布铺于堤坡防浪。2006年，实施长江防护林造林项目。2011年，有防浪林带23公里，占境内堤段84.31%，除山体、矶石外，全部植有防浪林木。

**填塘堵浸**。20世纪70年代前，堤防建设全靠手挖肩挑，为抢时间，往往在大堤内坡近处取土，留下许多深"塘"，逐步形成大堤基脚的"海底浸"。1984年始，对堤脚近处的深塘回填土石，以堵渗漏。1993年后，采用挖泥船将堤外泥沙抽到内垸，使之沉积填塘。1998—2011年，投资2056万元，利用大型机械，完成土方289.89万立方米，将大堤基脚50米以内的大小深塘全部填平，筑起压脚平台，彻底封堵"海底浸"。

**防治白蚁**。民国26年（1937），刘七八卢家堤段（今陆城镇新设村境内）因蚁洞溃口，陆城垸内一片汪洋。1954年，陆城乡儒溪堤段蚁穴溃堤，损失惨重。60年代，临湘县江堤管理委员会培养白蚁防治技术人员，采取清除堤畔杂草，迁移堤脚荒坟，追挖蚁路蚁巢，药杀填洞等方法灭蚁；1974年，组成灭蚁专业队，对大堤实施锥探查蚁；至1975年，共锥探2.1万米，探出蚁巢2435处，杀灭蚁后、蚁王1025只。但蚁穴浸漏出险仍占汛期险情80%以上。1983年，南洋洲7150米堤段出现蚁洞95处，每75.26米有蚁险1处，其中铜鼓山蚁洞跌窝，陷落1台大卡车。

1984年，区选派4名技术员参加省培训班，学习灭蚁技术。1985年，区建立由20人组成的江堤白蚁防治技术队伍。在陆城堤段挖出蚁巢185处，捕杀蚁王、蚁后48对。1986年始，每年春、冬两季实施机械灌浆灭蚁；至1989年，共清除蚁巢859处，捕杀蚁王、蚁后460对。1991年12月，区江堤管理委员会郑松柏因消除蚁患作出贡献，被评为省劳模；次年"五一"前夕，出席省劳动模范表彰大会。1992年，陆城垸被确定为水电部白蚁防治新技术推广示范点；通过准确定位，在南洋洲段蚁巢分群孔区实行带药灌浆灭蚁。1994年3月，受水利部委托，省水利水电厅组织专家现场查勘验收，陆城垸江堤未发现蚁害外露，达到水利部科技推广中心颁布的验收标准。1996年，全堤发生蚁患150处，较大的有10处，其中陆城王家门堤段蚁洞塌陷面积20平方米，深度3.5米。1996—2001年，先后在北尾、彭家湾、南洋洲、新设、新港等蚁害严重堤段打孔25700个，总进尺13.8万米，进行带药灌浆灭蚁。2002—2011年，境内江堤未发现明显蚁害外露现象。

### 二、内湖堤垸

元泰定元年（1324），县尹赵宪在陆城东五里筑赵公堤，是为境内围垸之始。至清代，垸堤增多。

道光八年（1828），沿江民众在彭家湾至庙湾墩、大矶头至铜鼓山、新港至儒溪等地围小垸21个。民国20年（1931），长江大水，各垸堤溃决。县政府以工代赈，但因赈款被地方政府、堤防部门层层私吞，用于修复垸堤的款项极为支绌，遂采取丢两头并中间的办法修补垸堤，把上起道仁矶、下至北堤拐折向横河堤的沿江地段分为上下两部分：以鸭栏为界，上分为滨江、三角湖、沙窝3垸，下分为四合、上万成、下万成3垸，6垸垸区面积共5万余亩。修补后，长江与内垸仍隔而不断。长江水涨，湖洲即为湖泊；长江水落，湖洲便是牧场。1949年后，政府积极兴修垸堤，兴建涵闸。1957年，围垦松阳湖；1958年，围垦黄盖湖。长江与内湖彻底隔断。1966年后，陆城、文桥等公社分别围成新设、新港、臣山、汪家、新垅5个内湖小垸。1968年，修建象骨港至平瓦厂、平瓦厂至道仁矶江堤及北尾上、下闸。1975年冬，始修冶湖撇洪渠。滨江一带形成可由人工控制的2个出水口。经多次围垦、小垸并大垸，至1983年，形成永济垸、陆城垸2个内湖大垸。

**永济垸** 即原松阳湖农场区域，现含永济乡、长炼后勤基地、云溪镇、道仁矶镇、云溪乡、临港新区大部，岳阳楼区一部分。唐筑永济堤是为永济成垸之始。明成化二十二年（1486），重修永济堤。堤东湿地始可耕种。后，堤塍废圮，长江汛期，湿地一片江洋。至1957年，修建城陵矶至象骨港江堤、围垦滩涂、建北尾电排闸，恢复耕种。是年，省公安厅在此建立临江劳改农场。1958—1965年，先后围垦陈子湖、扬旗湖、黄泥沟等30多个湖汊。1960年，临江劳改农场撤迁，成立松阳湖农场。1966年，修建岳阳电厂至造纸厂江堤；围垦土地湖、积阳湖、团湖、天鹅凼、野鸭凼、长湖凼、三汊港，扩大耕地。1968—1971年，修建象骨港至平瓦厂、平瓦厂至道仁矶江堤，裁弯改直北尾至道仁矶大堤，在刘家汊修筑万粟堤，垸内耕地进一步扩大。是年，临湘县在此建五七干校。次年，干校用地划给长炼办知识青年农场（后改为长炼后勤基地）。1974—1977年，开展农田建设，平整垸内土地，实现田成方、渠成网。1994年，永济垸被水电部定为城市防洪垸。至2011年，永济垸有耕地2216公顷，电排4个，装机容量共2520千瓦。

**陆城垸**

垸区变迁。清代，陆城垸含枫桥、鲁家、白泥、肖田、洋溪、黄盖等内湖区域。民国6年（1917），临湘县与湖北省嘉鱼县合修北堤拐等处垸堤，将陆城垸分隔为陆城垸、黄盖湖垸。1950年，下万成垸由湖北省嘉鱼县划归临湘县，陆城垸相应扩大。是年始，相继围垦瓦窑湖、洋溪湖、肖田湖、白泥湖、何家汊、万宝湖、万家湖、大湖、易家湖、宝塔湖、青山湖、新桥咀、周家咀、赵家咀、中湖包、方家湖等大小湖汊。1959年后，陆续围垦团湖、土箕湖、小洲湖、冶湖；围堵高桥、张家山、木鱼山。1971年，建天螺山电排闸，垸内始有电排。1975年，修建冶湖撇洪渠，总干渠渠堤将陆城垸从中分割，形成陆城垸、江南垸（今属临湘市），原陆城垸再次缩小，集雨面积由民国初年的613平方公里减至248平方公里，耕地面积由4060.66公顷减至2493.67公顷。为排灌便利，后修建元帅咀、新桥咀、周家咀、庙港、乌鱼咀5条间堤，将陆城垸分别间隔为新设、新港、洋溪3个小垸区。2011年，全陆城垸实有耕地2469.33公顷，电排6个，装机容量共5410千瓦。

**平垸行洪与移民建镇。**陆城垸湖区居民历来伴江堤居住，房屋多建于江堤禁脚内，有的甚至建在堤顶，客观上为白蚁提供繁衍条件，增加防汛查险、处险难度。1984年，陆城垸定为蓄洪垸。1998年，洞庭湖被纳入国家治理大江大湖计划后，由国家投资，陆城垸开始实施以平垸行洪、退田还湖、拆迁堤岸建筑为重点的移民建镇工程。区成立由区水利、区国土、区监察等部门组成的拆迁工程指挥部，相关乡镇、村组成立相应机构，确定专人负责。至2011年，分4批次共拆迁道仁矶、陆城、路口等镇吴淞高程28.9米以下房屋15203平方米，迁移人口2048人，主要集中安置在道仁矶镇柳田、易垸和陆城镇田山等村；完成移民基础设施建设56处，专项设施建设71处。包括平垸行洪、退田还湖，共投入资金6593.33万元。退田还湖569公顷，增加蓄水容积865万立方米。

## 附　撇洪工程

陆城垸伴湖靠山，山洪汛期常出现渍涝灾害。为从根本上解决垸内渍涝，1975年10月，根据县撇洪工程指挥部统一安排，境内云溪、路口、文桥、陆城公社和全县其他公社出动4万多劳力，于白泥湖至冶湖开挖渠道，修建附属设施。1976年春，基本完成渠道工程。1980年，完成部分附属工程。先后投入劳动工日1204万个，耗资1449.77万元（其中国家投资404万元、县社自筹1045.77万元）。凭手挖肩担移动土石1706.9万立方米，完成浆砌块石84200立方米，完成混凝土、钢筋混凝土浇注15700立方米。开挖总干渠（曾家汊至鸭栏）3.85公里，西干渠（茶港至文桥至曾家汊）20.1公里、南干渠（现临湘市境内）6.2公里，支渠20条、80.05公里。建排水闸、节制闸、公路机耕桥、渠下排水涵等169处，电动灌溉机埠12个，装机12台、144千瓦，建电动排渍站2处，装机16台、2480千瓦。工程基本竣工后，陆城垸100平方公里地表水可从路口、文桥、陆城等地撇洪渠进入洋溪湖，再经鸭栏闸泄长江，每年可减少白泥湖、洋溪湖等内湖渍水约1.1亿立方米。

但是，撇洪工程存在工程不配套，没有达到设计标准，造成有湖不能蓄水，有田不能耕种，效益不能发挥的弊端。至1984年，原规划的配套工程未全部实施。如设计建桥114座，实建46座，且已建桥梁标准低，拖拉机、卡车等较大的农用机械难以通行。旧机埠废弃，新机埠未建或未配套。一些堤段矮小单薄，涵管淤塞，每到汛期，陆城垸洪涝加剧。水系改变后，文桥、路口、陆城基本农田损失较多，对陆城垸农业产生带来负面影响。为充分发挥撇洪工程效益，90年代始，区政府组织加固加高境内渠堤，疏通涵管，完善配套设施，新建、重建桥梁。2000年，将撇洪渠堤防洪水位增高1.6米。2006年，再次加高、培固渠堤，用水泥硬化防汛通道，以防渗漏。2010—2011年，清理疏浚淤积严重干渠11.6公里，改建桥梁1座，采用六方混凝土块护坡或植草皮进行生态护坡，提高撇洪工程撇洪防灾能力。

# 第二节　塘坝·水库

### 一、山塘

明、清时期，山区一般建有小山塘，平原地区建有少量平塘。清同治年间（1862—1874），境内有山塘910口。民国38年，有山塘、平塘1041口，总容量400多万立方米。1952—1957年，建山塘1020口。1958—1960年，修建大型山塘。路口公社修建的“三口”塘，根据地形分上、中、下三级筑坝，工程量减小，既相互连通，又各自独立成塘，总容量5.4万立方米。文桥公社修建的直口塘，容量与“三口”塘相仿。70年代，“农业学大寨”运动中开发梯田，在山坡修建山塘。80年代后，水田承包到户，建塘少。1995年，建山塘37口，整修80口。2000年后，一季稻增多，用水量减少，山塘建设转向清淤、防浸、加固塘坝。2010年，争取省补助资金24.8万元，发动群众投工，完成山塘清淤扩容57口。2011年，全区有山塘、平塘2690口。其中容量500立方米以上的有1945口，蓄水总量

1264.5立方米；分布为：云溪镇24口，云溪乡747口，路口镇336口，文桥镇460口，陆城镇139口中，道仁矶镇223口，永济乡16口。

## 二、堰坝

拦河筑坝，引水灌田，为境内农民长期沿用的一种灌溉方式。堰坝以云溪、文桥等山区较多。文桥分水台亭畈狮子堰，相传为三国时吴国乔国老为浇灌庄园田土、花圃而筑。堰闸石板中有一小孔，长年喷水，水柱落于闸下圆石上，飞溅如珠，石闸两侧，一对石狮歪头侧耳，似看“闸下飞珠”，故沿称“狮子堰”，曾为当地一景。“文化大革命”期间，石闸损坏，改址重修堰坝，唯2狮尚存。该堰四季不枯，至今仍保台亭畈（今称狮子畈）近10公顷水田无旱灾之虞。文桥臣山铺八步滩堰建于清代，坝长1.5公里，东起环抱垅，西至龙海庵，汛期外拒宝塔湖水，旱时内蓄和平、文桥、天井等港水，可浇附近易家畈近20公顷水田。坝上并排建4口闸，宽约7~8米。70年代修撇洪河，水系改道，八步滩堰被废。后在附近撇洪河林家地段另建一堰，名林家堰。堰闸为钢筋水泥结构，闸门高3.5米，宽3米，用机械启闭。林家堰汇和平、文桥港水和长炼从小河沟排放的生产生活废水，终年不竭，可灌溉近处40多公顷水田。2011年，全区共有堰坝44处，蓄水容量86万立方米，灌溉面积共1333.33公顷。

## 三、水库

**修建** 1953年，在路口乡新里冲修建境内第一座水库，坝高9米，蓄水11万立方米。水库坝址建于两山狭谷之口，坝短库容大，水源充足，灌溉成片，为此后修建水库提供经验。1957—1959年，建水库16座；1962—1969年，建8座；70年代，建4座。80—90年代，共建4座。2000年后，水库建设重点转向整险、清淤、增容。2011年，全区有水库42座。其中中型水库1座，小(I)型水库3座(即曹峰水库、枧冲水库、清溪水库)，小（Ⅱ）型水库28座，小（Ⅱ）以下水库10座；小（Ⅱ）型以上水库库容共2071万立方米。

### 2011年云溪区小（Ⅱ）型以上水库分布情况表

表15-5-1

| 水库名称 | 所在乡镇（村） | 坝　高（米） | 库　容（万立方米） | 集雨面积（平方公里） | 灌溉面积（公顷） | 修建年份 |
|---|---|---|---|---|---|---|
| 民　主 | 云溪镇镇龙村 | 12 | 48 | 0.4 | 20 | 1958 |
| 双　花 | 云溪乡双花村 | 82.5 | 1068 | 9018 | 433.3 | 1979 |
| 清　溪 | 清溪村 | 26 | 250 | 4.60 | 200 | 1964 |
| 道人冲 | 桃李村 | 10.5 | 10 | 0.6 | 16.67 | 1958 |
| 大石坑 | 桃李村 | 13.2 | 18 | 1.1 | 66.67 | 1975 |
| 蛤蟆石 | 青石村 | 14 | 32 | 2.5 | 53.33 | 1959 |
| 岩　岭 | 友好村 | 11.2 | 10 | 0.8 | 20 | 1962 |
| 苏家冲 | 友好村 | 13 | 18 | 1 | 20 | 1958 |
| 天井坡 | 团结村 | 10.5 | 12 | 0.6 | 16.67 | 1958 |

续表 15-5-1

| 水库名称 | 所在乡镇（村） | 坝 高（米） | 库 容（万立方米） | 集雨面积（平方公里） | 灌溉面积（公顷） | 修建年份 |
|---|---|---|---|---|---|---|
| 姚刘家 | 建军村 | 9 | 10 | 0.25 | 13.33 | 1989 |
| 新李家 | 建军村 | 6 | 10 | 0.35 | 12 | 1994 |
| 吴 家 | 荷花村 | 9 | 10 | 0.4 | 16.67 | 1992 |
| 曹 峰 | 路口镇路口村 | 20 | 200 | 3.75 | 333.33 | 1957 |
| 枧 冲 | 枧冲村 | 26.5 | 120 | 1.20 | 166.67 | 1965 |
| 枧 口 | 枧冲村 | 26 | 30 | 0.8 | 180 | 1996 |
| 马 形 | 新合村 | 13 | 11 | 0.4 | 25.33 | 1963 |
| 郭家冲 | 南太村 | 9 | 10 | 0.4 | 26.67 | 1991 |
| 石 冲 | 文桥镇荆竹村 | 13 | 10 | 0.5 | 26.67 | 1970 |
| 梓木冲 | 荆竹村 | 17 | 10 | 0.5 | 13.33 | 1970 |
| 白家冲 | 和平村 | 17 | 55 | 1.2 | 66.67 | 1968 |
| 林家冲 | 和平村 | 10.5 | 12 | 0.6 | 33.33 | 1960 |
| 青 岗 | 金星村 | 10.1 | 14 | 0.3 | 14.67 | 1966 |
| 白竹坡 | 文桥村 | 11 | 10 | 0.5 | 40 | 1958 |
| 平 坳 | 望城村 | 11 | 10 | 0.3 | 20 | 1957 |
| 穿 堂 | 望城村 | 11 | 10 | 0.3 | 20 | 1959 |
| 烂泥冲 | 东风村 | 12 | 10 | 0.4 | 20 | 1958 |
| 和 平 | 黄皋村 | 10.5 | 10 | 0.5 | 23.33 | 1956 |
| 白 果 | 黄皋村 | 8 | 10 | 0.4 | 20 | 1959 |
| 井 杨 | 姜畈村 | 10 | 11 | 0.4 | 20 | 1957 |
| 仙 阳 | 姜畈村 | 12 | 10 | 0.2 | 10.67 | 1959 |
| 金家垅 | 分水村 | 13 | 12 | 0.8 | 26.67 | 1957 |
| 毛家冲 | 分水村 | 10 | 10 | 0.4 | 26.67 | 1957 |

**水库选介**

**双花水库**。1977年9月建。是月，云溪公社为解决双花港（又名太平港）下游双花、清溪等13个大队600多公顷农田旱涝保收问题，由公社党委副书记、革委会副主任颜宝泉负责，组织4000余劳力，修建双花水库；至1979年建成。水库坝高40米（蓄水位38米），干渠长17.5公里，库容776万立方米。为境内最大水库。1992年12月，随着云溪镇城区人口增长，云溪河污染加剧，区政府决定对其加固扩容，以解决城区生活供水。工程于1994年2月竣工。蓄水位在原基础上增高至82.5米，坝顶增修防浪墙（高1.2米），完成引水配套工程。集雨面积9.18平方公里，设计洪水位121.80米，库容增至1068万立方米，成为一座以灌溉、城市供水为主，兼顾防洪等综合效益的水利设施。2004年，省水利厅定之为中型水库，纳入省水利厅管理。2007年，国家发改委、水利部投资915万元，用于水库除险加固。工程包括坝基灌浆，内外护坡，溢洪道改造，隧洞建设，防渗防漏，闸门装置，道路改造等。2011年，工程基本完工。是年，区水利部门在库区安装山洪灾害预警系统，雨量、水位、水质自动监测系统。

**枧口水库。**位于路口镇枧冲村。为一座以灌溉为主，兼有饮用水源、防洪、养殖等综合效益的小（Ⅱ）型水库。集雨面积0.8平方公里，正常蓄水量30万立方米，设计防洪标准为30年一遇。1995年兴建，2011年，被纳入国家重点小（Ⅱ）型水库除险加固计划。实施后，消除安全隐患，提高防洪标准，新增库容30万立方米，缓解路口镇城区供水压力，新增灌溉面积100公顷。

## 第三节 渠道·机埠

### 一、渠道

明、清时期，农民多用竹木架设渡槽引水灌田或撇走洪水。民国时期，始挖渠引水。1949年年初，境内有小型渠道近10公里。

1952年后，农田集体管理，注重渠道建设。1957—1959年，山区大修水库，渠道作为配套工程，渠道建设加快。70年代，山丘造梯田，所辟渠道，环山绕岭；湖区围湖垦洲，所挖排渍渠纵横交错。沟通渠道的有渡槽、倒虹吸管、隧道、暗涵。1973—1974年，陆城公社基隆大队间家队群众，自己设计，自己测量，开挖隧洞3个、350米，挖盘山渠2500米。1990年，全区有渠道323.92公里。其中，云溪乡、路口镇各86.5公里，文桥镇13.85公里，陆城镇90.28公里，松阳湖农场12.38公里，道仁矶镇34.41公里。覆盖灌溉面积2463.93公顷。2004年，云溪乡友好、团结、青石等村开辟新渠16.8公里，改造衬砌沟14.72公里。2005—2011年，重新规范排灌渠道，将原有主要渠道改造成“U”型水泥槽渠，山区60%以上的农田基本实现排灌自流化。

### 二、机埠

1950年，陆城乡安装煤气内燃机作为动力提水灌溉，境内始建机埠。1952年，云溪、陆城2乡用柴油发动机提水，机埠增多。1959年，共有机埠46个、功率110马力。1963年，陆城变电站建成，沿江陆续改造原有机埠，修建电动抽水机埠。1964年冬至1965年8月，新增电动抽水机埠37个，装机容量1391千瓦。70年代，电动提水机埠迅速发展。1973年，云溪公社建机埠42个，配变压器32台，电动机、水泵各42台，灌溉面积1035公顷；路口公社有机埠19个，配变压器15台，电动水泵19台，排灌面积1007.33公顷；文桥公社修机埠29个，其中扬程20米以上的10个，金星村范家咀机埠扬程32米，为境内最高扬程；陆城公社有电力排灌闸兼机埠43个，配变压器41台，各处分别配电机水泵，排灌面积1892公顷。1980年始，农户小规模耕种，大型机埠少有启动。2000年后，农民经营模式多样化，双季稻种植面积缩减，需水时间、水量各不相同，大集体时的提水装置已不适应，各家自备小型潜水泵，山区固定性大型机埠大多闲置或废圮。随着长江堤防加固，湖区开发加速，滨湖地区电动排灌机埠建设加强。原机埠多扩建或重建，新增大功率新型电动排灌机埠。2011年，全区有机埠259个，其中云溪乡70外，路口镇有45个，文桥镇9个，陆城镇50个，道仁矶镇66个，永济乡19个；各机埠均配电动机1台，总功率5412.5千瓦，灌溉总面积2463.95公顷。

### 三、电排站

2011年，全区有骨干电排7处，装机5865千瓦，有效排涝面积11280公顷。其中最主要的有象骨港电排站、新设电排站。

**象骨港电排站。**位于永济垸象骨港，由永济电排、象骨港电排站组成。永济电排原名象骨港电排，建于1962年，装机2台、容量360千瓦，1994年，更名为永济电排。象骨港电排站建于1994年9月，由区水电农机局、华能岳阳电厂共同投资1359万元，1996年6月投入使用。主要由泵房、前池、拦污栅、1座自流低排闸、2座电排闸组成，有机组4台，装机容量为4×280千瓦，单机流量2.3立方米/秒。2000年，为增加永济垸排渍能力，改造永济电排，安装新机组，容量为2×180千瓦，单机流量1.3立方米/秒。组成后的象骨港新电排站装机容量共1480千瓦，6台机组满负荷运行，日排渍能力100万立方米，为一座以排渍为主、兼顾灌溉的中型电排站。

**新设电排站。**位于陆城垸新设村境内。始建于1979年，装机容量为8×155千瓦，设计流量10.8立方米/秒。2003年，为加强陆城垸防洪保安和白泥湖、肖田湖、撇洪河水位调节，进行重建。装机容量为3×400千瓦，设计流量40立方米/秒，扬程6.8米。

## 第四节　防汛·抗旱

### 一、防汛

清代、民国时期，堤身矮小单薄，每遇江湖水涨，仅用稻草裹土补塞浪坑或用柴火堵塞决口，不堪风浪、洪水一击。

1949年后，每逢汛期，政府按防汛水位（29.5米）及时组织防汛，防止或最大限度减轻水涝危害。1951年5月，县政府成立防汛指挥部，统一组织防汛。始用芦苇扎把平铺堤外临水面，再用杉木条横压，扣紧苇把挡浪。1952年，学习外地经验，沿堤锥探蚁穴，灌沙填洞，消除溃堤隐患。1954年6月，连降暴雨，为历年同期平均雨量的5倍，洪水暴涨，多处漫堤。各乡集中干部群众上万人紧急抢险。组织3000人、800条船只进入内垸，转移安置灾民5482户、21473人。成立救灾领导小组，发放贷款，组织生产，重建家园。1973年6月，长江水位涨至31.5米，堤内外水位差达到5米，永济垸、新设垸距堤脚60~80米处出现多处鼓沙冒水眼。各公社共调集劳力800名，集中4台推土机、5台抽水机，对9处大眼按“井”字形挖沟1米深，回填沙石导出浸水；对21个小冒水眼，进行压土导浸处理。1980年8月，连降暴雨，新港长江水位高达32.98米，为1949年后第三个高水位年。各公社共组织干部532人，紧急投入防汛救灾，群众最多时达2.13万人。出动汽车、拖拉机、机动船、木船，动用木材、楠竹、杂木堤桩，调集石块、砂卵石、麻袋，耗资20.47万元抗灾，灾害损失减少60%。

1984年6月，区成立防汛抗旱指挥部，实行统一调配，组织防汛。1988年9月19日，新港长江水位高达32.87米，出现1949年后罕见秋汛。为确保安全度汛，全区2000名干部群众坚守大堤17天，查险抢险，保证大堤安全。1991年7月4—13日，连降暴雨，撇洪渠青山湖水位达31.5米，超历史最高水位。白荆支渠油铺畈、鸡笼山2处垮渠，老107国道茶港地段被淹，中断交通2天。区委、区政府主要负责人现场督战，区委常委下乡镇蹲点，各乡镇包段负责，死守渠堤，最大限度减轻洪涝灾害。1996 年 1—7 月，降雨不断，长江新港段超警戒水位 28 天，最高水位达 34.12 米，超过危险水位(33 米) 1.2 米，比历史最高 1954 年水位高出 0.74 米，内垸多处山洪暴发。全区出动 1700 名干部、2.6 万名劳力，长炼、岳化调集 1000 多名民兵、400 多台卡车，紧急防汛。7 月 19 日中午，长江大堤塘湾段塘湾闸穿孔，江水倒灌垸内，水柱高达 10 多米。负责该段防汛抢险的区防汛指挥部副指挥长兼办公室主任、区水利局局长李从民火速组织干部群众打木桩、填沙袋。新设村塘湾组老共产党员黄泽民将自己准备做棺木的木材搬来，组里妇女从家里抱来 20 多床棉絮。干群协力奋战 4 个多小时，终于控制险情。10 月，李从民被省政府记一等功。1998 年 7—9 月，分垸内垸外两个战场，全力防汛，抗击特大洪灾。1999 年夏，长江流域再次出现大汛。7 月 25 日，朱镕基到永济垸检查防汛工作，在象骨港电排大堤上发表讲话，鼓励奋力抗洪，保证安全度汛。2000 年后，长江标准化大堤建成、水库加固除险，撇洪渠得到改造；至 2011 年，全区仅组织 3 次防汛，均安全度过汛期。

### 1952—2011 年新港长江最高水位情况表

表 15-5-2　　　　单位：米

| 时　间 | 水　位 | 时　间 | 水　位 | 时　间 | 水　位 |
|---|---|---|---|---|---|
| 1952.09.22 | 31.89 | 1972.07.02 | 27.47 | 1992.07.11 | 31.38 |
| 1953.08.11 | 29.42 | 1973.07.03 | 32.16 | 1993.09.04 | 32.03 |
| 1954.08.03 | 33.33 | 1974.07.17 | 31.53 | 1994.06.02 | 29.18 |
| 1955.07.02 | 31.15 | 1975.06.01 | 29.65 | 1995.07.06 | 32.51 |
| 1956.07.06 | 30.40 | 1976.07.24 | 31.82 | 1997.07.22 | 34.12 |
| 1957.08.14 | 30.46 | 1977.06.24 | 31.17 | 1998.07.25 | 31.49 |
| 1958.08.29 | 30.64 | 1978.08.23 | 29.05 | 1999.08.20 | 34.95 |
| 1959.07.18 | 29.56 | 1979.7.24 | 29.25 | 2000.07.22 | 34.57 |
| 1960.08.11 | 28.53 | 1980.09.02 | 32.46 | 2001.07.09 | 30.86 |
| 1961.07.26 | 28.75 | 1981.07.23 | 30.53 | 2002.07.10 | 28.73 |
| 1962.07.13 | 31.11 | 1982.08.21 | 31.28 | 2003.08.24 | 33.79 |
| 1963.07.18 | 28.96 | 1983.07.19 | 33.38 | 2004.08.23 | 32.33 |
| 1964.07.04 | 32.52 | 1984.07.31 | 30.94 | 2005.07.15 | 31.08 |
| 1965.07.22 | 29.48 | 1985.07.13 | 29.66 | 2006.07.26 | 32.13 |
| 1966.07.16 | 29.54 | 1986.07.11 | 30.05 | 2007.08.21 | 30.23 |
| 1967.07.07 | 31.08 | 1987.07.27 | 31.20 | 2008.07.18 | 31.76 |
| 1968.07.23 | 32.78 | 1988.09.19 | 32.84 | 2009.07.26 | 30.85 |
| 1969.07.23 | 32.69 | 1989.07.17 | 31.86 | 2010.08.11 | 32.49 |
| 1970.07.13 | 31.67 | 1990.07.06 | 31.85 | 2011.08.20 | 32.06 |
| 1971.06.17 | 29.11 | 1991.07.16 | 32.76 | | |

# 专记　1998年特大洪灾抗洪抢险

1998年6月28日始，境内连降暴雨，长江流域发生历史罕见特大洪水。区委、区政府迅速组织干部职工2000多人，民兵应急队伍2000多人，分段包干，轮流日夜坚守大堤，同洪水展开搏斗。

7月29日24时，省委副书记、省长储波到松阳湖检查指导防汛工作。随后，省政协主席刘夫生到永济垸视察防汛。

8月8日上午，永济垸5+4700处江堤同时被洪水击穿3个蚁穴，管涌骤然加大，且伴有大量泥沙。负责该堤段防汛抢险的刘衍华当即决定3处蚁穴同时处理。组织在场的区、乡干部分处包干，带头下水。党员、民兵组成突击队，搬砂石，填新土，打木桩。经过20多个小时激战，封死全部蚁穴，并在堤外打起1个50多米长的大抱围，避免溃堤。

8月18日8时，城陵矶水位达到35.80米，区防汛抗旱指挥部根据以往经验，新港水位将达到34.90米。遂紧急组织劳力，搬运土石2000余立方米，加固加高子堤1000多米，按34.90米水位设防。由于提前预防，至20日21时新港水位涨到34.95米时，避免洪峰漫堤。

是日，广州军区第四十一集团军某炮兵团四营333名解放军战士，在团长刘定康带领下到区，与先期赴境驰援的省武警总队直属二支队株洲支队298名官兵共同增援永济垸抗洪抢险。至月底，奉命先后共出征72次，投入兵力9500人次、车辆330台次，抢筑子堤12.5公里，抢运土方2200立方米，抢卸砂卵块石1.4万吨，参与紧急处险18次，确保5次特大洪峰顺利过境。

至9月12日，全区防汛抗洪总投工95.7万个，出动车辆9740台次、装载机械1500台次、大小船只1150艘次，投入编织袋58万条、彩条布47.2万米、砂卵石5.5万吨、块石2.9万吨、木材240立方米、汽油柴油160吨，共耗资3169.99万元。处理险情768处，其中大险情57处，打抱围32处，抢筑子堤21.1公里，开挖导浸沟5950余米，抗御特大洪峰8次。由于上下共同努力，各方协同作战，全区实现上级提出的“不垮一堤，不溃一垸”的目标。

是年，云溪区、区水利农机局被省委、省政府授予“抗洪救灾先进集体”称号。全区涌现防汛抗洪先进单位16个（包括长炼、岳化民兵连），先进个人221名。其中被省部级以上单位评为先进6人。区科委主任唐露尧获省科委颁发的抗洪先进个人荣誉证书，被科技部评为全国科技界抗洪先进个人；区法院院长郭吉祥被最高人民法院记一等功、省高级人民法院记二等功；区委统战部副部长、区工商联会长瞿和清分别被中央统战部、全国工商联评为抗洪抢险先进个人。长炼供排水厂职工、共青团员、基干民兵罗巍在抗洪抢险中为保卫战友英勇献身，年仅24岁，被团省委、省青年联合会追授为青年抗洪英模。区堤委会职工李四平奋不顾身跳进2米多深洞穴堵漏，被垮土埋压，经抢救幸免遇难，被批准火线入党。

## 二、抗旱

清代、民国时期，遇有旱情，仅由农民用水车各自车水抗旱。

1953年5月，县成立防汛抗旱生产联合指挥部，每遇旱年，组织人力、物力、财力进行抗旱，尽力减轻旱灾损失。1959年，夏秋连旱，104天不雨。各公社组织群众新辟渠道5.1公里，挖水凼2395个，筑临时堰坝1146个，抽调工业动力抽水机14台，灌田973公顷，减轻灾害损失。1963年，夏秋连旱115天，526个生产队有176个人畜饮水困难。各公社及时抽调机关干部支援抗旱。共出动水车2079部，抽水机81台，新架输电路16.4公里，开辟水源1098处，筑临时堰坝363座。银行发放长期无息贷款11.23万元，发放短期无息贷款14.47万元，支援抗旱救灾。1972年5—8月，大旱120天。各地共出动劳力17180名，动用水车、水桶、粪桶，安装电动抽水机、柴油抽水机奋力抗旱。岳阳军分区出动1个连120多名军人，到境内支援抗旱。

1988年4月底5月初，出现严重春旱，山塘干涸，无插秧水，至5月6日立夏，早稻仅插40%。区防汛抗旱指挥部组织各乡镇出动劳力2.5万名，动用提水机具2300台（部），全力抗旱保栽插。至5月15日，抢插早稻2733.3公顷，早稻栽插面积达到计划面积的91.7%。1992年6月23日至9月30日，出现百日大旱。有8条河流断流，28座水库干涸，鲁家湖40年来第二次龟裂。8月，在路口地区实施3次人工降雨，解决晚稻栽插用水。1997年8月，连续大旱20多天，3000公顷农田严重缺水，933公顷禾苗枯黄。区、乡、村积极组织抗旱救灾。及时启动鸭栏泄洪闸、华能岳阳电厂低排进水管放水，发动群众开渠打井，寻找水源；9月1日，耗资10万元，在云溪、路口进行人工降雨，缓解旱情。2001年，春、夏、秋三季连旱，塘库干涸，内湖见底，河港断流，受旱农田2200公顷，1.2万人饮水困难。全区实行区级干部包乡镇，乡镇干部包村组，不断增加人力、物力，持续抗御旱魔。从7月18日至30日，干部由128人增至819人，劳力由1.1万名增至3.8万名，共疏通渠道144公里，投入抗旱机械1350台套，打井、筑坝1480处，新架高压线路1000米，发射催雨弹110颗，实行人工降雨，出动专车送水到乡村，解决灌溉用水和群众饮水困难。2011年6—8月，少雨，稻田受灾，居民饮水困难。通过实施人工降雨，缓解旱情。

## 第五节　水利管理

### 一、机构

明、清时期，长江堤段由县滨江堤务局负责修防管理；民国2年（1913），由县堤工分局负责。民国24年，长江堤段由县江堤修防处管理；民国29年，由县堤务督进委员会管理。

1953年，江堤修防由县江堤修防委员会新港堤务段管理。1958—1959年，由县象骨港、新港堤务段管理。1980年，境内撇洪河由县撇洪河管理所管理。

1984年后，江堤修防管理由区江堤管理委员会负责，撇洪河由区撇洪河管理总段管理。2000—2011年，江堤、撇洪河分别由区江堤管理委员会、区撇洪河管理总段管理，象骨港电排站由省水利厅直接管理，其余电排由新设电排站管理。

### 二、管理

**堤防管理**　民国时期，省政府、省建设厅曾颁发《堤垸修防章程》。但实际上堤垸管理部门大都中饱私囊，不管堤垸修防。民国22年（1933），设在陆城塘湾的县堤防分局鲸吞赈灾款物，不顾修堤质量，境内长江堤段溃决，华洋筹赈会只得再次拨款补修。堤务主任葛仑山、工程负责人乔松年等故伎重演，与当地土豪劣绅、包头相勾结，采取游修补缝、砍旧见新等手法敷衍过场，大量钱财卷进自己腰包。并规定从民国23年始，按每亩田1元的标准向垸民摊派堤捐。垸民苗心斋（又名苗光灿）、陆开秀、方如山等联合清查堤段工程，指控葛、乔等人。至次年，迫使国民党地方政府不得不将葛、乔2人撤职。民国35年，县江堤修防处陆城垸职员黄求之大肆贪污修堤款、垸民救济物资，引起沿江各垸民众纷纷投诉。国民党湘、鄂两省政府以“事出有因，查无实据”加以搪塞。垸民愤怒至极，直言要砸烂江堤修防处，黄被迫贬调出境。

1949年7月，实行人民堤防人民管理。1950年，建立垸区代表会议制度，收集垸民对堤防修建意见，制定堤防管理规章，审查堤务费预决算。是年10月，召开首届垸民代表会议，作出江堤保护范围内一律按亩征收堤费的决定。1953年，加强永济、陆城、临江人垸管理。60年代，将堤防管理责任分解到公社、农场，协助临湘县新港堤务段加强堤防管理。1980年，将撇洪河河堤和芭蕉湖、元帅咀（现陆城镇陆城村境内）间堤纳入堤防管理范畴，与江堤管理一并进行。1982年3月，第四届垸民代表会议制订堤防管理暂行办法，规定距大堤内坡脚50米属大堤保护区，大堤内坡脚4米之内为禁脚区。1984年，区江堤管理委员会下设松阳湖、新设、新港3个堤防管理工作段，与区撇洪河管理总段分工负责，加强永济垸、新设垸、新港垸江堤和撇洪河堤管理。1990年始，各江堤堤防管理段每公里设防守点1处，配防守员1人，负责防守段内堤防、外滩、防浪林、护堤林、防汛公路、涵闸、堤防沙石的管理；撇洪河管理总段配工作人员12人，负责撇洪河及其附属建筑的日常安全管理。至2011年，未出现溃堤、溃垸现象。

**机埠电排站管理**　1984年5月前，各大队配农机手，加强机埠日常管理，各公社设农机站，加强电机、输电线路维护。临湘县农田水利部门安排专人，驻点维护电排站。1984年5月始，各村安排专人管理机埠，区、乡水利农机部门定期检查，发现损坏及时组织维修。省、区电排管理部门分站负责或驻点守护，加强电排站维护；汛期，根据需要及时开闸排洪。

**农田灌溉管理**　清代、民国时期，山塘、堰坝多为地主占有，随同土地出租给佃农使用。

1949年后，逐步建立用水新秩序。1952年，塘坝跟田走，由农民自行管理。1953年，农村互助组实行“一把锄头看水”。1954年，路口乡新里冲水库建成后，按实际受益面积征收水费，每公顷3~7.5元（每亩0.2~0.5元）。1956年农业合作化以后，土地联合经营面积扩大，水利设施增多，水库、山塘、堰坝、抽水机等，实行合作使用。对各农业社的管水人员实行定人员、定抗旱天数、定报酬的“三定”责任制。1975年，各公社成立水利管理站，配专门业务人员具体负责指导大队农田灌溉，按规定收取水库、堰坝受益生产队的水利管理费（2000年后取消收费）。至1979年，生产队一般推选一名专职看水员，实行科学用水、节约用水。80年代始，山塘用水一般按规定范围由相关受益农户自行调节使用。小（Ⅰ）型水库等较大的水利设施，其放水、提水灌溉由乡（社）管理。2005年，区政府将双花水库灌溉与居民生活用水实行合并管理，成立区城市供水管理站（简称水管站），库区农田灌溉用水由区水管站管理。

# 第六章　农具·农机

清代、民国时期，农业生产使用传统农具。1950年，国家投资在陆城乡安装煤气机（内燃机）用于提水灌溉。1952年，陆城乡、云溪乡始用柴油抽水机。1957年，省农垦局给松阳湖临江农场（简称临江农场）分配2台拖拉机，为境内机械耕作之始。1963年后，电动抽水机和其他电动农机逐步增多。80年代后，排灌实现机械化。2006年始，区政府实行国家农机具购置补贴政策。至2011年，共补贴285万元，资助农民购买大型农机2068台，其中联合收割机123台，耕整机216台，盘式拖拉机28台，挖掘机14台，推土机13台，其他农机1674台（套）。全区各类主要农业机械共有28429台。

1960年1月，境内农业机械由县农业机械局统管。1961年4—6月，成立陆城、松阳湖国营拖拉机站。1962年6月，由县机电水利局统管。1963年11月，成立陆城、云溪机电排灌中心站。1964年2月，复由县农业机械局统管。1967年，由县“抓革命促生产”指挥部机械化办公室统管。1968年，各公社（场）成立农机站。国营拖拉机站下放给所在公社、农场管理。11月，由县农林水管站统管；次年，机电排灌中心站下放给所在公社。1972年12月，由县农业机械局统管。1984年2月，由县农机服务站统管。6月，区水电农机科设农机监理站；次年，更名为农机安全管理站。2002年3月至2011年，由区水利局农机安全管理站具体负责。乡镇农机站划归乡镇管理。

## 第一节　传统农具

**耕作农具**　有曲辕犁、斩滚、蒲滚、木耙、铁斨、木斨、锄头、铁锹、耙头等。

**提水工具**　有龙骨水车（分手推、脚踏、牛拉三种）、木桶、水桶、粪桶、粪瓢、水瓢等。

**收割工具**　有禾镰、弯镰、扮桶、扮砧、挡箦、抓扒、撮箕、木锨、风车、晒簟、扬杈、耥扒、连枷、石滚等。

**播种插秧工具**　有20世纪50—60年代使用的木制牛拉播种器、划行器、人力插秧机。

**运输工具**　有扁担、禾担、冲担、篼箕、箩筐、竹篮、背篓、手推车、板车、牛车、牛拖、木船、竹筏等。

**加工工具**　有推子、石碓、石磨、石碾、木榨、铁锅、筛子、揉盆、茶炕、弹花弓、木椎、纺车、缫车、木制织布机等。

**其他工具**　有木仓、木柜、王桶（特大木桶）、大缸、小坛、瓦罐、瓦钵、瓷壶、柴刀、篾刀、铡刀、篮盘、筛子、斗笠、蓑衣等。

1949年后，农业机械逐步增多，手工农具不断被淘汰。50年代，木推、石碓逐渐被打米机代替。60年代始，抽水机、打稻机取代水车、扮桶。70年代，肩挑背运工具逐步为自行车、手扶拖拉机、卡车代替。80年代后，大型传统农具基本被淘汰。

## 第二节　农业机械

### 一、耕作机械

**拖拉机**　1957年，临江农场有2台拖拉机；次年8月，农场搬迁，拖拉机移交云溪乡管理。1967年，拖拉机发展至11台。1968年，有拖拉机13台。1979年，拖拉机种类增多，大多配有大铁轮、犁铧、耙滚等机具。80年代，带犁耙的手扶拖拉机迅速增加；2000年后，大型拖拉机增多，带犁耙的手扶拖拉机逐步减少。至2011年，从事农田耕作的大型拖拉机、手扶拖拉机共211台，均配有机引犁耙、铁滚等机具。

**耕整机** 1983年，松阳湖农场四分场引进湖南-5型耕整机，配有犁耙、轧滚、平整器，每小时耕田1.2亩左右，耙田1.5~2亩，功效为牛拉犁耕的2倍。1995年后，耕整机增多。至2005年，新增耕整机53台。2006—2011年，新增216台，多为牵引式重型旋耕机，加装各种附加装置，有翻耕、耙土、起沟、发浆、平整等功能。

**其他耕作机械** 20世纪70年代初，陆城公社农机站用手扶拖拉机带改良耙，用于小麦、芝麻、棉花早期中耕，功效提高10倍左右，但漏耕、死苗较多，未能推广。1975年，引进省农业机械研究所研制的机滚船，但在小块田拐弯不便，80年代基本被淘汰。1978年，推广湘农-10型简易机耕船，能带铁蒲滚，适合深泥田作业，90年代中期一度发展较快。1999年后，机耕船多被耕整机取代；至2011年，共减少575台。

### 二、排灌机械

1950—1954年，国家投资在云溪、陆城2乡各安装6台抽水机，计82马力。1955—1957年，抽水机发展至12台、202马力。1958—1961年，云溪公社滨湖、临江、建设，路口公社南太、省塘，文桥公社白荆，江南公社陆城、洋溪、江南、黄盖等13个大队和松阳湖农场均购置大型抽水机。均以柴油发动机为动力。1963年始，用电动抽水机；至1979年，有电动抽水机725台、7790千瓦。1980年后，随着双季稻栽培面积缩减，农业用水量相应减少，大型固定机房逐渐放弃。1984年，全区有固定电动抽水机180台，排灌面积占耕地面积40%。路口茉莉花场有喷灌机1台，功率20千瓦。1995年后，小型水泵成为农田灌溉主要设备，电动抽水机多被闲置。2005年，小型农用水泵比1995年新增837台，真空水泵新增187台。2011年，共有电动抽水机、水泵、真空泵4196台，功率16.13万千瓦。

### 三、播、插机械

1955年5月，陆城乡新设、儒溪等地试用黄麻播种机，效果不佳。60年代，陆城、松阳湖等地用铁木结构的播种机在湖洲旱地多次进行棉花、小麦、芝麻、蚕豆等作物播种试验，因播种不匀未推广。1966年春，文桥公社臣山大队购买2部65型插秧机，因插秧“披毛散发”被淘汰。1967年、1971年，临湘县机械化办公室、农机水管站在文桥公社臣山大队，分别试用21台人力插秧机、1台动力插秧机，效果仍不理想。至今，尚无适用的播种插秧机械。

### 四、植保机械

1953年始，用手压筒式喷雾器喷洒农药防治病虫害，压一次气喷洒2~3分钟，再放置地上重新压气。60年代，改为背筒式喷雾器，可边压气边喷洒。并推广手摇式喷粉器。1984年，全区农民户均有1部背筒式喷雾器。2009年始，使用新型电动高压喷雾器，背负式，可装单个或多个喷头，喷洒的药液雾化程度高，适用于各种农作物、蔬菜、果树施药。

### 五、收割机械

大跃进年代，始用手推式割谷器，掉粒严重，未能推广。1965年，使用脚踏滚轴式打稻机。1969年，在人力打稻机上安装小型柴油机作动力。70年代始，使用电动脱粒机，但较笨重，只能固定在晒场使用，无法在田间作业。在人力打稻机上安装小型电动机，配置成电动打稻机。此打稻机实用性强，被广泛采用。至1984年，全区有电动打稻机3000台。2005年始，农户合资购置联合收割机。至2006年，联合收割机增至23台。每年另有河南等地的联合收割机参与境内水稻收割。2011年，全区共有电动打稻机、联合收割机950台，可收割90%以上的水稻。始在联合收割机上添加装置收割小麦、油菜等。

#### 六、加工机械

**大米加工** 1964年，路口铺粮站率先使用电动碾米机。1969年，农村引进“N400”型铁辊碾米机、磨粉机，结束大米加工用推子、石碓，小麦加工用石磨、石碾、罗柜的历史。70年代初，境内有小型辊轴碾米机97台，路口铺、云溪等粮站使用中型碾米机。路口铺粮站属省大米加工设备试点单位，配有砻谷机、重力机、去石机、风机等。2000年后，随着民营资本进入大米加工行业，大米加工设备不断更新，主要有立式碾米机、低温升碾米机、抛光机、滚筒精选机、色选机、重力谷糙分离机、糙米精选机、保鲜包装机等；农户始购置小型碾米机。2005年后，加工专业户将碾米机等安装在手扶拖拉机上，串家走户，上门加工，原固定大米加工点多被淘汰。2011年，碾米机比1999年减少152台。

**油料加工** 1964年，陆城油脂厂始使用动力破籽榨油机。70年代，有榨油机45台，人力、电力兼用。80年代后，均为电力榨油机，分动力旋转榨油机、液压榨油机2大类，配套设备均有清杂、脱壳、蒸炒、滤油等功能。2011年，全区电动榨油机年榨油能力500吨。

**棉花加工** 1984年，棉花加机械有电动轧花（去籽）机、弹花机。1999—2011年，道仁矶、永济、陆城等地共设轧花点、弹花点各6处，年加工棉花10吨。

**其他加工** 20世纪60年代，茶叶加工有杀青机、揉茶机、轧选机、烘烤机。70年代，有揉茶机280台、烘烤机370台。80年代后，一般农户加工茶叶用手揉，仅茶叶加工专业户用揉茶机。2011年，共有揉茶机8台、烘烤机7台。薯类加工有磨浆机、切片机、擦丝机。丘陵区农户购买较多，一般10~30户有1台磨浆机、1台切片机，每2~5户有1台擦丝机。饲料加工机械得到广泛应用，比1999年增加140台。

#### 七、运输机械

**拖拉机** 1958年，临江农场拖拉机移交地方后，偶或参与农运。1961年，陆城拖拉机站有轮式拖拉机配带拖车从事农资运输。1968年，共有9台拖拉机参加农运。70年代，始有手扶拖拉机从事田间运输和公路短途运输。80年代，拖拉机是农村运输的主要机械。1984年，有拖拉机、手扶拖拉机。90年代后，拖拉机运输功能多被农用汽车取代，2000年，从事运输的拖拉机已少见。

**汽车** 1963年，陆城、松阳湖拖拉机耕作队各配有1台南京嘎斯牌汽车，运送汽油、零配件及其他农用物资。1975年，境内农用汽车发展到20台。1980年，有农运汽车157台，1988年，增至851台。2009年3月1日始，国家启动《汽车摩托下乡实施方案》，将购置三轮农用车、四轮农用车、轻型载货车、微型客车（不含轿车）纳入国家补贴范围，凡农户购买其中一台，补贴售价的10%，最高可补贴5000元。2009—2011年，购买农用车270台、摩托车450台。2011年，农用汽车、摩托车共9400台。

## 八、其他机械

20 世纪 70 年代末，木材加工机械有带锯机、轮锯机、平刨机、槽榫机、车床等，共 130 多种。养殖机械有打浆机、颗粒饲料机、增氧机、简易捕鱼机、孵化机、育雏机等。2011 年，规模养殖场主要机械有 52 种、3650 台件。工程土建机械有挖掘机、铲土机、搅拌机、装载机、装吊机、砖瓦压模机等 660 多台。

### 1984—2011 年云溪（北）区部分年份主要农业机械情况表

表 15-6-1　　　　单位：台、千瓦

| 年度 | | 1984 | | 1989 | | 1995 | | 1999 | | 2005 | | 2009 | | 2011 | |
|---|---|---|---|---|---|---|---|---|---|---|---|---|---|---|---|
| 机械类别 | | 台数 | 功率 | 台数 | 功率 | 台数 | 功率 | 台数 | 功率 | 台数 | 功率 | 台数 | 功率 | 台数 | 功率 |
| 耕作类 | 拖拉机 | 142 | — | 132 | — | 115 | — | 135 | — | 140 | — | 135 | — | 122 | — |
| | 手扶拖拉机 | 380 | — | 435 | — | 589 | — | 462 | — | 202 | — | 122 | — | 89 | — |
| | 机耕船 | 89 | — | 108 | — | 213 | — | 595 | — | 312 | — | 152 | — | 20 | — |
| | 耕整机 | — | — | — | — | 20 | — | 92 | — | 145 | — | 302 | — | 361 | — |
| 排灌类 | 电动抽水机 | 180 | 2000 | 230 | 35900 | 460 | 43810 | 753 | 62376 | 926 | 76690 | 1065 | 88210 | 1236 | 102370 |
| | 水泵 | 356 | 914 | 472 | 1212 | 563 | 1446 | 847 | 2175 | 1400 | 3159 | 1650 | 4238 | 2530 | 5650 |
| | 真空泵 | 32 | 3964 | 48 | 5945 | 73 | 9042 | 110 | 13625 | 260 | 32204 | 325 | 40255 | 430 | 53260 |
| 植保类 | 电动喷雾器 | — | — | — | — | — | — | — | — | — | — | 8 | — | 20 | — |
| | 人力喷雾器 | 11000 | — | 12800 | — | 20760 | — | 26510 | — | 24320 | — | 16320 | — | 7100 | — |
| 收割类 | 动力打稻机 | 3000 | — | 3500 | — | 3800 | — | 2110 | — | 1400 | — | 1150 | — | 865 | — |
| | 动力脱力机 | 31 | — | 20 | — | 10 | — | — | — | — | — | — | — | — | — |
| | 联合收割机 | — | — | — | — | — | — | — | — | 16 | — | 139 | — | 85 | — |
| | 脚踏打稻机 | 2110 | — | 1450 | — | 510 | — | 302 | — | 110 | — | 35 | — | — | — |
| 加工类 | 碾米机 | 195 | — | 280 | — | 310 | — | 502 | — | 480 | — | 410 | — | 350 | — |
| | 磨粉机 | 90 | — | 145 | — | 178 | — | 260 | — | 225 | — | 170 | — | 150 | — |
| | 榨油机 | 50 | — | 57 | — | 69 | — | 78 | — | 89 | — | 70 | — | 80 | — |
| | 棉花加工机 | 22 | — | 31 | — | 26 | — | 30 | — | 21 | — | 20 | — | 23 | — |
| | 茶叶加工机 | 336 | — | 420 | — | 326 | — | 128 | — | 69 | — | 34 | — | 15 | — |
| | 饲料加工机 | 41 | — | 59 | — | 160 | — | 210 | — | 280 | — | 315 | — | 350 | — |
| 运输类 | 农用汽车 | 380 | — | 875 | — | 923 | — | 890 | — | 621 | — | 551 | — | 450 | — |
| | 农用摩托 | 2130 | — | 2850 | — | 3652 | — | 4830 | — | 6738 | — | 8560 | — | 8950 | — |
| | 农用机动船 | — | — | — | — | — | — | — | — | — | — | — | — | 12 | — |
| 动力类 | 柴油机 | 310 | — | 523 | — | 760 | — | 1010 | — | 968 | — | 850 | — | 780 | — |
| | 电动机 | 620 | — | 746 | — | 810 | — | 963 | — | 1108 | — | 1234 | — | 1356 | — |
| | 水轮泵 | 1830 | — | 2118 | — | 2380 | — | 2617 | — | 2450 | — | 2332 | — | 2200 | — |
| 其他机械 | 挖掘机 | — | — | 7 | — | 18 | — | 30 | — | 45 | — | 93 | — | 159 | — |
| | 推铲土机 | — | — | 3 | — | 12 | — | 26 | — | 39 | — | 132 | — | 223 | — |
| | 搅拌机 | — | — | 210 | — | 238 | — | 272 | — | 323 | — | 347 | — | 365 | — |
| | 装载机 | — | — | 2 | — | 8 | — | 42 | — | 68 | — | 93 | — | 120 | — |

## 第三节　农机管理

**农机培训**　50年代前，较复杂的农具，其制作、使用、维修，均由专业师傅个别传艺。1955—1963年，选送65人到长沙等地学习农业机械技术。1965—1969年，农机项目增多，参加技术培训的人员增加。大队、公社农机技术员由各大队、公社推荐，参加培训后录用。80年代后，按规定须持资格证操作农用机械；由农户自愿报名，通过培训考试合格、注册发证后方可从事农机操作。1984—1989年，参加拖拉机驾驶员培训获证800人。1990—2011年，先后举办各类培训班15期，凡须凭证上岗的拖拉机驾驶员、农用汽车驾驶员、挖掘机操作员、内燃机手、电动机手及其他农机技术人员，均得到培训。对农机具维修网点技术人员实行考核、发证。2011年，全区有维修网点30处，发放修理工等级证书45人。

**农机监理**　20世纪70年代始，加强农机检测、办证、落户、过户、换发牌证、驾驶员考试、考核，拖拉机年度检审、农机安全监理、拖拉机养路费征收等工作。1984年，组织安全检查，开展安全教育，处理安全事故。首次换发农用拖拉机（不含手扶拖拉机，下同）牌照。1991年1月始，启用全省新的机动车驾驶证编号代码、机动车行车执照及号牌的编号代码。1994年4月始，开展拖拉机第二次换证工作；至12月，换证110台，换证率100%。1996年，对全区拖拉机进行技术检测，检测拖拉机121台。1998年6—12月，换发农用拖拉机驾驶员驾驶证，新建驾驶员档案。2000年，农用拖拉机换发全国统一的“反光”牌照。2008年始，换发05式牌照。2009—2011年，全区年检农用汽车1521台次，合格率99.31%；年审驾驶员1634人次，年审率95%；发生大小事故143起，调处率100%。

# 第十六篇　工　业

唐、宋时期，境内已有少量手工业。清代，手工业门类增多。民国前期，手工业规模扩大，作坊增多，从业人员增加。日军侵境后，手工业遭到严重破坏。民国38年，手工业作坊比抗战前期减少34.78%，从业人员减少21.11%。1949年后，政府重视恢复发展工业。1957年，有国营工厂，手工业合作社、组15个，工业产值比1949年增长33.89%。“大跃进”和“文化大革命”中，工业几起几落。中共十一届三中全会后，个体工业兴起，工业进入新的发展时期。至1983年，工业产值比1958年增长13.57倍。1984年后，区委、区政府鼓励充分利用本土和驻区大厂资源，大办区、乡、个体企业。至1992年，工业企业发展至823家，产值增至1.37亿元，比1983年分别增长18.6倍、18.68倍。1992年后，随着市场经济体制建立，个体工业进一步发展，为工业发展提供新动力。至1997年，工业企业扩展至1267个，产值比1991年增长5.59倍。1998年，区、乡工业体制改革进一步深化，多种经济成分工业得到快速发展。2003年，创办云溪工业园，扩大招商引资，实行工业集约化、产业化、精细化发展。至2011年，形成以精细化工为主体，以工业催化剂新材料、高分子材料加工、生物医药化工、环保溶剂、中间染色体及炼厂尾气加工等产业为支柱，有化工、制造、建筑、建材、采矿、轻纺、食品、电力电子等七大门类31个行业的新型现代工业，规模工业产值比1997年工业总产值增长20.63倍。

民国元—30年（1912—1941），境内工业先后由县知事公署工房、县政府第二科管理。民国31—37年，先后由县建设科、县货物局管理。1954年，县属工业、地方手工业，分别归口县工业科、县手工业局（科）管理。1958年，社队工业，由所在公社、县公社工业局双重管理。1968—1972年，各类工业，先后由县革委会工业交通管理站、县工业局管理。1972年，社队工业、二轻工业，分别由县社队企业管理局、二轻工业局管理。1984年6月，由区经委统管。次年2月，区成立乡镇企业局，乡镇成立乡镇企业办公室，双重管理乡镇企业。7月，二轻工业由区二轻工业局管理；1995年4月，区成立经贸委，下设二轻工业办公室，负责管理二轻工业。2001年12月，合并区招商局、区经贸委、区乡镇企业局组建区经发局，各类工业由区经发局统管。2003年7月，成立云溪工业园管理委员会（简称工业园管委会），入驻云溪工业园工业企业，先后由区工业园管委会和区经发局、区工信局双重管理，以工业园管委会管理为主。2011年8月，其他工业由区工信局管理。

2011年，区工业园管委会为区政府直属副处级事业单位；内设机构有综合科、规划建设科、协作协调科、企业管理科、财务科，另设科技创业服务中心（正股级）；核定全额拨款事业编制18名（其中15名参照公务员管理），自收自支事业编制21名。区工信局内设机构有办公室、经济运行股、中小企业股、投资规划股、科学技术和知识产权股、资源和资产管理股、政工人事股；核定机关行政编制11名、机关后勤服务事业编制1名。归口管理区科协。

# 第一章　工业结构

## 第一节　所有制构成

### 一、个体工业

清代、民国时期，农村亦工亦农的个体手工业、集镇个体手工业作坊，其产值约占境内工业总产值96%左右。1952年，个体手工业产值占工业总产值70.3%。1957年，个体手工业者参加手工业合作社（组），其工业产值仅占总产值5.2%。1958年后，由于人民公社和“文化大革命”期间“左”的政策影响，个体工业几乎不复存在。1978年后，政策放宽，个体工业逐步兴起。至1984年，有个体工业企业12个，产值占全区工业总产值2.54%。1985年，区委、区政府鼓励充分利用区域资源，根据驻区大厂和市场需要，发展个体工业。至1991年，个体工业企业发展至562个，产值占工业总产值10.3%。1992年，市场经济体制建立，工业生产资料、产品供销市场放开，促进个体工业加快发展。至1997年，个体工业企业发展至1074家，产值占工业总产值35.47%。1998年，全民工业、集体工业资产卖断，产权置换，或股份制改造或私营，个体工业得到进一步发展。至2000年，个体工业企业增至1620个，为历史上最多的一年，产值则由于规模相对较小，效益难以提高，为37450万元，占工业总产值25.72%。2003年后，个体工业进入调整期，规模小、机械化程度不高、污染较大、市场竞争力不强的企业，或被淘汰，或改造成为股份制企业。至2011年，个体工业规模以上企业31家，产值13.54亿元，占规模工业总产值9.51%。

### 二、集体工业

1954年4月始，在手工业实行社会主义改造中，发展集体工业。至1957年，集体工业产值占工业总产值61.2%。1958年，各公社大办工业，集体工业企业增至67家，产值47.77万元，占工业总产值70.32%。1959年，社办工业降温，集体工业企业逐年减少。1960年，集体工业企业减至23家，产值17.32万元，占工业总产值58.31%；1961年，20家，产值16.11万元，占工业总产值57.39%。1968年，集体工业企业19家，年产值25万元，约占工业总产值60%。1969年，长炼、岳化入驻境内，促进社办工业进入新的发展期。是年，云溪公社兴办机砖厂，云溪镇创办塑料厂；至1976年，集体工业企业增至28家，产值291.3万元，占工业总产值70.13%。1976年后，社办工业呈现崛起之势。1983年，集体工业企业增至38家，产值431万元，占工业总产值61.2%。1984年后，区办、乡办、村办、组办工业一齐上，集体工业进入快速发展期。1985年，集体工业企业113家，产值1164万元，占全区工业总产值61.13%，1986年，增至133家，产值1969万元，占总产值69.09%。1987年始，以乡镇企业为主体的集体工业企业每年以新增5家的速度递增。至1998年，已有集体工业企业195家，产值87572万元，占工业总产值70.97%。但是由于发展过快，技术、管理一时难以跟上，加之设备老化，产品质量难以过关，不能较好地满足市场需要。是年始，集体工业实行产权置换，企业逐年减少。至 2002 年，仅有 80 家，产值 141965 万元，在工业总产值中的占比降至 69.48%。2003 年始，股份制工业、个体工业迅猛发展，集体工业进一步缩减；至 2011 年，集体工业基本退出工业领域。

### 三、国营工业

1951 年，境内始有国营（即全民所有制）工业。1958 年，兴办云溪米厂。国营工业产值 17.43 万元，占工业总产值 27.03%。至 1969 年，国营工业企业年均产值 9 万元~12 万元，占工业总产值 35%左右。1970 年，为满足长炼职工生活需求，创办路口米厂。次年，为适应棉花生产发展需要，兴办陆城轧花厂。1972 年，有国营工业企业 4 家，产值 71.4 万元，占工业总产值 29.43%。至 1984 年，国营工业企业均为 4 家，年均产值 95 万元左右，占工业总产值 27.32%。1985 年，响应区委、区政府发展地方工业号召，粮食等部门先后办起国营工业。1986 年，有国营工业企业 8 家，产值 542 万元，占全区工业总产值 19.02%。次年，国营工业企业减至 6 家，产值占总产值 12.92%。1988—1999 年，国营工业企业均为 4 家，年均产值 956.44 万元，占工业总产值 4%左右。2000 年，国营工业或破产重组，或实行股份制，企业减少。2002 年，仅有 1 家国营工业企业，产值 896 万元，占工业总产值 0.43%。2011 年，国营工业逐渐淡出工业领域。

### 四、股份制工业

1986 年 3 月，松阳湖农场擂鼓台分场赵家早、胡同信、曹清明、张德云 4 人首创股份制工业企业土建队，入股资金 2 万元。1987 年后，股份制工业经历由集体资本占主导地位，逐步转变为以民间资本占主体的发展过程。1993 年，股份制工业资本金共 3957.91 万元，其中外商资本金、法人资本金、社会个人资本金 2746 万元，占资本金总额 69.38%，集体资本金 1211.91 万元，占总资本金 30.62%。1998 年，民众参与的股份制工业企业发展至 292 个，从业 5414 人，占全区工业企业 21.58%，产值 6575 万元，占工业总产值 5.33%。是年始，随着国营、集体工业体制改革深化，招商引资力度加大，本土、外商、港澳台商股份制企业不断兴起，入驻境内股份制工业企业迅速增加。至 2011 年，规模以上股份制工业企业 55 家，产值 103.01 亿元，占全区规模工业产值 72.25%。

**1984—2002 年云溪（北）区工业所有制构成统计表**

表 16-1-1　　单位：家、万元

| 年度 | 企业 | 总产值 | 其中 | | | | | |
|---|---|---|---|---|---|---|---|---|
| | | | 全民 | | 集体 | | 个体 | |
| | | | 企业 | 产值 | 企业 | 产值 | 企业 | 产值 |
| 1984 | 97 | 1261 | 4 | 467 | 81 | 762 | 12 | 32 |
| 1985 | 409 | 1904 | 7 | 543 | 113 | 1164 | 289 | 197 |
| 1986 | 441 | 2850 | 8 | 542 | 133 | 1969 | 300 | 339 |
| 1987 | 534 | 4612 | 6 | 596 | 142 | 3432 | 386 | 584 |
| 1988 | 587 | 6389 | 4 | 664.3 | 159 | 4897.7 | 424 | 826.8 |
| 1989 | 592 | 6430 | 4 | 752 | 162 | 5012 | 426 | 666 |

续表 16-1-1

| 年 度 | 企 业 | 总产值 | 其中 | | | | | |
|---|---|---|---|---|---|---|---|---|
| | | | 全民 | | 集体 | | 个体 | |
| | | | 企业 | 产值 | 企业 | 产值 | 企业 | 产值 |
| 1990 | 601 | 6721 | 4 | 814 | 167 | 5246 | 430 | 661 |
| 1991 | 738 | 9999 | 4 | 856 | 172 | 8113 | 562 | 1030 |
| 1992 | 823 | 13700 | 4 | 913 | 176 | 11645 | 643 | 1142 |
| 1993 | 969 | 16300 | 4 | 972 | 179 | 11876 | 786 | 3452 |
| 1994 | 1169 | 20400 | 4 | 1033 | 183 | 14562 | 982 | 4805 |
| 1995 | 1213 | 33700 | 4 | 1156 | 185 | 26431 | 1024 | 6113 |
| 1996 | 1247 | 46600 | 4 | 1240 | 188 | 31790 | 1055 | 13570 |
| 1997 | 1267 | 65900 | 4 | 1020 | 189 | 41504 | 1074 | 23376 |
| 1998 | 1353 | 123400 | 4 | 980 | 195 | 87572 | 1154 | 34848 |
| 1999 | 1673 | 126578 | 4 | 1132 | 168 | 89451 | 1501 | 35995 |
| 2000 | 1794 | 145565 | 1 | 583 | 173 | 107532 | 1620 | 37450 |
| 2001 | 1151 | 70311 | 1 | 782 | 144 | 125867 | 1006 | 43662 |
| 2002 | 985 | 204330 | 1 | 896 | 80 | 141965 | 904 | 61469 |

## 2003—2011 年云溪区规模工业所有制构成统计表

表 16-1-2　　单位：家、亿元

| 年 度 | 企业个数 | 工业总产值 | 其中 | | |
|---|---|---|---|---|---|
| | | | 股份制企业产值 | 外商及港澳台商企业产值 | 其他经济类型企业产值 |
| 2003 | 29 | 10.56 | 7.63 | 1.92 | 1.01 |
| 2004 | 36 | 14.68 | 10.61 | 2.68 | 1.39 |
| 2005 | 47 | 21.47 | 15.51 | 3.92 | 2.04 |
| 2006 | 52 | 26.5 | 19.15 | 4.83 | 2.52 |
| 2007 | 58 | 30.09 | 21.74 | 5.49 | 2.86 |
| 2008 | 88 | 54.56 | 39.42 | 9.96 | 5.18 |
| 2009 | 108 | 75.94 | 54.87 | 13.86 | 7.21 |
| 2010 | 111 | 110.61 | 79.92 | 20.18 | 10.51 |
| 2011 | 86 | 142.57 | 103.01 | 26.02 | 13.54 |

## 第二节　隶属结构

20世纪50年代初期，个体手工业无明显隶属关系。1954年后，手工业合作社（组）隶属所在农业合作社。陆城油脂厂、云溪米厂为县直属企业。1958年，公社所办工业分别隶属各公社。1970年，路口米厂、陆城轧花厂为县直属企业。此隶属结构，延续至70年代末期。

80年代初，国营、集体、个体工业共同发展。工业企业的隶属结构，随着经济体制改革不断深入不断发展变化。1988年，各类工业企业587家，区直属企业有区茶厂、区编织厂、区劳保用品厂、区加捻厂、区汽车改装厂5家，工业产值281.1万元，占全区工业总产值4.41%。隶属于乡镇的工业企业570家，其中乡镇办45家，村办102家，个体和联户办423家，工业产值5351.6万元，占工业总产值83.76%，隶属于区直部门的企业13家，其中二轻工业系统8家，粮食部门4家，工交系统1家，工业产值756.3万元，占工业总产值11.84%。

90年代，区、乡工业进入快速发展时期。工业隶属构成发生新的变化。1993年，各类工业企业969家，其中区直属企业11家，工业产值1040.62万元，占总产值的6.38%。隶属于乡镇的企业945家，其中乡镇办67家，村办154家，个体和股东办724家，工业产值14195.38万元，占总产值87.09%。隶属于部门的企业13家，其中粮食部门4家，二轻系统8家，工交系统1家，工业产值1064万元，占总产值6.53%。

1998年始，区直属企业、部门所属企业转变为乡镇所属股份制企业或个体企业。至2002年，各类工业企业985家，其中区直属企业减至1家，工业产值213万元，占工业总产值的0.15%。隶属于各乡镇的企业983家，其中乡镇办32家，村办53家，个体、联户办898家，工业产值202155.4万元，占工业总产值的99.46%。隶属于区直部门1家，产值896万元，占工业总产值的0.44%。

2003年，区创办工业园后，通过招商引资，区直属工业企业不断增加。2003年，18家；2004年，25家；2005年；增至39家。至2011年，全区规模以上工业企业86家，其中区直属企业85家，工业产值141.86亿元，占规模工业总产值的99.5%。隶属于部门的企业1家，产值0.71亿元，占规模工业总产值的0.5%。

# 第二章　工业门类

清代、民国时期，仅有砖瓦、土布、服装、铁木竹器和食品加工。1949年后，随着工业发展、技术进步，工业内部分工越来越细。50年代，建材工业兴起；60年代，采矿、建筑工业发展；70—80年代，轻纺、机械工业特别是化学工业迅速崛起。至2011年，全区工业共有31个行业，大致可归并为八大门类。

## 第一节 化学工业

1951—1957年，县办陆城油脂厂陆续试产一批土碱、酒精、棉油皂、碳酸钾等日用化工产品。是为化学工业兴起之始。70年代，随着长炼、岳化入驻境内，地方化学工业逐步兴起。1974年，油脂厂新建烧碱车间。1984年后，区政府鼓励加强同长炼、岳化联系，充分利用两厂产品和“下脚料”发展化学工业。1988年，有乡级以上化工企业7家，占乡以上工业企业12.28%；职工190人；产值316.8万元，占乡以上工业产值8.37%。1993年，乡以上化工企业发展至21家，占乡以上工业企业20.39%；乡以上化工企业、职工人数、产值，分别比1988年增长2倍、4.64倍、3.73倍。1999年，全区规模以上工业企业18家，总产值14879万元，其中化工企业4家，产值2018.52万元，分别占规模以上工业企业22.22%、13.57%。2002年后，化学工业快速发展。至2004年，化工企业扩展至21家，占规模企业58.33%；职工1272人，占规模企业职工总数50.82%；产值55679万元，占规模企业总产值37.93%，企业利润2547.5万元，占规模企业总利润56.69%，成为区内地方工业的主要部分。2004年后，境外大型化工企业纷纷入驻境内，化学工业进一步发展。2011年，全区规模以上工业企业缴纳税金50.51亿元，其中化工企业纳税38.42亿元，占76.06%。

### 附 企业选介

**湖南中创化工股份有限公司** 建于2004年，位于云溪工业园，有注册资金6000万元，总资产1.6亿元，职工129人。为省科技厅认定的高新技术企业、市首批技术创新试点企业。2008年7月，主要产品环保溶剂在马来西亚国际涂料展览会上获最佳环保奖。2010年，在广东省惠州市大亚湾石化区兴建年产仲丁酯10万吨工业基地。公司采用绿色工艺生产环保溶剂产品，是国内最具影响力的环保溶剂生产企业。乙酸酯系列产品乙酸仲丁酯的产量居国内首位。其生产过程完全摒弃乙酸和醇反应的传统工艺，达到清洁生产标准，符合环境保护要求，实现乙酸仲丁酯工业化生产，填补了国内空白。被省科技厅定为重大科技专项，被科技部列为科技型中小企业技术创新基金支持项目。至2011年，公司申请专利16项，授权专利12项。是年，投入研发经费590万元，实现销售收入4.13亿元，税收3000万元，利润2850万元。

**湖南尤特尔生化有限公司** 位于云溪工业园。2004年，由湖南高新科技创业投资有限公司、美国新世纪生化公司、湖南置利投资股份有限公司共同创建。总投资5000万元。可年产8000吨高活性高纯度纤维素酶、半纤维素酶，1000吨其他生物化学产品。2001年，被省科技厅认定为高新技术企业，产品被认定为高新技术产品。2004年，被定为全国酶制剂行业重点生产企业。产品在首届湖南畜牧渔业暨饲料工业博览会上，被评为金奖产品。通过ISO 9001：2000质量管理体系认证，产品质量居国际前列，被广泛应用于棉麻纺织、服装、造纸、饲料、酿造、食品等领域，能有效减少资源浪费和环境污染。2011年，销售收入1.39亿元，税收1345.5万元，利润2211万元。

## 第二节　建材工业

1949年前，建材产品仅有青砖青瓦。1958年，云溪公社创办平瓦厂，始生产红砖红瓦。1976年，生产石灰。1982年后，逐步发展水泥及其制品生产。1984年，各地瞄准驻区国营企业建筑市场，积极发展建材工业。1988年，全区有乡以上建材企业9个，职工604人，创产值551.16万元，分别占乡以上工业企业、职工总数、总产值15.79%、18.87%、14.56%。1993年，建材企业发展至13个，职工783人，产值893.75万元，分别占乡以上工业企业、职工总数、总产值12.62%、13.51%、12.62%；企业、职工人数、产值分别是1988年的1.4倍、1.3倍、1.61倍。1995年后，通过招商引资，具有一定规模的建材企业纷纷入驻境内。至1999年，有规模以上建材企业6家，占全区规模以上工业企业33.33%，产值65124万元，占规模工业总产值43.77%。2000年后，建材市场竞争日趋急烈，企业相对减少。至2004年，规模以上建材企业减至4家，职工428人，产值35870万元，实现利润977万元，分别占规模以上企业、职工总数、总产值、总利润11.11%、20.3%、29.88%、21.74%。2011年，有规模以上建材企业3家，纳税2238.12万元，占规模企业纳税总额0.44%。

## 附　企业选介

**岳阳市新型墙体材料厂**　始建于1958年，原址云溪新桥，时称云溪平瓦厂，属云溪公社社办企业。1959年9月，迁松阳湖茅岭头。1962年8月，收为县属国营企业，更名为临湘县平瓦厂。至1969年，砖瓦成型靠人工模压，工效低，浪费大，累计亏损10.62万元。1970年，厂部组织课题攻关，采用国内首创平瓦一次成型工艺。1971年，平瓦产量由上年151万片增至252万片，红砖由143万块增至210万块，实现利润9600元。1972—1973年，创利润6万元。至1977年，由于忽视技术改进，累计亏损11.72万元。1978年始，对轮窑、砖场、瓦坯、干燥系统及泥料净化进行技术改造。组织质量攻关，加强质量管理，落实岗位质量标准。是年，砖瓦质量名列湖南第一。至1979年，共创利润7.1万元。1981年，参加全国砖瓦质量行检评比，平瓦质量评为全国第一，获部优产品证书。1982—1990年，共创利润110.4万元，年均12.27万元。1992年3月，市政府决定，将其划归北区管辖。4月，更名为岳阳市新型墙体材料厂，职工150人。是年，产值169.25万元，创利税27.52万元（其中纳税21.13万元）。至1996年，年均产值332.2万元，创利润18.07万元。因设备老化，退休职工不断增多，加之市场竞争激烈，企业发展日趋缓慢。至2003年，职工160人，其中退休职工63人，占39.38%，累计亏损328.51万元。是年12月，申请依法破产。

**华新水泥（岳阳）有限公司**　位于永济乡长江路1号，建于2003年8月。系始创于1907年被誉为中国水泥工业摇篮，中国建材行业第一家A、B股上市公司华新水泥股份有限公司子公司。注册资金2500万元，职工135人，为建区后引进的第一个大项目。2005年2月，建成年产100万吨水泥生产线。主要产品有PC32.5、PO42.5和PO52.5型号水泥。2011年，产值3亿元，主营业务收入3.3亿元，利润1650万元，税收1200万元。

**岳阳东方雨虹防水技术有限责任公司**　位于云溪工业园，建于2009年4月。是东方雨虹股份有限公司的核心企业之一。有注册资本1.1亿元，占地10万平方米，员工258人，其中行政、职能管理人员52人，工程技术人员14人，研发人员21人，品控人员19人。年产高分子防水卷材1000万平方米，改性沥青防水卷材1000万平方米，水性涂料和外加剂5万吨，满负荷生产，年产值可达15亿元。研究开发的TPO、HDPE自粘膜等防水材料，是目前国际上最先进的防水材料。建有具有世界先进水平的高分子防水卷材生产线，包括1条HDPE自粘膜防水卷材生产线、1条TPO防水卷材生产线。另建有一条多功能改性沥青防水卷材生产线。2010年，实现销售收入3500万元，税收25万元，利润10万元；2011年，分别增至4700万元、38万元、18万元。

## 第三节　采矿工业

1968年始，云溪、路口、文桥、陆城等公社相继派专人到路口白云矿区开采白云石。为境内采矿工业之始。1980年，路口公社兴办4家村级采矿企业，年开采石灰石3.8万吨，作为生产水泥、石灰原料。1988年，全区有乡级以上采矿企业4家，产值244.96万元，占乡级以上工业产值6.47%。是年后，随着城镇建设、交通建设发展，长石、碎石等石料开采业兴起。1993年，乡以上矿产企业发展至5家，职工251人，占乡以上工业职工总数4.26%。1999年，有矿产企业1家，产值1082.4万元，占规模以上工业产值7.27%。由于采矿安全风险大，矿产资源有限，采矿业难以发展，至2011年，无规模以上采矿企业。

## 第四节　轻纺工业

清代、民国时期，纺织业多系民间手工纺织土布，集镇、交通要道有纺织、染布作坊。印刷业始于民国15年（1926），县人周集人在陆城首办集文印刷局，有石印机1台，主要印刷商品招贴（即广告）、包装纸等。造纸业起步较晚，民国37年，有1个草纸作坊，年产草纸280担。

1952—1956年，个体私营、互助合作组织轻纺工业有所发展。1960年后，轻纺工业降温，至70年代中期，除服装、竹木制作外，纺织、印刷、造纸等工业基本停办。中共十一届三中全会后，云溪乡、松阳湖农场、云溪乡“八一村”相继创办绸厂、印刷厂、造纸厂，纺织、印刷、造纸业得到恢复发展。1986年，云溪乡兴办塑料编织袋厂，始有塑料制品业。1988年，乡以上纺织、印刷、造纸（纸制品）、塑料制品等轻纺工业企业发展至14家，有职工955人，创产值 549.3万元，分别占乡以上工业、职工总数、总产值24.56%、29.83%、14.51%。1993年，乡以上轻纺企业增至18家，职工1062人，产值增至1138.32万元，比1988年增长107.23%，占乡以上工业产值16.08%。1993年后，受市场影响，轻纺工业发展有快有慢。1999年，有规模以上轻纺工业企业2家，占规模以上工业企业11.11%，产值1009.26万元，占规模工业产值6.78%。2004年，规模以上轻纺工业企业2家，产值6951万元，比1999年增长5.89倍，实现利润197万元，占规模工业企业总利润4.38%。2011年，有各种经济成分轻纺企业39家，其中规模以上企业9家，占规模企业10.47%。

## 附　企业选介

**岳阳市宏发石墨设备厂**　位于陆城镇新设村，始创于1992年，为陆城镇镇办企业。1995年，其产品在湖南省新科技产品交易会上获金奖，主导产品GH浮头列管式、YKA圆孔式、YKC块孔式、矩形板块式等加热、冷却、冷凝换热器，设计、制造技术水平属国内领先水平，是全省制造各类不透性石墨设备的定点企业。2000年3月，改制为民营股份制企业。根据市场需求，开发出改性PE钢塑整体热合设备管道项目。该项目采用美国、意大利进口的改性聚乙烯作原料，利用滚塑技术一次性成型，投产后填补该行业省内空白。并新增钢材、塑料等材质产品。2011年，创产值1125万元，税收45万元。有员工49人，总资产600万元。

**岳阳巴陵石化化工化纤有限公司**　位于岳化八号沟，为大型股份制化工化纤企业。2004年2月，岳化化纤厂改制后组建而成。注册资金1亿元，职工583人，各类专业技术人员298人，其中博士1人，研究生10人。生产装置16套，年生产能力8万吨。锦纶长丝、锦纶短丝、聚酰胺切片等三大品牌30多种型号产品，均获得ISO 9002质量体系认证。2005年，在原有设备基础上新建年产6万吨聚合装置、1.5万吨DD混剂装置。2011年，完成销售收入31.5亿元，税收2475万元。

# 第五节　食品医药工业

清代、民国时期，有粮、油、副食品加工、酿酒行业。医药工业仅限于集镇坐诊郎中配制中草药。民国37年（1948），有中草药制药门店4个。

1951年，有油脂加工企业1家。1958年，云溪首办机械加工米厂；是年11月，大队畜力加工米厂、人工榨油厂增至25家。1962年，调整工业布局；至1978年，食品工业企业调减至5个，医药工业基本停办。中共十一届三中全会后，新型食品工业一度快速发展。1988年，有乡以上食品加工企业9家，创产值819万元，占乡以上工业总产值21.63%。1993年，乡以上食品企业发展至17家，产值增至975.29万元，分别比1988年增长88.89%、19.08%。1993年后，由于市场需求量有限，食品工业发展逐步放缓。1999年，有规模以上食品工企业1家，产值500.63万元。2004年，规模以上食品企业1家，产值1226万元，比1999年增长144.9%。医药工业通过招商引资，得到恢复发展。2011年，有规模以上医药工业企业1家，纳税2090.38万元，占规模以上工业纳税总额0.41%。

## 附　企业选介

**岳阳市惠鑫米业有限公司**　始创于1958年，原名云溪国营大米加工厂，位于云溪粮站院内。2005年6月，改制为国有控股企业，迁址云溪镇罗家坡，占地面积2万平方米，有仓容2.7万吨，员工39人，注册资本400万元，年加工大米能力3万吨。主导产品有“惠鑫”牌系列大米。2008年，其产品通过ISO 9001：2000质量管理体系认证。2009年，原产品更新为“惠鑫”牌系列香米，被中国绿色发展中心认定为绿色 A 级产品，许可使用绿色标志；被中国中部（湖南）国际农博会授予金奖产品荣誉称号。2010 年，公司被省粮食行业协会评为全省放心粮油示范加工企业，“惠鑫”商标被省工商局评为湖南省著名商标。2011 年，为全区唯一 1 个农产品加工市级农业产业化龙头企业。

## 第六节　其他工业

**机械制造**　1958 年，各公社兴办农具厂，修理、改良农机具，制作简易农机农具，境内始出现机械工业。60 年代至 70 年代，更新技术设备，试制、生产打谷机，装配机耕船，制作少量机械零配件。80 年代，机械工业向多样化、商品化发展。1987 年，交通局兴办汽车修配厂；次年 7 月，区投资 140 万元，创办区汽车改装厂，生产“凌空”牌、“湘江”牌轻型汽车，年产值 200 万元。年底，全区有乡以上机械工业企业 4 家，职工 122 人，分别占乡以上工业企业、职工人数 7.02%、3.81%。1993 年，乡以上机械工业企业发展至 9 家，产值 460.89 万元，分别占乡以上工业企业、总产值 8.74%、6.51%；产品除金属机具外，另有玻璃钢、塑料等材料制作的零配件。90 年代后期，机械工业向规模型发展。至 2004 年，有规模以上机械工业企业 12 家，占规模以上工业企业 33.33%；创产值 1.66 亿元，利润 650 万元，分别占规模工业产值、利润 13.86%、14.47%。2011 年，有规模以上机械工业企业 9 家，纳税 3561.14 万元，占规模以上工业企业纳税总额 8.46%。

**电力**　1987 年 6 月，岳阳电业局在路口建北区供电站。境内始有电力供应业。1987 年后，随着工业化、城镇化建设加快，电力供应企业逐步发展。至 2011 年，有规模以上电力企业 2 家。

**电子网络**　2008 年，湖南纵横网络有限公司落户境内，始有电子网络新型工业。2011 年，有规模以上电子网络企业 1 家，纳税 87.06 万元，占规模以上企业纳税总额 0.21%。

## 附　企业选介

**岳阳岳化机械有限责任公司**　位于云溪工业园，2005 年 8 月建立。为岳化机械厂改制企业，资产总额 3000 万元。改制后，坚持突出容器制造，不断扩大设备，充实技术力量，已成为炼油、化工、化肥、轻工等设备制造行业骨干企业。有化工设备研究所、焊接实验室、培训中心、物理实验室、化学分析室、化工设备检测中心等科研技术机构。主要产品有一、二、三类压力容器，包括各种塔器、换热器、储罐、搅拌釜、反应器等。用不锈钢制作的压力容器表面大面积抛光技术达到国内先进水平。为岳化树脂厂、化纤厂、鹰山石化的重大改扩建装置进行电解复合抛光，经省计量技术研究所现场测量，质量达到国内领先水平。2011 年，销售收入 4800 万元，税收 480 万元，利润 870 万元。

# 第三章 工业企业改革

## 第一节 经营体制改革

1978年前，企业生产、销售、收益分配等经营活动，由主管部门或各公社统一安排。

1978年始，建立以利润为核心的企业考核制度，内容包括产量、品种、质量、成本、能耗、利润、资金占用等多个方面。年底，以厂为单位进行考核检验，凡超额完成考核指标的，从利润部分提取20%~30%进行奖励，用作扩大再生产、改善企业福利和职工奖励。

1980年后，逐步扩大企业自主权。对企业实行“四定一奖”（即定产品产量、定综合产值、定工资成本、定上交利润，超任务利润按比例分成进行奖励），生产、销售等经营活动改由各企业自主安排。

1988年2月，区委作出继续深化企业经营管理的决定，在企业建立层层承包责任制。实行政府对企业、企业对车间、车间对班组、班组对个人多形式、多层次的经济承包，超任务的，按超额部分分比例奖励，未完成任务扣抵奖金。并完善劳动定额、财务统计、计量标准、科技档案等12项管理制度，使企业经营管理有章可循。至4月，区、乡工业企业70%以上落实层层承包责任制。

1992—1996年，将国营二轻工业行政管理机构转变为经营管理型经济实体，充分利用人力、财力、物力，发展国营、私营、联营等多种形式的经营模式，进一步搞活经营管理。成立区商业、区物资、区二轻、区粮食4个总公司，扩展私营联营企业537个，促进全区工业总产值年均递增73.21%。

1998年，实行企业产权制度改革后，至2011年，全面落实企业经营自主权，包括企业人事、用工、分配、机构设置、产品开发、企业扩展以及产品作价权。各企业进一步完善合同承包经营责任制，彻底打破企业存在的“铁交椅、铁饭碗、铁工资”制度，建立以经营为主导的人事、用工、生产、分配、工资福利、奖励等各方面新的管理体制。

## 第二节 产权制度改革

1956年年底，五区、六区区委、区公所坚持“积极领导，稳步前进”的方针，将境内个体手工业作坊式的小企业改制为合作企业。实行工具、设备等生产资料折价入社，从业人员统一安排，收益除去房租、税收、积累后按劳分配。至12月，80%以上的个体手工业作坊转变为手工业合作社（组）。

1958年10月，各公社将手工业合作社（组）纳入人民公社所有。对企业实行合并重组，对生产资料、产品实行统一调配，对从业人员重新安排，收益、分配由公社统一核算，将各类手工业合作企业改为社办集体企业。

1984年5月，随着人民公社体制废除，社办企业改为乡镇企业，其产权属所办乡镇集体所有。

1996 年 9 月，区委、区政府从资产库存、产品核算、投资份额划定、利润分成、积累留取、员工调配等方面作出详细规划，在云溪镇工业用呢厂试点，决定从区、乡企业开始，对集体所有制工业企业进行产权制度改革。1998 年 4 月，制定大力发展乡镇企业股份合作制的意见，组织区财政、区财贸、区工商、区国土、区房产、区国税、区地税、区乡企、区司法、区规划等部门主要负责人召开产权改革专题会，将规模较大、扭亏无望的企业实行拍卖，对规模一般、具有一定市场竞争能力的企业实行租赁，将规模较小、负债较轻的企业实行私营。至 12 月，全区区、乡企业有 10 家拍卖，72 家租赁，204 家实行私营，基本实现企业产权由集体所有转变为股东、个人所有。

2003 年，启动对国营企业、区直重点企业以“两个置换”为重点的产权制度改革。对亏损严重、资不抵债的企业实行破产重组，对产品有一定市场的企业实行股份制经营或个人私营，对职工实行一次性补偿，置换其全民制、集体制身份，解除对企业的依赖关系，让其走向市场。是年 12 月，区直最后 1 个企业岳阳市新型墙体材料厂依法破产。至 2011 年，全区 4 家国营工业企业有 3 家实行“两个置换”，产权由全民所有转变为个体所有。

## 第三节　管理机制改革

清末、民国时期，境内手工业作坊，其经营管理概由老板作主。

20 世纪 50 年代，手工业合作企业由社员大会民主制订规章，选举产生合作社理事会、监事会，讨论决定合作社生产、经营管理制度，交理事会组织实施，监事会履行监督职能。县属企业，实行党委（支部）领导下的厂长负责制，企业内部的人事、政治工作由党委（支部）主管，经营管理上的重大决策，由党委（支部）集体讨论决定，厂长负责执行。1958—1965 年，贯彻《鞍钢宪法》《工业七十条》，县属企业逐步实行党委（支部）领导下的职工代表大会制，工人始参加企业管理。“文化大革命”初期，职工代表大会制度被打乱。1968 年 3 月后，经营管理权集中于企业革委会。1971 年，恢复党委（支部），突出党的一元化领导，企业各项事务由书记拍板。1979 年，恢复党委（支部）领导下的厂长负责制和职工代表大会制度。

1984 年，推行厂长负责制。

1988 年，随着企业改革深入和《中华人民共和国全民所有制工业企业法》公布实施，厂长、党委(支部)、工会之间，分工更为明确：厂长处于企业中心地位，主管生产、经营；党委（支部）、工会在思想政治工作中发挥核心作用，并支持监督厂长行使职能，使厂长负责制和企业民主管理不断完善。乡以上工业企业，全部实行民主选举厂长、经理，共选出副厂长、副经理 169 人。

1995 年，在企业推行厂务公开。至 1999 年，有 73.2%以上的乡级工业企业实行厂务公开，有 21 个区、乡直属工业企业建立职工代表大会制度。定期召开职工代表大会，听取和审议企业发展规划、企业改革方案、经营方案，讨论决定有关企业发展的重大事项。

2001 年始，股份合作制企业由职工董事会、监事会参与企业内部管理。2011 年，有 38%的民营工业企业建立基层党组织。

# 第四章　工业企业管理

## 第一节　计划管理

1951年，境内县属工业企业，建立以生产计划、财务计划为主的企业计划管理体制。生产、财务等计划，由县工业主管部门下达，企业将计划（主要是生产计划）分解到车间、班组。1956年，社属手工业集体企业，在国家、农业合作社计划指导下，根据企业实际情况、市场变化，编制年度计划上报所隶农业合作社及手工业联社批准后执行。属于使用国家计划供应原材料生产的产品，原则上由商业部门包销，属于自购材料生产的产品，原则上自产自销。第一个五年计划期间，工业指标全面完成，产值利税同步增长。1957年，工业产值、利税分别为25.44万元、1.44万元，比1952年分别增加12.14万元、0.88万元。1958年，主管部门忽视客观实际，向企业下达高计划指标，企业弄虚作假，造成产品质量低劣，企业亏损严重。至1962年，工业产值、利税分别降至24.71万元、1.78万元。是年始，重新调整计划，企业向好的方向发展。至1965年，工业产值、利税分别增至42.56万元、3万元。“文化大革命”初期，企业计划管理体制被打乱。1968年，强调高度集中，形成单一的指令性计划，束缚企业发展。1974年，工业产值虽然增至320.88万元，比1965年增长6.54倍，但利税10.27万元，仅增长2.42倍。

80年代，逐步减少指令性计划。1984年，实行企业计划管理体制改革，一般只下达指导性计划，不再下达指令性计划。1987年始，区主管部门下达的指导性计划，企业可根据实际情况，自行调整。企业扩大自主权后，引进新技术，开发新产品，经济效益普遍提高。1992年，全区乡以上工业企业产值7507万元，利税720.67万元，比1976年分别增长22.4倍、69.17倍；同1983年比，分别增长9.79倍、13.26倍。1992年后，对企业不再实行计划管理，由企业根据市场生产情况自行安排。

## 第二节　劳动管理

20世纪50年代初，县属工业企业设车间、班组，工人实行八小时工作制。社办工业企业，一般只设车间(工作间)，工人实行上、下班制度，工作时间根据季节，与农业社员同作息。实行计时、计件、津贴、月奖等工资制度。1958年，实行工业“大跃进”，工人加班加点，作息没有规律，劳动管理出现混乱。“文化大革命”初期，生产组织按军事化设连、排、班，计时、计件、津贴、月奖等工资形式作为资产阶级“物质刺激”取消。1970年后，逐步恢复原生产组织形式，随着企业生产规模扩大，机械化程度提高，实行单班制、双班制或三班制。1978年后，相继建立考勤登记、技术考核、工作评比、奖勤罚懒等规章制度。开展劳动竞赛。实行定额管理和奖金制，在执行八级工资制的同时，附设综合奖、超产奖、安全奖、质量奖、节能节耗奖、月奖等。1983年，社以上企业建立职工岗位责任制。企业按照岗位责任执行情况，对职工进行考核评比，计算奖罚。至次年，先后有57名职工立功受奖。

1984年后，逐步改革劳动管理和分配制度，建立责、权、利相结合的经济责任制。将产值、利税、质量、费用、消耗、技术改进、新产品开发、安全等指标，逐项分解到车间、班组、岗位、个人，实行分段承包或分项承包。按承包任务完成情况，执行工资加浮动奖金的工资分配制度。1988年，全区乡以上独立核算工业企业，产值3786万元，利润396万元，全员劳动生产率11828元/人，分别比1983年增长4.44倍、6.38倍和7.21倍。

90年代初，乡以上独立核算企业始实行全员承包，除将生产承包外，还将产品销售承包到车间、班组或个人，执行企业与承包者利润分成的经济责任制。1997年，乡以上独立核算工业企业，产值28913.4万元，利润2833.51万元，全员劳动生产率15364元/人，比1988年增长29.90%。

1998年后，实行劳动合同制。企业根据各岗位生产、技术、安全等多方面要求，与职工签订劳务合同，对未履行合同义务的，从劳动报酬中扣抵违约金，使生产与劳动报酬直接挂钩。至2004年，规模工业企业全部实行合同制。报酬一般实行上级工资总额同经济效益挂钩的工资指导线制度。2011年，实行工资集体协商制度。由企业（投资方）与职工协商，共同签订协议，约定工作岗位、工作量、劳动报酬。实行工资集体协商的规模企业，总产值52.71亿元，总利润10.38亿元，比2010年分别增长37.16%、41.33%。

## 第三节　财务管理

### 一、机制

1952年，境内县属企业设财务室，由一名企业负责人主管财务。资金开支较大的，须经上级主管部门审批；一般开支，由企业主要负责人签字批准。1956年，手工业合作社（组）配备专（兼）职财务人员，由社（组）“一把手”主管财务。1963年，工业企业健全财务制度，建立原始记录。1966—1969年，财务制度被打乱；1970年，得到以恢复。70年代后期，财务管理项目增加。2011年，规模工业企业普遍配有成本会计、工资核算会计，开展经济核算、经济活动分析。

### 二、管理

**固定资产**　1960年前，国营工业固定资产由国家投资；实行无偿调拨或按协商价划拨。其折旧基金，1961年前，由国家管理；1961年后，改为按比例分级管理，企业可自留40%；1978年，改为全部自留。1984年后，企业提取的折旧基金集中50%用于挖潜革新、项目改造。1986年后，全部留给企业用于扩建和改造项目。1990—2011年，国营企业固定资产投资，实行分级按比例投入，国家一般投入50%~80%，企业、地方财政投入50%~20%。区、乡企业，由区、乡投资，个体和股份制企业，由经办个体户、股东投资。

**流动资金**　1960年前，县、社企业流动资金分别由县、社财政拨付。1961年后，全部改为由银行发放定额贷款。1980年后，小型个体企业由经办个体户自筹。1988年，区政府建立个体私营经济发展基金，每年由区财政安排1300万元作为个体私营工业企业流动资金。2000年后，由银行发放小额贷款，解决企业流动资金困难问题。

**利润分配** 1960年以前，实行“利润上缴，亏损下拨”。1961年，改为“利润留存，盈亏包干”。1978年，改为基金制，凡完成国家下达的年度经济指标、供货合同的企业，可按工资总额的5%提取企业基金，经济指标包括产量、品种、质量、消耗、劳动生产率、成本、利润、流动资金的占用等项目。1980年，对盈利企业实行超利润分成或全额利润留存；对亏损企业实行亏损包干，减亏分成。企业提取的利润，须将60%的用于发展生产，20%用于福利，20%用于奖励。1984年，国营、集体企业改为核定（或包死）基数，递增包干，超额自留，短收自补。1998—2011年，利润分配由企业独立核算，仅工资分配实行指导线制度。

**成本费用** 20世纪50年代初，按年度编制开支计划，确定开支总额，实行专项提取。1958年，计划编制被打乱，一度不计成本，盲目上项目。1962年后，加强成本核算，强调严禁乱增费用。80年代后，各类企业均实行成本预算。2011年，各类企业均加强经济分析，做到量力而行。并广泛开展群众性增产节约、革新挖潜活动，以降低产品成本。

# 专记 云溪工业园

2000年5月，为落实市委“工业立市”战略部署，针对云溪区工业迅速发展，却无或供集约发展的园区，区委拟定创办云溪工业园。次年6月，区政府向长炼、岳化发出征求意见函，得到两厂领导支持，遂启动创办工作。2001年年底，为服从全市统一开展的大规模的农业产业结构调整，创办工业园暂时搁置。

2003年2月，遵照省、市委推进工业化进程要求，落实中共云溪区第二次党代会提出的“工业立区”工作思路，区委、区政府再次决定创办云溪工业园。项目定位以发展精细化工产业、加工工业为主，建成对接石化基地，承接沿海产业的“工业洼地”。选址以近临岳化、云溪镇西城区和邻近长炼的云溪乡胜利村为中心地带，沿107国道、长江沿岸发展。规划总面积13平方公里，分城区片、沿江片2大区域，实行一次性规划，分期开发。7月8日，经省政府批准，云溪工业园列入省级开发区系列，属区辖省级工业园。是月始，由云溪工业园管委会负责工业园建设和管理工作。8月工程开工；至2004年4月，完成城区片一期500亩土地开发，实现水、电、路和地面“三通一平”，引进15个招商项目。2005年6月，区成立工业园专家咨询组。8月，省科技厅认定云溪工业园为全省唯一一个精细化工产业基地并授牌，初步实现建设精细化工产业集约地目标。

2006年5月，区成立工业园开发公司，实行“政府引导、市场运作、实体经营”的公司化市场运作模式。争取省开发银行贷款3000万元，市财政调度资金1亿元，加快园区建设。至2006年，共完成投资5000多万元，初步实现整体开发规划。并根据需要，将园区面积扩大至16平方公里，新开发项目用地1060亩，延伸主干道1000米，启动2万平方米标准化厂房建设，建立企业孵化中心，帮助暂时缺乏厂房等基础设施的企业先发展生产。是年，已入驻项目58个，创产值10亿元，创税2700万元。

2008年，在继续扩大招商的同时，提高企业入园标准，要求入园企业“上规模、新产业、低排放”，以建设新型支柱产业链。首次引进“世界五百强企业”中石化集团公司催化剂长炼分公司在园区投资11.8亿元兴建催化剂新基地。次年，引进上市公司东方雨虹防水技术有限责任公司投资7.8亿元，在园区新上东方雨虹防水材料、防水卷材项目。进一步完善园区规范化管理和服务体系。云溪工业园管委会下设科室，与区招商局、区工业园建设开发公司、区云溪河治理开发公司合署办公，四块牌子、一套人马。建立园区财政所，实行乡镇一级财政体制，健全项目评审准入制度、重大工程项目招投标制度和工程支付结算制度。

2008年1月，根据长炼改革分流企业延伸和拓展需要，创办长炼工业园。位于文桥镇小桥村、和平村与长炼交界处，总面积3平方公里，分两期开发。至2011年6月，一期工程完成征地拆迁、“三通一平”，启动二期工程。签订入园项目协议6个，总投资9.2亿元。

2009年，云溪工业园被列入全省重点培育的产值“千亿园区”。10月，省政府、省发改委授予云溪工业园国家高新技术产业基地岳阳精细化工产业园称号。2010年，云溪工业园被评为湖南十大最具投资价值产业园区、国家新型工业化产业基地。加快工业园扩园和配套设施建设。至12月，新开发园区3平方公里，污水处理厂、天然气管道、危险冷制固体废旧物堆存场、消防站、综合信息服务中心、云溪工业园管委会综合服务大楼均建成（铺设）投入使用。完成双回路专供电力设施建设，主次干道连通并延伸2公里，完成蒸气管线架设，完善供水、通讯、有线电视、宽带网等其地公共设施配套。

2011年6月，将长炼工业园并入云溪工业园，更名为云溪工业园长炼分园，定位为石油化工专业园区。至是年，云溪工业园共引进企业117家，其中规模企业85家，项目总投资60多亿元。

# 第五章　乡镇企业

## 第一节　企业发展

1956年后，社办集体企业兴起，但发展曲折缓慢。1969年，由于驻区大厂市场拉动，给社办企业发展带来机遇。至1976年，社办企业总产值110.83万元，比1958年增长1.32倍。

中共十一届三中全会后，个体工业兴起，促进社办企业发展。至1983年，包括个体企业，共有社办企业50个，产值537.4万元，比1976年增长3.85倍；在各类企业总产值中的比重由64.53%升至83.16%。

1984年5月，随着人民公社体制废除，社办企业改革为乡镇企业。

1986年9月，区委组织乡镇场党委书记、区乡镇企业局等单位负责人到浙江省温州市等地学习、考察发展乡镇企业的经验，在全区掀起大办乡镇企业热潮，形成乡镇、村组、联户、个体户共同发展乡镇企业的局面。次年，有乡镇工业企业523家，产值3479.5万元。至1991年，全区乡镇企业扩展至726家，产值增至8343万元，比1983年分别增长16.29倍、14.61倍。

1992年，随着企业经营体制改革深入，工业原材料、产品市场放开，厂地协作协调进一步加强，区级干部落实联点包干负责制，乡镇企业进入新一轮发展期。至1997年，工业企业发展至1335家，产值增至62857.9万元，比1991年增长6.53倍，在全区工业总产值中的比重由83.44%升至95.38%。

1998年，乡镇企业实行租赁、承包、转让、资产重组，规模相对缩小，效益进一步提高。2002年，乡镇工业企业实现产值20.17亿元，是1997年的3.21倍，在全区工业总产值中的占比比1997年上升 3.31%。

2003 年始，区直工业实行集约化、产业化发展，乡镇企业随着市场竞争加剧，规模逐渐缩小。至 2011 年，规模以上个体、股份制乡镇企业产值 23.67 亿元，仅占规模工业总产值 16.6%，比 2002 年相对下降 80%左右。

## 第二节 经营形式

“大跃进”和“文化大革命”期间，社队企业属公社所有，由各公社集体经营，其产值约占乡镇企业产值 98%以上。

1978 年后，个体企业属个体户所有，由创办者自主经营。至 1984 年，有个体户经营的工业企业 12 个，产值 32 万元，分别占乡镇企业、产值的 12.9%、4.03%。

1984 年后，村组企业呈现发展之势，其产权属村组集体所有，由所办村组组织生产、营销。1987 年后，村组企业发展加快。至 1991 年，村组集体经营的工业企业发展至 75 个，产值 2640 万元，占乡镇企业产值 31.64%。

1992 年始，乡镇、村组集体经营和个体经营等多种经营模式的企业竞相发展。是年，陆城镇自筹资金、引进技术，创办岳阳市宏发石墨厂。次年，道仁矶镇个体户间长清投资 2000 万元，兴办岳阳市北区道仁矶溶剂化工厂，聘请岳化工程师为技术指导，招聘人员 30 多人，进行抗真菌医药中间体、农药杀虫剂中间体生产、营销。至 1997 年，个体户经营的工业企业发展至 1154 家，产值 23376 万元，分别占乡镇企业、产值的 85.58%、37.15%；村组经营的工业企业增至 79 家，产值增至 11850 万元，分别占乡镇企业、产值的 6.29%、18.85%；乡镇经营的工业企业扩展至 102 家，产值 27631.9 万元，分别占乡镇企业、产值的 8.13%、44%。

1997 年后，由于乡镇、村组集体企业经营管理模式难以适应市场变化，规模不断缩小。至 2002 年，乡镇经营的企业缩减至 68 家，产值 12.88 亿元，分别占乡镇企业、产值的 6.92%、63.89%；村组经营的企业减至 11 家，产值 11356.4 万元，分别占乡镇企业、产值的 1.12%、5.63%。

2003 年始，村组集体经营的企业通过转让基本退出乡镇企业领域。至 2011 年，乡镇企业仅有股份制经营、个体经营两种经营模式。乡镇办规模以上股份制企业 9 家，产值 10.13 亿元，分别占乡镇规模企业、产值的 22.5%、42.8%；个体户经营的规模以上企业 31 家，产值 13.54 亿元，分别占乡镇规模企业、产值的 77.5%、57.2%。

## 第三节 行业结构

20 世纪 50 年代至 60 年代，社队企业以改良制作农机具为主，辅以采矿和油料、大米加工等。

70 年代，以建材建筑业为主，食品加工、采矿业为辅。1974 年，文桥公社成立建筑队（后更名为金帆建筑公司），总资产 85 万元，有员工 40 余人，机械设备 21 台套。1979 年，乡镇建村、建筑行业从业人员 537 人，占乡镇企业职工人数 34.27%。

1980 年后，以化工产品加工、建材业为主，以化工生产、轻纺工业为辅。1982 年 9 月，松阳湖农场创办松阳湖砖瓦厂，建德式软窑2座，有制胚车间3个、焙烧车间1个，固定资产531.9万元，职工198人。1984年，路口镇投资1000万元，兴建路口水泥厂，建年产4万吨水泥生产线1条。1985年后，云溪乡先后创办塑料袋编织厂、绸厂。1987年，化工产品加工、建材、化工生产、轻纺等行业有从业人员2080人，占乡镇企业职工总数59.43%；产值7817.52万元，占乡镇企业总产值80.97%。

80年代后期至90年代，乡镇企业主要以化工生产、工业品加工、农副产品加工行业为主，以建筑、机械制造业为辅。1999年，从事化工生产、工业品加工、农副产品加工的乡镇企业1079家，创产值9.99亿元，分别占乡镇企业、乡镇企业总产值的60.31%、70.6%；从事建筑、机械制造业的企业327家，产值2.71万元，分别占乡镇企业、乡镇企业总产值18.28%、19.17%。

2003年后，以化工生产、化工产品加工、建材、运输业为主，以建筑装潢、机械零部件加工、饲料加工等行业为辅。2011年，乡镇企业中有规模以上化工企业18家，化工产品加工企业7家，建材企业5家，分别占乡镇规模工业企业的45%、20%、12.5%；共有职工26595人，占乡镇规模以上企业职工总数71.83%。

## 附　驻区工业

**中国石油化工集团巴陵石油化工有限责任公司**　即岳化。包括中石化巴陵分公司、中石化集团巴陵石化分公司两部分，位于云溪镇东城区与云溪乡东部交界处，与云溪乡西南部、岳阳楼区毗邻。是集炼油、化工于一体的石化联合企业，为国内最大的锂系聚合物、环氧树脂、己内酰胺、商品环己酮生产企业。2011年，总面积9.45平方公里，职工11161人，固定资产155亿元。

**沿革**。1969年9月落户境内后，1970年10月，由解放军总后勤部移交总后勤部企业部管理，组成石油化工联合企业。次年4月，更名为总后勤部化工生产管理局，代号为后字277部队。1973年12月，化工生产管理局下放湖南省，其云溪部分更名为岳阳化工总厂，隶属于石油部。1983年6月，更名为中石化总公司岳阳石油化工总厂（简称岳化总厂），为中石化总公司直属企业。1985年3月，中石化总公司决定，以岳化总厂为主体，与洞庭氮肥厂（简称洞氮）成立己内酰胺工程指挥部。1988年6月，中石化总公司和省委、省政府决定，长岭、岳化总厂、洞氮联合组成巴陵石油化工公司（简称巴陵石化）。1990年7月，撤销岳化总厂建制，原所属单位直属巴陵石化管理。1991年12月，己内酰胺厂调整为巴陵石化直属企业。1993年9月，根据国务院批示和中石化总公司及省委、省政府决定，岳化总厂恢复建制，为巴陵石化直属企业。1999年2月，巴陵石化更名为巴陵石油化工有限责任公司。2000年4月，长炼析出，巴陵石化有限责任公司辖岳化总厂、鹰山石油化工厂（简称鹰山）、洞氮、巴陵石化设计院。2000年6月，洞氮、鹰山优质资产重组上市，成立中石化巴陵分公司。2002年5月，按照中石化集团公司要求，巴陵石化有限责任公司存续部分，与中石化巴陵分公司重组中石化集团巴陵石化有限责任公司（简称巴陵石化公司）。2003年4月，岳化总厂法人营业执照注销。2007年10月，中石化集团巴陵石化公司实行上市机关与非上市机关融合。11月，进行非上市部分体制转换后，更名为中石化集团巴陵石化分公司，原上市部分仍名中石化巴陵分公司。

**装置与产能**。有炼油、煤气化、环己酮、锂系聚合物、顺丁橡胶、氯碱、环氧树脂、己内酰胺、尿酸等生产装置和供排水、电力、储运等装置多套。炼油装置：1998年6月，建成年产80万吨ARGG装置，2001年，改造后能力提高至105万吨/年。2011年，共有200万吨/年常压蒸馏，105万吨/年 ARGG-MGD，26.4 万吨/年气分，15 万吨/年溶剂油、12 万吨/年苯乙烯等 5 套联合装置。煤气化装置：2006 年 12 月，采用粉煤气化工艺，实施“煤代油”改造而建，由储煤输煤、空气分离、气化 3 大装置构成，日处理煤炭 2000 吨，最高达 2500 吨，是目前国内最大的煤气化装置。环己酮装置：1972 年，建成年产 5700 吨装置；1989 年，扩能改造达到 8000 吨/年；1992 年，扩大至 1 万吨/年，1997 年，增至 3 万吨/年；2001 年，改成 4.5 万吨/年；2004 年，增至 6 万吨/年；2009—2011 年，年均产能达到 10 万吨，为国内最大的商品环己酮生产装置。锂系聚合物装置：1984 年，建成 1000 吨/年装置；1989 年，扩建为 1 万吨/年。经多次扩能改造，至 2009 年，年产能力达 20 万吨，为世界单套产能最大的锂系聚合物装置，有 6 条生产线；2011 年，建成特种锂系聚合物处理主要装置（包括 20 万吨/年锂聚合物、6 万吨/年特种锂系聚合物、2 万吨/年 SEBS3 套装置）。投产后，年产能 28 万吨，是亚洲最大的锂系聚合物生产装置。顺丁橡胶装置：1979 年 12 月，建成年产能 1.5 万吨装置；1996 年 1 月，挖潜改造，提高至 3 万吨/年；2011 年 3 月，扩大至 6 万吨/年。聚丙烯装置：2011 年，产能达到 6 万吨/年。氯碱装置：包含盐水装置、7 万吨/年离子膜烧碱装置、氯气干燥及冷冻液化装置、氢气处理系统和合成盐酸装置。环氧树脂装置：1986 年，在全国率先引进 3000 吨/年环氧树脂装置，使中国环氧树脂生产技术达到国际先进水平。1996 年、2001 年，分别自主设计安装 5000 吨/年、1 万吨/年装置；2007 年，扩能改造增至 3.2 万吨/年。己内酰胺装置：1993 年，采用荷兰 DSM 公司技术建成 5 万吨/年装置；1997 年，扩大至 6 万吨/年；1999 年，增至 7 万吨/年。2003 年，利用有自主知识产权氨肟化技术进行改造；至 2007 年，扩大至 14 万吨/年；2011 年，达到 20 万吨/年。尿素装置：1979 年 11 月，建成 52 万吨/年装置；1987 年，扩大至 60 万吨/年，为中石化集团首套采用煤气化技术生产尿素的装置，具有年产合成氨 36 万吨、尿素 60 万吨、双氧水 12 万吨生产能力。供排水装置：共 3 套新鲜水生产装置，产能 11900 万吨/年；2 套污水处理装置，年处理污水 1130 万吨。电力装置：共 9 炉 10 机，装机总容量 16.4 万千瓦，总蒸发量 1640 吨/小时。储运装置：1970 年，建成总长 19 公里铁路专线；2011 年，共有专线 40 公里，动力机车 4 台，自备槽车 337 台。另有化工码头、原油码头各 2 个。

主要产品有汽柴油、MTBE、稀释剂、环己酮、SBS、SIS、SEBS、聚丙烯、顺丁橡胶、环氧树脂、氯丙烯、环氧氯丙烷、己内酰胺、尿素、双氧水等 50 多种 170 多个牌号。2006 年，汽柴油、液化气、合成橡胶、环已酮合成氨、尿酸、己内酰氨、硫酸氨等 24 种主要化工产品总产量 240.54 万吨。2007 年，进一步扩能挖潜；至 2011 年，增至 318.15 万吨。

**2006—2011 年岳化主要化工产品、产量情况表**

表 16-5-1　　单位：万吨

| 年份<br>产品名称 | 2006 | 2007 | 2008 | 2009 | 2010 | 2011 |
|---|---|---|---|---|---|---|
| 93# 汽油 | 21.73 | 23.52 | 23.33 | 22.41 | 24.71 | 24.57 |
| 97# 汽油 | 18.11 | 22.01 | 22.47 | 24.44 | 27.12 | 24.16 |
| 0# 汽油 | 46.99 | 43.92 | 43.88 | 39.57 | 46.36 | 36.43 |
| 石脑油 | 7.3 | 4.94 | 9.77 | 6.06 | 9.25 | 8.48 |
| 液化气 | 18.86 | 19.8 | 19.06 | 18.55 | 20.47 | 18.49 |
| 干　气 | 5.41 | 5.7 | 4.99 | 4.22 | 4.47 | 3.61 |
| 丙　烯 | 10.24 | 10.99 | 10.25 | 9.82 | 10.21 | 9.18 |
| 油　浆 | 3.94 | 4.08 | 4 | 4.83 | 1.48 | 3.69 |

续表 16-5-1

| 产品名称＼年份 | 2006 | 2007 | 2008 | 2009 | 2010 | 2011 |
|---|---|---|---|---|---|---|
| 溶剂油 | 6.17 | 8.03 | 7.4 | 7.14 | 5.08 | 6.14 |
| 合成橡胶 | 17.76 | 19.22 | 16.42 | 20.95 | 23.14 | 19.26 |
| 环氧树脂 | 3.06 | 3.35 | 3.73 | 4.11 | 4.04 | 4.11 |
| 环已酮 | 7.36 | 7.41 | 7.84 | 9 | 9.94 | 11.41 |
| 烧　碱 | 11.27 | 11.52 | 9.95 | 9.31 | 10.36 | 10.05 |
| 盐　酸 | 3.61 | 4.19 | 3.57 | 3.36 | 3.78 | 4.2 |
| 液　氧 | 9.21 | 9.36 | 8.12 | 7.61 | 8.4 | 7.99 |
| 聚丙烯 | 5.95 | 6.5 | 6.27 | 6.32 | 6.49 | 5.57 |
| 氯丙烯 | 4.64 | 5.31 | 4.55 | 4.6 | 5.18 | 4.89 |
| 环氧氯丙烷 | 2.44 | 2.78 | 2.18 | 2.15 | 2.13 | 2.17 |
| 合成氨 | 0 | 7.64 | 21.13 | 18.55 | 25.94 | 32.49 |
| 尿　素 | 0 | 7.75 | 24.93 | 19.17 | 25.65 | 18.28 |
| 已内酰胺 | 10.24 | 11.73 | 13.62 | 13.81 | 19.29 | 20.03 |
| 尼龙 6 切片 | 3.05 | 2.01 | 2.46 | 3.17 | 3.71 | 3.82 |
| 硫酸胺 | 15.68 | 16.34 | 20.73 | 19.79 | 27.64 | 28.03 |
| 双氧水 | 7.52 | 7.03 | 9.81 | 7.81 | 11.28 | 11.1 |

科技创新。1971—2011 年，先后获国家级、省部级科技进步奖 122 项（国家级 11 项），其中非晶态合金催化剂和磁稳定床反应工艺创新与集成技术，获国家技术发明一等奖。SEBS 成套技术开发、仿生催化氧化制环已酮等项目，被列入国家“863”计划。有授权专利 256 项。已内酰胺核心技术处于国际领先水平，锂系聚合物综合技术达到世界先进水平，特种环氧树脂、化工型炼油、煤化工生产技术居国内前列。

## 1985—2011 年岳化获省部级以上科技成果奖部分情况表

表 16-5-2

| 年度 | 项　目　名　称 | 奖　　项 |
|---|---|---|
| 1985 | 以炼厂气为原料的千吨级聚丙烷技术 | 国家科技进步二等奖 |
| 1987 | 顺丁橡胶工业生产新技术项目 | 国家科技进步特等奖 |
| 1987 | 一等奖：热塑性弹性体 SBS 工业试生产<br>二等奖：H-198 铁系催化剂应用及流化床反应器的改造<br>三等奖：火炬系统自动打火技术改造 | 中国合成橡胶工业第八次年会技术进步奖 |
| 1991 | 氯丁烷的合成与精制 | 橡胶工业协会行业技术进步二等奖 |
| 1993 | 万吨 SBS 成套工业生产技术的开发 | 中国合成橡胶工业协会科技进步特等奖 |
| 1994 | SHT2-150 聚丙烯挤出造粒机 | 中国航天工业总公司科技进步一等奖 |

续表 16-5-2

| 年度 | 项　目　名　称 | 奖　项 |
| --- | --- | --- |
| 1995 | Z409 / Z405G 轻油蒸汽转化制氢催化剂研制及应用 | 国家科技进步三等奖 |
| 1996 | 年产 1 万吨 SBS 成套工业生产技术开发 | 国家科技进步一等奖 |
| 1997 | 石油化工静设备计算机辅助设计系统 | 建设部第四届工程设计计算机优秀软件金奖、中石化总公司 1994 年度科技进步二等奖、1995 年工程设计计算机优秀软件一等奖 |
| 2000 | 苯乙烯类热塑性弹性体 SBS　YH-803 | 国家重点新产品 |
| 2000 | 邻甲酚醛环氧树脂 | 国家重点新产品 |
| 2001 | SBS 充油胶　YH-875 | 国家重点新产品 |
| 2002 | SBS　YH-788　热塑性橡胶 | 国家重点新产品 |
| 2002 | 7 万吨 / 年己内酰胺装置改扩建工 | 全国优秀工程勘察设计评选委员会第十届优秀工程设计项目铜奖 |
| 2004 | 新型转盘萃取塔研究开发与工业应用 | 中石化和化学工业协会科技进步一等奖 |
| 2005 | 非晶态合金催化剂和磁稳定床反应工艺的创新与集成 | 国家技术发明一等奖 |
| 2005 | 万吨级茂系氢化 SBS 成套技术开发 | 国家“863”计划项目 |
| 2006 | 热塑性丁苯橡胶 SEBS | 国家重点新产品 |
| 2009 | 含硫含碱废液过程减排新技术及在化工行业中的应用 | 国家科技进步一等奖 |
| 2009 | 14 万吨 / 年己内酰胺成套新技术开发 | 国家科技进步二等奖 |
| 2009 | 环己酮氨肟化路线己内酰胺生产成套技术 | 国家科技进步二等奖 |
| 2009 | 含硫废碱液过程减排新技术及在化工行业中应用 | 国家科技进步二等奖 |

**主要荣誉**。1979—2011 年，企业获省、部级以上荣誉 160 项，其中国家级荣誉 11 项。个人获省、部级以上荣誉 198 人次，其中获有突出贡献的国家中青年科技专家称号、享受政府特殊津贴 19 人，获国家科技进步奖、科技成果奖 20 人，被评为全国劳模 6 人，获全国五一劳动奖章 8 人，获全国先进工作者等荣誉 12 人，被评为省劳模 44 人。

## 1987—2007 年岳化获国家级荣誉部分情况表

表 16-5-3

| 获奖时间 | 荣　誉　名　称 | 授　奖　单　位 |
| --- | --- | --- |
| 1981 | 节能先进单位 | 化学工业部 |
| 1982 | 企业物资管理先进单位 | 化学工业部 |
| 1983 | 厂矿企业计量工作先进单位 | 国家经委、国家计量局 |
| 1983 | 人民调解工作先进单位 | 司法部 |
| 1984 | “红旗”先进单位 | 共青团中央 |
| 1986 | 计划生育先进单位 | 国家计划生育委员会 |

续表 16-5-3

| 获奖时间 | 荣誉名称 | 授奖单位 |
|---|---|---|
| 1986 | 国家计量一级单位 | 国家计量局 |
| 1986 | 优秀思想政治工作研究会 | 全国政研会 |
| 1987 | 第二次全国工业普查先进单位 | 国务院全国工业普查领导小组 |
| 1987 | 资源综合利用先进单位 | 国家经委 |
| 1987 | 全国环境优美工厂 | 全国环境优美工厂评委会 |
| 1987 | 全国思想政治工作优秀企业 | 中宣部、全国总工会、国家经委 |
| 1988 | 投入产出调查工作先进单位 | 国务院投入产出调查协调小组 |
| 1989 | 普法先进单位 | 中宣部、司法部 |
| 1996 | 1 万吨 / 年 SBS 成套工业生产技术项目获国家进步成果一等奖 | 国家科学技术大会 |
| 2003 | 全国模范职工之家 | 全国总工会 |
| 2005 | 磁稳定床已内酰胺加氢精制工程技术获国家唯一技术发明一等奖 | 国家科学技术奖励委员会 |
| 2005 | 非晶态合金催化剂和磁稳定床反应工艺的创新与集成项目荣获国家技术发明一等奖 | 国家科学技术奖励委员会 |
| 2006 | 第七届全国设备管理优秀单位 | 中国设备管理协会 |
| 2007 | 全国五一劳动奖状 | 全国总工会 |
| 2007 | 全国厂务公开民主管理先进单位 | 全国总工会 |
| 2007 | 全国模范劳动关系和谐企业 | 劳动和社会保障部、全国总工会、中国企业联合会、中国企业家协会 |
| 2010 | 中央企业红旗班组 | 国务院国资委 |
| 2011 | 先进基层党组织 | 中组部 |

**中国石油化工集团长岭炼化有限责任公司** 即长炼。中国石油化工股份有限公司（简称中石化公司）长岭分公司、中国石油化工集团资产经营管理有限公司（简称中石化集团）长岭分公司的统称。是集炼油、化工生产于一体的国有企业，隶属于中国石油化工集团公司。位于路口镇与文桥镇交界处。2010 年 10 月，固定资产原值由 1971 年 2.35 亿元增至 73.9 亿元。2011 年，占地面积 8.4 平方公里，员工 4250 人。

**沿革**。1965 年 1 月落户境内后，1970 年 11 月，划属解放军总后勤部企业部 2348 工程指挥部，更名为解放军总后勤部企业部 2348 工程指挥部第三筹建处。6 月，更名为解放军第 3101 工厂，隶属于解放军后勤部企业部化工生产管理局。1975 年 1 月，更名为湖南长岭炼油厂；1983 年 11 月，更名为中国石油化工总公司（简称中石化总公司）长岭炼油厂，划属中石化总公司；1988 年 6 月，更名为长岭炼油化工厂；9 月，改称巴陵石化长岭炼油化工厂，由巴陵石化管理；1993 年 9 月，更名为巴陵石化长岭炼油化工总厂。1999 年 2 月，与巴陵石化合署办公；次年 4 月，从巴陵石化析出，隶属于中石化集团公司直管。并将炼油主业部分参与中石化整体上市，命名中石化长岭分公司；非上市部分名中国石化集团长岭炼油化工有限责任公司，2007 年 4 月，改制为中石化集团长岭分公司。

**装置与产能**。1971 年，炼油生产装置 4 套，原油加工能力 250 万吨/年。70 年代中期，扩建装置，改进节能技术，炼油能力扩大至 350 万吨/年。80 年代，建成以重油催化裂化技术为核心的第二条炼油生产线，炼油能力提升至 500 万吨/年。90 年代，改造 1# 催化装置，建成年产 7 万吨聚丙烯装置、年产 50 万吨组合床连续重整装置，建有污水处理、催化剂新产品等项目。2000 年后，先后改进、改造焦化、FDFCC 技术和聚丙烯、重整装置抽提精馏系统、气体分离装置等 5 项挖潜增效项目，新建、扩建催化柴油加氢、年产 30 万吨焦化蜡油加氢、年产 30 万吨催化重汽油加氢脱硫等装置。2008 年 10 月，新上年产 1000 万吨炼油项目；至 2011 年 8 月，主体大部分竣工投产。至此，炼油生产装置增至 25 套，原油加工能力扩大至 800 万吨/年，聚丙烯、改性和乳化沥青生产能力，分别达到年产 13 万吨、20 万吨、10 万吨，可生产 60 余种石油化工产品。产品出厂合格率连续 40 年保持 100%，有 17 种产品获省部级以上优质产品称号，其中出口轻柴油、6# 帛提溶剂油获国家金质奖，石油甲苯、二甲苯、120# 溶剂油等产品，获国家银质奖。累计加工原油 12792 万吨，完成工业总产值 850 亿元，实现利税 280 多亿元。炼油化工技术达到国内先进水平，实现由单一燃料型生产企业向炼油化工一体化综合型企业转变，跨入大型现代炼油化工企业行列。

**主要产品**。有汽油类有 90# 无铅汽油、93# 无铅汽油、97# 无铅汽油、98# 无铅汽油；煤油类有 3# 航煤油、灯用煤油；柴油类有–10 号军用柴油、0# 柴油、–10# 柴油、–5# 柴油；其他燃料油类有船用燃料油、轻质化肥、乙烯原料（1# 化工轻油）、轻质化工燃料（3# 化工轻油）、重质化肥燃料（2# 化工轻油）；烃类有重芳烃（A、s1000、s1500）；非芳烃（重芳烃 B）类有戊烷油；溶剂油有 6# 溶剂油、120# 溶剂油；另有 200# 重油、液化气、干气、丙烯、石油焦、硫磺、合成气、环烷酸、硫酸、聚丙烯等。

**科技创新**。1978—2011 年，共实现技术革新、科研项目 5100 余项，获省、部级以上科技成果奖 297 项，其中国家级科技奖 63 项，拥有专利技术 70 多项。

**1978—2011 年长炼获国家级科技成果奖部分情况表**

表 16–5–4

| 获奖时间 | 获奖科技成果 | 颁奖单位 |
|---|---|---|
| 1978 | 延迟焦化除焦工艺获全国科技大会奖 | 全国科技大会 |
| 1978 | 常减压装置主要中间控制分析项目自动化获全国科技大会奖 | 全国科技大会 |
| 1978 | 炼油污水处理技术——砂滤活性炭吸附净化技术获全国科技大会奖 | 全国科技大会 |
| 1978 | 气体净化催化剂 SH–2 型钴钼有机硫转化剂获全国科技大会奖 | 全国科技大会 |
| 1978 | 用丝光沸石制备甲苯歧化催化剂的研究获全国科技大会奖 | 全国科技大会 |
| 1978 | 油罐区应用电子计算机获全国科技大会奖 | 全国科技大会 |
| 1978 | 油罐区自动化及仪表获全国科技大会奖 | 全国科技大会 |
| 1980 | 0# 出口轻柴油金质奖 | 国家经委 |
| 1981 | 石油甲苯银质奖 | 国家经委 |
| 1981 | 污水汽提单塔侧线技术科技成果三等奖 | 全国科技大会 |
| 1982 | 120# 溶剂油银质奖 | 国家经委 |
| 1982 | 催化剂挤成型新助挤剂获国家发明四等奖 | 国家科委 |
| 1983 | 5℃石油混合二甲苯银质奖 | 国家质量奖审定委员会 |

续表 16-5-4

| 获奖时间 | 获 奖 科 技 成 果 | 颁 奖 单 位 |
|---|---|---|
| 1983 | DF 甲苯歧化催化剂获国家发明奖 | 国家科委 |
| 1984 | 6# 抽提溶剂油金质奖 | 国家经委 |
| 1984 | Y-15 分子筛裂化催化剂银质奖 | 国家质量奖审定委员会 |
| 1985 | 0# 出口轻柴油复评金质奖 | 国家质量奖审定委员会 |
| 1986 | 微型计算机罐区自动化系统获首届全国计算机应用成果展览科技进步二等奖 | 首届全国计算机应用成果展览组委会 |
| 1988 | 120# 溶剂油复评银质奖 | 国家质量奖审定委员会 |
| 1988 | 石油甲苯复评银质奖 | 国家质量奖审定委员会 |
| 1989 | 6# 抽提溶剂油获国优金牌 | 国家质量奖审定委员会 |
| 1989 | 6# 催化重整催化剂获国优银牌 | 国家质量奖审定委员会 |
| 1989 | 共 Y 催化裂化催化剂获国优银牌 | 国家质量奖审定委员会 |
| 1990 | 抽余油另氢工业试验获科技进步二等奖 | 中国科学院 |
| 1990 | CB-6 低铂铼重整催化剂及工艺技术三等奖 | 国家科技进步奖评审委员会 |
| 1990 | 国产成套电脱盐设备研制获科技进步三等奖 | 国家科技进步奖评审委员会 |
| 1990 | 轴承起拔器获银牌 | 国家第二届专利及新技术新产品展览会 |
| 1991 | RN-1 加氢精制催化剂及工艺获科学进步一等奖 | 国家科技进步奖评审委员会 |
| 1994 | 大型回转机械振动状态监测与故障诊断离线系统开发及应用获科技进步三等奖 | 国家科委 |
| 1995 | 国产成套电脱盐设备研制获科学技术进步三等奖 | 国家科技进步奖评审委员会 |
| 1995 | CHZ（SRNY）裂化催化剂获发明二等奖 | 国家科委 |
| 1996 | LCS-7 催化裂化催化剂研制与应用获国家科技进步二等奖 | 国家计委、国家科委、财政部 |
| 1996 | RHZ-200、CC-14 重油催化裂化催化剂的研制与应用获国家科技进步二等奖 | 国家计委、国家科委、财政部 |
| 1996 | LCS-7 催化裂化催化剂研制与应用获国家“八五”科技攻关重大科技成果项目 | 国家科委 |
| 1996 | RHZ-200、CC-14 重油催化裂化催化剂获国家“八五”科技攻关重大科技成果项目 | 国家科委 |
| 1996 | 焦化蜡油加氢性质催化剂及工艺研究获国家“八五”科技攻关重大科技成果项目 | 国家计委、国家科委、财政部 |
| 1996 | 润滑油中、高压加气工艺及催化剂研究获国家“八五”科技攻关重大科技成果项目 | 国家计委、国家科委、财政部 |
| 1997 | GCR-10 连续重整催化剂研制及工业应用获科技进步奖二等奖 | 国家科委 |
| 2001 | 7 万吨/年环管法聚丙烯成套技术获科学技术进步一等奖 | 国务院 |
| 2002 | 低压床组合技术获国家高技术产业化示范工程奖 | 国家发展计划委员会 |
| 2009 | 原油电脱盐装置切水旅流除油技术开发研究与工业应用获科技二等奖 | 中国机械工业联合会、中国工程学会 |
| 2009 | N2-3、HC-K、E603、BS4040-85、ASTMD1655-82、MIL-F-16884 (HL2) -85、TOCT443-76 获全国采用国际标准新产品荣誉证书 | 国家技术监督局 |

主要荣誉。企业共获国家级和省、部级荣誉称号230多项，涉及质量管理、设备管理、思想政治工作、精神文明建设、企业经营管理、安全生产、环境保护、科技工作、重合同守信用等多个方面。余云林、谭生光、吴全胜3人先后被评为全国劳模；李兴、彭远志、胡笑庆、李桦、李长江、李华、侯勇7人获全国五一劳动奖章；8人被评为省劳模。

### 1977—2011年长炼获省部级以上荣誉称号部分情况表

表16-5-5

| 获奖时间 | 获　奖　名　称 | 颁　奖　单　位 |
|---|---|---|
| 1977 | 大庆式企业 | 全国工业学大庆会议 |
| 1979 | 先进单位 | 国务院 |
| 1980 | 节能先进企业 | 国家计委、能委、经委 |
| 1980 | 企业安全生产先进单位 | 国务院 |
| 1980 | 企业文明生产单位 | 全国总工会、国家劳动总局 |
| 1981 | 企业管理优秀单位 | 中国企协 |
| 1983 | 女工工作先进单位 | 全国总工会 |
| 1984 | 国家质量银奖 | 国家质量奖审定委员会 |
| 1984 | 思想政治工作优秀企业 | 中宣部、国家经委、全国总工会 |
| 1985 | 新长征突击队 | 团中央 |
| 1985 | 国家质量管理奖 | 国家质量管理奖评审委员会 |
| 1986 | 企业整顿先进单位 | 全国企业整顿领导小组、国家经委 |
| 1986 | 绿化先进单位 | 中央绿化委员会 |
| 1987 | 首届全国环境优美工厂 | 全国环境优美工厂评选委员会 |
| 1987 | 五一劳动奖状 | 全国总工会 |
| 1989 | 环境保护先进企业 | 国务院环境保护委员会 |
| 1989 | 国家一级企业 | 国务院企业管理指导委员会 |
| 1990 | 质量管理小组活动优秀企业 | 中国科协、中国质量管理协会、团中央、全国总工会 |
| 1990 | 职工教育研究先进单位 | 中国职工教育与职业技术培训协会 |
| 1991 | 《管、用、修全面优化管理》二等奖 | 国务院企业指导委员会、国务院生产委员会 |
| 1991 | 首届依法治厂金帆奖 | 全国首届依法治厂金帆奖评委会 |
| 1993 | 模范职工之家 | 全国总工会 |
| 1994 | 工会干部教育工作先进单位 | 全国总工会 |
| 1994 | 工会职工文化工作先进单位 | 全国总工会 |
| 1995 | 设备管理优秀单位奖 | 全国设备管理协会 |
| 1996 | 先进基层党组织 | 中组部 |

续表 16-5-5

| 获奖时间 | 获 奖 名 称 | 颁 奖 单 位 |
|---|---|---|
| 1996 | 设备管理优秀单位 | 中国设备管理协会 |
| 1998 | 模范职工之家 | 全国总工会 |
| 1998 | 先进女职工集体 | 全国总工会 |
| 1999 | 精神文明建设工作先进单位 | 中央精神文明建设指导委员会 |
| 2001 | 企业科协先进集体 | 中国科协 |
| 2001 | 国家 863 计划 CIMS 应用示范企业 | 科技部 |
| 2003 | 共青团工作先进集体 | 团中央 |
| 2004 | 先进基层工会劳动保护监督委员会 | 全国总工会 |
| 2005 | 青年岗位能手活动优秀组织奖 | 中国石化集团公司、团中央 |
| 2006 | 能源化学系统先进工会 | 中国能源化学工会全国委员会 |
| 2010 | 企业信息工作先进集体 | 中国企业联合会信息工作委员会 |
| 2010 | “五五”普法先进单位 | 全国总工会 |
| 2011 | “十一五”时期社会主义劳动竞赛先进集体 | 全国总工会 |
| 2011 | 2006—2011 年科协先进集体 | 中国科协 |

**华能岳阳电厂** 原名岳阳电厂，现名华能湖南岳阳发电有限责任公司，通称华能岳阳电厂。位于城陵矶东北部洪家洲，东临芭蕉湖，北依长江，南靠京广铁路，西跨永济乡，占地面积约 358 万平方米，注册资金 5.6 亿元。1956 年，为解决桃林铅锌矿及湘北地区用电，由长沙电业局（现湖南省电力工业局）、湖南省冶金工业局、桃林铅锌矿共同筹建。1973 年 4 月，建成投产。1977 年 3 月，率先在全省电力系统开展建设完好设备区、红旗设备区活动，其做法得到广泛推介。1979 年、1982 年，先后被省政府评为大庆式企业、先进集体。1982 年，被水利电力部授予文明生产标兵称号。

1984 年，分 3 期对老厂进行扩建改造。1987 年 9 月 10 日，李鹏到厂视察，赞扬：“华能在老厂基础上扩建，可以将老厂作依托”“既改造了老厂，又有利于新厂的建设，节省了资金和土地，小鸡生了个大蛋”，并题写“华能岳阳电厂”厂名。1988 年 8 月，第一期扩建工程动工。由华能国际电力开发公司投资 55%，省政府投资 45%，总投资折合 28.78 亿元。1991 年 9 月、12 月，一期扩建 2 机组先后投产。2002 年 6 月，华能岳阳电厂被国家电力公司授予一流火力发电厂称号。2004 年 4 月，始建二期扩建工程。此工程为国家“十一五”规划重点工程，由华能国际电力股份有限公司、湖南省地方电力资产经营有限公司分别按 55%、45%的比例投资，装备 2 台各 30 万千瓦国产燃煤机组，建设烟气脱硫装置，总投资 24.73 亿元。2005 年 10 月，计划实施第三期扩建工程，规模为 2 台超临界发电机组。是年及 2006 年，华能岳阳电厂分别获全国文明单位称号、全国五一劳动奖状。2006 年 5 月，二期扩建工程建成投产。扩建工程装机总容量共 132.5 万千瓦。华能岳阳电厂由高能耗、高污染型火力发电厂逐步转变为节约型环保型火力发电厂。是年 6 月，第三期扩建工程列入省“十一五”发展规划。至 2011 年，在实施中。

**湖南岳阳城陵矶临港产业新区**　即临港新区。为以城陵矶港口航运物流、高新技术产业开发为主要支撑的市级综合经济管理区。位于永济乡与云溪乡交界处芭蕉湖地区，东连云溪乡东风村、滨湖村，南邻岳阳城陵矶，西滨长江，北接道仁矶镇，规划控制面积100平方公里，建设面积69平方公里。

2008年8月，城陵矶新港码头第一期工程基本竣工后，市委、市政府进一步提出以该码头为支撑，开发临港新区，形成推进岳阳新型工业化、新型城市化核心区域和主要承载地。区委、区政府积极承担市委、市政府交付的首期开发移民、港口主体工程建设任务，作出举全区之力加快推进临港新区建设的决定，成立临港新区临时管委会，从部门抽调30余人，组建相应工作机构，加快征地拆迁、投融资、规划编制等工作。12月，完成公共配套服务区、港口航运物流区主要工程，招商引进恒阳化工物流储运公司投资5亿元兴业。

2009年，市政府接连下发加快临港新区建设文件，从土地使用、财税扶持、审批制度改革等方面，对临港新区建设给予政策支持。12月6日，市成立临港新区工作委员会、临港新区管理委员会，与云溪区临时管委会进行工作交接。云溪区、岳阳楼区分别另行组建临港新区工作部。2010年1月10日，市委、市政府下发关于进一步支持临港新区发展的文件，给予19项政策支持，下放15个市直部门共65项行政审批权。4月，区委、区政府设立临港新区云溪工作部，为副处级事业单位。8月6日，省政府办公厅下发《关于支持湖南城陵矶临港产业新区加快发展的意见》，同意设立临港新区，其行政隶属关系不变，授予临港产业新区市级综合经济管理权限。省委书记徐守盛明确提出“举全省之力，把城陵矶新港区建设成为全省交通运输体系的重要枢纽，现代物流的重要国地，开放型经济的重要门户”，将临港新区开发建设提升为省委、省政府推进层面。从规划修订、建设用地保障、项目转移、高新技术引进、基础设施建设、综合交通运输网络建设、芭蕉湖保护与利用、投融资管理、重大项目开发利用、就业和社会保障等方面，提出23条支持发展的意见。要求省直有关部门切实加强指导与服务，保证各项政策措施落实到位。临港新区规划面积由23.6平方公里扩大至69平方公里，涵盖永济乡全境、云溪乡部分村组。临港新区先后委托美国AECOM公司、上海复旦大学建筑与规划研究院等国际国内知名规划设计单位进行临港新区总体发展规划、空间发展规划、临港产业布局规划等规划编制工作，保障临港新区能在较高层次上科学发展。8月25日，省、市成立临港新区专家委员会，聘请32位省内外知名专家为临港新区发展提供高端智力支持。9月4日晚，中央电视台《新闻联播》报道湖南岳阳依托城陵矶新港建设，实现通江达海，带动临港产业快速发展。至11月，临港新区累计完成投资19.4亿元，征地1024.7公顷，拆迁房屋286栋，新修公路43.2公里，实现与岳阳主城区对接，与云溪区云溪镇城区连为一体，与随岳高速公路互通。建成建筑面积5万平方米的标准化厂房、1500套保障性住房。通过争取银行贷款、设立创业投资基金、开展立项争取资金等多种途径，完成融资45.46亿元，实现签约项目63个，签约资金累计323亿元，其中开工项目19个，已投产项目7个。美国休斯顿经济合作区岳阳高科技园区、美国硅谷岳阳科技园区、深圳高科技成果转化岳阳基地、广东高科技产业岳阳园区等高新科技项目落户区内。组建临港产业新区地方税务局和土地交易中心，建立财税等经济综合管理体制及土地流转机制，完成69平方公里范围内企业税收征缴划转。

2011年，临港新区完成财政收入3.2亿元，比上年增长133.2%；提前半年完成一般预算收入8620万元，比上年增长24.3%。

# 专记　厂地协作协调

1965年5月，为响应中共中央、国务院大力加强“三线”建设的号召，境内相关公社党委、管委会积极发动干部群众，实行包干负责，限期落实，协助落户境内的中央“三线”企业征地建厂。至1970年夏，文桥、路口、云溪、陆城4个公社共搬迁17个村落（生产队、屋场）、征腾土地347.6公顷，修筑公路40余公里，先后协助长炼、岳化建成投产。根据群众反映的征地拆迁后用水、烧柴、用电困难，经过与长炼、岳化协商，长炼、岳化始向周边25个大队（居委会）、121个生产队（居民小组）、4772户、4.3万余名城乡居民无偿或优价转供自来水、电力、石油液化气。在干旱季节开闸放水，无偿支助其取水管线沿途社、队灌田抗旱。初步形成厂地协作协调，共同战胜困难，发展一方经济的新模式。

1984年6月，区委、区政府成立区厂协调办公室。次年，区委提出要把为驻区大厂服务作为全区工作的基本点，既要大力发展生产，保证区划调整后驻区大厂生活物资供应，又要努力优化大厂发展环境，促进厂地共同繁荣。并针对少数干部群众“靠厂吃厂”、侵害大厂利益现象，在全区广泛开展法制教育。至1991年，各乡镇落实厂、地协作协调联席会议制度。结合普法宣传，开展抵制、预防索拿卡要、偷摸盗窃等涉厂违法犯罪行为教育活动。区公安局、区国土、区农业、区蔬菜、区物资等部门充分发挥职能作用，努力疏通渠道，扩大生产，协助驻区大厂解决扩建征地，农副产品、生活日用品供应，“半边户”“农转非”等问题。长炼、岳化80多名处级干部、科技人员应区政府邀请，为地方工业发展当高参、出高招，先后协助兴办、改造路口水泥厂、联营化工厂、陆城油脂厂、文桥青山油毡厂等10多家乡镇企业。

1992年，驻区大厂为发展自身集体企业，把产品推向市场，一时难以全面顾及对地方的支助协作，兑现原来承诺给群众的实惠、差价补贴。群众对加强厂地协作协调产生动摇，少数群众甚至封堵交通、上路拦车、进厂闹事，厂地关系出现新的矛盾。区委层层召开干部群众大会，引导大家算细账、看前景、变思路、谋发展，深刻认识大厂落户后给云溪区域带来的变化　，看到大厂的发展必将给地方带来新的繁荣，彻底克服计划经济时期在厂地互动中形成的“等、靠、要”思想，从要求大厂让利转变到争取参股联合经营，从单纯要求大厂提供原料转变到科技合作、捆绑经营，拓宽厂地协作协调渠道。要求各乡镇场党政“一把手”负总责，迅速健全厂地协作协调机制，各有关单位积极参与，大力加强爱厂护厂教育，实行与大厂精神文明共建，社会治安联防、互利产业合办、重点项目互助，把厂地协作协调推向深入。5月，区委、区政府调整区厂协调办公室，成立由1名副区长为主要负责人的厂区关系协调办公室、厂区经济技术协作委员会（次年更名为厂区经济技术协作局）。各乡镇场成立厂地关系协调办公室，落实厂地矛盾纠纷联调制度、厂地治安联防制度、厂地经济技术协作联席会议制度，保证厂地协作协调取得新的成效。至1996年，全区厂地合作兴办各种经济成分企业183个，实现产值1.83亿元，促进全区经济连续4年保持20%以上的速度增长。

1996年1月29日，区委、区政府总结厂地协作协调的实践体会，在市委召开的全市厂地协作会上作题为“护树借荫、互惠互利，进一步巩固发展厂地关系”的发言。把服务长炼、岳化两厂，加强厂地协作协调形象化为“护树借荫”。指出巩固和发展厂地关系，实行护树借荫、互惠互利，既是发展云溪区域经济的主要途径，又是体现云溪地域经济特色的重要之举。受到市委、市政府领导充分肯定。3

月30日，《人民日报》发表长篇通讯“哥俩好”推介北区加强厂地协作协调的作法，配发评论员文章，指出加强厂地协作协调，实行“护树借荫”这种建立在新的经济关系上的新型工农关系，带来了企地双方互利互惠与共同繁荣，更为地方经济的发展拓宽了一条新的道路。次年10月，区委把加强厂地协作协调，实行“护树借荫”，确定为发展云溪区域经济的工作思路。强调加强厂地协作协调，实行“护树借荫”既是促进大厂和地方共同繁荣，适应市场经济发展的唯一正确道路，又是实现市委云溪划区以便拓城强市战略目标的有效途径。要求全区各级各地认真加以落实。

1997—1999年，受亚洲金融风暴冲击，驻区企业发展遇到诸多困难，厂地协作协调面临遗留问题多、棘手问题多、困扰矛盾多、重点工程摊开多、辐射少、经费少的新情况。区委、区政府及时调整工作思路，提出以“三个转变”（即由被动协调向主动服务转变，由传统“打和牌”式的协调向依法协调转变，由行政协调向经济协作转变）为重点，解放思想，更新观念，把加强厂地协作协调不断推向深入。成立区驻厂协调办公室，实行主动服务，上门协调。充分利用各种会议、电视、简报等形式，在全区积极宣传“兴工强区，厂地一体”的发展战略，广泛开展“爱厂就是爱国，护厂就是护家”“大厂发展我发展，大厂繁荣我繁荣”的发展理念教育，引导干部群众体谅大厂的困难，变伸手为联手。制定厂地协作协调的若干规定，推出涉厂矛盾纠纷调处单位一把手负责制，规定协调人员要坚持深入驻区企业，开展“支、帮、促”活动，为企业排忧解难等一系列政策措施。至2001年，全区共协调化解厂地矛盾纠纷113起，完成协作项目163个，总投资7.3亿元，新增财税6000万元。同驻区大厂互助，开工或建成107国道长炼连接线、云溪大桥等重点工程。

2000年2月，区委、区政府撤销区厂区关系协调办公室、区厂区经济技术协作局、区驻厂协调办公室，分别成立区厂地协作协调岳化局、区厂地协作协调长炼局（至2011年，2局均属区政府直属事业单位，内设综合办公室，核定全额拨款事业编制5名），实行驻厂办公，上门协作协调。9月11日，区委书记刘衍华、区委副书记区长段方金、主管副区长孙山青同岳化厂长、副厂长召开厂地高层协作协调联席会，就岳化市场供水供电、岳化煤灰坝漏水问题处理，八号沟至茶港一桥荣锦港治理、岳化安居工程二期工程征用土地、荷花路建设、岳化新市场大门两侧非法搭棚占地整治、损坏岳化供水线路问题处理等厂地互动中的7个主要事项进行广泛协商，形成共识，落实解决的责任单位、责任人、时间等。就厂地经济技术协作形成一致意见：岳化由1名副厂长分管厂地经济技术协作，出任厂地共建云溪工业园区领导小组成员，由总厂技术开发处具体负责厂地经济技术协作日常工作，召集总厂有关职能处室厂地协作会，同区委、区政府联合下文，制定鼓励下岗分流人员，离退休人员、买断工龄人员到地方投资兴业的优惠政策，实现厂地双赢，一体化发展。

是年，长炼、岳化两厂提出规范周边水、电、气管理，群众以当时土地、房屋被平价征收，现在不应再增加水、电、气费用为由不同意整改。为协调好矛盾，区委、区政府组成专门班子，经过深入调查摸底，同两厂领导召开专题办公会，在尽量照顾群众利益的前提下，支持两厂解决这一历史遗留问题。并争取省、市电力部门支持，将两厂转供电整改优先纳入省、市第二期农网改造；组成由区委副书记、分管副区长为正、副组长的液化气价调整领导小组，与两厂加强液化气供应价协商；区政府先后下发认真做好大厂转供水、电整治的通知，整治大厂周边水电的通告，加强整改意见、政策的宣传；全区实行区级干部、区相关单位负责人包村组做工作；各有关乡镇积极配合，加强水管整改资金筹集。至2004年10月，周边群众用电彻底与两厂脱钩，直接国家电网。相关乡镇共筹集229.2万元，改造水管3.33万米，安装入户水表9200多个，实现周边居民用水分户装表，按表收费；液化气供应达成厂地双方都能接受的调价协议，彻底解决此一延续30多年的老大难问题。

2003年1月，为加强厂地经济技术协作，区政府发出对岳化改制企业注册落户地方的承诺函。承诺一律加挂重点保护企业牌子，严禁乱收费，乱罚款；继续使用原同意拨划给岳化的土地，不再征收土地补偿费；免费办理一切落户手续，并实行手续代办制、检查准入制、收费优惠制、服务承诺制；享受省、市、区、云溪工业园所有招商引资政策优惠。2005年4月，区政府作出对驻区大厂新上项目及改制企业入区实行优惠政策的决定，规定减免3年所得税，享受省级开发区、云溪工业园有关税费、土地的优惠政策，按最低限额实行总包干收取筹建，兴建或改制过程中涉及区本级行政性收费。至2006年，共引进长炼、岳化改制、新上企业214个，总投资36.51亿元。从驻区大厂引用各类技术人才271人，“星期天工程师”63人，完成技改项目36个，联合开发新产品81个。2008年，全区生产净值达到38.18亿元，长炼销售收入达到172.2亿元，岳化不含税销售收入145.8亿元，比1988年分别增长76.97倍、3.35倍、9.2倍。次年12月，岳阳市原市长（现湖南省副省长）黄兰香说：“云溪地区对国家的财税贡献占了全市的半壁江山。”

2009年1月15日，长炼加油站附近的长炼至岳化输苯管线发生泄漏起火，给路口镇长岭村、南岳村、南太村、南山村、道仁矶镇白泥湖渔场所属21个组的群众生产、生活造成直接经济损失225万余元。区委、区政府成立事故调查处理领导小组，积极配合企业采取有效措施，控制污泥源；组织长炼、岳化相关部门、云溪环保局、区农业局、区畜牧水产局、区房产分局、区水利局、区物价局、区文广新局、区厂地协作协调长炼局、岳化局参与调查。同岳化、长炼协定，由两厂对村民的损失依法作出赔偿。

至2011年，自区厂地协作协调岳化局、长炼局成立后，共引进协作项目218个，总投资54.65亿元。先后协调处理岳化2003年“2·9”粉煤灰外溢污染事故，2005年“1·26”贮灰场溃坝事故、“8·14”氯气泄漏事故，2009年“1·15”苯泄漏事故等重大事故，协调解决一般性涉厂矛盾纠纷2130起次。

# 第十七篇　交通·电力·邮电

## 第一章　交通设施

明、清时期，境内水陆交通便利，有长江航道、内河河道16条、码头8个，驿道、古乡道8条，陆城有湘鄂“九县通衢”之称。清末至民国初年，码头减少。民国4年始有铁路。民国19年（1930）后，古乡道增至19条。民国25年，首条公路武长路经由境内。

1957~1964年，内河与长江逐渐断航。各社（乡）大修简易公路，古乡道被简易公路取代。至1983年，初步形成公社、大队沙石公路网。

1984年后，区委、区政府大力加强城乡公路建设。至2005年，村以上公路扩展至421.8公里。2005年始，区委、区政府抓住国家、省、市重点工程增多契机，实施大交通建设。至2011年，有通江达海港口1　个，沿江码头21个；各类公路总里程1110.69公里（含组间、屋场间公路423.7公里），密度达到2.8公里/平方公里；铁路总里程65.34公里，密度0.16公里/平方公里；有备用机场1个，运输管道7条，构成水陆相连的湘北地区交通枢纽。

### 第一节　水　路

#### 一、航道

**长江航道**　明代至清代中期，航道自洞庭湖至长江口岸入境城陵矶，经象骨港、道仁矶、塘湾，至鸭栏出境。清光绪二十五年（1899），自城陵矶入境。1984年，从陆城儒矶出境。1992—2011年，从陆城新港王家门出境。全长27.28公里，宽约1500米，坡降0.4‰，水位变幅差14米，枯水期水深3米以上，常年可行3000吨级船舶，汛期可通万吨级大船。

**内河航道**　明、清时期，主要有清溪河、云溪河、路口河、文桥河、白荆河、泾港、象骨港、石港，芭蕉湖、松阳湖、枫桥湖、鲁家湖、白泥湖、肖田湖、洋溪湖等15条。其中清溪河航道25公里，入芭蕉湖经洞庭入长江；云溪河8公里，入松阳湖经象骨港入长江；文桥河、路口河均10公里，入白泥湖连通枫桥湖、鲁家湖自道仁矶通长江；白荆河12公里，入洋溪湖、连通肖田湖、白泥湖经冶湖通长江。长江船只一般可入内河或泊或航。1957年，修松阳湖堤、闸，原象骨港、徐家傍、北尾等与长江通航口被截断；1964年，建鸭栏堤闸，白泥湖、肖田湖、洋溪湖与长江断航；1977年，石港、泾港多处修堤筑坝，建新设电排站，内河航道与长江彻底隔断。

**人工航道** 有冶湖撇洪河、双花水库2条。冶湖撇洪河航道，1980年建成，贯通云溪、路口、文桥、陆城4个乡镇，分东、南、西3条干流，至陆城曾家汊汇入总干流，至鸭栏闸口，全长43.5公里，平时能载小船，丰水期总干流可载30吨级船舶。90年代后，公路运输发达，逐渐停航。双花水库航道，1977年建成，丰水期可用小船渡运。

## 二、港口码头

**港口** 宋代，已有城陵矶港口。光绪二十五年（1899），城陵矶港口设海关，划属巴陵县。民国时期，划属城陵矶水上交通管理局。1966年，属城陵矶管理局。1999年，属市航务局管理。2007年5月，在原港下游约3公里处永济乡境内建城陵矶新港码头。2008年11月，获准为海峡两岸直航港口，成为湖南省唯一可直航中国台湾地区港口。2009年12月，经国务院批准，成立临港产业新区后，港口成为全省唯一通江达海良港。

**码头**

**内河码头**。清末，有云溪码头、陆城桥头码头。民国初期，仅有陆城码头。1957年后，内河码头相继废弃。

**长江码头**。清末，有城陵矶、象骨港、道仁矶、塘湾、新港、鸭栏等码头。民国初期，有象骨港码头、新港码头。1949年后，随着陆路交通发展，沿江码头逐年增多。1966年，长岭在陆城江段建油轮码头。1970年，岳化在陆城段修取水码头。80年代至90年代，沿江擂鼓台、象骨港、道仁矶、塘湾、沙窝、新港等处兴建货运码头。其中华能岳阳电厂煤炭码头、岳阳招商石化液化气码头、岳化树脂厂烧碱卤水码头、武汉钢铁厂矿石码头、长炼陆城原油码头等，均为专用码头。2002年，沿江3000吨级以上泊位码头有15个，简易货运码头6个，汽车轮渡码头1个。

2007年年初，为落实省委岳阳要优势优先发展的指示，市委、市政府决定引进中国交通建设集团，在永济乡境内沿江兴建城陵矶新港码头，改变城陵矶港老码头（清光绪二十五年始建）设计能力不够，造成严重压船压港现状，以建设航运物流旺市，发展岳阳和湖南外贸型经济。规划建泊位11个，集装箱年通过能力88万标箱，散货360万吨，件杂货220万吨，整体吞吐量1000万吨，占地23.6平方公里，总投资16亿元，分三期建成。5月18日，第一期工程开工。由云溪区承担建设主体责任，成立工程建设协调指挥部，抽调专门力量，开展征地拆迁工作。至2008年年底，完成投资6.3亿元，征地76.73公顷，建泊位4个，一期工程投入试运行。2010年8月6日，省政府下文，加速城陵矶新港码头二、三期工程建设，使之成为涵盖陆城、道仁矶等地码头的码头集群。11月，“柏顺698”号万吨级货轮首次停靠城陵矶新港码头。至次年12月，实现重庆至宜昌至岳阳至上海大通关航运模式，开通岳阳至中国香港、澳门、台湾等地区及日本、韩国等国家的海运航线，实现江海联运，港口集装箱吞吐量由原来不到3万标箱提升至30万标箱，散货吞吐量80万吨。现正实施第二期工程。

2010年12月9日，荆岳长江大桥竣工通车后，道仁矶汽轮渡码头退出经营，作为战备码头保存。

2011年年底，共有大小码头31个，码头区岸线1800米，泊位共48个。

## 2011年云溪区域长江沿线靠泊能力300吨以上码头一览表

表 17-1-1

| 码头名称 | 结构形式 | 建成年度 | 泊位个数 | 靠泊能力（吨） | 主要用途 | 装卸设备 |
|---|---|---|---|---|---|---|
| 道仁矶老码头 | 简易斜坡式 |  | 1 | 300 | 杂货、沙石 | 皮带式 |
| 彭家湾简易码头 | 简易斜坡式 |  | 1 | 300 | 沙石 | 皮带式 |
| 陆城沙窝码头 | 简易斜坡式 |  | 1 | 500 | 杂货、沙石 | 皮带式 |
| 长炼1号码头 | 栈桥式 | 1966 | 1 | 3000 | 石油 | 管道 |
| 长炼2号码头 | 栈桥式 | 1966 | 1 | 3000 | 石油 | 管道 |
| 长炼3号码头 | 栈桥式 | 1966 | 2 | 3000 | 石油 | 管道 |
| 长炼抽水码头 | 砌石斜坡式 | 1966 | — | — | 抽水 | 水泵 |
| 岳化水厂抽水码头 | 砌石斜坡式 | 1970 | — | — | 抽水 | 水泵 |
| 陆城新港码头 | 简易斜坡式 | 1974 | 1 | 300 | 杂货 |  |
| 永济乡码头 | 简易斜坡式 | 1978 | 3 | 500 | 沙石 | 皮带式 |
| 新设武钢矿石码头 | 砌石斜坡式 | 1984 | 1 | 3000 | 矿石 | 皮带式 |
| 道仁矶汽渡码头 | 砌石斜坡式 | 1985 | 1 | 3000 | 渡运汽车 |  |
| 长炼4号码头 | 栈桥式 | 1986 | 2 | 3000 | 石油 | 管道 |
| 华能电厂码头 | 砌石斜坡式 | 1991 | 2 | 3000 | 煤 | 皮带式 |
| 道仁矶镇码头 | 简易斜坡式 | 1994 | 2 | 300 | 盐、沙石 | 皮带式 |
| 岳化烧碱卤水码头 | 墩船式 | 1996 | 1 | 3000 | 化工产品 | 管道 |
| 长炼5号码头 | 栈桥式 | 1998 | 1 | 3000 | 石油 | 管道 |
| 岳阳招商石化液化专用气码头 | 墩船式 | 1999 | 1 | 3000 | 液化气 | 管道 |
| 岳化码头 | 墩船式 | 2000 | 3 | 3000 | 原油成品油 | 管道 |
| 城陵矶国际集装箱码头 | （见前文） |  |  |  |  |  |

**渡口** 明弘治《岳州府志》载："沙窝渡原称'沙锅渡'，在城西北二里，路通嘉鱼，对岸为湖北杨林渡。"沙窝渡口为境内有史料可考最早的长江渡口，位于现陆城镇陆城村境内。清康熙年间(1662—1723)，增设道仁矶、象骨港2渡口。雍正年间（1723—1735)，通城胡天台向沙窝渡捐义渡船5只。清乾隆二年（1737)，岳州救生局（又名洞庭湖义渡救生局）在沙窝、道仁矶、象骨港渡口设救生船，以防渡江意外。

20世纪50年代至80年代初，长江渡口有象骨港、道仁矶、沙窝、新港等。80年代中期，象骨港、新港港口废弃。

1985年4月，北区、湖北省监利县分别在道仁矶、长江北岸白螺同时建汽轮渡口，6月，道仁矶、白螺矶汽渡通航；2010年，贯通湘鄂荆岳长江大桥竣工通车，渡口结束营业性渡运，作为战备渡口加以保护。

1986年5月，陆城镇建成儒溪通湖北省洪湖县螺山汽轮渡口；1992年，渡口划属临湘市儒溪镇管辖。

1998年3月，区政府批准建立双花水库渡口；2010年，库区居民整体搬迁，渡口废弃。

2011年，境内渡口有长江段道仁矶渡口、道仁矶战备渡口、沙窝渡口。

## 第二节 公 路

### 一、驿道

明天顺五年（1461)，云溪驿驿道由北向南，经长安驿、西坪铺（今路口铺)、云溪驿，至城陵矶，境内长20公里，设马42匹，马夫21名，挑夫63名。清同治十一年（1872)，以县治陆城为总铺分辖15处递铺，自陆城至臣山铺（今文桥镇臣山村境内）分支，南经西坪铺、樟树铺、桃李铺至巴陵，长42.5公里；北经西坪铺、麻塘铺至长安驿，长37.5公里。民国初年，驿道渐废。

### 二、古乡道

北宋淳化三年（992）后，以县治陆城为中心，逐步形成7条人行大道通达四境：一条自陆城南门经香铺岭（今因谐音或称肖木岭)、臣山铺、文修桥、白荆桥，入聂市（今属临湘市)，与湖北省蒲圻县相接；一条自臣山铺经西平铺、麻塘铺、至长安，通湖北省嘉鱼县；一条自白荆桥东经排贝桥（今属临湘市)，达湖北省蒲圻；一条自陆城南门经文家咀、柳港、丁山、基隆、云溪、至坪田铺，通巴陵；一条自云溪经天福桥、岩岭、过大界接湖北省通城县；一条自陆城西门经大头矶、道仁矶、擂鼓台，至城陵矶，与巴陵县相连；一条自陆城北门经新港、至谷花洲，与湖北省嘉鱼县相通。1930年县治迁长安后，新增2条，一条自云溪至基隆山，至道仁矶，达湖北省监利县、沔阳县；一条自白荆桥经三水港，至源潭（今临湘市境内)。形成以陆城、云溪、路口铺为枢纽的人行大道网络。

### 三、公路

民国24年（1935)，省公路局修长武路，在境内铺设坪田铺至六房冲路基。次年，国民党军汤恩伯部续建完工。民国33年，日军为扩大侵华战争，修建新设飞机场至陆城、至云溪简易公路。1945年日军投降后，路亦废弃。

50 年代，各乡（社）将古乡道改造成沙石公路。1963 年，修路口铺至长安简易公路，长 9.2 公里，1965 年，改造成 4 级标准公路。是年，各公社大修简易公路。1966 年 3 月，长炼修长炼至陆城沙窝专用公路，长 13.2 公里，等级 4 级，是岳阳市最早的沥青路面公路。1969 年，改建云溪至坪田铺公路 9.7 公里。1970 年 2 月，岳化修八号沟至道仁矶沥青公路，长 10 公里。1971 年，路口铺至长安公路铺沥青路面。1973 年，利用原京广铁路废弃单线路基，改建为路口铺至云溪 4 级标准公路，长 12 公里，铺沥青路面。1980 年始，加快国道、省道、县道、乡道、村道、厂区公路建设。

**国道**　107 段。从临湘市白云镇入境，经路口镇、云溪乡入岳阳楼区，长 20.7 公里，属全封闭一级标准路段。1988 年 3 月动工，1991 年 10 月竣工通车。为境内沟通全国各地重要公路的交通主干线。

**省道**　2011 年，共有 7 段，总长 140.54 公里。其中除随岳高速公路段外，其余一级公路 0.54 公里，二级公路 48.58 公里，三级公路 41.95 公里，其余为四级。

**211（琵最线）段**。1980 年建成。经云溪乡、云溪镇、路口镇，长 20.9 公里。其中路口镇段 5.26 公里，路基宽 9 米，路面宽 7 米，水泥混凝土路面，等级四级。云溪乡、云溪镇段 15.64 公里，路基宽 9 米，路面宽 7 米，水泥路面，等级三级。

**210 段**。起点道仁矶，向东南依次经云溪乡八一村、云溪镇随岳高速连接线、云溪乡友好村至青石村出境，长 25.62 公里，水泥混凝土路面，1991 年修建。其中云溪镇段等级为一级，路面宽 26 米，其他为二级或三级。

**213（临湘铁山嘴—湘乡）段**。长 28.09 公里，等级二级，均为水泥混凝土路面，1996 年建。由 3 部分组成：新港王家门至永济乡出境段，长 21 公里，路基宽 10.5 米，路面宽 8.5 米；永济乡至临港新区段，长 4.46 公里，路基宽 11 米，路面宽 9 米；临港新区至云溪镇城区云中西路老收费站段，长 2.63 米，路基宽 30 米，路面宽 24 米。

**303（临湘桃林—云溪陆城）段**。1996 年 6 月动工，1998 年 6 月竣工。总长 21.94 公里。由 3 部分组成：排贝桥至北干道，长 11.96 公里，路基宽 8 米，路面宽 6 米，沥青铺面，等级三级；北干道至瞿家坳，长 1.24 公里，路面宽 4 米，沥青路面，四级；北干道至陆城，长 8.74 公里，路基宽 8 米，路面宽 7 米，水泥路面，等级三级。

**907（临湘—龙山）段**。自坪地至土马，长 7.54 公里，等级二级，路基宽 10 米，路面宽 9 米，水泥混凝土路面。

**随岳高速段**。2008 年 6 月动工，2011 年 11 月竣工通车。西起荆岳长江公路大桥湖南桥台，经道仁矶镇、云溪镇、云溪乡与 107 国道段立体相交互通至岳阳县昆山，长 14.61 公里。起点至道仁矶段为双向六车道，宽 33.5 米。道仁矶至昆山段双向四车道，宽 28 米。设计时速 120 公里/小时。

**临湖（临湘巴嘴坳—岳阳湖滨）段**。沿国道 107，跨炼化路，穿云港路，长 21.84 公里，路面宽 26 米，2011 年 6 月动工，现在建。

**县道**　2011 年，共有 12 条，总长 110.75 公里，其中沥青路面 16.1 公里，沙石路面 16.39 公里，其余为水泥路面。

## 2011年云溪区县际公路情况表

表 17-1-2　　　　单位：级、公里、米

| 路线名称 | 所至村 | 等级 | 路面类型 | 路段里程 | 路面宽度 | 路基宽度 |
|---|---|---|---|---|---|---|
| 棋杆—杨桥 | 姜畈 | 4 | 水泥 | 2.1 | 4.5 | 6 |
| | 华兴 | 4 | 水泥 | 0.6 | 4.5 | 6 |
| | 黄皋 | 4 | 水泥 | 2.3 | 4.5 | 6 |
| | 望城 | 4 | 水泥 | 0.6 | 4.5 | 6 |
| 云溪—云溪 | 滨湖 | 4 | 水泥 | 10. | 4.5 | 6 |
| | 凌泊湖 | 4 | 沥青 | 1.5 | 6 | 8 |
| 云溪—永济 | 滨湖 | 4 | 沥青 | 7.5 | 6 | 8 |
| 三角塘—荷花 | 建设 | 4 | 水泥 | 0.65 | 4.5 | 6 |
| | 镇龙 | 4 | 沥青 | 0.6 | 7 | 8 |
| | 镇龙 | 4 | 沙石 | 0.3 | 3.5 | 4.5 |
| | 镇龙 | 4 | 水泥 | 1. | 3.5 | 4.5 |
| | 镇龙 | 4 | 沥青 | 0.4 | 7 | 8 |
| | 团结 | 4 | 水泥 | 0.8 | 4.5 | 6 |
| | 荷花 | 4 | 水泥 | [illegible] | 4.5 | 6 |
| 友好—潘家 | 友好 | 4 | 水泥 | 1.61 | 4.5 | 6 |
| | 友好 | 4 | 水泥 | 0.6 | 4.5 | 6 |
| | 友好 | 4 | 水泥 | 3.6 | 4.5 | 6 |
| | 友好 | 4 | 水泥 | 0.4 | 4.5 | 6 |
| | 建设 | 4 | 沙石 | 0.2 | 3.5 | 4.5 |
| | 建设 | 4 | 水泥 | 1.7 | 4.5 | 6 |
| | 下清溪 | 4 | 水泥 | 3.2 | 4.5 | 6 |
| | 上清溪 | 4 | 水泥 | 1.2 | 4.5 | 6 |
| | 上清溪 | 4 | 沙石 | 4.3 | 4.5 | 6 |
| 苏木—打石坡 | 团结 | 4 | 水泥 | 2.3 | 3.5 | 6 |

| 路线名称 | 所至村 | 等级 | 路面类型 | 路段里程 | 路面宽度 | 路基宽度 |
|---|---|---|---|---|---|---|
| 苏木—打石坡 | 荷花 | 4 | 沙石 | 3 | 3.5 | 4.5 |
| | 团结 | 4 | 沙石 | 2.1 | 3.5 | 4.5 |
| | 友好 | 4 | 沙石 | 0.8 | 3.5 | 4.5 |
| 芦苇场—八一 | 丁山 | 4 | 水泥 | 5 | 4.5 | 6 |
| | 基隆 | 4 | 水泥 | 1.8 | 4.5 | 6 |
| | 大田 | 4 | 水泥 | 2.1 | 4.5 | 6 |
| | 八一 | 4 | 沙石 | 0.49 | 4.5 | 6 |
| 钢铁—江湖 | 洋溪湖 | 4 | 水泥 | 2.3 | 4.5 | 6 |
| | 钢铁 | 4 | 水泥 | 3 | 4.5 | 6 |
| | 香铺 | 4 | 水泥 | 3.8 | 4.5 | 6 |
| | 省塘 | 4 | 沙石 | 1.3 | 3.5 | 4.5 |
| | 南岳 | 4 | 沙石 | 1.9 | 4.5 | 6 |
| | 南太 | 4 | 沙石 | 2.0 | 4.5 | 6 |
| | 南太 | 4 | 水泥 | 1.7 | 4.5 | 6 |
| | 南太 | 4 | 水泥 | 6.8 | 4.5 | 6 |
| 八字门—省塘 | 南岳 | 4 | 水泥 | 2.2 | 4.5 | 6 |
| | 南太 | 4 | 水泥 | 1.7 | 4.5 | 6 |
| | 省塘 | 4 | 水泥 | 4.8 | 4.5 | 6 |
| | 沙湾 | 4 | 水泥 | 1.8 | 4.5 | 6 |
| 聂市—荆竹 | 荆竹 | 4 | 沥青 | 3.6 | 3.5 | 4.5 |
| 红市—荆竹、北线 | 荆竹 | 4 | 沥青 | 2.5 | 3.5 | 4.5 |
| | 臣山 | 4 | 水泥 | 1.5 | 4.5 | 6 |
| 文桥—路口 | 香铺 | 3 | 水泥 | 2.2 | 7 | 8 |
| | 香铺 | 3 | 水泥 | 1.8 | 7 | 8 |

**乡道** 2011年，共有55条，均为4级公路，总里程228.17公里。其中沙石路面122.873公里，其余为水泥路面。

**村道** 2011年，共有102条，总里程175.2公里，其中沙石路面99.961公里，其余为水泥路面。

**厂区公路** 2011年，长炼、岳化、华能岳阳电厂共有厂区公路13条，总长11.63公里，均为沥青混凝土路面，等级四级。

## 四、桥梁（涵洞）

**古桥**

**教广桥**。又名永兴桥、通济桥、陆城桥，处古县城陆城南2里白沙港上，五代后期初建，明嘉靖十六年（1537）重修，清康熙五十一年（1712）改建，道光十年（1830）复修，同治九年（1870）重建，1964年由石板桥改建为钢筋水泥桥面。

**永济桥、广通桥**。均位于城陵矶南侧永济堤。明成化初年（1465—1470），岳州知府戴浚架木为桥，分别名瞿家桥、白石桥。明成化二十年，知府李镜“募工筑土为堤，凿石为桥，引水为闸”，两桥分别更名为永济桥、广通桥。嘉靖九年（1530），知府肖晚补修，今已废。

**白荆桥**。位于现文桥镇白荆村境内，始建时间无考。明成化十年（1474）重建，为一座半月形独拱石桥。1967年，为便于汽车通行，改筑为平面桥。1970年，公路改道，古桥免除负载汽车之疲。现保存完好。

**文修桥**。位于文桥青龙河上。清乾隆二十年（1755），是典型的独拱石桥，如虹跨河，至今历时250余年，屡经水患兵灾，丰姿犹存。

**现代桥梁** 1966—1975年，修建火箭桥、黄花桥、青山湖桥。90年代，由区公路管理站、区交通路桥工程公司自行设计施工，改建、兴建樟树港桥、杨树港桥、余家桥、火箭一桥、排贝桥、新设桥。

**云溪铁路跨线大桥**。90年代后，修建的桥梁最主要的有云溪铁路跨线桥和荆岳长江大桥。1999年12月，经厂地共同努力，铁道部批准，由市政府、区政府、岳化共同修建，2001年10月1日竣工通车。全国政协副主席陈锦华题写桥名“云溪大桥”。大桥东起岳化总厂大门，西止区文化娱乐活动中心，横跨云溪火车站、京广铁路8股道、客货2个车站，主跨57.2米，全长480米，宽40米，分幅4车道，两边各3米宽人行道，为6礅7跨钢筋水泥拱桥，总投资4075万元。云溪大桥为境内陆地最大公路桥，其贯通结束云溪镇西城区与东城区岳化厂区长期被京广铁路线分隔的历史。

**荆岳长江大桥**。位于道仁矶跨长江北岸湖北省监利县白螺镇之间。2006年6月修建，2010年12月竣工通车。总投资23.42亿元。为超大跨度不对称混合梁斜拉式现代公路桥。长5.419公里，南北主塔分别高224.5米、265.5米，主跨816米，双向六车道，桥面宽33.5米，设计时速100公里/小时，使用年限100年。与京珠高速公路、107国道接轨。西北连白螺镇交湖北省洪湖市至沙市省级公路，与汉（昌）宜（宾）高速公路、国道318、207线相互通。

2011年，属农村公路网中的县、乡、村道上共有桥梁77座，其中大型桥梁5座，分别是荆岳长江大桥、云溪大桥、青山湖桥（位于文桥镇青山湖，1974年建）、钢铁桥（跨撇洪河连陆城镇钢铁村与路口镇江湖村，1977年建）、王家咀桥（位置与连通地方河钢铁桥，1982年建），中型桥梁25座，小型47座。

2011年云溪区境农村公路中型桥梁情况表

表17-1-3　　　　单位：米

| 桥　名 | 所在公路 | 桥长 | 设计荷载 | 桥宽 | 建成年份 | 桥名 | 所在公路 | 桥长 | 设计荷载 | 桥宽 | 建成年份 |
|---|---|---|---|---|---|---|---|---|---|---|---|
| 太平桥 | S211 鸭栏—向家 | 58 | Ⅱ级 | 6.8 | 1969 | 田山桥 | X091 八字门—省塘 | 44 | Ⅱ级 | 2.3 | 1978 |
| 白荆桥 | Y792 白荆—黄家 | 58 | Ⅱ级 | 4.4 | 1975 | 火箭二桥 | S303 赵李桥—陆城 | 35 | Ⅱ级 | 9 | 1979 |
| 省塘三桥 | X090 钢铁—江湖 | 42 | Ⅱ级 | 3 | 1976 | 王家嘴桥 | X090 钢铁—江湖 | 68 | Ⅱ级 | 4.7 | 1982 |
| 钢铁桥 | X090 钢铁—江湖 | 65 | Ⅱ级 | 7.5 | 1977 | 洋溪桥 | X090 钢铁—江湖 | 83 | Ⅱ级 | 2.4 | 1982 |
| 友谊桥 | X090 钢铁—江湖 | 33 | Ⅱ级 | 5.4 | 1978 | 省塘二桥 | X090 钢铁—江湖 | 52 | Ⅱ级 | 3 | 1983 |
| 黄花桥 | S303 赵李桥—陆城 | 44 | Ⅱ级 | 9 | 1978 | 团结桥 | X090 钢铁—江湖 | 53 | Ⅱ级 | 3 | 1987 |
| 振兴桥 | S303 赵李桥—陆城 | 47 | Ⅱ级 | 9 | 1978 | 胥家桥 | X090 钢铁—江湖 | 68 | Ⅱ级 | 4.8 | 1991 |
| 向阳桥 | X090 钢铁—江湖 | 28 | Ⅱ级 | 5 | 1978 | 下月桥 | 月形—上雷村 | 29 | Ⅱ级 | 5 | 1992 |
| 高桥桥 | X090 钢铁—江湖 | 70 | Ⅱ级 | 2 | 1978 | 新屋桥 | X086 友好—潘家 | 33 | Ⅱ级 | 6 | 1992 |
| 湖嘴桥 | X090 钢铁—江湖 | 61 | Ⅱ级 | 2.4 | 1978 | 和平桥 | X09 草湖—后湖 | 42 | Ⅱ级 | 3 | 1993 |
| 粮湖桥 | X090 钢铁—江湖 | 60 | Ⅱ级 | 5 | 1978 | 天福二桥 | YH34 天福桥—岩岭 | 37 | Ⅱ级 | 3 | 1996 |
| 幸福桥 | X090 钢铁—江湖 | 60 | Ⅱ级 | 3 | 1978 | 天福桥 | X086 友好—潘家 | 56 | Ⅱ级 | 5 | 2006 |
| 太平桥 | X090 钢铁—江湖 | 52 | Ⅱ级 | 5 | 1978 | 华兴桥 | X090 姜畈—华兴 | 60 | Ⅱ级 | 6.2 | 2011 |

**涵洞**　2011年，有公路涵洞522个。

### 五、站场

1984年，云溪、路口、陆城均建有临时客车站。1992年，于云溪镇上街兴建云溪客车站，占地面积6996平方米，其中站房面积3000平方米。1996年，修建岳化客车站。1998年，修建长岭客车站、道仁矶客车站。2010年，为适应道路交通发展需要，于临港产业新区通港路旁征地13.33公顷，启动云溪汽车客运站、货运站（即云溪化工物流站）和围绕港口物流、物资集散（仓储）、危货车辆管理为主的三大物流园项目建设。现在建。

## 第三节　铁　路

### 一、线路

**粤汉铁路段**　清光绪二十二年（1896）、三十一年，清政府先后2次拟建粤汉铁路，因向外国借款等问题受阻，开工无期。民国3年（1914）5月，粤汉铁路临湘段动工，次年年底竣工。民国6年9月，粤汉铁路全线通车。北自临湘入境，经路口、云溪，南至岳阳出境，长21.04公里。民国27年，日军侵境，飞机炸毁多处。后来为运输侵华物资，强迫民工修整。抗日战争胜利后，粤汉铁路有限公司组织抢修，至民国35年6月，恢复通车。民国38年6月，国民党军队溃败时炸毁境内铁路桥梁，拆去部分钢轨，造成全线瘫痪。7月，解放军工程兵部队、粤汉铁路管理局组织抢修至10月，武昌至岳阳段恢复通车。1949年后，全线畅通无阻。

**京广复线段** 1957年10月，武汉长江大桥建成，京汉（北京至汉口）铁路与粤汉铁路贯通，合称京广铁路。1958年10月，京广复线（京广铁路武汉至衡阳段增建第二线，故名复线）工程动工。境内有开通茶港隧道、改道易受水渍的路口铺至茶港路段两项重点工程。云溪、路口、江南公社共出动劳力4300余人，历时1个多月，基本完成路基、桥涵工程。1961年，国家压缩基本建设，京广复线工程停工。1965年复工，1971年竣工通车。北端起点桩号1394+200，南端终点桩号1415+240，长21.04公里。2000年，完成沿线电气化建设；2001年9月，电气化铁路投入营运。

**武广高速客运专线段** 2005年，武广高速客运专线开工，2009年建成，设计时速350公里/小时。经云溪乡上清溪、下清溪、建设、团结、友好、青石、建军、桃李等村，长19.8公里。

**厂矿专线**

**路口铺采石场专用线**。民国5年，修建粤汉铁路时择路口铺火车站（即原路口铺站）附近的石山（后称路口采石场）采石，从路口铺车站北端至采石场修铁路专用线1条，长3公里，属广州铁路局管辖。2011仍在营运。

**长炼专用线**。1970年，长炼修建专用铁路，从龙口至路口铺，长9.5公里，2股道，在路口铺车站北端与京广复线接轨。

**岳化专用线**。1970年，由岳化修建，长12公里，正线3.8公里，5股道。出岳化厂区后在云溪火车站与京广复线相接。

## 二、桥涵、隧道

**桥涵** 有八一桥、下街桥、三搭桥。八一桥位于云溪乡八一村地段，三搭桥位于云溪乡芭蕉湖地段，各长40米。下街桥位于云溪镇下街，长32米。3桥均为民国4年修筑，属粤汉铁路桥，原为钢架结构。1965年、1999年，先后2次改建，改建后均为钢筋水泥结构，现为京广复线段主要桥梁。2011年，有跨径3米以上涵洞15处。

**隧道**

**茶港隧道**。1958年修京广复线时，因原粤汉铁路路基易遭水患，遂改道穿山建茶港隧道。位于路口镇与云溪镇交界处茶港地段。1958年12月动工，1959年12月建成，全长116.21米。地质结构为风化页岩。拱圈层采用混凝土结构，纵坡度上行降坡为5.3‰。截面型式、衬砌为双线曲墙式拱型混凝土。口径净高、净宽容2列车相向运行。

**五尖山隧道**。位于云溪乡清溪村五尖山余脉地段。长6870米，宽21米，高12米。2007年修建，是武广高速铁路客运专线中最长的隧道。

## 三、车站

**路口铺火车站** 位于现路口镇。民国3年（1914）7月，建成于老路口铺（现临湘市白云镇麻塘铺附近），为粤汉铁路湘鄂线四等中间站，3股道。民国19年，改建西平铺（即现路口铺），仍称路口铺火车站。1936年，增设站线轨道1股，共4股道。抗日战争期间，站舍多次遭日军破坏。抗日战争胜利后修复，增至5股道。50年代初，由四等站降为五等站。1958年，临湘白云矿专线与车站站线接轨。1968年，扩建改造站场，新建候车室123.5平方米、售票室70.4平方米、行李室130平方米、其他建筑面积346平方米。1968年，增至9股道。1970年，长炼专用线与车站站线接轨。1971年4月，由五等站升为三等站。1984年12月，建钢筋混凝土跨线天桥1座，跨度50米，宽2米，高6.8米，结束旅客绕道穿涵历史。1985年10月，由三等站升为二等站。1990年，实行电气化自动闭塞控制，改造扩建新站房。2002—2011年，有到发线7股，调车线9股，车辆检修线1股，机车整备线2股，货物线9股，油台装卸线11股，调机车3台，办理客运业务房屋面积1171平方米，旅客站台2个，货物仓库3座、903平方米，固定资产365万元。站行政设站办、技术、人事、财务、总务、统计、教育、科研等室，设运转站、工业站、客货车间，有职工312人。

**云溪火车站**　始建于民国3年（1914），站内3股道，为四等站。1936年，增1股道。1949年，站线长556米。1952年，站线增至5股、1434米。1968年，改造站场设施，更新站房。1970年，岳化专用线与站线接轨。1975年，全面改造站台，北移站址。1985年，升为三等站。1989年，站线总长6037米，7股道。其中正线2股，货运线1股。1990年，站场建筑面积1200平方米。1996年，增1股道。1999年，修建云溪大桥时撤除重建，2001年12月建成。至2011年，站线8股道，房屋建筑面积2100平方米，站行政设货运、运转、客运3个部门，有职工51人。

## 第四节　机场·管道

**军用机场**　民国34年（1945），日军择陆城新设八里湖建成军用机场。面积49.2公顷，地面铺设1米多厚石块。跑道南北走向，长1640米，宽50米，滑行跑道长2000米，宽10米，有8个机库。1945年8月，日军投降时将建筑物毁坏。1949年后，作备用机场加以保护。

**输油管道**　1965年，长岭铺设陆城至其厂区输油管道25公里，1971年竣工。1970年6月，岳化铺设自本厂至长炼管道，年内竣工，管线长11公里。另在本厂罐区铺设管道13公里。1979年，洞氮铺设本厂至长炼管道2条，总长64公里，管径133毫米。1998年5月，长炼铺设陆城至云溪原油管道1条，长26公里、管径100毫米。至1999年，境内共有运输管道372.8公里。2008年6月，为完善成品油储运销售网络，中石化总公司投资8.7亿元，铺设长炼至株洲成品油输送管道。全长274公里，跨越岳阳、长沙、湘潭、株洲等市，首站起长岭油库，末站至株洲815油库。2011年7月，铺设湘潭至郴州成品油输送管道，与正在运行的长炼至株洲成品油管道连通。

# 第二章　交通运输

明、清时期，水上客、货运输有小木船，陆路货运以肩挑、独轮推车运输为主。民国6年（1917），增加铁路客、货运输。民国19年，有“庆云号”小火轮从事水上客运。

1949年后，木船运输增多。60年代始，机帆船货运一度发展。60年代后期，随着长炼、岳化相继落户境内，汽车运输兴起。70年代初，兴起拖拉机运输货物。1971年，始有石油、成品油管道运输。中共十一届三中全会后，个体私营汽车运输业迅速发展。至1984年，有货运汽车、拖拉机147台(不含长炼、岳化)。

1985年，实现道仁矶至湖北省白螺长江汽车轮渡。90年代，交通运输进入快速发展时期。至2011年，有至区内、外客运线路37条。日客运班次216个，火车客运年发送量3.17万人次。有水上货运船舶8只，总吨位520吨，集装箱吞吐量达到39万标箱。公路大型货运车辆增至1718台，吨位13299吨。火车货运发送16254车，144.90万吨。管道运输石油5168万吨，比1999年增长40.34倍。

# 第一节　客　运

## 一、水上客运

清代，过江渡河均为木船。民国15年（1926），有“庆云号”小火轮从境内经过。

1949年后，长江航运管理局有往返于武汉、宜昌的客轮在陆城新港停靠，旅客上下轮船用木船接送，1965年停运。

1963年，松阳湖综合工厂组织1条木船载客，上至城陵矶、岳阳，下至道仁矶、湖北省白螺矶。因客源不足，1967年停开。

1975年，岳阳县水运公司有小客轮往返于岳阳与湖北省新堤，沿途停靠松阳湖、道仁矶、新港，不久因客少停航。

1985年，区道仁矶汽渡所采用3艘拖车驳船运送旅客过江至湖北省白螺渡口。2010年，由于荆岳长江大桥竣工通车，汽渡所停止营业，改制为道仁矶战备渡口管理所。

1998年3月，双花水库渡口无客源停渡。2010年，复设专人摆渡。11月，市交委拨款6000元造2吨小渡船1只。是年年底，因无客源复停渡。至2011年，再无水上客运。

## 二、公路客运

20世纪70年代前，无客运。70年代初，湘运岳阳公司开通岳阳至临湘客运线路，境内设云溪、路口2个站点。1976年、1977年，分别开通临湘至陆城、临湘至道仁矶客运线路。1978年，临湘至道仁矶客运线路因客源少停运。1986年，区交通局组建汽车运输公司，购置5台大型客车投入营运。线路有：长炼至岳阳，长炼至云溪，陆城至长炼、路口，后增开岳化至岳阳。1987年后，车辆增至14台。90年代后，客运线路放开经营，国有、集体、个体客运同步发展。境内新辟至长沙、株洲、湘阴、华容等跨市、县客运线路。由云溪向各乡镇辐射，开辟区内客运线路7条。1999年，全区有客运车辆182台，营运线路21条，其中跨省、市线路3条，跨县、区线路9条，区内线路9条，客运量260万人次，旅客周转量3027万人公里。2005年，以境内为起点站，跨省、市线路增至6条，跨市内县（市）客运线路增至12条，境内客运线路增至29条，共有客车267台，营运里程3540公里，客运量730万人次，出现运力过剩现象。2006年始，压缩线路。至2011年年底，有客运汽车144台，座位2706个，跨省、市线路9条，县（区）际线路16条，区内线路12条，日发客运班次216个、客运量2738人次，年客运量95.6万人次。

### 三、铁路客运

民国6年（1917）9月，粤汉铁路武昌至岳州段投入营运，客运列车停靠路口铺、云溪火车站，出售四等票。次年，武昌至长沙段线路开通，客运列车停靠境内车站，未设座位，旅客在车厢中站立。民国38年，战事频繁，铁路屡遭破坏，车站日发送旅客仅200人次左右。

1949年后，客运业务恢复发展。60年代后期，长炼、岳化入驻境内，客运量大幅度增长。1967年，路口铺车站年发送旅客4.79万余人次。1971年，京广复线开通后，发送旅客增至13.5万人次。1989年，路口铺车站、云溪车站分别发送旅客16.03万人次、22.04万人次。1998年，路口铺站、云溪站停靠列车车次分别为12车次、7车次。随着公路交通快速发展，铁路客运量下降。2001年，京广复线段通过客车34对68车次，停靠路口铺车站仅12车次，旅客发送量7.97万人次。停靠云溪车站仅有长沙至茶岭客车。2008年后，云溪车站停止客运。

## 第二节 货 运

### 一、水上货运

清代、民国时期，沿河或湖区居民多用小木船运载货物。木船有五舱划、七舱划，均称“木划子”，一般载重600~1000斤。长途运输用大木船，可载2~3吨，装帆能借风力。民国26年（1937），有运输船只70只、吨位600吨。次年，日军侵境，木船大多被掳掠或焚毁。民国36年，仅剩39只、220吨位。

1949年后，木船逐渐增多。60年代至70年代，大木船装置动力机械改为机帆船。70年代至80年代初，县陆城帆船社制造水泥船，每只20马力，载重20~40吨，但吃水深，易触礁，不安全，不久被钢质机动船替代。至1997年，全区有各类船只116只（其中机动船22只）、吨位2162吨、净吨位956吨。随着公路运输发展，船舶数量逐渐减少。2002年，长途运输船舶仅8只、吨位695吨，功率620马力。2011年，减至8只、吨位520吨，功率160马力。

60年代至90年代，长炼、岳化、华能岳阳电厂、武汉钢铁厂货运码头先后投入营运。至2005年，码头吞吐量545万吨，其中出港成品油70万吨，矿石1万吨，芦苇3万吨，进港原油约450万吨，沙石13万吨，工业用盐5万吨，其他货物3万吨。

1985年，道仁矶汽渡所有8车位板划渡船、12车位龙门拖船各1只，日渡运车辆60台左右。2002年，有16车位渡船2只、26车位渡船1只，拖轮功率500马力，年渡运车辆38万台次，收入1200万元；2010年，创收1619万元，超计划25%。

2010—2011年，城陵矶新港码头部分投入营运，完成集装箱吞吐量39万标箱，营业收入4335万元。

## 附　水上货运事故

1972年11月16日，长航“3033”号油驳由南京载原油至陆城沙窝码头，因拖船停泊焊修甲板裂缝，不慎引起爆炸，船毁，死18人，伤3人，其中长航职工死6人，伤1人。

1979年7月17日，县陆城帆船社23号机动船在荆江口翻沉，损失稻谷22.8吨。

1980年6月1日，县陆城帆船社一机帆船由汉口载货返陆城，于洪湖新滩口触礁，直接经济损失16.26万元。

2007年2月11日，“湘岳8922”轮拖车驳“湘岳89161”（隶属省公路管理局），于道仁矶汽渡码头开往白螺码头途中突遇大雾，停泊扎雾中，受风向水流影响，移位搁浅。经救助脱险，无人员伤亡。

### 二、公路货运

20世纪50年代前，人行大路货物运输多靠肩挑，偶有牛车、手推车运送。60年代后期，除长炼、岳化用汽车运输外，货物运输主要靠人力胶轮板车，装载量500公斤/车左右。70年代初，各公社农机站配有2~3台轮胎式拖拉机。1976年，从事货运的中小型汽车有16台。1978年后，个体户始经营汽车货运业务。至1984年，有货运汽车70台，货运拖拉机47台。1990年，有货运车辆335台。1994年，有货运汽车852台。次年，增至890台，且向大吨位、多功能、多类型、高档次发展。2000年，大型货运车辆1005台。2005年，1334台。2010年，发展至1514台。2011年，增至1718台、吨位13299吨。

### 三、铁路货运

粤汉铁路营运初期，路口铺、云溪2车站货物运输量不大，发送货物中以茶叶为大宗，到达货物中以大米、杂货为主。抗日战争胜利后，发送货物以矿石为主。

1971年，长炼铁路专用线接轨京广复线路口铺站线后，路口铺车站货运量大幅度增长。是年，货物发送量117万吨。1989年，增至262.38万吨，其中矿石208.9万吨，石油类18.5万吨，其他货物34.98万吨。2000—2011年，年发送量基本稳定在375万吨左右，输入量25万吨。

1971年，云溪车站输出货物主要是岳化化工产品、成品油，输入货物以煤、机械设备为主。2001年，货物发送量75万吨，其中97%为化工产品、成品油，3%为当地木材、粮食等。2011年，货运发送16254车、1449018吨。其中石油13890车、673786吨，非金属矿石280车、17380吨，粮食1137车、704540吨，化工产品945车、52092吨，机械2车、1220吨。

### 四、管道运输

1970年，长炼在陆城沙窝设油港处。次年，境内始用管道输送石油、成品油。1999年，管道运输能力197万吨，实际运送125万吨。2011年，管道运输总里程646.8公里。其中长炼、岳化运输石油5168万吨。

# 第三章　交通设施与运输管理

## 第一节　机　构

**水路机构**　明、清时期，鸭栏（现临湘市境内）设巡检司和水驿。民国时期，设城陵矶水上交通管理局。

1953年，水上交通由县航运工作组管理，办公地点设陆城新港。1956年，更名为县航管站，与县帆船社合署办公。1960年分设。1966年，成立城陵矶航务管理局，下设陆城航管站。1988年12月，成立岳阳港口航务管理处，设陆城航务管理所。1999年，合并城陵矶航务管理局、岳阳港口航务管理处，组建市航务管理局，另设城陵矶港务总公司。至2011年，境内水上交通主要由市航务管理局管理。

**公路机构**　明天顺五年（1461），置云溪驿，设驿丞一员，马夫21名，挑夫63名，马42匹。清同治十一年（1972），陆城设总铺，下设15递铺。民国24年，公路建设主要由省公路局管理。1949年，公路交通由县建设科管理。1956年3月，由县交通科管理。1959年10月，由县交通局管理。1962年，由县工业交通科管理。1964年5月，仍由县交通科管理。1970年3月，由县交通邮政局管理。1971年3月，复由县交通局管理。

1985年6月，区成立交通运输管理中心站；1986年2月，更名为区交通局。1993年4月，更名为区交通委员会；1996年4月，复称区交通局。2002年3月，区交通局内设机构有办公室（加挂计生办公室牌子）、安全监督股（加挂法制办和治理公路、水上“三乱”办公室牌子）、政工人事股（加挂离退休人员管理办公室牌子），有机关行政编制18名，事业编制1名，机关后勤服务事业编制1名。归口管理区交通战备办公室（重点工程协调办公室与其合署办公）、区交通局财务票证结算中心、区交通管理所、区交通运输管理所、区公路收费管理站、区云溪社会客运管理站、区岳化社会客运管理站、区长岭社会客运管理站、区道仁矶社会客运管理站，归口管理的单位共有财政综合预算事业编制124名。2011年8月，更名为区交通运输局；内设机构调整为：办公室（计生办）、政工人事股（离退休人员管理服务中心）、财务股（审计股）、安全监督股、政策法规股（行政审批股）、交通战备股（对外保留区交通战备办公室牌子），核定机关行政编制10名，机关后勤服务事业编制1名。职责调整为将原区交通局、区城建局承担的城市客运管理职责整体划入，归口承担物流管理、河道采砂管理职责。

**铁路机构**　民国3年（1914），广州铁路局在境内设云溪火车站。民国19年，增设路口铺火车站。1968年、1975年，长炼、岳化分别在厂区设铁路货运站。

## 第二节　航道管理

明、清时期，水上交通由鸭栏巡检司兼管。光绪二十五年（1899），城陵矶开埠设海关，水上航运管理权被外国列强控制。民国时期，城陵矶、道仁矶、陆城的船舶由城陵矶水上交通管理局管理。

1950年2月，长江航务管理局设道仁矶航道站，负责境内长江段航标设置、河道暗礁清除、航道维护。1953年始，水上交通运输分别由县航运工作组、县航道站、陆城航道站管理。1969—1971年，道仁矶航道站组织技术力量，先后3次爆破，清除象骨港、道仁矶2处暗礁，消除枯水期航船触礁隐患。2008年5月，城陵矶港务总公司设城陵矶航道维护基地负责航道维护。至2011年，正以城陵矶新港码头港口为龙头，以创建“绿色”航道，服务三江（即湘江、资江、沅江）为目标，按智能航道，世界一流标准加快航道建设。

## 第三节　公路养护与汽车维修

### 一、公路养护

**机构**　民国时期，公路养护由县建设科统管，沿途保、甲临时派人作应急性保养。1949年7月，由县政府建设科兼管。1956年，改为由交通科管理。是年10月，由临湘养路工区负责。1963年3月，由临湘县交通局公路养护队养路工班分段管理。1967后，各公社相继建立公路养护工班。1977年，设云溪工班、文桥工班，分别配养护工8人、6人。

1986年7月，由区交通局公路建设股管理，1991年，更名为区农村公路管理所。2011年4月，定为副科级行政支持类事业单位。负责境内区、乡公路新建、改造、养护、路政管理等工作。下设基隆、陆城、松阳湖、长岭4个养路工班，另有文桥、友好2个乡管区助工班，共有养护工人61人。是年，管养公路里程254.12公里，其中县道80.42公里，乡道173.7公里。

2010年3月，市公路局成立云溪区公路管理局，正科级行政支持类事业单位。有干部职工110人，其中高级技术职称4人、初、中级技术职称24人。内设机构有办公室、人事股、财务股、工务股、安全机务股。下设路政执法大队、公路养护站、路桥工程处、物业管理公司。主要负责境内国、省道公路干线建设、改造升级、养护、路政管理，治理超限运输，制止各种侵占、破坏公路设施等行为。设有云溪、石山2个工班。

**养护**

设备。20世纪50—60年代，养护工具以锄头、耙头、箢箕、扁担、畜力胶轮车为主。80年代后，逐步配置翻斗车、压路机等大型设备。2011年，有自卸载重汽车2台，拖拉机、小型汽车各1台，洒水车1台，重型压路机1台，压浆机、拖铺机、碎石机、除草机等机械12台。

养护。20世纪60年代，用竹扫把或用畜力拖带回沙器，维持路面平整。70年代，一般采用油锅式铁桶，路边加温熔化沥青，用瓢泼于沙石上，养护沥青路面，操作简单但质量不高。1984年后，集中加温，用搅拌机械将沥青、沙石拌和均匀，撒播路面，用压路机碾压，工效质量明显提高。2006—

2011年，采用招投标方式，承包给具有相当技术设备和资质的专业养护公司养护，好路率稳定在82%左右。

**公路绿化**。20世纪70年代，山区公路两边植垂杨、枫杨、法国梧桐等，湖区植水杉、垂杨。1984年后，由乡镇负责辖区内公路绿化，各养路工班负责责任区内绿化树培育管理。树种主要有白杨、苦楝、法国梧桐。1998年，区、乡道绿化里程47.3公里，植树4853株，占总里程42%，除25.9公里不宜绿化里程外，另有35%的路段绿化欠完善。1999年，投入3.2万元，新植树8000株，里程8公里。2001年，投入4万元，新绿化里程41.4公里，补植26.8公里，并在26公里长江路两侧播植绿化草籽35公斤。2002年，区农村公路管理所筹集资金8万元，组织劳力先后在长炼专用线、长江路等23条公路两侧新植、补植意大利杨、细叶樟等树苗1.3万多株，绿化里程135公里，占宜林里程81.4%。2011年，在文排路绿化8.23公里。全区绿化公路总里程143.23公里，占宜林里程82.4%。

### 二、汽车维修

20世纪50年代，境内无车辆维修网点。60年代，大小汽车零配件要到武汉、长沙等地购买，汽车维修最近也需到岳阳进行。1970年，长岭炼油厂运输大队建立汽车维修队——四中队，为境内最早的汽车维修单位，订有岗位职责，操作规程，实行规范化管理。80年代初，集体、个体维修点大量出现。1987年，区交通局创办云溪汽车修配厂，是地方规模最大的汽修厂。次年3月，区交通局成立汽车维修管理办公室，负责汽车(摩托车)维修、配件销售业务指导、维修质量纠纷调解等工作。2002年5月18日，成立云溪区汽车维修行业协会。2005年，全区有汽车(摩托车)维修经营点168家，其中二类维修企业8家，从业人员536人。2011年，有国有汽车维修企业1家，股份制企业2家，集体企业3家，个体企业18家，职工共456人。其中一类企业6家，二类企业5家，三类企业13家。

## 第四节　危货运输与搬运装卸管理

### 一、危货运输管理

**机构**　20世纪50年代，路口铺火车站、云溪火车站配兼职危货运输管理员。60年代至70年代，均配临时安全保卫人员，兼管危货运输管理。70年代后，均成立铁路派出所。2011年，路口铺铁路派出所、云溪铁路派出所共有干警22人，负责站场危货运输监督管理、铁路沿线治安保卫。

1984年6月，区交通运输中心站配安全员，兼管危货运输。1988年，区运管所设安全生产组，每年春运加强危货运输管理。2009年，区客运管理中心建立监察队，兼管危货运输管理。

**管理**　20世纪50年代，运输危险货物较少。70年代，长炼、岳化投产后，石油化工产品中危险货物品种居多。火车站在装卸、储存、保管、运输、罐车挂运时，严格按照相关规定操作，保证运输安全。1980年后，汽车站、火车站张贴国务院查禁“三品”（即易燃品、易爆品、危险品）通知。每年春运期间，组织专人检查，发现危险物品，即作出相应处理；凡用氯酸盐、雄黄、赤磷、硫化锡等混合物制作的易爆品，如拉炮、摔炮、打火纸（发令纸）等，均禁止进站。2008年，执行铁道部《铁路危险货物运输管理规则》，对凡具有爆炸、易燃、毒害、腐蚀、放射性等特性的货物，在运输、装卸、储存保管过程中，均特别加以防护。至2011年，各火车站、汽车站在危货运输中均未发生重大事故。

### 二、搬运装卸管理

清末，陆城、云溪、象骨港、白荆桥等码头有搬运行帮，入帮时须交帮费，把头从收入中扣留部分资金，称作“抽头”。民国时期，从事码头搬运装卸的行帮俗称“罗脚班”，装卸工人称“罗脚夫”。陆城新港码头有徐、黄、李3家罗脚班，装卸工收入二成交地皮费，一成交包头。

1949年后，取缔行帮，罗脚班更名为搬运队。因内河陆续停航，至1957年，仅存陆城新港码头装卸搬运队。1958年年初，贯彻国家搬运工作座谈会议精神，陆城组建县搬运服务社。1959年，县搬运服务社并入县帆船社，另设县帆船社港口搬运队。1965年，县帆船社港口搬运队划归县搬运服务社统一管理。至80年代，路口铺火车站，云溪火车站，长炼、岳化附近均有成建制的搬运装卸队伍，其业务均由火车站管理。90年代后期，装卸搬运多为机械操作，装卸搬运队伍缩小。2011年，相对稳定的搬运装卸队有18家，其人员由乡镇、街道管理，业务由火车站管理。

# 第四章　电　力

1963年，建变电站2个，湖区始用电力排灌。1971年始，长炼、岳化周边城乡居民陆续实现用电照明。1978年，境内普及用电。1989年，着手重建陆城变电站。1994年，区投资735万元自建路口变电站。随着工业化程度不断提高，城市建设持续加快，电力建设快速发展。1998年，启动城乡电网改造。2007年始，实施电气化村建设。至2011年，全区有变电站7个，容量797910千伏安，比1963年增长101.3倍，输电线路总里程4632.72公里。用电量比2001年增长5.13倍，达到1.84亿千瓦时，位居岳阳全市9县（市、区）之首。

## 第一节　机　构

1962年6月，境内电力供应、用电管理由县水电机械局负责。1964年2月，由县水利电力局负责。1968年11月，由县农林水管站负责。1970年2月，复由县水电机械局负责。1972年，由县水利电力局，长炼、岳化电力部门负责。

1987年4月，成立北区供电站。1997年9月，更名为云溪供电所。1999年9月，更名为岳阳城区供电局云溪分局。2006年10月，成立岳阳电业局云溪供电局，为省电力公司直供直管县（区）级供电企业，承担云溪区域电力供应、用电管理职责。

## 第二节　电力设施

### 一、变电站

**陆城变电站**　位于陆城凤形山。1963年6月建成，接岳阳电厂电源。安装主变压器1台，容量5000千伏安。最高负荷3000千瓦，一般1500千瓦左右。1989年10月，因容量小重建，1991年10月投入运行。安装主变压器1台，容量2万千伏安，由220千伏巴陵变电站供电，与35千伏源潭变电站相接，总投资723.54万元。主要供陆城镇、临湘县（今临湘市）农药厂用电。

**35千伏松阳湖变电站**　位于永济乡青山嘴。1963年6月建成。从35千伏岳陆线“T”接，安装主变压器2台，容量2800千伏安，最高负荷2500千瓦，一般为600千瓦左右。2006年，因设备陈旧老化拆除，在原址另建110千伏变电站。

**路口变电站**　位于路口镇杨家屋场。1994年8月建成。总投资735万元。安装主变压器1台，容量2万千伏安。至1997年，由220千伏巴陵变电站、峡山变电站供电，具有双重电源。供电35千伏云溪变电站、松阳湖变电站、路口镇及附近农村用电。

**35千伏云溪变电站**　位于云溪镇洗马路，1994年10月建。安装主压变器1台，容量6000千伏安。供云溪镇城区和附近村组用电。因容量过小，2005年拆除。

**110千伏陆城变电站**　位于陆城凤形山。1995年5月建成。安装主变压器1台，容量20兆伏安，接入电源110千伏文桥变电站。供陆城镇、长江干堤鸭栏电排闸、新设电排闸用电。

**110千伏云溪变电站**　位于云溪工业园。2004年7月建成，取代1994年修建的35千伏云溪变电站。有主变压器1台，容量31.5兆伏安，接入电源220千伏巴陵变电站。主要供云溪工业园用电。2011年，新增进线1条，接入220千伏依江变电站电源。

**110千伏松阳湖变电站**　2006年8月建成。有主变压器1台，容量20兆伏安，接入电源220千伏巴陵变电站。供临港产业新区、永济乡用电。

**220千伏依江变电站**　位于道仁矶镇大田村洪家垅。2008年建，安装主变压器2台，容量360兆伏安。接入电源为岳阳华能电厂、220千伏峡山变电站。供道仁矶镇、云溪工业园用电。

### 二、输电线路

1963年6月，陆城变电站建成，架设起于岳阳电厂、止于陆城变电站35千伏岳陆输入线路，全长22公里。至1984年，有10千伏出线陆城线、长岭线、棋杆线、武钢码头线4条输出线路。

70年代，长炼、岳化转供周边11个村用电，架设220伏简易低压输出线路25条。

80年代，增建云溪、路口变电站后，新架云松、云胜、路农、路铁、路城等输出线路11条。

1997年，架设220千伏峡山变电站输入线路1条、210公里，架设供35千伏云溪变电站、松阳湖变电站输入线路2条，6~10千伏直供路口周边地区输出线路4条。

2001年7月，为解决正在筹建的云溪工业园、随岳高速公路用电，电力部门投资1600万元新建云溪110千伏变电站后，架设10千伏云松Ⅱ回输出线路。至次年12月，新建、改造10千伏输出线路7条、52.9公里。

2006—2008 年，先后架设 220 千伏输入线路 4 条、35 公里，110 千伏输入线路 11 条、71.8 公里。升级改造原有 10 千伏输出线路。

2011 年，0.4 千伏低电输出线路增至 5519 条、4079.72 公里，10 千伏输出线路增至 33 条、553 公里。其中，改造 0.4 千伏、10 千伏输出线路 142.14 公里，增加输出线路真空开关 65 台，实现 54.5%的线路互联，增加配电变压器布点 275 台、48140 千伏安。线路总数、里程比 2006 年分别增长 73.34%、192.22%。

### 三、电网改造

1998 年，为确保电力供应优质、高效，电力部门启动城乡电网改造工程。至 2002 年，共投入资金 2133 万元，新建、改造公用变压台区 251 个，新建 10 千伏输出线路 1 条、5.81 公里，改造 10 千伏输出线路 52.9 公里，新建改造 0.4 千伏输出线路 489.2 公里、220 伏输出线路 371.57 公里，涉及 7 个乡镇、69 个村。2005 年，新增 110 千伏公用变电站 3 座、配电变压器 146 台，净增容量 7810 千伏安；新增 110 千伏输入线路 15.6 公里、35 千伏输入线路 22.6 公里、10 千伏输出线路 346.2 公里、6 千伏输出线路 65.05 公里。

2006 年 4 月，对长炼、岳化转供电网进行改造。投入资金 8450 万元，其中岳阳电业局承担 60%，长炼、岳化各承担本单位线路所需资金 40%。至 2008 年，完成转供电解除、改造工程。其中投资 386 万元实施云溪至路口 10 千伏联络线改造，投资 150 万元完成 35 千伏松阳湖变电站升压重建，累计增容 17565 千伏安，新增变压器 91 台、10 千伏输出线路 135.6 公里，新建、改造低压输出线路 531.99 公里，改造户表 7535 个。

2006—2011 年，共投资 6365.87 万元，改造城区、农村电网。新建、改造 10 千伏输出线路 200.37 公里、0.4 千伏输出线路 77.10 公里、220 伏输出线路 37.12 公里。新增高压电缆分支箱 9 台、线路开关 37 台、电杆 2956 基（其中钢管塔 19 基）、配电变压器 65 台 13005 千伏安（其中变电箱 2 台）。其中农村电网改造完成投资 3336.45 万元，涉及 65 个村、638 个村民小组，改造率 100%，户表改造 49369 户、户改率 100%。

### 四、电气化村建设

2007 年始，按照云溪区“十一五”期间新农村电气化村发展规划，每年建设 2~3 个新农村电气化村，对小桥、新设、新民 3 个村的电网按照新农村电气化标准进行升级改造。至 2011 年，累计投入资金 5492.91 万元，新建改造配变台区 465 个、0.4 千伏以下输出线路 280.23 公里，10 千伏输出线路 225.17 公里，新增 10 千伏变压器 3.1 万千伏安，户表改造率 100%，完成胜利、建军、陆城、南太、滨江、友好、泾港、泗垅等 11 个村电气化建设。2011 年 12 月，通过省监理公司验收合格。

## 第三节　电力供应

### 一、用电量

20 世纪 60 年代，仅有陆城、道仁矶、松阳湖等处湖区排灌、照明用电。70 年代，长炼、岳化周边11个村相继用电。1978年，国家大电网入境，云溪普及用电，年用电量1213万千瓦时。80年代，用电量逐年增大。2000年后，城乡规模企业发展，农村电动机械普及，居民家用电器增多，用电量大幅度增加。2001年，全区用电量0.26亿千瓦时，比2000年增长13.04%，2002年，用电量0.3亿千瓦时，比2001年增长15.38%。2011年，用电量达到1.84亿千瓦时，是2002年的6.13倍，位居市辖9县（市、区）首位。

### 二、用电结构

1963年，主要是农业排灌用电。70年代，增加城乡居民生活用电。70年代末，乡镇企业用电量占用电总量33.3%。80—90年代，民营小型企业用电量急剧增加。2000年后，大型工业企业落户投产，乡镇企业快速发展，城乡居民家用电器普及，用电结构发生新的变化。2011年与1985年相比，城镇企业用电由32万度增至1835万千瓦时，用电比例由10.32%升至20.40%。乡镇企业用电由21万千瓦时增至1078万千瓦时，用电比例由6.8%升至11.99%。城乡居民生活用电由206万千瓦时增至5981万千瓦时，用电量比例仍保持66.5%左右。农业用电由51万千瓦时增至100万千瓦时，用电量比例由16.5%降至1.11%。

**1985—2011年云溪（北）区部分年份用电结构表**

表17-4-1　　单位：万千瓦时、%

| 年度 | 供电量 | 售电量 | 用电分类 | | | | | | | | | |
|---|---|---|---|---|---|---|---|---|---|---|---|---|
| | | | 乡镇企业 | | 城镇企业 | | 农业 | | 生活用电 | | | |
| | | | | | | | | | 城镇 | 农村 | 小计 | 占比 |
| | | | 用电量 | 占比 | 用电量 | 占比 | 用电量 | 占比 | 用电量 | 用电量 | 用电量 | |
| 1985 | 504 | 310 | 32 | 10.32 | 21 | 6.8 | 51 | 16.5 | 124 | 82 | 206 | 66.5 |
| 1986 | 527 | 337 | 36 | 10.68 | 24 | 7.12 | 57 | 16.91 | 135 | 85 | 220 | 65.28 |
| 1990 | 554 | 362 | 38 | 10.85 | 26 | 8.41 | 60 | 21.13 | 146 | 88 | 235 | 66.4 |
| 2000 | — | 2300 | — | — | — | — | — | — | — | — | — | — |
| 2005 | — | 7500 | — | — | — | — | — | — | — | — | — | — |
| 2010 | 9143 | 8081 | 1378 | 17.05 | 919 | 11.37 | 437 | 5.41 | 3315 | 1032 | 4347 | 53.79 |
| 2011 | 10278 | 8994 | 1835 | 20.4 | 1078 | 11.99 | 100 | 1.11 | 3534 | 2447 | 5981 | 66.5 |

## 第四节　供电用电管理

### 一、供电管理

**管理制度**　加强内部责任制管理：营销班负责客户电表抄录、电费回收、计量装置安装、巡视检查；配电班建立设备主人制，即10千伏配电线路维护责任到人，保证设备完好率符合管理标准；抢修中心负责0.4千伏以上、10千伏以下线路设备日常维护、抢修、服务热线电话值班、客户回复与回访。

**承诺服务**　2006年10月，云溪供电局对用电客户承诺：凡10千伏线路设备计划性停电施工或检修，提前七天通过当地新闻媒体发布停电公告；对大、中、专型变压器用电客户，派专人上门送达停电信息；10千伏线路设备发生故障性停电后，对受影响的大、中、专型变压器用电客户，派专人上门或用电话沟通，争取客户谅解；台区范围内停电，在用户主要聚居区张贴停电公告，公布联系电话，告知停电原因、复电时间，尽量减少停电给客户带来的损失。

**监督检查**　2007年，云溪供电所营业厅、文桥供电所营业厅建立“95598”供电服务热线，坚持每天24小时受理客户咨询、投诉、举报和抢修诉求，其录音及相关记录做到随时可查。每周工作例会对客户投诉、停电公告及以上承诺兑现情况、服务质量回访等，逐一评价，并与绩效工资挂钩。至2011年，用电客户有效投诉为零，承诺兑现率99.9%。全区建立18个电压监测点，及时保证用电质量。

### 二、安全管理

2006年，健全落实安全生产例会制、安全生产评估制、安全生产岗位责任制。坚持每周星期一下午召开安全生产例会，点评上周安全生产情况，解剖安全事故，落实本周安全生产责任。制订安全风险评估方案，定期开展安全评估。将安全责任逐级分解，落实到人。实行现场督察，详细记录安全生产责任落实情况，保证无违章操作。2008年10月始，加强供电用电安全培训，开展安全督查。至2011年，共培训572人次，开展现场安全督查62次，实现安全生产1533天，年均353天，安全生产率98.06%。

### 三、电价管理

1963年，执行省物价部门制定的电价政策，不擅自改变电价类别，不代收国家、省物价部门规定外的其他费用。对有多种用电结构性质的客户，如不能单独计量、计价收费，则根据其用电结构变化情况，确定用电结构比例，执行分类电价。对执行电价政策错误，出现多收或少收电费的，一律多退少补。至2006年，农村用电户购电均价每1000千瓦时700~900元。

2007—2011年，完成农村电网改造后，含税均价每1000千瓦时447.88元（含税），不含税每1000千瓦时430.42元，比1963—2006年下降38.515%~52.18%。

# 第五章　邮　政

明天顺五年（1461），云溪驿站兼作邮递站。弘治年间（1488—1506），城陵矶设递运所（清代称递铺），递送除朝廷文书、军事情报外的其他重要物件。清乾隆二十年（1755），裁云溪驿站，并入桃林巡检司。清同治十一年（1872），陆城设递运总铺，有铺司7人。下设分铺15处，有铺司120人。清末，驿、铺逐渐废弛。清光绪二十九年（1903）四月，设临湘（今陆城，下同）、云溪2处邮寄代办所。光绪三十年十月，升邮寄代办所为邮政代办支局。

民国3年（1914）1月，岳州二等邮局帮办生谢甫樽受湖南省邮务管理局委派，到临湘开办三等甲级邮局，辖云溪、聂市、羊楼司3个邮寄代办所（聂市、羊楼司今属临湘市）。民国17年5月，因邮政业务量小，降临湘三等甲级邮局为代办所，所辖代办所自行撤销。民国19年，恢复云溪邮寄代办所。民国27年11月，日军犯境，邮寄代办所关闭，民国28年5月恢复。民国34年，陆城重建邮寄代办所，设文化（今路口铺）信柜。民国38年6月，有陆城、路口、云溪3个邮寄代办所。

1953年，云溪、路口铺、陆城设邮电支局。1959年1月，云溪、路口、陆城邮电支局由所在公社管辖。1975年1月，新建岳化汪家岭邮电支局，改云溪邮电支局为邮电所。1984年6月，成立北区邮电分局，辖路口、长岭、陆城、汪家岭4个邮电支局，云溪、松阳湖、青坡3个邮电所。1998年8月，邮政、电信机构分设，成立云溪邮政分局，并对下设机构作部分调整。2002—2011年，云溪邮政分局辖长炼、汪家岭、陆城、路口、云溪5个邮政支局，永济、道仁矶2个邮政代办所，共有员工60人。

## 第一节　邮路与设施

### 一、邮路

**干线**　明、清时期，驿路兼邮路。民国5年（1916），有水、陆邮路干线即邮政机构之间的邮路各1条：水路进城陵矶入境，经陆城至湖北省监利县白螺矶出境，长7.5公里。陆路自县城陆城起，经云溪出境至岳阳，长35公里。民国16年12月，陆路北延至羊楼司，长61公里，均为每三日一班。民国27年，日军侵境，陆路改道，自城陵矶入境至云溪，经路口铺至陆城，长40公里。民国35年，辟五里牌（今临湘市境内）至聂市、白荆桥、路口铺、长安干线邮路，共99.5公里。均为每周2班。是年，首创1条火车运递邮路，自岳阳入境，经云溪、路口出境至长安、羊楼司，长48.4公里，每日1班。

1949年后，除铁路直达邮班外，另建汽车专线每日邮班。60年代，委托交通运输部门有偿代运邮件（称委办邮路）。1978年，有经长安入境，至路口、长炼、云溪的邮局自备汽车邮政专线，长35公里，每日班。另有1条长炼至陆城自办三轮摩托邮路，长10公里，每日班。1984—2003年，干线邮路几次变动，至2004年，市邮运中心局每日11时用专车直接将邮件送达境内各邮政支局（代办所），干线邮路改为岳阳市局至云溪支局、汪家岭支局、临湘市局、路口支局、长岭支局、陆城支局、道仁矶代办所、永济代办所、岳阳市局，环形式，每日班。

**支线**　1949年后，始建城乡邮路，分南、北2条。南路云溪至松阳湖，长13公里。北路路口至文桥、陆城，长14公里，每周3班。60年代至70年代，邮路不变。1984—2011年，以支局为单位各建邮路，城乡投递支线邮路增至32条（含乡镇至村、居委会支线）。

**云溪支局邮路**。4条，即区政府至洞庭水泥厂，区交通局运管所至云溪镇政府，区教育局至区人口和计划生育局、工业园，岳化哨所至云溪镇、云溪乡村（居委会）组，共413公里。岳化哨所至云溪镇、云溪乡村（居委会）组为乡村投递线，每3日1班。其余均为城区投递线，每日1班。

**汪家岭支局邮路**。7条，即泰艺公司至检测站，岳化第一小学至岳化供销公司，岳化供排水厂至岳化加油站，岳化安居园社区，岳化青坡社区至岳化供销公司社区，岳化新村社区、岳化金盆社区，岳化第四小学至岳化二工区，共206公里。均为城区投递线，每周5班。

**陆城支局邮路**。2条，共23公里。即长炼油港码头，每周5班。陆城镇各村组，每周3班。

**路口支局邮路**。2条，共95公里。即路口信用社至路口水泥厂，每周五班。路口镇各村组，每3天1班。

**长岭支局邮路。**6条，即长炼街道向阳村至长炼液化气站，长炼厂部至长炼制氧厂，长炼街道向阳村至长炼加氢制氧车间，长炼街道向阳村至长炼街道桥西社区，长炼街道幸福村至长炼街道朝阳村至路口镇南山村，文桥镇政府至各村，共206.3公里。除文桥镇政府至各村每周3班外，其余均每日1班。

**道仁矶代办所、永济代办所。**因业务量不大，投递范围小，仅下午向道仁矶镇、永济乡所属各村投递，每周3班。

**二、设施**

民国时期，临湘邮政部门租用陆城葛明嵋私房办公，设信柜、邮筒、邮箱，备防雨油布。大宗短途送递用板车，一般由邮递员背邮包步行，配雨衣、雨靴。

1950年，城区投递用自行车，其余步行。1966年，城乡投递均用自行车。1971年，始用汽车、摩托车。1984年，北区邮电分局配后三轮邮运摩托车1辆。各邮递支线配自行车1辆，共32辆。1998年，实行微机化、电子化经营，添置包裹收寄机、电子秤、过戳机，长炼、岳化厂区配置三轮摩托投递。2004年，云溪邮政分局备邮运面包车2台，送邮件至各邮政支局。至2011年，共投资107万元，营业、办公实现微机化。

## 第二节　邮政业务

**函件、包裹**　1949年前，仅有少量信函投递。50年代，函件、包裹投递量增多。60至70年代，长炼、岳化入驻境内后，函件、包裹投递量比50年代年均增加80%以上。80年代，交通、电讯发展，邮政函件、包裹业务量减少。至1985年，营业收入月均28万元~30万元，呈急剧下降趋势。1998年，云溪邮政分局巩固扩大自办邮运成果，业务得到发展。函件、包件进口量4.19万件，出口4.02万件。2011年，函件进口量35745件，出口83435件。包件进口量24993件，出口15323件。

**特快专递**　1992年10月，长岭、汪家岭邮电支局试办国内特快专递业务，实行专人、专车、专门作业。次年9月，路口、陆城、云溪等支局相继受理特快专递。2011年，特快专递出口15164件，进口24834件，比上年分别增加21.15%、31.02%。

**快件**　1998年4月，开办邮政快件业务。由于业务量小，经营3个月后取消。

**快递**　2006年4月，云溪邮政分局成立速递物流公司。速递进口业务4.23万余件，出口4.12万余件。2007—2011年，进、出口总量年均稳定在4.3万件左右。党报党刊等报刊发行营业额407万元。

## 第三节　邮政储蓄

1986年10月，北区邮电分局在长岭、汪家岭邮电支局首办邮政储蓄业务。次年，路口、陆城邮电支局相继设邮政储蓄点。

1990年1月，邮政储蓄由邮电部门代办改为自办。北区邮电分局所吸收的邮政储存款由缴存改为转存银行。邮政储、转存款利率随人民银行储蓄存款利率调整而调整。

1996年5月，调整邮政储、转存款定期、活期利率，由93:7调整为80:20。

1997年6月至1998年5月，各邮储网点均改为微机办理业务，普遍采用计息器、点钞机、钞票打捆机。1999年，邮政储蓄与全国联网。11月，陆城邮政支局试行邮政储蓄全省通存通兑。2002年，全区各邮政储蓄机构实现全国通存通兑、邮政电子汇款。

2008年，邮政与储蓄分开经营，长岭、汪家岭储蓄所划归邮政储蓄银行管理。是年，邮政存、贷款余额3.8亿元。

2009年始，开展涉农资金发放工作。至2011年，年均办理涉农资金3万户、7万余人次。

# 第六章　通　信

清光绪二十三年（1897），境内开通长途电话及至武昌电报业务。民国27年（1938），长途电话中断，至民国38年恢复。1958年，开通生产大队电话。1962年，开通学校、事业单位电话。1998年始，增加互联网。2009年，普及移动电话。2011年，互联网用户5.94万户，移动电话用户近10万户。

## 第一节　机　构

**电信**　1999年8月前，由境内邮电部门负责。1999年8月，成立中国电信湖南省电信公司岳阳市分公司云溪电信分局。

**联通**　1994年7月，中国联合网络通信有限公司岳阳分公司在云溪设营销部。2011年，成立营业部，有员工15人。

**移动**　1999年7月，移动通信与电信企业分离，设岳阳市移动通信分公司云溪营业部。2006年12月，成立中国移动通信集团湖南省移动公司岳阳市公司云溪分公司（简称云溪移动分公司），员工16人。2010年，员工39人，次年，增至60人。下设机构有综合部、市场部、集团客户中心、数据中心、大客户中心、营业客户服务中心。

## 第二节　通信设施

### 一、电信

**网络**　清光绪二十二年（1896）十月，沿马驿线路架设湘鄂电话线路，线径为4毫米铁线。民国27年（1938），日军侵境，电话线路损毁。

1950年，在云溪、陆城架设电话线路。1956年，在京广电信干线临湘段开口下线，建立包括境内在内的南北方向长途电话实线线路5条。1958年9月始，架设大队电话线路。1964年8月，新增经云溪至岳阳实线2条。1968年，开通临湘至长炼、云溪、岳阳等人工线路。1970年年初，人工线路改为电传线路。1982年，生产大队、企事业单位均架设电话线路。

1984年，架空明线路68.35对公里，市话电缆6183皮长公里，汪家岭、长岭支局人工线路均改为电传线路。1985年，开通路口至临湘实线2条、陆城至临湘线路1条。至1987年，新增至岳阳长途半自动线路5条、专线线路2条，新开至临湘长途线路4条，增加区内局间线路4条，开通人工电报线路4条。

1988年5月，开通云溪至长沙、岳阳、临湘、汪家岭等有线电报线路4条，增加区内局间线路4条。至1990年，初步形成以云溪交换点为中心，北达临湘，南接岳阳，外通内畅的完整通信网络。

1998年，投资1000万元，完成全区传输环路组网。主要是128芯岳阳—冷水铺—云溪—路口铺—临湘、64芯岳阳—城陵矶—松阳湖—道仁矶—陆城、8芯陆城—临湘儒溪、56芯陆城—路口铺等线路，架设云溪至汪家岭光缆专线。

2002年，初步完成宽带网建设。主要包括光缆同步传输网、宽带交换网、智能通信网、超大规模数字传输网、大容量多功能程控电话网、多媒体综合信息网、国际国内因特网、远程教育网、电子商务网、超大规模数据通信网、7号信令网、数字同步网、监视监控网等。实现本地计算机间高速通信通过岳阳高带宽节点访问国际互联网。

2005年，筹集资金3000万元，建设全区城乡光纤城域网。2007年，建设、扩容、改道通信线路。完成岳化、长炼厂区通信线路改道、配线工程，永济至陆城沿江公路杆线升高工程。2009年，新建光缆线路4500芯公里，新建电缆线路1500线公里。

2011年，电信网络基础设施基本形成电话交换数字化、通信传输光缆化、设备监控自动化、业务种类多元化格局。

**设备**　1984年，有磁石交换机6部、440门。其中，陆城1部、路口2部、云溪1部、松阳湖（社办）1部、文桥（社办）1部。

1985—1987年，更新路口铺、陆城磁石交换机，路口铺、云溪交换机扩容200门。新增十二路载波机1端、环六路载波机1套。

1988年，投资1100万元，引进法国2000门数字程控交换设备。1992年6月、8月，由于交换设备一时难以到位，作为应急过渡，在路口、陆城分别安装程控用户集中器2套、1套。

1993年后，相继开通长岭、汪家岭、松阳湖、道仁矶模块局，结束境内磁石电话（摇把子）历史。

1993年，开通岳阳市城区3.5万门数字程控电话云溪模块局组成的本地电信网。

1995年，投资180万美元，引进日本1.4万门程控交换机，取代法国2000门数字程控交换设备。

1999年，投资2676.2万元，购进德国2.3万门程控交换设备，完成全区交换设备清网组网工程。

2000年至2002年1月，先后建成和开通分水、南太、桃李、钢铁、黄皋、新铺、友好、建设8处模块交换点。程控交换点增至15个，交换容量增至3.4万门。

2005年，投入600万元，更换长炼、岳化电信中心通信设备。投入5000万元，对传统电话交换网络进行智能化改造；固定电话交换容量增至8万线；新增程控交换容量3840线对；扩容路口南太模块点，新增主线容量512个，新增端口48个；开通农村电话交换点18个。投资180万元，拓宽宽带网络出口带，宽带容量1.5万线，出口容量由2000兆扩大至5000兆，具备2万宽带用户同时在线上网需求。

2007—2011年，新增程控交换容量7344线对。

### 二、互联网

1998 年 1 月，开通互联网，接入网为窄带，通过“163”或“169”拨号上网。2004 年，投入 398 万元，完成农村宽带网建设。全区 71 个村（居）委会，均进入远程教育宽带网。2005 年，宽带网络开通率 100%，入户率 22%。投入 60 万元，完成区政府新、旧办公楼内部电子政务等通信线路建设，安装 10 个监控点，开通一套全球眼视频监控系统。2009 年，新增互联网出口带宽 3G。2010 年，宽带端口新增 5120 线对，新增互联网出口带宽 3G，新建光缆线路 3000 芯公里，新建电缆线路 1500 线公里。2011 年，宽带端口新增 6400 线对，互联网出口带宽达到 25G。

### 三、移动通信

2002 年 12 月始，区电信部门建设无线市话（又称“小灵通”）基站。至 2004 年，建基站 147 个，累计投入资金 735 万元。2007 年，新增基站 15 个。具备 8000 户以上用户同时在线交换能力。

2007 年，驻区移动通信部门建基站 30 个。2009 年，基站增至 42 个，服务网络覆盖全区 99%的村。次年，服务网点 80 个。

2011 年，云溪移动分公司有自办通信营业厅 2 家、其他营业厅 3 家、手机超市 1 家、代办点 18 家。针对不同需求，推出不同产品满足客户需要。对商务人士推出全球通，全国一价制计费，享受 10086 专线客户服务。对年轻用户推出动感地带，套餐内含短彩信。对普通用户推出神州行。组建长炼、岳化两大集团 A 网。网内成员享受每月 5 元包打优惠政策，集团 A 网成员占全区用户数 50%。

## 第三节　通信业务

### 一、电信

**电报**　光绪二十三年（1897），开通长沙经陆城至武昌电报业务。民国 19 年（1930），县治迁出陆城，电报业务相应减少。1950 年 1 月，用长途电话线路收发电报。电报业务增多。1958—1964 年，电报业务一度缩减。1965 年后，随着长炼、岳化陆续入驻，业务迅速增加。至 1980 年，年均业务量是 1958—1964 年的 4.13 倍。1985—1987 年，购置汉字电报终端机，电报通信实现汉字终端电子电传。1988 年，购置价值 3 万多元的汉字电报终端机，电报通信实现从 55 型机械电传到汉字终端电子电传过渡，云溪至长沙电报进入全省自动转报网。随着移动通信发展，电报业务逐渐萎缩。2000 年后，随着互联网发展，电报业务停止。

**电话**

**长途电话**。清光绪二十三年四月始，云溪电巡房开通长途电话。为境内长途电话之始。民国 27 年 11 月，日军陷境，长途电话中断，民国 38 年恢复。1956 年，长途电话逐渐增多。1964 年 8 月，云溪至岳阳长途电话增多。1985 年，路口至临湘、陆城至临湘长途电话增加。1988—1997 年，半自动拨号、数字控制化长途电话一度增加。1998 年后，开通互联网，长途电话业务逐渐减少。至 2011 年，基本停业。

**市内电话**。民国 18 年，陆城设城区市内电话总机室，国民党县党部、县长室、警察局、税务局 4

家联通。次年，县治迁出，境内城区电话业务停止。1950 年，开通云溪、陆城市内电话。1958 年 9 月，开通各大队电话。1962 年后，学校、事业单位开通电话。1982 年，开通生产大队电话。1984 年，有市话用户 600 户。1992 年 2 月，新增数字程控电话用户。1999 年 10 月至 2000 年 5 月，主线放号 8019 户，电话用户总数突破 2 万户。2001 年 3 月，取消农村电话收费项目，在（市）区内实行同网同价，市话用户增加。至 2002 年，增至 2.2 万户。2004 年，完成业务收入 116.4 万元，占年计划 130.78%。2005 年，村级电话交换模块开通率 90%以上，固定电话入户率 100%，增开固话彩铃、一号双机等新业务。至 2011 年，累计完成业务收入 1.06 亿元，超计划 1.58%。

**二、互联网**

1998 年，区电信部门“163”上网用户 5 户。次年，增至 44 户。2000 年，IP 上网用户 269 户；次年 1—6 月，1737 户。2002 年 1 月，发展宽带上网用户 686 户；2005 年，增至 5200 户。2011 年，达到19361 户。

**三、移动**

2003 年 5 月 1 日，开通无线市话小灵通。至 2005 年，用户发展至 1 万户。2009 年 5 月，中国电信 3G 业务上市，能在全球范围内实现漫游，并处理图像、音乐、视频流等多种媒体形式，“小灵通”失去优势。至 2011 年 5 月，无线市话业务停止，基站拆除。

2007 年，驻区移动通信部门有客户 4.3 万户。2009 年，发展至 8 万户，经营收入比 2007 年增长 2 倍。2010 年，客户增至 9 万户。2011 年，信息化收入 99.59 万元，完成财政口径收入 6302.27 万元，比 2010 年增加 899 万元。

# 第十八篇 商贸·旅游

清末、民国初年，境内商贸、服务业较为活跃。县治陆城有商贸行业24个。民国27年（1938），日军侵境，城乡商贸、服务业遭受严重破坏。抗日战争胜利后，缓慢恢复，至民国38年，城乡市场依旧萧条。

1950年，始有国营商贸。1956年，城乡商贸、服务业出现国营、集体、个体等多种经济成分并存、较快发展的局面。次年，仅商贸网点有218个。“大跃进”和“文化大革命”中，个体私营商贸、集体商贸受到限制。1976年，每1000人仅有商贸网点0.9个，比1957年减少2.11个。

1984年始，区委、区政府加快商贸流动体制和服务业管理体制改革，实行放开搞活，鼓励多种经济成分的商贸业、服务业共同发展。是年，全区社会消费品零售额是1976年的3.06倍。1992年，餐饮服务业中酒店餐馆比1985年增长1倍，旅店增加1.09倍。2001年，实行区、乡两级全面招商引资，扩大对外经济。2007年，首次发展对外贸易，实现外贸进口14万美元、出口154万美元。2011年，启动陆城岳阳市国家历史文化名城街区建设，加快旅游开发。是年，全区商贸网点扩展至5791个，社会消费品零售额达到11.99亿元，分别是1984年的5.92倍、39.81倍；有餐饮业196家，服务业285家，行业涉及50多个；外贸进出口总额1367万美元，比2007年增长7.14倍。

## 第一章 商贸机制与市场

### 第一节 机 构

清代，无专门商贸管理机构。民国元年（1912），境内商贸由县知事公署工房兼管。民国4年，由县政府第四科管理。民国11年，由县实业局兼管。民国18年，由县政府第二科管理。民国31年，由县政府建设科管理。民国35年，由县货物局管理。民国37年，由县货物局办事处管理。

1949年后，管理机构按行业分设。

**商业** 1949年10月，国营商贸由县贸易公司管理。1950年，设陆城贸易小组；次年，增设路口、云溪贸易小组。1955年7月，由县商业科管理。1961年10月，由县商业局管理。1968年，由县革委会生产指挥组临时负责。1970年，复由县商业局管理。1984年6月，由区工矿贸易公司（人事与业务隶属市一商业局)、区肉食水产购销中心站管理（人事与业务隶属市二商业局)。1988年11月，合并区工矿贸易公司、区肉食水产购销中心站，组建区商业局，下设区百货纺织品、区五交化、区肉食水产、区副食品、区路口工矿贸易、区综合经营、区废品回收利用、区商业物资供销、区友谊华侨9个公司，分别管理有关国营、集体商贸。1996年4月，成立区商业集团总公司，区商业局更名为区商业行业管理办公室；2002年2月，合并区内贸管理办公室，更名为区内贸办。2005年5月，成立区商务局，划入原区物资行业管理办承担的职能。2011年，区商务局为区政府工作机构，内设机构有办公室、市场管理办公室、物资行业管理办公室、酒业管理办公室、生猪定点屠宰管理办公室，核定行政编制5名，全额拨款事业编制7名（含机关后勤服务事业编制1名）。

**粮食** 1949年7月后，代购粮食由县财粮科负责。1950年，由县粮食科管理。3月，陆城设国营油脂收购站。次年，由县粮食局管理。1954年，粮油统购统销改由县粮食管理局负责。1958年，云溪、路口、陆城相继建立国营粮站。1962年，文桥设国营粮站。1970年11月，复由县粮食局负责。1984年6月，由区粮油公司管理。1988年11月，成立市粮食局北区分局（简称北区粮食分局)。1996年4月，北区粮食分局更名为云溪区粮食分局。1998年6月，云溪区粮食分局交纳区政府管理，更名为云溪区粮食局。撤销除长炼、岳化粮站外所有分设于乡镇的粮站，分设云溪、路口、文桥、陆城、道仁矶、云溪粮库6个粮食收储公司，云溪、路口、文桥、陆城、道仁矶5个粮油贸易公司。2003年3月，撤销所有粮食收储公司、粮油贸易公司，组建区粮食购销有限公司。2005年6月，成立区惠鑫米业有限公司。2011年，区粮食局为区政府直属事业单位，内设机构有办公室（加挂计生办牌子)、调控股、财务股、行业发展指导股、人事股，核定全额拨款事业编制16名（含机关后勤服务事业编制1名)。

**供销** 1951年3月，五区团结、八一、望城3乡建立供销合作社。9月，部分国营、集体供销贸易由县供销合作总社管理。1954年，由县供销合作社负责。1958年6月，集体供销贸易过渡到全民商贸，改由县商业局管理。1961年，复由县供销合作社管理。1968年，由县革委会生产指挥组临时负责。1976年3月，复由县供销合作社管理。1984年6月，由区供销联社管理，下设综合联营公司，具体管理、经营大部分集体商贸、部分国营商贸。1988年9月，析区综合联营公司分设区综合联营公司、区工业品公司、区农业生产资料公司、区农副废旧公司。次年8月，析区农副废旧公司，分设区农副产品公司、区棉麻茶公司、区废旧物资回收公司。1992年6月，成立区供销社集团总公司。1993年12月，析区工业品公司，分设区工业品公司、区日杂公司。1999年7月，析区棉麻茶公司，分设区棉麻公司、区土产综合贸易中心。2004年5月，区供销系统体制改革。至2011年，区供销联社为区政府直属事业单位，内设机构有办公室、业务综合股、政工人事股、计财股、安全保卫股，核定全额拨款事业编12名（含机关后勤服务事业编制1名)。下设机构有云溪、路口、陆城3个供销合作社，五峰再生资源利用有限公司、富民农资中心。

**物资** 1960年7月，国营物资行业管理由县物资管理局负责。1968年，由县工农业物资供应站管理。1970年，由县工农业物资供应局负责。1983年12月，由县物资管理站负责。1984年6月，由区物资公司管理。1986年8月，成立区物资局，下设区金属材料、区机电、区煤炭、区轻化、区金属回收、区木材6个公司，管理、经营部分国营物资商贸。1992年9月，成立区物资总公司，与区物资局两块牌子一套人马。1996年12月，归并区物资局、区物资总公司组建区物资集团总公司，成立区物资行业管理办公室（简称物资管理办)。2002年5月，区物资集团总公司申请依法破产。2004年6月，区物资管理办并入区内贸办。

**蔬菜** 1970年7月始，蔬菜调配、供销由县蔬菜公司负责。1984年6月，由区蔬菜公司管理。1986年2月，由区蔬菜局管理。2002年，由区农业局统管。

## 第二节 体 制

### 一、私营商贸

清代、民国时期，商贸均系私人经营。由于天灾、战乱，商贸兴而复衰，抗日战争时期，日军烧毁破坏，商贸更是衰微。民国38年，仅有私营商户127家。

1953年，在中央有关政策保护扶持下，私营商贸发展至147家，商品销售额占境内销售总额70.1%。1956年，城镇私营商户转为代购代销点或进入合作商店、公私合营商店，农村小商小贩加入当地农业合作社，保持私营的仅29户、34人，其商品零售额占零售总额7.1%。1958年后，私营商贸过渡为国营商贸。1962年通过调整，有54户商户退出国营商贸，恢复私人经营，其营业额占营业总额5.8%。“文化大革命”期间，个体商户下放农村劳动，私营商贸再度消失。

中共十一届三中全会后，允许多种经济成分体参与商贸活动。至1988年，个体商户发展至676家，从业人员1105人。1992年后，改革商贸管理体制，放开工农业产品经营市场，个体商贸得到快速发展。至2002年，个体商户社会消费品零售额22900万元，占全区社会消费品零售总额78%。2011年，有个体商户5783家，从业13210人，社会消费品零售额114670.8万元，占95.61%。

### 二、集体商贸

1951年前，无集体商贸。1951年3月，五区团结、八一、望城3乡供销合作社始从事集体商贸。年底，有基层供销合作社4个，入社社员15517人，筹集股金16840元，是年，商品零售额73.31万元，占商品总额27.4%。1952年，基层供销社、供销分社增至6个，商品零售总额63.75万元，占30.8%。1954年，私营商户加入合作商店，集体商贸得到发展。1957年，供销社系统有区供销合作社2个、分社10个、专营门市部14个、批发部2个，有公私合营、合作商店、代购代销店共108个，农副产品收购额89.1万元，商品零售额104万元，分别占总额54.3%、49%。

1958年，供销合作社与商业部门合并，成为人民公社供销部。商业网点减少，人员增加，加上经营不善，大部分属于虚购虚销，造成较大经济损失。1961年7月，供销合作社从商业系统析出。次年，将4个公社（场）供销部调整为5个供销合作社，设分社9个，各类门市部、批发部25个，恢复合作商店小组11个。至1965年，集体商贸组织有经营网点63个、从业274人，农副产品收购额172万元、社会商品零售额203万元，分别占总额43%、53.4%。

1968年，供销社归属商业部门统管，由贫下中农派驻代表管理，经营管理混乱。1976年3月，供销、商业再度分设，集体贸易逐步恢复。1978年，有经营网点97个，农副产品收购额367.81万元，商品零售额431.32万元，分别占总额50.6%、53.7%，比1965年分别增长1.14倍、1.12倍。

80年代，供销系统加强横向联系，发挥网点多、经营面宽、资金来源广的优势，努力拓宽流通渠道。至1990年，有经营网点153个，农副产品收购额851.5万元，社会消费品零售额987.75万元，比1984年分别增长29.02%、21.94%，分别占全区农副产品收购总额、社会消费品零售总额35.8%、

15.6%。

1993年后，个体贸易增加，集体商贸缩小。2003年，集体商贸农副产品收购额590万元，社会消费品零售额645万元，比1990年分别下降30.66%、34.7%，在全区农副产品收购总额、社会消费品零售总额中的占比，分别下降至15.11%、2.13%。2004年，基层供销社大多退出市场。至2011年，仅有集体商贸企业5个，从业62人，社会消费品零售额3610万元，占全区社会消费品零售总额3.01%。

### 三、国营商贸

1950—1951年，陆城、路口、云溪贸易小组始从事国营商贸。1952年，贸易小组并入供销社。1955年7月，国营商贸向农村集镇延伸批发供应，陆城设国营商贸批发供应点。1956年3月，农产品实行“一条鞭经营”政策，肉食水产划归国营商贸，国营商贸经营项目逐渐增多。至次年，已有百货、花纱布、茶叶专卖、食品、肉食水产5个经营项目。

1958年，集体商贸向国营商贸过渡，国营商贸机构增至43个，人员增至191人。1960年，国营商贸商品零售额比1957年减少31万元。1961年，商业、供销分设后，盐业、药材、百货、纺织品、肉食、副食品、农副产品收购等经营项目相继恢复扩大，国营商贸在贸易中重新发挥主渠道作用。1965年，商品零售额140万元，占境内商贸总额42.4%，农副产品收购额138万元，占总额54%。1968年，集体商贸再次向国营商贸过渡。由于形成独家经营，缺乏竞争，经济效益下降。是年，国营商贸销售额比1965年下降2.8%，利润减少20.6%。1976年，商业、供销再次分设后，国营商贸经营效益好转，商品零售额417.11万元，占总额49.4%，比1965年增长197.94%。1978年，增至465.5万元，占总额52.1%。

80年代，国营商贸系统面对激烈的市场竞争，不断调整内部机制，改善经营管理，拓展商品购销渠道。1984年，有网点745个，从业1521人，社会消费品销售额2013万元，占全区总额66.81%。1990年，有网点915个，从业2458人。经营范围扩大到百货、纺织、五金、交电、化工、副食、蔬菜、肉食、水产、盐业、烟草、轻化、建材、金属材料、机电设备、农机、药材、粮油、饲料、木材等多个项目，社会消费品零售额5031万元，比1984年增长149.93%，占总额79.47%。1991年后，商贸市场放开，国营商贸逐渐缩减。2005年，网点减至7个，从业98人，社会消费品零售额3951万元，占总额10.39%。至2011年，仅有商贸企业3家，从业人员64人，社会消费品零售额1655.2万元，占总额1.38%。

**1984—2011年云溪（北）区多种经济成分社会消费品零售情况表**

表18-1-1　　单位：万元、%

| 年 度 | 零售总额 | 其中 | | | | | |
|---|---|---|---|---|---|---|---|
| | | 私营零售额 | 占 比 | 集体零售额 | 占 比 | 国营零售额 | 占 比 |
| 1984 | 3013 | 518.82 | 0.1722 | 481.18 | 0.1597 | 2013 | 0.6681 |
| 1985 | 3376 | 585.06 | 0.1733 | 818.89 | 0.1537 | 2272.05 | 0.673 |
| 1986 | 3716 | 583.42 | 0.157 | 553.68 | 0.149 | 2578.9 | 0.694 |
| 1987 | 4800 | 593.76 | 0.1237 | 735.36 | 0.1532 | 3470.88 | 0.7231 |
| 1988 | 5184 | 543.8 | 0.1049 | 783.3 | 0.1511 | 3856.9 | 0.744 |
| 1989 | 5598 | 440.57 | 0.0787 | 830.18 | 0.1483 | 4327.25 | 0.773 |

续表 18-1-1

| 年 度 | 零售总额 | 其 中 | | | | | |
|---|---|---|---|---|---|---|---|
| | | 私营零售额 | 占 比 | 集体零售额 | 占 比 | 国营零售额 | 占 比 |
| 1990 | 6331 | 312.25 | 0.0493 | 987.75 | 0.156 | 5031 | 0.7947 |
| 1991 | 7618 | 424.32 | 0.057 | 1243.26 | 0.1632 | 5950.42 | 0.7811 |
| 1992 | 8114 | 438.16 | 0.054 | 1241.44 | 0.153 | 6434.4 | 0.793 |
| 1993 | 9412 | 704.96 | 0.0749 | 1535.1 | 0.1631 | 7171.94 | 0.762 |
| 1994 | 12235 | 1708 | 0.1396 | 1924.57 | 0.1573 | 8602.43 | 0.7031 |
| 1995 | 14682 | 2421.06 | 0.1649 | 2071.63 | 0.1411 | 10189.31 | 0.694 |
| 1996 | 18000 | 4572 | 0.254 | 2376 | 0.132 | 11052 | 0.614 |
| 1997 | 21000 | 7578.9 | 0.3609 | 2123.1 | 0.1011 | 11298 | 0.538 |
| 1998 | 21479 | 9098.5 | 0.4236 | 1576.56 | 0.0734 | 10803.94 | 0.503 |
| 1999 | 23800 | 12821.06 | 0.5387 | 1289.96 | 0.0542 | 9688.98 | 0.4071 |
| 2000 | 26400 | 17421.36 | 0.6599 | 1243.44 | 0.0471 | 7735.2 | 0.293 |
| 2001 | 29000 | 21967.5 | 0.7575 | 1162.9 | 0.0401 | 5869.6 | 0.2024 |
| 2002 | 29360 | 22900 | 0.78 | 1001.18 | 0.0341 | 5458.82 | 0.1859 |
| 2003 | 30240 | 25999.46 | 0.8598 | 645 | 0.0213 | 3595.54 | 0.1189 |
| 2004 | 33951 | 29320.08 | 0.8636 | 750.32 | 0.0221 | 3880.6 | 0.1143 |
| 2005 | 38025 | 33264.27 | 0.8748 | 809.93 | 0.0213 | 3950.8 | 0.1039 |
| 2006 | 42000 | 37669.8 | 0.8969 | 667.8 | 0.0159 | 3662.4 | 0.0872 |
| 2007 | 49160 | 45060.05 | 0.9166 | 997.95 | 0.0203 | 3102 | 0.0631 |
| 2008 | 57927 | 54254.51 | 0.9366 | 1239.64 | 0.0214 | 2432.85 | 0.042 |
| 2009 | 69512 | 66233.09 | 0.9527 | 1876.82 | 0.027 | 1411.09 | 0.0203 |
| 2010 | 83082 | 79251.92 | 0.9539 | 2367.84 | 0.0285 | 1462.24 | 0.0176 |
| 2011 | 119936 | 114670.8 | 0.9561 | 3610 | 0.0301 | 1655.2 | 0.0138 |

# 第三节 市 场

## 一、城区市场

同治年间（1862—1875），县治陆城有商户 150 余家。其中较大的有“沈康寿”南杂店、“恒升益”烟丝店、“葛鼎新”土布店、“沈同兴”茶叶店、“郭宝元”熟食店，经营资本均在 1000 银元以上。民国元年至民国 18 年（1912—1929），发展至 300 余家，大商户增至 10 余户，其中以茶商居多。沈恩生茶叶经销店，经营资本 3500 银元，年销青、红茶 3 万余担，获利千余元，是有名的富户。民国 19 年县治外迁，多数商户迁出，市场随之萎缩。加之不久日军侵占，烧毁房屋店铺，至民国 38 年，仅剩商户 39 家。

1949 年 8 月，云溪老街设临湘县五区后，商贸店铺逐渐增多。1957 年，有国营、集体、私营商业门店 16 个。“大跃进”和“文化大革命”前期，云溪镇商业市场网点发展缓慢，至 1968 年，仅增国营、集体商贸门市部 2 个。1969 年，岳化落户境域后，岳化开辟厂区商贸市场网点。1978 年后，私营商贸网点增多，至 1983 年，云溪镇有较大的农副产品市场 4 个，其他商贸网点 141 家。

1986 年区址设云溪镇后，商贸市场网点进一步增加。至 1991 年，各种经济成分商贸网点发展至 617 个，从业人员 1854 人，比 1984 年分别增加 109.86%、161.5%，社会消费品零售总额 3588 万元，是 1984 年的 3.57 倍。1992 年，城区商贸进入快速发展时期。至 2004 年，商贸网点发展至 1923 个，从业人员增至 4816 人，社会消费品零售总额增至 22114.5 万元。各类商贸网点中，经营场地在 500~1000 平方米以上，固定资产 200 万元以上的大型商场有云溪大厦、云溪商场、友谊华侨商场、云溪供销大楼、云溪粮油贸易中心、岳化商场、青坡商场、建材商场等 8 个，分布于贯通城区东、西、南、北的云中大道、云溪大道、岳化大道，构成城区商贸主体。其中云溪大厦，建于 2003 年，建筑面积 3600 多平方米，一、二层零售面积 1030 平方米，设有大百货、小百货、鞋帽、食杂、副食、烟酒、玩具、化妆、皮件、针纺织、服装、家具等近 20 个批发、零售门店，流动资金 230 万元，固定资产 310 万元，经营品种 260 多个，年社会消费品零售额 4300 多万元。2005 年，扶持下岗职工自主从事商贸活动。至 2011 年，商贸网点增至 2948 个，从业人员 7370 人，社会消费品零售额达 69484.36 万元，比 2004 年增长 2.14 倍。大型集贸市场有四通、云溪下街、洗马路、岳化、岳化安居、汪家岭、青坡等 7 个，总面积 34250 平方米，摊位 855 个，门店 383 个，成交额 17582 万元。其中建于 1998 年的汪家岭市场，2008 年投资 220 万元扩建后，总面积扩大至 1.1 万多平方米，有固定摊位 256 个，流动摊位 450 个，门店 76 个，主要交易品种有蔬菜、粮油、水产、肉食、畜禽、种子、副食品、五金、塑料制品、鞋帽、服装、小家电等，并配有公平秤、厕所、座凳、垃圾箱、自来水管网等配套设施，多次被市、区工商管理部门评为文明集市。

### 二、乡村市场

清末，交通要道多有私商摆摊设店。清同治十一年（1872），主要集市有通济桥、臣山、鸭栏矶（现属临湘市儒溪镇）、道仁矶、白荆桥、象骨港、路口铺、云溪驿、城陵矶（今岳阳市岳阳楼区境内）等。民国时期，战事频繁，乡村市场兴而又衰。民国 24 年（1935）前后，外埠输入商品较多，市场交易较为活跃，有私营工商业 275 家，从业 632 人，主要分布于路口、云溪、文修桥等集镇，经营行业主要有绸布丝棉业、食品业、粮油业、服饰业、竹木棕床业、瓷瓦玻璃业、五金业、日用品业、药材业。民国 27 年后，日军破坏，商户纷纷破产歇业。至民国 38 年，仅存商户 88 家，从业人员 314 人。

50 年代中期，乡村市场多种经济成分并存，商贸发展较快，1957 年，有国营合作社、公私合营、个体工商业网点 218 个，从业 475 人。50 年代后期至 70 年代中期，由于“左”的错误影响，农村商贸市场、私营店铺基本取消。1976 年，农村供销合作社门市部、代购代销店 63 个，其中路口、文桥、陆城、松阳湖 5 个公社（镇、场）所在地路口铺、文修桥、陆城、象骨港等地，仅有门市部 13 个，农村代购代销店 50 个，从业人员 316 人，商贸网点比 1957 年减少 152 个，从业人员减少 159 人。

1984 年，有商贸网点 685 个，从业人员 1129 人，社会消费品零售额 3013 万元。90 年代，随着商贸体制改革深入，工农业快速发展，乡村商贸市场网点迅速增加。1991 年，有商贸网点 793 个，从业人员 1431 人，社会消费品零售额 4030 万元，比 1984 年增长 33.75%。2004 年，有陆城、路口、南山、道仁矶、四化村、五山包等6个乡村农贸市场，共有商贸网点1487个，从业人员3677人，社会消费品零售总额11836.5万元，分别是1984年、1991年的3.93倍、2.94倍。2005年，区供销联社等商贸管理部门加强网点培植，乡村市场网点快速扩展。至2011年，发展到2843个，从业人员5966人，社会消费品零售额增至50451.64万元，比2004年分别增长91.19%、62.25%、326.24%。

## 附　路口市场

路口市场形成于清同治年间。其时外地茶商、棉商纷纷经由路口，路口商贸逐步兴起，主要为日杂百货，兴盛时期有各类店铺30余家，从业人员50余人。民国19年（1930），路口铺火车站建成，商贸逐步发展。民国27年，日军侵占后店铺基本关闭。抗日战争胜利后，缓慢复苏。民国38年，有绸布业、粮油业、食品业、日用品业、药材业等行业门店铺面11家，从业人员37人。1949年后，市场逐渐恢复发展。1957年，有国营商业批发站、供销综合商店、茶叶收购站等门市部，合作商店、合作小组、代购代销门店29家，另有私商摊贩8家。“大跃进”和“文化大革命”期间，市场几起几落。1978年后，日渐繁荣。1984年，有综合商场4家，农贸市场3家，小卖部、各经销门店133家，社会消费品零售额520多万元。1985年后，随着商品经济发展、市场经济体制建立，市场进入快速发展时期。至2011年，有综合超市、批发部66家，五金综合批发部32家，家电超市7家，手机商店7家，电脑产品商店4家，服装门店230家，其他商店130余家，有路口、南山、五山包等3个农贸市场，经营面积共计8790平方米，门店、摊位660个。社会消费品零售总额11600万元，占乡村市场23%，是1984年的22.31倍。

# 第二章　农产品购销

## 第一节　粮油购销

### 一、粮油收购

**粮食**　清代、民国时期，粮食由私商收购。1953年，县供销、贸易、商店代国营粮食公司、湘潭专署粮食局在境内参与收购粮食，收购的粮食约占收购总数的40%，其余为私商收购。1953年11月始，粮食由国家统一收购。

统购。1953年年底，按照国家统购政策，统购粮食373万公斤，价格每50公斤11.55元。次年，遭受特大水灾，收购428.05万公斤。1955年实行定产、定购、定销政策，核定余粮14464户、定购758万公斤，实购724万公斤。1956年实现农业合作化后，改“三定”到户为“三定”到社。1958年人民公社化后，定购任务落实到生产大队，一定三年不变。是年，实购粮食920万公斤。1959年，降低定购指标，定购864.78万公斤。1960年大旱减产，上级要求多为国家分忧，将定购任务增至1103.06万公斤，实际完成1104.43万元。次年，上级下达定购任务999.6万公斤，由于粮食再度减产，只完成661.86万公斤，占66.2%。1962年，粮食产量回升，国家实行少购少销，纠正前期征购高，购后又返销的弊端，并采用化肥、布票、食糖、胶鞋等工业品换购余粮的方法，是年，完成统购粮859.58万公斤（其中换购162.44公斤），比上年多197.72万公斤。1965年，实行一定五年和超产、超购、超奖励政策（简称“三超”），征购749.7万公斤，另征用于补歉机动粮42.48万公斤，“三超”粮54.35万公斤，实际完成上交846.53万公斤。1971年始，实行第二个“一定五年”。按照岳阳地区规定，除年定购849.66万公斤外，另增5%的机动粮，以调剂灾年减征。至1978年，共交征购粮8344.86万公斤，年均1043.11万公斤，为年定购任务的122.7%。1979年，实行第三个“一定五年”政策。岳阳地区根据境内大厂落户征地、水利建设用地，粮食面积减少，将年征购任务调减为799.68万公斤。是年，国家提高统购粮价20%，超购粮按新价加价50%，加上粮食大丰收，实际上交粮食1490.08万公斤，超任务86.33%，为实行粮食统购后交粮最多的一年。1980年，扩大棉田面积，调减粮田面积，核定征购、超购任务999.6万公斤，实际完成1479.78万公斤。1981年，农村实行联产承包责任制，征购任务核定到户。是年，共核定征购粮1449.42万公斤，实际完成1479.78万公斤。1982—1983年，粮食连年丰收，除完成定购任务外，另代商业部门购超产粮411.19万公斤。1984年，全区核定征购任务1115.5万公斤，实际上交1510.34万公斤，为历年最高水平。

合同定购。1985年始，改粮食统购为一年一定合同定购。定购品种为稻谷、玉米、小麦等。定购计划内的粮食价格，实行“倒三七”比例计价，即30%按统购价，70%按超购价。农户完成合同定购任务后，剩余粮食可上市自由销售。1987年，实行粮食、柴油、化肥三挂钩政策，每定购粮食50公斤，奖柴油指标3公斤、化肥指标15公斤，定购价增至每50公斤17元。1993年，改合同定购为经济合同定购，定购价为每50公斤50元。1994年，贯彻国家“三个稳定”（即稳定面积、稳定产量、稳定库存）、“两个平衡”（即总体平衡、地区平衡）精神，将经济合同定购改为国家任务收购。1994—1997年，实行粮食区长负责制，粮食收购相对稳定。并执行全省统一收购价格每50公斤68元。2005年，粮食收购市场进一步放开，云溪区在全省率先取消合同定购。

议购。1963年，国家粮食部门以高于国家牌价、低于市场贸易价协商收购生产队、农户剩余粮食。是年，议购粮食53万公斤，至1967年，共议购稻谷116.84万公斤、杂粮47.22万公斤。1968年，实行加价奖售收购，议价收购量减少，至1977年，奉命停止议价收购，次年恢复。议购原则必须是完成国家任务、留足口粮种子及饲料以外的粮食，严禁集体粮食上市、私商套购贩运，不准向农户分派，只进行余粮调剂、满足熟食业需要，最高价格每50公斤不得超过20元。至1980年，共收购议价粮161万公斤。1981年，路口、云溪建立粮油议购市场，实行由县挂牌协商收购，稻谷每50公斤最高价20元，最低18.75元。至1983年，共收购议价粮759.69万公斤。1984年，区粮油公司专营粮油议价经营业务，至1994年粮食市场放开，共收购议价粮2458.36万公斤。

最低收购价收购。2009年，执行国家发改委、财政部、国家粮食局联合制定的中晚稻最低收购价执行预案，实行最低收购价（一般高于国家公布的最低收购价）收购粮食。至2011年，共收购6336.7万公斤。

**1985—2011年云溪（北）区粮食收购情况表**

表18-2-1　　单位：万公斤

| 年度 | 平价 | 议价 | 年度 | 平价 | 议价 |
|---|---|---|---|---|---|
| 1985 | 9970 | 14198 | 1999 | 3980 | 10196 |
| 1986 | 9100 | 14675 | 2000 | — | 16266 |
| 1987 | 8146 | 18055 | 2001 | — | 16032 |
| 1988 | 7271 | 10643 | 2002 | — | 15431 |
| 1989 | 8100 | 12771 | 2003 | — | 15948 |
| 1990 | 7273 | 9909 | 2004 | — | 16857 |
| 1991 | 6514 | 4553 | 2005 | — | 13131 |
| 1992 | 5846 | 16432 | 2006 | — | 8917 |
| 1993 | 3510 | 17264 | 2007 | — | 6320 |
| 1994 | 5497 | 23103 | 2008 | — | 10492 |
| 1995 | 3300 | 22240 | 2009 | — | 11230 |
| 1996 | 4330 | 27794 | 2010 | — | 7439 |
| 1997 | 3007 | 15627 | 2011 | — | 5838 |
| 1998 | 4012 | 13579 | | | |

**食油**　1949年，食油由私商收购。

1950年，陆城油脂收购站代国家收购食油，收购品种主要是菜油、棉油、麻油等。至1953年10月，共收购89.2万公斤。1953年11月，食用植物油由国家统购，规定农户除留足种子、口油外，余油全部卖给国家。是年，因水灾境内仅统购食油4.82万公斤。1956年，油菜播种面积扩大，产量创历史最好水平，收购食油12.14万公斤。1959—1962年，油料生产受灾，仅收购食油17.23万公斤。1963年，实行定额外加价收购，食油收购量增加。是年，收购8.16万公斤。1965年，收购9.46万公斤。1966—1976年，仅收购食油60.67万公斤，年均5.46万公斤，未完成统购任务。

中共十一届三中全会后，油料生产迅速发展。1978年，食油收购量10.31万公斤，超统购基数87%。1979年，实行食油收购第三个"一定五年"（1966—1975年为头两个"一定五年"）政策，统购基数为5万公斤，价格在上年基础上棉油提高13.7%，菜油提高24.7%。是年，完成食油收购14.15万公斤，为任务的2.83倍。1981年，改"一定五年"为"一定三年"，基数仍为5万公斤。是年，油料生产大丰收，食油收购量增至20.81万公斤，创历史最高水平。次年始，对菜油、棉油实行计划限购，价格调整为40%按统购价，60%按超购价，对芝麻油实行全议价收购。1983年，统购7.02万公斤。

1984年，按45%出油率统购油菜籽，统购油菜籽203吨，折油91.4吨，农民一度出现"卖油难"现象。价格为：油菜籽实行"倒四六开"，60%按平价，40%按议价；棉籽油则按"正四六"作价，40%按平价，60%按议价，其他油脂全部自由购销。是年，收购油菜籽245吨，其中平价150吨，议价95吨。1985—1988年，共收购油菜籽658吨，其中平价221吨，议价437吨。

1989年4月始，执行国家继续调整部分油脂油料收购价格政策，合同定购内70%按平价，30%按议价计价。至1992年，共收购菜籽595吨，其中按国家调整的平价收购123吨，按议价收购472吨。

1993年，取消食油统购，实行市场自由交易。

## 二、粮油供应

### 粮食

**城镇供应**。民国18年（1929），境内有主要供应城镇人口粮食的粮行11家。民国19年，增至15家，以陆城、云溪等地居多。抗日战争时期，日商与大粮行勾结，成立“米统会”垄断粮食买卖。民国30年，执行省政府《各机关公务员丁及眷属购粮办法》，凡军警、丁夫、机关公务员丁、小学教职员及学生，均实行粮油配发制度，每人每月限购粮2市斗。民国31—32年，依据省政府对公粮配发制度有关补充规定，实行按人统筹配给制。民国35年，废止配发限购制度。

1949年7月至1953年10月，公粮配发按机关实有人数统管统配，实行供给制。1953年11月始，对城镇居民口粮实行按人分等定量供应，按市斤计量，每月标准是：特种体力劳动者43~55斤，重体力劳动者41~44斤，一般体力劳动者35~39斤，轻体力劳动者28~34斤，机关、企事业单位的脑力劳动者26~32斤，中学生26~35斤，一般居民、10岁以上儿童21~27斤，10周岁以下儿童6~21斤。1991年，月定量标准为：一般居民（含菜农）27斤，干部职工29斤，退休人员29斤，社会青年27斤，男高中生35斤，女高中生31斤，男初中生31斤，女初中生30斤，10周岁以上儿童25斤，3~6岁20斤，3岁15斤。至1964年，年均供应310吨。1965年后，长炼、岳化相继入驻境内，供应量急增。至1983年，年均增至850吨。1984年，全区供应城镇居民粮食9881吨。1985—1992年，共供应98991吨，平均约供应1237388吨。1993年，粮食价格放开，取消城镇粮食供应制。

**农村统销**。1953年11月，实行农村粮食统销。县下达统销指标，由群众评议缺粮户，发给统销粮供应证，凭证到指定地点购买。至次年3月，共统销粮食2111吨。1954年，遭受特大水灾，统销1187吨。1955年9月始，对农村历史缺粮组、缺粮户，实行定销到户，定销指标每年评定一次。是年，核定缺粮户3021户，定销粮1535吨，户平508公斤。次年，由定销到户改为定销到社，共定销662.1吨。1957年，定销1968吨。1958年后，定销到生产大队，由公社包干定销，国家不予统销。1959—1961年，连续三年大旱，粮食严重减产，年人均口粮193.17公斤，年统销1080吨。1962年，粮食统销改由临湘县统一安排，仅统销95.3吨，为历史最低水平。1963年始，各公社粮食自给有余，首次摘掉农民吃返销粮“帽子”。1965年后，结束粮食返销农村历史。

**其他供应**。1992年10月取消城镇粮食供应后，仍保留军供粮供应。1994年，由于粮价上涨，为了平和市场价格，在对粮食销售实行严格限价的同时，动用储备粮平抑粮价，稳定粮食市场。1996年，发生严重洪涝灾害，早、中稻严重减产，全区核减粮食定购任务955吨，作为赈灾供应粮落实到村组农户，安排灾销粮指标200吨。1999年后，除动用储备粮作销粮供应外，不再供应平价粮。

**1985—2011年云溪（北）区粮食统销情况表**

表18-2-2　　　　单位：吨

| 年度 | 平价 | 议价 | 年度 | 平价 | 议价 |
|---|---|---|---|---|---|
| 1985 | 15307 | 26811 | 1990 | 19021 | 8493 |
| 1986 | 18482 | 10671 | 1991 | 17589 | 8073 |
| 1987 | 12443 | 12706 | 1992 | 10638 | 15706 |
| 1988 | 20894 | 2867 | 1993 | 9101 | 14802 |
| 1989 | 19121 | 13706 | 1994 | 7346 | 18154 |

续表 18-2-2

| 年 度 | 平 价 | 议 价 | 年 度 | 平 价 | 议 价 |
|---|---|---|---|---|---|
| 1995 | 10876 | 24021 | 2004 | — | 17820 |
| 1996 | 8467 | 26386 | 2005 | — | 16448 |
| 1997 | 8477 | 12711 | 2006 | — | 7695 |
| 1998 | 7233 | 14681 | 2007 | — | 18579 |
| 1999 | 2663 | 8757 | 2008 | — | 19054 |
| 2000 | — | 15983 | 2009 | — | 8373 |
| 2001 | — | 15441 | 2010 | — | 5491 |
| 2002 | — | 16520 | 2011 | — | 4144 |
| 2003 | — | 20061 | | | |

**食油**

城镇居民用油。1954 年 6 月以前，食油供应为自由配给。1954 年 7 月始，实行凭证定量供应，每人每月 4 市两。1961 年减为 3 两，1965 年恢复为 4 两，1979 年改为 5 两。1984—1992 年，全区共供应城镇居民食油 312.2 吨。1993 年始，城镇居民食油由市场供应。

行业用油。1954 年 8 月至 1982 年，实行计划供应，1983 年后，改为议价销售。1993 年始，实行市场自由供应。

## 第二节 粮食票证管理

**粮票** 为保证粮食有序流通，1955 年 7 月 1 日，开始使用由省粮食厅印发的湖南省通用粮票。11 月 1 日，商业部印发的全国通用粮票和地方粮票同时使用。1978 年，结合使用由省粮食厅印发的湖南省购粮券，供省内各单位工作人员出差时用，又可作为城市人口购粮凭证；结合使用由省粮食厅印发的湖南省农村粮食指标划拨票，主要作为农村人口外出务工经商用粮，或购买种子、食品加工所需粮食指标的结算凭证，在购粮时，凭粮食部门证明在指定地点购买，不能在市场流通；结合使用岳阳市粮票售粮副券，为市内单位、个人领取粮票后售粮所需凭证，在领取时，需持单位证明，由所在粮店在当日定量口粮内发给所需数量的粮票后，再一并发给相同数量的粮票（券）售粮副券，持粮票购粮时，再向所在购粮粮店缴相同数量的副券方可购粮，仅在全市范围内流通。上述粮票粮券，粮食部门均有专人管理，收支有专账，每月定期向上级业务单位报表，反映其流通情况。1992 年后，粮票粮券作用消失，管理工作停止。

**购销凭证** 有粮油收购凭证、粮油销售凭证。粮油收购凭证由粮食部门业务股室管理，粮油销售凭证由粮食部门财务股室管理。均建有管理台账，领取、回收时，由经手人登记签名。每月上报收支报表，通过报表对凭证使用进行监控，凭证有顺序号码，监督管理部门按顺序号码进行检查。

**调拨凭证** 1984—1992 年，有区内调拨凭证、区外调拨凭证。由区粮食局业务股负责管理，按凭证顺序号码发放到基层粮站。基层粮站按调拨计划将凭证开往区内、区外，调拨凭证随货同行，表示有计划调拨。1992 年停止国家平价调拨后，2 种凭证同时废止。1998 年，为便于各收储公司之间议价经营调拨，市粮食局印制岳阳市粮食企业调拨凭证，共分五联，随货同行，由货运人员保管，在全市范围内使用，不久亦废止。

## 第三节　粮食储运

### 一、仓储

**仓储建设**　明洪武年间（1368—1399），陆城始有粮食仓储。为官府储备赋粮的常平仓，28 间，仓容 48895 担，储粮无考。明成化初年，仓储规模扩大，有赋仓 63 间，常平仓 5 间，积谷 6800 担。清代，仓储进一步发展，储粮增多。同治元年（1862），常平仓、社仓共积谷 17218 担。民国 19—25 年(1930—1936)，陆城、云溪各建区仓 1 所。民国 25 年，区仓、乡仓积谷 14380.62 担。民国 27 年，境域被日军侵占，仓储遭到破坏。抗日战争胜利后，仓储逐渐恢复。至民国 37 年，积谷仓增至 29 所，储粮 1035.23 担。1949 年 7 月，所余积谷由县政府接管，作支前和地方开支用。1952 年，县粮食局先后在陆城新港建瓦木结构房式仓 2 栋，可储粮 50 万公斤，在云溪建粮仓 1 个，可储粮 25 万公斤，在路口、陆城各建集中仓 1 个，分别可储粮 45 万公斤、142.5 万公斤。1958 年，在路口、云溪分别新建 100 万公斤房式仓、150 万公斤房式集中仓，在陆城建 4 栋储粮共 360 万公斤苏式仓。1968 年，在文桥建 50 万公斤房式仓 1 栋。1973 年，学习黑龙江明水县土圆仓经验，先后在云溪、路口、陆城各建土圆仓 1 座，分别可储粮 5 万公斤、20 万公斤、10 万公斤。因技术未过关不适合储粮，后被淘汰。1981 年，粮食产量大幅度增长，原有粮仓难以满足需要，只能大量露天堆放或建简易钢棚仓储粮。1991 年，在云溪镇罗家坡建 150 万公斤储备粮库。至 1995 年年底，全区共有各式粮仓 44 栋，总库容 3750 万公斤。其中罗家坡粮库 7 栋，库容 1290 万公斤；路口 10 栋，库容 620 万公斤；文桥 4 栋，库容 265 万公斤；陆城 9 栋，库容 635 万公斤；道仁矶 3 栋，库容 250 万公斤；云溪 6 栋，库容 470 万公斤，云溪米厂 3 栋；库容 145 万公斤；岳化粮站 1 栋，库容 40 万公斤；长炼粮站 1 栋，库容 30 万公斤。2001 年 12 月 24 日，云溪粮站 5 排 5 号、6 号仓库毁于火灾，2010 年 1 月 2 日，粮站整体拍卖，其粮仓不复存在。2011 年，共有粮仓 38 栋，库容 3280 万公斤。

**储藏保管**　20 世纪 50 年代至 60 年代，喷洒六六六等化学药剂，对空仓进行消毒，以防虫蚀；用板网拦闭门窗，以防鼠害；通过晒、风车搧、筛子筛，保证入库粮食干、饱、净、纯、鲜，减少霉变。70 年代后期，采用单杆降温通风机对粮食进行物理降温，实行恒温保粮。80 年代，采用排风扇进行机械降温，设置地槽、竹笼通风，增加仓库防热层，加强密封程度，实行快速降温。1990 年，在云溪粮站建 1 个可储面粉 50 万公斤高标准仓后，在仓库配备空调、除湿机、地槽通风等设施，实行恒温保管面粉。2005 年始，采用药剂（主要是磷化铝）熏蒸、薄膜压盖、竹笼通风、仓外投药、机械降温、电子测温等手段，加强仓储管理。各粮站配有专职防化员，负责粮食质量检测，防治病虫害。2011 年，粮食储存基本达到“四无”（即无虫害，无霉变，无鼠雀，无事故）。

### 二、运输

20 世纪 50—60 年代，粮食集并境内主要靠人力运送，境外靠船只运输。70 年代后，铁路运输成为粮食远距离调运的主要运输方式。随着社队简易公路网络建成，短途集并改由机动车辆运输。80 年代初期，年均通过云溪、路口火车站发往全国各地粮食近万吨，从附近临湘县、岳阳县、湘阴县，湖北省调入粮食近两万吨。1987 年 9 月，区粮食局成立粮运车队，有汽车 13 台、挂车 3 台，吨位共 60 吨，负责粮油出入境运输。出境主要调运北京、山西、四川、新疆、贵州等省、市、区。1988 年，调运新疆自治区大米 300 吨，1991 年，调运贵州省大米 500 吨。1992 年后，运输业务逐渐减少。1993 年，区粮运车队撤销，至 2011 年，粮食通过市场自由流通。

## 第四节　棉麻收购

### 一、棉花

清末、民国时期，由私商采购，销往长沙、武汉、四川等地。1952 年，由供销社收购 51.85 吨。1954 年 9 月始，由国家实行统购。是年，遭受大水灾，棉田失收，仅统购 8.64 吨。次年，生产恢复，收购量回升。1956 年，收购 83.24 吨，1965 年，收购 193.41 吨，1968 年，268.64 吨。70 年代，完成指令性收购任务，年均收购 278 吨。1981 年，升至 380.9 吨，为历史最高水平。1982—1983 年，受苎麻种植热影响，棉田缩减，1983 年，收购量减至 310 吨。1984 年，苎麻种植面积减少，棉田面积扩大。是年，全区收购棉花 884.3 吨（含区外收购，下同），超历史最高水平。1985 年始，取消统购，改为合同定购。至 1989 年，共定购 3600 吨，年均 720 吨。其中，落实上级支援省内纺织用棉，由厂方定点按合同选购 3300 吨，占收购总量 91.67%。1990—1991 年，蔬菜面积扩大，棉田面积缩小，定购减至 420 吨。1992 年，组织棉花生产培植员、农民技术员驻点示范，在道仁矶镇泗垅村新建 33.33 公顷棉花生产基地，棉花收购量逐年增长。1994—1997 年，年均收购 2000 吨以上。2001 年，棉花流通体制改革，实现多渠道经营和有序竞购，供销社仅收购 1800 吨。2002 年始，因棉花收购政策变化，市场价格风险加大，加上种植结构调整，棉花收购量逐年减少，至 2003 年，仅收购 500 吨。2005 年，区供销联社棉花公司破产，淡出棉花收购市场。至 2011 年，实行市场自由收购。

### 二、麻类收购

清末、民国时期，由私商收购。1951 年，由陆城贸易小组代购。1952 年始，改由供销社代购。1958 年，共收购苎麻 351.57 吨，黄（红）麻 292.9 吨。60—70 年代，强调“以粮为纲”，毁麻种粮，年均收购量减至 20 吨以下。80 年代，调整种植业结构，麻类生产发展，收购量回升。1985 年，麻类收购市场放开，国家、集体、个体竞相收购，每公斤麻价由 2 元多涨至 9~10 元，农村出现“苎麻热”，改棉种麻、改稻种麻，收购量增至 297.31 吨。1987 年，收购 650 吨，比 1984 年增长 47.29%。由于生产过热，1988—2011 年，基本停止种植。

## 第五节　畜禽及水产品购销

**生猪收购**　1956 年前，由个体屠商收购。1956 年，实行生猪统派购制度，收购 4130 头。1957—1959 年，年均收购 4531 头。1960 年始，粮食减产，生猪饲养量下降，年均收购 1540 头，其中 1961

年仅收购280头。1962年后，经济调整，收购量稳步回升。1965年，收购6560头，1971年，收购12160头。1975年，收购14834头。1977年，达到17390头，为历史最好水平。1983年后，取消生猪派购政策，个体屠商收购量增加，国家收购量减少。1984年，出栏生猪31114头，区肉食水产购销中心站只收购12407头。至1996年，年均收购8320头。1997年，国营企业退出生猪收购市场。是年，个体屠商收购生猪85623头。1997年，中小型养猪场迅速兴起，生猪饲养量大增，收购量不断增加。2005年，境内外屠商共收购29.19万头。2008年，收购30.79万头。2011年，达到34.64万头。至2011年，共收购299.2万头，年均21.36万头。

**猪肉销售**　1956年前，猪肉为自由交易。1956年，国营肉食水产部门销售鲜肉268.45吨，销价为每公斤0.96元。1957年，销339.83吨。1958年，销541.3吨。1960年，仅销21吨。是年始，猪肉凭票供应。1962年，生猪生产逐步发展，猪肉销量回升。1965年，销492吨。1966年，销632.44吨。1969年，达到1531.4吨。1970年始，取消鲜肉凭票供应，实行限额销售，限额销售1620吨。1973年，生猪收购价格提高，销价升至每公斤鲜肉1.70元。1975年后，集体养猪增加，猪肉销售量进一步上升。是年，取消限额销售，销肉1719吨。1976年，销1803吨。1978年，销1892吨。1979—1982年，共销8065.44吨，年均销2016.36吨。1983年，猪肉销售市场放开，个体屠商销量增大，国营部门销售量减少。是年，肉食部门只销售鲜肉843.68吨，约占销售总量25.11%。1984年，销903.11吨。1985年，销819.27吨。1986年，销734.5吨。1987—1996年，年均仅销507吨。1997年，国营肉食部门淡出鲜肉销售市场，个体屠商销鲜肉6421.73吨，价格升为每公斤17元。1998年，销7038吨。1999年，销7892.37吨。随着工业化、城镇化建设加快，城镇人口增加，流入境内务工人员增多，猪肉销量不断增加。至2011年，共销11.69万吨，年均销9735.43吨。是年，鲜肉价格每公斤22.5元。

**禽蛋收购**　1956年始，国营肉食部门收购禽蛋。是年，收购鸡、鸭蛋7.2吨。1957年，对交售禽蛋的农户奖售工业品、紧俏物资供应票证，收购量上升。至1965年，共收购家禽3630羽、蛋43.2吨，年均分别收购403羽、4.8吨。"文化大革命"初期，收购量一度下降。1969年，仅收购鲜蛋1.7吨。1970年逐步回升，至1977年，年均收购家禽8450羽、蛋3.1吨。1978年始，鼓励农户发展家禽养殖，收购量逐步增加。禽、蛋自由上市，国营肉食部门鲜蛋收购量减少。1984年，收购家禽5.15万羽、蛋1.2吨。家禽养殖专业户兴起，个体商户收购量上升。1985年，个体商户收购家禽5.51万羽。1986年，收购6.85万羽。1988年，增至11.5万羽。1990年，国营肉食部门不再收购禽蛋。至1996年，个体经营户共收购家禽577.29万羽，年均收购82.47万羽。1997年，销售市场向境外延伸，养殖专业户、联合体快速发展，家禽销售量大增。是年，收购家禽187万羽。1998年，收购209万羽。1999年，收购221万羽。2000年，增至243万羽。2001—2011年，收购量年均以34万~50万羽递增。2011年，仅肉鸡收购量达到511.36万羽。

**水产品收购**　1952年始，供销社收购鲜鱼。至1954年，共收购134.89吨。1955年，改由国营肉食水产部门收购，收购132吨。1957年，收购鲜鱼163吨。1958年，收购172吨。1959年，降至124吨。1960—1962年，年均收购89.43吨。1963—1983年，共收购6405吨，年均收购305吨。1984年，区政府鼓励发展水面养殖，鲜鱼收购量稳步上升，是年，收购811吨。1985年，收购1249吨。1986年，收购1657吨。1988年，增至2750吨。1989年，实行"以奖代投"，鼓励建标准鱼池，发展池塘养鱼，鲜鱼收购量急剧增加。至1993年，共收购鲜鱼78940吨，年均8777.11吨。1997年，黄鳝、甲鱼、牛蛙、龙虾、河蟹等特种水产养殖兴起，特种水产品收购量增加。是年，收购水产品15376吨，其中特种水产品341吨，占2.21%。1998年，收购水产品16805吨，特种水产品占4.43%。1999—

2011年，共收购18.67万吨，年均14362吨。其中2011年共收购17942吨，特种水产品1634吨，占9.11%。

# 第三章　工业品销售与废旧回收

## 第一节　农用生产资料

**化学肥料**　始销于1953年，至1959年，共销售830.51吨，年均118.64吨。主要品种有硫酸氨、骨粉、硝酸氨、氨水、碳酸氢氨等。1960—1969年，销售7544.29吨。1970—1979年，销售60923.4吨，年均6092.34吨。80年代，化肥销售量增加。1984—1989年，销售碳氨、尿素、钙镁磷、氯化钾等化肥6.27万吨，年均10450吨，其中1989年销14532.87吨，为销量最多的一年。90年代，水稻双季稻面积减少，一季稻种植面积扩大，化肥销售量逐步下降。1990—1997年，共销售69231.76吨，年均8653.97吨，其中1997年销7894.36吨，为此一时段销量最少的一年。主要品种有复混肥料、碳酸二氢钾等。1998年，化肥经营市场放开，经销网点增多。至2008年，共销售72519.48吨，其中供销系统销20931.5吨，个体商户销51587.98吨，占销售总量71.14%。2001年，区供销系统实施“千家万户工程”，抽派职工分组包片，进村入户，为农户送化肥3500吨。2009年后，由于大面积使用微量元素肥料，化肥销售量大减。2011年，仅销4576吨。

**化学农药**　1953—1959年，共销29.37吨。主要品种有六六六粉剂、滴滴涕、棉油皂、敌敌畏、敌百虫、乐果等。1960—1969年，销售“4049”“1605”“1059”、杀螟松、治虫冥灵、鱼藤精、毒杀酚等农药226.78吨。1970—1979年，销售水剂、粉剂等各式农药2174.28吨，年均217.4吨。80年代，推广高效低毒低残留农药，实行综合防治病虫害，农药销量减少。1984—1990年，共销售831.33吨，年均118.76吨，以杀虫伤、杀虫脒、钾胺磷、硫酸酮、稻瘟净、叶枯净、井岗霉素等水剂农药为主。90年代后，实行科学施药，农药销量进一步减少。1991—2004年，共销售1193.22吨，年均降至85.23吨。2005—2010年，销售379.26吨，年均63.21吨。主要品种有氟虫睛、噻虫嗪、甲维盐、氯虫苯甲酰胺、茚虫威、吡蚜酮等。2011年，提倡降低农药使用量，销量降至12.64吨。

**农药器械**　1953年，销售单杆喷雾器3件。1954—1958年，共销售517件。60年代，推广52丙型压缩式喷雾器、工农-16型背式手摇喷雾器，至1979年，共销售7031件。其中压缩式喷雾器1987件，背式手摇式喷雾器5044件。80年代，农户家家购置农药器械。1980—1984年，共销售压缩式喷雾器17864件，年均3573件，为历史上销售农药器械最多时期。1985—1989年，销售4531件。90年代，水稻、棉花种植面积相应减少，农药器械销量逐年下降。1990年，销售894件。1991年，销售736件。1992年，销售652件。1993—2004年，共销售9165件，年均764件，其中2004年仅销售481件。2005年，种植大户始使用新型电动喷雾器。2011年，共销售农药器械3024件，其中电动喷雾器147件。

**农副业机具**　1955年，销售碾米机、轧棉机147台，至1959年，共销售农副业机具734台。60年代后，农业机械化程度逐步提高，农副业机具品种、销售量增加。1960—1979年，销售拖拉机、机滚船、机耕船、脚踏打稻机、动力打稻机、抽水机、打米机、饲料加工机具、揉茶机、榨油机、磨浆机、电动机、粉碎机、磨粉机等机具7521台。80年代后，小水泵销售量增加，其他农副业机具销量下降。1980—1994年，共销售农副业机具4768台，其中小水泵897台，占18.82%。1995年始，个体养殖业、个体农副产品加工业发展，饲料加工机具、农副产品加工机具销量增大。1995—2002年，共销售农副业机具2048台，其中饲料、农副产品加工机具904台，占44.14%。2002年始，水稻收割使用联合收割机，打稻机等水稻脱粒机具销量减少。2003—2006年，共销售农副业机具1753台，其中脱粒机具50台，仅占2.85%。2006年始，国家财政补贴农民购买大型农机具，大型农机具销量增大。至2011年，共销售联合收割机、整耕机等大型农机具2068台。

**薄膜、彩条布** 1980年始，供销农用薄膜、防汛物资彩条布，是年，销售农用薄膜0.2吨、彩条布5860米。次年，销售农用薄膜0.25吨、彩条布6430米。1982年，分别销售0.28吨、8040米。1983年，销售0.31吨、9085米。1984—1998年，共销售农用薄膜8.64吨、彩条布17.66万米。1998年始，加强标准化防洪大堤建设，防汛彩条布销量减少。1999—2002年，销售农用薄膜1.63吨、彩条布1938米，年均销量占1981—1998年的50.61%。2002年后，农用薄膜销量减少，彩条布因农户用量增多，销量相应增加。至2011年，共销售农用薄膜2吨、彩条布14080米，年均销售彩条布1564.44米。

**中小农具** 1952年始，贯彻“就地组织材料，就地加工，就地组织供应”的方针，销售木制犁、耙等农具2646件。1953—1959年，销售7.66万件，年均销售9575件。1960年始，销售双轮双铧犁、铁蒲滚等新式农具。1960—1969年，年均销售各式农具7800件。70年代，年均销售6300件。80年代后，竹木市场开放，农民自修、自用农具增加，销售量下降。1981年，销售4870件，比70年代年均下降22.7%。大部分农具被农机具取代，农具销售量逐渐下降。1985—1992年，销售78904件，年均3863件。1993—2011年，共销59328件，年均降至3123件。

## 第二节 工业生产资料

### 煤炭

**销售** 1958年始，境内销售煤炭；是年，销售310吨。1963年始，供应城镇居民生活用煤，销售生活用煤553吨。1975年，销售煤炭3967.89吨。1976年始，居民生活用煤定量凭卡供应，农村社员、集体企业用煤，由县下达指标，供销部门按指标供应。1979年，销售原煤7392.44吨，其中生活用煤3820吨。80年代后，个体煤炭经营户直接从外地进货销售。1986年，销售8437.2吨。1987年，出现“建房热”，用煤量上升，至1995年，共销售原煤19224吨。1995年后，民营工业企业快速发展，工业用煤量大增，至2008年，共销售煤炭19.32万吨，其中工业用煤12.47万吨，占64.55%。2009—2011年，销售煤炭45670吨，年均15223吨。

**销售监督** 2005年7月，为保证煤炭销售质量，区商务局组建煤炭监察中队，加强煤炭经营企业资格审查，开展煤炭市场稽查。至2011年，共年检年审经营企业50个次。

**金属材料** 20世纪50年代，按需供应。1961年始，由于货源紧张，各需求单位用材，须经县计委审批后，再按国家指定价格供销。1974年后，供销紧张得到缓解。1981年，实行计划内、计划外双轨制供销。凡计划内的，按国家统一价格销售，计划外的，按高于计内价的议价供应。1984年，金属材料市场放开，销售量随之增加。1986年，销售钢材1345.25吨、生铁27吨、钢材89吨、铝材132.6

吨。90年代，城乡居民建房增多，金属材料销售量大增。1996年，各种经济成分经营企业共销售金属材料1890吨，以钢材为主。2000年后，生活水平提高，城乡建设加快，居民改造、营建房屋进入高潮期，金属材料销售量急增。至2011年，共销售25240吨，年均2104吨。

**轻化建材** 20世纪50年代，轻化建材品种不多，销售量少。1960年，主要品种有硫酸、橡胶制品、汽车轮胎、胶管、炸药、水泥、玻璃、油毡、麻袋等。由国家下达指标，供销部门凭计划按国家指定价格调拨经销。1961—1983年，销售计划内水泥33.65吨、玻璃4573标箱、汽车轮胎10372套、炸药638.43吨。1984年始，轻化产品、建筑材料除炸药须经公安部门发证后方可经销外，其余品种均可跨行业经销。价格有平价、议价。1988年，单位、个人建房增多，砖瓦、石灰、水泥供不应求。1992年，供求矛盾基本解决。轻化建材销售市场放开，城乡居民建房增多，水泥、砖瓦、石灰、玻璃等销售量增加。1992—2003年，销售水泥13.07万吨、玻璃6819标箱、红砖1780万块、瓦1130万片、油毡1342卷、石灰8.28万吨。2003年后，城镇建设加快，工业企业迅速发展，轻化建材销量持续上升。2011年，销售水泥18.37万吨、玻璃9813标箱、石灰9.48万吨、砖2374万块、瓦1780万片、汽车轮胎9013套。

**机电产品** 20世纪60年代，境内始销机电产品，主要品种有国家统配计划的农用水泵、电动机、裸铝线等。经向县计划部门申报计划，上级计划部门审批下拨后，再由供销部门调运销售。“文化大革命”中、后期，机电产品供应紧张，1978年后，供需矛盾逐步缓解。是年，始销售汽车，至1983年，共销售农用汽车29台。1986年，机电产品经销品种主要有工业油泵、切削机床、电动机、变压器、裸铝线、铜芯线、布电线、电焊条、轴承、各类汽车配件等。由于个体运输业兴起，单位购买小汽车增多，汽车配件销售量增加。90年代，机电产品销售市场放开。至2011年，各类机电设备销售量持续增加。

## 第三节 日用生活资料

**百货** 清末，陆城有固定摊店经销百货。民国时期，经营百货的店铺日渐增多。1953年，百货供应品种有日用工业品、针棉织品、文化用品、日用杂品等。1959—1961年，国家经济困难，日用品奇缺，肥皂、火柴、煤油、毛线、床单、手表等，实行定量凭证供应。1962年后，百货销量增加，部分商品敞开供应。1965年，销售皮鞋68双、胶鞋12978双、火柴367件、肥皂2667箱、暖水瓶2352个、缝纫机27台、铝制锅190个、搪瓷面盆898个、手表23只、床单430床、毛线400公斤。“文化大革命”期间，日用工业品供应紧张，手表、缝纫机、煤油、毛线等，恢复凭证供应。中共十一届三中全会后，取消商品凭证供应，手表、缝纫机、棉毛纱裤、卫生衫裤、丝光床单等档次较高的商品，销量激增。是年，销售手表463只、缝纫机256台、棉毛纱裤13689条、卫生衫裤74111条、丝光床单2222床。至1983年，分别增至2448只、560台、22822条、57978条、5300床。1984年后，品种增至3200多种，新增品种有鞋帽、儿童玩具、塑料鞋、布鞋、洗衣粉、铝锅、高压锅、手电筒、手电池、依金笔、铅笔、机制薄纸、机制板纸等。1985年，国家定价重要商品中，销售皮鞋14973双、塑料鞋37872双、洗衣粉14.32万袋、铝锅13107个、高压锅7394个、依金笔7893支。1989年，皮鞋销售量增至39478双，塑料鞋增至52936双，洗衣粉增至17.58万袋，铝锅增至46827个，高压锅增至21495个，依金笔增至14527支。90年代，百货品种有4000余种，年均销售总量比1985年增长

1.43倍。

2005年始，商业、供销系统把主要精力转向项目建设、市场网点培植上，由商务局组织，供销联社参与，实施万村千乡市场工程，采取加盟或直管的方式，对农家店、村级店进行改造升级，对龙头企业加强指导和整改，促进百货销售。至2011年，百货配送中心发展至3家，农家店发展至246家，百货消费品零售额39973.87万元，是1990—2004年总额的1.13倍。

**纺织品** 清代，陆城有布行、乡村有布庄经销土布。民国时期，云溪、路口铺、文修桥、白荆桥、陆城、新港、道仁矶、象骨港等集镇集市有布匹店，销售国产细布、进口的“洋布”。民国23年(1934) 6月，为声讨6月1日日军在长沙枪杀中国同胞，制造“六一”惨案的罪行，陆城县立第一高级小学发起抵制日货运动，在新港码头焚烧日商“洋布”，国产细布销量大增。1949年后，棉布敞开供应。1954年始，实行凭票供应，至1958年，人年均供应标准为：工人38市尺，城镇居民、干部职工35市尺，农村人口18~19市尺。1959—1961年，国民经济困难，人均仅发布票9市尺。1962年后，人均增至10.5市尺。70年代，化纤织品增多，棉布供应紧张局面缓解，人均发布票14.5市尺。1983年，取消棉布凭票供应。1984年，纺织品种类有2500多种，涤棉、毛纺、毛花呢等新式品种销量最大。至1990年，共销售涤棉7.57万米、毛纺布6.61万米、毛花呢布4678米，年均销售量分别比1983年增长71.31%、69.43%、82.37%。1992年，个体经销户迅速发展。2005年，国营经销淡出市场。棉、绸等高档纺织品、高档成衣零售额占纺织品零售总额21.37%。2006年，占28.42%。2011年，纺织品零售总额4735.31万元，棉、绸等高档布料、高档成衣零售额2970.46万元，占62.73%。

**五金交电** 1953年始，由县百货公司兼销。60年代，五金交电商品紧缺。70年代，名牌自行车凭证供应。1979年，五金交电商品主要由县五交化公司供销，境内供销社设门市部、专柜经销。品种有五金工具、图钉、铁丝、普通灯泡、电器配件、油漆、染料、少量黑白电视机、收录机、洗衣机、电风扇、电冰箱、半导体收音机、摩托车等。图钉、铁丝、电风扇、半导体收音机销售量较大，占到五金交电商品销售总量60%以上。1984年，除区供销联社设门市部、专柜继续经销外，五金交电商品主要由区工矿贸易公司国营商店销售。1988年，主要由区商业局五交化公司经销。彩色电视机、名牌洗衣机、电冰箱走俏，普通电风扇、半导体收音机销量下降。是年，销售电风扇2882台、半导体收音机39台、彩色电视机1181台、名牌洗衣机1140台、电冰箱189台。次年，电风扇销量降至2134台，半导体收音机降至17台，彩电、名牌洗衣机、电冰箱分别增至2432台、1786台、347台。90年代，自行车、万用电表、黑白电视机、单缸洗衣机、半导体收音机、电子管收音机、收录机等，供过于求，加上产品更新快，基本无人问津。1988—1992年，年均销售黑白电视机655台。1993年，仅销85台。1990—1993年，年均销售自行车5420辆以上。1998年，仅销110辆。2000年后，五金交电处于市场饱和状态。2005年，国营商业销售部门退出销售市场。2009年起，由区商务局组织，区供销联社参与，组织国家授牌经销企业开展家电下乡活动。至2011年，共销售名牌自动洗衣机、液晶彩色电视机等高档新型家用电器36428台，销售额8073.55万元，其中国家财政补贴1135.86万元，占14.07%。2011年，开展家电以旧换新活动。至年底，共销售家电商品9897台，国家财政补贴341.8万元。

**副食品** 民国初年，副食行业日趋兴隆，经营糖、酒的小摊小店遍布城乡。民国18年（1929），经营干茶、食糖、水果、酒的私商有124户。1959—1961年，副食品实行计划凭票供应。1964年，国民经济好转，副食品敞开供应。“文化大革命”期间，供应趋于紧张，糖、饼干、酒等，均实行计划凭票供应。中共十一届三中全会后，副食品敞开供应。1983年，销中档酒241.67吨、糖果18.32吨、糕点72.32吨。次年，分别增至317.13吨、21.74吨、93吨。1986年12月，刮起食糖涨价风（涨价的还有毛料、棉布、针织品、名牌家电、大米），一度出现抢购现象。次年9月4日始，其销售价格实行省管，任何经销单位、商户都不得以任何借口任何形式，自行涨价或变相涨价，并实行定量供应，县以上城区，居民年人均3公斤，农村年人均1公斤。食糖零售价格一律调整为每市斤1.34元。1989年，食糖价格放开，取消定量供应。90年代后，副食品销售市场更加繁荣。1995年，销售名牌白酒、啤酒（筒装）、葡萄酒各74.1吨、205.7吨、124.35吨，分别比1988年增加30吨、152.4吨、52.85吨。2004年，比1995年分别增加42.7吨、113.2吨、61.44吨。至2011年，高档白酒、啤酒、葡萄酒销量分别达到143.25吨、391.75吨、263吨。

## 第四节　药品销售

清末，江西药商到境内采购中药材，药物贸易兴起。民国时期，有药物经营商12家。

1949年后，县医药公司委托供销社收购药材，收购量逐年增加。1957年，收购品种85个，收购金额1.9万元。1965—1972年，先后设立云溪、长炼、岳化3家药店。1978年，收购药材品种165个，收购金额5.1万元。

1985年4月，成立区医药公司。至1988年，区医药公司有固定资产50多万元，员工20余人，销售额、利税年增长率分别为32.5%、28.7%。公司经理彭晓阳先后被区政府记三等功，市政府记二等功。1989年4月，被评为省劳模，出席全省劳模表彰大会。

1990年5月，区医药公司被市医药局收购，市医药总公司在路口设医药分公司。2000年后，个体药店兴起，路口医药分公司转为个体承包经营。

至2011年，全区有医药超市（门店、房）76家，其中区、乡、村医疗机构办67家，个体经办9家。销售总额约1.5亿元。

## 第五节　专营专卖

### 一、石油

**机构**　1952年，煤油由县贸易公司兼营。1954—1957年，由县百货公司、区工业器材经理部、县副食品公司经营，农村由供销合作社经营。1980年，由县石油公司专营。1995年，成立石油公司。1998年，区石油公司被市石油公司收购。2000年始，国家对石油实行专营，至2011年，境内石油由市石油公司专卖。

**专卖**　鸦片战争后，始输入石油（时称洋油），品种有美国的“美孚”“德士古”、英国的“亚细亚”等。抗日战争时期，煤油调进困难，销量大减。抗日战争胜利后，煤油销量有所回升。1954—1957年，年销售量约40吨左右。1958年，大办工业，用油量增加，煤油、柴油、汽油供应紧张。1962年后，销量增加。1965年，销售煤油82吨、汽油51吨、润滑油8吨。“文化大革命”初期，石油供应再度紧张，居民照明、生产用油凭证定量供应，农村月人均发给煤油票0.5市斤，柴油机、车辆用油实行划区定点，凭卡按计划供应。70年代，普及用电，煤油、柴油、汽油销量下降。80年代后，机动车辆增加，用油量锐增，石油销售除计划内供应外，还实行议价销售。1980—1983年，年均销议价油310吨左右。1984年始，实行电子计量加油。至90年代，除长炼、岳化有专用加油站外，各乡镇、少数外商、个体户建立电子加油站。1994年，共有电子计量加油站12个，年均销售汽油、柴油、润滑油等4180吨。1995—1998年，共销售石油18720吨。

2000—2011年，年均销售汽油16210吨、柴油18340吨、润滑油1280吨。

### 二、烟草

**机构** 清代、民国时期，无烟草专卖机构。1951年后，由县国营烟草公司、县供销合作总社专营。1954年后，由县百货公司经营。1957年后，农村由供销合作社经营。60年代至70年代，由各地百货商店、供销合作共同经营。1990年2月，成立区烟草委批站、区烟草专卖管理站。1998年，取消区级烟草委托批发权、专卖管理权，至2011年，实行由市烟草公司直接批发、管理。

**专卖** 清代，经营丝烟的店铺8家，民国初期增至11家。民国18—26年（1929—1931），丝烟总销量396担，年均44担。日军入侵后，多数丝烟店被毁。抗日战争胜利后逐步恢复。1949年，总销量371.6担。1949年后，丝烟渐为机制卷烟取代。1953—1957年，卷烟实行统一调拨、统一销售。1958年，卷烟供应紧张。1960—1963年，实行凭票分配销售。1963年后，恢复敞开供应，高档香烟仍凭计划供应。1966—1976年，年均销售各类香烟2225箱（每箱50条，下同）。80年代，高档香烟逐步由计划平价供应扩大到按议价敞开供应。1985—1987年，年均零售香烟3418箱，比1966—1976年年均增加1193箱。1990—1998年，年均销售高档香烟255箱。2011年，销售高档香烟1547箱，占全区总销量61.37%。

### 三、食盐

**机构** 民国26年（1937），由县食盐公卖店，区、乡所设分店经营。民国28年，盐价由县盐业机关核定。1949年后，国家对食盐实行专卖，至1983年，境内专卖由县盐业公司管理。1994年7月，区蔬菜局争取市盐业公司在境内成立稽查站。1996年，稽查站撤销。2011年，由市盐业公司管理。

**专卖** 清咸丰年间（1851—1861），年销淮盐一千引（每引8包，每包八九十市斤）。日军侵占境内期间，食盐供应紧缺。民国28年，实行官运商销。民众食盐，按户登记注册，每人每月配1市斤，并发给供盐证一份，限每月分两次到所在地公卖店购买。50年代至70年代，境内所需食盐由供销社副食品零售门市部到县盐业专款专卖机构批发进货后，再卖出。1983年，销精制细盐5274担。次年，增至6481吨。1984年5月至1994年6月，由于多种经济成分体参与经销，进货渠道多样化，盐业市场较为混乱，食盐质量难以保证。1994年7月，加强食盐专卖稽查。至12月，查处3起违法经营工业用盐案例。1996—2011年，年均专卖精制细盐6189担，粗盐51.5担。

## 第六节 废品回收

1951年前，废旧物资由私商回收。1952年始，由各供销合作社门市部收购。至1957年，共收杂铜17.07吨、废铝0.11吨、废铅2.16吨、废钢铁251.4吨、废橡胶5.426吨、破布16.86吨、废纸2.5吨、杂骨33.5吨。“大跃进”期间，大炼钢铁，社员家用的铜水壶、铜盆、铁锅等金属器具，大部分捣毁后作废品交售。1958年，收购废铜9.7吨，废钢铁184.98吨。60年代，收购量下降，10年仅收废钢5.67吨、废铝2.34吨、废铅9.29吨、废钢铁405吨。70年代，长炼、岳化兴建，废旧物资品类增多，收购量大幅度上升。其中废铜、废铝、废铅、废钢铁等废旧金属，收购总量分别比60年代增长19.3%、1018.3%、174.1%、265.4%。

80年代，旧废物资回收经营体由供销系统扩大至物资系统、个体收购网点，回收品种增至20多种。1983年，实行利改税后，执行“三七”留成政策，即经营企业回收废旧物资所得利润，上交财政30%（1983年前上交100%），企业留成70%，废旧物资回收量不断增加。90年代，废旧物资回收品种增至36种，以废铜材、废铝材、废钢铁、废书报回收量较大。1990年，收购废铜材21.32吨、废铝材9.35吨、废钢铁4320吨、废书报17.48吨。1992年，废旧物资回收市场放开。1996年，供销系统废品回收企业基本处于闭门歇业状态。次年5月，破产重组五峰再生资源利用有限公司，设站点9个，实行利润上缴，自负盈亏。次年，共回收各类废品9200吨。2001年始，国家免征废品回收行业经营税，供销系统废旧回收行业进一步发展。2007年始，实施“新网工程”，加强再生资源回收利用服务网络建设。至2011年，共建乡级回收店2个、村级回收店25个，实现再生资源回收配送率63%。是年，区商务局归并区物资系统原金属回收公司，重建3个废旧金属回收企业。全区共有废品回收企业4个、网点51个，回收各类废品13739.24吨。

# 第四章　餐饮·服务业

## 第一节　餐饮业

**酒店餐饮**　民国时期，酒店、餐馆陆城、云溪等集镇居多。1955年，境内有酒店、餐馆28家，从业人员31人。1956年，私营酒店、餐馆进入公私合营或合作组织。1958年，90%以上的酒店、餐馆从业人员过渡到供销合作社，由供销社统包。1961年，退出供销系统，恢复合作酒店、餐馆12家。1966–1968年，农村酒店、餐馆全部由供销社接管，实行国营或集体经营。80年代初，个体酒店、餐馆兴起。1985年，有个体酒店、餐馆52家，从业人员133人。1985年后，城镇人口不断增加，酒店、餐馆有较快发展。1992年，个体酒店、餐馆发展至104家，从业人员增至256人。出现区政府招待所、金都酒店、一区酒楼等规模大、档次高的饭店、酒楼，一般能容纳100~300人就餐。2002年，有酒店、酒楼、餐馆152家，从业人员337人。2002年后，酒店、餐馆进入调整期。规模小、效益低的退出经营，新上有特色、上档次的门店、堂楼。2008年后，各种休闲山庄、农家乐兴起。2011年年底，登记酒店、酒楼、餐馆183家，从业人员387人。

**早点夜市**　1978年后，早点夜市大多由个体户经营。有本地传统早点，也有外来风味。品种主要有米粉、汤面、拉面、包子、馒头、油饼、油条、面包、米粥、乳制品、豆浆等。90年代后，夜市增多，吃宵夜逐渐成为一种时尚。根据季节时令不同，品种随之翻新。主要有羊肉串、牛肉串、烤鱼、烤鸡翅、烧鱿鱼等烧烤，另有各种卤菜酒类、饮品。2011年，早点夜市遍布城乡集镇集市，成为餐饮业一种主要行业。

**茶馆冷饮**　1978年始，云溪有岳化06厂生产的低档冰棒冰糕供销。1980年后，随着冰箱、冰柜普及，冷饮摊店兴起，冰品、冰镇等饮品增多，茶馆逐渐兴起。2000年始，茶饮业迅速发展，档次提高，多集茶饮、咖啡、小吃于一体，成为人们会朋聚友、商务洽谈、休闲娱乐的重要活动。2011年，全区有茶楼13家，从业人员86人。

## 第二节　服务业

**旅店业**　清末、民国时期，陆城、云溪、路口、文修桥等地有旅店5家。50年代至60年代，增至7家。改革开放初期，旅栈业一般为国营或集体经营。境内除岳化、长炼自建宾馆、招待所外，乡镇供销社均办有1家旅社。1985年，有宾馆、旅店11家，从业人员57人。1986年，国家对集体、个体进入服务业门坎降低，单位、个人始利用自家房产开办小型旅店。1992年，旅店发展至23家，从业人员90人。1993年始，旅店业迅速发展。2005年，商务宾馆旅栈业兴起。2011年年底，有旅店81家，均为个体私营，从业人员213人。

**理发业**　1984年前，城镇理发店以国营或集体经营为主，也有少量个体小店、艺人挑担街头设点理发。1984年始，国营、集体理发店淡出市场，个体理发店呈发展之势，服务项目有理发、洗发、烫发、染发等。1992年，有个体理发网点33家，从业45人。1993年，理发业进入调整期，店面小、条件差的门店始退出市场。2000年后，除理发服务外，60%以上的门店增设洗面、面膜、修甲、纹眉、按摩等项目，有的还兼营洗脚、桑拿、SPA美体等。2011年年底，有理发美容业65家，从业213人。

**修理业**　1985年前，较大的国营商店一般设修理店，主要修理自行车、缝纫机、收音机、电唱机、录放机、钟表、皮鞋、门锁、铝制品等。是年，有修理业6家，从业人员15人。1987年后，新型日用品、家用电器进入千家万户，修理业市场扩大，修理品种增加。1990年，有修理业33家，从业51人。2000年后，家用电器普及，修理业快速发展，经营方式以上门专修为主，仅有少量修理自行车、锁具、皮鞋的在街头摆摊设点。2011年，有修理业45家，从业105人。

**照像业**　1985年，全区有照像馆3家，集中在岳化、长炼厂区内。随着城市经济体制改革深入，国营、集体、个体一齐上，照像业进入发展时期。1990年，有照像馆6家，从业人员12人。2000年后，随着数码摄影技术、电脑控制技术普及，婚纱摄影、艺术摄影从城市延伸到农村。2011年，有照像馆18家，从业人员38人。

**计算机应用服务业**　20世纪80年代中期，行政、金融部门始应用计算机，计算机应用服务业兴起。1990年，有计算机服务业5家，从业人员16人。2000年后，电脑进入家庭，计算机服务业快速发展。2011年年底，有电脑服务业35家，从业人员120人。

**其他服务业**　20世纪90年代后，人们生活方式、工作节奏、消费观念发生变化，社会分工越来越细，催生一些新的服务行业。至2000年，有广告业、中介业（劳务中介、婚姻中介、租赁中介等）、典当业、信息咨询业、劳务服务业（搬运、搬家、疏浚、擦鞋等）等50多个新出现的服务业。2011年，登记其他新兴服务业59家，从业328人。

# 第五章　对外经济

## 第一节　招商引资

**机构**　1997年3月，成立区招商合作局（简称招商局）。2001年12月，区经发局对外加挂区招商局牌子。2003年5月，析置区招商局。2005年6月，原区招商局承担的职能划入区发改局，区发改局加挂区招商合作局牌子。2006年12月，区招商局为承担行政职能的区政府直属事业单位，与云溪工业园管委会合署办公。2011年，区招商局归口云溪工业园管理，内设机构有综合办公室（督查考评室）、招商联络股，核定全额拨款事业编制5名，均参照公务员管理。

**招商引资**　1985年1月，区工矿贸易公司引进上海市轻工业局天山回民食品厂承包公司联营兴办天岳食品厂。为境内招商引资置业之始。

1989年2月，区委统战部引进台胞何友元、张红绸夫妇与区商业局合作创办路口筷子厂，为引进的首家台胞独资企业。至次年，全区共引进招商项目9个，总投资9510万元。

2001年，区、乡组织招商小分队，参加在厦门市举办的中国投资贸易洽谈会，开展招商活动。

2003年，区委印发进一步优化投资环境的若干规定，对执法单位进入企业从准入执法程序、执法范围、执法情况反馈作出具体规定，严禁乱收费、乱罚款，为招商引资创造良好环境。6月，由区长带队，组织乡镇党委书记、区招商局、区工商联负责人到厦门、福州、温州等地招商，引进项目9个，总投资3.21亿元。

2005年4月，区委、区政府印发招商引资奖励办法，对引进投资100万元、1000万元以上项目的有功人员，分别给予到位资金3%~5%的奖励；对争取到国家投资项目资金的区内本土企业、招商引进企业酌情给予奖励；对引进项目落户云溪工业园的单位、个人，给予项目落户头5年创税形成可用财力20%的奖励，形成全民招商热潮。至12月，共引进招商项目162个，总投资22.8亿元，其中投资300万元以上的项目6个。

2006年1—2月，组织云溪工业园管委会、区招商局等单位负责人重点包装招商品牌，参加“广洽会”“龙舟节”“珠洽会”，广泛接待客商，引进投资500万元以上项目23个，总投资7亿元。4月，区委书记带队，组织区发改局、区招商局、云溪工业园管委会等单位负责人先后到广东省、浙江省、江苏省、上海市上门招商。引进项目9个，签约资金共6亿元。

2007年，实行招商工作半年一讲评，表彰先进，总结经验，进一步强化招商引资责任。把10亿元人民币内资、1500万美元外资项目的招商任务分解到单位，严格实行调度能报制度、奖罚制度，激励有关单位积极开展上门招商、网上招商、连环招商等多种招商活动。是年，共完成招商项目55个，协议投资17.8亿元，到位资金2.2亿元。

2008年始，实行严格的审查准入制度，规定凡投资500万元以上、环境保护措施得力、具有一定市场竞争能力、科技含量较高的项目方可引进，保证招商引资的质量和效益。至2011年，先后准入引进湖南中创化工股份有限公司（简称中创化）、湖南源瑞源石化股份有限公司（简称瑞源石化）、岳阳东方雨虹防水技术有限责任公司（简称东方雨虹）、中石化催化剂公司长岭分公司等11个投资6000万元以上的新型高科技产业项目。

## 第二节　对外贸易

**机构**　1990年3月，成立区外贸局。9月后，先后由区财贸办、区内贸办代行外贸管理职能，区外贸局自行消失。2005年5月，对外贸易管理职能纳入区商务局。

**外贸管理**　2005年，组织外商投资企业联合年审。2011年，办理1000万美元以下外资企业审批。开展外贸经营备案登记，登记外贸进出口企业中创化工、湖南尤特尔、岳阳森科化工、中石化中南经营部、岳阳金茂泰科技、东方雨虹、岳阳亚王精化、岳阳东润化工、瑞源石化、湖南伟纳化工、岳阳科苑新材料公司11个。

**外贸业务**　2007年，始有外贸进出口业务。是年，外贸进出口总额168万元。2008年，445万美元。2009年，1208万美元。2010年，929万美元。至2011年，累计进出口总额4117万美元，其中进口332万美元，出口3785万美元。

# 第六章　旅　游

## 第一节　旅游资源

**上清溪原生态峡谷漂流景区**　位于区境东北部，峡谷上游有双花、清溪两座中型以上的水库，中间为12公里长的曲折河道，河水清澈甘甜，两岸悬崖峭壁、绿树葱笼，河道落差140米以上，适宜漂流的河道长6公里以上。属国家AAB谷地型旅游资源，是休闲、避暑、漂流、索溪、垂钓等旅游休闲项目开发的理想之地。现正通过对外招商，建设原生态峡谷漂流、水上游乐场、休闲度假山庄等项目。

**陆城古镇**　自东汉建安二十四年（219）吴国将领陆逊筑土城于江边茅草岭始，已有1700多年历史。东绕莼湖，南屏鱼梁、马鞍2峰，西滨长江，北枕凤形山，历史悠久，风光秀丽，素有“千年古镇”“历史重镇”“文化名镇”之誉。自宋淳化五年（994）建王朝县、至道二年（996）改临湘县，至民国19年（1930），一直是王朝县、临湘县政治、经济、文化中心。自然景观主要有蜚声湖广的教广春水、鱼梁晴霭、马鞍落照、嘉祐晚钟、莼湖夜月、西湖莲芳、杨林晚渡、儒矶渔唱等“陆城八景”。人文景观主要有三国时期的古井、明代城墙、文庙、莼湖书院、考棚等遗址。现存清代古民居23栋，所在陆城南北正街被纳入岳阳市国家历史文化名城街区。毗邻陆城古镇的有国家级重点文物保护单位铜鼓山商代文化遗址，省级文物保护单位培风塔、坪田牌坊、岳飞“五爪松”、明朝户部尚书杨一鹏家族墓、清朝台湾兵备道兼提督刘璈墓等一批文化古迹。

**铜鼓山商文化遗址** 位于陆城镇新设村铜鼓山。东眺鱼梁、青山2峰，南瞰白泥湖、新设八里湖飞机场，西滨长江，北依马鞍山，地势突兀、开阔，具有3000多年的文化积淀。面积5.8万平方米，是迄今为止在长江南岸发现的唯一商文化遗址。出土的文物有殷墟类青铜器，遗址较好地保存了历史原貌。

**大矶头文化遗址** 大矶头俗称寡妇矶，位于陆城镇新设村马鞍山。东连马鞍、鱼梁2峰，南眺白泥湖、新设八里湖飞机场，西滨长江，北望儒矶宝塔，地势雄阔，风光壮美。矶头修建于清光绪五年(1879)，由指向江心的天然山体与江岸底部相连的乱石礁盘共同组成。占地1500平方米，弧长150米，从下至上用花岗岩石砌成三级平台，形成完美的三级纤道。纤道石墙条石上凿有分布均匀的篙窝、钩眼，供行船撑篙之用。纤道平台收坎边立108根石栏杆。大矶头是长江中、下游唯一保存完整的人工修筑古石矶。工程浩大，气势雄伟，构思巧妙，工艺精湛，兼有航运和水利工程双重功用，历100多年依然巍然屹立。

## 第二节 旅游开发

**机构** 2002年，成立区旅游局，挂靠区科技局，2011年6月，将原区科技局承担的旅游管理职能移交区文广新局，改为挂靠区文广新局，由区文广新局内设旅游管理股。

**旅游规划** 2011年，编制《云溪区旅游发展总体规划（2012—2030）年》。规划以殷商文化、三国文化为背景，依托云溪独特的旅游资源、区位优势，围绕一核心两轴线六圈域（即以城区为核心，以西北部长江湿地生态、东南部山丘生态为轴线，以芭蕉湖国际度假旅游区、大矶头—铜鼓山—陆城文化观光休闲旅游区、白泥湖渔家休闲旅游区、坪田牌坊—白云寺—刘璈墓观光与民俗休闲旅游区、清溪峡谷—清溪水库山地生态观光与休闲旅游区、城区休闲旅游区为圈域)，重点构造休闲度假、湿地生态、文化生态三大旅游产品。

**旅游开发** 2011年，陆城南、北正街纳入岳阳市国家历史文化名城街区，市、区财政共投入600万元，对街区历史建筑进行修缮保护，将陆城镇陆城村创建为省级旅游名村。

至2011年，全区已配套三星级宾馆2家、4星级农庄4家、旅行社2家、旅行分社6家、“农家乐”“渔家乐”15家，旅游商品白泥湖螃蟹、小龙虾、湘莲、无籽西瓜、红梨、草莓等。

# 第十九篇　城乡建设·环境保护

明清时期，城乡建设发展曲折缓慢，唯县治陆城形成城区规模。民国时期，战乱不断，日军侵境，城乡建筑遭到严重破坏。1949年后，随着生产发展，人民生活水平提高，城乡建设逐步恢复发展。1959年始，执行首个城建规划；70年代，长炼、岳化先后落户建成。至1983年，云溪镇东、西城区建成面积1.5平方公里，路口镇小镇建成面积约1平方公里，农村居民住宅始由泥墙青瓦房改为红砖红瓦房。1984年后，区委、区政府不断完善落实城区建设规划，加快城区建设。并实施“城乡发展一体化”战略，促进城乡建设不断快速发展。至2011年，城区建成面积比1983年扩大9.67倍，达到16平方公里，形成“五纵三横”的街道布局，路灯、供排水、供气等市政公共设施配套齐全，绿化覆盖率36.8%，人均公共绿地面积达到19.25平方米。小镇建成面积12.7平方公里，比1983年扩大3.43倍。农村居民住宅基本楼房化，村道宽阔平整，村容整洁卫生。

70年代后，随着工业发展，城镇建设加快，工业废水、城市生活污水、垃圾等对环境污染加剧，制约经济社会发展。1984年后，区委、区政府不断完善环保机构，加强环保项目和设施建设，把牢涉污项目建设审批关，实施环境保护三年行动计划，坚持开展环保执法宣传与废气、废水、废河、噪音专项治理。2011年，大气环境、水环境、声环境质量基本达到国家二级标准。

## 第一章　城乡建设规划

1949年前，无城乡建设规划管理机构。1950年，由县建设科管理。1958年1月，由县基建办管理。1960年，由县工业局基建办管理。1961年12月，由县计委基建办管理。1973年4月，复由县基建办管理。1978年3月，复由县计委基建办管理。1981年6月，由县基本建设委员会管理。1983年6月，由县城乡建设局管理。1984年9月，区城建环保局内设规划室。1996年1月，成立岳阳市规划局北区分局（简称北区规划分局），划入区建设局城乡建设规划管理职责，属市规划局直管。4月，更名为云溪规划分局。2011年，云溪规划分局内设机构有办公室、审批股、监察中队，核定行政编制12名。

1984年5月，始有云溪镇城区建设初步规划。2009年，为建设资源节约型、环境友好型社会（以下简称“两型社会”），推进城镇化建设，将乡（镇）村建设规划纳入城区建设规划一并考虑，制订《岳阳市云溪区城乡统筹总体规划（2009—2030）》（简称《总体规划》）。《总体规划》分近期、中期、远期三个时期。主体部分主要由城乡结构、主要目标两个方面组成。城乡结构，规划为“两区一廊”。

“两区”，即南部建设区云溪镇城区，包括道仁矶卫星镇；北部建设区路口城区，包括路口、文桥、长岭街道、陆城卫星镇。一廊，即一条“S”形郊区生态走廊，从北往南依次是：长炼东部驼鹤山—文桥东部笔架山—文桥镇北部乡村—陆城洋溪湖、陆城镇东部乡村—道仁矶白泥湖—路口镇南部乡村—云溪乡。按“四区一极”战略部署，主要目标，分近、中、远期经济社会发展目标，生态环境保护目标，城乡建设目标。《总体规划》包括市中心城区云溪片区控制性详细规划、各乡镇城乡统筹总体规划。至2011年，城乡建设均执行《总体规划》。

## 第一节　城区规划

明清时期，县治陆城屏山带水，整体地势平缓，建筑紧凑齐整，街道呈“非”字形布局。民国时期，由于战乱，县治迁出，建筑多为临时搭建，毫无规划。

1959年，原五区区址（时云溪公社社址、云溪镇镇址云溪老街）建设执行县政府编制的第一个城建规划。当时正处于国民经济困难时期，1966年，受“文化大革命”影响，未全面落实。

1984年5月，制订《岳阳市北区城区建设初步规划》。确定区址城区为云溪镇，具体方位：以马鞍山为中心，东至京广铁路线，西抵云溪乡胜利村徐家组，南含云溪乡新铺村官山组，北靠八一村曾家坡，面积2平方公里。整体特色：不全面平整基地，依山就势，展现现代山城风貌。

2000年10月，为适应城镇发展，制订《岳阳市中心城区建设总体规划（1996—2015）》，对原规划作较大调整。

2008年，云溪镇城区建设规划纳入《岳阳市城市总体规划（2008—2030）》，由市规划局制订《岳阳市云溪片区控制性详细规划（2008—2030）》。2010年9月6日，区政府召开评审大会，通过该规划。在《总体规划》指导下，立足现实条件，围绕建设两型社会目标，利用自然山水，展示片区风貌，建设设施完善、交通便捷、经济发达、社会和谐、宜商宜居综合片区。

功能定位为云溪区的政治、经济、文化、生活中心，为临港产业新区、岳化工业区、云溪精细化工区配套服务，以行政办公、商业金融、商贸物流、生活居住为主的城市综合片区。其范围东至其冲路，南至荷花村路，西至长康路，北至马云路、岳化大道，总面积8.16平方公里。东含岳化，南连岳阳中心城区，西拓临港产业新区，北接长炼。结合现状道路系统、用地规划、城区主干路网建设，分步形成“四纵”“四横”“两环”格局。“四纵”：由西往东依次为长江路、长康路、南太路—象鼻咀路、107国道。“四横”：自南往北依次为黄泥沟路、云港路—岳化路、松阳湖路、白泥湖路。“两环”：即快速环，由白泥湖路—长康路—松阳湖路—长江路，将白泥湖周边各交通线路连通；连通环，由新港路—长岭路—南太路—潘家冲路—云中路—云港路—老省道201—长江干堤—石港路，连通云溪域内道路网络。根据功能需求，按实际分为快速路、主干路、次干路、支路四个等级。主干路网密度2.1公里/平方公里，次干路1.4公里/平方公里，支路3.1公里/平方公里。道路网规划指标达到国家标准。

云溪片区总用地8.16平方公里，其中居住用地3.06平方公里，总人口9.6万人，人均居住用地31.9平方米；分2个居住区，即云溪老城居住区，刘家冲居住区。绿地面积为1.88平方公里，占建设用地23.10%。其结构为“三带、四心、多园”。“三带”：京广铁路绿化隔离带，长康路沿线绿化隔离带，云溪河沿岸绿化风光带；“四心”：西北老城、东北岳化、西南新铺、东南刘家冲4个社区（公园）生态绿化中心；“多园”：尽可能多保留自然山地公园。

## 第二节　乡（镇）村规划

### 一、乡镇建设规划

2009 年，乡镇建设规划纳入《总体规划》，命名为《××乡（镇）城乡统筹总体规划（2009—2030)》。

**乡镇功能**　城乡生态基地，城市远景发展战略储备空间，农副产品基地，郊野型居住地，乡村文化与景观保留区，郊野型休闲、运动、旅游空间。

**资源类别**　按乡镇资源类型分 6 个区域：生态重点保护区域，基本农田保护区域，耕地整理优化区域，建设用地储备区域，旅游重点发展区域，村庄建设优化整合区域。

**产业布局**　第二、第三产业布局：路口镇，主要发展物流产业，适当发展建材、化工、农产品加工业；文桥镇，主要依托长炼除苯以外的芳烃资源、丙烷资源发展下游化工产业、农产品加工业；陆城镇，主要发展旅游业、商贸业、农副产品加工业；道仁矶镇，主要发展农副产品加工业、商贸物流产业。第一产业农业基地布局：种养殖业布局，在长江路沿线与老 107 国道之间的区域规划蔬菜、油菜、棉花、稻谷等规模种植基地，以文桥镇、陆城镇、路口镇为重点布局西瓜种植、畜牧养殖基地；林业布局，将东北部文桥镇的荆竹山、驼鹤山、笔架山及其他丘陵山区，路口镇西南部丘陵区，云溪乡黄茅大山、双花水库周边山体作为林业基地，重点发展荆竹山林业基地、黄茅大山至双花水库林业基地；水产布局，在水资源较丰富的乡村建设综合性产业基地，实行鱼、莲、鸭套养，发展芭蕉湖、白泥湖、洋溪湖河蟹、其他水产养殖业。另结合黄茅大山、马鞍山、芭蕉湖、白泥湖、枫桥湖、双花水库、曹峰水库等山水资源，发展生态休闲旅游业。

### 二、新农村村庄建设与发展统筹规划

2009 年 9 月，新农村村庄建设与发展统筹规划纳入乡镇建设规划。次年 9 月，区政府召开评审大会一并讨论通过。

**村庄控制**　分为村改居（居委会)、发展村、控制村、撤并村 4 个类型，各类按规划控制建设。

**村庄整治**　对发展型村庄，按“三清”“三改”(即清垃圾、清淤泥、清路障，改水、改厕、改路) 进行治理。整理农田耕地，形成规模较大的农业基地。整顿村容村貌，局部实施统一整饰等房改工程。

**集聚整合**　实行“两分两换”模式：宅基地与承包地分开，拆建与征地分开；宅基地换城镇房产，承包地换社会保障。鼓励有条件的农民移居规划居民点或迁至城镇。

2009—2030年云溪区城乡统筹总体规划概况

表19-1-1

| 目标＼时期 | | 近期（2009—2015） | 中期（2016—2020） | 远期（2021—2030） |
|---|---|---|---|---|
| 经济发展 | 经济总量（亿元） | 95 | 180 | 460 |
| | 人均生产总值（万元） | | | 12 |
| | 三项产业结构 | 10∶56∶34 | 5∶60∶35 | 3∶55∶2 |
| 社会发展 | 城镇化水平（%） | 82 | 86 | 90 |
| | 城镇人均可支配收入（万元） | 4.5 | 5.5 | 11 |
| | 农民人均可支配收入（万元） | 1.5 | 3 | 7 |
| | 城镇居民与农村居民收入比例 | 3∶1 | 2.5∶1 | 2∶1 |
| | 城乡失业率（%） | 4以内 | 3.5以内 | 3以内 |
| 2020年以后城乡养老、失业、医疗保险全覆盖 | | | | |
| 生态环境 | 万元地区生产总值能耗 | 1.0（吨标准煤） | 0.8（吨标准煤） | 0.7（吨标准煤） |
| | 城镇污水处理率（%） | 40 | 60 | 100 |
| | 乡村污水处理率（%） | 30 | 50 | 80 |
| | 城乡生活垃圾无害化处理率（%） | 70 | 100 | 100 |
| | 城镇绿化覆盖率（%） | 30 | 35 | 40以上 |
| 城乡建设 | 城镇人口规模（万人） | 26 | 35 | 33 |
| | 城镇建成区域面积（平方公里） | 26 | 35 | 46 |
| | 中心村、基层村、自然村庄规模、承包土地流转 | 12个中心村、19个基层村，自然村庄由714个缩至150个以下，承包土地流转率达到50%以上。 | | |

# 第二章　城乡建设

民国元年，城乡建设由县知事公署工房兼管。民国31年，由县建设科管理。

1949年7月，由县政府建设科管理。1958年1月，由县基建办管理。1960年，由县工业局统管。1961年6月，由县计委统管。1973年4月，复由县基建办管理。1978年3月，复由县计委统管。1981年6月，由县基本建设委员会专管。1983年10月，由县城乡建设局专管。1984年2月，由县城建环保局统管。

1984年6月，由区城建环保科统管。1984年9月，区城建环保科更名为区城建环保局。1994年8月，析区城建环保局置区建设局；2002年，更名为区城建局。2011年8月，更名为住房和城乡建设管理局（简称区住建局)。内设机构有办公室（政工人事股)、财务股、政策法规股、住房保障指导股、建设管理股（小城镇建设管理办公室)、城市管理股，核定行政编制10名，机关后勤服务事业编制1名。

## 第一节　城区建设

### 一、城墙与房屋建筑

**城墙**　明成化十一年（1475）前，临湘县县城陆城无城墙。明成化十一年，临湘知县唐绢倡导筑土为城，覆以陶盆，分东、西、南、北四门以守。正德初年（1506)，增修“引圻、瞻岳、望荆、会江”东、西、南、北四门。万历三年（1575)，知县陆勋主修砖石城墙，周长2500米，高、厚5.5米。东、南、西、北四门分别更名为“平湖、盘山、瞻岳、望江”，上建城楼，供守备之用。清朝中期，几经更改，四门分别更名为东门、南门、西门、北门。随着人口增加，南门外延，于其街口另建一南楼。清康熙二十四年（1685)、雍正二年（1724)，对城墙、城楼整修加固。清末，城墙渐毁，由于战乱，至民国38年（1949)，仅存一段长约100米、高3米的城墙墙基。

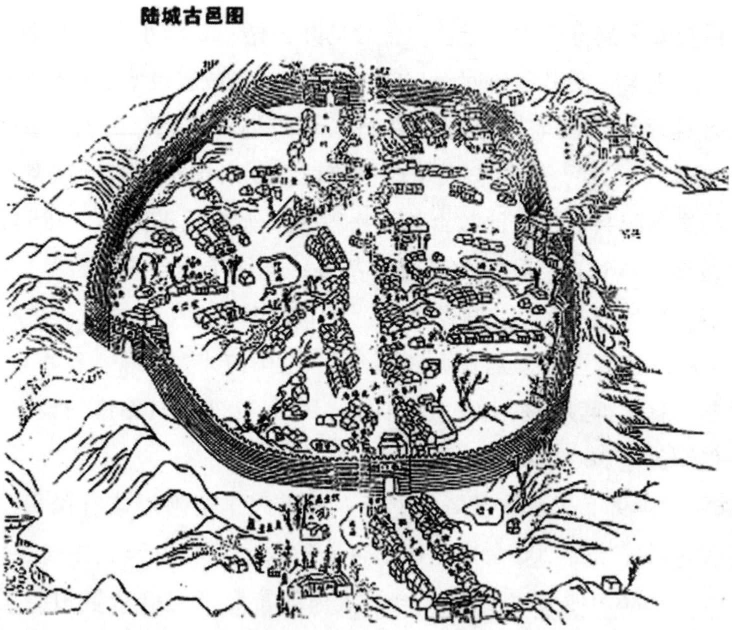

明清时期陆城古城墙与房屋建筑

**公房**　北宋年间（960—1127)，陆城南郊建有嘉祐寺、养浩园。元代，又建痒序（又名儒学宫)。明洪武三年（1370)，知县李汝霖创建县署。隆庆年间（1567—1572)，府馆、按察司、布政司、便民仓、儒学廨、山川坛、城隍庙已成规模。至清代前期，有县署官衙、莼湖书院、靶场、游乐场、先农坛、普济寺、天官府、三闾大夫祠、崇贞观、刘公祠、嘉祐寺、文昌宫、文庙、武庙、宗祠、观音阁、崇圣堂、节孝牌坊等大小建筑48座。清顺治二年（1645）后，由于战乱、大雪、地震，公房逐渐毁损。清末，嘉佑寺、崇贞观、武庙、城隍庙等名寺大庙已毁坏无几。民国32年（1943)，日军修建新设飞机场，拆毁莼湖书院等公共建筑。至民国38年（1949）7月，仅剩刘公祠、文庙2栋建筑（1951年破除封建迷信，刘公祠被拆，“文化大革命”中，文庙被当作“四旧”拆除)。

1949年8月，五区区公所设云溪老街后，云溪老街曾被日军毁坏的公房逐步恢复。50年代，县商业、供销、邮电部门设在云溪老街的分支机构、门店先后建办公房、营业门店。1958年，云溪公社建办公房。1959年，云溪镇建办公房。1970年，云溪镇建育红中学、街道子弟小学（又称云街小学)。至1984年，云溪镇城区有云溪乡政府、云溪镇政府、云溪中学、云溪乡中心小学、育红中学、云街小学、云峰小学、五星小学、云溪镇卫生院、云溪乡卫生院、区血防医院、云溪火车站、北区邮电分局、区信用联社、中国建设银行（简称建行）云溪办事处、云溪百货门市部、云溪供销社等单位及下属机构的办公楼、校舍、营业场所等公用房屋30余栋。

1986年，区政府第一办公大楼、6幢住宿楼建成，建筑面积1万平方米。

1987—1996年，云溪汽车站、区文化娱乐中心、云溪程控电讯大楼、云溪区第一中学教学楼等相继建成。

2011年，建成的公房有167栋、面积29.45万平方米。其中机关单位办公楼（住宿楼）80幢、10万平方米，学校3所、17幢、12.3万平方米，医院6个、19幢、1.4万平方米，保障性住房、廉租房、经济适用房、公共租赁房、定向安置房、商品房51幢、5.75万平方米。在建的有安居小区商品房、云溪公安分局办公楼，云溪国土分局办公楼、云峰小学（重建）等。

**民宅** 明弘治年间（1488—1505），陆城有民宅2000余栋。正德五年（1510），沔阳人杨清、邱仁兴兵攻城毁民宅百余栋。嘉靖二十四年（1545）五月，城内突发大火毁民房百余栋。崇祯十六年（1643）八月，张献忠大军攻占陆城200余栋民房毁于战乱。清顺治二年（1645），李自成部王进才、马进忠统兵占据城池数百栋民房毁于战火。咸丰四年（1854）四月，太平军攻城民宅多数被毁。同治元年（1862）一月，大雪毁屋甚多。光绪十四年（1888），由于地震数百栋砖墙房屋多有倒塌。至晚清，陆城原有民居已毁坏无几。民国7年（1918），南、北两军于县境决战民居损毁严重。民国19年6月，县治迁长安居民陆续迁出。民国27年11月，日军入侵烧毁东门正街民房270余间。民国30年，日军拆毁桥东民宅160多间。民国32年，日军修新设飞机场先后拆毁民房千余栋。至民国38年，仅剩民宅200余栋。

1949年，云溪老街仅下街、云溪火车站附近建有民房。20世纪50年代，上街民房增多。60年代，民宅增至200余栋。1975年，有民宅300余栋。1983年，增至500余栋。

1986年，随着区址设立，境内先富起来的群众争相购买云溪镇城区临街地皮建造私房。至2011年，建成民宅5210余栋，建筑面积187.56万平方米。

## 二、市政建设

**城区街道** 明、清时期，陆城有主街9条：学宫岭至汤家巷东正街，沈家坪至东门东门街，汤家巷至坳上西正街，学宫岭外至西门西门街，坳上至南门南正街，南门至南楼南外正街，县署前北门街，学宫岭至常平仓仓门口街，县署前南至刘公庙、东至沈家坪、西至学宫岭三岔街。小巷11条：正街东侧依次有蓝公巷、肖家巷、何车管巷、王家巷、刘家巷、狮子巷、许家巷，正街西侧依次有汤家巷、花线巷、罗家巷、学田巷。清末、民国时期，由于战乱、雪灾、地震、房屋建筑被毁，街、巷多有废圮。至民国38年，仅剩南门口一段长约500米的街道。

50年代初，云溪老街逐渐向北往云溪火车站延伸。1959年，设县属云溪镇后，逐渐形成上街至云溪镇政府所在地街道。1965年，修通至松阳湖公路后，下街向南扩展。1969年冬，云溪镇东城区始修岳化大道。1985年春，云溪镇西城区始修云中路。至2007年，逐渐形成“五纵三横”的街道布局(五纵即安居大道、云溪路、文苑路、云中北路、洗马路；三横即新埠路、岳化大道—云中路—云中西路、胜利路)。主要街巷有云溪老街街巷、白虎塘巷、农民街巷、法庭路巷、熊坪巷等。

岳化大道—云中路—云中西路。东起岳化总厂，西至区民政局办公楼前，分别长1850米、300米、1682米，宽25米、43米、25~43米。1969—2005年修建，混凝土沥青路面。

**云中北路**。原名老水井路。南起区住建局办公楼前，北至胜利路，长810米，宽32米。1986—1999年修建，混凝土沥青路面。

**云溪路**。原名上、下街路。北起云溪乡耐火材料厂前，南至云溪铁桥，长 1342 米，宽 24 米。1988 年修建，混凝土沥青路面。

**胜利路**。东起云溪乡八一村崔家组，西至洗马路，长 829 米，宽 22 米。1995—2006 年修建，混凝土沥青路面。

**新埠路**。东起朱家坡，西至中朝宾馆，长 968 米，宽 22 米。2001 年修建，混凝土沥青路面。

**安居大道**。北起岳化大道，南至岳化安居园，长 750 米，宽 43 米。2005 年修建，混凝土沥青路面。

**洗马路**。北起胜利路，南至云溪规划分局办公楼前，长 1500 米，宽 38 米。2006 年修建，混凝土沥青路面。

**文苑路**。北起云溪汽车站，南至新埠路口，长 1108.5 米，宽 15 米。2007 年修建，混凝土沥青路面。

2011 年，在建的主要街道有刘坡路、杨冲路、开泰路。

**路灯**　清代、民国时期，陆城城区无街道路灯。20 世纪 50 年代至 60 年代，云溪老街仅火车站附近有路灯。70 年代始，老街有路灯，但至 1984 年，路灯仍较稀少，且不规范。1985—2000 年，修建云中路、云中北路、云溪路等主街道后，因资金不足，路灯配套未全部到位。2001 年后，在区财政支持下，由区建设局牵头，区直属单位、云溪乡、云溪镇共同捐资，启动城区街道路灯建设工程。至 2003 年年底，共投入资金 280 万元，装配路灯 344 盏、307.3 千瓦，线路总长 16578 米。2005 年，投资 300 万元，新装路灯 248 盏。至 2011 年，共有路灯 1140 盏，其中高压钠灯 1010 盏、高压汞灯 26 盏、其他灯 104 盏，总功率 397 千瓦，线路总长 29885 米，路灯亮化率 98%。

**防洪排水**　清代、民国时期，陆城城区街道有砖砌地下阴沟排水。20 世纪 50 年代至 60 年代，云溪老街有砖砌地下阴沟、地面明沟排水。70 年代始，砌红砖、混凝土（俗称砖混）结构地下排水沟排水。1985 年，修建云中路砌砖混结构地下排水沟 600 米。1986—1999 年，修建云中北路砌砖混结构地下排水沟 1620 米。2001—2005 年，改造升级云中路、云中西路撤除原砖混结构排水沟，埋设直径 1 米的水泥管排泄雨水、生活废水。至 2011 年，共埋设水泥排水主管线 8 条、29620 米，其中直径 1 米的 3 条、11030 米，直径 0.8 米的 3 条、8940 米，直径 0.6 米的 1 条、6200 米，箱涵水泥管道 1 条、3450 米，形成四纵四横的主排水道。城区工业废水、生活污水、道路雨水通过地下支管、暗沟进入主排水道，集中排向新铺污水处理厂，形成较为环保、有效的排水网络。

## 三、公共设施

**供水**　清代、民国时期，陆城城区有公用泉井 48 口。20 世纪 50 年代至 60 年代，云溪老街居民主要取用云溪河水。1971 年始，岳化为包括云溪老街在内的周边居民提供取自长江的自来水。1988 年 7 月，区城乡建设环境保护局组建区自来水公司，负责云溪镇京广铁路以西城区居民自来水供应。1994 年，双花水库引水工程竣工，经省城市供水水质监测网、岳阳监测站检测，水质符合国家生活饮用水源二类以上标准，西城区居民生产、生活用水始改由双花水库供应。区水利农机局成立双花水库管理所，除加强水质管理外，重点保证向区自来水公司提供水源。2005 年 10 月，区自来水公司与双花水库管理所合并，成立云溪城区供水管理站。2006 年，新铺 400 型号供水主管 5800 米。2007 年，铺支管 3600 米。2008 年，实施农村安全饮水工程，延伸、改造云溪镇城区周边供水管网，新增供水管 6.85 万米。2011 年，启动云溪镇城区自来水管网改造工程，从胜利路经洗马路、新埠路至云溪路铺设 400 型号供水主管 2000 米，并改造原有部分供水管网。是年，云溪镇城区有自来水厂 2 座，供水管道 28.75 万米，初步形成覆盖城区的循环供水网络体系。日供水能力 2 万立方米，保障居民、企事业单位生产、生活用水。

**供气**

**液化气**。1975年始，岳化向云溪镇居民供应平价液化气。1998年，云溪镇城区及周边先后建液化气站6家、供应点7个。2006年，有液化气站5家、供应点30个。2011年，有岳化气站、区粮食局胜利气站2个气站向城区及周边居民供应石油液化气。

**天然气**。2006年，云溪镇城区开发天然气项目，铺设供气管线3000米，后因故停工。2008—2010年，由华润天然气公司投资2000万元，铺设管网1.16万米，建成城区天然气接收站，完成相关配套设施。2011年，完成城陵矶至云溪段长途天然气输送管线、中心城区主管网线铺设，在云溪工业园建转供气站。是年年底，铺设入户管线3.94万米。首批用户723户，入户率23%，月均供气量60万立方米。

### 四、城区绿化

1985年前，城区绿化工作较薄弱。1985年始，开展云溪镇城区绿化工作。至2000年，绿化街道8条、7400米，绿化面积67万平方米。其中云中路、云中西路两侧各设1条绿化带，植白玉兰、八月桂、香樟，建灌木绿篱，共绿化1230米，做到四季绿树成荫，草荣花香。

2001年，开展创建园林式单位活动，实施绿化工程。

**云中大道绿化提质改造工程**　2001—2005年，投资200万元，植造型榔榆、罗汉松、樟树、桂树、红枫、紫薇共866株，配灌木花卉绿化美化4000平方米。

**云溪工业园绿地工程**　2003—2011年，投入2120万元，植行道树7000余株、花灌木65万株，植草被6万平方米，绿化面积共11.41万平方米。

**107国道互通绿化配套工程**　2008—2011年，投入389万元，植香樟、桂树、银杏、光叶石楠、杜英、枫香共1466株，多种花卉灌木间植其间，植草被2万平方米，绿化面积共4.9万平方米。

**云溪广场绿化工程**　2010—2011年，投资700万元，增植香樟、桂树、杜英等20多种树木，植小苗木30万株，新增绿地面积4.8万平方米。

**马鞍山小游园工程**　为云溪区党员示范林种植基地。2011年3月，区直属机关、事业单位全体党员开展植树活动，植树3500株，新增公共绿地面积2万平方米。

**伏牛山垃圾处理场绿化配套工程**　2011年年底，投资200万元，绿化面积1.2万平方米。

**机关庭院绿化改造工程**　2011年年底，区人武部、区法院、区检察院、区财政局、云溪地税分局、区教育局、区卫生局、区民政局等27个单位，采取立体绿化、盆花盆景、异地补绿等方式，完成绿化提质改造，共植树3000株，新增、改造绿地面积2万平方米。

2011年，云溪镇城区绿化覆盖率36.8%，人均公共绿地面积19.25平方米，基本形成点上绿化成景、线上绿化成荫、面上绿化成林的格局。

## 第二节　城区管理

### 一、环卫管理

**机构队伍**　1989年前，城区无环卫管理机构。1989年6月，区城建环保局成立区城管站，配环卫工人8人。9月，析区城管站置区环卫绿化管理所。2005年，环卫工人增至23人。2008年，增至51人。2011年，增至138人。

**设施**　1989年，配竹扫把、铁锹、板车，购二手自挂式垃圾车1台，不久报废，改用农用车装运垃圾。1995年，购自卸式农用车1台收集垃圾。2000—2003年，购自卸车2台，垃圾收集、清运达到半机械化。2005年，首次使用洒水车。新配垃圾运输车3台，设铁制垃圾箱20个、果皮筒132个，建垃圾中转站1座、垃圾池31个，建公共厕所7处。2008年，购12吨位多功能压缩式垃圾车1台，新增部分果皮箱等设施。2011年，有洒水车2台，自卸式垃圾车、摆臂垃圾车各1台，移动垃圾箱微型运输车2台，多功能压缩式垃圾车2台，普通垃圾运载车1台，板车34张，果皮筒218个。

**管理**　1989年始，逐步建立完善区、镇、居委会三级城区环境卫生管理体系。坚持开展“卫生季”“卫生月”“卫生周”评比活动，对卫生差、有卫生死角的单位、住户实行曝光亮相，限期整改；至1998年，基本消灭卫生死角。1999—2004年，实行环卫工人分段包干负责制，清扫街巷。督促临街单位、住户保持街道整洁卫生，做到果皮、纸屑入箱，垃圾入池。2005年，环卫管理范围由1989年4条街道增至12条街道，清扫面积由5.1万平方米增至18.63万平方米。区环卫绿化管理所被评为岳阳市创建国家卫生城市先进单位。2008年，结合“清洁家园”行动开展环卫巡查。清扫面积增至22.3万平方米，日均清运垃圾40吨以上。推行城区路段保洁承包责任制，实行“门前四包”（即包维护门前绿化、卫生、环卫设施、下水道盖板），保持城区街道、公共场所整洁卫生。2010年，制订城区环卫管理日常工作考核办法，每周对环卫人员的责任区检查考核1次，每月月底通报考核情况。2011年，清扫保洁面积增至23.3万平方米，日均清运垃圾60余吨。云溪区在全市城区环境卫生管理年终考核中获优胜奖。

## 二、燃气管理

1998年，区建设局设燃气管理办公室。至2005年，通过突击检查，下达整改通知书，提出整改意见，查处、整改违规供应使用燃气行为80余起。2011年3月，执行国务院《城镇燃气管理条例》，联合云溪公安分局、云溪工商分局、区安监局等单位部门，对燃气经营行业进行清理整顿，依法关闭不合格气站4家、供应点30个。

## 三、市容监察

**机构**　1989年前，城区无市容监察机构。1989年6月，城区市容监察由区城市管理站统管。9月，析区城市管理站置区城市管理监察中队。2011年，升格为区城管监察大队，为副科级事业单位，隶属区住建局。内设城区禁炮管理办公室、城管监察云溪中队、城管监察城南中队，核定全额拨款事业编制22名。

**监察**　1989年，重点整顿违规摆摊设点、占道经营。通过加强劝导、划定经营区、组织巡回督查、收缴强行违规经营器具，至2002年，基本规范无序摆摊设点、挤占街道行为。

2003年4月，区政府发出加强城市市容市貌管理的通知，规定由区城管监察中队牵头，联合有关部门坚持开展集中整治城市脏、乱、差行为。至2007年，联合云溪工商分局、云溪公安分局、区卫生局、区环卫绿化管理所通过加强整治，共制止违规建设120处，清理乱堆乱放废土废渣杂物970处，拆除违章建筑103处，督促更新广告牌110块，拆除违规悬挂广告牌140块，取缔占道广告灯箱130个。

2008—2009年，重点治理“牛皮癣”广告。组织专人巡查，制止乱张乱贴乱写广告140余人次，清洗铲除“牛皮癣”广告1100个。

2010年始，结合城市建设“五创提质”，联合区直单位组织劝导员包路段、街道定期值勤，劝导市民遵守公共秩序，维护城市整洁卫生。区政府加大财政投入，实行国家、集体、个人共同筹资，整顿、改造市容市貌。至2011年，督促相关单位、住户完成城区步行街、四通市场等地重点地段、场所维修整理，云中路沿街两侧门面统一装修改造、美化亮化工程。

## 第三节　小镇建设

据清同治《临湘县志》载，明、清时期，境内有臣山铺、文修桥、白荆桥、西坪铺（即现路口铺）、茶港、云溪驿、道仁矶、象骨港等小镇。民国时期，日军侵境，战乱连年，小镇遭到严重破坏。1949年后，逐渐恢复。1958—1984年，由于乡镇（公社）行政区划管理体制变革，长炼、岳化等国营大厂入驻境内，小镇不断变化发展。至2011年，有路口铺、文桥、陆城、道仁矶、象骨港5个小镇，均为乡镇驻地。

**路口铺**　明清时期，随着驿路、铺路开通，路口铺逐渐形成小集镇。民国19年（1930年）建路口铺火车站后，逐步扩展；1949年，火车站前形成100多米长的街道，居民102户、409人。1950年，建临湘县第16完全小学。1960年，建临湘县第五中学。1961年，设路口公社社址。1966年长岭筹建，老街扩展成“丁”字形街道。1983年，有街区面积0.8平方公里，居民213户、897人，过街汽车客运线路2条，学校、卫生院、银行、邮电所、商店基本配套。1984年，为北区政府临时驻地，小镇建设一度有较快发展。至1986年，先后建起区公安局、区国土局、区供电所、云溪信用社、区供销联社等单位办公楼，修建长炼路主干道，街区面积扩展至1.5平方公里。1989年，自三角坪往南初步形成金桔路。2002年，新修长炼至107国道连接线形成1条新街。2003年，路口铺规划为岳阳市重点城镇、工业小区，小镇建设得到迅速发展。次年，新建桔园路、曹峰路、金桥路，改造路陆路、长炼路，街区进一步扩大。2009年，执行《路口镇城乡统筹总体规划（2009—2030）》，启动炼化路段建设工程，延伸八字门附近街道。扩张集镇，配套设施。至2011年，有街区面积3.2平方公里，建筑占地面积70万平方米，居民增至1953户、5834人。形成两纵三横街道网络。学校、卫生院、银行、邮电通讯、敬老院、影剧院、休闲广场、自来水厂、垃圾池、沼气池（日产沼气300立方米，可供102户居民生活用气）、街灯、排水管网等公共设施配套齐全。

**文桥**　清乾隆时（1736—1796），有居民近200户。民国31年（1942），日军犯境，居民减至30多户。50年代末，居民增至56户、220余人。1961年8月，为文桥公社驻地。1962年，修文桥路，直贯街区1.5公里，建成首条宽3.5米正街。1965年，建文桥农业中学；1969年，更名为文桥中学。1975年，建文桥公社卫生院。至1980年，有学校、供销社、收购站、卫生院、畜牧站、粮站、信用社、肉食站、农机站、农具厂、基建队等单位公房，建筑面积2100平方米。居民、农户始从青龙岭往长炼北干道两侧建房。1981年，形成小河沟（小贝桥）至长炼北干道1条与正街相交的街道。1997年，改造过街文排路段。1999年，削平青龙岭，改造过街至望城路段，正街北段更加平整，宽度由3米增至4.5米。硬化北干道东至荆竹和平路，北干道、和平路段与正街形成“十”字街道。至2007年，正街形成宽12米、长2900米首条现代街道。并逐渐南伸，增长至4900米。2009—2011年，横穿正街修建炼化路，辟新街1条，宽40米，长1380米。2011年，形成一纵二横街道网络。街区面积由1983年0.5平方公里扩展2平方公里，居民由150户增至1987户。有绿化树3800棵，建垃圾池409个，置果皮桶4000个，完成亮化工程2900米，安装太阳能街灯80盏。教育、卫生、商贸、金融、通讯、敬老院等公共设施齐全。

**陆城**　1950年，为临湘县六区驻地。1952年，建临湘县第十五完全小学。1958年，为江南公社驻地。1961年，为陆城公社驻地，建陆城中学。但由于大跃进、“文化大革命”“左”的错误路线影响，古建筑、老街遭到毁坏，人口仅800余人。1973年，建邮电支局。包括公社办公楼、学校、商店、供销社、信用社、变电站、油脂厂、轧花厂、粮站等，公共建筑10余幢。1980年，陆城居委会投入3万元，首次硬化老街路面。1987年9月，投入90万元，于老街东南侧修建供电站至南门陆逊中街。1994年2月，陆城镇政府投资10万元，临湘市氨基化学品厂、农药厂各赞助8万元，修建供电站至新港农药厂陆逊北街。1997年5月，修建陆逊街南街。2000年，兴修老街南门口至桥头农民街，与陆逊街形成“丁”字街道，扩展城区0.5平方公里。2007年6月，投入资金200万元，将陆逊中街、南街、北街拓宽至22米。2008—2011年，绿化美化街道，规划历史文化街区、全市旅游重要景点建设。2011年，启动陆城南北正街历史文化街区修缮工程，修缮古民宅5栋、礼堂1栋。争取资金400万元，建马鞍山自来水供水站。是年，有街道3条，总长3000米。街区面积增至3平方公里，人口增至2860人。教育、卫生、文化、广播电视、排水管网、输电线路、照明路灯等设施配套完善。

**道仁矶**　1949年，小镇南1.5公里处有道仁矶古渡口，缘渡口名故称道仁矶。1970年，岳化建取水码头，码头房屋为首批公房。附近散建民宅逐渐增多，初步形成小镇。1975—1980年，经小镇改造松阳湖至陆城塘湾沿江大道，形成道陆路。1986年，区交通局创建汽渡码头，拉直取水码头公路段，向西延伸至江边汽车轮渡渡口，经小镇建成渡口至云溪道云路。建汽渡管理所公房。附近农户始成批向渡口公路段、岳化取水码头附近聚居。1991年，有居民30多户近200人。1992年，区政府开发道仁矶市场，架设输电线路，埋自来水管，拓宽公路，至次年8月置道仁矶镇时，小镇面积有0.5平方公里，居民增至近百户，水、电、路、街初步配套。1993年，拓宽、裁直原轮渡码头路，拓宽并水泥硬化道仁矶至云溪镇城区公路道云路段，形成东西走向的街道。1994年，镇办公楼、食堂、宿舍楼相继建成。1995年，修建财政所、卫生院楼房。1996年，道仁矶派出所、信用社、畜牧站、邮电所、棉麻站、供电所等单位办公楼陆续建成。开通至松阳湖道松路，连通道陆路，与道云路交叉形成“十”字街道。建粮站、国土所、汽车站、农贸市场公房。2001年，建边贸市场。2009年，拓宽硬化道松路、道陆路路段。2010年，建成跨境长江荆岳公路大桥。2011年，建成与道松路、道陆路立体相交互通的随岳高速公路。有街道4条，小镇面积2.5平方公里，常居、暂住人口1500余人，成为湘鄂边境新兴小镇。

**象骨港**　明、清时期，有码头后逐渐形成集镇。清末，因战乱、血吸虫病肆虐，至民国时期，其中人口较多的刘家屋场由1000余人减至11人。1952年3月，设五区滨湖乡象骨港村村部。1955年，为云溪乡象骨港农业合作社社址。1957年，建省公安厅临江劳改农场场部。1963年，在附近文家山建松阳湖农场总场办公楼、食堂、礼堂、商店、邮政所、医院、肉食店、收购站，建筑总面积2327.5平方米。1984—1987年，平整三角坪土地，鼓励居民在总场场部至松阳湖中学云松路段（2011年更名为象骨港路）、三角坪至明胶厂道松路段（2011年更名为沿江路）、三角坪至杨树港桥松城路段（2011年更名为沿江路）两旁建楼房。至1996年12月，上述3条路段交汇处形成“十”字街道，总长2400米、宽36米。两旁建居民楼房287幢，有住户305户、986人。1998年，迁总场医院至三角坪中心区，重建电信大楼。2008年5月，在杨树港刘家垅建谭家湖小区。2011年，在三角坪附近的凌泊湖村红屋组建凌泊湖安置小区。是年，小镇面积2平方公里，人口6500人。教育、卫生、邮政、通信、商贸、交通等公共设施齐全，水、电、路、绿化、环卫配套完善。

# 第四节　村庄建设

## 一、自然村建设

据清同治《临湘县志》载，明、清时期，境内有自然村庄583个。一般住50~80户，或同姓同宗，或异姓异族。日军入侵时，多数遭破坏。1949年后，逐渐恢复。80年代始，自然村落建设快速发展，拓展村道，架设路灯，改善供水条件，兴建公共建筑、居民住房，发展工业、交通、商贸、文化、教育、卫生事业。2011年，有自然村庄714个，其中66个为行政村（场）驻地。较大的自然村庄有白荆桥、基隆山、棉花咀、郭家咀、泾港。

**白荆桥**　位于文桥镇东北部。明、清时期，为内河航道码头，逐渐形成村庄。民国34年(1945)春，遭日军飞机轰炸，村庄被严重破坏。1950年，为白荆乡乡址，村庄逐步恢复发展。1958年，为白荆大队驻地。创办白荆附中班。1978年，形成1条500米村道。1984年，为白荆村村址。1992年，过境修文排公路，拓宽村道。2009年，改造白荆至黄家村道接临鸭公路，村道拓宽至3.5米。2011年，村庄面积1平方公里，人口近500人。

**基隆**　位于道仁矶镇东南部。清道光二十年（1840），为县市上里李桥团驻地。咸丰六年（1856），为县基隆团练总局驻地。民国19年（1930），经基隆辟云溪至道仁矶过江达湖北省监利县乡道，形成村庄。民国32年，经村庄修云溪至新设日军机场简易公路，拓宽村道。1950年，为和平乡驻地。1961年8月，为陆城公社基隆大队部驻地。1970年，经村庄修岳化青坡至道仁矶取水码头公路，改造拓宽村道。1986年，经村庄南修建云溪至道仁矶汽渡渡口公路。至2000年，形成另1条300米村道。2009年，建基隆安置小区。2011年，村庄面积约1平方公里，村道2条、800米，人口500人。

**棉花咀**　位于云溪乡东南部。清初，一秦姓员外经营丝绸生意，在此种棉花，遂以棉花咀称。1949年，仅有4户。1957年，为友好高级农业社社址。1958年，为友好大队部驻地。1984年5月后，为友好村村部所在地。1990年后，修建省道301公路段，云溪至坪地、云溪至清溪通村公路段，逐渐形成1条村道。2011年，村庄面积0.5平方公里，村道长400米，人口近500人。

**郭家咀**　位于云溪乡东南部。1949年7月，为桃李乡乡址。1957年，为八一高级农业合作社社址。1958年，为桃李大队部驻地。1985年，设桃李村村部。2011年，村道长500米，村庄面积约1平方公里，人口500人。

**泾港**　位于陆城镇东北部。明、清时期，由于处泾港与白荆河—洋溪湖—治河入长江内河航道交汇处，水上交通便利，逐渐形成村庄。清道光二十年（1840），为泾港团驻地，村庄规模扩大，住户50余户，形成1条300米村道。民国时期，战乱频仍，村庄遭到破坏。1961年，为陆城公社泾港大队部驻地，村庄得到恢复。70年代，榨油业兴起，村庄逐渐繁荣发展。1984年5月后，为泾港村村部所在地。90年代后，随着洋溪湖渔场发展，形成水产集市。2009年始，按规划加强村庄建设，至2011年，村庄面积约0.5平方公里，村道500米，人口500人。

### 二、新农村建设

2006 年 1 月始，开展社会主义新农村建设。确定将云溪乡胜利村、云溪镇镇龙村、陆城镇新设村、路口镇新华村、文桥镇和平村、道仁矶镇柳田村、永济乡擂鼓台村等 7 个村首批建成示范村。安排联点单位、区级干部，共投入资金 236.85 万元。至 2006 年 9 月，硬化村组公路 50.33 公里，建机埠 1 座，修排灌渠道 6000 米，新建、完善学校、村卫生室、电力、闭路电视设施。次年，扶持组建劳务队，培植养殖专业户，兴办彩砖厂、批发超市，转移富余劳力 700 余人，培训农业技术人员 1200 人。引导其他村共筹措资金 108.91 万元，组建养殖协会，新增养殖大户，扩大特种水产养殖，培训转移富余劳力 2000 余人。2008 年，胜利村在全市首批示范村考核排类中被评为 A 类，另 5 个村评为 B 类，仅 1 个村属 C 类。

2009 年，安排云溪乡胜利村、桃李村，路口镇新建村，文桥镇分水村，陆城镇新港村，道仁矶镇丁山村，永济乡杨树港村为第二批示范村。结合城乡发展“一体化”、城市建设“五创提质”，以示范村建设为龙头，以“清洁家园”行动为重点，全面推进新农村建设。至 2011 年，新增通村公路 16.3 公里，整险加固小 II 型水库 4 座，维修危桥 5 座，完成道仁矶镇农业综合开发，启动文桥、陆城等乡镇土地整理项目，新增安全饮水 8516 人，新建垃圾池 320 个，植树造林 356.67 公顷，足额发放惠农资金 1337 万元，实施农村“一事一议”项目 50 个。

# 第三章　房地产业

1995 年 4 月，成立岳阳市房地产管理局（简称市房产局）北区房地产管理所。1996 年 4 月，收归市房产局直管，更名为市房产局云溪分局（简称云溪房产分局）。2011 年，云溪房产分局内设机构有办公室、产权登记管理股、房管所、开发物业办公室，核定全额拨款事业编制 10 名。

## 第一节　房地产开发

**经济适用房、廉租房**　2008 年始，开发建设经济适用房、廉租房。至 2011 年年底，云溪镇胜利西路胜利小区经济适用房、廉租房一、二期工程竣工，共建经济适应房、廉租房 300 套，建筑面积 3.75 万平方米。

**商品房**　2011 年年初，浙江省房地产开发商整体购买文苑南路原云溪粮站，开发粮源花园。大汉城建集团在云溪镇城南购地 17 公顷，兴建城南新区，拟建住宅、商业门面 40 万平方米，是境内最大的房地产开发项目。岳阳君修置业公司投入 2000 万元，开发八一路房产项目。岳阳市长华房地产、岳阳大汉城镇建设、岳阳宏懿房地产、湖南恒泰房地产、岳阳富辉房地产、湖南城陵矶临港置业等 6 家房地产开发公司在区内注册登记备案、开发房地产。至年底，完成和在建工程主要有：大汉新城二期 5.6 万平方米商品房工程，粮源花园 2.3 万平方米商品房工程，长兴花园 1.1 万平方米商品房工程，紫园小区 2.9 万平方米商品房工程，胜利西路 3.7 万平方米保障房工程、3.72 万平方米经济适用房小区工程。开发总面积25.6万平方米，建筑总面积19.32万平方米，累计办理房屋预售备案580户，监管预售款12508万元。

## 第二节　房地产管理

### 一、产权产籍管理

1997年6月，区政府授权云溪房产分局，对云溪镇城区公、私房屋实行门牌登记编号。7月1日始，启用由建设部统一印发的房屋权属新登记证书。至2005年，发放各类房屋权属新登记证书2.89万本。2007年7月，开展私房普查发证。至12月，完成云溪镇城区私房普查发证。2008年，区投入80万元，完成云溪镇城区及近邻乡镇房产地形图测绘。2009年，完成永济乡、云溪乡、道仁矶镇、陆城镇外业测量。由云溪规划分局自筹60万元，完成临港产业新区、云溪工业园房产地形图测绘、长炼房产电子图模转换工作。2011年，完成临港产业新区5平方公里房产地籍图测绘，建房地产档案35339份。

### 二、房屋安全鉴定

2004年前，未统一进行房屋安全鉴定。2004年，在全区开展房屋安全普查。发现13栋中小学教室、宿舍、食堂有安全隐患。除采取应急处理措施外，全面推进中小学危房改造工作。2005—2011年，针对普查中发现居民住宅室内装修存在严重安全隐患，印发建设部颁布的《住宅室内装饰装修管理办法》，加强住宅装饰装修安全教育。对长炼、岳化2000余户装饰装修合同进行鉴定。对84处有严重安全问题的装饰装修工程下发《限期整改通知书》《行政处罚通知书》，进行强制处理。对因装修形成危房的住户进行紧急疏散，对拒不接受处罚的居民申请法院强制执行。2011年，落实上级关于加强出租住宅安全管理的文件精神，对岳化、长炼500余套出租房进行全面安全检查，对白蚁危害房屋督促进行改造。

### 三、住房公积金管理

**机构**　1993年，成立区住房制度改革领导小组办公室。1995年，加挂区住房公积金管理站牌子。2003年10月，区住房公积金管理站收归市住房公积金管理中心，更名为市住房公积金中心云溪管理部。

**管理**　1994年4月始，由区财政局兼管住房公积金。2002年，执行国务院修改的住房公积金管理条例，由区设住房公积金专门管理部门管理。

2002年3月，宣传上级有关住房公积金缴存办法，加强单位职工住房公积金缴存工作。2003年，职工和单位缴存比例，由5%提高至10%。

2004年，针对企业改制后职工归属单位变化，采取将买断工龄职工单位缴存并入原上级主管部门，将重新上岗职工单位缴存归于新接纳单位的办法，巩固、扩展单位缴存率。至年底，恢复欠停缴单位3个，比上年新增归集单位9个，5个单位提高缴存比例，共归集公积金390万元，超额完成年度计划64%。

2007年，归集公积金820万元，占年度计划152%，比上年增加220万元。发放住房贷款50户、

230万元，回收210万元，逾期贷款额减少2.6万元。支取住房公积金112.88万元，其中购房支取82.79万元，离退休支取30.09万元。次年，争取单位加强对“钉子”户住房公积金催收，做好新归并单位缴存工作，完成公积金归集1161万元，比上年增长41.58%。

2009年，清理新增应缴未缴单位18个，清理增加应缴未缴在编人数818人。

2011年始，将长炼、岳化纳入统一管理。财政供养人员津补贴30%纳入个人、单位缴存基数，新增财政供养人员住房公积金归集额300万元。

2011年年底，全区共有住房公积金存款余额1.56亿元，占计划归集额136%。

# 第四章　建筑业

## 第一节　队伍与装备

### 一、建筑队伍、企业

清代、民国时期，境内有建筑工匠200~300人。

1953—1957年，农业合作社有临时从事建筑的工匠350余人。60年代，境内有临时或长年性建筑队11支、400余人。60年代后期至70年代，随着长炼、岳化入驻境内，建筑市场扩大，建筑队伍相应发展。1988年，全区有建筑企业8个、职工536人。1994年后，随着城镇化建设加快，建筑（装修）队伍不断壮大。至2011年，有注册资本金500万元以上的建筑（装修）企业6个、员工1453人。

**云溪区第一建筑工程公司**　又名云溪镇建筑公司。1969年，为云溪镇建筑维修队。1976年2月，注册为云溪镇建筑队。1988年，合并云溪镇范围的建筑队组建云溪区第一建筑公司。2001年，资质为房屋总承包二级企业。2011年，在册员工168人，聘用人员78人。其中高级工程师3人、高级会计师1人、高级经济师1人、工程师48人、助理工程师105人。注册资本金2036万元，固定资产3176万元。

**云溪区建筑工程总公司**　1984年8月建立。2011年，资质为房屋建筑工程施工总承包二级施工企业，下辖5个土建项目部，屋面防水、水电安装、砼预制件生产、建材供销5个专业分公司。有员工190人，其中工程师18人、专职施工技术员143人、专职安全员14人、一线员工15人。固定资产2200多万元，注册资本金4000万元。

**岳阳市双兴防腐工程有限公司**　1989年建立。原名北区防腐保温工程公司。1991年，与长岭设备研究所联合组建岳阳市双兴清洗防腐联营工程公司。2007年，更名为岳阳市双兴防腐工程有限公司。2011年，有员工49人，其中工程师4人，一级注册建造师3人，专业施工技术人员6人，专职安全员6人，一线员工30人。资质为防水防腐保温工程专业承包二级企业。注册资本金210万元，固定资产580多万元。

**湖南和庆源建设工程有限公司**　1993年2月，为区水利水电建筑安装工程公司。2011年6月，改制更名为湖南和庆源建设工程有限公司。是年年底，有员工408人，其中高级工程师8人、一级建造师8人、二级建造师5人、中级技术职称人员96人、高级电力安全工程师2人、专业安全员5人、初级技术职称人员95人、技工164人、其他人员25人。下设广东省广州市、韶关市，福建省莆田县，云南省、贵州省贵阳市、安徽省等6个分公司。江西省南昌市、湖北省、广东省江门市，湖南省邵阳市、永州市、郴州市6个办事处。资质为水利水电工程施工总承包二级、房屋建筑工程施工总承包二级、建筑装饰装修工程设计与施工二级、市政公用工程施工总承包三级、钢结构工程专业承包三级、环保工程专业承包三级、机电设备安装工程专业承包三级、防腐保温工程专业承包二级和施工劳务资质企业。注册资本金5505万元。

**岳阳市金帆建筑有限公司** 2001年8月，合并路口建筑工程公司、云溪区第四建筑工程公司、云溪区文长建筑工程公司组建而成。2011年，资质为房屋建筑施工总承包三级、石油化工工程施工总承包三级企业。有注册资本金2080万元、流动资金1000万元。员工173人，其中工程师16人，专职施工技术员24人，专职安全员5人，一线员工128人。

**岳阳市金飞扬建筑劳务有限责任公司** 2010年1月建立。2011年，资质类别等级为模板脚手架专业承包不分等级、施工劳务不分等级企业。职工315人，其中工程师2人，专业施工技术员8人，专职安全员8人，特种作业人员12人，一线员工285人。注册资本金7000万元。

**岳阳立帆金属构件有限公司** 2011年11月建立。资质为钢结构工程专业承包三级企业。员工150人，其中工程师2人，二级建造师3人，专业技术人员25人，专业安全员4人，一线员工116人。注册资本金800万元。

### 二、建筑装备

清代、民国时期，仅有砌刀、角尺、泥桶。20世纪50年代，新增水准仪。60年代至70年代，使用竹、木脚手架。1980年后，网栏、钢管脚手架普遍应用。1983年，境内有混凝土搅拌机37台，固定物料提升机32台，人力斗车110辆，卡车改装的吊板车27台。

90年代后，大、中型机械设备相继进入施工领域。2000年后，出现专营混凝土搅拌供销站，专营混凝土运输、砼灌浆机械的专业户，专事预制件制作、运输、吊装的施工装备，各种机械设备成龙配套。2011年，有混凝土搅拌站6个、搅拌塔18个、大型混凝土灌车17台、灌浆泵车（天泵）11台、全自动控制搅拌机21台、大型塔吊7台、移动式物料提升机32台，半自动混凝土搅拌机、沙浆搅拌机、打桩机、震动泵等310台，机械设备总功率3318.4千瓦，装备率1.68万元/人。

## 第二节 建筑设计

### 一、机构

清代、民国时期，境内无建筑设计机构。

1958年1月，公房建筑设计一般由县基建办设计室负责。1960年，由县工业局基建科设计室负责。1961年，由县计委基建设计室负责。1973年4月，复由县基建办设计室负责。1983年10月，由县城乡建设局设计室负责。1984年2月，由县城建环保局设计室负责。

1984年12月，区城建环保局设建筑设计室。90年代中期，规模较大的建筑企业建立设计机构。2011年，全区有设计室8个。

## 二、设计

**城区建筑设计**　明、清时期，陆城的府第祠庙等公共建筑设计特色各异。学宫岭文庙，三重殿宇，金碧辉煌，殿内供孔子牌位，殿外当路立一“文武百官至此下马”石碑。为颂扬医德而修的崇圣堂、文现案，前后三进，内供神医姚公雕像，堂后植一百年皂角树，翠盖如云。文现案既是敬奉儒医工文衡的处所，也是文人聚集欢娱之处，俗称游乐场。案前有楹联“文笔凌空光射斗，现身说法案生香”。南门外宋仁宗游陆城下旨建的嘉祐寺，被称作江南十方大禅林，重楼密阁，雕梁画栋，前后五重殿宇，内设48口天井。其弥勒殿东有钟楼一座，八角亭式，内悬幽冥钟一口，高2米，钟身铸有经文，常有僧人拉杆撞击，声震十余里。南门外祖师殿，似崇台琼阁，登楼远眺，风光如绘，被传为“南楼晚眺”胜景。附近观音阁，高三层，内分三殿，其中大雄宝殿、千叶莲台庄严典雅，气势磅薄。阁中弥勒佛、千手观音、铁罗汉、众多天神雕像，或慈眉善目、拈花含笑，或神态安祥、衣带飘拂，或横眉瞪眼、强劲威猛，众生百相，造型逼真。其他何祠、车祠、管祠，杨、蔡、龚、吴、戴、黄、汤、邹、聂、张范家等宗祠均庄重大方，线条流畅。

临街民居两侧前檐均置骑马垛，中设照门。民国时期，兵燹连年，少有建筑，残余房屋多为明、清时期建筑样式。

50年代，云溪老街云溪公社、学校、商店、邮电机构等单位公房多为“一”字型长溜平房，排列齐整、规矩。民房大都一室一厅两进里弄式房屋。

60年代至70年代，公房由“一”字型长溜平房改为2~3层楼房，外型高大整齐。民宅多设计为前厅后室，宽敞透明。

80年代中、后期，公房一般设计为正方形，4~5层高楼，整体高大厚重。区政府办公楼，7层，长方形，坐北朝南，兀立马鞍山，为云溪镇西城区最高建筑。每层置一长廊贯通，两边办公室相向对应，整齐划一。民房亦由平房设计为楼房。

2000年后，房屋设计向空中、花园式发展。公房一般6层以上。区政府第二办公楼，8层，半内园型，中间高峙，两边略低，远观如冠盖。2011年，附属设施全部竣工。前有花带、云溪广场，后有马鞍山脊、右有森林公园，地势开阔，环境优美。民宅少则3层，多则4层以上。

**镇、村建筑设计**　70年代前，乡村、集镇房屋一般为明3间或明3暗5间平房。70年代后，为利于采光，改明3暗5间为明5间。80年代始，平房改为2层楼房，明5间设计为明3暗10间。2000年后，建筑风格多元并存：有平房、2~3层楼房、别墅等等。每层有室、有厅、有厨房、卫生间。每栋均有隔潮层、台阶式；均有落地窗、通透式；均有隔热层，冬暖夏凉，干爽明亮，设计精巧。

# 第三节　建筑工艺

## 一、主体

**基础**　清代、民国时期，一般埋设旧土砖、瓦碴等。50年代，一般铺垫砖碴、碎石，超深部分用砖碴、石灰、河沙、黄土拌制三合土垫底。60年代，用砖碴、三合土垫层的逐步减少，代之以片石、砌砖作基础。70年代至80年代，大多采用0.8~1.2米左右片石砌筑，灌石灰泥浆或水泥沙浆。90年代后，均采用1.2~1.8米左右大片石层层砌筑，灌水泥沙浆。2000年后，建筑工艺多样化，有用大片石砌筑灌水泥浆的，有用砖砌1~2米宽的，有倒制预制构件的，超深部分有打钢筋水泥桩或挖沉井铺设钢筋笼子灌水泥沙浆的。

**墙体** 清代、民国时期，乡村多用泥砖砌墙，湖区多用芦苇、竹片夹制墙壁，只有地主、土豪、集镇商户用青砖砌墙。20世纪50年代，一般用3×6×9型青砖砌1.2米高后再用泥砖砌筑，湖区竹料扎壁改用木料再敷泥浆扎壁。60年代，始用红砖砌墙，泥浆逐步改黄土拌制为石灰、河沙拌制，墙面红白相间，平整美观。70年代至80年代，普遍用红砖砌眠墙，泥浆均采用河沙拌水泥浆。90年代后，2~3层楼房一般采用钢筋混凝灌柱，各层加圈梁形成整体，梁、柱间填砌红砖眠墙。2000年后，5~8层高楼采用预制构件、钢筋混凝土框架结构，泥浆改石灰、河沙、水泥浆为细黄土、河沙、水泥浆，结实牢固，可防震防台风。

**屋面** 20世纪50年代前，屋顶为双坡分水，一般盖小青瓦，山区有盖杉皮的，湖区大多盖稻草或茅草。60年代后，逐步用红瓦盖顶。70年代至80年代，普遍用油毡铺底，再盖红瓦，防雨雪倒灌。90年代，单位公房均采用混凝土倒制平顶，省木材，防大风。2000年后，屋面建筑工艺呈现多样化。有两坡分水的，有四坡分水的，有盖彩瓦的，有盖瓷瓦的，有用混凝土倒制平顶上面立廊柱花架的，有用混凝土直接倒制四坡分水再贴瓷瓦的，色彩纷呈，造型各异。

### 二、装饰

明、清时期，外墙、内墙、室内一般不讲究装饰，仅有富豪之家、祠堂、庙宇室内用青砖铺地，祠庙外墙多刮石灰浆、绘彩绘。民国时期，学校有内墙刮石灰浆、廊柱刷红漆的。

20世纪50年代，单位房屋室内始用青砖铺地。60年代至70年代，民宅一般内墙粉草筋石灰浆，室内地板打三合土。单位公房室内打水泥地板，门窗漆红、绿油漆，个别单位大门口、通道、楼梯间打水磨石地面。80年代，内墙装饰一般石灰沙浆打底，纸筋灰抹面，刷2~3次白石灰水，有的用涂料刷白。外墙墙面用水刷石，抹混凝土、干粘石或贴马赛克、瓷砖等现代装饰材料。90年代后，外墙刮涂料、贴彩色瓷片。内墙刮“308”、“904”涂料。地面打水磨石、贴瓷砖。单位办公楼的门柱、室内立柱贴各色大理石、花岗岩石，内墙贴彩色花纹墙布。室内天顶吊泡沫装饰板或石膏装饰板，地面有铺红、绿塑料地毯或毛地毯的。2000—2011年，外墙装饰发展为玻璃幕墙，石料贴挂或干挂。门柱、窗框、檐线用石漆、玻璃纤维加强水泥构制。内墙墙面贴彩色墙布、喷乳胶漆、做大理石背景墙。地面贴瓷砖、打水磨石、铺玻化砖或大理石、做复合木地板或实木地板。门窗有塑钢、铜、铝合金、玻璃、大理石等材质的。室内另配多种花样灯具、画框、穿衣镜、整容镜等。

## 第四节 建筑业管理

### 一、安全管理

**机构** 1984年前，无建筑安全管理机构。1984年12月，区城建环保局成立区建筑安装管理站，兼管建筑安全，在岗4人。2007年，更名为区建设工程管理站。2011年，在职6人。

**管理**　1984—1986年，重点加强“两会”（即人大会、政协会）、春节期间建筑工程施工现场安全与文明施工检查，督促整改起重机械安全隐患3处。1990年，开展建筑施工脚手架、支模架专项检查。下发有关通知，抽调专人到工地巡回视察。至次年，检查施工现场，纠正未按要求架设施工脚手架、支模架30余起。1995年，开展建筑施工安全生产月活动。召开动员会，印发建筑安全规程，出动宣传车巡回宣传，营造浓厚的建筑安全生产氛围。1999—2003年，举办有关培训班，组织现场观摩，开展自查自纠，重点加强建筑施工现场夏季消防工作。全区建筑施工现场夏季未发生火灾事故。2005年，不定期召开建筑企业负责人、安全员会议，加强高温季节建筑施工安全监督工作。至2009年，全区高温季节未出现施工安全事故。2010—2011年，开展建筑工程冬季消防专项整治行动。重点抽查建筑施工现场、机电设备，下发整改通知书，督促整改消防安全隐患4处。有区人民医院异地新建项目，岳阳森凯仓储物流有限公司信息大楼项目、公共租赁住房项目等3个项目报省级安全示范工地，7个项目报市级安全示范工地。

### 二、质量监督

**机构**　1989年前，建筑质量由筹建方监督管理。1989年，成立区建设工程质量监督站，负责全区质量工程监督注册，在建工程实体质量监督、竣工验收备案等工作。1996年，更名为区建筑质量监督站（简称建筑质监站）。2011年，区建筑质量监督站有大专以上文化程度、中级技术职称的建筑工程专业技术人员7人。

**检验**　1989—2011年，监督检验项目465个，工程质量监督率、工程质量合格率均达100%。有区政府第二办公楼获省优质工程奖，云溪财产保险公司营业楼、云溪信用联社营业楼获市优质工程奖。

# 第五章　城市开发

2003年10月，区政府成立区城市建设投资有限责任公司（简称投资公司），挂靠区财政局。2005年10月，归并区投资公司组建区城市建设投资管理中心（简称城建投），隶属区政府管理。2011年，区城建投为区政府正科级直属事业机构，增加财务投资职责。内设机构有办公室、融资招商股（投资经营股）、计划财务股、项目管理股（工程建设股），核定机关事业编制8名。归口管理云溪区土地储备中心，另核定全额拨款事业编制1名，自收自支编制3名。

## 第一节　资金筹集

**资金融合**　2003年，区政府注入资金5000万元。获国家开发银行第一笔15年期贷款900万元。至2011年，向驻区银行申请贷款到位资金9.36亿元。

**土地出让**　2011年8—12月，供应储备土地133.33公顷，实现土地出让收入5亿元。其中以636万元/公顷出让17.6公顷土地给大汉集团，出让收入11193.6万元，创全区土地出让单价、单项土地出让收入两项最高纪录。

## 第二节　投资开发

2004—2011 年，先后投入 1692 万元开发云溪工业园，投入 6911 万元开发云溪工业园长炼分园，投入 7126 万元开发通港路，投入 4682 万元开发炼化路，投入 5750 万元开发临湖公路，投入 4682 万元开发云溪镇城南新区。

另有岳阳美景置业有限公司投资独立开发胜利西路经济适用房项目，建经济适用房 350 套、公租房 40 套、配建廉租房 120 套，小区配套用房占地面积 3.72 万平方米，安置 107 国道拓宽工程拆迁户、临港新区拆迁户、双花水库生态移民户廉租房享受对象 101 户。

# 第六章　环境保护

1979 年前，无环境保护管理机构。1979 年 8 月，由县环保办管理。1984 年 2 月，由县城建环保局统管。

1984 年 6 月，由区城建环保科管理，9 月，由区城建环保局管理。1990 年 4 月，析区城建环保局置区环境资源保护局（简称环保局）。2005 年 8 月，收归市环保局直管，更名为市环保局云溪分局（简称云溪环保分局）。2011 年，云溪环保分局内设机构有办公室、审批股、监察中队，有全额拨款事业编制 12 名。

## 第一节　环境质量

**大气环境质量**　1998 年前，境内未检测大气环境质量。1998 年，全区大气环境质量达到国家二级标准 281 天，有 84 天仅达三级标准。影响大气环境质量的主要污染物是工业废气中的二氧化硫、烟尘、粉尘。是年，工业废气中二氧化硫排放量 4276.4 吨，烟尘 2163 吨，粉尘 1017 万吨。2003 年，二氧化硫排放量 7545 吨，氮氧化物 8531 吨，烟尘 2418.8 吨。全年大气质量达到国家二级标准 262 天，有 103 天仅达到三级标准。2007—2011 年，大气环境质量达到国家二级标准的天数年均增至 312 天，仅达到三级标准的天数减至 53 天。

**水环境质量**　20 世纪 70 年代中期，随着国营大厂入驻境内，工业逐步发展，城镇规模扩大，工业废水、生活污水等，对水环境质量污染加剧。1998 年环境调查，境内长江段流程控制断面水质平时为Ⅲ类，枯水期为Ⅳ类。云溪河干流控制断面为Ⅳ类，松阳湖、白泥湖、后湖控制点水质为Ⅲ类。污染源主要是工业废水、生活污水中的悬浮物、化学需氧量、生化需氧量、石油类、硫化物、挥发酚、氨氮等。是年，岳化排放工业废水 2407 万吨，其中有 1840 万吨由明沟排入松阳湖。

2007—2008 年，全国第一次污染源普查，结果显示全区 7 个乡镇、云溪工业园、长岭街道、岳化社区水体污染源有农药残留、禽畜粪水、生活污水、工业废水。其中仍以工业废水对水质污染最为严重，年均排放量2556.1万吨，其中化学需氧量排放3656.34吨，氨氮排放1590.8吨，石油类排放98.1吨。工业固体废弃物对水质污染次之，年产生量40.51万吨，除综合利用、处置、按环保要求贮存外，实际倾倒8.66吨。废水、废弃物随雨水渗透、流动，污染下游水体，临城伴厂的云溪河、松阳湖、白泥湖、后湖枯水期水质均为Ⅳ类。

2009年始，环保部门在长江段设3个监测断面，在白泥湖、枫桥湖各布2个水质采样点，在芭蕉湖、松阳湖各设3个水质采样点。至2011年，比较监测点历次监测结果，上述区间水体污染均得到控制。松阳湖地表水中总磷0.068毫克/升，比2009年1.17毫克/升降低最大超标倍数11.2倍。

**2009—2011年云溪区松阳湖监测点部分年份水质情况比较表**

表19-6-1　　　　单位：毫克/升

| 监测地点 | 污染物情况 | | | | | | | | | | | |
|---|---|---|---|---|---|---|---|---|---|---|---|---|
| | pH | | 化学需氧量 | | 氨氮 | | 总磷 | | 砷 | | 汞 | |
| | 2009年 | 2011年 | 2009年 | 2011年 | 2009年 | 2011年 | 2009年 | 2011年 | 2009年 | 2011年 | 2009年 | 2011年 |
| 湖东 | 7.48 | 7.0 | 12.9 | 15.94 | 2.537 | 1.94 | 1.20 | 0.060 | $2.88\times10^{-3}$ | 0.0005 | 0.00002ND | 0.00002ND |
| 湖南 | 7.83 | 6.8 | 12.5 | 7.60 | 2.551 | 2.95 | 0.229 | 0.067 | $1.94\times10^{-3}$ | 0.003 | 0.00002ND | 0.00002ND |
| 湖西 | 7.48 | 7.67 | 12.1 | 8.24 | 2.591 | 0.126 | 1.22 | 0.104 | $3.41\times10^{-3}$ | 0.0005 | 0.00002ND | 0.00002ND |
| 湖北 | 7.50 | 7.37 | 13.3 | 7.68 | 2.204 | 0.581 | 1.11 | 0.094 | $6.72\times10^{-3}$ | 0.05 | 0.00002ND | 0.00002ND |
| 湖中 | 7.47 | 6.7 | 12.8 | 13.94 | 3.071 | 0.19 | 1.17 | 0.068 | $3.28\times10^{-3}$ | 0.02 | 0.00002ND | 0.00002ND |
| 超标率（%） | 0 | 0 | 0 | 0 | 100 | 0 | 100 | 0 | 0 | 0 | 0 | 0 |
| 最大超标倍数 | 0 | 0 | 0 | 0 | 1.047 | 0 | 11.2 | 0 | 0 | 0 | 0 | 0 |
| 湖东部 | 7.11 | 7.23 | — | — | — | — | — | — | 23.704 | 16.22 | 0.288 | 0.27 |
| 湖中十字湖 | 7.28 | 7.26 | — | — | — | — | — | — | 27.34 | 10.5 | 1.25 | 0.243 |
| 湖出口处 | 7.24 | 7.24 | — | — | — | — | — | — | 13.7 | 14.52 | 0.103 | 0.18 |
| 超标率（%） | 0 | 0 | — | — | — | — | — | — | 33.33 | 0 | 33.33 | 0 |
| 最大超标倍数 | 0 | 0 | — | — | — | — | — | — | 0.09 | 0 | 1.50 | 0 |
| GB15618-1995二级标准 | 6.5-7.5 | 6.5-7.5 | — | — | — | — | — | — | ≤25 | ≤25 | ≤0.50 | ≤0.50 |

2011年，境内长江段、云溪河、松阳湖、白泥湖、后湖等地水质对照《地表水环境质量标准》（CB3838-2002）中Ⅲ类水质标准，除总磷略有超标外，其他均达到标准。

**声环境质量**　2001—2005年，根据中心城区、各乡镇定点监测，城区平均等效声级白昼为60.8分贝，夜间为41.3分贝。农村白昼40.6分贝，夜间38.2分贝。均仅略低于国家规定标准（即交通干线70分贝、工业区65分贝、混合区60分贝、居民区55分贝）。影响声环境质量的主要因素有机械、高音喇叭、交通车辆、燃放烟花爆竹，其中以燃放烟花爆竹产生的噪音为剧。此期间，年均烟花爆竹年销售额 1.48 亿元。2006—2011 年，年均烟花爆竹销售额 1.2 亿元。声环境质量中心城区平均等效声级白昼为 52.1 分贝，夜间为 36.2 分贝。农村白昼、夜间分别为 38.4 分贝、34.27 分贝。

## 第二节　环境治理

### 一、废气治理

20 世纪 70 年代后，长炼、岳化产生的可燃性工业废气通过燃烧塔燃烧后减少排放量。1985 年后，通过回收处理、精细提炼减少废气中影响大气环境质量的污染物。2011 年，长炼启动第二套 6 万吨硫磺回收装置、催化烟气脱硫装置，共减排二氧化硫 5000 吨，比 2009 年下降 50%。其催化剂厂微球车间，通过分离尾气粉尘等措施，年回收催化剂粉尘 486 吨，使尾气含尘量大幅度下降。岳化二氧化碳排放量比 2009 年降低 68.9%。是年，云溪城区建成烟尘控制区 3 平方公里，常规监测大气环境质量结果符合 GB3096—96《环境空气质量标准》二级水平，全年达到国家环境空气质量一、二级标准 328 天，其中达到一级标准 22 天，达到二级标准为 306 天。境内降水酸雨频率 31%，比 2009 年略高，但其中二氧化硫含量比 2009 年降低 13.4%。

### 二、废水废河治理

**废水减排**　1970 年后，长炼、岳化先后铺设自本厂至沙窝、彭家湾污水管道，向长江干流排泄工业废水。

2004 年，云溪工业园驻园企业从改进生产工艺、调整生产原材料入手，减少污水排放，至 2006 年，外排废水总量比 2004 年下降 13.8%。2011 年，云溪工业园废水排放量比 2008 年下降 23.39%。岳化降低新鲜水用量，外排废水比 2009 年减少 12.2%，其中化学需氧量排放量下降 54.7%。长炼加强废水回收处理，废水排放量比 2010 年下降 1.34%。

**云溪河治理**　云溪河纵贯岳化，横穿云溪镇东、西城区。70 年代后，随着工业发展，城区居民增多，工业废水、生活污水、废渣废物使河道渐塞，水质污染日盛。2003 年，区政府决定实施云溪河治理工程，其中包括河道清污、疏浚、河岸整治、城区生活污水处理。次年，工程开工。项目纳入长江、洞庭湖生态环境治理工程，由国家发改委投入 1.48 亿元。2010 年，城区生活污水处理纳入云溪工业园工业废水处理项目，与工业废水合并处理。至 2011 年，完成土石方 30201.68 万立方米、水泥浆砌石 1181.75 万立方米、混凝土硬化 470.56 立方米、混凝土制块护坡 8923.13 平方米，草皮护坡 4.91 万平方米、劈裂灌浆 1.35 万米、水冲穴回填 6341 米、河道清污疏浚 10.1 万米，云溪河污染得到有效治理。

**污水处理**　2008 年 7 月 14 日，区委、区政府决定通过招商引资在云溪乡新铺村兴建污水处理厂，收集处理岳化、云溪工业园工业废水和云溪镇城区生活污水。10 月，工程开工。2009 年 3 月，工程项目纳入全省城镇污水处理设施建设三年行动规划。2010 年 7 月工程竣工。总投资 1.86 亿元，共铺设污水排入管道 3.46 万米、管网 9600 米、箱涵 1600 米，建污水提升泵房 1 栋，日处理污水能力 2 万吨。

### 三、废渣治理

1990 年，在云溪镇城区、乡镇集镇建废弃物、生活垃圾收集箱、收集点，实行集中收集。2003

年，区财政投入30万元，在云溪镇城区新埠路建垃圾中转站，结束城区垃圾临街堆放历史。在云溪乡新铺村建垃圾场，实行垃圾集中填埋。2005年始，对建筑工地实行围栏、围网、薄膜覆盖，减少废渣、尘土扩散。

2009年3月，投入1.27亿元，在道仁矶镇大田村樟树组罗家坡建伏牛山无公害垃圾处理场。项目被列入《湖南省城镇生活垃圾无公害处理设施建设方案》，作为全市重点工程加快建设，实行垃圾卫生填埋与综合处理。2011年12月，一期工程卫生填埋工程竣工。库容200万立方米，日处理垃圾100吨，可使用30年。

是年，区投192万元，购垃圾运输车6台、垃圾收集箱6个，在全区镇、村建垃圾池758个，安装垃圾果皮桶250个，配村专职垃圾清扫员26人，实行垃圾户投、组集、村运、全区集中处理，有效控制垃圾、废渣对大气环境质量的污染。

### 四、噪声治理

2004年，云溪镇城区开展噪声控制达标区建设，控制区主要为学校、医院、重点居民区、周边工业区，由区城管监察部门、云溪环保分局加强噪音控制区噪音排放源登记、监督管理，对噪音严重超标企业限期整改。至2010年，完成2平方公里噪声达标区创建目标。是年，区政府出台禁止在云溪镇中心城市燃放鞭炮的禁令，建立禁止燃放鞭炮区6平方公里。由区城管部门加强巡查监督。2011年，噪声达标面积增至3平方公里，城市道路交通噪声平均值、区域环境噪声平均值均达到国家A级水准。

## 第三节　环保执法

1984—1999年，区环保部门坚持执法宣传与治理整顿相结合，先后开展环保法规主题教育活动23次，参与者累计6万余人次，控制开工建设的污染环境项目27个。

2000年，落实《中华人民共和国水污染防治法》，加强督查，限期整改，督促企业降低污染物排放指数。

2002—2003年，控制14家不具备污染防治能力、生产工艺不符合环保要求的企业落户投产。

2004年，接待群众有关环保来信来访，受理举报，处理污染事故纠纷180余起，办理区人大、区政协相关提案14件。开展清理整顿不法排污企业，保障群众健康环保专项行动，检查、清理整顿企业，关停污染严重企业11家，拆除土法炼钒、铸地条钢等企业4家。

2005年，区成立环境治理工作领导小组；处理涉污企业26家，其中现场爆破炼钒厂1家，关停污染严重、治理无力、装置落后企业5家（套），限期治理11家，责令停止生产、指导搬迁9家。

2006年，落实《湖南省环境保护三年行动计划》，限定小型化工炼油企业申请领取省颁危险废物经营许可证，切断无证经营企业原料来源，搬迁岳化污水处理车间。

2007年4月14日，对在岳化下水道违规排放工业废液，严重污染岳化厂区、云溪镇城区空气质量的个体槽车业主匡××作出罚款处理，并移送公安机关实行治安拘留。

2009—2011年，严格按产业结构调整指导目录、相关法律法规，淘汰落后产能，控制“两高”（即高耗能、高污染）企业。对群众重点投诉、环保管理不规范的36家企业，采取限期整顿、关闭或停产或搬迁等强制措施，缩小污染源。

# 第二十篇　财税·金融

## 第一章　财　政

清代、民国时期，境内无独立财政。

1949 年后，由县财政实行收支两条线管理。1950 年，实行收入 3.45 万元，1957 年，增至 22.69 万元。1958 年，建立乡镇财政预算。1970—1983 年，长炼、岳化建成投产，财政收入大幅度增长。

1984—1987 年，由市财政实行报账制管理。1988 年，建立区级财政，结束境内无独立财政历史。1988 年后，各级政府积极培植财源，财政收入迅速增长；至 2001 年，财政收入首次突破亿元大关，达到 11399 万元，年均增长 38%。2003 年，加速工业发展，深入改革财政管理和税费体制，财政收入持续大幅增长。至 2011 年，剔除上级补助，区级财政收入达到 72766 万元，在 1988 年的基础上翻了近 7 番，比 2001 年增长 5.38 倍，实现收支平衡，稳步发展。

### 第一节　机　构

清代，境内财政由县署知县总揽。民国元年（1912），由县知事公署户房统管。民国 4 年，由县知事公署第二科管理。民国 11 年，由县知事公署财政局管理。民国 18 年，由县政府财政局管理。民国 31 年，由县政府财政科管理。

1949 年 10 月，由县政府钱粮科管理。1950 年，由县政府财政科专管。1959 年 1 月，由县政府财政税务局统管。1961 年 7 月，由县政府财政局管理。1970 年 7 月，由县政府财政金融局统管。1976 年 1 月，复由县政府财政税务局统管。1983 年 12 月，复由县政府财政局专管。

1984 年 6 月，由区财政科管理。1988 年 7 月，区财政科更名为区财政局。2002 年，区财政局职能调整，主要划入农村财务管理，住房制度改革、住房公积金管理，区审计局承担的指导和管理社会审计。内设机构有办公室（政工人事股）、预算股、行财股、农财股、社会保障股、农业税征收管理股、资产管理股、财政监督股（税政法规股）、经济建设股、综合规划股、会计管理股，核定行政编制 15 名、离退休人员管理服务事业编制 1 名、机关后勤服务事业编制 2 名。归口管理区住房制度改革办公室（住房公积金管理中心）、区非税收票据管理办公室、区政府采购中心、区财政工资统发中心、中华会计函授学校云溪函授站、区会计核算中心，归口管理机构共核定全额拨款事业编制 21 名。

2011 年，内设机构调整为办公室（政工人事股、税政法规股）、综合规划股、预算股、行政政法股、经济建设股、农业股、社会保障股、企业股、资产股（金融与债务股）、会计管理股、财政监督管理股，核定行政编制 15 名、机关后勤服务事业编制 2 名。

## 第二节 财政体制变革

清代，由县署代为朝廷征收赋税，并全额上缴，支出在上缴中拨给。

民国初，经费由县核准，支给均有定制。抗日战争期间，一切支付由县配给。抗日战争胜利后，仍由县统管。

1949—1952 年，收入全额上缴，支出由上级拨给。1953—1957 年，支出由上级核定指标，差额由调剂收入抵补。1958 年，实行“多收上解，多支县补，结余分成”。1963—1969 年，实行“总额分成，一年一定”。1970 年，改为“定收定支，总额分成”。1971—1977 年，实行“定收定支，超收分成，结余留用，一年一定”。1978—1979 年，改为“定收定支，一年一定，收支挂钩，增收分成，下年使用”。期间，因长炼、岳化税收较大，岳阳地区将原定对其“增收分成”改为“超收分成”。1980—1982 年，实行“划分收支，分灶吃饭，分级包干”的体制。1983 年，改为“收入总额分成”。

1984 年，市政府对北区财政实行“报账制”管理。1985 年 1 月，调整为“收入上缴，超收分成，支出包干”，确定支出基数为 161.85 万元。1988 年，改为“定收定支，收支挂钩，超收分成，一定三年”，确定收入基数为 415.85 万元，在基数内，市、区按 3:7 分成，超收部分按 2:8 分成。1989 年，区对乡实行“定收定支，收支挂钩，超收分成，一定两年”。1994 年，实行分税制财政体制，推行零基数预算，确定固定收入基数为 1563 万元，超基数以外的部分，市、区按 4:6 分成。上划中央增值税以 1994 年确定的任务数 1410 万元为基数，基数以内，市返还 1111 万元，超基数以外，市、区按 1:0.1 结算。1998 年，区对乡镇实行“划分收支范围，核定收支基数，分级总额包干，增额按比例上缴，短收自负”。2002 年，市将区 2001 年固定收入 11399 万元作为基数，超收部分按市、区 2:8 分成。是年，松阳湖农场改制为永济乡，其财政比照其他乡镇执行。2004 年 7 月，区工业园建立一级财政，比照执行乡镇财政体制。2005 年 3 月，对乡镇调整为“划分收支范围，核定收支基数，超收分成，短收自负，一定三年（暂试行一年）”，超收部分形成的可用财力，按区、乡 6:4 分成。对工业园实行“划定收支范围，核定支出基数，收入上解，支出下拨，定额上交，超收返还，短收自负，一定三年”；2006 年，调整为“划分收支范围，核定支出基数，财政补助包干，实行自负盈亏，一定三年（暂试行一年）”。2007 年 9 月，执行以“分税分享”为核心的新体制。市对区进一步划分收入范围，确定收入基数与分享比例，建立分享收入增长与奖励挂钩的激励机制。2010 年 1 月，推行“省直管县”财政管理体制。对预算执行过程中区级财政收入统计口径、分享财力比例、收入征管范围等，进行较大幅度调整：区级财政收入构成由 2006 年所定的一般预算收入、上划所得税收入、上划中央增值税收入三大块，调整为一般预算收入、上划中央收入、上划省级收入、上划市级收入四大块；省财政参与收入分享，增值税、营业税形成区级一般预算收入的比例，分别由 17.5%调至 13.125%、70%调至 52.5%；省、市下划企业税收纳入区级财政收入范围。

## 第三节　财政收入

清代，财政收入以地丁、漕粮、租课为主，另有牙税、茶引、仔课等杂捐杂税。

民国初年，财政收入有田赋、各项附加及杂捐、杂税。民国 17 年 (1928)，收入始有增加。民国 27 年，日军入侵，财政收入锐减。民国 30 年后，通货膨胀，军费开支巨额增加，国民政府颁行《财政收支系统法》，增开土地税、营业牌照税、使用牌照税、行为取缔税、所得税、遗产税、营业税、房产税等 8 种地方税，以补军需。

1949—1969 年，工农业生产恢复发展，年均财政收入 61.39 万元。1970 年后，长炼、岳化建成投产，税收大幅度增加，财政收入猛增。1976 年，财政收入 1781.16 万元。1979 年后，农业连年丰收，财政收入又有新的增长。1982 年，增至 2440.34 万元。

1984 年，长炼、岳化税收收入形成的财政收入列入市级财政。1985—1987 年，农、工、商各业迅速发展，累计完成财政收入 1900 万元（包括预算外收入。下同）。1988 年始，长炼、岳化附属集体企业利润增加，拉动财政收入增长；至 1993 年，财政收入增至 2960 万元，比 1987 年增长 3.29 倍，年均增加 378.33 万元。

1994 年后，财税部门加强税收征管，连续 8 年财政收入每年以千万元速度增长；至 2001 年，财政收入首次突破亿元大关，达到 11399 万元，年均增加 1059.5 万元。

2002 年，因驻区纳税大户兴长股份有限公司迁户注册，税源外流，加上自有财源严重短缺，财政收入比上年短收 2382 万元。

2003 年，实行国家刺激消费、拉动内需的宏观调控政策。长炼、岳化附属集体企业税源壮大，财政收入增至 10508 万元。2004 年，取消农业特产税，下调农业税税率，仍完成财政收入 12323 万元，占预算的 104.67%，比上年增长 16.61%。

2005 年，由于认真贯彻国家“保内需，促增长”的宏观调控政策，狠抓财源建设，财政收入增幅再创历史新高，共完成 15895 万元，为预算的 100.7%，比上年增加 3740 万元，增长 31.3%。

2006 年，预算外收入纳入预算内管理，至 2009 年，共完成区级财政收入 119103 万元，比 1988—2005 年的总收入增收 1666.1 万元。

2010 年，是实施“十一五”计划最后一年，区级财政收入突破 6 亿元大关，达到 61218.72 万元，占预算 104.9%，比上年增长 29.8%，加上上级补助收入 30707 万元，共实现财政收入 91925.72 万元，是历史上增收最多的年份之一。

2011 年，财政收入在高位上继续较快增长，完成区级财政收入 72766 万元，占预算 105.2%，比上年增长 8.86%，增收 11547.28 万元，加上上级补助收入 41419 万元，共实现财政收入 114185 万元。

## 1984—2005 年云溪（北）区财政收入情况表

表 20-1-1　　　　　　　　　　　　　　　　　　　　　　　　　　　　单位：万元

| 年度 | 总计 | 一般预算收入 | 其中 | | | | | | | | | | 上划收入 | 预算外收入 | 其中 | | | | |
|---|---|---|---|---|---|---|---|---|---|---|---|---|---|---|---|---|---|---|---|
| | | | 工商各税 | 企业所得税 | 农业税收 | | | | 其他收入 | | | | | | 教育附加 | 其他附加 | 统管企业收入 | 统管事业收入 | 其他 |
| | | | | | 农业税 | 特产税 | 耕地占用税 | 契税 | 行政收费收入 | 罚没收入 | 排污费 | 其他 | | | | | | | |
| 1984 | — | 498 | — | — | 72 | — | — | — | — | — | — | — | — | 0 | — | — | — | — | — |
| 1985 | 590 | 512.3 | — | — | 75.8 | — | — | — | — | 1.9 | — | — | — | 3.3 | — | 3.3 | — | — | — |
| 1986 | 620 | 552 | — | — | 68 | — | — | — | — | — | — | — | — | 3 | — | 2 | 1 | — | — |
| 1987 | 690 | 619 | — | — | 71 | — | — | — | — | — | — | — | — | 9 | — | — | 9 | — | — |
| 1988 | 757.3 | 741.2 | 555.9 | 116.4 | 53.5 | — | 11.3 | — | — | 4.1 | — | — | — | 16.1 | — | 5.1 | 11 | — | — |
| 1989 | 1053.7 | 1043.3 | 637.4 | 239.5 | 86 | 7 | 50 | — | — | 23.4 | — | — | — | 10.4 | — | 4.6 | — | — | — |
| 1990 | 1276.7 | 1252.6 | 838 | 262 | 79.9 | 10 | 15.4 | 0.3 | — | 42 | 5 | — | — | 24.1 | — | 11.5 | 12.6 | — | — |
| 1991 | 1643.2 | 1621.1 | 1163 | 242.2 | 68.9 | 14.5 | 40.9 | — | — | 45.8 | 6.5 | 39.5 | — | 22.1 | — | 13.9 | 8.2 | — | — |
| 1992 | 1952 | 1920 | 1485 | 233 | 88 | 13 | 39 | — | — | 55 | 7 | — | — | 32 | — | 14 | 18 | 5.8 | — |
| 1993 | 2960 | 2901 | 2259 | 435 | 76 | 13 | 48 | — | — | 60 | 8 | 2 | — | 59 | — | 40 | 19 | — | — |
| 1994 | 3982 | 3889 | 1244 | 902 | 141 | 32 | 53 | — | — | 60 | 20 | 76 | 1361 | 93 | — | 93 | — | — | — |
| 1995 | 4982 | 4938 | 1694 | 1061 | 141 | 48 | 135 | — | 30 | 78 | 25 | 100 | 1626 | 44 | — | 44 | — | — | — |
| 1996 | 6546 | 5907 | 2111 | 1412 | 170 | 50 | 126 | — | 50 | 64 | 49 | 101 | 1774 | 639 | — | 639 | — | — | — |
| 1997 | 6828 | 6673 | 2519 | 1429 | 208 | 54 | 100 | 5 | 123 | 54 | 61 | 100 | 2020 | 155 | 32 | 123 | — | — | — |
| 1998 | 7651 | 7251 | 2677 | 1541 | 167 | 56 | 73 | 10 | 172 | 62 | 64 | 101 | 2328 | 400 | 136 | 264 | — | — | — |
| 1999 | 8958 | 8313 | 3072 | 2003 | 157 | 72 | | 19 | 180 | 74 | 59 | 106 | 2571 | 645 | 179 | 466 | — | — | — |
| 2000 | 9705 | 9452 | 3518 | 2114 | 132 | 78 | 60 | 22 | 413 | 132 | 69 | 10 | 2904 | 253 | 200 | 53 | — | — | — |
| 2001 | 11399 | 11083 | 3795 | 2531 | 99 | 94 | 70 | 35 | 975 | 150 | 79 | — | 3255 | 316 | 207 | 109 | — | — | — |
| 2002 | 9017 | 8846 | 3070 | 553 | 347 | 30 | 10 | 40 | 1026 | 223 | 79 | — | 3468 | 171 | — | 171 | — | — | — |
| 2003 | 10508 | 10373 | 3537 | 560 | 338 | 30 | 17 | 43 | 1514 | 409 | 85 | 3 | 3837 | 135 | — | 135 | — | — | — |
| 2004 | 12323 | 12096 | 4192 | 592 | 181 | — | 18 | 46 | 1762 | 451 | — | 4 | 4850 | 227 | — | 227 | — | — | — |
| 2005 | 15895 | 15655 | 5292 | 650 | — | — | 22 | 53 | 2083 | 538 | — | 5 | 7012 | 240 | — | 240 | — | — | — |

**2006—2009 年云溪区财政收入情况表**

表 20-1-2　　　　单位：万元

| 年度 | 总计 | 区级财政收入 | | | | | | | | 上级补助收入 |
|---|---|---|---|---|---|---|---|---|---|---|
| | | 一般预算收入 | | | | 上划收入 | | | 合计 | |
| | | 税收收入 | 非税收入 | 小计 | 非税收入占一般预算收入% | 上划所得税 | 上划中央增值税 | 小计 | | |
| 2006 | 31865 | 7202 | 2648 | 9850 | 26.88 | 2947 | 8811 | 11758 | 21608 | 10257 |
| 2007 | 42633 | 8939 | 3233 | 12172 | 26.56 | 4181 | 11255 | 15436 | 27608 | 15025 |
| 2008 | 58426 | 10408 | 4780 | 15188 | 31.47 | 5948 | 13083 | 19031 | 34219 | 24207 |
| 2009 | 63911 | 13097 | 5158 | 18255 | 28.26 | 6847 | 10566 | 17413 | 35668 | 28243 |

## 第四节　财政支出

清末，财政支出分支、解两部分。其中上解主要有地丁类、漕粮类、租课类和不属于财政收入的捐、缴类，支出项目主要有俸粮驿站、教育、民政费等。

民国时期，原定每年以收抵支的余额上解，但由于没有建立预决算制度，加上军阀割据，各色部队皆自由筹款，取给当地，每年上解多少，无数据可查。抗日战争期间，军费、行政费开支更大，民国 28 年（1939），占总开支 95.1%，民国 29 年后，有所下降，仍占 70%。民国 35 年，公职人员经费支出大幅上升；至民国 37 年，其支出占 77.2%。

1949—1952 年，干部扩充较多，行政费支出较大。1953—1957 年，集中发展经济、文化、科技、卫生事业，其支出占总支出 53.4%。1958 年，各业“大跃进”，经济建设、文教、科技、卫生事业支出占 78.2%，大大超过财政承受能力，上解出现负数。1962—1965 年，调整投资比例，财政支出趋于正常。1966—1975 年，小学下放大队办，财政支出用于文教、科学、卫生事业经费的比重降至 24.8%，经济建设支出增加，占总支出 59.1%。1976—1980 年，基本建设降温，财政用于经济建设的资金占总支出 58.3%，用于文教、科技、卫生事业的资金增至 27.3%，比 1966—1975 年增加 2.5%。1981 年，财政对农田水利建设的投入减少，经济建设支出仅占 38.6%，文教、科技、卫生事业费支出增至 37.5%。

1985—1993 年，共支出 1.01 亿元（含预算外支出。下同）。

1994—2001 年，区一中搬迁，云溪铁路跨线桥、107 国道长炼连接线等项目兴建，基本建设费用增加，加上职工工资政策性调整等因素，总支出 42501 万元。其中预算内支出中，基本建设投资占 7%，文教、卫生支出占 24%，抚恤、社会救济支出占 2%，行政管理支出占 11.8%，其他支出占 55.2%。

2002 年，城市基本建设投资继续扩大，职工工资政策性增长，全年支出 9359 万元，比上年增长 11.67%。其中城市基本建设支出比 1994—2001 年年均增加 49%。

2004 年，财政支出 11814 万元，其中预算内支出首次突破亿元大关，占预算的 99.14%，比上年增长 17.3%。

2005 年，贯彻“量入为出，量财办事”“有所为，有所不为”的原则，对工资、政权建设、社会保障、教育、科技、农业、云溪工业园建设、招商引资、厂地协作等项目的支出，优先安排。全年完成支出13762万元，比上年增加14.2%。

2006年，支出16388万元，占预算99.1%，比上年增长19.08%。其中文教、科技、卫生3项费用比上年增长265.63%，农业支出增长23.25%，抚恤、社会救济支出增长63.27%，社会保障补助支出增长30.6%，文化、体育、广播事业支出增长47.87%，财政支出明显向社会公共领域倾斜。

2007年，按政策优先安排农村九年制义务教育阶段“两免一补”经费2839万元。至2010年，累计投入3800万元，完成云溪镇城区教育资源整合工程，新建云溪中学、云溪小学、快乐起跑线幼儿园3所市级示范学校、幼儿园。

2010年，按照“服务发展、关注民生、构建和谐”的支出原则，在重点保证民生领域支出的同时，安排近5000万元支持修建云溪广场、兴建区人武部综合指挥楼、云溪公安分局办公楼搬迁、城乡“五创提质”改造、修筑云港路、炼化路、随岳高速公路连接线、荆岳长江大桥配套、107国道拓宽、云溪镇城南新区开发等10多项重点工程建设。

2011年，总支出64598万元，比上年增长29.67%。其中社会保障、社会就业支出增长32.2%，医疗卫生支出增长59.8%，环境保护支出增加48.8%，落实国家保障性住房建设工程支出增长84.3%。并优先安排教育经费8115万元，完成长岭小学等10所标准化学校建设、陆城中学等8处校安工程建设，支持乡镇新建公办幼儿园。安排800万元实行药物零差率销售，以实现公共卫生均等。对基层卫生院、公共卫生事业单位实行绩效工资制。全年收支平衡，并实现自建区后滚存结余592万元。

**1985—2005年云溪（北）区财政支出情况表**

表20-1-3　　单位：万元

| 年度 | 预算内 | 预算外支出 | 合计支出 | 其中 | | | | | 上划中央增值税净上解 |
|---|---|---|---|---|---|---|---|---|---|
| | | | | 基本建设支出 | 文教卫生支出 | 抚恤社救支出 | 行政管理支出 | 其他支出 | |
| 1985 | 336.8 | 1.1 | 337.9 | 40.0 | 122.0 | 5.1 | 107.8 | 63.0 | |
| 1986 | 385.3 | 2.2 | 387.5 | 20.0 | 154.6 | 14.3 | 107.1 | 91.5 | |
| 1987 | 587.9 | 2.8 | 590.7 | 10.0 | 151.6 | 19.8 | 191.6 | 218.1 | |
| 1988 | 661.7 | 10.5 | 672.2 | 5.0 | 234.0 | 18.7 | 134.2 | 280.3 | |
| 1989 | 1030.0 | 9.3 | 1039.3 | 10.0 | 302.8 | 51.3 | 110.0 | 565.2 | |
| 1990 | 1175.3 | 21.4 | 1196.7 | 104.6 | 360.7 | 34.4 | 143.0 | 554.0 | |
| 1991 | 1346.5 | 25.0 | 1371.5 | 110.0 | 427.7 | 33.8 | 143.0 | 657.0 | |
| 1992 | 1875.0 | 22.0 | 1897.0 | 165.0 | 454.0 | 60.0 | 321.0 | 897.0 | |
| 1993 | 2568.0 | 14.0 | 2582.0 | 165.0 | 688.0 | 55.0 | 315.0 | 1359.0 | |
| 1994 | 3080.0 | 29.0 | 3109.0 | 323.0 | 891.0 | 49.0 | 362.0 | 1484.0 | 250.0 |
| 1995 | 3565.0 | 7.0 | 3572.0 | 316.0 | 1022.0 | 59.0 | 462.0 | 1713.0 | 493.0 |
| 1996 | 3698.0 | 629.0 | 4327.0 | 330.0 | 956.0 | 114.0 | 508.0 | 2419.0 | 631.0 |
| 1997 | 4029.0 | 144.0 | 4173.0 | 262.0 | 1100.0 | 96.0 | 584.0 | 2131.0 | 861.0 |
| 1998 | 4558.0 | 412.0 | 4970.0 | 341.0 | 1410.0 | 110.0 | 623.0 | 2486.0 | 1151.0 |
| 1999 | 5696.0 | 667.0 | 6363.0 | 347.0 | 1461.0 | 99.0 | 643.0 | 3813.0 | 1369.0 |

续表 20-1-3

| 年度 | 预算内 | 预算外支出 | 合计支出 | 其中 | | | | | 上划中央增值税净上解 |
|---|---|---|---|---|---|---|---|---|---|
| | | | | 基本建设支出 | 文教卫生支出 | 抚恤社救支出 | 行政管理支出 | 其他支出 | |
| 2000 | 7336.0 | 270.0 | 7606.0 | 351.0 | 1510.0 | 118.0 | 824.0 | 4803.0 | 1671.0 |
| 2001 | 8048.0 | 333.0 | 8381.0 | 696.0 | 1846.0 | 173.0 | 1018.0 | 4648.0 | 1992.0 |
| 2002 | 8188.0 | 171.0 | 9359.0 | 555.0 | 2124.0 | 263.0 | 1117.0 | 4300.0 | 2188.0 |
| 2003 | 9888.0 | 183.0 | 10071.0 | 431.0 | 2511.0 | 326.0 | 1496.0 | 5307.0 | 2533.0 |
| 2004 | 11498.0 | 316.0 | 11814.0 | 455.0 | 3315.0 | 435.0 | 1770.0 | 5839.0 | |
| 2005 | 13496.0 | 266.0 | 13762.0 | 595.0 | 3796.0 | 520.0 | 2035.0 | 6816.0 | |

**2006—2011 年云溪区财政支出情况表**

表 20-1-4　　单位：万元

| 年度 | 合计 | 其中 | | | | | | | | | | | | | | | | | | | | |
|---|---|---|---|---|---|---|---|---|---|---|---|---|---|---|---|---|---|---|---|---|---|---|
| | | 一般公共服务 | 国防 | 公共安全 | 教育 | 科学技术 | 文化体育与传媒 | 社会保障和就业 | 其中：抚恤 | 医疗卫生支出 | 节能环保支出 | 城乡社会事务支出 | 农林水事务支出 | 交通运输支出 | 资源勘探电力信息事务支出 | 商业服务业事务支出 | 国土资源气象等事务支出 | 住房保障支出 | 粮油物资储备事务支出 | 国债还本付息支出 | 基本建设支出 | 其他支出 |
| 2006 | 16388 | 3015 | 0 | 1023 | 3247 | 253 | 167 | 2236 | 290 | 405 | 50 | 1111 | 1485 | 444 | 607 | 54 | 0 | 120 | 55 | 0 | 791 | 2116 |
| 2007 | 22253 | 4017 | 7 | 1395 | 4280 | 347 | 180 | 2862 | 472 | 1210 | 230 | 1719 | 3794 | 966 | 650 | 152 | 0 | 184 | 82 | 0 | 178 | 1719 |
| 2008 | 32690 | 5330 | 0 | 1528 | 6141 | 318 | 356 | 4512 | 751 | 2624 | 401 | 2992 | 4767 | 1879 | 918 | 133 | 0 | 236 | 130 | 0 | 425 | 2992 |
| 2009 | 42358 | 6128 | 0 | 1728 | 7248 | 844 | 425 | 4963 | 665 | 2756 | 450 | 7869 | 5625 | 1069 | 1487 | 950 | 0 | 289 | 114 | 0 | 413 | 7869 |
| 2010 | 49819 | 7360 | 2 | 2370 | 9603 | 938 | 564 | 5685 | 511 | 4055 | 1325 | 4674 | 6391 | 3585 | 1000 | 1125 | 59 | 409 | 193 | 0 | 437 | 4764 |
| 2011 | 64598 | 13616 | 1 | 1591 | 9669 | 854 | 567 | 7514 | 754 | 6479 | 1971 | 4675 | 7040 | 3984 | 780 | 1364 | 8 | 3858 | 278 | 0 | 199 | 4675 |

# 第五节　财政监管

## 一、预决算管理

1949 年 7 月后，行政管理经费、事业经费由县财政下拨。1954—1957 年，实行预算归口包干。1961 年，坚持“先算账，后花钱，保证收支平衡，略有节余，不出现赤字”的预算原则。“文化大革命”期间，预算制度基本废止。1980 年，对全额拨款单位，改“年初核定预算，年终结余收回”为“预算包干，结余留用”；对差额补助单位，实行“定收定支定补助，结余留用”的管理办法。

1985 年，市对区实行“收入上交，超收分成，支出包干，一年一定”的预决算管理。核定收入 3070.9 万元，支出指标为 161.85 万元。

1987 年年底，区财政科设预算股，建立预算制度。1988—1993 年，市对区实行“定收定支，收支挂钩，超收分成，一定三年”。1994年，对行政事业单位实行零基预算，由递增包干改为“定编定员，全额包干，超支不补，节余留用”。上收教育经费由教育部门统一管理；公费医疗由病种限额管理改为“包干管理”。在支出预算安排上，坚持“保吃饭、保改革、保重点”，严格控制经费追加范围和数额。

1998年，改革行政事业单位预算外收入的征税管理、综合财政预算，对行政事业性收费、罚没收入，实行“收缴分离，判罚分离”。全年纳入预算外管理的资金3271万元，实行综合财政预算管理的资金1610万元，抵顶支出1556万元，征收政府调节基金110万元。将教育经费下放到乡镇管理，区财政只负责管理区一中、教育局机关的经费。

1999年，执行国家适度从紧的财政政策，推行零基预算编制，改变“基数加因素”的增量预算。对行政单位经费支出零增长，事业单位经费支出负增长，差额拨款单位逐步“断奶”。并对乡镇财政赤字、担保负责的债务，按照“谁主管，谁整顿；谁批准，谁负责；谁用钱，谁还钱；谁担保，谁负连带责任”的原则，限定3~5年内消赤减债。

2000—2004年，贯彻国家积极的财政政策、稳健的货币政策，重点“保工资、保吃饭、保运转”。推行部门预算，将区教育局、区交通局等16个单位的行政事业性收费，纳入预算管理，实行乡镇财税合署办公。对乡镇、行政事业单位加强“两无一统”（即单位无会计、收入无过渡户，财务集中管理、分户核算）管理，区成立工资统发中心，实行工资统一发放。

2005年，调整乡镇财政预算，确定超收部分形成的可用财力按乡4区6比例分成，调减乡镇收入基数1137万元，发挥乡镇理财积极性。是年10月，成立区会计核算中心，有区直47个行政事业单位的财务纳入会计核算中心集中核算。

2008年，推进财政预决算3项改革，即建立国库单一账户体系，将财政资金从国库直接支付到商品供应商或劳务者手中，实行乡镇财政区管乡镇用，统一机关单位津贴补贴项目、标准，建立规范公开透明的津贴补贴发放制度。

2010年，区政府制定财政资金拨付管理暂行办法，由国库集中支付的单位增至52家。逐步向所有单位、所有财政性资金延伸。

2011年，实行财政预决算网络化管理。纳入管理的有57个行政事业单位3.5亿元国有固定资产。建立农民财政网，利用“一卡通”发放农村公益事业、合作医疗、低保、养老保险、农业保险、人畜安全饮水、清洁家园、沼气推广等21个项目的补贴资金2800万元。取消财政局专业股室资金账户，将所有财政资金纳入国库集中支付体系。

**二、预算外资金管理**

1983年2月，执行国务院、财政部《预算外资金管理试行办法》，加强预算外资金管理。1986年12月，区政府下文规定，对财政部门按国家规定管理的各项附加征收、行政事业单位自收自支等不纳入国家预算的资金，国营企业及主管部门管理的各专项资金，地方和中央主管部门所属的预算外企业收入，其他按国家规定不纳入预算的各项收入等预算外资金，在所有权不变的前提下，采取由财政部门专户储存、计划管理、财政审批、银行监督的办法进行管理。是年，管理预算外收入216.4万元，审批预算外支出192万元。

1994年8月，区政府规定，行政事业性单位的收费项目除医疗机构中的挂号费、门诊费、住院费、中小学学杂费、书籍费等预算外资金暂不纳入管理外，其余行政事业性收费全部纳入财政统一管理。是年，财政专户储存预算外收入1401万元，审批预算外支出1347万元，分别比1986年增加5.47

倍、6.02倍。

1995年1月，执行《湖南省预算外资金管理条例》，将各项附加收入、集中的事业性收入、其他收入等财政部门管理的预算外资金，行政性收费、事业性收费、专项收费、专项基金、公益性集资、募捐、有偿服务收入（不包括实行企业化管理的事业单位从事有偿服务收入）等行政事业单位的预算外收入，其所有权全部归属国家，调控权归属政府，管理权归属财政。

1997年，区成立收费管理局（2001年8月更名为非税收入管理局）管理预算外收入。根据国家农业部取消43项农村达标升级活动、37项中央国家机关涉农负担的集资、基金和收费项目的决定，废止收费文件23个，砍掉不合理收费项目34项，降低收费标准18项，共压减预算外收费81.5万元。

1998年5月，将预算外资金范围调整为：执收单位依据国家法律、法规和规章收取、提取而未纳入财政预算的各种行政性收费、事业性收费、专项收费收入，执收单位凭借政府职能收取、提取的各种基金、附加收入的筹集资金，执收单位受政府委托或代行政府职能以政府名义或政府信誉取得的各种集资、募捐收入，主管部门按照有关规定从所属企事业单位、社会团体集中的上缴资金（包括管理费）及其他未纳入财政预算的财政性资金。是年，纳入管理预算外资金收入2878万元，审批预算外资金支出2728万元，比1994年分别增加105.4%、102.5%。

2000年3月，取消行政事业性收费项目467项，财政管理的预算外收入比上年减少70万元。推行部门预算，至2004年，区教育、区城建等16个部门的预算外资金纳入部门预算管理。

2003年5月，区财政局、区非税收入管理局、区物价局联合对预算外收费项目进行全面清理，按政策保留收费项目1073个。2006—2011年，预算外收入转为非税收入，全部纳入财政预算管理。

**1985—2005年云溪（北）区预算外资金收入情况表**

表20-1-5　　单位：万元

| 年度 | 地方财政部门收入 | 事业行政单位收入 | 主管部门集中收入 | 乡镇自筹统筹收入 | 政府性基金及附加 | 其他收入 | 年度小计 |
|---|---|---|---|---|---|---|---|
| 1985 | 0.5 | 90.2 | — | — | — | — | 90.7 |
| 1986 | 12.1 | 168.8 | — | — | — | — | 216.4 |
| 1987 | 10.5 | 206.7 | — | — | — | — | 263.4 |
| 1988 | 16.1 | 329.2 | — | — | — | — | 438.9 |
| 1989 | 10.4 | 343.9 | — | — | — | — | 405.1 |
| 1990 | 24.1 | 318 | — | — | — | — | 452 |
| 1991 | 22 | 455 | — | — | — | — | 608 |
| 1992 | 32 | 597 | — | — | — | — | 785 |
| 1993 | 63 | 870 | — | — | — | — | 933 |
| 1994 | 1308 | — | — | — | 23 | 70 | 1401 |
| 1995 | — | 1774 | 34 | | 10 | | 1818 |
| 1996 | — | 1671 | 194 | 560 | 13 | 626 | 3064 |
| 1997 | — | 960 | — | — | 288 | — | 1248 |
| 1998 | — | 1600 | 205 | 682 | 236 | 155 | 2878 |
| 1999 | — | 1753 | 142 | 608 | 18 | 339 | 2860 |

续表 20-1-5

| 年度 | 地方财政部门收入 | 事业行政单位收入 | 主管部门集中收入 | 乡镇自筹统筹收入 | 政府性基金及附加 | 其他收入 | 年度小计 |
|---|---|---|---|---|---|---|---|
| 2000 | — | 1642 | 100 | 591 | 34 | 423 | 2790 |
| 2001 | — | 1587 | 108 | 623 | — | 716 | 3034 |
| 2002 | — | 1851 | 75 | 760 | 47 | 72 | 2805 |
| 2003 | — | 2013 | — | 1143 | — | 26 | 3182 |
| 2004 | — | 4486 | — | — | — | 778 | 5264 |
| 2005 | — | 4629 | — | — | — | 893 | 5522 |
| 合计 | 1489.7 | 27344.8 | 858 | 4967 | 669 | 4098 | 39435.5 |

## 1985—2005 年云溪（北）区预算外资金支出情况表

表 20-1-6　　单位：万元

| 年度 | 更新改造支出 | 大修理支出 | 基本建设支出 | 简易建筑支出 | 养路费支出 | 增补流动资金支出 | 行政事业支出 | 城市维护费 | 乡镇统筹支出 | 专项支出 | 其他支出 | 合计 | 政府统筹 |
|---|---|---|---|---|---|---|---|---|---|---|---|---|---|
| 1985 | 4.9 | 2.9 | 23.3 | 1 | 3.3 | 1.4 | 27.6 | — | — | — | 6.2 | 70.6 | — |
| 1986 | 17.4 | 1.3 | 36.3 | — | 33 | 7 | 75 | 2.3 | — | 2.5 | 17.2 | 192 | — |
| 1987 | 43.5 | 37.5 | 61.1 | — | 3.5 | 22.4 | 60.8 | 4.4 | — | 4.7 | 4.6 | 242.3 | — |
| 1988 | 5 | 1.8 | 155.5 | — | — | 6.4 | 173.8 | — | — | 7 | 45.3 | 394.8 | — |
| 1989 | — | — | — | — | — | — | 318 | — | — | — | 40.1 | 358 | — |
| 1990 | — | — | — | — | — | — | 321 | — | — | — | 129.4 | 450.4 | — |
| 1991 | — | — | — | — | — | — | 499 | — | — | — | 125 | 624 | — |
| 1992 | — | — | — | — | — | — | 621 | — | — | — | 145 | 766 | — |
| 1993 | — | — | — | — | — | — | 869 | — | — | — | 14 | 883 | 40 |
| 1994 | — | — | — | — | — | — | 887 | 120 | — | — | 340 | 1347 | 58 |
| 1995 | — | — | — | — | — | — | 1507 | 12 | — | — | 199 | 1718 | 27 |
| 1996 | — | — | — | — | — | — | 1200 | 167 | 195 | — | 812 | 2961 | 51 |
| 1997 | — | — | — | — | — | — | 739 | 130 | — | — | 254 | 1284 | — |
| 1998 | — | — | — | — | — | — | 2370 | — | 18 | 85 | 26 | 2728 | 51 |
| 1999 | — | — | — | — | — | — | 1326 | 30 | 732 | — | 601 | 2715 | 63 |
| 2000 | — | — | — | — | — | — | 1473 | — | 591 | — | 353 | 2417 | 413 |
| 2001 | — | — | — | — | — | — | 1428 | 35 | 586 | — | 124 | 2370 | 586 |
| 2002 | — | — | — | — | — | — | 894 | 62 | 741 | — | 68 | 1765 | 1026 |
| 2003 | — | — | — | — | — | — | 464 | 26 | 1182 | — | 40 | 1712 | 1514 |
| 2004 | — | — | — | — | — | — | — | — | — | — | 778 | 525 | — |
| 2005 | — | — | — | — | — | — | — | — | — | — | 874 | — | — |

## 三、财务管理

**行政事业财务管理** 1950—1952年，行政事业单位的收入全额上缴，支出在月终时按标准向县财政报账。1953—1954年，实行定编定额包干制。1955—1958年，实行基本工资定额供给制。1959年后，全额预算单位实行定额定员。1979—1982年，改为“归口管理，定额包干，超支不补，节余留用”。

1984年，实行“定额包干，超支不补，节余留用”。1987年，区财政科内设行政事业财务管理股。1989年，对行政事业的财务管理改为“核定基数，逐年递增，包干使用，超支不补，结余留用”。1994年，采取零基预算编制，改变“基数加因素”的增量预算。2001年，推行部门预算，压减部门专项经费200万元。加强人、车、电话、会议等大宗支出管理，共核减支出964万元。2004年，开展财政供养人员信息录入工作，实行工资统发，有69个单位4933人统发工资4810万元。2005年，对区直机关工作人员通讯费、乡镇机关的公务消费按规定标准实行货币补贴；将农村中小学义务教育经费由乡镇财政管理改为由区财政管理，形成以区为主的农村义务教育经费保障体制。2008年，改革公务员工资分配制度，将津贴补贴分为工作津贴、生活补贴2类，津贴补贴2751人（含乡镇义务教育阶段教师）、3718万元，增支3291万元。紧缩行政开支，压减单位预算的公用经费5%，压缩公务用车经费20%，调低接待费10%。2011年，全额预算政法系统的工资、津补贴等人员经费；对政法机关的罚没收入，实行“核定基数，全额上缴，超收奖励”，严格收支两条线管理。

**农业事业财务管理** 1987年，区财政科设农业事业财务管理股（简称农财股）。至2003年，农财股共完成农业投资8000万元，投放支农周转金1500万元，争取财源建设项目资金500万元，争取农业产业化资金600万元。是年，实行村级财务乡代管。云溪区被列入国家级农业综合开发（2011年改为土地治理）项目县（区），每年可从中央财政争取农业补贴资金500多万元。2004年，农业综合开发到位资金214万元，财政投入129.4万元。对农民实行“三补贴”。2005年，加强农业产业化项目申报工作，建立财源建设项目库。纳入项目库管理的有五大类、十二项，录入项目50个，逐年被中央、省、市择优进入项目资金预算笼子。是年，受益项目4个，其中道仁矶镇白泥湖河蟹养殖扶持项目争取到位资金20万元。2010年，加强强农惠农资金安排使用管理，开展专项清理检查。通过逐项逐笔清查核对、追踪落实，查明2004—2011年，土地治理项目累计投资2353万元，其中财政投资1764万元，投劳折资589万元。项目分布于云溪乡、路口镇、文桥镇、陆城镇、道仁矶镇、永济乡所属20个村。共改造中低产田2186.7公顷，加固小型水库4座，新建机埠19处，衬砌硬化渠道85千米，开挖疏通渠道170千米，维修拦河坝2座，新建小堰坝13座、渠系建筑物75座，改良土壤1093.3公顷，新建机耕路18公里，建沼气池180口，购良种2.9亿公斤，技术培训5050人次，示范推广种植稻谷优良品种193.3公顷。查明2007—2009年，中央、省、市、区四级共安排强农惠农资金16373万元（中央、省、市财政安排15007万元，区本级安排1366万元）。主要用于农民补贴3671万元，农业、农村设施建设投入3435万元，发展农业社会事业投入6640万元，其他重点专项投入2627万元。

**社会保障事业财务管理** 1996年，区财政局设社会保障事业财务管理股。1999年1月，建立财政社保专户，对企业职工养老保险基金、机关事业单位干部职工养老保险基金、职工待业保险基金、下岗再就业资金、城市居民最低生活保障资金实行收支两条线管理。年底，纳入社保专户管理的上述各项资金分别为194.23万元、307.01万元、3500万元、4.5万元、2万元。2001年，将医疗保险基金纳入社保专户管理，纳入管理基金191万元。2004年，建立财政专户管理工伤保险基金、生育保险基金。2005 年，专户管理城镇贫困居民大病医疗救助基金。2006 年，将五保户供养费纳入社保专户管理，预算集中供养的五保户生活费年人均 1000 元，散居供养的年人均 800 元。2007 年 3 月，建立财政专户管理新农合基金。2008 年，将城镇居民基本医疗保险基金纳入财政专户管理。2010 年，对乡镇卫生院 307 种药物实行零差率销售，建立财政专户管理国家补助的差价款 680 万元。实行公务员医疗补助制度，将财政用于公务员医疗补助的 25 万元纳入财政专户管理。补助被征地农民参加社会养老保险金人均 12960 元，补助 1295 人、1678.32 万元，全部纳入财政专门管理。2011 年，按全区常居人口人均 25 元的标准（其中中央 15 元，省 3 元，市 2.75 元，区 4.25 元），投入 15.79 万元实施医疗卫生改革，财政建立专户管理该项资金。是年始，专户管理新型农村社会养老保险基金、城镇居民社会养老保险基金。投入 493 万元资助 2.4 万人参保，其中 1.1 万名 60 岁以上老人领取养老保险金 218 万元。年底，纳入财政专户管理的社保基金项目由 90 年代末 4 个扩展至 20 个，资金达 2 亿元以上。

**会计管理**　1984—1987 年，会计管理与企业财务管理合并进行。1991 年 3 月，区财政局设会计管理股，开展验收、确认所辖财务单位会计基础规范化工作。1998 年，对行政事业单位实行建帐监管。2000 年始，实施新的《中华人民共和国会计法》，每 2 年组织一次有关执法大检查；至 2007 年，共查出违纪金额 526 万元，追缴入库 215 万元，限期调账整改 136 万元，清退无证上岗人员 13 人。2006 年，对会计(含长炼、岳化两厂部分集体企业会计，下同）从业资格情况开展专项检查。对会计机构负责人中不符合任职条件的、在岗会计无会计从业资格证的、未办理注册登记的人员，均责令改正。是年始，实行“会计证”“电算会计证”两证合一。2007 年，组织 800 余名会计网上参加“用友杯”全国第三届会计知识大赛，参赛会计占持证会计 93%。2008 年，建立云溪区会计网，提高会计工作信息化管理水平。2010 年，开展《中华人民共和国会计法》执法大检查，查出应缴未缴非税收入、未按规定进行政府采购等违规金额 360 多万元，下达处理处罚决定书，收缴违规金额 3.07 万元，罚款 3.8 万元。将农村从业会计、乡镇经营管理站代理会计纳入会计行业统一管理。2011 年，完善从业会计基本信息采集、录入工作。采集、录入会计机构 381 个、会计 1283 人。

**国有资产管理**　1952—1960 年，对部门固定资产实行无偿调拨、协商价调拨。1961 年，将工业企业固定资产管理改为统一计划，分级管理。1978 年，按省财政厅规定，长炼、岳化等国营企业的基本折旧基金，50%上缴国家财政，10%上缴上级主管部门，40%自留。1983 年，实行利改税后，根据企业性质将超利分成和留成改为核定基数，递增包干，超额全留，短收自补；包死基数，超收全留，一定几年；自主经营，限额还贷，盈亏自负。

1992 年 10 月，区财政局设国有资产管理办公室。至 2003 年，管理行政事业单位（含部分二级预算单位）、国有企业的国有资产分别为 19675 万元、17649 万元。2004 年，清理核实区粮食部门改制企业国有资产，其改制企业 1988 年 6 月至 2004 年 6 月，新增财务挂账 1486 万元。审核、分解供销合作社财务挂账；其中中央政策性财务挂账 1129.7 万元，地方政策性财务挂账 689.2 万元，企业经营性财务挂账 602 万元。均得到省、市认可。2005 年，按照单位申报，财政核准，政府审批程序，开展对单位拍卖公务用车、存量公房财产损失的核准批复工作。2006 年 5 月，健全国有资产“国家统一所有，单位占有使用，政府分级监管，财政分级承担”的分层管理体制，建立财政部门综合管理、管理部门监督管理、占有单位具体管理三级管理制度。2007 年，清查行政事业单位国有资产，将 162 个独立核算单位的 3.84 亿元国有资产按占有单位、资产名称、数量、品种、规格、结构、原值、现值、地点等资料录入软件系统，建立国有资产管理信息库，实行国有资产动态管理。2009 年，制定全区行政事业单位国有资产管理办法，全面加强国有资产产权登记、产权变更、资产处置管理；至 2011 年，共处置区商务、区粮食、区供销、区交通等部门企业资产49处，处置收入2800多万元，大部分用以帮助企业职工置换身份。2011年年底，全区156个行政事业独立核算机构（含二级机构）共有国有资产3.24亿元，其中固定资产2.08亿元，流动资产1.16亿元。固定资产中土地1144万元，房屋构建物12876万元，汽车1649万元，大型设备566万元，其他4565万元。

**基本建设资金管理** 1996年，区财政局设基本建设资金管理股（2002年更名为经济建设股），至2003年年底，共追踪管理基本建设专项资金3600万元。参与管理粮食、棉花、食糖、猪肉、农资、边销茶等专项储备经费98万元，支出粮食风险基金、副食品风险基金、粮油棉等政策性补贴款251万元，争取和安排市级分配的粮食、供销企业简易建筑费、仓库维修费7万元。

2005年，管理重点转向国家对农民粮食直补、农资综合补贴、石油价格补贴、退耕还林、家电以旧换新、财政投入基本建设资金的监管。

2006年8月，区财政局设财政投资评审中心，加强对本级财政性投融资、财政专项资金投放、使用的跟踪评审。至2011年，共评审项目720个，评审率100%，审查项目预算资金12.95亿元，审定金额11.078亿元，审减1.872亿元，资金节约率14.46%。其中2011年评审项目168个，预算资金4.36亿元，审定资金3.62亿元，审减7385万元，资金节约率16.94%。

**控购与政府采购** 1984年10月，区财政科设控制社会集团购买办公室（简称控购办），管理社会集团购买事项。1993年，将专控商品由29种调至8种。2001年，区成立采购中心（2003年更名为采购管理办公室，控购办职能归并采购管理办）。至年底，累计投入采购资金702万元，采购55次，节省资金92万元，资金节约率13.1%。2004年始，实行机构分设、权力分制、政事分开的管、采分离方式，纳入政府采购的资金逐年增加，采购范围逐步扩大。至2011年，累计采购794次，预算8.18亿元，实际采购金额6.57亿元，节约资金1.61亿元，节约率19.68%。

### 四、财政监督

民国初年，财政收、支既无标准又无审定机关。民国36年（1947）2月，境内由县征借实物监察委员会清查战时暴利者的财物，课以重税，对不法收入进行征缴。

1952年12月始，接受县政府财政科监察组监察。1954—1965年，采取群众公察、联审互查的方法，查处违犯财经纪律案件。“文化大革命”期间，财经制度基本废弛，财政监察停止。1979年恢复。

1987年5月，区财政科设财政监察股（2002年更名为财政监督股）；至2001年，共查出违规违纪金额2860万元，处罚收缴纳入财政资金976万元。

2002年，监督范围扩大至财税法规、政策、制度执行、相关案件的查处。

2004年，清查整顿全区统一着装部门，对12个单位违规着装人员按规定处以卸装、脱帽、摘徽。

2005年2月，监督检查城陵矶港区、通港路、荆岳长江大桥、胜利路、教育资源整合、云溪广场、武广高速铁路、改造长炼岳化转供电、云溪河治理、云溪工业园等10个项目基建指挥部门的财务情况，对合同订立不规范，补助标准不一致，原始凭证不齐全，会计核算不合理等问题，提出整改建议。

2006年，坚持“收支并举，监督并重，内外并行”的原则，对财政收、支过程实行动态监控。至2011年，通过监督检查，共查处各类违法违规资金1895万元，其中涉及税收违法金额2.51万元，“小金库”资金351.55万元，专项资金461.4万元，收缴纳入财政资金44.26万元。

2008 年，监督检查区商务局、区畜牧水产局、区民政局、区社保局等单位抗冰救灾资金使用情况。查出少数单位弄虚作假、套取国家救灾资金等问题，下达处理处罚决定书，收缴违纪金额 12.7 万元，并通报全区。

2009—2011 年，组织单位自查（自查面达 100%），重点检查行政事业单位、社会团体、国有企业，查出私设“小金库”等违规资金 1390 万元，下达处理处罚决定书，督促归还专项资金 221 万元，实行财政专户储存 383 万元，收缴纳入财政管理 35.41 万元。

# 第二章　税　务

清代，正税有漕粮、丁役、摊丁入亩等。宣统年间（1909—1911），年征丁、漕银 2800 两。民国时期，苛捐杂税繁多，民不堪负。民国 36 年，除农业税外，工商各税有 22 种。县组织税警，严厉督办督收。

1949 年后，政府发展经济，减轻人民负担，除征收农业税外，其他税种减至 13 项。1958 年，除征购公粮外，对私营企业、个体工商户实行自报公议、民主评定、定期依法征收税金。1984 年，全区完成税收 1639.2 万元，是 1949 年境内税收总额的 8627.37 倍。1994 年始，实行国家税收与地方税收分级共享。区委、区政府积极发展第一、二、三产业，不断培植扩大税源。至 2011 年，全区实现税收总额 49719 万元，比 1984 年增加 29.33 倍。其中完成国家税收 32632 万元，完成地方税收 17089 万元，比 1994 年实行分税制时增加 8.25 倍。

## 第一节　机　构

清代，境内税务由朝廷税官督促，县署办理赋税。清同治三年（1864），设象骨港、莼湖、云溪厘金卡。同治十二年，增设白荆桥茶卡，各卡均属城陵矶厘金局管理。民国 7 年（1918），烟酒税征收由陆城烟酒公卖分局负责，民国 9—10 年，由陆城烟酒事务分所征收。民国 20 年，由县营业税征收局征收营业、特种物品产销税。民国 25 年，由县税务专局征税。民国 34 年，由县税捐征收处负责征收营业、屠宰、牌照、筵席、土地等地方税。民国 35 年，由县货物税办公处专征茶叶、烟叶、卷烟、糖、酒、棉纱、火柴、矿产等税。抗日战争胜利后，由县直接税查征所管理，其中营利事业所得税、公债、利息、财产出卖、租赁、遗产、印花、薪给报酬、契税、营业等所得税，由岳阳直接税查征分局临时派员征收。民国 37 年 1 月，由县国税稽征员办事处征管。

1949 年 9 月，由县政府税务局负责税收。1958 年 10 月，由县财政税务局负责。1961 年，复由县税务局征税。1968 年、1969 年，分别由县财政税务市场管理站、税务组负责。1970 年，由县财政金融局征税。1977 年 3 月，由县财政税务局管理。

1984 年，由区税务分局负责北区、长炼、岳化税务工作。1994 年，实行分税制后成立云溪国税分局、云溪地税分局，分别计征境内国家税收、地方税收。

## 第二节 税 制

清初，沿袭明代税制，以田土赋税为主。顺治十八年（1661），增征纳盐税、茶税、契税、市肆门摊税、商税、渔课等工商税收。康熙五十五年（1716），增征丁漕粮，即人头税、地税。咸丰六年（1856），在城陵矶港口设厘金卡，对长江进出口货物增征百分之一的“厘金”。同治十一年（1872），收赋银6030两，其中地丁、漕粮收银5865两，占是年赋税97.26%。光绪二十年（1894）后，擅开课税之风日盛，境内除房捐、屠捐、车捐、船捐、印花税、加重盐税外，还有货物落地税、牛驴税、花捐、布捐、灯捐、妓捐、牙贴、当贴等。光绪三十一年（1905），在上年基础上加征漕粮税外银508两，以补县衙开支。清宣统年间，年均征税银6850两。

民国初期，田赋袭用清制。民国2年，地丁、漕粮、秋折、采买等税并入田赋，包括“正供”“附加”2项。是年，征田赋7600两，其中附加占51.4%。是年始，工商税制频改，税额频增。民国4年，田赋以银元计征，每石田征正税2.4元，附加1.2元；至民国6年，先后开征烟酒税、屠宰税、印花税等。民国9年，新增保安、义务队、行政、教育等附加。民国17年8月，省政府颁发《湖南省厘金征收暂行条例》，厘金不分商品种类，以3%征收，所列应税项目3234个。是年，裁厘金，改统税，划分国税、地税两部分。国税包括盐税、印花税、烟酒税、土硝税、特税等；地税包括田赋、厘金、牙税、屠宰税、契税等。统税把应税商品分为27大类，按不同税率征收：生活必须品征1.5%~3%、普通物品征3%~6%、奢侈品6%~15%。民国19年，征收税金29620银圆。民国24年，改银圆为法币（民国33年才执行），至民国37年，田赋总额增至4.63亿元。经济凋敝，实收税额9800银圆，比民国21年减少65.18%。民国27年，日军入境，无法完税，实征23980元。民国28年，增加房捐、营业牌照税、筵席税等。民国30年后，货币贬值，改征实物。民国35年，税种有18个，但县、乡仍以各种手段增加附加税、地方杂捐。民国37年，征赋税4.63亿元，是民国33年实现改征法币税额的1207倍。

1949年后，改革税制，改为农业税制、其他税制。

**农业税制** 1949年，征收公粮1884吨。1950年，核定应税面积63144亩，亩均税率11.25%，实征公粮1507吨，亩征24公斤。

1951年，应税面积调整为71225亩，计税产量15770吨，实征公粮2926吨，比县分配任务超征426吨。1952年，计税面积增至11.09万亩，计税产量19860吨，税率18.6%，亩均负担33.25公斤。是年，实征3480.7吨。

1958年，农业税由累进税制改为比例税制，实征公粮4246吨，比1957年增征486吨。

1959—1961年，连续3年自然灾害，共减免公粮2325吨，占计征任务24.17%。

1979年始，免征人均口粮仅200公斤以下生产的农业税。是年，减征208.9吨。1980年始，对自然条件差、长期低产缺粮、维持简单再生产、最低生活水平有困难的生产队，免征农业税1~3年。是年，免征208.9吨，灾害减免910.1吨，实征1795.45吨。

1983年始，开征农业特产税。为调节不同农作物收益水平，缓解农业特种产品生产挤占粮田矛盾，国家始运用税收手段对农业生产实行宏观调控。是年，免征110吨，实征20272吨。

1994年始，取消产品税，将产品税的农林牧水产品部分应税品目改为征收农业特产税。

2000年始，实施农村税费改革。按照“减轻、规范、稳定”的原则，实施“正税清费”，逐步取消乡统筹费、农村教育集资等行政事业性收费、政府性基金、集资；取消屠宰税；取消统一规定的劳动积累工、义务工等专门面向农民征收的各种税费。调整农业税、农业特产税，将农业税附加并入新的农业税，实行差别税率，最高不超过7%；改革村提留征收使用办法，理顺农村分配关系，规范农村税费制度。2004年，按照“多予、少取、放活”的方针，逐步取消农业税，稳定粮食生产，增加农民收入。降低农业税率，减免农业税。2006年1月1日，取消农业税。

**其他税制** 1949年，在生产、资源分配及产品消费等方面，由政府先计划，再建立与之相应的税收制度。1950年1月，除农业税外，境内执行的有：工商业税、货物税、印花税、屠宰税、临商税、交易税、盐税、使用牌照税、特别消费行为税、土地税等11种。1953年，对税制作若干修正:原在生产、流通各环节征收的货物税、工商营业税及其附加、印花税，简化合并为流通税；对货物税的税目、税率进行调整；工商企业应纳的印花税、营业税、营业税附加并入营业税合并计税；取消特种消费行为税，电影、戏剧、娱乐税目改征文化娱乐税；取消或停征除牲畜交易税以外的其他交易税，粮食交易税并入货物税，棉花交易税并入商品流通税。修正后，1953—1957年，年均征税20.28万元。1958年9月，实行货物税、商品流通税、营业税、印花税四税合一；将所得税从工商税中分离，形成独立税种；调整少数产品税率；简化征税办法。1973年，将工商统一税及其附加、对企业征收的城市房地产税、车船使用牌照税、屠宰税、盐税合并为工商税（盐税暂按原办法征收）；对国营企业仅征工商税，对集体企业仅征工商税、工商所得税。

1978年，计划经济向商品经济过渡，税收逐步转化为多税种、多环节、多层次的复合税制。至1982年，对中外合资企业、外国企业和外国在境内经商人员，继续征收工商统一税、城市房地产税、车船使用牌照税。

1983年，对国有企业实行利改税（1983年前，国有企业仅向国家上缴利润），始征所得税。对大中型企业实行税利并存：凡有盈利的国营大中型企业所实现的利润，按照55%的税率缴纳所得税；凡有盈利的国营小企业所实现的利润，按八级超额累进税率缴纳所得税。税后利润，原则上归企业自主支配。是年，境内（含长炼、岳化）征税723.76万元。1984年10月，实施第二步利改税、工商税制改革；用行政法规规定国有企业所得税、国有企业调节税、产品税、增值税、营业税、盐税、资源税。是年，税收总额2044.8万元。1991年，改革工商税制，建立涉外税制，开征新税种。

1994年，根据事权与财权相结合原则，将税种统一划分为中央税、地方税、中央地方共享税，建立中央税收、地方税收体系；实行中央财政对地方税收的返还、转移支付制度；建立健全分级预算制度，硬化各级预算约束。改革后，共设25种税。按照其性质、作用分，除农业税外，另有流转税类，包括增值税、消费税、营业税3种。所得税类，包括内资企业所得税，外商投资企业、外国企业所得税，个人所得税3种。资源税类，包括资源税、城镇土地使用税2种。特定目的税类，包括城市维护建设税、耕地占用税、固定资产投资方向调节税、土地增值税4种。财产税类，包括房产税、城市房地产税、遗产税（尚未开征）3种。行为税类，包括车船使用税、车船使用牌照税、印花税、契税、证券交易税（尚未开征）、屠宰税、筵席税7种。是年，税收5826.5万元，其中国税3833.5万元、地税1993万元，国税收入比上年增长32.2%。

2005年，修正个人所得税。2006—2011年，车船使用税、车船使用牌照税合并为车船使用税，修正城镇土地使用税、耕地占用税。调整原油、天燃气、煤炭、有色金属、盐等若干资源产品的资源税税额标准。

2008年始，内资、外资企业所得税合并为企业所得税。

## 第三节　税种税率

### 一、清代税种税率

**漕粮**　又称地粮、地赋、田赋，即土地税。《清朝会典·食货志》载，田分上、中、下三则，按等级税率征收。

**丁役**　又名丁银，即人头税。凡16~60岁男子，年人均负担一定日期的无偿徭役或以丁口数拟定赋额比。宣统年间，境内年均征丁役附加银2400多两。

**摊丁入亩**　清代中后期，实行摊丁入亩、地丁合一税种，即田赋、丁银合并征收，统称丁漕银。同治十一年（1872），征丁漕及附加银5.92万两，其中丁漕银2360两，占总额39.86%。宣统年间，年征丁漕银2800两。

**厘金**　即关税。咸丰六年（1856），厘金与地丁、粮漕相当。咸丰十年（1860），对烟、酒、茶、糖、谷米、竹木等，厘金加征2~3成，税率由2%~3%增至2.8%~5.4%，且同一货物往往反复征收。至宣统元年（1909），厘金已为田赋1.57倍。

**契税**　清初，凡田地、房屋买卖，均按价银每两征契税2分。光绪二十八年（1902），增至3分，光绪三十年，增至5分。宣统元年（1909），按典六卖九（即典契征6%、卖契征9%）征收。是年，征契税银286两。

**屠宰税**　清光绪三十四年开征。限宰猪、羊二种，称屠捐。

### 二、民国时期税种税率

民国初期，沿袭清代税种税率。田赋仍占重要地位。地丁、漕粮合并为田赋。民国4年（1915），田赋改征银圆，银圆1.5元折银1两。

民国6年（1917），称捐为税。有盐税、厘金、矿税、印花税、烟酒税。至民国14年，逐步建立关税、盐税、货物税（包括契税、屠宰费等）、田赋四大税种。征税以银元计，宰1头猪0.4元、羊0.15元、牛1元。是时，军阀攫税为饷，强行搜刮，民不堪负。是年始，至民国16年，开征统税、营业税等新税种，形成以关税、盐税、统税为主体的国家税种，以田赋、营业税、契税为主体的地方税种。

民国7年，调整田赋征收标准，每亩以银圆计，上等田1角，中等田8分，下等田6分。

民国17年，增开征卷烟、棉纱、火柴、水泥、麦粉、啤酒、烟叶、洋酒、火酒、茶叶等10种统税。

民国20年，开征特种物品产销税。有竹木、茶叶、纸张、油蜡、胶漆、矾、碱、煤炭、杂粮、西麦、南货、水产、药品、绸缎、呢绒布匹、丝棉、麻、纱、绳带、纽扣、磁器料货、五金及其制品、皮毛、牲畜、陈设、装饰化妆品、杂品等多种。

民国26—32年，陆续派征营利事业、薪给报酬、证券存款、非常时期过分利得税及财产租赁、出卖等所得税。新增卖契税、典契税、交换契税、赠与契税，税率分别为10%、6%、4%、10%。

民国26年，开征战时消费税、非常时期过分利得税、财产租赁出卖所得税、遗产税等，形成以所得税、遗产税、战时利得税等直接税为主干的税种体系。

民国34年，豁免田赋1年。民国35年，按田赋数额征收实物，每银元折征稻谷2斗、借征8斗、县征公粮8斗，合计1石8斗；民国36年，改每银元征稻谷2斗8升、借征1斗2升、带征公粮8升、募积谷5升、筑路附加3升、乡保经费2升，合计7斗6升。工商各税共22种：除农业税外，财产税2种、行为税5种、收益税7种、消费税7种。另有不下10种税外捐。境域开征的营业税种有：国产烟叶、烟丝、酒类、矿产、食糖、茶叶、锡箔纸、化妆品等，税率分别为50%、30%、80%、10%、25%、10%、60%和45%；至民国38年，开征特种营业税，并以法律形式保障关税、盐税、货物税、直接税、土地税、地方税等。

### 三、中华人民共和国税种税率

#### 农业四税

**农业税**。1949年始，按田亩逐户征收公粮，执行累进制税率。1953年始，统购油料。1954年始，统购棉花。1955年，统购统销粮食，实行“三定”（即定产、定购、定销）到户。1958年，“三定”到生产队，境内年征公粮4246吨。1965年始，加征“三产粮”（即超产、超购、超奖）。1983年始，实行“基数在组、任务到户、按户缴纳结算”，农业税负担逐年降低。1991年，每个农村劳动力每年承担义务工5~10个，劳动积累工10~20个。1993年，废除粮食统购统销制。2003年12月，执行国家惠农政策，从粮食风险基金中拿出30%直接补贴农民，逐步降低农业税税率。

**农业特产税**。包括水果、茶叶、蚕茧、花卉、苗木、药材、果用瓜、竹、木、天然橡胶、木本油料、生漆等其他林产品，水生植物、海淡水养殖、滩涂养殖产品，其他农林特产品。实行产品差别比例税率，不同税目税率不同，一般5%~31%之间。2004年，免征除烟叶税外的农业特产税。2006年，取消除烟叶以外的农业特产税，全部免征牧业税。

**耕地占用税**。1987年4月开征。以实际占用耕地面积为计税依据，实行地区差别定额税率，每平方米1~10元不等。

**契税**。包括土地使用权出售、赠与和交换、房屋买卖、房屋赠与、房屋交换等。1949年，买卖契约征6%，典契征3%，交换契向增值一方征差额的6%；机关、学校、全民所有制工矿企事业单位免征契税。1954年后，征收土地证照费。1997年10月始，契税实行比例税率，根据不同税目，税率3%~5%不等。

#### 其他各税

**货物税**。1950年1月，开征粮食、麻类、棉花、土布（限通过行栈的土布）等税。1952年，土产税改征货物税。货物税品种有烟丝、焚化纸品、普通用纸、鞭炮、饴糖、茶叶、土产品、植物油、白云石、竹木、土布、砖瓦、手工卷烟等。12月，将应税货物划出32种作商品流通税后，纳税有白酒、土甜酒、各类兽皮、猪鬃、圆木等。1958年，执行工商统一税。1973年，执行工商税。1984年，从工商税中析出食品饮料类、纺织品类、服装鞋帽类、纸类、文化用品类、其他轻工业产品类、药类、陶器类、建材类、矿产品类、电力热力类、化工类、其他工业品类、农林牧水产品等14产品税，税率最高60%，最低3%。

**增值税**。1983年1月开征，计征对象为生产或销售机器、机械、农机具、缝纫机、自行车、电风扇的企业，生产销售其零件的企业等。1993年12月，执行《中华人民共和国增值税暂行条例》规定，销售粮食、食用植物油等特定货物，税率为13%。销售税率为13%的其他货物以及提供加工、修理修配劳务，税率为17%。出口货物，税率为0。

**营业税**。1950年，开征固定工商业、摊贩业、临时商业营业税。税率：工业1%~3%、工商业一般1.5%~3%。1958年，改为工商统一税。1973年，改为工商税，并调整部分税率：商业零售计征3%，服务行业计征3%~7%，公用事业计征2%~2.5%，临时经营计征10%，交通运输计征2.5%，铁路运输计征25%，商业批发不征工商税。1984年，单列营业税种，开征电影院、剧院、舞场、游乐场等营业税。1993年12月，区别不同行业、不同经营行为，设9个不同税目、3档不同税率。对金融保险业、服务业、转让无形资产、销售不动产，适用5%的基本税率；对交通运输业、邮电通信业、建筑业、文化体育业，适用3%的低税率；对娱乐业适用10%的税率（2001年1月1日始，全国统一实行20%的税率）。1997年，金融保险业税率由5%提至8%，其中提高3%的部分，由云溪国税分局征收。免征城市维护建设税、教育费附加。2001年始，金融保险业营业税税率每年下调一个百分点，分三年将税率从8%调至5%。对个体营业税纳税人实行起征点制度。按期纳税的，起征点为每月营业额500元；按次纳税的，为每次营业额50元。2003年1月，营业税全部由云溪地税分局征管。2009年1月1日始，交通运输业、邮电通信业、文化体育业税率调整为3%，金融保险业、服务业、转让无形资产、销售不动产调整为5%，娱乐业调整为5%~20%。个体营业税纳税人起征点幅度调整为：按期纳税的，每月营业额5000~20000元；按次纳税的，每次（日）营业额300~500元。

**企业所得税**。1950年开征。税率为全额累进制，加征15%的附加税。1983年6月1日始，国营企业由上缴利润改为征收所得税。1984年，实行“以税代利”，把国家与企业的分配关系完全用课税形式固定下来。1994年1月1日始，年所得额在3万元（含3万元）以下的所得税，按18%的税率计征，年所得额超过3万元至10万元（含10万元）的，按27%缴纳。2008年1月1日始，企业所得税税率调为25%，非居民企业（即外资企业）在中国境内未设立机构、场所的，或者虽设机构、场所，但其所得与其所设机构、场所没有实际联系的，就其来源于中国境内的所得，缴纳企业所得税，适用税率为20%。

**个人所得税**。1980年9月10日开征。2011年9月1日始，应税项目包括工资、薪金所得，个体工商户的生产、经营所得，对企事业单位的承包经营、承租经营所得，劳务报酬所得，稿酬所得，特许权使用费所得，利息、股息、红利所得，财产租赁、转让所得，偶然所得，经财政部确定征税的其他所得等11种。其中个人所得税区别纳税人的不同应税项目，实行超额累进税率、比例税率。工资、薪金所得，以每月收入额减除费用3500元后的余额，为应纳税所得额，适用3%~45%超额累进税率；个体工商户所得、企事业单位承包、承租经营所得，适用5%~35%五级超额累进税率；稿酬所得适用比例税率，税率20%，并按应纳税额减征30%；劳务报酬所得，税率为20%；对劳务报酬所得一次收入畸高的，实行加成征收。

**土地增值税**。1994年1月1日开征。实行四级超率累进税率：增值额未超过扣除项目金额50%的部分，税率为30%；增值额超过扣除项目金额50%未超过100%的部分，为40%；增值额超过扣除项目金额100%未超过200%的部分，税率为50%；增值额超过扣除项目金额200%的部分，为60%。

**房产税**。1986年10月1日始，计征房产税。采用比例税率，有两种：一种按房产原值一次减除30%，税率1.2%；2003年9月1日始，改为扣除20%，税率仍为1.2%，其中职工住房减半征收；一种按房产出租的租金收入计征，税率12%；2001年1月始，对个人按市场价出租的居民住房，按租金收入4%征收。房产税征收范围包括建制镇、工矿区。

**城镇土地使用税**。1989年开征。2007年1月1日，土地使用税以纳税人实际占用的土地面积为计税依据，建制镇、工矿区以每平方米年 0.6~12 元计征。

**资源税**。1994 年 1 月 1 日开征。税率为：长石矿 3 元/吨，粘土 0.5 元/立方米。1998 年始，矿泉水每吨计征 1 元。2011 年 11 月 1 日始，按修改后的《中华人民共和国资源税暂行条例》计征。

**车船税**。1951 年始，征车船使用牌照税。1986 年，车船使用牌照税、车船使用税合并为车船税，统一适用于包括外资企业在内的企业、包括外籍个人在内的个人等各类纳税人。2007 年 1 月 1 日始，统一适用于各类纳税人，即车辆、船舶所有人或管理人皆为纳税人。

**印花税**。1988 年 9 月，开征统一征收的印花税。计征范围、税率：购销合同、建筑安装工程承包合同、技术合同、产权转移书据、记载资金的账簿等，分别按加工承揽收入、收取费用、运输费用、所载金额的 0.5‰计税；财产租赁合同、仓储保管合同，分别按租金、保险费收入、仓储保管费用的 1‰计税；借款合同按借款金额 0.05‰计税；其他账簿、权利许可证照按 5 元/件贴花；股票交易按交易额 1‰计征。

**城市维护建设税**。1985 年 1 月 1 日开征。以纳税人实际缴纳的增值税、消费税、营业税税额为计税依据，实行地区差别比例税率。纳税人所在地在长炼、岳化等工矿区的，税率为 7%；所在地在建制镇的为 5%；其他地域为 1%。

**固定资产投资方向调节税**。1991 年 5 月 1 日开征。实行差别税率。具体为：基本建设方面，国家急需发展的项目投资不收税；鼓励发展但受能源、交通制约的项目，税率为 5%；国家严格限制发展的项目，税率为 30%；其他一般性项目，税率为 15%。更新改造方面，国家急需发展的项目，税率为 0%；其他更新改造项目，税率为 10%。1999 年 7 月 1 日始，投资方向调节税减半征收；2000 年 1 月 1 日停征。

**教育费附加、地方教育费附加**。1986 年 4 月始，开征教育费附加。以单位和个人实际缴纳的增值税、消费税、营业税（即“三税”）税额为计征依据，税率为 3%。2007 年 12 月，在征收教育费附加的同时，开征地方教育附加。教育费附加、地方教育费附加，分别按单位、个人实际缴纳“三税”税额的 3%、1.5%计征。2011 年 2 月，改为按其实际缴纳“三税”税额 2%征收地方教育费附加。

**屠宰税**。1951 年计征，税率为 10%。1952 年，屠宰税并入工商业税、印花税，税率 12.9%。1955 年始，对派购猪每头给予 4 公斤免征优惠，其余依率计征。1973 年，对屠宰业征收工商业税（猪 3%、牛羊 10%）。1984 年后，经营肉食牲畜，只在收购环节中征收产品费，外加营业税、所得税。1994 年始，属自养自宰自食的猪、牛、马、骡、驴，每头征屠宰费 6 元，羊每只 1 元；属收购生猪的，每头征 9 元，牛、马、骡、驴每头征 20 元，羊每只 4 元。1996 年 4 月，统一调整为生猪每头征 12 元，其中乳猪每头 3 元；牛每头 20 元，其中毛重不足 150 公斤的，每头 14 元；马、骡、驴每头 20 元；羊每只 10 元。2002 年 1 月 1 日，取消屠宰税。

## 第四节 征 管

清代，税银、漕粮，由官府征收、保管、储存、运送。地方官有“师爷”负责税款催缴征收，并借助里首、甲首进行征税。税收档案有《赋役全书》，由官方编撰，记载各地田赋数额、异动人丁、抛荒田亩、每年实际征收数额、税银上解情况等。各地颁发《赋役全书》二部，一部存临湘县衙，作征税依据；另一部存学宫，供地方绅士查阅核对，起监察作用。县署存有《土地图册》，各地定期丈量耕地，绘制成册，具体记载每块耕地等级、面积、税额、地主姓名及住址，以作征税根据。征税允许分期缴纳。漕粮开征于九月，至十二月底结束。到期未完税者，责打二十板，躲避不见者，派差役拘拿，以抗粮罪名处罚，除重加责打外还枷号示众。

民国初年，设县税务警察“缉私队”。民国20年（1931），县缉私队改组为税警，督办税收。

1949年后，实行自报查账，依率征收。1958年，对全民、集体所有制工商企业实行单位查账征收，商业在经营地缴纳商业税，农副产品在收购环节征税。对私营企业、个体工商业户查账计征，自报公议，民主评定，定期定额征收。

1994年10月实行分税制后，增值税、消费税，车辆购置税，中央企业缴纳的所得税，中央与地方所属企业、事业单位组成的联营企业、股份制企业缴纳的所得税，地方银行、非银行金融企业缴纳的所得税，外商投资企业所得税、个人所得税中对储蓄存款利息所得征收的部分，　国税局征管税收的滞纳金、补税、罚款等，由云溪国税分局征收。营业税、城市维护建设税中非国税部门征收管理的部分，地方国有企业、集体企业、私营企业所得税，个人所得税（不包括对银行储蓄存款利息所得征收的部分），资源税，城镇土地使用税，耕地占用税，土地增值税，房产税，城市房地产税，车船使用税，车船使用牌照税，契税，屠宰税，筵席税（2008年停征），农业税（2006年停征），牧业税及其地方附加，地方税的滞纳金、补税、罚款等，由云溪地税分局征管。为加强税收征管，方便纳税人，云溪地税分局有时委托云溪国税分局代征窗口代开个人所得税、城市建设维护税、教育费附加发票。云溪地税分局开展税源普查。统计全区有企业128家、个体工商户1020户。并建立纳税档案、税源分析台账。

2005年始，把房屋出租业、建筑业、服务业、行政事业单位、交通运输行业等五大行业作为税收控管重点，由区政府牵头，与区国土、区城建、区房管等职能部门签订协议，实行源头控税，联控联管。对临港新区、随岳长江大桥、301省道、通港路、胜利路等重点工程，派专人负责，从设计到施工，实行全过程动态控管，确保重点税源及时入库。是年，云溪国税分局被人事部、国家税务总局评为全国税务系统先进单位。

2006年，对27个行业、623户纳税个体户实行计算机定税，月税额增长6万元，增幅33.48%。其中餐饮业增4.5万元，增幅38.16%。与云溪农业银行，建设银行云溪支行，中国工商银行长岭支行、云溪支行等金融机构联网，开通电子申报缴税业务，推广电子申报纳税18户。

2007年始，云溪国税分局推行网上办税，对重点税源户加强稽查，进行纳税评估。至次年，评估准确率93.3%，评估入库税款2191.44万元；稽查重点户，入库税款981.47万元；清理漏征漏管户12户。

2011年，征纳国税3.2632亿元、地税1.7087亿元，全区征纳税4.9719亿元，是2000年的5.16倍，其中国税收入比实施分税制前的1993年增加2.97322亿元，增长10倍。

是年年底，有403个企业实行网上电子申报纳税，占企业总数88%。

## 1984—2011 年云溪（北）区国家税收完成情况表

表 20-2-1　　单位：万元、%

| 年度 | 计划数 | 完成数 | 占计划（%） | 年度 | 计划数 | 完成数 | 占计划（%） |
|---|---|---|---|---|---|---|---|
| 1984 | 1353.6 | 1639.2 | 121.1 | 1998 | 3340 | 3529.3 | 105.65 |
| 1985 | 2512.2 | 2607 | 103.77 | 1999 | 3600 | 3677 | 102.13 |
| 1986 | 3420.5 | 3772.47 | 110.29 | 2000 | 4111 | 4312 | 104.88 |
| 1987 | 3780 | 3650 | 96.56 | 2001 | 4567 | 5153 | 112.83 |
| 1988 | 3654 | 3642 | 99.67 | 2002 | 5075 | 5115 | 100.7 |
| 1989 | 3647.5 | 3669.8 | 100.7 | 2003 | 5100 | 5328 | 104.47 |
| 1990 | 1233 | 1375 | 111.52 | 2004 | 8639 | 10030 | 116.1 |
| 1991 | 1404 | 1528.6 | 108.9 | 2005 | 10973 | 14578 | 132.85 |
| 1992 | 1729 | 2246 | 129.9 | 2006 | 11558 | 18810 | 162.7 |
| 1993 | 2599.4 | 2899.8 | 111.55 | 2007 | 15470 | 24987 | 161.5 |
| 1994 | 3766.2 | 3833.5 | 101.78 | 2008 | 21792 | 24202 | 111.1 |
| 1995 | 2248.6 | 2352.1 | 104.60 | 2009 | 24414 | 20462 | 83.8 |
| 1996 | 2583 | 2615 | 101.23 | 2010 | 23262 | 27532 | 118.4 |
| 1997 | 2970 | 3121.3 | 105.09 | 2011 | 31106 | 32632 | 105 |

## 1994—2011 年云溪（北）区地方税收完成情况表

表 20-2-2　　单位：万元、%

| 年度 | 计划数 | 完成数 | 占计划 | 年度 | 计划数 | 完成数 | 占计划 |
|---|---|---|---|---|---|---|---|
| 1994 | 960 | 1794 | 186.88 | 2003 | 5622 | 5672 | 100.89 |
| 1995 | 1960 | 2384 | 121.63 | 2004 | 6164 | 6315 | 102.45 |
| 1996 | 2850 | 3162 | 110.95 | 2005 | 6862 | 7020 | 102.30 |
| 1997 | 3230 | 3562 | 110.28 | 2006 | 7445 | 7950 | 106.78 |
| 1998 | 3820 | 4027 | 105.42 | 2007 | 9903 | 10327 | 104.28 |
| 1999 | 4052 | 4811 | 118.73 | 2008 | 12720 | 13350 | 104.96 |
| 2000 | 5140 | 5321 | 103.52 | 2009 | 15411 | 15451 | 100.26 |
| 2001 | 5881 | 5814 | 98.86 | 2010 | 14598 | 14885 | 101.97 |
| 2002 | 6639 | 6421 | 96.72 | 2011 | 16728 | 17087 | 102.15 |

# 第三章　金　融

清代，境内有当铺、钱庄。民国 27 年（1938）后，金融业遭到日军破坏。

1951 年后，农村信用社（组）逐步发展。1955 年，信用社吸纳的股金是 1952 年的 87.93 倍。1983 年，信用社（分社）比 1955 年新增 3 个，社员户数增加 1.1 倍。1984—1985 年，承办存贷、保险业务的银行、信用社（分社）有 35 个，保险公司有 3 个。1992 年始，随着市场经济体制建立，经济体制改革步伐加快，经济得到快速发展，存贷、保险业务不断增加。至 2005 年，仅拨放农业贷款 4.51 亿元。2008 年 11 月底，全区存款余额比上年增长 22.77%。次年，保费收入比 2006 年增长 44.71%。2010 年年底，存款余额增至 489651 万元，比上年增加 32164 万元。2011 年，贷款余额达到 17.5 亿元，保费收入达到 1.43 亿元，比 2009 年增长 16.26%。

## 第一节　机　构

### 一、当铺、钱庄

清代，陆城有当铺 2 家。当户在特殊处境下，将衣、物、首饰作为当物，或将房地产、其他动产、财产权利作为当物交给典当行，取得一定当金，并在约定期限内偿还当金、支付利息、赎回当物；逾期未赎谓之“死当”，当铺则有权将实物变卖。当价一般为实物实际价值的六七成左右。典当月息 2.5 分，质当月息 3 分。

清光绪年间，境内有钱庄 5 家，资本 1.3 万余银元，民国 9 年（1920），增至 8 家，资本 3 万多银元。陆城葛鼎和钱庄规模最大。钱庄办理存款业务，月息 1 分左右，放贷收月息 3 分。大钱庄发放钱票。日军犯境时，钱庄歇业或倒闭。

### 二、农村信用社

1951 年后，中国人民银行（人民银行）临湘支行在境内建立农村信用组、信用社，由社员出钱组成资本金，社员用钱可以贷款。1952 年，有信用组 7 个。1953 年年底，发展成 9 个信用社。1955 年，有信用社 29 个，社员 6000 多户，吸纳股金 5.5 亿元。次年撤区并乡后，并为 5 个信用社。人民公社化、“文化大革命”期间，信用社增而又减，减而又增，至 1983 年，共有 3 个信用社、29 个分社。

1984 年，成立北区信用联社。1988 年，北区信用联社下设云溪、路口、文桥、陆城 4 个信用社。1990 年，北区信用联社与中国农业银行（简称农行）北区支行合署办公。1995 年，与农行北区支行脱钩，增设道仁矶信用社。1996 年，北区信用联社更名为云溪信用联社。至 2011 年，下辖 5 个信用社、1 个营业部、1 个信用分社、12 个储蓄所，员工 162 人。

三、银行

**人民银行临湘支行营业所、分理处**　1951年，人民银行临湘支行在云溪、陆城设营业所。1965年1月，在长炼五山包设分理处。

**建行股份有限公司岳阳云溪支行（简称建行云溪支行）**　1953—1963年，建行在路口铺设办事处，隶建行湘潭专区银行。1964年撤销。1975年，成立建行云溪办事处，编制5人，主要经办国家计划内岳化基建拨款，加强其资金管理，监督其使用，办公地点设岳化一工区。80年代中期，建行云溪办事处升格为云溪支行。1988年，更名为建行岳阳云溪支行，有员工53人。1996年3月，更名为现名。2003年，实行股份制，网点撤并，人员分流。2011年，辖支行营业部、汪家岭分理处，员工21人。

**中国工商银行（简称工行）股份有限公司岳阳长岭支行、岳阳云溪支行**　1984年12月，工行岳阳市支行成立后，承办人民银行城市金融业务；至1986年4月，下设长岭、云溪2个办事处，原人民银行临湘支行长岭办事处自然消失。1992年1月，工行岳阳市支行长岭办事处、云溪办事处均升格为支行。2005年12月，工行实行股份制改革后，分别更名为工行股份有限公司岳阳长岭支行（简称工行长岭支行）、工行股份有限公司岳阳云溪支行（简称工行云溪支行）。其中工行长岭支行有员工39人，工行云溪支行位于岳化一工区，有营业网点3个、员工53人。

**中国农业银行股份有限公司云溪农行**　1990年5月，农行岳阳市分行营业部划出云溪、松阳湖、路口、陆城4个营业所和1个广场储蓄所，组建农行北区支行。1996年7月，更名为农行云溪支行。2002年1月，划出路口营业所、长岭分理处、向阳村储蓄所，组建农行长岭支行。2009年1月，农行云溪支行、农行长岭支行分别更名为农行股份有限公司岳阳云溪支行、长岭支行。2010年10月，云溪支行、长岭支行合并，称农行股份有限公司云溪农行。下辖营业部、岳化分理处、长岭二级支行3个对外营业网点。

**中国银行股份有限公司岳阳市云溪支行（简称中行云溪支行）**　成立于1992年11月，设岳化二工区，员工14人。

**岳阳交通银行（简称交行）云溪支行**　1996年2月，交行岳阳支行在岳化二工区设云溪分理处。2007年7月，交行云溪分理处升格为交行云溪支行。

**中国农业发展银行岳阳市云溪支行（农发行云溪支行）**　1996年12月31日成立，行址云溪镇云中路。2011年迁新埠东路，员工16人。

**华融湘江银行岳阳云溪支行（简称湘江银行云溪支行）**　1999年12月，岳阳商业银行设云溪支行（简称商行云溪支行）。2005年10月，行址由岳化一工区迁区政务中心大楼。2010年10月，更名为湘江银行云溪支行，员工16人。

**中国邮政储蓄银行云溪支行（简称云溪邮政支行）**　2008年8月成立。

四、保险公司

1985年，成立中国人民保险公司北区支公司（简称人保北区支公司）。1986年，平安保险公司、太平洋保险公司相继落户。2006年4月，中华联合财产保险股份有限公司入驻云溪，5月，安邦财产保险股份有限公司云溪支公司挂牌开业。共有保险公司6家，员工300余人。2011年，主要保险公司有3家。

**中国人民保险公司云溪支公司** 1985年，称人保北区支公司。1996年4月，更名为现名。总部设岳化一工区，下设长炼办事处、岳化办事处、云溪营业部。2011年，有员工30人。

**中国人寿保险股份有限公司云溪支公司** 1985年10月，人保公司岳阳中心支公司设北区办事处。1990年，北区办事处升格为城北支公司。1996年，人寿、财产保险分业经营，成立中国人寿保险公司云溪支公司。办公地址迁云溪中路。2003—2011年，更名为现名。

**中国平安财产保险股份有限公司云溪支公司** 成立于1996年3月。2011年，有员工14人。

## 附 岳阳市泓信担保投资有限公司

2009年5月，为引进民营资本，区委、区政府决定由区城市建设投资有限公司、区工业园开发建设有限公司入股组建岳阳市泓信担保投资有限公司（简称泓信公司），为担保投资机构。有注册资金2500万元（区出资500万元，占20%股份）。11月，增资扩股2500万元，2011年5月，再次扩股5556万元（区占14.2%），注册资本总额10556万元。在全省范围内办理贷款担保、票据承兑担保、贸易融资担保、项目融资担保、信用证担保、经监管部门批准的其他融资性担保、诉讼保全担保、投标担保、预付款担保、工程履约担保、尾付款如约偿还担保等。并开展与担保业务有关的融资咨询、财务顾问等中介服务。驻云溪区云城大厦。有法人股东2个、民营企业股东1个、自然人股东5个。有股东会、董事会、监事会及高层管理层，聘请金融资深工作人员管理、主办业务。2011年，内设机构有业务部、财务部、风险监控部、风险评估委员会，员工18人。

## 第二节 存贷保险

### 一、存储

1950—1952年，境内年均存款3.4万元。1957年，国营、集体工商企业发展，存款余额4.8万元。大跃进期间，年均存款23.78万元，但因执行强制性存款，资金周转困难。1962—1965年，企业存款43.57万元。1966—1970年，长炼、岳化建成投产，银行存款额大幅增长；至1976年年末，工商企业存款增至5614万元。1979年始，长炼、岳化隶属关系变动，存款额下降。1983年年末，企业存款余额仅17.3万元。

1984年后，存款额快速增长。至2005年，仅云溪信用联社长兴储蓄所年增存款2500万元，存款余额突破1亿元。为境内首个亿元存款储蓄所。

2005年，工行长岭支行存款额3.84亿元。2006年6月末，增至3.98亿元，比上年增加1353万元。

2005年12月，工行云溪支行存款总额5.18亿元，2006年8月末，增至5.64亿元，增加4643万元，月均存款580.38万元。其中对公存额1.39亿元，比上年增加3438万元；个人存款4.25亿元，增加1205万元。

2008年11月末，全区存款余额共37.69亿元，比上年增加6.99亿元。

2009年，全区金融机构各项存款457487万元，比上年增长12.5%。2010年12月末，存款余额达

489651万元，比上年增长6.57%，比年初新增3.2亿元。

2011年年底，建行云溪支行一般性存款6.1369亿元，比上年新增1.03亿元，其中个人存款4.61亿元，增加8455万元；对公存款1.53亿元，增加1835万元。

**1975—2011年建行云溪支行存款情况表**

表20-3-1

单位：万元

| 年份 | 年末存款 | 年份 | 年末存款 | 年份 | 年末存款 |
|---|---|---|---|---|---|
| 1975 | 950 | 1988 | 6350 | 2001 | 37223 |
| 1976 | 1100 | 1989 | 6846 | 2002 | 30900 |
| 1977 | 2300 | 1990 | 7020 | 2003 | 35290 |
| 1978 | 2600 | 1991 | 7544 | 2004 | 23411 |
| 1979 | 2850 | 1992 | 7790 | 2005 | 22360 |
| 1980 | 3102 | 1993 | 8441 | 2006 | 26500 |
| 1981 | 3065 | 1994 | 15200 | 2007 | 35300 |
| 1982 | 3100 | 1995 | 16410 | 2008 | 43221 |
| 1983 | 3610 | 1996 | 15730 | 2009 | 45230 |
| 1984 | 4201 | 1997 | 21690 | 2010 | 51079 |
| 1985 | 4350 | 1998 | 30160 | 2011 | 61369 |
| 1986 | 5,102.00 | 1999 | 32410 | | |
| 1987 | 5,280.00 | 2000 | 31665 | | |

## 二、信贷

**农业贷款** 民国36年6月，省粮食调剂委员会向境内发放粮食贷款189.8万元（法币），月息4厘5毫，次年，省发放棉花贷款4亿元法币。但各贷款均被官僚、地方权贵层层克扣，农民所得无几。

1950—1952年，政府通过县银行发放粮食、耕牛、农具、茶叶、棉花、水利建设等贷款9.54万元（人民币），促进农业生产迅速恢复。

1953年始，发放水利建设贷款。1954年，特大水灾后发放贷款11.2万元，主要用于赈灾。至1957年，共发放农贷85.14万元，用于水利建设、赈灾等。大跃进期间，滥放贷款，损失44.62万元，占放款总额38.2%。

1966—1976年，发放贷款370.88万元，其中银行发放210.8万元，信用社发放160.08万元，回收率96%。

1990年后，农业贷款向农村专业户、重点户、农民企业家倾斜。农行北区支行、农行长岭支行采取保证担保、五户连保、抵押担保等形式，在农村发放惠农卡3240张，方便农民贷款。

1996年12月至2005年，农发行云溪支行发放粮食贷款2.88亿元，棉花贷款1.595亿元，农业开发贷款350万元。

2008年，发放农户小额信用贷款5382万元，占放贷总额77%。

2010年、2011年，分别发放农业贷款3.17亿元、5.94亿元，分别比上年增长35%、87.38%。

**企业贷款** 1953—1957年，发放国营、集体、私营工商企业贷款185.4万元。

1958—1961年，大办钢铁和其他企业，贷款869.7万元，收效不大。

1962—1965年，实行存贷平衡，略有节余。

“文化大革命”10年中，工业企业贷款1716万元，商业企业贷款2794万元，分别超过计划19.5%、21%。由于贷款制度被打乱，贷非所用，损失严重。

中共十一届三中全会后，改革信贷体制，注重优化资源配置，促进企业发展。1988—1990年，建行云溪支行为北区、岳化投放贷款1.43亿元，其中国有企业10650万元，集体企业2860万元，民营企业790万元。

1992—1996年，工行长岭支行为长炼提供贷款达13.64亿元。

1996—1999年，交通银行云溪分理处年均为企业发放贷款3000万元，其中1999年增至4000万元。

1999—2004年，湘江银行（商行云溪支行）共向企业提供贷款1846.15万元。

2005年，中行云溪支行对企业贷款分别为1.2亿元、1.4亿元。

2008年，全区企业贷款余额共8.3093亿元，比上年增加6968万元。其中农发行云溪支行、商行云溪支行、云溪信用联社、工行长岭支行分别为3305万元、2700万元、2680万元、2449万元。工行长岭支行另对中小企业发放贷款4000万元。

2009年，全区贷款余额14.8亿元，比上年新增4.49亿元，增长108%（不含贴现贷款余额11.6亿元，增加63%）。其中云溪信用联社贷款余额5.3亿元，新增0.93亿元，比上年增长21%；农发行云溪支行3.35亿元，新增1.78亿元，增长114%；商行云溪支行1.07亿元，新增5100万元，增长91.4%。

2010年，贷款余额15.3亿元（含贴现2.3亿元，未包括长炼、岳化），比上年增长36%。其中农发行云溪支行在临港新区投放3亿元，在湖南九鼎科技有限公司投放3745万元；工行云溪支行在岳阳化工化纤股份有限公司投放4000万元；长岭工行在中石化长岭分公司出票1亿元，在中石化管道储运分公司银票贴现1.5亿元。

2011年，市组织第十届银企信贷洽谈会，驻区各家银行共与35家企业一次签约项目39个，签约金额6.462亿元。是年，全区贷款余额17.5亿元，比上年新增2.2亿元，增长14.4%。

**1976—2011年建行云溪支行贷款情况表**

表20-3-2　　　　单位：万元

| 年份 | 年末贷款 | 年份 | 年末贷款 | 年份 | 年末贷款数 |
|---|---|---|---|---|---|
| 1976 | 600 | 1988 | 3600 | 2000 | 28500 |
| 1976 | 1500 | 1989 | 4100 | 2001 | 12000 |
| 1978 | 2600 | 1990 | 2500 | 2002 | 17300 |
| 1979 | 3200 | 1991 | 3500 | 2003 | 21500 |
| 1980 | 3000 | 1992 | 3600 | 2004 | 14500 |
| 1981 | 3500 | 1993 | 4200 | 2005 | 18500 |
| 1982 | 3000 | 1994 | 6300 | 2006 | 12500 |
| 1983 | 2600 | 1995 | 8500 | 2007 | 10600 |
| 1984 | 2100 | 1996 | 8100 | 2008 | 2000 |
| 1985 | 2000 | 1997 | 15000 | 2009 | 6101 |
| 1986 | 2300 | 1998 | 21000 | 2010 | 2982 |
| 1987 | 3200 | 1999 | 26500 | 2011 | 16893 |

### 三、保险

1984年，保险业务量小。1986年，保险公司增多，业务增大，至2006年，保险金额增至8500万元。

2009年，保费收入共1.23亿元，保险给付、赔偿2320万元，保险深度2.9%，保险密度770元/人。

2011年，保费共1.43亿元，比上年增长14%。其中财险保费收入0.4亿元，增长12%。寿险保费收入1.03亿元，增长16%。共支付各类赔款、给付2450万元，增长0.3%。保险深度2.9%，保险密度增至790元/人。其中涉农保险：水稻保险4410公顷，保费收入111万元，其中收讫农户保费27.78万元，参保面80%，赔付60.18万元；棉花保险160公顷，收入576万元，其中收讫农户保费1.44元，参保面20%，无赔付；能繁母猪承保13080头，收入78.48万元，参保面98%，赔付92万元。

是年，学生平安保险中，死亡人数31例，赔付72万余元；长炼、岳化两厂职工团体保险意外伤害45500多例，赔款9050万元。

### 四、担保

2009年，泓信公司与区信用联社发生担保业务350万元，为岳阳长源石化有限公司、岳阳聚成化工有限公司等16家中小企业提供融资担保额1320万元。至2011年年底，共为282户中小企业提供融资性担保7亿多元。

2010年，与工业园建设开发有限公司联保，使岳阳华浩水处理有限公司项目（即新铺污水处理厂项目）顺利建成投产。并为该公司申请贷款担保，向银行贷款330万元，保障其资金运转。是年，该公司实现销售收入642万元、利润46万元。2011年实现产值5000余万元、利润300多万元、税金50多万元。

2011年12月，在保余额3.0884亿元、项目170个，累计收入1823万元（其中担保收入1493万元），累计上缴税金88万元。有82个受担保企业共实现产值20亿元、销售收入24亿元，上缴税金1.36亿元，新增就业岗位890个，分别比上年增长20%、25%、44%、40%。

## 第三节 货币

### 一、银两、银元、制钱、铜元、纸钞

**银两** 又称元宝，为清代境内流通的主要货币。多是湖南、湖北、江西、四川银锭，形状多样。一般重10两，还有50两的龟宝，5两、10两的圆锭。大银锭多存于官库、钱庄、富豪之家，亦称官银，民间流通的多为1两、2两的银锭。

**银元** 清道光咸丰年间（1821—1851），流行寿星、花篮、剑杆3种银元，每枚重7钱2分。光绪二十三年（1897），流行吉林机器局始铸的“吉林省造光绪元宝”银元。光绪三十年，流行湖北省造的大清银币，重库平一两。其中光绪三十四年（1908）的银元分三等币值：库平七钱二分、一钱四分四厘、七分二厘。

**制钱** 又称婚钱，铜质，圆形，中有方孔，每枚值1文，以绳穿，千文一贯，俗称一吊钱、一缗钱，值银子1两。也有1枚50文，100文的。境内流通的有“天命通宝”“顺治通宝”“乾隆通宝”

“嘉庆通宝”“道光通宝”“宣统通宝”等。道光元年（1821）以后，币制紊乱，钱文减重，用料粗劣，逐渐丧失金属足值货币的性质。1840年鸦片战争后，制钱不复为用。

**铜元** 光绪二十三年（1897），流通仿香港辅币制造的铜元，以补制钱不足。每100枚换1枚制钱，后改为每枚当制钱十文。

**纸钞** 先有“顺治钞贯”，不久废止。后有咸丰“大清宝钞”，又叫银票、钱票，面额有250文、50千文、10万文、1两到50两不等，境内少有流通。

### 二、银币、铜币、金币、镍币、法币、金元券

**银币** 民国初期，流通银元，仍以宣统三年“大清银币”为主，还有铸有孙中山头像的纪念银元、船板图形银元。民国3年（1914），流通袁世凯头像银元“国币”，面值有壹元、中元（五角）、贰角、壹角4种。均通称银币。

**铜币** 民国3年，铜元改称“铜币”。

**金币** 民国19年1月，流行海关收税由银两所改的金币，即关金券。

**镍币** 民国25年，流行20分、10分、5分、1分4种镍币，并逐渐取代铜币。

**法币** 民国24年，为统一币制，国民政府规定中央银行、中国银行、交通银行（后加中国农民银行）所发行的钞票为法定货币（简称法币），禁止银元流通，白银收为国有。

**金元券** 抗日战争时期，货物奇缺，物价暴涨，法币急剧贬值。至民国37年8月19日废止，改为金元券。但不到一年，物价比币改初期上涨170万倍，1949年7月境域解放，金元券废止。

### 三、人民币

1949年8月1日始，境内流通人民银行1948年12月1日发行的第一套人民币，禁用银元、铜元等一切旧货币。至1953年年底，人民币有1元、5元、10元、20元、50元、100元、200元、500元、1000元、5000元、10000元等版式。1954年，还流行50000元面额的人民币。

1955年3月1日始，流行第二套人民币。面额主币有1元、2元、3元、5元、10元5种，辅币有1角、2角、5角、1分、2分、5分6种。第一套人民币10000元折合此套人民币1元，由人民银行收兑。1957年11月，间以流通铝合金辅币，有1分、2分、5分3种。

1963年4月15日始，流行第三套人民币，同时回收苏联代印的3元、5元、10元面额币种。1980年4月15日，间以流通1角、2角、5角铜币和1元镍币。

1987年4月27日始，流通第四套人民币，新增50元面额版式。1988年5月，流行100元面额人民币。

1999年10月1日始，流通第五套人民币。共8种面额：100元、50元、20元、10元、5元、1元（纸币、硬币）、5角（硬币）、1角（硬币）。第五套人民币取消2角、2元币面额，增加20元币面额。2011年，流通的人民币以第五套为主，有部分第四套人民币。

# 第二十一篇　教育·科技

## 第一章　教　育

明清时期，境内有私塾、官学。清末，废科举，兴学堂。至民国26年（1937），有小学16所，但70%以上的少年儿童因家庭贫困无法上学。民国27年，日军犯境，学校基本停办。抗日战争胜利后，逐步恢复。1949年后，坚持“教育向工农兵开门”，教育得到较快发展。1957年，有小学84所，适龄儿童入学率增至63.8%。大跃进、“文化大革命”期间，盲目办学，忽视教育规律和正常教学秩序，教育质量低下。

中共十一届三中全会后，坚持贯彻《中共中央关于教育体制改革的决定》，全面调整教育，重新规划学校布局，教育步入规范化发展轨道。1984年始，区委、区政府逐年加大财政投入，合理配置教育资源，努力改善办学条件。次年，北区在全省率先普及初等教育。并结合加强扫盲教育、职业技术教育。

1986年始，不断完善落实“以区为主，分级负责”的农村义务教育管理体制，以保学控流为重点，努力提高“普九”质量和水平。1995年，北区成为全省无文盲区。初中入学率、巩固率、合格率分别为95.3%、97.5%、88.9%；次年5月，云溪区被国家教委审定为普及九年义务教育合格单位。至2004年，全区“普九”指标均达到或超过省颁标准。2008年，实施校安工程，进一步完善教学设施。2011年，60%以上的中、小学达到国家合格学校标准。是年，全区有幼儿园44所，3岁以上儿童入园率100%；有小学23所、初中6所、高中1所，在校学生11651人，在职教师896人，适龄儿童入学率、小学生毕业升学率、初中生毕业升学率分别达到100%、100%、98.5%。

至2011年，云溪（北）区共为大专院校输送各类人才7711人，为地方经济建设培养高素质劳动者5253人。

### 第一节　机构与体制

#### 一、管理机构

宋代，境内县学由县署主学（1人）掌管。元、明时期，由县署教谕（1人）掌管。清代，由县署知事总揽、教谕署兼管。

民国元年（1912），教育由县知事公署礼房管理。民国 11 年，由县知事公署教育局管理。民国 18 年，由县政府教育局管理。民国 31 年，由县政府教育科管理。民国 37 年，由县政府第三科管理。

1949 年 7 月，由县政府教育科管理。8 月，五区区委设宣传委员，兼管教育。1950 年 3 月，六区区委设宣传委员，兼管教育。1951 年 12 月，由县政府文教科负责。1956 年 9 月，由县政府教育科管理，并分乡设学区，具体管理本乡教育。1959 年 12 月，由县政府文教科管理。1968 年 4 月，由县革委会政工组教卫组管理。公社革委会设文教委员具体管理本公社教育。1970 年 10 月，由县教育局负责。以公社为单位设教育组具体管理本公社小学教育。1973 年 3 月，由县文教局管理。1981 年 1 月，复由县教育局管理。

1984 年 6 月，由区文教科管理。乡镇（场）党委设宣传委员兼管教育。公社教育组更名为乡镇教育组。7 月，区文教科更名为区文教局。1993 年 4 月，撤销区文教局置区教育局。2002 年，区教育局职能调整为划入原区文体广播电视局承担的体育事业管理职能。内设机构有办公室（加挂综治办牌子）、基础教育股（加挂群众体育工作办公室牌子）、政工人事股、计财股（加挂审计股牌子）、离退休人员管理股、纪检组（监察室）。挂靠单位有区政府教育督导室。归口管理区毕业研究生、大中专毕业生就业管理办公室（加挂区毕业研究生、大中专毕业生就业管理服务中心，区教育人才交流服务中心牌子）、区招生自学考试委员会办公室、区勤工俭学管理办公室、区教师继续教育培训管理中心、区职业技术成人办公室、区教育科学研究室（简称区教科室）、区电化教学仪器站。共核定行政编制 11 名，全额拨款事业编制 21 名，机关后勤服务事业编制 1 名。2008 年，撤销乡镇教育组，乡镇小学归口乡镇中学管理。2011 年 8 月，区教育局加挂区体育局牌子；内设机构调整为办公室（综治办）、基础教育股、政工人事股、计划财务股（审计股）、离退休人员管理股、政策法规股、体育股；人员编制调整为行政编制 12 名，机关后勤服务事业编制 1 名。

## 二、办学与管理体制

**私塾、官学** 清代前、中期，境内私塾由私人办，其设立、停办、课程、经费等，由私塾先生（通称塾师）、家长协商确定。官学（县学、学宫、书院）由县办，教师工薪、校舍修缮等由县署拨款，教育、教学由县署知事领头负责，县署管理，上级教育行政部门负责巡视考核。

清末，官立高等小学堂、公立两等小学堂，其设立须经县呈报省批准备案，教学业务接受县视学督导。县内各类学校，一律由县署直接管理。

**小学** 民国时期，以县办为主，校长由县委派，教师由校长聘请，县教育行政机构审查备案。民国 30 年，实行“政教合一”，乡中心小学、保国民学校由乡长、保长兼任校长。民国 35 年元月 15 日，县长王传慈训令，规定各中心校校长、保国民学校校长一律改为专任，各乡（镇）中心学校皆属县立，保国民学校皆属乡立，由县教育主管部门检查其办学情况。

1952 年，公办小学由县办，私办小学由私人办，县统一管理。各科教学大纲、课本、校舍建筑、设备标准等，由教育部统一规定；教职员工编制标准、经费开支标准，按省教育行政部门规定办。具体领导以“条条”为主。

1958 年 8 月，教育事业管理权下放。公办全日制小学由县办；耕读小学由生产大队办，对上级教育行政部门颁发的指导性教学计划、教学大纲、教材使用，有因地制宜之权。领导体制以“块块”为主。

1963年，全日制小学设置、停办，由县政府批准。公办小学由县教育行政部门统一管理。加强“条条”对教育的领导和管理作用。

1968年，公办小学下放到大队办，实际上业务管理落空，处于无政府状态。大队成立贫下中农管理学校委员会，实行“贫下中农管理学校”。

中共十一届三中全会后，恢复县教育行政部门直接领导管理学校体制。

1986年，区政府制定加强“三级办学，两级管理”的意见，明确小学由村办，乡（镇、场）加强管理，实行地方政府、区教育行政部门“双重领导”的体制。

1987年，执行《中华人民共和国义务教育法》，村小学、初中教学点由村办。民办教师工资由乡、镇统筹解决，公办教师工资由区教育局协同区财政统一发放。教学业务由乡、镇教育组负责，教育局相关股室加强指导。村负责校舍建设、维修，勤杂人员的工资，学农基地的提供等。

1997年10月，民办教师转为公办教师，乡、镇一级不再负担教师工资。

2000—2011年，小学调整为区办，其人、财、物、教育教学业务由区教育局领导管理。村仅负责控辍保学、学校周边环境治理、建设用地划拨等。

**中学**　1958年，初中班由县办，政治上受地方党委领导。

1963年，贯彻《全日制中学暂行工作条例（草案）》，中学由县办，实行公社党委、县教育主管部门双重领导。

文化大革命中，中学由社（镇、场）办，实行公社（镇、场）、县双重领导；农村初中班由大队办，属社、大队双重领导。

1978年9月，贯彻《全日制中学暂行工作条例（试行草案）》，全日制中学原则上由县办，属县教育行政部门领导管理。农村初中点仍由大队办，社（镇场）、大队共同管理。

1984年后，区办高中（含职业高中），乡（镇、场）办初中。

2003年8月，区委、区政府作出基础教育改革与发展的决定，规定初中由区办。乡镇政府要承担相应的义务教育办学责任，根据国家规定筹措教育经费，用于改善办学条件，提高教师待遇。乡、村两级应建立控流保学责任制，确保义务教育阶段初中学生完成九年义务教育；负责划拨新建、扩建校舍所必需的土地；维护学校治安和师生安全。至2011年，中学实行此办学与管理体制。

## 第二节　私塾、官学

**私塾**　清代，仍以私塾为主。光绪二十七年（1901），清廷诏令兴办学堂；光绪三十年，颁发《私塾改良章程》，陆城始办官立小学堂，但作为启蒙教育的私塾，直至宣统年间仍占主导地位。清宣统三年（1911），有私塾20余所，学生近400人，其中蒙学（仅对儿童进行启蒙教育）占90%，经学（帮助已受过启蒙教育的青少年准备科举应试）2所以上。教师多为落第儒生或赋闲官吏。私塾仅有文科，蒙学以讲授《三字经》《百家姓》《幼学》《杂学》《增广贤文》为主；经学主攻《四书》《五经》《纲鉴》《古文观止》《唐诗三百首》等。主要课目有听讲、读书、背书、习字、对课（即对对子或和诗）。由教师逐个面授，学生背诵旧课后授新课。对违规学生打手板、打屁股、罚跪。

民国时期，严禁办私塾。民国8年（1919），在五四运动影响下，部分私塾学生被动员到学堂就读。但至民国18年，私塾却增至40余所，学生近500余人。民国25年8月，省政府发出《令饬协办义教，严行取缔私塾》指令后，私塾逐渐减少。民国26年，在私塾禁而难止的情况下，县府折中规定：私塾必须使用统编小学教材，实行星期学习制，每周星期一至星期六学习，星期天休息，不准体罚学生。民国27年，日军侵占境内，唯偏僻山区尚存私塾。抗日战争胜利后，保国民学校兴起，私塾基本停办。

**官学** 有文字记载最早的县学是宋代（纪年未详）于县署西南（今学宫岭）始建的痒序（后称儒学官、学宫、儒学公廨）。明洪武十九年（1386），临湘知县马杰、主簿陈学圃、教谕何伯昂在陆城创建临湘县学宫。明万历六年（1578），临湘知县冉嵩在陆城南门外创建人文书院。是有志可考的第一个书院。该院因年久倒塌。清康熙四年（1665），知县潘友范利用儒学公廨残存小屋开办湘湄书院。嘉庆十四年（1809），儒学公廨小屋又塌，湘湄书院停办。道光四年（1824），知县徐凤喈于学宫岭创建莼湖书院。书院是当时临湘县最高学府，以深造生员、为朝廷培养科举人才为宗旨，以讲授《四书》《五经》“八股文”、诗词为主。为提高书院声誉，显现县署政绩，临湘县历届知县重视聘选品学兼优人士担任掌教（主讲）。莼湖掌教有清道光年间的廖焜，同治年间的廖炳（曾为当时《临湘县志》编撰之一），光绪年间的吴獬、廖云汉（曾出任台湾主考官），敖百川（曾留学日本，撰《临湘县志》）、刘厚垣等。从县学创办至清末，所深造生员中共有36人中进士。

清光绪二十八年（1902），莼湖书院停办。次年，其院舍改办临湘县官立实业小学堂。民国27年（1938）冬，日军占陆城，官学基本停办。

## 第三节 基础教育

### 一、幼儿教育

**园所规模** 民国4年，岳阳基督教在云溪、陆城教堂附设育婴堂收养孤儿。日军侵境后，有幼儿被送长沙第二保育院、攸县第四保育院、省立南岳儿童教养所接受教养。

1958年，大队办托儿所、幼儿园。1960年，有托儿所、幼儿园462所，入园所儿童8275人，占1~4岁儿童73.5%。1961年，幼儿园、托幼所停办。“文化大革命”期间，大队小学办“红孩子班”，入班儿童4~6岁，但无幼师，无教材。1980年，学习桃江县办学前班经验，幼儿教育纳入教育工作范畴。

1984年，区文教科配幼教专干，乡镇配幼教辅导员，支持有条件的村小学办学前班。6岁幼儿入大班，5岁入中班，3~4岁入小班。是年，办学前班（幼儿园）31个，入班儿童781人，占该年龄段儿童38.5%。1987年，有学前班73个，入班儿童1400人。1988年3月，创办区直属机关幼儿园，设中、小班各1个，入园儿童66人。1989年9月，绝大多数村小学办幼儿园；共办幼儿园84所。入园儿童1844人，入园率98.5%。1998年，学前儿童较1989年减少三分之二，校均仅5~6人，校办幼儿园逐渐被社会力量所办幼儿园大班取代。

2000年后，幼儿教育纳入基础教育范畴。2003年，注册登记幼儿园32所，入园幼儿2127人。2005年，增至43所，入园儿童2323人。2010年，有44所，入园儿童增至3847人。

2011年，入园儿童3856人。学前一年教育普及率100%，三年教育普及率96.6%。园舍建筑面积共1.9万平方米，教学仪器、教具价值120万元，图书2万余册，固定资产近1000万元。是年，区政府投入300万元，首办陆城镇中心幼儿园。

**幼儿园选介**

**小蓝天艺术幼儿园**　位于长炼厂区。2007年7月办。是云溪区首批挂牌的民办示范幼儿园。占地面积1000平方米，建筑面积800平方米。注重“蒙台梭利”、音、体、美、“双语”等特色教学，培养幼儿综合素质。至2011年，先后取得“亿童英语示范园”“亿童蒙氏教学示范园”“九珠数学示范园”等资格。在园幼儿218人，设大、中、小班8个，有教职工25人。

**快乐起跑线幼儿园**　位于云溪镇西城区。2008年年初，通过招商引资170万元将原云溪镇中心小学整体置换所办。为云溪镇城区民办中心幼儿园。占地面积8362平方米，建筑面积3814平方米。8月，开园招生。2011年，在园幼儿195人，教职工26人。设学前班、大班、中班、小班、托儿班。有舞蹈室、美术室、大型游乐设施、多种中小型娱乐器具，运动场铺设塑料地垫，各班配液晶电视机、影碟机、电子琴、录音机、空调等。

## 二、小学教育

**学校与学生**　光绪二十九年（1903）三月，陆城莼湖书院办临湘县官立实业小学堂，招收学生2个班、100人，为境内小学教育之始。光绪三十四年，更名为临湘县官立高等小学堂，招收学生3个班、150人。

民国元年（1912），学堂有县立高等小学1所、学生340人。学校逐渐取代学堂。民国3年后，有私塾改为学校，学校逐年增多。陆城刘公庙、云溪享堂办起初等、高等“两等”小学校，共有初小班2个、80人，高小班4个、170人。民国10年，有县立高等小学校1所、区立“两等”小学2所，团立初等小学8所，外国教会在云溪、陆城各办教会小学1所；有高小生220人、初小生489人。民国11年，“两等”小学更名为高级小学。民国14年，调整合并高级小学，陆城、云溪高级小学合并为临湘县第一高级小学。是年大旱，除临湘县第一高级小学勉强支撑外，其他学校基本停办；次年逐渐恢复。民国19年，县治迁长安，临湘县第一高级小学更名为临湘县第二高级小学（简称“二高”）。民国27年，日军侵境，小学基本停办。次年秋，二高迁聂市秦王冲山区（今临湘县聂市镇境内）。民国29年，有保小学21所。民国35年，推行国民教育，乡镇办中心小学3所、10个班、学生275人，保办小学62所、学生1500人。

1949年，有小学82所、学生2205人。1950年，办学“为国家建设服务”“向工农子弟开门”，实行人民助学金制度，学生逐渐增加。云溪、陆城、路口中心小学分别更名为临湘县第十四、十五、十六完全小学。1957年，白荆桥办白荆完全小学。1958年，教育“大跃进”；云溪办团结完全小学。是年，有完全小学5所、初级小学79所，小学生比1951年增加1倍。至1960年，小学发展至121所（含完全小学），学生增至10470人。1962年，落实《全日制小学暂行工作条例（草案）》，撤销团结完小，小学调整为109所，学生减至8572人。次年，为方便学生就近入学，有小学办分校。1964年，另办耕读小学24所，新增耕读学生712人。“文化大革命”期间，“停课闹革命”，学校、学生时增时减。

中共十一届三中全会后，调整小学布局。1985年，区政府坚持入学率、巩固率、合格率一齐抓。全区有小学99所，学生14829人。1986年7月，小学教育纳入九年义务制教育范畴，小学布局进一步调整。2011年，调整至23所，学生6180人。

云溪区域部分年份小学教育情况表

表 21-1-1　　　　单位：所、人

| 年度 | 学校 | 在校学生 | 毕业 | 招生 | 年度 | 学校 | 在校学生 | 毕业 | 招生 |
|---|---|---|---|---|---|---|---|---|---|
| 1949 | 82 | 2205 | 332 | 894 | 1985 | 99 | 14829 | 2462 | 1444 |
| 1955 | 82 | 5661 | 793 | 2275 | 1990 | 84 | 11254 | 1873 | 1989 |
| 1960 | 121 | 10470 | 2414 | 4517 | 1995 | 65 | 13429 | 1917 | 2552 |
| 1965 | 183 | 8439 | 2052 | 4924 | 2000 | 59 | 13370 | 2457 | 1305 |
| 1970 | 172 | 11341 | 1886 | 1886 | 2005 | 41 | 7429 | 1387 | 1285 |
| 1975 | 177 | 21550 | 2856 | 5068 | 2010 | 23 | 6576 | 1097 | 1129 |
| 1980 | 162 | 23286 | 5641 | 5077 | 2011 | 23 | 6180 | 1076 | 1136 |

**学制与课程**　光绪二十九年（1903），清廷颁布《奏定学堂章程》，小学学制为9年，其中初小5年，高小4年。初等小学开设课程有修身、经学、国文、算术、历史、地理、格致、体操；高等小学增加图画课，有时加开手工、农业、商业等课程。光绪三十三年，采用“壬寅学制”，四四分段，即初小4年，高小4年，课程设置有国文、算学、历史、地理、图画、常识、音乐。

民国时期，小学学制改革2次。民国元年，教育部公布“壬子学制”，实行7年制，四三分段，即初小4年、高小3年；有国文、算术、历史、地理、修身、动物、植物、图画、手工、音乐、体操、外语等课程。民国11年，教育部公布“壬戌学制”，四二分段，即初小4年，高小2年。初小课程主要有修身、国文、算术、游戏、体操、图画、手工、唱歌；高小主要有修身、国文、算术、中华历史、地理、理化、手工、图画、唱歌、体操、农业、英语。

1949年后，仍实行6年制，四二分段，春、秋两季始业。1952年，取消四二分段制，试行五年一贯制。改春、秋两季始业为春季始业。课程有语文、算术、历史、地理、自然、体育、图画、音乐。1955年秋，恢复四二分段的6年制，改春季始业为秋季始业。“文化大革命”期间，按照毛泽东“学制要缩短”的要求，1968年10月，推行中小学九年一贯制，各类小学改为5年制，春季始业。课程设置为政治语文合并为政语课，算术改数学、音乐改革命文艺、体育改军体，增加劳动课，停开历史、地理、自然课，学校另设乡土教材课。1972年秋，恢复秋季始业。课程有政治、语文、算术、科学常识、军体、音乐、图画等。1978年秋，恢复历史、地理、自然课，增设选修科目外语（一般未开）。1981年，政治课改为思想品德课。1985年，小学全部实行6年制。课程有政治、语文、算术、体育、图画、音乐、手工劳动，高年级增设自然、历史、地理，外语仍为选修课。1992—1997年，按照教育部《九年义务教育全日制小学教学大纲》设置课程，以“三算”“小学三阶段作文教学”为重点进行教学。1998年始，四年级以上开设电脑课。2001年始，小学三年级以上开设英语课。2003—2011年，发展素质教育，小学低年级开设品德与生活、语文、数学、体育、艺术（或音乐、美术）课，中、高年级开设品德与社会、语文、数学、科学、外语、综合实践活动、体育与健康、艺术（或音乐、美术）等课程。

## 三、初中教育

**学校与学生**　民国17年（1928）秋，陆城首创临湘县立公学，办班2个、学生百余人。为境内初中教育之始。民国19年，迁新县治长安。

1958年，陆城、白荆、云溪3所完小增设附中班。1959年，白荆附中班迁路口完小；1960年，从路口完小析出，于路口南亭山下建新校舍，称临湘县第五中学（简称临湘五中），招初中一年级新生1个班。为中华人民共和国成立后境内第一所初级中学。1961年，陆城附中班更名为临湘县陆城中学，云溪附中班停止招生。1965年，有初中2所、11个班、学生559人。

1968年，临湘五中归属路口公社管理，更名为路口中学。为境内第一所社办初中。次年3月，云溪、文桥、松阳湖农场相继办起初中。1970年，路口镇、云溪镇分别办起路口镇中学、育红中学。多数大队修简易教室，垒砖土桌凳办初中点。至1976年，有初中48所、学生4900余人。1981年，路口中学复更名为临湘五中。并逐年合并初中点。

1984年，临湘五中更名为北区一中。全区有初中7所、学生3201人。1987年，北区一中初中班停办，学生转入路口镇中学，初中减至6所。

1990年，云溪友好创办云溪二中，招初中班4个、学生200余人。初中增至7所，另有基隆、白荆2个初中点。1992年，撤销基隆初中点。1996年，增设道仁矶中学，初中增至8所。撤销白荆初中点。2004年，有初中8所、学生7941人，为有史以来学生最多的一年。2008年，整合教育资源，育红中学并入云溪中学。2009年，撤销云溪二中，并入云溪中学。至2011年，有初中6所、教学班74个、学生3369人。

**学制与课程**

**学制**。民国17年，陆城县立公学实行“戊辰学制”，亦称“现代学制”。初中修业3年，秋季始业。1951年，实行春、秋两季始业；1953年，改为秋季始业。1968年，实行春季始业。1972年，学制缩短为2年，恢复秋季始业。1978年，执行教育部《全日制十年中小学教学计划（试行草案）》，学制恢复3年制。1987年，落实《中华人民共和国义务教育法》，从小学一年级至初中三年级属九年义务教育阶段；至2011年，初中修业3年。

**课程**。民国17年（1928），县立公学开设三民主义、公民、国文、数学、英语、物理、历史、地理、化学、体育（童子军操练）、图画、手工、乐歌、习字（仅初中一年级开设）等课程。

1949年后，取消公民课，改设政治课。1958年，执行教育部中学教学试行计划，开设课程有政治、语文（分文学与汉语两科）、英语、数学（算术、代数、几何）、物理、化学、历史、地理、动物、植物、生理卫生、体育、音乐、美术等。是年下学期，汉语、文学合科，政治课改为社会主义教育课，增设劳动课。1960年，英语课改为俄语课。“文化大革命”前期，政治课、语文课合并为政语课，以毛泽东著作为基本教材，增授会计常识、土地丈量等实用乡土教材，物理、化学、动物、植物、生理卫生等课程被工业基础知识课、农业基础知识课取代，俄语课改为英语课。

1973年7月至1977年，按教育部新颁布的《全日制中学教学计划》中初中阶段计划开设课程。

1978年，按教育部颁发的教学计划设置课程，增加基础知识课比重。次年，使用6年制中学省编教材。1993年下期始，初中一年级使用九年义务教育教材，按教育部颁发的各科教学大纲实施教学。2003年秋季始，云溪区作为岳阳市试点单位之一，启动义务教育课程标准实验，初中一年级使用新课程教材。2004—2011年，初中一至三年级即七至九年级，开设教育部整体设置的九年一贯制义务教育课程，增设现代信息技术课。

## 四、高中教育

**办学规模** 1970 年，受“文化大革命”“左”的路线干扰，各中学相继办起高中（部），陆城公社增办泗垅高中。至 1976 年，有高中 8 所。中共十一届三中全会后，拨乱反正，逐步调整高中布局；至 1981 年 9 月，仅临湘五中有高中部、6 个班、学生 390 余人。1987 年 9 月，育红中学增设高中部，办班 2 个，招生 120 人。1988 年 9 月，并入北区一中，北区一中成为全区唯一 1 所高中，有教学班 18 个、学生 1004 人。1994 年，动员社会各界力量兴办高中。临湘市退休教师唐萍踪在云溪乡八一村创办私立树人中学，在高考落榜生中招收文科班 1 个、学生 50 人。

1996 年 8 月，北区一中搬迁至云溪镇城区胜利西路，更名为岳阳第九中学（简称九中）。2000 年，树人中学停办。九中教学设施、教学实验装配经省、市教育主管部门验收，达到省级一类标准；至次年，分别被市政府、市教育局授予全市一类学校、教学改革实验（示范）学校称号。2001 年 6 月 8 日，湖南省副省长唐之享视察该校，题词“湘北名校，育人摇篮”。是年，更名为岳阳市云溪区第一中学(简称云溪区一中)。

2011 年，云溪区一中有 41 个班、学生 2102 人。校园面积 12.2 万平方米，建筑面积 8000 平方米，绿化面积 6 万平方米，运动场所 1.14 万平方米。有教学楼、科技楼、学生公寓、学生生活服务楼、多功能综合体育馆，电脑教室 3 个、多媒体教室 2 个、科学实验室 5 个，有电子监测系统、校园网络、校园电台、电子阅览室、电子备课室、心语室、音乐室、美术室、风雨活动室。各教学班配多媒体教学设备。教职员工 193 人，其中专职教师 165 人，本科以上学历 163 人，高级职称 49 人，国家级骨干教师 1 人，省级骨干教师 1 人。

**学制** 1958 年，境内在临湘一中（原临湘县立公学，民国 19 年随县治迁长安，1958 年更名为湖南省临湘县第一中学，简称临湘一中）就读的高中生学制为 3 年，秋季始业。1970 年，境内高中学制为 2 年，始业为春季。1974 年，改为秋季始业。1985—2011 年，恢复 3 年制学制。

**课程** 1958 年，开设课程有语文、社会主义教育、外语、代数、几何、物理、化学、历史、地理、生理卫生、生产劳动。1960 年，外语课由俄语改为英语，生理卫生课改为生物课。“文化大革命”初、中期，语文、政治课合并为政语课；物理、化学、生物、历史、地理等课停开，改设工业基础知识、农业基础知识课，代数、几何合并为数学，教材内容以会计常识、土地丈量等实用乡土教材为主。1973—1977 年，使用全国统编教材，课程设置与初中基本相同。1979 年，按中学 6 年制省编教材高中部分开设课程。2003 年秋，高一进入新一轮普通高中新课程实验。至 2011 年，必修课程有语文、数学、英语、政治、历史、地理、物理、化学、生物、信息、体育等。

**考试** 1958 年至 1966 年 7 月，高中招收新生，由县统一命题、制卷、监考、评分，择优录取。“文化大革命”期间，废除高中毕业生参加高等院校招生考试制度，采用推荐和选拔相结合的方法，向高等院校输送新生。1970—1977 年，有 20 余名有 2 年以上实践经验的贫下中农子弟经“群众推荐、领导批准、院校选拔”，进入高等院校，称工农兵学员。1977 年，恢复高考制度。是年始，连续 5 年境内往届高中生与应届高中毕业生一同参加高考。1980 年始，高中毕业生参加全国高等院校招生统一考试前举行预考，筛去部分成绩明显低劣者，以减轻统一考试人数过多压力（此制度延续至 1989 年）。2001 年，高中毕业生统考科目实施“3+x”（即语文、数学、外语，文科或理科综合科目）制，英语增加听力测试。

至2011年，云溪（北）区一中共向高等院校输送本科生2971人，有朱亚玲（女）、刘超、郑宇、张磊，丁雀英（女）、王勇、谢鹏、丁乙分别考入北大、清华。

## 1984—2011年云溪（北）区普通中学教育情况表

表21-1-2　　　　单位：所、个、人

| 年度 | 学校 | | 班数 | | 在校学生 | | 年度 | 学校 | | 班数 | | 在校学生 | |
|---|---|---|---|---|---|---|---|---|---|---|---|---|---|
| | 初中 | 高中 | 初中 | 高中 | 初中 | 高中 | | 初中 | 高中 | 初中 | 高中 | 初中 | 高中 |
| 1984 | 7 | 1 | 63 | 14 | 3201 | 356 | 1998 | 8 | 2 | 103 | 17 | 5429 | 956 |
| 1985 | 7 | 1 | 70 | 13 | 3941 | 903 | 1999 | 8 | 2 | 105 | 19 | 5554 | 1097 |
| 1986 | 7 | 1 | 75 | 19 | 4477 | 1132 | 2000 | 8 | 1 | 107 | 23 | 5884 | 1391 |
| 1987 | 6 | 2 | 73 | 17 | 3884 | 1035 | 2001 | 8 | 1 | 141 | 28 | 6572 | 1710 |
| 1988 | 6 | 1 | 83 | 18 | 4803 | 1004 | 2002 | 8 | 1 | 117 | 23 | 6873 | 1884 |
| 1989 | 6 | 1 | 86 | 16 | 4791 | 913 | 2003 | 8 | 1 | 124 | 38 | 7546 | 2230 |
| 1990 | 7 | 1 | 89 | 15 | 4941 | 817 | 2004 | 8 | 1 | 120 | 41 | 7941 | 2094 |
| 1991 | 7 | 1 | 90 | 17 | 4890 | 833 | 2005 | 8 | 1 | 112 | 44 | 6641 | 2628 |
| 1992 | 7 | 1 | 90 | 17 | 4361 | 848 | 2006 | 8 | 1 | 109 | 41 | 6348 | 2521 |
| 1993 | 7 | 1 | 86 | 15 | 4034 | 761 | 2007 | 8 | 1 | 97 | 46 | 5072 | 2633 |
| 1994 | 7 | 2 | 84 | 14 | 4135 | 763 | 2008 | 7 | 1 | 86 | 45 | 3788 | 2748 |
| 1995 | 7 | 2 | 87 | 16 | 4428 | 778 | 2009 | 6 | 1 | 74 | 42 | 3612 | 2501 |
| 1996 | 8 | 2 | 94 | 17 | 4729 | 757 | 2010 | 6 | 1 | 74 | 41 | 3513 | 2197 |
| 1997 | 8 | 2 | 99 | 16 | 5119 | 835 | 2011 | 6 | 1 | 74 | 41 | 3369 | 2102 |

## 1984—2011年云溪（北）区普通中学教育情况表

表21-1-3　　　　单位：所、个、人

| 年度 | 招生人数 | 毕业人数 | 参加高考人数 | 高校录取人数 | | | | | |
|---|---|---|---|---|---|---|---|---|---|
| | | | | 合计 | 其中本科 | | | 专科 | 中专 |
| | | | | | 小计 | 重点 | 一般 | | |
| 1984 | 392 | 292 | 105 | 39 | 10 | 5 | 5 | 12 | 17 |
| 1985 | 358 | 无毕业班 | | | | | | | |
| 1986 | 332 | 356 | 132 | 46 | 10 | 3 | 7 | 23 | 13 |
| 1987 | 330 | 323 | 133 | 54 | 21 | 14 | 7 | 23 | 10 |
| 1988 | 280 | 402 | 150 | 33 | 9 | 5 | 4 | 16 | 8 |
| 1989 | 300 | 392 | 350 | 41 | 12 | 8 | 4 | 21 | 8 |
| 1990 | 353 | 389 | 336 | 36 | 14 | 6 | 8 | 17 | 5 |
| 1991 | 297 | 302 | 185 | 42 | 11 | 7 | 4 | 21 | 10 |
| 1992 | 299 | 220 | 252 | 65 | 26 | 13 | 13 | 32 | 7 |
| 1993 | 273 | 417 | 281 | 76 | 16 | 12 | 4 | 52 | 8 |
| 1994 | 301 | 329 | 308 | 72 | 19 | 9 | 10 | 52 | 1 |
| 1995 | 302 | 307 | 236 | 80 | 22 | 7 | 15 | 52 | 6 |

续表 21-1-3

| 年度 | 招生人数 | 毕业人数 | 参加高考人数 | 高校录取人数 | | | | | |
|---|---|---|---|---|---|---|---|---|---|
| | | | | 合计 | 其中本科 | | | 专科 | 中专 |
| | | | | | 小计 | 重点 | 一般 | | |
| 1996 | 330 | 285 | 209 | 61 | 15 | 5 | 10 | 44 | 2 |
| 1997 | 327 | 202 | 219 | 67 | 22 | 7 | 15 | 41 | 4 |
| 1998 | 387 | 214 | 215 | 68 | 34 | 10 | 24 | | |
| 1999 | 472 | 331 | 277 | 136 | 58 | 17 | 41 | 78 | |
| 2000 | 618 | 334 | 283 | 161 | 67 | 24 | 43 | 94 | |
| 2001 | 732 | 317 | 359 | 208 | 78 | 29 | 49 | 130 | |
| 2002 | 791 | 510 | 432 | 338 | 180 | 81 | 99 | 158 | |
| 2003 | 854 | 601 | 524 | 485 | 167 | 56 | 111 | 318 | |
| 2004 | 963 | 797 | 621 | 616 | 208 | 73 | 135 | 408 | |
| 2005 | 1036 | 656 | 685 | 685 | 244 | | | 441 | |
| 2006 | 1012 | 705 | 743 | 459 | 162 | 31 | 131 | 297 | |
| 2007 | 1039 | 863 | 870 | 665 | 249 | 56 | 193 | 416 | |
| 2008 | 972 | 917 | 871 | 816 | 361 | 82 | 279 | 455 | |
| 2009 | 733 | 823 | 967 | 802 | 291 | 66 | 225 | 511 | |
| 2010 | 711 | 875 | 910 | 854 | 355 | 67 | 288 | 499 | |
| 2011 | 750 | 805 | 767 | 760 | 310 | 72 | 238 | 450 | |

说明：表列参加高考人数包括境外就读的毕业生到境内参加高考人数

## 第四节 文化、职业技术教育

### 一、中等师范与专业学堂

清光绪三十二年（1906），陆城县官立实业小学堂办速成师范班2期，学制半年。次年，陆城城隍庙创办商业学堂。民国13年（1924）春，县政府在陆城考棚创办临湘县速成师范班，学制分两种：速成班1年，招收私塾、小学教师；甲种班2年，招收高小毕业生。民国15年停办。民国17年，临湘县立公学开办2年制缝纫班，招收女性高小毕业生38人。民国19年，首批学生毕业；县治迁长安缝纫班停办。

### 二、农业中学

**路口农业中学** 位于路口牌楼。为1958年5月由县农村工作部、县教育部门创办的全县第一所初级农业中学。有2个班、学生54人、教师2人。1959年，压缩农业中学，该校是全县保留的8所农业中学之一；1962年，调整各类学校，仍是全县仅存的2所农业中学之一。1965年，扩建校舍，改善办学条件，配水田0.8公顷、旱地0.3公顷。1966年7月停办。1980年1月，县文教局再次在路口创办临湘县路口农校。校址改路口南太、江湖交界的牛形山下，配教师5人、工友1人，招学生40人。课程设军训、农业技术、茶叶栽培。路口公社划拨茶园15公顷以资办学。1982年，因毕业生不包分配等原因停办。路口农业中学、路口农校共培养学生400余人。

**云溪农业中学**　原址位于云溪关帝庙，1958年7月创办。招收高小毕业生，课程设有语文、数学、农业基础知识等，劳动占总课时三分之一。10月，迁八一大队曾家坡；12月，迁松阳湖农场二分场。1960年3月停办后，师生转为松阳湖农场职工。1965年8月，重新开办，校址迁云溪公社友好大队凤仙台。配水田1.92公顷，旱地1.3公顷。每周劳动2天，开农业基础知识课4节，其他课程与普通初中基本相同。至1968年，每年招收1个班，共招220人。1982年停办，师生与校产并入云溪中学。

**陆城农业中学**　因校址设万宝湖（现属陆城镇陆城村）又称万宝湖农业中学。1958年7月创办。配教师7人，招学生140人，实行半耕半读。9月，并入陆城完全小学。1965年3月，重新开办，校址迁陆城公社儒溪大队一队（现属临湘市儒溪镇）。招收高小毕业生50人。开设语文、政治、会计、农业基础知识等课程。有教员3人、职工8人；学农基地4.8公顷。1967年8月，并于陆城中学。

## 三、职业高中

**北区职业高中**　1985年9月创办。办学经费由区财政拨付。生源由区招生办统一录取，招110人。校址设云溪中学。次年，迁云溪镇育红中学。设蔬菜、水产2个专业，学制3年。因师资、生源、毕业生不包分配等因素，1987年8月停办。

**陆城中学职高班**　1993年9月办，招50余人，学制2年，课程有语文、数学、统计学、经济学、园艺学等。因生源不足，1995年9月停办。

**岳阳市物流工程技术职业学校**　位于原云溪二中。2009年8月由区教育局创办，招收应届初中毕业生。设有物流管理、精细化工、计算机应用、酒店管理等4个专业。至2011年，共培养中等专业人才150人。

## 四、扫盲教育与职业技术教育

**扫盲教育**　民国时期，曾推行“平民教育”。至民国38年，农村青壮年中文盲、半文盲仍占80%以上。

1950年，境内以农村基层干部、青年积极分子为重点对象，开展扫盲教育。组织乡村小学教师培训群师（扫盲教师），办农民冬学班（又称农民夜校）155所（班），参学1800人。1951年年初，冬学班改为常年民校，共180所（班），学员1900人。年底，学员增至5500余人。1952年冬，推行祁建华速成识字法教材，效果不佳。1953年，仍采用记工识字课本，一般学习半年后，能识500~600个字。

1958年，提出“一年突击，两年扫尾，三年成为无盲社队”，共办扫盲班385个、学员8000余人。实行“墙壁书本化、工地课堂化、万物文字化”。扫盲一年后，按当时扫盲标准验收，识常用字1000个以上，具有初步读、写、算能力，有5560人摘掉文盲帽子。年底，路口公社被评为全国扫盲工作先进单位，公社党委书记李小凡出席全国群英大会；新屋生产队民师丁先辉被评为省级教育先进工作者，出席全省先进工作者代表大会。1962年1月，省委在临湘县召开农村扫盲业余教育座谈会，与会人员参观路口、文桥公社民校。

“文化大革命”时期，生产队办农民夜校，共办558所。以学习毛主席语录为主。1978年，贯彻桃江会议精神，提高脱盲标准：能认1500个常用字，能看通俗报刊，能写简单应用文。扫盲教育再次掀起热潮。1980年，省组织验收，境内青壮年非文盲率90%，达到省基本扫除青壮年文盲标准。

1984年，区政府把扫盲教育与基础教育、职业技术教育结合起来抓，至1995年10月，省政府组织评估验收，非文盲率99.5%，15周岁以上人口中文盲率为0，脱盲人员巩固率100%，北区成为无文盲区。

**农民技术培训** 1955年始，农民夜校将部分农业技术知识编成识字课本，在扫盲教育中结合专业技术培训。1958年，各大队办农民红专夜校，提出“学政治，学文化，学技术，多快好省地建设社会主义”。1960年，因实际效果不佳停办。1962年，在社会主义教育运动中，各公社办起农民业余初中，学农业“八字宪法”（即水、肥、土、种、密、保、管、工）等。“文化大革命”初期，农民专业技术教育被政治学习取代。1976年，云溪公社在扬旗湖创办共产主义劳动大学，实为农民中等职业技术学校。配水田2公顷、桑园4公顷，招收农村知识青年，学制一年，课程有政治、语文、农业生产技术等。至1978年，共培养杂交水稻制种、桑蚕养殖、经济作物栽培等初级农业技术员140人。是年年底停办。1984年后，为适应农村经济体制改革，区统一配备专职管理人员20人、聘兼职教师57人，开办各种职业技术培训班，设制种、种植、养殖、果木、机械、沼气应用、电工、建筑、焊工、家电、妇幼保健等专业，至1995年，年均培训农村适用型技术人员2300余人。1996—1999年，根据农民自报项目，先后开办蘑菇栽培、大棚蔬菜、池塘养鱼、网箱养蟹、养鳝、圈养肉鸡蛋鸡蛋鸭、黑山羊、温室牛蛙养殖等培训班87期。2001年始，实施农村劳动力转移培训。至2011年，共培训5.2万人次。各乡镇以宽带网为平台，创办农业技术学校，培训农民1.38万人次，其中与企业、职业技术院校联合培训2530人次。

**干部职工培训** 1950年，为促进土改，各乡配政治文化教员，组织30余名乡村干部参加县干部学校学习。1954年9月，选送28人参加县干部轮训班，脱产培训3~6个月。1958—1959年，公社办干部职工“红专学校”5所，培训学员301人。“文化大革命”期间，组织干部职工选学毛主席著作，加强政治文化教育。1988—1990年，要求年龄45岁组织“两下”干部参加文化学习。1990年7月，区委党校开办干部培训班，加强干部专业知识培训。1997年，区劳动就业服务局设下岗职工再就业培训中心，聘请高级专业技术人员任教，每期3班，培训3~4个月。内容有政策法规、电工、焊工、车工、钳工、架子工、汽车摩托维修、家用电器维修等技术技能。经费由国家、地方财政拨给，学员免费或半免费。至2011年，办班61期，培训3450人次。培训结业后，颁发全国通用培训证书、从业资格证书。2003年6月，区投入18万元，完成农村党员干部远程教育设施，建远程教育站点30个，至2011年，培训电脑管理、操作员182人。

## 第五节 学历教育

### 一、中等学历教育

1984年7月，创办湖南省农业广播电视学校岳阳市北区分校，教育部承认其中专学历，校址设区林业局。开设专业有农学、农经、畜牧、水产、林业、果木、乡镇工业会计、乡镇企业管理、农技推广、财务会计、畜牧兽医、机电、统计与审计、现代乡村综合管理、人口与计划生育管理、计算机应用等。以业余自学为主，少数专业脱产进修。学制2~3年。聘请高级农技师、会计师任教。办学经费由区财政解决一部分，送培单位、学员各承担一部分。至2009年，累计招生1083人，毕业823人。因生源不足，再未办成建制班。

### 二、高等学历教育

**成人自学考试**　1984 年 9 月，北区成立高等教育自学考试指导小组（1989 年改设成人招生办公室），配主任、专干各 1 人，开展成人（含长炼、岳化）自学考试工作。组考经费纳入区财政预算，长炼、岳化给予相应资助。考试按大学本科、专科教学计划要求进行。单科考试及格者，发给单科考试合格证书；全部科目考试及格者，发给相应的大学本科、专科毕业文凭，国家承认其学历。至 2011 年，共组考 28 次，参考 55273 人次，有 1876 人获本科、专科学历。

**党校高等学历教育**　1994 年 9 月，区委党校开办干部学历培训班。至 2008 年，最后一届学员毕业，干部学历教育终止，共自办大学专科学历培训班 12 期，协办大学本科学历培训班 8 期，先后有 930 余人获专科以上学历。

## 第六节　教师队伍

### 一、教师结构

清光绪三十四年（1908），官立小学堂有教习（教员）20 人（未含退职人员，下均同）。清末，有塾师 30 余人。民国 38 年，有小学教师 116 人。

1949—1953 年，有小学教师 123~197 人。1954 年始，接收分配的师范院校毕业生逐步增多。至 1956 年，小学教师增至 230 人。1960 年，有中学教师 18 人，小学教师增至 252 人。1965 年，有教师 305 人，其中民办教师 80 人。“文化大革命”期间，教师严重缺乏，各办学单位从基层干部，复员军人，下乡知识青年，初、高中毕业生中录用一批民办教师。至 1976 年，有教师 691 人，其中小学教师 498 人，中学教师 193 人；民办教师 456 人，占教师总数 66%。

1984 年年底，全区有教师 792 人。其中小学教师 537 人，初中教师 204 人，高中教师 51 人；公办教师 396 人，民办教师 396 人。1986 年始，逐年将民办教师转为公办教师；至 1997 年 9 月，民办教师全部转为公办教师。2002 年，师范类大、中专毕业生不再统一分配到教师队伍，实行公开招聘选拔教师。2011 年，全区有高中教师 165 人，初中教师 329 人，小学教师 402 人。

**1984—2011 年云溪（北）区教师队伍结构情况表**

表 21-1-4　　单位：人

| 年度 | 小学 | | | 初中 | | | 高中 | | | 总计 |
|---|---|---|---|---|---|---|---|---|---|---|
| | 合计 | 公办教师 | 民办师教 | 合计 | 公办教师 | 民办师教 | 合计 | 公办教师 | 民办师教 | |
| 1984 | 537 | 183 | 354 | 204 | 163 | 41 | 51 | 50 | 1 | 792 |
| 1985 | 591 | 235 | 356 | 234 | 196 | 38 | 58 | 56 | 2 | 883 |
| 1986 | 574 | 542 | 332 | 264 | 229 | 35 | 66 | 64 | 2 | 904 |
| 1987 | 560 | 232 | 328 | 266 | 236 | 30 | 62 | 60 | 2 | 888 |
| 1988 | 550 | 242 | 308 | 291 | 254 | 37 | 63 | 61 | 2 | 904 |
| 1989 | 513 | 245 | 268 | 299 | 264 | 35 | 64 | 62 | 2 | 876 |

续表 21-1-4

| 年度 | 小学 | | | 初中 | | | 高中 | | | 总计 |
|---|---|---|---|---|---|---|---|---|---|---|
| | 合计 | 公办教师 | 民办师教 | 合计 | 公办教师 | 民办师教 | 合计 | 公办教师 | 民办师教 | |
| 1990 | 507 | 247 | 260 | 320 | 286 | 34 | 67 | 65 | 2 | 894 |
| 1991 | 494 | 242 | 252 | 325 | 296 | 29 | 71 | 69 | 2 | 890 |
| 1992 | 512 | 261 | 251 | 324 | 302 | 22 | 72 | 71 | 1 | 908 |
| 1993 | 482 | 260 | 222 | 341 | 321 | 20 | 74 | 73 | 1 | 897 |
| 1994 | 510 | 288 | 222 | 377 | 357 | 20 | 80 | 79 | 1 | 967 |
| 1995 | 498 | 304 | 194 | 339 | 327 | 12 | 73 | 72 | 1 | 910 |
| 1996 | 552 | 355 | 197 | 345 | 335 | 10 | 92 | 92 | | 989 |
| 1997 | 622 | 423 | 199 | 351 | 343 | 8 | 103 | 103 | | 1076 |
| 1998 | 575 | 575 | | 346 | 346 | | 104 | 104 | | 1025 |
| 1999 | 563 | 563 | | 358 | 358 | | 102 | 107 | | 1028 |
| 2000 | 540 | 540 | | 377 | 377 | | 115 | 115 | | 1032 |
| 2001 | 512 | 512 | | 368 | 368 | | 116 | 116 | | 996 |
| 2002 | 578 | 578 | | 389 | 389 | | 111 | 111 | | 1078 |
| 2003 | 502 | 502 | | 405 | 405 | | 121 | 121 | | 1028 |
| 2004 | 438 | 438 | | 401 | 401 | | 153 | 153 | | 992 |
| 2005 | 448 | 448 | | 380 | 380 | | 172 | 172 | | 1000 |
| 2006 | 458 | 458 | | 386 | 386 | | 173 | 173 | | 1017 |
| 2007 | 455 | 455 | | 380 | 380 | | 170 | 170 | | 1005 |
| 2008 | 441 | 441 | | 354 | 354 | | 169 | 169 | | 964 |
| 2009 | 423 | 423 | | 352 | 352 | | 167 | 167 | | 942 |
| 2010 | 401 | 401 | | 344 | 344 | | 165 | 165 | | 910 |
| 2011 | 402 | 402 | | 329 | 329 | | 165 | 165 | | 896 |

说明：表中所列未含退休人员

## 二、师德建设

民国时期，要求教师做到人格高尚，无不良嗜好，停聘思想政治素质差的教员。

1950—1957 年，组织中小学教师参加社会实践活动，促进教师与工农群众相结合，提高教师思想政治觉悟。寒暑假组织教师学习《社会发展史》《论人民民主专政》《新民主主义论》，帮助教师认识新民主主义革命的性质、任务，要求教师树立为人民服务的思想，对教师进行期末、年终总结鉴定。

1958 年，在教师中开展“红专”大辩论，要求教师做到又红又专。“文化大革命”期间，组织教师学习毛泽东著作，掌握“无产阶级专政下继续革命的理论”。

中共十一届三中全会后，组织教师学习《关于建国以来党的若干历史问题的决议》、邓小平《在全国教育工作会议上的讲话》，帮助教师解除“文化大革命”中“左”的路线强加在思想上的精神枷锁，认识到所从事的工作在社会主义现代化建设中的重要地位和作用。

1986年5月，组织教师开展向全市模范教师王继初学习的活动，要求教师关心学生，忠诚党和人民的教育事业。

1987年8月，区教育系统党员学习班向全区中、小学教师发出加强师德修养，努力提高教师职业道德水平的倡议书。市教委将其转发全市各县（市、区、场）、市直各学校。

1989年3月，区文教局出台开展师德教育月活动的意见，规定每年3月、9月为师德教育活动月，活动内容以《中小学职业道德要求》为主。

1991年8月，印发国家教委、全国教育工会的《中小学教师职业道德规范》、市教委的《岳阳市教师行为规范（试行）条例》，组织教师对照检查，开展讨论，加强师德修养。

1995年5月，在全区教育系统举行向孔繁森同志学习的演讲比赛，参赛30余人。在教师中开展人才观、质量观、价值观、世界观的讨论，要求教师树立良好的师表形象。

1996年，实施"教师形象"工程。在教师中开展学徐老（即徐特立）精神，树师表形象，创文明校风，为实现跨世纪宏伟目标做贡献的"学、树、创、献"活动，引导教师做到"革命第一、工作第一，他人第一"，自觉树立正确的世界观、人生观、价值观，为培养"四有"新人，推动社会主义精神文明建设，实现我国跨世纪宏伟目标做出更大贡献。

1998年5月，市教育工会在区教育局召开全市师德建设工作会议。区教育工会、区九中分别在会上介绍加强师德建设的经验。

2000年4月，在育红中学召开德育工作专题会。文桥中学在教师中开展讲师德、讲纪律、讲奉献教育，强化教师竞争意识，促进教师转变教育观念，增强爱岗敬业意识。路口镇小学在青年教师中举行如何面对人生的征文活动。陆城镇在教师中开展树立"三爱"（即爱岗、爱校、爱生）情感，倡导"四种形象"（即在学生面前的园丁形象，在家长面前的表率形象，在社会上的先进形象，在教学中的能手形象）；开展五比五看（即比态度看谁最务实，比工作看谁最勤奋，比能力看谁最精干，比教学看谁质量最好，比业绩看谁贡献最大）的活动。是年暑假，区教育局举行优秀教师先进事迹报告会，有7名优秀教师介绍爱岗敬业、教书育人、为人师表的事迹。8月，区教育局制定云溪区中、小学教师职业道德行为规范，分依法治教、为人师表，爱岗敬业、热爱学生，严谨治学、团结协作，尊重家长、廉洁从教四部分，共16条。规定教师要自觉遵守《中华人民共和国教育法》《中华人民共和国教师法》和国家其他法律法规，模范遵守社会公德，主持正义，见义勇为，不打牌赌博，不参加任何邪教、非法组织；要求教师做到语言规范，举止文明，行为礼貌，严于律己，以身作则，用自己的模范行为影响学生。是月，在全区教师中开展以禁赌为主题的师德教育活动，制订禁赌方案，成立禁赌工作领导小组，召开专门会议。各中、小学均制订相应公约，签订禁赌责任状。

2002年上半年，在教师中开展以整顿师德师风、加强法纪教育的专项活动。规定各中学每周日下午，小学每周一晚上为学习时间，重点学习邓小平理论、"三个代表"重要思想，对照师德规范，召开教师民主生活会。

2003年年底，以江泽民的"志存高远，爱国敬业，为人师表，教书育人，严谨笃学，与时俱进"的批示为师德建设的总体目标，组织教师观看纪录片"师德启示录"，结合境内惩治3名道德败坏、触犯刑律教师的反面案例，加强师德教育。

2004年4月，区教育局作出关于规范教师行为的十条禁令，即不准自己开办或组织学生参加校外收费补习班；不准接受家长吃请；不准向学生、家长索要财物；不准托学生及其家长办私事；不准体罚学生或训斥学生家长；不准在上课时间使用手机或接听私人电话；不准擅自调课、停课、缺课；不准买码（地下六合彩）、在校内打扑克、麻将；不准参与赌博、酗酒等不健康的活动；不准宣扬封建迷信、歪理邪说。是年5月，区教育局组织评选出的师德标兵在中、小学作巡回演讲。

2005年3月，在教师中开展以“寻找教育的遗憾”为主题的系列活动，帮助教师寻找自己工作的不足，在民主测评、民主生活会中查找在师德师风上的差距。收到体会文章167篇，收到加强师德教育的意见建议400多条。

2006年，开展“学生在我心中”为主题的师德教育活动。评选10名“我最喜爱的教师”。在云溪电视台开办《教坛风流》专题节目，宣传推介优秀教师的典型事迹。

2008年3月，区教育局印发《规范中小学教师从教行为有关规定（试行）。发出开展“安于本职，忠诚教育”师德系列教育活动的通知，把师德教育纳入年终各学校目标管理考核重要内容。年底，发出在全区中、小学教职工中开展学习实践科学发展观的通知。至2011年，组织教师学习科学发展观，开展师德建设知识竞赛活动3次。

### 三、师资培训

**教材教法过关考试培训** 1984—1988年，区文教局利用暑假办培训班2期，乡、镇、场利用节假日办短训班多期，开展中、小学教师教材教法过关考试培训，培训301人，取得合格证279人。

**专业合格证考试培训** 1987—1988年，区文教局每年暑假组织未取得专业合格证的教师培训1次，培训后，有402人参加中小学教师专业合格证考试，其中154人取得专业合格证书。

**继续教育培训**

**新任教师培训**。1989年始，实行新任教师培训。凡新任教师，先通过培训上岗，取得转正定级培训合格证后办理转正手续。是年，有40名大专院校毕业生参加培训。自此新任教师培训形成制度。培训时间为每年暑假，内容有教育教学常规、职业道德规范、教育政策法规等。至2011年，共培训新任教师334人。

**骨干教师培训**。1997年至2003年9月，先后选送、培训各学科骨干教师64人，其中国家级骨干教师1人，省级8人，市级16人，区级39人。

**提高学历层次培训**。1978—1983年，省教育学院函授部在临湘设点招收学员，境内有26名教师被录为函授学员参加函授学习，获大学专科毕业文凭。1983年后，华中师范大学、湖南师范大学等高等院校，每年在境内招收函授学员进行函授培训；有591人通过函授学习获本科或专科毕业文凭。1984年，区教育行政管理部门在陆城、文桥、长炼、路口、云溪、岳化等地设中师函授面授点，每2周面授1次，通过培训，有257名教师取得中师毕业文凭。1997年始，凡1955年1月1日后出生的中、小学教师，已具备合格学历的，须参加提高学历层次培训。至2003年年底，参训254人，培训后，小学、初中、高中教师学历分别提高36%、30%、8%。

**教师岗位培训**。清末，陆城办师范传习所，对塾师进行培训。光绪三十二年（1906），县官立实业小学堂速成师范班培训改良熟师100人。民国初年，小学教师通过省教育厅小学教员养成所培训。民国13—15年（1924—1926），陆城临湘县速成师范班共培养小学教师360人。民国22年，小学教师进县立乡村师范讲习班，接受教育理论、业务知识培训。1953—1955年，选送初中以下文化水平教师参加县教育科开办的星期日教师进修班学习语文、算术、业务知识。寒暑假，教师参加县集中举办的教师学习班学习文化专业知识。“文化大革命”期间，教师岗位培训中断。1987年，区文教局设师资培训股、函授站，各中学、教育组配师资培训专干，开展多种形式的教师岗位培训。2000年暑假，区教育局举办教师岗位培训班，主要学习新教材、新大纲。办小学语、数班各 1 个，每班 60 人；办初中语、数、外班各 1 个，每班 60 人；高中教师参加市统一培训。2003 年，办中、小学新课程试验培训班 15 个，参训教师 558 人，培训 16 天，考试合格率 99%。2009—2011 年，有 733 名中、小学教师参加教育业务理论知识培训，经考核，合格率 100%。

**新课程骨干教师学科培训**。2004—2009 年，选送 78 名中、小学教师参加市级以上 10 个科目的新课程高级研修班培训，选送 52 名高中教师参加普通高中新课程国家级远程研修班培训，均获结业证书。动员 1000 名教师参加信息技术教育岗位培训，有 905 人获省级高级信息技术等级证书。2009—2011 年，选送 260 名教师参加市组织的英特尔项目培训，选送 130 名教师参加市中、小学英语、计算机骨干教师培训班培训。

## 四、教师待遇

**政治待遇**　清代，各家家神神龛供奉“天地国亲师”牌位，但实际上教师多是政治上失意知识分子，受聘于东家，常有失业危机。民国时期，教员靠关系应聘，时有落聘可能。

1949 年后，政府提高教师政治待遇，赋予“人民教师”称号。1951 年，有 5 名教师出席县劳模大会。1955 年，有 6 名教师被评为县级优秀教育工作者。陆城田山小学教师傅开松出席省先代会，被推选到北京参加国庆观礼。1957 年受“左”的思想影响，49 名教师被错划为“右派”。“文化大革命”中，教师被打成“黑帮”“走资派”“反动学术权威”遭批斗，在“清理阶级队伍”中被开除公职。中共十一届三中全会后，教师冤假错案得到纠正。

1985 年，国家规定每年 9 月 10 日为教师节。是年始，每年教师节前，均有近百名教师受到区委、区政府表彰。

1989 年 9 月，区一中袁皇初被评为全国优秀教师。1995 年 9 月，云溪镇教育组陈汉湘被评为全国优秀教师。2009 年 9 月，云溪区一中曾祯被评为全国优秀教师。

至 2011 年，全区先后有 408 名教师加入中国共产党，93 名教师当选为中共岳阳市、中共云溪（北）区代表大会代表，市、区人大代表或政协委员。有 35 人被评为省级优秀教师或先进工作者，138 人被评为市级劳模或优秀教师。

**经济待遇**　清代，书院掌教每年束修 100 千文（1 千文合 1 串，6 串合 1 块银元），供膳 60 千文。蒙学先生每个学生交学俸 2~8 千文不等，经学先生每生交 8~20 千文。清末至民国 13 年（1924），公立学校教师薪金以学期计算：县立高等小学校（堂）长 100 千文、教员 80 千文，区立小学校长 60 千文、教员 50 千文，伙食均由学校供给；团立初级小学教员一学期连伙食费在内 50 千文。民国 14—22 年，薪金以银元计算，县立高级小学校长每学期 100 元、教员 80 元，伙食费由学校供给；区立高级小学校长 60 元、教员 50 元，均不含伙食费；团立初级小学教员连伙食费 40 元。民国 23—27 年，每月薪金（包括伙食）县立高级小学校长 34 元、教员 30 元，乡立高级小学校长 24 元、教员 20 元，保立初级小学教员一学期薪谷 16~20 石。抗日战争胜利后，乡镇中心小学校长每学期薪谷 18 石、教导主任 17 石、教员 16 石，保国民学校教员每期 10~12 石不等；均另给津贴费。

1949 年始，教师分类别、等级享受经济待遇。

公立教师。1949 年 7 月至 1952 年 6 月，小学教师工薪由政府统一供给实物：人月均大米完全小学教员 140 斤，村小一般稻谷 160 斤。1952 年下学期始，改为货币工资制，教师人均月工资 20 元。1956 年工资改革后，人均月工资 34.67 元。1963 年，中、小学教师 50%以上增加一级工资。1972 年、

1977 年、1978 年、1979 年，每次有 80%以上的教师上调工资。1980 年，72%的教师提升一级工资，其中有 40%的提升两级。1985 年，按国务院决定，自 10 月始，中、小学教师工资标准提高 10%。1993 年，实行专业技术职务等级工资制，人均月增工资 74.4 元。1997—2003 年，5 次调整工资，教师工资增幅较大。2006 年 7 月始，中、小学教师实行岗位绩效工资制度，绩效工资由工资、津补贴两部分组成，其中工资按工龄、专业技术职称计算，津补贴人年均 1.2 万元。全区在职教师人均月增工资 368.79 元，离退休教师人均月增 261.88 元。2011 年，在职教师人均月工资 2492.5 元，退休教师人均月工资 2634 元。除工资外，教师享受公费医疗；家庭困难教师享受困难补助；教师死亡补助安葬费，其遗属享受抚恤金。

民办教师。1958—1973 年，人均由财政每月补贴 5 元，并与所在生产队同等劳动力挂钩计工分，参与生产队分配。1974—1980 年，中学教师人均月补助 9 元，小学教师人均月补助 6 元。1981 年，中学教师人均月补助 20 元，小学教师人均月补助 18 元。1983 年始，民办教师同农民一样，另承包责任田。1987—1997 年，中学教师人均月补助 60 元，小学教师人均月补助 45 元。

## 第七节　教学研究

### 一、机构与活动

**教研机构**　民国 17 年（1928）秋，陆城成立临湘县教育会，研究推行国民教育、义务教育。民国 34 年后，境域所属路北学区设指导员 1 人，负责指导各中心小学教学研究。

1950 年，五区、六区设教学辅导部，下设辅导片，配辅导主任、辅导组长辅导教学研究。1955 年 8 月，由县文教科教学研究室（简称教研室）组织教学研究活动，推广教学研究成果。“文化大革命”初期，教研机构瘫痪。1971 年 9 月，境内教学研究由县教改小分队负责。1978 年，改由县教学辅导站管理。1980 年 9 月，改由县教研室负责。

1984 年 6 月，北区文教科设教研室，配中学语文、数学教研员各 2 人，物理、化学、小学语文、小学数学教研员各 1 人。1989 年 6 月，成立区教育学会，下设 13 个分会。90 年代后，中学设学科教研组，乡镇设小学教研专干。2002 年，全区教学研究由区教育研究室负责。2009—2011 年，乡镇设中心小学，引领本乡镇小学教研。

**教研活动**　清末、民国时期，国家民族面临生死存亡，教学研究的重点是以贴近儿童生活的乡土教材、国内外军事形势及经济入侵对民众生产生活、工商业影响为主；激发学生爱家、爱国热情。推行商务印书馆编写的《最新国文教授法》，德国的“五段教授法”（即预备、提示、比较、总括、应用五个阶段）。民国 29 年，推行国民教育制度，实施导师制，提倡启发式教学。

1953—1957 年，学习普希金、凯洛夫的教育学理论，教学遵循系统性、科学性、量力性、巩固性、直观性五个原则，紧扣组织教学、复习旧课、进行新课、巩固新知、布置作业五个环节。1958—1960 年，推广“双高课”，一课时教 1 个单元。1962—1965 年，把基础知识、基本技能“双基”教学作为教研重点课题。“文化大革命”中，“学工、学农、学军”，教研工作基本停顿。

中共十一届三中全会后，注重以学生为主体、教师为主导，废止注入式，提倡启发式教学。1980 年，尝试注音识字、提前读写、小学数学课改革、三段式作文教学。1984—1985 年，小学教学注重联系学生生活实际，组织作文与说话、常识教学与生活知识、语文与形象思维等课题研讨；中学主要实践目标教学法，先后在云溪、路口、陆城等中学举办语文、理化等教学现场观摩。1986—1989年，引进、创新教学方法，形成“一校数法，一人多法”局面，推行小学算术珠算、口算、笔算三算结合法、六课型单元教学法；初中数学自学辅导法、自习引进法，语文自学、启发、复习、作业、改错、小结六因素单元教学法、阅读指导法、发现法、愉快教学法等等。1990年始，全面推广目标教学法。1996年，育红中学参与国家教委重点课题研究，承接利用教育音像培养初中学生物理素质子课题研究，如期完成任务。2002年，区教科室多次举办低年级语文、数学复式教学示范课，总结推广纵横交错、动静穿插、协调有序教学法，注重作业的知识性与趣味性、讲读的连贯性与同步性等。2008年3月至2011年，文桥中学被定为全市学习杜郎口经验、深化课堂教学改革实验学校，探索学案自导、自主互助、“四层梯进”课堂教学模式。区教科室组织各中学负责人先后2次到该校观摩。

### 二、教研成果

清末，实行班级授课制，摒弃清代后期个别授课法；反对死记硬背，废除打手板、打屁股等体罚教学方法，学生人格得到尊重，个性得到解放。民国时期，通过推广“五段”教学法，学生学习主动性增强，智力得到开发。

1953年，通过系统性、科学性、量力性、直观性教学，学生观察、分析、综合能力得到提高。1957年，提倡精讲多练后，增强学生动手能力。大跃进、“文化大革命”期间，教研成果少，教学质量差。

中共十一届三中全会后，实行启发式、尝试法教学，学生思维能力，创造性得到培养、发挥。

1981年9月，云溪中学教师任建溪的《作文批改管见》获全国中学语文教师教研论文竞赛三等奖。1984—1990年，全区有83篇教育教学论文在省、市获奖，其中有31篇在省、市教育刊物发表。1991—1995年，有50个教研课题取得阶段性成果。1996年，任建溪撰写的《情境作文教与学》被湖南师范大学出版社出版，向全国发行，因此任建溪被评为全区唯一的特级教师，每月享受省政府津贴300元；1999年10月，全国中学语文教研会会刊《语文教学通讯》将其作为封面人物，向全国推广其情境作文教学的作法。至2000年，全区在国家级刊物发表教育教学论文25篇，其中有10篇获国家级奖项；在省级刊物发表9篇，获省级奖项5篇。2001—2011年，全区教研论文在国家级刊物发表208篇，在省级刊物发表156篇。其中获国家级奖项65篇；获省级奖项540篇，课题研究获省级一等奖2个，二等奖2个。教学竞赛获省级特等奖2个，一等奖1个。案例获国家级一等奖18个，二等奖16个，三等奖3个；获省级一等奖48个，二等奖123个，三等奖156个。课件（教具）制作获省级二等奖1个，三等奖2个。指导学生参赛获国家级一等奖1个，二等奖3个，三等奖8个；获省级一等奖23个，二等奖31个，三等奖43个。辅导学生发表作品获国家级奖项5个，省级16个。

## 第八节　教育管理

### 一、经费投入

**财政拨款**　清末、民国时期，官办教育主要从税捐中拨款。1952年下学期始，公办教师工资、学校办公费，由国家拨款到县教育部门，然后统筹安排。1959年后，县财政每年从机动财力中拨款用于教育事业。1985年9月至1999年，区级财政拨款年增长率分别高于区财政经常性收入增长率5%~2%以上，区机动财力用于教育的比例不低于2%，乡镇财政收入主要用于教育；2000—2011年，城市建设维护税收入15%~20%用于中、小学，幼儿园校舍修建。

### 1984—2011年云溪（北）区国家、区级财政教育经费拨款情况表

表21-1-5　　单位：万元

| 年度 | 合计 | 国家拨款 | 区机动财力拨款 | 生均拨款（元） | 年度 | 合计 | 国家拨款 | 区机动财力拨款 | 生均拨款（元） |
|---|---|---|---|---|---|---|---|---|---|
| 1984 | 70.1 | 70.1 | | 22 | 1998 | 1312.95 | 1277.85 | 35.1 | 330 |
| 1985 | 98.8 | 98.8 | | 51 | 1999 | 1218.3 | 1184.1 | 34.2 | 370 |
| 1986 | 112.23 | 104.33 | 7.9 | 53 | 2000 | 1360.8 | 1324.5 | 36.3 | 415 |
| 1987 | 130 | 124 | 6 | 64 | 2001 | 1741.9 | 1708.1 | 33.8 | 467 |
| 1988 | 205.3 | 174.9 | 30.4 | 91 | 2002 | 1801.5 | 1766.1 | 35.4 | 488 |
| 1989 | 215.6 | 190.6 | 25 | 108 | 2003 | 2185.4 | 2149 | 36.4 | 551 |
| 1990 | 231.44 | 212.64 | 18.8 | 125 | 2004 | 2045.9 | 2010 | 35.9 | 619 |
| 1991 | 305.11 | 272.31 | 32.8 | 158 | 2005 | 2270.8 | 2233.7 | 37.1 | 665 |
| 1992 | 328.5 | 301.5 | 27 | 185 | 2006 | 2632.4 | 2592.9 | 39.5 | 684 |
| 1993 | 400.8 | 371.6 | 29.2 | 189 | 2007 | 4318.8 | 4280 | 38.8 | 744 |
| 1994 | 513.9 | 482.8 | 31.1 | 207 | 2008 | 6326.2 | 6286 | 40.2 | 972 |
| 1995 | 1041 | 1007.6 | 33.4 | 233 | 2009 | 8760 | 8677.9 | 82.1 | 1220 |
| 1996 | 1322.3 | 1287.6 | 34.7 | 261 | 2010 | 9650 | 9559.3 | 90.7 | 1354 |
| 1997 | 978.1 | 945.2 | 32.9 | 294 | 2011 | 9747.7 | 9656.5 | 91.2 | 1382 |

**教育费附加**　1986年，落实《中华人民共和国义务教育法》，城市教育费附加按“三税”（即营业税、产品税、增值税）总额2%征收，税费由税务部门征收上交市财政，再由市财政返回区教育部门。1994年，市返回城市教育事业费附加23万元。1995年始，逐年增加。1997年，征收比例提高至3%。2008年，市返回增至465万元；2011年，392万元。

1988年前，农村教育费附加按1.2%征收。主要用于学校基本建设、民办教师工资发放。1988年，按1.5%征收。1995年，提高至2%。2001年始，取消农村教育费附加。

**勤工俭学**　清末，教育经费部分来自学田、学地。莼湖书院有学田301石6斗（“石”“斗”，旧时水田面积通称，1石田合10斗田，约0.7亩），学地91.74亩，年均收田租208.3石，地租31080文。主要用于掌教束修费、供膳钱，正课生员、附课生员、正课童生、附课童生膏火（伙食）费，桌凳、

床铺、日用物件添置，优等生纸笔奖励等。

民国时期，经费来源部分仍靠学田。民国34年（1945），乡镇中心国民学校有水田165石，私立小学有学田120.6石，保国民学校有56石。

20世纪50年代，贯彻“教育与生产劳动相结合”的方针，学校建立勤工俭学基地，种植蔬菜、油菜、茶叶，并养猪、养鱼、养蚕。收入主要用于改善师生福利。教师利用节假日自己动手制作地球仪、三球仪、几何形体、天平等教具，无偿捐给学校。“文化大革命”期间，学校办工厂、农场，师生自己掼砖烧瓦、伐木取材，建校舍、制桌凳。1972年，境内建学农基地5个、耕地10.5公顷，收稻谷60350公斤、棉花360公斤；建校办工厂3个。勤工俭学纯收入2.6万元，有13所小学实行免费入学。1984年，全区有91所中、小学开展勤工俭学。有耕地40.67公顷，林、果、茶园3.53公顷，勤工俭学纯收入36486元。1985年，成立区勤工俭学管理站（简称勤管站）。1989年，加强勤工俭学计划调节、整顿工作，纯收入增至39.46万元，其中工业收入24.18万元、农业收入9.88万元、第三产业收入5.4万元。区勤管站站长黄早香被评为全省勤工俭学先进工作者。1991年，中学、乡镇（场）教育组均配勤工俭学专干。北区国土分局为中、小学颁发学农基地土地使用证书。共有学农基地70.51公顷，学生人均约0.006亩；有校办企业4个；第三产业网点17个。勤工俭学纯收入30.92万元，师生人均18.2元。云溪区被评为全省勤工俭学基地达标单位、勤工俭学先进单位。1992年后，各中学办大米加工厂，80%的中、小学办小商店、小食堂、小养猪场、小菜园、小茶园、小果园，利用谷糠、残菜剩饭养猪，利用猪粪养鱼、种菜、种瓜果，勤工俭学收入逐年增长。至1995年，勤工俭学收入首次突破100万元。2002年，增至274万元。区勤管站更名为区勤工俭学办公室。2003年，310万元。2004年，增至351万元。区教育局被评为全市发展校园经济先进单位。2005年，全区勤工俭学收入377万元。陆城中学被评为省级初级中学勤工俭学先进单位。区教育局局长胡建启被评为省勤工俭学先进工作者。2006年，增至415万元。区教育局被评为市发展校园经济先进单位、学生素质劳动实践基础建设先进单位。2007年，实现勤工俭学收入403.5万元。2008年，达到436.7万元，其中用于改善办学条件201.1万元，用于师生福利15.5万元，用于政策性补助56.6万元，资助贫困学生开支60.5万元，分别占勤工俭学收入46.05%、3.55%、12.96%、13.85%，另结存103万元。2009—2011年，勤工俭学以教书育人、增长学生劳动技能为主。

**义务教育经费保障**　2007年春季始，落实国家相关政策，全免义务教育阶段学生学杂费，学校公用经费由中央、省市区财政按6:4分担；校舍维修改造资金由中央、省市区财政按5:5分担；家庭贫困寄宿生生活费补贴由中央、省市区财政按5:5分担；课本费用全免，其资金由中央财政全额补助；教师工资由区财政全额承担。次年，经费全部按政策到位：学校公用经费510万元，其中中央306万元、省122万元、市20万元、区62万元；校舍维修改造费94.4万元，其中中央48万元、省28万元、市4万元、区14.4万元；贫困寄宿生生活补助费56.1万元，其中中央28万元、省17万元、市2.8万元、区8.3万元；教科书费用全免，由中央财政全额补助1740957.39元；教师工资、津补贴由区财政按月发放。至2011年年底，均按此标准落实。

## 二、设施建设

**校舍建设**　清末、民国时期，校舍多借用祠堂庙宇，设施简陋。

1958年，新建小学校舍28所。60年代中期至70年代末，兴建校舍形成热潮；群众投工、捐物，共兴建、扩建校舍580多间，面积1.29万平方米。80年代，实现“一无两有”（即校校无危房，班班有教室、学生人人有桌椅)。其中1984—1989年，全区共筹资1420.39万元，改造旧房、危房15320平方米，重建校舍13860平方米。1995年后，65所小学除保留5所较好的平房外，全部重建楼房；整体搬迁区一中；并将道仁矶中学、永济中学、建设小学、南太小学按现代标准重建。凡新建中学校舍，教学楼、科教楼、学生宿舍、教师宿舍、学校食堂、学校围墙等，均配套齐全。是年，北区通过全省基础教育、基础设施“两基”验收。1997年，云溪区被认定为全省中、小学校图书馆（室）建设合格单位。2000—2011年，区政府加强监管检测，把危房改造等纳入义务教育保障范围。重建云溪中学、云溪小学、八一小学、五星小学、陆城镇中心幼儿园，改建，兴建云溪区一中体育馆、学生公寓、其他学校陈旧建筑。按标准改造中学图书馆（室)、仪器室、实验室。

**教学设备** 1949年后，完全小学动员师生自制简易仪器。1958年，有4所学校开辟篮球场，35%的学校添置乒乓球台。60年代，临湘五中可开教学大纲要求的分组实验课及演示实验15%~20%的课程，其他学校未开实验课。60年代中期至70年代末，发动群众，利用驻区大厂废旧材料制作简易课桌凳、体育器械。陆城中学能开设教学大纲要求的20%~40%的分组实验课和演示实验，其他中学能开15%~20%的课程。

1984年10月，成立区仪器电气化教学管理站（2000年更名为区电化教学仪器站)，负责仪电设备购置、配置、使用管理工作。1985—1988年，先后为云溪中学装备物理、化学、生物、电化教学等实验室，为路口中学装备物理、化学实验室。8所中学均能开90%的演示实验课，有5所中学还可开设学生分组实验课。1988年，全区有5所中学实验室建设达到国家二类标准。1991年，全区中学配投影机，其中有4所还配有录像放像机，5所均配置25个以上仪器柜；小学均配置5大件（即风琴、地球仪、数学教具箱、自然教具箱、收录机)，部分小学还配置幻灯机、语音跟读机。1993年，中学有实验室、仪器室175间，总面积5846平方米，有实验柜536个、实验桌凳726套，仪器装配总额68.7万元；北区一中、6所中心小学均达到省定一类配备标准，7所初中达到二类配备标准。北区成为全省中小学普及实验教学合格单位。1994年，各中学物理、化学演示及分组实验课开出率均100%，生物分组实验课开出率100%，演示实验课开出率97.5%。小学自然分组实验课开出率100%，演示实验课开出率96.5%。1996年，云溪镇镇龙村、云峰村投入16万元，率先建起五星、云峰两所小学多媒体计算机室。1997—1999年，育红中学筹资11万元，建设25组微机室；路口中学、云街小学采取租赁方式，各建27组价值24万元的计算机室。2000年，普及计算机教育，课程开设从选修课改为必修课，内容从应用软件操作与使用提升至程序设计、因特网知识普及与应用。各校配设远程教育站，开通宽带网，实现宽带网“校校通”；中学普及多媒体教室。云溪区被教育部命名为全国中小学信息技术教育实验区。2001年，云溪区一中被省教育厅认定为全省现代教育技术实验学校。2005年，中、小学共有规范电脑教室22间、多媒体教室6间，所有学校均开设信息技术教育课。是年12月，云溪区被评为全省教育技术装备机构建设暨工作考核优胜单位。2008年，投入168万元，新建标准化实验室37个，其中中学物理实验室、化学通风实验室各9个，生物实验室6个，小学科学实验室7个；中学、中心小学全部完成标准化实验室建设。2011年，全区现代技术教育课重点转为开发课件，利用网络信息获得教育教学资源，建立网上教育资源库，探索网络教学模式，进行研究性教学。

## 区 2008 年岳阳市云溪中小学教育设施情况表

表 21-1-6　　　　　　　　　　　　　　　　　　　　　　单位：平方米、万元

| 单位 | 校园面积 | 建筑面积 | 教学及辅助用房 | | 办公室 | 生活用房 | 其他用房 | 危房面积 | 运动场面积 | 计算机（台） | 普通图书（册） | 电子图书（片） | 固定资产总值 | |
|---|---|---|---|---|---|---|---|---|---|---|---|---|---|---|
| | | | 面积 | 多媒体室 | | | | | | | | | 合计 | 其中仪器设备 |
| 合计 | 16879970 | 150050 | 67452 | 8 | 10445 | 65072 | 8842 | 5260 | 139743 | 672 | 356505 | 1719 | 8154.0 | 613.3 |
| 区一中 | 1230392 | 40326 | 16247 | 1 | 800 | 22418 | 1274 | | 16270 | 216 | 58328 | 480 | 3430 | 231 |
| 陆城中学 | 36303 | 9570 | 2525 | 1 | 1500 | 4999 | 600 | 2700 | 1200 | 40 | 17075 | 128 | 280.93 | 55 |
| 文桥中学 | 24568 | 10010 | 3632 | 1 | 200 | 6290 | 50 | | 4000 | 32 | 12350 | 115 | 240 | 47 |
| 路口中学 | 27347 | 11596 | 4268 | 1 | 300 | 6320 | 870 | | 6000 | 31 | 23300 | 136 | 180 | 38.6 |
| 云溪中学 | 39996 | 21317 | 8895 | 1 | 1932 | 10652 | | | 4000 | 40 | 28317 | 183 | 1390 | 32.3 |
| 云溪乡二中 | 11675 | 3676 | 549 | 1 | 140 | 2852 | 189 | | | | | | | |
| 永济中学 | 53360 | 3250 | 1075 | 1 | 220 | 1150 | 840 | 500 | 3340 | 31 | 9986 | 89 | 215 | 26 |
| 道仁矶中学 | 43290 | 3986 | 1015 | 1 | 496 | 1894 | 656 | | 3996 | 31 | 7000 | 96 | 263 | 27.2 |
| 陆城小学 | 22561 | 3803 | 2206 | | 237 | 915 | 475 | | 13594 | 30 | 21702 | 50 | 198 | 15 |
| 文桥小学 | 35490 | 8770 | 4960 | | 790 | 2200 | 1000 | | 9560 | 44 | 32730 | 66 | 222 | 37.3 |
| 路口小学 | 28250 | 6690 | 4236 | | 1182 | 678 | 674 | | 13200 | 64 | 32315 | 70 | 341 | 40 |
| 云溪镇小学 | 39077 | 10545 | 7900 | | 920 | 744 | 101 | 690 | 7500 | 77 | 43077 | 153 | 684 | 37.6 |
| 云溪乡小学 | 40430 | 8913 | 5892 | | 940 | 1991 | 240 | | 15100 | 5 | 33960 | 74 | 335.1 | 15.9 |
| 永济乡小学 | 33362 | 3040 | 1547 | | 318 | 1229 | | 380 | 10130 | 31 | 12635 | 45 | 184 | 18.8 |
| 道仁矶小学 | 21869 | 4558 | 2505 | | 470 | 740 | 873 | 990 | 11053 | | 23700 | 34 | 191 | 9.6 |

### 三、教育督导

**机构**　民国 3 年（1914），境内教育督导由县视学（1 人）负责。民国 15 年 3 月，由县督学负责。

1949 年后，由县教育视导机构负责。1957 年，县教育视导机构自行消失。1983 年，由县教育督导室负责。

1991 年，区教育局设教育督导室。2002 年，区教育局教育督导室升格为区政府教育督导室，在区教育局机关内挂牌办公。2005 年 8 月，配区政府正科级主任督学 1 人、副科级副主任督学 1 人。2008—2011 年，另聘兼职督学 3 人。

**督导**　清光绪三十一年（1905）始，实现教育督导制度，但境内未实行。民国 3 年始，实行教育视导。民国 15 年 3 月始，改为督导。主要督查学校用人、财务收支情况。

1949 年后，定期到教育行政管理部门、学校巡回视察指导。1957 年后，教育督导工作基本取消。1976 年粉碎江青反革命集团后，恢复教育巡视工作。1983 年，恢复教育督导。

1991 年，建立健全全区中、小学教育工作年终目标管理督查评估体系与机制，中、小学学校等级评估体系与机制，乡镇政府教育工作督导评估体系与机制。到学校督促、检查、评估、指导、听课，查阅教案、作业，收集、整理有关教育工作文件、资料、数据。

1993 年，重点督查教育投入，促进改善办学条件。督查教师待遇落实情况，促进稳定教师队伍；督查扫盲工作，促进“两基”（即基础教育、基本扫除青壮年文盲）工作平衡发展；督查教学管理，

促进全面提高教育质量；加强依法治校，落实分级办学、分级管理责任，保证“两基”工作按区政府制定的规划实施。

1995年，实行“三抓三督”（即抓乡、镇负责人群体意识，促进“两基”工作平衡发展；抓教育经费投入，促进不断改善办学条件；抓教师队伍稳定，促进进一步落实教师待遇）。建立、规范“两基”工作档案。是年，经省“两基”验收评估团检查验收，北区被评定为基本实现“普九”、基本扫除青壮年文盲达标单位。次年5月，经国家教委复查，云溪区“两基”验收合格。

1998年始，重点督查“普九”工作。开展“五个一”（即召开一次乡镇主管教育负责人、中小学校长、区教育局机关工作人员动员会，举行一次“普九”建档，组织一次控流保学督查，开展一次学校危房改造督查，进行一次“普九”年检自查评估）活动。对落实控辍保学乡镇颁发“九年义务教育普及程度合格证”。至2004年，云溪区“普九”指标均达到或超过省颁标准。

2004年，落实省政府“两项督导”（即对县级政府教育工作进行督导评估、实行县级主要领导干部教育工作实绩督导考核）制度，将省有关文件复印分送区委、区政府主要领导及区委分管教育工作的副书记、区政府副区长。始每年按“两项督导”评估指标对全区教育工作进行自查，将急需解决的问题书面报告区委、区政府主要领导；对存在的问题逐项督促整改落实。逐年制订迎检实施方案。

2005年，落实教育部《关于加强依法治校工作的若干意见》，开展依法治校示范校创建活动。次年，云溪镇中心小学进入全市首批20所依法治校示范校行列。2008年，陆城中学经市依法治校示范学校评估检查验收。

2007年，经市委、市政府教育督导评估，云溪区被评为全市教育工作先进单位。

2008年，对区属34所实施义务教育的学校进行创建合格学校工作调查摸底，制订全区义务教育合格学校建设规划，规划用4年时间将所有实施义务教育的学校建成达到省定合格学校标准。是年，争取区政府投资，加强被定为创建省级合格学校的云溪小学、五星小学、八一小学的内部设施建设。并组织对上述3所学校创建工作进行综合督导评估，将评估结果上报市、省政府教育督导室。通过省政府组织的“两项督导”评估团初查、复查，云溪区获全省“两项督导”评估考核二类地区第一名，被评为全省县级人民政府教育优秀单位；肖自力、陈志莲被评为全省县级主要领导干部教育工作实绩先进个人。

2008—2011年，每年初修订、印发全区乡镇政府教育工作督导评估细则，年终按细则规定重点对乡镇政府履行职责、促进教育事业发展情况进行考核评分。并综合评估情况，总结成绩，指出问题，提出建议，报区政府作为考核乡镇工作、乡镇主要负责人教育工作实绩的依据。

# 第二章 科学技术

清代，境内无科技活动记载。民国时期，提倡科学，但科技人员奇缺。1958年，各种科研机构、科技组织相继建立，科技活动始向各方面扩展。但提倡“土法上马”“全民炼钢”，各行各业“放卫星”，妨碍科技发展。“文化大革命”初期，科技人员被当作“走白专道路的资产阶级知识分子”遭到批斗。70年代，在克服“左”的干扰中，推广农业先进技术，逐步建立公社、大队、生产队三级农科网；改革农业耕作制度，推广良种良法。1984年后，区委、区政府对科技人才实行“不求所有，但求所用”的政策，实施大厂与地方科技人才、技术资源共享，促进区域科技繁荣；1997年12月26日，区委、区政府召开建区来首次科技大会，作出加速科技进步实施“科教兴区”战略的决定，制定全区科技发展“九五”规划、10年远景目标；1999年，云溪区被评为全国科技工作先进县（区）；至2011年，全区共有科技组织267个，科技人员1877人，科学技术在农业、工业等多个领域得到普遍推广及应用。有27种产品在省级以上博览会、产品交易会上获金奖，14项新技术获省以上科技进步奖，申报获得专利283个，转化为高新技术产品创产值171亿元。

清代，无科技管理机构。民国37年（1948），境内农业科技推广由县农业推广所负责。1970年，由县革委会计委科技办负责科技推广。1978年7月，由县革委会科委负责。1980年12月，由县科委负责。1984年6月，由区科委负责。1995年4月，区科委与区经委合并，组建区经贸科技委。1997年，析区经贸科技委置区科技局。2002年4月，区科技局内设机构有办公室、业务股，区科协挂靠区科技局，对外保留牌子。共核定行政编制4名，机关后勤服务事业编制1名。归口管理区科技创业服务中心，核定经费自筹事业编制2名。2011年8月，合并区科技局，成立区工信局，加挂区知识产权局牌子，将原区科技局承担的除旅游以外的职责整合划入区工信局，由其科学技术和知识产权股具体管理全区科技工作。

## 第一节　科技组织与队伍

**组织**　民国20年（1931），境内有兽医参与联合成立临湘县华佗会。1958年，成立大队群众性科研小组28个。1978年，各公社相继成立科学技术协会、专业技术学会。

1984年，公社科协、专业技术学会更名为乡镇科协、专业技术学会或协会，民间组建科学技术研究会；至1987年，全区有科技组织36个。1998年，发展至65个，其中企业科技攻关小组29个，乡镇农业科技推广站、服务站14个，群众性种植、养殖协会、学会22个。

2011年，全区有科技组织267个，其中高新技术企业有科技组织73个、科研攻关小组132个。

**队伍**　1949年10月，有科技人员9人，分布在农业、医卫战线。50年代，培养乡土科技人才110余人。1965年，有科技人员286人，其中农业系统92人，工业战线74人，教育部门29人，医卫系统14人，财贸战线11人，其他行业66人。“文化大革命”时期，废除高考制度，知识青年上山下乡，科技人员减少。1978年，全国科技大会后科技人员受到尊重，科技队伍不断壮大。至1983年，科技人员增至546人。

1984年后，加快科技人才培养、引进工作，科技队伍迅速发展。1988年，各种科技组织有会员793人。1994年，有科技人员873人。1997年后，除采取加强电大、自考、函授、委培、进修等各种形式培养科技人才外，还注重引进驻区大中型国有企业流动科技人才，发展壮大科技队伍。2001年，区科技局在长炼、岳化科技组织支持下，建立大厂退休技术人才资源信息库，收集大厂具有中、高级技术职称科技人员资料，引进专业技术人才96人。2004—2005年，召开大厂分流技术人员代表座谈会，鼓励带技术、带项目到区内创办经济实体，或以技术入股形式与地方合股创办企业。至2011年，引进科技人员125人。是年，全区实有科技人员1877人，其中地方获得专业技术职称1656人（含退休人员），引进科技人员221人。

2011年云溪区获得专业技术职称科技人员结构情况表

表 21-2-1　　　　单位：人

| 项目 | 总数 | 文化程度 | | | | 专业技术职称 | | | |
|---|---|---|---|---|---|---|---|---|---|
| | | 高等院校 | 中等专业学校 | 高中文化 | 初中以下文化 | 副高 | 中级 | 助理级 | 技术员 |
| 工程技术人员 | 126 | 97 | 13 | 12 | 4 | 6 | 109 | 11 | — |
| 农业技术人员 | 13 | 13 | — | — | — | 4 | 8 | 1 | — |
| 卫生技术人员 | 403 | 268 | 135 | — | — | 14 | 136 | 163 | 90 |
| 财会统计人员 | 49 | 42 | 5 | 2 | — | 4 | 37 | 8 | |
| 教学技术人员 | 1030 | 835 | 191 | 2 | 2 | 92 | 724 | 167 | 47 |
| 其他技术人员 | 35 | 32 | 2 | 1 | — | | 35 | — | — |

说明：表中所列未含引进科技人员

## 第二节　科技普及

20世纪50年代，普及“农业八字宪法”（即水、肥、土、种、密、保、管、工）等农业基础知识，帮助农民树立“人定胜天”的科学观念。60年代，普及双季稻优良品种栽培技术，推广水稻良种。70年代，巡回放映科教影片，普及内容主要有农业知识、生活知识。

1984年始，区科技局（委）与区广播电视台合作，开办《科技服务》《良朋益友》《生活常识》《听众信箱》《湘北大观园》等节目，在乡村建设常年科普橱窗，宣传科学种田、安全生产、生活卫生、妇幼保健、环保生态等科学知识。至1995年，办广播电视节目192期，办宣传橱窗83个。

1998年，区政府制订乡镇科技工作目标管理考核标准，乡镇配备科技副乡（镇）长，各专业部门设科技股室，加强科技普及工作。区科技局邀请区农林、区畜牧、区卫生等部门技术人员，组建科技讲师团，开展送科技下乡活动，为农民巡回授课。至2004年，授课98堂，听众8.56万余人次。

1999年，成立区生产力促进中心、科技创业服务中心，通过广播电视、科技传单、宣传橱窗等形式，定期发布科技信息。

2002年5月，区科技局在云溪镇城区云中路步行街举行大型科普图片展，普及对象近2万人。至2006年，区科技部门深入田边、地头、果园、林场、养殖基地，发放科普资料2300余份册。

2008—2009年，在云溪乡、路口镇、陆城镇、洋溪湖渔场等地，开展实用科学技术普及工作。赠送科普读本、技术资料。区科技局协助区委组织部从区农业、区林业、区畜牧、区医卫系统选派8名科技特派员，分别下到6个乡镇，了解群众科技需求，解答群众科技咨询。

2010—2011年，制作科技展板巡回展出，普及农业技术、环境保护知识，发放《农家科学密集养鸡》《无公害蔬菜生产》《高效保健养猪》等科技书籍4360余册，赠送其他科普读本5000册，组织专家进行技术讲座，培训农民科技人员，受益群众3400余人。

# 第三节　科技推广与应用

## 一、农业科技推广与应用

**良种选育**　明、清时期，境内流传："会种田，勤换种"俗谚。但限于条件落后，选育的水稻优良品种少。民国时期，加强水稻良种选育推介事宜。民国28年，日军犯境，被迫终止。1951年，推广穗选法：采摘穗长、粒多、籽实的单穗，单晒、单藏、单育、单收，以作下一代良种。1956—1957年，农业合作社建立种子田，培育株选、穗选得来的种子，繁殖良种。1958年，实行"四自一辅"(即自选、自繁、自留、自用，国家辅助调济)，公社、大队建立农技站、农科队，将县农业实验站的种子繁殖后大面积推广。70年代中期，各公社相继组织人员到广西壮族自治区黎塘、广东省湛江、海南岛等地繁育杂交稻种，一年收两季，但仍供不应求。为解决种源，各公社建立公社、大队、生产队三级农科网，对常规稻良种提纯复壮。公社农科站以单本繁殖（每粒谷为1株）为各大队提供一级种子，大队农科队繁殖后为各生产队提供二级种子，生产队用种子田繁殖大田种子。1979年，路口公社、陆城公社被确定为原种生产基地，其他公社农科站均建良种繁殖基地。1984年，北区建种子繁育基地2处、良种繁育点4个；各乡镇成立农业技术推广站。至1989年，共繁育良种650吨。90年代后，国家加强对种子生产、经营管理，良种品类增多，农民直接从种子经营专店购买种子，不再自育良种。

**良种推广**

早稻。民国时期，早稻品种有马尾早、六十早、七十早、红米早、白米早、斜阳粘。1949年后，先后引进60多个品种，重点推广20多个。1958年，推广青森5号、农垦19等早熟粳稻品种，比传统良种亩产少产100~150公斤，且脱粒困难。1960年，推广陆才号、南特号、江西早，获得高产。1964—1969年，推广8个品种，其中矮脚南特号、南陆矮等品种比高杆品种高产2~3成，得到大面积推广。70年代，推广早熟品种湘矮早7号、2961、二九青、二九南；中熟丰早，迟熟红410、湘矮早九号等。80—90年代初，推广早熟品种二九丰，中熟浙福802，迟熟80-410、广陆矮等。1997年，推广杂交稻品种威优1126、威优402、两系杂交810。2002年始，推广米质优良型品种，主要有香两优68、金优974、金优402。2003—2011年，除推广优质米品种金优系列外，还推广两优02、T优705、湘早籼24等。

中稻。1951年，推广胜利籼，比铁脚矮单产高1成以上，至1956年，占中稻总面积70%。1967年，推广二九矮、珍珠矮，耐高肥，抗倒伏，比传统品种增产1~2成。70年代，推广杂交稻汕优组合品种，其中汕优2号丰产性能尤强。1980年，推广京引1号，桂朝2号，盐选203、691等品种，盐选203抗稻瘟病性能强，种植面积最大。1984年，推广杂交威优6号，普遍增产1~2成。2003—2004年，推广两优培九、P88S/0293等高产超级稻。2005—2011年，推广K优818、金优63、威优64、威优35、汕优63、汕优桂33、两优培九、两优培四、皖稻153、Y两优1号、Y两优7号、丰两优四号、两优681、两优培特、D优63等等，常年亩产稳定在400~500公斤左右，丰产田可突破550公斤。

晚稻。1958—1964年，先后推广50多个品种，重点推广松杨261、韭菜青、浙场9号等17个品种，浙场9号比传统品种红米冬粘增产1~2成。1965年，推广粳稻品种农垦58，亩产300公斤；次年，种植面积占晚稻面积80%。1970年后，推广岳农2号、农虎6号、鄂皖3号、嘉农66、天津晚等，淘汰已退化的农垦58。1976年，试种少量杂交稻南优2号，亩产290公斤，比常规品种增产70公斤左右；次年，种植面积占晚稻面积70%。80年代前期，推广岳农2号、洞庭晚籼、余赤231-8、闽晚6号，其中余赤231-8亩产300~350公斤，且抗逆性强、米质好。1984年后，主要推广杂交稻威优77、威优46、汕优晚3等。90年代，推广协优46组合。2003年，推广岳优9113。2005年后，重点推广新香优80、T优207、金优207等，均米饭口感柔软、气味芳香。

**棉花**。民国3年（1914），推广美印棉。民国18年，推广美棉，亩产皮棉24斤左右，比传统铁籽棉增产1成。1955年，推广澧县72号、白籽棉、岱字棉，比传统鸡白棉增产2~3成。1979年，主要推广岱红岱、洞庭1号、沙农6号，亩产皮棉34公斤，其中岱红岱增产更明显。1981年，种植面积占总面积42%。1991年，道仁矶镇柳田村推广泗棉二号，亩均产皮棉75公斤，超过历史最高记录。至2011年，全区大多种植泗棉二号。

**油菜**。1956年，推广甘蓝型胜利油菜，每亩比传统品种甜油菜增产20~25公斤。60年代，主要推广浠水油菜。70年代，推广甘蓝型成都黑、湘油5号、4030等。80年代，推广821，播种面积占总面积80%以上。1988年始，推广杂交品种秦油2号，种植面积占油菜面积38%，比甘蓝型油菜增产1成以上，适合棉—油二熟制。至2011年，品种均为杂交系列。

**小麦**。1953年，推广南大2419，抗锈病。60年代，推广四川的竹叶青。70年代，推广大头黄、“文革”1号、杨麦1号、阿波等品种。80年代，多推广鄂麦5号、矮早3号、竹皮1号、友谊麦等，其中友谊麦茎杆短，抗倒伏，一般亩产150公斤，但生长期长，稻田种植只能与一季晚稻搭配，且易发赤霉病。至2011年，主要推广杂交系列品种。

**牛**。水牛：20世纪50年代，推广滨湖牛，毛色浅黑无杂，身躯高大，体格健壮，性情温驯，耐役使，耐粗料，耐低温，抗疫病。生育年龄在5~15岁之间，多数三年产两胎。公牛体重平均387.59公斤，母牛368.49公斤。70年代后，普遍推广。黄牛：50年代，推广湘西北牛种，体型小，重250~300公斤，毛色棕红或棕黑居多，食量较小，脚力灵活，性情温顺，适合山区浅土层耕作。公牛可役25年左右，母牛可役期略短。60年代，普遍推广。奶牛：70年代，长炼“五七”农场（知青农场）、松阳湖农场先后建奶牛场，引进黑白花奶牛80头。体型高大，性情温顺，每头年均可产奶3000~4000升，乳脂率3.6%~3.7%。1984年，全区发展至140头，1991年，有169头，2005年，320头，2011年，320头。

**猪**。1958年，推广长白猪、约克夏猪（大白猪）、杜洛克猪、汉普夏猪等。其中约克夏猪全身白色，头颈较长，臀部丰满，形体高大，饲养到90公斤后，可日增重量680克左右。80年代，以约克夏猪为父本，与本地猪种或培育的品种为母本进行杂交，繁殖杂交猪；至90年代，杂交猪占生猪饲养量95%。1996年，云溪乡八一村建立境内第一个生猪人工授精站。随后，在陆城、文桥荆竹村、路口枧冲村、云溪乡畜牧站建立4个人工授精站，用约克夏、杜洛克为父本配地方母猪，产生二元杂交商品猪。至1998年，生猪人工授精覆盖率90%。1999年，松阳湖永茂渔牧有限公司被定为省属良种猪定点单位、市外贸猪基地。全区推广瘦肉型外贸猪。2005年年底，二元杂交母猪占存栏母猪总量85%。2006年，推广三元杂交人工授精技术，生产瘦肉型商品猪。2011年，云溪区取得生猪良种补贴项目供精单位资格。全区建生猪良种供精站12个，获国家生猪良种补贴资金80万元。

**鸡**。1958年后，推广长沙黄，个体大，食量大，生长快，但耗粮多，肉质不如本地鸡。60—70年代，先后推广康尼什、洛岛红、白洛克、罗斯鸡等10多个品种。80年代后，重点户、专业户规模饲养的鸡种主要有来航鸡、星波罗、西塞克、星杂288肉鸡品种等。一般家庭养鸡以肉、蛋兼用的杂交品种为多，其优点是产蛋性能好，生长快，肉质好。

**作物栽培**

水稻。播种：20世纪50年代，早稻春分浸种，3月底下泥。1958年，忽视客观规律，推行立春后浸种，造成大面积烂秧。60年代，按农谚“春分早、谷雨迟、清明播种最适时”办事。晚稻播种期根据生长期长短确定，保证农历9月底寒露风到来之前安全齐穗。70年代，倒种春、早熟杂交品种一般在7月5日前后播种；迟熟杂交品种则在6月15日前后播种。1980—2011年，推行杂交中稻在农历4月中下旬播种。育秧：50年代，推广水秧田，以水保温保肥。1958年，在秧田边燃火保温，造成大量烂秧。60年代，推广干牛屎粪、青苔覆盖，起到一定防寒作用。70年代，推行温室育秧，虽减少烂秧，但分蘖少、返青慢，影响产量。1981年，推广地膜保温育秧。1988—2011年，推广湿润秧田，用地膜或薄膜覆盖保温保湿。栽插：传统中稻栽插较稀，有俗语　“栽田冇得法，下田三个八”，即行距8寸、株距8寸、每兜8根秧。50年代，提倡密植。1958年，早稻密度实行“3×4”，即株距3寸，行距4寸，试验田插2寸×2寸，造成严重减产。60年代，推行4寸×6寸标准划行器，照划行器所划线栽插。80年代，插5寸×6寸、5寸×7寸。90年代，插6寸×8寸。2011年，实行常规稻密，杂交稻疏；早、晚稻密，中稻疏；矮杆密，高杆疏；早熟品种密，迟熟品种疏；瘦田密，肥田疏；秧龄期长的密，秧龄期短的疏。管水：传统管水大多是高塞缺、深灌水。50年代，早稻齐穗后实行浅灌，以便收割后二茬晚稻发蔸分蘖。60年代，推行勤灌、浅灌、湿润灌溉。70年代，早、晚稻齐穗后均落水晒田。80年代后，普遍实行深水回青、浅水分蘖、圆脚晒田，做到有水打苞、抽穗，干湿壮籽，断水黄熟。

2007年5月，区农业局刘国平受省农业厅推荐，作为中国农业技术专家参加农业部“南南合作”项目，受农业部派遣到西非加蓬共和国从事以水稻栽培管理为主的农业生产示范和技术指导。2008年年底完成任务回国，受到联合国粮农组织表彰。2011年，被派往利比亚共和国，推广水稻栽培技术，帮助发展农业生产。

棉花。传统播种方法为撒播，但疏密不匀，产量低。20世纪50年代，推行条播。60年代，试行育苗移栽。70年代，陆城、道仁矶、松阳湖等主要产棉区大多用营养钵加薄膜覆盖育苗。80年代后，普遍用营养缽加地膜育苗，并重施底肥。

油菜。传统方法为打穴点播，每穴株数较多，影响发枝，产量较低。20世纪70年代始，推行育苗移栽，改宽厢为窄厢，混合施用硼肥、氮磷钾肥。80年代后，此技术得到普遍应用。

红薯。传统采用露天育苗，栽插后多次翻藤。露天育苗常受寒潮影响，烂种多，出苗慢，插后块根长成仅能赶上9月1个膨大期，产量低。1976年始，推广温床育苗，以便适时栽插，保证赶上5月的膨大期。80年代后，引进良种，不翻藤，块根个数少体形大，产量为翻藤的2.5倍。

大豆。传统方法播种时施用干牛粪拌火土灰。20世纪60年代始，改用灰粪拌磷肥盖籽，或直接用磷肥盖籽，一般增产2~3成。按农谚“黄豆薅花，挑断扬杈”，注重第二次中耕在初现花时进行，此时中耕，荚多粒重。

**池塘科学养鱼**　1988年始，推广池塘科学养鱼。合理组织不同鱼类混合饲养，合理搭配饲料分期饲养，加强鱼病防治，并引进荷元鲤、尼罗罗非鱼、杂交鲫鱼、鳜鱼、团头鲂等优特品种，每公顷增产750公斤，亩均增产50公斤。

**测土配方施肥**　1995年始，推广测土配方施肥。至2011年，实行测土配方施肥面积占耕地总面积 89.4%。通过对比试验，测土配方施肥区增产 1~2 成，亩均节约肥料 37.42 公斤，增收 531.7 元。

**能源利用与开发** 1979 年，陆城公社香铺大队农科队谭远荣在县沼气办指导下，利用三合土于自家建成境内第一个沼气池。1982 年 11 月，陆城公社新港大队黄泽民在县沼气办指导下，于自家建成境内第一个省柴灶（此灶结构合理，外型美观，热效率比老式灶提高 40%以上）。至 1989 年，境内建省柴灶 140 余个，节省柴火近 50 万公斤。1990 年，市科委指导路口镇南太村建上流浮罩式混凝土沼气池 11 个。2000 年后，国家实行资金补贴，鼓励建沼气池。至 2011 年，全区建沼气池 283 个。

## 二、工业科技推广与应用

“大跃进”年代，推介土法炼铁炼钢，造双铧犁、水稻中耕器、割谷器，用手工制作圆珠、机械轴承等。

1970 年，松阳湖平瓦厂在湘潭市易家湾砖瓦厂协助下，试制平瓦瓦坯挤压成型机。

1974 年，路口铺粮站在省粮食厅科技设备装配处支持下，引进砻谷机、重力机、去石机等设备，大米加工工效是老式设备的 3 倍多。

1974—1982 年，县水电局孙炎林（现区水利农机局已故退休干部）等 5 名科技人员，参加省技术援外组，先后赴西非塞拉利昂、南亚斯里兰卡等国家从事技术援外工作。

1982 年，陆城新港县农药厂从贵州化工研究所引进、推广杀虫伤生产新工艺，通过改变二甲基丙烯胺合成条件，生产工艺简化，农药收得率由 58%提高至 78%。

1985 年 9 月，云溪乡在市轻工业局专家指导下，建成云溪乡丝绸厂生产精纺华达、细纶华达。次年，长炼、岳化科技人员建议路口镇扩大投资效益，建成年产 4.4 万吨路口水泥厂，生产“洞庭”牌 425#R 普通硅酸盐水泥。

1992 年后，北区、长炼、岳化科技人员进一步加强科技推广应用协作；至 2000 年，共指导乡镇（村）新办、改造工业企业 38 家，上马新产品生产项目 69 个。

1994 年年初，陆城镇油脂加工厂在长炼和省、市科技人员指导下，改进设备，新上精炼生产线，生产精炼二级菜油。

1995 年，岳阳市金刚石锯片厂在驻区大厂科研机构支持下改造成岳阳市新型金刚石锯片刀头和新型金刚石工具厂；2000 年 11 月，该厂被省高新技术企业评审委员会评定为云溪区首家高新技术企业。

2002 年 8 月，有昌化工有限公司应用公司创办人肖藻生拥有的专利生产积二膦酸脂油品添加剂，获科技部科技型中小企业技术创新基金 85 万元。为云溪地区第一个获此基金的企业。次年，岳阳金浩科技有限公司应用清华大学的腔内倍频绿激光器高科技项目，开发大功率微型全固化绿激光器，获国家 863 高科技项目地方引导资金 100 万元。为岳阳地区首个获此资金企业。

2005 年，区投入 5000 万元，在云溪工业园建成 1.2 万平方米科研基地和综合服务大楼，为创业者提供技术咨询、中小试验、科技信息服务等公共平台。帮助园区企业与科研院校建立协作关系，及时解决产品开发中遇到的技术难题。至 2008 年，先后有长炼、岳化技术人员，高等院校、科研院所专家实行科技协作，帮助区外客商到境内投资兴业。区科技局共收集科技项目 35 项，通过筛选，向上级科技部门推荐 27 项，有 15 个项目获批准，为企业争取政策优惠资金 515 万元。

2009—2011 年，先后为岳阳长源石化有限公司、岳阳聚成化工有限公司等 6 家企业向上级成功申报高新技术企业（产品），使之享受国家政策性优惠。

# 第四节　科技成果

## 一、科技产品

1958年，云溪公社集雄木业社改良的龙骨水车取水功效提高1倍多。

1959年，江南公社农机厂（1961年8月更名为陆城公社农机厂）生产的机滚船用于水田作业，被省机械工业局向全省推介。

1970年，松阳湖平瓦厂制成全省第一台平瓦瓦坯一次性挤压成型机，功效比人工模压提高2倍；1981年，该厂生产的平瓦质量位列全国第一名，红砖位列第六名。

1974年，境内研制的“九二O”菌种在保证粮食稳产高产中发挥重要作用。

1982年，陆城新港县农药厂改进杀虫伤生产工艺，产品质量、利润等主要指标居国内同行业前茅，获化工部科技成果二等奖。

1985年，云溪乡绸厂生产的精纺华达、细纶华达获省优秀产品证书。

1987年7月，路口水泥厂生产的“洞庭”牌425#R普通硅酸水盐水泥被省乡镇企业局评为湖南省水泥行业优秀产品；次年，被国家科技局评为农牧渔业优秀产品。区粮油公司食用菌开发研究室李昆明研制的香菇菌丝体营养添加剂系列食品在全国食品博览会上获奖。

1988年，陆城宏发石墨厂研制的浮头列管式、圆型块孔式、矩型板块式石墨材料在全省新科技产品交易会上获金奖；1992年12月，该厂开发的石墨新产品获全省新技术新产品交易会科技创新金奖。

1994年3月，云溪乡耐火材料厂王志平负责开发的铅镁铬钢包砖获省科技进步一等奖。9月，陆城镇油脂加工厂研发的“中冠”牌二级烹饪油获第五届亚太国际贸易博览会金奖。

1999年，云溪镇丁维清创办的小康酱菜厂生产的“金利达”牌系列酱菜，在湖南省第四届农博会上获金奖。

2004年，湖南尤特尔生化有限公司（简称尤特尔公司）研发的高纯度维素酶、半纤维素酶等产品在首届湖南畜牧渔业暨饲料工业博览会上评为金奖产品。

2008年，湖南中创化工有限公司改革传统化学反应工艺，实现乙酸仲丁酯工业化生产，填补国内此项工艺空白，被省科技厅认定为重大科技专项，获科技部科技型中小企业技术创新基金支持项目基金590万元；是年7月，其产品在马来西亚国际涂料博览会获最佳环保奖。次年，该公司生产的高纯度乙酸仲丁脂获科技部、环保部、商务部、国家质监总局颁发的国家重点新产品证书。尤特尔公司研发的新型组合型木聚糖酶制剂的研究开发及在饲料中的应用获全市科技进步一等奖，生产的新型高效饲料添加剂、饲用肠溶酶制剂被科技部定为农业成果转化资金项目。

2010年，岳阳银岭化工实业有限公司开发的氧化催化剂材料空心钛硅分子筛获国家技术发明二等奖。

2011年，湖南农大海特农化有限公司生产的农药获全市科技进步三等奖。长岭设备所研发的热管在线除氢技术先后获全市科技进步三等奖、二等奖。

## 二、科技著作

1931—1955年，陆城畜牧学专家黄伟胜先后撰写、翻译出版《幼猪哺乳期的痢泄病》《猪瘤及猪瘟预防》《养猪技术》《猪的条件反射及其实际应用》等专著10余部。

1956—1980年，云溪建军气象学专家李麦村出版、发表气象学等专著4部、论文60余篇。

1956年9月，陆城铁路建筑总工程师葛维垣撰写的《整治路基滑坡经验》在铁道部召开的科技工作大会上宣读，被人民铁道出版社以单行本发行。

1980—1988年，路口无线电设备专家、自然科学学者甘石泉撰写出版《宇宙学》。

1982—1990年，云溪镇学者尹乐生撰写的《线电极电蚀加工装置电气靠模系统的研究》被收录全国《电加工论文集》。

1984—1990年，文桥老中医王昌松著有《王氏医书》近30万字。

1985—1991年，陆城地质学家梅友松在全国性刊物、有关选集发表《花岗岩石稀有金属矿物分布规律》《我国斑岩铜矿床的特征》《第二成矿物来源论》等论文。

1988—1993年，云溪乡化学、光学、电子学专家李昌厚发表有关光学研究的论文14篇。

1988—1999年，文桥东风村中医专家王凤英先后在医学杂志上发表《硝普纳治疗心衰体会》《中西结合治疗歌》《尿激酶治疗心肌梗塞的体会》《挽救肺心脑病105例体会》等医学论文多篇。

1991—2000年，云溪乡友好村医学专家张国富先后在《中华泌尿外科杂志》《临床泌尿科杂志》《中国抗生素杂志》等刊物发表学术论文16篇。

1992—2000年，云溪乡友好村水利水电专家任建业先后在国际国内专业刊物发表有关重大水利水电建设学术论文多篇。

1995—2001年，路口南太村材料学专家蒋青先后发表有关纳米材料论文105篇，撰写或参与编纂相关专著4部、手册3本。

1995—2003年，路口镇生命科学学者翁新楚先后发表有关天然药物化学、食品化学论文40多篇。

2002—2004年，路口镇基础数学学者孙明保先后发表有关凸几何分析与偏微分方程研究论文30余篇，其中有8篇被SCI收录，20多篇被《中国数学文摘》、美国《数学评论》等杂志摘评。

2002—2007年，道仁矶基隆村化学化工学者熊琦先后在省级以上刊物发表《分段性宽频带CMOS集成压控振荡器设计》《车载雷达用恒石英晶体振荡器设计》等论文10余篇。

2003—2011年，区中医院共有18篇学术论文在国家、省级报刊发表。其中主要有：主任医师陈红明撰写的《通痹雷公藤汤治疗性痛风性关节炎56例》《膈下逐淤汤加减治疗坐骨神经痛88例》《散偏汤治疗血管紧张性头痛86例》《通痹土茯苓汤治疗类风湿关节炎89例》《通痹雷公藤汤配合马钱胶囊治疗类风湿性关节炎39例》在《实用中医药杂志》上发表，《正清风痛宁注射配合牵引手法治疗颈性眩晕92例》在《中华现代中医学杂志》上发表，《正清风痛宁片针联合与柳氮磺胺吡啶治疗强直性脊柱炎25例分析》在《中医药导报》上发表，《手法复位身制夹板外固定治疗肱骨髁骨折》在《北京中医药大学学报〈中医临床〉》上发表，《散偏汤配合牵引手法治疗颈性眩晕92例》在《中国民间疗法》上发表。副主任医师戴忠良撰写的《安胃汤治疗消化性溃疡52例临床观察》《祛风散热合剂治疗偏头痛95例疗效观察》分别在《湖南中医药导报》《湖南中医杂志》上发表。老中医廖日安撰写的《消症瘕汤治疗子宫肌瘤45例》在《中华实用综合医学杂志》上发表，《消乳癖汤治疗乳腺增生61例》《加味散偏汤治疗偏头痛88例》在《中华疾病康复医学论坛》上发表。

2006—2011年，区人民医院先后在国家、省级杂志上发表学术论文14篇。其中主要有：副主任医师游亚虎撰写的《规则性肝段（叶）切除治疗肝内胆管结石并狭窄》在《中华现代手术学杂志》上发表。外科主治医师丁淑容撰写的《不同区域化疗对肝癌复发的影响》《22例假性胰腺囊肿的外科治疗》在《中国医学工程》上发表，《25 例外伤性脾破裂延迟出血临床诊治》在《中外医疗》上发表。

## 三、专利申报

1985 年 4 月 1 日始，实施《中华人民共和国专利法》，全区启动专利申报工作。1989 年，岳化吴宗吉发明的环网给水系统的高可靠性联结方法获首个非职务发明专利；1990 年，长炼王培英发明的一种炊事用固体燃饼炉获首个非职务实用新型专利；1991 年，路口镇姚大华获首个外观设计专利；至 2003 年，全区共申报并获专利 164 个，其中发明专利 85 个，实用新型专利 74 个，外观设计专利 5 个。

2004—2011 年，申报并获专利 119 个，其中发明专利 19 个。专利成果转化为高新技术产品，创产值 171 亿元。

## 四、科技先进

**科技示范户** 1994 年 3 月，云溪乡东风村刘群英被省科协评为科技示范户；次年 3 月，道仁矶镇丁山村苗金秀、罗权雄，云溪乡东风村刘群英、建军村丁观华，新民村陈伯鹏、吴维军，路口镇省塘村孙刚要，文桥乡华新村陈胜前被市科委评为科技示范户。成为全区第一批科技示范户。至 2011 年，有苗金秀、刘群英、孙刚要、陈伯鹏、吴维军、曹孟西、费邑龙、朱明雄、罗权雄、陈胜前、丁观华、杨木生、敖德益、周泽义、蒋仁忠、李立祥、沈铸、吴泉保、李国柱、彭必祥、肖永生、贺长庚、卢伯约、李大安、吴新安、胡怡华、陈登初、丁炳煌等分别被评为省、市级科技示范户。

**科技先进单位** 1990 年 1 月，区农业局精油种子公司被评为市十五项重大农业科技成果推广先进单位。1990 年 2 月，陆城镇被市科委、市农委评为全市“七五”期间乡镇（农场）科技达标合格单位。1991 年 3 月，陆城镇农村站被市委、市政府评为科技兴农先进单位。1998 年，云溪镇镇龙村、陆城镇香铺村、路口镇江湖村被评为全省星火科技示范村。1999 年 12 月，云溪区被科技部评为全国科技工作先进县（区）。2001 年，云溪乡被市委组织部授予全市科普示范乡（镇）荣誉称号。2002 年，区科技局被市委、市政府评为全市科技兴市先进单位。2003 年，路口镇、陆城镇被市委组织部授予科普示范乡（镇、街道办事处）荣誉称号；至 2011 年，全区有 10 个单位被评为市级以上科技先进（示范）单位。

# 第二十二篇 卫生·体育

## 第一章 医 卫

明代，陆城有官办惠民药局。清代，惠民药局有医官1人、医生1~3人，均是中医中药。民国时期，陆城有黄凤和诊所。民国11年（1922），谢蓬莱在陆城开设第一家西药店，境内始有西医西药。至民国37年，有中、西医药店10余家，从业36人。

1949年后，政府坚持把医疗卫生工作重点放在农村。至1983年，有公社（场）医卫机构6个、医卫工作人员164人，部分大队有卫生室、“赤脚医生”。1984年后，各级政府逐年加大投入，进一步加强医疗机构、卫生设施建设，普遍开展防疫、医疗、卫生保健工作。至2011年，区、乡、村有医疗机构67个。区、乡卫生机构医用房屋建筑面积30549平方米，其中业务用房22922平方米，床位468张，医卫工作人员338人，其中技术人员288人。全区每千人有医生1.4人、护士0.7人、病床2.89张。区、乡、村卫生防疫、妇幼保健网络健全，新法接生率、新生儿免疫接种率均为100%。鼠疫、天花、霍乱、白喉、疟疾、麻风、小儿麻痹症等病症基本绝迹，碘缺乏病、流行性脑脊髓膜炎、脊髓灰质炎病、出血热、新生儿破伤风消灭或基本消灭，传染病发病率由1988年7‰降至2‰，居民平均寿命74.87岁。

明清时期，陆城设县署医学训科。民国4年（1915），境内医卫由县实业局统管。

1952年12月，由县政府卫生科专管。1968年4月，归口县革委会政工组教卫组统管。1970年10月，由县卫生局管理。1984年6月，由区卫生科负责。9月，区卫生科更名为区卫生局。2002年3月，区卫生局职能调整为将药政、药品监督管理职能划出，交市药品监督管理部门，医疗保险（公费医疗）职能划出，交区人事劳动社保局。内设机构有办公室（加挂区红十字会办公室牌子）、政工人事股、医政股、防保股，核定行政编制8名、事业编制1名、机关后勤服务事业编制1名。归口管理区爱卫办、区卫生局卫生监督所、区疾控中心、区妇幼保健院、区人民医院、区中医院，共核定全额拨款事业编制16名、财政综合预算事业编制8名、财政定额拨款事业编制96名、经费自筹事业编制40名。2011年8月，区卫生局职责调整为将区爱卫办划归区政府管理，将食品卫生许可餐饮业、食堂等消费环节食品安全监管，保健食品、化妆品卫生监督职责划给区食品药品监督局，增加食品安全综合协调，组织查处食品安全重大事故、食品安全风险评估、食品安全信息发布职责，组织实施基本药物制度职责，卫生应急工作职责，新农合医疗管理职责，血吸虫病防治管理职责等。内设机构调整为办公室（卫生应急办）、政工人事股（干部保健股）、医政股（中医药管理和科教股）、法控股（合作医疗管理股)、基药股（药物政策与基本药物制度管理股）、血防股（对外保留区血防领导小组办公室牌子）、计划财务股，编制调整为机关行政编制12名、机关后勤服务事业编制1名。

## 第一节 疾病防控

### 一、防控体系与设施

清代、民国时期，无防疫机构，灾疫频发。清代有关白喉病的医书记载：“咽喉发白一症，古方所无，诸书未载，为害尤烈”。民间逸史载，道光十四年（1834），“时疫流行，市上棺木为空”。民国年间，松阳湖、道仁矶等湖区，是霍乱、脑膜炎、流行性脑膜炎、天花、疟疾、伤寒、麻疹重疫区。

1952年，由县卫生防疫指挥部负责疾病防控工作。次年，由县卫生院防疫股具体负责疫病预防。1958年，改由县卫生防疫站负责。1977年，建立公社、大队防疫网络，各公社卫生院配2~3名防疫专干，各大队“赤脚医生”与公社卫生院签订防疫责任状，落实疫病预防。

1985年，区成立卫生防疫指挥部、卫生防疫站。2002年，析区卫生防疫站成立区疾控中心，配备相应的技术人员、设备。2003年，争取省相关项目资金50万元，购买云中北路原松阳湖彩印厂，改善防疫条件。2007年，争取省发改委下拨50万元，区自筹部分资金，兴建区疾控综合大楼。

至2011年，区疾控中心有建筑面积2100多平方米，其中预防医用面积1130平方米，干部职工23人，其中专业技术人员18人。设传染病管理、免疫规划、学校卫生、卫生监测检验、结核病防治、性病艾滋病防控、预防医学门诊、健康教育、财务后勤等9个科室。有200毫安X光机、气相色谱仪、电子分析天平、分光光度计、荧光显微镜、酶标仪、无菌操作台、立式高压消毒器、生物安全柜、冷冻冷藏设备、现场卫生监测仪器等。

### 二、流行病防疫接种

清道光年间，有人试种“人痘”预防天花，即健康人穿天花患者内衣，以期达到预防目的。民国29年（1940），始接种牛痘、霍乱、伤寒等疫苗。

1950年始，对年满6岁、12岁、18岁的青少年，普遍接种痘苗。1962年，增加接种卡介苗、百日破（即百日咳、白喉、破伤风三联菌苗）疫苗。1963年，增加接种乙型脑炎（简称乙脑）疫苗、流行性脑炎（简称流脑）菌苗、麻疹疫苗、脊髓灰质炎糖丸疫苗。1974年，增加接种钩端螺旋体、狂犬病疫苗。

1985年，实行疫苗冷链运转，增强接种保险性。1995年，对接种对象实行计划免疫建卡、建证，建卡率、建证率、卡证相符率均达98%以上。2000—2001年，增加流行性感冒（简称流感）疫苗、乙型肝炎（简称乙肝）疫苗接种。

2011年，全部消灭鼠疫、天花、白喉、斑诊、伤寒等流行病，百日咳、麻疹、乙脑、流脑等发病率明显下降，其他流行病均控制在国家规定的标准以下。

## 1984—2011年云溪（北）区部分疫苗接种情况表

表 22-1-1　　　　单位：人次

| 年度 | 百白破三联苗 | 卡介苗 | 脊髓灰质炎糖丸 | 流脑疫苗 | 乙脑疫苗 | 乙肝疫苗 | 流感疫苗 | 狂犬病疫苗 | 麻疹疫苗 |
|---|---|---|---|---|---|---|---|---|---|
| 1984 | 8971 | 5536 | 6816 | 5899 | 13280 | 0 | 0 | 220 | 8485 |
| 1985 | 13016 | 4794 | 12473 | 9489 | 6998 | 0 | 0 | 260 | 7241 |
| 1986 | 9424 | 2356 | 8976 | 5178 | 7105 | 0 | 0 | 280 | 4712 |
| 1987 | 8580 | 2145 | 8491 | 6745 | 7298 | 0 | 0 | 260 | 4290 |
| 1988 | 7216 | 1804 | 7198 | 5847 | 6723 | 0 | 0 | 300 | 3604 |
| 1989 | 7484 | 1871 | 7392 | 7254 | 8017 | 0 | 0 | 280 | 3742 |
| 1990 | 7680 | 1922 | 7501 | 8172 | 7644 | 0 | 0 | 320 | 3840 |
| 1991 | 1891 | 1744 | 1961 | 8513 | 6942 | 0 | 0 | 350 | 1690 |
| 1992 | 2987 | 812 | 4053 | 8974 | 6543 | 0 | 0 | 340 | 2107 |
| 1993 | 4970 | 839 | 4668 | 9833 | 11967 | 0 | 0 | 360 | 2499 |
| 1994 | 3091 | 733 | 4508 | 10426 | 5585 | 0 | 0 | 380 | 2293 |
| 1995 | 3462 | 761 | 4300 | 8339 | 8688 | 0 | 0 | 350 | 2497 |
| 1996 | 886 | 986 | 879 | 10556 | 970 | 0 | 0 | 380 | 940 |
| 1997 | 1315 | 967 | 1280 | 11600 | 11846 | 0 | 0 | 560 | 911 |
| 1998 | 2777 | 900 | 2777 | 16430 | 12160 | 0 | 0 | 730 | 907 |
| 1999 | 4098 | 1056 | 4486 | 14127 | 10978 | 0 | 0 | 910 | 1245 |
| 2000 | 1561 | 339 | 1517 | 14207 | 15910 | 0 | 320 | 950 | 470 |
| 2001 | 3149 | 1035 | 3181 | 2932 | 2726 | 1208 | 340 | 960 | 1001 |
| 2002 | 3101 | 1032 | 3063 | 2946 | 2764 | 1367 | 350 | 980 | 1060 |
| 2003 | 2613 | 833 | 2635 | 3562 | 3396 | 1345 | 360 | 1030 | 859 |
| 2004 | 3369 | 1133 | 3405 | 3986 | 3643 | 3682 | 350 | 1050 | 1065 |
| 2005 | 4133 | 1488 | 4184 | 4024 | 3862 | 3937 | 380 | 1060 | 1255 |
| 2006 | 4034 | 4350 | 4282 | 7762 | 4135 | 4020 | 360 | 1110 | 2655 |
| 2007 | 6259 | 1612 | 6268 | 4134 | 4067 | 4861 | 570 | 1170 | 1602 |
| 2008 | 6916 | 1644 | 7060 | 4088 | 3781 | 4676 | 580 | 1220 | 3434 |
| 2009 | 8328 | 1971 | 8504 | 4031 | 3527 | 5482 | 630 | 1360 | 4182 |
| 2010 | 10058 | 2508 | 10150 | 4294 | 4206 | 7463 | 650 | 1280 | 2960 |
| 2011 | 10106 | 1616 | 9864 | 4651 | 4082 | 6427 | 710 | 1300 | 4630 |

### 三、传染病防控

清代、民国时期，无传染病防控记载。

1954年，采取防治结合的办法，控制丝虫病蔓延。1966年，杜绝霍乱疫情流行。1979年，对6例麻风病实行隔离治疗。1984年后，区政府加大传染病防控工作力度和资金投入，至1987年，基本消灭疟疾病。2011年，结核病、艾滋病、骨髓灰质炎、人感染高致病性禽流感等顽固性传染病、一些新出现的传染病，均得到有效控制和治疗。

**结核病**　俗称痨病。1993 年 4 月，北区启动世界银行贷款中国结核病控制项目，至 2002 年 4 月，共接诊病人（含疑似）2400 例，确诊并免费治疗 615 例，其中钙化 563 例。2003 年 3 月，启动世界银行贷款、英国赠款的第二周期结核病控制项目，采用异烟肼、链霉素、氨水钠治疗 12~18 个月后，联用异烟肼、利福平治疗传染性肺结核病人 616 例。是年始，加强流动人口中人类免疫缺陷病毒、结核病双重感染，监管场所羁押人员中结核病患者的治疗管理和难治性（耐多药）结核病人的救治工作。至 2011 年年底，共接诊疑似病例 4982 例，发现并治疗活动性肺结核病人 1495 例，为 4040 名继发性结核病患者作免费综合治疗，避免过早死亡，并提倡个人生活卫生，结核病人明显减少。

**1993—2011 年云溪（北）区结核病防治情况表**

表 22-1-2　　单位：人

| 年度 | 治疗 | | | | | | 初诊摄胸片 | | 初诊查痰 | |
|---|---|---|---|---|---|---|---|---|---|---|
| | 初治涂阳 | | 复治涂阳 | | 新查涂阳 | | 人数 | 异常人数 | 人数 | 阳性人数 |
| | 例数 | 治疗 | 例数 | 治疗 | 例数 | 完成疗程 | | | | |
| 1993 | 7 | 7 | 28 | 28 | 35 | 34 | 184 | 125 | 169 | 35 |
| 1994 | 15 | 15 | 5 | 5 | 20 | 19 | 81 | 69 | 72 | 20 |
| 1995 | 16 | 16 | 5 | 5 | 21 | 20 | 77 | 67 | 70 | 21 |
| 1996 | 21 | 21 | 12 | 12 | 33 | 31 | 95 | 78 | 82 | 33 |
| 1997 | 17 | 17 | 2 | 2 | 19 | 18 | 97 | 78 | 82 | 19 |
| 1998 | 7 | 7 | 2 | 2 | 9 | 9 | 88 | 76 | 79 | 9 |
| 1999 | 39 | 39 | 15 | 15 | 54 | 52 | 121 | 102 | 116 | 54 |
| 2000 | 31 | 31 | 8 | 8 | 39 | 38 | 127 | 98 | 118 | 39 |
| 2001 | 28 | 28 | 8 | 8 | 36 | 35 | 114 | 108 | 131 | 36 |
| 2002 | 17 | 17 | 12 | 12 | 29 | 28 | 101 | 87 | 90 | 29 |
| 2003 | 31 | 31 | 28 | 28 | 59 | 57 | 96 | 85 | 86 | 59 |
| 2004 | 39 | 39 | 15 | 15 | 54 | 52 | 151 | 127 | 130 | 54 |
| 2005 | 70 | 70 | 9 | 9 | 79 | 77 | 225 | 198 | 225 | 79 |
| 2006 | 36 | 36 | 13 | 13 | 49 | 49 | 243 | 201 | 220 | 49 |
| 2007 | 52 | 52 | 7 | 7 | 59 | 57 | 312 | 287 | 295 | 59 |
| 2008 | 66 | 66 | 8 | 8 | 74 | 72 | 404 | 260 | 330 | 74 |
| 2009 | 68 | 68 | 11 | 11 | 79 | 76 | 531 | 412 | 522 | 74 |
| 2010 | 60 | 60 | 9 | 9 | 69 | 68 | 499 | 407 | 538 | 69 |
| 2011 | 61 | 61 | 4 | 4 | 65 | 63 | 476 | 417 | 528 | 65 |

**艾滋病**　1997 年始，每年世界艾滋病预防宣传日（12 月 1 日）组织开展大型预防宣传活动。2002 年 9 月，发现首例艾滋病。区疾控中心按照“政府领导、部门配合、社会参与”的原则，完善报告和监测体系，建立咨询室、初筛实验室，健全病例报告、哨点监测、专题调查、个案调查等制度，及时掌握疫情动态。2004 年 8 月，云溪区被省卫生厅列入艾滋病预防宣教项目县（区）后，进一步加强综合防控。至 2005 年，发现 9 例，2006—2011 年，新发现 16 例。2011 年，累计 25 例中有 14 例死亡，对存下 11 例，全部实行免费治疗，加强随访管理。并重点加强对吸毒人群、性乱人群、同性恋人群等

高危人群的防控宣传。

**流行性出血热** 1966年，在岳化职工医院发现首例。1972年后，相继增多。1982年，发病17人，治愈11人，治愈率64.71%。是年始，加强常年宣传、开展灭鼠防鼠活动，以减少传染源。1983年后，逐年下降。1994年后，未出现出血热疫情。

**丝虫病** 俗称发游火、红筋绊。境域属岳阳市中低度流行区，沿江乡村以道仁矶镇滨江村为甚。1949年前，无防治药物，流行较严重。1954年始，对重点疫区、患者反复检查、治疗，实施防虫灭蚊等综合措施，疫情得到控制。1984年后，未出现一例患者。1986年，卫生部考核组验收，在滨江村抽查100人，结果全部呈阴性，确认北区基本消灭丝虫病。

**麻风病** 1949—1979年，共发现6例，其中道仁矶3例，路口、文桥、松阳湖各1例，均送本省石门县、武冈县等麻风病治疗站隔离治疗。1980年后，不断加强防控，再未发现新病例。

**疟疾** 俗称打摆子。民国时期，曾流行“新谷冒登场，摆子病上床，十有八九病，无人送药汤”的歌谣。20世纪50年代至60年代，境域仍属高发区。1970年，发病4729例，发病率52.54‰。70年代后，广泛采用磷酸氯喹片、磷酸伯氨喹片或青蒿素类药物为基础的复方或联合型药物治疗，加强灭蚊防病，发病率逐年下降。至1984年，发病率降至0.47‰，仅发病59例。1987年，发病率降至0.01‰。1991年后，未发现病例。2001年，省卫生厅组织疟疾病防治达标验收，云溪区基本消灭疟疾病。

**霍乱** 又称副霍乱，代号2号病。区境历史上属易发区、重发区。1949年后，贯彻预防为主、防治并重的方针，疫情得到控制。1966年，仅长炼发现2例，均属外来职工。经过隔离抢救，紧急处理污染源，杜绝传染。1967年后，坚持开展爱国卫生运动，加强饮食卫生宣传、环境治理，严密进行防控。1967年后，再未发现新的疫情。

**脊髓灰质炎** 俗称小儿麻痹症。1993年始，每年1月5—6日、12月5—6日对4岁以下儿童进行强化免疫，并查漏补种疫苗，即口服脊髓灰质炎减毒活疫苗（糖丸），以增强儿童免疫力。并建立疫情预警机制，确立2家“哨点医院”，对各医疗卫生单位进行病例监测。2000年，预防工作通过省级验收，至2011年，未发现新的病例。

**传染性非典型性肺炎** 世界卫生组织将其命名为严重急性呼吸综合征。2003年2—5月，在境外广泛流行期间，区政府设立抗非典指挥部，区疾控中心加强预防业务指导，成立应急处置机动队、信息汇总队、后勤保障队，各医疗卫生机构建立疑似病例报告及普查制度，组织业务培训，各单位劝阻人口流动，全力遏制疫情流行，境内未发生病例。

**人感染高致病性禽流感** 俗称禽流感。2006年3月，云溪乡东风村、八一村发生禽流感疫情。区疾控中心组织对疫区3公里以内的全部禽只进行扑杀、深埋，对场舍等污染地喷洒醛类、氯类、酚类、碱类、氧化剂等，做好无害化处理，很快控制疫情。后，未发现禽流感疫情。

## 第二节 临床医疗

### 一、机构与设备

**区直医疗机构与设备** 1984年9月，始建区妇幼保健站，有工作人员3人，无医用场地。1990年，创办区人民医院。至2011年，区直医疗机构发展至6个：区人民医院、区中医院、区妇幼保健院、区血吸虫病专科医院、区疾控中心、区血防站。建筑面积共1.4万平方米，主要诊疗设备价值约1800万元。

区人民医院。1990年9月创建，副科级事业单位。当时建筑面积3270平方米，病床30张。1996年，新建门诊楼，建筑面积1578平方米。至2005年，陆续添置价值1000万元的诊疗设备。2007年，扩建住院楼，新增病房面积721平方米，兴建手术楼1幢，面积300平方米。2008年，整体改造住院楼。2010年，全面改造门诊楼。至2011年，设内、外、妇、儿、中医、理疗、五官、口腔、皮肤、泌尿、碎石、急诊、糖尿病13个临床科室，7个医疗技术科室、1个体检中心。床位120张，大、中型诊疗设备30余台（件），其中主要有进口螺旋CT机、进口酶标仪、彩超机、数码黑白B超机、C臂机、800毫安X光机、大型体外碎石机、奥林巴斯电子胃镜、全自动血球计数仪、全自动生化分析仪、尿10项分析仪、胎儿心电监护仪、心电工作台、动态心电图、彩色多普勒、电子阴道镜、全自动麻醉机、数字化照片机、呼吸机等。并争取国家县级医院信息化建设项目资金220万元，建成以电子病历为核心，包括电子病历、检验报告、医疗影像存档、传输等四大信息化管理系统，门诊病人就诊一卡通系统。10多次受到省、市表彰。2011年，升格为二级综合医院。

区中医院。1990年，由云溪镇卫生院改制升格而建。1992年，兴建住院楼，面积800平方米。1998年，兴建门诊楼，1580平方米。2008年，扩建门诊楼，新增面积357平方米。2011年，占地总面积5333平方米，医用建筑面积3237平方米。设有颈肩腰腿病科、肝胆科、哮喘病科、糖尿病科、老年慢性病科、中药敷贴薰洗科、中西结合肛肠科、内科、妇科、皮肤科、牙科、骨伤科、针灸推拿康复科13个科室。床位150张。有双螺旋CT机、大型CR、全自动生化仪、C型臂X光机、微创射频治疗仪、体外碎石机、多普勒、红外热像仪、骨密度测量仪、乳透仪、肛肠综合治疗仪、结肠灌洗治疗机及各类牵引薰蒸等多种专业设备。2011年，被评为全省县级中医医院能力建设项目先进单位。通过省"十一五"（计划）重点中医专科、特色中医专科验收，各项指标达到省定标准。

区妇幼保健院。建于1984年，当时名区妇幼保健站，次年，更名为区妇幼保健院。1990年，购得并利用原北区医药公司旧房，面积432平方米，引进人才、设备，开展妇幼保健工作。1997年，通过世界卫生组织、世界儿童基金会验收，被授予爱婴医院称号。1999年，增设临床医疗。至2005年，有床位16张，固定资产280万元，配有彩超、激光治疗仪、红外线乳腺检查仪、母婴监护仪等设备。2011年，建筑面积1874平方米，床位增至36张。设有妇女保健科、儿童保健科、妇科、产科、儿科等科室。有彩色B超、超导光妇科病治疗仪、数码电子阴道镜、乳腺钼靶仪、全自动生化分析仪、血球计数仪、血凝仪、新生儿听力筛查仪、儿童视力筛查仪、儿童微量元素测定仪等重要设备。由单一保健型医院发展成为保健与临床相结合的医疗机构。

**乡镇医疗机构与设备**　1951年，设陆城、云溪2个区卫生所。1952年，根据"自愿申请，政府批准，个人集资"的原则，成立5个集体所有制联合诊所、民办个体诊所。1958年后，将集体所有制联合诊所、民办诊所合并，改称公社卫生院。1984年，公社卫生院更名为乡镇卫生院。2002年，乡镇卫生院调整为6个。2011年，有病床147张，医用建筑面积10114平方米。

云溪乡卫生院。1956年建，2008年，兴建住院楼1幢。2011年，设有牙科、妇科、外科、内科、儿科、中医科，其中牙科为特色科室。配有B超、200毫安X光机、心电图机、产床、多功能手术床、牙科多功能治疗机等医疗设备。

路口镇卫生院。1958年，合并民办诊所而建。2011年，有建筑面积2683平方米、医疗用房2050平方米，床位30张。设综合诊室、中医、针灸理疗、按摩、公共卫生等科室。配有全科诊断仪、半自动生化仪、新型200毫安X光机、进口B超机、心电图机、洗胃机、胎心监护仪、多功能手术床等设备。装有医用电梯、电子显示屏、一体化传呼系统。有急救车、科室办公电脑。医院实行信息化管理。

**文桥镇卫生院。**1965年10月，租用文桥村李家畈民房开业，面积160平方米。1975年，建院青龙岭，面积460平方米。1988年，扩建门诊楼，面积800平方米。2005年12月，新建门诊楼，建筑面积628平方米。2011年，有新、旧门诊综合楼2栋，设中医、西医、妇产等科门诊及住院部，配有X光机、B超机、心电图机、心电监护仪、自动洗胃机、自动洗片机等设备。

**陆城镇中心卫生院。**20世纪50年代称陆城联合诊所，面积300平方米。1958年，更名为陆城卫生院。1972年12月，兴建门诊大楼、平房各1栋（幢），面积分别为700平方米、300平方米。1993年6月，增建住院楼、家属楼各1栋。1995年，被卫生部评为一级甲等医院。1997年，被卫生部、联合国儿童基金会、世界卫生组织授予爱婴卫生院称号。2008年，重建门诊楼。2011年，占地面积6000平方米，建筑面积2800平方米，有门诊楼、住院楼、家属楼各1幢，床位20张。配有B超机、X光机。设有化验、B超、放射、预防、妇幼保健等科室和内科、儿科、外科、妇科等门诊。

**道仁矶镇卫生院。**1997年，由道仁矶镇政府划拨土地0.25公顷，区卫生局出资66万元兴建，面积660平方米。2008年，争取国家推进标准化卫生院项目建设资金27万元，另筹10多万元，进行全面改造。2008—2011年，连续4年被区卫生局评为血防工作先进单位。2011年，有X光机、心电图机、B超机、半自动生化仪各1台，床位20张。设12个科室。

**永济乡卫生院。**始建于20世纪60年代，原名松阳湖农场职工医院。2002年，更名为永济乡卫生院。2007年，兴建住院综合楼1幢，面积600平方米。2009年，争取省建设项目资金41万元，改造门诊楼。2011年，配有200毫安X光机、B超机、显微镜、尿液分析仪、半自动生化分析仪、心电图机等设备，设内、外、妇科门诊，病床12张，病室装有呼叫器、空调及液晶电视。

**村医疗机构与设备** 1970年，农村实行合作医疗，各大队办合作医疗站，配1~3名卫生员，又称“赤脚医生”，业务由公社卫生院管理，经费从大队公益金中筹措。一般有1间房子、1个药柜、1个药箱。1980年后，合作医疗停办，部分“赤脚医生”以个体形式行医。1984年，大队合作医疗站更名为村卫生室，“赤脚医生”改称乡村医生，其执业资格由乡镇卫生院报区卫生局审批，医疗收费按区卫生部门统一规定执行。始配置药架、病床。2004年，有村卫生室55家。2011年，各村卫生室均有药房、注射室、病室，有2~4张病床。

**个体诊所与设备** 民国初期，陆城人黄凤和在县城开设诊所。民国11年（1922），县人谢蓬莱在陆城开设第一家西医药店。民国17年，文桥王昌松与父王尊山在文桥创办中医诊所兼“益寿堂”药店。均有药柜诊断场所。民国37年，有个体诊所10余家，行医者36人。1950—1956年，个体行医者大都转入集体所有制联合诊所或公私合营医药店。60年代至70年代末，个体诊所发展缓慢，设备仅有简陋的药房。1985年后，原“赤脚医生”、退休医卫人员、卫校毕业生等，经区卫生行政部门批准，纷纷开设诊所。至2011年，有个体诊所41家。中医诊所均有药品贮藏室、药房、诊断室，西医诊所均有药房、注射室、病房、2张以上病床。

## 二、临床治疗

**中医** 清末，陆城有中医药世家。民国时期，文桥有中医郎中王尊山、王昌松，中草药郎中沈维英、卢宝辉、汤会荣等，路口有徐家启，云溪有黄炎生。均以“望闻问切”为诊断手段，以中草药为治疗方剂，结合使用针灸推拿。其中疗治水平较高的有王昌松、黄炎生，有出自武术世家、专治跌打损伤的卢宝辉。另有数人能用中草药治愈毒蛇咬伤，其方秘不外传。1950年，执行国家“团结中、西医”的政策，有23名老中医受到保护。1956年始，各级卫生部门鼓励老中医师招收学徒，至1959年，共招收197人，一般学习3年，经考试合格后吸收到公社卫生院工作。1960年后，安排大、中专院校中医药专业毕业生，中医药技术力量不断加强。1990年，有2人获中医技术职称。2011年，执业医师增至11人（未含个体诊所，下同），其中副高级以上职称1人，中级职称7人，初级职称3人。

**专业医院有区中医院。**2011年，有工作人员58人，其中主任医师1人，副主任医师2人。其肛肠科全面引进湖南中医药大学附二医院肛肠科治疗技术，专业治疗痔、肛周脓肿、肛瘘、直肠息肉、直肠脱垂，诊疗水平处于湘北领先地位，为全省中医特色专科。中药穴位外敷治疗慢性支气管炎、哮喘、慢性鼻炎、慢性肠炎、冻疮、痛经、寒湿腰腿痛、关节痛等疾病，方法简便，疗效显著。其中“冬病夏治、穴位敷贴”，年均接诊300多人次。另聘有著名老中医廖日安坐诊，秘方治疗肝胆、胃肠类疾病及结石、乳腺增生和疑难杂症，效果明显，尤其对乙肝转阴治疗有新的突破。至2011年，全院先后有18篇临床医疗学术论文在国家、省级医学报刊发表。

**西医**　民国2—15年（1913—1926），美国基督教在陆城、云溪建教堂，教堂配有医疗保健人员，西医传入境内。民国11年，谢蓬莱药店的所谓“新药”，即为西药。50年代至60年代中期，西医逐步发展。1965年6月，响应中央把医疗卫生工作的重点放到农村去的号召，城市医疗技术人员充实到境内基层，境内选送人员到岳阳地区卫校、临湘县卫校培训，西医药技术人员不断增加，医疗技术得到发展。至1984年年初，有西医药技术人员56人，其中医师10人、医士18人、助产士4人、护士18人、医技检测6人。各乡镇卫生院建立手术室，男女性节制生育和一般小型手术不出公社。90年代，改革卫生管理体制，大量引进技术人才，西医技术队伍迅速壮大。至2011年，共有工作人员365人，其中执业医师74人，执业助理医师57人，执业护士94人，药剂人员24人，医技人员54人，其他卫技人员62人。

主要医院有区人民医院。2011年，有工作人员168人，专业技术人员87人，其中副主任医师8人，主治医师12人，医师20人。除对呼吸、循环、消化等系统疾病治疗有独到之处外，还能开颅，能对前列腺、早期直肠癌、胃癌实行根治，能实施肛肠病、椎间盘突出摘除、断趾再植、上腹部肝胆病、泌尿外科微创等手术；能诊治妇产科常见病、多发病、疑难病；能施行子宫全切、子宫肌瘤剔除、卵巢良性肿瘤剔除、宫外孕病灶清除、外阴阴道良性病变、力普刀等手术。对婴幼儿疾病防治、儿童保健多有专长。至2011年，全院先后在国家、省级医学杂志上发表临床医疗学术论文10篇。

**中、西医结合**　主要医院有区中医院。2004年始，该院与河南省濮阳慢性病研究所合作，引进中西医结合技术治疗肺部慢性疾病，如支气管炎、支气管哮喘病、慢性阻塞性肺气肿、肺源性心脏病等，治愈率60%~70%，有效率98%。其中支气管哮喘防治技术，先后被国家科委、中医药管理局列入《国家级科技成果重点推广计划》《中医药科技成果推广项目》。用B超型体外震波碎石机碎石，配合中药内服，显示出中西医结合治疗泌尿结石的独特效果。2009年始，其风湿颈肩腰腿病科，大量采用中西医结合的方法，治疗风湿颈肩腰腿病；2010年，被市中医药管理局评为特色专科先进单位。学科带头人（院长）陈红明，为中国中西医结合学会风湿病防治联盟委员会常委、省中西医结合学会风湿病专业委员会副主任委员、市县级中医首席专家，在颈肩腰腿疼痛病治疗领域，有20多年的诊疗经验。综合运用保守疗法、小针刀、正清风痛宁定点注射、微创介入、专科药物等多种独特的中西结合疗法，形成牵引薰蒸、康复理疗、微创介入三大治疗系列。2011年，就诊病人8093人次，比2008年增加4533人次，住院病人由630人次增至1056人次，科室纯收入由37.63万元增至109.55万元，业务收入由110万元增至310万元，占全院业务收入65%。

## 1984—2011年云溪（北）区医务人员情况表

表22-1-3　　　　单位：人

| 年度 | 工作人员总数 | 其中 | | | | |
|---|---|---|---|---|---|---|
| | | 主任医师 | 副主任医师 | 主治医（护）师 | 医（护师） | 医（护）士 |
| 1984 | 76 | 0 | 0 | 0 | 28 | 25 |
| 1985 | 99 | 0 | 0 | 0 | 30 | 37 |
| 1986 | 107 | 0 | 0 | 0 | 32 | 42 |
| 1987 | 115 | 0 | 0 | 0 | 34 | 42 |
| 1988 | 119 | 0 | 0 | 4 | 36 | 39 |
| 1989 | 128 | 0 | 0 | 4 | 38 | 41 |
| 1990 | 135 | 0 | 0 | 6 | 42 | 37 |
| 1991 | 141 | 0 | 0 | 8 | 40 | 30 |
| 1992 | 145 | 0 | 0 | 8 | 55 | 33 |
| 1993 | 153 | 0 | 0 | 12 | 55 | 36 |
| 1994 | 170 | 0 | 1 | 16 | 52 | 44 |
| 1995 | 175 | 0 | 1 | 18 | 56 | 46 |
| 1996 | 188 | 0 | 1 | 18 | 57 | 54 |
| 1997 | 201 | 0 | 2 | 21 | 56 | 68 |
| 1998 | 212 | 0 | 2 | 26 | 59 | 75 |
| 1999 | 234 | 0 | 2 | 38 | 54 | 77 |
| 2000 | 251 | 0 | 2 | 56 | 60 | 73 |
| 2001 | 260 | 0 | 1 | 77 | 58 | 72 |
| 2002 | 273 | 0 | 2 | 83 | 57 | 82 |
| 2003 | 295 | 0 | 2 | 95 | 57 | 80 |
| 2004 | 330 | 0 | 3 | 108 | 64 | 91 |
| 2005 | 342 | 0 | 6 | 116 | 72 | 88 |
| 2006 | 350 | 0 | 4 | 122 | 78 | 83 |
| 2007 | 357 | 0 | 6 | 137 | 83 | 75 |
| 2008 | 364 | 0 | 6 | 145 | 91 | 69 |
| 2009 | 364 | 0 | 7 | 158 | 104 | 40 |
| 2010 | 375 | 0 | 9 | 162 | 108 | 42 |
| 2011 | 338 | 1 | 13 | 130 | 98 | 46 |

说明：表中所列未含个体诊所医务人员

# 第三节　卫生保健

## 一、妇女保健

**新法接生**　1949年前，农村没有助产士，妇女临产多请“喜娘”（助产婆），接生断脐带常用剪刀或瓷片浸泡开水消毒，产妇多患“产褥热”，新生儿多患“脐头风”（破伤风）。遇到难产，往往母子丧生。境内俗谚道：“婴儿落地，鬼门关前走一回”。民国时期，妇女因生产死亡率20%左右。1952年，区医疗卫生机构配备妇产科医生，设妇产科门诊，推行新法接生。1953年，培训农村新法接生员，改造原有的助产婆。1954年，建新法接生站7个。1957年，新法接生率由1954年28%升至65%。1965年78%，1968年达89.5%。1974—1983年，各大队至少配备1名女性“赤脚医生”，集中培训后任大队骨干接生员。1984—1991年，区、乡共培训新法接生员716人次，下发接生包460套、接生器械1000余件。1991—2011年，新法接生率达100%。

**妇科病查治**　清代、民国时期，妇女受封建礼教和迷信思想束缚，沿袭危害健康的陋习，多患妇科病，有些妇女染病后因无医少药而死亡。1949年后，破除封建迷信和旧习俗，建立妇女卫生保健制度。1957年至1958年年初，农业初级社、高级社集体生产，对妇女调工实行“三调三不调”，即孕期调轻活不调重活，经期调干活不调湿活，哺乳期调近距离活不调远距离活。1958—1961年，忽视妇女卫生保健，妇科病普遍严重。1961年3月，普查2100名妇女，90%患有不同程度的妇科病，政府给予免费治疗。1976年，复查1000名妇女，其中500多名患者得到治愈，部分子宫下垂、尿瘘病患者得到手术根治。1980年后，妇科病防治工作进一步加强，妇科发病率继续下降，但子宫肌瘤、副乳腺瘤发病率有上升趋势。1985年始，区妇联、区妇幼保健院联合行动，每2年1次，组织乡镇妇幼专干开展农村妇科病普查。至1990年，共查出妇科病患者2303例，全部免费治疗。1990年后，按照区总工会要求，各单位每2年组织妇女普查1次。1992年至2005年年底，共检查4543人次，查出妇科病1051例，均予以指导治疗。2008—2011年，免费为已婚育龄妇女作“两癌”（即子宫癌、乳腺癌）筛查3万余人次，实行早防早治，妇科癌变机率降低。

## 二、婴幼儿保健

民国29年（1940），首次对127名婴幼儿接种牛痘疫苗，预防天花。民国36年，接种893人。1950年始，执行卫生部颁发的《种痘暂行办法》，对6个月以内的新生儿普遍接种痘苗。50年代中期，给婴幼儿接种破伤风、百日咳、白喉等疫苗。60—70年代，增加对乙脑、流脑、麻疹、脊髓灰质炎等疾病的防疫。1987年，建立出生婴儿健康档案，组织对婴儿健康检查7383余人。1990年始，重点加强托幼机构管理，每年春、秋开学，对幼儿园幼师、儿童各体检1次。至1995年，共检查幼儿9000余人次、幼师732人次。1997年，开展婴儿优生检测。至2003年，共实施染色体、病原体检测14807人次。是年，推广“福施福”“叶酸”等预防胎儿神经管畸形药物，实行婴儿出生干预。至次年，共干预37例可能出现缺陷胎儿。2009年，对3例无脑儿、脊柱裂胎儿实行补救，保证婴儿出生健康。2010—2011年，对婴幼儿免疫建档建卡，实行防疫接种跟踪服务，婴幼儿接种率100%。

### 三、学生保健

20世纪50年代，在学校普遍接种天花、白喉疫苗。60年代，政府每年派医疗技术人员到学校为师生体检，了解学生健康状况。在流行病发生期间，及时送医送药进校园，防止流行病在学校蔓延。70年代，对学生卫生保健工作，由一般性保健发展到综合预防。在学校广泛开展爱国卫生运动，坚持“两课两操”（即体育课、课外活动，眼保健操、课间操）。80年代，加强学校卫生监测，注重减轻学生课业负担，加强文体活动。90年代，撤销17所体育活动场地不足的小学，全面加强学校体育设施建设，保证学生有较好体魄锻炼条件。2000年后，注重改善学生的学习、生活环境。对校舍逐一考查定等，对地势偏低、阴冷潮湿、背阳近山、采光不良、邻近企业噪声污染严重、处于养殖场下游饮用水与臭气影响学生健康、离化工企业等污染源近的三类学校，或并入他校，或迁址重建。至2011年，共并入他校或迁址重建17所此类学校。2007—2011年，全面实施国家《学生体质健康标准》，开展丰富多彩的体育活动，学生身体素质明显提高。

### 四、老年人保健

20世纪50年代始，定期或不定期组织医疗队开展对老年人查病治病活动。1961年3—5月，发动卫生部门下乡办点，设医疗点34个，查治因营养不良引起的老年水肿病3410余人。60年代至70年代，农村在大集体生产中，注意安排老年人打杂干轻活，以免老年人受劳累。1984年后，区医疗卫生部门坚持加强老年卫生保健知识宣传。至1995年，发放有关宣传资料5.8万份，举办讲座20余场，直接接受宣传1.3万人次。2000—2011年，在区人民医院、区中医院设老年病房、老年人管理科室，加强老年人心血管病、高血压病、糖尿病、高血脂等疾病检查。各机关单位、乡镇卫生院每年组织60岁以上老年人体格检查1次，保障老年人身体健康。

## 第四节　公共卫生

**管理体系建设**　1985年前，无公共卫生管理机构。是年，明确由区卫生防疫站兼管公共卫生。1991年，区政府制定公共卫生突发事件应急处理方案，规定由区卫生局负责加强公共卫生突发事件的防范管理，一旦发生重大突发事件，要立即报告，组织协调有关单位果断处置，降低危害程度。2002年，在区卫生局设区卫生监督所，配卫生监督员8人，专管城区公共卫生监督工作。2009年始，健全落实镇、村卫生监督制度，配备镇、村卫生监督员，形成区、乡、村三级公共卫生监督管理体系。至2011年，共配镇、村专职卫生监督员137人。

**饮水卫生**　民国时期，除陆城老街有水质较好的砖砌深井外，半数以上居民饮用河水、湖水、港水或塘水，山区有的挖泥壁浅井取水，人畜粪尿、生活垃圾、其他污染物对饮用水污染十分严重。

20世纪50年代，政府资助湖区建87口砖石结构的深水井，用生石灰消毒。60年代末至70年代，长炼、岳化入驻境内，生产、生活废水排放量增大，酸雨频率增高，云溪、路口、文桥、陆城等地生活用水污染严重；政府拨款在农村开展“二管四改”（即管水、管粪，改厕所、改畜圈、改水井、改炉灶），初步改善水质。

80年代后，各类企业增多，地表水污染加剧。农村普遍建造深井，用抽水机取水，城镇居民部分饮用清溪水库、双花水库的水，有的饮用大厂供应的自来水。2002—2005年，加强环保执法，关停11家污染严重的企业，责令9家企业停产或搬迁，对3家企业限期整改，依法拆除直接污染水源的企业4家，初步遏制饮用水质恶化。2008—2011年，各级政府加大投入，在农村实施人畜安全饮水工程，综合治理源头水库3座，建蓄水池3个，新增饮用自来水8576户，在城区，建设生活污水收集管网系统。环保部门进一步综合防治工业污染。长炼、岳化加强“三废”利用、节能减排，基本保证饮水安全。

**饮食卫生** 1949年8月至1957年，按照县制订的饮食卫生管理暂行规定，结合爱国卫生运动，对学校、饮食行业定期监督检查。70年代，以学校、机关公共食堂城镇餐饮单位为重点，对从业人员进行健康检查，对餐具消毒，对食品采购、销售、运输、储藏、加工等各个环节严加管理。

1984年后，区卫生防疫站加强饮食卫生监督管理。1991年始，重点加强对学校食堂、市场餐饮业的监管力度，除坚持每年检查2次外，重大节日前后还组织专门清查，对重点场所、器具进行专门消毒。至2000年，采取喷洒药物等办法，对公共餐饮场所、学校食堂共集中消毒9次。2002—2005年，重点开展卫生许可证年检工作，加强饮食行业专项治理，共完成年检241户，开展专项整治8次，检查餐馆、酒店337家，取缔无证经营的路边餐馆20家。2006—2010年，对全区中、小学食堂卫生实行量化管理，整改不合格食堂3个，建立学校、幼儿园食堂卫生档案48个。2011年，先后2次廾展餐饮业、食品服务业卫生大检查。发现市场上有少量含柠檬黄、日落黄等合成色素的吉士粉、油性色素，经反复跟踪追查，没有发现面点、糕点、肉类等食品使用此类物质现象。不定期检测107家油条、糕点、面食经营户使用泡打粉的用量，未发现铝含量超标。

## 第五节 爱国卫生运动

民国时期，人民生活困苦，卫生状况差。人畜同屋住，厨房厕所紧相连，床头放马桶，屋前屋后堆垃圾，苍蝇、跳蚤、虱子多。

1950年，各区、乡响应毛泽东“动员起来，讲究卫生，减少疾痛，提高健康水平”的号召，开展爱国卫生运动，普遍扫垃圾、清淤沟、灭老鼠，改建猪圈厕所。1958年，掀起“除四害”（即老鼠、蚊子、苍蝇、麻雀）热潮，开展厕所、鸡笼、畜圈、污泥、垃圾“五搬家”活动。70年代，落实卫生管理责任，城镇划分卫生责任区，定期组织清扫，开展检查评比；乡村要求每季度对房前屋后至少大扫除1次，清畜粪、清污泥、清渣草，改善居家环境。1981年始，每年3月在城乡开展治理“脏、乱、差”行动，宣传讲整洁、爱卫生，养成良好卫生习惯。

1984年，区成立爱国卫生运动委员会，机关团体、乡镇、企业、学校成立爱国卫生运动领导小组，健全相关制度、公约。是年始，每年3月开展爱国卫生活动，加强居民卫生教育。1993年，开展新的除“四害”（即苍蝇、蚊子、老鼠、蟑螂）活动，在公共场所、待建工地、农贸市场、环卫设施区、居民小区等处，投放药物，设置灭鼠设施，减少老鼠对生活环境的污染。2003年，云溪区纳入岳阳市城区接受国家爱国卫生运动委员会检查验收，符合国家文明卫生单位标准。2008年，进一步加强农贸市场卫生整治，雇请专职人员打扫卫生、清理垃圾，要求固定摊位经营人员添置驱蚊器、灭鼠器，保持市场整洁卫生。2009年始，在城乡开展“五创提质”“清洁家园”行动。区成立领导小组，制定行动方案，各乡镇街道做到有专人抓、有班子成员责任区、有专项经费。城镇集中整理街道、路面，清理下水道；农村重点改厕、建垃圾池，实行生活垃圾集中投放。至2011年，城镇整理街道、路面11.32万平方米，下水道清污4300米；乡村改厕1031个，建垃圾池1137个，生活垃圾无公害化处理100%。

## 第六节　医卫管理

### 一、卫生经费

20世纪50年代至60年代，卫生费用支出占财政总支出15%左右，大大超过财政承受能力。1971年，占6.4%，趋于正常水平。1979年始，支出逐年增加。1985年，占区财政总支出8.1%；1990年，占10%；2000年，占10.5%，比1985年增长2.4%。2008—2011年，共支出15914万元，占总支出8.4%。

### 二、医政执法

民国时期，乡村游医无人管理。

1949年后，加强医卫行业执业监督管理。1965年，取缔游医，收缴其医疗器械。1979年，实行凭证行医，对“赤脚医生”进行考试考核，颁发医卫行业合格证63份。1980年，重新考核登记行医人员，颁发乡村医生证明书84份、个体行医许可证5份。

1984年，区卫生科设医政管理股，对全区医疗机构的乡、村医生，个体行医者重新考核登记，对其中符合条件的89人颁发执业许可证书。2002年，加强医政执法，查处非法行医54家，取缔30家，罚款42.6万元，并没收非法经营的医疗器械。2003年始，严格按照《中华人民共和国执业医师法》《医疗机构管理条例》加强执业医师、护士的培训管理。开展医疗器械专项检查，重点规范进货渠道。至2011年，共检查医疗单位1078家次，销毁假劣器械货值4.95万元。

# 第二章　血吸虫病防治

清代、民国时期，境内是血吸虫病（俗称“大肚子病”）重疫区。但因医疗落后，又无专门管理机构，民众深受其害。清道光年间（1821—1851），连年水患，百姓多发大肚子病致死。民国20年(1931)，据史料记载，现永济乡象骨港曾因地多潮湿，每发大肚子病，致死者极多。

1951年，省政府、长沙专员公署多次派专家组到境内调查，培训血防技术人员。境内干部群众坚持查螺灭螺、查病治病，至1974年，基本消灭血吸虫病。

1984年，区政府进一步加强灭螺治病工作，血吸虫病感染人数累计比1974年减少2094人。次年，北区被评为全省基本消灭血吸虫病先进单位。1986—1990年，血防工作有所放松，血吸虫病呈多发之势。1991年，区政府紧急组织人力物力，迅速压缩钉螺面积，大力开展查病治病。至2006年，云溪区达到国家血吸虫病防疫标准。2011年，血吸虫病感染人数累计712人，比1984年减少89%。

## 第一节　疫　情

民国20年，《湖南各县调查笔记·风俗篇》载："临湘象骨港，因江堤久决，地多潮湿，每发大肚子病，致死者极多"。陆城城西南白泥湖边的龙须嘴，曾是一个千人以上的集镇，由于血吸虫病流行，1949年仅剩下5户17人。城东7.5公里的臣山铺，明末、清初时是个繁华小镇，有店铺50余家，作坊10多处，因屡患水灾，血吸虫病肆虐，至清末，已成一片废墟。

1951年，省地方病防治实验委员会血吸虫病调查队到境内考察，发现芭蕉湖、松阳湖、道仁矶长江边，每平方米最多可捕得305只钉螺。据同年《岳阳滨湖地带血吸虫病流行情况》记载，境内疫区各年龄段死于血吸虫病者比例如下：10~20岁者23%；21~30岁者27%；31~50岁者27%；51~60岁者5%；60岁以上者18%。1956年，开展大规模查螺，结果显示：境内6个乡镇均属血吸虫病流行区，有钉螺面积6989.3公顷，其中垸内850.47公顷，垸外易感地带6138.83公顷。1956—1978年，采取机械、化学灭螺等综合措施，压缩钉螺面积，血吸虫病得到有效控制。

1984年后，水灾频繁，江水倒灌，血吸虫病呈蔓延之势。全区7个乡镇（场）均发现钉螺，73个村（居委会、分场）有55个属疫区，其中重疫区村（居委会、分场）15个，路口镇有6个村属新疫区。2004年，对湖河港汊、溪渠田沟全面普查，对人畜粪便普遍检测，结果显示：7个乡镇76个村、居委会有55个仍属血吸虫病流行区，占村（居委会）总数72.37%；流行区人口82699人，占总人口47.2%；流行区居民粪检阳性率平均值3.02%，最高值15.91%；家畜粪检阳性率平均值2.30%，最高值15.62%。血吸虫病感染人数319人，其中晚期病人65人。以居民粪检阳性率分类，按一类≥10%，二类<10%≥5%，三类<5%≥1%，四类<1%，五类连续5年无新感染病人、病畜，无感染性钉螺，永济乡松阳湖居委会、擂鼓台村、杨树港村、樟树村，道仁矶镇道仁矶居委会、滨江村、丁山村，陆城镇新设村、新港村等9个村（居委会）属一类；永济乡茅岭头村，道仁矶镇泗垅村、柳田村，陆城镇陆城村，路口镇枧冲村、南太村、牌楼村、新建村、路口村、南山村等10个村属二类。一、二类村属重疫区村，钉螺分布总面积341.6公顷，其中垸外洲滩251.2公顷；垸内90.4公顷，全部分布在路口镇上述6个村。通过综合防治后，至2006年，55个流行村（居委会）中，居民粪检阳性率<5%≥1%的三类村5个：永济乡擂鼓台村、杨树港村，道仁矶镇丁山村，陆城镇新设村、新港村；粪检阳性率<1%的四类村25个；连续5年当地无新感染的病人、病畜，无感染性钉螺的五类村25个。云溪区达到国家血吸虫病防疫标准。2011年年底，钉螺分布面积287.3公顷，其中垸外洲滩251.2公顷，主要分布在永济乡杨树港村，道仁矶镇丁山村；垸内36.1公顷，仍分布在路口镇上述6个村。

## 第二节　防　治

### 一、灭螺

清代、民国时期，无灭螺记载。

1951年5月，湘雅医院教授陈祜鑫到境作血吸虫病疫情调查，根据群众围垸垦湖经验，撰写论文

《从改良水利着手，是可以消灭血吸虫病的》，首次提出“围垦灭螺”。1956年9—10月，根据省第二次血防会议、县第一次血防工作会议精神，各乡发动群众，在陆城、文桥、路口垸内垸外，云溪、松阳湖、松阳湖平瓦厂及道仁矶垸外等地，用砒酸钙药剂、柴油喷火器具进行药杀、火烧，灭螺面积213.3公顷。1957年10月，响应毛泽东“一定要消灭血吸虫病”的号召，由湘潭专署投资47万元，境内各乡发动群众，参与全县围垦灭螺，苦战20多天，修复永济垸，围堵芭蕉湖3313.3公顷。次年10月，境内集中劳力组成3个兵团，参与全县“高效灭螺”，围垦黄盖湖湖滩6666.67公顷。1962年，在“生产自救”运动中，血防部门与疫区群众协同作战，围垦湖汊30多个，灭螺1646.67公顷。1963—1968年，围堵云溪、松阳湖地区湖汊，实行垦荒灭螺。1969—1970年，在陆城垸、白泥湖、江堤外滩等大片疫区，实行机械与化学灭螺1000多公顷，钉螺死亡率90%以上，分布形状由带状转为片状、点状。1971—1973年，先后围垦臣山湖、黄泥沟，治理白泥湖，对路口曹家冲水库灌渠喷洒药物，采取裁弯取直、填旧挖新进行综合灭螺，改造路口港、云溪九龙台港、文桥臣山港，消灭一批钉螺。1974年9月，全省血防工作会议宣布，境内基本消灭血吸虫病。1975年后，对查螺灭螺有所放松。1977年，在松阳湖农场象骨港发现大面积钉螺，分布密度最高达到每平方米253只。1979年8月，路口公社山区出现一名12岁儿童急性血吸虫病病例，经调查，发现该公社新合、枧冲2个大队为山丘沟港新疫区。根据全县统一安排，迅速组织机械灭螺专业队，在松阳湖象骨港及周边用土埋法灭螺73.33公顷。并填埋陆城公社柳港河，采取埋旧沟、开新渠、铲草烧荒，结合喷药、机械、化学等综合灭螺方法，消灭路口公社疫区死角，钉螺蔓延之势得到控制。

1984年后，逐步形成灭螺制度，每年春、秋两季组织药杀，至次年，灭螺806.67公顷。加强同临湘县联络，协同执行灭螺方案，坚持灭螺区域过界，不留界线空白。1985年，全省组织达标验收，北区被评为基本消灭血吸虫病先进单位。次年，区血防站站长李映芝被评为全国血防先进工作者。1986—1990年，裁减人员编制，压缩血防经费，血吸虫病呈蔓延之势。1991年10月普查，垸内钉螺面积、密度超历史纪录。区政府紧急组织人力、物力，翻耕、填埋，铲草、火烧，全面破坏钉螺孳生环境，普遍使用五氯酚钠药物灭杀，迅速压缩螺区面积。1998年，云溪区被列为全省1998—2000年血防综合治理试点区。通过综合治理，灭螺768.2公顷，其中垸内药物灭螺86.33公顷。2001—2011年，对湖沼地带的易感区域，每年灭螺1~2次；对山丘、水网地区，每年灭螺2~3次；计划改造的有螺区，施工前先药物灭螺1~2次。先后完成垸外综合性灭螺工程30多处，改造江堤进螺涵闸8座，实行堤坡砼石护坡14.5公里、32公顷，堤外栽种意大利杨120公顷。投资2400万元，对垸内排灌沟渠清淤药杀，硬化涵闸沟渠，修建沉螺池，治理易感地带192公顷。对路口镇枧冲、南太、牌楼、新建、南山、路口等6村，重点进行沟渠清淤、土埋、硬化14.5公里，新开沟渠1220米，灭螺面积11.4公顷。投入48万元，在低洼沼地挖精养鱼池38.9公顷。有螺面积控制到历史最低水平。

### 二、查病

清代，无血吸虫病之说，视“大肚子病”为“不治之症”。

1951年，省政府派血防专家组，首次抽查疫区居民9758人，粪检阳性反应者1953人。1952年9月，长沙专署地方病防治研究所第二分队驻云溪，举办全省血防人员业务培训班，结合查病，粪便涂片镜检700人，阳性率48%。1953年，开始有计划查病。1954年5月，省寄生虫病研究所在滨湖乡（今云溪乡滨湖村）查检160户、410人，有120户、293人感染血吸虫病，户感染率75%，人感染率71.46%，男女比例2.85:1。1958—1959年，改进查病方法，以粪便沉淀集卵镜检为主，辅以孵化试验、直肠镜检，由大队、生产队派专人收集粪便送检，加快查病进度。1963年，按户口建立查检档案，对外来人口另册登记，查病工作逐步规范化、经常化。1974年，主要采用间接血凝法，增强查病可靠性。

1984年后，根据人口流动增大，在加强查病宣传的同时，采用简便、高效的血清学检查法，灵活安排查病时间。常住人口定期查，返乡人员春节查，暂居人员随时查，在校学生开学查，接触疫水人员立即查，疫区施工人员普遍查。2000年始，按流行村类型组织查检：一类村，每年查病1~2次；二类村，每年传播季节后一个月左右普查1次；三类村，每2年传播季节后查病1次；四类村，每3年普查1次；五类村当年查出钉螺，则对相关村组普查1次。对有疫水接触史的流动人群，每年用询检或血清学方法查病1次。至2005年，查病32850人次，其中阳性携带者3366人，占10.25%。2006—2011年，重点加强血吸虫病查治队伍建设。19个一、二类重点疫区村（居委会）均建血防室，配1名专业血防员。2007年5月，区血防部门组织血防知识讲座，培训150余人；次年，全国血防检验比赛，云溪区获团体第三名。区卫生局血防站主管检验师刘桂林被评为全国血防先进工作者，2009年，代表岳阳市参加湖南省血防检验比赛，获第二名。

## 三、治疗

1953年11月，陆城血防组收治血吸虫病患者70余人。至1957年，与县防治机构协作，从查病到治病，实行全免费，乡村实行误工补贴，对危重病人另行给予营养补助，共收治5876人。当时采用酒石酸锑钾20日疗法。因疗程长、毒副作用大，部分群众难于接受。1958—1959年，改进用药，缩短疗期，以大队、生产队为单位，查病后，统一采用口服锑剂3日疗法，治病14211人次。1966年后，推广口服840粉、乳干粉、片剂、油性溶剂；1977年，使用硝硫氰氨；1980年，改用新药吡喹酮，采用2日疗法；至1984年，共治疗3.42万人次。是年，文桥乡、路口镇基本消灭血吸虫病。1991—1993年，新感染患者增多，共收治24362人次，其中晚期病人108人。1998—2000年，治疗12848人，其中化疗11479人次。2003年8月4日，永济乡5名小学生游泳感染急性血吸虫病，区血防办启动“急血”应急预案，及时抢救。2006年，道仁矶镇1名小学生感染急性血吸虫病，控制病情后，按体重实施吡喹酮总剂量用药，6日康复。2006—2011年，收治晚血病人169人，其中腹水者100例，普通晚期62例，大出血非手术性病例5例，手术切脾2例，经治疗好转17例。会同区畜牧局，对原19个一、二类村（居委会）敞放的牛羊，各抽取100头检查，对其中3头阳性携带者，及时治疗。

**1984—2011年云溪（北）区血吸虫病防治情况表**

表22-2-1　　单位：公顷、人、头

| 年　度 | 疫区面积 | 有螺面积 | 灭螺面积 | 感染人数 | | | | 感染耕牛数 | |
|---|---|---|---|---|---|---|---|---|---|
| | | | | 累计 | 当年查出 | 治疗 | 死亡 | 感染 | 治疗 |
| 1984 | 262 | 262 | 16.8 | 6456 | 27 | 53 | 0 | 0 | 0 |
| 1985 | 262 | 260 | 71 | 250 | 76 | 174 | 0 | 0 | 0 |
| 1986 | 480 | 480 | 29.53 | 254 | 86 | 168 | 0 | 0 | 0 |
| 1987 | 477 | 477 | 0 | 0 | 0 | 0 | 0 | 0 | 0 |
| 1988 | 475.3 | 475.3 | 116.7 | 951 | 311 | 640 | 0 | 0 | 0 |
| 1989 | 475.3 | 475.3 | 36 | 435 | 393 | 42 | 0 | 539 | 539 |
| 1990 | 474 | 117 | 60 | 1255 | 445 | 810 | 0 | 0 | 0 |

续表 22-2-1

| 年　度 | 疫区面积 | 有螺面积 | 灭螺面积 | 感染人数 | | | | 感染耕牛数 | |
|---|---|---|---|---|---|---|---|---|---|
| | | | | 累计 | 当年查出 | 治疗 | 死亡 | 感染 | 治疗 |
| 1991 | 479 | 254 | 61 | 1649 | 258 | 1391 | 0 | 0 | 0 |
| 1992 | 479 | 476 | 203 | 11709 | 662 | 11047 | 0 | 539 | 539 |
| 1993 | 476 | 476 | 155 | 12257 | 333 | 11924 | 0 | 172 | 172 |
| 1994 | 479 | 397.4 | 113.3 | 3180 | 298 | 2882 | 0 | 52 | 52 |
| 1995 | 476 | 131 | 136 | 1220 | 219 | 1001 | 0 | 49 | 49 |
| 1996 | 392 | 225.2 | 168 | 7160 | 541 | 6619 | 0 | 60 | 60 |
| 1997 | 392 | 317 | 170 | 3520 | 501 | 3019 | 0 | 75 | 75 |
| 1998 | 441.8 | 2271.2 | 229.2 | 7663 | 1337 | 6326 | 0 | 70 | 70 |
| 1999 | 441.8 | 61.2 | 262.4 | 4048 | 529 | 3519 | 0 | 63 | 63 |
| 2000 | 441.8 | 36.3 | 276.6 | 3453 | 450 | 3003 | 0 | 128 | 128 |
| 2001 | 431.2 | 127 | 139.6 | 3206 | 580 | 2626 | 0 | 189 | 189 |
| 2002 | 428.6 | 147.4 | 310 | 6943 | 950 | 5993 | 0 | 94 | 94 |
| 2003 | 428.6 | 118 | 237 | 790 | 530 | 260 | 0 | 65 | 65 |
| 2004 | 431.8 | 341.6 | 192 | 589 | 319 | 270 | 0 | 123 | 123 |
| 2005 | 341.6 | 299 | 192.5 | 783 | 537 | 246 | 0 | 87 | 87 |
| 2006 | 341.6 | 252.4 | 222.1 | 498 | 214 | 284 | 0 | 150 | 150 |
| 2007 | 334.1 | 193 | 283 | 757 | 175 | 582 | 0 | 44 | 44 |
| 2008 | 317.6 | 93.4 | 147.4 | 1476 | 156 | 1320 | 0 | 24 | 24 |
| 2009 | 304 | 152 | 126 | 885 | 163 | 722 | 0 | 1 | 1 |
| 2010 | 304 | 99.06 | 101.5 | 712 | 475 | 237 | 0 | 109 | 109 |
| 2011 | 304 | 99.06 | 101.5 | 712 | 475 | 237 | 0 | 109 | 109 |

### 四、防护

1956年后，利用黑板报、标语，大力宣传血吸虫病传染途径、防护知识。政府帮疫区修建卫生饮用水井，杜绝饮用河、湖、港水，提倡深井取水，日常用水池塘撇开污水，定期用石灰消毒。60年代，疫区群众下湖，由社、队发给防护袜或防护靴，发放松香、酒精、二丁脂乳剂、复方软膏涂擦手足。1958年，废除集体露天厕所，修建封闭式粪池，切断粪便传染途径。1970年，禁止群众到疫区打湖草、捕籽鱼、游泳、敞放牲畜。80年代，农村居民大多挖井取水。2000年后，90%的农户建封闭式深井，用抽水机取水，在校学生则多饮用瓶装纯净水。2008—2011年，各级政府加大投入，区有关部门联合行动，落实群众性综合防护措施。区血防、云溪环保分局等部门在19个重点疫区村（居委会）建三格化粪池、厕所，建沼气池，杀灭人、畜粪便中的血吸虫卵。区农业局、区畜牧局资助翻耕种植灭螺，蓄水养鱼灭螺，在洲滩边缘设置隔离网，加强牲畜传染源管理。区交通部门监督航运船舶，在船上设置无害化储粪设施；区水利部门修建防洪大堤血防安全带；区林业部门兴林抑螺，在擂鼓台、杨树港、丁山、新设、新港等外洲造林 333.3 公顷；区教育部门制订血吸虫病预防行为规范，督促学生做好自身预防工作。

### 第三节　防治机构与经费

**机构**　1953 年 7 月，省卫生厅在陆城设血防组；1956 年 3 月，设云溪血防组、陆城血防医院。各血防组有血防人员 11 人，血防医院有血防技术人员 5 人、床位 12 个。1979 年，防治组更名为血防站。

1984 年，云溪血防站由区卫生科接管。1986 年 8 月，陆城血防站移交区卫生局管理。1990 年 4 月，血防站从区卫生局分离，成立区血防治办，升格为正科级机构。1996 年，区血防办设血防医院。2004 年 1 月，血吸虫病预防与治疗分开，分别成立区血吸虫病预防控制站、区血吸虫病专科医院，撤销陆城血防医院。2005 年 10 月，撤销区血防办，血防职能划归区卫生局，区卫生局设血防办。区血吸虫病预防控制站、区血吸虫病专科医院由区卫生局统一管理，恢复陆城血防医院。至 2011 年，血吸虫病防治机构有区卫生局血防办、区血吸虫病专科医院、陆城血防医院、7 个乡镇血防小组、19 个村血防室，专职工作人员 63 人，其中专业技术人员 52 人。血吸虫病专科医院有工作人员 35 人，病床 34 张。

**经费**　主要由国家财政下拨专款，地方财政酌情补贴。

## 第三章　体　育

明、清时期，境内已盛行体育健身。民国以前，没有专门管理机构。民国初期，由县劝学所临时组织一些体育竞技活动。

1950 年 6 月，贯彻毛泽东“健康第一，学习第二”的体育教育方针，体育课纳入学校教学计划。1953 年，各区配文教助理员，组织开展经常性的群众文娱体育活动。1956 年 1 月始，体育工作由县体委统一管理。1966 年，各学校配专（兼）职体育教师。

1984 年，执行《国家体育锻炼标准》《中、小学生体育合格标准》，学校开展体育达标活动。1985—1989 年，全区先后组队参加市首届女子田径运动会，举办全区首届职工男子篮球赛、民间玩龙舞狮表演赛、首届职工象棋赛等多种群众体育赛事。有高中男子组 4×100 米接力、小学男子组 4×100 米接力 2 项破市纪录。1993 年 4 月，区文化体育广播电视局（简称文体广电局）内设体育股，加强对体育工作的统筹管理。2001 年，区文体广电局群众体育管理职能划归区教育局，由区教育局加挂体育局牌子，设体育股。2003—2011 年，先后举办 21 次大型群众性体育竞赛。2011 年，学校、公共场所体育设施折合人民币 5530 万元，是 1983 年的 85 倍。85%的学生达到国家颁布的《学生体质健康标准》。

# 第一节　群众体育

## 一、设施场地

明、清时期，“陆城桥头看龙舟——靠得住”，成为当时歇后语。民国时期，农村多在晒坪、祠堂、林间开展体育健身活动。现文桥的跑马畈、弓马岭就是当时的练武之地。陆城东门操坪是县境最大的群众体育活动场所。

20世纪50年代初，各区、乡辟简易操场，用砖头、木板制作简易乒乓球台。60年代至70年代，公社机关院内辟篮球场，利用废旧钢材制作篮球架。1984年后，乡镇机关单位设乒乓球室、棋牌室，添置篮球、乒乓球、羽毛球等体育器材。90年代，区政府机关院内、路口镇开辟门球场。2009年，新增区老干局老年人风雨门球场，面积约400平方米。2011年，区财政投入1000万元，在云溪镇城区先后建标准化灯光篮球场1个、羽毛球场1个、露天门球场2个，开辟乒乓球室、棋牌室、健身房等多种群众体育场地，添置相应的设施。

## 二、体育活动

传统体育项目众多，端午节赛龙舟流传时间最长。清末盛行踩高跷、跳绳、踢毽子、跳房子、滚铁环、踢绣球、打弹弓、摔跤、叠罗汉、抵劲、举石礅、拔河、爬杆等等。民国时期，民间习武健身之风盛行。武术有少林、武当、峨嵋等派别，以习少林武术者为多。大家族或大屋场往往推举德艺兼备的长者为师，在冬闲腊月，站站桩、练练拳脚棍棒，以强身健体。文桥曾称为“武术之乡”。其中圆门卢氏是武术世家，属少林洪（洪熙官）拳派，长拳、短棍远近闻名。与之邻近的龚家门一族，散打尤精，其功夫传内不传外，传男不传女。民国中、后期，85%以上的家庭有长棍、短枪（即梭镖）或砍刀等习武器械，陆城基隆铜坊港邓家屋场能出动100多条棍。

1949年后，新兴的体育项目主要有球类、田径、广播体操、游泳、登山、养花、跆拳道、瑜珈等。1952年，干部、职工、学生开始练习第一套广播体操。1954年，政府机关中开展工间操，工余组织田径、球类活动。1956年6月，有10余名职工代表参加县举行的综合性体育运动会。1957年9月，有26名代表参加全县第一届农民运动会。60—70年代，以基干民兵为主体，开展经常性的军事体育训练，主要项目有队列、投掷、刺杀、搏击、射击、长跑、爬山、防空、游泳等。1973年，陆城公社组织100名青年参加县组织的纪念毛泽东畅游长江游泳活动，在惊涛骇浪中横渡长江9公里。

1984年后，群众体育活动缩小年龄、性别、城乡之间的差别，新增门球、气功、太极拳、太极剑、棋牌、垂钓等诸多项目。

1985年3月，区妇联组织代表队，参加岳阳市首届女子田径运动会。11月，区总工会、区团委在路口举办北区首届职工男子篮球赛，12个代表队参加。

1986年春节期间，区委宣传部在路口铺组织民间玩龙舞狮表演赛。是年10月，区总工会在云溪镇城区举行北区第二届职工男子篮球赛，18个代表队参加。

1989年2月，举办北区首届职工象棋赛，45名选手参加。8月，北区组团首次参加岳阳市体育运动会。

1991 年 3 月 2 日，全区在云溪镇城区组织首届元宵节灯会，110 个单位及长炼、岳化组队参加，表演踩高跷、体操、杂技等 20 多个项目，观众 8 万人次，岳阳电台、电视台、岳阳晚报社等新闻单位均作报道。

1993—1999 年，全区相继成立 18 支业余篮球队、40 余支乒乓球队、腰鼓队、老年门球队。举办全区第二届职工乒乓球赛，有 49 个单位、129 名男女运动员参赛；第四届职工男子篮球运动会，18 个代表队参赛；组织老年门球队参加市首届老年运动会门球赛；选拔 2 支代表队参加市龙舟邀请赛；举办云溪区第一届职工乒乓球锦标赛，有 32 个单位、128 名男女运动员参加。1999 年，云溪区组队参加中国岳阳“黄河杯”龙舟邀请赛。

2000 年 5 月，团区委与长炼、岳化联合举办“信鸽杯”自行车大赛，起点长炼机关大楼，终点区政府大院，赛程 15 公里，78 名男女运动员参赛，沿途万余人观看。

2003—2011 年，区老干局、区体育局、区老年体协先后举行 3 次职工拔河比赛、4 次篮球赛、9 次老年门球赛、3 次象棋赛、2 次钓鱼比赛，参赛人数累计 1500 余人次。文桥镇、永济乡举办乡镇农民运动会。

## 第二节　学校体育

### 一、设施场地

民国时期，境内县立公学、中心国民小学辟有篮球、排球、跳高、跳远等运动场地。

1956 年下学期，5 所完全小学均建有运动场，配置了篮球架、爬竿、单杠、双杠、跷跷板、乒乓球台等部分体育器材。60 年代，国民经济困难，受“文化大革命”影响，体育设施建设投入少。70 年代后期，在“学工”活动中，长炼、岳化提供廉价废旧钢材，学校自制多种大型体育器材，总价值 80 万元。

1984 年，全区中、小学均配置较规范的铁制篮球架、简单的排球架、单杠、双杠、平梯、爬竿、浪桥、秋千、木马等体育器械。1985 年后，区财政每年至少列支 8 万元经费用于体育设施建设。每期在学生中按人均 5 元的标准代收体育费，用于购置消耗性体育器材。

1990 年，按照“普九”义务教育合格学校标准，开展体育场地设施达标升级改造工作。1993 年始，区教育局统一配置中、小学体育设施。至 1995 年，中、小学均建有较标准篮球架、乒乓球台、单双杠、跳箱、木马、吊环、爬竿、跳高（远）沙坑、跳垫，其中 7 所乡镇（场）中心小学均有 60 米标准跑道运动场；9 所中学建有运动场、篮球场、排球场、足球场、羽毛球场、乒乓球房、风雨活动室，其中 8 所初中均有 250 米环形跑道运动场，区一中有 400 米跑道的标准田径场。1998 年，经省政府检查验收团逐项检查验收，云溪区中、小学体育场地设施达到省颁标准。

2000 年始，在合理配置教育资源，调整中、小学布局中，对体育场地、设施作进一步升级改造。2007 年 8 月，区政府投入 1200 万元，在云溪区一中建成多功能文体活动中心，共 3 层，建筑面积 2000 平方米，第一层为艺体室，第二层为体育活动室、休息室，第三层为木质地板篮球场。至 2011 年，区财政共投入 2200 万元，建设中学多功能文体活动中心（馆）2 个、多道环形塑胶跑道运动场 6 个、小学风雨活动室 1 个。

## 二、体育师资

清代、民国时期，均无专职体育教师，各校体育教学由其他学科教师兼任。

1966年，临湘五中、陆城中学配备专职体育教师，各小学由具有体育专长的教师兼任体育教学。“文化大革命”期间，中、小学聘请部分复员、转业军人担任军体课教学。1973年后，各公社中学配备专职体育教师。

1984年，北区有中学专职体育教师10人，其中体育专科学历的2人。1988年、1989年，云溪中学体育教师丁琼英先后被评为湖南省农村群众体育活动先进工作者、湖南省学校体育卫生先进工作者。1990年，路口中学体育教师彭金良被评为全省中、小学实施《国家体育锻炼标准》先进工作者。1991年，有体育教师14人，其中专科学历6人。1995年后，各乡镇中心小学配备专职体育教师。2003年，中小学专职体育教师增至35人，其中体育专科以上学历23人，高级职称1人，中级职称13人，田径、体操二级运动员3人，篮球、田径二级裁判员16人。2011年，有专职体育教师32人（含体育专业教师30人，其中专科学历6人、本科学历26人），高级职称3人、中级职称21人，规模较大的中学一般配有3~5名专职体育教师。

## 三、体育训练

光绪二十九年（1903），朝廷颁布《奏定学校章程》，国立学校体操课以徒手体操、兵式体操为主，一般训练集合、队列变换、齐步走、跑步等，其次是游戏。私塾学生则在课间休息时，自由开展传统体育活动，跳房子，踢毽子，滚铁环，叠罗汉等。

民国初期，按教育部规定，各小学体操课每周2课时。民国12年（1923），《新学制课程标准纲要》颁布，体操课改为体育课，初小每周150分钟，高小180分钟。民国17年，根据教育部颁布的《小学暂行条例》，各小学每周开设体育课2课时。民国21年，陆城、云溪等县立高等小学体育课按年级分为二段式，低年级为唱游课，中、高年级为体育课，每周2课时，训练项目有跑、跳、投等田径运动，篮、排、足、羽毛、乒乓等球类运动，有童子军训练等军事体育运动。民国27年，高等小学增开军体课，开展队列、搏击、投弹、射击、防空、爬山等训练。民国30年以后，体育课注重年龄、年级特点。小学低年级开展表情游戏、韵律游戏、竞争游戏等活动，增加柔软体操、简单走步。中年级田径项目增多，并普遍增加浪桥、爬竿、平梯、徒手体操等活动。高年级球类、田径、童子军训练等并重。

1949年后，按教育部颁发的《中小学暂行教学计划（草案）》规定，中学每周开设体育课2节，小学每周1~2节。教学内容在原有基础上增加单杠、双杠、木马、铁饼、标枪等项目。幼儿园普遍开设游戏课。1954年，按照教育部颁发的《中学体育教学大纲（草案）》《小学体育教学大纲（草案）》，人民教育出版社编写的中、小学体育教学参考书，加强体育课教学。“大跃进”期间，中、小学体育课被劳动课取代，1962年后恢复。“文化大革命”前期，体育课基本停开，后期，以军体为主，且经常受到“学工”“学农”活动冲击。1979年，按照教育部、国家体委颁发的《中、小学体育工作暂行规定（草案）》，教育部制订的《中、小学体育教学大纲》、教材进行体育教学。

1984年，实施《国家体育锻炼标准》《中、小学生体育合格标准》，首次将“锻炼”与“达标”相结合。

1985年始，中、小学全面实施“两课两操两活动”（即每周2节体育课，每天做好课间操、眼保健操，学生每周参加课外活动不少于2次)。是年，中、小学体育达标率50.6%，1991年，达标率升至90.6%，区文教局被评为全省实施《国家体育锻炼标准》先进单位，体育专干杨鹏被评为全省体育先进工作者。

1999年，市体育局按照《国家体育锻炼标准》抽查云溪中学、文桥中学，均获83分，评为达标单位。

2008—2011年，教育系统开展“阳光体育运动”，以“达标争优、强健体魄”为目标，体育课开设：小学1~2年级每周4课时，3~6年级每周3课时，初中每周3课时，高中每周2课时。注重加强学生的课间体育活动、下午的课余活动。2011年，85%的学生达到《学生体质健康标准》规定的及格等级以上水平。

## 第三节　竞技体育

民国8年（1919）5月，县劝学所在陆城东门操坪举行全县首届综合性体育运动会，陆城县立初级中学、全县8所国民中心小学600多名运动员参加，其中有2名女性运动员。竞赛项目有球类、田径、体操等。民国14年5月，在同一地点举行全县第二届学生运动会，县长高锡庚为运动会主持人，县立高等小学校长曾广禧为副主持人。全县700多名师生员工参加，新增标枪、撑竿跳高、400米接力等8个田径项目。陆城县立高等小学校获团体总分第一名。民国30年，境内运动员参与县首次派出的体育代表队，参加湖南省在耒阳举行的第10次体育运动会，学生张元汉以撑竿跳高2.32米的成绩获第一名。

1951—1958年，先后4次组织学生参加县教育行政部门举行的全县中、小学生运动会，项目以田径、球类、体操为主。1959年，参与全县选拔运动员，组建体育代表队，先后出席省田径锦标赛、省职工运动会、省田径运动会，获铅球、铁饼、链球3个第二名。60年代，竞技体育基本停止，仅组织参加县举办的学生、职工运动会各1次。70年代后期，竞技体育在普及的基础上逐步提高，部分大队成立体育代表队，各公社举办运动会，组织参加全县田径、球类、综合运动会10次，参赛者除学生外，另有干部、职工、农民和其他社会成员。

1985年3月，区女子代表队在市首届女子田径运动会上获团体总分第二名，丁琼英获女子跳远、100米跑2项个人第一名。5月，在市中、小学生田径运动会上，高中男子组4×400米接力破市纪录，男子5000米跑获第五名，初中女子铅球获第五名，小学男子组4×400米接力破市纪录，田径女子400米跑获第二名。

1987年4月，区一中代表队在岳阳市第三届中学生运动会上，获市直区场组团体总分第一名。11月，路口乡代表队获全区首届职工男子篮球赛冠军。次年，在全区第二届职工男子篮球赛中，文桥乡代表队获冠军。12月，南、北、郊3区小学生乒乓球调赛，云街小学张劲获男子单打冠军，李学新获男子单打亚军。

1989年，云溪中学女子篮球代表队出席市全运会，获第二名。是年2月，在全区首届职工象棋赛中，甘秋胡获第一名。8月，在全市体育运动会上，北区代表队获金牌18枚、银牌50枚、铜牌29枚，破4项市纪录，团体总分居全市第五名。

1996年，云溪中学郭成平参加市中学生田径运动会，获1500米跑第二名、3000米跑第二名。

1997 年，云溪中学女子排球代表队出席市中学生排球赛，获女子组第二名。

1998 年，在市田径运动会上，区一中代表队获市直区场组总分第二名，跳远、铁饼、铅球，100 米、400 米、800 米、1500 米跑、跨栏等 8 个项目获第一名，瞿敏获男子全能第一名，李花获女子全能第一名。

1999 年，云溪区龙舟队在中国岳阳“黄河杯”邀请赛中获 500 米第四名。至 2003 年，区一中代表队 3 次参加市田径运动会，分别获团体总分第一名、第二名、第三名，获男子全能、女子全能、女子 110 米栏、400 米栏、男子 800 米跑、1000 米跑、男子接力等 7 个第一名。

2004 年，组队参加市首届大众运动会，云溪区代表队获团体总分第三名。

# 第二十三篇　文　化

## 第一章　群众文化

北宋，时人范致明《岳阳风土记》载："县市（陆城）诸里，……民好歌吹管""岁时会聚，祷祠击鼓，围场踏歌，谓之歌场"。明、清时期，歌舞表演盛传不衰，刺绣、雕塑等工艺代相传习。民国时期，日军入侵、国破家亡之际，多以秧歌、说唱、快板等传统文化活动激励救亡斗志，慰劳抗日官兵。1951—1957年，每逢春节，闹花灯、舞龙狮、演大戏、跑竹马，群众文化活动丰富多彩。"文化大革命"时期，玩龙舞狮当做"四旧"禁止。中共十一届三中全会后，解除文化禁锢，群众文化重新活跃。1984年，区、乡、村三级文化机构相继建立。90年代，广场文化活动兴起，文艺演出更加活跃，呈蓬勃发展之势。至2011年，全区有常年文化活动团体47个，文学艺术创作队伍发展至200余人。

清末，县设儒学署兼管群众文化。光绪三十二年（1906），由县劝学所兼管。民国元年（1912），由县文教科兼管群众文化。

1949年后，境内群众文化由县政府教育科管理。1953年，改由县文教科管理。1956年9月，由县文化科管理。1959年12月，复由县文教科管理。1973年3月，由县文教局管理。1981年1月，复由县文化科管理，6月，由县文化局管理。1984年6月，由区文教科负责。9月，由区文化教育局管理。1993年4月，撤消区文教局，成立区文体广电局，区文化馆、区文化娱乐中心，区文化馆归口区文体广电局管理。2002年3月，由区文化广播电视局管理。2011年8月，由区文广新局管理。是年，区、乡（镇）、村有文化馆、文化娱乐中心、文化站、文化室77个。

### 第一节　场所与队伍

#### 一、文化活动场所

明清时期，县城陆城茶巷子是境内外戏班子搭台演戏的地方。民国时期，日军侵境后遭火焚，后改在刘公庙。云溪、路口、文桥等集镇多在云溪关帝庙、路口铺火车站前、文修桥等地开展群众文化活动。

1951年始，云溪、路口、文桥、陆城等地分别建立群众文化活动中心，至1957年，有区、乡文化活动中心21个。1958年，各公社办文化站（馆），机关、学校、大队办文化室或俱乐部。"文化大革命”期间，群众文化活动场所多被农民政治夜校取代，毛泽东思想文艺宣传队以会场、工地为舞台，临时演出。

中共十一届三中全会后，各公社建电影院、电视录像放映厅。1992年6月，区政府投入290万元，在云溪镇云中路北侧建成区文化活动中心，4层，建筑面积4680平方米，内设影剧院、舞厅，可容纳观众700余人。1999年，投入47万元，将主楼部分改造成集文化、娱乐于一体的文化娱乐城，设舞厅、卡啦OK厅，琴、棋、书、画室。是年年底，投入200万元，于区政府机关大院建成老干文体活动中心，四层，建筑面积2000平方米，设报刊阅览室、舞厅、老年大学教室等。2009年5月，于云溪镇马鞍山前修成云溪广场，总投资560万元，广场中心区面积2.1万平方米。

2011年，全区有影剧院、娱乐城（中心）7个、老干部活动中心3个、广场3个、文化活动中心9个、社区俱乐部5个、舞厅11个，总面积6.3万平方米。

### 二、文化活动队伍

清光绪二十三年至民国15年（1897—1926），陆城、云溪、路口、文桥等地较活跃的小戏班有9个，其中3个演巴陵锣腔戏，其余多演临湘嗡琴戏（又名临湘花鼓戏）。较有名气的戏班是清末台湾兵备道、邑人刘璈之子刘百甫创办的百甫班，演花鼓戏。

1950—1957年，有10多个群众文艺爱好者在春节期间临时组成文化娱乐团体，或玩龙舞狮，或玩灯跑竹马，或演地花鼓，或唱小戏。

1963年，路口公社创办花鼓剧团。1965年，社教运动时解散。70年代初，有70余支公社、大队毛泽东思想文艺宣传队。松阳湖农场创办松阳湖农场花鼓剧团，1993年，该剧团挂靠区文化馆，1996年3月，因专业人员流散，自行解散。

1997年，成立云溪区民族管弦乐学会，有会员58人。2001年5月，成立云溪舞蹈爱好者协会，会员1500人。2010年，云溪区一中成立云帆文学社，会员近30人。2011年9月，成立云溪诗词楹联协会（简称诗联协会），有会员58人。

2011年，全区有民间花鼓戏剧团3个，文艺演出团体5个，文艺协会3个，舞蹈队23个，腰鼓队7个，民乐、西洋乐队6个，成员共2800余人。

## 第二节　文化活动

### 一、传统活动

**演花鼓戏**　为传承时间最长久的一种传统文化活动。从宋代的“祷祠击鼓，围场踏歌”，发展到明代已初具演花鼓戏的形式，表演以小丑、小旦为主体。清末，刘百甫的百甫班有四生、四旦（即老生、小生、武生、奶生，正旦、闺门旦、花旦、老旦）。同其他戏班常在境内演出《清风亭》《刘海砍樵》《董永卖身》《孟姜女哭长城》《上京求名》《秦香莲》《十五贯》《柳毅传书》《牛郎织女》《劈山救母》《梁山伯与祝英台》（又名《山伯访友》）等剧目。1950—1957年，经常有文化娱乐团体在农闲时间到各地演花鼓戏段子（又称折子）。“文化大革命”期间，传统剧目被禁演。松阳湖农场花鼓戏剧团、各公社“毛泽东思想文艺宣传队”用传统花鼓戏调演唱《打铜锣》《补锅》《智取威虎山》

《红灯记》等现代剧目。1980 年后，传统花鼓戏剧目受到青睐。丧葬、婚嫁重大节日庆祝，工程奠基、竣工剪彩，重要迎送等仪礼中，常请花鼓戏剧团、流动文艺演出团体演唱《薛梅吊孝》《五娘行孝》《牛郎织女》《穆桂英挂帅》《双卖酒》等剧目。90 年代后，境内、外花鼓戏剧团纷纷到各地文化活动中心、祠堂、寺庙旁演出，观众络绎不绝。2011 年，本省桃江县花鼓戏剧团在区文萃娱乐城连演 7 天湖南花鼓戏，观众十里八里赶往看戏。

**玩花灯**　灯有两种：流灯，也称“游灯”；对灯，也叫“斗灯”。一律竹篾骨架、白纸裱糊、彩笔绘图，外刷桐油、内点蜡烛，通明透亮。清代、民国时期流行。爱好者常在冬闲排练，正月夜晚举灯遍玩城乡。每到一处，表演者选一大坪，或跑马穿花，或唱地花鼓，或划彩龙船，或玩蚌壳精，庄谐兼备，热闹异常。1956—1957 年，五区基隆村组织花灯队，有 30 余人，花灯（又名宫灯）、排灯、跑马灯、六角灯、象形灯近 20 余盏。玩遍邻近八一、延庆、郑岭等村。大跃进期间，此一传统文化活动废止，后未恢复。

**玩地花鼓**　又名对子戏。是保留明代花鼓戏雏形，在民间广为流传的一种独特的文化活动形式。道具、场地因陋就简，后台管弦锣鼓伴奏，有时众人帮腔，前台一丑一旦表演。小旦（一般男扮女妆）凤冠霞帔，彩扇（或手帕）掩面，娇态怜人。小丑头巾腰带，手握折扇，与小旦亲昵夸张，憨态可人。音乐声中，旦走云行碎步，丑走矮步，或唱或白，或逗或舞。唱词有《十绣》《拜年歌》《送荷包》《十月望郎》《洗菜心》等民间曲调，类似东北的“二人转”。1957 年前，每逢腊月、正月，乡村晒坪、集镇街边，常活跃着境内、外玩地花鼓的，观众里三层外三层，或学唱，或逗乐，一片欢娱。大跃进、“文化大革命”期间，此一传统文化活动废止。中共十一届三中全会后，随着传统文化活动恢复发展，玩地花鼓重新兴起。90 年代后，到云溪区境玩地花鼓的多是湖北省监利县人，2~4 人一伙，至今观众仍跟前跑后，热情不减。

**玩龙**　明、清时期，境内已有玩龙活动。每当正月，锣鼓阵阵，鞭炮齐鸣，呵嗬掀天，到处是玩龙的队伍。有日龙、夜龙（亮龙）、文龙、小龙、高龙、长脚龙、蛤蟆龙、板凳龙、鹅颈龙，均用竹篾扎成骨架，配以彩纸、花布、其他装饰。龙首昂俯起伏，张口吐舌、吊睛鼓眼，首尾顾盼灵活，摇摆自如。表演者腰系彩带，手持“龙耙”，左右盘旋、上下翻腾。加以锣鼓配合，鞭炮助威，观众喝彩，一派欢乐吉祥气氛。民国时期，战乱不断，玩龙渐少。1950—1957 年，逐渐恢复，但多是稻草扎的草龙。“大跃进”“文化大革命”期间，玩龙被当作“四旧”禁止。中共十一届三中全会后，重新兴起，且多为“百米长龙”，一律彩布彩绸装饰。1991 年 3 月 2 日，区委、区政府在云溪镇城区组织元宵节灯会，各乡镇场、区直单位、长炼、岳化等 110 多个单位、厂矿参加，出动 20 余条“百米长龙”进行玩龙表演，观者万人空巷。岳阳电台、电视台，《岳阳晚报》均作报道。2000 年后，群众文化活动丰富多彩，玩龙渐少，每年仅有 10 余支队伍玩龙。

**舞狮**　明、清时期，已有此活动。狮有单狮、双狮、文狮、武狮等。均用篾扎架，布套其外，饰毛皮花色。玩耍时，通常 3 人配合，1 人举绣球，2 人钻进狮身，一持狮头，一举身尾，所穿衣裤俱饰狮腿花纹，叉腿站立，俨然真狮。舞动时，手持绣球者举绣球在前作逗引状。锣鼓鞭炮声中，狮子紧追绣球，或摇头晃脑，或张口吓人，或爬椅登桌，或匍匐跳跃翻滚。双狮同舞更是妙趣横生，时而亲昵拥抱、贴耳吻腮，时而爪牙相对、咬头追尾，威风八面，惟妙惟肖。民国后期，日军侵境，无人舞狮。1949 年后，舞狮者渐多。1958—1977 年，舞狮基本废止。80 年代至 90 年代，境内、外舞狮者在境内争相舞狮。2000 年后，每到农历腊月、正月，有湖北监利县人到境内舞狮，一般无绣球，仅持狮身者 2 人舞弄。

**舞蚌** 用竹蔑扎成夹壳，糊上彩纸或绸布。表演时常3人为团。一俏丽少女扮蚌壳精，手持蚌壳两夹，在壳中开合有韵，盘旋起舞，时进时退。二小丑分别演鹬鸟、渔翁，仿鹬蚌相争、渔翁得利的故事情节：有蚌壳戏水、渔翁撒网、蚌壳吐珠，渔翁戏蚌、鹬鸟探珠、渔公袭鹬、渔翁设伏、蚌壳夹鹬、渔翁收利等等。巧拙得宜，令人忍俊不止。1957年前，舞蚌为玩花灯项目之一。大跃进、“文化大革命”期间，随着玩花灯废止舞蚌亦被废。1978年后，舞蚌单独重新兴起。90年代后，舞蚌者渐多。至2011年，到境内舞蚌者多是境外队伍。

**玩彩龙船** 又名玩花龙船、玩旱龙船。船亦用篾扎骨架，无底，舷外饰彩绸，下绘水纹图案。表演时，一少女扮渔姑，于船中双手拎船，碎步婆娑，左右晃荡，高低起伏，如顶风破浪，逆流奋进。另配一老纤夫，撑篙打桨，逗引渔姑，或突然一跤，令渔姑俯仰欲跌，或撑篙荡桨，闲撒鱼网，若无其人，动作夸张，配以鼓乐渔歌，古朴又清新。1957年前，多为玩花灯的一个项目。1958—1977年，玩彩龙船废止。1978年后，单独重新兴起。2000年后，玩彩龙船者渐多，均为境外队伍。

**玩竹马** 又名竹马灯。马用篾扎其架，以各种彩纸精致装饰。表演时，由一少年仿骑马状，另一少年演小丑，或赶或牵或逗马，锣鼓相伴，穿行起舞，场面热闹。1957年前，为玩花灯的项目之一。1958年后，随着玩花灯废止而废止。

**抬故事** 清代、民国时期，境内已有抬故事活动。在方桌上扎楼台、亭、阁，挑选少年儿童扮演某出古戏中人物，坐立其中，并配以乐队、锣鼓吹打，由4~8人抬着串行集市之中。比如抬《桃园三结义》故事，即由3名少年分别扮演刘备、关羽、张飞，其服饰、脸谱、动作，均似舞台上一出戏，于串行中作简单演绎。1950—1957年，每年农历正月十五前，五区区委、区公所组织在云溪老街出故事。1958年后，再无抬故事活动。

**出天星** 清代、民国时期，正月每有出天星活动。天星杆为长5米左右的竖标，插在大方桌中固定的圆孔内。顶端、中间、底层分别固定不同年龄化装成古戏中人物的幼儿，由4~8人抬着游行。天星不求人物故事的完整性，重在高度，仿若天上星象，供观赏仰视，有众仙凌空、飘然而至之感。由于出天星危险性大，1949年后，逐渐废止。

## 二、文艺演出

1955年1月，云溪、陆城两地组织文艺队参加县群众观摩会演，各获优秀剧目奖。6月，五区、六区组织文艺队伍参加县群众文艺会演，演出节目10余个。11月，云溪、陆城等地区组织农民文艺宣传队参加县农业合作社宣传会演，云溪地区获演出团体奖、6人获演员奖。次年3月，五区、六区组织文艺队参加县第四次业余群众艺术会演。10月，组织民间艺人参加县民间艺术会演，共评出7个节目参加湘潭地区会演。1958年10月，境内各公社组织自创节目表演队伍参加县首届创作节目会演，共有9个节目获创作奖、16个节目获演出奖。12月，各公社、厂矿、学校组织文艺队参加县戏剧、曲艺、歌舞创作节目会演，共选出17个节目参加湘潭地区会演。次年6月，各公社组织文艺队参加县曲艺、音乐、小戏、舞蹈创作节目会演。1960年1月，组织业余文艺队参加县业余群众文艺会演。1965年10月，公社、厂矿组织文艺队参加县农村俱乐部和业余文艺会演，参演共320人，演出节目72个。1969年9月，各公社组织文艺队参加县第一届工农兵业余文艺会演。次年10月，组织文艺队参加县第二届工农兵业余文艺会演，参演共600余人，演出节目237个。1975年1月，农村大队组织文艺宣传队参加县农村大队业余文艺宣传队调演。

1989年春节，全区组织“飞越千年，89春节文艺会演”“飞越千年，89元宵文艺晚会”，均有20

多个单位、60多个节目参演。1997年，为迎香港回归，庆祝中共建党76周年，区民族管弦乐学会在文化活动中心举行大型专场音乐会。1999年9月30日，区委宣传部组织"国庆50周年万众齐唱'祖国颂'电视大奖赛""迎国庆、颂英豪"水晶杯卡拉OK擂台赛，有50多名观众即兴登台参赛。2000年，组织"龙腾新世纪"厂地春节联欢晚会，有厂、地21个单位参加演出。2007年，为庆祝中华人民共和国成立58周年，区民族管弦乐学会在区文萃娱乐城举办大型民乐专场晚会。2008年9月，结合传统中秋节，区委宣传部在区文萃娱乐城举办抗震救灾募捐文艺晚会，宣扬一方有难、八方支援，众志成城、共渡难关的时代精神。2011年年初，云溪区、长炼、岳化、临港产业新区在区文萃娱乐城举行联欢晚会，庆祝中共建党90周年。6月25日，区直单位、云溪国土分局在区文萃娱乐城举办"6·25"国土宣传日文艺晚会，演出节目21个，结合发送国土宣传资料。

至2011年，云溪（北）区共组织文艺汇演31场，累计参与8.37万人次。

### 三、广场歌舞

20世纪90年代，随着城镇户外文化活动场所建设加快，广场歌舞活动逐渐兴起。傍晚，几十人、上百人聚在广场，自发跳起拉丁舞、扇舞、健身舞。区文化部门利用广场组织开展群众歌舞比赛。1998—2000年，共组织广场歌舞比赛4场，参加单位320个次、1.18万人次。2005—2011年，在区政府大院、云溪广场先后举办音乐会2场、演唱会3场、秧歌舞2场，举行健身舞、打腰鼓、扇舞表演等大小赛事4场。

## 第三节　文艺创作

### 一、文学创作

**诗歌**

古体诗。唐代，有李白、张九龄、张悦等著名诗人流传诗作8首。明代，杨一鹏、韩士英、何景明、毛伯温、何大复、洪麟、张明儒等创作诗歌近100首。清代，张之洞、刘立缨、王鼎、陈东、杨敬儒、吴獬、周梓材等人作诗近1000首。周梓材著有《灌山诗集》，木刻印刷100多本。民国时期，敖伯川、任钟立、李昌黎等人创作大量诗歌。李昌黎集成《松竹坡诗草》。1949年后，杨本善、马伯良、戴冰仙、沈靖浪、陈世民等创作诗歌数千首。沈靖浪辑有《耋诞雪鸿集》，陈世民集有《渣埠诗稿》。1963年，中华诗词学会会员任建溪发表作品后，至2000年，先后发表诗歌2000多首，其中在《中华诗词》上发表40首，出版《云梦山溪》《山溪笔韵》《咏物诗词三百首》《寓言诗词三百首》《典故诗词三百首》《古诗名言三百句》等诗集。2000年后，作品较多的有13人。长沙市、岳阳市诗词楹联协会会员苗其华先后创作出版《远隔重洋的唱和》（与加拿大华人郑石泉合著）《东阳家藏稿》等诗集。2008年后，市、区诗联协会会员蒋金阶创作出版《望湖斋吟稿》《莼湖吟草》。2011年，市、区诗联协会会员胡金德创作出版诗集《草根吟》。是年，云溪诗联协会创办《云溪诗联》，刊载会员创作的诗歌130余首。全区作品较多的发展至37人，共创作诗歌1000余首。

现代诗。20世纪80年代前，创作较少。80年代后，作品较多的有21人，为境内诗歌的主体。1984年11月，省诗联协会会员魏韡，在《人民日报》发表《摄在中国农村的风景线上》后，相继在

《新创作》《当代诗人》《农村大世界》《中国科协报》等国家级报刊杂志发表诗作10多首，有《戈壁骆驼》获中国文学研究所“屈原杯”征文二等奖、《通车那天》获《岳阳晚报》“建设者”征文二等奖、《茶市》获市文联“希望之光”征文三等奖。中国青年作家协会（简称作协）会员、中国诗歌学会会员丁俊和，1985年发表作品后，至2011年，先后在国家、省、市级报刊杂志发表作品近30首，有《老屋》获全国跨世纪文学艺术创作与理论研讨会优秀作品评选二等奖、《南泥湾》获全国“公路杯”新诗大奖赛“校园诗歌”奖、《采红菱》获全国“1999·郎酒杯”诗歌大奖赛“校园诗歌”奖等，作品入选《中国当代诗人辞典》《中国诗歌选萃》《中国诗人自选代表作·中卷》等。2011年，云溪区一中云帆文学社所办《清溪》发表会员诗作100多首。

**散文、纪实文学** 宋代，李线著有碑志书札近5000篇，结集《兑斋集》。王炎、雷抗均有散文传世。明代，杨一鹏著有《阳春阁疏稿》《运事摘要》《烬草》等文集。方逢时、许宗鲁、沈植、廖道南、杨翔凤均有散文传世。清代，杨柱朝著有《诗经订伪》，《印庄笔秋堂文集》《读史说》《读史笔断》《广法言》《印庄娲宫诗话》《钓余手抄》等文集。刘璈著有《巡台退思录》三卷。杨敬儒、恩荣、刘德熙、阮文藻、吴獬等均有散文传世。民国时期，兵荒马乱，无作品流传。50年代至70年代，散文、纪实文学创作逐步繁荣，作品较多的有5人。中国作协贵州分会会员、省民间文艺家协会会员退休干部李丘山在国家级书刊发表散文、报告文学10多篇，其中《航标灯》《拦婚》分别获省、市文学创作奖。90年代后，散文、纪实文学创作进入高潮期，创作较多的有20余人。区文化馆馆长郑玲创作的散文《陋室听雨》《师恩难忘》分别获“麓山杯”华夏文艺创作大奖赛文艺创作新秀奖、“春笋杯”全国诗歌散文大赛优秀作品奖。退休教师蒋金阶结集出版《莼湖夜月》《陆城史话》《湖湘奇传》。2000—2011年，省作协会员、市作协理事、云溪公安分局熊卫民有作品100多万字，相继在《芳草》《青春》《金山》等国家级刊物发表，有《山居秋暝》获公安部文联论坛首届散文征文二等奖、《黄道策马》获“榕树文学网”散文奖、《我远去的竹垅》获市第二届文学艺术奖。中国文艺家协会会员，省、市作协会员、区检察院丁智良在国家级、省级报刊发表散文28篇，其中3篇被人民网、《大公报》、中国新闻网转载，《留连壶口》获第三届“古风杯”华厦散文大奖赛优秀奖。结集成书的有10余人，计25本750多万字。主要有：退休干部高东升《家事留言》、黎洪涛《洪涛足迹》、李飞雄《余热情怀》、邓树清《黄叶树》、杜三保《老三闲话》《百与杂谈》等。

**小说** 20世纪80年代前，作品较少。80年代后，作品较多的有15人。中国作协会员、国家一级作家云溪乡建军村李渔村，1982年发表短篇小说《被涂污了的画》获省文学一等奖后，先后创作《斧头党舵主》《南岳龙蛇》《汪精财宝六谜》《薜海缘》等20部中、长篇小说。2000—2011年，作品较多的有10余人，有近百篇作品在省级以上刊物发表。

**楹联** 境内楹联创作传承已久，但1949年前，作者作品较少。50年代，逐渐增多。60年代后，约有30余人创作楹联。退休干部郑觉群，自少年读书时创作楹联，有楹联作品近万副。退休教师杨仁志1965年开始创作楹联，至2011年，有各类楹联2000多副，其中有240余副在《中国楹联报》《中华楹联报》等国家级报刊发表，30余副在全国征联大赛获奖，并辑有楹联集《樵叟吟联》。退休干部马殊逸，自1991年发表作品，已在全国省、市级楹联报刊发表作品数百副，有纪念中国共产党成立74周年等多副联作获省级以上获项。2011年，全区有楹联作者250余人，创作楹联近3700多副。

## 二、艺术创作

**戏剧** 20世纪80年代前，无创作记载。1982年，临湘县花古戏剧团编剧陆城人樊盛耻创作大型花鼓戏剧《碧河情话》，由省电视台演出现场录像录音。1989年，陆城镇副镇长张敦云创作大型花鼓戏《招聘镇长》，在省“映山红”戏剧节开幕式演出，受到时任省长刘正、省委宣传部部长夏赞忠赞赏，并获省优秀剧本奖。次年，与段华合作修改，剧目更名为《镇长吃的农村粮》，受邀进京演出后，受到时任文化部副部长贺敬之接见，握其手称赞“唯楚有才”。该剧获全国第五届优秀剧本奖，被拍成电视剧后获全国电视剧飞天奖。是年，张被录入《湖南省志》名目，吸纳为市戏剧协会（简称戏协）会员，省戏剧协会会员、中国戏剧文学学会会员。至2003年，又创作《墙内开花墙外香》《老竹新笋》。后剧获全国戏剧文学铜奖，被中央电视台、潇湘电影制片厂拍成电视戏曲片，获飞天奖。是年，张被评为全市突出贡献专家，享受政府专家津贴。2011年，全区有戏剧创作人员5人。

**曲艺** 20世纪50年代至60年代初，各地文艺演出队伍自编锣鼓词、相声、三句半。70年代，公社、大队“毛泽东思想文艺宣传队”自编群口词、小品等。80年代后，曲艺创作更加繁荣。至2011年，作品较多的有8人，小品、相声创作，表演，歌词、曲创作，歌舞表演等获省级以上奖项84个。国家一级编剧、区文化馆原馆长王密根有作品百余件，其中有11件获省以上创作、表演奖项，有《钓鱼》《舞趣》分别获全国“百优”小品大赛优秀作品奖、中国戏剧协会96青岛“经联演杯”百优小品大赛三等奖。郑玲有作品50余件，其中11件获市以上创作奖，有《倒房》《好想停电》分别获2000年“曹禺戏剧奖”小品小戏三等奖、2002年“曹禺戏剧奖”小品小戏剧目三等奖。魏韡先后在《词刊》《歌曲》《广播歌选》等全国性刊物发表歌词多首，有《倾听成长的声音》《让生命总在歌唱》分别获中国大众音乐协会三等奖、中国少数民族音乐协会优秀奖。中国曲艺家协会（简称曲协）会员，中国通俗文艺研究会会员、常务理事，陆城籍李侃，有作品百余件，其中有2件获国家级奖项。李先后被中国曲协评为新中国60年突出贡献曲艺家、中国通俗文艺研究会授予中国通俗文学艺术终身成就奖。

**书画** 20世纪70年代前，少有作品。70年代至90年代，书法作品较多的有陈恢民、袁皇初等。90年代后，书法作品较多的有吕大良、丁智良、贾志忠、李正红、赵光贤、陈自勇、张超、黄河、李大星、姚楚恒、戴剑、方光华、李杰锋、万彩云等80余人。中国文艺家协会会员、国家一级书法家丁智良，至2011年，在省、国家级报刊杂志发表硬笔书法作品50余幅，获第二届“淮川杯”全国硬笔书法大赛金奖、“芙蓉杯”全国硬笔书法艺术大赛二等奖、首届“黄河杯”中国书画大赛铜奖等省级、国家级奖项20个，作品入编《中华文人书画优秀小品展作品集》《“静思园杯”中国书画家作品展作品集》等20多部书法典籍，被黄河书画院、湘江书画院等诸多单位收藏或勒石，并在新加坡、韩国展出。中国书画艺术家协会会员、理事，中国硬笔书法家协会会员、区计生局贾志忠，在《解放军报》《中国钢笔书法》等国家级报刊杂志发表书画作品100余幅，获中国当代杰出艺术家书画类金奖、第二届全国“红军杯”书画大赛二等奖、中国“黄河杯”书画大赛铜奖等国家级奖项20多个，被中国书画家协会、中国艺术家联谊会分别授予百名中国书画名家、中国当代杰出艺术家荣誉称号。作品入选各类书画典籍40余部，被制作成邮票扑克发行，并在新加坡展出。

**刺绣** 1949年前，富贵人家衣饰、烟袋、香包、枕套、鞋帽、屏风、壁挂等，都用刺绣。寺庙神佛、舞台戏装多用绣服。刺绣图样有山水人物、花草虫鱼、珍禽宠兽、书法诗词。传统针法有稀针、侧针、滚针、游针、缠针、扇形针等。另有“高绣”，又叫“台花”，先用较粗的线打底或用棉花垫底，使花纹隆起，再用绣线覆盖，极富立体感，适宜于绣制块面较小的菊花、梅花等花卉。1949年后，刺绣得到发展。60年代，大队、生产队选人绣毛主席巨幅头像600多幅。80年代后，绣品成为时尚。多为“十字绣”，耐久，色彩丰富，针脚紧密，技艺易掌握。2000年后，20%左右的年轻女子偶绣牌匾，作为乔迁新居的装饰。但特色与传统绣迥然不同，传统绣艺有失传之势。

**雕刻**

**石雕**。春秋战国时期，有道仁矶镇柳田村太平嘴现出土的各种陶器上的石刻花纹。明代，有现存于云溪乡八一村杨一鹏家族墓周围的石雕人像、狮、象、马、牛。均与实际形象大小相当，尤其亭棚上的麒麟浮雕灵动活现。清代，有陆城留下的石雕、石刻，山水人物、民俗器皿、花卉鸟兽等。其中通济桥礅上的浮雕，为清康熙五十一年（1712）重建时留下的作品。西第一礅上，南、北、西三方各有1幅浮雕，面积等大。正面（西）正中镌“通济桥”3字，两旁人物浮雕各一，人物外侧镌联，联以蜂腰格嵌桥名“通济”二字：湘江通四海，源远济长流。南面人物浮雕，北面蛟龙浮雕，均呼之欲出。西第二礅、第三礅均刻“蜈蚣抱剑”，面积等大而形态各异。现存于陆城中学的1对石狮，系清代文昌宫遗物，造形古朴，面容和善，与现代雕塑迥然不同。而立于学宫岭西北功德牌坊故址的一对石狮，又歪头侧耳，给人以活跃、祥和之感。此外，陆城古建筑廊柱下的石墩，有鼓形、方形、圆台形、金瓜形、八方形、花瓣形等数十种，侧面大多有狮、象、龟、鹿、喜鹊、蝙蝠、各种草木花卉等浮雕。民国时期，多有墓碑上的石雕。1949年后，石雕作品逐渐少见。“大跃进”“文化大革命”时期，石雕作为“四旧”一度废止。1978年后，石雕墓碑、狮兽等作品增多。2000年11月，陆城镇政府于陆城南门外西南沿江大道十字路口立吴国都督陆逊石像，高2.5米，连座4.48米，属现代石雕。

陆城遗存的古代石狮、石墩雕刻

**木雕**。由于受材料寿命影响，古代作品保存不多。1966年前，仅少数残存的祠堂、庙宇中保留一些精品，少数家庭珍藏一些浮雕。“文化大革命”中，木雕被当作“四旧”毁坏。1978年后，木雕逐渐受到喜爱，至2000年，已有少数家庭花数万数十万元买仿古雕刻家具，多系广式风格。更多的是看重居室雕屏、雕匾。常见屏匾有王羲之《兰亭集序》书体，《岳阳楼记》范仲淹文、张照书体，毛泽东诗词手写体。2008年，道仁矶镇基隆村民间木雕艺人熊贻望，为庆祝奥运会在北京举办，雕刻1具“一龙赶九龟”。材料为本地乱岗横生的黄檵木，依势造形，雕刻成昂头摆尾、鳞爪飞扬的巨龙。龙身长14.5米，高4.5米，势薄云天。身下九只金龟形态各异。作品在是年市文艺界联合展览会上展出，2011年，先后有《长江信息报》《岳阳日报》《长沙晚报》、岳阳电视台采访报道，2011年5月，中央电视台7台予以展播。至是年，熊还创作弥勒佛茶几、三闾大夫行吟、牛头、鹰隼等一批作品。

# 第二章　广播·影视

民国25年（1936），境内始有电影。1953年5月，始收听中央人民广播电台、湖南人民广播电台广播节目。60年代，城乡普遍有电影、广播。1970年7月，通过广播载波机收取广播信号，结束邮电线路传送历史。1976年秋始，收看中央电视台电视节目。1984年，建立区广播站，区办广播节目。1989年始，区办电视节目。1990年，城乡广播覆盖率80%，通播率100%。2007—2011年，电影观众达65.2万人次。2011年，实现数字电视化，有线数字电视传输取代广播传输。

1950年，广播事业由县广播收音站管理。1953年5月，云溪、陆城分别建广播收音站。1956年9月，由县广播站管理。1967年，各公社成立广播站，各大队设广播室。1968年8月，由县毛泽东思想宣传站管理。1972年6月，由县人民广播站管理。1974年6月，由县广播事业管理局管理。1981年，由县广播事业局管理。1983年10月，广播影视由县广播电视局管理。1984年6月，由区广播电视站（对外加挂区广播电视局牌子）管理。1989年12月26日，经广播电影电视部批准，区广播站改为区广播电视台。

1993年4月，析出区文教局群众文化管理职能，新增体育管理职能，合并区广播电视台（局），组建区文体广电局。2002年3月，更名为区文化广播电视局（简称文化广电局），内设机构有办公室、文化事业股（加挂“扫黄打非”办公室牌子）、广播电视事业股，核定机关行政编制5名，机关后勤服务事业编制1名。归口管理区文化广播电视局财务结算中心、区广播电视台、区有线电视站、区文化馆、区文化市场管理站、区文物管理所、区电影管理站、区文化活动中心，归口管理机构共核定全额拨款事业编制23名、综合财政预算事业编制4名，经费自筹事业编制44名。2011年8月，区文化广电局更名为区文广新局，加挂区版权局牌子，不占机构编制，内设机构调整为办公室（政要人事股）、财务股、文化新闻出版管理股（“打黄扫非”办公室）、广播电视管理股、旅游管理股，核定机关行政编制增至9名，机关后勤服务事业编制1名。

## 第一节　广　播

**网络设施**　1953年3月始，建立广播网络。1956年，农业社有电话的地方均配舌簧喇叭。有舌簧喇叭70只。1958年，增至600多只。1967年，农村家家安喇叭，大队装高音喇叭，短波收音机和邮电线路结合使用。1970年7月，各公社开通广播载波机，广播信号通过载波机收取，结束通过邮电线路传送方式。1984年6月，乡镇（场）广播通播率28.5%，村（居委会、分场）通播率20%，全区广播覆盖率9%。1986年，北区被评为全市农村广播网络建设先进单位，获一级村整顿一等奖。1987年，广播入户率50%，音响率70%，村（居委会、分场）通播率92%。1988年8月秋汛，广播电杆折断184根，倒杆256根，损坏22公里信号干线，造成经济损失6.2万多元。区广播电视局、各乡镇（场）共投资2.3万多元，投工630多个，迅速恢复正常广播。至年底，广播通播率100%，覆盖率80%。1989年12月，建成功率50瓦发射台，向全区发射调频广播，收听覆盖率80%。北区被评为全市农村广播网络建设先进单位。1990 年，调频广播、有线广播乡、村两级通播率均达 100%。1992 年，投入 38.7 万元，架广播专线 84.8 公里，建标准技术用房，新增喇叭 7000 余只，有 47 村建广播室。广播覆盖率 86.9%，音响率 82.9%。是年，北区被评为全省农村广播网建设达标区，获奖猎豹牌汽车 1 辆。云溪镇、云溪乡、路口镇、文桥乡、陆城镇均被评为全省农村广播网建设达标合格乡镇。1993 年始，逐步实现现有线广播与有线电视共线传输，农村广播网主要是做好巩固提高工作。2001 年 9 月，京广铁路电气化开通，对邻近、平行的广播线路有较大干扰，部分线路撤除。至 2011 年，随着有线电视覆盖面扩大，单一的广播传输模式被有线数字电视传输模式所取代。

**广播节目** 1953 年 5 月始，收听中央人民广播电台、湖南人民广播电台的新闻及其他节目，1956 年后，增加县办节目。1984 年 10 月始，区广播电视站自办新闻联播节目，每日 2 次，每次 10 分钟。1985 年，自办专题节目由 1 个增至 4 个：《北区新闻》《文艺专题》《专题讲座》《北区内外》。另有《良朋益友》《乡长对策谈》《党建论坛》《科技服务》《空中议事会》《校园风貌》《生活常识》《听众信箱》《北区风采》《雅俗共赏》《一周要闻》11 个其他节目。1989 年，开办《政策顾问》节目，宣传党的方针政策。1991 年，调整节目内容、播出时间，将自办专题节目《北区内外》改版为《湘北大观园》，融知识性、趣味性、生活性、大众性于一体。节目中播出的散文《路灯》，新闻通讯《过期液化气瓶爆炸》《学费丢失以后》《菜篮子富了新港村》《岳阳市北区农民瞄准市场进行秋播》《扶正抨邪，共求发展，陆城镇积极协调厂镇关系获多方满意》等优秀稿件，被省台采用播出。1993—1994 年，区广播电视台连续两年被省广播电视厅评为向省台供稿先进单位。1997 年，新辟《话说回归》《庆祝十五大、落实区一大》专题节目，用稿 750 篇，向省新闻单位投稿 38 篇，向市电视台投稿 127 篇，有 16 篇在国家级、省级新闻稿件评比中获奖，58 篇获市级奖。其中熊生华、谢江南采写的《八项主张深入两岸民心，内地法官维护台胞权益》，获中国广播奖消息类一等奖。另有《众志成城锁大江》《千年古镇话陆城》稿件获湖南人民广播电台“波月杯”现场新闻一等奖，《三湘小镇》获省级专稿评比一等奖。1997 年后，广播节目逐渐被电视节目取代。

## 第二节 电 影

**队伍** 民国 25—38 年（1936—1945），省政府民众教育馆电化教育队到境内放映电影。1951 年，省电影总队第六队到境内放映电影。1954 年 10 月，改为 36 队。1956 年，改由县第一放映队到境内放映电影。1975 年 7 月，陆城公社成立境内第一个社办电影放映队，至 1977 年，各公社（场）、松阳湖平瓦厂共成立电影放映队 7 个。

1984 年 6 月，北区成立电影发行管理站，在全区放映电影；8 月，建立电视录像放映队。至 1986 年年底，全区录像放映队发展至 9 个。1989 年，调整为 7 个。2002 年，电影发行管理站更名为电影管理站，归口区文化体育广播电视局管理。至 2011 年，由区电影管理站组织电影放映。

**放映** 民国 25 年至 38 年 7 月，到陆城、云溪等地放映电影。

1951 年 1 月至 1954 年 9 月，境内巡回放映电影。1954 年 10 月始，相继放映《辽远的乡村》《智取华山》《八女投江》《南征北战》《夏伯阳》等影片。1956 年增加《新儿女英雄传》《龙须沟》《红日》《狼牙山五壮士》。1958 年，路口镇修建境内第一座电影院（1981 年重建），面积 580 平方米、木条凳座位 400 个。至 1996 年，年均放映电影近 200 场。60 年代初，中学、完全小学学生每年至少看4场电影，农村社员年均看2~3场电影。影片有歌剧片《白毛女》《洪湖赤卫队》，舞剧片《红色娘子军》《小刀会》，战斗片《林则徐》《甲午风云》《渡江侦察记》《林海雪原》《董存瑞》《平原游击队》《铁道游击队》等。1971—1973年，宣传“革命样板戏”，放映《红灯记》《智取威虎山》《沙家浜》《海港》《龙江颂》。另有《金光大道》《红雨》《春苗》《海上明珠》《长空雄鹰》等。80年代，个体录像厅（室）放映各类录像片。

1990—1991年，电影放映队配合农村社教，下乡放映470余场。1991年后，区文化活动中心影剧院内年均放映电影480多场。2000年后，注重娱乐性与科普教育性相结合，增加放映环境保护、卫生保健、科学种养等知识性短片。2004—2007年，为解决在校学生看电影难问题，增加电影进校次数，在校园放映以爱国主义题材为主的影片60多部。2007—2011年，开展送电影进社区、下农村活动。区电影发行管理站组建3个放映队。深入街道、村组，为城乡居民放映电影920余场。

## 第三节　电　视

**设施**　1976年始，公社机关院内始收看电视。1978年后，各中学陆续购置电视机。1981年，境内有电视机425台。1988年，农村电视入户率由1984年40%提高至80%。

1989年5月，区广播电视站（局）以区政府机关院内为试点，推行广播电视共线传输。由区财政投资10万元，配齐有线电视前端设备，建立地面卫星接收站。1990年至1991年8月，架设广播电视共输干线4400米，线路安装入户1000户。1991年10月，省广播电视厅在北区召开全省农村广播电视技术服务现场会，列席会议的有全国16个广播电视设备生产厂家负责人。1995年4月，投资15万元，改造有线电视前端，其中包括电力线路改造、机房电路备份、机架建设、卫星电视节目接收、输出设备更新。1997年5月，投入200万元，新建电视发射塔1座，高120米；添置多路微波设备，可向用户发射8套多路微波加密电视节目，有线电视覆盖率80%。全区7个乡镇（场），除云溪镇、云溪乡由区台直接对接外，其余5个乡镇均建起有线电视前端。2002年，实行乡镇有线电视联网，将电视主干网络改为-12电缆传输信号系统，对部分支干线、入户线路进行改造；更换干、支网放大器，远距离铺设光纤线路，增设光点，总投资400万元。网改后，有线电视网络传输标准达到750兆，图象质量达4级以上标准。2004年投资200万元，改造前端机房设备、用户收费系统，使用模拟机顶盒收看模拟电视，通过收费系统预交资费。2008年11月，区文广新局与湖南广播电视传媒机构合资，组建云溪有线网络有限公司，实行电视市场化运作。区拨款50万元，作为数字电视整转启动资金。2009年，云溪有线网络有限公司在城区建立数字电视前端，将电缆传输改造升级为光纤传输，由湖南有线电视集团筹资180万元，订购数字电视机接收顶盒。至年底，全区5000户有线电视用户完成数字电视调整转换。电视频道由35套模拟节目增至76套数字节目。并建立新的用户收费系统。2010年，城区5000户有线电视用户，全部完成数字电视整体转换。2011年11月，全区乡镇有线网络资源整体并入湖南有线云溪网络有限公司（简称云溪网络公司），实行统一经营管理，基本实现云溪有线电视“一张网”。云溪网络公司筹资800万元，分别对城区网进行双向数字化改造，对乡镇基础网络进行升级改造。共新架光缆215公里、电缆179公里，新增光点500多个，乡镇模拟电视转换为数字电视。

**电视节目**　1976年始，收看中央电视台电视节目。1989年，区办电视节目，在云溪时政频道开辟《云溪新闻》栏目。1991年，收看节目由7套增至16套；2002年增至35套。2008年，区办节目增加

《关注民生》栏目。区广播电视台与各部门、乡镇配合，创办《阳光与清风》《地税时空》《计生在线》《环保云溪》《平安云溪》等联办节目。至2011年，年均发稿1800余篇，向市以上台供稿150篇。其中有推介云溪区精神文明建设的《湖南：核心价值观见言见行》在中央一套《新闻联播》栏目播出，《城市管理公益广告》获省公益广告一等奖，《一个组长的生态梦》获省广播电视奖三等奖，《湖南岳阳绿色化工产业园：循环绿色发展》获湖南新闻奖、省广播电视奖三等将。另有16篇新闻稿获岳阳广播电视奖一等奖，28篇获二等奖，35篇获三等奖。

# 第三章　史志·档案·图书

宋、元、明时期，史志档案材料由县主薄管理。清代，由县知县总揽，档案由县档房管理。民国18年（1929），由县第一科总揽。民国31年，由县政府秘书室总揽。

1949年7月，党史资料由县委秘书室管理，地方志资料由县政府秘书室负责。1953年5月，党史资料由县委办公室管理。1955年4月，地方志资料由县人民委员会秘书室管理。1958年10月，档案由县档案科（1962年5月并入县人委办，1982年12月恢复）管理。1962年，地方志资料由县人委办公室负责；1973年6月，由县革委会办公室管理；1980年12月，由县政府办公室管理。1983年12月，档案由县档案局管理。1984年6月，党史、地方志资料分别由区委办、区政府办管理。次年3月，成立区档案科。1995年，成立中共岳阳市北区党史联络组，配兼职专干1人。1998年，成立中共岳阳市云溪区党史工作领导小组。2002年4月，区档案科更名为区史志档案局，划入区委办、区政府办承担的史志资料收集、编纂职能，为区政府直属事业单位，由区委、区政府共同管理。内设办公室、档案业务股、史志编研股，核定全额拨款事业编制5名。2011年，区史志档案局为承担行政职能的区政府直属事业单位。根据授权，负责全区党史、地方志编修、管理及档案工作。全额拨款事业编制调至8名。

## 第一节　党　史

### 一、党史编研

**《中国共产党云溪区历史大事记》**　2002年编写，李丘山执笔。采用编年体和纪事本末体相结合的方法，记述1919年5月至2001年12月境内中共组织创建发展及带领人民群众进行革命斗争、发展经济社会的大事、要事。计20万字。

**《回忆录——纪念云溪建区二十周年》**　2004年年初，为庆祝中华人民共和国成立55周年，纪念云溪建区20周年，区委办、区史志档案局联合向1949年后云溪各个历史时期建设和发展的决策者、领导者、亲历者征集相关文稿，于是年5月汇编出版成书。约35万字。

**《中国共产党岳阳市云溪区历史（1921—2011）》**　2004年始，收集、整理相关资料。2005年，成立中共岳阳市云溪区地方史编纂委员会，确定编纂指导思想、原则，审定编纂方案、编写大纲。至2009年年底，由李丘山执笔形成40万字初稿（1921—2007）。并编印110册，分送各有关单位审读。

2010年3月始，由邓树清执笔，调整篇章，充实史料，最终形成送审稿。2011年4月，先后召开区、市评审会；12月，经中共党史出版社审核，于次年7月1日出版发行。该史书采用编年体和纪事本末体相结合的编纂方法，集中记载境内中共党组织创立发展壮大的历史及带领云溪人民进行新民主主义革命、社会主义革命建设和开启改革开放的历程。计32万字。

**《岳阳市云溪区革命遗址通览》**　2010年5月，对新民主主义革命时期境内重要有关革命历史文化遗址进行普查。普查重点是中共云溪天福桥党支部、中共陆城丁家山党支部、陆城农民运动讲习所、云溪暴动、丁家山暴动、黄淑墓等能够反映境内是中共党组织历史活动、发展进程的遗址。至11月，共确定革命遗址及其他遗址6处，形成资料翔实、图文并茂的《岳阳市云溪区革命遗址通览》，约5万字。其中5处革命遗址普查资料被录入省委党史研究室编辑的《湖南省革命遗址通览（岳阳市卷）》，由中共党史出版社出版发行。

**《湖南省苏区县认定材料（岳阳市云溪区）》**　2011年10月，省委办公厅下发《关于开展全省苏区县认定工作的通知》，其中云溪区未被初步核定为苏区县（区）。10月27日，区委成立云溪区申报苏区县（区）工作领导小组，开始申苏工作。11月7日，区申苏工作领导小组第一次会议决定：设联络组、资料调查组、报告撰写组。先后到临湘、岳阳、通城、洪湖等县市史志办、档案局，到省档案馆、省图书馆、湖北省档案馆、湖北省图书馆、中央第二历史档案馆、南京市图书馆等单位，查阅档案2000余卷近2万页，翻阅相关书籍200余本，查找到可以作为云溪申苏论证、佐证的有效原始证明材料40余份。五易其稿，形成《湖南省苏区县认定材料（岳阳市云溪区）》，约24万余字。经省苏区县（区）认定工领导小组审定，认定云溪区为湘鄂赣苏区县（区）、湘鄂西苏区县（区），将《湖南省苏区县认定材料（岳阳市云溪区）》纳入《湖南苏区历史研究》一书，上报中央党史研究室。

### 二、党史联络与宣传教育

2004年2月，组织老干部撰写自传、回忆录、回忆文章80篇，计35万字。

2006年4月，召开老干部座谈会，请老干部讲述自己的亲见亲闻，亲历亲为，向他们征集珍藏的历史照片、文物、日记、工作笔记，以便整理编纂中共岳阳市云溪区历史书籍。是年，老干部高东升整理党史资料，著成《人生感悟》一书，写作征文《民本岳阳闪光云溪》。至2011年，有20多篇老干部回忆文章被省、市、区《湘潮》《回首当年》《回忆录》等杂志、书刊采用。

2009年，组织老干部开展“三爱五好”（即爱党、爱国、爱社会主义，共产党好、社会主义好、改革开放好、伟大祖国好、各族人民好）巡回演讲，进学校、入社区、下工地，共作辅导报告62场次，听众万余人次。是年11月，全省党史暨党史联络工作经验交流会上，云溪区因党史编研、党史联络宣传工作做得较好，被推荐作典型发言（被推荐发言的仅2个县区）。

2011年，编成《中国共产党岳阳市云溪区历史（1921—2011）》。为首部全面系统记录、宣传境内中共党组织历史的史书。

## 第二节　地方志

**区（县）志（年鉴）**　宋、元时期，在陆城编纂临湘县通志。明代后，先后编纂5部《临湘县志》、3部《岳阳市云溪区年鉴》。

**明成化《临湘县志》** 成于明成化九年（1473）。有临湘《何氏宗谱》所录《临湘立县发科原由》相关引文佐证。已散佚。

**明万历《临湘县志》** 据清光绪《湖广通志》第249卷载，“万历《临湘县志》，江阴张明儒修。”从明代户部尚书方逢时写于万历十九年（1591）的《临湘县志序》中可知大概：明万历十七年（1589），“阳湖张公来令于斯”（张明儒来作临湘县令），施政“求诸往牒，漫无所考”，便亲自编志。张公“询之里巷，咨之故老，参之时世，诹之文字，检往牒，录新闻”，至万历十九年成书。分为十志：《星野志》修咎占，昭天道；《方舆志》辨疆域，别风俗；《建置志》悉制度，修庶事；《食货志》详户口，均赋役；《学校志》行教化，兴人才；《秩官志》昭得失，备监戒；《人物志》公舆论，举节义；《秩祀志》明典礼，享鬼神；《兵防志》饬武备，安民生；《补遗志》存故实，备参考。其序文，清代《临湘县志》《艺文》中皆收录。已散佚。

**清康熙《临湘县志》** 康熙二十四年（1685），赐进士出身、文林郎、晋阳杨敬儒时任临湘知县，奉命编写《临湘县志》。但是自明万历十九年修志后，“经百世载”、“缺典待备”（引自清康熙《〈临湘县志〉序》，下同），而且省府要求极严，限期紧迫，官差频频催督，“乃集师儒绅衿若干人，开馆延访，校仇分阅”，急聘杨柱朝以“总其成”。杨柱朝“本省志之规条、凡例，检残编，录新纪”，纲举目张，枝分缕析，经3月告成。全志共8卷、48目，约9万余字。杨敬儒作序。该志在日本国内阁文库有刻本。北京图书馆、湖南省图书馆藏有胶片。

**清同治《临湘县志》** 同治五年（1866），白恩荣任临湘知县，正值续修省志，令各县方志“一律修辑”（引自清同治《临湘县志序》，下同），便与熊兴杰、欧阳恩霖“商榷设局，网罗旧籍，未几解组”。同治九年（1870），重新开始，“又得朱咏之广文（俊彦）共司其事”。至同治十年（1871）冬书成。该志对天时往复、地理变迁、人物显晦等重加考订，凡关国计民生之事都详尽得体，“不陋不迂，方圆适宜，可常可变”。列为24门，每门各立小序。考其源，是效法郑渔仲《通志》二十略、马端临《文献通考》二十四门而编纂。同治十一年（1872），白恩荣于莼湖书院作序。该志藏于湖南省图书馆、湖南省博物馆。

**民国《临湘县志》** 民国26年（1937），由陆城人敖百川主纂，柳身樵、吴子纯参与校审而成。湖南省图书馆、湖南省博物馆、湖南省社会科学院图书馆、湖南师范大学图书馆均有收藏。

**《岳阳市云溪区年鉴》** 2009年始编，至2011年年底，已出版3部，由区委、区政府主办，区史志档案局主编。主要记载上年度境内经济和社会发展的基本情况与重大事件。设置部类主要有：特载、特稿、大事记、区域概况、区级负责人简介或异动情况、中共云溪区委员会、区人民代表大会、区人民政府、政协云溪区委员会、区人民武装部、园（区）开发、群团工作、政法工作、经济综合管理、农业和农村、工业经济、建设·环保、交通·邮电、贸易、财政·税收、金融、社会事业、乡镇·街道、中央驻区企业、先进单位、先进人物、重点工程建设等，并配有彩色图照。每册45万字左右。总编李运帷，副总编蒋雄波，主编熊雄，副主编彭庆海、周朝霞、谢月珍，责任编辑李季真（特邀）。

**部门志** 明、清时期，已编临湘县部门志。民国时期，未详。2000年后，共编5部部门志。

**《云溪水利农机》** 2000年，区水利农机局编印《云溪区水利农机局文史资料》，2002年11月，编成《云溪水利农机》，为云溪区第一部部门志。取事下限至1998年。设长江·洞庭、运行管理和经济建设、水利建设、防汛抗旱、十五规划等5篇、21节，计16万字。

**《云溪交通》** 2002年12月，由区政协编纂。分公路、水路、铁路、航空与管道、交通管理、交通企业、十五交通规划、交通撷萃等8章25节，另加概述、大事记、后记，计19万字。

《云溪区政协志》　2005年8月，由区政协编纂。设机构沿革、重要会议、主要职能和工作、人物简介、文献资料5章、32节，另设概述、大事记、附录等，36.8万字。

《云溪民政》　2006年11月，由区民政局编纂。约10万字。

《云溪区军事志》　2008年6月，区人武部军事志编纂委员会编纂，蒋金阶主纂。上限清康熙十八年（1679），下限2005年，分概述、大事记及军事环境、军事组织、民众武装、兵役、军事活动、军事人物6章、24节。20万字。

《云溪区教育志》　2010年5月，区教育局编纂。取事相对时限为明洪武八年（1375）至2008年12月。分私学·公学·官学、幼儿教育、小学教育、中学教育、高等教育招生与考试、其他教育、教研仪电、教师队伍、教育管理、教育经费、教育人物等11章、45节，另设概述、大事记、附录。计42.3万字。

《云溪区工会志》　2011年12月，区工会志编纂委员会编纂。分工会组织与组织建设、群众生产与技术协作、生活保障与权益维护、民主管理与参政议政、工会财务与经济实体、宣传教育与工会信息、对外往来与考察学习、直管协管工会简介、中心工作与机关建设、工会运动与劳动模范10章、24节，另设概述、附录等。亦为云溪区第一部群团组织志，计36万字。

**乡镇志**

《松阳湖农场志》　2000年，由松阳湖农场志编审委员会编纂。为云溪区第一部乡镇场志。取事相对时限为1960年10月至2000年6月，由概述、大事年表、地理概貌、垦殖建设、企业管理、农林牧渔、工交商业、党群政法、教科文卫9篇及附录组成，共33万字。

**专志**　宋、元时期，编写临湘县风土记。明、清时期，编修临湘县山水志、人物志、书院志。现存于湖南省图书馆的《临湘莼湖书院志略》，为清道光四年（1824）临湘县知县徐凤嗜编纂。

2010年9月，区政协编纂《岳阳市云溪区地名志》。收录境内主要街巷、江河湖港、山岭坡坳、冲汊畈垅、村组屋场、古迹新址等方面地名及沿革情况。分总述、政区地名、单位地名、古迹名胜地名、地名掌故、地名拾遗、地域人物、地名艺文、地名文存等9篇，计41万字。

## 第三节　档　案

**档案馆（室）建设**　1984年6月，建立区档案馆，但无专用档案库房，遂与区档案科合署办公。1986年6月，区档案馆迁区政府办公楼五楼，办公室与档案库房共4间，面积160平方米。1987年，添置档案柜、去湿机、吸尘器、灭火器等设施。1988年，区委办、区政府办、区档案科、区档案馆组成考评小组，检查验收各单位档案室，确定等级。有9个单位的档案室达到省三级档案室标准，均颁发等级证书。1989年，为12个上等级的档案室颁发等级证书。1993年，有35个单位档案室上等定级。至1999年年底，全区建综合档案室44个，按省标定级，其中达到一级1个，二级7个，三级22个。2002年，有57个单位建立综合档案室，67个村建立档案室。2006年，区人事劳动和社会保障局投入5万元扩容原档案室，库房由1间增至3间，重新装修，安装防盗门窗，购置微机、密集架等现代化档案保管设施。2007年6月，区档案馆整体搬迁至区委新办公楼，面积增至210平方米。投入30万元，添置密集架19列114组，计135立方米。至2011年，购置空调6台、电脑3台、打印机2台、去湿机1台、检索柜10组。各单位均建立专门档案室。

**档案收集** 2008年4月，征集中共北区第一次党代会材料及区委原书记高东升保存的资料500余册，约150万字。2002年，全区单位综合档案室共收藏多个门类的文字、图形、音像、照片等载体档案10.47万卷（册、盒）。村级建档率100%。至2003年，区档案馆完成信用建档单位66个，收集整理信用档案2000卷，完成民营建档单位25个，收集整理民营档案3万余卷，收集整理社区档案2000卷，社区建档率30%。2006年，帮助单位建档1000盒3万多件。完成重点工程建档150盒3000多件、民营企业建档1113盒。协助、指导区人事劳动和社会保障局对1984—2005年的文书档案、会计档案、人事档案进行规范化整理。至2011年年底，区档案馆共接收50个全宗档案8988卷、91386件，资料2000余册。

**档案保管** 1986年，制订档案保管、借阅、保密等制度。2000年，规范对馆藏档案档号编排、档案分类、装订、存放、检索等工作。2002年，推广现代化档案保管保护措施。区检察院、农业发展银行、区审计局率先实行档案微机管理、密集架存放。2007年，实行档案安全责任制，健全档案收集、保管、整理、编目、保密、利用、统计、鉴定、安全、保卫等规章制度，对库房定期通风、去湿、投药、打扫卫生，做到无鼠、无虫、无霉、无积尘、无火灾、无水浸、无失窃。2011年，制定保障实体安全应急预案。全区各单位均配专（兼）职档案员，加强档案规范化管理。区档案馆对所有进馆档案均进行科学分类，规范整理，准确编目，实行有序排列。并建立手检式、机检式案卷级目录、文件级目录，全面建成目录数据库。

**档案利用** 1988年1月始，区档案馆向社会公布档案目录，开放相关档案，为社会公众查阅档案提供方便。至2011年，社会公众共查阅档案4000余次、6万余件次。利用档案资料平息土地、山林纠纷2100余起，避免大型械斗87起，调处矛盾720余起。利用档案资料编纂出版《中国共产党云溪区历史大事记》《中国共产党岳阳市云溪区历史（1921—2011）》《岳阳市云溪区革命遗址通览》《陆城史话》等史志4部、77万字。

**档案执法** 1996年，区档案科设档案法制股，配专职执法人员1人。2000年，聘请档案执法联络员15人，通过培训，颁发档案执法联络员证书，形成上下结合、覆盖全区的档案执法网络。2001年，协助司法部门查处首起档案违法案件，以“窃取国家档案罪”判处被告拘役4个月零20天。2004年始，每年组织一次档案行政执法检查。至2011年，共检查320个次单位，发现3个单位10起问题档案，均及时督促整改。

## 第四节　图　书

### 一、图书馆（室）

**人文书院** 明万历年间，知县冉嵩在陆城南门外建立。藏书若干。后坍塌。

**梓潼阁** 清顺治十年（1653），生员杨盛朝、杨合春、姚应选、肖云捐献地基，建于陆城。藏书若干。

**莼湖书院藏书室** 清道光四年（1824），知县徐凤喈创建。藏书供县绅士、教育工作人员、书院生员阅读。抗日战争中，被日机轰炸，藏书被毁。

**县民众图书馆** 民国18年（1929）9月3日建。次年3月，省垫款预发《船山遗书》一部。6月15日，随县治迁长安。

**陆城中学图书馆**　1950年建，时称临湘县第十五完全小学图书室，藏书3000册。1970年，更名为陆城中学图书室，藏书5000册。大部分被“红卫兵”抄走。1984年，扩展为图书馆。至2011年，有藏书室2间、面积120平方米，藏书3万册，设专职管理员1人，年购新书800~1000册。

**云溪区第一中学图书馆**　1984年9月建，称北区一中图书馆。当时仅有1间房、30平方米，藏书不足3000册。2001年，区投资169万元，新建图书馆，主体4层，建筑面积3458平方米，分藏书室、阅览室2部分。2002年，更名为云溪区第一中学图书馆。2011年，有书架66架，藏书7万册，年添书2000~3000册，按中国图书基本大类共分22类，其中G类文化科学教育体育类书籍占30%以上。藏书室、阅览室各配专职管理员2人，实行全天候开放，师生借阅率70%以上。

**云溪图书馆**　2010年11月创办。租用云溪镇洗马居委会新埠西路9号房屋为馆舍，面积260平方米。藏书5300册。有服务读者电脑30台，配有摄像机、照相机、空调、电视机、多媒体投影仪等。

**其他图书馆室（农家书屋）**　2011年，另有乡村、机关、其他学校、厂矿图书馆室（农家书屋）101个、藏书52.2万册。

### 二、书店

清光绪十六年（1890），陆城有周集文刻字石印局，兼售书籍。民国19年（1930），随县治迁长安。

1951年，云溪、陆城先后建立图书代销点，开始在农村发行图书。1953年，乡供销社文具店设图书发行点。1958年，图书发行量由1957年5.5万册增至14.6万册。1959年，发行量降至10万册。1960年后逐步回升。“文化大革命”期间，大量图书被打成毒草禁止发行，主要发行马克思、恩格思、列宁、斯大林著作及《毛泽东选集》等政治书籍。至1969年，户均有《毛泽东选集》2套，《毛泽东语录》3本以上，各类毛泽东画像3~5张。1970年始，长炼、岳化相继设新华书店。但境内图书发行量增长缓慢，至1977年仅发行29.1万册，年均3.7万多册，其中课本占70%。

中共十一届三中全会后，多年被禁的图书得到解禁，新书种类增至5000多种，图书销售量大增。1984年后，乡镇驻地商业、供销部门设图书经销门市部，全区图书发行量61.2万册。1989年，工农业科技书籍种类增加，乡村集市商店开始兼销图书。至1995年，发行总量增至83万册。2000年后，个体书店迅速发展，云溪镇城区有专营书店5家。2005年，全区共有专营、兼营书店（门面）26家。至2011年，包括教学辅导书籍，发行总量123万册。

# 第四章　文物古迹

区境襟江带湖，水陆交通便利。殷商时期，有商文化扩展到境。东周至春秋战国时期，大溪文化、屈家岭文化渐入。北宋淳化五年（994）后，陆城先后为王朝县、临湘县治近千年。文化积淀深厚，文物古迹众多。1949年前，外族入侵，社会动荡不定，文物古迹遭到严重破坏。1949年后，加强文物普查、发掘和保护工作。1987年，出土铜鼓山古文化遗址新石器时代石锛。1997年，出土铜鼓山古文化遗址商代青铜器，推翻考古界商文化不过长江的论断。至2011年，已发现并确定的重点文物保护单位89处，其中国家重点文物保护单位2处、省级重点文物保护单位2处、市级5处，区级80处。重点文物保护单位中，陆城古镇素有“千年古镇、沿江重镇、文化名镇”之誉。其文物古迹有三国时遗存的古井、龙碑，宋、明、清时期建造的古城墙、文庙、书院、考棚等遗址，有蜚声湘鄂的“陆城八景”及明、清古民居等。建于清道光年间的培风塔，造型古朴，是岳阳最早的楼阁式空心塔。始建于清光绪年间的大矶头，是迄今为止长江流域唯一保存完整的人工修筑古石矶。工程浩大，气势磅礴，兼有航运和水利工程双重功用。建于同一时期坪田乐善好施牌坊，是全省保持完好的一座石质牌坊，结构严谨，造型精美，被称为“湘北第一坊”。2011 年，馆藏不同时代珍贵文物 195 件。

## 第一节　文化遗址

发现并确定文化遗址 26 处。其中除 1 处尚未定论外，新石器时代文化遗址 5 处，春秋战国时期文化遗址 17 处，唐至清代文化遗址 3 处。其中最主要的有铜鼓山商文化遗址、大矶头文化遗址、道仁矶文化遗址、龟山文化遗址、李家咀文化遗址、擂鼓台文化遗址、太平嘴文化遗址。

**铜鼓山商文化遗址**　据郦道元《水经注》，即为商代彭城遗址。位于陆城镇新设村塘湾组铜鼓山(亦称小矶头)。面积 5.8 万多平方米，文化堆积厚度 0.5~1.5 米。1987 年 11 月上旬，省文物考古研究所、市文物工作队对遗址区商代文化遗存、东周墓葬进行发掘，面积近 400 平方米。1997 年冬，遗址北坡一农户挖地基做杂屋又有发掘。2 次发掘出土的石器有石斧、石锛、石刀；陶器主要有鬲、A 形甗、斝、爵、簋、盆、大口尊、小口矮领罐、尊形器、器盖等；青铜器有鼎、觚、箭镞。省文物考古研究所《岳阳市郊铜鼓山商代遗址与东周墓发掘报告》称：“这些陶器，均为中原二里岗商文化的典型器物”，属早期商文化。关于青铜器，市文物管理处研究员郭胜斌《商时期洞庭湖东岸青铜文化的年代与文化性质》称：“铜鼓山 1997 年发现的铜器墓，出土青铜鼎、青铜觚各 1 件”，经过器形、纹饰分析，是典型的中原商文化中晚期器物，为墓主生前使用过的。商代墓中随葬青铜礼器，在湖南目前的考古发现中尚属首例。铜鼓山商代文化遗址彻底推翻商文化不过长江的传统史学观念，为重新探索、研究商文化、商势力向南扩展及与周邻地区同期土著文化的关系，提供了非常重要的实物资料。2006 年 5 月，铜鼓山文化遗址被省政府公布为第八批省级文物保护单位。2008 年，推荐申报为第七批国家重点文物保护单位。

**大矶头文化遗址**　大矶头曾名临湘矶，俗名寡妇矶。位于陆城镇新设村，原是马鞍山西麓延伸至长江的自然石矶。长江至此，水道渐狭，惊涛裂岸，暗涌回旋，船只行走困难。清光绪五年（1879），为航船安全，始建人工纤道（民间传为寡妇陈氏等募捐修筑）。光绪二十五年，安徽安庆人余永清“请于大吏，集资鸠工”，由临湘名士徐明府主持重建，“于矶头凿石为驳岸，俾成纤路”，至光绪三十年冬竣工。大矶头文化遗址是长江中、下游水道上唯一保存的利用自然山体和岩石修筑起来的人工矶头。占地面积 1500 平方米，外侧略呈孤形，长 450 米，自下至上用花岗岩条石构成三级平台。第一级从江边礁石上砌起，高 1.5~3.5 米，宽 2.05 米；第二级高 2.9 米，宽 2.0 米；第三级高 2.6 米，宽 3.8~5.8 米。顶层平台外侧立石柱 108 根为栏。壁墙条石上凿有供引船撑篙之用的坑槽数百对及斩蛟剑、镇蛟蜈蚣等浮雕。2006 年，大矶头文化遗址被省政府公布为省级文物保护单位。2008 年，推荐申报为第七批国家重点文物保护单位。

**道仁矶文化遗址**　清同治《临湘县志》载，“微落山（道仁矶）在县西二十一里，一名晖落山，山高约二十丈，俱黄沙聚积而成，有石高十余丈，如道人面北而立，故呼道人矶。”（亦传为纪念吴姓道人赈济乡邻而命名）。“文化大革命”时破“四旧”，改称道仁矶。道仁矶遗址位于道仁矶镇滨江村，面积 2 万多平方米，文化层堆积厚度 1~3 米。1999 年，省文物局报请国家文物局批准，由省文物考古研究所、市文物考古研究所、区文物管理所联合发掘，出土完整的人体骨架，磨制的石斧、锛、穿孔铲；陶片有泥质红陶、泥质灰陶、泥质黑陶、夹沙红陶，其纹饰有弦纹、戳印纹、压印纹、刻划纹、按窝纹、镂孔；器类有鼎、甑、盆等。属新石器时代大溪文化遗址，

**龟山文化遗址**　位于文桥镇臣山村龟山（又名宝塔山）。属新石器时代文化遗址。面积 4.5 万平方米，文化层堆积厚度 0.3~0.5 米。采集有泥质红陶、泥质灰陶、夹沙红陶残片。其纹饰有弦纹、镂孔。器类有大溪文化的罐形甑、釜，屈家岭文化的盆、喇叭口杯、豆等。

**李家咀文化遗址**　位于云溪乡滨湖村西南，为春秋时代文化遗址。面积 600 平方米，文化层堆积厚度 0.15~0.2 米。采集有泥质红陶、泥质灰陶、夹沙红陶、印纹硬陶残片。其纹饰有绳纹、细方格纹，器类有鬲等。

**擂鼓台文化遗址**　位于永济乡擂鼓台村。海拔高 32.5 米，东西宽 90 米，南北长 95 米，面积约 10 万平方米，文化层厚度约 1~3 米，为唐、宋时期文化遗址。

**太平嘴文化遗址**　位于道仁矶镇白泥湖渔场西面。为战国—汉代文化遗址。面积 2 万平方米，文化层堆积厚度 0.1~0.3 米。采集有泥质红陶、泥质黑陶、印纹硬陶残片和铜矛，陶器纹饰有方格纹、水波纹、绳纹，器类有鬲、罐。

## 第二节　古　迹

### 一、古建筑

境内有古建筑或古建筑遗址近百处，其中主要的有教广桥、陆城古县城、白荆桥、文修桥、培风塔、莼湖书院、坪田牌坊。

**教广桥**　是境内古代最大桥梁。首建于五代后期，初名教广桥。为临湘（陆城）东达之要津。明嘉靖十六年（1537），知县尹仲仪于旧址重建，改称永兴桥。明大学士廖道南为之作《永兴桥记》。清康熙五十一年（1712），知县付霖主持将桥面木板换成石板，更名为通济桥。士民感激，为付建生祠于桥西（现无存）。道光十年（1830），邑人陈羽仪复捐修。同治九年大水，桥圮，知县恩荣动款督市民醵金重修。桥长 50 米，宽 1.5 米，6 礅 7 孔，其中 6 孔均搭长条形大麻石，每两礅间均由 3 块并列成面，唯正中一孔搭大木料，以备移动，大船通行。桥礅及两岸石壁上有人物、蛟龙、蜈蚣及其他浮雕。1964 年，为便于汽车通行，改建成 6 米宽钢筋水泥砼桥，更名为陆城桥。

**陆城古县城**　明成化十一年（1475），知县唐绢在陆城倡导筑土为城。明成化十八年（1482）、弘治十六年（1503），知县张浚、黄嵩先后重修。正德初（1506），知县刑思敬增修。至嘉靖年间（1522—1566），土城墙多处溃坏，盗贼潜入县衙，窃走官银 700 余两，知县吴谦变卖家产偿还。明万历三年（1575），知县陆勋主修砖石城墙，开“平湖”“瞻岳”“盘山”“望江”四门，城门上建城楼。

城内规模较大的建筑，北宋时有嘉祐寺、养浩园。明洪武三年（1370），知县李汝霖创建县署，至隆庆年间（1567—1573），先后建按察司、布政司、便民仓、儒学廨、天官府、山川坛、城隍庙等。清代，有莼湖书院、游乐场、节孝牌坊、先农坛、普济寺、三闾大夫祠、刘公祠、文昌宫、文庙、武庙、

观音阁、崇圣堂等大小建筑48座、家族宗祠10栋。有街巷20条，饭庄、酒家、糖店、当铺、茶楼、粉肆等50余处。

民国27—34年（1938—1945），陆城古县城被日军烧毁。20世纪50年代至“文化大革命”时期，兴修水利拆除大部分残存古建筑。

2011年，少数残存古建筑中，年代最远久的有教广桥（今称陆城桥），其礅为五代后期始建时所建。明代公共建筑有：“朝门”，现仅存前后二重，门楼式，木质斗拱、梁柱，雕刻精良，天井周围鸟兽、花卉石刻栩栩如生。古城墙，100米，明万历三年修建，清雍正时加固，下部为长条石结构，上部为特制大青砖砌成，有的青砖上有“地字贰号”字样。古民居33栋，其中宋代2栋，占地270平方米；明代3栋，占地630平方米；清代28栋，占地3450平方米。风格有别，但外墙均为砖石结构，墙头多饰高昂鳌鱼头；内部为抬梁式框架，鼓皮墙（双面木板墙）。古井18口，井壁均用青砖垒砌，大块石板覆盖，石板正中凿一圆洞为井口，直径多在40~50厘米之间。其中原天官府内“九火铜”一井，冰凌季节，井水热气腾腾；三伏酷暑，井水冰凉。学宫岭2口井，古称“龙眼”，水质良好，永不枯竭。位于今陆城中学校园内的陆逊井，传说为三国时陆逊驻防时所挖，故称陆逊井，深30米，井口41厘米，正圆，水质极好，四季盈满。

**白荆桥** 清同治《临湘县志》载：“明成化十一年（1475），余定泰、张思棋、李友仁捐款重修白荆桥。”明、清时期，白荆河可行大船，通长江。白荆桥建于白荆河上，是聂市、红士桥（现均系临湘市境内）至县城陆城的必经之路。桥为独拱石桥，南北跨向。一个大拱，成半圆形，由长方形大理石砌成拱圈。桥面两端各9级台阶，台阶中间建1米宽斜坡，以便推木轮车行走。1974年，修建文白公路时，两端阶级填平，拱桥成为平坦公路桥。90年代，文白路取直改道，河上另建钢筋水泥桥，石拱桥结束载车历史。2010年，白荆河清淤护岸，桥两侧砌石护坡，桥面砌矮栏。白荆桥为现境内保持最完好的石拱桥。

**文修桥** 清同治《临湘县志》载：文修桥，“乾隆二十年邑人李子文捐修，知县王清远授以‘敦行不怠’额。”文桥李氏家谱载：“十世祖子文公三修文修桥。”桥长12米，拱跨5.6米，宽3.5米。一个大拱，成半圆形。砌拱石块大小形状一致，均为大理石。桥面成弓形，两端各12级石阶，中段平坦，桥旁条石护岸，是典型的古代独拱石桥。1995年，拱桥下游50米处另建公路桥梁，古桥交通上的意义淡化。2006年，文修桥被公布为省级文物保护单位。

**培风塔** 位于文桥镇臣山村龟山。龟山挟鱼梁，瞰扇岭，自古为东南之关合。清乾隆五十五年（1790），山上曾建“簪笔”塔，不久颓废。清道光十八年（1838），临

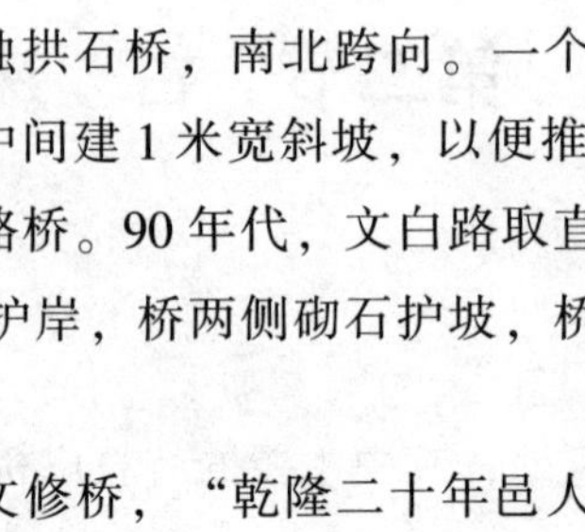

培风塔窗口南望

文桥龟山培风塔

湘县知县阮文藻发动地方名士捐款，重建。塔名源引《庄子·逍遥游》，培风以负大翼，致鹏而九万里。旨在励人登高望远，博采众长，如鲲鹏凭风展翼，扶摇直上。塔身为长方体大理石、花岗石、祁阳石垒砌。塔基周长28米、座高1米，塔身高33米，七层、八方、飞檐、斗角。整体占地67平方米。塔顶原有铜质莲花宝座、塔尖，1964年，被雷击落。第一层门额雕“上达门”3字，字上方雕太极八卦图；第三层雕“联升门”，第五层雕“凌云门”，第七层雕“培风塔”。塔内有螺旋石梯82级，可达第五层。第一层内设佛龛，龛额雕二龙戏珠图案。龛内曾有石像，今仅存左右石刻联语：“虽楚有材，当年曾韫璞中玉；惟善是宝，此后应多席上珍。”二至四层各开2窗，第五层开4窗，窗为花瓣形，可眺望远景。第五层亦有神龛，龛额雕“辉耀三台”，龛旁刻联语：“紫气缠躔，久睇光芒临楚地；青云得路，长培忠孝焕湘江。”龛左右各镶石碑1块，左刻阮文藻所撰《培风塔记》，右刻《宝塔将竣》碑文，文记建塔缘由、捐修者、工匠姓名。“文化大革命”时，字迹损毁近半，其他石刻亦痕迹难辨。2006年，此塔被公布为省级文物保护单位。

**莼湖书院**　位于陆城学宫岭西麓。清道光四年（1824），占地约3500平方米。设有讲堂、斋房、客房共49间。书院照墙有左右2个门道，分别为起凤、腾蛟。主要分三个部分：走过照墙约23.5米为大门，上有楼，左、右房各1间，为斋夫启闭之所。径直前往约13米为书院厅庭，庭横向10米、纵向约6.7米；厅庭后面为大堂，横向10米、纵向约11.7米。大堂后左、右进门相距1.7米为进堂，共5间。堂后有斋房5间。大堂前东、西序各辟1门，内各置1客厅，折而南、北各17间，皆为斋房。书院建成后，由县衙将建院始末、捐资情况、落成唱和汇成一册，名《莼湖书院志》。光绪二十一年（1895），书院停办，历时71年，先后有陈子逵、方同熙、张士醇、饶继惠、吴獬、李最高、余昌志、贺寿慈、谢盛才、李嵩等10人中进士。1903年，书院改办新学。民国27年11月，日军侵入陆城后新学停办。民国33年，书院被日军拆毁。1949年后，书院旧址多有开辟。现仅存几堆瓦砾。

**坪田牌坊**　又名“乐善好施”牌坊。为全省仅存完整的乐善好施牌坊。位于云溪乡坪田村。建于清光绪十四年（1888)。时户部主事刘兆梅奏准朝廷，在乡建坊以旌其母乐善好施、恪守贞操。牌坊面南偏东，以花岗岩石柱、石梁为纵横骨架，与大理石、汉白玉板材榫接构成。高9米，宽6米，进深2米。上下分五层，一层高3.5米，4根立柱构成左、中、右3门，门前、后分别立4狮4象石雕。二至五层等高，梁柱间石质板材上刻人物、龙凤、鸟兽、文字：二层刻“光绪十四年八月吉日建”；三层刻“诰封荣禄大夫刘呈规之妻、赐进士出身前户部主事刘兆梅之节母，诰封夫人刘母耒老夫人之坊”；四层刻“乐善好施”4个大字；五层独嵌汉白玉，正面、背面分刻“上谕”“圣旨”字样；各层两旁大理石板材或刻“旌”、“奖”等字，或刻二龙戏珠、双凤朝阳，或刻经典故事中人物图案。1996年1月，坪田牌坊被省政府公布为省级文物保护单位。

## 二、古墓葬

**李绂墓（又称默堂居士墓）**　位于陆城南门外烟斗岭下。李绂逝后第二年，知县雷抗为撰墓志铭，全文镌于一碑，立于墓前。现碑文清晰可颂。

**杨一鹏家族墓**　或说为杨一鹏墓，无考。位于云溪乡八一村牌楼组凤形山。坐东朝西，高0.8米，12米见方。原有2块大青石板盖于墓顶，石板上有亭棚，上刻麒麟等浮雕。距墓250米处，建有牌坊，牌坊前立有石人、石马、石狮、石象、石牛，1958年，修京广复线时毁坏，现仅存石人、石马各2尊。石人之一慈眉善目，官帽朝服，手捧笏板，为杨一鹏雕像。1991年，墓穴被盗后露出两块方形石板，一刻杨母墓志，一刻杨母生平简介及二子杨一鹏、杨一濂事迹。1996年，杨一鹏家族墓被公布为市级文物保护单位。

**姚文光墓** 位于现文桥镇姜畈村六陵山（因建有姚文光六代陵墓得名）。姚文光，清代人，累官县丞、知府、兵备道。归家后至77岁时殁。墓前立有石碑，墓侧有石人、石马、石狮、石象，与真人、真物等高等大。“文化大革命”期间被损毁。

**刘璈墓** 位于云溪区建军村刘家冲。墓坐北朝南，高2米，呈圆形，周长30余米，有石柱护栏。墓前立汉白玉碑三块，中刻“台湾兵备道刘璈之墓”，左刻青松白鹤浮雕，右刻湖广总督张之洞撰、吴獬书碑文。20世纪60年代，修建砖厂时被损。

**黄淑墓** 位于陆城西门口团鱼山。1927年5月27日，黄淑被团防队杀害后，家人收遗体以葬。1992年清明节，区民政局、陆城镇政府为其立碑，镌墓志、联以志。联云：雄心一颗如丹染，热血满腔未白流。为具有近代史迹意义的墓葬。

### 三、其他古迹

**岳飞手植五爪松** 位于云溪乡建军村太平桥西南300米处。清康熙《临湘县志》载：“引路古松，云溪、长安二驿皆有之，岳武穆将军所植。”古松高约30米，主干粗4人合抱；干上生5枝，世称“五爪松”。松下立一清代花岗岩石碑，一面刻：“县知事示：五爪古松，岳飞手植，千年故物，永禁戕伐”；另一面刻：“岳飞手植松”5个楷书大字。清末雷击毁2枝，1937年，日机轰炸又折1枝。1969年，山洪暴发，古松在滑坡中倒毁。1992年，区文物管理所在其原址新植一松，现翠盖如云。

**古窑址** 宋代3处，分别位于陆城镇钢铁村、路口镇新华村、云溪乡芭蕉湖渔场。明代有路口镇省塘村、陆城镇陆城村2处。清代窑址云溪乡滨湖村、道仁矶镇泗垅村各1处。

**祠庙** 境内祠庙众多。清代，陆城有祠堂、庙宇数十栋。后逐渐被毁。

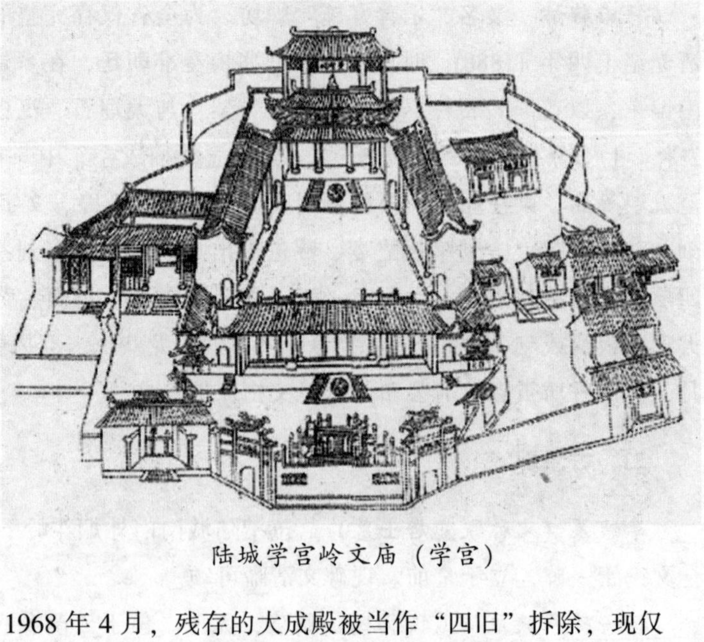

陆城学宫岭文庙（学宫）

文庙。又称孔圣庙、学宫，位于陆城学宫岭。北宋初建，元末损毁，明洪武十九年（1386）重建。主殿为大成殿，坐北朝南，殿后为崇圣祠，左右有名宦祠、乡贤祠、忠义祠、节孝祠、训导官廨、教谕官廨、明伦堂等。明成化时，更新殿庑。万历年间，增建启圣祠，撰有楹联：“先知先觉，为万古伦常立极；至成至圣，与两间功化同流。”庙前置一照壁。重建时规定，哪年临湘出状元，即开照壁正门。平常出入走两旁侧门。两侧门顶上分别刻：“德配天地”“道冠古今”。文庙是陆城古建筑中最雄伟的建筑群之一，曾惨遭日军破坏。1968年4月，残存的大成殿被当作“四旧”拆除，现仅存半块石碑。

刘太尉祠。又称刘公庙，位于陆城学宫岭。刘太尉，刘锜，南宋名将。绍兴年间（1131—1162）拒西夏有功，升东京副留守，率军于顺昌大破金兵主力，与岳飞、韩世忠齐名，加太尉之职。后遭主和派排挤，贬为荆湖南路节度使，驻防陆城。在陆城遭金兵围困月余，城中军粮将尽，遂命兵士掘井取水，以斛分水。金兵遥望，以为城中军粮尚丰而退，军民感德。死后，人们在学宫岭东麓建刘太尉祠，称为刘公水斛大将军祠，供奉甚恭。祠分三进。清代学者李中涵曾撰长歌《刘太尉祠》凭吊。1951年春，“破除封建迷信”，祠被拆。2006年，附近居民捐资，于学宫岭重修。

**古碑**　境内古碑众多。较大的有30多块，如嘉祐寺碑、默堂居士碑、培风塔碑、文庙碑、禁花鼓戏碑、创建临湘矶头记碑、大矶头示禁碑、县衙钱粮保管处积谷碑、白玉庵碑、龙王庙碑、刘太尉祠碑、杨一鹏碑、姚灿英墓碑、刘璥墓碑等等。

**文庙前示文武百官碑**。于文庙前道旁。上刻“文武百官至此下马”8个大字。1968年，碑同庙被毁。

**禁花鼓戏、春册碑**。原立于陆城县正堂衙门前。清光绪初，为“厚民风、正人心”，湖南奉命永远禁止演唱花鼓淫戏、描画裱挂春册，故勒石布告。碑高150厘米、宽75厘米。现无存。

**大矶头碑**。位于大矶头。光绪三十年冬大矶头纤道竣工后，为保纤路畅通，杨林临湘矶救生局、岳州府、临湘县、巴陵县等联名在石矶上立碑，勒“沕临湘矶晓谕”，禁止在矶上搭架攀罾取鱼。碑为麻石，高170厘米、宽75厘米。至今完好无损。

**积谷碑**。曾立于陆城县衙钱粮保管处。碑高130厘米、宽45厘米、厚9厘米，上镌“县正堂苏示”及谷物保管等事项，未镌立碑时间。据考，应为清乾隆年间之物。碑文6字断句，共24句、124字，通俗易记，便于遵循。

## 第三节　馆藏文物

1992年8月，在区文化活动中心开辟文物收藏室。1996年，收藏陆城铜鼓山殷商文化遗址出土的新石器时代石锛。1997年，收藏陆城铜鼓山殷商文化遗址出土的国家一级文物青铜鼎、国家二级文物商代中期的青铜觚及在打击文物走私行动中截获的国家二级文物宋代青瓷莲花瓣小蝶。至2003年，共收藏出土、打击文物走私中截获和民间征集的文物95件。随着文物增多，遂始移交市博物馆集中珍藏。2011年，馆藏文物共195件，其中国家一级文物1件，二级文物2件，三级15件，一般177件。

**2011年云溪区馆藏国家三级以上历史文物**

表23-4-1

| 文物名称 | 来源 | | 质量形状特征 | 数量(件) |
|---|---|---|---|---|
| 新石器时代石锛 | 1996 | 陆城铜鼓山遗址 | 长方形，圆肩，平口，一边刃，制作精美，保存完整。 | 1 |
| 商代中期青铜鼎 | 1997 | 陆城铜鼓山商文化遗址 | 口径21厘米，腹径20厘米，通高25.6厘米。直口平沿、竖耳、短颈、深腹、圜底、圆柱足，颈下至腹上部有2道弦纹，中间阴刻云雷纹，器身为3块合铸，双耳对应，形成定式，颜色为西瓜绿 | 1 |
| 商代中期青铜觚 | 1997 | 陆城铜鼓山殷商文化遗址 | 口径13厘米，底径8.2厘米，腹径4.5厘米，通高22厘米。喇叭口、高圈足，束颈深腹，腹部与足部有云雷纹作地纹，上下8个乳钉构成两个饕餮纹图案，颈部施3道弦纹，足上部4道弦纹，圈足上有“+”形大孔，黑漆，胎壁匀薄 | 1 |
| 宋代八卦纹铜镜 | 2000 | 陆城南门口古墓 | 镜呈八瓣葵花形，桥形钮，近缘处饰八卦图案，钮两侧分别有一长方形框，内铸铭文：左排“湖州真乃三十印家照子”，右框铭文“无比炼口口两一百文” | 1 |
| 宋代金栉背 | 2000 | 陆城南门口古墓 | 长弦形，两头呈尖状，上有4排梅花小瓣点缀，做工精致 | 1 |

续表 23-4-1

| 文物名称 | 来源 | | 质量形状特征 | 数量（件） |
|---|---|---|---|---|
| 宋代银发钗 | 2000 | 陆城南门口古墓 | 双扁形长柄，顶部为一圆形箍，顶与柄相连处均饰四道圆箍，全长 8 厘米 | 1 |
| 宋代模印瓜果纹发钗 | 2000 | 陆城南门口古墓 | 银质，长条形，两头呈尖状，上有 10 个瓜果纹和 11 个叶纹，并用银丝装饰 | 1 |
| 宋代清瓷莲花瓣小蝶 | 2008 | 金盆公安分局查获走私文物，移交 | 直径 9.8 厘米，高 2 厘米。莲花状，内底近沿口处对应饰有 2 圈花瓣纹，通体施青釉开片，碟沿为莲花瓣，瓷釉晶莹温润，为典型的宋代耀州窑瓷器 | 1 |
| 清代青花瓷缸 | 2008 | 金盆公安分局查获走私文物，移交 | 口径 6.3 厘米，底 7.3 厘米，高 12 厘米。直口、深腹、矮圈足，口沿施双弦纹回纹，腹部施缠枝莲花纹，腹下部施枝叶纹，足部施单弦纹 | 1 |
| 清代“国耻纪念”竹笔筒 | 2008 | 金盆公安分局查获走私文物，移交 | 竹质，圆形，口径 7.3 厘米，高 14.2 厘米，口、底部用刀修饰，腹部刻“国耻纪念”四个行书字 | 1 |
| 清代青花花卉双耳盘口瓷瓶 | 2008 | 金盆公安分局查获走私文物，移交 | 口径 21 厘米，底 21 厘米，高 58.8 厘米，敞口、平底、矮圈足、内外施釉，口沿饰回纹一圈，颈部饰缠枝莲花纹，多处双“喜”字装饰 | 1 |
| 清代青花鸟食瓷罐 | 2008 | 金盆公安分局查获走私文物，移交 | 口呈圆形，下部卵形，腹部饰缠枝纹，连枝纹上、下各有两道弦纹，腹部一边有两个系钮 | 1 |
| 清代青花瓷三足香炉 | 2008 | 金盆公安分局查获走私文物，移交 | 直口、直腹、平底、三矮足、内外施釉、腹部施缠枝莲花纹，上下各施双弦纹，底部露胎书“夫大”二字 | 1 |
| 明代青花瓷碗 | 2008 | 金盆公安分局查获走私文物，移交 | 敞口、平底、矮圈足，内底有一图案，腹部外有深蓝色云纹，除圈足内部露胎外，其他部分均饰玻璃釉 | 1 |
| 明代青花瓷碗 | 2008 | 金盆公安分局查获走私文物，移交 | 口径 15 厘米，底径 5.8 厘米，高 6 厘米。敞口、平底、鼓腹、内外施釉，内底正中饰圈纹，圈纹外为双弦纹，内壁施 6 个树纹，内口沿施双弦纹和竖划纹，外口沿施双弦纹，腹部施云纹、缠枝花纹，口沿施双弦纹，圈足底部露胎 | 1 |
| 元代人物陶瓶 | 2008 | 金盆公安分局查获走私文物，移交 | 敞口、鼓腹、平底，颈部 11 个舞乐陶俑，肩部和腹下部为按印纹 | 1 |
| 元代青瓷碗 | 2008 | 金盆公安分局查获走私文物，移交 | 敞口、深腹、平底、高圈足，内底平，内外施冰裂纹青釉，圈足露胎 | 1 |
| 宋代影青瓷碟 | 2008 | 金盆公安分局查获走私文物，移交 | 圆形、敞口、平底，底部有剔花纹，底露胎，是景德镇瓷器精品 | 1 |

## 第四节　文物保护

**机构**　民国时期，无文物保护管理机构。20 世纪 50 年代，由县文教局统管。60 年代，由县文化馆代管。70 年代初，由县文物专干专管。1984 年后，由区文教局统管。1993 年 4 月，成立区文物管理所，至 2011 年，由区文物管理所管理。

**文物保护**　1949 年后，始对境内古遗址、古窑址进行普查。60 年代至 70 年代，对古建筑、古墓葬开始普查。

1987—1991 年，先后开展 5 次文物保护宣传活动，营造文物保护、人人有责的社会氛围。1992—1995 年，投入 70 多万元，对坪田牌坊、大矶头、铜鼓山文化遗址、杨一鹏家族墓、李道台墓等，进行初步维修或维护。1996—2011 年，在文物普查中，新发现文物点 47 处。完成陆城古村落、古民居、古城墙、古井等文物信息采集、拍照，对 28 栋明、清古民居进行挂牌保护。建立文物保护稽查队，形成区、乡镇、村文物保护网络。，联合金盆公安分局，查处 1 起文物走私犯罪活动，收缴走私文物 300 余件，其中国家二级、三级文物 10 件。至 2011 年，累计建设文物保护区 89 处，其中古遗址 26 处，古建筑 18 处，古墓葬 27 处，古窑址 7 处，古碑刻 3 处，古树 2 处，具有近代重要史迹意义及代表性建筑 6 处。

### 2011 年云溪区文物保护情况表

表 23-4-2

| 保护单位名称 | 时　代 | 地理位置 | 保护范围 | 建设控制地带 |
|---|---|---|---|---|
| 古　遗　址 | | | | |
| 寡妇矶 | 商 | 陆城镇新设村塘湾组 | 四向各至遗址文化堆积边缘外 50 米 | 保护范围外延 50 米 |
| 铜鼓山 | 商、东周 | 陆城镇新设村塘湾组铜鼓山 | 四向各至遗址文化堆积边缘外 100 米 | 保护范围外延 100 米 |
| 老虎咀白子坡 | 东周 | 云溪乡东风村老虎咀白子坡庙山咀水渠边 | 四向各至遗址文化堆积边缘外 30 米 | 保护范围外延 30 米 |
| 百里垅李家咀 | 春秋 | 云溪乡滨湖村百里垅李家咀南紧靠芭蕉湖 | 四向各至遗址文化堆积边缘外 30 米 | 保护范围外延 30 米 |
| 花园嘴 | 春秋 | 文桥镇臣山村湖咀组花园嘴 | 四向各至遗址文化堆积边缘外 40 米 | 保护范围外延 20 米 |
| 跃进山遗址 | 春秋 | 岳阳市云溪区云溪乡建军村毛家组 | 四向各至遗址文化堆积边缘外 30 米 | 保护范围外延 20 米 |
| 石咀头 | 春秋中晚期 | 路口镇排来村新建组石咀头 | 四向各至遗址文化堆积边缘外 40 米 | 保护范围外延 20 米 |
| 龟山 | 新石器 | 岳阳市云溪区文桥镇臣山村易家组龟山 | 四向各至遗址文化堆积边缘外 50 米 | 保护范围外延 50 米 |
| 方田垅遗址 | 新石器 | 路口镇南岳村方田垅屋场 | 四向各至遗址文化堆积边缘外 50 米 | 保护范围外延 50 米 |
| 道仁矶 | 新石器 | 道仁矶镇滨江村道仁矶组 | 四向各至遗址文化堆积边缘外 50 米 | 保护范围外延 80 米 |
| 樟树岭 | 新石器时代 | 道仁矶镇滨江村道仁矶组樟树岭 | 四向各至遗址文化堆积边缘外 40 米 | 保护范围外延 20 米 |
| 石家垅 | 春秋中期 | 路口镇南岳村和平组 | 四向各至遗址文化堆积边缘外 50 米 | 保护范围外延 20 米 |
| 坑坡遗址 | 春秋晚期 | 云溪乡桃李村 | 四向各至遗址文化堆积边缘外 20 米 | 保护范围外延 20 米 |
| 新桥渔池 | 春秋晚期 | 云溪镇洗马路居委会新桥港边渔池堤坡上 | 四向各至遗址文化堆积边缘外 40 米 | 保护范围外延 20 米 |
| 邱家汊 | 春秋战国 | 道仁矶镇滨江村林场邱家汊 | 四向各至遗址文化堆积边缘外 50 米 | 保护范围外延 50 米 |
| 象骨港 | 春秋战国 | 永济乡乡政府西 50 米 | 四向各至遗址文化堆积边缘外 30 米 | 保护范围外延 30 米 |
| 茶铺市 | 春秋战国 | 云溪乡胜利村 | 四向各至遗址文化堆积边缘外 30 米 | 保护范围外延 50 米 |

续表 23-4-2（1）

| 保护单位名称 | 时 代 | 地理位置 | 保护范围 | 建设控制地带 |
|---|---|---|---|---|
| 庙山咀 | 春秋战国 | 文桥镇姜畈村坡屋组 | 四向各至遗址文化堆积边缘外 30 米 | 保护范围外延 20 米 |
| 鸭婆咀 | 春秋战国 | 文桥镇臣山村湖咀组鸭婆嘴 | 四向各至遗址文化堆积边缘外 40 米 | 保护范围外延 20 米 |
| 团湾遗址 | 战国、汉 | 路口镇后湖渔场南边 | 四向各至遗址文化堆积边缘外 40 米 | 保护范围外延 20 米 |
| 太平嘴 | 战国、汉 | 道仁矶镇柳田村白泥湖渔场西边 | 四向各至遗址文化堆积边缘外 30 米 | 保护范围外延 20 米 |
| 畜牧分场遗址 | 汉代 | 永济乡樟树村一、二组，东 300 米紧靠松阳湖 | 四向各至遗址文化堆积边缘外 40 米 | 保护范围外延 50 米 |
| 桂竹咀 | 汉代 | 云溪乡东风村田家老屋桂竹咀凤形汊附近 | 四向各至遗址文化堆积边缘外 40 米 | 保护范围外延 20 米 |
| 擂鼓台 | 唐、宋 | 永济乡擂鼓台村长江大堤内 | 四向各至遗址文化堆积边缘外 50 米 | 保护范围外延 80 米 |
| 大矶头 | 清 | 陆城镇新设村塘湾组 | 矶头外沿四向各至 100 米 | 保护范围外延 100 米 |
| 蛇形叉 | 待定 | 永济乡北尾堤蛇形叉 | 四向各至遗址文化堆积边缘外 40 米 | 保护范围外延 20 米 |
| 古 建 筑 | | | | |
| 陆逊井 | 三国 | 陆城镇陆城中学院内 | 古井向外延至 30 米 | 保护范围外延 20 米 |
| 太和庙遗址 | 明 | 路口镇牌楼村太和山 | 以庙外墙外四向各延至 20 米 | 保护范围外延 50 米 |
| 陆城古城 | 明、清 | 陆城镇陆城居委会 | 以城墙为起点，四向各至 30 米 | 保护范围外延 20 米 |
| 培风塔 | 清 | 文桥镇臣山村龟形山 | 塔基外四向各至 100 米 | 保护范围外延 50 米 |
| 坪田牌坊 | 清 | 云溪乡坪田村枫树组 | 基脚外四向各至 100 米 | 保护范围外延 50 米 |
| 两济桥 | 清 | 云溪乡桃李村七组 | 以桥面为中心，四向各至 20 米 | 保护范围外延 10 米 |
| 文修桥 | 清 | 文桥镇文桥村桥头组 | 以桥面为中心，四向各至 20 米 | 保护范围外延 10 米 |
| 天福桥 | 清 | 云溪乡友好村桥上组 | 以桥面为中心，四向各至 20 米 | 保护范围外延 10 米 |
| 石拱桥 | 清 | 云溪乡建设村楠冲组 | 以桥面为中心，四向各至 20 米 | 保护范围外延 10 米 |
| 石拱桥 | 清 | 云溪乡建设村长冲组 | 以桥面为中心，四向各至 20 米 | 保护范围外延 10 米 |
| 石桥群 | 清 | 云溪乡建设村桥上组 | 以桥面为中心，四向各至 20 米 | 保护范围外延 10 米 |
| 榨木北桥 | 清 | 云溪乡双花村榨木组 | 以桥面为中心，四向各至 20 米 | 保护范围外延 10 米 |
| 石拱桥 | 清 | 云溪乡荷花村朱家组 | 以桥面为中心，四向各至 20 米 | 保护范围外延 10 米 |
| 永安桥 | 清 | 云溪乡建军村七房组 | 以桥面为中心，四向各至 20 米 | 保护范围外延 10 米 |
| 后屋石拱桥 | 清 | 文桥镇分水村后屋组 | 以桥面为中心，四向各至 20 米 | 保护范围外延 10 米 |
| 彭大勇老屋 | 清 | 云溪乡桃李村叶家组 | 彭大勇老屋外墙外延 10 米 | 保护范围外延 20 米 |
| 刘氏祖屋 | 清 | 云溪乡桃李村罗家组 | 刘氏祖屋外墙外延 10 米 | 保护范围外延 20 米 |

续表 23-4-2（2）

| 保护单位名称 | 时　代 | 地理位置 | 保护范围 | 建设控制地带 |
|---|---|---|---|---|
| 白云寺 | 清 | 云溪乡坪田村朱家组 | 以寺外墙外四向各延至 20 米 | 保护范围外延 50 米 |
| 古　墓　葬 | | | | |
| 花园嘴古墓 | 宋 | 文桥镇臣山村湖咀组 | 封土堆四向外延各至 5 米 | 保护范围外延 10 米 |
| 万宝湖古墓群 | 宋 | 陆城镇陆城村西门组 | 墓群四向外延各至 10 米 | 保护范围外延 15 米 |
| 相公岭古墓群 | 宋 | 陆城镇陆城村桥头组岭 | 墓群四向外延各至 10 米 | 保护范围外延 15 米 |
| 华容山古墓 | 明 | 云溪乡桃李村彭家组 | 封土堆四向外延各至 10 米 | 保护范围外延 5 米 |
| 马形组墓群 | 明 | 路口镇新华村马形组 | 墓群四向外延各至 10 米 | 保护范围外延 15 米 |
| 杨一鹏墓 | 明 | 云溪乡八一村牌楼组 | 封土堆四向外延各至 30 米 | 保护范围外延 20 米 |
| 方家大山明墓 | 明 | 道仁矶镇泗垅村余家组 | 封土堆四向外延各至 10 米 | 保护范围外延 10 米 |
| 明威将军墓 | 明 | 文桥镇金星村李家组 | 封土堆四向外延各至 10 米 | 保护范围外延 10 米 |
| 钢铁村明墓 | 明 | 陆城镇钢铁村三组孙家咀 | 封土堆四向外延各至 10 米 | 保护范围外延 5 米 |
| 李家咀古墓 | 明 | 云溪乡滨湖村李家咀 | 封土堆四向外延各至 10 米 | 保护范围外延 5 米 |
| 茶园坡古墓 | 明 | 云溪乡胜利村徐家组茶 | 封土堆四向外延各至 10 米 | 保护范围外延 5 米 |
| 曹寿崧墓 | 清 | 云溪乡清溪村花畈组 | 封土堆四向外延各至 10 米 | 保护范围外延 5 米 |
| 所全咀李氏墓 | 清 | 云溪乡东风村所全咀 | 封土堆四向外延各至 10 米 | 保护范围外延 10 米 |
| 龚伯荣合葬墓 | 清 | 陆城镇新设村塘湾组 | 封土堆四向外延各至 10 米 | 保护范围外延 10 米 |
| 刘璈墓 | 清 | 云溪乡滨湖村大屋组 | 封土堆四向外延各至 30 米 | 保护范围外延 20 米 |
| 姚知府墓 | 清 | 文桥镇姜畈村下官组 | 封土堆四向外延各至 10 米 | 保护范围外延 10 米 |
| 杨氏族墓群 | 清 | 云溪乡下清溪村花畈组 | 墓群四向外延各至 10 米 | 保护范围外延 15 米 |
| 谢家咀清墓群 | 清 | 道仁矶镇丁山村前进组 | 墓群四向外延各至 10 米 | 保护范围外延 15 米 |
| 马元成墓 | 清 | 云溪乡友好村响马组 | 封土堆四向外延各至 10 米 | 保护范围外延 5 米 |
| 祖坟山墓群 | 清 | 道仁矶镇基隆村汪家老屋 | 墓群四向外延各至 10 米 | 保护范围外延 15 米 |
| 狗盘军山古墓 | 清 | 道仁矶镇基隆村周家塘组 | 封土堆四向外延各至 10 米 | 保护范围外延 5 米 |
| 蟹形山古墓 | 清 | 文桥镇分水村赵家组 | 封土堆四向外延各至 10 米 | 保护范围外延 5 米 |
| 一品夫人墓 | 清 | 文桥镇分水村路卜组 | 封土堆四向外延各至 10 米 | 保护范围外延 5 米 |
| 汪氏祖墓 | 清 | 云溪镇镇龙村汪家组 | 封土堆四向外延各至 10 米 | 保护范围外延 5 米 |
| 李庆一墓 | 清 | 云溪乡青石村大塘坡组 | 封土堆四向外延各至 10 米 | 保护范围外延 5 米 |
| 马明良墓 | 清 | 云溪乡友好村响马组扇 | 封土堆四向外延各至 10 米 | 保护范围外延 5 米 |
| 黄兴隆墓 | 清 | 路口镇排来村太和山东南 | 封土堆四向外延各至 10 米 | 保护范围外延 5 米 |
| | | | | |

续表 23-4-2（3）

| 保护单位名称 | 时　代 | 地理位置 | 保护范围 | 建设控制地带 |
|---|---|---|---|---|
| 古　窑　址 | | | | |
| 砖瓦窑 | 宋 | 陆城镇钢铁村 | 窑址堆积层顶部四向各至 30 米 | 保护范围外延 10 米 |
| 砖瓦窑 | 宋 | 路口镇新华村卢家组肖家汉塔坡山 | 窑址堆积层顶部四向各至 30 米 | 保护范围外延 10 米 |
| 驼子山窑群 | 宋 | 云溪乡芭蕉湖渔场麦塝组砣子山西面 | 窑址堆积层顶部四向各至 30 米 | 保护范围外延 10 米 |
| 砖瓦窑 | 明 | 路口镇省塘村六组 | 窑址堆积层顶部四向各至 30 米 | 保护范围外延 10 米 |
| 万宝湖窑址 | 明 | 陆城镇陆城村西门组万宝湖山 | 窑址堆积层顶部四向各至 30 米 | 保护范围外延 10 米 |
| 百里垅窑址 | 清 | 云溪乡滨湖村百里垅组百里垅咀，芭蕉湖北岸。 | 窑址堆积层顶部四向各至 30 米 | 保护范围外延 10 米 |
| 狱官咀窑址 | 清 | 道仁矶镇泗垅村新建组 | 窑址堆积层顶部四向各至 30 米 | 保护范围外延 10 米 |
| 古　碑　刻 | | | | |
| 临湘县南界碑 | 清 | 云溪乡坪田村枫树组 | 碑基起四向外延 10 米 | 保护范围外延 5 米 |
| 巴陵县北界碑 | 清 | 云溪乡坪田村枫树组 | 碑基起四向外延 10 米 | 保护范围外延 5 米 |
| 神道碑 | 清 | 文桥镇姜畈村杨家冲组 | 碑基起四向外延 10 米 | 保护范围外延 5 米 |
| 古　树 | | | | |
| 岳飞手植松 | 宋 | 云溪乡建军村响山组砖厂 | 以树为中心，四向各延至 5 米 | 保护范围外延 5 米 |
| 岳飞手植樟 | 宋 | 云溪乡坪田村朱家组白云寺 | 以树为中心，四向各延至 5 米 | 保护范围外延 5 米 |
| 具有近代重要史迹意义及代表性建筑 | | | | |
| 白荆古桥 | 近代 | 文桥镇白荆村中桥组 | 以桥面为中心，四向各至 20 米 | 保护范围外延 10 米 |
| 陆城古桥 | 近代 | 陆城镇陆城村桥头组 | 以桥面为中心，四向各至 20 米 | 保护范围外延 15 米 |
| 陆城影剧院 | 近代 | 陆城镇陆城居委会 | 墙基外四向各至 20 米 | 保护范围外延 20 米 |
| 象骨港电排 | 近代 | 永济乡象骨港 | 电排基脚外四向延至 30 米 | 保护范围外延 10 米 |
| 土矶头电排 | 近代 | 陆城镇新设村新生组 | 电排基脚外四向延至 30 米 | 保护范围外延 10 米 |
| 黄淑烈士墓 | 近代 | 陆城镇陆城村北门组 | 以墓庐为中心，四向各至 20 米 | 保护范围外延 10 米 |

# 第五章　文化市场管理

1987 年 1 月，成立区音像管理站，配自收自支事业编制 2 名，负责音像市场管理。其他文化市场由区文教局文化市场管理办公室管理。1993 年 4 月，成立区文化市场管理站，将原区文教局文化市场管理办公室文化市场管理职责、原区音像管理站音像市场管理职责调整由区文化市场管理站统一负责。1996年，区文化市场管理站组建区文化市场稽查大队。2002年3月，区文化市场管理站核定全额拨款事业编制2名。2011年8月，区文化市场稽查大队更名为区文化市场综合执法大队，与区文广新局文化新闻出版管理股（“扫黄打非”办公室）统一协调管理文化市场。

## 第一节　市　场

**音像店**　1984年8月23日，区成立首个录像放映队。1986年，录像放映队（点）增至9家。次年，调整至8家。1990年，发展至28家。音像制品经营业兴起，至2002年，音像制品经营店发展至24家。2011年，经审核批准的音像制品经营店有6家。

**网吧、游戏室**　90年代，网吧、电子游戏等娱乐业兴起。2000年，有网吧、电子游戏室57家。2011年，经审核批准的网吧、电子游戏室增至98家。

**打印店、印刷企业**　1984年，有印刷企业1家。80年代后期，印刷出版物经营业逐年发展。1993年，有打印店4家、印刷企业3家。2004年，打印店、印刷企业分别增至17家、9家。2011年，经审核批准的打印店、印刷企业分别有11家、7家。

## 第二节　管　理

**音像市场管理**　1987年，建立音像市场管理制度。至1990年1月，形成录像放映“十不准”规定。定期和不定期检查音像经营点138家次。整顿调整录像放映队（点），基本达到统一片源管理，统一规章制度，统一检查验收的要求。1993年，对录音带批发、零售，激光唱盘、激光视盘的发行、出售、放映等，加强统一管理。1995—2000年，出动人员、稽查车辆，开展“扫黄打非”专项行动，收缴非法销售唱盘、光盘3.58万盒（张）。2002年，清查音像制品出租点、出售点14家，取缔无证经营的音像制品经营店3家，收缴盗版光盘860多盒。组织经营户学习《音像制品管理条例》，加强守法经营宣传教育。2004—2011年，依法查处未经许可的音像娱乐厅4家，取缔无证经营音像制品经营店3家，收缴盗版音像制品2200盘。

**娱乐场所管理**　1995—1997年，先后取缔学校周边网吧、电子游戏室5家，关闭非法经营户13家，查处无牌无证违规经营户46家，收缴有奖电子游戏赌博机138台，罚款27238元。1999年，印发宣传教育资料1500份，内容有文化娱乐场所消防检查通知，文化市场管理十不准、文化市场经营八不准等，娱乐场所秩序得到整顿。2005年，开展杜绝庸俗娱乐、净化文化环境专项整治行动。严把审批关、审查关、演出关，拒纳3家格调低下的区外文化团体到境内开展文化活动。2008年，严格文化市场执法人员巡查制度，每周检查网吧3次以上。落实上网人员身份证核对登记制度，遏制网吧出现超时经营、接纳未成年人现象。2011年，出动执法人员开展娱乐场所专项整治行动，查处网吧接纳未成年人15家次、超时经营11家次，停业整顿6家，取缔无证经营“黑网吧”1家，查处违规经营电子游戏室11家，收缴游戏机10台、游戏机电路板26块。

**印刷出版物管理**　1984年，严格印刷企业经营许可证制度，取缔无证经营企业。1990年，实行印刷行业证照年检制度，年检证照 11 家。1995—2000 年，出动人员、稽查车辆，检查经营户 34480 家次，收缴非法出版物 5836 册。2002 年，检查书报摊点，收缴各类非法出版物 200 本。2003 年，组织业主集中学习《出版物管理条例》《印刷业登记条例》等法律法规，参加学习区 130 人次。2004—2008 年，开展清理整顿专项行动，收缴盗版书刊、非法口袋图书、连环画册 3200 本，收缴非法教材辅导读物 1560 册、码书码报 4320 份。2011 年，查处印刷企业、出版物零售店 20 家次，收缴非法出版物 2860 册。

# 第二十四篇　社　会

## 第一章　婚姻·家庭

### 第一节　婚　姻

清末、民国时期，境内盛行包办、买卖婚姻和一夫多妻制，平民百姓一夫一妻，官绅富豪三妻四妾。封建制度和封建伦理观念严重束缚妇女，要“三从四德”“从一而终”。对守节妇女树碑立传，建贞节牌坊。据清同治《临湘县志》载：明代，有节孝妇7人，节烈妇3人，贞女1人。清代，有节孝妇289人，节烈妇14人，贞女8人。辛亥革命后，妇女地位有所改善，知识分子始实行自由婚姻，但是包办、买卖的婚姻状况并未根本改变。

1950年4月，宣传贯彻国家第一部婚姻法，废除封建婚姻制度，提倡男女权利平等，实行婚姻自由，反对一切包办、买卖婚姻。至1953年，废除包办婚姻、重婚对象76对，解除童养媳约定53人。

1975年，执行《中华人民共和国刑法》有关条律，严禁以暴力干涉他人婚姻自由，打击重婚犯罪，批评教育父母逼迫子女婚姻4人，依法判处重婚犯罪2人。

1980年，实施新《中华人民共和国婚姻法》，进一步强调婚姻自由，严禁包办、买卖婚姻，禁止干涉他人婚姻自由，反对一切歧视妇女的旧传统、旧习惯，依法惩处遗弃虐待妇女犯罪3人。

2001年，执行再次补充修订的《中华人民共和国婚姻法》，依法解除长期存在家庭暴力行为的婚姻关系11对。2011年，离婚463对，复婚238对，再婚888对，分别比2001年上升20.57%、14.98%和79.39%，婚姻自由、男女平权形成新的风尚。

**1984—2011年云溪区居民婚姻情况表**

表 24-1-1　　　　单位：人

| 年度 | 结婚 | 离婚 | 复婚 | 再婚 | 年度 | 结婚 | 离婚 | 复婚 | 再婚 |
|---|---|---|---|---|---|---|---|---|---|
| 1984 | 1152 | 302 | 101 | 312 | 1998 | 1347 | 449 | 194 | 502 |
| 1985 | 1168 | 374 | 145 | 284 | 1999 | 1261 | 423 | 209 | 463 |
| 1986 | 1179 | 329 | 128 | 291 | 2000 | 1296 | 441 | 167 | 372 |
| 1987 | 1132 | 357 | 151 | 342 | 2001 | 1368 | 384 | 207 | 495 |
| 1988 | 1199 | 369 | 156 | 301 | 2002 | 1340 | 463 | 261 | 571 |
| 1989 | 1218 | 361 | 168 | 363 | 2003 | 1407 | 477 | 178 | 602 |
| 1990 | 1227 | 387 | 128 | 201 | 2004 | 1431 | 508 | 124 | 598 |
| 1991 | 1249 | 465 | 94 | 403 | 2005 | 1649 | 519 | 107 | 691 |
| 1992 | 1267 | 491 | 150 | 521 | 2006 | 1431 | 472 | 121 | 632 |
| 1993 | 1296 | 382 | 209 | 217 | 2007 | 1598 | 453 | 130 | 567 |
| 1994 | 1198 | 443 | 143 | 382 | 2008 | 1546 | 537 | 118 | 746 |
| 1995 | 1225 | 392 | 158 | 409 | 2009 | 1521 | 473 | 161 | 830 |
| 1996 | 1328 | 484 | 184 | 506 | 2010 | 1434 | 501 | 198 | 935 |
| 1997 | 1299 | 462 | 182 | 481 | 2011 | 1595 | 463 | 238 | 888 |

## 第二节　家　庭

**家庭规模**　清代、民国时期，讲究人多势众，大户之家一家20~30人，一般10~15人。1949年后，提倡民主、平等、独立、自主，大家多分成小家，家庭规模逐步缩小。至1957年，户均人口6.5人。1960年，国民经济困难，生活水平下降，人口出生率降低，户均人口减至6.2人。70年代后，加强人口控制，户均人口进一步减少。1984年，户均人口5.59人；1991年，户均3.54人。2000年，户均3.19人。2011年，减至3.05人。

**家庭结构**　清代、民国时期，富豪之家讲究三代同堂、四代同堂，寻常百姓苦于生活常是“树大开桠，崽大分家”。1949年后，实施土改和社会主义改造，废除私有制，大家庭逐步解体，由父母、儿媳或父母、儿媳、孙子组成的二代或三代直系关系家庭居多。此一状况一直保持至2000年后。2008年，二代、三代同堂的户数占总户数79.26%。是年，云溪镇洗马路居委会207户，二代、三代直系关系家庭161户，占77.78%。云溪乡青石村380户，二代、三代直系关系家庭298户，占78.42%。路口镇居委会124户，二代、三代直系关系家庭117户，占94.35%。文桥镇文桥村336户，二代、三代直系关系家庭272户，占80.95%。陆城镇陆城村380户，二代、三代直系关系家庭341户，占89.74%。道仁矶镇柳田村258户，二代、三代直系关系家庭220户，占85.27%。永济乡凌泊湖村344户，二代、三代直系关系家庭167户，占48.55%。2010年，第六次全国人口普查，境内家庭结构均为二代、三代直系关系家庭。其主要形式为：核心家庭，由一对夫妇和未婚子女组成，两代人生活在一起；直系家庭，由一对夫妇和一对已婚子女及孙辈组成，属三代直系关系家庭；联合家庭，由2对或

2 对以上已婚兄弟及其子女组成二代家庭；直系联合家庭，由一对夫妇和 2 对或 2 对以上已婚子女及已婚子女的儿女组成，属三代同堂；单亲联合家庭，由父亲或母亲与子女组成家庭，属二代家庭。

# 第三节　姓　氏

## 一、姓氏源流

**以国名为姓**　如陈、杨、黄、周、吴、徐、孙、罗、梁、宋、郑、谢、韩、唐、于、萧、程、曹、邓、许、沈、曾、彭、吕、蒋、蔡、魏、薛、戴、夏、熊、汪、潭、廖、秦、颐、雷、黎、齐、葛、毕、向、洪、梅、焦、鲁、阮等姓，约占境内姓氏总数 13%以上。其中黎姓，据唐人林宝《元和姓纂》载，黎国（今山西省长治县西南）为商朝诸侯国，后被周文王所灭，国中子民因怀念故国，遂以原国名为姓。又据《黎氏族谱》载，“传黎民者，厥为正黎一脉。黎之后世掌旧职，殷商兴，以功封侯，建国于潞州党郡之壶关，乃殷商之西境，国号曰黎，子孙以国为姓氏”。邓姓，《元和姓纂》载，“邓，商高宗武丁封叔于邓（今河南省邓县），建诸侯国邓，赐姓曼，春秋时，邓侯吾离朝鲁，后为楚文王所灭，子孙以国为氏”。又据《邓氏族谱》载：“自商代高宗武丁封其叔曼季于邓国即河南南阳邓州。公元前六百四十八年，邓为楚所灭及周改国为郡，邓国号曰南阳郡，递后子孙以邓为姓，以南阳为郡。”

**以地名、邑名为姓**　如赵、商、郭、冯、傅、苏、卢、叶、阎、潘、钟、姜、范、方、姚、邹（又以国名为姓）、陆、郝、崔、毛、邵、尹（又以官名为姓）、苗、莫（又以官名为姓）、欧、漆、聂、蓝、屈、华、柳、温、揭、瞿、湛、施等姓，约占境内姓氏总数 10%以上。其中姚姓源于舜出生地名，《新唐书·宰相世系》载，“姚姓，虞舜生于姚墟，因此为姓”。卢姓，《新唐书·宰相世系》载：“卢氏出自姜姓，齐文公子高，高孙溪为齐正卿，溢田敬仲，食采于卢，济北卢县是也，其后因此为氏”。

**以王名或祖辈姓、字为姓**　如刘、袁、丁、余、任、石、孔、白（又以邑名为姓）、孟、万、段、汤（一说以谥号为姓）、易、武（又以谥号为姓）、包、颜、童、兰、胥、艾、骆等姓，约占境内姓氏总数 6%左右。其中万姓，以祖先名为姓，有两个源头，一支是晋国毕万的后代，一支是芮国侯芮伯万的后代，均以先辈人名为姓，故宋人郑樵《通志·氏族略》将万氏列入以名为氏类，云“万姓，毕万之后，一云芮伯万之后”。任姓，《诗经》载：“思齐大任，文王之母”，大任即周文王之母大任氏，其后人以其姓中“任”为姓。《史记·五帝本纪》载，神农氏母任如人，其后人亦以其姓为姓（又有言为黄帝赐的姓；有言为母系社会最早的十二姓之一，初为“妊”，后改为“任”；有言为黄帝少子禺阳受封于任，因以为姓；有言为出自风姓，是伏羲氏后裔，《左传·僖公二十一年》载：“任、宿、须句、颛臾，风姓也，实太昊与有济之祀”，是说任姓出自风姓，是太昊伏羲的后代）。

**以谥号、赐号、爵号、官名为姓**　如胡、林、董、金、康、史、侯、钱、文等姓，约占境内姓氏总数 2.5%以上。其中胡姓，唐《元和姓纂》载，“胡，帝舜之后，胡公为谥号，封陈，子孙以谥为姓”。林姓，周武王赐给比干之子的姓。侯姓，《史记·晋世家》载：晋国至春秋时已成分裂局面，历孝侯、鄂侯、哀侯、小子侯，至晋侯缗时，他被曲沃武公（即晋武化）所杀，其子孙逃到其他诸侯国，以祖上原爵号“侯”为姓。钱姓，以官号为姓。宋人郑樵《通志·氏族略》载：“颛项帝曾孙陆终（《史记·楚世家》言为颛项帝玄孙）生彭祖，裔孙孚，周钱府上士，因官命焉。”

***其他起源*** 中国香港天马图书有限公司出版的陈荣昌《百姓探源》载，或以水果名为姓，如李姓。或为王者之后自命的姓，如王姓；或创制长弓得来的姓，如张姓；或某姓去某形形成的姓，如邾氏去邑形形成的朱姓；桥氏去木形形成的乔姓；或出于某姓音讹而形成的姓，如何姓；为出于韩氏音讹形成的姓；或为简化赐号形成的姓，如马姓；或出自祖字异写的姓，如袁姓；或始于鼻祖的姓，如杜（杜康）姓；或源于子姓的姓，如孔姓；或避讳改成的姓，如邱姓避孔丘讳形成的姓；或与传说有关的姓，如龙姓；或源于某某名字的姓，如汤姓（源于商汤名）；或古老姓氏沿习的姓，如常姓；或由某姓改来的姓，如贺姓为由庆姓改来的姓，龚姓为共氏避难改成的姓，严姓由庄姓改来的姓，等等。

## 二、姓氏现状

1982 年，第三次全国人口普查境内有姓氏 297 个。1990 年，第四次全国人口普查有姓氏 321 个。2000 年，第五次全国人口普查有姓氏 344 个。2010 年，第六次全国人口普查全区姓氏有 360 个。其中 5000 人以上的姓氏 8 个，分别为：李姓，20208 人；刘姓，10988 人；张姓，7638 人；王姓，6998 人；陈姓，6959 人；杨姓，6451 人；丁姓，5831 人；吴姓，5054 人。3000~4999 人（含 3000 人）以上的姓氏 4 个，1000~2999 人（含 1000 人）以上的姓氏 29 个，10~999 人（含 10 人）以上的姓氏 222 个，10 人以下的姓氏 97 个，计 389 人。

### 2011 年云溪区姓氏结构表

（按普查登记顺序排列）

表 24-1-2　　单位：人

| 姓氏 | 人数 | 姓氏 | 人数 | 姓氏 | 人数 | 姓氏 | 人数 | 姓氏 | 人数 | 姓氏 | 人数 |
|---|---|---|---|---|---|---|---|---|---|---|---|
| 艾 | 132 | 傅 | 29 | 蓝 | 10 | 蒲 | 20 | 韦 | 39 | 袁 | 783 |
| 安 | 51 | 付 | 698 | 兰 | 121 | 戚 | 5 | 魏 | 281 | 苑 | 5 |
| 敖 | 359 | 干 | 1 | 劳 | 2 | 漆 | 29 | 卫 | 5 | 岳 | 22 |
| 白 | 379 | 甘 | 1219 | 乐 | 33 | 齐 | 85 | 温 | 43 | 曾 | 2321 |
| 柏 | 24 | 高 | 699 | 雷 | 294 | 祁 | 12 | 文 | 326 | 詹 | 292 |
| 包 | 38 | 戈 | 4 | 冷 | 190 | 钱 | 89 | 闻 | 5 | 占 | 28 |
| 鲍 | 7 | 葛 | 447 | 黎 | 697 | 乔 | 1605 | 翁 | 614 | 湛 | 115 |
| 贝 | 5 | 耿 | 27 | 李 | 20208 | 秦 | 283 | 巫 | 25 | 章 | 188 |
| 毕 | 15 | 龚 | 1216 | 栗 | 1 | 青 | 10 | 吴 | 5054 | 张 | 7638 |
| 边 | 5 | 宫 | 6 | 厉 | 3 | 卿 | 12 | 武 | 44 | 赵 | 1292 |
| 卞 | 10 | 辜 | 8 | 利 | 2 | 邱 | 568 | 伍 | 184 | 甄 | 5 |
| 宾 | 30 | 古 | 31 | 连 | 71 | 曲 | 7 | 席 | 51 | 郑 | 1119 |
| 卜 | 39 | 谷 | 46 | 廉 | 3 | 屈 | 66 | 习 | 2 | 钟 | 621 |
| 才 | 11 | 顾 | 54 | 练 | 4 | 权 | 10 | 夏 | 506 | 周 | 4018 |
| 蔡 | 874 | 刮 | 2 | 梁 | 302 | 全 | 27 | 项 | 24 | 朱 | 1757 |
| 曹 | 988 | 关 | 32 | 粱 | 7 | 冉 | 23 | 向 | 476 | 诸 | 2 |

续表 24-1-2

| 姓氏 | 人数 | 姓氏 | 人数 | 姓氏 | 人数 | 姓氏 | 人数 | 姓氏 | 人数 | 姓氏 | 人数 |
|---|---|---|---|---|---|---|---|---|---|---|---|
| 查 | 7 | 官 | 408 | 廖 | 1028 | 饶 | 35 | 肖 | 1336 | 祝 | 49 |
| 柴 | 182 | 管 | 28 | 林 | 886 | 任 | 765 | 谢 | 2528 | 庄 | 96 |
| 昌 | 24 | 桂 | 18 | 凌 | 101 | 荣 | 26 | 辛 | 19 | 卓 | 37 |
| 常 | 88 | 郭 | 972 | 刘 | 10988 | 阮 | 154 | 信 | 1 | 资 | 3 |
| 巢 | 24 | 国 | 1 | 柳 | 308 | 桑 | 5 | 邢 | 30 | 宗 | 9 |
| 车 | 12 | 过 | 1 | 龙 | 386 | 沙 | 14 | 幸 | 2 | 邹 | 646 |
| 陈 | 6959 | 海 | 1 | 隆 | 8 | 商 | 3 | 熊 | 956 | 祖 | 7 |
| 成 | 65 | 韩 | 191 | 娄 | 12 | 上 | 3 | 修 | 7 | 左 | 102 |
| 程 | 636 | 郝 | 51 | 芦 | 49 | 尚 | 14 | 徐 | 2534 | 蒯 | 8 |
| 池 | 2 | 何 | 1758 | 卢 | 3238 | 邵 | 119 | 许 | 641 | 仝 | 1 |
| 仇 | 43 | 贺 | 347 | 鲁 | 284 | 申 | 59 | 续 | 8 | 佘 | 53 |
| 丑 | 2 | 洪 | 63 | 路 | 8 | 沈 | 2090 | 薛 | 99 | 谌 | 442 |
| 楚 | 71 | 侯 | 120 | 陆 | 323 | 盛 | 83 | 寻 | 9 | 谯 | 4 |
| 储 | 11 | 候 | 26 | 吕 | 220 | 师 | 14 | 严 | 278 | 邝 | 22 |
| 崔 | 197 | 胡 | 2726 | 罗 | 1696 | 施 | 482 | 言 | 23 | 郏 | 19 |
| 达 | 1 | 花 | 89 | 骆 | 89 | 石 | 237 | 颜 | 129 | 鄢 | 15 |
| 戴 | 557 | 华 | 32 | 麻 | 9 | 时 | 8 | 阎 | 10 | 芮 | 3 |
| 代 | 233 | 黄 | 3264 | 马 | 911 | 史 | 46 | 燕 | 10 | 荀 | 4 |
| 单 | 60 | 霍 | 15 | 满 | 6 | 首 | 1 | 杨 | 6451 | 蔺 | 4 |
| 但 | 2 | 吉 | 8 | 毛 | 614 | 舒 | 168 | 扬 | 2 | 呙 | 9 |
| 党 | 12 | 冀 | 3 | 冒 | 4 | 帅 | 12 | 羊 | 2 | 庹 | 3 |
| 邓 | 1876 | 季 | 47 | 枚 | 10 | 司 | 21 | 阳 | 137 | 庾 | 2 |
| 狄 | 14 | 纪 | 11 | 梅 | 266 | 宋 | 605 | 尧 | 2 | 闫 | 34 |
| 翟 | 13 | 贾 | 77 | 蒙 | 5 | 苏 | 394 | 姚 | 1842 | 闵 | 86 |
| 刁 | 2 | 简 | 20 | 孟 | 147 | 粟 | 29 | 叶 | 883 | 闾 | 621 |
| 丁 | 5831 | 姜 | 723 | 米 | 35 | 宿 | 4 | 易 | 1139 | 阙 | 2 |
| 董 | 241 | 江 | 496 | 苗 | 65 | 隋 | 20 | 殷 | 109 | 濮 | 4 |
| 豆 | 1 | 蒋 | 998 | 明 | 23 | 孙 | 1155 | 银 | 1 | 蹇 | 8 |
| 杜 | 379 | 焦 | 33 | 莫 | 121 | 潭 | 2 | 尹 | 232 | 缪 | 28 |
| 段 | 371 | 揭 | 9 | 牟 | 16 | 谭 | 717 | 印 | 6 | 臧 | 21 |
| 樊 | 118 | 解 | 41 | 穆 | 164 | 谈 | 79 | 应 | 5 | 晏 | 151 |
| 凡 | 1 | 金 | 197 | 倪 | 110 | 汤 | 981 | 雍 | 45 | 虢 | 24 |
| 范 | 245 | 靳 | 7 | 聂 | 262 | 唐 | 1117 | 尤 | 19 | 滕 | 23 |

# 第四节 族训·家规

## 一、族训

明代，一般同宗共祖的宗族即有族训，训诫族人要尽孝悌、行周济、戒淫赌、读诗书、崇节俭等。明穆宗至神宗年间（1567—1620），杨一鹏家族族谱定有《杨氏家族十训》：一、平明即起，洒扫庭院；既昏关锁，亲行检点。二、夫妻同胞，家和业兴；子孝媳贤，家声弥远。三、长者为尊，幼者为宝；尊老爱幼，融乐无限。四、弱则无欺，强则无恃；忍让当头，别有地天。五、闻鸡起舞，学必趁早；黑发不勤，白首自恨。六、盘中之餐，皆为血汗；冠带之下，百姓为先。七、钱财心血，宁可自负；负则心安，福寿连绵。八、轻利重义，疏财成仁；勤奋无价，仁义无边。九、扶危济困，恩遇有报；救难赈灾，功德自见。十、真诚之质，立身之要；信誉之德，价值万钱。

清代后，族训盛行。清乾隆二十一年（1756），刘璥家族订有《约族条教十则》。咸丰十年(1860)，制《新议训戒十则》。民国时期，战乱频仍，家族流离失所，修族谱立族训者少。

1949年后，随着社会改革、生产力发展，宗族观念逐渐淡化，族训不再流行。“大跃进”“文化大革命”期间，族训被当作“四旧”基本废除。1978年后，加强精神文明建设，族训重新兴起。2011年，刘氏家族重修族谱再立《立身守则十条》：一、立德明责；二、尊祖孝亲；三、忠正爱国；四、遵纪守法；五、和宗睦里；六、勤俭诚谨；七、友爱兄弟；八、博学明志；九、兴良除弊；十、勤勉教子。

## 二、家规

20世纪50年代，多要求家庭成员拥护新生人民政权，积极投身土改和社会主义改造。60年代，要求学雷锋、学毛主席著作，为人民服务，毫不利己、专门利人。70年代，要求反对资本主义，搞好“斗私批修”。80年代初，要求坚持改革开放，坚持四项基本原则。1988年，全区开展创“三户”活动，城乡居民户将乡镇印发的“三户”标准张贴家中作为家规要求家庭成员共同实行，争当遵纪守法户、勤劳致富户、科技示范户。1995年，在开展“双文明”评比竞赛中，城乡居民将“双文明户”评比条件作为家规，约定家人共同遵守。2004年，永济乡群众在践行市委、市政府制定的《岳阳市民行为道德规范》，争创“十星级农户”活动中，结合实际，首创家规、家训。次年，区委宣传部收集整理、印发5000册，在全区推广。至2011年，全区93.2%的居民家庭订立践行家规。其内容主要有要虚心好学、敬老爱幼、团结友邻、乐于助人、争做有用人才、诚实守信、男女平等、孝顺慈爱、勤俭节约、崇尚科学等。云溪镇小康酱菜厂厂长丁维清家训：崇义尚乐，诚心为人；个人富了不算富，大家富了才是富。云溪乡青石村丰门组退休干部张常琨家训：尚助人以为荣，持晚节以为乐。路口镇“养猪状元”吴泉保家规：勤劳节俭，科技致富；饮水思源，助人为乐。文桥镇望城村村民杨元珍家训：父子贵慈孝，处家贵宽容。该村村民李谷良家规：戒骄戒躁，去懒弃庸，善学好问，以成大器。该镇卫生院院长李宝生家训：敬老爱幼家事兴，邻里团结友情深，热心公益百姓敬。陆城镇新港村原党支部书记肖永生家训：不做有用人，白在世上走。道仁矶镇大田村村民丁观球家训：养女施子教，男女都一样，女儿会读书，胜似大儿郎。

# 第二章　民　俗

清同治《临湘县志》载：境内自古民风淳朴，多“克勤克俭，尚礼尚文”“尚义好文”“有屈原遗风”。民国时期，因战乱灾疫迁徙杂居，礼俗互融，以致良莠难齐。1949年后，提倡社会主义新风尚，废除陈规陋习，至今民俗乡风愈趋文明。

## 第一节　生活习俗

### 一、服饰

**衣着**　清代，富豪闲适之家，男性着大襟长袍、外罩对襟马褂，女性常服齐膝大襟袍衫、外加披风，下着长裙裤；平民百姓多是短衣短裤，甚是爱惜，有“新三年，旧三年，缝缝补补又三年”的俗语。民国时期，男性青年着中山装、学生装，中、老年人着对襟短袄、短衫、大裆裤；女性上着大襟短袄、短衫，下着长裙、短裙、大裆裤，少数富者着旗袍。1949年后，青、蓝色中山装、列宁服流行。60年代，青年男女中流行草绿色和平服（仿军装）。70年代后期，服饰材料逐渐由棉织品改为化纤纺织品。80年代后，居民喜欢从市面上选购成衣，质地、颜色、花纹均异彩纷呈，京式、沪式、广式、港式、西式，千姿百态。2000年后，复流行棉质衣料，花色、式样不拘一格，男女老少各取所爱，无明显区别。

**头饰**　清代，男子留长辫，戴瓜皮帽或挽头巾。少女拖长辫，中老年妇女盘发脑后，头巾裹覆。民国时期，男子剪辫剃光头、留平头、剪学生头，也有戴鸭舌帽、球帽的。1949后，帽子款式逐渐增多。50年代至60年代，八角帽、军帽较流行。80年代，戴太阳帽、鸭舌帽、博士帽、瓜皮帽、绒球帽。90年代后，女性多数不戴帽，趋向卷发、直发、染发，配发簪、发钗、发夹、发套、发带、白金或黄金耳饰、颈饰、胸饰等，耳饰有方形、三角形、菱形、圆形、椭圆形、圈形，颈饰、胸饰有项圈、项链、胸花、胸针等。

**鞋**　明、清时期，官商豪富穿皮靴，百姓穿家制布鞋，劳动时，男姓穿自制的麻草鞋或稻草鞋，冬季雨雪天外出穿桐油布鞋或木屐。民国时期，男女多穿自家缝制的老布鞋、力士鞋、球鞋。50年代，橡胶雨鞋替代桐油布鞋、木屐。60年代后期，胶底鞋、塑料凉鞋替代草鞋。70年代，流行黄色解放鞋。80年代后，女红做鞋技艺基本失传，自做布鞋少见，均到商店买鞋。2000年后，品种、式样更丰富，有布鞋、棉鞋、塑料鞋、皮鞋，有高跟、平底、尖嘴、圆头、长筒、短帮鞋。

### 二、饮食

**日常饮食**　清代、民国时期，富人饱膏粱、醉醇醲，平民百姓难得吃上一顿白米饭，米饭中多掺以红薯、薯丝、瓜菜、荞麦、豆类、高粱等杂粮。遇上灾年，还要拌苦菜、黄花菜、地米菜、野藠头、马齿苋等野菜。1949年后，贫富差别缩小，居民生活水平逐步上升，三餐均以大米饭为主，佐餐以时蔬为主，以坛子菜做“压桌菜”，坛子菜有黄豆酱、碗豆酱、霉豆腐、泡菜等。2000年后，城乡居民饮食有较大改变，鱼肉类成为家常菜，早餐逐渐改为包子、馒头配稀饭、酸奶等营养品。饮料以川芎、生姜、绿茶泡开水为主。有70%以上的成年男子爱饮白酒，以活血化瘀、解乏提神。2000年后，有居民不再饮食泡茶，直接饮用瓶装纯净水。

**礼仪饮食**　“客来一杯茶”是基本礼节。待贵客以白糖、桂元、红枣炖鸡蛋为茶；待至亲客人甜酒或糖开水冲鸡蛋是上等茶；待百客爆米茶是春节前后传统特色茶。90年代后，爆米茶因一般化逐渐少见，市场有配好的姜盐芝麻豆子，1小包泡1杯茶，既经济又方便，待客普遍采用，有的以名贵的龙井、银针、铁观音泡茶。餐桌上以白酒待男客，黄酒、葡萄酒、啤酒待女客，讲究殷勤斟酒，多尽一杯。不饮酒的敬“雪碧”、可口可乐、橙汁、牛奶、“营养快线”“王老吉”等。待客菜肴讲究“十碗”“四盘六碗”，大荤鱼、猪肉占半数才算体面。2000年后，办筵席少则十二碗，多则十六碗，有狗驴牛羊肉、家禽野兽、虾蟹龟鳖、黄鳝泥鳅、蛇蛙螺蚌等。请客整酒除婚丧寿诞外，有入学酒、参军酒、新居酒、营业开张酒等，虽明令禁止，仍逐渐增多，往往不再在自家办，每席几百元由酒店、饭馆承办。

**特色食品**

**腊肉**。农村有农历腊月家家腌制腊肉的传统习惯，既是待客佳肴，更是“年味”的重要组成部分。其制作十分讲究，要在冬至过后“洗猪”（宰猪），过早气温高，易变质。宰毕，将猪肉砍成5斤左右块状，按6%加盐揉匀，置缸中腌渍半月，再洗净，晾干明水，用干柴、锯沫生微火清烟，慢慢熏烤，月余干透，皮红肉黄，堪称佳品。俗语说“腊鱼腊肉，见火就熟”，脆嫩爽口，浓香生津，炖烤炒蒸，四季皆宜。

**爆米**。又叫米泡。做爆米的习俗传承已久。据民间相传，南宋抗金名将岳飞带兵路过云溪，家家捧壶提罐，争相以爆米茶劳军。爆米制作复杂。冬至过后，选优质糯米，剔去碎粒节米，洗净、浸透、沥干，拌少量菜油蒸熟，平摊约10厘米厚，置阴凉处5天，再厚摊晾晒，做成“阴米”。好阴米有光无坼，“色如玉，形如梭”。然后用大锅灶，取2~3斤钢沙，置锅中焙热，加桐油，倒阴米用竹帚（竹枝扎把）搅匀爆炸。炸时，火要猛，动作要快，每爆三四次后还需加一次桐油（桐油可提高沙温）。爆米既可作爆米茶待客，又可佐以炒熟的芝麻、花生仁或葡萄干，拌自制的红糖（红薯熬制的）或白糖(大米熬制的）做成爆米块。爆米块香、甜、脆，是上好的点心。

**薯片**。明、清时期，有做薯片的习俗，相沿至今。薯片是过年时的主要副食品。做薯片要冬腊月做。取优质红薯洗净、去皮，焖熟，加芝麻、碎花生仁等，捣成糊状，刮在洗净的薄布上，晒至半干后揭布晒薯片。稍干后剪成小块，再晒干晒透，用爆米爆一样的方法爆成熟薯片。熟薯片香脆甘甜，四季可食，胜过一般糕点。

**绿豆皮**。煎绿豆皮相传已久，沿习成俗。煎绿豆皮要取上好绿豆、等量大米，一同洗净、浸涨，加水去绿豆壳，磨成稠豆浆，用细软干柴缠成把作燃料，在大锅灶上煎烫，制成绿豆皮。再切成丝，晒干。吃时用开水煮软，加以佐料，香爽兼备，营养也好，至今备受人们喜爱。

## 三、居家

**定向建构**　清代、民国时期，居家砌房讲究风水，要请“地仙”择吉址、定屋向。有“户不朝北”的说法，恐过于阴冷，居之不利，有“开门朝西，出门不归”的说法，有大门不正对大路、大树、墙头、烟囱的禁忌。下基脚时，鸣鞭炮，焚香烛，撒谷物，洒酒水。立大门柱、上梁要测日子：“春子夏卯日，秋午冬酉天，此是鲁班煞，上梁宜避焉”。上梁时要木匠一手握斧，一手持雄鸡以其冠之血涂于大梁两端，口念祝辞“发彩”，众人应“好”。东家绕梁抛撒糖果糕点，哄抢者越多越好，以兆发旺。1949年后，风水观念淡化，上立柱梁不再用鸡冠血涂染。

**样式材质**　清代、民国时期，富贵人家房屋多做成2~3幢或多幢堂屋，两侧加做横堂屋，堂屋间做“天井”，以利采光、透气、排水，材料多是外部青砖青瓦，内部雕石礅、木廊柱，木墙体饰彩画。寻常百姓“泥砖墙上千重瓦”，多数盖茅草或稻草。中华人民共和国成立初期至70年代末，一般每家住1栋平房，墙体3~5线青砖，上砌泥砖，盖青瓦。80年代，红砖红瓦房替代泥砖青瓦房。90年代，平房换成2层小楼房。2000年后，农村仍以2层楼居多。集镇普遍建3~4层，四室二厅，厨厕配套，有的外带院子，四季花木掩映。2011年，城乡房屋中楼房占88.31%，钢筋混凝土结构的占89.87%。

**居家面积**　清代、民国时期，富豪之家房屋讲究宽敞大方，平民百姓只求避风躲雨。50年代后，居民住房户均一般70~80平方米。60年代后，居家面积逐步增大。80年代，户均100平方米。2000年，扩大至150平方米左右。2006年末，境内抽查2.11万户农村居民，户均房屋面积141.41平方米。2011年，城乡居民户住房面积均增至153.32平方米。

### 四、行旅

清代、民国时期，仅有官宦富豪骑马、坐轿或雇船，平民百姓只能徒步跋涉，旅途甚是艰险，故俗语有“九、十出门莫盼归”“十四、二十三，金银莫去担”，因为“九”与“久”谐音，“十”“四”与“死”谐音，不吉利。50年代至60年代，交通逐步发达，乘车价格便宜，远行多乘火车。70年代，公路增多，乘坐汽车出行的增多。80年代，家家有自行车，集镇有出租车。90年代，普及摩托车。2000年后，20%左右的家庭有“面的”或小轿车。2006年，每100户中有摩托车43.5辆、家用汽车1.7辆，短途出行　多乘摩托或开自家车。远途出行可坐火车、乘飞机、坐轮船。2009年，武广高速铁路开通，“京广数千里，高铁一日程”，旅途不再是险途。

## 第二节　礼仪习俗

### 一、婚丧寿辰

**婚嫁**

问名。1949年前，男女婚配要先问名，即男方请媒人交换婚配男、女双方姓名、生辰八字，请算命先生推算，看“八字”合不合，合则配婚，不合一般另行选配。1949年后，此习俗逐渐废除。

发书。确定婚配后，由男方宴请女方家长，请亲朋奉陪，当场写下庚帖，作为缔结婚约依据。1949年后，写庚帖废止，改为男、女双方走访，男方宴请女方亲属定亲（又称领席）。

纳彩。又叫过礼。女方接受男方彩礼，此习俗相沿至今。

请期。俗称约日子。由媒人及男、女双方议定嫁娶吉日，再由男方写出迎娶帖子（定娶书）送达女方。现写帖定娶少见，一般口头约定。

嫁娶。嫁娶头天晚上，男方宴请主要亲戚，款待媒人，即为“先夕剪烛”“花烛宴”。女方要宴请亲朋，祷拜家神，以示告拜，接受亲朋所赠钱财作为女子压箱钱。结婚之日，男方抬花轿到女方迎娶新娘，三催上轿，鼓乐伴行。到男方后，新婚夫妇拜天地、家神、双亲、媒人，再对拜入洞房，喝“交杯酒”（又称“好顺茶”）。新婚之夜，亲友邻里不分长幼闹新房。60年代后，新娘不再坐花轿，改为步行。70年代，有坐拖位机、小三轮的。80年代后，改乘轿车，轿车一般6台以上。2000年后，结婚有几对新人一起举行集体婚礼的，既简单又热闹。

**丧葬**

**送终**。老人弥留之际，家人、亲属要在身边“送终”。去世忌称“死”，称“老了”“寿终”，婉称“享福”。要鸣鞭炮、燃香烛，烧纸钱（又称“烧落气纸”）。

**小殓**。也叫沐浴。由亲人用毛巾为亡者擦抹身体，更上寿衣。擦抹身体讲究“前三后四”，即前身抹3次，后身抹4次；寿衣讲究“五领三带”，即上身穿5层，下身穿3层。

**下榻**。请执事者用寿褥兜亡者下床，将其停放堂屋一侧。下榻后要盖寿被，露出双足。其头前设香案、牌位、遗像、奠品，念相关告文，以为“正寝”。80年代后，亡者下榻入水晶棺。

**择吉**。请“地仙”择出殡下葬吉日，以免“重丧”之灾。墓地要选择风水好的地方，不能伤“地脉”“地气”，不葬乱岗顽石，不葬沟河险境，不葬低矮洼地，不葬孤独山岭，不葬峭壁悬崖，不葬龙虎绝顶。

**报丧**。老人亡故后，传统作法要大门口挂白布条或白纸条。民国后，普遍改贴白纸挽联，上书“当大事”，表示家中正办丧事。要向亲友报丧，告知大殓和出殡日子。亡者或其子女有身份地位的，还张贴讣告。

**吊丧**。因各家状况不同，繁简有别。一般操办三日，多则五日、七日，日数均须单数。吊丧时，吊客上香，面对亡者三叩三揖，有的还送挽联、挽幛，女婿须挂“上文”挽幛。孝子着孝服披麻衣，回拜吊客。请僧道或儒生替新亡父母招魂告祖，念经超度。晚上请歌师唱孝歌“坐夜”。1949年后，一般不再请僧道儒生念经超度。

**大殓**。坐夜最后一晚，吊客尽至，设宴盛待，叫“逢挽”。逢挽后遗体入棺，叫“大殓”，又叫“进材”。棺材多用杉木，忌用松木，杉树锯断后多发枝杈，以示多有子孙，松树则“不发”。棺材里面，按男红女绿用布满饰，棺底垫熟石灰防雨水渗漏。入殓后，遗体仰卧棺中，须平而正，头朝大门，设香案棺前，灯烛长明。出殡前，棺盖合严，钉牢。

**出殡**。有血缘关系的晚辈（五代以内）及配偶披麻戴孝，先在棺前跪拜泣别，再祭祀土地神，起柩上山。白幡招魂，纸钱引路，孝子捧灵牌、遗像，一路鞭炮锣鼓唢呐送行。中途至少歇息1次，但灵柩不可着地，以板凳托起。丧夫（又称八大金钢）向亡者晚辈亲戚讨“路祭钱”。此习俗延续至今。

**落字、回灵**。棺材抬至墓穴旁，焚香烛纸钱，列祭品，念、烧祭文，并以雄鸡冠上鲜血滴入墓穴再下葬，整个程序叫“落字”。然后“回灵”。回灵时，孝子捧灵牌、遗像返家，设灵位以“安灵”。一般做坟3天。坟做完后，孝子、女婿须向坟上各添一抔土，称“三朝覆土”。2000年始，殡葬改革，提倡火葬。

**守服**。做完新坟，在堂屋设灵堂，供奉灵牌，守服守孝。守服守孝按血缘关系分5个档次，故称“五服”。即子女守孝3年，兄弟姐妹、孙子守孝1年，直系堂兄弟姐妹守孝9个月，一般堂兄弟姐妹与曾孙守孝5个月，近房堂兄弟姐妹与玄孙守孝3个月。守服守孝期间忌红色、禁娱乐、绝交往，早晚在灵前点香烛，给新坟送7天香烛、稻草做成的烟包。自亡日起，每7天给亡者烧一次包封的纸钱（叫烧包袱），满“五七”而止。满13个月为“小祥”日，满25个月谓“大祥”日，满27个月为“潭祭”日。守孝期满，将灵牌换成木刻的“神主”，送入祖堂或祠堂存放，以供祭祀，再拆灵堂，烧灵牌、灵屋，是为“烧灵”。1949年后，守服制度基本废除。

**生辰**

**生育**。旧时，小儿出生前门上画八卦，产妇蚊帐门前挂桃木剑，剑上染雄鸡血，枕下置剪刀、秤砣等物避邪。临产烧香请神灵保佑母子平安。婴儿落地必放鞭炮，一为志庆，二为祛邪。再用雄鸡或母鸡和酒、糖果等去婴儿外婆家报喜。生的是男孩，以剪成圆形的红纸封酒壶口，配以雄鸡；是女孩，以剪成缨桃状的红纸封酒壶口，配以母鸡。外婆家凭鸡、酒壶封口便知道小外孙性别，分别回以喜糖、外壳染红的鸡蛋和衣物、饰品。

**洗“三朝”**。婴儿出生3天要沐浴，去掉母体内所带来的胎皮、秽物。洗三朝有的地方要请客送礼。

**汤饼会**。又称“整祝米酒”。即婴儿满月时，择吉日宴请亲朋。外婆家需备大米、甜酒、鸡蛋、面条等物作为“抬货”，表示祝贺。亲朋需备礼物“送祝米”。这天，会有一些“算命先生”进门，一曰算命，二曰“叨喜”。

**抓周**。小儿周岁要宴请亲朋，并备纸笔、玩具等物，任其抓取，预测其未来志向、职业。

**寿诞**　旧时，60岁即算长寿，作为子女要给长寿父母添置新衣，宴请亲朋邻里前来祝寿。50年代后，随着人民健康水平提高，长寿者更长寿，60岁祝寿者减少，70岁、80岁祝寿者增多。90年代后，男性36岁过生日的习俗传入境内，年满50岁的按传统“五十为寿”祝寿者增多，老年人70岁、80岁、90岁做寿的多。2011年始，满百龄做大寿，享受国家每月250元的生活津贴。

## 二、社会交往

**朋友交往**　清代、民国时期，朋友交往多讲究“与人同行莫争先，与人交谈莫抢言”“夏日莫争上风口，冬天莫占火炉前”，要处处礼让，要谨记“言多必败”“逢人且说三分话，未可全抛一片心”，要谨慎小心，免招事非，与今日“坦诚相见”“知无不言，言无不尽”迥然不同。与人交谈忌喋喋不休、信口开河，忌逢人诉苦、高声大气，忌低沉冷漠、尖酸刻薄，忌左顾右盼、多人场合中凑听他人私语。出门访友忌穿一套白色衣服，因与“孝服”相似。送老人礼物忌送钟表，“送钟”与“送终”谐音。看产妇忌用梨子，“梨子”与“离子”同音。探望病人或会友要选择时间，“甲寅乙卯巳卯防，探人疾病替人亡”“酉日会友两不祥”。给一般异性朋友送贴身用品是不庄重，在人前吐痰有唾弃他人之嫌，等等。这些陋习20世纪50年代基本破除。

**亲戚交往**　到亲戚家作客要衣冠整齐，举止斯文，坐姿端正，不翘二郎腿。赴宴入席要遵从席位等次，一般坐次要位置，坐高于自已身份的位置会遗笑远近。八仙桌设席按桌面板接缝方向（如下图方框表示桌面，框中直线表示面板接缝，数字表示席位等次）有“官铺”“朝铺”之分。官铺专待贵客，朝铺普遍适用。一席各位又有等次之分，一堂各席有尊卑之别。面向屋内，右侧为东。堂屋横列2席，右尊左次；横列3席，中尊右次左再次。纵列2席，上尊下次。横纵俱列，先横后纵，以此类推。故旧亲戚依次以舅、姑、姨、表为序，新亲、贵客通常为尊。此习俗沿习至今，仅现多用圆桌，桌面接缝有桌布掩饰，坐席等次不再拘泥细节。

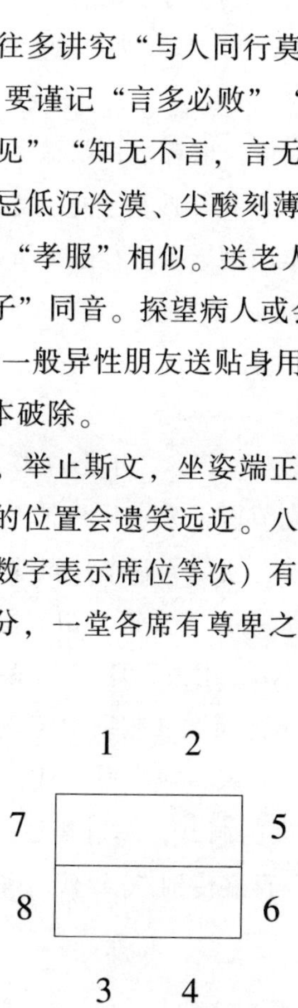

官铺式

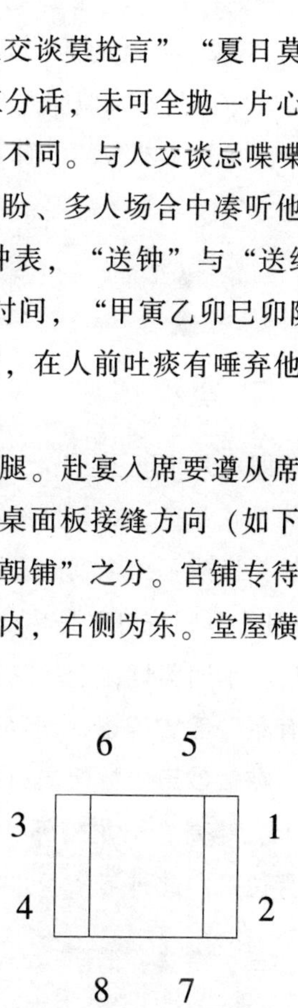

朝铺式

**行业习俗** 请教书先生设席只能设于堂屋西边，称“西宾”。理发师只能站在理发人的左右或后面理发，否则，理发人便不给钱，甚至挨其骂。木匠泥匠给东家做屋，屋的进深、高度尾数均要带“八”的数字，如屋高一丈八尺八寸，“八”与“发”谐音，兆新屋必定发旺。做门不离“五”的数字，如高5尺5寸，会五福临门。做床不离“七”、做桌不少“九”，寓不离妻、不少酒。从业须拜师，要尊鼻祖，若不知鼻师姓名，必遭同行耻笑、驱赶，甚至挨打受骂、工具遭毁。理发师傅要尊吕洞宾，裁缝师傅要尊轩辕氏，织布匠要尊黄道婆，木匠要尊鲁班，竹匠要尊泰山，酿酒师要尊杜康，经营茶叶的要尊陆羽，制笔的要尊蒙恬，铁匠要尊李老君，印刷师傅要尊毕升，屠夫要尊张飞，等等。业内人谈生意要用隐语，讲“江湖”，隐语将一些事物名称、数字用代称表示，业外人听不懂，可避免泄露行内事情。1949年后，商品逐渐实行明码标价，生意合理竞争，讲隐语的习俗废除。

## 第三节 岁时习俗

### 一、春节

明、清时期，十分重视春节，时称“过新年”。过新年讲究大喜大庆，祈求大吉大利，老年人以这天情形推测一年的凶吉祸福。这天，人人早起，先于门外燃烛、焚香、列祭品、敬天地、放鞭炮，称为“开财门”“出行”。再到祠堂或祖堂祭拜祖宗，在家中晚辈给长辈拜年。均要换新衣，叫“除旧布新”。不说不吉利的话，不用钱，不晒衣物，不拾别人遗失的东西。“初一不出门，初二拜不赢”，到了初二才出门给亲戚朋友拜年。“初一拜父母，初二岳母娘”，岳父岳母必拜，若女婿初二不到岳母家拜年，是最不恭敬的。拜年一般拱手一揖，也有给长辈跪拜的。1949年后，年俗渐有改变，迷信成分淡化，热闹气氛更浓厚。1984年后，守岁接年改为看中央电视台的春节联欢晚会。拜年有通过发短信拜的。放鞭炮的更多，无论城乡，户年均鞭炮费至少500元以上，多者数千元，极少数家庭多达1万元以上。

### 二、上元

即正月十五上元节，又称元宵节、半月节。“年小月半大”，对上元节的重视，仅次于过年。最重视的是吃元宵、玩花灯。中午早早吃完节饭，家家户户忙开了：用糯米粉混以芝麻、白糖、精肉、果脯等，做成一个个圆团在锅里加油慢炒，便是元宵节中的上品“元宵”。吃起来外脆内滑，香甜生津。“正月十五闹花灯”是传统节目，又叫灯会。其实正月初三便开始，以十三日至十五日最隆重。“十三正灯，十四罢灯，十五热热闹闹一夜（yà，阳去）灯。”傍晚，家家点亮檐灯，上书“清洁太平”“年年有余”等吉祥语，间间屋里灯火通明，猪圈、厕所概不例外。此时玩灯的队伍出动，数十人各举1灯，在锣鼓声中蜿蜒向村庄游去。每到一家，或唱段小戏，或跑一阵竹马，或打一阵花鼓，有时也玩狮子、蚌壳、旱龙船等。所到之处，大门洞开，爆竹相迎，男女老少，蜂拥而至。玩的玩，笑的笑，通宵达旦。此种习俗，自明、清时期一直盛传到50年代。60年代后，不玩灯，但燃灯照明更盛行。

### 三、寒食、清明

**寒食节** 明代，已有清明节前一天家家不得生火，皆吃冷食、皆扫墓过寒食节的习俗。清代，寒食习俗渐废，扫墓时间由寒食节顺延至清明节。

**三月三**　南宋吴自牧《梦粱录》卷二“三月”：“三月三日，上巳之辰，曲水流觞，故事起于晋时，唐朝赐宴曲江，倾都禊饮踏青，亦是此意。”境内没有“曲水流觞”、洗濯祛病的习俗，但明、清时期，踏青在文人中流行，悬壶携友，玩水游山，以遣雅兴。现学校组织春游，农村“三月三，地米菜（又名地菜、荠菜，根、花、籽均可入药）煮鸡蛋”的习俗盛传不衰。

**清明节**　清代，清明节这天，踏着青草，到逝去的亲人坟前焚一叠纸钱，添一抔新土，燃一炷心香，寄一缕忧思，在静默中与亲人神会。20世纪60年代，扫墓习俗当作“四旧”破除。80年代后，挂山扫墓、寻根问祖、慎终怀远之风渐盛。2000年后，清明祭祖车流如水，鞭炮如雷，有竞相奢华之势。

## 四、立夏·端午

**立夏**　明、清时期，有“立夏吃蛋，石板跳烂”“立夏不喝汤，走路秧又秧”的说法，“秧”即“蔫”、没劲。至今立夏日吃蛋喝汤仍相沿习。

**端午节**　明、清时期，端午节已为大节，家家饮雄黄酒，挂钟馗像，大门边插艾蒿挂菖蒲，小孩放雄黄炮，额头点雄黄汁以辟邪去秽。现不挂钟馗像，少有饮雄黄酒的，但大门边仍插艾蒿。

端午节划龙船虽是普遍习俗，但明、清时期，陆城莼湖划龙船的壮观远近少有。清代邑人刘立缨有诗言：“渡竞莼湖上，晴空尽扫烟。交锋谁与敌，破浪我争先。金鼓沿江噪，旌旗耀日悬。与君同唱凯，夺得锦标旋。”今陆城人蒋金阶《陆城史话》记述：那时“自陆城南门外至桥头的水上岸边，比赛看赛，人山人海，真个是赛船如龙，执扇如蝶，江城鼓震，旌旗挥舞，盛极一时。”1949年后，龙舟竞渡的传统习俗得到更加重视。“大跃进”“文化大革命”期间，此习俗完全废除。80年代后，重新兴起。

## 五、中秋、重阳

**中元节**　又称鬼节，即农历七月十五日。明、清时期，有重视中元节习俗。自七月一日始，迎先祖入门，在神位前设祭品、包好的纸钱，每日上香，三餐供酒肴饭食，十三日或中元节傍晚再烧纸钱。烧时，鸣放鞭炮，说请先人享用。烧后，任灰烬自行消散，不得翻动，以免弄破纸钱，先人不好受用。此习俗代相沿习。2011年5月23日中元节被国务院批准列入第三批国家级非物质文化遗产名录予以公布后，得到更加重视。

**中秋节**　俗称秋节、八月节、团圆节、月节、月夕。中秋节晚上必赏月。老人们教小孩唱“月亮光光”，教唱时，指点天空，要小孩仰面对明月，把明月印在心里，长大后心里明亮。此习俗自明、清时期沿习至今。

**重阳节**　明、清时期，在文人中流行重阳登高。民间相传只是九月初九这天采茱萸叶、饮菊花酒。茱萸叶、菊花酒避灾除疫魔。清末，天灾频仍，战乱迭起，此习俗基本不传。1989年国家将重阳节定为老年节赋予其新的内容后，单位、学校、社区组织老年人登山秋游、开阔视野，或者慰问五保老人已成为新的习俗。

## 六、除夕

明、清时期，已有除夕过年的习俗。先是小除，又称小年，即腊月二十四日。这天，要洒扫除尘，“二十四日打扬尘，放牛娃儿转归程”，意为家家打扫卫生，人人回家团圆；要祭灶神，二十四日又是司命菩萨（即灶神）的节日，祈求灶神保祐全家平安。再是除夕过大年。这天清晨，鸣炮焚香 “开财门”（大门）后，将备好的干柴抱进屋，生火做饭，如此会“添财”，日子更红火。年饭要用大甑蒸，剩饭吃到正月初三，如此便有吃有剩，生活不困窘。过年忌吃鲫鱼，“鲫”“急”谐音，会不吉利。席上要多添碗筷，碗筷多会人丁兴旺。晚上围炉守岁，火越旺越好，“三十晚上的火，月半晚上的灯”，火越旺来年日子越红火，家中越兴旺。1949 年后，更新观念，除夕过年的一些陋习至今大多不传，打扫卫生、迎接新年则随着文明卫生习惯养成愈加重视。

## 第四节　生产习俗

**冬修备耕**　清代、民国时期，山区已有冬修塘坝、引水灌塘的传统，有“别人烤火我修塘，别人车水我乘凉”“修塘筑坝，旱涝不怕”父诫子的训词。有农闲翻耕土地的习惯，“勤耕地生宝，懒做地生草”“防虫问良方，雪前把田耕（方言读 Gāng）”“冬耕深一寸，当得一道粪”均为此习俗传流中总结出来的俗语和经验。冬天翻耕后，冻死害虫、野草，松土透气，为来年作物生长打好基础。“冬闲人莫懒，补箩搓犁缆”“别人贪玩我不玩，别人慌时我不慌”，这种勉励、劝告他人早早备耕的习惯一直沿习至今。

**选种积肥**　境内农村有勤选种的习俗。俗语说：“人要好品，谷要好种”“好女靠好娘，好谷靠种良”。农谚也说：“会种田，勤蔸种”“种田无巧，三年两蔸。”冬闲雪雨天，几把筛子，几个篮盘，三五成群，边说笑边选种，这种热闹欢快的劳动场面 20 世纪 80 年代前并不少见。80 年代后，良种专卖店兴起，此习俗逐渐淡化。但至今选豌豆、小麦、蔬菜等种子的，仍不乏其人。

有勤积肥的习俗。农谚和俗语说：“庄稼一枝花，全靠肥当家”“收多收少在于肥”“人哄地皮，地哄肚皮”“清晨莫在床上睏，野草青蒿当大粪”。清代、民国时期，湖区打湖草，丘岗区烧、沤植物茎秆作肥料。20 世纪 50 年代，农民多清早起来拾野粪。60 年代至 70 年代，有生产队安排专人长年到大厂“守厕所”掏粪尿。注重种绿肥，俗语说：“不杀年猪莫过年，不种绿肥莫种田”。80 年代后，积制家肥减少，但至今仍有烧火土灰种旱地作物的。

**种插管收**　清代、民国时期，有“穷人莫听富人怂，桐子开花泡禾种”之说。早稻下种一般在清明前后，过早寒潮多，易烂秧；过晚影响下一茬作物，难有好收成。种多少水田，备多少秧田，下多少种子，都有习惯。农谚说“斗田斗种”，是说 1 斗大田需 1 斗种谷育出的秧苗；“斗田七斗苗”，是说 1 斗秧田育出的秧苗可插 7 斗大田。种谷催芽有“热长根冷长芽，干长根湿长芽”的管理习惯，用水调节胚芽生长。播种后，秧田管水传统作法是“晴天满沟水，阴天半沟水，雨天不留水”，以利种子扎根。移栽前，平整大田讲究“两犁两耙”，泥化田平。插田以浅插、插稳为宜，如此回青快、分蘖早，“浅插一寸，少一道粪”。大田管水，习惯为“深水回青，浅水分蘖，干湿壮籽”。孕穗时，有“泡胎干胎，等于冇栽”的说法，是说要干湿相宜，深浅有度。施肥讲究早施、巧施，“施得巧，禾好谷也好；施得糟，有谷一把草。”秧苗移栽前 5 天左右，施“送嫁肥”；插后 7 天左右，追施分蘖肥；孕穗壮籽时，看禾色施肥，少啥补啥，不少不施。收获有带青收割的习惯。“东一线（抽 1 线穗）西一线，25 天饭上甑”，抽穗后一般 20 多天收割。收得过老易掉粒，宜稍稍割嫩点。俗语说：“九成熟，十成收；十成熟，九成收。”此习俗仍是现代耕种技术的重要部分。

**栽竹栽树**　境内有在屋后种竹的习俗。“屋后栽竹，子孙得福”。除湖区外，有屋场就有竹园。栽竹时间、栽法均有讲究。“立春正当时，雨水不为迟”“起凌莫挖，起风不发”“栽松莫松，栽竹莫实”，均指要注意选择栽竹的时间和方法。新竹栽好后，须逗小孩哭，“孟宗哭竹冬生笋”。不在大门前栽竹，竹影摇动映入堂屋，有如扫帚横扫家神，不吉利。现破除这种迷信。

**庭院栽树有讲究**　“椿树千寻碧，蟠桃几度红”，椿树被尊为长寿之木，又喻父，吉祥，应栽。明、清时期，“折桂”称科举高中，习惯将桂树视为祥瑞植物，又“桂”“贵”谐音，可子孙显贵，可“兰桂齐芳”，应栽。橘与“吉”谐音，被认为是吉祥树。梅“独天下而春”，其花五瓣，视为五福皆有，亦应栽。有些树被认为是不祥之树：桑树的“桑”与“丧”同音，出门见桑（丧）大不利；柳树在湖区常栽于墓地，称作“摇钱树”“墓树”，又不结籽，更有无后嗣之嫌；杨树叶在风中哗啦啦响，像鬼拍手，也不吉利，故俗语说“前不栽桑，后不栽柳，院中不栽鬼拍手”。另外，院中不植孤树，“独木不成林”，房屋或庭院形如“口”字，内添一木则为“困”，下添一木则为“呆”，不吉祥。庭院栽桂花树、橘树的习俗，自清代、民国时期一直流传至今。现此种树不因其“显贵”“吉祥”，只因其花香果甜，有利于改善居住环境、享受生活。其他栽树陋习现已无存。

**禽畜饲养**　建猪圈招待工匠吃点心要在猪圈内吃，工匠不可从拦杆上跨过，否则，养猪不会吃、不会长，只会跳栏。买猪时，不要买脚趾头开小叉的，开小叉的是“五爪灵官猪”，喂不得、杀不得、吃不得，只能放生，否则全家遭殃。猪头上的毛生成旋状的不行，方言中“旋”与“健”谐音，会“猪健人不健”。猪关进圈内后，要在粪坑口泼水，给猪指示此为排泄处，日后猪会“惜栏”讲卫生。杀猪要避免初六、十六、二十六等带“六”数字的日子，因为“六畜兴旺”“六畜猪为首”，杀了生畜不旺。境内一般不养种猪，认为“伤风败俗”。养鸡不仅为生蛋、吃肉、卖钱，还因为鸡被视为征兆物，两鸡争斗，兆客人登门；初夜鸡啼，兆火警、盗贼；母鸡打鸣，兆凶险事。雄鸡能祛凶化吉，丧葬要用公鸡避凶，患病要用公鸡化灾，婚嫁要用公鸡开路，上梁要用公鸡镇邪。清代、明国时期，此种陈规陋习流传。50年代，破除其中部分陋习。现基本不传。

## 第五节　陋俗恶习

### 一、一夫多妾

清代、民国时期，官绅富豪正配妻室外，多有偏房（又称妾、小老婆）。妻、妾等级不同，妾是奴仆，一般为正室陪嫁女子，可随意买卖、送人。妾所生子女为“庶出”，在家庭受歧视。民国末年，曾提倡一夫一妻，但有钱有势者仍妻妾成群。1951年后，一夫多妾现象绝迹。

### 二、缠足·守节

五代后期，女子六七岁时始缠足。用长布条（俗称裹脚布）将脚裹紧，使其长成畸形“三寸金莲”。成年后，足愈小愈好，以行路不稳、一步三摇为佳，誉为“婀娜多姿”，实则“小脚一双，眼泪一缸”。民国时提倡放足、禁止缠足。1949年后，此恶习彻底根除。

境内遗存明、清时期诸多贞节牌坊，既褒扬贞妇，又规勉妇女守节；族训也有女子要从一而终、紧守闺门的条规。1949年后，允许妇女离婚改嫁，寡妇嫁人受法律保护。

### 三、早婚·童养媳

清代、民国时期，对婚姻年龄没有严格法律限制，普遍存在早婚现象。

1949年前，一些灾民或贫困家庭迫于生活，不得不将自己的女孩贱价出卖或分文不取送给他人作童养媳。养童养媳只需管饭、养人，不让读书识字。童养媳七八岁被迫参加劳动，十四五岁被迫同男人圆房，故又称小媳妇。小媳妇常会遭婆婆打骂，受尽虐待，逃婚、自杀者屡见不鲜。

1950年后，彻底废除早婚、童养媳陋习。

### 四、妇从夫姓与妇女禁忌

明、清时期，女子要背《女儿经》《四字女经》，要“行莫乱步，坐莫摇身，笑莫露齿，话莫高声”。出嫁后，没有独立的姓名，要在自己的姓前冠上夫家的姓，如李姓女子嫁王姓丈夫，称“王李氏”。族谱、墓碑上均不直书妇女姓名。1949年后，破除此陋习。但在少数人群中，仍有“寡妇不接亲，妇女不拜坟”的规矩，认为寡妇接亲新娘也会成为寡妇，妇女上坟拜祭会亵渎故人，家庭和墓地会不吉利。

### 五、其他陋习

**卖妻典妻**　明、清时期，有把妻子当作附属品随意出卖或典当的现象。卖妻后，原妻与原夫再无任何关系。典妻用契约约定出典妻子的期限、价格等，典当到期，还妻原夫。1949年后，卖妻、典妻现象绝迹。

**吸毒**　清代中期，体面人家到烟馆招待贵宾吸鸦片，雅称“代施云雾”。时清政府有禁烟规定，但由于禁民不禁官，私开烟馆、私吸鸦片者屡禁不止。民国时期，加大禁烟力度，吸食鸦片现象减少。20世纪50年代至80年代，吸鸦片现象绝迹。90年代后，极少数青年为寻求刺激，非法吸海洛因、注射吗啡，被公安部门施以教育或强行戒毒，吸毒者渐少。

**赌博**　民国时期，赌博盛行。方式有押宝、掷骰子、摸字牌、打麻将等。且赌注大小不等。种类有现钞、金银，房契、地产，甚至妻室、儿女等，少数家庭因此倾家荡产，有的赌徒沦为土匪、盗贼。1949年后，严禁赌博。1958年至70年代末，赌博现象基本绝迹。80年代后期，出现“买码”（地下“六合彩”）现象。2000年后，经公安部门严厉打击，买码者渐少，但存在以赢利为目的“摸坨子”“玩花牌”、打长牌、搓麻将等变相赌博现象。

# 第三章　宗　教

西汉末期，佛教传入境内，是为宗教传入之始。宋代，传入道教。至清光绪年间（1875—1908），已传入的宗教有佛教、道教、基督教、天主教。民国时期，战乱频繁，宗教活动基本停止。

1949年后，贯彻党的宗教政策，宗教活动得到恢复。“大跃进”和“文化大革命”期间，受“左”的思想干扰，宗教活动废止。改革开放后，宗教事业恢复发展。2011年，有佛教、道教、天主教、基督教等已登记和未登记的宗教活动场所18处、信教群众8300余人。

# 第一节　佛　教

三国时期，即有白沙寺。南朝时，寺庙遍布。隋开皇十四年（594），天台宗弟子普门（俗姓何，岳州人）在岳州传教，境内僧尼多为其徒。初唐、盛唐时期，佛教发展迅速。唐武宗时，崇道抑佛，寺院香火冷落。五代时，佛教又盛，除禅宗外，还演化出仰宗、临济宗、曹洞宗、玄门宗、法眼宗诸派，奉信禅宗者居多。后唐时，松阳湖建有禅宗派寺庙龙安寺。宋代，重程朱理学，佛教仍有发展。嘉祐五年，僧人大宛在陆城草创嘉祐寺，宋仁宗南巡至寺，御笔亲题“嘉祐寺”匾额，传谕大修寺宇。元代，重道轻佛，寺院在战后废圮。明代，佛教有所发展。洪武至嘉靖年间，新建或重建的寺庙有延庆寺、至源寺、紫云寺、嘉祐寺、普济寺、泥池寺等10多处。清康熙五十七年，名僧智镜在陆城庙山建观音阁，一时香火旺盛。清同治十三年，陆城南门外修白玉庵，供女尼静修。

民国时期，湖南成立佛化会，境内成立分会，民国16年（1927）自行解散。日军入侵后，寺庙多遭焚毁。

1949年，僧尼还俗，佛教活动基本停止。1953年5月，中国佛教协会成立，境内相继成立协会，但活动少。1958—1977年，筹集水利建材，残存寺庙多被拆毁。

中共十一届三中全会后，部分信佛群众自筹资金，陆续兴建庙宇。其中规模较大的有弥陀寺，位于云溪乡滨湖村原弥陀寺旧址，2001年由台湾慈善基金会和商人赞助，共投资200万元所建。占地面积2000平方米，建筑面积660平方米。有大雄宝殿、三圣殿、观音殿、念佛堂、讲经堂、藏经楼各1栋，大堂、小堂各4栋；有法师2人，其他工作人员30人，信教群众约1300人。2011年，建筑面积扩大至1万多平米，有园林面积2万平方米，总面积46670平方米。寺院仿苏州园林院格局，建有人工景点“南海普渡”“九华朝圣”“峨眉竹海”“小桥流水”，与芭蕉湖连成一片，水光山色，雾绕烟缭，是信佛者理想的修行场所。有凤台寺，位于云溪镇步行街北侧，2003年由吴关金建，占地面积450平方米。有法师1人，信教群众415人。有紫云寺，位于文桥镇黄皋村，2004年建。占地面积400多平方米，法师1人，信教群众406人。2011年，全区已登记的佛教信教群众共2420人。

**境内三国至清代始建重建佛教寺庵情况表**

表 24-3-1

| 寺　名 | 处　所 | 始建年代 | 创建人 |
| --- | --- | --- | --- |
| 白沙寺 | 陆城东南45公里 | 三国吴太元元年（公元251） | 僧人徐举山 |
| 龙安寺 | 松阳湖 | 后唐同光元年（923） | 无　考 |
| 嘉祐寺 | 陆城 | 宋嘉祐五年（1053） | 僧人大宛 |
| 观音寺 | 路口 | 宋咸淳年间（1265—1274） | 僧人起镜 |
| 兴国寺 | 陆城30公里 | 明洪武年间（1368—1398） | 无　考 |
| 延庆寺 | 云溪 | 明洪武七年（1374） | 僧人法满 |
| 紫云寺 | 城东7.5公里 | 明洪武九年（1376） | 僧人普靖 |
| 嘉祐寺 | 原寺旧址 | 明洪武十五（1382）年 | 僧人聪溪 |
| 龙泉寺 | 陆城南45公里 | 明洪武三十一年（1398） | 僧人圆容 |

续表 24-3-1

| 寺　名 | 处　所 | 始建年代 | 创建人 |
| --- | --- | --- | --- |
| 龙潭寺 | 陆城西 40 公里 | 明景泰元年（1450） | 僧人振富 |
| 大宝寺 | 陆城东 25 公里 | 明景泰元年（1450） | 僧人祖文 |
| 万安寺 | 陆城南 45 公里 | 明景泰七年（1456） | 僧人明鉴 |
| 龙湾寺 | 陆城东 25 公里 | 明景泰七年（1456） | 僧人智惠 |
| 螺髻寺 | 陆城东 15 公里 | 明天顺三年（1495） | 僧人定宽生 |
| 大松寺 | 陆城南 25 公里 | 明天顺五年（1461） | 僧人演道 |
| 广化寺 | 陆城南 15 里 | 明化元年（1465） | 僧人智宁 |
| 普济寺 | 陆城东 20 里 | 明成化二年（1466） | 僧人法登 |
| 圆觉寺 | 陆城南 30 公里 | 明成化七年（1471） | 僧人众觉 |
| 斗石寺 | 陆城南 20 公里 | 明成十年（1474） | 僧人道兴 |
| 泥池寺 | 陆城东 30 公里 | 明嘉靖年间（1522—1566） | 僧人丙安 |
| 灵隐寺 | 陆城南 25 公里 | （无考） | 僧人智宾 |
| 观音阁 | 陆城南永兴桥东 | 清康熙五十七年（1718） | 名僧智镜 |
| 白玉庵 | 陆城南门外 | 同治十三年（1874） | 葛氏女尼 |

## 第二节　道　教

宋代后期，道教全真教传入境内。宋淳祐五年（1245），城陵矶建冲霄观。宋开庆至明正统年间（1259—1450），先后建崇虚观、庆仙观、南极观、龙兴观，教徒发展较快。清代，传入正一教教派。清末、民国时期，宫观多毁于兵燹，教徒风流云散。

50 年代，道士多改事他业，仅有极少数人间或暗地里以做道场营利。“文化大革命”期间，道场活动绝迹。

80 年代末，道教活动陆续恢复。2003 年，路口镇牌楼村建太和庙，占地面积约 420 平方米。文桥镇东风村建九龙山圣帝庙，占地面积约 450 平方米。2011 年，有已登记和未登记的道教活动场所 2 处，法师、信教群众约 810 人。

## 第三节　天主教

清光绪二十一年（1895），西班牙传教士安熙光在陆城设堂传教，天主教传入境内。光绪三十三年，安熙光在陆城建本堂，下设云溪分堂、鸭栏分堂。民国 27 年（1938），教堂有陆城总堂，鸭栏、云溪 2 个分堂。是年，文桥白荆桥有教会组织，教徒 100 多人。日军侵境后，教会基本停止活动。

1951 年 10 月，天主教开展“三自”革新运动。1953 年 3—4 月，在外国帝国主义分子唆使下，天主教内部顽固势力向革新派发难，打击进步神职人员，政府支持革新运动，少数对中华人民共和国持敌对态度的监牧被当地群众驱逐出境。“文化大革命”期间，天主教停止活动。

1980 年后，天主教活动恢复。2006 年，陆城老街新建天主教堂；至 2011 年，教堂有神甫、信教群众共 201 人。

## 第四节　基督教

清光绪二十六年（1900），美国复初会传教士入境传教。民国 2—15 年（1913—1926），先后在云溪、陆城、城陵矶等地建教堂设堂会收教徒。云溪堂会辖云溪、陆城 2 个支堂。办有湘湄（陆城）、青云（云溪）2 所教会小学。民国 27 年，日军侵境，教堂被毁，教会学校停办。抗日战争胜利后，教堂恢复。

民国 15 年（1926），有教徒到中国耶稣教自立会岳阳分会参加活动。抗日战争中，活动停止。

民国 34 年后，中华基督教会湘北区会（英国、美国、加拿大、澳大利亚、新西兰等国传教差会的联合组织）在云溪、陆城设教堂开展传教活动。活动有礼拜聚会、例会、堂议会、联合礼拜及布道、过圣诞节、复活节等。

1950 年 9 月 23 日，基督教民主派领袖吴继宗为首，发表《中国基督教在新中国建设中努力的途径》，强调肃清教会内部帝国主义影响，尽快促进中国教会自治、自养、自传。境内各教派积极响应，纷纷投身“三自”革新运动。1952 年，教会活动停止。

1978 年后，基督教活动恢复。1999 年，云溪镇下街楮木桥设教堂，面积 450 平方米。2000 年，路口镇崔家坳建教堂，占地面积 1100 平方米。2001 年，永济乡茅岭头建教堂，占地面积 450 平方米。2011 年，有已登记的基督教传教员 7 人，信教群众 1200 人。

# 第四章　方　言

黄伯荣、廖序东《现代汉语》（甘肃人民出版社，1985 年版），将云溪方言定义为北方方言语系。邢福义主编的《现代汉语》（高等教育出版社，1986 年版），将云溪方言列为北方方言中四个次方言区的“西南官话”，与黄伯荣、廖序东所述完全吻合。云溪方言语法基本与普通话一致，但语音调值有所不同。主要特点是：语音略显重浊，声母无翘舌音，以边音为主，前鼻音、后鼻音分明，保留中古入声，有 6 个声调，调值为阴平 44、阳平 13、上声 31、阴去 314、阳去 33、入声 53。云溪乡桃李村与近邻岳阳方言相近，其余基本与临湘市路中地区方言无异。

## 第一节　语　音

### 一、声母

云溪方言声母根据发音时声带颤动与否，分浊音、清音两大部分。按发音部位不同，又分唇音、舌音、齿音、牙音、喉音、半舌音、半齿音等7类，有“七音”之说。共有声母36个，基本与中古汉语三十六字母相仿。还可分为9组：1.帮滂并明；2.非敷奉微；3.端透定泥；4.知彻澄娘；5.精清从心邪；6.照穿床审禅；7.见溪群疑；8.晓匣影喻；9.日来。

1组为重唇音，2组为轻唇音，3组为舌头音，4组为舌上音，5组为齿头音，6组为正齿音，7组为牙音，8组为喉音，9组“日来”分别被称作半齿音、半舌音。其中1、2、3、4、7、8组内，四声按照全清、次清、全浊、次浊排列；7、8两组分别按全清、次清、全浊，全清、全浊排列。

云溪方言演变较快。80年代后，随着流动人口增加，居民文化素质提高，广播电视普及，语言信息交流方式更新，普通话对方言的浸透日益加强，逐步同化。声母减少或合并，舌尖后音被舌尖前音所取代，故“知”“照”两系已消失；全浊音转换为次浊音；“非”“敷”“奉”3个声母合并为“佛”（即f）。

云溪方言声母与普通话声母相对应的发音现有19个（包括零声母）。无舌尖后音，无zh、ch、sh、r，唇齿音f与舌根音h相混，边音l与鼻音n相混，保留中古时期“疑”母、“娘”母。方言中“疑”“泥”“娘”“牛”“尧”“聂”发音，在现代汉语中无对应声母；“伢”“娥”“昂”“袄”“熬”“恩”等字的发音，在中古三十六字母和普通话21个声母中，均无对应字母。

### 云溪话与普通话对应声母

表24-4-1

| 发音部位 | | | 双唇音 | 唇齿音 | 舌尖前音 | 舌尖中音 | 舌面音 | 舌根音 |
|---|---|---|---|---|---|---|---|---|
| 塞　音 | 清音 | 不送气 | b | | | d | | g |
| | | 送　气 | p | | | t | | k |
| 塞擦音 | 清音 | 不送气 | | | z | | j | |
| | | 送　气 | | | c | | q | |
| 擦　音 | 清音 | | | F | s | | x | h |
| | 浊音 | | | | | | | |
| 鼻　音 | 浊音 | | m | | | (n) | | |
| 边　音 | 浊音 | | | | | l | | |
| 半元音 | 浊音 | | | | | | y | w |

## 二、韵母

云溪方言中，有韵母36个。其中单元音韵母7个，即a.o.e.i.u.ü.–i（前舌尖音）；复元音韵母13个，其中二合元音9个：ai、ei、ao、ou、ia、ie、ua、uo、üe，三合元音4个：iao、iou、uai、uei；鼻韵母16个，由一个或两个单元音加上n或ng（鼻辅音）构成。

韵母的结构可分为韵头（介音）、韵腹（主要元音）、韵尾三部分。如jiāng（江）的韵母是iɑng，其中i是韵头，ɑ是韵腹，ng是韵尾。每个韵母均有韵腹，韵头、韵尾则可有可无。如dǎ（打）的韵母是ɑ，ɑ是韵腹，没有韵头、韵尾；guà（卦）的韵母是uɑ，其中u是韵头，ɑ是韵腹，没有韵尾；gāo（高）的韵母是ɑo，其中ɑ是韵腹，o是韵尾，没有韵头。

所有单元音都能作韵腹，但一个字只有一个韵腹，由发音时开口较大的元音充当；做韵头的元音仅有i、u、ü，如ia、ua、üe；做韵尾的仅有元音i、o、u和辅音n、ng，如ai、ao、ou、an、ang。

韵母按开头元音发音口形分为开口呼、齐齿呼、合口呼、撮口呼，简称“四呼”。开口呼：为a、o、e.–i（前）或a、o、e开头的韵母；齐齿呼：为i或i开头的韵母，如iou、iao、ie、ia；合口呼：为

u 或 u 开头的韵母，如 ua、uo、uai、uei；撮口呼：为 ü 或以 ü 开头的韵母，如 üe、ün、üan。

所有韵母中，除鼻韵母韵尾是辅音外，其他音均为非鼻化元音。非鼻化元音发音要点是软腭始终上升，堵住气流的鼻腔通道。

韵母-i 在云溪方言中为舌尖前元音，不圆唇，发音时舌尖前伸，靠近上齿背，形成一条窄缝，气流经过时不发生摩擦，只用在 z、c、s 的后面，如 zi（资）ci（雌）si（思）。-i 在普通话中既作舌尖前元音，又作舌尖后元音，如 zhi（知）、chi（吃）、shi（诗）。云溪话无儿化音，故无韵母 er。

云溪方言中韵腹为“a”的字，在普通话中有的分化为“e”。如唐代杜牧的《山行》：“远上寒山石径斜，白云深处有人家。停车坐爱枫林晚，霜叶红于二月花。”其中“斜”普通话为 xié，不能入韵；云溪方言则读 xiá，与“家”“花”3 字韵腹均为 a，与唐代声韵相同。以此类推，“些”“爹”“姐”“车”“遮”“赊”“蛇”“扯”“写”“野”等字，方言中分别念 xiā、diā、jiǎ、cā、zā、sā、sá、cǎ、xǎ、yǎ，与中古韵完全一致，与普通话则不合辙。

## 三、声调

云溪方言比较完整地保留了古音系的平、上、去、入 4 个声调，后来语音发展变化，按声母的清浊划分为阴调、阳调两大类，清声母字归阴调，浊声母字归阳调，形成阴平、阳平、上声、阴去、阳去、入声 6 个声调。近 30 年，受普通话影响，青少年书面语力求与普通话同化。

云溪话与普通话声调有较明显的对应关系：云溪话清声母的平声字与普通话的阴平声相当，浊声母的平声字与普通话的阳平声大致相同，清声母上声字和部分浊声母上声字（即声母是边音、鼻音和零声母的阳上声）相当于普通话的上声字，去声和另一部分阳上声字归于普通话的去声，入声字在普通话中派入阴、阳、上、去 4 个声调，其中阳调入声字在普通话读去声或阳平。

云溪话有轻声。在特定的场合，有的音节失去原调，变成短而轻的声调。一般来说，轻音是词尾或为较虚的语素或为重叠式的尾音。是词尾的如“算了”“走吧”“好啊”“他的书”“凳子”“馒头”“朋友们”；为较虚的语素有表方位、表趋向的如“那边”“山上”“地里”“出去”“回来”“笑起来”；为重叠式的尾音如“星星”“姐姐”“试试”“走走”“考虑考虑”，等等。常用的双音节词，第二个音节也念得较轻，如“耳朵”“萝卜”“钥匙”“扫帚”“西瓜”。

**云溪话与普通话声调比较**

表 24-4-2

<table>
<tr><th colspan="3">云溪话<br>声母<br>普通话</th><th>阴平</th><th>阳平</th><th>上声</th><th>去声</th></tr>
<tr><td rowspan="3">平声</td><td colspan="2">清声母</td><td>天他拖衣</td><td></td><td></td><td></td></tr>
<tr><td rowspan="2">浊声母</td><td>次浊</td><td></td><td rowspan="2">由栏们轮<br>齐时符唐</td><td></td><td></td></tr>
<tr><td>全浊</td><td></td><td></td><td></td></tr>
<tr><td rowspan="3">上声</td><td colspan="2">清声母</td><td></td><td></td><td rowspan="2">九纸短俯<br>友老米启</td><td></td></tr>
<tr><td rowspan="2">浊声母</td><td>次浊</td><td></td><td></td><td></td></tr>
<tr><td>全浊</td><td></td><td></td><td></td><td>是稻妇旱</td></tr>
<tr><td rowspan="3">去声</td><td colspan="2">清声母</td><td></td><td></td><td></td><td rowspan="3">付去兑式<br>夜弄闷浪<br>道汗附寺</td></tr>
<tr><td rowspan="2">浊声母</td><td>次浊</td><td></td><td></td><td></td></tr>
<tr><td>全浊</td><td></td><td></td><td></td></tr>
</table>

续表 24-4-2

<table>
<tr><td colspan="3">云溪话<br>声母<br>普通话</td><td>阴平</td><td>阳平</td><td>上声</td><td>去声</td></tr>
<tr><td rowspan="3">入声</td><td colspan="2">清声母</td><td rowspan="3">瞎桌出哭</td><td rowspan="3">国革节搏<br>学敌白直</td><td rowspan="3">血北谷铁</td><td rowspan="3">必试阔刻<br>叶录沐洛</td></tr>
<tr><td rowspan="2">浊声母</td><td>次浊</td></tr>
<tr><td>全浊</td></tr>
<tr><td rowspan="2">声调</td><td colspan="2">平</td><td rowspan="2">上</td><td colspan="3">去</td></tr>
<tr><td>阴平</td><td>阳平</td><td>阴去</td><td>阳去</td><td>入</td></tr>
<tr><td>云溪方言调值</td><td>44</td><td>13</td><td>31</td><td>314</td><td>33</td><td>55</td></tr>
<tr><td>普通话调值</td><td>55</td><td>35</td><td>214</td><td>51</td><td>51</td><td>51</td></tr>
<tr><td>例字</td><td>衣多家包章新</td><td>移驼麻爷翔牌</td><td>以巧抢马森跛</td><td>破碰臭意畏废</td><td>异仲洞二话颂</td><td>抑叶麦密约压</td></tr>
</table>

## 第二节　词　汇

云溪方言词汇基本与普通话相通，仅少数表示人或事物名称的词汇与普通话略有不同，部分表示行为动作或性质状态的词汇带有较强的感情色彩，意义上与普通话均有密切联系，容易理解。

### 一、称谓类

太爹（读 tià，下同）、太妈——高祖父、高祖母，也称辈份相当的人

老爹、老妈——曾祖父、曾祖母，也称辈份相当的人

爹爹、细爹——祖父、祖母

大爹、大妈——排行大的伯祖父、伯祖母；类推有二爹、二大妈……么（yāo，下同）爹、么妈

爷（读 yá，下同）——父亲

大（读 tà，下同）爷、大娘——最大的伯父、伯母

伯（读 bà，下同）爷、伯娘——伯父、伯母

二爷、二娘——父辈排行第二的的兄弟及配偶；类推有三爷、三娘……

婶娘、细娘——叔母

么爷、么娘——最小的叔父、叔母

男人——泛指已婚男子，有时特指丈夫

老板、当家咯——有时特指丈夫

堂客、屋里咯——妻子

妯娌——兄弟妻子间的称呼

老兄——兄、哥哥

老弟——弟弟

姐（jiǎ）姊——姐姐

叔伯弟兄——堂兄弟

叔伯姊妹——堂姐妹

大家（gā，下同）家——外祖父

细家家——外祖母

亲（qìn，阴去）家——夫妻双方父母间称呼

干（读 gōn 下同）爷、干娘——义父、义母，岳父、岳母

媳妇——专指儿媳妇

媳妇子——未婚妻，有时也指妻子

姑娘——指已婚年轻妇女

婆婆、爹爹——丈夫的母亲、父亲

老表——表兄弟姐妹间的称呼

表兄弟、表姐妹——舅、姑、姨子女间的称呼

老华——同名者

老庚——同年出生者

老乡——同乡人

家门——同姓人

喜娘——接生婆

先生——教师

郎中——中医医生

朝（cáo）师——旧时指从事诉讼职业的人

算命先生——为他人“算命”者

歌师父——专指丧事中唱“夜歌”的人

打师——武师

剃头佬（背称）——理发师

厨子——厨师

马脚——男巫

崽——儿子

干崽——义子

跨（ká）门子——孕后改嫁所生子女

舅爷、舅娘——母亲的兄弟及配偶，即舅父、舅母

姨爷——母亲姊妹的丈夫，即姨父

姨娘——母亲已婚姐妹，其未婚时称舅、姨或小姨

舅老——妻子的弟弟

舅母子——舅哥、舅老的妻子

姨姐、姨妹——妻子的姐、妹

姨夫——妻子姐妹的丈夫

新姑娘——新娘子

新郎公——新郎

小媳妇——童养媳

后（hè，阳去）生（sāng）——小伙子

细伢子——小孩子

操（cào，阴去）子——不务正业、爱惹事的青年人

光棍——单身汉

鸡婆——卖淫女子

憨巴——不聪明的人

黑猪——喻傻子

洋婆佬——喻不懂行的人

驼肚婆——孕妇

酒醉佬——饮酒必醉的人

沤气包——常惹父母生气的孩子

药罐哩——常吃药的人

牛皮崽——吹牛、讲大话的人

二混汤——喻不明事理的人，与糊涂虫同义

朽崽哩——骂人爱出风头却无实际本领

甩巴崽——不动脑筋、莽撞行事的人

我哩——我们

你（ň）哩——你们

我咯——我的

你（ň）咯——你的

**二、动、植物类**

灶叽嘎——蟋蟀

油夹婆——蟑螂

檐边老鼠——蝙蝠

阳鸡、叫鸡——公鸡

鸡婆——母鸡

鸡崽哩——小鸡

线鸡——阉后的雄鸡

绿蚊哩——红头苍蝇

鸦鹊——喜鹊

老鸹——乌鸦

抱鸡婆——孵蛋母鸡

猫哩、猫鸡——猫

草狗婆哩——母狗

常猪——肉猪

草猪——雌性猪

猪婆——雌性种猪

公猪——雄性猪

郎猪、脚猪——雄性种猪
跑草——母猪、母狗发情
伢猪——乳猪、小猪
改劁——阉割种猪，也指必行业
改劁猪——阉后种猪
骟牛马——阉雄性牛马
牯牛——阉后公牛
阳牯——未阉公牛
沙牛——雌性牛
操沙婆——不怀崽母牛
下崽——动物产仔
丁丁——蜻蜓
飞婆蝶——蝴蝶
精肉——瘦肉
洋芋哩——马铃薯
茴坨（tó）哩——红薯
北瓜——南瓜
癞瓜——苦瓜
大瓜、瓢瓜——葫芦瓜
苞谷——玉米
菜蕻哩——菜苔
枞树——松树
蕃茄——西红柿
大豌（wān）哩——蚕豆
麦豌哩——豌豆
土狗崽——蝼蛄

**三、气象时令类**

日哩——太阳
日里——白天
上昼——上午
下昼——下午
粉亮——天刚亮
黑天光——黎明前夕
鸡叫头番——凌晨公鸡叫头遍
天光——天亮
东方发坼（cà）——黎明
日哩当顶——正午

日哩倒烊——傍晚

一日到晚——一整天

日头落水——太阳下山

刷黑——傍晚

断黑——天快黑了

前日——昨天的前一天

大前日、先前日——前天的前一天

后日——明天的后一天。

昨日——昨天

挨（āi）后日——后天的后一天

前年——去年的去年

先前年、大前年——前年的前一年

后年——明年的下一年

大后年、挨后年——后年的下一年

而今——现在

慢些——等一会

晏（àn，阴去）点——迟一会

冬月——十一月

腊月——十二月

扯闪——闪电

罩子——雾

蒙（mēng）天——阴天

落黄沙——起雾霾

麻喷雨——细而密的雨

起凌——结冰

暴脚——带暴雨的云

打霜——下霜

天狗食日——日食

天狗食月——月食

**四、生产、生活类**

瞄——看

捏——握、拿

企——站

敷人——骗人

逗祸——逗闹

触嘴——接吻

刮须——挨批评

相骂——吵架

打嘴仗哩——吵嘴

扯白——说谎

细米嘴——唠叨不停

麻利——干脆、利索

一庹（tuǒ）——两臂左右平伸间距离。

一坎——拇指与中指张开长度

一胯（kà，阴去）——一大步的距离

一滴子——一点儿

一下（hā）子、一刻子——一会儿

尿水泡、尿脬——膀胱

夹（kà）肢窝——腋窝

腰子——肾

脑壳——头、脑袋

螺子骨——踝骨

倒拐哩——肘关节

坨骨哩——拳头

髁膝坨——膝盖骨

过夜——住宿

过早——早餐

宵夜——晚餐

小衣——裤子

背褡哩——马夹

褡包哩——肩袋、围带

扣哩——纽扣

衫袖（qìu 阴去）——袖子

荷包——衣口袋

呷茶——喝茶

呷饭——吃饭

呷烟——吸烟

茅室——厕所

歇火——休息

坐人家——串门

上门——入赘

下堂——改嫁

坐喜——怀孕

落月——分娩

月母——产妇

老人——老年人死亡

享福——喻老人死亡

过喜事——结婚

做大人——婚嫁

洗汗——洗澡

解手——方便（大便或小便）

扯泡——说话不着边际，说谎

折（sè，入声）格——丢面子

欠起——惦记

炙（zà，入声）火、向火——烤火。

拐了场、坏了壶——坏事、出问题

码一码——估算一下

默神——思考

搭白——应答、应声

吵烦——打搅

得罪——失礼（谦辞）

逞能——过分表现自己

行蛮——勉强、强行

反鼓——否认以前说的话

霸蛮——强行、不讲道理

猛（mēng）——很、极、非常

只（zì）个事——没关系

过旧——耐久

龌龊——肮脏

邋遢——不干净

龌龊死哒——极不干净

走人家——走亲戚、作客

送情——送礼

作哕——作呕

该因——命该如此

听壁脚——隔墙偷听

拖皮——办事拖拉

开拆——裂缝

强（jàng，阴去）头——倔强

穿筒——露真相

翻兜——揭老底

招呼——照料

结筋——扯皮

热乎——温暖
甩牌子——摆架子显示自己
硕丽——漂亮
走时——好时运
呷硬——有本事
背时——运气不好
屙屎梭尖哩——做事刻板
屙屎不出怪土地——找借口推脱责任
下作——行为不道德
色气——颜色
气色——气味
喷香——香气浓郁
喷臭——臭气难闻
放肆——放纵、不拘束
扯皮拉筋——好纠缠
蔫（yāng）头奄脑——没精神
睏——睡
睏瞌睡——睡觉
打瞌睡——小睡
猪婆风——癫痫
发寒战——冷得发抖
打半日哩——患疟疾、打摆子
生抱耳——患腮腺炎
吭（kǎng）——咳嗽
声（sāng）气——声音
呷亮——光线耀眼
沾香荫——占便宜、得好处
打披了头——受挫折后难以振作
打野（yǎ）——不专心
扯皮——发生纠葛
扯麻纱——纠缠不清
打漂漂——喻将钱不作正经用
呕铜——退出不该得的钱财
不得脱壳（kuō）——难以过关
砧板——菜板
鱼刀——菜刀
滚水——沸水
酽——液汁浓；如酽茶等

丰锅——菜锅

鼎锅、吊锅——旧式饭锅

沏哩、沏壶——烧水或沏茶的水壶

膏哩豆腐——豆腐脑

下水——大肠

腺缝——直肠

红黑——总是、反正

横直——反正

耖田——犁田

薅草——用锄除草

打青——采植物嫩茎叶（肥田）

张胎——水稻孕穗

出谷——水稻抽穗

栽田——插秧

薅禾——中耕水稻

打谷——收稻子

掼——用力甩

弯刀——柴刀

开山子——斧头

二月锄——板锄

扬叉——晒场上挑起作物秸秆的农具

耥耙——晒场上扒开或归拢谷物农具

抓机耙哩——抓耙，形如钉耙的竹制农具

草耙——用于耙草或耙土的农具

角锄——翻地的锄头

禾场——晒坪

风车——转动轴柄生风吹去秕谷的农具

石滚、簟滚——骨碌

篮盘——板篾编制的大圆盘

扁篮——背篮

香篮——提篮

插花篮、倒花蓝——下部圆形的提篮

笆斗——用荆条、藤条编制的容器

推哩——人力砻谷器具

碓——木石结构人力加工大米的器具

**五、近年融入词汇**

低保——最低生活保障

合作医疗——国家、个人按比例负担医疗费用制度
新农合——新型农村合作医疗
环保——环境卫生保护
扶贫——用资金或物资扶持贫困地区或个人
休闲——休息时间内享受娱乐生活
大款——极有钱的人
大腕——演艺界名声大的人
老板——企业、单位负责人
老总——总管，企事业单位老板
老外——外国人，也称外行人
空姐——飞机上服务小姐
下岗——失业
抄鱿鱼——喻辞退
买单——经手结账
砌长城——喻玩麻将
搓两手——打几圈麻将
打的——租乘出租车
打工——出外做事挣钱
充电——补充能量，喻充实知识
话吧——收费的公用电话间
网吧——提供互联网服务的市场
网友——互联网上的朋友
宽带——信息网络
电邮——网上的信件、邮件
电子商务——利用网络通讯进行商务活动
钟点工——以小时计算报酬的工人
保安——维护单位、门店安全的职员
礼仪小姐——从事礼仪服务的年轻女性
物业——管理房屋及其配套设施的行业
物流——物质流通系列过程
楼市——楼房市场
经济实用房——具有经济适用特点的保障性住房
廉租房——政府以租金补贴或实物配租的保障性住房
蜜月——新婚夫妇结婚后第一个月
中巴、大巴——分别指中型、大型巴士车
山地车——有减震、变速装置的新型自行车
素质教育——提高受教育者素质的教育
继续教育——以更新知识、提高层次为目的的教育

大排档——街边成排小吃摊

电子猫——光电监测仪器

## 第三节 语 法

总体上与普通话一致，主要是一些附加成分体现地方语感；少数词义、句式与普通话稍有差异。

### 一、在形容词前、后附加词素，表程度极深或舒缓语气，不同于副词

**附加于形容词前** 表程度极深。如烂熟、溜酸、铁紧、清甜、喷香、泡松、攸软、蒙黑、掐瘦、绷硬、硕大、梭尖、滚圆、天远、飞快、栗苦、精咸、蛮好。

**附加于形容词后** 加语气“哒”，表程度深，舒缓语气。如如酸溜哒、甜清哒、香喷哒、软攸哒、黑蒙哒、瘦掐哒、硬绷哒、尖梭哒、圆滚哒、苦栗哒、咸精哒、红通哒。

**附加重叠词素** 舒缓语气。如酸溜溜、甜清清、香喷喷、软攸攸、黑蒙蒙、瘦掐掐、硬绷绷、尖梭梭、圆滚滚、苦栗栗、咸精精、红通通。

### 二、在名词、代词或数量词后加“哩”，有多种作用

**加在名词后** 起衬音作用，有的相当于普通话中的“子”。如叶哩（叶子）、椅哩（椅子）、石哩（石子）、袋哩（袋子）、竹哩（竹子）、笋哩（笋子）、傻哩（傻子）等；有的表具体事物，名词前可用数量词限制，如一笼鸡哩、两只兔哩、几根木棍哩、三斤桃哩、一排电线杆哩等；有的表一类抽象事物，名词前不用数量词限制，如草原上马哩多、树哩（树木）。

**加在人称代词后** 表复数，相当于普通话中的“们”。如我哩（我们）、你（ň，上声，下同）哩（你们）、他哩（他们）。

**加在数量词后** 与“崽”连缀，表示数量少，有不在意的语感。如几碗崽哩菜、半担崽哩水、几根崽哩树、两斤崽哩鱼、三把崽哩草、五亩崽哩田、桌把崽哩客。

### 三、在数词或量词后加“把”，表约数，有不足或不多的语感

如百把斤、千把人、万把元（数字只限于百、千、万、亿），担把谷、亩把地、斤把肉、桌把客。

### 四、在单音节动词后加“倒”，表时态，相当普通话中的时态助词“着”

**不带宾语** 如躺倒（躺着）、站倒（站着）。

**带宾语** 如躬倒腰（躬着腰）、仰倒脸（仰着脸）。

**构成连动式** 如眯倒眼说（眯着眼说）、跪倒求饶（跪着求饶）、背倒书包上学（背着书包上学）。

### 五、“哒”用在动词(或形容词用如动词)后,相当于普通话中的时态助词“了”或语气助词“了”

如好哒、快哒、放心哒、完成哒、放哒假、白哒头、结哒果、饭熟哒、车开过哒、我弄懂哒、你太客气哒。

**六、双音节词缀“起咯”，用在带宾语单音节动词后，相当于时态助词“着”，强调动作**

如板起咯脸、拖起咯长腔、摆起咯架子、走起咯路来快如风、瞪起咯眼睛叉起咯腰。

**七、“……哩……起”与单音节动词联用，表动作正在进行，相当于普通话的“……着……着”**

如说哩说起跑了题、走哩走起摔一跤、听哩听起睡着了。

**八、在称谓名词前加“老”字，有亲切的语感**

如老爸、老妈、老师、老兄、老弟、老妹、老表、老庚、老伙计。

**九、在对话时，用对方话语中某个词谐音的反义词作答，有意不合语法，以表否定，有反对或不满之意**

如“别闹情绪了，这场球赛你上场吧！”“上短啰！”“长”与“场”谐音，其反义词为“短”，即表示不愿上场。“走，唱歌去！”“唱弟差不多！”“哥”与“歌”谐音，其反义词为“弟”，即表示不愿唱歌。“该加薪了吧？”“只怕是加旧啊！”“新”与“薪”谐音，其反义词为“旧”，即断定不会加薪。

**十、“冇”作副词，表否定，相当于普通话中的“没”；亦可以单独作动词或与“得”连用组成动词**

**作副词**　如冇来（没来）、冇得（没有）、冇懂（没懂）。

**单独作动词**　如冇车（没车）、天冇黑（天没黑）、他完成了我冇（他完成了，我没有）。

**与“得”连用作动词**　如冇得作用（没有作用）、你有我冇得（你有我没有）、心里冇得底（心里没底）。

**十一、有一个表程度的词汇“Mēn”，使用频率很高，与普通话中的副词“很”基本相当**

用在动宾短语前作状语，如 Mēn 有水平、Mēn 关心群众；用在形容词前作状词，如他 Mēn 能干，广场 Mēn 大，人 Mēn 多；用在形容词前作定语，如 Mēn 简单的问题，Mēn 多人弄不懂；用在形容词前作补语，如讲得 mēn 清楚，看得 Mēn 仔细。但与“很”不同的是，“Mēn”不能单独作补语，如：普通话可以说“好得很”，云溪方言不能说“好得 Mēn”，只能说“Mēn 好”。

**十二、双宾语句中的两个宾语位置对调**

如普通话“我给你钱，你给我货”，云溪方言则为“我给钱你，你给货我”。

# 第五章　谚语·歌谣·歇后语

在长期的生产、生活和社会实践中，境内人民积累丰富宝贵的经验，通过谚语、歌谣、歇后语这一具有显著特色的地域文化加以传承。1984 年后，区文化部门搜集整理编辑《民间谚语、歇后语岳阳市北区资料本》，计 800 多条，内容涵盖自然、哲理、道德、生产、生活等诸多方面。1987 年，搜集、整理出《中国歌谣集成湖南卷岳阳市北区资料本》，辑民歌 806 首，其中现代民歌占 60%，分时政、劳动、礼仪、生活、历史、儿歌、爱情歌、杂歌八大类。90年代，区文化馆收集增补新民歌近200首。2011年，区诗联协会组织收集、整理民歌80余首。

# 第一节　谚　语

**一、时政类**

天下一个理，国家一个王。

兵对兵，将对将，兵来将挡，水来土淹。

领导有方，群众沾光；领导无方，群众遭殃。

领导独裁，群众皆歪；领导民主，群众得福。

工农原本是一家，一根藤上两朵花。

地方无鬼不遭瘟。

做工的讲力，做官的讲理。

千里神龙，管不了当地的土地（神）。

一法不准万法不灵。

无事不登三宝殿，等闲休向塔中行。

成者为王，败者为寇。

棋逢对手，将遇良才。

**二、事理类**

会跑跑雨不赢，会说说理不赢。

树高千丈，落叶归根。

人无千日好，花无百日红。

猫急上树，狗急跳墙。

一人一条心，有钱难买针。

人多主意好，柴多火焰高。

饱汉不知饿汉饥，骑马不知路高低。

前人不讲古，后人没得谱。

有风必有浪，无风水不荡。

钢好刀易缺，雪白色易污。

看戏嫌脚短，失眠嫌夜长。

是炭洗不白，是金烧不黑。

冇得楼梯上不得楼。

不到河中间，不知水深浅。

易做千回客，难为一次东。

针大的眼，碗大的风。

蛇有蛇路，鳖有鳖路。
水牛虽大，压虱不死。
一物降一物，石膏打豆腐。
一行服一行，茄哩服米汤。
清油炒菜，各人所爱。
跌个跟头学个乖。
爷不死，崽不乖。
姜是老的辣。
秤砣虽小压千斤。
麻雀虽小肝胆俱全。
鼓不打不响，话不说不明。
隔行如隔山，隔行不隔理。
有道压得邪，有理打得爷。
道理说得明，牛肉敬得神。
富贵只管得一代，聪明只管得一人。
憨人不说，乖人不知。
鸭子死了嘴巴子硬。

**三、教养类**

火要空心，人要忠心
痒要自己抓，好要别人夸。
要得好，问三老。
娇儿不孝，娇狗上灶。
痴人放鞭，乖人听响。
嘴巴非刀，话语伤心。
人坏在心，树死在根。
受得气，成得器。
好事不出门，坏事传千里。
看菜吃饭，量体裁衣。
人好不在脚上，牛好不在角上。
逢善不欺，逢恶不怕。
人不混帐，帐不混人
粗菜淡饭布衣裳，省吃俭用过得长。
只有闲人，冇得闲事。
礼多人不怪，油多不坏菜。
吃不穷使不穷，划算不好一世穷。
要和人家比种田，莫和人家比过年。
人争气，火争烟。

有毒的不吃，害人的莫为。

穷要养猪，富要读书。

喂猪冇得巧，只要栏干食饱。

草鞋冇样，边打边象。

勤快勤快，有饭有菜。

呷粥要下米，呷蛋要喂鸡。

想赚畜牲钱，要伴畜牲眠。

不是撑船手，莫捻竹篙头。

一天省一口，百天省一斗。

勤快勤快，有饭有菜；懒惰懒惰，挨饥受饿。

常说口里顺，常做手不笨。

细雨汇成河，粒米集成箩。

不怕难字当道，就怕懒字缠身。

成家子，粪如宝；败家子，钱如草。

在家敬父母，不必烧远香。

活着不把父母敬，死了何必哭鬼神。

好儿不靠爷娘地，好女不穿嫁时衣。

湿柴难烧，娇子难教。

牛哩要训，马哩要鞭，细伢子不教要上天。

小时偷油，大时偷牛。

远重衣冠，近重人品。

宁吃三餐少，莫吃十成饱。

气大伤人，酒多伤身。

人勤地不懒，人懒地不肥。

妻贤夫祸少，子贤父心宽。

出门走路看风向，穿衣吃饭看家当。

秧好一半谷，妻好一半福。

食多伤胃，忧多伤身。

树怕剥皮，人怕伤心。

饭后百步走，活到九十九。

色字头上一把刀，不伤眼睛就伤腰。

清明断雪，谷雨断霜。

二月清明慢下种，三月清明快种秧。

穷人莫听富人怂，桐树开花泡禾种。

清明前后，种瓜种豆。

春争日子夏争时（插秧）。

夏至种芝麻，当头一朵花。

小暑收大麦，大暑收小麦。

头伏芝麻二伏瓜。

白露种蔬菜，寒露种豌豆。

白露种荞，不如栽苕（红薯）。

白露早，寒露迟，秋分种麦正当时。

清早莫贪床上睏，挑担黄土也是粪。

有菜半年粮，无菜半年荒。

早稻水上漂（浅插），晚稻插齐腰。

秧苗插得正，当得一道粪。

会养猪的喂好糠，会种田的育好秧。

八成熟，十成收；十成熟，八成收（油菜）。

东一线（谷穗）西一线，二十五天饭上甑。

两土不相和，肥气冲死禾。

植树造林，莫过清明。

葡萄园里种西瓜，几年工夫都白搭。

果园宜养蜂，瓜园莫栽葱。

人误地一时，地误人一年。

好猪后脚直，好牛后肢窍（弯）。

**四、交往类**

一日夫妻，百世姻缘。

婚姻相对，浪打不退。

秤不离砣，公不离婆。

栽田嫁女，不避风雨。

会疼女的疼女婿。

儿不嫌母丑，狗不嫌家贫。

是娘崽，疼娘心。

亲兄弟，明算账。

张郎送李郎，一夜送到大天光。

多个朋友多条路。

有酒有肉接远亲，风发火起要近邻。

出门看天色，进门观颜色。

两斗结仇，两和为友。

好汉难及两把手。

忍得一时之气，免得百日之忧。

一家有灾大家救，一人有难大家帮。

千里送鹅毛，礼轻仁义重。

相逢不饮空归去，洞口桃花也笑人。

饶人不是痴汉，痴汉不会饶人。

不看僧面看佛面，不念鱼情念水情。
山不转水转，早不见晚见。
平打米，斗呷饭。
先说断，后不乱。
有盐同咸，无盐同淡。
当面锣，对面鼓。
人有见面之情，天无绝生之路。
一回生（shūng）二回熟，三回四回是朋友。
朋友不怕多，冤家怕一个。

### 五、气象类

春日南风当日雨。
三九打雷百日阴。
小暑南风十八燥。
六月初一晴，晒谷不操心。
六月初六阴，牛草贵如金。
白露秋风夜，一夜冷一夜。
日晕三更雨，月晕午时风。
朝霞不出门，晚霞千里行。
早上发霞，等水浇茶；傍晚发霞，干死蛤蟆。
一日黄沙（霾）三日雨，三日黄沙九日晴。
夜露日里晴，塘底当路行。
云行东，一场空；云行西，送蓑衣。
蛐蟮满地爬，禾场看鱼虾。
顶上雷轰轰，有雨也不凶。
有雨四方亮，无雨顶上光。
雨洒中（午），一场空。
久晴必有久雨，久雨必有久晴。
月亮长毛，阴沟施篆。
先打雷后下雨，当不得大露水。
地上收潮，当日雨到。
红云变黑云，必有大雨淋。
清晨雾浓，一日天晴。
雾重三日，必有大雨。
春雾日头夏雾雨，秋雾凉风冬雾雪。
冬后不起凌，春来冻死人。
昼雾阴，晚雾晴。
东风急，备斗笠。

久雨西风晴，久晴西风雨。
七月北风及时雨。
春夏东风雨咚咚，冬日东风雨无踪。
早晨下雨当日晴，晚上下雨到天明。
日暖夜凉，干井干塘。
雷声闷，天难晴。
久雨闻雷天快晴。
蚂蚁搬家，大雨哗啦。
石板出汗，大雨作伴。

# 第二节　歌　谣

## 一、放牛对歌

遨遨嗬，遨遨嗬，激起对河伢子来盘歌。不盘歌，要你换它它，盘不对，要你做乌龟。
问：何处有个岳阳岳？何处有个观音阁？何处有个九眼桥？望见何处水飘飘？
答：岳州有个岳阳岳，临湘（陆城）有个观音阁，通城有个九眼桥，洞庭湖里水飘飘。
问：么哩团团团上天？么哩团团团水边？么哩团团千个眼？么哩团团放盅盏？
答：月亮团团团上天，团鱼团团团水边，筛子团团千个眼，茶盘团团放盅盏。
问；么哩做窝在树尖？么哩做窝在路边？么哩做窝一担柴？么哩做窝衔泥来？
答：喜鹊做窝在树尖，野鸡做窝在路边，野猪做窝一担柴，燕子做窝衔泥来。
问：么哩出来圆又亮？么哩夜里无月光？么哩伴着月亮走？么哩出来拜北斗？
答：十五的月亮圆又亮，三十夜里无月光，晓星伴着月亮走，南京老爷拜北斗。
问：么哩屋里睡不醒？么哩外面毛包颈？么哩田里扯不直？么哩虽小压千斤？
答：菩萨屋里睡不醒，棕树外面毛包颈，犁辕田里扯不直，秤砣虽小压千斤。
问：么哩园中一双双？么哩园中一身疮？么哩园中一身毛？么哩园中好刳瓢？
答：豆角园中一双双，苦瓜园中一身疮，冬瓜园中一身毛，葫芦瓜哩好刳瓢。
问：么哩上树墨墨黑？么哩上树上不得？么哩上树抓几抓？么哩上树跌翻叉？
答：蚂蚁上树墨墨黑，狗哩上树上不得，猫儿上树抓几抓，猴子上树跌翻叉。
问；么哩瓜菜开花白？么哩瓜菜开花黑？么哩园中开花黄？么哩园中条条长？
答：辣椒园中开花白，茄子园中开花黑，黄瓜园中开花黄，丝瓜园中条条长。
问：么哩鸟声叫“布谷”？么哩鸟叫“咕咕咕”？么哩鸟夜里叫“喔呼”？么哩鸟叫四海游？
答：布谷催春叫“布谷”，斑鸠叫声“咕咕咕”，猫头鹰深夜叫“喔呼”，画眉叫来四海游。
问：么哩马阳关大道跑？么哩马日夜海中飘？么哩马天天堂屋企？么哩马儿童做游戏？
答：凡马阳关大道跑，海马日夜水中飘，木马天天堂屋企，竹马儿童做游戏。

**二、情歌（妹有话问采花郎）**

男：坡上鲜花似彩霞，霞笼坡下妹子家。怦怦心跳难开口，万语千言一簇花！

女：天下好事不用忙，妹有话问采花郎。

男：妹子歌声如蜜糖，声声句句胜琼浆。哥哥我早已洗净耳，妹妹不言我心里慌。

女：么哩花开在深山，么哩花开在水间，么哩花开秋霜下，么哩花开冰雪天？

男：幽兰花开在深山，红莲花开在水间，金菊花开秋霜下，玉梅花开冰雪天。

女：么哩花开绿茵茵，么哩花开黄橙橙，么哩花开红胜火，么哩花开白如银？

男：杨柳花开绿茵茵，油菜花开黄橙橙，石榴花开红胜火，李树花开白如银。

女：么哩花开一簇簇，么哩花开一转目，么哩花开难上难，么哩花开天下足？

男：杜鹃开花一簇簇，昙花开花一转目，铁树开花难上难，水稻开花天下足。

女：哥哥不愧聪明郎，再听哥哥好文章！么哩花儿封了王，么哩花儿唤作娘，么哩花儿称君子，么哩花儿是栋梁？

男：妹妹真是水晶肠，言有学问语带香！牡丹自古封花王，玫瑰别名唤金娘，莲花古来称君子，佘赛花挂帅是栋梁。

女：么花面上冷清清，么花身上暖烘烘，么花脚下湿漉漉，么花碗里香喷喷？

男：雪花面上冷清清，棉花身上暖烘烘，浪花脚下湿漉漉，葱花碗里香喷喷。

女：么哩花开倒着生，么哩花开不招蜂，么哩花开真也假，么哩花开一场空？

男：水中花开倒着生，画上花开不招蜂，镜中花开真也假，梦中花开一场空。

女：么哩花开寄相思，么哩花开两相知，么哩花开择吉日，么哩花开如意时？

男：三更难眠，红烛花开寄相思；百年好合，百合花开两相知；鸾凤和鸣，并蒂花开择吉日；与你洞房花烛夜，心花怒放如意时。

**二、穷人歌（问你老天公不公）**

太阳落水满山红，山前山后大不同，山前富户雕梁柱，山后茅棚招北风，问你老天公不公？

太阳落水满山黄，山前人闲山后忙，山前绸缎玉佩响，山后粗布破衣裳，苍天有眼还是盲？

太阳落水满山黑，山前山后比不得，山前狗厌白米饭，山后人咽苦菜叶，老天无眼气死血！

**四、抗日歌**

（一）

自从九月十九起，日本鬼子到云溪。
见猪杀猪又杀鸡，闹得城乡狗也飞。
捉住女人去调戏，捉住男人当苦力。
如果有人敢反抗，不是刀砍就枪毙。
烧房屋，火光起，下街烧到上街里。
血成河，尸满地，云溪乌烟又瘴气。
云溪人民不屈服，拿起锄头当武器。
白天藏，夜来袭，到处都是游击队。

（二）

鬼子下乡来打掳，为抢食物到处奔。
男女老少为避难，屋后树中好藏身。
白天逃到深山里，晚上回来守家门。
挖个洞儿几丈深，好藏东西又躲人。
捂住儿咀不许哭，牵住老人慌了神。
不生产，冇饭吃，饿着肚皮把馋吞。
荒了田，荒了地，一年四季无收成。
大家齐心驱黑暗，赶走鬼子见光明。

**五、抗洪歌**

鼠年大水灾，历史少记载。江防五十里，维系命与财。新港堤穿孔，塘湾漫顶盖。
蚁洞难察觉，散浸一排排。垸内积聚水，田湖一片白。民心如汤煮，安危党关怀。
工农组织起，点将守要塞。仔细查隐患，奋力将险排。洪峰往上涨，挡水砂石袋。
风起波涛涌，遍布防浪柴。打桩战滑坡，堵口我先来。两水相抵托，险情处处来。
三十昼和夜，未脱衣与鞋。干群同战斗，人在堤就在。洪魔再肆虐，于我也无奈。
江堤得安全，老少乐开怀。感谢领导好，欢呼新时代。

**六、社会公德歌**

人生来世上，如苗出土壤；性情俱可塑，育材成栋梁。
待人与接物，礼貌又谦让；人敬我一尺，我敬人一丈。
律己当从严，对人多宽谅；处人贵忠诚，为人莫欺狂。
敬老爱稚幼，恤孤助残伤；扶危济贫困，爱心洒阳光。
自扫门前雪，忧人瓦上霜；热心公益事，雷锋树榜样。
言谈贵得体，举止宜端庄；卫生成习惯，清洁保安康。
环境需保护，污染必遭殃；生态贵平衡，资源是宝藏。
见义当勇为，挺身斗凶狂；铁肩担道义，正气得申张。
社会重治安，群管又群防；国家有法规，遵纪守规章。
修身又养性，公德记心上；谨言与慎行，时代好儿郎。

## 第三节　歇后语

洞庭湖里借船浆——冇得空
穿钉鞋走泥路——一步一个脚印
白布落到染缸里——洗不清
悬崖上翻跟斗——凶多吉少

卒子过河——死不回头
荞麦地里捉王八——十拿九稳
钢头戴铁帽——双保险
草帽烂了边——顶好
高山顶上吹喇叭——名声在外
五十两银子——一锭（定）
王八吃秤砣——铁了心
药铺里的甘草——要药
千年胡椒万年姜——越老越辣
顶着碓臼唱戏——费力不讨好
木匠造枷——自作自受
穿蓑衣救火——惹火烧身
打肿脸充胖子——死要面子
狗改不了吃屎——秉性难移
长成的眉毛生成的相——改不了
兔子的尾巴——长不了
大年三十看皇历——年内无日
新姑娘上轿——头一回
猴子捡了姜——丢了舍不得
赶鸭子上架——硬逼
猪八戒讨老婆——没听说过
煮熟了的鸭子飞上天——怪事
八十岁老人吹唢呐——上气不接下气
黄瓜打锣——去了半截
门缝里看人——把人看扁了
脚板底下擦油——溜之大吉
丈母娘看女婿——横竖都喜欢
老虎嘴上拔毛——好大胆
牛脑壳进打坛——得进不得出
三百斤重的野猪——一张笨嘴
外甥打灯笼——照舅（旧）
老鼠落在粗糠里——白喜一场
半天云里吹喇叭——哪里哪里
戴起斗笠做嘴——合不拢来
老鼠爬秤钩——自称自
癞哈蟆打哈欠——好大的口气
豆腐掉进灰里——吹也吹不得，打也打不得
麻袋上面绣花——底子太差

懒身婆娘的裹脚——又臭又长

六月穿棉袄——赖有不何

老鼠进了风箱——两头受气

茶壶里煮饺子——有货倒不出

屁股上吊扫把——尾（伟）大

茅缸里的石头——又臭又硬

蚂蚁咬咀婆——死缠

阉鸡打水——表情

依葫芦画瓢——照搬

扁担冇扎——两头失踏

韭菜拌豆腐——一清二白

鸡蛋里面挑骨头——尽找岔子

手长衫袖短——心有余力不足

姜太公钓鱼——愿者上钩

班门弄斧——不自量力

王婆婆卖瓜——自卖自夸

太岁头上动土——好大的胆子

八仙过海——各显神通

刘备借荆州——有借无还

周瑜打黄盖——一个愿打一个愿挨

孔夫子搬家——都是书（输）

猪八戒照镜子——里外不是人

# 人　物

## 一、人物传

（以生卒年先后为序）

### 李　绂

李　绂（1055—1121），字元明，号默堂居士，陆城镇人。自幼嗜学，博览经史，弱冠时已负盛名。

宋神宗熙宁间（1068—1078），朝廷以经术取士，他欣然赴考，考试未终场突发急病。后拟再度赴考，适逢父亲染病亡故，三年居丧尽哀，已无功名之念，遂起山林之兴。于陆城南门外烟斗岭下建养浩园，园中筑台榭，构亭馆，植松竹，莳花药，时徜徉其间。当时名人李康年、彭仂及士大夫均乐与交游唱酬，但他从不以家事求助于当局者。后于养浩园建默堂学馆，远近慕名就学者数百人，成才者间出。

李性好吟咏，慕元白体，一生留有歌赋偈颂、碑志书札近五千篇，有《兑斋篇》文集传世。晚年悟佛学，研内典，无视生死，怡然自得。

徽宗宣和三年（1121）七月，66岁无疾而终。众弟子将其安厝于默堂学馆后园，临湘知县雷抗为其作墓志铭。

### 沈　植

沈　植（1523—1598），字子建，号二思，现文桥镇臣山村人。

明嘉靖二十五年（1546），值22岁，乡试中举。隆庆二年（1568），选授四川温江知县。明万历元年（1573），因平定夷民滋事有功，钦加五品服俸，授福建漳州府同知。任内辅政有方，"沿海息警，闾里蒙休"，越级提拔为海防道。万历七年（1579），因征剿海寇有功，擢升为广东南韶道，兼分巡道按察司佥事，负责整理南韶道所属州、县，并以钦差身份兼管清远、连州、南雄、韶州各卫所地方兵备。

他在南韶道居官15载，"持廉秉公，正己率下，使全境肃然，居民乐业，盗贼屏息"，由诰授中议大夫（正五品）晋升为资政大夫（正二品）。

万历十六年（1588），岭南一带闹岁荒，他与堂弟沈榜（户部侍郎、通仪大夫）捐谷两千担助赈，后又捐资建圣公擂星门、挨城义冢等。他在外为官，关心家乡教育事业，在陆城让出宅基重建文庙。后，明神宗钦赐“佐国济民，世德之家”匾额彰其德。殁后葬臣山铺万家山庄青龙咀。

清雍正六年（1728），朝廷为笼络汉族大臣，下旨将其灵位移入忠义祠，将其功绩载入省、府、县志，并在龙海庵享堂塑像奉祀、建刺碑（碑文已梓入沈氏宗谱）。他有《万历辛卯修学记》一文传世。

## 杨一鹏

杨一鹏（1576—1635），字大友，祖籍文桥臣山南园冲。明万历三十八年（1610）进士。初任四川成都推官，掌司法事务。任内播州一带饥民闹事，朝廷欲兴兵进剿，他力请安抚，未动一兵而播州平定。有朝廷差吏在川采办皇木，敲诈百姓，民怨四起，他统一价格，制止不法行为，深得民心。在川阅考生王应熊试卷时，认为王有大才，但后来王却落榜，他查出为弥封错乱，力主改正；次年春，王赴京会试，果然才华出众而高中。由于他在川政绩显著，晋升为吏部郎中。他量才德授官，绝谋私者进身之途，又升大理寺丞。

天启年间，魏忠贤专权，结党营私，杨一鹏因反对魏遭陷害，被撤职查办。后魏忠贤误国被诛，杨一鹏复职，更受朝廷信任，称他“才高德厚”，许其直谈朝政，授兵部左侍郎，署尚书事。他不畏权势，冒死直谏，撰有《直陈朝政疏》，检举官宦劣迹。崇祯年间，上书弹劾襄城长官李守琦虚报兵额，贪污军饷而结怨。后升户部尚书兼右佥都御使，总督漕运，兼巡抚凤阳。

崇祯八年（1635），李自成农民起义军攻克凤阳，焚毁皇陵，崇祯震怒，李守琦等乘机上书告他渎职，遂被斩首。后，其长子杨昌朝著《忠冤录》为其鸣冤，又有其他大臣为其呈状申诉，朝廷查证他实属被诬害。崇祯十六年春，崇祯念及前功，诏复原职，赐金头重新厚葬。葬时，据传为防盗墓，曾设 48 处迷冢。

他有《阳春阁疏稿》《运事摘要》《烬草》等文集传世。

## 杨柱朝

杨柱朝（1619—1687），字石林，号娲宫，现文桥镇白荆村人。清代著名经史学家、方志学家。少时在应科山普济寺读书。顺治十一年（1654）中举，十六年登进士，授四川平武知县。平武田土贫瘠，民多外流。他到任后，召归流民，垦复田园，制订法规，约束兵丁扰民。平武边境有人聚众滋事，朝廷计议用兵进剿，杨上书力主安抚，朝廷采纳，百姓免受兵乱，颂其功德。后辞官回乡，百姓泪涕相送。

退隐后，他潜心经史研究和地方史料整理。康熙初年，被任命为《湖广通志》编修总裁。康熙二十三年（1684），应岳州知府李遇时之聘，主纂《岳州府志》。他“揽遗书而综旧闻，删繁刈芜，补漏缀轶”，年余书成，共 28 卷、20 余万字，且史料宏富。全志收录《春秋》《史记》《汉书》等古籍及旧志中有关岳州内容，辑数千年岳州史事于一体，融洞庭湖、岳阳楼、君山诗文题咏于一书，纲目门类合理，体例完备，文笔精湛，其考校厘正，有独到见解。康熙二十四年，临湘知县慕名，聘为《临湘县志》主编，历时年余，书成 8 卷、48 目、10 万余字。

他治学严谨，从不盲目传伪。幼学《朱传》，受程朱理学影响颇深，但对书中诸多观点不肯苟同，自著《诗经订伪》一书，博采诸家，论其得失真伪，自成一家之言。他仔细观察洞庭湖上“蜃楼”后，以《洞庭蜃楼歌》纪其事，并考证史书记载，提出自己的见解：湖中蜃楼跟海中蜃楼同是由“气”所形成，是“理”之所归，“无足怪者”。岳阳楼现“仙梅”奇石，时人以为神，“盈城罢市，相顾动色”，他特撰《仙梅记》，提出此石并非神仙之物，实为自然现象。

他著述颇多，有《诗经订伪》《印庄笔秋堂文集》《读史说》《读史笔断》《广法言》《印庄娲宫诗话》《钓余手抄》等文集传世。

## 姚灿英

姚灿英（1775—1853），祖籍原陆城镇杨桥村（现临湘市儒溪镇杨桥村）姚家组，后迁现文桥镇姜畈村。

小时读书多年，加上聪资过人，勤奋好学，才华出众，可是运气不佳，屡试不第，便心灰意冷，自暴自弃，纵情山水，放荡不羁。至嘉庆十年（1805），已届三十，仍一事无成，仅以吟咏、题扇、卖字画为生。他即兴咏物，笔到诗成，文辞潇洒，描写生动，字体劲遒，隽永秀美，画笔如刻，栩栩如生，前来求字乞诗买画者络绎不绝。一天，在杭州西湖边忽见一求字青年，风度翩翩，气宇轩昂，他便挥笔写道：“鸩鸟依依暂寄足，只需傍水使飞腾。”此语双关，有借鸟表达自己怀才不遇，期求帮助之意。

几年后，二人又在京城相遇，并得知此人是当朝宰相之子。经他引领，见到宰相。宰相细品姚的诗词字画，赞赏有加。问及治国济民之事，他侃侃而谈，高见叠出，对答如流。于是启用他在江西多地任知府。

清嘉庆道光年间（1796—1851），他先任江西建昌知府。任职期间，兴修水利，发展农业，关心民瘼，深得民众拥护，政绩突出。后调赣州任知府，同样重视民生，减轻百姓赋税徭役，救济灾民，兴办教育，深得民众爱戴。

晚年退职后，隐居文桥姜畈狮子畈，过着退隐闲适生活，并建有一府第。殁后，葬于狮子畈六陵山。

## 刘　璈

刘璈（1829—1887），字凤翔，号詠仙，别号兰州，诰封荣禄大夫，二品顶戴，现云溪乡建军村人。

清咸丰三年（1853），以秀才从军于左宗棠部任记室，后随左在浙江一带镇压太平军，受左赏识。同治三年（1864），署浙江台州知府，任内请督抚移黄岩总兵驻海门，以固海防。亲自督军疏浚东湖，建亭台，植桃柳，筹款兴修府、县学宫，建三台、正学、东湖书院，设城乡义学百余所，储常年仓谷万余担、社仓谷4000余担，立培元局，储款银20余万两。离任时，台州六县绅民立“刘璈治台实政碑”，刊刻所施惠政58条（碑现藏浙江省台州市博物馆）。

同治十三年（1874），随左宗棠治师新疆，以功升迁道员。光绪七年（1881），荐为台湾兵备道。赴任即巡视防务，“聚筹战事”，调整兵力部署，增设炮台，购置大炮洋枪，整顿军纪营规，筹集军需，录用贤才。在台中创办枪炮弹药修配局，开办军械火药厂。拜会文士绅商，审理冤假错案。光绪九年，成立全台培元局，拨银修建台南、台北两郡试馆。他以爱民备受称道。一次，台南失火，烈焰漫天，民众不敢近前，他闻讯亲率士卒，短装战袍登上屋顶，指挥军民，救火扶伤。

光绪十年（1884）六月，法军发动侵华战争。他力主以战争制止侵略，致函两广总督岑毓英：

“今日之事，鲜不提战而讲和。抑知和战皆系一理，事决于和，不能不先决于战，盖能战，而后能和。”他“恤士民，筹战守”，在台南筑“永固金城炮台”，将驻台军队分成五路，各守其地，互相策应。七月，清廷派淮军将领刘铭传督办台湾军务。十月，法军向台北进攻，由于刘铭传指挥乏力，基隆失陷。刘璈据守台南，壁垒森严，法军不敢轻举妄动。

光绪十一年二月，法国水师提孤拔为探测台南守军实力和刘璈态度，请英国领事为介绍，指名要见刘璈。他临行时叮嘱部将：“若法舰有警，即开炮轰击，勿以我在彼为虑。”面对孤拔趾高气扬，他坚定地说：“城是土，兵是纸，而人心是铁！”后亦约孤拔至道署，显示中方实力及抗法决心。孤拔知难讨便宜，率舰悻悻而去。

是年四月，刘铭传任台湾巡抚。因湘、淮两军之间门户之争，以不实之词弹劾刘璈，他被“奉旨革职，籍没家产”。先“拟斩监候”，后改流放黑龙江。光绪十三年秋，刘璈在悲愤中病逝。后，台州绅民在东湖立祠祭祀。时任湖广总督张之洞在悼词中称刘璈是“君山之精，湘水之灵”。清末进士临湘贤达吴獬引用东汉伏波将军马援被谤的典故写挽联：“薏苡事茫茫，独恨吾乡，更谁塞百年弊窦；芙蓉神落落，却恐异日，苦追思万里长城”。台湾出版的《台湾通史》《台湾名人传》《民族精神与御侮史实物特辑》等均为刘璈立传，称“前清时代统治台湾220年之久，其间在台湾从政之士，毅然抗御外族侵略者，舍刘璈外，尚鲜其人”。

他所著《巡台退思录》成为研究台湾近代史及中法之战的重要史料。

## 刘耒氏

刘耒氏（1816—1892），临湘痒生耒某之女，云溪坪田刘呈规之妻，35岁丧夫，时孤子兆梅仅11岁。

她勤俭持家，惜“寸缕寸菽”“躬自操作，荆钗布裙”。尤其恭延名师教子，“朝夕督责”。至刘兆梅中举人、登进士、任户部主事、知府、总理左宗棠甘肃营务，得朝廷重用，她仍不“颐使婢仆”。

她视人子若己子，“两曾义塾”，延师课人子弟，每逢乡试、会试，常出资助贫困考生应试。清光绪元至二年（1875—1976），接连大旱、大水，灾民遍野。她开粥棚，捐钱米，倾其所有赈济灾民，其善举广受称道。

光绪十四年（1888）四月，被光绪皇帝册封为“二品夫人”，并拨款为之修建“乐善好施”牌坊，诰封旌奖云：“刘兆梅之母耒氏，娴淑礼视。恪循圣训，寝门治业，著恒德于贞心；闺塾授经，树惠风于雅范。兹以尔乐善好施，特谕旌奖，赠尔夫人。于戏！恩能育子，挺杞梓之良材。善心褒荣，被笄珈之茂宠。祗承嘉瑜，允播徽音。”

## 高德玉

高德玉（1848—1918），祖籍山东，因灾年徙巴陵荷叶段，后迁云溪友好窍湾安家。

从小聪明过人，念了几年私塾。读书期间爱好习武，在湖坪放牛，组织放牛娃以牛当马，驰骋湖滩，习武打仗。成年以后，文武双全，智勇超群。

清同治十三年，得到刘璈赏识，带他到新疆担任军务。因其长得高大英俊，文韬武略，与郑成功第七代孙女结为连理，后生下三男一女（分别名达一、达二、达三、环子）。光绪七年（1881），随刘璈去台湾，官至军门提督，为刘璈出谋划策，筹粮筹款，屡立战功，多次受到重奖。

光绪十一年，因刘璈遭到刘铭传诬陷流放黑龙江，他即退职还乡。并凭军旅多年的积蓄和得到的奖励，在家乡置买田地，修建高家山庄，人称“高军门”。庄园内有别墅、水池、假山、凉亭，绿树成林，鸟语花香。堂门前有石马石狮，有兵站岗，为当时临湘县有名的豪富。

## 李中和

李中和（1901—1927），曾名握恩，平江县安定镇人，中共党员，革命烈士。少年家贫，仅读3年私塾，后去平江县城学皮匠手艺。几年学徒生活，使他认清社会黑暗，政治腐败。1925年9月，中共平江县委推荐他参加广州农民运动讲习所第五届训练班学习。是年12月，加入中国共产党。1926年春，受中共湖南区委派遣，和讲习所同学卢紫云（湘潭人）一道，以省农运特派员身份，到临湘（陆城）开展农运工作，迎接北伐。

到临湘后，他秘密发展共产党员和农民协会会员。1926年9月，建立中共陆城区支部，成立近江区农民协会。在其影响下，聂（市）区、源（潭）区的农会组织相继成立，迅速发展。

1926年8月，北伐军攻克长沙，直逼岳阳，时驻陆城北洋军赵武臣营奉命阻击北伐军。为了给北伐军扫除障碍，他和卢紫云等人冒着生命危险，对临湘县县长高继霄进行策反，使高倒戈反吴（佩孚），支持北伐。北伐军攻克岳阳时，他组织陆城周围的农民和倒戈的团防武装千余人，全歼赵武臣一个营，控制县境，使北伐军顺利进入陆城。接着，又配合北伐军肃清临湘地区的残敌，乘胜进入鄂境。

1926年10月26日，在陆城成立临湘县农民协会，他任农会委员长。为了巩固发展农民运动，他带领县农会委员深入区、乡巡视检查，对部分区乡农会进行整顿。至1927年春，全县农会会员发展至6万余人。农民运动日益浩大，触怒了县内反动势力，部分区乡发生破坏农会、杀害农会干部和会员的事件。经过周密调查后，他和李正庭等组建临湘县特别法庭，处决一批首恶分子，打击反动势力的气焰。

1927年3月，李中和任中共临湘执委农运委员。他与刘昆林、郑良、李正庭、方永忠、李寿荪创办农民运动讲习所，组织农民骨干学习孙中山制定的“联俄、联共、扶助农工”三大政策和农运领导方法，开展武装训练。

1927年，在临湘“5·17”事变中被捕。面对团防队威逼利诱，他怒目以对，奋笔疾书：“宁可站着死，不可跪着生，要我背叛党，难于上青天。”次日，被团防队杀害于云溪马鞍山。

## 黄　淑

黄淑（1904—1927），女，陆城镇老街人，中共党员，革命烈士。1914年至1917年，就读于临湘第一高级小学，后考入湖滨贞信女子中学、厦门大学。1926年，北伐战争开始，她毅然放弃深造机会，返回家乡投身革命。次年10月加入中国共产党。

她朴实干练，有很强的宣传组织能力。组织上安排她主管妇女工作，筹建基层妇女协会，后被选为临湘县妇女界联合会主席。为引导妇女冲破封建伦理束缚，启发妇女的革命觉悟，她不辞辛劳奔走于全县各乡村，积极领导妇女剪发、斗争土豪劣绅，领导群众先后处决源潭的大劣绅、大匪首、大湖霸王菊谱、胡兴虎等。

她与国民党县党部执委詹先甲同为陆城人，多年同窗，曾有过一段较深的情谊。后詹与右派勾结，破坏农民运动，她设法将其逮捕。

大革命失败后，她不顾个人安危，仍积极工作。1927年临湘“5·17”事变中，她正在聂市方志盛茶坊做群众工作，被国民党团防队抓捕。团防队拷打逼供，她大义凛然，痛斥团丁。是日午后，被团防队杀害于聂市街头。临刑前，她高呼“中国共产党万岁！”时，年仅23岁。

## 李文彩

李文彩（1899—1927），字淦安，现陆城镇新港村人，中共党员，革命烈士。1926年加入中国共产党，是年10月，任临湘县总工会主席。他率先在陆城老街、云溪组建店员、木业、瓦业、蔑业、缝纫业等行业工会，带领店员和其他行业工会会员开展调整工价、反对师傅虐待徒弟、反对任意解雇职员等斗争活动。至1927年5月，在全县发展行业工会17个、会员900多人。并在陆城建立工人纠察队，有30余人枪，由方凯任队长。他还带领工会组织配合农民协会，开展推翻封建地主阶级的斗争，共同召开临湘县工农代表大会，实行工农大联合。

1927年，临湘“5·17”事变后，他辗转到江西苏区。次年腊月初三，奉命回陆城从事工农运动，囚叛徒告密被县团防队抓捕。团防队对他进行连续5天的严刑逼供，打得他遍体鳞伤。他坚贞不屈，大义凛然，怒斥团防队：“为了工农大众的解放事业，我愿意流尽最后一滴血。不过，你们的日子不会长久的，总有一天，人民大众是要同你算账的。”见从他身上得不到半点口供，初八凌晨，县团防队用箩筐将他抬到陆城南门外杀害。时年28岁。

## 梅子雨

梅子雨（1877—1929），字卓庭，又名佐庭，现临湘市桃林镇中畈村人。八岁丧父，靠母亲纺织维持生计。后得父亲好友吴獬课教，学业锐进。光绪三十年（1904）最后一次科举考试中秀才。光绪三十一年，考入湖南省立优级师范学校。在校期间，受新学熏陶和民主革命思潮影响，与湘阴仇鳌一同加入孙中山组织的同盟会，被派任湖北省特派员。宣统三年（1911）投入辛亥革命，提出废除货币，改用劳动券，凭券换取生活物资，实行按劳分配，主张不劳动不得食。

民国元年（1912），出任湖南省统计长，后任都督公署秘书长。民国8年，回陆城兴办教育，任县立高等小学校长。在职期间，致力于改革死记硬背的教育方法，传授新学知识，灌输民主思想，激发青年爱国热情，学风为之一变。

民国12年，领导县高等小学生成立临湘学生对日经济绝交团，发动学生抵制日货。是年5月21日，在陆城新港烧毁日货布匹、仁丹，从日商船上搜出日商山井太郎，对其经济掠夺行径痛加斥责。湖南《大公报》以《临湘学校校长梅子雨率领学生烧毁日货》为题作报道。

民国14年，任岳阳崇贞女中校长。次年，北伐战争推进到岳阳，他引导进步学生投身革命，使一批优秀青年加入北伐行列。民国16年春，国民革命军在岳阳举行北伐阵亡将士追悼会，他为大会撰联一幅：“只无名英雄，是真英雄，英雄虽死，英雄不死；要毕生革命，才算革命，革命难成，革命竟成！”寄托对革命烈士无限崇敬和对革命前途乐观的思想感情。

民国17年春，“四一二”反革命政变后岳阳处于白色恐怖之中，他回到故乡，任桃林高等小学校长，秘密进行革命活动，组织十人团深入农村，宣传放脚、剪发，成立拒毒会，查禁鸦片，积极支持工农运动。次年春，他重病在床，县团防局乘机密令团防队队长徐伦晃暗杀他。徐是他的学生，不忍下手，方免遇害。但闻讯后无限悲愤，病情恶化，于4月28日病逝。

## 杨少清

杨少清（1902—1930），曾化名杨清龙，现云溪乡上清溪村花楼组人，中共党员，革命烈士，20多岁参加革命，后加入中国共产党，参加洪湖赤卫队。1930年2月，受贺龙派遣，回云溪发展革命队伍，以壮大红军力量。先后发展张泗海（化名张林彪）、马化龙、翁立龙、张庆龙等6名党员，建立中共天福桥党支部，他任支部书记。在他的带领下，党员分头宣传、武装农民。3个月后，发展一支20多人的农民武装骨干队伍。

1930年5月，中共监利县党组织派员协助他扩大农民武装队伍，准备组织农民暴动，很快组织起近千人的农民暴动队伍“红军暴动队”。7月7日，举行农民武装暴动，分四路进攻驻扎在云溪老街熊坪的县团防队。由于力量悬殊、武器弹药不足，暴动失败，多数暴动队员被铲共义勇队（简称铲共队）杀害。他和张林彪带领部分队员奔松阳湖擂鼓台，准备抢渡长江去洪湖，被铲共队队长李新灿带兵追上。他即指挥战友先上船，火速离岸过江，自己向千旗嘴跑去，以吸引铲共队。奔至芭蕉湖内闸堤边，被李举枪击中，不幸牺牲。

## 曾楚恒

曾楚恒（1905—1930），现道仁矶镇丁山村人，中共党员、革命烈士。1926年10月，加入中国共产党，为陆城地区农民运动骨干之一。次年，临湘“5·17”事变后，他与湘鄂西中共组织取得联系，并配合在境域与湖北省是监利县交界处白螺矶成立岳临两县苏维埃政府筹备处和岳临游击大队，准备发动农民武装暴动，建立苏维埃地方政府。

1928年3月，受中共监利县党组织派遣，他与共产党员黎子明、罗松柏、张永松、刘崇龙等人到陆城丁家山秘密发展党员，建立中共陆城丁家山党支部，他任党支部书记。同时发展农协会员，建立农协组织。

1929年9月，根据上级党组织指示，他与一同到丁家山的其他几名中共党员领导丁家山党支部，集中岳临游击大队和农协会员，发动丁家山岳临游击大队和农协武装暴动，取得初步胜利。为巩固和扩大胜利成果，他到洪湖与苏区党组织联系，准备将暴动队伍归编红军。

1930年5月11日，在与苏区党组织取得联系后，他回到了丁家山。但此时丁家山暴动已被陆城团防队镇压。他回丁家山的信息被密探探知，当晚被团防队杀害。

## 沈三权

沈三权（1908—1941），现云溪乡桃李村人。青少年时家境贫寒，父母早丧，靠打短工为生。在困境中，他学会善跑、使双枪。“七七”事变后，投身国民党临湘县县长兼保安司令王翦波部下任游击大队长。民国26年始，他率部先后缴获日军各种枪械600余支，毙敌100余人、俘敌41人。云溪太平桥地域至今流传着他许多抗击日军的真实故事。

民国29年5月，一天，日军向岳阳进犯，途经太平桥时，他只身伏在公路旁的草丛中，见一日军离队到路旁方便，忙趁其不备，猛扑过去将其按倒掐死。第三天，日军夜宿七里畈彭家，他挑一担柴混入日军驻地，帮助伙夫烧火。拂晓，趁日军集合之机，取下1支手枪，扛了1挺机枪从后山从容离去。9月，一天傍晚，大雨迷濛，他和周六生化妆成寻找耕牛的农民，摸进日军驻云溪马鞍山的碉堡，正值一小队巡逻日军返回。他和周六生2人双枪齐发，前面3人应声倒地，后面的日军不知底细，吓得朝大碉堡跑去。他忙扛上1挺机枪，周六生提了2支长枪迅速转移。10月，一天清晨，他带领一个小队，装扮成日军混进岳阳城内进行侦察，走到东茅岭与一队巡逻日军遭遇。日军似乎察觉，随急鸣枪示警。他迅速掏出双枪把跑在最前面的日军击毙，掩护其分队散开，抢占有利地形还击，日军不敢前进。他组织火力掩护，保障部队安全撤退。

民国30年秋，他过长江与洪湖湘鄂根据地取得联系，准备参加红军，被王翦波发觉，派人将其暗杀。年仅33岁。

## 敖百川

敖百川（1871—1949），又名敖金森，陆城老街人。青少年时就读于莼湖书院，并考中举人。后留学日本。回国后，被委任为山西平鲁县知县。任职期间，公正廉洁，知民疾苦，颇受百姓爱戴。后辞官返乡，平鲁县绅民赠以“万民伞”，以示敬仰。

回乡后，在莼湖书院任主讲多年。清末，莼湖书院停办，他在莼湖书院旧址先后创办临湘县官办实业小学堂、临湘县速成师范班、临湘县两等小学校、临湘县甲种师范班，从学校管理到执教，他都兢兢业业，一丝不苟，为家乡培养大批实用性人才。

民国26年（1937），受聘主纂《临湘县志》。是年，北伐军某营营长彭德怀带领部队路过临湘，县政府请敖百川写对联贴于县府大门，表示热烈欢迎：“地覆天翻，喜看邦国雕梁会；霜寒露冷，愧待湖湘子弟兵。”其内容贴切，对仗工稳，笔法猷劲，时人称道不已。

他注重培养后代，先后培养出敖明基、敖明权、敖明模、敖明格等人，使之成邮电、军事、石油、桥梁等方面的杰出人才，为国家建设和经济发展做出应有贡献。

晚年，他边休闲边支持地方发展教育事业，直至去世。

## 李冰章

李冰章（1884—1950），名正焕，字若谷，现云溪乡胜利村大屋组人。

据李氏族谱载（下同）：“他留学东瀛，组织十人团跟随孙中山，任岳临两县红十字会会长，办理慈善业务，救人无数，咸称泰斗。养育五子二女，长子伦恭，字石峰，号燕国，国立中央大学毕业，历任中央政协简任秘书、国防部少将秘书；次子伦宽，字齐文，号簿原，省立第一中学高中部师范科毕业，任云溪乡中心学校校长；三子伦信，字维从，省立第一师范毕业。四子伦敏，字韦勇，黄埔军校第八期毕业，民国26年卢沟桥事变时，任国民党第八十七军连长，淞沪之战中为国捐躯；五子伦惠，字石平，黄埔军校十八期毕业，历任排长、连长、少校参谋等职”。

少年时期，他聪颖过人，勤奋好学，深受先生喜爱。从小学医，青年时便成为当地小有名气的郎中。22岁东渡日本留学。在日本期间，组织十人团加入孙中山同盟会。袁世凯窃国称帝后，参与黄兴、蔡锷组织的刺杀袁世凯行动。蒋介石“四一二”反革命政变后，他曾一度排斥、反对共产党领导的工农运动。临湘“5·17”事件中，与其子李石峰配合县团防武装捕杀李中和等县农会、农民运动讲习所骨干成员。但许克祥“马日”事变后，他作为省参议员，暗中派人通知毛泽东，让其住进省参议长家，幸免于难。随后，他辞去省参议员之职，回家乡从事慈善事业，出任岳、临两县红十字会会长。

1944 年，王震率八路军南下支队从大云山经过，派周继佶跟他联系购买药材，他组织一大批中西药材送到南下支队驻地，王震给 6 根金条作为酬谢。抗日战争期间，他利用红十字会长合法身份，多方斡旋，从日军屠刀下挽救数十名共产党人、党的地下工作者和进步人士。

抗日战争胜利后，他节衣缩食，多方募集资金，在五尖山修校舍，创办自修大学，为发展地方教育事业做贡献。

## 李石峰

李石峰（1903—1959），李冰章长子。他从小虚心好学，成绩优秀，先考入湖南第一师范，继而考入国民党中央大学并任学生会主席，与后来新任湖南省副省长周世钊是同班同学。由于此前周世钊与毛泽东是同学，周进入中央大学后，毛泽东经常到南京造访周，因此李石峰有幸结识毛泽东，并曾有书信来往。大学毕业前夕，全国爆发“反对内战，一致抗日”的反蒋游行，中央大学全校大罢课，学生纷纷上街游行，与军警发生冲突。南京政府下令向游行队伍开枪，打死打伤大量游行者。中央大学被打死 1 人，打伤 8 人。作为学生会主席，他义愤填膺，带领数百名同学抬着死伤学生，冲进蒋介石住所大院。蒋介石下令抓捕游行学生，他在同学掩护下得以逃脱，南京政府向全国发出通缉令，他逃回老家，经人介绍加入中国共产党，出任国民党临湘县党部执委委员，负责配合中共临湘县执委组织陆城、路口、云溪等地的农民运动。但在“5·17”事变中，与其父李冰章配合团防队捕杀李中和等共产党人和革命群众。

大革命失败后，受党组织派遣，他到上海做地下工作，偶然遇见大学时的老师何厚若，何将其安排在身边任机要秘书。他利用是何机要秘书的公开身份，暗中为共产党提供大量情报，保护上海地下党组织。

1949 年 11 月，北京《新华日报》编辑何长工写信要他去工作。他考虑再三，婉言谢绝。1950 年，因原在何厚若部下当过机要秘书被判刑 10 年。后经调查，确认他在上海期间无变节出卖组织行为而提前释放。回到家乡后，他除服从生产队劳动安排外，整日与书为伍。

1959 年下半年，中央统战部派人到云溪邀请他去统战部工作，但此时他已去世。

## 张毓南

张毓南（1900—1953），现云溪乡青石村上丰门组人。北平新华大学（现清华大学）毕业后，在云溪青云学校任过教务处主任。

民国 24 年（1935），赴黄埔军校训练后，任国民革命军第二军干部。北伐时转战湘鄂之间，先后任国民革命军第二十军团长、军委会委员长、南昌行营参谋、湘鄂赣边区招抚公署秘书、主任兼政训处长、抗战军主任、第二十二集团军孙震部少将高参、暂编第一师少将副师长。

民国 30 年，任一二四师步兵指挥兼枣阳军警处处长。时日军大举犯鄂，他奉命死守枣阳，掩护抗日部队在敌众我寡的情况下反败为胜。抗日战争胜利后，授特奖，升任第五绥靖区司令部高级参谋长。

民国33年，临湘桃林一聂姓中年男子通过熟人找到他，说想去陕北找聂荣臻但难过国民党封锁线，求他帮忙想办法。他给聂某开出证明，派勤务兵将聂某护送过哨卡。河南新乡市中学教导主任秦某，因被人出卖以共产党嫌疑身份被国民党关押，秦的亲戚求他给予保护。他下令将秦作为重大案犯提到自己管辖的军事机关关押，直至淮海战役打响，才趁机将秦放走。民国35年，他暗中派勤务士兵装2卡车枪支弹药，用煤盖住，送到河南汝城共产党机关所在地。武汉中共地下党组织拟炸国民党武器仓库，他闻信后令其管辖部队放松监控，暗中支持中共地下党组织。爆炸成功后，国民党总司令部追究责任，因他曾战绩显著，深受上级信任，仅由少将降为上校。他著有《孙子兵法浅说》，在豫鄂广为流传。

民国36年7月，河南驻马店国民党军队司令孙震要他同逃台湾，他借口回家看望老母，趁乘船从城陵矶码头经过时，离开国民党部队后，再未离开老家。

## 张泗海

张泗海（1900—1972），曾化名张林彪，现云溪乡团结村月形组人，为境内唯一参加过二万五千里长征的老干部。小时候父母早亡，家境贫寒，在外做工学艺中接受革命思想影响。

1930年6月，经杨少清介绍加入中国共产党，为天福桥党支部成员之一。是年7月，与杨少清一道在云溪组织农民暴动。失败后，在杨少清掩护下突围渡过长江，转移至白螺矶，去投奔洪湖赤卫队贺龙部下。后参加二万五千里长征，在部队先后任班长、排长、连长、营长、团长，作战勇敢，屡立战功。

1950年5月，复员回乡务农，主动请求参加清匪反霸、土改工作。1951年8月至1956年4月，任五区团结乡党支部书记。坚持讲革命故事、革命道理，用党的优良传统教育干部群众，严格要求子女，深受群众爱戴。1972年病故，享年72岁，安葬于临湘县巴咀坳烈士公墓。

## 黄伟胜

黄伟胜（1907—1978），陆城镇老街人，畜牧专家。民国20年（1931）6月毕业于广州岭南农学院，获学士学位。民国24年至26年，留学美国堪萨斯州，获畜牧学硕士学位。民国26年9月回国后，在岭南农学院执教，兼任兽医系主任、家畜系列教研室主任，先后兼任广东省林业厅家畜保育所副所长、所长等职。

他学术著作颇丰。曾主编《养猪学》杂志和全国养猪学教材，参与指导撰写《引用巴克良种猪改良广东大花白猪的试验》《广东大花白猪胚胎生长发育的研究》《广东大花白猪及其杂种后代生长发育的研究》《养猪技术》等著作，翻译《猪的条件反射及其实际应用》《北高高索创造早熟猪群的育种工作》等著作，撰写《家蚕微粒子病的胚胎研究报告》《木瓜在日杂粮中对约克夏种猪生长发育的初步观察》等多部专著。

1956年始，为广州市政协特邀委员。1965年，当选为广州市第四届政协常委。是年8月，当选为中国民主促进会广州市委第六届委员会副主任委员。1977年，为广州市第七届政协委员。1978年3月5日病逝，终年71岁。

## 李麦村

李麦村（1932—1983），云溪乡建军村七房组人，气象学家。1950年7月考入岳阳市一中，担任学生会主席。1952年7月，以湖南省理科最高分考入北京大学，专攻物理气象专业，当时《湖南日报》曾予报道。1956年7月，进中国科学院（简称中科院）工作，先后在地球物理研究所、大气物理研究所任副研究员、研究员、研究室主任、学术委员会委员、中国气象学会气象与长期预报专业委员会委员、权威气象学刊物《大气物理》编委，是中科院副院长叶笃正的得力助手。

1980年10月，代表中国出席在法国巴黎召开的世界气象学术大会，演讲时以高水平、新观点语惊四座，大会主席邀请他去美国讲学，并定下长期合作研究课题。1981年，应邀访美，在美国多所大学多个科研单位讲学，受到热烈欢迎和高度赞扬，为祖国赢得荣誉。

他在大气环流、大气适应过程、统计预报、长期天气过程动力学、中小尺度动力学、热带动力学、大气对流及云雾物理学等方面均取得重要成果，对中国气象统计预报的研究做出重要贡献，是中国《科学月报》策划的《共和国不能忘记——50年重大科技战果》的提名者之一。出版多部气象学专著，发表相关论文数十篇，获得中国科技大会成果奖、中科院自然科学成果奖。1983年10月17日英年早逝，为国际科学界所痛惜。

## 敖明模

敖明模（1914—1984），陆城镇老街人，敖百川之孙，石油专家。民国27（1938）年毕业于北京大学工学院。

民国34年在玉门油矿工作。1956年12月加入中国共产党，先后赴苏联、东欧、古巴等地学习考察，历任玉门石油矿炼务室副主任、兰州炼油厂某处处长、副总工程师、副厂长、石油部基建司副总工程师、总工程师。1962年，兼任大庆炼油厂建设工程指挥部副指挥长。是年和1963年，被评为石油部机关先进工作者和五好职工标兵。1966年5月，作为石油部“大庆会战”劳模登上天安门城楼，受到毛泽东接见。

1980年后，历任石油部石油化工规划设计院总工程师、石油部第一届技术职称评定委员会委员等职。在玉门、兰州、大庆等炼油厂的整体建设和投产中做出重大贡献。曾参与长岭、岳化的定址与设计工作。1984年2月13日，因病于北京逝世。

## 敖明权

敖明权（1908—1989），字祝三，陆城老街人，敖百川之孙。

民国18年（1929）4月黄埔军校第六期毕业，后在陆海空军总部交通处任电台报务员。民国19年9月至民国28年11月，历任国民党第二十八师无线电少校报务主任、队长、中央军校特别训练班少校教员、第二十八师少校参谋、中校营长、副团长。民国28年12月至民国31年7月，入陆军学校第十七期学习班学习，毕业后任中央军校第七分校办公室上校科长。民国32年后，先后任第三十六军二十八师上校参谋长、八十三团团长。民国37年8月，任第三十军第二十八师少将师长。1949年11

月，任第三十六军少将副军长。12 月，在四川成都被解放军俘获。

1951 年 1 月，入解放军西南军区教导总队学习。是年 9 月，任解放军南京军事学院战术教员、军事史料研究员。1970 年 4 月，分散安置至华容县人武部休息。1986 年后，移居市军队离退休干部休养所。1989 年 10 月病逝。

## 戴冰仙

戴冰仙（1918—1989），陆城人。早年勤奋好学，性格刚直，追求进步，崇尚孙中山的“三民主义”。民国 27 年（1938）肄业于岳郡联立中学。

民国 33 年，与吴寅生合办陆城乡第一保校。创作诗歌《修机场纪事》，揭露日军强占良田、强拆民房、强征民夫修建新设飞机场的罪行，号召民众“磨刀向倭寇”，抗击日军侵略。民国 35 年，与陈恢民、朱子雄首创莼湖学术研究社，办《晨曦半月刊》，刊载诗文抨击国民党地方恶势力，出刊 2 期被迫停刊。

民国 36 年，带头捐资，动员乡邻筹集资金、材料，创办桥头通才小学。1954 年，所在学校被水淹，为了不耽误学生学业，驾船接纳疏散的学生，以木船为课堂坚持上课，帮助学生完成学业，为发展地方教育做出应有贡献。

60 年代，一度受聘编修《临湘县志》。他多次深入村头巷尾搜集史料、求证史实，填补全县京广线路以北地区 90 年间的史料空白。他喜爱并擅长诗歌、楹联创作，有诗作 700 余首、楹联 100 多副及其他部分文稿传世，均观点鲜明，有较强的艺术性，是研究境域 30 年代至 80 年代诗联文化和政治、经济、社会的珍贵史料。

## 甘石泉

甘石泉（1913—1998），现路口镇人，无线电专家。20 世纪 30 年代考入南京军用电信学校，毕业后分配在国民党陆军张发奎部工作。民国 25 年（1936）考入浙江大学电机系，毕业后仍在国民党军工部门供职，主要从事无线电设备器材研制工作。

1945 年，毛泽东赴重庆与蒋介石进行和平谈判，他任国民党中校技术处处长，在一次规模盛大的欢迎会上为毛泽东升起扩音话筒，并在聆听毛泽东演讲后内心深处埋下弃暗投明的种子。

国民党逃离大陆时，他在汉口电信修配厂任中校技师，被要求一同逃往台湾，他毅然拒绝，暗中与所在厂的中共地下党组织联系，参加护厂斗争。解放军第四野战军挺进汉口后，电信修配厂成为第四野战军后勤修配厂，他任该厂工程师。

1950 年，为支援抗美援朝，他研制一种小型无线电收发报机，各项性能指标均优于美国研制的产品。为此，他以中原军区军工代表身份参加中华全国第一届自然科学工作者大会，受到毛泽东、朱德、刘少奇、周恩来等党和国家领导人接见。

1955 年调北京，在电子工业部（四机部）做技术工作。期间，研制第一代重型电子收音机。1979 年，国务院科技局给他颁发全国第一批高级工程师证书。

他对中国语言文字研究颇有造诣，所编《汉语声韵音义字谱》《汉语声韵音义词谱》具体介绍 52 个声素、52 个韵素、17 个声符、17 个义符，具有较高学术价值，并于 70 年代出版，80 年代再版。

## 尹乐生

尹乐生（1935—1999），现云溪镇人，化工专家。1960年8月毕业于武汉大学，分配到中科院工作。1964年，参与研制的“KD-103”型电蚀加工装置获国家科委、计委、经委联合颁发的国家二等发明奖、重大技术革新一等奖。次年，主持研制的“KD-104”型线电极电蚀加工装置获国家科委、计委、经委联合颁发的重大技术革新三等奖。

1971年，调解放军总后勤部企业部生产技术研究所从事科研开发。1973年，调岳化研究院，后担任岳化科协秘书长。曾当选为中国现代设计法可靠性学会理事，是湖南省计量测试学会会员、湖南省化学化工学会会员。他撰写的论文在《电加工论文集》上刊登。参加过《电蚀加工》一书的编撰工作。他精通英、俄两国语言，翻译英、俄技术资料30多万字。

## 王思一

王思一（1915—2003），又名谢国梁，陆城老街人。民国17年（1928）毕业于临湘县甲种师范班。民国20年始，先后在短期小学、县立第二高级小学校任教。

1938年，赴延安进入抗日军政大学学习。1939年5月加入中国共产党。抗大毕业后，长期从事八路军政治宣传教育工作，一度深入山西游击区开展地方工作，历任县委秘书、县委宣传部副部长、部长。1945年秋，从地方返回部队，先后任晋冀军区政治部宣传科科长、华北野战军政治部敌工部部员、文教大队副大队长。1947年10月至11月，参加著名的清风店歼灭战和解放石家庄的战役。

1948年7月始，先后任解放军第十二兵团兼湖南军区政治部《部队生活报》主编、部队宣传部和文化部副部长，后任大连军校一分校政治部主任。1954年，转业到交通部北京干部学校任第一副校长。1956年1月，回长沙筹建交通部长沙航务工程学校，并任校长。“文化大革命”期间受到冲击，“文化大革命”结束后调回长沙。1979年至1986年，连任长沙市政协常委、长沙市人大代表。

## 任建业

任建业（1937—2005），现云溪乡友好村人，水利电力专家。1961年毕业于武汉水利水电学院。1962年分配到湖南水利水电设计院，历任工程师、高级工程师、科长、主任。1985年后，任院长、党委书记（副厅级）直至退休。曾当选全国水利勘测设计协会常务理事、水电协会理事，省勘测设计协会副理事长、省国际工程咨询协会常务理事、省电站设备联合制造公司副董事长，为国家“七五”重点水利工程——天生桥工程总监理工程师，省水利学会水工专业主任委员，《水利水电建设》杂志编辑、副主任委员。

他走遍全国20多个省市，参加过20多项工程设计。是柘溪水电站、五强溪水电站设计组核心成员，参加过三峡工程设计的论证评审，是三峡工程前期的监理工程师之一。

1992年，参加水利部组织的出国考察团，先后到越南、缅甸、巴基斯坦、印度、伊朗等国家考察，帮助巴基斯坦、伊朗设计中国援建的水利工程。1995年到美国考察，与亚洲、非洲、美洲的多个国家有业务往来。

他主持或参与的科研项目有35项获省、部级勘测设计科研成果奖，由他领导设计的128米砼辗压项目前处于世界领先地位。1992年，被评为全省转变职能先进个人。1994年，被评为全省优秀勘测设计院长。1995年，被评为水利“十佳”，记一等功。次年，被评为洞庭湖治理有功人员，获一等奖。

他热心家乡公益事业。1987年友好村遭受严重旱灾，他筹款5万元支持家乡抗旱。1995年至2000年，建友好村小学、云溪区一中、云溪大桥，他均慷慨解囊。

## 葛维垣

葛维垣（1920—2006），陆城老街人，铁道专家。民国33年（1944）毕业于国立中正大学工学院土木工程专业。次年到铁道部门工作。

1949年后，先后被评为衡阳铁路局先进工作者、湖南省第一届工业劳模、全国铁路劳模。1953年调任柳州铁路局工务处副处长、总工程师。

60年代初，他作为总工程师，承担铁道部高强度螺栓的栓焊钢梁试验课题，为铁道部相关技术决策提供可靠数据。1978年至1981年，参与铁路三孔连续箱型钢筋混凝土预应力斜拉桥的设计与施工，获国家科技银质奖。1979年，在隧道施工中，对一个特大溶洞采用三重管施喷桩加固地基法，获铁道部科技铜质奖。1979年，被推选为广西铁道学会第一届理事会副理事长兼秘书长。1981年2月，获国务院科学技术干部局颁发的高级工程师证书。1982年，被任命为广西壮族自治区与铁道部合资修建的南防铁路修建指挥部副指挥长，负责工程技术。1986年在柳州铁路局退休后，被聘为广西壮族自治区钦（州）北（海）铁路修建指挥部顾问。

1963年至1987年，以科技界知名人士身份，被推选为广西壮族自治区第三届、第四届、第五届政协委员。2006年11月病逝于陆城。

## 施正可

施正可（1916—2010），字金铸，又名振铠，现文桥镇文桥村藕塘冲人。民国25年（1936）毕业于武昌中华大学外文系，获文学士学位。民国27年，改入国立武汉大学经济系，民国34年获法学士学位。随后分配到国民政府委员长侍从室，任视察专员。不久调中央经济部任专员，兼任中央设计院专员。民国37年，调任国民政府国际贸易司代司长。次年3月辞职回临湘。是年下半年，在解放军第十二兵团（驻益阳）从事文教工作。1950年，调湖南大学农学院教授俄语，兼任衡阳中学国文教员。1952年全国高校调整，随校到武昌狮子山农学院任教。1957年划为右派，接受劳动改造。1979年落实政策后在湖北轻工学院（简称工学院）教授英语。1987年退休后被武汉大学聘为客座教授。

他一生著述颇丰。50年代著有《庄子校正》《论语校正》，后又结合教学编写《俄语教程》《专业俄语》。到工学院后，编写大学本科及研究生《英语教材》。退休后酷爱《易经》，发表过多篇论文，被聘为中国易经学会会员、国际易经学会会员。其名字被收入《中国优秀专家人才名典》《中国高等教育专家名典》。

## 王昌松

王昌松（1908—2014），字长青，乳名么叶，俗名王么爹，现文桥镇东风村人，著名老中医。4岁时拜名师李广文门下，熟读四书五经，精研诗词楹联。向父亲王尊山学中医，随父临诊，深得真传。25岁中医达到一定水平。在中医药剂师丁祖二帮助下，于文桥车铺咀创办父子药店“益寿堂”。从此父子二人坐堂出诊，足迹遍及四乡。民国32年（1943），日军烧毁药店，但医术记于心，医德传于外，继续行医。

1949年后，划为地主成分。由于医术高超，医德高尚，被允许继续行医，并当选为乡、区、县、湘潭专区人大代表，出席人大会议。1951年元月加入临湘县医联会，评为种痘模范。1952年参加联合诊所。多次被邀请到湖南医学院讲学。他放弃到中医院进修班当教师的机会，继续回乡行医。1968年，被“造反派”揪回家乡劳动改造，他一边种田，一边为群众治病。1978年落实政策后，重新回到卫生院。1979年录用为国家医师，调岳阳地区人民医院从事中医临床诊治和门诊。1989年退休后，仍为社会献余热，开办个人诊所继续行医治病，直至去世。

他行医80多年，治愈患者数以万计。对治疗心血管病、急慢性肾炎、不孕不育等顽症有独到之处，疗效显著。他不断总结行医经验，累计写下30万字的医学著作。但现仅存《茵支茜草诊治验方100例》传世。所带8个徒弟均为所在单位骨干。他曾是县卫生协会副主席、中国科协会员。

行医之余，他爱写诗词楹联，著作甚丰。1991年83岁高龄时，获中国民族文化文学艺术创作中心学术交流部授予的“91中国桂冠诗人”称号。2005年，被评为全市“十大道德模范”之一。

# 二、人物简介

（以卒年先后为序）

## 刘　渭

刘渭（生卒未详），宋代真州六合人。父母早亡，因祖父刘维则在朝廷任员外郎而进入仕途，最终任临湘县县令。他酷爱读书，擅长写文章，尤以词赋著称。后，祖父去世，再未回老家，退归后定居陆城。好行善积德，深受乡邻称颂。

## 阮居仁

阮居仁（生卒未详），明代交趾东潮州人。洪熙年间（1425—1426）任临湘县知县。任期内鸭栏设有验茶引所，因年深日久，积弊深厚，民商多受其害，他力奏朝廷，尽言弊端，终于撤除，断其祸根，县民倍颂其德。后迁升河南通判。退归时，朝廷规定：凡交趾人在大陆做官，概不得再回老家，必须终老在大陆境内。其时，他身无分文，穷得要饭而回。临湘县便赐给田土，让他在陆城养老。他勤劳节俭，躬耕而终，甚为邑人敬重。

## 沈　榜

沈榜（生卒未详），字二山，现文桥镇臣山村人。明隆庆元年（1567）中举，历任河南内乡、江苏上元和山东东明知县。任东明知县时，与该县名儒穆文熙一起，选刻《文浦铉珠》刊世。万历十八年(1590)，升任顺天府宛平知县。任内，留心宛平时事，搜求地方掌故，参考县署档册文献，编著《家署杂记》20卷，是一部研究明代北京的政治、经济、文化、社会的珍贵资料。后因政绩斐然，升户部主事。晚年辞官还乡。

## 杨绍儒

杨绍儒（生卒未详)，祖籍现文桥镇臣山村南园冲。少时习中举学问，但不愿进入仕途。成家后，致力务农教子。他重情重义，分家时将分给自己的资产全部让给兄长和弟弟，还购置田产赡养族人。邻里中有晚上盗窃他家财物的，他知道是哪些人，但始终不对外说出他们的名字，以感化行窃者。明万历年间（1573—1619)，捐资整修陆城东门外迎恩桥，在凤形山嘴与兴桥嘴之间筑长堤，人称“杨公堤”。崇祯二年（1629)，因其子杨一鹏受朝廷御封，迎恩桥更名为封公桥。他被封为正七品散官、成都府典狱官。后封赐为太常少卿（朝廷掌管典狱的副职)。他治家艰苦节俭。享年86岁，去世后祭奉为乡贤。

## 杨一廉

杨一廉（生卒未详)，字鼎铉，祖籍现文桥镇臣山村南园冲，杨绍儒长子。明万历四十八年(1620）赐贡生，任河南商水知县，因清廉贤能著称。后任河南安乐知县。离职后清贫还乡，仅有官带一条，衣衫几件。去世后尊奉为商水县有名的好官，被载入地方通志。

## 杨一位

杨一位（生卒未详)，字素其，现文桥镇人。出生几个月父亲去世，靠大娘和母亲抚养成人。大娘、母亲去世均结庐守墓，以孝义著称。性格厚道谨慎，以仁德感化人，在乡里尊为长者。精于古文词赋及金石雕刻，一时地方印章碑版多出其手。明万历年间赐贡生，历任江夏、湘乡教谕、训导，后因儿子王朝柱赐正七品文职散官。在湘乡任职期间，当地矿贼聚众扰民，他同该县知县募兵丁计擒贼首，治乱安民。并修缮县学，培养学生多有成就。去世后尊奉为乡贤，载地方通志。

## 杨雯春

杨雯春（生卒未详)，现文桥镇人。清《湖南通志》《岳州府志》载：临湘县学生员。父病，求医心切，因孝道著称。清康熙四十五年（1706）临湘闹饥荒，他拿出港头市两个田庄数百担稻谷赈济灾民。并多次捐资替乡邻缴纳赋税，帮助完成婚嫁。雍正十年（1732)，清廷赐匾额，准予祠堂立牌坊彰其孝义。

## 易介堂

易介堂（生卒未详)，陆城老街人。官至广东提督。清道光四年（1824)，因政绩卓著奉旨返乡修建提督府，择址陆城学官岭南。府第前后五重，横阔3大间、17小间，皆水磨青砖砌墙。壁多浮雕，有“古城会”“三下江南”“五鼠戏牡丹”“庄子试妻”等图样。大门前一对青石爽墩，为抱鼓造型。世传府第主人为易氏府堂老爷，即易介堂其人。

## 李子文

李子文（1689—1769），祖籍湖北爬儿沟，清乾隆初迁临湘港头市（后称文修桥）。曾三次捐资修建文修桥。始建鹭鸶腿石桥，被水卷走；继建梭形礅石桥，水毁桥岸；第三次建独拱石桥。临湘知县王清远赐匾额以彰其德。尔后，又捐修臣山铺三孔桥、湖北通城九孔桥，和监利杜铺潭三孔桥之一孔桥段。

## 刘继善

刘继善（生卒未详），云溪坪田人。生活在清嘉庆、道光、咸丰年间（1796—1862）。清同治《临湘县志》介绍他：“嘉庆生，敦宗族，睦乡里，晚年尤好，户诱（或“护佑”之误）后世。”道光十一年（1831），水旱灾害接踵而至，饥民无数，死者众多，他捐光洋400元赈济灾民，被乡邻广为传颂。后在文桥白云山修文昌阁供孔子神像，以便后人景仰。

## 刘兆梅

刘兆梅（1839—?），现云溪乡坪田村人，刘耒氏之子。清嘉庆年间（1796—1821）进士。历任甘肃题奏道、直隶知州，累官至户部主事，赏二品顶戴。为官清廉，卓识远谋，后深得光绪帝赏识。光绪十四年（1888）四月，奉旨于故里为母耒氏修建“乐善好施”牌坊。光绪二十年、二十四年，其曾祖刘德坤、祖父刘圣安、父刘呈规因其分别御封为道义大夫、道义大夫、资政大夫。

## 周梓材

周梓材（1842—1906），现云溪乡八一村周陈家组人。清光绪二十六年（1900）秀才，临湘名士吴獬的学生。他聪明好学，才华出众，诗文尤工，深受吴獬器重。且性情耿直，能大义灭亲。他弟弟是强盗，反复劝诫仍不思悔改，遂通过族长以家法论处。去世后有《灌山诗集》传世。

## 田凤昌

田凤昌（1856—1927）字修吾，现云溪乡东风村人。清光绪年间举人，准以知县，曾两次遇缺待录。善诗文、书法，曾任巴陵金鹗书院、临湘莼湖书院山长。因才华出众，时人称他与吴凤荪（吴獬）为“临湘双凤”。民国8年（1919年），任临湘县议会第一任议长。任内对小学教育、清查公产、惩办诬告及筹款修监等方面做出重要贡献。去世后仅《田氏家谱》2篇序文和1篇《茯三先生传》文传世。

## 刘韵清

刘韵清（1903—1936），又名刘光耀，现陆城镇新设村塘湾组人。民国10年，在岳麓书院学习。民国15年，以优异成绩考入黄埔军校第四期。毕业后参加国民革命军，担任过某师参谋长、孙中山第二秘书等职。受民主革命思想和孙中山“联俄、联共，扶助工农”的政策影响，参加过北伐战争、“八一”南昌起义，担任过《武汉日报》主编。后加入中国共产党。

1927年大革命失败后，他随部队到井冈山开展武装斗争。由于长期风餐露宿，积劳成疾，1935年，组织上批准他秘密回家乡休养。1936年病逝，时年33岁。

## 李昌黎

李昌黎（1882—1950），名同樾，字拙存，号伯屏，现云溪乡建军村人。清末就读于中路师范，毕业于湖南优级师范。民同14年加入同盟会。曾任临湘县劝学所所长，参与创建并执教于岳郡联师。抗日战争时期，曾任四川省教育署专员。抗日战争胜利后回故里。著有《曾文正公治例集注》《平民教育策论》《松竹坡诗草》。

## 乔年松

乔年松（1896—1951），又名乔仲文，祖籍路口铺，居陆城。民国15年（1926）至19年任临湘县学务主任，兼管县立高等小学教务工作。民国20年至21年，任国民党临湘县执委宣传部部长。抗日战争时期，受县政府委派到秦王冲筹建“战时”学校，并承担教学任务，为发展地方教育做出较大贡献。民国28年，一次日军将路口铺100名村民驱赶至八字门晒谷坪准备枪杀，他闻讯赶到现场，冒着生命危险同日军队长说理斗争1个多小时，终于制止一场灭村之灾的惨案发生，受到群众广泛称颂。

## 李勤补

李勤补（1878—1952），云溪乡友好村人。清光绪二十一年（1895）就读汉口商贸学校，毕业后任清政府贸易部官员。后加入国际红十字会，宣统三年（1911）加入同盟会。民国9年（1920）应同学何键之邀，回湖南担任省参议员，任常委。抗日战争爆发后，回临湘组织地方武装，进行抗日活动，任大队长。抗日战争胜利后退归，直至1952年病故。

## 施中谷

施中谷（1896—1960），又名施耘夫，文桥藕塘冲人。青少年时就读于湖南第一师范后考入湖南省公立法正专门学堂法律门学习。毕业后，先后任步城县法院书记员、会同县检察院检察员、岳阳县法院检察员。北伐战争开始后，先在北伐军徐谦部任职，继在河南省南阳县法院任法官，在山东省新泰县、嘉祥县法院任院长。抗日战争时期，受部力子邀请在南京清凉山私立文化学院任教授，主要讲授民法。解放战争时期，在司法界供职，并先后在省政府高等法院任推事，在澧县、益阳县等县级法院任院长。1949 年湖南和平解放后，被辞退回乡务农，直至去世。

## 任钟立

任钟立（1899—1972），现云溪乡友好村人。幼时从师晚清秀才陈渭清、余志芳攻读四书五经，后在云溪岩岭、棉花咀、青山台教私塾近 30 年，是当地有名的塾师，培养的学生多有造就。他擅长应酬、楹联。日军犯境时撰有楹联“逢人不外谈惊险，叫我如何度年华？”所写自由诗语言通俗，生动形象。书法尤以蝇头小楷为工，其笔法苍劲，结构端正，刚柔结合，隽永秀美。

## 高大球

高大球（1904—2000），云溪友好窍湾人，高德玉之孙。其父高达山为当地有名的儒生。他自幼聪明好学，先后在长沙、武汉习武多年。民国 14 年（1925）入黄埔军校十二期学习，在校加入中国共产党。毕业后在民国政府国防部第三参谋处任少将参谋。后转入地方，历任长沙警察处处长、鄢县县长、湖北省石首县警察局局长。1949 年随程潜起义设诚，安置在省人防办工作。后因入党介绍人牺牲，无人证明他是中共党员，被辞退回家务农。1978 年得到纠正，恢复党籍，到长沙安度晚年。2000 年去世，享年 97 岁。

## 葛正苏

葛正苏（1926—2001），祖籍陆城镇。1950 年毕业于武汉大学工学院电机系。1951 年，在北京参加防空军组建工作。1957 年 5 月，防空军与空军合并后，转入军委空军司令部，历任参谋、科长、处长，后任研究员（副师级干部）。先后负责编辑出版《电磁斗争策略》《现代国防论》《基层政治工作探索》等论著。1984 年退休后，受聘于空军某部领导机关，参与编纂《当代空军》《空军组织史》《中国人民解放军历史资料丛书—空军综述》。

## 沈靖浪

沈靖浪（1918—2001），又名沈国璋，现陆城镇钢铁村人。幼年丧母后，靠半耕半读自立而成。为人耿直，性好静，好读书。钟情诗、词、曲、赋。民国时期曾在省法院任录师，书法颇工。尝临摹欧、柳、颜、黄，集众家之长自成一体，金钩铁画，结构谨严，人称沈公体。每每诗书会心，欣然忘餐。70 年代后，致力于家乡教育事业，可谓桃李遍湖乡。曾吟《八十抒怀》征和诗界，广交名流，和者逾千人。后有《耋诞雪鸿集》传世。

## 陈恢民

陈恢民（1926—2007），陆城老街人。幼年就读私塾，后相继执教于陆城地区小学、陆城中学近

50年，为发展陆城地区教育事业作出巨大贡献。性耿介，好读书。民国35年（1946），与同乡戴冰仙、朱子雄创建莼湖学术研究社，办《晨曦半月刊》，抨击国民党地方黑恶势力。60年代，函授自学，毕业于湖南师范学院中文专业，所撰论文在全国性刊物《中学语文教学》上发表，为当时临湘县知名教师。“文化大革命”中被打成“反动学术权威”，学校停课，遂悉心攻书，研颜柳、究黄王，大器晚成，获香港文化研究员称号，冠国家书画艺术学院书法家名誉。

# 三、名录·名表

## 1952—2011年云溪地区获省、部级以上单位奖励人员名表

（以获奖时间先后为序）

表25-3-1

| 姓　名 | 授奖时工作单位 | 获奖时间 | 荣誉称号 | 授奖单位 |
|---|---|---|---|---|
| 徐正元 | 五区延庆乡 | 1952.3 | 省农业劳模 | 省政府 |
| 蔡雪梅 | 五区滨湖乡 | 1952 | 省农业劳模 | 省政府 |
| 付开松 | 陆城田山小学 | 1955 | 省模范教师 | 省第一次先代会 |
| 刘继善 | 江南公社 | 1958 | 先进生产者 | 农业系统先代会 |
| 林周益 | 路口公社团委 | 1959 | 先进工作者 | 团中央 |
| 彭清秀（女） | 江南公社 | 1959 | 省农业劳模 | 省农业社会主义建设先代会 |
| 丁先辉 | 路口公社新屋队 | 1959 | 省教育先进工作者 | 省先代会 |
| 刘怡元 | 云溪公社 | 1960 | 先进工作者 | 民兵先代会 |
| 彭清秀（女） | 江南公社 | 1960 | 三八红旗手 | 妇联 |
| 杨汉珊 | 陆城油脂厂 | 1969 | 工业学大庆先进个人 | 国务院 |
| 郭石麟 | 松阳湖农场 | 1973.1 | 学大寨先进个人 | 省政府 |
| 吴桃英（女） | 文桥公社臣山大队 | 1980 | 先进生产者 | 省政府 |
| 李映芝 | 区血防站 | 1986 | 血防工作先进个人 | 卫生部 |
| 任建溪 | 云溪中学 | 1986 | 省优秀教师 | 省政府 |
| 彭晓阳 | 区医药公司 | 1989.4 | 省劳模 | 省政府 |
| 袁皇初 | 北区一中 | 1989.9 | 优秀教师 | 国家教委等 |
| 余　炯 | 岳阳电磁铁厂 | 1990.5 | “生产能手”<br>获“五一”劳动奖章 | 国务院 |
| 刘汉初 | 区公安分局 | 1990 | 先进个人 | 第四次人口普查领导小组 |
| 郑松柏 | 区长江堤委会 | 1991.12 | 省劳模 | 省政府 |
| 马殊逸 | 区政协 | 1992.4 | 先进个人 | 省政协 |
| 黎洪涛 | 区政协 | 1992.12 | 先进个人 | 省政协 |
| 彭泽林 | 云溪乡桃李村护路队 | 1993 | 社会治安先进个人 | 省综治委 |
| 李遐龄 | 道仁矶汽渡 | 1994.12 | 先进工作者 | 省政府 |
| 李检保（女） | 区畜牧局 | 1995.2 | 农业科技推广先进工作者 | 农业部、国家科委、人事部等 |
| 陈汉湘 | 云溪镇教育组 | 1995.9 | 优秀教师 | 国家教委 |

续表 25-3-1

| 姓　名 | 授奖时工作单位 | 获奖时间 | 荣誉称号 | 授奖单位 |
|---|---|---|---|---|
| 姜森林 | 松阳湖农场 | 1995.11 | 先进个人 | 1%人口抽样调查领导小组 |
| 王永保 | 区计划物价统计局 | 1996.5 | 先进个人 | 1%人口抽样调查领导小组 |
| 李从明 | 区水利局 | 1996.10 | 一等功 | 省政府 |
| 陈光波 | 区血防办 | 1996.12 | 血防工作先进个人 | 卫生部 |
| 方胜华 | 陆城镇农技站站长 | 1997.10 | 中华农业科教奖 | 农业部 |
| 乔新林 | 区检察院 | 1997.12 | 模范干部 | 最高人民检察院 |
| 方胜华 | 陆城镇农技站站长 | 1998.7 | 优秀共产党员 | 省委 |
| 瞿和清 | 区委统战部 | 1998.10 | 抗洪抢险先进个人 | 中央统战部、工商联 |
| 唐露尧 | 区科技局 | 1998.10 | 科技界抗洪抢险先进个人 | 科技部 |
| 唐鹏飞 | 云溪乡第二建筑公司 | 1998.10 | 农民企业家 | 省政府 |
| 张常炎 | 文桥乡 | 1998.10 | 刑释解教人员安置帮教工作先进个人 | 中央综治委、司法部 |
| 郭吉祥 | 区人民法院 | 1998.10 | 记一等功 | 最高法院 |
| 沈爱良 | 路口镇新合村 | 1999.5 | 模范人民调解员 | 司法部 |
| 丁小刚 | 陆城镇司法所 | 2001.6 | “人民满意公仆”，享受省级先进工作者待遇 | 省政府 |
| 李莲英（女） | 区人口计生局 | 2001.12 | “婚育新风进万家”活动先进个人 | 中宣部、国家计生委 |
| 李细茶（女） | 陆城镇陆城村 | 2001.12 | “婚育新风进万家”活动先进个人 | 中宣部、国家计生委 |
| 丁维青（女） | 云溪镇办企业 | 2004.4 | 省劳模 | 省政府 |
| 李美政 | 路口镇新合村 | 2005.12 | 省农业劳模 | 省政府 |
| 吴建平 | 区林业局 | 2005.8 | 森林资源管理先进工作者 | 国家林业局 |
| 潘　斌 | 区安监局 | 2005.12 | 安全生产先进个人 | 国家安监总局 |
| 马姝逸 | 区人大 | 2006.12 | 记一等功 | 省政府 |
| 刘桂林 | 区血防办 | 2008 | 血防先进工作者 | 卫生部 |
| 熊永初 | 区老干局 | 2008 | 老干工作先进个人 | 省政府 |
| 陈志莲（女） | 区政府 | 2009 | 三八红旗手 | 妇联 |
| 罗致红 | 道仁矶镇 | 2008.12 | 安全生产先进个人 | 省政府 |
| 曾　祯（女） | 云溪区一中 | 2009.9 | 优秀教师 | 教育部 |
| 李建军 | 区检察院 | 2009 | 记二等功 | 省政府 |
| 田新云 | 区民政局 | 2010 | “五保”工作先进个人 | 民政部 |
| 方奂奂（女） | 区畜牧局 | 2010 | 记二等功 | 省政府 |
| 徐素娥（女） | 区老年人福利报务中心 | 2011.4 | 孝亲敬老之星 | 民政部 |
| 王越军 | 区发改局 | 2011.5 | 先进个人 | R&D资产清查领导小组办公室 |
| 周景明 | 区林业局 | 2011.12 | 先进个人 | 省政府 |
| 姚劲峰 | 区法院 | 2011.12 | 记二等功 | 省政府 |

## 1949年8月至1984年3月境内区、乡、社（镇、场）主要负责人名录

（按任职时间先后排列）

**五区**

书　记：纪志文　刘耀南　贺振才

副书记：陈树春　毛云鹏　贺振才

区　长：刘耀南　李大福　何济民

副区长：李大福　刘传香　李元治　杨凤初

**六区**

书　记：杜森林　王二合　柴谏臣　方敦发

副书记：安宝怀　杜春雪

区　长：王二合　杜春雪　黄坤堂

副区长：李更生　陈行芳　周显畴

**云溪乡**

党委书记（总支书记，党的核心领导小组长）

李厚金　廖伯勋　陈锡舟　李元煌　方家炎　李恭维　陈兆林　王国安　李美波　李明亮

乡　　长（社长、革委会主任）

李韵桃　陈凤模　李青宫　李元煌

**团结乡**

党委书记（总支书记）　李元煌

乡　　长　任大香　李青宫

**云溪镇**

党委书记　陈希文

镇　　长　李祥山　刘其云

**路口乡（公社）**

党委书记（总支书记，党的核心领导小组长）

胡章召　谷志敏　高乐升　潘德阶　毛云鹏　李晓藩　苏家松　蒋端正　陈凤模　陈锡舟　杨国娥（女）　向劲柏　赵光纯

乡　　长（社长、革委会主任）

鲁桃生　陈凤模　陈行忠

**路口镇**

党委书记　贾廷儒　谢进保　毕火生　张涧南

镇　　长　李孝祖　谢进保　毕火生　张涧南

**文桥乡（公社）**

党委书记（总支书记，党的核心领导小组长）

刘其松　乔金秋　李晓藩　卢从海　黎洪涛　李延波　瞿松柏　卢国雄

乡　长（社长、革委会主任）

李正安　谢谟壁　刘美福　卢从海　黎洪涛　许绍辉

**陆城乡（公社）**

党委书记（总支书记，党的核心领导小组长）

郑国才　何补生　沈道贵　刘忠汉　刘敬文　廖正和　彭立华　何济民　陈行富　谢正法

乡　　长（社长、革委会主任）

肖金堂　何补生　郑国才　刘敬文　廖正和　彭立华　何济民　陈行富　谢正法

**江南公社**

党委书记（党的核心领导小组长）

陈行芳　柴谏臣（一书记）何补生　方家炎　李凤洲（一书记）　张典富　李元香　张用奎　张烈保　李神佑　李国保　沈维新

社　　长（革委会主）

方家炎　李元香　张用奎　张烈保　陈行富　刘祥芝　李国保　朱振华　沈维新　陆述华

**陆城镇**

镇　长　陈凤模　贾宗祥

**松阳湖农场**

党委书记　杜林森　陶礼梅　张典富　戴祥林　曹国华

场　　长（革委会主任）

陆先贵　潘中恒　李群俊　张典富　戴祥林　李韵桃　郑正明

## 1984年4月至2011年区直正科级以上单位主要负责人名录

（按任职时间先后排列）

**区纪律检查委员会**

书记　杨汉希　佘梅初　汪新德　孙山青　骆岳梨　文春方　聂金华　陈　辉　余　炯

**区委办公室**

主任　周忽报　刘祖赐　姜桂初　刘传汉　方归农　聂金华　蒋雄波　陶伟军

**区委组织部**

部长　胡成元　陈铁山　刘孝纯（女）　刘传汉　方归农　陶伟军　张善保

**区委宣传部**

部长　李平澜　陈铁山　段　华　陈奇达　沈六生　肖云生（女）　杜　宇

**区委统战部**

部长　彭振华　孙炎林　李志书　张永清　杨斌容（女）　李检宝（女）　文春方　陈　飞　黄建文　张善保　杜　宇

**区委政法委**

书记　张宝堂　易癸巳　刘祖赐　余和平　许　雄　蒋雄波

**云溪工业园管委会**

主任　余　炯（兼）　邓岳生

**临港产业新区云溪工作部**

部长　桂海波

**区监察局**

局长　吕大良　张常炎　王树槐　丁新华

**区机关事务管理局（属行政科、后勤管理中心）**

局长　郑仕如（兼）　张贵初　刘远发（兼）　段荣津　王辉龙（兼）　龚舜林

**区接待办**

主任　余东卿　姚骄阳　李白云

**区直机关党工委**

书记　胡成元　欧继锋（女）　傅都贤　刘庆雄　谈宇松　何文胜

**区党校**

校长　沈六生　易癸巳　刘孝纯（女）　周莲玉（女）　张大业　王海平　张　平　何文胜　熊安大

**区委编办（区事业单位登记管理局）**

主任　刘孝纯（女）　刘传汉　张云飞　王来平　陈庆余　陶伟军　周家冀（局长）　王海平

**区老干局**

局长　卢盛全　彭璋然（兼）　陈玉萍（女）　李遐龄　甘继平　熊永初（兼）　李白云（女）　余东卿（兼）

**区文联**

主席　周志辉

**区总工会**

主席　张润南　肖云生　甘忠信　龚金香　李正选　陶伟军　谢　志（书记）

**团区委**

书记　肖云生　漆志毅　刘中华　林治学　李岳东　郑匡　余虎

**区妇联**

主席　刘孝纯　欧继锋　龚金香　廖小谷　朱颂娥

**区人大常委会**

**办公室**

主任　彭振华　李飞雄　方神次　程建波　刘中华　李小白

**选举联络工委（联络科）**

主任　向振华　刘碧璋　方神次　喻良军　谈宇松　危新民　马殊益　刘崽羽

**财政工委（财经科）**

主任　游南山　乔新池　熊生华　陆术初　沈文彬　刘和平

**内务司法工委（法制科）**

主任　吴伯长　丁源红　雷　云　彭泽安　谈宇松　李正钧　柴小良

**科教文卫工委（科教文卫科）**

主任　傅海宴　刘祥芝　刘和平　官联伟　彭大兴　李小平

**农村经济工委**

主任　陆术初　刘宗国

**城市建设与环境保护工作委员会**

主任　胡绵早

**区政府办公室**

主任　李飞雄　王辉华　刘碧璋　方归农　邓春初　毕金林　蒋雄波　王来平　刘庆雄

**区人防办**

主任　李岳东　廖新华　王海平　张　平

**区民族宗教事务管理局**

局长　潘　斌

**区法制办**

主任　彭泽安　湛厚福

**区政协委员会**

办公室

秘书长（主任）　刘咏文　李再初　丁先文　杜三保　丁新华　陈飞云

**提案法制群团委**

主任　丁旦生　刘咏文　卢德友　程建波　乔元初

**财经委**

主任　卢光明　方纯民

**科教文卫委**

主任　吴锦秀　张奇军

**人口环境资源委**

主任　王勇南

**区信访局**

局长　傅都贤　刘碧璋　郭际贵　杜三保　王飞龙（兼）　李大元　陈其云

**区巴陵石化协作协调局**

局长（主任）　严松柏　姚兵池　丁先文　郑晓成　姚骄阳

**区长岭炼化协作协调局**

局　长（主任）　郑明安　陈太平　陈军民

**区史志档案局（区档案局）**

局长　杨斌容　刘远发　刘小洲　徐剑平　熊　雄

**区审计局**

局长　杨友球　周劲松　杨仲秋　张云飞　颜跃飞　张永辉

**区安全生产监督局**

局长　杨坚敏　刘中华

**区人事劳动和社会保障局**

局长　颜跃飞（兼）　刘祖赐　余和平　彭璋然　张敦云　曾亚文

**区政务中心**

主任　黎正柱　张炎兴

**区招商局**

局长　漆志毅　徐福保　程建波

**区移民局**

局长　翁志尚

**区法院**

院长　乔新潮　李杜芳　郭吉祥　何石朝　姚劲峰

**区检察院**

检察长　盛仕炎　姜桂初　余和平　黄南山　刘孟虎　李建军

**区司法局**

局长（科长）　邹宝云　鲁友森　王中文　刘奇英（女）　于良君　吴海波

**区财政局**

局长　卢国雄　彭　亮　陈良忠　刘可为　唐露尧

**区住房公积金管理中心**

主任　严贵临　徐　云

**区商务局**

局长　漆志毅　周雄志

**区粮食局**

局长　李楚生　阎清泉　郑明安　唐鹏飞

**区城市建设投资管理中心**

主任　刘祝文　陈飞云　刘小洲　周雄志

**区工业和科技信息化局**

局长　陈西德　秦政军

**区发展和改革局**

局长　邓岳生

**区交通局**

局长　李民生　颜宝泉　李重建　金国良　王飞虎　王永保　谢　志　谢清泉　卢文波

**区农业发展局（区农林局）**

局长　段德贵　曹国华　陈国永　林星明　丁先文　熊生华　唐露尧　余东卿　刘仲平

**区林业局**

局长　瞿和清　李岳霞　张云飞　陈玉萍（女）　廖小谷（女）　陈太平

**区畜牧水产局**

局长　陈凤模　李检保（女）　杨坚敏　胡建启　熊永初　方奂奂（女）

**区水利农机局**

局长　孙炎林　李从明　李岳霞　桂海波　李雨露

**区民政局**

局长　卢盛斌　田和平　杨宁子　田新云

**区残疾人联合会**

理事长　沈道金　吴建华　卢光明

**区供销联社**

主　任　谢政法　杨仲秋　彭晓阳　李遐龄　谢清泉　肖洋溢

**区住房和城乡建设管理局（城市建设环境保护局）**

局长　方传兵　李元煌　韩沱曦　李志书　李海清　邓春初　姚兵池　雷　云　王金波
叶小平　刘星明

**区教育局（区文化教育局）**

局长　梁金山　颜跃飞　郑阳春　官联伟　胡建启　周拥军

**云溪区一中**

校长　袁皇初　徐剑平　梁孟常

**区政府教育督导室**

主任督学　袁皇初　丁先云　张炳录

**区卫生局**

局长　杨斌容　李真龙　彭大兴　林星明　涂昌奇

**区人口和计划生育局（区计生委）**

局长　杨斌容　刘远发　夏安湘　丁先文　肖云生　熊生华　彭晓阳　刘星明　王金波

**区计生协会**

常务副会长　李　丹

**区文化广播电视局**

局长　贺声贵　彭勤保　陈新民　熊生华　颜跃飞　熊生华　徐剑平

**区食品药品监督管理局**

局长　李大元

## 1984年后已撤销的区直正科级单位主要负责人名录

（按任职时间先后排列）

**区计划委员会**

主任　宋洪才　陶礼梅

**区经济委员会**

主任　杨友球　段三保　李崇正　陈西德

**区计划经济委员会**

主任　湛建军（兼）　李崇正　郑阳春　陈西德

**区乡镇企业局**

局长　曹国华　方孝雄　郑觉群　王飞虎　张敦云　陈西德（兼）

**区烟草委批站**

站长　胡鑫泉　李崇正　陈恢庆

**区蔬菜局**

局长　喻良璋　乔新池　于良君　熊生华

**区物价局**

局长　周秋生　王永保　桂海波　邓岳生

**区物资局**

局长　李明亮　杨友球　彭孝松

**区商业局（区工矿贸易公司或内贸办）**

局长　李小舟　王际华　谢　志

**区血防办**

主任　王飞龙　陆述初　丁先文　林星明　徐剑平

**区对外经济办公室（区厂地经济技术协作局）**

主任　李崇正　方归农　姚兵池

**区科技局**

局长　刘祥芝　兰艳明　李神保（兼）　唐露尧　官联伟　李大元

## 1984年4月至2011年各乡镇（场）主要负责人名录

（按任职时间先后排列）

**云溪乡**

书记　李明亮　颜宝泉　李岳霞　许　维　张敦云　王飞虎　程　建　李中汉　雷　云　周拥军　刘仲平　刘庆雄　廖新华

乡长　颜宝泉　段三保　方归农　刘可为　程建波　张永辉　刘仲平　廖新华

**云溪镇**

书记　陈希文　余和平　何卫国　郑阳春　刘可为　葛曙光　蒋雄波　王来平　曹显良

镇长　刘其云　王国安　何卫国　严松柏　刘中华　杨坚敏　葛曙光　周拥军　曹显良　卢进军　丁平安

**路口镇**

书记　郭松柏　李志书　袁关保　徐荣东　陈良忠　李正选　桂海波　陈庆余　田新云　卢文波　杨志刚

镇（乡）长　徐荣东　张涧南　田和平　李正选　陈恢庆　桂海波　葛曙光

杨坚敏　游志坚　卢文波　杨志刚　郑　匡

**文桥镇**

书记　卢国雄　李从明　田和平　骆岳梨　郑明安　张常炎　毛绍武　邓岳生　余　炯　刘庆雄　刘仲平　李学军

镇长　骆岳梨　郑明安　甘继平　陈庆余　邓岳生　余　炯　刘庆雄　隋　强

**陆城镇**

书记　谢正法　袁关保　李海清　陆述初　官联伟　李中汉　许　雄　游志坚　李雨露　李学军　李　勇

镇长　袁关保　李海清　蔡大江　陆述初　周建华　唐露尧　李中汉　许　雄　田新云　熊　雄　李学军　李　勇　刘云飞

**道仁矶镇**

书记　邓春初　杨其凡　熊生华　黎正柱　王金波　周拥军　涂昌奇　李岳东

镇长　杨其凡　陈太平　王金波　涂昌奇　李岳东　丁平安　卢进军

**永济乡（松阳湖农场）**

书记　曹国华　刘祖赐　郭石麟　张云飞　毕金林　蒋雄波　林治学　叶小平　李雨露　李际红　李　勇

乡（场）长　郭石麟　郑正明　姜森林　李岳霞　张云飞　漆志毅　陈志豪　蒋雄波　林治学　叶小平　李际红　张品飞

## 驻区正科级以上单位主要负责人名录

（按任职时间先后排列）

**云溪公安分局**

局长　张宝堂　曾新韬　高水清　张政协　刘修赫

**交警云溪大队**

大（支队）长　李迪元　尹万安　李志强　黄新明　江浩涛　姚国华　杜关山

**云溪公安消防大队**

大队长　秦绍兴

**云溪国家税务分局**

局长　颜裔荣　聂先红　朱春辉　蒋金贤　郑　涛

**云溪地方税务分局**

局长　陈良忠　刘碧璋　徐　奎　李霞玲　龙伟华　郝传斌　曾孟君　刘伟新

**公路局**

局长　陈逢春

**云溪供电分局（公司）**

局长　丁学清　刘和平　袁跃清

**云溪电信分局（公司）**

局长（经理）　刘复元　王铁钢　刘蒲清　姚传海　汪直龙　杨明华　王灿彪

**云溪移动分公司**

经理　卢　聪　陶　波　蒋石浩　王　析

**云溪邮政分局**

局长　易红卫　谈　磁　李　辉

**云溪工商分局**

局长　陈希文　杨炳煜　龙兴辉　方云堂　李泽民　宋宏阶　周新建　汤小平

**云溪环保分局**

局长　张厚祥（兼）　韩沱曦　徐荣东　李正选　姚兵池

**云溪国土分局**

局长　张厚祥（兼）　高大良　陈金龙

**云溪规划分局**

局长　屈黄吉　易星星　王洪谋

**云溪房产分局**

局长　周劲松　陈　宏　卜梦林　符朝晖　候自然

## 驻区部分金融系统行政负责人名录

（按任职时间先后排列）

**中国农业银行股份有限公司岳阳云溪农行**

行长　舒锡均　龚大宇　张图强　吴　勇　潘　威　万　斌　许　强　高泽华　彭大年

**中国建设银行股份有限公司岳阳云溪支行**

行长　毛富康　陈鹤龄　蔡汉壁　王五四　罗　田　张吉辉　易扬忠　蔡尚宏　皮晓江

**中国银行股份有限公司岳阳市云溪支行**

行长　周国武　钟理鸿　李石东　赵　勇　林建国　朱燕青　刘自强　陈磊民

**中国农业发展银行云溪支行**

行长　徐寿才　何　勇　周卫权　余剑平　钟晓武　张学海　陈良东

**华融湘江银行云溪支行**

行长　邹栋年　任奇志　卢满香（女）　刘　倩（女）　穆　娜（女）

**工商银行云溪支行**

行长　陈德根　吴三保　刘晓云　袁校刚　陈亚龙　李雄雄　李洪路　王建辉　彭德孝

**交通银行云溪支行**

行长　周利民　兰新武　徐时琳　严国政　陈　卫

**云溪信用联社**

主任　苏运清　郑水波　吴海清　付志林　刘江洲　苏小赫　毛合萌　常险峰

**邮政储蓄银行云溪支行**

行长　肖学军

**中国平安财产保险股份有限公司云溪支公司**

经理　张爱云　张强刚

**中国人寿保险云溪支公司**

经理　陈　谦　程　旭　周炳炎　朱干清　孟祥光　陈小平　马武荣

**泓信担保投资有限公司**

董事长　龙　雨

总经理　蔡钦锡

## 驻区企业主要负责人名录

（按任职时间先后排列）

**1969年至2011年岳阳石油化工总厂厂长（经理）名录**

马　力　张学礼　新　斧　李　冰　高怀亨　王滨棠　郭自安　吴　斌　张从山　王绍祖
肖　锋　石之达　袁墅传　李长平　吴剑午　张德齐　谢培清　焦志强　谢国安　罗明安
练学余　李　兴　谢家宾　王胜利　杜寿全　杨大同　尹家振　桂福堂　余瑞德　王文喜
王菊英　龚全礼　胡聚春　刘路安　董大文　唐文华　赖社光　孙育福　施光华　黄景汉
尹家振　朱泽华　张德明　李德武　许世政　刘小秦　唐赞文　朱建民　李大为

**1965年至2011年长岭炼油化工厂厂长（经理）名录**

钱思潮　涂秀森　楚　英　古德勤　李枫义　刘振黄　黄景汉　蒋信成　谢培清　王胜利
候　勇　李　华

## 2011年年底前寓外部分副团级、副高级以上职称人员名表

（按地区以姓氏笔画为序）

表25-3-2

| 北　京　市 | | | |
|---|---|---|---|
| 姓　名 | 出生年月 | 工作单位及职务职称 | 原籍贯 |
| 丁巨秋 | 1930.08 | 北京市机械局组织处处长 | 文桥镇臣山村 |
| 丁全初 | 1931 | 北京工学院教授 | 文桥镇臣山村 |
| 丁志文 | 1927 | 北京市粮食局粮油管理处处长 | 文桥镇臣山村 |
| 丁辉华 | | 航空科工集团三部高级工程师 | 路口镇 |
| 万　里 | 1964.12 | 公安部巡视办副厅级巡视员 | 道仁矶镇 |
| 马　静 | 1965 | 航天航空工业部研究室主任 | 云溪乡友好村 |
| 王新跃 | 1973.08 | 水利部人文司干部处处长 | 道仁矶镇沙湾村 |
| 方仕强 | 1970 | 北京金色宝藏公司副总经理 | 路口镇 |
| 邓　斌 | 1967 | 中国航油集团石油有限公司经理 | 道仁矶镇丁山村 |
| 甘大孟 | 1950 | 人民日报社海外版主任编辑 | 路口镇新建村 |
| 田正大 | 1973.08 | 北京因特意服装公司副总经理 | 云溪镇下街居委会 |
| 田胜清 | 1935 | 核工业第二研究设计院高级工程师 | 云溪乡东风村 |
| 刘志勇 | 1974.06 | 中组部干部三局处长 | 陆城镇钢铁村 |
| 汤小辉 | | 中国疾控中心药品实验室主任 | 道仁矶镇大田村 |
| 严　峻 | 1978.03 | 燕京啤酒北厂副总经理 | 路口镇 |
| 杨　旭 | 1970 | 国家体育总局手曲棒叠中心主任 | 云溪乡八一村 |
| 李建民 | 1965.11 | 国家药监总局处长 | 云溪乡双花村 |
| 吴明超 | 1954 | 中国有色金属工业总公司地质勘测部主任 | 道仁矶镇沙湾村 |
| 邹水英（女） | 1939.07 | 农业部畜牧兽医局高级畜牧师 | 陆城镇陆城村 |
| 邹永红 | 1968.07 | 捷成（中国）公司包装设备处经理 | 陆城镇陆城村 |
| 邹逸桥 | 1956.12 | 国家电网公司处长 | 云溪乡友好村 |
| 张可之 | | 中国人民大学教授 | 永济乡 |
| 陈楚华 | 1956.01 | 二炮少将副司令员 | 云溪乡东风村 |
| 陈新武 | 1954.08 | 新华通讯社编辑 | 陆城镇居委会 |
| 林白芹 | 1969.11 | 中组部研究室处长 | 路口镇省塘村 |
| 段永升 | | 国务院食品安全办处长 | 道仁矶镇 |
| 赵丽萍（女） | 1980.09 | 北京丽萍舞蹈文化公司艺术总监 | 云溪镇岳化 |
| 徐　永 | 1974.01 | 北京海淀航空航天304研究所研究员 | 云溪镇云丰村 |
| 梅友松 | 1932.04 | 北京矿产地质研究所高级工程师 | 陆城镇居委会 |

续表 25-3-2（1）

| | | | |
|---|---|---|---|
| | | 北　京　市 | |
| 姓　名 | 出生年月 | 工作单位及职务职称 | 原籍贯 |
| 曹　峰 | 1969.10 | 北京奥运场馆工程建设总经理 | 道仁矶镇柳田村 |
| 黄志勇 | 1969.03 | 北京空军政治部组织部副部长 | 道仁矶镇柳田村 |
| 黄绍裘 | 1942.07 | 北京市华北电力管理局办公室主任 | 道仁矶镇柳田村 |
| 谢矩峰 | 1972 | 北京市昌平区公安局副调研员 | 文桥镇金星村 |
| | | 上　海　市 | |
| 姓　名 | 出生年月 | 工作单位及职务职称 | 原籍贯 |
| 丁小平 | 1959 | 上海市海事局局长 | 路口镇 |
| 丁文联 | 1972.02 | 上海市高级人民法院知识产权庭庭长 | 云溪乡双花村 |
| 李昌厚 | 1952.07 | 中科院上海生物所仪器室主任 | 云溪乡桃李村 |
| 李检保 | | 同济大学副校长 | |
| 杨　青 | | 上海复旦大学教授、博士 | 永济乡 |
| 翁新楚 | | 上海大学生命科学院副院长、博士 | 路口镇 |
| | | 天　津　市 | |
| 谢　非 | | 天津大学内燃实验室副教授 | 永济乡 |
| 瞿麦生 | 1941.05 | 天津商学院国际商业汉语教学中心主任 | 文桥镇和平村 |
| | | 重　庆　市 | |
| 黄清水 | | 重庆市合成材料研究所高级工程师 | 云溪镇 |
| | | 湖　南　省 | |
| 丁　雷 | 1971.03 | 吉首大学教授、博士后 | 文桥镇白荆村 |
| 丁小明 | | 株洲市平安保险公司总经理 | 路口镇 |
| 丁观芳 | 1958 | 岳阳市职业技术学院学生处处长 | 云溪乡桃李村 |
| 丁和平 | | 株洲市教育基金督导委主任 | 道仁矶镇沙湾村 |
| 丁国其 | 1946 | 岳阳市纪委案审室主任 | 路口镇南岳村 |
| 丁星球 | | 长沙理工大学教授 | 道仁矶镇沙湾村 |
| 马立华 | 1966 | 邵阳市武警支队副政委 | 云溪乡青石村 |
| 王凤英（女） | 1938 | 岳阳市二医院副院长、内科主任医师 | 文桥镇东风村 |
| 王光明 | | 省农业银行办公室主任 | 路口镇 |
| 王森林 | 1934 | 长沙市房产局纪检书记 | 路口镇 |
| 方孝元 | 1966.07 | 岳阳市环卫处纪检书记 | 文桥镇姜畈村 |
| 方光前 | 1949 | 临湘市副市长 | 文桥镇和平村 |

续表 25-3-2（2）

| 湖　南　省 | | | |
|---|---|---|---|
| 姓　名 | 出生年月 | 工作单位及职务职称 | 原籍贯 |
| 方岳云 | 1964.02 | 郴州市妇幼保健院院长 | 文桥镇 |
| 方岳梅 | 1958 | 岳阳市委、市政府接待处副处长 | 路口镇长岭居委会 |
| 文伯海 | 1962.06 | 省水利厅澧水集团董事长 | 陆城镇香铺村 |
| 邓春初 | 1958 | 岳阳市审计局副局长 | 路口镇南太村 |
| 邓海斌 | 1969 | 岳阳市武警支队支队长 | 云溪乡建军村 |
| 龙伟华 | 1966.08 | 岳阳市地税局纪检组长 | 陆城镇香铺村 |
| 付　英 | 1962.08 | 长沙鼓风机公司副总经理 | 陆城镇居委会 |
| 朱平波 | 1969.05 | 汨罗市政法委书记 | 道仁矶镇丁山村 |
| 朱光彩 | 1932 | 岳阳市四化建结构材料厂党委书记 | 文桥镇东风村 |
| 乔　志 | | 长沙电视台政法频道副总监 | 路口镇 |
| 乔海清 | | 湘潭市人大常委会副主任 | 路口镇 |
| 任剑波 | 1960.11 | 省审计培训中心主任 | 云溪乡友好村 |
| 任浩波 | 1964.02 | 岳阳市政协教科文卫副主任 | 云溪乡友好村 |
| 刘　岗 | 1960.11 | 省财政经济学院外语系教授 | 道仁矶镇滨江村 |
| 刘碧璋 | 1954 | 岳阳市地税局纪委书记 | 路口镇路口村 |
| 刘演林 | 1962 | 娄底学院院长 | 云溪乡八一村 |
| 刘演煌 | 1955 | 岳阳市农村工作委员会副主任 | 云溪乡八一村 |
| 刘演斌 | 1963.10 | 省新特产集团总经理 | 道仁矶镇泗垅村 |
| 汤自清 | 1969 | 省公安厅七处副处长 | 文桥镇分水村 |
| 汤志鹏 | 1974.11 | 平安保险衡阳分公司经理 | 陆城镇陆城村 |
| 孙明保 | 1962.12 | 湖南理工学院数学与应用数学系主任 | 路口镇省塘村 |
| 李　旭 | 1971.04 | 省公安厅刑侦总队科研所副所长 | 陆城镇钢铁村 |
| 李小初 | 1950 | 岳阳市经委副主任 | 文桥镇小桥村 |
| 李元香 | 1936 | 临湘市副市长 | 云溪乡下清溪村 |
| 李中然（女） | | 省儿童医院主任医师 | 云溪乡 |
| 李可可 | | 长沙铁路局调度处处长 | 云溪乡 |
| 李四保 | 1952.07 | 湘潭军分区司令员（大校） | 云溪乡新铺村 |
| 李必香（女） | 1962 | 省儿童医院主任医师 | 云溪乡建军村 |
| 李庆国 | 1950 | 临湘市人大常委会副主任 | 云溪乡 |
| 李国保 | 1955.08 | 岳阳市环保局局长 | 文桥镇望城村 |

续表 25-3-2（3）

| 湖　南　省 | | | |
| --- | --- | --- | --- |
| 姓　名 | 出生年月 | 工作单位及职务职称 | 原籍贯 |
| 李国清 | 1958.01 | 省国土资源厅处长 | 文桥镇臣山村 |
| 李宜国 | 1936 | 岳阳市公安局副局长 | 路口镇南岳村 |
| 李重建 | 1956.09 | 岳阳市交通运输局乡村道路管理处处长 | 云溪乡青石村 |
| 李美旭 | 1942 | 岳阳市纪委常委 | 云溪乡建设村 |
| 李海平 | 1944 | 岳阳市建设银行行长 | 路口镇长岭村 |
| 李渔村 | 1942 | 人民日报社湖南分社编辑部副编审 | 云溪乡建军村 |
| 杨一清 | 1952.12 | 省物质局价格信息中心副主任 | 陆城镇泾港村 |
| 杨本益 | 1942 | 临湘市一中校长中学高级教师 | 云溪乡友好村 |
| 杨国清 | 1947.08 | 岳阳市工商局局长 | 陆城镇泾港村 |
| 肖　义 | 1982.09 | 湖南省水利厅洞工局综合处处长 | 陆城镇香铺村 |
| 邱士波 | 1944 | 岳阳市计委副主任 | 云溪乡八一村 |
| 邱寒光（女） | 1933 | 临湘市一中国家特级教师 | 云溪乡八一村 |
| 吴　强 | 1971 | 民族职业学院总务处处长 | 云溪镇南街居委会 |
| 吴小青 | 1959 | 岳阳市卫生局副局长 | 云溪乡新埠村 |
| 吴际初 | 1936.06 | 湖南师大化工学院教授 | 云溪镇镇龙村 |
| 吴松琴（女） | | 岳阳市电业局高级工程师 | 永济乡 |
| 吴贤臣 | 1935 | 临湘市副市长 | 路口镇牌楼村 |
| 吴贤武 | 1952.03 | 临湘市人民法院院长 | 文桥镇荆竹村 |
| 吴维忠 | 1954.12 | 岳阳市交警支队副支队长 | 云溪乡桃李村 |
| 何　萍（女） | 1961.01 | 省政法委综治办副主任 | 道仁矶镇泗垅村 |
| 沈六生 | 1954 | 岳阳市工商联党组书记、市委统战部副部长 | 文桥镇华兴村 |
| 沈佑安 | | 岳阳市城市供电局局长 | 陆城镇 |
| 沈念梓（女） | 1968.12 | 省计生委调研员 | 陆城镇钢铁村 |
| 沈道义 | 1955 | 岳阳市住房建设局工会主席 | 文桥镇臣山村 |
| 冶金台 | | 株洲市二人民医院院长 | 云溪乡 |
| 张　乐 | | 省建设银行信贷一处投资公司经理 | 云溪乡 |
| 张专伦 | 1950.07 | 湖南师范大学新闻学院党委书记 | 云溪乡友好村 |
| 张平勇 | 1940 | 岳阳市计划委员会副主任 | 云溪乡友好村 |
| 张英平 | 1971.06 | 省委政研室处长 | 陆城镇香铺村 |
| 张国富 | 1949 | 岳阳市一医院泌尿科主任医师 | 云溪乡友好村 |
| 张觉吾 | 1948.04 | 中国石化总公司长岭分公司研究院院长 | 文桥镇小桥镇 |

续表 25-3-2（4）

| 湖南省 | | | |
|---|---|---|---|
| 姓　名 | 出生年月 | 工作单位及职务职称 | 原籍贯 |
| 张葵红（女） | 1969.11 | 浏阳市副市长 | 云溪乡友好村 |
| 陈　纲 | 1970 | 省纪委办公厅接待处处长 | 路口镇枧冲村 |
| 陈太平 | 1954 | 临湘市政协副主席 | 云溪乡桃李村 |
| 陈本华 | 1947.08 | 怀化市副市长 | 陆城镇泾港村 |
| 陈北海 | 1957.05 | 岳阳市政协经济委主任 | 陆城镇新港村 |
| 陈汉舟 | 1943 | 临湘市人大常委会副主任 | 云溪乡桃李村 |
| 陈振声 | 1947.05 | 岳阳市一医院党委书记 | 陆城镇居委会 |
| 陈敏利（女） | 1978 | 中南大学新闻学院博士 | 云溪镇镇龙村 |
| 林治学 | 1971.06 | 汨罗市委组织部部长 | 文桥镇臣山村 |
| 林新平 | 1975.04 | 岳阳市妇幼保健院副院长 | 文桥镇和平村 |
| 周德权 | 1952 | 岳阳市长江堤防处处长 | 云溪乡坪田村 |
| 罗来潮 | 1938 | 省委办公厅老干处处长 | 路口镇长岭村 |
| 郑　昭 | 1978.01 | 湘潭九华经开区总经济师 | 云溪镇上街居委会 |
| 姜远先 | 1950 | 岳阳市劳动局社保处处长 | 路口镇江湖村 |
| 姜伟南 | 1965 | 平江县副县长兼公安局局长 | 文桥镇姜畈村 |
| 姜桂初 | 1949.07 | 省检察院反贪局正处级检察员 | 文桥镇华兴村 |
| 施卫军 | 1972.04 | 《岳阳日报》社党组成员副总编辑 | 文桥镇文桥村 |
| 施天益 | 1937.07 | 省寄生虫研究所副研究员 | 文桥镇文桥村 |
| 施亚雄 | 1963.01 | 省委办公厅副秘书长 | 文桥镇臣山村 |
| 姚光前 | 1957.04 | 长沙海关副巡视员 | 文桥镇白荆村 |
| 姚晓阳 | 1963.05 | 株洲南车时代集团技术中心党委书记 | 文桥镇金星村 |
| 段东利 | | 湖南大学教授 | 云溪乡建军村 |
| 徐北康 | 1947.03 | 岳阳市林业局党组书记、总工程师 | 陆城镇新港村 |
| 徐爱国 | 1955 | 长沙国际贸易发展公司经理 | 云溪镇上街 |
| 徐渭川 | 1935.07 | 长沙市中学数学学会成员、数学硕士 | 云溪镇镇龙村 |
| 黄长河 | | 省政府金融办监察室主任 | 永济乡 |
| 黄伟保 | | 广铁集团长沙南北站工程指挥部主任 | 路口镇路口村 |
| 黄镇岳 | 1942.07 | 衡阳市建材工业专科学校教授 | 陆城镇居委会 |
| 黄镇波 | 1932.08 | 省气象局科研所工程师 | 陆城镇居委会 |
| 龚伟 | 1968 | 湘雅三医院胸外科医学博士、副教授 | 文桥镇文桥村 |
| 龚正荣 | 1948.07 | 省教育厅教师培训中心主任 | 文桥镇臣山村 |

续表 25-3-2（5）

| 湖南省 | | | |
|---|---|---|---|
| 姓　名 | 出生年月 | 工作单位及职务职称 | 原籍贯 |
| 章　涌 | 1972 | 《湘声》报主编 | 道仁矶镇 |
| 彭庆军 | | 湖南理工学院教授 | 云溪乡 |
| 彭伯畅 | 1954 | 岳阳市一医院外科副教授 | 路口镇 |
| 葛大兵 | 1964.07 | 湖南农业大学副教授 | 云溪乡芭蕉湖渔场 |
| 蒋端正 | 1934 | 岳阳市委直属机关党委书记 | 路口镇南太村 |
| 曾文献 | 1947.11 | 岳阳市委常委、秘书长 | 文桥镇望城村 |
| 曾安平 | 1963 | 长沙市消防支队政委 | 道仁矶镇基隆村 |
| 曾新韬 | 1956.01 | 岳阳市公安局副局长 | 文桥镇望城村 |
| 游志坚 | 1973 | 湖南岳阳临港新区开发投资公司总经理 | 云溪乡桃李村 |
| 谢正祥 | 1966.04 | 怀化市武警支队支队长 | 文桥镇金星村 |
| 谢进保 | 1938 | 临湘市副市长 | 云溪镇下街居委会 |
| 廖良忠 | 1957.10 | 平江县人民检察院检察长 | 道仁矶镇丁山村 |
| 谭建夫 | | 湖南省石油公司办公室主任 | 云溪乡 |
| 熊琦 | 1957.02 | 省工程职业技术学院院长 | 道仁矶镇基隆村 |
| 潘宏 | 1965.01 | 巴陵公司长沙办事处总经理 | 云溪乡 |
| 瞿松柏 | 1952 | 岳阳市政协副主席 | 文桥镇和平村 |
| 瞿晏平 | 1970.08 | 省公安厅人口与出入境管理局副局长 | 陆城镇香铺村 |
| 湖北省 | | | |
| 姓　名 | 出生年月 | 工作单位及职务职称 | 原籍贯 |
| 王卫华 | | 武汉理工大学教务处处长 | 陆城镇陆城村 |
| 方新岳 | 1949.08 | 武汉大桥局高级工程师 | 文桥镇和平村 |
| 邓铬鑫 | | 武汉市国家安全局处长 | 文桥镇白荆村 |
| 甘复兴 | 1946 | 武汉大学环境工程学院党委书记 | 路口镇路口村 |
| 乔淑玉(女) | 1946 | 武汉大学环境工程学院 | 路口镇路口村 |
| 陈叙华 | 1962.04 | 武汉石化分公司乙烯热电事业部经理 | 云溪镇镇龙村 |
| 陈斌秋 | | 武汉邮电学院科研室总工程师 | 云溪镇云丰村 |
| 施天山 | 1943.10 | 省教育厅高教处处长 | 文桥镇文桥村 |
| 施天申 | 1949.10 | 华中农大附中副校长、中学高级教师 | 文桥镇文桥村 |
| 施天柱 | 1946.07 | 省农科院研究室主任 | 文桥镇文桥村 |
| 施炎林 | 1963.08 | 民航中南空管局武汉分局局长 | 文桥镇文桥村 |
| 夏世为 | 1964.09 | 十堰市煅造厂厂长、高级技师 | 文桥镇黄皋村 |

续表 25-3-2（6）

| 湖北省 | | | |
|---|---|---|---|
| 姓 名 | 出生年月 | 工作单位及职务职称 | 原籍贯 |
| 葛宝湘(女) | 1936.09 | 武汉市电力高级工程师 | 陆城镇居委会 |
| 喻应坚 | | 武汉造船厂副厂长 | 路口镇 |
| **广东省** | | | |
| 姓 名 | 出生年月 | 工作单位及职务职称 | 原籍贯 |
| 丁小初 | 1956 | 惠州房地产公司副总经理 | 云溪乡坪田村 |
| 甘述英 | | 珠海市政府重大工程办公室主任 | 路口镇新建村 |
| 田 凯 | 1975.12 | 韶关市铁通公司业务经理 | 云溪镇 |
| 刘新谷 | | 广州石化总厂财务处处长 | 云溪乡建设村 |
| 刘演池 | 1965.08 | 深圳市康迈电子有限公司总经理 | 云溪乡八一村 |
| 杨平波 | 1955.09 | 深圳市民生银行副行长 | 文桥镇臣山村 |
| 沈维敏 | 1963 | 东方资产管理公司深圳投资银行部处长 | 文桥镇白荆村 |
| 陈 菲(女) | | 广州市申银证券公司注册会计师 | 云溪镇 |
| 陈怀德 | 1953 | 汕头市警备区副司令员 | 云溪乡桃李村 |
| 龚长富 | 1953.09 | 顺德市保健医院儿科主任、教授 | 文桥镇黄皋村 |
| 彭友良 | 1970 | 深圳元素化工有限公司经理 | 路口镇长岭村 |
| 彭秋波 | | 广州有色金属研究院高级工程师 | 道仁矶镇泗垅村 |
| **广西省** | | | |
| 姓 名 | 出生年月 | 工作单位及职务职称 | 原籍贯 |
| 艾月琴(女) | 1935.09 | 南宁市广西《体育春秋》主编 | 陆城镇居委会 |
| 甘述柏 | 1962 | 柳州市人口计生局正处级干部 | 路口镇路口村 |
| 甘思文 | 1965 | 驻柳州第四十一集团军高炮旅旅长 | 路口镇路口村 |
| 李 侃 | 1952 | 桂林市漓江出版社社长 | 文桥镇分水村 |
| 葛维垣 | 1932 | 柳州铁路局高级工程师 | 陆城镇居委会 |
| **海南省** | | | |
| 姓 名 | 出生年月 | 工作单位及职务职称 | 原籍贯 |
| 丁明灯 | 1965 | 海南省铁路管理局副总经理 | 文桥镇臣山村 |
| 方志辉 | 1970.02 | 海南省司法厅劳改局政治部主任 | 文桥镇姜畈村 |
| 卢 晞（女） | 1958.12 | 海南省经贸管理学院副院长、副教授 | 云溪镇上街居委会 |
| 吴晓笙 | | 武警乐东支队参谋长 | 长岭办事处 |
| 游志敏 | | 海南琼山武警支队副支队长 | 云溪乡桃李村 |
| 游新碧 | | 武警海口支队支队长 | 陆城镇香铺村 |
| 彭 建 | | 海口警备区政委 | 路口镇新合村 |

续表 25-3-2（7）

| 四　川　省 | | | |
|---|---|---|---|
| 姓　名 | 出生年月 | 工作单位及职务职称 | 原籍贯 |
| 王　刚 | | 成都机场总经理 | 道仁矶镇泗垅村 |
| 张毓雄 | | 成都军区后勤部装备处处长 | 道仁矶镇基隆村 |
| 江　苏　省 | | | |
| 姓　名 | 出生年月 | 工作单位及职务职称 | 原籍贯 |
| 乔金水 | 1976 | 连云港海军716研究所副高级工程师 | 路口镇南太村 |
| 梅若兰（女） | 1923 | 南京金陵女子文联学院名誉院长 | 云溪镇下街居委会 |
| 山　东　省 | | | |
| 姓　名 | 出生年月 | 工作单位及职务职称 | 原籍贯 |
| 李纪辅 | 1937 | 东营市胜利油田外事处处长 | 文桥镇文桥村 |
| 刘湘球 | | 青岛市公安局后勤保障处处长 | 云溪乡新埠村 |
| 彭其华 | 1947.10 | 青岛市建委监理公司技术总监 | 文桥镇姜畈村 |
| 河　南　省 | | | |
| 姓　名 | 出生年月 | 工作单位及职务职称 | 原籍贯 |
| 吴伏华 | 1938.10 | 新乡市电视台副台长 | 陆城镇陆城居委会 |
| 沈道全 | 1936 | 安阳市交通局局长 | 文桥镇臣山村 |
| 浙　江　省 | | | |
| 姓　名 | 出生年月 | 工作单位及职务职称 | 原籍贯 |
| 吴成强 | 1972.11 | 浙江工业大学副教授 | 云溪镇镇龙村 |
| 甘　肃　省 | | | |
| 姓　名 | 出生年月 | 工作单位及职务职称 | 原籍贯 |
| 陈元德 | 1931 | 甘肃省冶金厅副厅长总工程师 | 云溪镇下街居委会 |
| 陕　西　省 | | | |
| 姓　名 | 出生年月 | 工作单位及职务职称 | 原籍贯 |
| 徐立新 | | 陕西电视台文艺部主任 | 云溪镇 |
| 翁木云 | | 西安航空航天学院教授 | 道仁矶镇基隆村 |
| 吉　林　省 | | | |
| 姓　名 | 出生年月 | 工作单位及职务职称 | 原籍贯 |
| 卢海波 | 1966.06 | 驻吉林市副师职专业技术军官 | 云溪镇五星村 |
| 蒋　青 | 1955 | 吉林大学材料科学与工程学院院长 | 路口镇南太村 |
| 蒋端方 | 1922 | 吉林工业大学教授 | 路口镇南太村 |

续表 25-3-2（8）

| 西藏自治区 | | | |
|---|---|---|---|
| 姓　名 | 出生年月 | 工作单位及职务职称 | 原籍贯 |
| 李岳煌 | | 西藏灵荥地区农牧学院副教授 | 道仁矶镇 |
| 夏文波 | 1931.06 | 西藏日喀则市委统战部部长 | 文桥镇黄皋村 |
| 夏世红 | 1968.05 | 西藏茶余县县长 | 文桥镇黄皋村 |
| **台湾地区** | | | |
| 姓　名 | 出生年月 | 工作单位及职务职称 | 原籍贯 |
| 施振铎 | 1919 | 高雄市要塞少将司令 | 文桥镇文桥村 |

# 附 录

## 一、文献辑存

### 中南军政委员会批复

（五一）会民字第二一一六号

事由：核覆湘、鄂两省临湘、蒲圻县间省界划分由

主送机关：湖南、湖北省人民政府

抄送机关：中南水利部、民政部

临湘、蒲圻两县因划界发生纠纷，根据中央政务院及中南军政委员会的决定和临湘、蒲圻两县交接的具体情况，经由湖南、湖北及临湘、蒲圻省、专、县之代表报告，特决定如下：

一、湘、鄂两省临湘、蒲圻间省界仍遵中央政务院政行齐字第九号批示执行，以太平口河流中线为界，立即以此为界划定。

二、太平口之二千五百余亩之柴洲，本年仍由湖北之蒲圻管理，组织管理委员会，临湘县参加管委会占委员数不少于三分之一。明年（1952）1月1日正式交湖南之临湘县管辖，蒲圻县派代表参加管委会不少于三分一的委员，限于1952年柴洲之收益分给蒲圻县人民政府三份之一。群众取柴仍习惯办理，不论临湘、蒲圻两县之农民平等待遇。

三、黄盖湖划分依自然条件由太平（口）河流中线至该湖南岸之三官咀为界，以东归蒲圻县，以西归临湘县。在湖中打鱼作业不分界限，并由两县共同组织湖管委员会统一管理之。

四、因划界引起之群众纠纷双方有责，应严格检查认真处理，除应分别报省外，并将报告直接送本会民政部两份，以便了解。

五、今后不应再发生纠纷，如再发生纠纷则由发起方面负全部责任，如因群众之间发生的小的争执时，双方均应主动将情况弄清送该管辖县处理，不得擅自解决。

以上各项希即遵照办理，并由湖南、湖北两省人民政府民政厅及时按上列各项交接为要。

1951年12月4日

## 湖南省人民政府
## 关于调整部分市县行政区域界线的通知

湘政发〔1984〕12号

各行政公署，自治州、市、县人民政府，省直机关各单位：

国务院1984年4月6日批准我省调整部分市县行政区域界线，现通知如下：

……

五、将临湘县的岳化、长炼两厂厂区，云溪、路口两镇，云溪、陆城、文桥3个公社，路口公社的路口、南岳、牌楼、江湖、枧冲、南太、南山、新华、省塘9个大队，新合大队的李家、沈家、马形、陀鹤4个生产队，松阳湖农场、白泥湖、芭蕉湖划归岳阳市管辖。

岳阳市设南区、北区、郊区3个区。

各有关市县和单位要相互支持，密切配合，努力做好交接中的有关工作。

湖南省人民政府

1984年4月19日

## 中共岳阳市委　岳阳市人民政府
## 关于北区行政区划、机构设置和人员编制的批复

岳发〔1984〕25号

北区区委、区人民政府：

1984年5月5日《关于北区机构设置和人员编制的报告》收悉，市委、市政府原则同意你区所报方案。现将有关问题通知如下：

一、行政区划

你区辖：岳化、长炼两厂厂区，云溪、路口两镇，云溪、陆城、文桥3个乡，路口乡的路口、南岳、牌楼、江湖、枧冲、南太、新华、省塘9个村，新合村的李家、沈家、马形、陀鹤4个生产队，松阳湖农场、白泥湖、芭蕉湖。

二、机构设置

区委工作部门设；办公室、组织部、宣传部。

区人民政府工作部门设：办公室、计划委员会、经济委员会、科学技术委员会、劳动人事科、民政科、公安分局、司法科、财政科、税务分局、工商行政管理分局、城乡建设环境保护科、农林科、水电农机局、文化教育科、卫生科、计划生育委员会。

同意设区工矿贸易公司、物资供应公司、供销合作联社、肉食中心站、粮油公司、蔬菜公司（对外加挂蔬菜局的牌子）、广播电视站，为企、事业管理机构，不列入区政府工作部门。

区纪律检查委员会、人大常委会、工会、团委、妇联、法院、检察院，按党章、宪法和有关规定设置。

三、人员编制

经研究确定，区党政群机关定行政编制80名（不含公、检、法、司和企事业管理机构的编制）。区辖各乡、镇的编制要力求精干，原则上保持公社、镇的人员编制不变。区辖场、所等企事业单位，不列行政编制。

中国共产党湖南省岳阳市委员会

岳阳市人民政府

1984年6月1日

# 湖南省民政厅关于认定郴州市、衡东县等21个县（市、区）为革命老根据地的批复

湘民促字〔1990〕第3号

有关县（市、区）县委、人民政府：

根据有关县（市、区）《关于要求认定为革命老根据地的报告》，经会同有关部门审核，并报请省长办公会议、省委常委会会议研究，同意认定郴州市、衡东县……、岳阳市北区……等21个县（市、区）为革命老根据地。

特此批复。

湖南省民政厅

1990年6月25日

# 中共岳阳市委　岳阳市人民政府关于调整临湘县、北区部分村、场行政隶属关系和有关水利设施管理体制的决定

岳发〔1992〕5号

临湘、北区，自县、区分设以来，双方经济社会事业都得到了较快发展。但在几年的实践中双方都感到现行区划在部分地区由于少数村、场的行政隶属关系和有关水利设施的管理体制不顺以致生产建设中暴露出不少矛盾，在一定程度上影响了经济发展速度和社会的安定团结。为了妥善解决这些问题，市委、市政府根据双方党政机关的要求，于去年8月开始，组织专门班子，调查研究，广泛座谈，

组织市级领导实地考察，在充分听取各方意见的基础上，讨论决定对其部分村、组、场的行政隶属关系和有关水利设施的管理体制进行适当调整，现将有关事项明确如下：

一、调整范围

1、将北区陆城镇位于冶湖岸边的杨桥村、洋溪村（除王家咀组渠西几户村民及其所承包的责任田土外）、棋杆村及镇办金鸡林场和临湘新农药厂扩建地盘的儒溪村建制地划归临湘县管辖。

2、将洋溪村王家咀组划出的住渠西的几户村民连同其承包的责任田暂交国营洋溪湖渔场管辖，并将洋溪湖连同其国营渔场成建制从临湘县划出，由市直接管辖。

3、将冶湖撇洪水系的鸭栏电排、新设电排和鸭栏排灌闸以及孙家汊泄洪闸和曾家汊泄洪闸五处建筑物及其管理设施一并收为市管。

4、将地处松阳湖地区的原桃矿农场土地和临湘县平瓦厂划归北区。

……

中国共产党湖南省岳阳市委员会

岳阳市人民政府

1992 年 4 月 3 日

# 国务院关于同意湖南省调整岳阳市市辖区行政区划的批复

（国函〔1996〕16 号）

湖南省人民政府：

你省《关于调整岳阳市市区行政区划的请示》（湘政〔1995〕54 号）收悉。现批复如下：

……

三、同意岳阳市北区更名为云溪区。

岳阳市市辖区调整，不增加机构和人员编制，所需经费自行解决。

国务院

1996 年 3 月 16 日

# 湖南省人民政府关于调整岳阳市市辖区行政区划的通知

（湘政函〔1996〕54 号）

各行政公署，自治州、市、县人民政府，省直机关各单位：

……

三、岳阳市北区更名为云溪区。

岳阳市市辖区调整，不增加机构和人员编制，所需经费自行解决。

湖南省人民政府

1996年4月12日

# 二、民间传说

## 象骨港的来历

传说大禹治水凿开荆门，从四川巴山窜下来的巴蟒在洞庭湖兴风作浪，被太上老君锁定后巴望有人快救救他，好找那老道新账旧账一起算。

有一天，只见一个老渔人和一条小渔船被大风卷进湖汊。妖蟒忙假装可怜，一把鼻涕一把眼泪求老渔人说："老爹爹，也不知哪来的妖道，将我骗到此地，把我困了起来。我又饥又渴，实在受不了。你就行行好，帮我将铁桩上的咒符揭了吧。"老渔人见那妖蟒说得可怜，便把太上老君临走前贴在铁桩上的咒符揭了。这一揭，只听"嘣"的一声，妖蟒用尽平生力气，将铁桩从岩石中拔了出来，就地一滚，现出原形，张开血盆大口一口把老渔人给吞了。随后，爬出洞庭湖口，来到三江口附近的团山。不料刚刚靠近山边，拖在身后的铁桩一下被汹涌的漩流卷进石缝，怎么也拔不出来。妖蟒慌了，不知如何是好。忽然，只见从岸上一片低洼地里走出一头大象，正缓缓来到邻近的溪边饮水。妖蟒"咕噜"一声，早忘了身上的铁链，尽力朝岸上一窜，咬住大象活生生把它吞进了肚里。哪知这一窜，紧绷的铁链竟将他的脏腑扯脱。立时，肚内绞痛无比，它禁不住在地上一阵乱滚。谁知这一滚，那铁链竟如绞索一般，将它的五脏六腑根根撕裂。它又痛又呕，连刚刚吞下的大象也吐了出来。吐完，忍着巨痛又朝前爬，直至扑嗵倒地，力尽气绝。

妖蟒死后，身首俱腐，下面渐渐隆起一座小山丘。后来，人们便叫它巴丘，再后来又改称"巴陵"。它吐出的那头象，腐烂后骨头全撒在溪畔，小溪就叫"象骨港"。

## 寡妇矶头望夫石

寡妇矶坐落在陆城镇附近的江边，是一座长150米、高7.2米的弧形石矶，矶顶上一块人形石，称望夫石。

传说很久以前，垒石矶处是一个很深的漩涡，下面藏着一条孽龙，经常兴风作浪，吞没过往船只。当时江边住着一对年轻夫妇，丈夫打鱼，妻子织布，日子过得很美满。每到太阳落水、百鸟归林时，妻子总是踮起脚尖，望着江心唱道：

太阳落水又落崖哟，郎君郎君你快回哟……

老远就听到丈夫的回唱：

太阳落水映彩霞哟，贤妻贤妻莫牵挂哟……

一天傍晚，突然天昏地暗，狂风怒吼，黑浪滔天，孽龙发出撕人心肺的狂叫，一口吞掉正在归航的渔郎。等妻子闻讯赶到江边，只见一顶斗笠、几块破船板在漩涡中乱转，她顿时昏倒了。醒来后，她紧咬秀发，强忍泪水，咬破舌尖对着漩涡喷了一口殷红的鲜血，立誓要镇住孽龙，为丈夫报仇。

从此不管白天黑夜，下雨落雪，她不停地从山中背来大块大块的麻石，抛进龙口漩涡。一天又一天，一年又一年，山上的树叶青了又黄，黄了又青。一座巨大的石矶垒起了，龙口终于被堵死，孽龙被镇住。这时，姑娘站在矶头上，朝着江心痛哭起来，哭得江水涨了又落，落了又涨。她眼泪哭干了，眼睛哭瞎了，最后化成一块石头。后来，人们就把这座石矶称为“寡妇矶”，把这块石头叫着“望夫石”。

## 赤兔金鞍马鞍山

传说西蜀名将关羽大意失荆州后，坐骑赤兔马成了吴国的战利品。孙权见马忠擒关羽有大功，就将这赤兔马赏给了他。

关羽为国尽忠，赤兔马一直对他深深怀念。它不吃不喝，终日悲嘶欲绝。一天，见仇人马忠骑在它背上洋洋得意，心中怒火顿起，忽一阵狂奔乱踢，将马忠掀下来摔了个半死。马忠身边的随从气坏了，一涌而上，抓的抓缰绳，扯的扯辔头，揪的揪鬃毛，还取来粗长的铁锁链七手八脚将赤兔马牢牢锁住。赤兔马是有名的烈性子，经这一锁愈加愤怒起来。要知道，这马原本是天上的神马，下凡后早在400年前曾是大秦扶苏王子的千里龙驹。后来，为救扶苏身负重伤，被闪母度上天去。回到天庭，它一心想长住天河边，过自己悠然放荡的日子。不料又被玉皇遣下界来帮助刘皇叔三分天下。可是，这次又是功未成业未就。两度下界，连自己的主人都保护不了，真是有愧于天地，有愧于主人……想到这里，它肝胆欲裂，怨恨交加，头顶上的鬃毛根根竖起，股股忿恨之气直冲云霄。它狂踢乱跳，想挣脱铁链。这一切，恰巧被巡天霹雳神君发觉，它也为赤兔马的遭遇抱不平，禁不住一锤击下，将赤兔马身上的铁链顿时炸脱。赤兔马一下获得解脱，腾开四蹄，狂奔乱跑了一天一夜，跑到一处它曾驻留过的岗地，纵身一跃跳入滚滚怒涛殉了主人，身上的金雕鞍却抛落地上化成一座石头山。

千百年后，这座山渐渐变为一堵绿色屏障，成了陆城南门外高高的马鞍山。

## 陆逊“死”知和为贵

当初，文武双全的陆逊被孙权破格取用，登台拜将。陆逊不负厚望，不仅妙计取荆州、擒关羽，铲除了吴魏两国劲敌，还火烧连营七百里，直烧得一代枭雄刘备不得不败退白帝城，一命归西。孙权一高兴，封了陆逊做荆州牧。不久，又让他接替顾雍，官升代丞相之职。

晚年，陆逊依旧忠心耿耿。他见太子太傅彼此寻衅生事，为了东吴江山永固，他多次从中斡旋，想排解二宫势不两立的矛盾。谁料，却适得其反，不仅为自己招来许多非议，还频频受到孙权的责怪。费力不讨好，一气之下，他竟郁郁死去。陆逊既死，魂魄却不散，他顾不了子孙们捶胸顿足、哭声哀哀，毅然一离肉身，飘飘荡荡朝黄泉路上而去。

转瞬间又过去许多日子，陆逊的心情渐渐好起来，开始去曾在人世间居留过的地方作一番故地重游。一天，他来到陆城茅草岭。哇！眼前分明是一座人口稠密、街道纵横的集市。陆逊简直不敢相信，这哪里是他和部众曾安营扎寨过的荒岭！集市西边岭上的那座峰峦还在，只是不知什么时候上面建起一座巍峨的刘太尉祠。刘太尉何许人？陆逊想弄个明白，信步走入祠中打听，却意外地发现大殿主位上端坐着的竟是南宋武门后秀刘錡将军。刘錡见陆逊来访，慌忙离座，走下殿来热情接待。一交谈，才知陆大将军仍是住无定所，不仅深表同情，还一口答应让他住进后殿，结束那漫长的流浪生活，共享人间香火。

陆逊一时百感交集，回顾一千多年来所经历的桩桩往事，最终明白三界之中最珍贵的乃是一个“和”字，有和才能存善，向善才会求和，冰释前嫌，养德修身，实是人神应当共勉的呀。只有这样，才会求得天地间一片祥和，才能永保人世间太平安乐。

## 婉珠与田哥

早在五代后唐年间，陆城古港洲畔肖家出了位女子婉珠，她貌若天仙，仪态雍容，被楚王南巡发现，托县宰的姨太太做媒娶了她。

嫁给楚王后，虽然贵为王妃，但她受宠不谢。她身在王府，心却在古港洲畔那一眼望不到尽头的荷莲中，在她早就印在心里的田哥身上。她知道，田哥从小和她青梅竹马，田哥最了解她最疼她，她和田哥才真正是天设一对，地造一双。楚王见婉珠千金难买一笑，倒也自作多情，以为爱妃年少恋家，特地安排她回乡去避暑。

婉珠终于盼来和田哥见面的机会。她清楚，这时候田哥一定在荷丛中忙碌，她借故独自一人来到湖边，一抬起头发现田哥正撑着小船飞快地朝荷丛驶去。她心里一乐，放开嗓子喊一声“田哥！”田哥又惊又喜，调过船头直朝岸边飞驶过来。船刚近岸，婉珠踮脚一跳上了船。不一会，一对有情人便没入了无边的荷丛中。

时光在情人眼里有时飞快如梭，有时却又如同蜗牛一样慢慢腾腾。一眨眼炎夏过去，寒秋到来。这次婉珠虽然通过上下打点，好不容易把田哥带进楚王府，但是他们仍难得见上一面，她度日如年。

熬啊熬啊，到底熬到楚王老了。这时楚王也管不了什么，任由王妃们外出玩耍。这正是婉珠求之不得的，她去看山，招来田哥给她抬轿；她去游湖，安排田哥给她驾船；身边没旁人时，还说上一阵子心里话。真个两情相悦，情意更浓，只恨不能快些双双远离潭州城，永远不再进出楚王府。这天楚王突然病倒。这一来，婉珠同其他王妃必须侍奉左右。见不到田哥婉珠憋得慌，一腔思念，满肚子心里话无处倾诉。一天，婉珠听说楚王死后，妃子都要陪葬，她又惊又怕，心急如焚，忙要身边的小春转告田哥，快想办法救救她。她们言来信往，最终想出一个金蝉脱壳之计。

时间一天天过去，楚王病情愈来愈重。侍从们都准备后事，忙进忙出，王府内外一片慌乱。婉珠知道时机已到，便在一天傍晚与小春悄悄溜出王府，径直来到附近江边。这时，田哥也如约赶来。小春见四旁无人，忙替婉珠换过外衣，穿上绣花鞋，然后直起身，一直目送着这对有情人消失在朦朦月色之中。好一阵，她才抱着婉珠换下的衣服和鞋子，一路哭喊起来：“肖妃跳江啦！肖妃跳江啦！”直奔王府而去。恰巧这时，楚王一口气没接上，头一歪死了。王府上下慌成一团，任由小春如何哭如何喊谁都顾不上细问细查，都只说：“死得好，死得好，楚王升天，妃子们都得陪葬。”

婉珠和田哥逃出潭州城，两人手牵手跑上一处高坡，回头朝楚王府望了一眼，舒出一口长气，随即一转身，朝巴陵朝陆城朝那一片荷花盛开的地方飞奔而去。

## 县太爷贪丢乌纱帽

过去，临湘县有个臭名远扬的贪官知县陈澄度。他在任三年，年年以整修江堤为名放肆搜刮民财。头两年百姓忍饥挨饿出钱修堤，可堤总是修不好。到了第三年，江水猛涨，陈澄度心想这下腰包会鼓得更大了。忙贴出告示：勒定头年欠交人户一律补上，新旧摊派一并交纳！还指派差役挨家挨户催逼。

话说乡民中有个大林嫂，她丈夫久病无钱医治，见差役上门，一急之下断了气，她和婆婆哭得死去活来。婆婆经这一折腾也病倒了。可怜一双儿女幼小，家中仅有十来岁的小叔子帮贴她，就是要远走家乡也无法领着一家老小上路啊。大林嫂走投无路，跑到丈夫坟头哭了一阵又一阵，但差役始终赖在家中要吃要喝。日子没法过了，一急之下她投了江。媳妇也没了，婆婆一口气堵在胸口喘不出也跟着走了。

半个月大林嫂一家连死三人，消息不胫而走。大林嫂娘家是个大姓，人称“白屋吴家”。吴姓族人听说姑娘遭官差强逼投了江，结伙直奔县衙来算账。陈澄度正打着如意算盘，见一伙人闯了进来顿时大怒。但见个个怒气冲冲担心会吃眼前亏，忙托师爷调停。师爷好不容易打发吴姓族人去后，陈澄度感觉大失体面，十分恼恨，瞧着远去的吴姓族人忽一闪念，一着报复吴姓的狠招冒了出来。

原来康熙帝一直为吴三桂胆敢与朝廷作对耿耿于怀，几年来脑海中一个“吴”字总是悠来悠去。他不光要灭了吴三桂九族，还要把那些与之有牵连的同姓者斩尽杀绝。为此早在两年前已将这道密旨下到吴三桂盘驻过的岳临两县。陈澄度一心忙于敛财竟将这事忘了。现在忽然想起认定机会难得，忙命人直奔京城上奏。

不料事有巧合，一天，县衙里的师爷与吴家一个亲戚喝酒，酒喝多了一张嘴竟将这桩天大的秘密抖了出来。不久这话传到吴家。吴家族人连夜请来敢于仗义执言的李铁笔，合计出一个好对策。

再说两个月后京城来了信，说是皇上看了奏疏很高兴，并钦定余大人为全权大使到临湘督办此事。陈澄度一听高兴极了，只盼着钦差大人早日到来。可他万万没想到余大人领旨行至半途，觉得这是桩牵连几百条人命的大事，不能儿戏，一定要弄个清楚。他吩咐随从先到四乡暗访细查，结果与奏疏说的大不相同。都说确有白屋吴家，也有个黑屋李家，只是吴家怕受吴三桂牵连早已举族遣散。余大人一听决定再去县衙作进一步核实。可刚翻过一座山，迎面一大群人跪着拦路喊冤。余大人问：“可有诉状?”这时李铁笔忙将手中的状纸呈上。余大人看过喝一声“开道!”带着随从和乡民直奔县衙而去。

进了县衙，余大人哪有闲心喝陈澄度准备的接风酒，一声令下：“升堂……”。陈澄度一见吃惊不小。这时，只听见余大人高声道：“带众乡民上堂!”乡民一涌而上，将状纸呈上了余大人案头。余大人一拍惊堂木，问所告何人何事。众乡民一齐回答：“草民告的就是本县县太爷陈澄度!”陈澄度一惊，顿时懵了。不一会，余大人又吩咐将诉状递给他看。他展开状纸，只见上面赫然写道：“为官三年，鱼肉一方；横征暴殄，尽饱私囊；水患连起，频遭灾荒；垸堤废治，屡取钱粮；贫妇无出，强逼投江；族人控诉，诬闹县堂；指李为吴，欲盖弥彰；黑屋道白，坑害庶良；赃官不除，百姓遭殃……”陈澄度不看则已，一看两腿禁不住哆嗦起来。余大人断定陈澄度贪官无疑。于是惊堂木一拍，摘下陈澄度的顶带花翎，收押待查。

一个月后，圣旨传来，陈澄度充军岭南，即日上路。后来，他一直弄不明白，明明白屋吴家如何成了黑屋李家？他不知道原来李铁笔和吴家族人为了对付他，一夜之间把白屋全涂成了黑屋，还把族中老小疏散大半，留下少数几个跟左邻右舍说，有人来问，都说吴姓早迁走了，住在这里的全是李姓。

## 荆竹山“神竹”烧日军

文修桥东 15 里有座大山，据说从前山上长满一种名贵的竹子，叫荆竹，人们便叫它荆竹山。山下住着数百户人家，都对荆竹爱如至宝，精心培育，要用时也只是适度砍伐。山顶有座荆竹庙，庙旁有口灵竹井，井水深不可测，却清可见底。不知从哪年起，井底映出一对玲珑的荆竹，金光闪闪，或隐或现，人们把它敬为“竹神”。

转眼到了 1943 年。一天，一队日军又来荆竹山骚扰。他们发现“竹神”，忙想探井取宝。群众义愤填膺，一个个凭借荆竹作掩护，用荆竹做梭镖，张弩弓，摆竹钉阵，打得日军鬼哭狼嚎。日军取宝不成反遭打击，队长恼羞成怒，忙令部下向井里拉屎拉尿，放火烧庙烧山，烧井烧“神竹”。得意间，突然一阵大风反刮过来，刮得烈火熊熊，将日军团团裹住，任凭他们怎样东奔西窜，总逃不出火的包围。刹时间，风声、火声、爆竹声、哭叫声惊天动地。日军队长忙令所有的枪炮向空中发射，巴望同伙快来救命。但是赶来救援的日军只能眼睁睁看着同伙被活活烧死，他们被这掀天卷地的烈火惊得目瞪口呆、胆战心惊，只得慌忙连滚带爬逃命去了。

从此，日军再也不敢轻易到荆竹山骚扰。

# 三、诗文选编

## 至鸭栏登白马矶访裴侍御

唐·李白

侧垒万古石，横为白马矶。
乱流若电转，举棹杨珠辉。
临驿卷缇幕，升堂接绣衣。
恃亲不避马，为我解霜威。

## 初入湘四首

唐·张九龄（玄宗贤相之一，后为李林甫所忌，贬荆州长史）

**初入湘江有喜**

征鞍穷郢路，归棹入湘流。望鸟唯贪疾，闻猿亦罢愁。
两边枫作岸，数处桥为洲。却计从来意，翻疑梦里游。

**使还湘水上**

归舟宛何处，正值楚江平。夕逗烟村宿，朝缘浦树行。
于役已弥岁，言旋今惬情。乡邻尚千里，流日夏生云。

**自湘南行**

落日催行舫，逶迟洲渚间。谁云有物役，乘迎更休闲。
螟（瞑）色生前浦，清辉发近山。中流澹容与，唯爱飞鸟还。

**将至岳阳有怀赵二**

湖岸多深林，青冥画结阴。独无谢客尝，况复贾生心。
草色虽云发，天光或未临。江沄非所遇，为尔白头吟。

注：湘江，古代大江和湘水合称，在县（陆城）西北二里，发源于海阳山，与潇水、蒸水、沅水、岷江合流东注入海。

## 同邵侍御江上早春

唐·张锐（开元名相，后因党争贬岳州刺史）

江上春来早可观，巧将春物妒余寒。
水苔共绕留乌石，花鸟争闲斗鸭栏。
佩胜芳辰日渐煖，燃灯美夜月初圆。
意随北雁云飞去，莫待南州蕙草残。

注：乌石，即乌石矶，今道仁矶。

## 匹马云溪道

明·毛伯温

匹马云溪道，邮亭行复行。
野桥春水急，茅台午烟青。
暖日馋舒柳，轻风数啭莺。
古来淳朴地，健妇把犁耕。

## 云溪驿

明·何大复

云溪驿里经过处，六七年间两度行。
风土不殊初到日，雨墙难认旧题名。

异方见月思乡县，远客逢秋念友生。
明日巴陵江上酒，弟兄相对不胜情。

## 云溪古松歌

明·何景明

岳州地多古松树，千株万株植官路。故老犹能记岁年，行人不解知朝暮。
临江东来烟雾起，夹谷连山一百里。黛色寒通七泽云，秋声夜卷三江水。
郡城之北江水东，鄂王祠庙丹青空。英雄为谟本宏远，古木至今多烈风。
忠魂义魄今何在，故物依然见遗爱。繁枝百世人不剪，直气千寻我当拜。
六年前过蒲圻城，古松阴中三日行。空山倒挂雷雨黑，盛夏常贮炎风清。
邮亭传舍总萧瑟，郁抱烦襟亦飘逸。迴岩峭壁奔洪涛，老蔓长藤翻白日。
只今复向巴丘道，野草渐多松渐少。仄径孤根半蚀苔，夕阳几树空垂茑。
昔时所见合抱材，断枝落叶随蒿莱。过客山中想清籁，行人道上愁黄埃。
辇山与岭万牛重，半作豪家楼上栋。古人之力今人劳，大厦明堂不得用。
年年官吏催斧斤，故老虽怒那敢嗔。傍枝出地子成树，野妇山樵摧作薪。
驿前数千那可数，我忽见之再三抚。霜皮露甲如虫蟠，雾　烟　学龙舞。
阴森气象凛犹昔，翠色长标不可侮。荒林旷野识者稀，终为谁家起廊庑。
回首鄂庙秋山阿，庙前之树无高柯。鬼神呵护亦徒尔，英灵不返将如何。
逢人且勿怨摇落，志士胡然伤感轲。君看世事尽如此，拔剑听我松前歌。

## 舟中望城陵矶塔

明·杨一鹏

城陵矶上塔影孤，俨如一笔判江湖。日射霜毫几千丈，画出楚南山水图。又如巨灵赑屓倚槊横江口，滇黔巴蜀之千流万派从此走。风雨时闻水底声，啾啾夜泣拿龙手。君不见巴丘吞象有长蛇，至今直下海门不敢吼。孤峰遥望欲撑天，创建涉历几经年。榜人共道此山上，十万天兵曾列帐。大将英风犹未收，森森拱立山河壮。

## 题于嘉祐寺

明·洪一麟

其　一

寺里抛书坐玉台，山僧有意煮茶来。
乞予为写羲之字，时有昙花拂槛开。

其　二

杜甫闲寻紫耳香，排空宝盖接鱼梁。

吴公茶罢清谈久，仙露明珠透上方。

## 咏湘湄八景

明·张明儒（临湘知县）

### 教广春水

迅从巴蜀下，流向此中平。浩渺明无际，潺湲暗有声。
舟疑天上坐，桥似镜中横，胜有沧浪兴，渔歌得我情。

### 鱼梁晴霭

积阴逢晓霁，关扆向遥岑。煖气浮前渚，轻烟慕远林。
湖荒青草合，磴仄碧苔侵。山鸟休闲聒，吾将抱抚琴。

### 马鞍落照

凭高纵情笑，夕日满西山。霞散纹成绮，雯殷枫色翻。
乍游人未倦，疾去鸟知还。归路绕新景，楼头月已弯。

### 嘉祐晚钟

城南遗宋寺，花水余清芬。灯烬龛前落，钟声林外闻。
翻经依署牖，洗盏向江濆，愧杀红尘客，驱车到日曛。

### 莼湖夜月

秋空湖水净，月色自相宜。上下浑凝合，西来讵石泥。
兰桡偕旧侣，檀板奏新词。借问同游者，何如赤壁时。

### 西湖莲芳

潋滟湖光碧，荷蕖入夏多。香魂飘十里，娇影落层波。
亭敞薰风入，樽开好客过。最宜明月夜，醉听采莲歌。

### 杨陵晚渡

螟（暝）色下湘浦，归舟隔渡喧。孤城临水闭，双鸟背人翻。
驷辙经过少，渔灯辐辏繁。何当清兴发，邀月泻芳樽。

### 儒矶渔唱

湘流青且驶，屈曲抱西陵。鱼美曾供馔，矶横板湘罾。
苔侵岩畔石，波溅碧间藤。欸乃忘机处，扁舟兴可乘。

注：湘湄八景即陆城八景，其说始于明代。

## 团　山

明·韩士英（岳州知府，后迁户部尚书）

矶头常见一山团，今日何期此憩鞍。
暮雨下林声更急，江风入夏梦犹寒。
莲池回首空悲梗，茅屋容身却正冠。
宪节晓来何处在，五云西北望长安。

## 西坪铺

明·刘储秀

一槎乘汉使，八舍仰仙人。
暂下苍龙岫，遥过白马津。
湘妃悲庙竹，屈子赋江蘋。
问俗尧封远，歌翻郢雪新。

## 夜中返棹过道仁矶

清·杨敬儒（临湘知县）

日落西湖水雾横，孤舟彻夜下江城。
星光入浪兼天涌，山色萦烟共野平。
客梦频年惊宦海，归心何日解尘缨。
忽看渔火红矶上，讶是仙灯彼岸明。

## 刘太尉祠

清·李中涵（邑人）

太尉南宋之宿将，中兴功与韩岳抗。
节制赴敌趋东京，半道风生拔坐帐。
驱兵顺昌不为家，孤城主战一军哗。
凿舟沉水誓不去，合谋惟艰许夜叉。
折竹吹器夜杀敌，作梗雷电助奋击。
五桥浮颍毒上流，背城一战收奇绩。
白袍太子气不盈，议将北徙弃燕京。
此时乘胜仇可复，将心不一难合并。

柘皋瓜步亲桴鼓，卧疾犹盼黄帜举。
英雄老去愧儒生，执手悲愤不得语。
瞻来遗像缅英风，陆城祠庙焕青红。
长共灵迹此终古，修干百尺云溪松。

## 莼湖书院

清·刘立缨

绩著循良名与俱[illegible]脉衍莼湖。
南州学富恢旧绪，[illegible]启后儒。
政布清平追召[illegible]杨卢。
愿公毋为鲈鱼[illegible]伏枥驹。

## 修机场[illegible]事

民国·戴冰仙

寇贼修机场，故老横遭殃。
良田开广陌，大厦瓦砾场。
苦役连枷锁，插翅难飞翔。
不竭不得歇，鞭挞楚难当。
破户搜钱粮，六畜一扫光。
路北九乡镇，侧目痛断肠。
磨刀向倭寇，烽火连天旺。
何日旌旗展，云开见太阳。

## 山　居

当代·沈靖浪

### 其　一

幸福人生莫苦求，图书满室自风流。
夜阑觅得清新句，拍案惊翻酒一瓯。

### 其　二

晚烟一缕日西沉，相与邻翁话古今。
说到农村新改革，满田谷粒尽黄金。

## 中秋望月

当代·陈恢民

辽天如水月华开，素练溶溶泻九垓。
玉做人间秋万顷，杯邀桂影酒频筛。

## 登云溪黄茅山

[illegible]马伯良

黄茅秀[illegible]绝顶登临雨后春。
几片白[illegible]一轮红日眼前升。
平芜曲港[illegible]谷芳林唱晓莺。
锦绣河山[illegible]赏心悦目胜蓬瀛。

## 陆城江天清啸亭联

佚时佚名

万里秋风游客至，
一湖明月钓船归。

## 陆城鱼梁亭联

佚时佚名

枫叶荻花，秋色弥天凭笛领；
江村水国，春潮拍岸任桴游。

## 临湘莼湖书院

清·徐凤喈（临湘知县）

鹅湖立范，鹿洞垂型，修业重名山，不徒尚风云雾月；
龙窖钟灵，鱼梁耸秀，储才因胜地，允足夸杞梓楩楠。

## 挽左文襄公（左宗堂）

清·刘　璈

相业亘古今，只凭忠耿一心，内攘外安，尽瘁手擎天柱赤；

恩知愈骨肉，适值冤埋三字，山颓水坏，望洋泪涌海涛红。

## 台湾兵备道刘璈墓碑文

清·张之洞

君山之精，湘水之灵。是钟题毓，蔚为国桢。
闻君弱冠，咄已延平。儒文侠武，卓乐有声。
遭时多故，慷慨请缨。初讨粤逆，继靖海氛。
丰功屡著，懋典频膺。双旌出守，万佛同声。
鲲声武节，鹿尔文衡。东南砥砺，遐迩藩屏。
鼓鼙方振，萋靡旋生。九重听远，三字狱沉。
龙泉隐曜，翠羽蒙尘。皇皇中国，耿耿于诚。
荐祢虽挚，讼汤朱成。桑榆在望，薏苡谁明。
运随江黑，魄追林青。归来南国，我泪交横。

## 崇惠庙碑记

宋·王炎（临湘知县）

临湘东南三十里有山，石骨嶙峋，望之黝而苍，是谓古仙洞。广四寻从五，窍度石穴至内洞，必篝火挟服仅可入。洞后汇为池，以溉田，古仙名氏无传。洞旧有庙，曰惠崇。秩在祀典，遇旱祷岩，叩辄应。而庙之仆已久，方士刘知荣即山足为屋数楹，环山之人捐金帛，以助其成。既成，炎适至，求文记之。

炎按祭法，山川能出云物，为风雨皆曰神。此山之神，盖法所祭。炎因闵而三，祷而三应，故能知而书其事。使邑人因祀事而敬之，复歌焉，以乐仙之心。词曰：仙伯兮逍遥，其骑鹤兮云霄；西弱水兮东瀛洲，超然变化兮不可留。农之田兮瘠卤，仙珥节兮闵此民而勿去；白云横兮翠微，石室幽幽兮宜而燕娱。一窦之泉兮不溢不枯，仙顾而乐兮翩其来归；有龙蜇兮于寒泉，潜而飞兮遥天。仙吹箫兮击鼓，老农酌醑兮互起舞；仙驭飞龙兮四郊，雨旱不为灾兮年谷乃丰。我民敬兮蒙仙之泽无穷。

## 永兴桥记

明·廖道南

永兴桥者，临湘之要津也。桥之者，何湘尹，尹君德章也。工告成，乃厥邑、厥士、厥民告诸内史，曰：“原纪贞石，以垂有永。”内史曰：“云何？”厥民若曰：“惟兹桥也，奠湘南浦，基于教广，则汇流奔放，石梁泐□，虽有巨灵，罔善厥始焉。绍于迎恩，则潢潦浸淫，旅人号咷，虽精，罔善厥终焉。惟兹爰始经营，鸠材命工，相士县臬，庶民攻之，不日成之。诗有之，就其深矣，方之舟之。其是之谓乎？”内史曰：“广哉，然而泽厥民矣。厥士若何？”“惟兹邑也。楚南疆，绵亘东陵，则泯江浩渺，洞庭潋滟，沅湘资澧，诸大水趋焉。惟兹爰度形胜，宣洇疏滞，架流通轨，庶士歌之，惟日不足。诗有之，造舟为梁，不显其光。其是之谓乎？”内史曰：“贞哉！”“然而孚厥士矣，厥士厥民咸广而贞者何？”内史谓然叹曰：“古者王政之行于天下也，制器利用，若时成务，以厚民生。辰角现而雨毕，天根见而水涸，氐现而草木解，驷见而陨霜，火见而清风戒，寒于是乎收。场工峙畚捐，观泉流、经土野，而成之桥梁。民不病溺，旅不病涉，财不匮输，力不告疲。是故，泽广诸民，匪小惠也。化孚厥士，匪近利也。乃若溱洧之济惠矣，匪广溠梁之除义矣，匪贞广而且贞，将畴与哉！”兹役也，昉于酉之孟冬，成于戊戌之孟夏，其他诸役，则自有载笔者存，故不及。

## 重修庙学记

明·许宗鲁（提学副使）

临湘县学圮废不支久矣。嘉靖三年，知县罔适来视事，谓其教子泰曰：“兹非教地耶？务不兹首哉！往哲之躅可寻也。是故，教者政之柢也，政者教之干也，教化以善教者也。学不治，教何以施？教不施，政可以立？政不立，刑何以措？刑不措，俗何以成？乃余力斯任也，图兹首哉！”子泰曰：“子任也，子克总之而予相之”。于是，知县罔缩用贮财，召工度材，恢于旧观，务于久固。维时，训导周东□裕、生员陈銮龚士表适勤趋事，越五月而学新。是时，少华子视学其地，睹其成也，乃为之记。夫临湘之邑，弊而士力学者寡，知县罔能敦乎教，教谕子泰能宣乎教，士去习而复其初，是谓知本耳矣。传曰：物有本末，事有终始，于期而知所先后，则虽天下可也，何者于临湘？予司教责者也。故记其大者，其功用之缅，注于碑阴。

## 培风塔记

清·阮文藻（临湘知县）

洞庭之水自东下，淌城陵，会荆口，而出道人矶。其支流折入龟山之趾，与白泥湖相连属，绕纯湖以达大江，夏秋弥漫，隔坻不辨牛马。而龟山实扼其冲。挟鱼梁，瞰扇岭，亦东南之锁钥也。旧有塔冠其顶，相传乾隆庚戌年间，广文临先生及邑中沈月丹、谢继周、陈善诸公创首建立。颜曰“簪笔”。迄藻之来邑，颓废久矣。尝以暇登龟山，值清秋晴云初敛，江水微波，山淡如烟，树平若荠。见夫帆樯之溯沿而上者，若象笏之朝阙庭；城郭之鳞次而居者，若人烟之入画图。则又西望彭矶，想到公屯兵之森列；南望省堂，慨武侯治书之旁午。而今身际太平，岁逢再稔，税毕讼稀，民气和乐，得遨游山水以自适，抑何幸欤！柳子厚之言曰：“邑必有游息之物，高明之具，使之清和平夷，恒若有余，然后理达而事成。”藻以为得游息则足以纾烦而导滞，处高明则足以振懦而怯蒙。于为政宜，于为学尤宜。先是邑人以塔宜复，请许之。及兹游也，工逾半而适登焉。乃诏从游者曰：“今何以视远而愈近，视大而愈小，视微而逾显。其所以牢笼万状，揽收一切者，置身最高也。顾有级焉，未许骤几，必层累攀跻，积之久乃至是，而又不可不求臻其境。人之立身为学，皆如是也。诸君子积学积理有年矣。水之积也不厚，则负大舟也无力；风之积也不厚，则负大翼也无力。请以是共相勖勉可耳！夫士气文风，自人振之。”皆曰唯，而后乃今培风也。因更名曰“培风”。前明府梅驿、仇公周创是议，既告竣，当忻然闻之，共贺邑人士之相与有成也，用镌斯言于石。

道光戊戌十八年（1839）嘉平（十二月）吉旦（初一）　赐进士出身任临湘知县阮文藻侯亭氏撰。

# 仙梅记

清·杨柱朝

岳阳楼之陨，名非仅以其楼也。湖山形胜，秀甲寰区。自回道人往来于酒家，胡屡显其灵异而神仙之说，遂与湖山并传，此后千余年，寂无所闻矣。胜国崇正辛未岁，楼不戒于火，郡守戴公、司李陶化倡议重修。忽于楼之址得石一片，上有画梅一支，色如绀墨，其枝干隆然。而起望之高出于后宛，若人工镂就者。及以手摩之，则润滑如砥，了无痕迹，梅与石无辨也，咸仙梅呼之。因置诸楼之左畔，而亭以居焉。今楼虽煅，而此石尚存，夫荒唐之说，儒者不道而事之信。而可征者，虽圣人不绝于书。窃尝思之，莫顽于石，而梅之隆然，以起者似有精气存乎其中，则顽也而灵矣；莫静如石，而梅之刻画毕肖者，似有笔墨点染而成，则静也而动矣。以一石之微而动静之机灵，顽之理皆具焉。予故特为记之，正不必托言神仙，以掩其信而可征者也。

# 浚塞负郭水道说

清·刘德熙（临湘知县）

县山自药姑山西行折而南至浆山，又折而北至金竹山，又折而南由黄皋山至宝塔山，夹山之水皆分流入江。自宝塔山折而西又折而北为鱼梁、马鞍诸山，乃东折而达于县治。县治外滨大江，而内止宝塔山，以北十余里之水，江水虽溢入未至，汇为湖也。自开凿县南团山嘴、县北歌童庙两口，而白泥湖遂与黄盖湖通顺，则北流逆，则南流恒绕城东为巨浸。当盛涨时，水辄入东门淹庐舍而不可遏，由来久矣。原两口之开凿必当用兵之际，敌舰布列大江，而应之者，顿兵宿粮于湖以自固，故凿此道以便往来策应耳。意其时必在未建县以前，箧中书籍少，无由考知其实，然其为开凿所成，则一见了然无疑也。夫苟可以弭患虽天成，忱不惮改作，况本出于人为乎？且南口为县山正脉，北口亦县山所资，以为护卫，岂可听其凿残，致戕扶舆灵秀？昨岁与邑人士议塞两口，以完形势而厚孕育，并隔断南北湖水，使不得通流至县，以杜负郭数十里波城之虐，且使通县水患亦得因以渐减。何也？江水倒灌之势，视所受之大小为强弱，南北湖水分散，则内不足与外势相激倒灌，自无由逞其暴，故也。灌渐少则淤多，湖之当为田者殆不可限，惟黄盖湖消涸少耳。城东自南口至北口袤十余里，广约十之四，谷以少计亦当岁八千余石。白泥湖等湖周三十余里，岁入当不止百倍。城东渔户罾八网二十有七，量以田拨补，其岁所获外，余皆召佃取租，以供书院及各义学之用。白泥湖为丁曾等世业，听其耕种而岁输十之一二三分，并以出粜储以为营建公费（谓修县城、治驿馆、建义学斋舍及筑陂浚塘、疏渠凿井之类）。南浚罗家沟，北浚柘园沟，使宝塔南北二港分道入江，两沟故迹皆存疏导尚易。总计浚塞各费为钱不过千缗，会余以谳狱赴省迨归而事之。亟须整理者已多，且文庙工方殷故不暇，以为今忽将去而之他，深叹所欲为而未果者不少。顾念此事费易办，而足以固地气、淡水灾、增田亩，所利实大且远。因循不为则害，亦如之视他事尤为不可恝置，故书此申告县人士并筹款俾首士，以水落时亟成之。两沟通江，江涨盛亦不免灌入，非建闸筑堤不可。县自道仁矶至鸭栏矶三十里，有堤者过半，诚浚两沟，使宽深均二三倍于昔，而即以所浚之土接筑全堤，并闸两沟之口，亦事半而功倍。但土闸不足恃，须甃以石乃固。今费尚未敷来岁田谷既入，当好为之也。

浚塞之工，自罗家沟始。罗家沟通，而后白泥湖水可消。白泥湖水消，而后两口可次苐塞。两口塞，而后柘园沟施工易也。罗家沟长近十里，自刘靖八直白泥湖口西南，行六里余至书院官地皆浅狭。然水尚未断，官地则沟形成，而沟道塞，非全行疏凿，不足以通流矣。官地尽处为闸口，闸口北购民地以扩堤基，筑一里许便与土矶头旧堤相接，旧堤直接马鞍山止，须增卑培薄不须别筑。闸西南旧无堤，然筑至道人矶东麓，长不过三里，自此踰土矶头抵马鞍山，共十有三里，诚使一律高厚完固，自可永无水患。府志载乾隆初，曾某呈筑堤后，湖水暴涨，王某以病民上诉，遂檄府切饬停筑，而不知病在口未寒、沟未通，初无与于堤也。夫筑堤而不通沟，是为闭门止寇。通沟而不建闸，是为开门召寇。勘者不究利害之所由，图所以匡其夫，顾乃附会奸民反以溃厥成而滋厥厉不亦傎乎？白泥湖倒灌之患，不在江而在黄盖湖，故必塞口通沟复其故道，乃足以顺其性而止其灾。县志不识山川自然之脉络，断断然以开凿为生成，真瞽说，不足与辩耳。

# 索　引

**说明：**

1.目与子目索引、人物索引、表格索引均采用分析索引方法，按索引条目第一汉字拼音（同音字按声调）顺序排列，第一字相同，按第二字音排列，依次类推；

2.索引名称后的阿拉伯数字表示内容所在页码。

## 一、　目与子目索引

### 数字首



### A



### B

## C



## D

## G

## H



## J

K



L

## M



## N

**T**



**W**

## Y

**Z**

## 二、人物索引

### A



### C



### D



### G



### H



### L



### M

### Q



### R



### S



### T



### W



### Y



### Z



## 三、表格索引

### 数字首

## J



## M



## Q



## Y

# 后　记

本志首修，初始于2004年。由于收集整理资料较为困难，加之编修人员变动频繁，特别是编纂下限不断顺延，导致编修几度搁置。

2012年4月，区委、区政府决定重新启动本志编修，明确下限再延伸至2011年。5月8日，区委办、区政府办下发征求志稿补充资料的通知。11日，区委、区政府再次召开全区修志工作会议，要求对以往积累的资料拾遗补缺、收集整理，要构建合理框架，抓紧组织编纂，力争尽快完成送审稿。

2012年6月，区史志档案局设立编辑部，聘请编修人员，明确执行主编，总纂志稿。编辑部根据志书编纂的相关要求重新拟定篇目，收集资料，重编志稿。由于区划调整，资料缺失，编辑人员及各有关单位广泛查阅档案、网页、资料、书籍，拟出详细纲目，补充史料，重点收集建区以来的史料。并反复查阅岳州府志、岳阳市志和临湘县志等旧志旧书，博采众籍。至2013年12月，又收集资料300余万字。在史料考证方面，力求事必征实，把筛选鉴别工作做在撰稿之前。编修中，实行分工负责制和流水作业制，将篇章分工到编辑，由编辑指导单位采稿，编辑修编，总纂汇编。单位采稿困难的，编辑协助，编辑未完成的，执行主编帮助完成。至2013年7月，邓树清、杨仁志、施振雄、张瑞屏分别收集初编原定23篇中9篇、7篇、1篇、2篇部分章节。大部分篇章初稿完成后，区委、区政府召开相关单位负责人志稿审核会，将初稿下发单位，要求仔细审阅，认真修订。余下篇章由邓树清、杨仁志继续汇编。

2015年4月，余良勇继任区长，兼任编纂委会员主任。7月，经广泛征求各单位和曾在云溪工作的老同志及寓外乡友的意见，由执行主编多次修改订正，汇总成送审稿，依程序送本志编委会及省、市方志部门审核。最终在12月31日召开有省、市、兄弟县（市、区）方志部门领导、专家参加的志稿评审会。

评审会后，2016年2月，由执行主编认真梳理评审会意见，从篇章调整、史料补充、节目安排、图表设置等诸多方面逐篇拟出详细修改计划，报市方志部门核定。8月，根据审定的修改计划，再由执行主编全力修改。无论寒暑，不分节假日，夜以继日，殚精竭虑。至2017年5月，完成全志修改工作。6月，根据新任区委书记张中于要认真仔细，力争不出差错的要求，又争分抢秒，夙兴夜寐，结束全志统稿，报省、市方志部门核定，方志出版社出版。10月，送印刷厂付梓开印。

众手成志。地方志编纂是一项十分浩大而艰巨的工程，尤其是首修。本志终于成书，得益于区委、区政府领导高度重视，得益于全区上下共同努力，得益于省、市及兄弟县（市、区）方志部门领导、专家的大力帮助。在此，谨向历届高度重视本志修编工作的区级领导刘衍华、宋爱华、肖自力、陈志莲、田文静、段方金、康代四、秧励、杨昆、邓春初、李从明、刘祖赐、余和平、陶伟军、李运帷、聂金华、蒋雄波、肖云生、黄建文、曾平原、唐露尧、刘庆雄等；向倾力关注本志修编工作的老同志高东升、黎洪涛、周忽报等；向大力支持本志修编工作的李啸霆、王凤池、李小白、陈飞云、刘宗国；向辛勤开创本志修编工作的历任区史志档案局正、副局长刘小洲、徐剑平、熊雄、朱颂娥、蒋旭红；向积极为本志修编提供资料的各乡镇（场）、区直及驻区各单位、企业的供稿人员；尤其此前分别梳理、汇总40万字、80万字资料的杜三保、施振雄；向热心为本志修编提供资料、照片等帮助的任建溪、蒋金阶、丁顺初、张军、李季真、鲁力、王熙芳、杨建等；向不吝指导本志修编的省地方志编纂委员会邓建平、杨盛让、隆清华、杨帆、李章进，市史志办陈念军、易林、胡萍萍、朱平、周友珍、戴长明、刘桂兰、曹春友，兄弟县（市、区）史志办柳会省、刘晓瑜、张凭栏、曹德光、张足生、李光健、何勇、曹瑜、欧立强、周小虎、蒋海龙、李建辉、李惠兰、易三军、郭显斌、涂山河、吴平、李年华等，一并表示衷心的感谢！

盛世修志，修志明鉴。尽管我们力求做到全面、系统、准确，以便更好地发挥志书存史、资政、育人的作用，无奈跨时久远，内容浩繁，资料缺失，时间仓促，力量不济，加之编修水平有限，难免纰漏之处，恳请理解见谅。若展卷揽史，稍有裨益，则编者不甚欣慰之至。

**岳阳市云溪区地方志编纂委员会**

2017年10月